全國高校古籍整理一般課題（編號1568）
國家社科基金重大招標課題
《語言變革與中國現當代文學發展》（編號16DA190）階段性成果

清末漢字改革方案文本

第一卷

高玉　选编·点校

浙江工商大學出版社·杭州

图书在版编目(CIP)数据

清末汉字改革方案文本 / 高玉选编、点校. — 杭州：浙江工商大学出版社，2019.6

ISBN 978-7-5178-3268-3

Ⅰ. ①清… Ⅱ. ①高… Ⅲ. ①汉字改革—中国—清后期 Ⅳ. ①H125

中国版本图书馆 CIP 数据核字（2019）第 114556 号

清末汉字改革方案文本

QINGMO HANZI GAIGEFANGAN WENBEN

高　玉　选编·点校

责任编辑　郑　建
封面设计　林朦朦
责任印制　包建辉
出版发行　浙江工商大学出版社
（杭州市教工路 198 号　邮政编码 310012）
（E-mail：zjgsupress@163.com）
（网址：http://www.zjgsupress.com）
电话：0571-88904980，88831806（传真）
排　　版　庆春籍研室
印　　刷　杭州宏雅印刷有限公司
开　　本　710mm×1000mm　1/32
印　　张　48.25
字　　数　1010 千
版 印 次　2019 年 6 月第 1 版　2019 年 6 月第 1 次印刷
书　　号　ISBN 978-7-5178-3268-3
定　　价　398.00 元

浙江工商大学出版社营销部邮购电话　0571-88904970

高 玉

浙江师范大学人文学院教授，博士生导师。教育部长江学者特聘教授、中组部“万人计划”哲学社会科学领军人才、中宣部“四个一批”人才、人社部“新世纪百千万人才”、教育部“新世纪优秀人才”、国务院特殊津贴专家、全国优秀教师。承担国家社科基金重大、重点、一般课题等国家级、省部级项目 11 项。在《中国社会科学》《文学评论》《文艺研究》《外国文学研究》等刊物发表学术论文 200 多篇。获第六届教育部社科奖二等奖，第四、七届教育部社科奖三等奖等“政府”奖 21 项。获浙江省教学成果奖二等奖 2 项。

總目

第三卷

第四卷

一目了然初階

盧戇章 著

内容說明

盧戇章（1854－1928），字雪樵，福建同安人，清末學者。創制中國切音新字。中國文字改革的先驅，中文拼音文字首倡者。

盧戇章9歲入義學，18歲參加科舉考試，不中，後在私塾教書。曾往新加坡攻讀英文，後回廈門鼓浪嶼，以教華人英語和西人華語為業。曾參加翻譯《華英字典》。在教學餘暇，潛心研究漢字切音字，1892年，出版《一目了然初階》，這是中國人編著的第一本拼音著作，也是中國人制訂的第一套拼音文字方案，中國的拼音文字就是從這個方案和這本著作算起的，1892年被認為是中國漢字改革運動的開始。

閩泉同盧氏戇章著

一目了然男可曉女可曉智否賢愚均可曉

祈勿翻刻翻刻追究

十年辛苦朝於斯夕於斯陰晴寒暑悉於斯

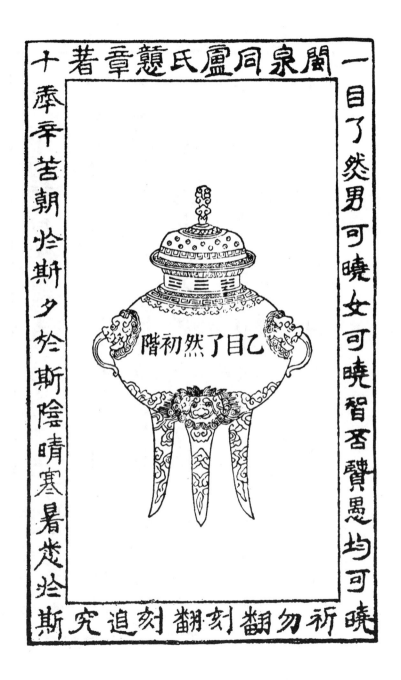

中國切音新字總字母寫法之次第

先由一點處寫起，再由二點處下筆。

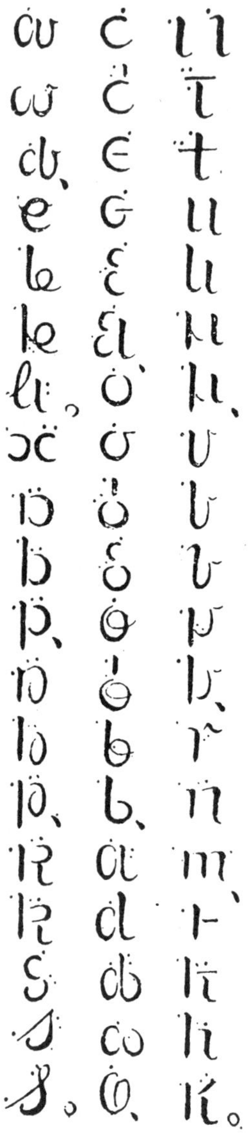

全中國可用此字母，各處土腔不等，當依腔音之多少，輸出其當用之音之字母。此書輸用廈腔字母而已，漳泉附之。其餘各處土腔之字母，候另書著出。或有缺憾，望高明指教增刪之。

上各字母之讀者，可看廈腔之字母十五音，以及漳泉加腔，并總字母總韻腳。作字之法，大概由此lcↄ三畫，推出全付字母。

右十五音

neoɔl bɹɹɔc aʋɒɩɹ

柳邊求去地　波他貞入時　英文語出喜
一

左邊字母 鼻音

ʘɗʋɓɕ

θʋʃɔ

ɔʋʃʃɔ

ɑxʋɑ

ʃɩʋɩɕ

ɹʜɔʜʋ

ɑxʋɑ

ʃʋʋɛʃ

ʃɩʋʋɛʃ

ʋʋɗɔɔ

ʃʋʃʋ

ʋɔʃʋ

ʋʋɗɑɕ

鼻音　ー　、　ゝ　`

一、
二　
三、
四　
五（一
六・一
七、
八　

由字母切起
左邊是字母
右邊十五音
單字是字母

環者讀解説　　左邊字母 鼻音

真仙春囀元　　鶯商公雙八
交周伊穌　　　鴉昭威野
腦箱見貨　　　三貓開驚

風心甘沾參
來最裔快
歹羨嬰高

我無着汗
看脈不悶

皆讀厦腔　　中國切音新字一目了然初階厦腔

三　三　乙　三　三　乙　一

切音成字

óu 走一個醫 / ón ê iɑ	ȧn 掉一個蟳 / ń ê山	óu 走一個蟻 / ń ê 山	ȧn 掉一個龜 / ń ê llo
左右	左右	左右	左右

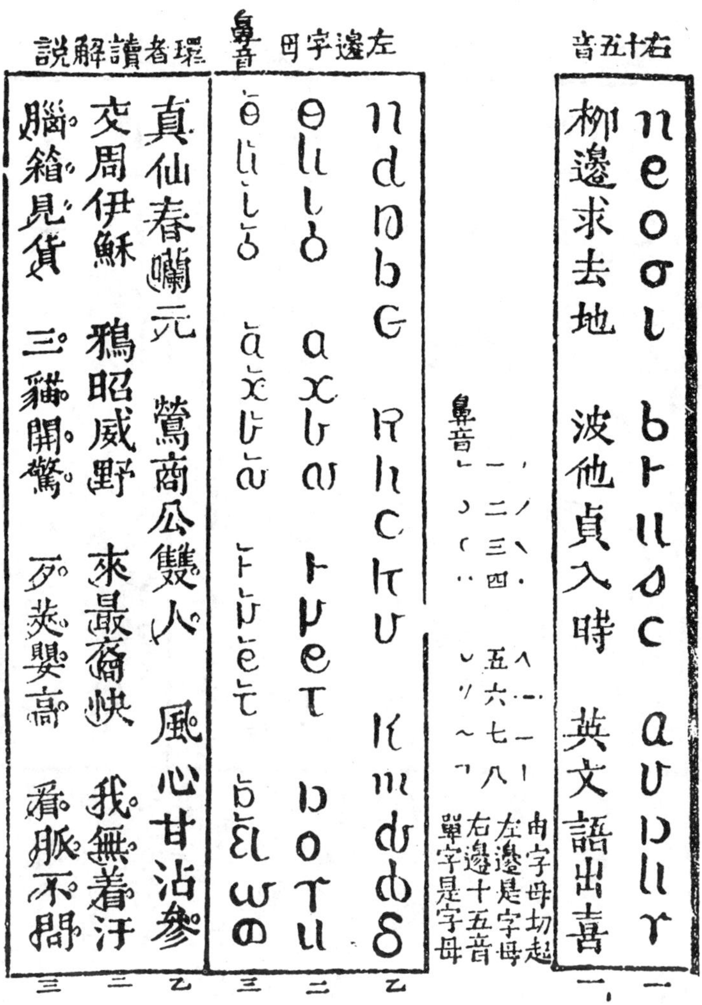

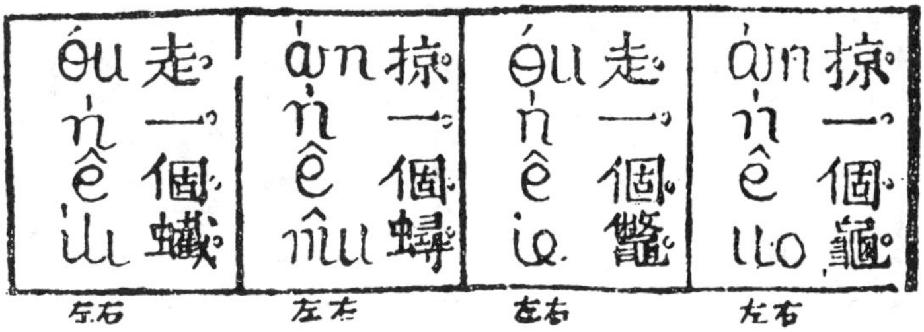

ṅ ń ǹ ·n 真振進聠

左右	左右	左右	左右
hn 上（上二）	ȯr 化（我喜）	ìs 尔（覡入）	ao 佳（鴉求）
hl 大（內地）	dc 三（甘時）	xc 小（沼時）	ċu 作（國貞）
n̂s 八（秦入）	du 千（仙出）	Rc 生（鶯時）	n̂s 仁（秦入）
có 孔（廣去）	nl 七（職出）	be 八（喇邊）	óg 可（母去）
ṅa 乙（職英）	ın 十（十）	ĺıo 九（酒求）	ıl 知（伊地）
ío 已（以求）	ūc 士（有時）	ĺuu 子（羽貞）	én 私（矮柳）

n̂ n̄ n̆ n 秦振盡一

十五音之字與字母相同要在分別左右。凡左邊之字是字母。右邊是十五音。譬如左右 CC（公時）其左邊之C字是字母。當讀作公。右邊之C字是十五音當讀作時即 公C時 C 霜 CC（公時）CC 霜。話中有單字者。亦是字母。十五音單字不能作話用。自ŏ字起。至a字止。凡有此「記號者。皆用鼻音八音號。

中國第一快切音新字原序

盧戇章

余自九歲讀書，十八歲應試，廿一歲往叻，專攻英文，廿五歲回廈，遂即蒙英教士馬君約翰聘請幫譯《英華字典》。閒隙之時，欲自著華英十五音，然恐漳泉刻本之十五音字母不全，於是苦心考究。至悟其源源本本，則以漢字話音字與英話橫列對排，然頁地有限，恆嫌話音字數字母合切為一字，長短參差，甚佔篇幅。忽一日，偶觸心機，字母與韻腳（即十五音）兩字合切即成音。自此之後，盡棄外務，朝夕於斯，晝夜於斯。十多年於茲矣，無非考究作字之法，因將天下三百左右腔字母之至簡易平穩者，又參以己見。選此五十餘記號畫，為『中國第一快切音字』之字母。

中國字或者是當今普天之下之字之至難者。溯自皇帝時倉頡以象形、指事、會意、轉注、形聲、假借，造成為字以來，至今已有四仟伍佰餘年之遙。字體代變，古時用雲書鳥跡，降而用蝌蚪象形，又降而用篆隸八分，至漢改為八法，宋改為宋體字，皆趨易避難也。明以上，無一定之字母，漢許氏《說文》用 514 字為字部，隋用 542，宋用 544，至明《六書本義》用 360。明下百餘年，字彙一書，始刪至 214 之字旁字為字母，聖祖仁皇帝仍之，成為《康熙字典》之 40919 個之記號字。然常用者不過四五千字而已，四書有 2328 不同字者，五經有2427不在四書內者，十三經共總有6544字之不同者，其中除《尔雅》928甚罕用之字，平常詩賦文章所用者不過五千余字而已，欲識此數千字，至聰明者非十餘載之苦工不可，故切音字當焉。

竊謂國之富強，基於格致。格致之興，基於男婦老幼皆好學識理。其所以能好學識理者，基於切音為字。則字母與切法習定，凡字無師能自讀，基於字話一律。則讀于口遂即達于心，又基於字畫簡易。則易於習認，亦即易於捉筆，省費十餘載之光陰。將此光陰專攻于算學、格致、化學，以及種種之實學，何患國不富強也哉！

當今普天之下，除中國而外，其餘大概皆用二三十個字母為切音字，英美二十六，德法荷二十五，西魯面甸三十六，以大利及亞西亞之西六七國皆二十二。故歐洲文明之國，雖窮鄉僻壤之男女，十歲以上，無不讀书。據客歲西報云，德全國每百人中，不讀書者一人而已，瑞士二人，施哥蘭七人，美八人，荷蘭十人，英十三，比利時十五，愛爾蘭二十一，澳大利亞三十。何為其然也，以其切音為字，字話一律，字畫簡易故也。日本向亦用中國字，近有特識之士，以四十七個簡易之畫為切音字之字母，故其文教大興。據去年日本之文教部清單，現國中已設有10862之學塾，教授之師計有62372人，已立學受業者有二百八十万人左右。又光緒十年男學生有三百一十九萬餘名，女學生有二百九十六万名。外國男女皆讀书，此切音字之效也。

中國亦有切音，止以韻腳與字母合切為一音，此又万國切音之至簡易者也。其法即在1382時梁朝間，西僧沈約與神珙以印度之切音法傳入中原。唐以206字為字母，宋用160，又以三十六字為韻腳。《康熙字典》依其法以切音，如字典首之見溪郡疑等之三十六字是也，即以兩漢文合切音而成音，為註明某字當讀何音之用，非以簡易字母合切為切音字也。若以切音字与漢字並列，各依其土腔鄉談，通行於十九省各府州縣城鎮鄉村之男女，編甲課實，不但能識切音字，亦可無師自識漢文，兼可以快字書信往來，登记數項，著書立說，以及譯出聖賢經傳、中外书籍、腔音字義。不數月通國家家戶戶，男女老少，無不識字，成為自古以來一大文明之國矣。切音字烏可不舉行以自異於萬國也哉，又当以一腔為主腦。十九省之中，除廣福臺而外，其餘十六省，大概屬官話，而官話之最通行者莫如南腔，若以南京話為通行之正字，為各省之正音，則十九省語言文字既從一律，文話皆相通，中國虽大，猶如一家，非如向者之各守疆界，各操土音之對面無言也。而凡新報、告示、文件，以及著述书籍，一經發出，各省人等，無不知悉。而官府吏民，亦可互相通曉，免費传供之枝節也，余不過尽一片之愚忠，聊獻芻蕘而已。

光緒拾捌年壬辰孟夏既望，閩泉同古庄盧氏戇章自序于鷺江鼓浪嶼旅次。

凡例

一、此書欲為男女老少雅俗通曉之文，故卷首列里巷歌謠，中雜解頤趣語，取其快易忘倦也。然大要，即立孝悌節義。

二、十五音頁邊，有兩行不配漢文之三十六字，每次止可認寫四五字，至於精熟，然後再習四五字，不可一連讀去，其成篇之文亦不可一連讀尽，每篇每次止可専抄快字四五句，習其切法寫法，至於精熟，不可讀印便之文，亦不可先看漢字，后讀快字，恐易忘也。

三、廈腔鼻音字母，自ⴱ字起，至一ⴰ字止，共十三字，以及漳泉字母，凡是此乚記号者，其八音皆当用鼻音ㄟ七ᄉ八音号，如乚）（⁚◡ᵕ㇖等其餘字母之八音号，皆用平常六個，如丿乀・∧一丨等。

四、字母本字即是話十五音本字不能作話，如此『真n柳』若在話中，当讀作真，非讀作柳，『公c时』非讀作時，当讀作公。

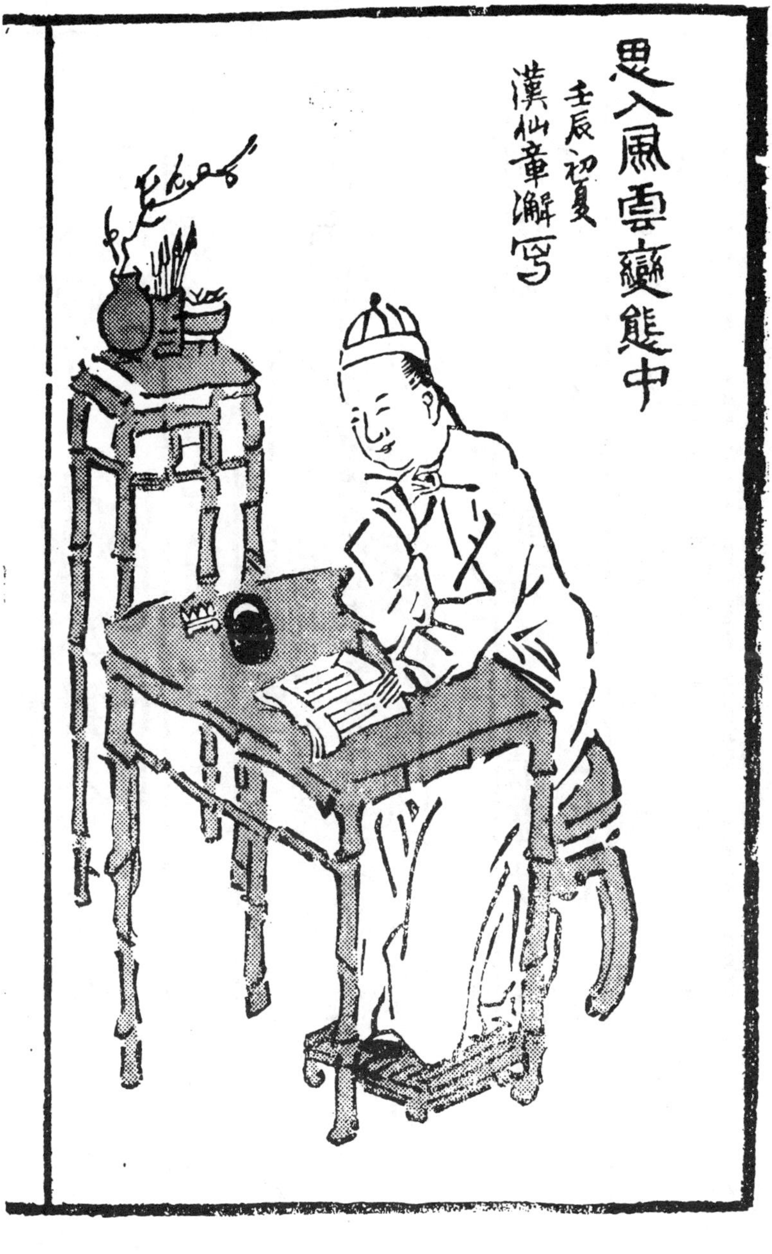
思入風雲變態中
壬辰初夏
漢仙章澥寫

入聲反　　平常　　八音號　　鼻音　　平常　　鼻音

字母		
一	ɲ	真
二	d	仙
三	ŋ	春
四	b	嘣
五	G	元
六	R	鶯
七	h	商
八	c	瓜
九	k	雙（漳腔雙）
十	U	入
十一	K	風（泉說）
十二	m	心
十三	ω	甘
十四	ɷ	沾
十五	δ	參（漳說）

八音號：一　二　三　四　五　七　八

紅字讀解說加破讀上平

自交字起至我止、平常十五音雖與字母同、與鼻音字母相同、八音字至切音字母在左、號不同、觀上八音號并十五音在右、亦不亂、下帙㗊𥫱分八音便明、當由左邊字母讀起

由左讀起右　左

朱	貞	汙
ɯ	u	u
霜	埼	公
cc	c	c

字			母		
十六	θ	交	ɵ	腦	廈
十七	u	周	ㄩ	箱	廈
十八	l	伊	ㄴ	見	
十九	o	穌	ȯ	貨	
二十	a	鴉	ȧ	三	
廿一	x	昭	ẋ	貓	
廿二	ɩ	威	（泉漳說）	開	泉漳附
廿三	ɷ	野	ȣ	驚	
廿四	ト	來	ト	反	廈
廿五	ɥ	最	ɥ̇	莢	廈
廿六	e	奇	ė	嬰	廈
廿七	τ	快	τ̇	高	廈
廿八	o	我	ȯ	看	
廿九	ο	無	ο̇	脈	廈
三十	r	着	ω	不	
卅一	ɥ	汙	œ	門	廈

廈字讀廈腔說　　　　英如廈言音夾

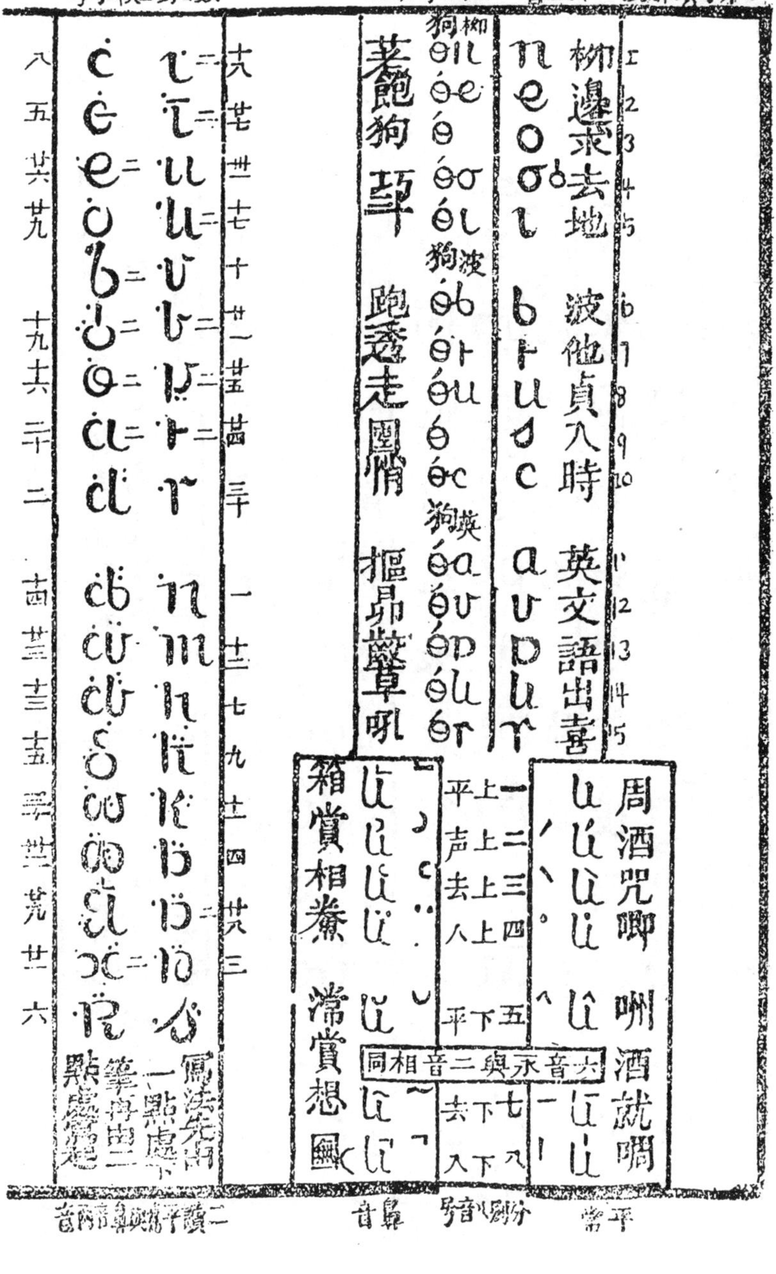
柳 邊 求 去 地 波 他 貞 入 時 英 文 語 出 喜
1 2 3 4 5 6 7 8 9 10 11 12 13 14 15
柳狗
波狗
英狗
周酒咒唧
咻酒就啁
平上 一
声上 二
去上 三
入上 四
平下 五
去下 七
入下 八
六音承與二音相同
寫法先寫一點處下筆再寫二點處邊

ʘ

交狗教飲　猴厚磡

字母加八音

一 ʘ 平常	二 ʘ́	三 ʘ̀	四 ʘ̇	五 ʘ̂	七 ʘ̄	八 ʘ̍	

右		左	右		左	右		左
老	ɵn 柳	厚	可	óo	毋	走	θu 貞	狗
汝	ín	以	開	bo	威	隻	ȧu	挖
不	iæ 邊	出	追	bl 地	威	愈	ús	羽
牟	ɓe	看	斗	ǫl	狗	然	ds	蟬
平	ie	紫	道	ōɑ	帽	雖	bc 時	威
經	Ro 求	鸞	大	H	内	是	ic	異
見	do	搧	大	Dl	外	先	Rc	鸞
結	ḋo	設	得	ṅu	職	後	θa 英	厚
局	ho	俗	直	ṅu	一	昴	θv 文	狗
哭	θo 去	教	今	ɑu	三	賢	θo 語	猴
起	io	以	跑	θb 波	狗	臭	θu 出	教
去	io	意	頭	θl 他	猴	叫	θr 喜	狗

字	母	數
戇	R	六
威	l	廿二
三	ɑ	廿四
狗	θ	廿六
以	ĺ	十六
羽	ú	廿
母	ó	廿九
教	θ	廿六
意	l	十九
搧	ɑ	二
看	ɓ	廿八
出	ṅ	三
設	ɑ	二
職	ṅ	一
挖	ȧr	廿三
猴	θ̂	廿六
蟬	ɡ̂	十八
埦	l	十六
厚	θ̄	廿九
帽	ō	十四
内	Ḟ	廿八
外	D	十八
異	l	一
一	ṅ	
俗	ṅ	七

一　二　三　四　五　七　八

由右邊字母切起 —— 紅字讀解說 —— 數目对上拼字母

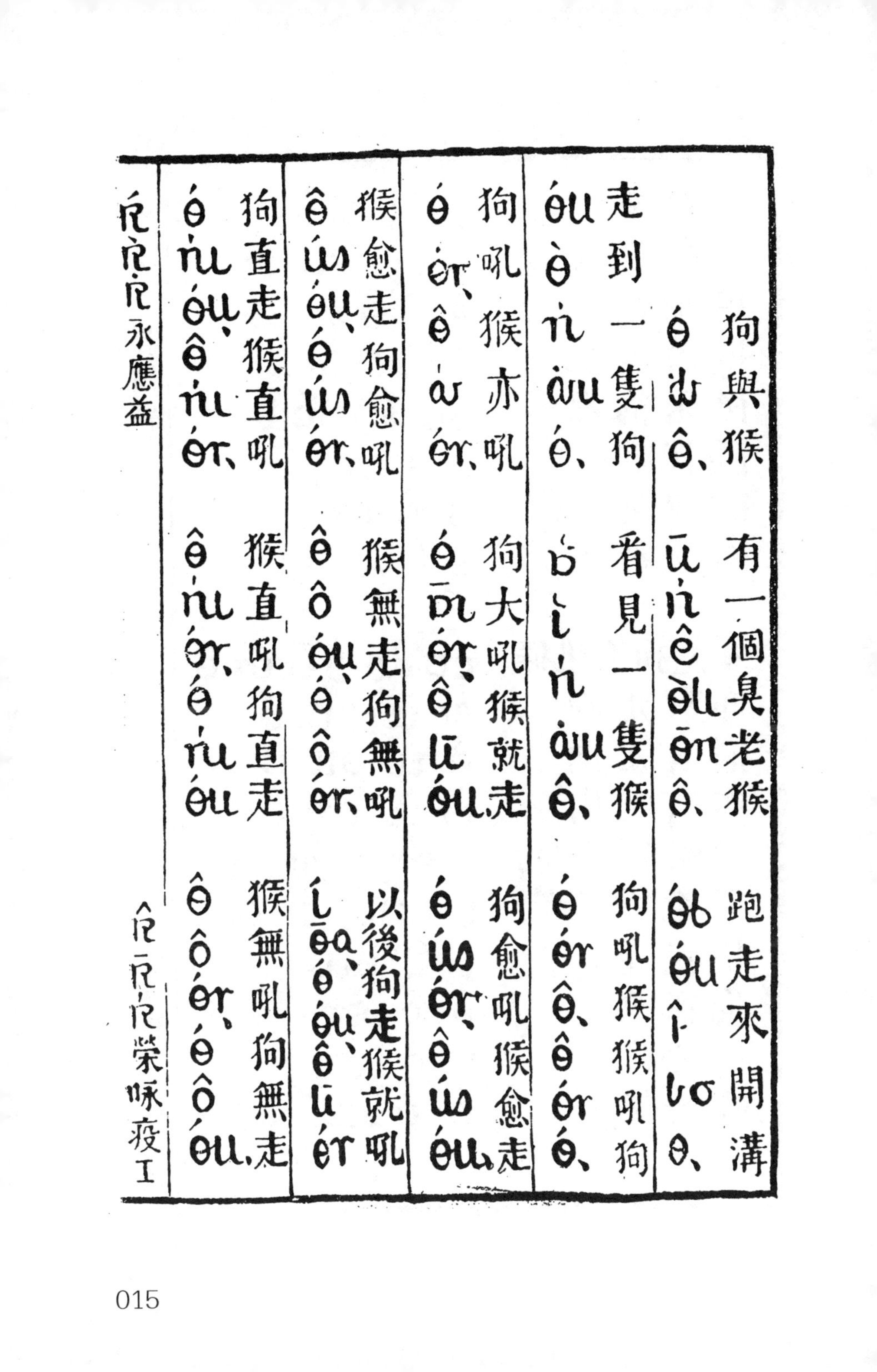

狗與猴

有一個臭老猴、跑走來開溝、

走到一隻狗、看見一隻猴、狗吼猴、猴吼狗、

狗吼、猴亦吼、狗大吼、猴就走、狗愈吼、猴愈走、

猴愈走、狗愈吼、猴無走、狗無吼、以後、狗走、猴就吼

狗直走、猴直吼、猴直吼、狗直走、猴無吼、狗無走、

永應益

榮脉疫工

今汝看	ǎu ín ở
狗吼猴就走	ó ór ô lī óu
猴無走	ô ô óu
狗就無吼	ó lū ô ór
後來狗走	ōa-î ó óu
猴就吼	ô lī ór
猴無吼	ô ô ór
狗就無走	ó lū ô óu
可見狗有吼猴	ọơ-dò ó ū ór ô
亦有走猴	ở ū óu ô
猴有走狗	ộ ū óu ó
亦有吼狗	ở ū ór ó
伊吼伊亦吼	ι ór, ι ở ór
伊走伊亦走	ι óu, ι ở óu
伊無走	ι ô óu
狗無吼	ó ô ór
伊無吼	ι ô ór
狗無走	ó ô óu

ơ ớ ờ ờ 野野俱控。

起頭起頭	iơ-ôr iơ-ôr
是狗先吼猴	īc ó rc ór ô
猴則吼狗	ô àru ór ó
以後	í-ōa
是狗直直吼猴	īc ó ṙu-ṙu ór ô
猴亦直直吼狗	ô ờ ru-ru ór ó
狗與猴平平吼	ó ừ ô ĭe ĭe ór
然後是狗大吼	dô ōa īc ó pī ór
猴驚狗吼就走	ô ăr ó ór lī óu
走至不跑	óu ò ṃ̄ừ ób
就無走	lī ô óu
狗就無吼	ó lī ô ór
至結局	ò do-ko
狗驚猴至走	ó ăr ô ò óu
不是驚猴吼則走	ω-īc ăr ô ór àru óu
是狗先驚猴走	īc ó rc ăr ô óu
猴看見狗已經走	ô ó-ì ó í-ro óu
則追去吼	àru bı iơ ór

ơ̂ ơ̄ ớ 爺夜蝶。3

吼至不哭	ór è p̄v òo
就無吼	lì ô ór
狗就無走	ó lī ô óu
今照看起來	ăi ẋ ύ ío-f̂
是狗驚猴	īc ó ăr ô
抑是猴驚狗	á-īc ô ăr ó
我照瓜道講	ύ ẋ-c-ōı ć
猴雖然有驚狗吼	ô bc-âs ū ăr ó ór
狗亦有驚猴走	ó ȧr ū ăr ô óu
如此是狗亦驚猴	bá-īn īc ó ȧr ăr ô
猴亦驚狗	ô ȧr ăr ó
所以大家	ó-í H̄-eo
不得講	p̄v-ṅı ć
是狗驚猴	īc ó ăr ô
亦不得講	ȧr p̄v-ṅı ć
是猴驚狗	īc ó ăr ó
不過一個五升	ṅe-òo ṅ-ê bo-n
一個半斗	ṅ-ê be-óı

入下八　入上四

通 -cɩ 公他
統 ćn 廣柳
您 ńn 振柳
寫 ár 野時
死 íc 以時
免 ɗu 癖大

本 ńe 忖邊
透 ȯɩ 敎他
趁 ṁs 濕入
冊 ėu 噎出
要 ėv 噎文
從 ĥu 常貞

嘈 ôu 嘸貞
時 îc 移時
亂 ōn 愿柳
是 īc 異時
靜 ȓu 咏貞
活 ɓa 我英

職 ṅ 設 ɗ 喇 ɓ 益 ȓ 叔 ḣ
國 ċ 囊 ů 濕 ṁ 鴿 ɗ 乞 ɗ

一 ṅ 舌 ɗ 叻 ɓ 疫 ȓ 俗 ḣ
咯 ċ 六 ů 習 ṁ 蛤 ɗ 牒 ɗ

入下上之反去入

ɗ ɗ ɗ 癖搨設

從今以後	ĥu-mo ī-ōa
狗汝不免驚猴	ó ín ŵ-ɗv ŵ ô
猴汝莫得趁狗	ô ín ȯ-ṅu ṁs ó
狗汝莫得吼猴	ó ín ȯ-ṅu ór ô
猴汝免驚狗	ô ín ɗv ŵ ó
免得我通本冊	ɗv ṅu ɓ cɩ ńeėu
統是狗吼猴走	ćn īc ó ór, ô óu
狗走猴吼	ó óu, ô ór
狗汝就吼吼吼	ó ín lī ór, ór, ór
猴伊就走走走	ô ɩ lī óu, óu, óu

ɗ ɗ ɗ 蟬善舌 5

狗汝愈吼吼吼 ô ín ús ór̀ ór̀ ór̀
猴伊愈走走走 ô ı ús óu̇ óu̇ óu̇
狗伊就走走走 ó ı lī óu̇ óu̇ ou̇
猴汝就吼吼吼 ô ín lī ór̀ ór̀ ór̀
狗伊愈走走走 ó ı ús óu̇ óu̇ óu̇
猴汝愈吼吼吼 ô ín ús ór̀ ór̀ ór̀

汝直吼 ín ṙu ór
伊直跑 í ṙu ób
伊直跑 ı ṙu ób
汝直吼 ín ṙu ór
您二位 ṅn īs-lī
亂吼亦亂跑 Ōn ór ά Ōn ób
亂跑亦亂吼 Ōn ób ά Ōn ór
我着寫至何時透 ó ṙ ac ò ū-ûc òı-
靜 r̄u
活活要嘈死人 ùa-ḃa èr óu íc-ŷ

C Ć C̀ Ċ 公廣貢國

Ĉ C̄ Ç C 狂誑咯 3

n ń ǹ ň 真振進職

一	三	四	五	八
n̄n 琳	ìn 砱	ṅn 𥗊	în 龖	ǐn 礰
nn 琳	ìn 砱	ṅn 𥗊	în 龖	ǐn 礰
cn 琅	ċn 硠	ċn 硌	ĉn 龓	ċn 轆
cn 琅	ċn 硠	ċn 硌	ĉn 龓	ċn 轆
no 硜	ìo 磬	ṅo 碦	îu 𪔃	ǐo 硒
no 硜	ìo 磬	ṅo 碦	îu 𪔃	ǐo 硒
co 薹	ċo 砊	ċo 硞	ĉı 鏜	ċo 礐
co 薹	ċo 砊	ċo 硞	ĉı 鏜	ċo 礐
nı 玎	ìı 鼟	ṅb 拍	îb 澎	ǐb 煏
nı 玎	ìı 鼟	ṅb 拍	îb 澎	ǐb 煏
cı 璫	ċı 鼞	ċb 揊	ĉb 滂	ċb 爆
cı 璫	ċı 鼞	ċb 揊	ĉb 滂	ċb 爆
nr 井	ìe 磃	ṅe 熚	îr 𪔏	ǐe 熚
nr 井	ìe 磃	ṅe 熚	îr 𪔏	ǐe 熚
cr 通	ċe 磅	ċe 焚	ĉr 鼛	ċe 煿
cr 通	ċe 磅	ċe 焚	ĉr 鼛	ċe 煿

n̂ n̄ ṅ 秦盡 一丁

枝 求伊 -io	生 時見 ic	破 波我 òb	蛋 柳問 ōon	點 店
雞 求最 vo	風 喜公 cr	扇 時見 ic	飯 邊問 ōe	
杆 求喃 bo	孔 去廣 =ćσ	唱 出相 ùlu	饌 貞問 ōu	
安 英喃 ba	子 貞猴 úu	打 波鴨 àb	父 邊下 ēe	
烏 英穌 ba	鬃 úv	曲 去益 ǹσ	桂 他嘸 ā	
央 英門 ma	蚊 文龍 úv	比 邊齊 ie	目 文六 ùv	
封 英門 ma	引 英振 ńa	癀 喜狂 ĉr	獨 出六 ùu	
呼 去穌 óo	滄 出遮 =ǹu	孩 喜來 îr	食 貞蝶 áu	
清 出鶯 nu	塊 地齊 èl	壇 地難 îl	掠 柳蝶 án	
中 地商 hi	配 波齊 èb	兒 入移 îı	若 入偌 ks	

破扇引清風 òb-íc ńanlu-cr
打死蚊仔瓜 ab-íc úv-á-c
若無這枝扇 ks-ô ń io íc
咬着就發癀 āo-í lū ĝr-ĉr

破 扇

沉 箪 牒 8

ύ ὺ ὺ 籠開幕

四柱四欄杆　ìc ϰɫ ìc ɓ̂-ɓo
中央孔子壇　lu-ɷa ćσ-úu-ɓ̂ı
孩兒唱托曲　ȋr-ȋs lilı-ve-ɽo
父母心不安　ēe-úɯ m ḃe ɓa

ɑɑ δσ ɥo 封呼鷄

封呼鷄　ɷa-ɓσ-ɥo
走白蛋　ớu ée-ɑ̄ɱ
一塊汝食　ṅ-èı ín ɑ́ɯ
一塊汝饌　ṅ́-èı ín ɑ̄ɯ
大路墩　ɓ̄ı-ɓ̄n ĭ
配瀧飯　èɓ ǹlı-ɷe
烏鷄生烏蛋　ɓa-ɥo ïc ɓa-ɑ̄n
白鷄生白蛋　ée-ɥo ïc ée ɑ̄n
鷄仔目　ɥo-á ύɯ
掠着搖搖擱　ɑ́n ṙ úe-úe-ὺlı

ῢ ῡ ύ 入弄六 9

牽 bo	口 óo	蓋 ào	長 ôn
腳 ao	水 bc	壁 ȧe	糖 ôt
窒 ǎo	手 lili	臍 ȋu	網 ōv
鰍 lili	米 íw	錢 ǔu	漸 ōu
蚶 dr	頂 ḱi	覆 ȋu	晨 ǚv
身 nc	扁 db	盲 ǔw	密 b'v
偷 or	遍 de	瘡 êo	賊 b'u
礚 ao	蔴 àru	鵪 êe	掠 ón

ȁ ȁ ȁ ȁ 敢監鴿

ẻo á ɑɑ 月 仔 光

月仔光瞧瞧 ẻo á ɑo-ȧr-ȧr

賊仔偷挖壁 b'u-á or-ȧr-ȧe

挖至雞蛋長 ȧr è po ōn ôn

鴨蛋大 à-ōn ōn

水牛牽出孔口外 bc-ǔo bo ȋv oóo ō

青盲者看見 ǔu-ǔw-é ȍ-ì

啞口者喝賊 é-ó-é ȍr b'u

蹺腳者去趕 êo-ao-é io ms

瘡手者去掠 eo lili-e io an

ȃ ā ā 卿 監 鴿 10

ら ら ら 懶 懶 喇
ө́ á ө́ 九 仔 九

九仔九	ө́ á ө́
九月秋風漸	ө́-ėɒ Ш-cr đu
漸來	-đu ȋ
無被蓋米篩	ô ēb ȧo ứ-н
甘蔗粕	dr-àru-ȯb
拾來蓋目眉	ṙσ ȋ ȧo ỉv-ȋv
蚰殼錢	dr-ỉσ-ŭu
拾來蓋肚臍	ṙσ ȋ ȧo đr-ȋu
網斗紗	ūv-ө́ı-ec
掇來蓋脚尾	ṙσ ȋ ȧo aσ-év
遍身蓋寮寮	ȁe-nc ảo bỉv-bỉv
未知此寒何路來	ēv-нı ứ ŏo ū ŏn ȋ

ら ら ら 難 難 力 ll

棹頂一塊碗	ȯı-ŕu ṅ-ėı ỏa
棹下一個碟	ȯı-ē ṅ-ệ ăσ
棹頂碗磕落	ȯı-ŕu ỏa ao-ө́n
頓着棹下碟	ȍı-ṙ ȯı-ē ăσ
碗破碟亦破	ỏa ȍb ăσ ả ȍb
未知碟着賠碗	ēv-нı ăσ ṙ êe ỏa
抑是碗着賠碟	á-ıc ỏa ṙ êe ăσ

因 真英	na	有 酒英	ĺa	罩 地亞	àı	面 文益	ñu
饑 耶英	xa	毬 交	úv	鈴 地益	̀ɛı	孟 文咏	ñu
香 喬喜	hr	曉 喜沼	x́r	明 貞益	̀ɛu	行 喜咏	ñr
宗 公貞	cu	手 出酒	lúl	格 求益	̀ɛo	重 地上	ñı
脚 去鴉	ao	孝 教喜	ờr	王 英狂	ĉa	現 喜爺	d̃r
分 春邊	ne	歲 喜	èr	黃 英門	ĉoa	抱 波	ōb
古 所求	ộ	喪 貞	̀cc	床 出門	ĉu	蔫 出看	́ru
綠 交	[illegible]	睡 去寸	̀ɒo	朝 地月林	̂xı	蠍 柳盒	àn
冷 流柳	̀ɛn	跳 他照	̀xı	眠 文民泰	̂nu	掮 英舌	̀da

有分伊 ū ne l

無分我 ô ne ó

腹肚邊 ve-ór-le

生蝣蟜 ic ðe-ða

蝣蟜脚 ðe-ða ao

蝣蟜手 ðe-ða lúl

腹肚邊 ve-ór-le

爛饒饒 ŏn-lúr-lúr

Ǵ Ġ Ġ 阮阮月

ū ne l 有分伊

Ĝ Ḡ Ġ 元曆月 12

飼蚊　ūɩ-ʋ́ʋ

吳猛八九歲　ŏn-ɾʋ́ʋ ṗe-ó-èɾ
就能曉得有孝　lŭ p̄a-xɾ́-ṅɩ líɑ-òɾ
因為家內袁窮　na-ʋ̆ eo-F c̀c-hɾ
所以眠床無蚊罩　ó-ĺ îɯ ɑ̂u ô ʋ́ʋ àɩ
至夏天之時　ȯ eɾ-ŭ ê îc
蚊嗄嗄吼　ʋ́ʋ ãɾ-ãɾ-óɾ
伊就醒醒臥的　ɩ lŭ ɩ̀ɩ-ɩ̀ɩ óɾ-ėɩ
由在蚊咬　lɩ̂a-ūɩ ʋ́ʋ āo
是驚了蚊饑　īc ɑ̆ xɾ́n ʋ́ʋ xa
去咬伊之娘母　ìo āo ɩ-ê ōn-ɯ́ɯ

創眠床　ɑ̀ɩ-n̂ɾ-ɑ̂u

黃香八九歲　ɑ̂a-hɾ ṗe-ó-èɾ
亦能曉得有孝　ɑ̀ p̄a-xɾ́-ṅɩ líɑ-òɾ
若至熱天　ãn ȯ ɒ́ɒ-ŭ
就與伊之爸父　lŭ āo ɩ-ê ōn-ēe
搧眠床　ɑ̀a-n̂ɾ-ɑ̂u
俾伊涼冷　ōɾ ɩ lɛ̂ɩ-ŕɩ
冬天　ɩ̆ɩ-ŭ

ʋ́ʋ̀ʋ 妻畏抉

ūɩ ʋ́ʋ 飼蚊

ʋ́ʋ̀ʋ 圍謂畫

就先臥的　lū rc ói-ėi
俾被蓆溫　ōr ēb-ỉlı rc
可與爸父來聽　ur ōr ōn-ēe î ìoo

哭竹　òo-ṙu

晉朝有一個孟宗　ìı-xìu ū ỉı-ê ru-cu
娘母病傷重　ōn-úu ĩe h-hū.
冬天之時　ur-ŭ ê îc
想見愛食筍湯　lĩ-î ta àru róc-oor
古昔冬天無筍　(óo áu ur-ŭ ô róc
日為孟宗哭竹　na-ū ru-cu òo ṙu
現時則有冬筍　ār îc àru ūųı róc
孟宗就抱竹哭　ru-cu lū ōb ṙu òo
因為伊之孝行　ŋa-ū lê òr-ȓr
感動天地　ā-ēı ŭ-ūı.
即時竹腳發筍　ṙu-îc ṙu-ao ėr-róc
伊就提轉來煮湯　lū ėt ao î úu-oor
娘母食了　ōn úu àru xón
病就癒　ĩe lū ór

掠鯉魚	ȧn ín-ȋr
晉朝有一個王祥	ǹ-x̂ı ū ṅ-ê ç̣a-ǩ
寒天之時	ŏo ủ ê ȋc
水面皆堅冰	ʋu-ñʋ ćn do re
娘母愛食鮮魚	ōn-úʋ ìa ȧu ili-ȋr
伊就褫剝體	ι ụ ȯı-ɩ-ʋe-ét
臥在冰裡	ǿı ū re ịn
要俾冰熇着温	ėʋ ŏr re ȯr-ṫ-rc
鎔鎔去	lǔa-lǔa ọσ
就可落水掠魚	lū ʋt ón-ʋu ȧn-ȋr
纔纔臥的之時	úı-úı óı-éı ê ȋc
有两尾鯉魚	ū ōn éʋ ín-ȋr
忽然跳起來	ṁr-ḓs x̀ɩ-ịọ-ṭ̂
伊就掠轉來	ı lū ȧn ǿı-ṭ̂
俾娘母食	ŏr ōn-úʋ ȧu
假鹿	éo ċn
周朝有一個剡子	ụ-x̂ı ū ṅ-ê ộc-úu
父母年老	ēe-úʋ ìn-ōn
兩個目睭皆眚盲	ōn-ê ʋʋ-lu ćn ili-ǔr

ó文ύ所沼委 éo ċn 假鹿 ủꝉꝺ賞ꝕ子

想見愛食鹿䴥 ũ-í ɨa àru ćn-ĭn
刹子就穿鹿皮 ɗc-úu lĩ ñu ćn-êb
假做鹿 éo-ɲ̀ ćn
入去深山林 ńo ìơ mu-ŏc-ăn
與鹿做陣 ɖ ćn ɲ̀-ñu
來取鹿湩 f̂ úu ćn-ĭn
有打獵者看見 ũ àb-àmẹ ɗ́-í
就要開箭射去 lĩ èu bơ-íu ăc ìơ
刹子出聲 ɗc-úu ń-ăc
則無給伊射死 àru ô ńơ ι ăc íc

飼姑家 ĩu ai-eo

唐朝之時 ĉi-xi ê îc
有一個唐夫人 ũ ń-ê ĉi-ur-ño
伊之姑家年老 ι ê ai-éo ĭn-ōn
嘴齒落了了 ìu-íơ ủ xn-xn
不會食物 ĩɲ-ɲ̃a àru-ĩu
伊有幾若年 ι ũ bo-ăn ĭn
用乳俾伊嗷 ñ ĭn ŏr ι ùc
與伊梳頭洗面 ào ι ɲc-ôt ɲc-ñu

ó ú á 狡酒仔。

至姑家破病之時 ò ai-eo nb-ie ê ic
媳婦與孫媳婦 m-ūe dr nc m-ūe
皆來看伊 ćn î ó ị
伊就教示他講 ι lī ào-ic na ć
我無甚物可報答 ó ô m-iw vr-òe-dr
媳婦孝行之恩 m-ūe òr-rr ê na
願您諸個 ō ín àru-ê
孫媳婦 nc-m-ūe
有孝您姑家 lía-òr ín ai-eo
相似您姑家 nli-lili ín ai-eo
之有孝我 ê lía-òr ó

ír 从 ír 洗扁桶。

洗扁桶 íc bli-ír
宋朝黃廷堅 òc-xi ôa-rī-do
雖然做至大官 lr ds ír ò ōr-ōo
逐下昏與娘母 ìr ē-or āo ōn-íw
洗扁尿桶 íc bli-ro-ír

-ár-ŭ-ō 蝶截勿。

17

青盲妻	ü-ŭ ǒu
宋朝有一人	ç̀c-ŝü ū ṅ û
名叫劉廷式	ǻu-ìo ôn-ȓü-ṙc
伊来出身之時	ι ēu ṅ-nc ê îc
有與人講親情	ū ǖ û ć nü-ǎu
總是無送定	ću-īc ô ìc-ān
至做大官轉来	θ ỳ ōı-ǒo ǿı-ȋ
閨女孩仔	au-ǒu-ȓo-ạa
兩目變成青盲	ǿn ύu íe-ǎu ü-ŭ
劉廷式差媒人	ôn-ȓü-ṙc eü ŵr-û
擇日要完婚	ṙü-ṙs ėu Ĝa-nr
新娘之父母	nc lün ê ēe-úu
强强辭講	ȓo-ȓo îc ć
吾陰女子	Ǵ au-ǒu-ȧr
巳經變成廢人	ί-ro íe-ǎu ỳr-ȓs
伊可娶别人	ι ur ōü be-û
劉廷式講	ôn-ȓü-ṙc ć
設使我不娶伊	ȧ-úc ǿ ŵ ōü ị
是誰要娶伊	ȕ-ȓu ėu ōü ị
我巳經許伊	ǿ ί ro ńa ị

ô ü à 飲哪鴨 ü ŭ ǒu 青盲妻 ô ü à 碗嘢盒 18

一百 ŭ l 學就異

今雖然售盲	àu bc-ds ĭu-ŭv
不過是伊之命	ìve-òo īc l-ê āv
亦是我之命	ȧv-īc ó-ê āv
就娶伊	ŭ ōu ị
生兩個子	ĭc ōn ê ȧv
皆進中	ċn ǹ-ǹu

ŭn ŏu ū 讓田地

讓田地	ŭn bŭ-ū
蘇瓊做官之時	ȯ-ŝo ṿ-ŏo ê îc
有兄弟仔	ū ăv-ū-á
來相告田園	î ăc-òo bŭ-âv
伊流目滓	ı ôn-ıv-ín
與他講	āo ṇa ć
通世間	cı èc-bo
不再得着兄弟	ṽv ȯo ıu-ı ăv-ū
能再得着田地	ṽa ȯo ıu-ı bŭ-ū
設使得着田地	ȧ-úc ıu-ı bŭ-ū
來失落兄弟	î ıc-ȯn ăv-ū
於心何忍	ù-m ôv-ıns
兄弟聽諸個話	ăv-ū ăv ȧu-ê ṽa

ŭ ā ṽ 謂夜罪 19

皆受感激　ćn lūc ɗ-ŕo
就再相與食　lū òo ǎ-ɗ ǎru

讓梨仔　lūn f̂-á
孔融四歲之時　ćo-ńa ìc èr ê û
與伊之兄弟食梨　ɗ ı ê ǎr-ū áru f̂
永是揀小粒者　ŕ īc ŕo ŵc ɗn-ệ
講我細僕　ć ɗ ŵc-br
着食細粒者　ṙ áru ŵc ɗn-ẹ
相尊食有剩　ǎ-ɪɔu áru ū ɒ

自己乾　ao-io ai
唐朝有一人　ĉı-ŝı ụ ṅ ŷ
名叫婁德師　ǎr-ìo ộn-ŕı-uc
一生寬洪大量　ṅa-rc go-ĉr ħ-lūn
他小弟　na-ŕc-ū
将去做官　ėr io ŵ-ɓo
來與伊相辭　f̂ ɗ ı ǎc-îc
伊就教示伊講　ı lū ào-īc ı ć
凡事着讓人　ōr-ūc ṙ lūn ŷ

ū ō ō 有外帽
ao io ai 自巳乾
ū ѿ ō 戀不鬥 20

ò lli ì 教兒意

ṅ νo 審鷄

lǜ ì è 畏最齋 21

他小弟講	na ŕc-ī ıı ć
設使有人	ȧ-úc ū ŷ
淺與我嚜至面	õn āo ó lib ė ñw
我就拭起來	ó lī ilı-ío-ȋ
如此可麼	ba-ĩn ór ậv
德師講	ṙı-ıc ć
若拭起來	ãn ilı-ío-ȋ
是再激伊怒氣	īc ȯo ṙo ı līc ío
不及着笑笑	ȯe-mo ṙ ṙlı-ṙu
俾伊自已乾	ōr ı ao-īo aı

審鷄　ṅ νo

傅琰做山陽縣	ḍe-ŝa ṙ ḅc-ĥa-ĩ
两人因為一個鷄	ōn ŷ na-ŀ ṅ ê νo
就來相告	lī ȋ ă-ȯo
傅琰就問他	ḍe-ŝa lī ō na
鷄是用甚麼飼	νo īc ȓ m̄-w̄ īu
一個講用粟	ṅ-ê ć, ȓ ṙu.
一個講用荳	ṅ-ê ć ȓ ōı
伊就當堂殺鷄	ı lī ar-âr ȋı-νo

腹內皆是粟	ìe-Ŧ ćn-Īc ṙlı
就刑罰彼個	lī r̂ɛr-ȯr ṅr-ê
講食荳者	ć ȧru-ōɪ-ệ
將鷄判還	hu μo ȯb-r̂ɛr
講食粟者	ć ȧru ṙlı-ệ
事真難得假	'uc-n b̂-ṙu-éo'

食雞蛋 ȧru-μo-ōn

有一人	ū ṅ û
不見一粒	ùb-ǐ ṅ-ȯn
煠熟之鷄蛋	ȧc-ṙc ê μo-ōn
無半個有認	ô-ɔ́e-ê ū n̄s
伊就捧一碗水	ı lī ûb ṅ ȯa bú
遣逐人嗽口	ȧȯ ṅ-û ṙc-θσ
内中有一人	Ŧ-hu ū ṅ û
嗽口水	ṙc-θ́σ-bú
有鷄蛋塊仔	ū μo-ōn-èı-ạ́
即時掠着	ṙu-îc ȧn-ṙ
是伊偷食	Īc ı θŧ-ȧru

ŵ ɒ́ ɩ́ 野我羽

灌毬	Ġo-lio
宋朝彥文博	ċc-xu ḃɒ-ɒv ċb
細僕之時	ṗc-br ê ic
與孩仔伴打毬	ḋr ɒ-áa-ɒb ablio
毬跳入柱孔内	lio xrmis x-vo-F
手提不着	líu er ɒv ŕ
伊就揞水來灌	i lī ɒo-lív F Ġo
水灌滿	bu Ġo ɒv
毬就自己浮出來	lio lī ao-io ûbɒ-!

Ġo lio 灌毬

跌落水	ḋe-ȯn-lív
司馬公細僕之時	uc-âv-c pr-br ê ic
與孩仔伴的諢	ḋr ɒ-áa-ɒb ei-ɒr
其中一個孩仔	io-lu ri-ê ɒ-áa
跌落水碙内	ḋe-ȯn lív-ɒo-F
孩仔皆驚走	ɒ-áa ćn ăr ɵu
司馬公掇石頭	uc-âv-c ṙo ṙu-ôt
來搥破水碙	F ċ-ɒb lív-ɒo
救這個孩仔出	lio ri-ê ɒ-áa ṙo
則無被水溺死	au ô ɒr lív ṙo iç

ĩ ŵ ɒ́ 桿姆晚 23

止嘴乾　íu-bu-ai

有一個烏鴉	ū ṅ-ê ɗa-a
嘴乾喉渴	bu-ai ôa-ịʋo
有看見一滴仔水	ū ɗ-í ṅ ụ-a bu
在硏底裡	ū bo-ṕn-ịn
伊就強強	ι lī ko-kô
要攢落去飲	ėʋ ɑu-ón-ìo mn
可惜攢不到	óo-ŕc ɑu ṗʋ ò
至路尾	ò ɗn-éʋ
就咬石蛋仔	lī āo ṙu-ɑ̄n-á
落彼硏裡	ċn íʋ bo ịn
水就愈㧣愈㧣	bu lī ȧn ū ȧn ū
㧣至硏墘	ū ò bo-ĭ
可止嘴乾	ʋi íu-bu-ai
千鈞力	"rlu-ɗo b
不值四兩智	ɯ̄-bi ìc-lin ụ

比武　ìe úʋ

有一日	ū ṅ ṅs
獅與蚊的比武	rc ɗ íʋ ėi ìe-úʋ

ô ê lí 無個嘴

íu bu ai 止嘴乾

ŭ ĭ ĭ ô 墘高門

獅就展威開嘴	ĸc lĩ ɛ́u b bo-bu
要攫蚊仔	ėı ȧ-ʋ́ʋ-ȧa
蚊仔忽然攢	ʋ́ʋ-ȧa ɪ́ɪr-ɑ̂s ɑ̀ɑu
入伊之耳孔	ɪ̇ɪs ι-ê ɪ̄r-ʋo
再釘伊之鼻	ȯo ʀ̀u ι-ê ɪ̃b
獅搖頭拂耳	ĸc ɾ̂a-ɵ̂ɪ ɓ̃e-ɪ̄r
皆攫伊不着	ćn ȧ ı ɲ̄ʋ ṙ
至路尾	ȯ ɵ̄n-éʋ
獅就降服講	ĸc lĩ ʋ̂r-cr ć
兵在精	ʀe ʜ̄u ʀu
不在多	ɓ̀e ʜ̄u oı
將在智	h̀u ʜ̄u ı̀ı
不在勇	ɓ̀e ʜ̄u ɪ́a

摸鐘	cu ʀu
宋朝陳襄	c̀c-ɔ̂cı b̂ı-h
做建州府之時	ɲ̀-ɗo-ιι-ʋ́r ê ı̂c
庫房不見銀	ɗo ʋ̂e ɓ̀b-ɪ̃ ɑ̂ɓ
就掠本的做	lĩ ȧn ɓ́e éı ɲ̀-
賊者來審	ɓ̀u-ệ ʀ̂ ḿ

確腠畫　摸鐘　羞脈物

無半個要認　ô be ê ẻư ĩs
伊就先差人将　i lũ rc eu û hu
烏烟皀在鐘内　ơa-da õu ũ ru ṫ
則與賊講　ảu ão bu ć
城隍内　ȓc-ȏr-ṫ
有一個古昔之鐘　ũ ṅ-ê ớo áu ê ru
若有偷提　ãn ũ θr-ér
摸了鐘能　cư xn ru ĩa
自已鳴　ao-ĩo bỉ
若無偷提　ãn ô θr-ér
摸了不鳴　cư-xn ĩv bỉ

陳襄就穿公服　bỉ-h ũ ru c ơr
排祭讀訢明白　ȓe èu ử-ṙ ò ȓu-ṙe
則導他隨個　ảu ĩu na bc-ê
入暗間去摸鐘　ns đa ro ìo cư ru
摸至全完　cư è xu Ĝa
出來到光之所在　ṅ-ȓ è ωo ê ớ-ĩu
驗着彼個正賊　ĩo ṙ ir-ê áu-bu
手無染着烏烟　lu ô iu-ṙ ơa-da

ní đ 𡗶 振濟忖
cư rư 摸鐘
bớ Ġ 𡗶 咱阮永

ɓ G ɗ 懶阮永

一下審就認　ṅ-ē ṁ lĩ ñs.
則辨伊之罪　ȧu bē ι ê ɥ̄
其餘者皆放去　ȉo-û-ệ. ćn ve ọo

鏨梭仔　đu oc-á

đu oc á 鏨梭仔。

孟子三歲之時　ṝu-úu ă-èr ê ȋc
就死爸父　lĩ ic ōn-ēe
伊之娘母　ι-ê ōn-úv
俾伊入學讀冊　ōr ι ṁs-ȯa ủr-ėlι
孟子推學轉來　ṝu-úu er-ȯa ớı-ȋ
娘母的織布　ōn-úv eι ṅ-ƌe
看見伊推學　ɓ-ί ι er-ȯa
就鏨斷梭仔講　lĩ đu-ōı oc-á ć.
汝之推學　ín ê er-ȯa
讀不成冊　ủr ω̄-ăru-ėlι
是相似我之鏨　ῑc nlι-lŭlι ɓ ê đu-
斷梭仔　ōı oc-á
織不成布　ṅ ω̄-ăru ƌe
孟子就奮志讀　ṝu-úu lĩ ȍr-ȕι ủr
後來成做聖賢　ēa-ȋ ăru-ȕ ȑc-âr

ɓ G ɗ 加月疫

錐壁　b-ȧve

漢朝有一個宰相　bɨr-xɑ ū ɦ-ê ɦu-ɦ
名叫匡衡　ăv-ɨo ço-ɦr
伊未出頭之時　ι ēv ɦ-ô̂r ê îc
喪至無錢可買油　ècè ô ŭu vr ȧı-lîa
隔壁點火　ėo-ȧve ȧ-ér
伊就由壁錐孔　ι lŭ bı ȧve b vo
俾光照來　ɔ̄r ɷo ɨu-ȋ
就可讀册　lī vr ɨr-ėu

守清節　ĺı-rı-ȧu

三國之時　ȧc-ċ ê îc
曹文叔之妻　ôu-ɦv-ɦ ê ȯv
名叫令女　ăv-ɨo ɦn-ín
文叔早過世　ôv-ɦ áu èo-ìc
無傳子　ô Ĝr-ȧr
伊驚他外家　ι ăv na ɔ̄-eo
與伊改嫁　āo ι ɦo-èo
就自己剪頭毛　lī ao-īo ȧu ôr-ô
要使人不娶伊　ėv ɔ̄r û ω̄ ɔ̄u-ı

ṅ ḍ ṅ 進摘寸

後來謊孝	ōa-î ȯrt-àr
外家實在要	ō-eo ṅc-ūu ėv
與伊改嫁	ao ι ṕo-èo
伊就自已割	ι lī ao-īo ḃo
两個耳仔起來	ōn-ê īr-á ịọ-î
至丈夫之家	ȯ ńu-ur ê eo
皆死絕了了	ćn íc-ėù ẋn-ẋn
外家就用人打	ō-eo lī r̄ û ȧι-
採伊改嫁之意	ȧr ι ṕo-èo ê ì
伊就假佯許伊	ι lī éo ȧva ńa-ị
則自已割鼻講	ȧu ao-īo ḃo ιḃ ć
我若儌負丈夫	ḃān xr-ūr lū-ur
是不仁不義	īc ḃe-r̂s ḃe-īo
更輸禽獸	ȧo uc m̂o-lìc

av ȧva 肉影

ṅ ȧ ṅ 職設出

肉影	áv ȧva
有一隻狗	ū ṅ ȧru ȯ
咬一塊肉	āo ṅ-èι ȧv
由橋裡過	ḃι r̂o ìn èo
橋下之水	r̂o-ē ê ḃu

清窒窒	ʀɯ-t̀a-t̀a
所以伊之影	ó-í ɩ ê ȧʋa
照落水底	ɾ̀ɯ ȯn ɓ́ɯ-ɱ́ɾ
伊就蹌落橋	ɩ ɯ̄ ĉɯ-ón ɾ̂o
要搶彼塊	ė̊ʋ ɓ́ɯ ṙʋɾ-èɩ
水内之肉影	ɓ́ɯ-ɾ̄ ê ȧʋ-ȧʋa
嘴一下開	ɓ̀ɯ ṅ-ē ɓơ
嘴内彼塊真的	ɓ̀ɯ-ɾ̄ ṙʋɾ èɩ n-é
磕落在水底	ao-ȯn ɯ̄ ɓ́ɯ-ɱ́ɾ
再被水	ȯo ɗ̄ɾ ɓ́ɯ
激至半條命	ṙo ò ɗ́e x̂ɩ-ǎʋ
貪字貧字殼	'ɗɾ-ị̄s n̂e-ī̄s-ʋ̊ơ'

詼笑 ɓ́o-ɾ̀ɯ

有一個驚妻者	ɯ̄ ṅ-ê ǎʋ-ɗ́ʋ-ẹ́
妻已經死	ɗ́ʋ í-ʀo íc
看見伊之像	ɗ́-í ɩ-ê ɦ̄
掛在棺材頭	ɓ̀o ɯ̄ ɗ̀o-âɯ-ôɾ
就想見在生之時	ɯ̄ ɯ̄-í ɾ̄ɯ-ṫc ê îc
不時被伊若播	ȯe-îc ɗ̄ɾ ɩ án ɓ̂ɩ-

ûأ ய் ۑ 唧泥

大麥呢 ōı-ėʋ ïŋ
想見不甘願 ŭ-ǐ ῶ-ɗ-Ḡ
就拳頭拇 lĭ ô-ôı-ύʋ
捻至捲埀 ŋ è ó-ɾo
相精精 ì-ru-ru
對像將捧落去 ır ı̇ ėʋ ru-ón-ọ
忽然有一陣風 ór-âs ū ì-ūu or
吹着像震動 el ŕ-ı̇ ú-ū
伊就碚碌跪落去 ι lĭ có-ón ŏ ónìo
驚至一個面仔 ŏ è ì-ê-ʋ-ȧa
青筍筍 ŭ-ŏc-ŏc
講我不敢 ć. ó ῶ-ȧo
我不敢 ó ῶ-ȧo
咱是的讓笑 ó ī ė ó-ì

折竹仔 ba ŕu-á
有一個老人 u ì-ê ōn-ŭ
眾後生 ru ōr-ic
常常愛冤家 ì-ì ìa ɢa-eo
伊就提一把竹仔 ι lĭ ėı ì-ée ŕu-á

遺他逐個着折	ȧo na ɩr-ê ṙ ƀa
無半個折能截	ô ɓe-ê ƀa ɥa ɩu
伊就遺他解開	ɩ ɩū ȧo na θr-bσ
一人擇一枝俾他	ṅ ṹ ȧo ṅ ɩo ōr na
逐个嘁嘁唛唛	ɩr-ê ɩ̈u-ɩ̈u-ɔ̈u-ɔ̈u
折截了了	ƀa-ɩu ɔ́n-ɔ́n
伊則警誡他講	ɩ ȧru ńo-ɩo na ć
您若寃家	ńn ãn ɢa-eo
能給人説笑	ɥa ńσ ṹ éc-ɩ̀u
俗語講	ń-úp ć
打虎着親兄弟	ȧb-ór ṙ ɲu-ăr-ū

偷牽牛　θr bσ ûn

有一個傖歆僕	ū ń-ê ĉc-ʜ-ɓr
不見一隻牛	ɩ̀b-ɩ̂ ṅ ȧru ûn
就去告	ɩū ɩ̀σ ȍo
官問伊講	ɓo ōo ɩ ć
汝牛何時不見	ín ûn ū-ɩ̂c ɩ̀b-ɩ̂
伊應講	ɩ ǹa ć
明仔日	n̂u-á-ṅs

有一個原差聽見	ū ṅ-ê Ĝ-eu ăr-í
伊的誦藼話	í ėi ān-ōo-ūa
就笑至噱噱吼	ū ṙu ȯ ṅo-ṅo ór
官搨棹蹞脚講	ōo ȧu-ȯr ȯr-aoć
汝已經的笑	ín í-ro ėi ṙu
牛就是被汝	ûo ū-īc ṅo ín
偷牽去了	or-bo ìo-ín
彼個原差	ṅr-ê Ĝ-eu
由兩個袖掩	ùi ōn-ê lúu-óa
拂拂的講	De-De-ėi ć
大老爺	ōr-ón-â
我通身軀	ó ct-nc-uo
由在汝搜	lûa-ītu ín xu
不賣	ōo-ūu
有一個人客	ū ṅ-ê û-éo
飯已經食完	ōe í-ro áu Ĝa
看主人無來添	ó úu-û ô ŕu
就假佯講	lī éo-ăa ć
其人有一間	ȯu-û ū ṅ-ro

秦難元

不賣

國壽鴿33

大厝要賣	ōɪ-ùlı ėʊ ūʊ
就將碗面	lĭ ıu ȍa-ūɯ
向主人之面	ɑ̀a úu-û ê ūɯ
講伊之櫃桶	ć、ı-ê ia ùo
亦差不多	ɑ̀ au-ṅe-oı
有這塊碗面大	ū ṅ-èı ȍa-ūɯ-ōɪ
主人看見碗無飯	úu-û ó-í ȍa ô ōe
就緊緊與添	lĭ ńo-ńo ão ı ŭ-
再問伊講	ȯo ō ı ć
這間厝	ṅ ıo ùlı
要賣幾元	ėʊ ūʊ ʋ́o-ȍo
人客講	û-ėo ć
現時伊討有一	ōr ìc ı ór ū ń-
碗飯可食	ȍa-ōe ʋr ɑ̀u
今不賣矣	ɑ̆ı ō-ūʊ ạn

退熱	èr-ds
有小子熱病	ū ùc-ɑ̀ ds-ĩe
爸父之朋友	ōn-ēe ê ȓe-lía
派藥俾伊食	ìb-ia ōr ı ɑ̀u

ɵ ɯ l 交周伊

隔暝就苑 ėo-ŭv lī íc
他爸父 na ōn-ēe
去與伊直直謅 ìo ďr ı ṅı-ṅı álı
朋友不信 ȓe lía ω̄-ǹc
就與伊來看 lī ďr ı f̂ ő
對身軀搔搔的 ȉı nc-uo oc-oc-ėı
講藥食一帖 ć ra áru ṅ ȯr
熱就退離離 ďo lī èr īn-īn
今睡寐寐矣 ăı ȍo-ĩı-ĩı ȧn
不免再食藥 ω̄-ďv óo ȧru-ŕa
汝不過是要 ín ȍe-òo īc ėv
挽我先生禮 bv́ ó d-ic-én
反轉來與我謅 ǵr-ōn f̂ ďr ó álı

ɯ̀ eb 物配

物配 īv-èb
有兩個後生 ū ōn ê ōr-īc
三頓謅無物配 ā-ọn álı ô īv-èb
他爸父就設景講 na ōn-ēe lī d-ŕoć
古昔之人 ŏo áu ê ȗ
看見樹梅 ő-ı́ lıı-ω̂

ɵ̄ ɯ̄ l̄ 腦箱覘 35

就能止嘴乾	lĭ ṗa ıu-bu-aı
我今將這尾鹹魚	óăı hun ėv ôo îr
來掛在壁呢	î bo ū ȧe ịn
您若看一次	ńn ān ŏ ṅ ıe
着毆一嘴飯	ṙ ee-ṅ-bu-ōe
兩個後生	ōn-ê ōr-îc
就聽伊之嘴	lĭ ăr ı-ê bu
的食之時	ėı ȧu ê îc
第二子嚷講	ēı-īs-ȧr hs ć
阿兄真饞鬼	á-ăr n xa-bo
加看一次	eo ŏ ṅ-ıe
他爸父講	na ōn-ēe ć
伊今着俾伊	ı ăı ṙ ōr ı
活活踶死矣	óa-óa ĭc ıc ȧn

借銀 ŕu-ôo

有一人	ū ṅ ŭ
提一張田契	ėı ṅ ŭ bu-ṗo
要與人借銀	ėv āo ŭ ŕu-ôo
銀主講	ôo-ıu ć

ひ ω ト 威野来	不免寫契	ω̄-ár ác-ɯ̀o
	但使提汝之像	ãn ɪ́c ė-r ín-ê ɪ̃
	来做準當	ɪ̂ ɯ̀ ɪ́ɒu-ɒ̀r
	就可来提銀	lĩ vr ɪ̂ ė-r ɒ̂ɒ
	這個借銀者講	ṅ-ê ɪ́u-ɒ̂ɒ-é ć
	汝愛我之像	ín ɪ̀a ɒ́-ê ɪ̃
	有甚麼路用	ū m̄-ɯ̄ ɒ̄n-ɪ̄
	銀主講	ɒ̂ɒ úu ć
ɪ̇ɒe ər 不孝	是驚了别日	ɪ̄c ω̄-xn bė-ṅɒ
	與汝討銀之時	āo ín ór-ɒ̂ɒ ê ɪ̂c
	汝變一枝面像	ín ɪ̂e-ṅ-ɯo-n̄u-lũ
	與這時無同	ɒ̈r ṅ ɪ̂c ô-ɪ̂n
	不孝	ɪ̇ɒe-ər
	孟子講	ɪ̄ɯ-úu ć
ピ ω̃ ト 開 鷩 歹	不孝有五件	ɪ̇ɒe-ər ū ɒ̄ɒ ω̄r
	頭一件就是	ôr-ṅ-ω̄r lĩ-ɪ̄c
	脚手懶惰	aσ lũ n̂e-ɒ̄n
	不掙来飼父母	ω̄ ɢu ɪ̂ ɪ̄u ēe-úu
31	第二件就是	ēɪ ɪ̄ɒ ω̄r lĩ-ɪ̄c

顧賭博圍碁	ɓ̀o ɗé ɕ́o ʋ̂-ɩ̂o
癲癲醉	dɪ-dɪ-b̀u
無想養飼父母	ô lĭ l̓ia-īu ēe-úw
第三件就是	ēɩ-ă-ā̃ɾ lī-īc
有錢銀物件	ū ŭu-ɱ̂o ȋɯ-ā̃ɾ
皆是顧妻子	ćn-īc ɓ̀o ɓ́ʋ-ả
無想養飼父母	ô lĭ l̓ia-īu ēe-úw
第四件就是	ēɩ-ìc-ā̃ɾ lī-īc
去花間挨吹唱	ìo pɾ-ʀo pa-eu-lilu
俾父母見誚	ɓ́ɾ ēe-úw ɗ̀o-ɕ̀c
第五件就是	ēɩ-ɓʋ-ā̃ɾ lī-īc
好相打寃家	óɾ ɾc-áb ɢa-eo
来累着父母	f̂ lʋn-ɾ́ ēe-úw
抢媳婦	ōb-m-ūe
有一個獃子	ū ṅ-ê ʜ-ụ́u
生一個陰女子	ĭc ṅ-ê au-ɓ́ʋ-ả
人要討去做	ʋ̂ ėʋ óɾ-ìo ʋ̀-
媳婦仔	m-ūɯ-á
這人大慾氣講	ṅ ʋ̂ ɓ̄ɩ-lĭc-ìo、ć

ɥe ɪ 最裔快

ōb m ūe 抢媳婦

ʋ̄ ē ɪ 夾嬰高

38

丙 百 丁 外帽趙　xu ao én 懸傀儡　ㄖ ㄛ ㄨ 我咩ㄇ 39

伊歲加咱重倍	ı èr eo ɓ ȓı-ēe
咱陰女子	ɓ au-ʃu-ả
止有一歲	ủı-ū ṅ-èr
他後生	na ōr-ĭc
已經二歲矣	í-ro ōn-èr ạn
別日咱陰女子	ɓe-ṅs ɓ au-ʃu-ả
若二十歲	ãn ĭs-ḋu èr
他後生	na ōr-ĭc
已經四十歲矣	í-ro ìc-ḋu èr ạn
伊之婦仁人	ı ê ūr-ṅs-û
與伊轎唱講	āo ı mr-ór ć
汝真老倈戇	ín n ōn-ù-ōu
咱陰女子	ɓ au-ʃu-ả
今年雖然一歲	no-ĭn bc-ds ṅ èr
若至明年	ãn ə ǎ-ĭn
就與他後生	lĭ ů na ōr-ĭc
平平二歲矣	ĭe-ĭe ōn-èr ạn

懸傀儡　xu-ao-én

楚國孫敬　ʃu-ċ ṇc-ro

不時關門讀册　ṙe-ĉc ť-ô u̇r-èu

若讀至愛睡　ŭn u̇r è ȓa-ȍo

就將頭鬃尾　ū hu ôr-vu-év

懸在樞仔　xù ū ťa-ȧa

若㸃假寐　ãn u̇u-ao-ēu

頭鬃尾就摘高　ôr-vu-év ū ṙ-ť

伊就能知醒　i ū ŗa ɦu-ȉu

可再讀　ur ȯo u̇r

有時若出街　ụ-ĉc ãn ṙo-ɥo

人來叫伊做　v̂ ŕ ȑo i v̀

門門先生　ȯu-ô d-ťc

皇嘴　ōu-bu

的坐棹之時　ei ēu-ȯr ệ ĉc

有一個人客　ụ ṙ-ê v̂-ėo

顧伊自巳　ȍo i ao-ţo

噬噬食　äc-äc-ȧu

捧棊之人看見　ŭb-ȉu ê v̂ ŏ-ĭ

敢怒而不敢言　ŏ-ŏn ĉs-ṙe-ŏ-ĉo

就將烟黜　ū hu da-ôr

ó ú l 狗酒椅

ōu bu 皇嘴

ô bu l 腦賞翻 40

c n ŋ 公真春

皀至滿嘴 ōu ò pu bu
烏皀皀 ba-ôc-ôc
再去跟食 òo ìo no-áu
衆人客看見 Ru û-éo ó-î
盡戆愣 n̄ ōn-ōn
就問伊講 ū ō i ć
汝之嘴 ín ê bu
是去擂鍋底磨 īc ìo bn e ín ǎw
伊應講 i ǹa ć
汝顧汝自已 ín ǒo ín ao-īo
之嘴 ê bu
無管別人之嘴 ô-óo be-û ê bu

ào ǎ 教子

教子 ào ǎ
蠏母罵蠏子 ūr-úw ā ūr-ǎ
行路歪歪 ǎ ōn ta-ta
蠏子應講 ūr-ǎ ǹa ć
吾皆是學 ó ćn īc òa
娘母之行儀 ōn-úw ê ǎ-ûo
蠏母自已省察 ūr-úw ao-īo ćc bu

a n h 仙鶯商 41

本身亦無正	íe-nc ȧr ô ȧru
由如此	ìr ɓa-ŭn
嘴扁扁	ɓu-ie-ie
有嘴講別人	ū ɓu ć ɓe-û
無嘴講自已	ô ɓu ć ao-īo

生金蛋	ŭc mo-ōn
有一個戇人	ū ṅ-ê ōo-û
飼一隻大鵝	ūu ṅ-ȧru ōn-ôo
逐日生一粒	ìn-ṅs ĭc ṅ-ȯn
金鵝蛋	mo-ôo-ōn
就打算講	ū ȧb-ȯc ć
腹肚足參	ie-ŏn ȧru ɥr
若殺開	ōn Ĥ-bo
的確得着大富	ṙu-io ṅu-ṙ ōn-ùe
遂時殺伊	ɓĉ-ĉc Ĥ ị
腹內空疎疎	ie-Ŧ vo o-o
食緊撞破碗	ȧru-ńo-ċ-ȯb-ɓa

穿獅皮	ŌU K-êb

ċ ư ẚ 國鴿設

驢穿獅之皮　ûn Rư ɪc ê êb
百獸看見　ȧe-lùc ɒ́-ĩ
皆驚走　ćn ǻ óư
有一日　ū ń-ńs
忽然吼　ỉɒr-ȃs ér
衆獸聽見是　ỉư-lìc ằr-ĩ īc
驢之聲　ûn ê ằc
皆圍圍來　ćn ɓ-ɓ f̂
與伊分屍折腿　āo ι ɒe-ιc ȧr-ɓr
事真難得假　ūc-n ɓ̂-ỉư-éo

ŕo ử ỉc 揀子壻

揀子壻　ŕo ǻr-ỉc
司馬溫公講　uc-ảư-ɒa-c ć
若要結親　ān ėư ȧo-nư
着探聽子壻之　ỉ ȧr-ằr ảr-ỉc ê
性情與家風　ỉc-ȓư ȧr ao-cr
莫得貪伊富貴　ȯ-ỉư ȧr ι ùr-ɓo
設使子壻賢　ȧ-úc ảr-ỉc ôo
目前雖困喪窮　ɓr-ȓư ɓc-ćrc-ɓr
豈能料得伊　ɓo ȫa-ǹn-ỉư ι

ċ ư ẚ 咯恰古

將來不富貴乎 hu-ɨ̂ p̄ʊ ùɾ-bò ạʊ
設使不肖 ạ̀-úc ṅe-ɔ̀cc
豈能保得將 ɑo p̄a óe-ṙu hu-
來不喪窮乎 ɨ̂ p̄a c̀c-hr ạʊ

學飛 ɔ̀a ee
龜看見鶯 uo ɓ́-ɪ̂ ʀ
飛至半天雲尾 ee ə ɓ́e-ŭ-rôr-éʊ
心極欣慕 m ḱo mr-ɔ̄ʊ
就聒嘈鶯 lĭ ɪ̀ru-ôu ʀ
教伊學飛 ào ɪ ɔ̀a-ee
鶯就咬伊之項領 ʀ lĭ āo ɪ-ê ɑa-ɾ́o
飛至半空中講 ee ə ɓe-co-lu ć
我將放矣 ɔ́ éʊ ʊ̀e ạn
汝試學飛 ín ɪ̀lɪ ɔ̀o-ee
嘴一下開 ɪ̀lu ṅ-ē bo
龜蓋摵至 uo-ɓ̀o ɨ̇ ə
碎鹽鹽 ɪ̀lu-ɑ̂a-ɑ̂a
飛愈高 ee ús ɛ̌
摵愈死 ɨ ús ɪ̂o

ɨ ń ɓ 摵職剌
ɔ̀a ee 學飛
ɪ G ń ɓ 月 一加卅

金雞母	mo-μo-ώυ
有一個賊	ū ṅ-ê bu
去偷喪窮人	ìσ θɾ ċc-hɾ-û
内面空踈踈	ɛ̄-ñw υσ-σ-σ
就閙呵	ū̆ hɛ ȁa
開門要去	bσ-ŵ-ėυ ìσ
喪窮人知醒	ċc hɾ-ʊ̂ Hu-ȕu
看見門開闔闔	ɒ́-ɩ́ ŵ bo-ìn-ìn
就唱講	ū̆ ờɾ ć
賊精呵	bu-ũu ȁa
門開閟閟	ŵ bo-ãɾ-ãɾ
且與我閤的	ȁu āo ɒ́ ŵa ėı
賊應講	bu ǹa ć
汝有甚麼金雞母	ín ū m̄-ŵ mo-μoώυ
門着闔呵	ŵ ɩ̇ ȧσ á.

瘖耳聾	ɵ̀u-ɩ̄ɾ-ʊ̂
有一個瘖耳聾者	ū ṅ-ê ɵ̀u-ɩ̄ɾ-ʊ̂ ẹ́
去做新子壻	ìσ ɩ̀ πc-ȁυ-ɩ̀c
至丈人之門口	ɵ̀ ū̆u-ʊ̂ ê ŵ-ɵ́σ

狗欸欸吠 ó ör-ör-bie
至坐棹之時 ò ēu-ȯi ê îc
就問他丈人講 lū ā na lū-û ć
這隻狗 ṅ ȧu ó
昨暝是無睡麼 au-ŭ īc ô ȍ ȧu
怎樣見著我 ṡu-lūa ĩ-ṙ ó
直直飈嘘 ṅu-ṅu ȧr-ìr
滿棹之人客 ów-ȯi ê û-ėo
逐個笑至 ṅ-ê ìu ò
冬粉貫鼻 u-ór ȍo-īb

狗咬餅 ó āo-ȧe

有一人 ū ṅ û
看見一個孩仔 ó-ĩ ṅ-ê ṅo ȧa
手提一個餅 ću ėt ṅ ê ȧe
就嘆嘆仔笑 lū īo-īo-á-ìu
跑落來講 ûo-ȯn-î ć
我咬一個柴梳 ó āo ṅ-ê âu-uc-
餅俾汝看 ȧe ōr ṅ ó
就盡力嚼一嘴 lū ñ-b ȧr ṅ ȯu

狗咬餅

46

ꭥ ꭥ ꭥ 滚棍骨	就再褒唆講	lĩ ỏo oe oc ć
	我再咬齊齊	ṕỏo ão ṕ-ṕ
	更好看	ảơ ór-ṕ
	孩兒面憂顲顲	n̂n-ảa n̄w la-ó ó
	緊緊用手去封	ńo-ńo ñ́ lúli ìơoa
	彼人無先防	ṅr-ṹ ô-lũ-ĩ
	咬着伊之手	āo ṫ i-ê lúli
	血吱吱濺	lir ĩo-ĩo-õu
ó ão ảe 拗咬餅	彼人就牽長衫	nr-ṹ lĩ bo ôn-ă
	與伊扰	āo ı ṅli
	用手與伊搔講	ñ lúli āo ı oc ć
	靜靜靜靜	ñu-ñu ñu-ñu
	不痛不痛	ṕv-ár ṕv-ár
	汝轉去	ín ár-ịơ
	您奶若問	ńn-ản ãn ō
ꭥ ꭥ ꭥ 羣郡滑	怎能這孔	bo-ṕa ṅ vơ
	汝着講	ín ṫ ć
	是被狗咬着	ĩc nơ ó āo-ṫ
	若無	ãn ô
47	我就要打汝	ṕ lĩ ėv ảb ín

變禽獸　　ɩ̂e m̂o-lìc

孟子講　　ȓu-úu ć
人若食飽穿温　　ȗ ãn ȧu-áe ȓu-rc
安逸懶惰　　ba-ďa n̂e-ōı
皆無教示　　ḿı ô ào-ɩ̄c
就變相似禽獸　　ǔ ɩ̂e nu-ǔu m̂olìc

江州社　　ɣo-lı ārc

江州有一社　　ɣo-lı ū ṅ ārc
姓陳者　　ɩ̂c-bı ẹ
宗族七百餘人　　cu-ċu ṅu-ȧe ō ȗ
皆相與食　　ḿı ȧ-ď-ȯu
若至時頓　　ãn ò ɩ̂c-ȯı
大小照排坐棹　　ōı-ȋc x̀-ɩ̂e ēu-ȯı
有飼百餘隻狗　　ū ıu ȧe-ō ȧu ó
若有一半隻未来　　ãn-ū ṅ-ȯe-ȧu ēu̇
衆狗皆相等候　　ȓu ó ḿı ȧ-ȓı-ōr
至一齊　　ò ṅ-ȋ
則同一槽食　　ȧu ȋı ṅ-ôu ȧu

忠孝廉節　hu ờr ân du
漢朝陳孝婦　bờr xi bî-ờr-ūr
十六歲就出嫁　ởru-ứ-èr lĩ ɲ-èo
大夫當兵　ħu-ur ơı-ke
吩咐孝婦講　Gr-ừr ờr-ūr ć
我今着去爭戰　ó ăı ŕ iơ ku-du
生死不知　ıc-ıc pv hu
總是我無兄弟　ću-ıc ó ô ăr-ū
可養飼老母　ŕ-lia-ılı ōn-ıŕv
我若陣亡　ó ăn ħu-ĉv
汝肯奉承伊麽　ín kơ ōr-k̂c ıảv
孝婦應講好　ờr-ūr ǹa ć ór
後來丈夫死　ōa-î ħu-ur ıc
孝婦紡績織布　ờr-ūr ŕb ẻu ìde
益發孝敬　ṅa-ċr ờr-kờ
至三年脫孝　ờ ă-în ờr-ạr
外家想伊少年　ō eo lĩ ı xc-ân
又無子　ỏo ô ả
就要與伊改嫁　lĩ ẻv āo ı ŕo-èo
孝婦講　ờr-ūr ć

ô 以 ǒ 腦賞子　hu ờr ân du 忠孝廉節　ơ c ǐ ǎ 貨兒鏡 49

我已經許丈夫	ọ́ í-ṟo ŕa hī-ur
要奉承姑家	ėu c̄r-ṟ̂c ai-eo
今若無透尾	ài ãn ô ỉr-éu
怎樣有面目	ỉu lĩa ū n̄u-ỉu
可見人呵	ur ỉ-ŷ ȧa
奉承廿八年	c̄r-ṟ̂c ịs-ṗe ǐn
姑家食至八	ại-eo ȧu ò ṗe-
十餘歲則死	ḋu-ō̩ èr ȧu íc
淮陽之太守知	ữr-ĥa ê ỉr-lìc ỉu
奏過聖上	òu-èo ṟ̀c-ħ
文帝就賞賜伊	ôu-èi lĩ lỉ-ùc ı
四十斤黃金	ìc-ḋu-ŕo ôa-mo
稱伊做孝婦	ṟu ı ṗ òr-u r
盡心受托是忠	n̄ m lĩc ċr-īc hu
奉承至死是孝	c̄r-ṟ̂c ò íc īc òr
紡績度日是廉	ṽbėu ōr-ṅs ịc ôn
少年守寡是節	ẋc ân ú ḃo ịc ḋu

墩高門　忠孝廉節　縣罵不

大英字母

大板字	大楷字	小板字	小楷字	字母音		大板字	大楷字	小板字	小楷字	字母音	
A	A	a	a	裔	e	N	N	n	n	因	na
B	B	b	b	未	w	O	O	o	o	媧	oa
C	C	c	c	詩	lc	P	P	p	p	悲	lv
D	D	d	d	里	m	Q	Q	q	q	斗	lo
E	E	e	e	伊	ı	R	R	r	r	鴉盧	aín
F	F	f	f	裔蔑	èiıb	S	S	s	s	裔始	èic
G	G	g	g	而	ıs	T	T	t	t	知	u
H	H	h	h	裔七	èılı	U	U	u	u	憂	la
I	I	i	i	哀	ıa	V	V	v	v	微	w
J	J	j	j	擦	es	W	W	w	w	納卯	dn ln
K	K	k	k	雞	eo	X	X	x	x	亦始	rc
L	L	l	l	裔羅	èôn	Y	Y	y	y	歪	ra
M	M	m	m	淫	ma	Z	Z	z	z	札	bs

FV此二字當將嘴齒咬在嘴唇以出音R此字是跳舌音英字中之最難學者其餘所註之音皆甚平穩大板字即貨物所用之嘜頭英字分大小板楷然出音則皆一律

廈門白話篆字

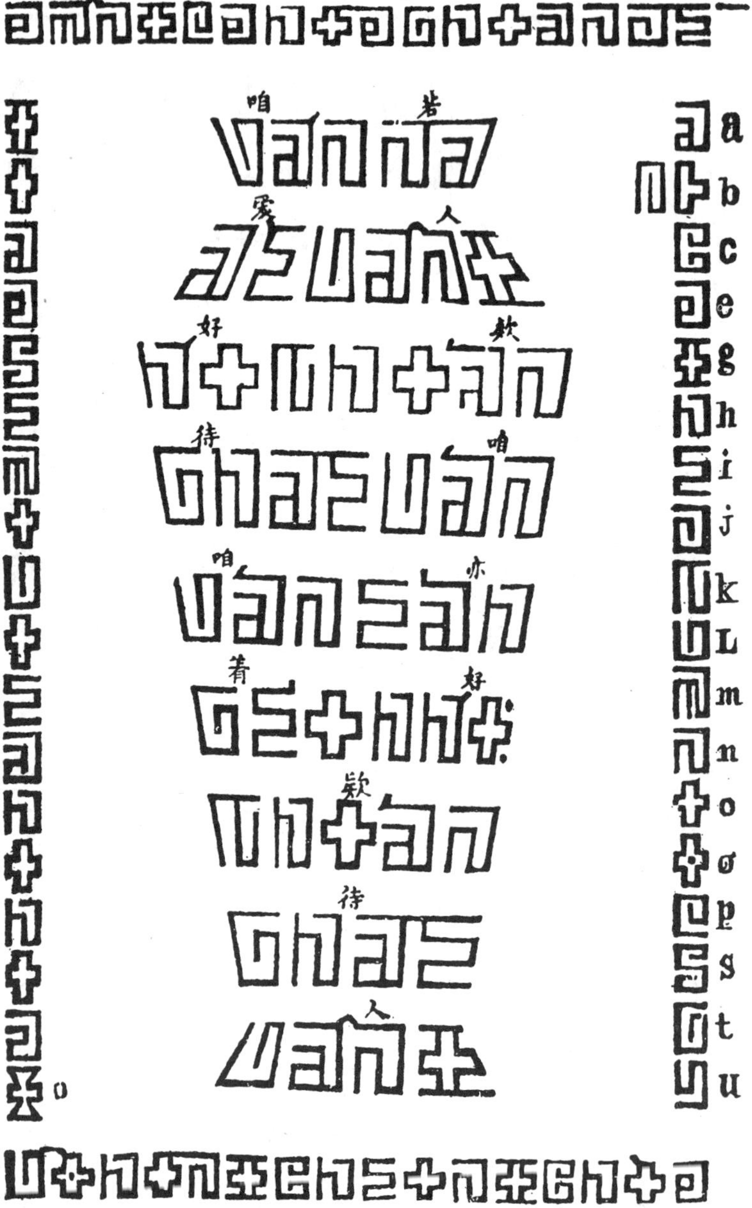

我出世在世間日子年久長求汝指示

俾我得着汝之恩典也

咱着贊美万王之王万王之王

大英碼子音

板字	楷書		
1	1	彎	Ga
2	2	誅	uu
3	3	得里	ṅıuın
4	4	波	ob
5	5	丕	ıb
6	6	釋始	ṙcíc
7	7	西門	ecıov
8	8	一	ṅa
9	9	乃因	ṅnna
10	10	頓	dı
11	11	以礼文	í én ôv
12	12	带老礎	òn ónub
13	13	他珍	ar nu
14	14	波珍	ob nu
15	15	丕礎珍	ıbubnu
16	16	釋始珍	ṙcícnu
17	17	西門珍	ecôvnu
18	18	一珍	ṅanu
19	19	乃因珍	ṅnnanu
20	20	端底	Gı ú

板字	楷書		
21	21	端底彎	Gıú Ga
22	22	端底誅	Gıú uu
30	30	他底	ar ú
40	40	鋪底	ob ú
50	50	丕礎底	ıbúbú
60	60	釋始底	ṙcícú
70	70	西門底	ecôv ú
80	80	一底	ṅa ú
90	90	乃因底	ṅn naú
百 100	100	彎罕列	Ga krán
千 1000	1000	彎斗身	Ga óınc
万	10000	頓斗身	dı óınc
	100000	罕列	kr án
十万		斗身	óınc
百万	1000000	彎棉葦	Ga ŭán
10 角	10c	頓先始	dı díc
1 元	$1.00	彎魯勝	Ga ónân
1 元 75	$1.75	彎魯勝 西文底 五先始	Ga ón ân ec- ôv-ú-ıb á-íc

Fl
R
év
ɩuu
ma

呼音	十五音			平常鼻音			入声反
平常				母	字		母字
※	㊀						
ā	**n** líu		nauⁿ	ō	**θ**	hau	**n** chin
á	**e** pian		siuⁿ	ǔ	**u**	chiu	**d** sian
à	**o** khîu		kiⁿ	ī	**ı**	i	**n** chhun
ȧ	**σ** khì		koⁿ	ŏ	**δ** σ	sσ	**b** lan
â	**ı** tē			⊕	※		**G** goan
á	㊁		saⁿ	ā	**a**	a	
ā	**b** pho		niauⁿ	ǎ	**x**	chiau	**R** eng
ả	**r** thaⁿ		khuiⁿ	ǔ	**v**	ui	**h** siong
	u cheng		kiaⁿ	ä	**a**	ia	**c** kong
中西合音	**s** jip.		phaiⁿ	ī	**t**	lai	**k** siang
	c sî		ngoeⁿ	ǔ	**ν**	choe	**v** lang
	㊂ a e ı o σ / u ε m ngn		eⁿ	ē	**e**	e	
	a eng		hoaiⁿ	ī	**τ**	khoai	**K** hoang
	v bûn		khoaⁿ	ŏ	**b**	goa	**m** sim
鼻音 ⊕	**p** gú		mεⁿ	ā	**o**	bo	**d** kam
ā ä	**u** chhut		m	ω	**r**	tio	**d** tiam
à ä	**r** hí		mng	ω	**u**	u	**δ** sσm

鼻音	呼音	平常	hoimkoa					
∟	一	/	**ăa**	aⁿ	**ab**	pha	**an**	la
ɔ	二	丶	**ăv**	baⁿ	**at**	tha	**ae**	pa
c	三	·	**ăp**	gaⁿ	**au**	cha	**ao**	ka
··	四		**ău**	chhaⁿ	**as**	ja	**aσ**	kha
◡	五	∧	**ăr**	haⁿ	**ac**	sa	**aı**	ta
~	七	一	⊕㊂		※㊁		※㊀	
¬	八	ı						

Left margin, lower part (鼻音 ⊕): ā ä à ä ǎ à ã ā

hṳⁿ-nā jī-bú téng-bīn ū chit-ê (一) hī-hō ê (chūi sī 鼻音字母[phīⁿ im jī-bú] tùi 'ə'. jī khí hàu 'ã' jī chí), i-ê pat-im, lóng tioh sia 鼻音(phīⁿ-im) ê pat-im-hō.

Sip-ngó-im (十五音) ka-tī bōe chòe jī tit phì-jū 'n'. jī, nā tī ōe nih, tioh thàh chòe 'chin', m̄ thang thàh chòe 'liu'.

Tioh seng liām jī-bú (字母), lâi hơ sip ngó im (十五音).

消平

ʋơ ʋ̀ơ lūi = khang-khah chhiūⁿ

iơ ìu ṙr = khih chhùi hioh

d ṙ ṙa = sian lâi ioh

dơ ṗu ṙ = iah bōe tioh

音鼻

ùi-xùi-xùi = chhiⁿ-chhi ãuh-chiniãuh

īm-xc-xc = nīⁿ- niãuh- niãuh

ū-xū-xū = tiⁿ- tiãuh- tiãuh

iơ xơ xơ = khiⁿ-khiãuh-khiãuh

chit	[illegible]
siat	[illegible]
chhut	[illegible]
lat	[illegible]
goat	[illegible]
eh	[illegible]
sioh	[illegible]
hóh	[illegible]
siáh	[illegible]
láh	[illegible]
hoah	[illegible]
sip	[illegible]
hap	[illegible]
tiap	[illegible]
sóp	[illegible]

大英字母并嗎子生理場中，甚要用其卷首中西合音，以及上帙廈門白話纂字，凡識白話字者，無師能自讀。

現所作中國第一快切音新字之總字母并總韻脚共五十五字，廈腔用三十六字（即卷首十五音頁邊之三十六字是也），漳加二字，泉加七字（看下漳泉加腔便知）共四十五字，其餘十字屬汕頭、福州、廣东官話，以及各處之總腔（即下十字總字母），皆已備便，望可次第印行。

木板不及鉛字，若要此字成大功，除非費了千銀，新鑄鉛字如有好義之士欲助此義舉者，新通知廈五崎頂倍文齋。

此书不过初學而已，其各種之记号以及用法尚未指明，恐乱初學，俟後續出。

厦漳泉總音數

厦門四十七腔每腔可切十五音每音可加七音共[illegible]千音

漳屬加七腔共五十四腔有[illegible]千音

泉屬加八腔共五十五腔有[illegible]千音

以上三合共六十二腔有[illegible]千音

中國總八音号

平常八音号

八	七	六	五	四	三	二	一
ꜝ	一	·一	∧	·	＼	ノ	
˥	～	·ノ	∪	··	(	)	⌞

非常八音号

通厦腔	讀漳浦腔	西國音	漳 加七腔
e	⌊ ⌊ ⌊ ⌊	ei	鞋。ɐ
ɒ	⌊ ⌊ ⌊ ⌊	goɛ̃	我。p
e ĭ	⌊ ⌊ ⌊ ⌊	moɛ̃ⁿ	妹。ɒ̃
ŭ	⌊ ⌊ ⌊ ⌊	sioⁿ	箱。ɾ
o ɵ	⌊ ⌊ ⌊ ⌊	hoⁿ	好。ō
u	⌊ 泰 長 ⌊	ngŭⁿ	件。ŭ
ae	⌊ 州 漳 ⌊	kɛ	加 ɛ

通厦腔	讀泉州腔	西國音	泉 加八腔
e	⌊ ⌊ ⌊ ⌊	sö	說。s
ʋ	⌊ ⌊ ⌊ ⌊	chöe	做。ʋ
θ	⌊ ⌊ ⌊ ⌊	thöu	偷。ɵ
ʀ	⌊ ⌊ ⌊ ⌊	söng	生。ʀ
ɲ	⌊ ⌊ ⌊ ⌊	kün	斤 ɲ
ʀ ɛ̃	⌊ 海 安 ⌊	kiiⁿ	間。ʋ
ai	⌊ 安 同 ⌊	chiai	諸。ɩ
i u	⌊ 州 泉 ⌊	lü	汝。s

汕頭五十五腔其中三十九腔每腔可切十五音其入聲反之十六腔每腔可切十九音以上各音可加八音共〧〡〡〢千音

福州三十五腔每腔可切十五音各音可加七音共〣〦〧〥千音

廣東五十八腔每腔可切十九音各音可加八音共〨〨〡〦千音

南北官話四十三四五腔每腔可切二十音南各音可加五音有四千餘音北各音可加四音有三千餘音

切音新字總字母

總字母		西字音	讀
lɑ	此	sioh	京腔
ɥ	月	ŭeh	〃〃
ε	去	chhŭi	〃〃
Є	全	chhŭan	〃〃
μ	裂	loi	廣東
h	看	hon	〃〃
ɕ	公	kung	〃〃
ʊ	鬼	kwit	〃〃
ɯ	溝	keu	福州
ɓ	法	huah	汕頭

中國切音新字總韻脚

總韻脚		西字音	讀
ʯ	風	fung	京腔
ʋ	木	muh	〃〃
ʯ	房	vong	上海
μ	在	tsai	京腔
μ	才	ts'ai	〃〃
d	娘	niang	〃〃
x	住	dzü	上海
S	錢	zen	〃〃
ε	、	zh	山東
θ	鵝	ngo	官話
h	是	snı	京腔
ɕ	兄	hsiung	京腔
δ	絲	ssü	〃〃

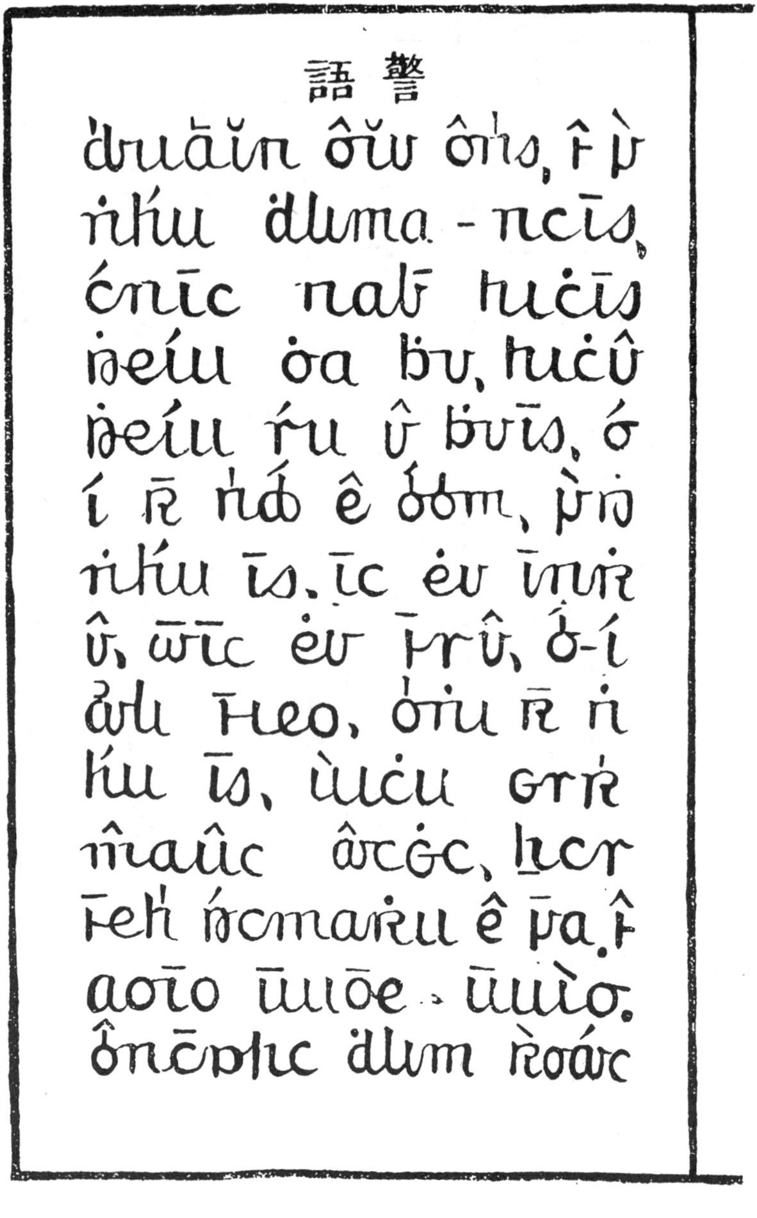
警語

北京切音教科書

盧戇章 著

內容說明

盧戇章一共制定了三套漢字拼音方案，第一套即《一目了然初階》提出的採用拉丁字母的方案，這使他成為清末中文拼音運動中採用拉丁字母的第一人。盧戇章後來到日本佔領下的臺灣，受日本假名的影響，決定採用漢字偏旁的簡單筆劃來拼寫漢字，稱為『中國字母』，有聲母21個（稱『官話聲音』），韻母40個（稱『官話字母』），以京音切音字為主，也可拼寫福建的一些方言。1906年在上海出版《中國字母北京切音教科書》（首集、二集）就是這方案的具體體現，該書前半部分為字母和聲調，後半部分為北京音拼音課本。

（首集）目錄

謹擬頒行切音字書之益大端有二

（一）統一語言，以結團體也。

中國之大，過於歐洲，歐洲分為數國，言語不一，各國其國，各子其民，其言語不通者情也。我大清國統一天下，豈容各省言語互異，不相聞問，不相交接，故統一語言以結團體，乃保全國粹之要件。由切音字書以統一言語，易如反掌。

（二）語言文字合一，以普教育也。

日本雖婦孺販卒均能讀書閱報，雖由強迫教育而然，亦端賴字母簡便，其報章書籍，漢字之傍，皆注切音字。漢文深者讀正文，淺者讀傍注，其蒙小學堂以及女學必先教切音字，學成漸配漢字，則不識漢字者，亦不致目不識丁。是日本教育普及，端賴切音之功也。

漢文高深美妙，最難學習。祇富貴聰穎子弟，能升堂入室，其餘億兆婦女，以及農夫貧寒之輩，皆屏於教育之外，此國所以由貧弱，而外人所由魚肉也。

倘以切音字繙譯京話，上截漢字，下截切音，由切音以識漢文，則各色人等不但能讀切音兼能無師自識漢文，全國皆能讀書明理，國家何致貧弱，人民何致魚肉。

謹擬頒行切音字書十條辦法

（一）字母畫一，以免紛歧也。

全國字母、聲音與聲，以及平仄、切法、教科書，均湏劃一，不然，他日雜作紛歧，其亂匪淺。

（二）頒定京音官話，以統一天下之語言也。

凡鄉談與通都市鎮言語可以相通者，飭該地方百姓，無論男女蒙小學堂，在地居民，務必全國男女老幼，均能習誦本土通都市鎮之切音書（不得參雜窮鄉僻壤土話之切音字書）。本土切音已成，次及京音切音字書。

至於全國高等小學堂、中學堂、大學堂、師範學堂、譯學堂、商學堂、路礦學堂、警察學堂，自高等小學以上，各種學堂，以及文武官員，兵丁皂隸，凡國家所用之人，全國一律，學習京音官話之切音字書，全國公文契據、文件、通信均認京音官話為通行國語，以統一天下之語言也。

（三）開設譯書館、印書館以廣傳揚也。

可擇各種教科書，以及中外有益書籍，繙譯京話切音，轉譯土腔，開設報館，多印白話，以廣教育。

（四）编列户口，以普教育也。

各省嚴编户口，十二歲以上，五十歲以下，年終考試。不能讀寫本土之切音者，酌罰財物，以賞超等者，務使全國無不識字之人。

（五）各省學務處，委派專員，以監督提倡也。

無專員，則涣散無主。凡勸捐學費，設法學堂，考試學生，勸勉紳董，巡視整頓，端賴專員，以總其成。

（六）開設研究字母會社，以廣見聞也。

中國幅幀遼濶，土音繁多。一人見聞有限，不如開設會社，凡中國切音總字母、總聲音有不全者，亟告總會，以便補足改良。

（七）開設夜學、半日學、期日學，以惠窮黎也。

凡祖廟、寺院、公所、民間空曠屋宇，或鄰右有廣厦者，均可勸導借用。其椅棹、油火、什費，可以勸捐，事無不濟。

（八）開設女學，以成人格也。

中國婦女，全不讀書，閱居無教，最為可惜。應當大興女學，預備助夫教子。

（九）開設警察學堂，以重職守也。

警察乃與百姓直接之官，倘不諳警律，其害匪淺。

（十）開設兵學，以守兵律也。

太平之秋，除操演外，閒暇時多，公餘讀書，則不至閒居為不善。凡有軍法號令，亦能習讀謹守。

以上十條，果能實力推行，則吾國文明進步之速，未可量也。

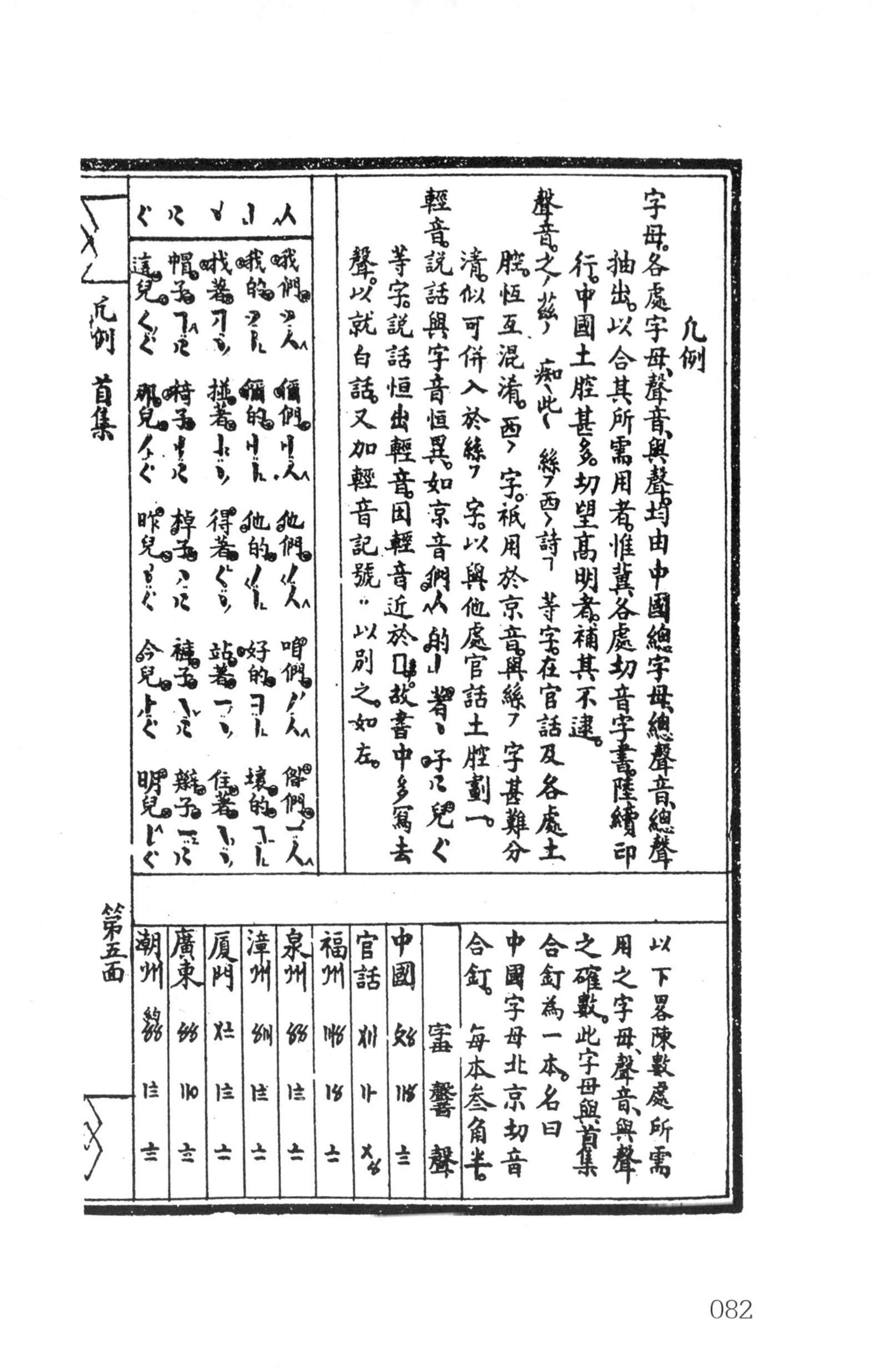

凡例

字母、各處字母、聲音、與聲、均由中國總字母、總聲音、總聲抽出、以合其所需用者、惟冀各處切音字書陸續印行、中國土腔甚多、切望高明者、補其不逮。

聲音之茲痴此絲西詩等字、在官話及各處土腔、恒互混淆、西字、祇用於京音、與絲字甚難分清、似可併入於絲字、以與他處官話土腔劃一。

輕音說話與字音恒異、如京音們的着子兒等字、說話恒出輕音、因輕音近於口、故書中多寫去聲、以就白話、又加輕音記號〃以別之、如左。

[illegible]	[illegible]	[illegible]	[illegible]	[illegible]
我們	倆們	他們	咱們	俗們
我的	倆的	他的	好的	壞的
找着	搓着	得着	站着	住着
帽子	椅子	棹子	褲子	辮子
這兒	那兒	昨兒	今兒	明兒

以下畧陳數處所需用之字母、聲音、與聲之確數、此字母與首集合釘為一本、名曰中國字母北京切音合釘、每本叁角半。

	字母	聲音	聲
中國	[illegible]	[illegible]	[illegible]
官話	[illegible]	[illegible]	[illegible]
福州	[illegible]	[illegible]	[illegible]
泉州	[illegible]	[illegible]	[illegible]
漳州	[illegible]	[illegible]	[illegible]
廈門	[illegible]	[illegible]	[illegible]
廣東	[illegible]	[illegible]	[illegible]
潮州	[illegible]	[illegible]	[illegible]

算四聲。字母粗畫。先寫居中。聲音細畫。承寫在字母左右。以別四定位。

若教婦孺呼四聲。可令屈指算之。由字母第一聲。算至四聲之某聲。則呼此聲。以切聲音。比教平仄。較易明白。或用手指亦可。

教法

考默書。須先由各面右邊上平至去聲。所有四聲單字習熟。然後轉過上頭。學習各面二字三字句。教者以粉筆寫在黑板。念出切音。令學者筆仿口切。寫至七八次。則擦去黑板之字。並其所仿者。令其默寫數次。俱各不錯。再教次字。亦如前法。然每教三字。總默一次。六字再總默。切音已熟。次教此六字漢文。亦如前法。翌日先考默昨日所學者。皆熟。方可再授新課。每三日。每六日。各皆總考。

排字陣。字畫先後。須有次第。字簿必須畫格。不然。亦須排行次序。不可任其亂寫。

大清光緒三十二年。元宵。西歷一千九百零六年。盧戇章書於北京東北園。

官話切音字母

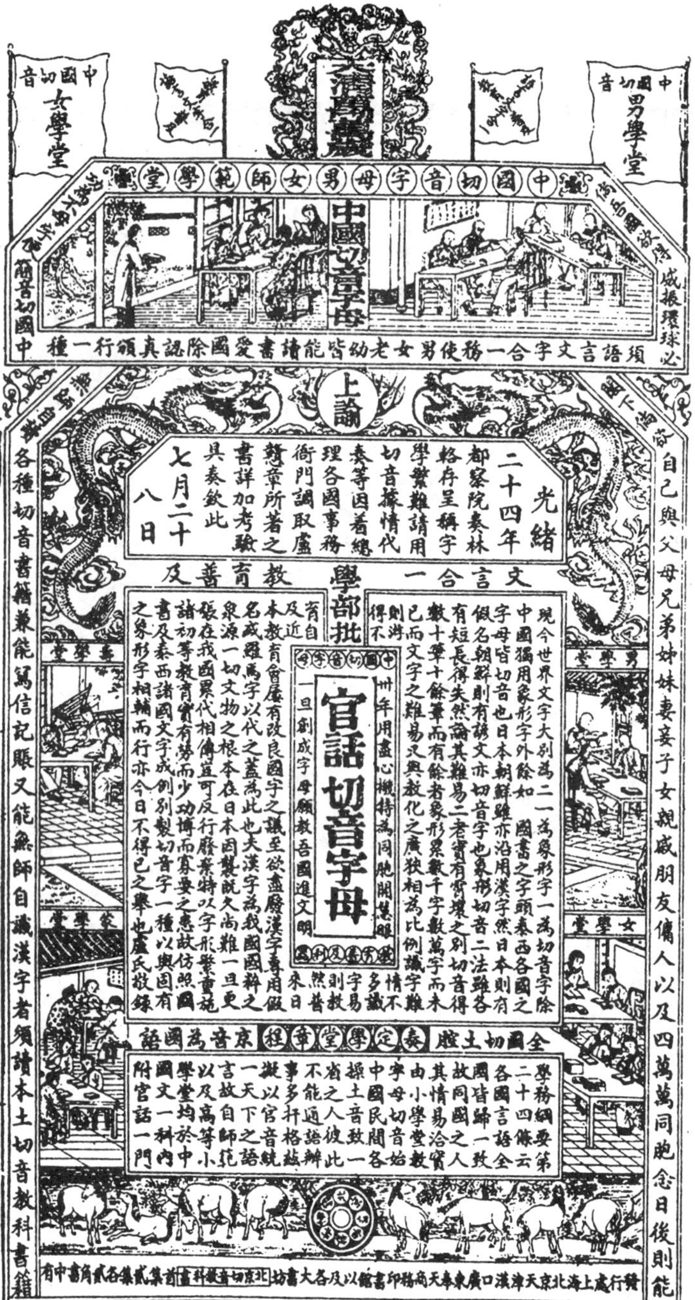

中國切音
女學堂
中國切音
男學堂
中國切音字母男女師範學堂
中國切音字母
必須語言文字合一務使男女老幼皆能讀書愛國除認真頒行一種中國切音
上諭
光緒二十四年都察院奏林輅存呈稱字學繁難請用切音據情代奏等因着總理各國事務衙門調取盧戇章所著之書詳加考驗具奏欽此七月二十八日
文言合一 學部批 教育普及
現今世界文字大別爲二一爲象形字一爲切音字除中國獨用象形字外餘如國書之字頭泰西各國之字母皆切音也日本朝鮮雖亦沿用漢字然日本則有假名朝鮮則有諺文亦切音字也象形切音二法難各有短長得失然論其難易二者實有霄壤之別切音得數十筆十餘筆而有餘者象形累數千字數萬字而未已而文字之難易又與教化之廣狹相爲比例識字難則識字者不得不多識字易則教普及自近日
本教育會屢有改良國字之議至欲盡廢漢字專用假名或羅馬字以代之蓋爲此也夫漢字爲我國國粹之泉源一切文物之根本在日本固襲既久尚難一旦更張在我國累代相傳豈可反行廢棄特以字形繁重施諸初等教育實有勞而少功博而寡要之患故仿照國書及泰西諸國文字成例別製切音字一種以與固有之象形字相輔而行亦今日不得已之舉也盧氏敬錄
中國切音字母
官話切音字母
卅年用盡心機特爲同胞開慧眼
一旦創成字母願教吾國進文明
全國切土腔 奏定學堂章程 京音爲國語
學務綱要第二十四條云各國言語全國皆歸一致故同國之人其情易洽實由小學堂教字母切音始中國民間各操土音致一省之人彼此不能通語辦事多扞格茲擬以官音統一天下之語言故自師範以及高等小學堂均於中國文一科內附官話一門
各種切音書籍兼能寫信記賬又能無師自識漢字者須讀本土切音教科書籍
自己與父母兄弟姊妹妻妾子女親戚朋友傭人以及四萬萬同胞念日後則能
發行處上海北京天津漢口廣東奉天商務印書館以及各大書坊 北京切音教科書 首集貳集各貳角書中有
每百九十八繪圖 中國字母北京切音合訂 價叁角半 丙午年閏四月西歷一千九百零六年出版翻刻必究 上海點石齋印刷所

第二函

官話字母

官話字母 第四 西

北京四聲

以上字母與聲音右傍所註漢字與羅馬字皆係新字之讀音。均須按北京音之上平聲讀之。漢字讀音。不能各處皆同。又多有音無字。須以羅馬字音為準。

四聲定位

上平　上聲　下平　去聲

英	伊	鴉	烟	千 烟痴
營	移	牙	言	錢 言痴
影	以	雅	眼	淺 眼痴
硬	意	訝	驗	欠 驗痴

上截十四字須讀與下截同韻（上字母核對）

ノ 啊　他、巴、沙、拉。

二 腌　梆、邦、康、當。

了 敖　包、抛、高、凹。

下 因　真、身、嗔、申。

く 兒　額、哦、車、渴。

丨 哼　灯、耕、生、京。

ケ 涯　皆、楷、睚、崖。

ム 爺　噎、些、爹、也。

乜 曰　月、雪、血、靴。

乂 虐　爵、却。

八 氳　君、軍、群、熏。

七 威　雖、追、吹、推。

十 翁　東、公、通、空。

こ 於　茲、師、之、喫。

數目記號

一	二	三	四	五	六	七	八	九
丨	ㄥ	ノ	(	∧	ㄥ	ㄱ	ㄴ	く
十	空	百	千	萬	圓	角	占	錢
丶	x	∨	⺈	一	○	∠	∨	⊖

名稱	記號	寫法
句	。	字之右傍寫一。
讀	ㄥ	字之右傍寫一ㄥ
問	?	字之右傍寫一?
節	8	字之右傍寫二8
相連	·	字之中間點一·
輕音	‥	字之中間寫二‥
人名	ㄥ	字之中間寫一ㄥ
地名	x	字之中間寫一x
註釋	( )	正文中間句首寫一(句終寫一)
駭聲	!	字之右傍寫一!
引書	“ ”	“句首左傍寫”句終右傍寫
相同	〃	寫〃在同類之中間
另者	。	句首上頭寫一。
要語	⁝	語之右傍寫連環⁝
完止	丨	字之右傍寫一丨

切音之法須先由粗畫字母呼起，以切細畫聲音字母與聲音兩字切為一字。如字母「啊丿」字以切聲音「哩丨」字。兩字合切成為「丨丿拉」字，即
啊丿哩丨拉丨丿
啊丿彌ㄟ媽ㄟ丿
看下便明白

單字　上平　第七面

啊丿	啊丿	啊丿	啊丿	安一	安一	安一	腌二
哩丨	彌ㄟ	痴ㄟ	詩ㄱ	梯ㄑ	之丿	詩ㄱ	基丿
拉丨丿	媽ㄟ丿	乂ㄟ丿	羴ㄱ丿	貪ㄑ一	氈丿一	山ㄱ一	綱二
啊哩	啊彌	啊痴	啊詩	安梯	安之	安詩	腌基

拉　啊哩

拉車　拉車跑

媽　啊彌

爹媽　順爹媽

乂　啊痴

乂子　耍乂子

單字 上平

單字	圖	詞	詞
鯊 啊(一) 詩		鯊魚	大鯊魚
貪 安(三) 梯		貪心	貪富貴
氊 安(三) 之		氊子	紅氊子
山 安(三) 詩		高山	上高山
鋼 腌(四) 基		水鋼	大油鋼
貓 敖(五) 彌		家貓	一條貓

第八面

刀 低o敖(五)		菜刀	一口刀
碑 卑杯(六)		立碑	立石碑
飛 非杯(六)		飛鳥	打飛鳥
兵 卑英(八)		當兵	清國兵
車 痴兒(九)		轎車	東洋車
喝 熙兒(九)		喝酒	喝大醉

燈 低哼 (二十)				天燈 点天燈
偷 梯甌 (三十)				偷錢 偷東西
鈎 基甌 (三十)				鈎子 鈎起來
衣 衣 (四十)				衣裳 洗衣裳
梯 梯衣 (四十)				樓梯 上樓梯
雞 之衣 (四十)				公雞 老母雞

單字	註	詞	詞
鴨	鴉（十五）	鴨子	宰鴨子
瞎	西鴉（五十）	瞎子	瞎眼睛
仙	西烟（七十）	神仙	煉仙丹
鞭	卑烟（七十）	馬鞭	馬鞭子
箱	西央（廿）	箱子	皮箱子
薑	之央（廿）	葱薑	葱薑蒜

單字　上平　第十一面

鎗 ス	痴 央(八十)			ヘ.ス / リズ.ス	抬鎗 / 打洋鎗
貂 L	低 妖(九十)			L.ド / ナL.T	貂皮 / 穿貂褂
挑 L	梯 妖(九十)			Lセ / Lリベ	挑水 / 挑起來
靴 モ	西 曰(七二)			モツ儿 / ナモ儿	靴子 / 穿靴子
猪 入	之 烏(一五)			入ズ / 丨ワ入	猪羊 / 一口猪
姑 入	基 烏(一三)			入ズ / 儿入ズ	姑娘 / 小姑娘

字	切音	圖	詞	
書	詩烏 (一三)		念書	一部書
瓜	基哇 (二三)		冬瓜	種地瓜
花	熙哇 (二三)		花子	牡丹花
官	基彎 (四三)		做官	做大官
甎	之彎 (四三)		甎瓦	燒甎瓦
歡	熙彎 (四三)		喜歡	很喜歡

單字 上平

字	切音	音	圖	音	詞	音	詞
穿	痴彎(四三)	ナ		ナム	穿鞋	ナヒム	穿棉鞋
弓	基翁(十四)	オ		ノオ	拉弓	ノレオ	拉硬弓
鐘	之翁(十四)	オ		ソオ	打鐘	ソナ゛オ	打銅鐘
龜	基偎(六五)	七		七ぐ	龜蛇	七トア	龜伸頭
獅	詩於(二四)	ス		スス	獅子	どスス	石獅子

四聲

四聲定位

(下平 ○ top right; 上声 ○ left; 上平 ○ bottom left; 去声 ○ bottom right)

字母上平、不須與聲音合切、可以自成音。欲分下平、上聲、去聲、可點一點在此三聲之定位以別之。參觀漢字在四聲之定位所加之圈便明。

ス ズ ㄨ ス、

央羊養樣。

	十八	十九	二	二三	二四	二六	三四
	ス	L	ト	ヒ	Z	ナ	十
下平	ズ	L゛	ト゛	ヒ゛	Z゛	ナ゛	十゛
上声	、ス	、L	、ト	、ヒ	、Z	、ナ	、十
去声	ス、	L、	ト、	ヒ、	Z、	ナ、	十、

	十八	十九	二	二三	二四	二六	三四
	央	妖	因	優	雍	寃	彎
下平	羊	謡	銀	由	容	原	完
上声	養	[口夭]	吲	有	勇	遠	晚
去声	樣。	要。	印。	又。	用。	願。	萬。

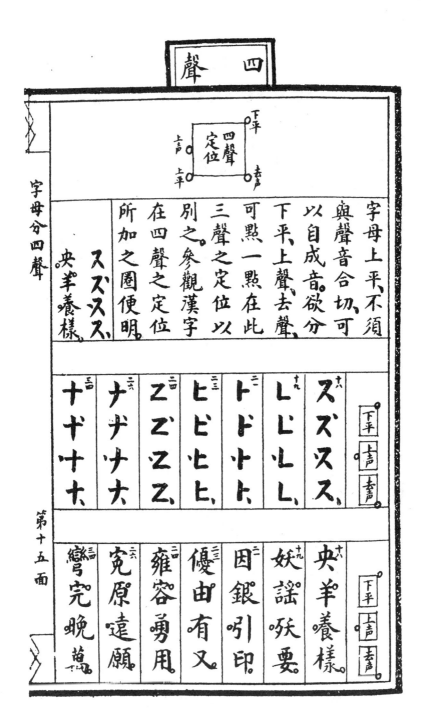

聲音寫在字母之

左下爲上平如 烏熙 呼

右上爲下平如 吳熙 胡

左中爲上声如 五熙 虎

右下爲去声如 悟熙 户

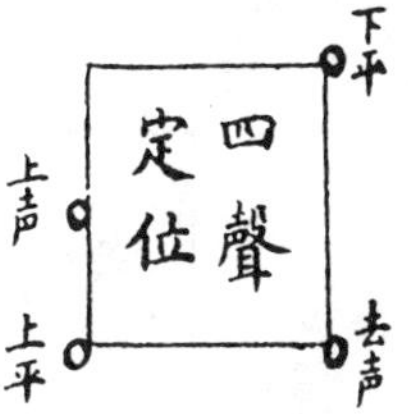

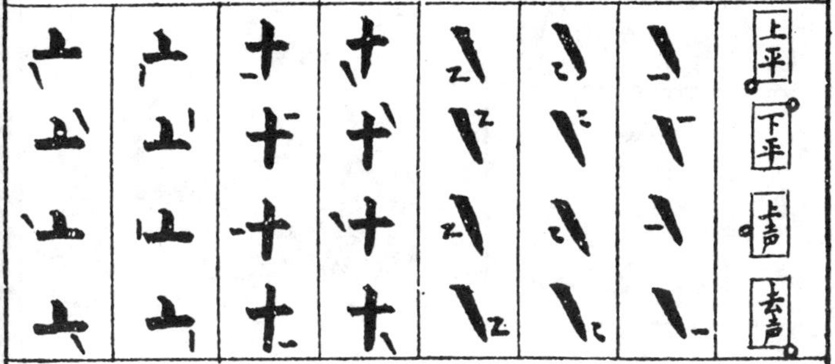

上平	下平	上声	去声
呼 烏熙	胡 吳熙	虎 五熙	户 悟熙
鋪 烏披	葡 吳披	普 五披	鋪 悟披
晡 烏卑	僕 吳卑	補 五卑	布 悟卑
川 彎痴	船 完痴	喘 晚痴	串 萬痴
歡 彎熙	還 完熙	浣 晚熙	唤 萬熙
拈 烟哩	年 言哩	輦 眼哩	念 宴哩
千 烟痴	錢 言痴	淺 眼痴	欠 宴痴

來	哩 哀(二)		進來	自來火
牌	披 哀(二)		招牌	掛招牌
裁	此 哀(二)		裁縫	裁衣服
籃	哩 安(三)		籃子	花籃兒
盤	披 安(三)		盤子	菜盤子
狼	哩 昂(四)		豺狼	豺狼心

桃	梯熬		仙桃 摘仙桃
人	如恩		女人 老人家
枰	披盈		天枰 枰輕重
亭	梯盈		亭子 五里亭
鵝	兒		大鵝 鵝下蛋
門	彌文		城門 關城門

字	切音	圖	詞
城	哼 痴 (二十)		京城 皇城裡
樓	耦 哩 (三十)		洋樓 上樓上
頭	耦 梯 (三十)		剃頭 剃頭棚
猴	耦 熙 (三十)		老猴 耍猴兒
皮	移 披 (四十)		虎皮 狐狸皮
蓆	移 西 (四十)		蓆子 一領蓆

下平

單字 下平 第二十四

眉 彌 移(四十)				畫眉 一字眉
旗 痴 移(四十)				龍旗 清國旗
牙 牙(五十)		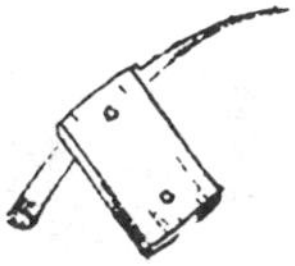		補牙 象牙牌
蓮 哩 言(七十)				蓮花 蓮花子
田 梯 言(七十)				田地 種田地
錢 痴 言(七十)				花錢 錢說話

下平

羊 羊°(八十)		猪羊	虎咬羊
娘 尼羊(八十)		新娘	小姑娘
强 痴羊(八十)		强盗	殺强盗
橋 •痴謠(九十)		過橋	造鐵橋
爺 爺(十二)		老爺	大老爺
鞋 西爺(十二)		棉鞋	穿棉鞋

銀 銀(一二)		銀錢	銀子錢
麟 哩 銀(一二)		麒麟	騎麒麟
勤 痴 銀(一二)		勤謹	真勤謹
貧 披 銀(一二)		貧窮	很貧窮
瘤 哩 由(三二)		瘤子	割瘤子
牛 尼 由(三二)		青牛	青牛奶

ヒ	球 痴 由(三二)		ㇾヒ	地球	イヒヒ	滚繡球
ノ	魚 魚(五二)		トノ	金魚	レノナ	釣魚翁
ノ	驢 哩 魚(五二)		レノ	吽驢	ムレノ	大吽驢
ナ	拳 痴 原(六二)		ナフ	拳頭	フナフ	手拳頭
ヽ	鑼 哩 阿(十三)		ヽハ	鑼鼓	ソヽハ	打鑼鼓
ヽ	爐 哩 吴(一五)		フヽ	火爐	ノフヽ	生火爐

字	切音	圖	詞	詞
圖	梯吳(一三)		地圖	畫地圖
竹	之吳(一三)		青竹	青竹笋
壺	熙吳(一三)		茶壺	一壺酒
船	痴完(四三)		漁船	火輪船
王	王(四四)		王爺	成親王
床	痴王(四三)		板床	一張床

單字	反切	圖	詞語
盆	披恩（二十）		臉盆　洗手盆
龍	哩翁（十四）		龍虎　五爪龍
松	絲翁（十四）		松樹　一棵松
簾	哩言（十七）		竹簾　掛門簾
瞧	痴謠（九十）		偷瞧　瞧一瞧

單字 上聲　第二十六面

字	切音	圖	詞	詞
虎	熙 呱(一三)		老虎	虎頭牌
鼓	基 呱(一三)		打鼓	打鑼鼓
府	非 呱(一三)		王府	順天府
手	書 嘔(三十)		手藝	做手藝
斗	低 嘔(三十)		斗枰	三斗米
口	欺 嘔(三十)		口袋	不開口

字	圖	詞
狗 基嘔(三十)		母狗 獅子狗
腳 之吆(九十)		裹腳 裹小腳
鳥 尼吆(九十)		飛鳥 打飛鳥
跑 披襖(五)		跑馬 跑不了
草 此襖(五)		拔草 靈芝草
筆 卑山人(四十)		湖筆 羊毫筆

單字 上聲 第二十八面

椅		椅子	一把椅子
死 絲		好死	善終死
尺 痴		尺寸	一尺布
指 之		指頭	手指頭
走 茲		走路	走得快
尾		首尾	一尾魚

字	反切	圖	詞	詞
桶	梯嗡 (十四)		米桶	裝米桶
打	低啊 (一)		打架	打一恭
馬	彌啊 (一)		馬錢	穿馬褂
喘	痴晚 (四三)		喘氣	喘大氣
碗	晚 (四三)		碗子	大海碗
笋	絲吻 (九三)		冬笋	綠竹笋

字	音	圖	切音	詞
剪 之眼(七十)				剪子 剪衣裳
鈕 尼有(三二)		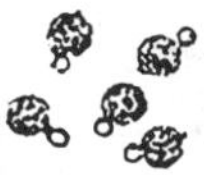		鈕子 鈕扣子
枕 之咽(七)				枕頭 枕頭籠
審 詩咽(七)				審案 審打架
嬸 詩咽(七)				嬸子 叔叔嬸

店 低宴(七十)		客店 糧食店
鍊 哩宴(七十)		錶鍊 帶金鍊
箭 之宴(七十)		射箭 練弓箭
帽 彌奥(五)		帽子 戴帽子
礟 披奥(五)		大礟 放大礟
抱 卑奥(五)		手抱 抱小孩

去聲

兔 ㄊㄨˋ 梯悟(一三)		ㄕㄢ ㄊㄨˋ ㄧㄤˇ ㄕㄢ ㄊㄨˋ	山兔 養山兔
鹿 ㄌㄨˋ 哩悟(一三)		ㄌㄨˋ ㄖㄨㄥˊ ㄌㄨˋ ㄐㄧㄠˇ ㄐㄧㄠ	鹿茸 鹿角膠
褲 ㄎㄨˋ 欺悟(一三)		ㄎㄨˋ ㄗ˙ ㄔㄨㄢ ㄎㄨˋ ㄗ˙	褲子 穿褲子
鶴 ㄏㄜˋ 熙惡(九)		ㄅㄜˊ ㄏㄜˋ ㄧㄤˇ ㄅㄜˊ ㄏㄜˋ	白鶴 養白鶴
筷 ㄎㄨㄞˋ 欺外(三三)		ㄎㄨㄞˋ ㄗ˙ ㄧㄚˊ ㄎㄨㄞˋ ㄗ˙	筷子 牙筷子
破 ㄆㄛˋ 披臥(十三)		ㄆㄛˋ ㄌㄢˋ ㄆㄛˋ ㄧ ㄕㄤ	破爛 破衣裳

坐	兹卧 (十三)		請坐 坐上座
菜	此愛 (二)		做菜 做洋菜
拜	卑愛 (二)		拜會 拜新年
帶	低愛 (二)		玉帶 戴帽子
廟	彌要 (九十)		佛廟 土地廟
票	披要 (九十)		錢票 換錢票

去聲

單字 去聲

第三十四面

笑 西要。(九十)		笑話	說笑話
吽 之要。(九十)		吽化	吽他來
月 月。(七二)		月亮	正月初
印 印。(一二)		封印	印度國
鋸 之喻。(五二)		鋸樹	鋸大樹
扇 詩挼。(三)		扇子	鵝翎扇

單字 去聲

字	音	切	圖	音	詞	音	詞
帳	[illegible]	之盎 (四)		[illegible]	帳子	[illegible]	掛帳子
象	[illegible]	西樣 (八十)		[illegible]	白象	[illegible]	暹羅象
睡	[illegible]	詩威 (八三)		[illegible]	睡覺	[illegible]	睡不著
斷	[illegible]	低萬 (四三)		[illegible]	斷絃	[illegible]	繩子斷
戲	[illegible]	西意 (四十)		[illegible]	看戲	[illegible]	看女戲
葉	[illegible]	月 (七二)		[illegible]	樹葉	[illegible]	薄荷葉

第三十五面

字	切	圖	詞	詞
袋	低 愛(二)		烟袋	水烟袋
叩	欺 漚(四)		叩頭	叩響頭
鏡	之 硬(川)		掛鏡	照妖鏡
櫈	低 哼(四)		櫈子	搬櫈子
稱	痴 哼(二十)	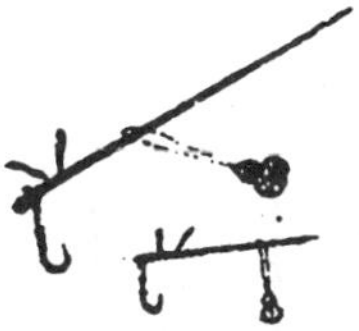	稱砣	太小稱

四字句

一張棹子　兩頂帽子

三把扇子　四把刀子

五雙靴子　六架火車

七隻老虎　八隻山兎

九盞洋燈　十個官兵

三字句

一部書　兩口猪

三斗米　四管筆

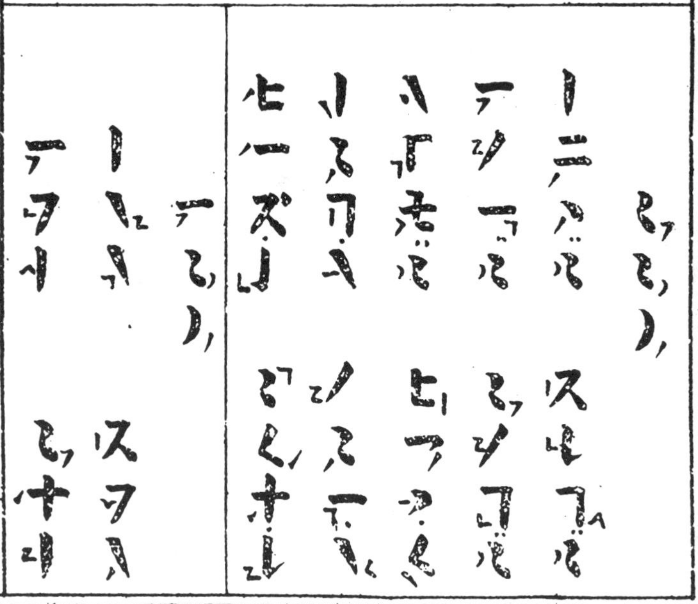

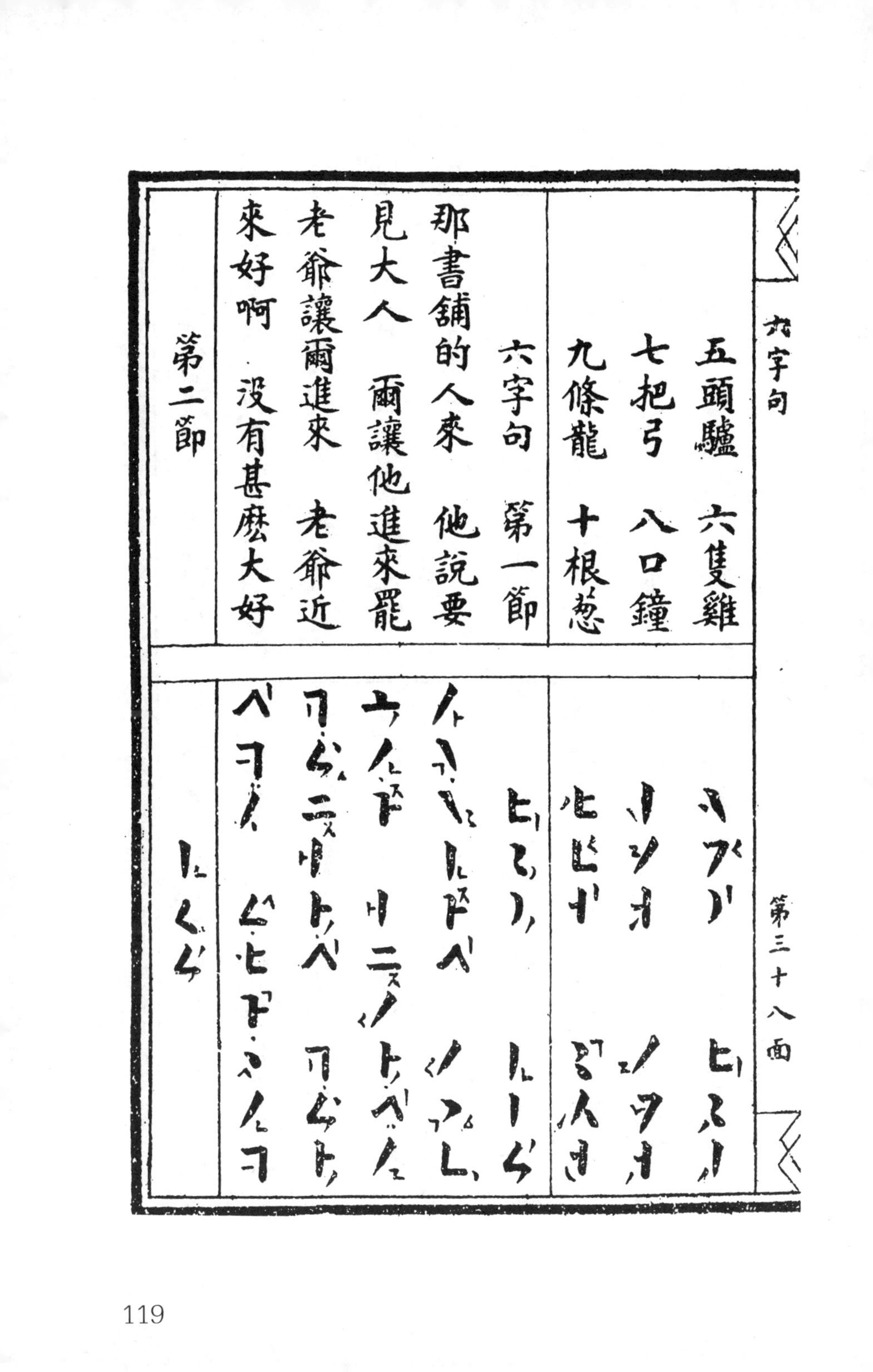

五頭驢 六隻雞
七把弓 八口鐘
九條龍 十根葱

六字句 第一節

那書鋪的人來 他說要
見大人 爾讓他進來罷
老爺讓爾進來 老爺近
來好啊 沒有甚麽大好

第二節

爾有洋書沒有　各種洋
書都有　我要買英國書
要甚麼英國書　我是要
教科書　教科書都完啦

第三節

這部書多少錢　不過三
塊來錢　嗳呀這麼貴啊
我陪不出許多　老爺實
在不貴　因為紙好的很

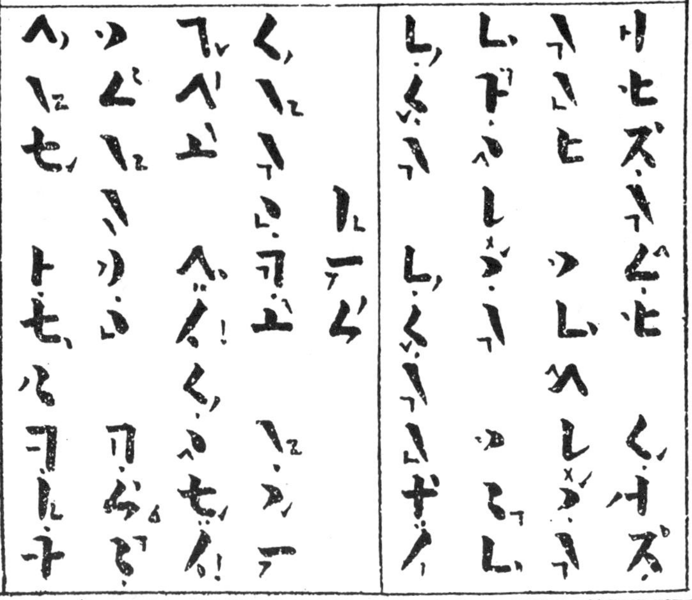

第四節

這書爾念過嗎　我還沒有念過　爾朋友來不來　我朋友都不來　啊我朋友來啦　爾從那兒來的

第五節

大人要買甚麽　我要買這部書　這部書很便宜　兩塊半可以嗎　至少三

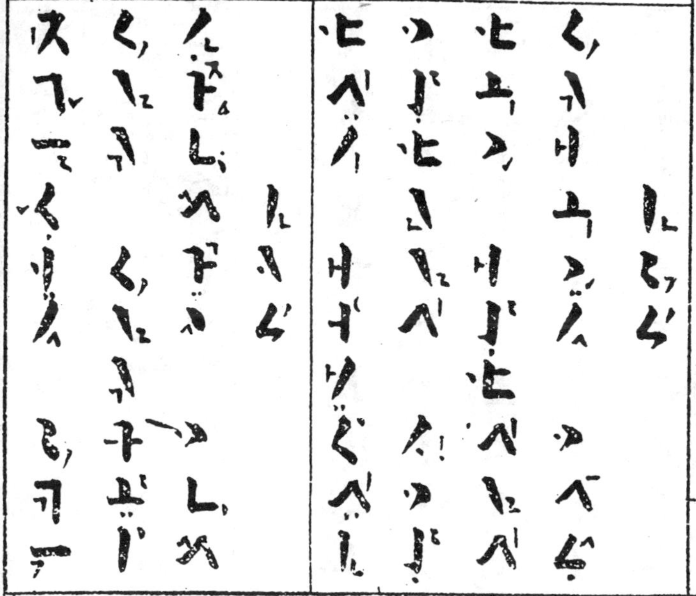

塊半罷　三塊半太貴啊

他躺在床上任從蚊子螫

吳猛

吳猛八九歲　就曉得孝順爹媽　因爲家裡很窮苦　所以床上沒有帳子　至熱天的時候　蚊子聲兒哄哄响　他躺在床上

任從蚊子螫　是恐怕那
些個　肚子餓的慌　去
螫了他的爹媽

有個獅子躺著來了個耗子

獅子跟耗子

有個獅子　在樹林子裡
躺著　可巧來了個耗子
把獅子攪醒了　獅子要

獅子掉在陷坑裡衆耗子相幫齧那繩子

喫他　那毴子就央求着
說　倆若不喫我　後來
一定有重報　那獅子說
倆這麽小的個東西　怎
麽能穀重報我　毴子說
那可是没準兒的事情
那獅子雖不信　也就放
了他
有一天　獅子掉在陷坑

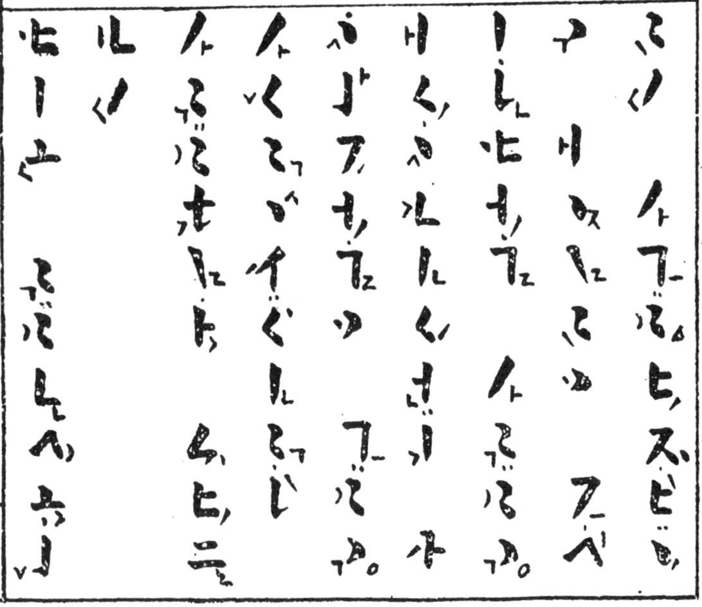

獅子跟毴子

裡　坑上淨大繩子攔著出不來　可巧那耗子來看見了　因為很感激獅子　就約著衆耗子相幫齦那繩子　齦斷了　那獅子才出來了　可見別看東西小不中用　只要倆待他有好處　將來一定要得他的便宜

人熊

有倆至好的朋友　一塊兒出門　半道兒上　遇見個人熊　照他們倆撲來了　這一個跑上樹藏著　還剩那一個　心裡

這一個跑上樹藏着
還在臉上耳朵上
聞聞
人熊說的話
很多

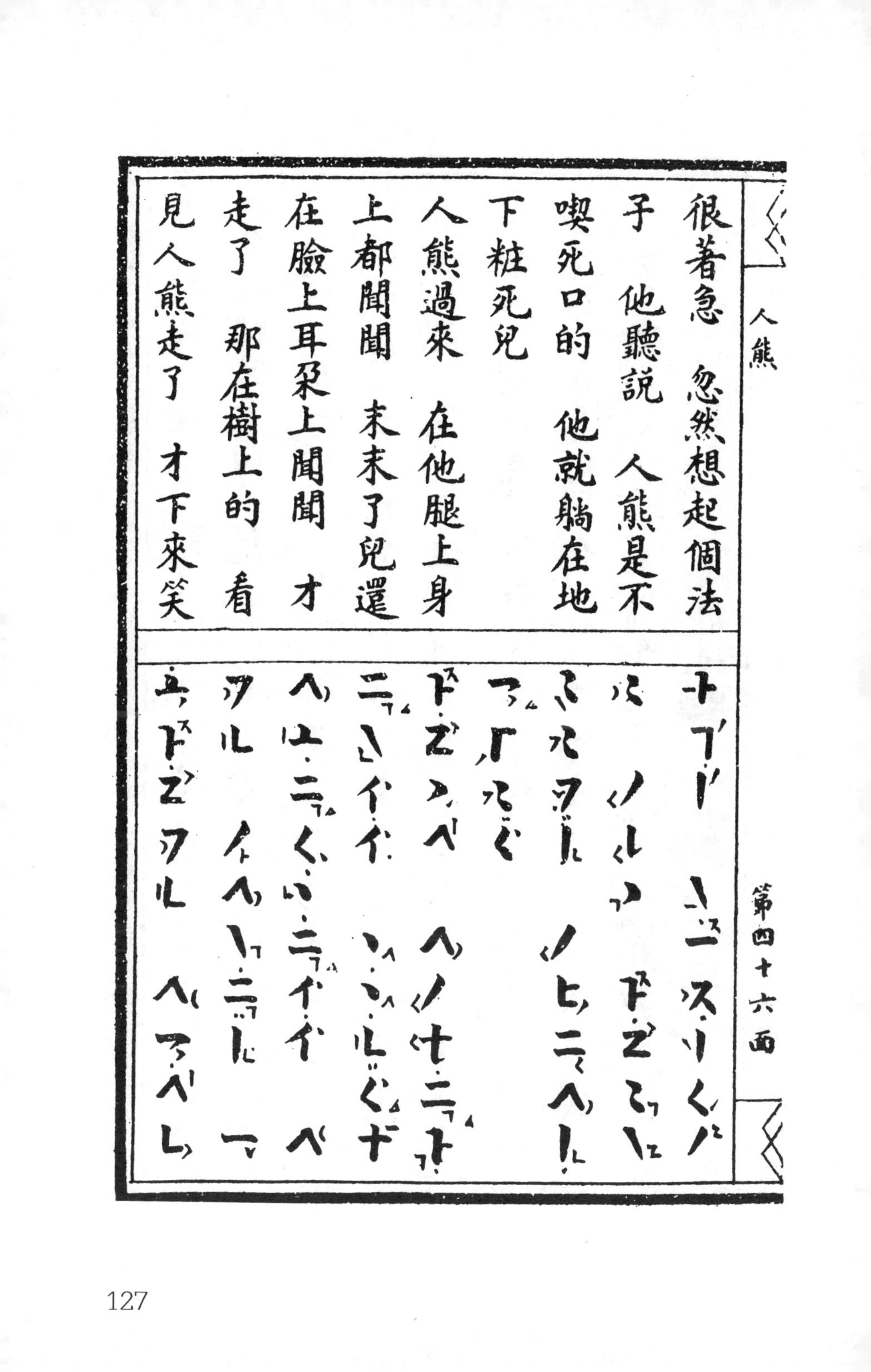

很著急　忽然想起個法子　他聽說　人熊是不喫死口的　他就躺在地下粧死兒

人熊過來　在他腿上身上都聞聞　末末了兒還在臉上耳朶上聞聞　才走了　那在樹上的　看見人熊走了　才下來笑

著　問那一個說　剛才
人熊和倆耳朶裡　說甚
麽話呢　那一個說　人
熊說的話很多　頂要緊
的話　就是說　以後倆
交朋友　到險處他不站
乾岸兒　就是好朋友啦

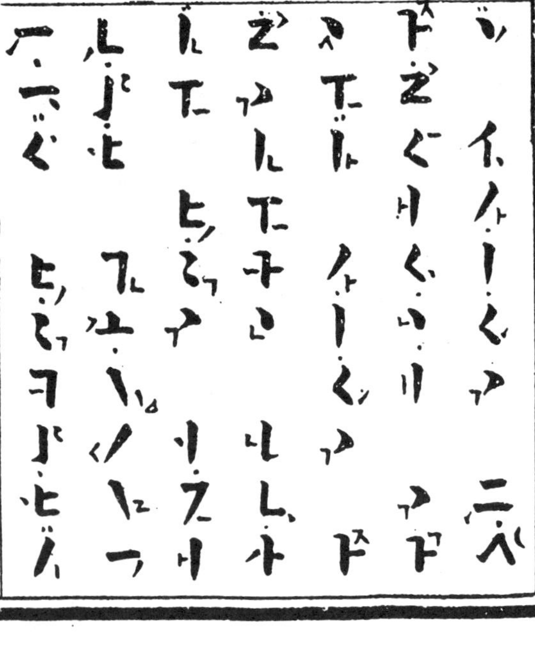

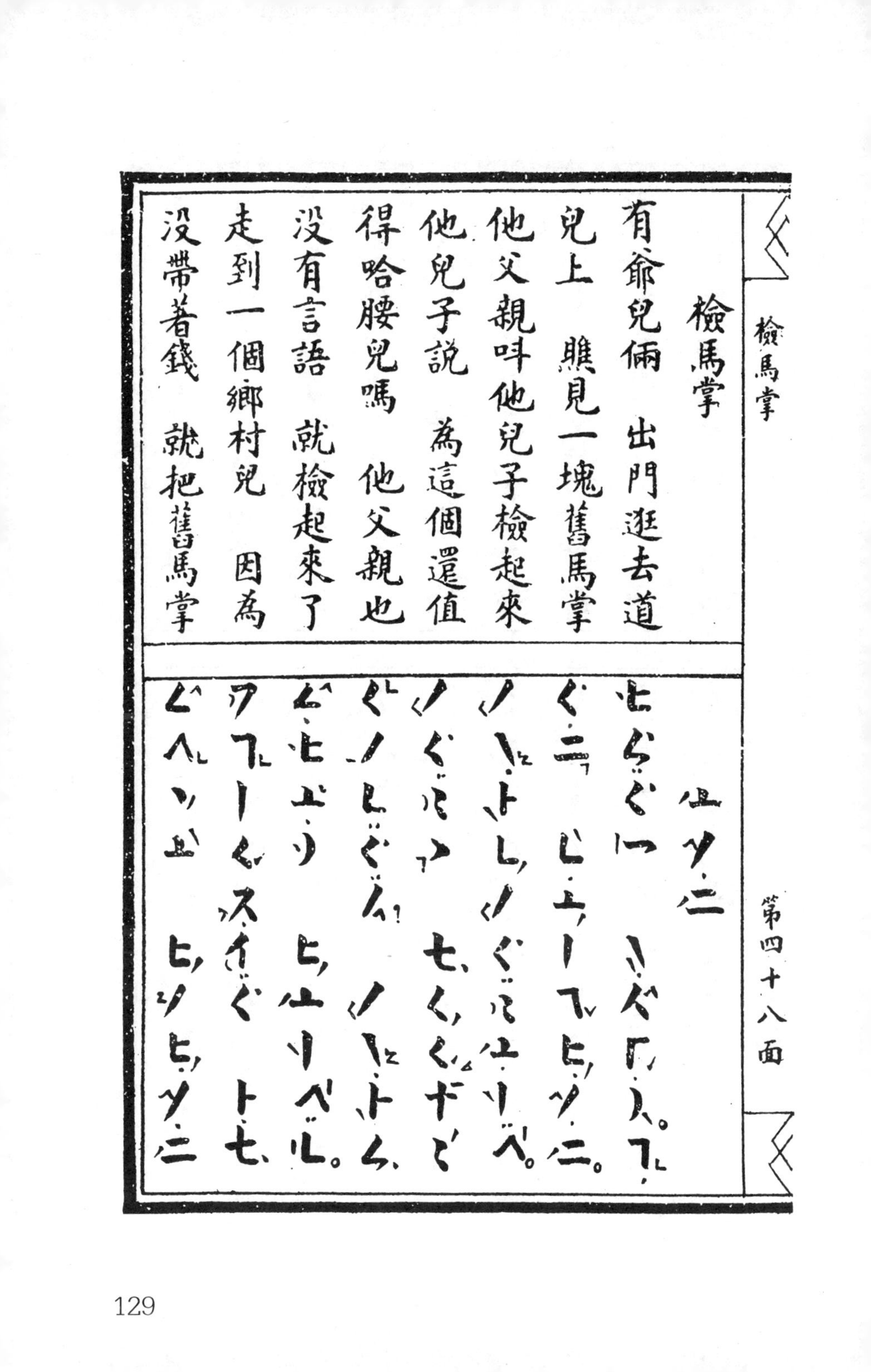

檢馬掌

有爺兒倆　出門逛去道
兒上　瞧見一塊舊馬掌
他父親叫他兒子檢起來
他兒子說　為這個還值
得啥腰兒嗎　他父親也
沒有言語　就檢起來了
走到一個鄉村兒　因為
沒帶著錢　就把舊馬掌

賣了　買了點李子喫那孩子瞧見了　狠願意喫就只不敢要　他父親也總沒給他走不遠兒　故意兒　掉一個　那孩子檢起來喫了　故意兒又掉一個那孩子又檢起來喫了　一直掉了好幾十回　那孩

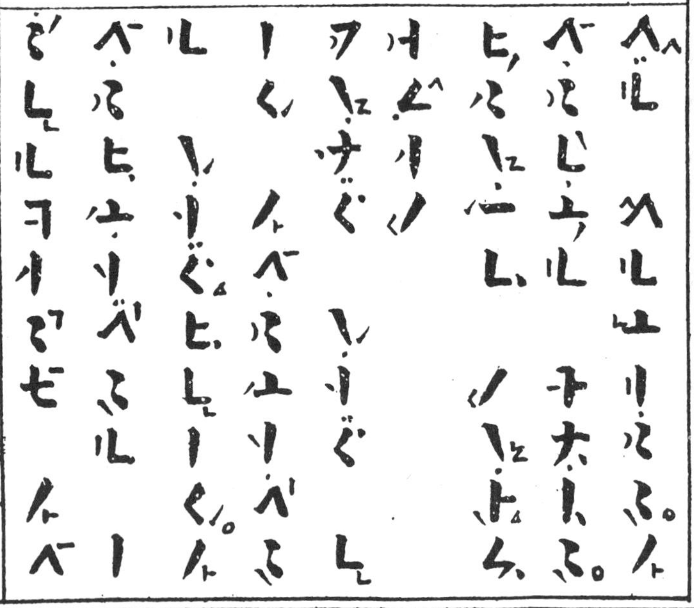

手一直檢了好幾十回他
父親說　倆說為那麽點
兒馬掌　不值得哈腰倆
若是肯哈那麽一回的腰
以後也省哈這麽好幾十
回的腰了

年紀
小脚
腿軟
他老子
自各兒
騎上
也就叫他
兒子一塊
兒騎
上
這
爺
兒倆
教
着驢不
騎

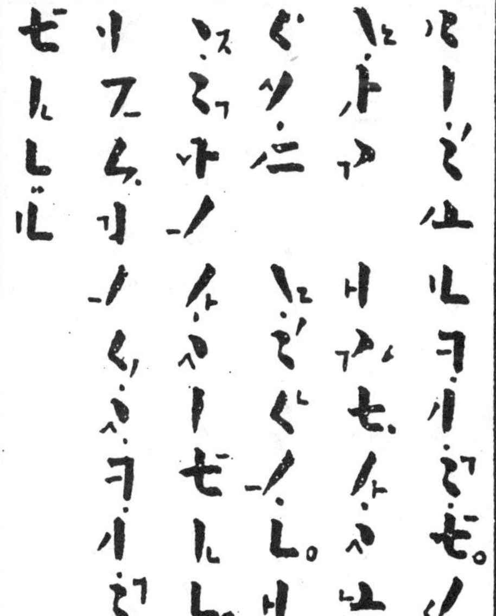

七言八語

有個鄉下爺兒倆　起別處回家　道兒上僱脚驢子　倆人才僱了一個他父親想着　他兒子年紀小　腿脚軟　就叫他騎着　自己跟着走到了個熱鬧地方　聽見人都說　這孩子可真不

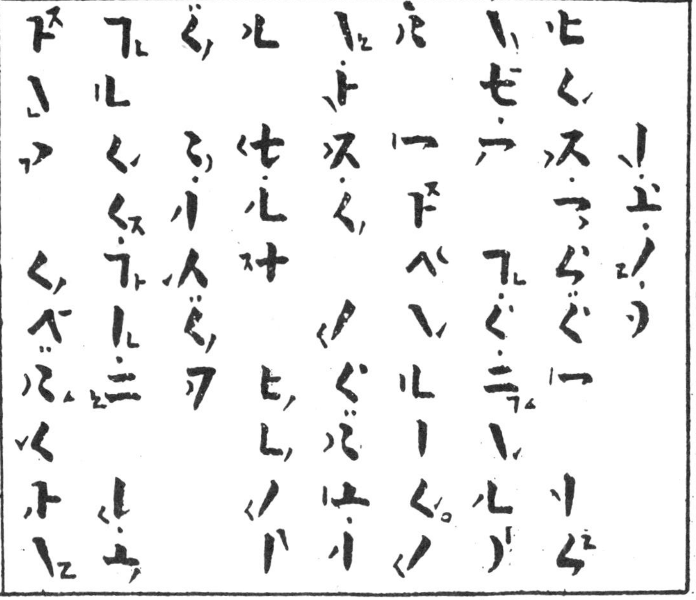

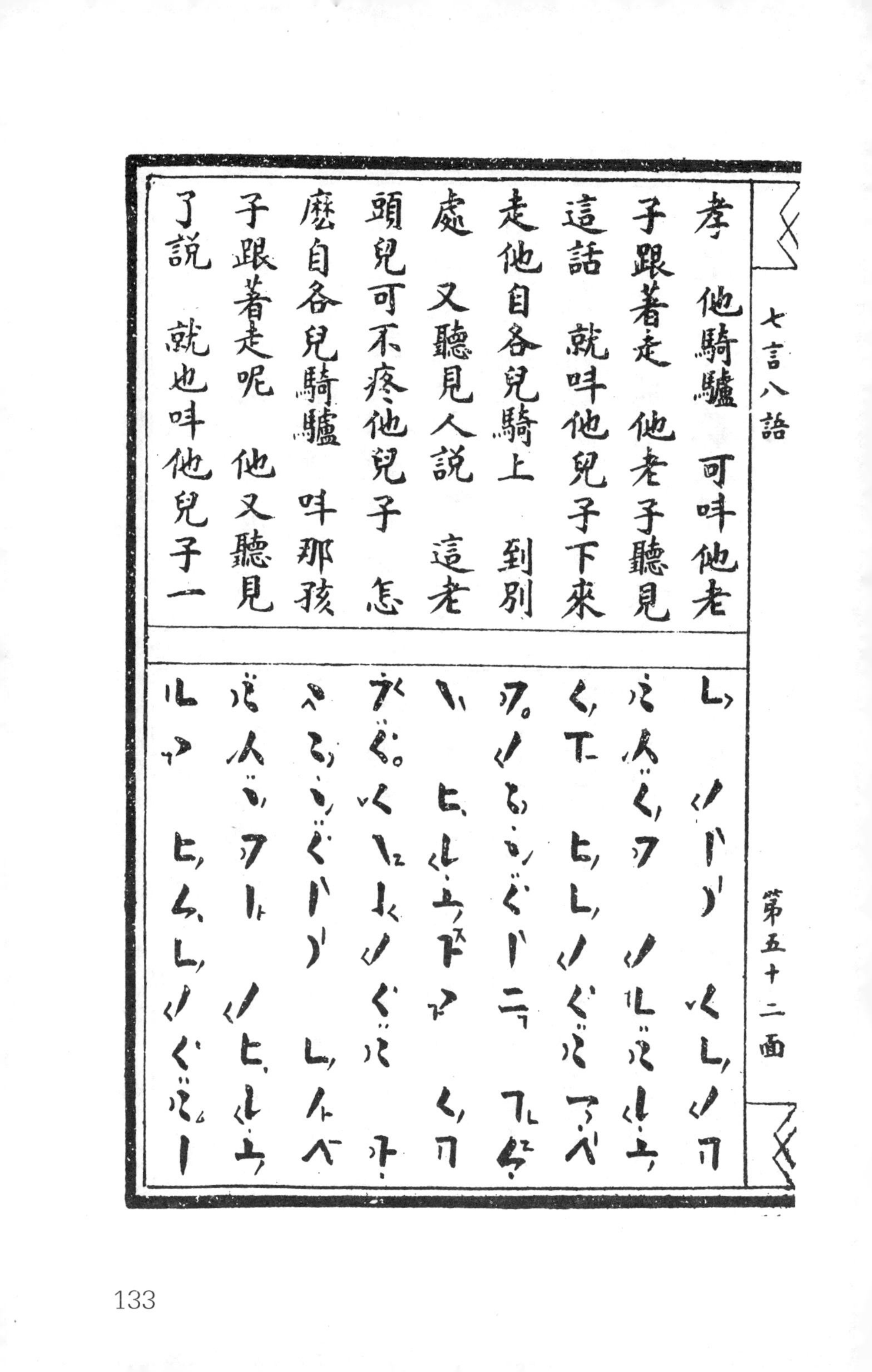

孝 他騎驢 可叫他老子跟著走 他老子聽見這話 就叫他兒子下來走他自各兒騎上 到別處 又聽見人說 這老頭兒可不疼他兒子 怎麼自各兒騎驢 叫那孩子跟著走呢 他又聽見了說 就也叫他兒子一

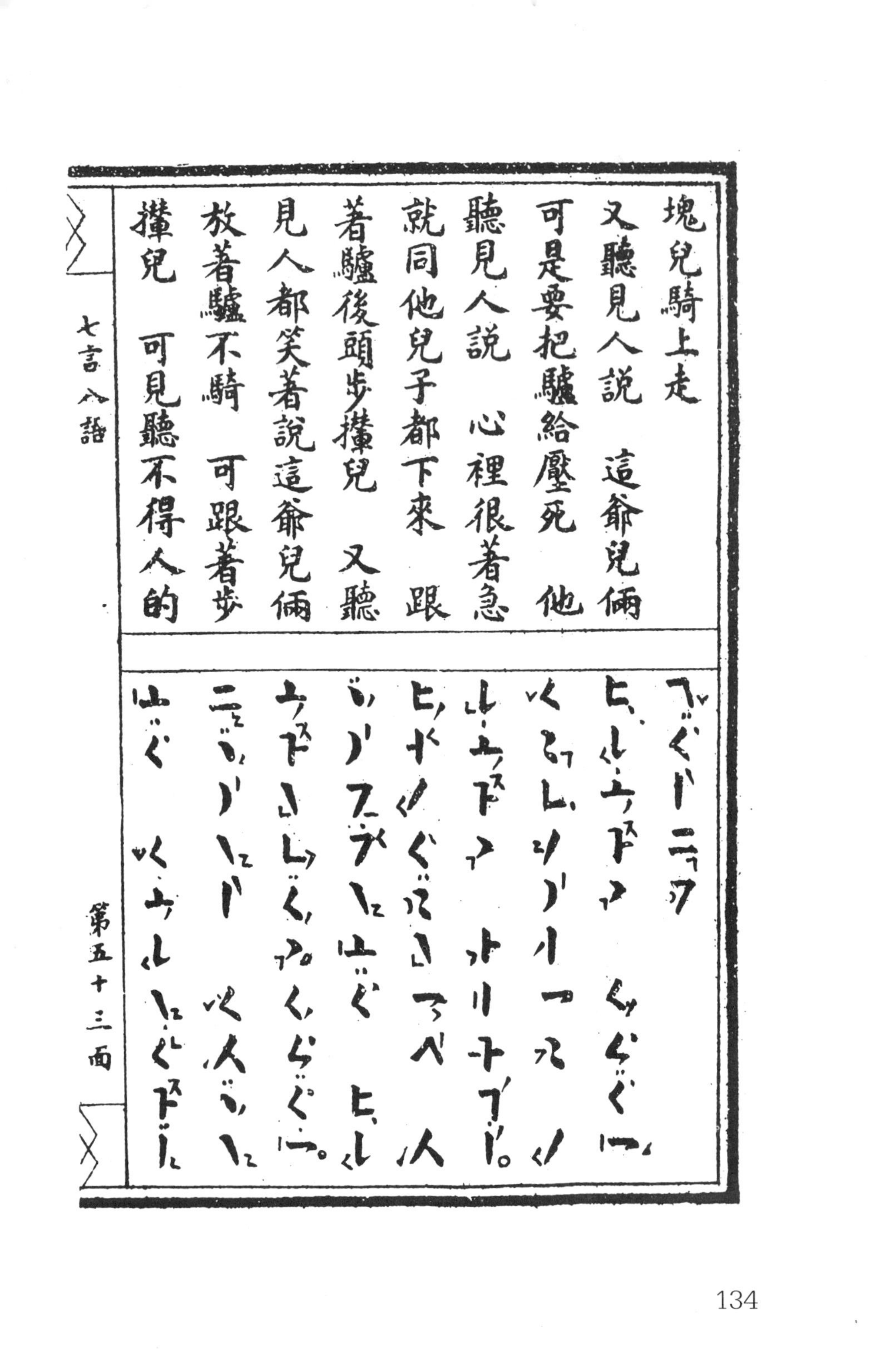

塊兒騎上走
又聽見人說　這爺兒倆
可是要把驢給壓死　他
聽見人說　心裡很着急
就同他兒子都下來　跟
着驢後頭步攆兒　又聽
見人都笑着說這爺兒倆
放着驢不騎　可跟着步
攆兒　可見聽不得人的

七言八語 只要自己行的合理 就是了

若是掉下来
偺們
檢回家
喫
去

沒想到嘴一鬆
就真叫
那倆莊家漢
檢去
了

鷹叼魚

有個鷹叼著個魚 正飛著時候 可巧有倆莊家漢 瞅見了 這個和那

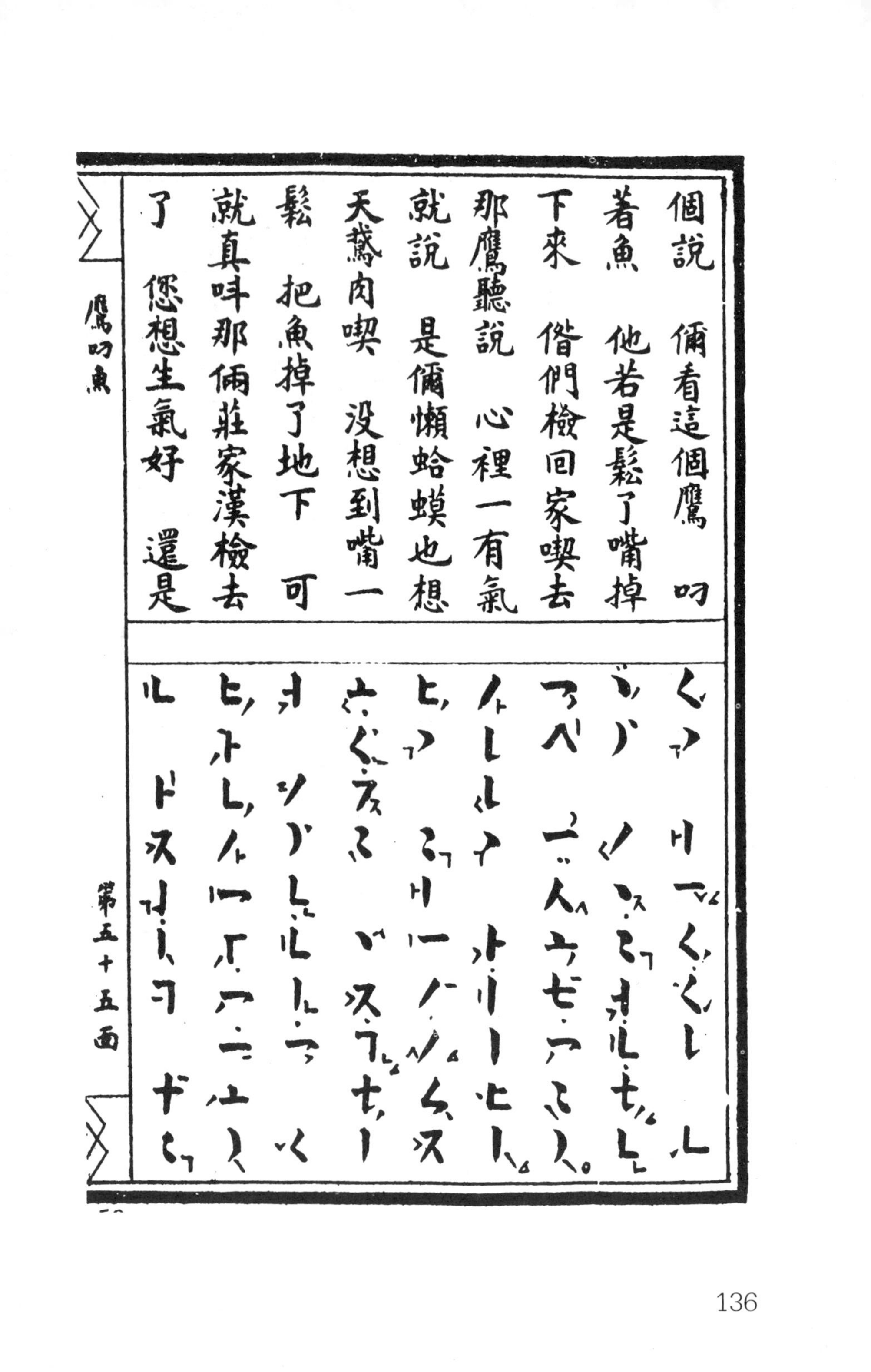

個說　倆看這個鷹　叼著魚　他若是鬆了嘴掉下来　偺們撿回家喫去那鷹聽說　心裡一有氣就說　是倆懶蛤蟆也想天鵞肉喫　沒想到嘴一鬆　把魚掉了地下　可就真叫那倆莊家漢撿去了　偲想生氣好　還是

不生氣好

好些個護衛
有用大小車拉的亦有用担子挑的
執事又新
跟人又多
棺材又好
回店心裡很憂慮
再不想發財了

不懂得

有個人想要發財　故此到外國去走走　有天走到海邊兒一個國　吽做荷蘭國　他就進了荷蘭

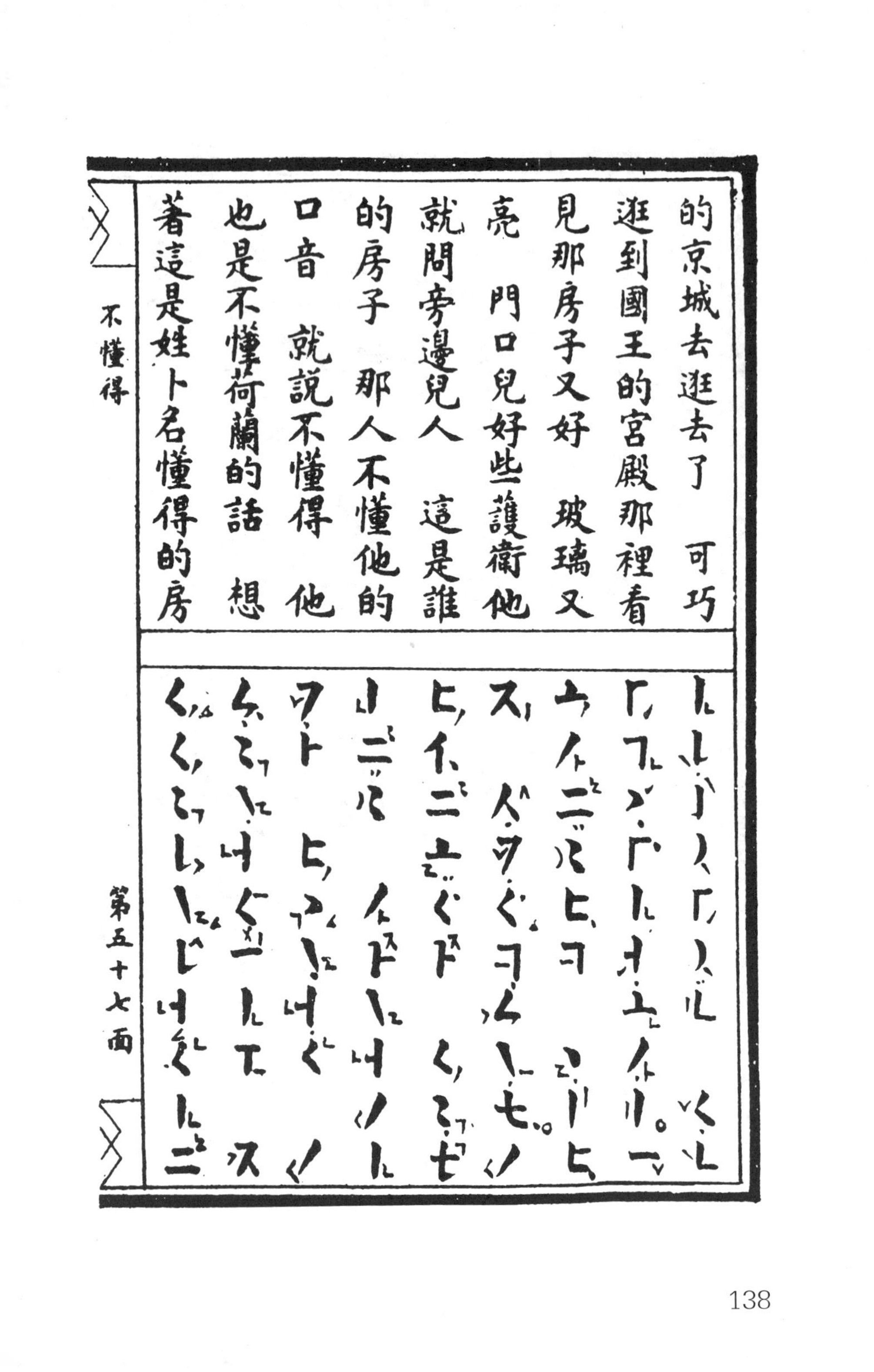

的京城去逛去了　可巧
逛到國王的宮殿那裡看
見那房子又好　玻璃又
亮　門口兒好些護衛他
就問旁邊兒人　這是誰
的房子　那人不懂他的
口音　就說不懂得　他
也是不懂荷蘭的話　想
著這是姓卜名懂得的房

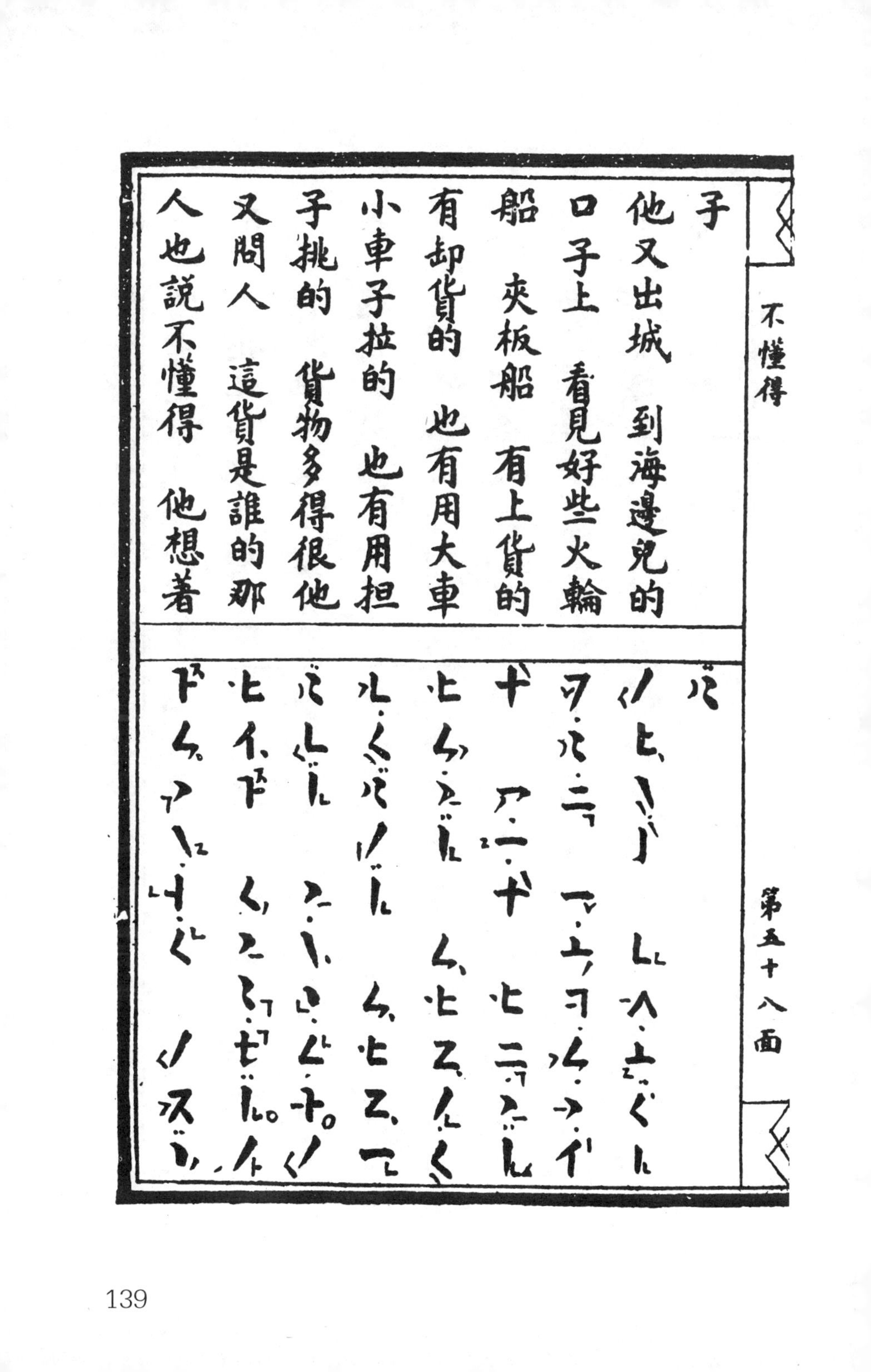

子
他又出城　到海邊兒的
口子上　看見好些火輪
船　夾板船　有上貨的
有卸貨的　也有用大車
小車子拉的　也有用担
子挑的　貨物多得很他
又問人　這貨是誰的那
人也說不懂得　他想着

這卜老爺這麽濶 以後
我要發財也像他才好
就又進城住店去 道兒
上 遇見出殯的 執事
又新 跟人又多棺材又
好 他又問人這是誰的
殯 那人還是說不懂得
他心裡想着 這位卜老
爺 這麽財主 可惜了

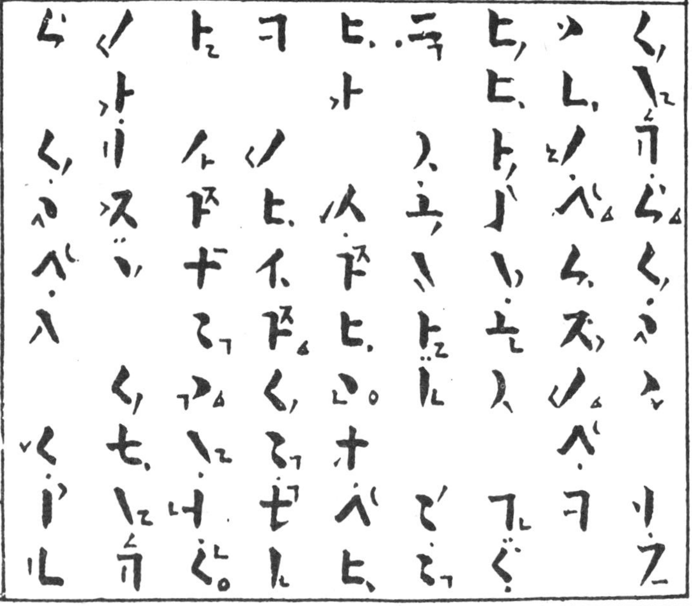

兒會死了　回店心裡很
憂慮　起憂慮裡醒悟了
從此以後　他安分守己
再不想發財了

叼著塊奶餅子
狐狸就
甜言
蜜語
老鴰一喜歡叫了幾聲

甜言蜜語

有個老鴰　在樹枝兒上

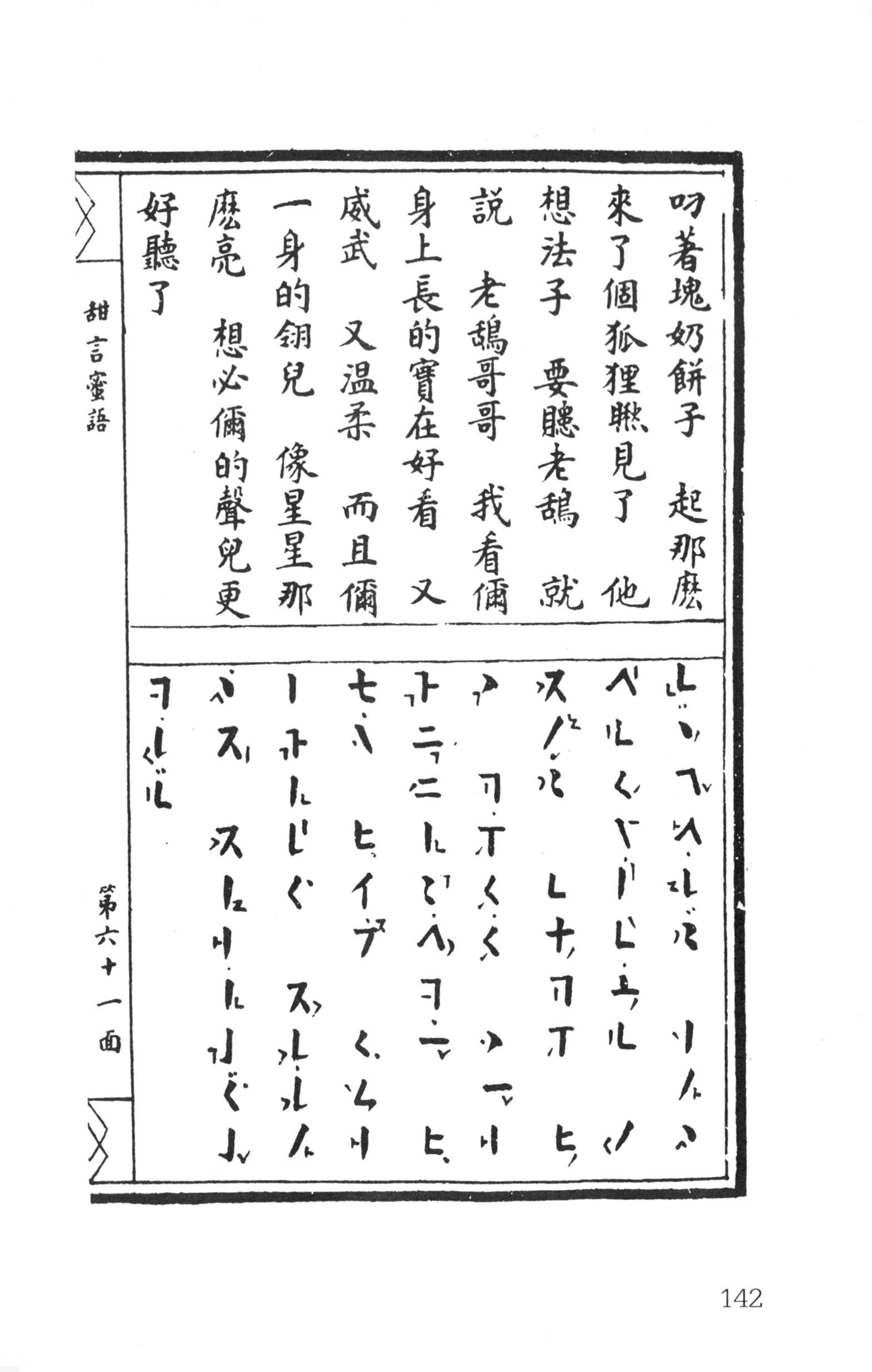

叨著塊奶餅子　起那麽
來了個狐狸瞅見了　他
想法子　要聽老鴰　就
説　老鴰哥哥　我看倆
身上長的實在好看　又
威武　又温柔　而且倆
一身的翎兒　像星星那
麽亮　想必倆的聲兒更
好聽了

老鴰聽說 心裡一喜歡
也很願意 吽一聲給他
聽 一連嘎嘎的 吽了
幾聲 可就把嘴裡的奶
餅子鬆了 吽那狐狸叼
了去了 偲看甜哥哥蜜
姐姐的話 是怎麼樣的
好利害呢

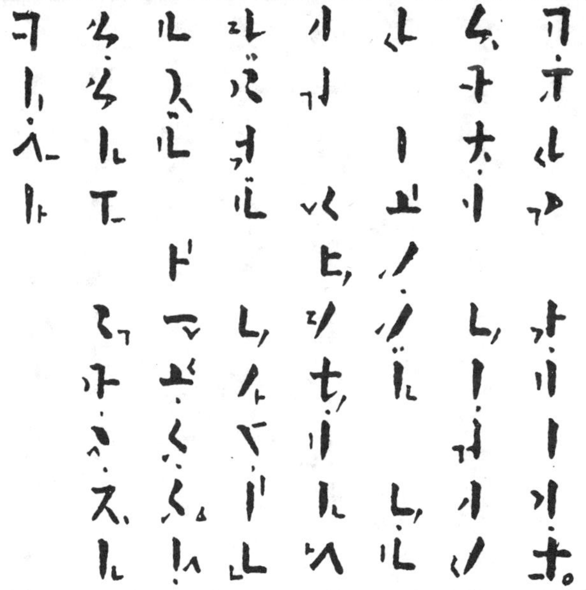

俗語第一

鈍斧磨成鍼只要工夫深
咬得菜根百事可做
莫看强盜吃肉只看强盜受罪
白布吊在染缸身白難分
螺螄彎彎就自有出頭路
一犬吠形百犬吠聲
兩足忙忙走只爲身合口

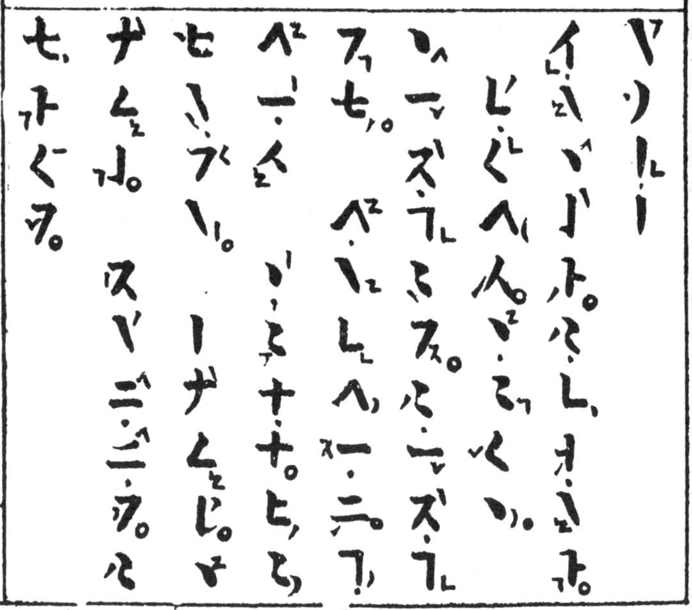

第二

賺錢少用錢多一身受奔波　天晴不出門天濕賣凉粉六月賣氊帽正月賣門神　小錢不去大錢不來　河裡無魚蝦也貴親兄弟明算賬　親家不親家蘿蔔三百錢一擔此處無魚別下鈎

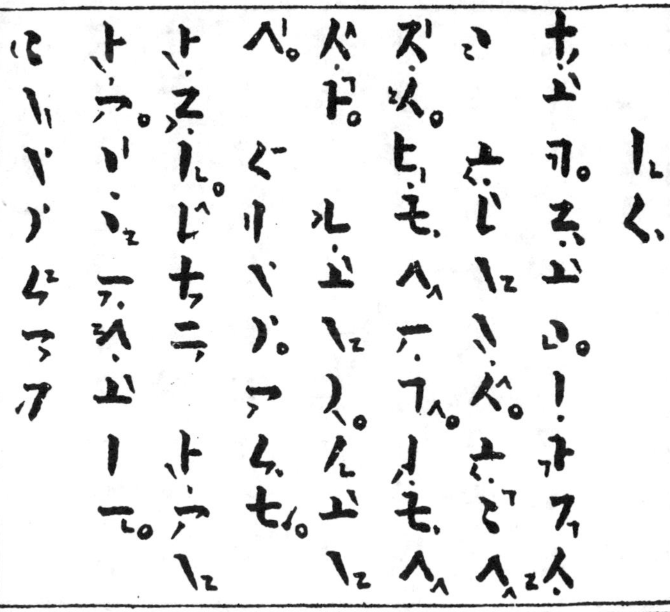

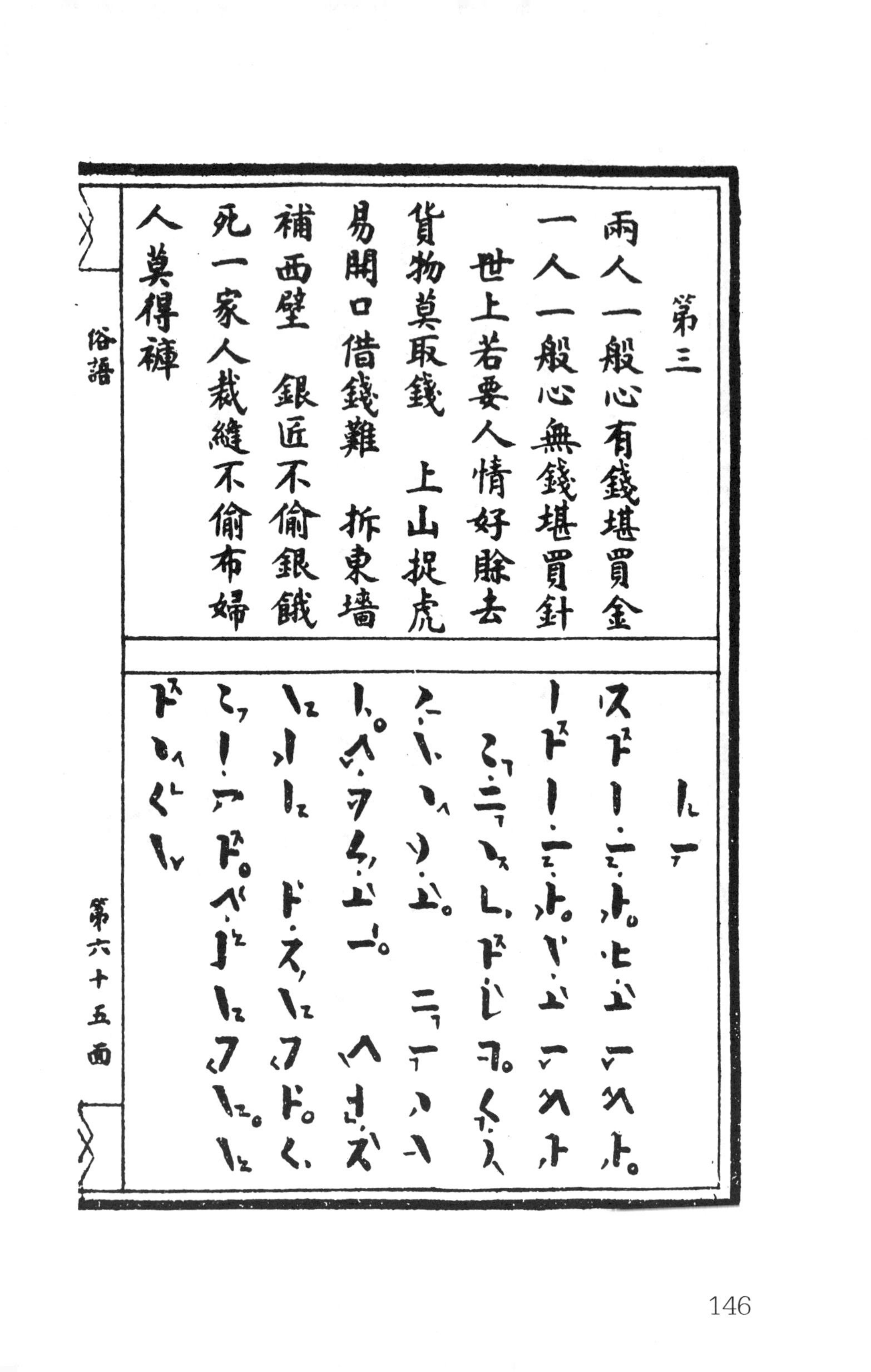

第三

兩人一般心有錢堪買金
一人一般心無錢堪買針
世上若要人情好賖去
貨物莫取錢　上山捉虎
易開口借錢難　拆東墻
補西壁　銀匠不偷銀餓
死一家人裁縫不偷布婦
人莫得褌

[illegible]

第四

一根草有一根草的露水養　怕倆不嫁倆嫁倆不怕倆　打我來罵我來要我吃虧就不來　冷茶冷飯吃不得冷言冷語受不得　姜太公釣魚願者上鈎　訓子嬰孩教婦初來

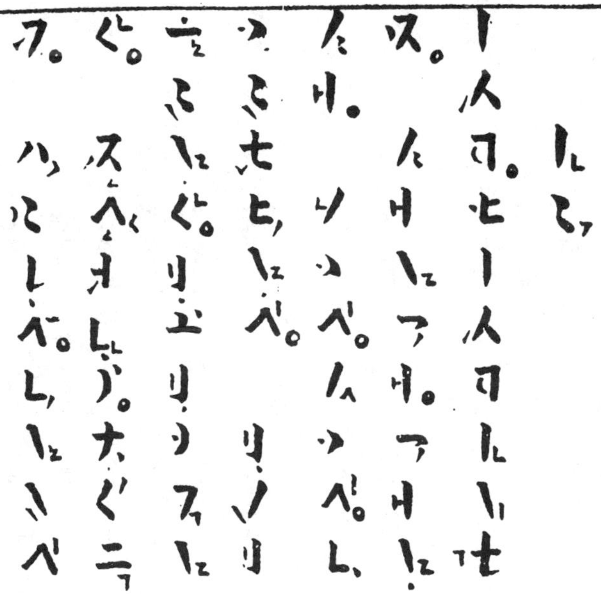

（二集）目錄

欽命全權大臣便宜行事，軍機大臣總理外務部事務和碩慶親王，劄福建文童盧戇章開拆。據稟已悉，查現在學部已設所有關於教科各書，均歸審定，本部已將原書咨送查核，應聽後該部核辦可也，此批。右批福建文童盧戇章，准此。光緒三十二年正月二十六日。

錄《日本國志》

蓋語言與文字離，則通文者少，語言與文字合，則通文者多，其勢然也。然則日本之假名，有裨於東方文教者多矣，庸可廢乎。泰西論者，謂五部洲中，以中國文字為最古，學中國文字為最難，亦謂語言文字之不相合也。然中國自蟲魚雲鳥，數變其體，而後為隸書為草書，余烏知夫他日者，不又變一字體，為古所未見，今所未聞者乎。周秦以下，文體屢變，逮夫近世章疏、移檄、告諭、批判、明白曉暢，務期達意，其文體絕為古人所無。若小說家言，更有直用方言，以筆之於書者，則語言文字，幾幾乎復合矣。余又烏知夫他日者，不更變一文體，為適用於今，通行於俗者乎。嗟乎！欲令天下之農工商賈、婦女幼稚，皆能通文字之用，其不得不於此求一簡易之法哉。

官話切音字母

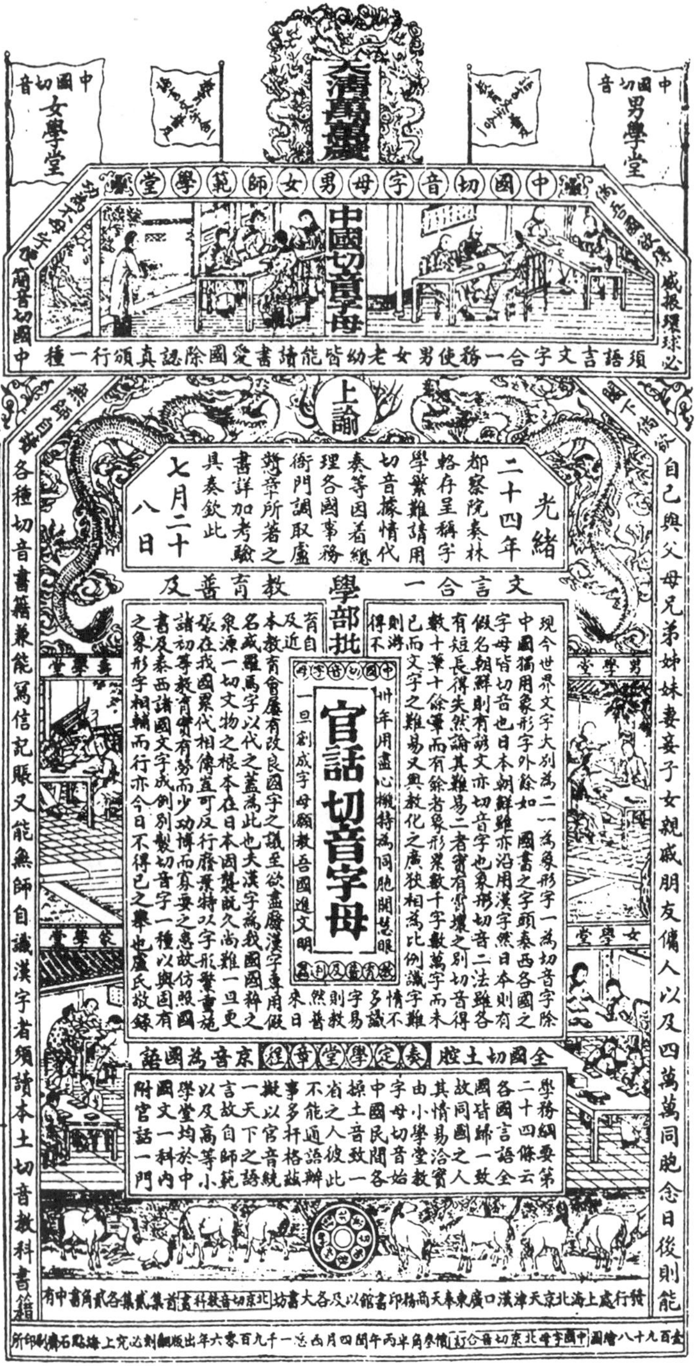

大清萬歲
中國切音 女學堂
中國切音 男學堂
中國切音字母男女師範學堂
中國切音字母
須語言文字合一務使男女老幼皆能讀書愛國除認真頒行一種
上諭
光緒二十四年都察院奏林輅存呈稱字學繁難請用切音據情代奏等因着總理各國事務衙門調取盧戇章所著之書詳加考驗具奏欽此
七月二十八日
文言合一 學 教育普及
學部批
現今世界文字大別為二一為象形字一為切音字除中國獨用象形字外餘如 國書之字頭泰西各國之字母皆切音也日本朝鮮雖亦沿用漢字然日本則有假名朝鮮則有諺文亦切音字也象形切音二法雖各有短長得失然論其難易二者實有霄壤之別切音得數十筆十餘筆而有餘者象形累數千字數萬字而未已而文字之難易又與教化之廣狹相為比例識字難則游情不得不多識字易則教普然來日
育自及近本教育會屢有改良國字之議至欲盡廢漢字專用假名威羅馬字以代之蓋為此也夫漢字為我國國粹之泉源一切文物之根本在日本固製就久尚難一旦更張在我國累代相傳豈可及行廢棄特以字形繁重施諸初等教育實有勞而少功博而寡要之患故仿照國書及泰西諸國文字成例別製切音字一種以與固有之象形字相輔而行亦今日不得已之舉也盧氏敬錄
中國切音字母
官話切音字母
卅年用盡心機特為同胞開慧眼
一旦創成字母爾教吾國進文明
教育普及
全國切土腔 奏定學堂章程 京音為國語
學務綱要第二十四條云各國言語全國皆歸一致故同國之人其情易洽實由小學堂教字母切音始中國民間各操土音致一省之人彼此不能通語辦事多扞格茲擬以官音統一天下之語言故自師範以及高等小學堂均於中國文一科內附官話一門
各種切音書籍兼能寫信記賬又能無師自識漢字者須讀本土切音教科書籍
自己與父母兄弟姊妹妻妾子女親戚朋友傭人以及四萬萬同胞念日後則能
發行處上海北京天津漢口廣東奉天商務印書館以及各大書坊 北京切音教科書 首集貳集各貳角書中有
全百九十八繪圖 中國字母北京切音合訂 價參角半丙午年閏四月西一千九百零六年出版翻刻必究上海點石齋印所

第二面

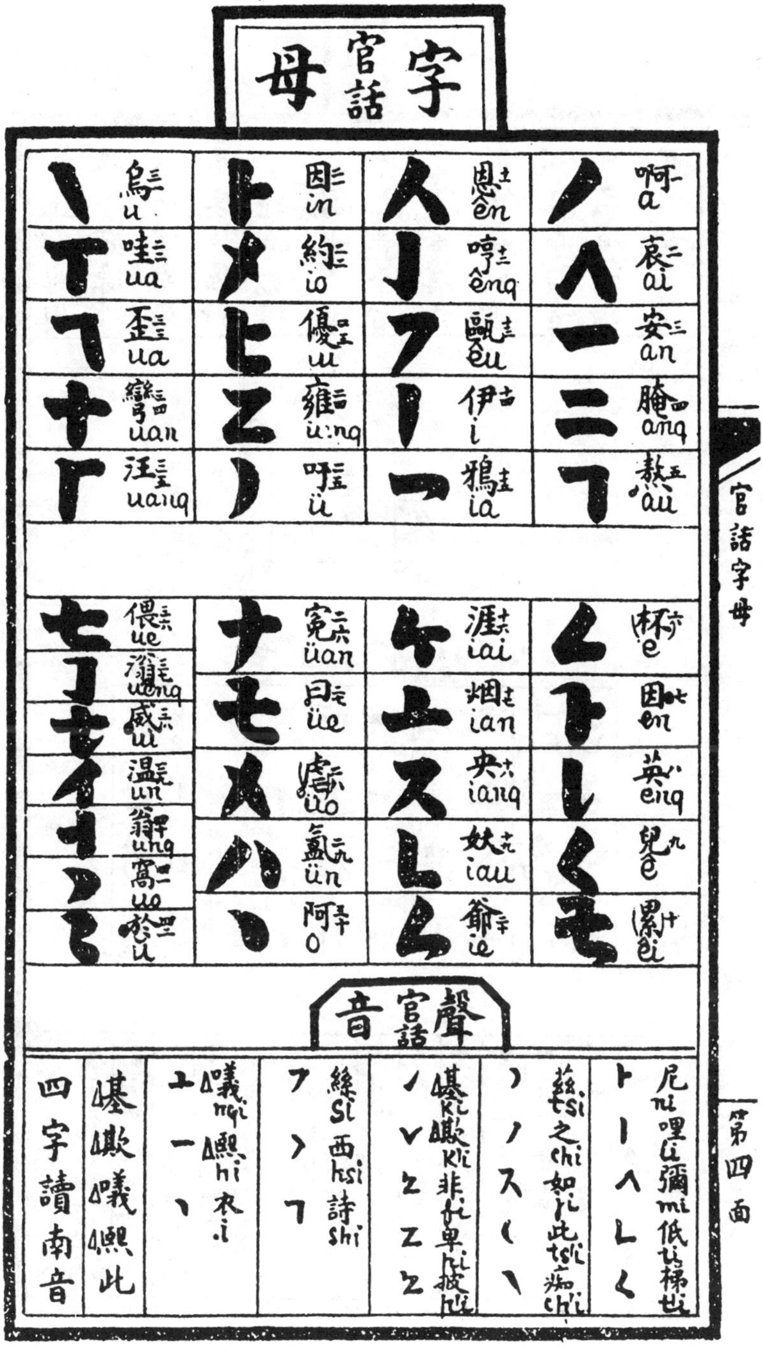
字
官話
母
啊一 a
哀二 ai
安三 an
腌四 ang
熬五 au
恩十一 ên
哼十二 êng
甌十三 êu
伊十四 i
鴉十五 ia
因二十一 in
約二十二 io
優二十三 iu
雍二十四 iung
吁二十五 ü
烏三十一 u
哇三十二 ua
歪三十三 uai
彎三十四 uan
汪三十五 uang
杯六 e
恩七 ên
英八 êng
兒九 ê
累十 êi
涯十六 iai
烟十七 ian
央十八 iang
妖十九 iau
爺二十 ie
寃二十六 üan
曰二十七 üe
二十八 üo
氳二十九 ün
阿三十 o
偎三十六 ue
三十七 ueng
威三十八 ui
温三十九 un
翁四十 ung
窩四十一 uo
四十二 ü
聲
官話
音
尼 ni 哩 li 彌 mi 低 ti 梯 ti
茲 tsi 之 chi 如 ji 此 ts'i 痴 ch'i
基 ki 欺 k'i 非 fi 卑 pi 披 p'i
絲 si 西 hsi 詩 shi
犧 ngi 熙 hi 衣 i
基 欺 犧 熙 此
四字讀南音
官話字母
第四面

以上字母與聲音右傍所註漢字與羅馬字。皆係新字之讀音。均須按北京音之上平聲讀之。漢字讀音。不能各處皆同。又多有音無字。須以羅馬字音為準。

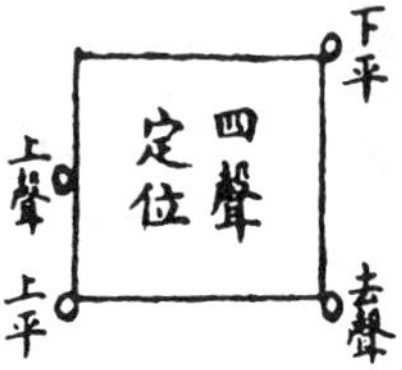

字母分四聲

英	伊	鴉	烟	千(痂烟)
營	移	牙	言	錢(痂言)
影	以	雅	眼	淺(痂眼)
硬	意	訝	驗	欠(痂驗)

上截十四字。須讀與下截同韻。數目核对字母

ノ	啊	他巴沙拉
二	腌	昂邦康當
ㄱ	熬	包抛高凹
卜	因	真身嗔申
ㄑ	兒	額哦車渴
亅	哼	灯耕生烹
ㄅ	涯	皆楷睚崖
ㄅ	爺	噎些爹也
七	曰	月雪血靴
乂	虐	爵却
八	氤	君軍群熏
七	威	雖追吹推
十	翁	東公通空
乙	於	兹師之喫

一二三四五六七八九
〡〢〣〤〥〦〧〨〩

十空百千萬圓角占錢
丶✕∨㇇一○△∨⊙

符號名	符號	用法
句	。	字之右傍寫一。
讀	◢	字之右傍寫一◢
問	？	字之右傍寫一？
節	：	字之右傍寫二：
相連	•	字之中間點一•
輕音	‥	字之中間寫二‥
人名	∠	字之中間寫一∠
地名	✕	字之中間寫一✕
註釋	（）	正文中間句首寫一（句終寫一）
駭聲	！	字之右傍寫一！
引書	“”	句首左傍寫“句終右傍寫”
相同	〃	寫〃在同類之中間
另者	○	句首上頭寫一○
要語	⁝	語之右傍寫連環⁝
完止	丨	字之右傍寫一丨

第六面

聖諭十六條的題目就是康熙老佛爺說的話後來雍正老佛爺　從這題目的意思　說個明白現在我照着雍正皇上所說的話　解做白話　給大家聽聽的

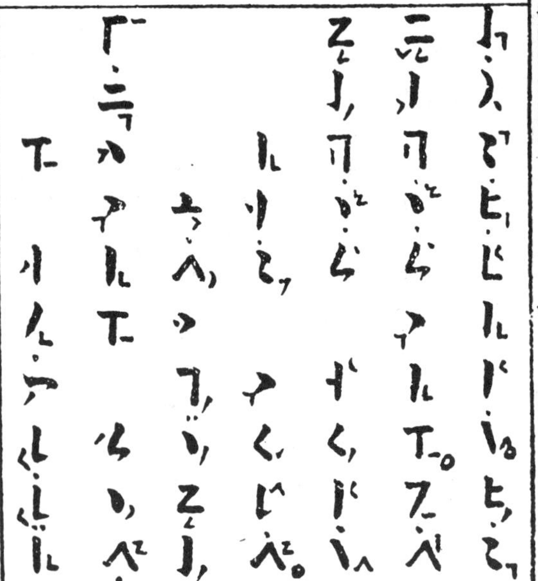

節譯

聖諭第一條

小孩兒 在手裏抱着的時候 餓了自已不會吃 冷了自已不會穿 做爹媽的 刻刻當心聽他的聲音看他的臉色

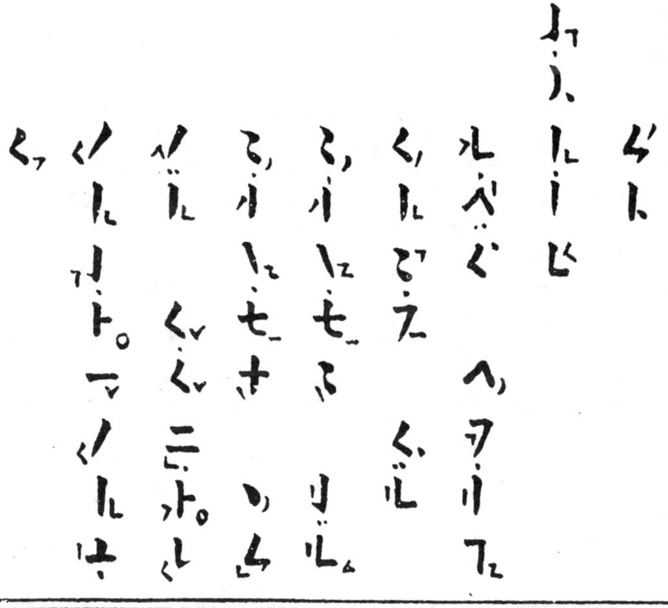

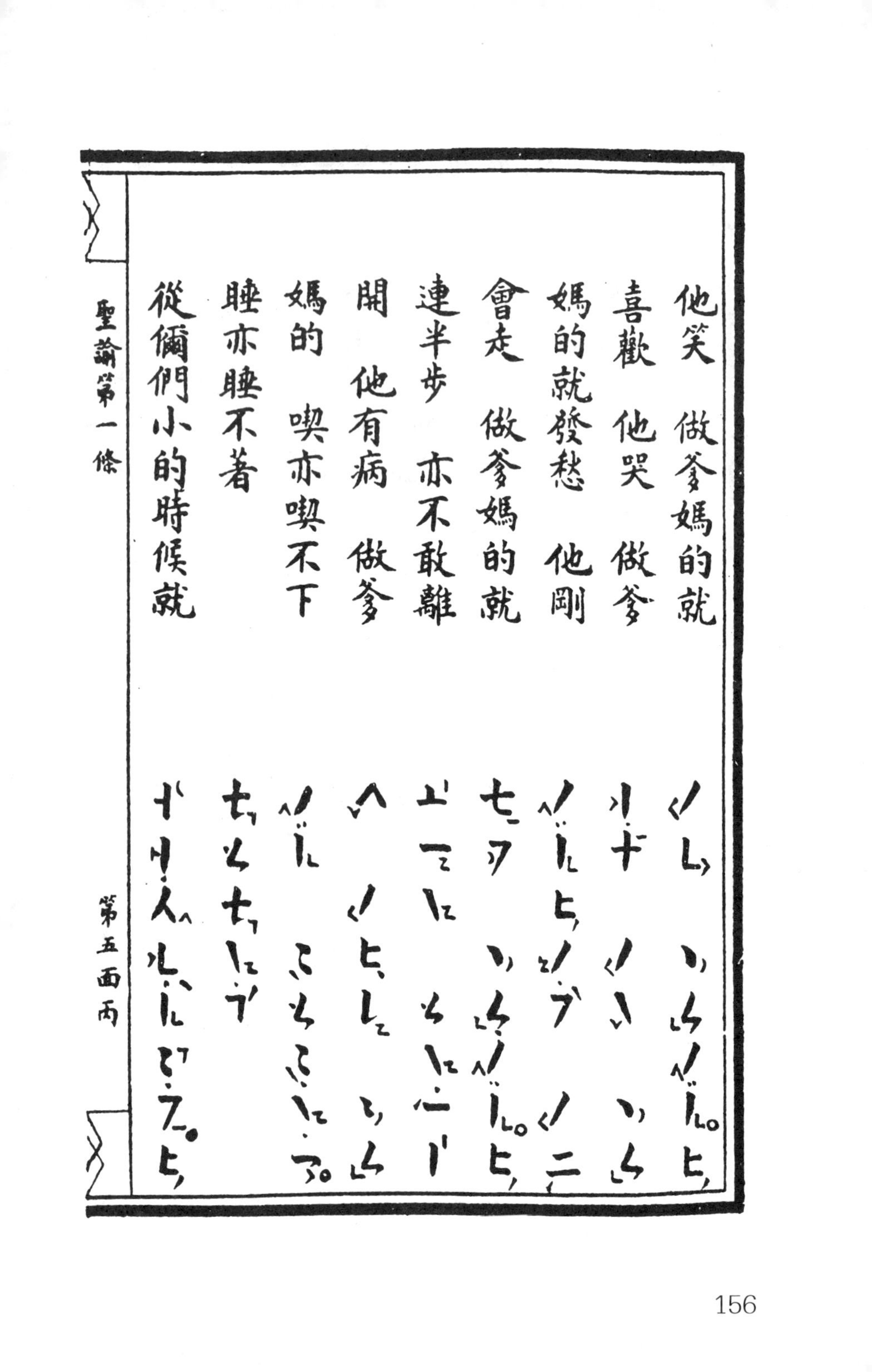

他笑　做爹媽的就
喜歡　他哭　做爹
媽的就發愁　他剛
會走　做爹媽的就
連半步　亦不敢離
開　他有病　做爹
媽的　喫亦喫不下
睡亦睡不着
從倆們小的時候就

拿衣食養活倆們拿
詩書教訓倆們　直
到倆們長大成人的
時候　又替倆們娶
媳婦　替倆們打算
衣食　千方百計都
是為倆們打算　把
心機氣力都用完了
這樣看起來　爹媽

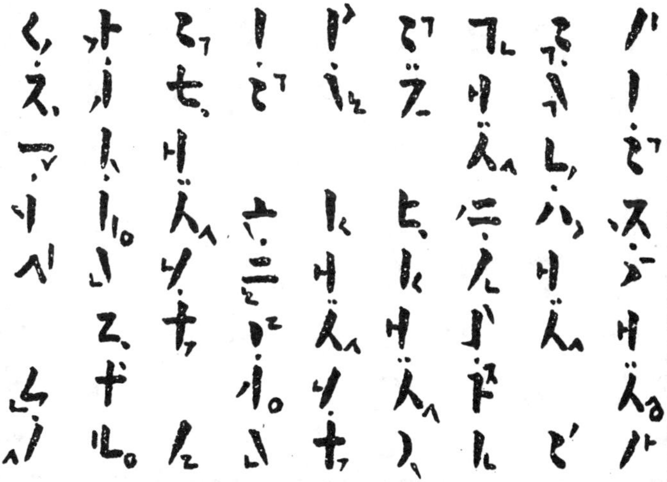

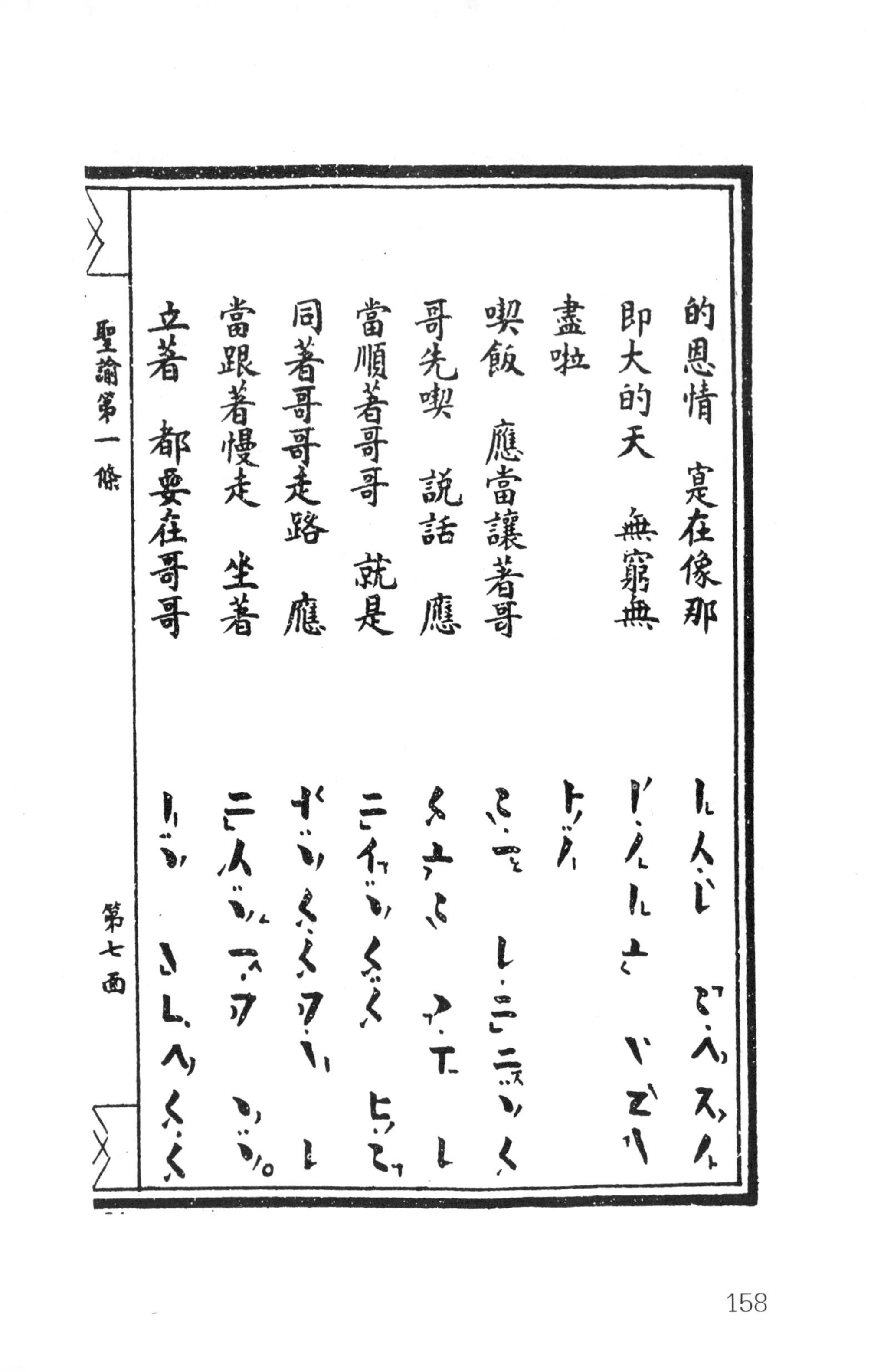

的恩情 寔在像那
即大的天 無窮無
盡啦
喫飯 應當讓著哥
哥先喫 說話 應
當順著哥哥 就是
同著哥哥走路 應
當跟著慢走 坐著
立著 都要在哥哥

的下邊　這些都是

做弟弟的道理

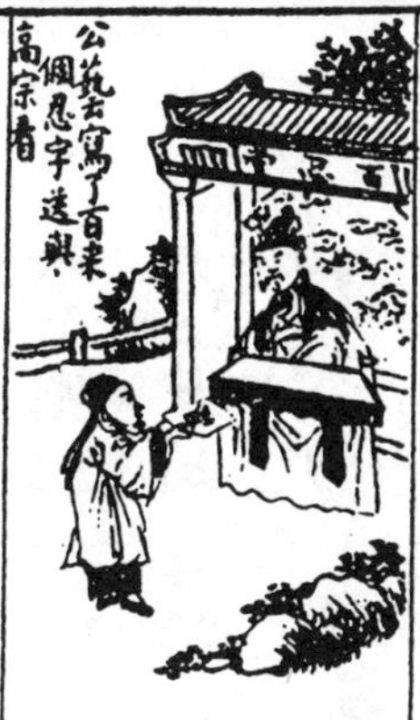

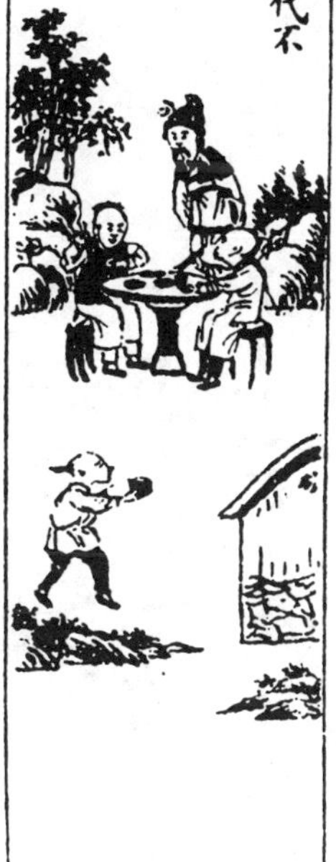

節譯

聖諭第二條

唐朝有個張公藝同

住了九代　唐朝高

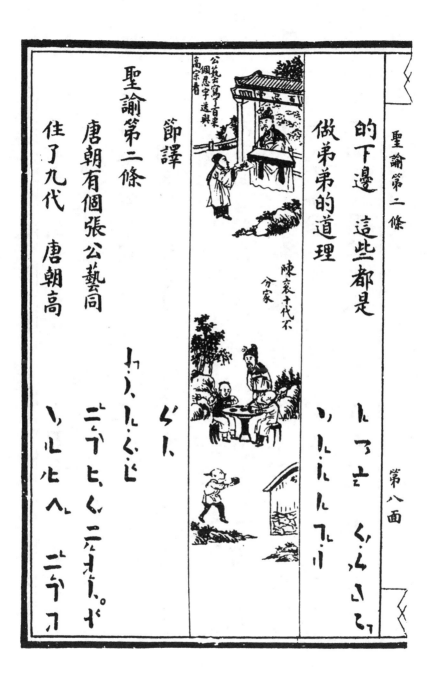

宗皇帝　到他家裡
去　問他和睦宗族
道理　公藝寫了百
來個忍字　送與高
宗看
還有南唐時節　江
州地方　有個陳袞
十代不分家　有七
百個人　同住喫飯

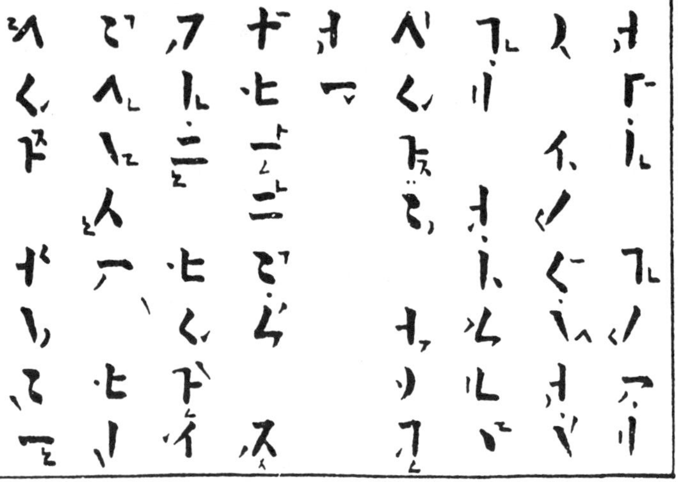

這兩個古人　都是
能彀和睦宗族的可
見爾們待同姓宗族
也都要想想祖宗看

節譯

聖諭第三條

不可說我家裡富富
餘餘的　就欺負那
貧窮的　不可說我
家裡尊尊貴貴的就
欺負那下賤的　不
要自己弄聰明　欺
負那愚坌的　不要
自己逞豪强　欺那
柔弱的　人家爭鬭

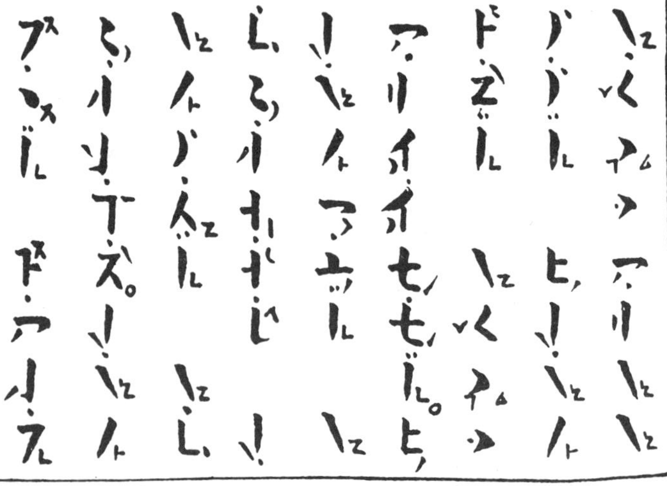

須要把幾句好話勸開　替他們說和了　凡有快樂的事　有苦惱的事　大家相幫　就像一家的人方好

沒有衣穿
男人不種田
女人不織布
男人能殷勤謹
女人能殷勤謹

節譯

聖諭第四條

做人的道理　若没有衣穿　没有飯吃　就過不得日子了　一個男人不種田就没有飯吃了　一個女人不織布　就没有衣穿了

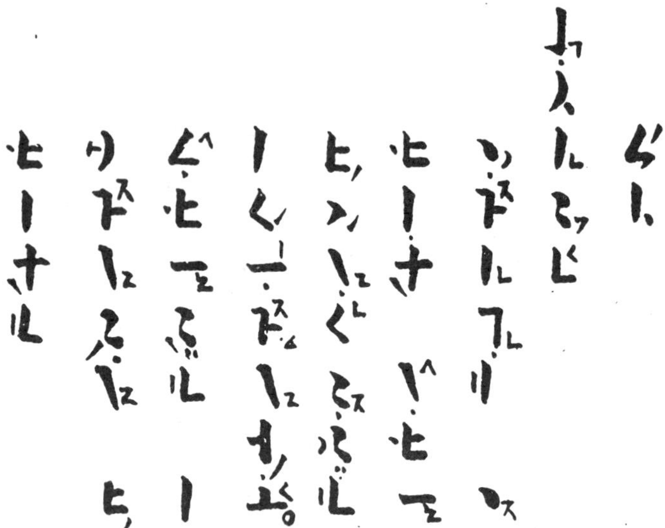

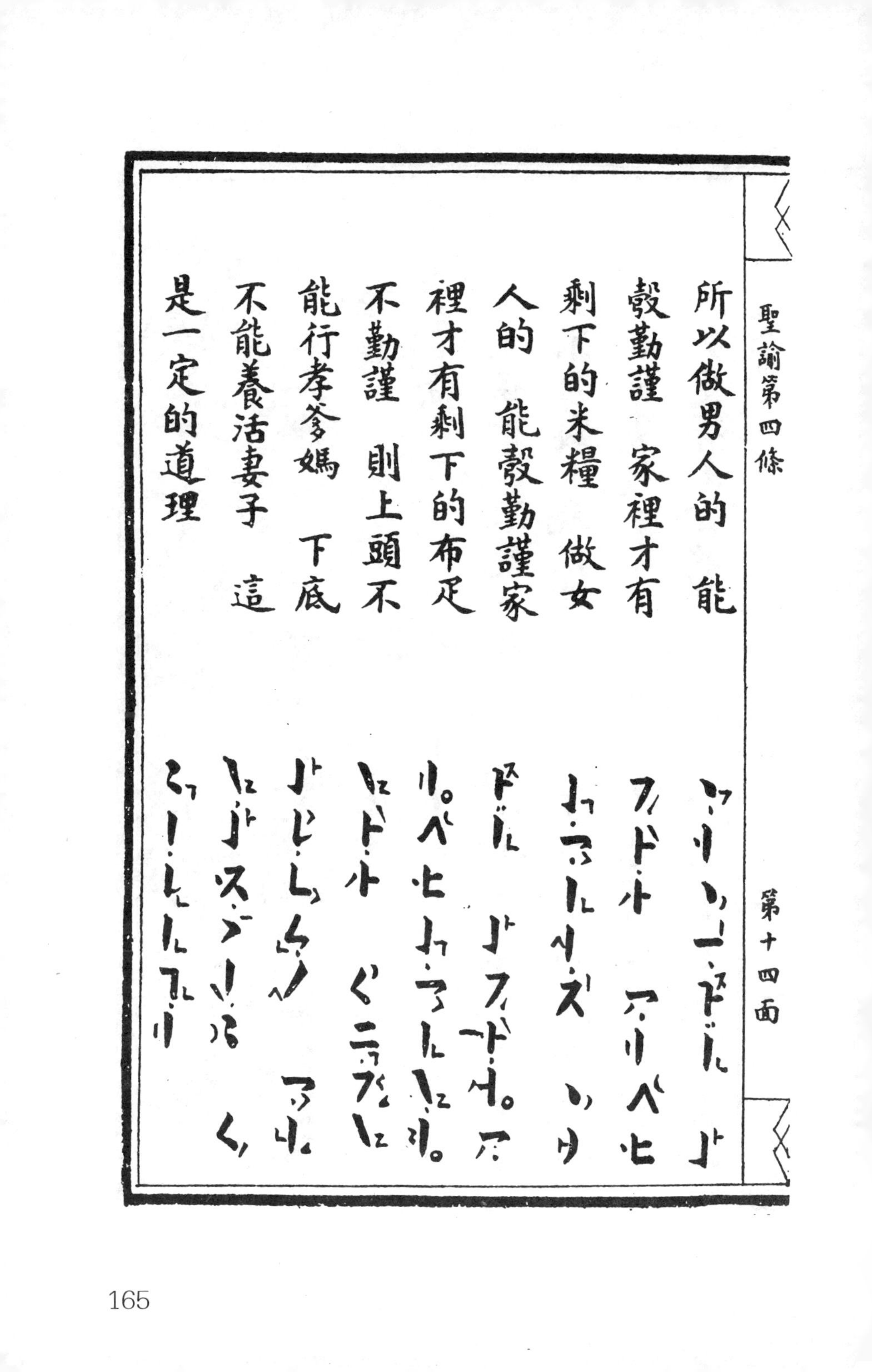

所以做男人的　能
彀勤謹　家裡才有
剩下的米糧　做女
人的　能彀勤謹家
裡才有剩下的布疋
不勤謹　則上頭不
能行孝爹媽　下底
不能養活妻子　這
是一定的道理

有多餘的錢
康熙
皇上先自
己儉樸
十個人賺來
的錢
這是
不
省儉的
毛病

節譯

聖諭第五條

人生在世　不能一
日不用錢　就不可
一日少了錢
然必定有多餘的錢

纔能彀時時刻刻的
費用　這樣看起來
節省儉樸　最要緊
的
我康熙
皇上先自己儉樸　做個
榜樣　把天下人看
自古以來　做百姓
的　總要勤儉為妙

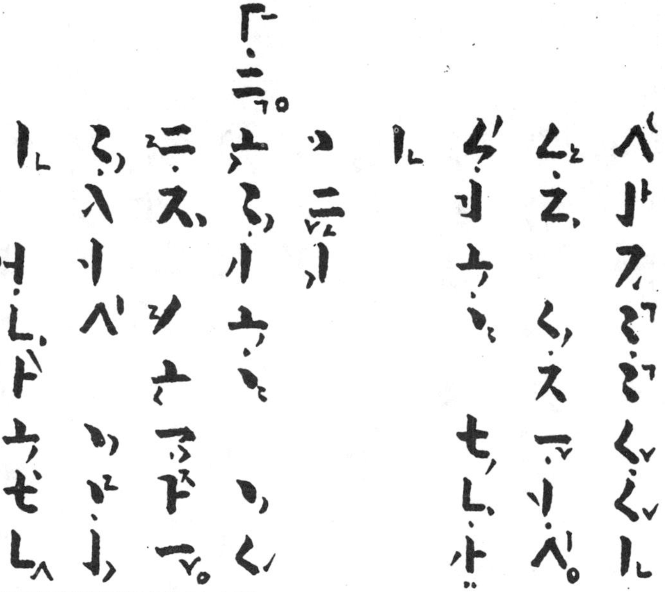

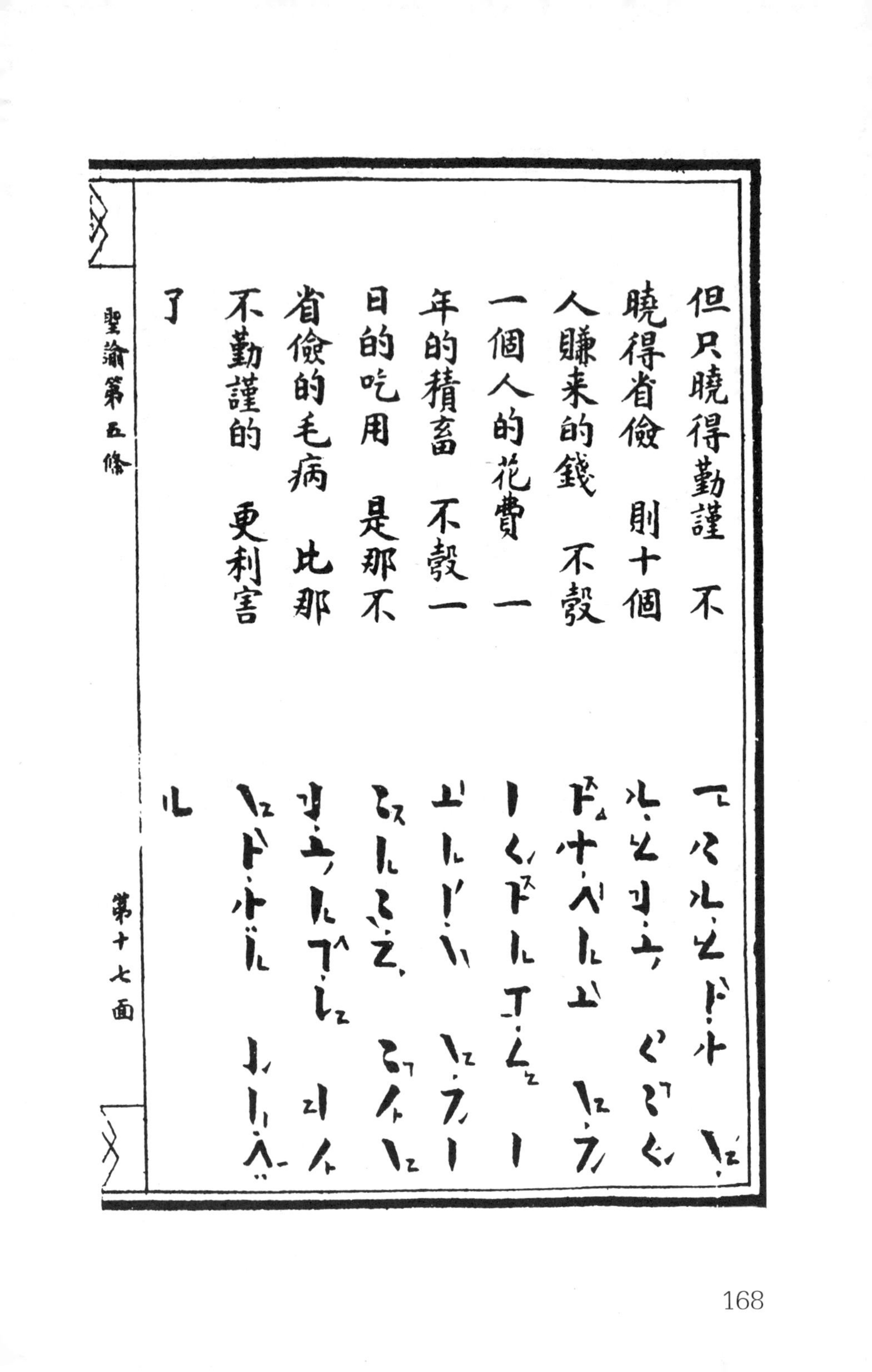

但只曉得勤謹 不
曉得省儉 則十個
人賺来的錢 不彀
一個人的花費 一
年的積畜 不彀一
日的吃用 是那不
省儉的毛病 比那
不勤謹的 更利害
了

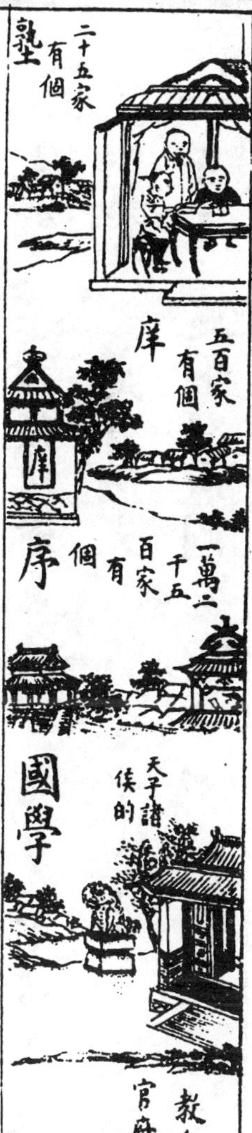

節譯

聖諭第六條

古時候　二十五家

吽做閭　這一閭之

中　有個書房　吽

做塾

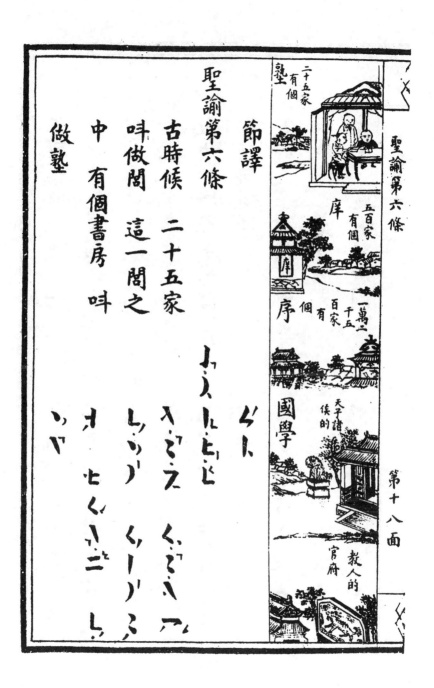

五百家叫做黨　一
黨之中　有個學宮
叫做庠
一萬二千五百家叫
做州一州之中有個
學宮叫做序
至於天子諸侯建都
的地方　更有個大
學宮　這個叫做國

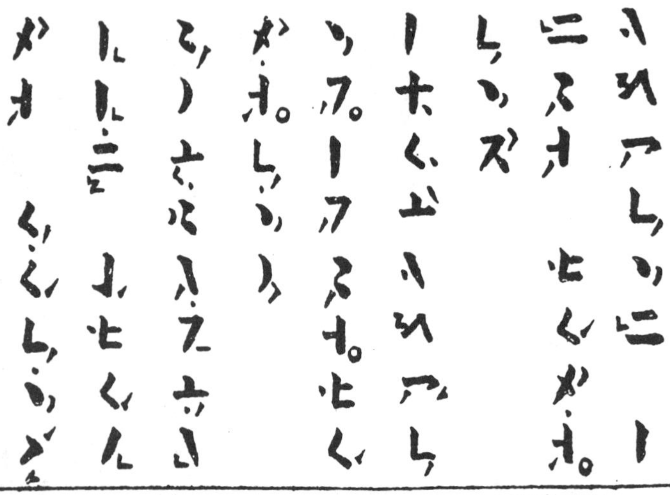

學
這樣說起來 是天下沒有一個人不在教訓之內 沒一處不設立教人的地方 沒一處不設立教人的官府 專管這件事
所以這樣講究的總

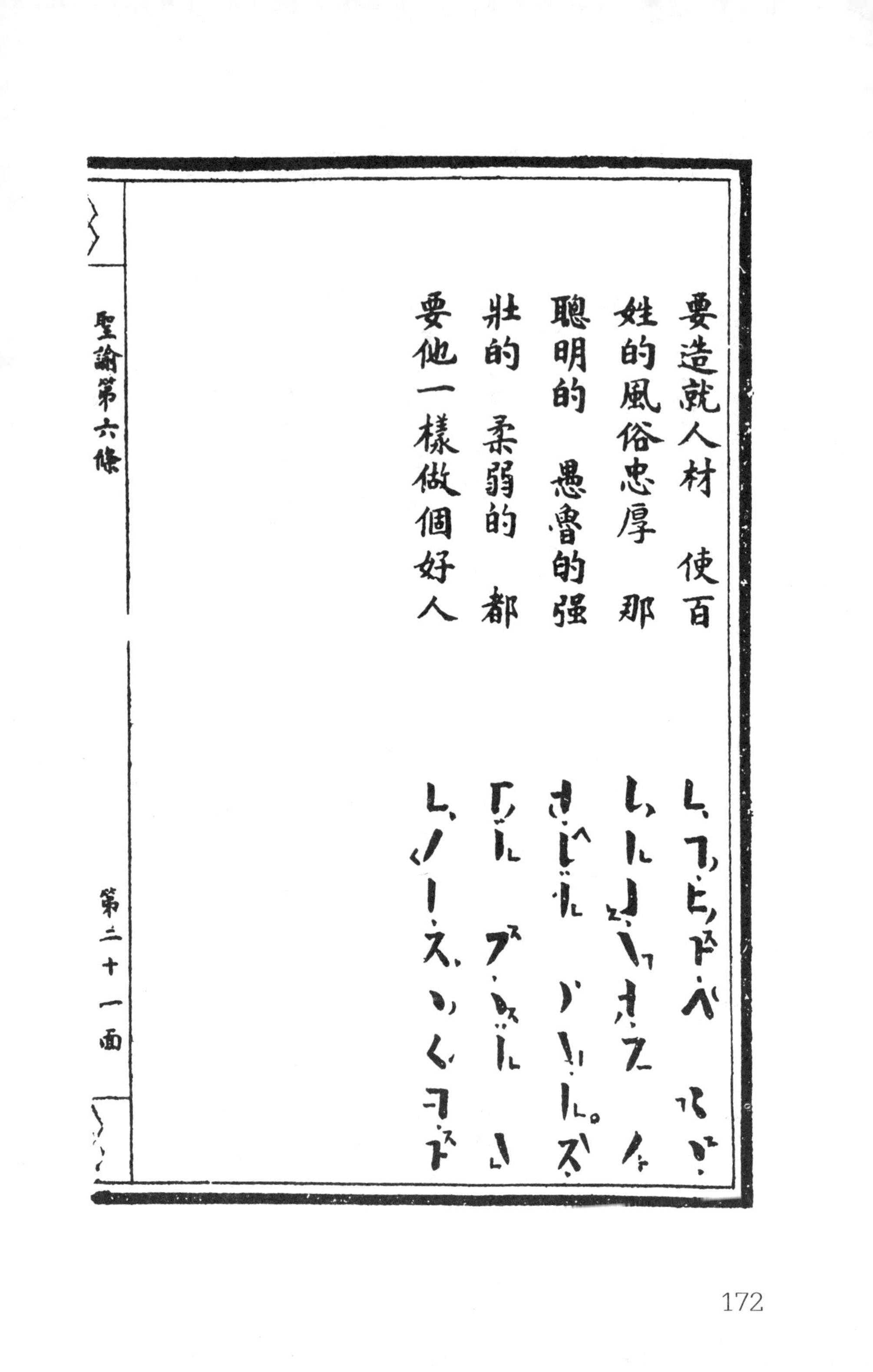

要造就人材　使百
姓的風俗忠厚　那
聰明的　愚魯的强
壯的　柔弱的　都
要他一樣做個好人

有個鶴
給他
叼出
来

狼說
我沒吉
你呢
還不是
重報
嗚

強者有
弱者
無

狼鶴

有個狼　嗓子叫骨頭噎
住了　他想法子　要求
鳥兒給他叼出來　各鳥
兒因為狼是最愛撲生
的　都不肯向前　狼急

ㄋ　ㄏ　ㄇ

ㄏ　ㄏ　ㄈ
ㄏ　ㄏ　ㄈ
ㄈ　ㄏ　ㄈ

第二十三面

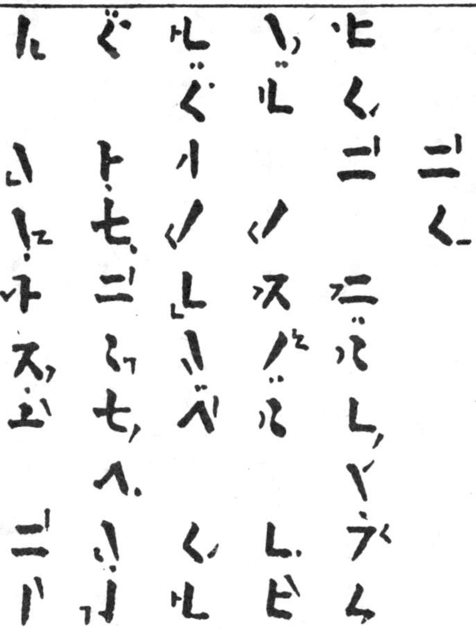

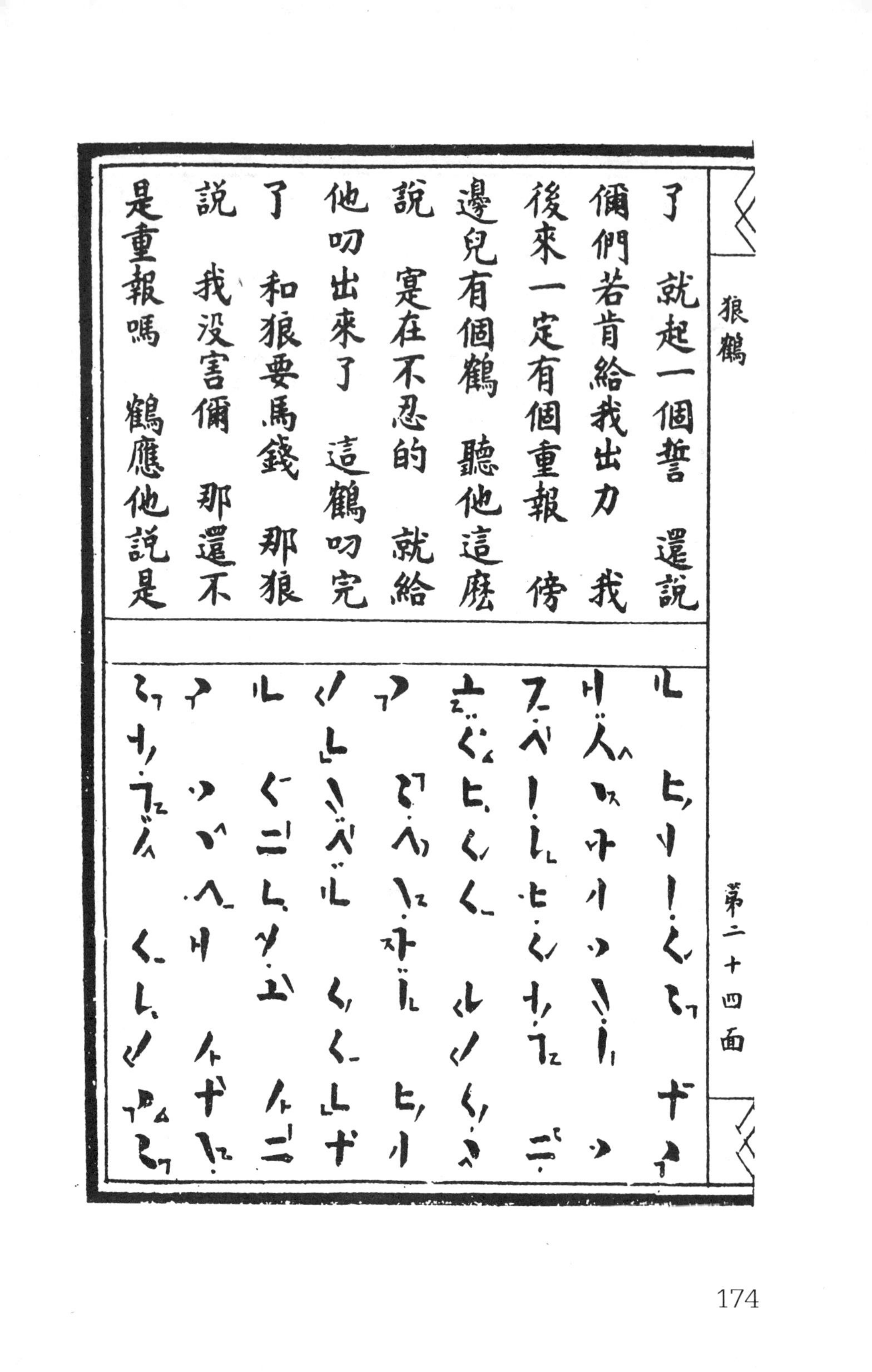

了　就起一個誓　還說
儞們若肯給我出力　我
後來一定有個重報　傍
邊兒有個鶴　聽他這麽
說　寔在不忍的　就給
他叼出來了　這鶴叼完
了　和狼要馬錢　那狼
說　我沒害儞　那還不
是重報嗎　鶴應他說是

是是　剛纔我是忘記了
强者有弱者無的話

我看你做買賣賺錢不能很多
把八十個駱駝都裝滿金銀財寶
你若不肯我就要殺你
到了個橋上和過往人們討飯喫

錢字兩枝槍

有個西邊回回國的客人
出外做買賣　聽了錢回
家的時候兒　帶着八十

匹駱駝往回來　走到了
個河邊兒　把駱駝放在
河沿　他躺在地下歇著
起那麽來了個回回師父
看見他　就和他說　施
主呀　我看倆做買賣聽
錢也不能很多
有個山　那裡頭　金銀
財寶多得狠　別人進不

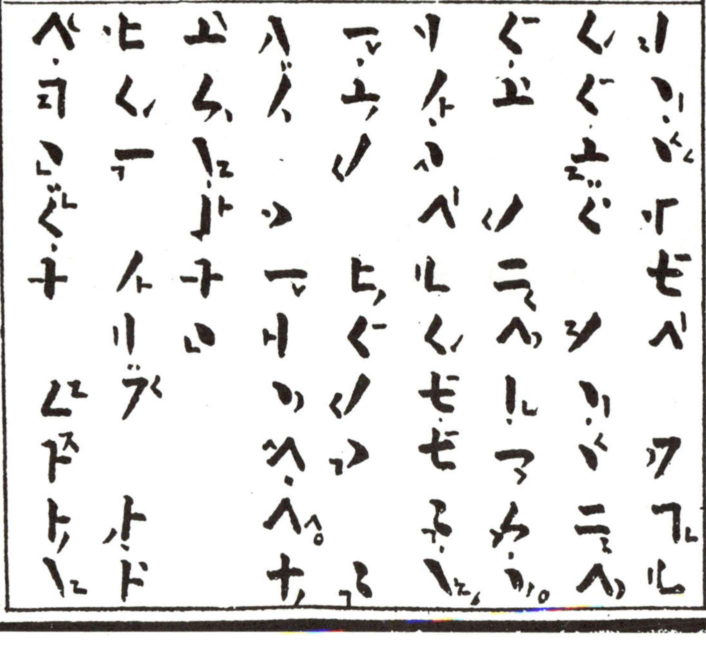

去　就是我可以進去
我想同倆一塊兒　帶著
駱駝進去　載滿了出來
豈不是發財了嗎　就只
得分給我四十駱駝
那客答應了　倆人就帶
著駱駝一塊兒走
走了三天　到了山邊兒
了　那師父念個咒語山

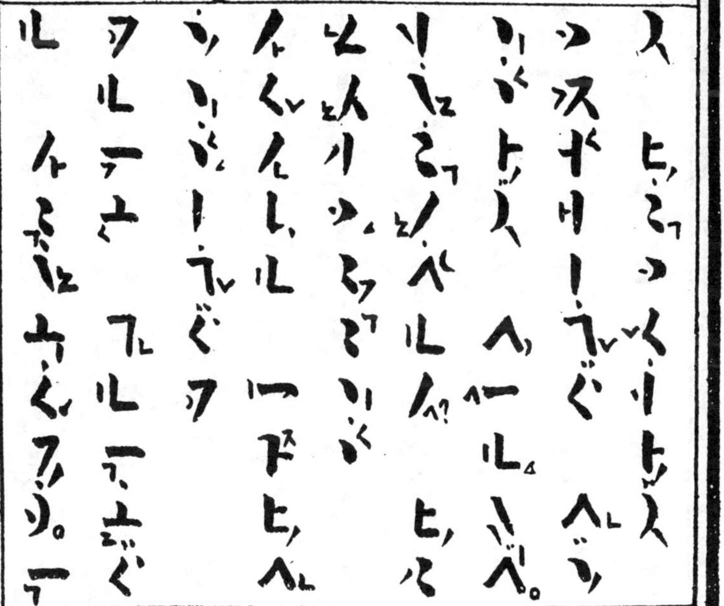

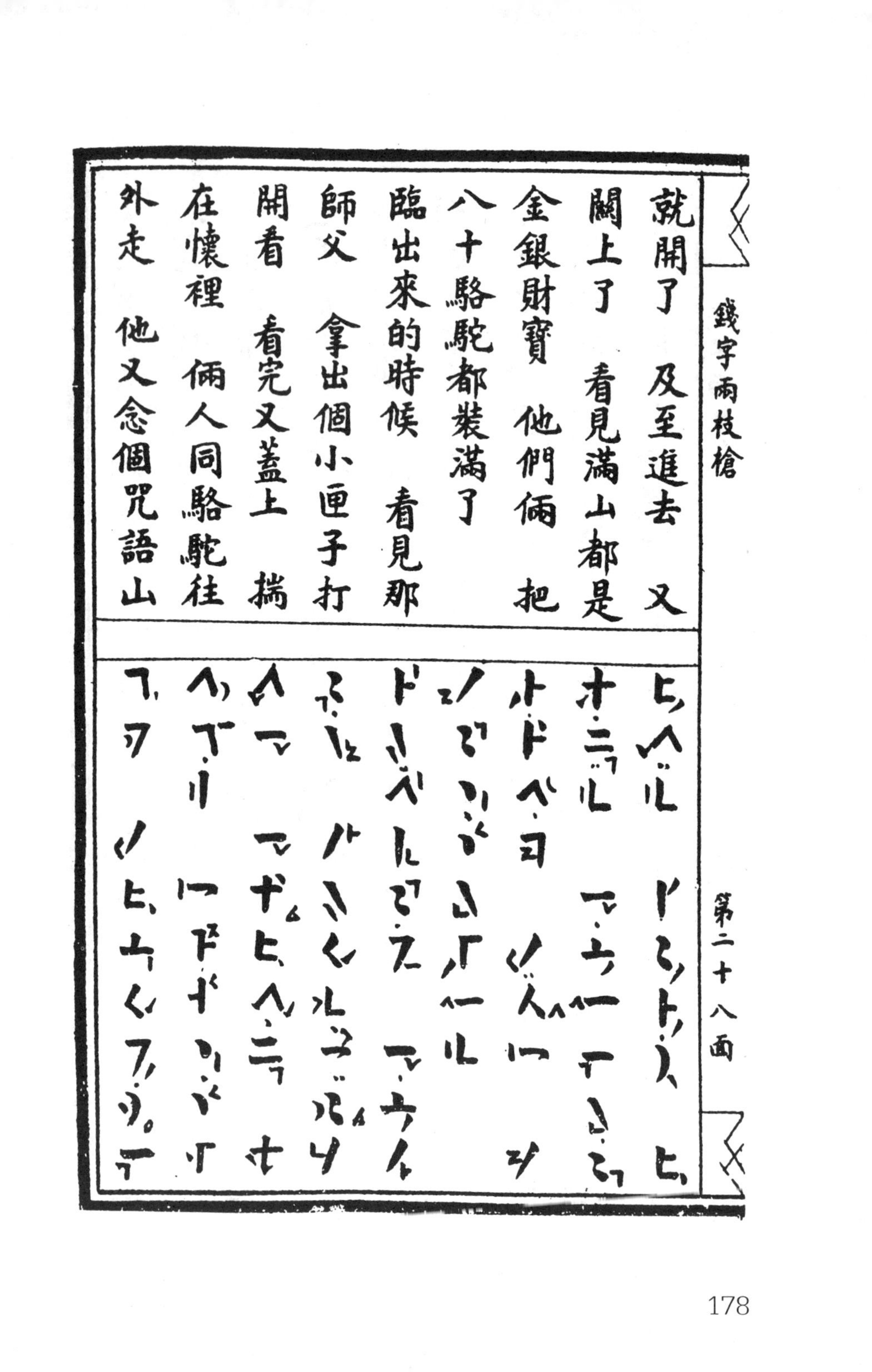

就開了　及至進去　又
關上了　看見滿山都是
金銀財寶　他們倆　把
八十駱駝都裝滿了
臨出來的時候　看見那
師父　拿出個小匣子打
開看　看完又蓋上　揣
在懷裡　倆人同駱駝往
外走　他又念個咒語山

又開了　趕到都出來又關上了　走到個十字路口　每人帶着四十駱駝要分手　那師父還說些願意　他享受的好話才走了

這客人想着　那四十駱駝是我的　為甚麼都給他呢　走不遠　就把那

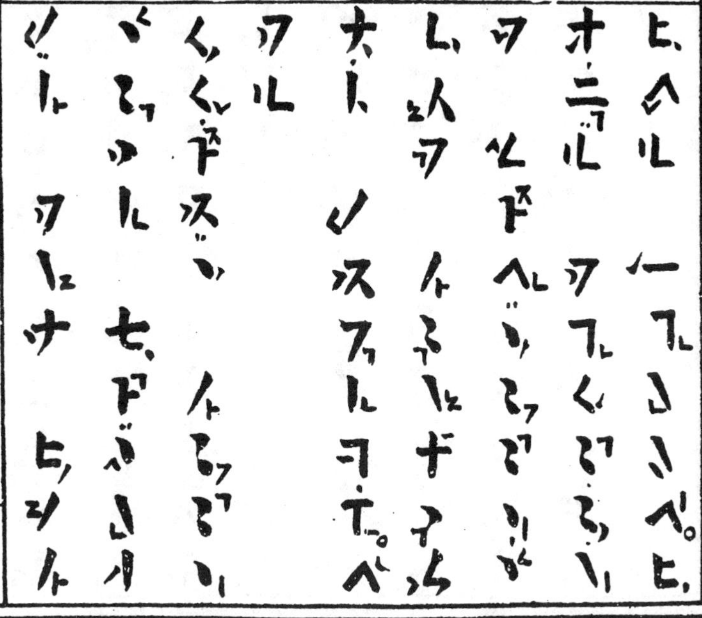

師父吽住說　師父呀不是我起貪心　我深知駱駝是不好擬弄的牲口這四十匹　我怕倆照應不來　再給我十個　倆帶著三十　還好照管些兒　那師父說　倆這話也是　就給他十個　帶那三十走

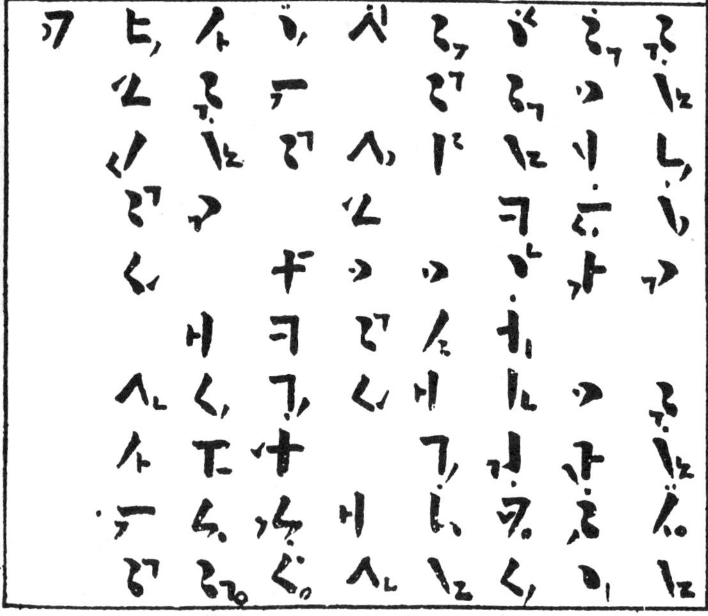

走不遠　客人又吽住説
那三十　我想倆還照應
不來　再給我十個罷那
師父又給了
才走不遠　又吽住　又
和他要了十個　才要走
又和他要五個　才要走
又和他要了四個　那師
父都給了　還剩一個

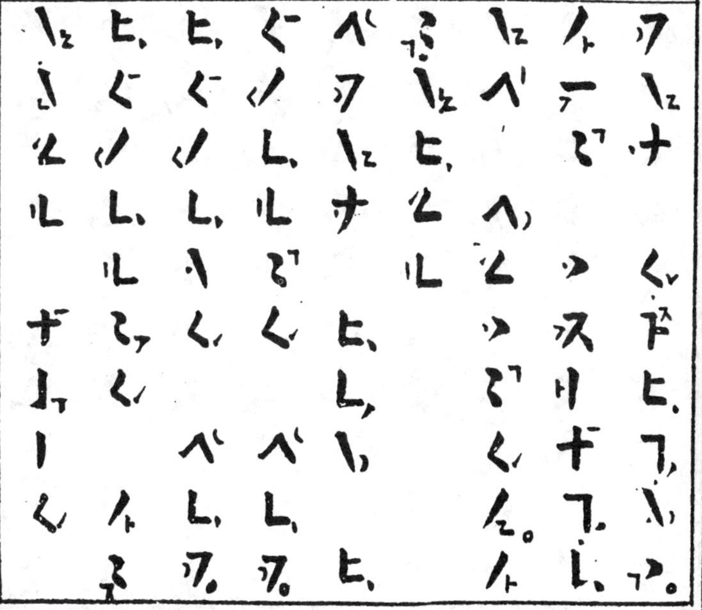

那客人說　不是我沒轂
我想倆是出家人　用不
著這些金銀財寶　索性
把那個駱駝　也給我罷
那師父也給了
就又走　走不遠　他又
想著那師父還有個小匣
子　就又呌住師父　和
他說了些感激的話　又

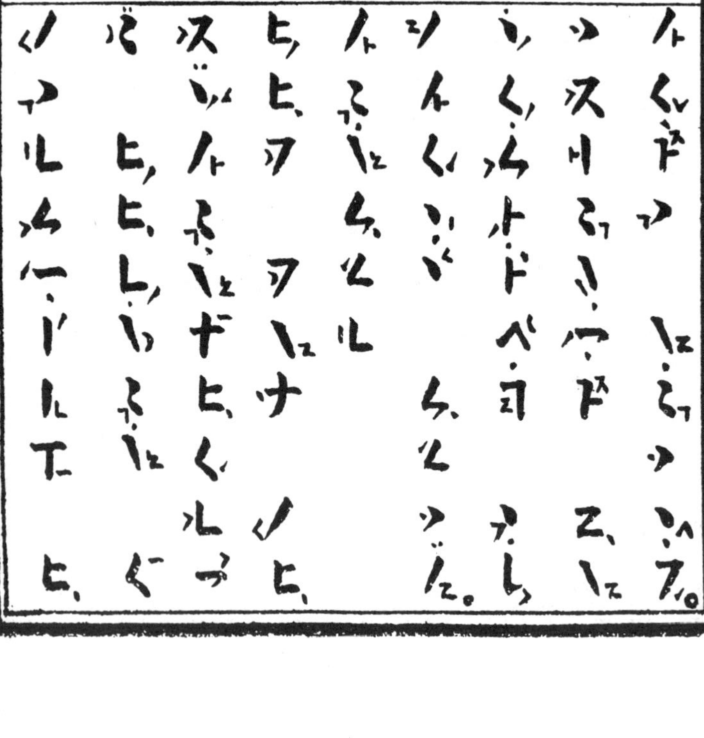

問那小匣子裡是甚麽
那師父就告訴他說　這
匣子裡是膏藥　這膏藥
有個顯應　要用這藥抹
在左眼　地下的金銀財
寶　都看得見　若抹在
右眼　就倆眼都瞎了
客人就求他給往左眼上
抹　果然抹上　就把地

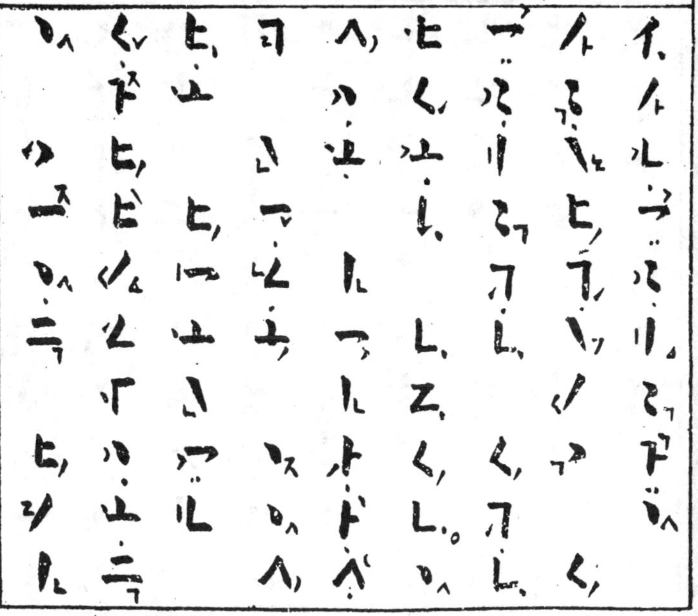

下的金銀財寶都看見了
客人心裡又想著　若抹
在右眼上　那些金銀財
寶　一定就都得著了他
說會瞎眼　準是攮我
就又很很的央求他　把
藥給他抹在右眼上　那
師父怕他瞎　一定不肯
客人說　倆若不肯　我

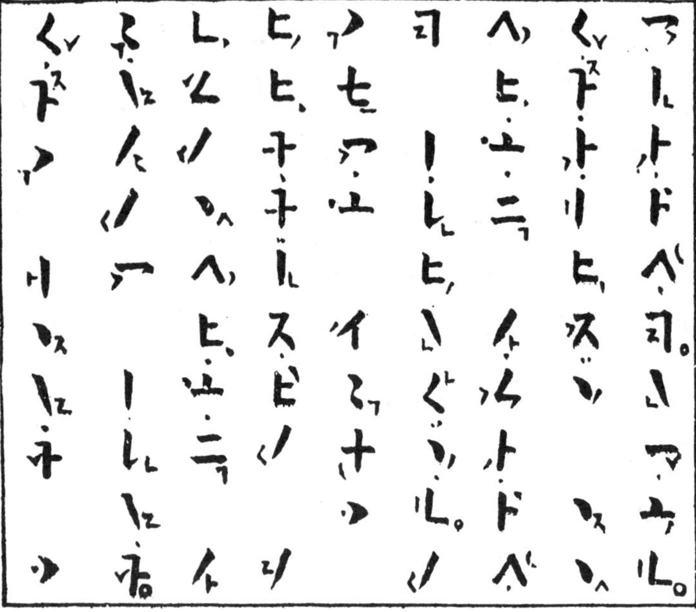

就要殺倆　那師父沒有
法子　就給他抹上　剛
抹上　就倆眼全瞎了那
師父把駱駝都拉著走了
那客人嘴裡　還是咒罵
著　到了個橋上　又凍
又餓　落了個　和過往
的人們討飯喫　後來也
就那麼窩作死了

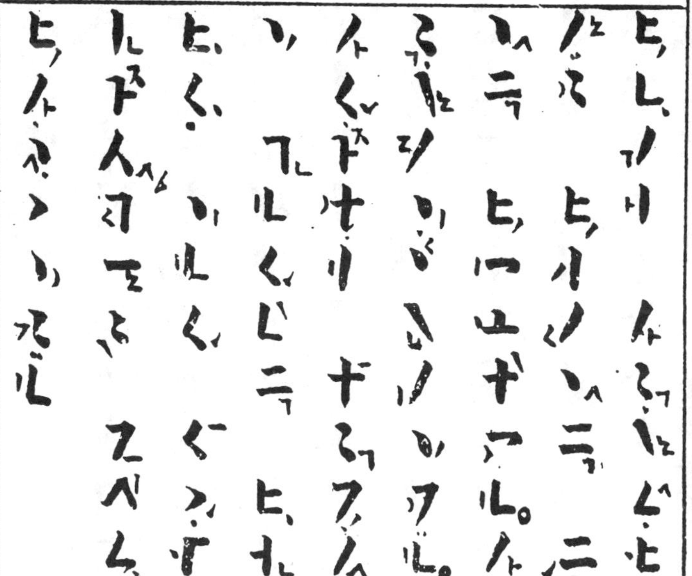

兒子寄家信

拜稟爹媽　自我出外至今　已有數年啦　要是想到爹媽年紀大　我心裡很着急　現在這裡的生意　實在難做　我想要回家　因為賬目還未清楚　貨底很多　所以再擔擱　等到年尾　賬

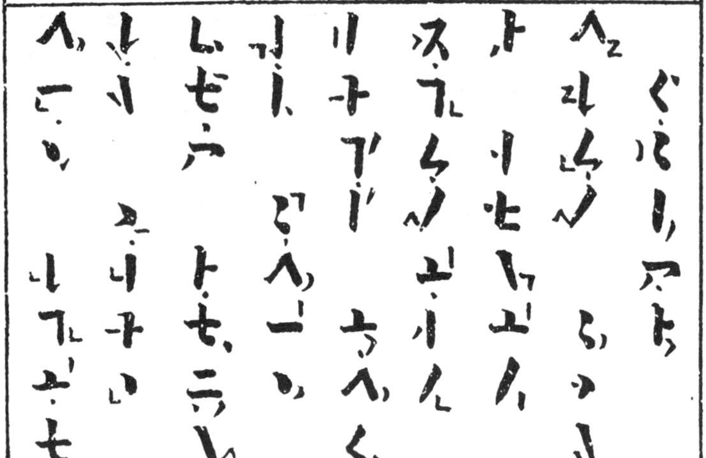

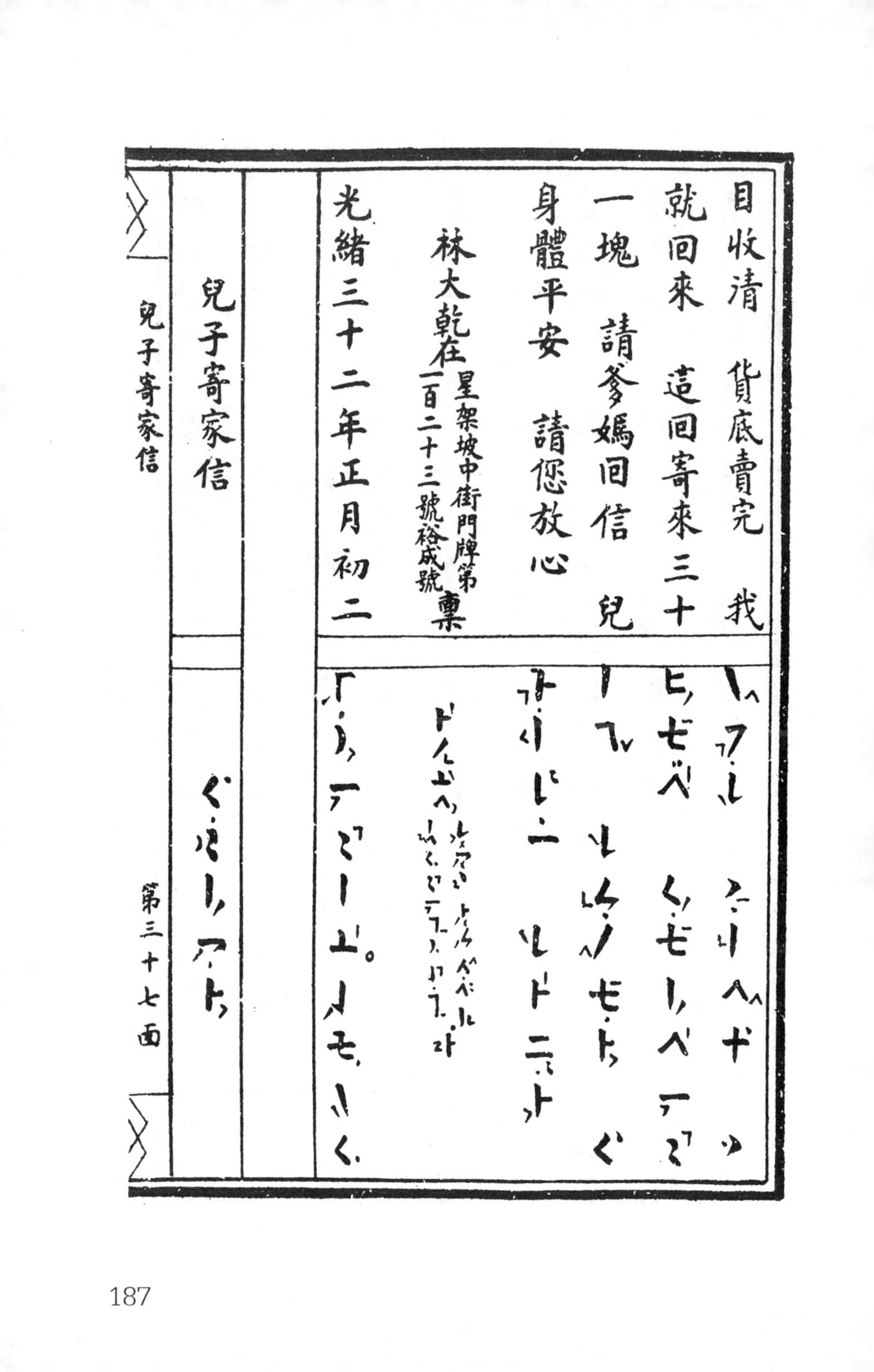

目收清　貨底賣完　我
就回來　這回寄來三十
一塊　請爹媽回信　兒
身體平安　請您放心

林大乾在星架坡中街門牌第一百二十三號裕成號稟

光緒三十二年正月初二

兒子寄家信

拜稟爹媽　我離開家裡有一年多啦　想著爹媽年老　我心裡就苦得了不得　不知道近來爹媽身體平安嗎　請您告訴我　我若有錢　就决意要回家來　現在寄去三十兩銀子　可做家裡的費用　兒身體平安　您

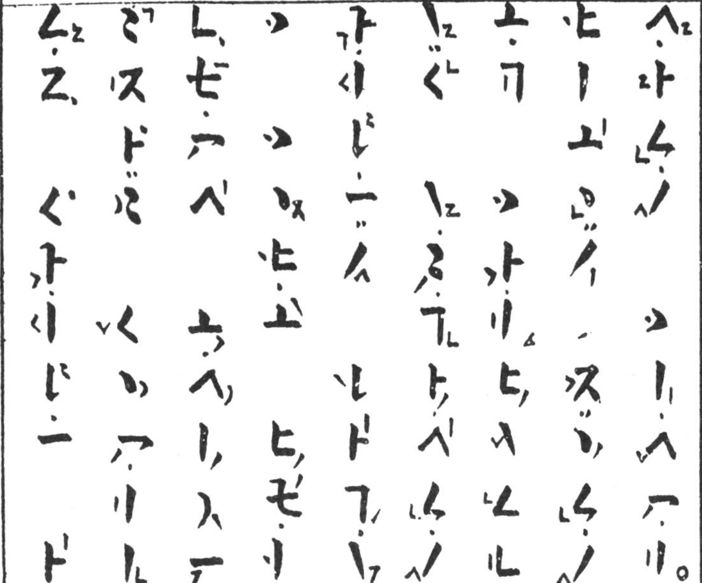

可以放心
林大坤在香港中環門牌第五十九號萬裕發藥舖稟
光緒三十二年二月初十

父寄子信
清江 我於三月初八日
動身 初十十點鐘到香
港 一路都平安 我家

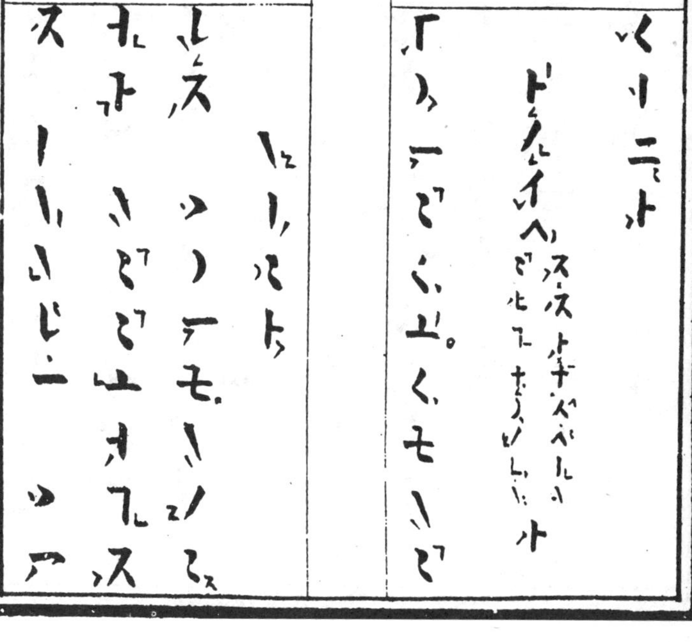

裡的費用　倆應當省儉
凡事總要跟倆媽商量不
可忤逆　亦當用好話教
訓倆的弟弟妹妹　如有
為難之處　可請教大爺
叔叔　不可自作主意會
銀收到不可動用　須將
房屋贖回　這是要緊的
事　不可忘記了

林鴻基在香港中環門牌一百二十號悅來客棧寫

光緒三十二年正月初三

父寄子信

清輝　儞知道嗎　我今年已有半百多歲啦　因為儞們不中用　所以我走到番邦去弄錢　現在

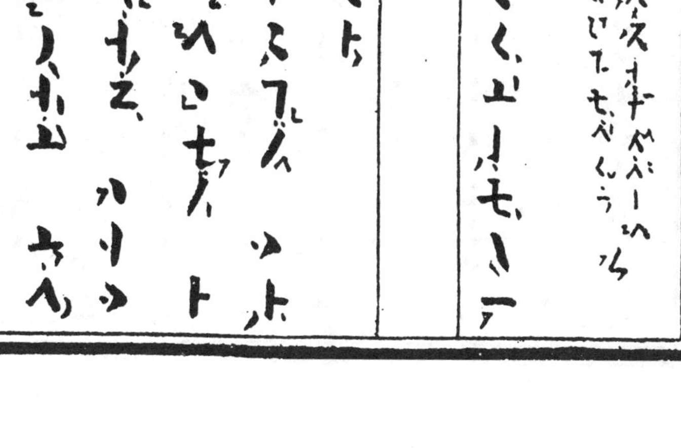

這裡的光景　都不比從前了　所以家裡的日用應當儉省　倆的年紀亦大了　倆不念書　就應當做些生意　不可天天無事　空過日子　明年正月　當送倆弟念書不可任他放蕩　現在寄去五十塊　接到時候　應

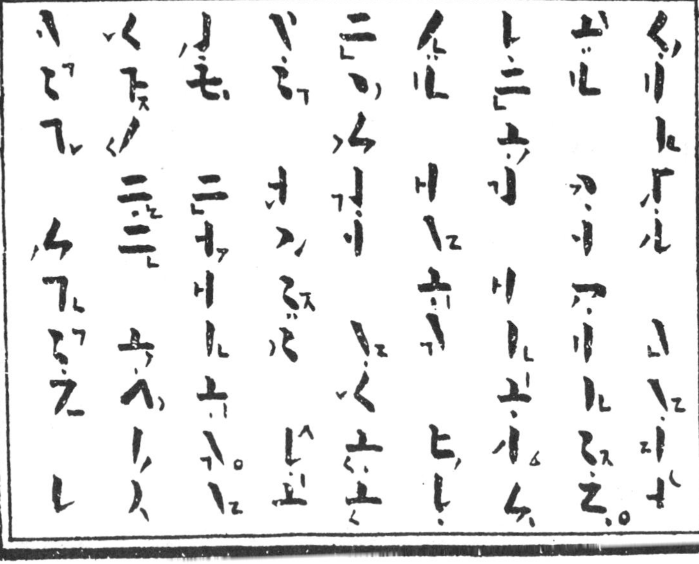

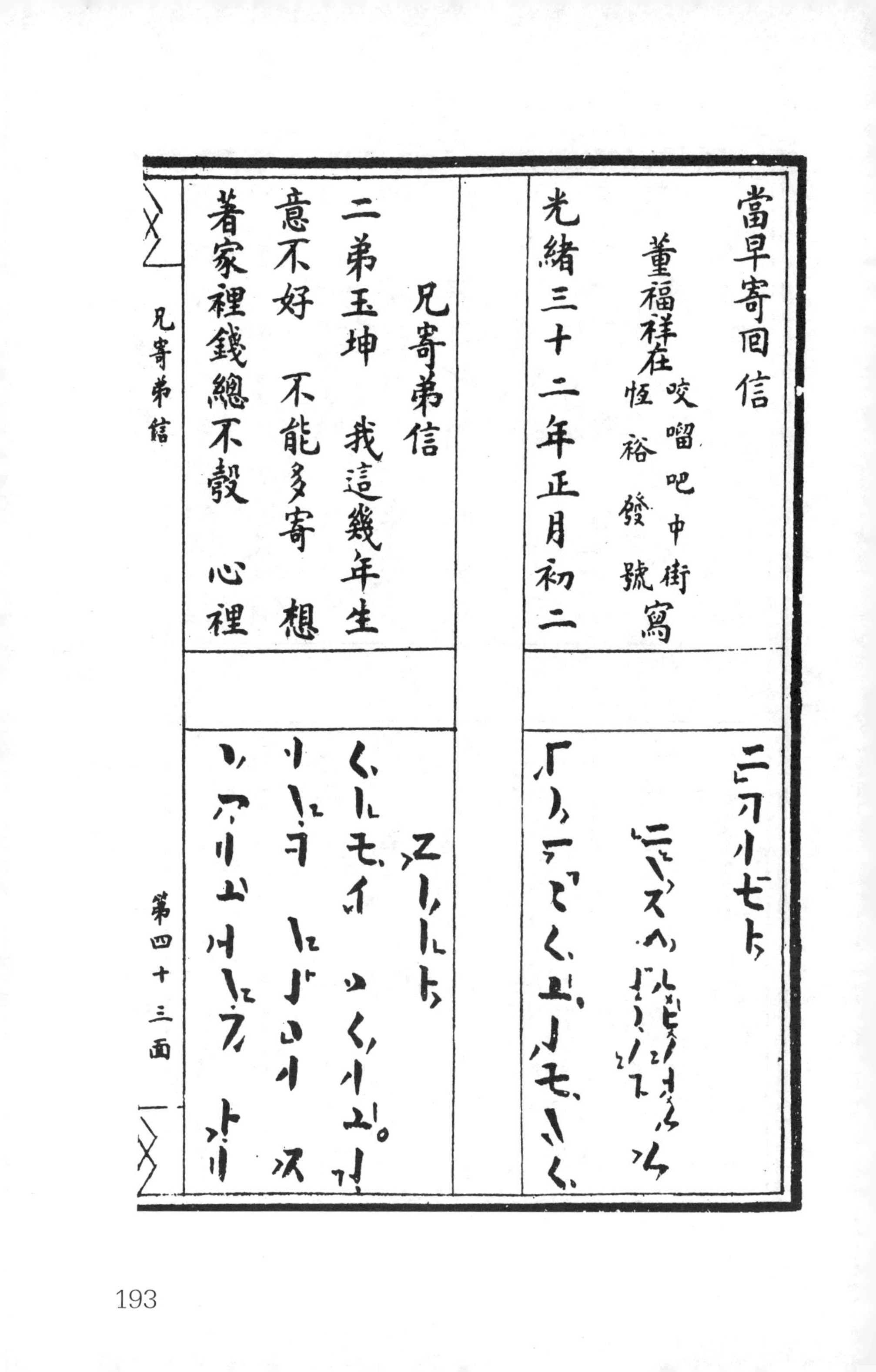

當早寄回信

董福祥在咬嚠吧中街恆裕發號寫

光緒三十二年正月初二

兄寄弟信

二弟玉坤　我這幾年生意不好　不能多寄　想著家裡錢總不彀　心裡

很著急　二弟咱們家裡
的事　都靠著倆管理倆
應當孝順爹媽　我在外
頭　就放心了　要是年
尾　賬目收清　明年正
二月　我就要回來了這
回寄去四百塊　倆當早
寄回信
陳清水在鎮江十字街恆發號寫

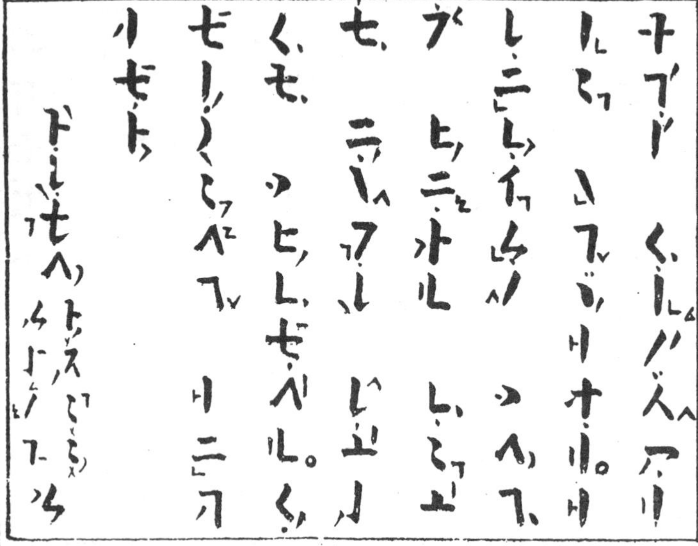

光緒三十二年三月三十

兄寄弟信

三弟鴻太　倆已經出外好幾年啦　倆全不管爹媽　刻刻當心要倆回家　倆有一年半　全不寄一封家信　寔在可恨　倆要再三個月不回家　我

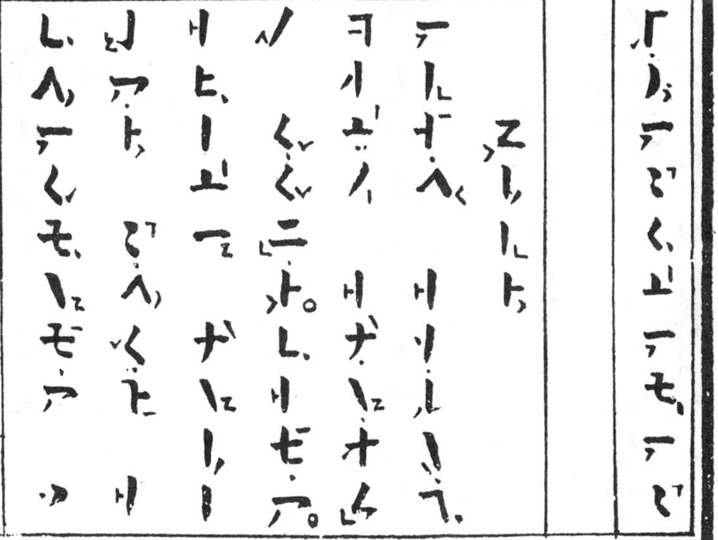

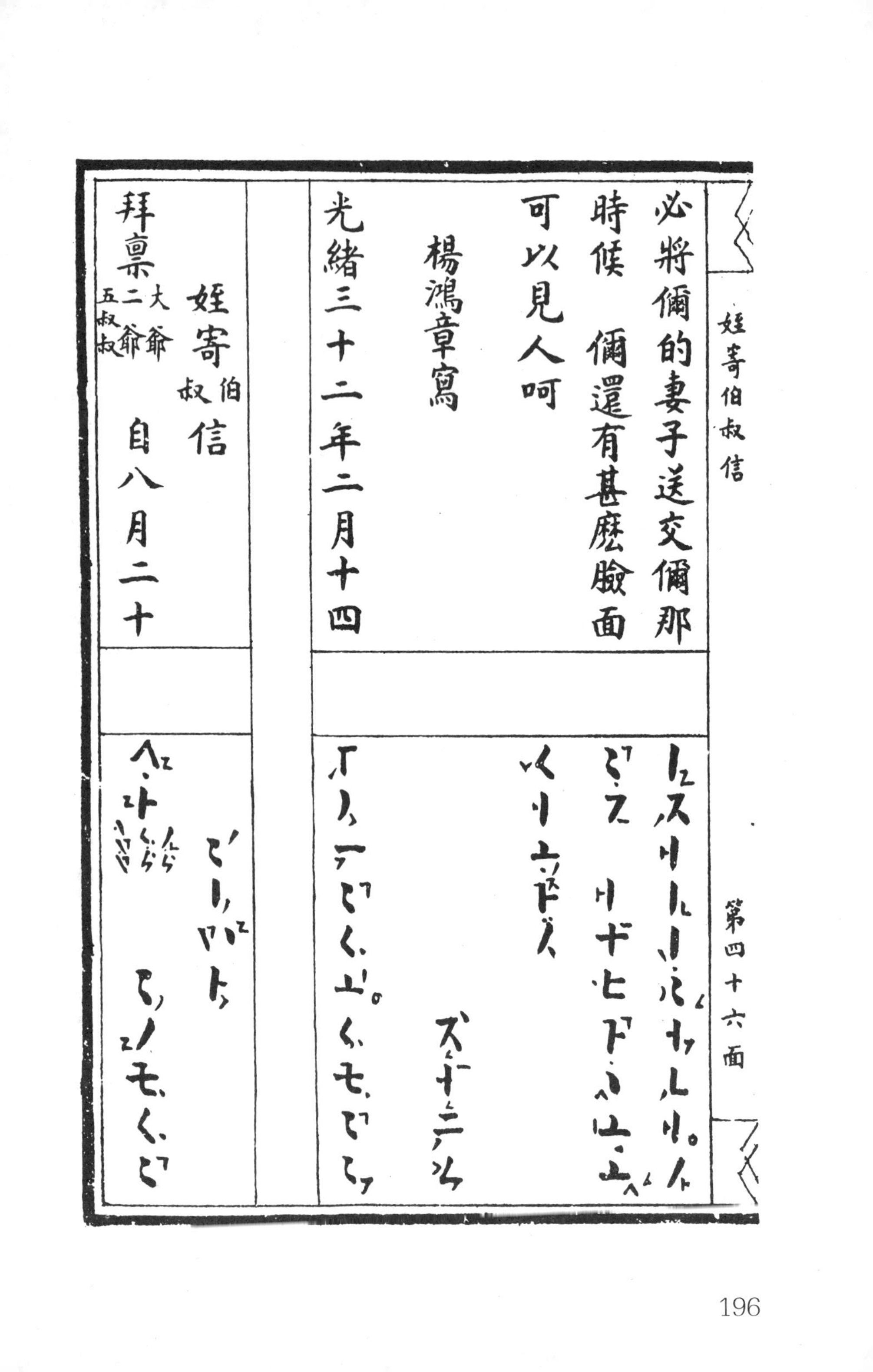

必將倆的妻子送交倆那
時候　倆還有甚麽臉面
可以見人呵
楊鴻章寫
光緒三十二年二月十四

姪寄伯叔信

拜稟大爺二爺五叔叔
自八月二十

四日 接到信一封 並
銀五十塊 我就將銀子
交過 大媽 二大媽 五大嬸 現在家裡都平安
我有兩三次跟復太要賬
他說要當面跟您對賬所
以推要也是不行 必定
等到您回來 跟他對好
纔可以行了

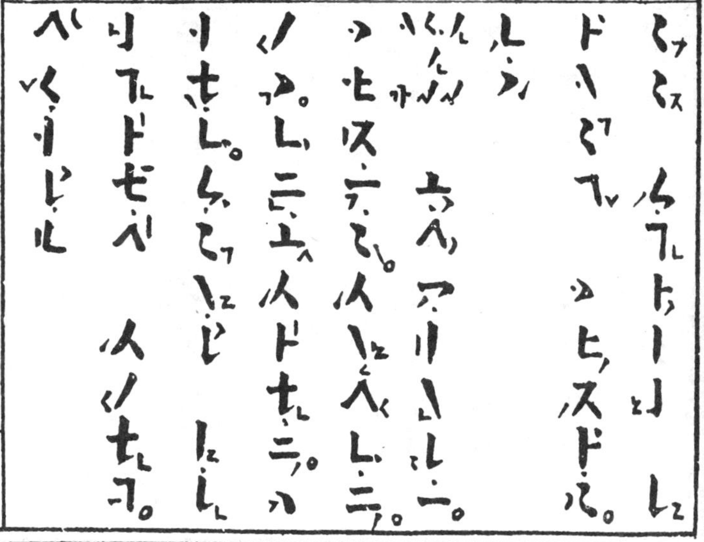

姪寄伯叔信

第四十七面

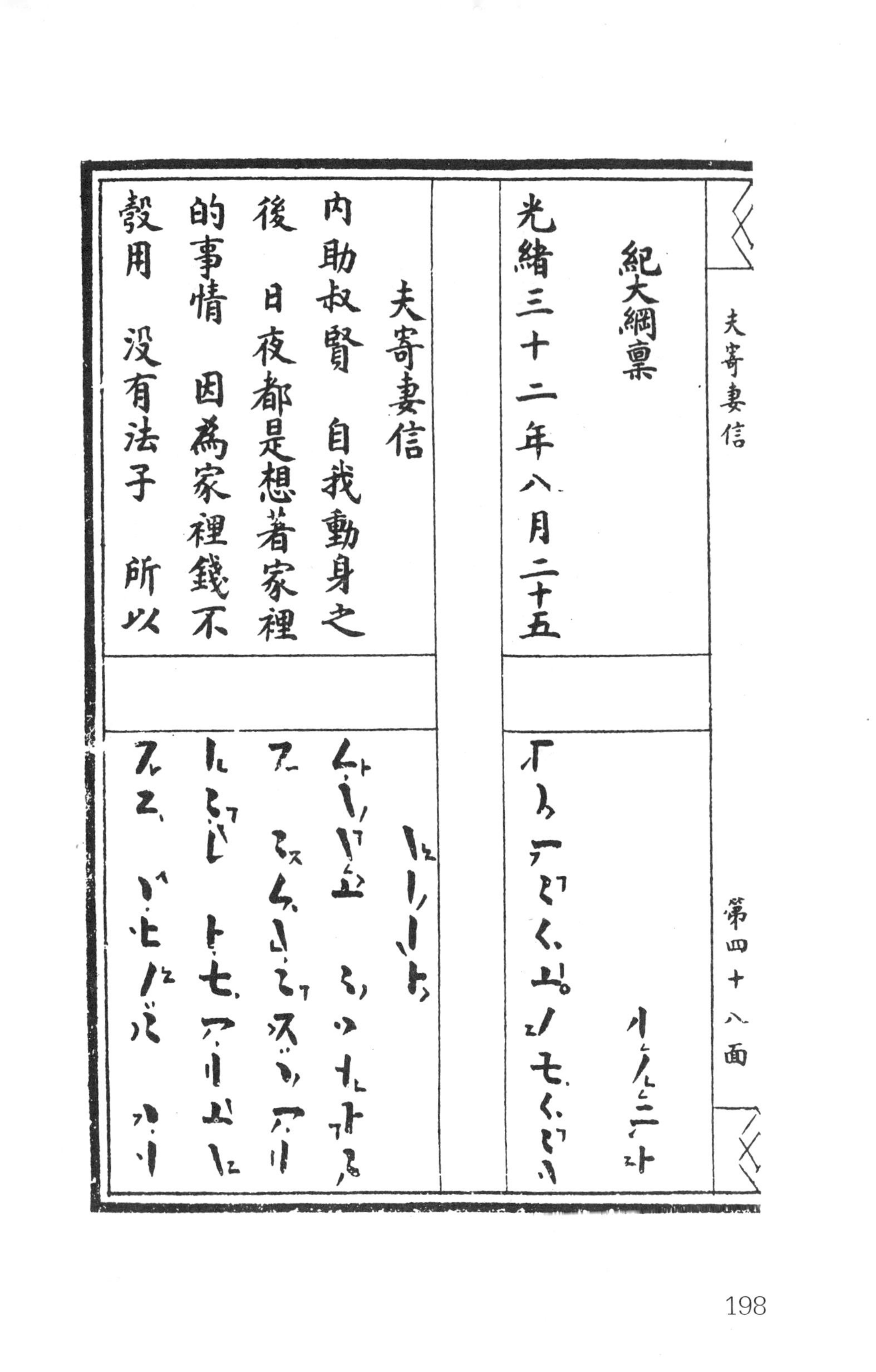

紀大綱稟

光緒三十二年八月二十五

夫寄妻信

內助叔賢　自我動身之後　日夜都是想著家裡的事情　因為家裡錢不彀用　沒有法子　所以

出外弄錢　這兩年所剩的錢　都是不很多　所以不能回來　家裡的事情　都是靠著倆料理累倆受了多少年的辛苦我心裡很感激　若是我能彀有錢　立刻回來　並無意久住在外頭　這回先寄五塊　以後若是有

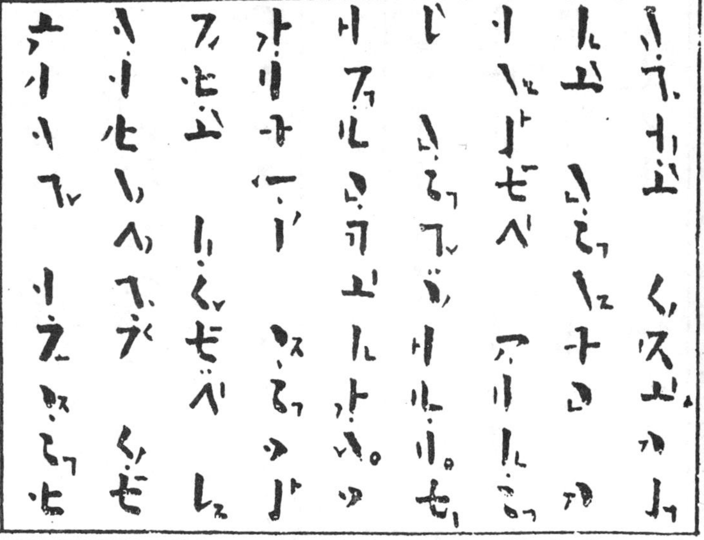

錢趕緊寄來

林天瑞在 仰光大坡松柏街金合成號 寄

光緒三十二年正月十一

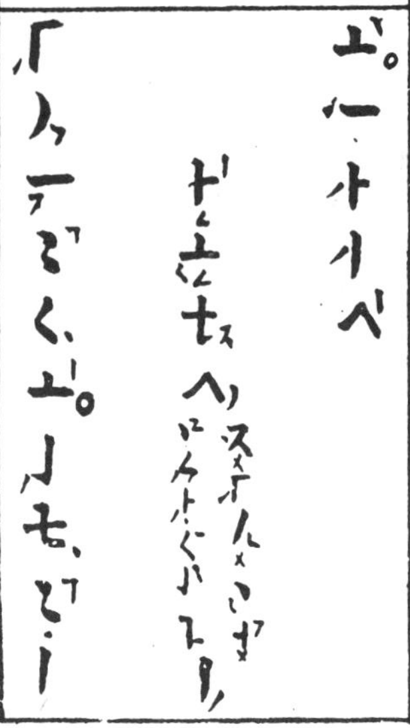

妻寄夫信

敬稟夫君 您動身的時候 所有交帶的話 我刻刻在心 不敢有一点

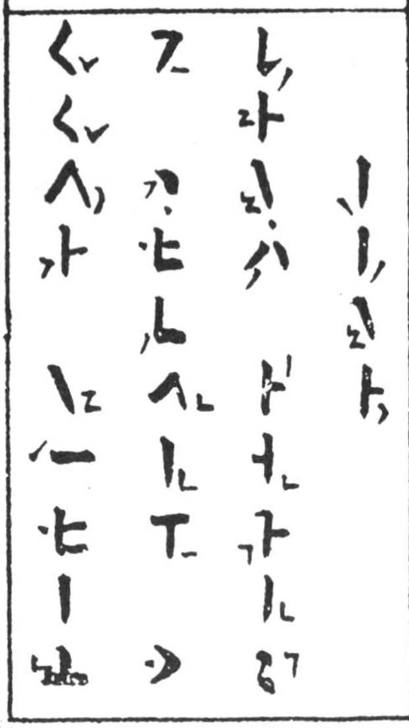

況外的事　家裡一切的
事情　我都料理到好好
的　您可放心　但是夫
君在外　所受的辛苦家
裡人都過意不去的　要
是有錢　趕緊回來　免
得公公婆婆惦記　亦可
以教訓兒女
陳門林淑慎稟

ホヘルホ　アリームル
ホル　ソムレリフヨヨ
ル　トくニト　テホヨ
ハヘフ　カヲルホふハ
リドムソリえゑル　レ
ホヒエ　ーホセベ　ム
ムオオがが　ふレ　ムく
リレハくゆ
ドバドわたホ

光緒三十二年正月初五

弟寄兄信

謹稟哥哥　弟已有二年多　不見哥哥的面了要是想著爹媽年紀大　弟心裡頭　就十分憂愁幸而哥哥嫂子在家　替弟服事　我才放心了　前

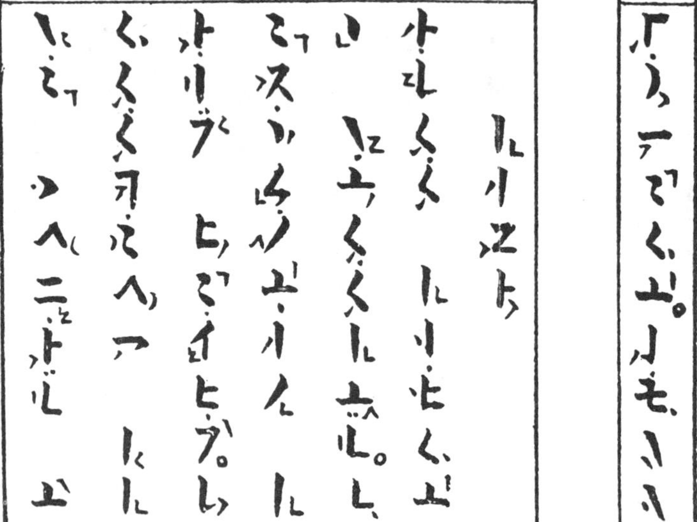

日哥哥信裡說　家裡都平安　我很喜歡　這回寄去三十兩　可提出十兩　給爹媽買點心喫其餘二十兩　可做家裡的日用

李成機在美國紐約城唐人街門牌第五號禀

光緒三十二年六月十八

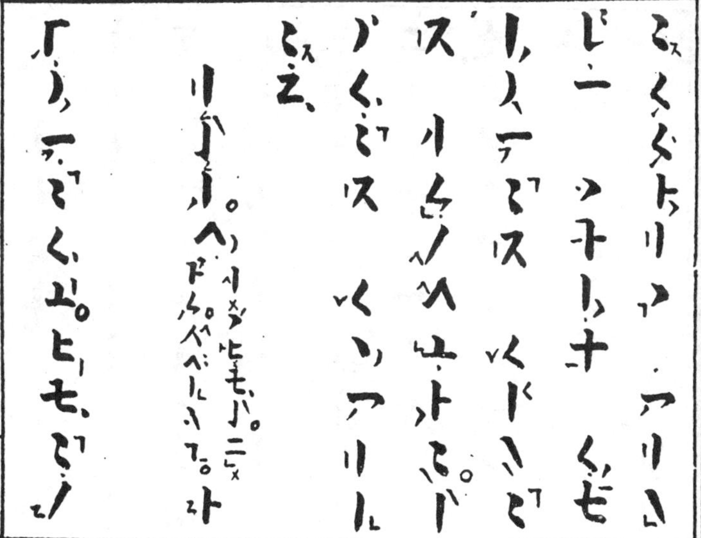

弟寄兄信

謹稟二哥　自您出外以後　爹媽天天都是傷心　他們年紀很大了　身體又軟弱　時常生病　您賬若收完　趕緊回來　因為爹媽很願意　見您的面

光緒三十二年
八月二十六日　張大溪稟

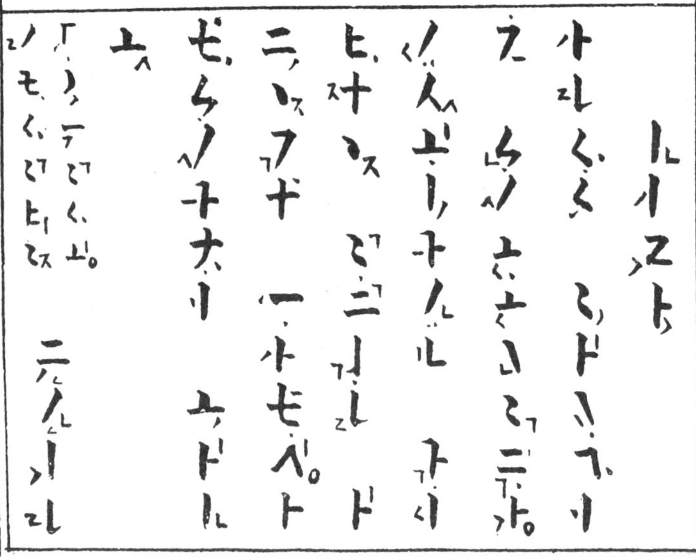

主寄僕信

阿來　我吽倆去香港要
賬去　倆動身之後　我
很不放心了　前天接到
倆的信　知道人家所欠
的賬　趕緊催要進來我
心纔安　但是恆盛號所
欠之賬　倆當竭力催他
不可吽他短少　這回要

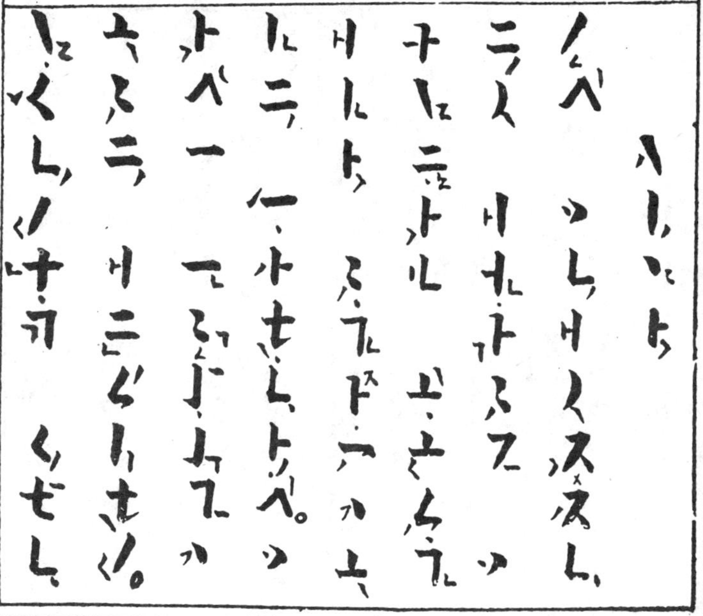

主寄僕信

不算清楚　將來又多費
一番事了　脹若要完備
當立刻回來
光緒三十二年
十二月十五日
張天生寫

信面

香港海邊街門牌第四號
金合成寶號轉交
李阿來　親收

信背

廈門水仙宮
十二月十五日
真昌行寄
封

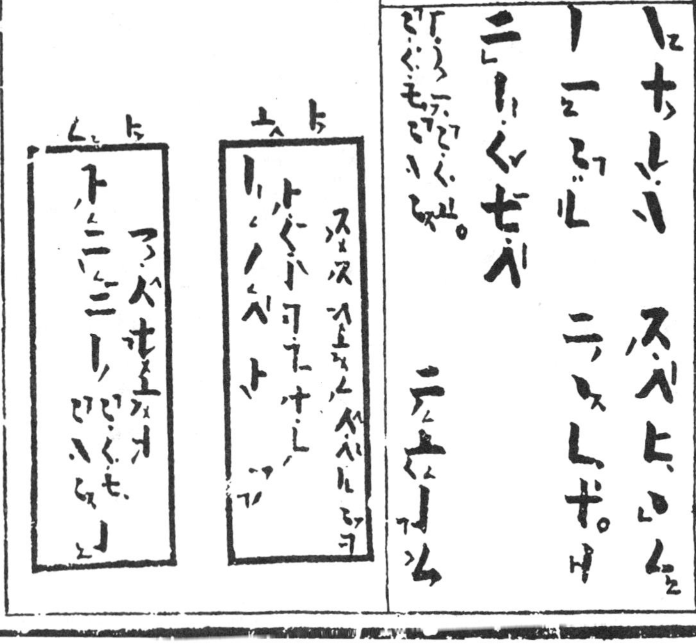

第五十六面

僕稟主信

拜稟 大人 僕於十二
月初二日到香港 人家
所欠的賬目 全都收完
了 祇剩下 恆盛號一
家 一文錢都未還 僕
天天推問 他說近日就
要還清 此条收完 僕
立刻回來 並請 大人

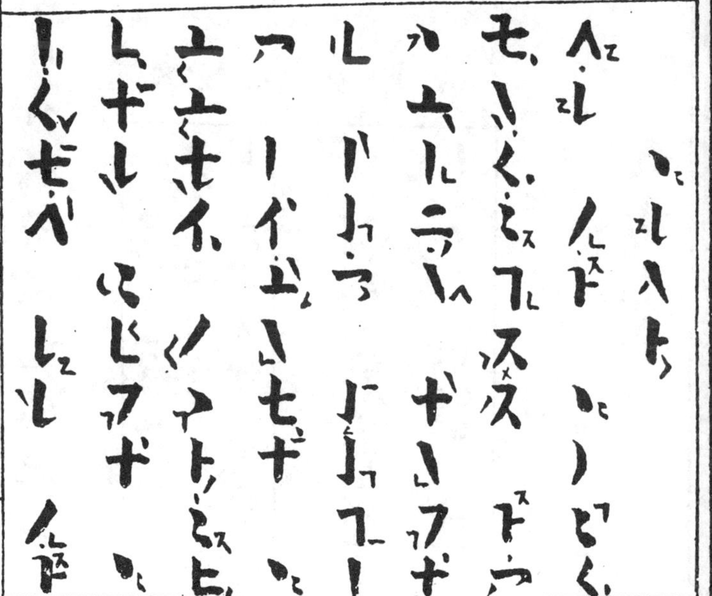

主母跟少爺小姐均安

信面

廈門水仙宮街
真昌寶號交
林天成大人親收

信背

香港海邊街門牌第四號
金合成
李阿來
十二月初二日
封

主寄僕信

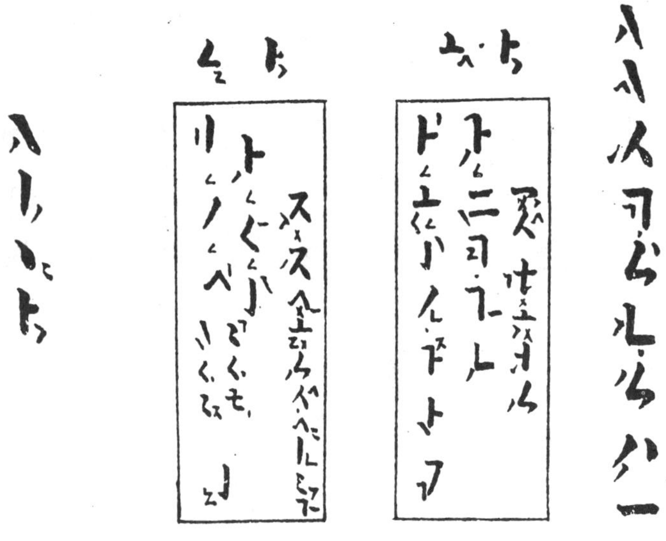

玉清 今年所有田租房租利息 倆當竭力催問錢糧當照時納完 夜裡門戶應當謹慎 倆主母使喚不可怠慢 我不在家倆不可渴醉了 這幾件事 倆當刻刻在心不可隨便

光緒三十年六月三十日 李金谷寫

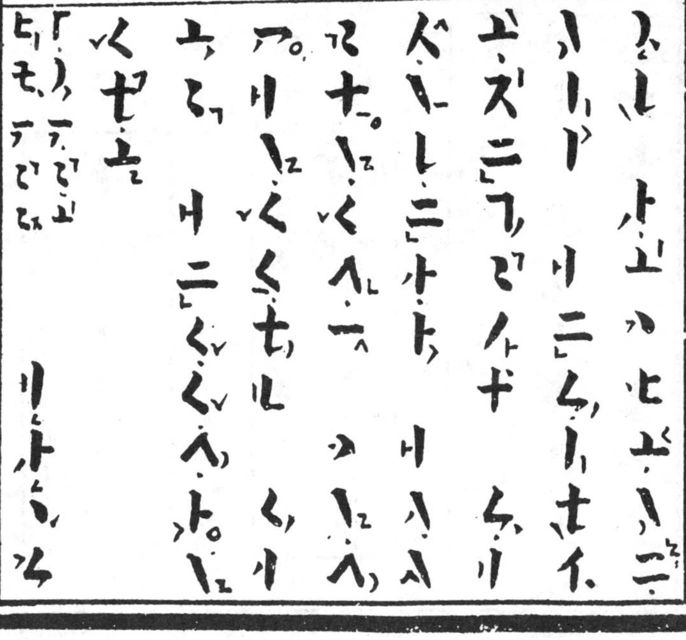

信面

厦門戸部大夫弟

林玉清親收

信

信背

新架坡中街

廣來號

李金谷

十二月初六日

封

僕回主信

拜稟

老爺因您出門僕

更加小心

所有田租房

租利息僕都照時催問不
敢潦草　錢糧都納完啦
凡主母使喚　都是趕緊
辦理　不敢糊塗的　夜
裡必定点燈　各處瞧瞧
纔敢睡覺　老爺不在家
僕一滴的酒　亦不敢渴
您可放心
光緒三十二年
十二月二十日　林玉清稟

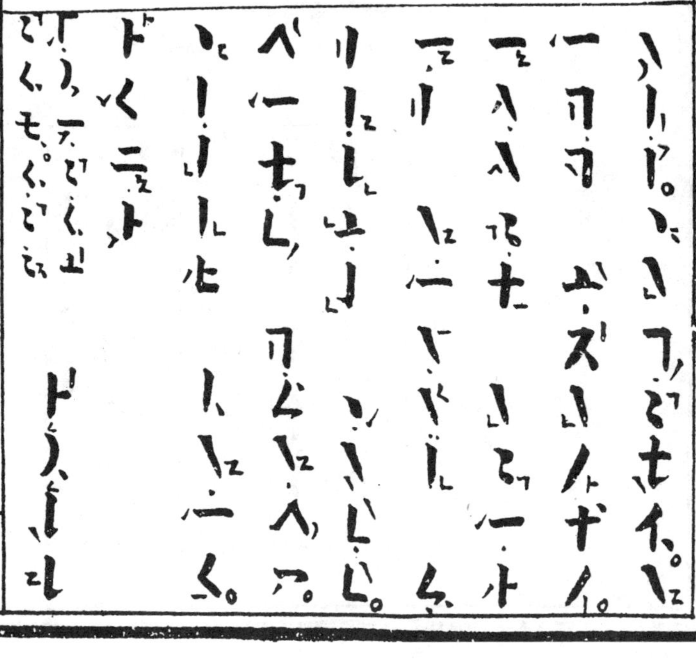

信面

新架坡中街
廣東寶號轉交
李金谷老爺親收
信臺

信背

厦門户部大夫弟
林玉清
丙午年十二月二十封

北京 協巡營告示

巡警要講究衛生 衛生要講究乾净 第一件不乾净的事 就是在街上拉屎撒尿 從此奉勸大家 院裡有地方蓋茅廁的 就蓋上一間 院裡没地方蓋茅廁的 就買一個坐桶 以後要再到

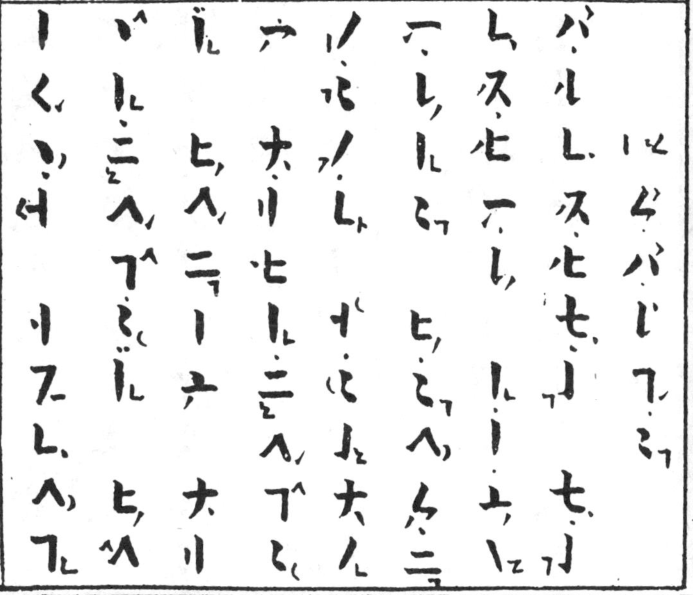

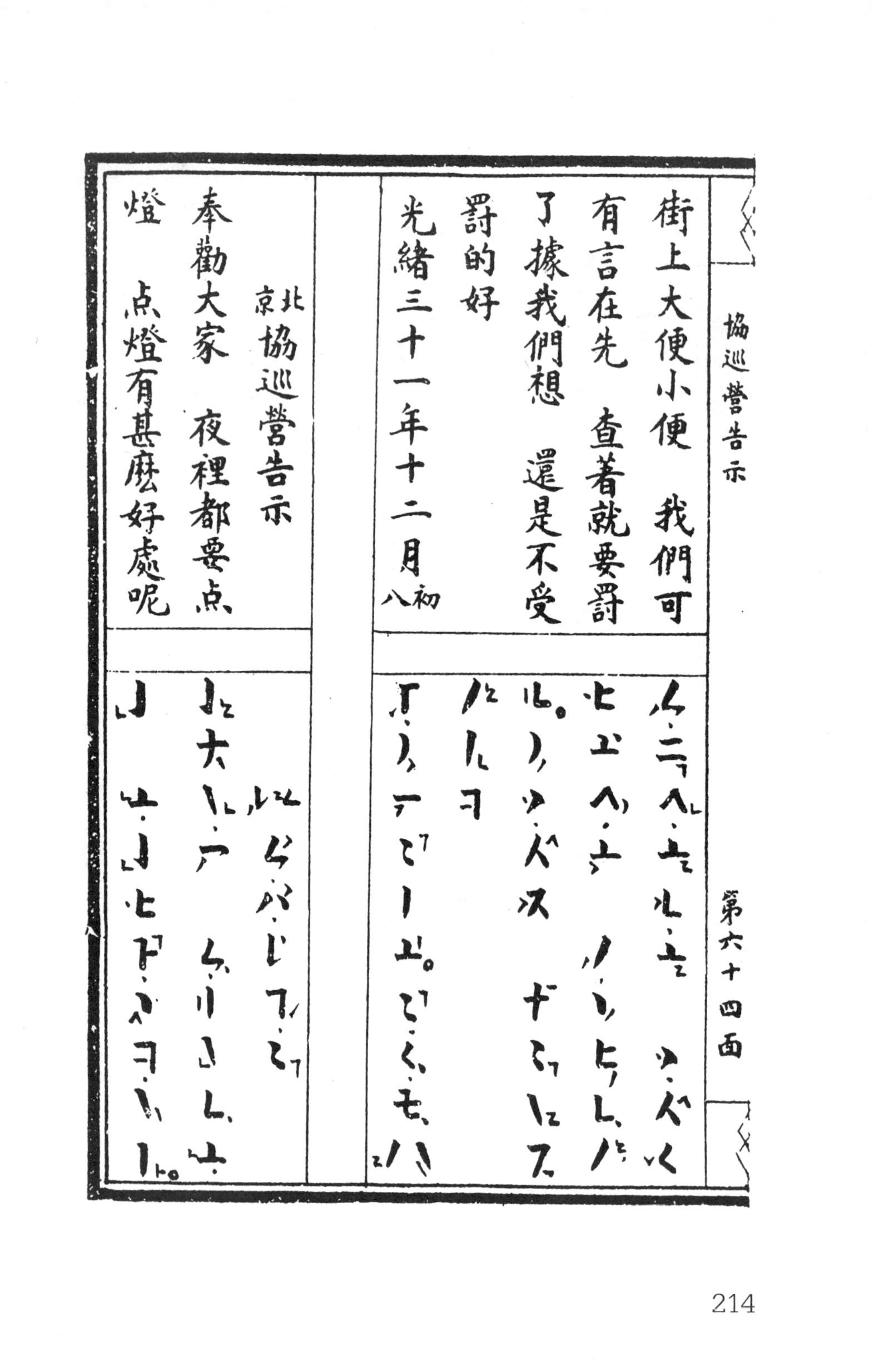

街上大便小便　我們可有言在先　查著就要罰了據我們想　還是不受罰的好

光緒三十一年十二月初八

北京協巡營告示

奉勸大家　夜裡都要点燈

点燈有甚麽好處呢

第一是防備盜賊　大街小巷處處有燈　做賊的就沒有地方躲藏了　有了也容易拏住他　第二是方便行人　夜間裡誰也不出門　人家走到偺街上　有偺的燈　他方便　偺要走到他街上有他的燈　偺方便　况

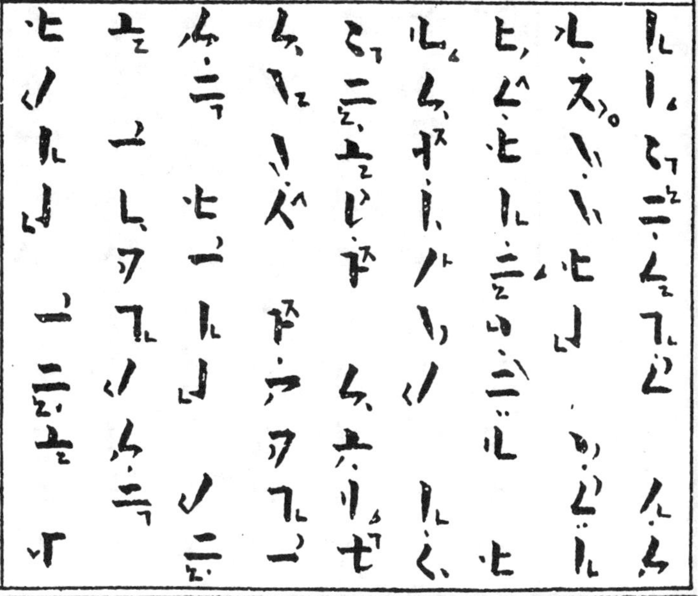

且大家攤錢　也花不了許多　現在我們已經全各水會紳董商量妥當的辦法　我想倆們大家必須明白這個道理　沒有不願意做這件好事的

光緒三十一年十二月初八

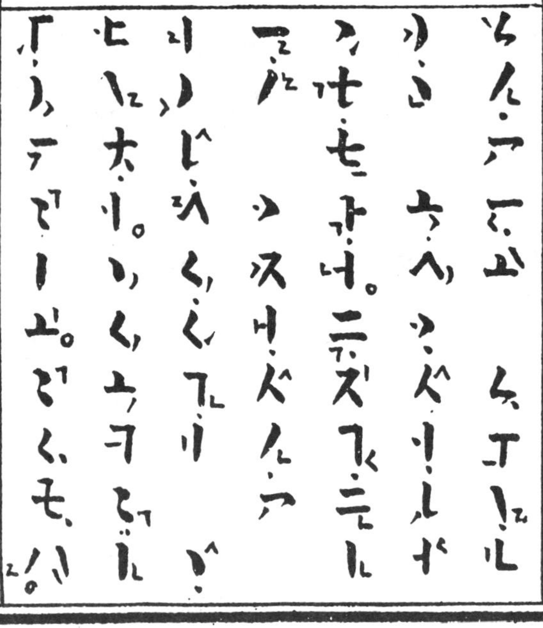

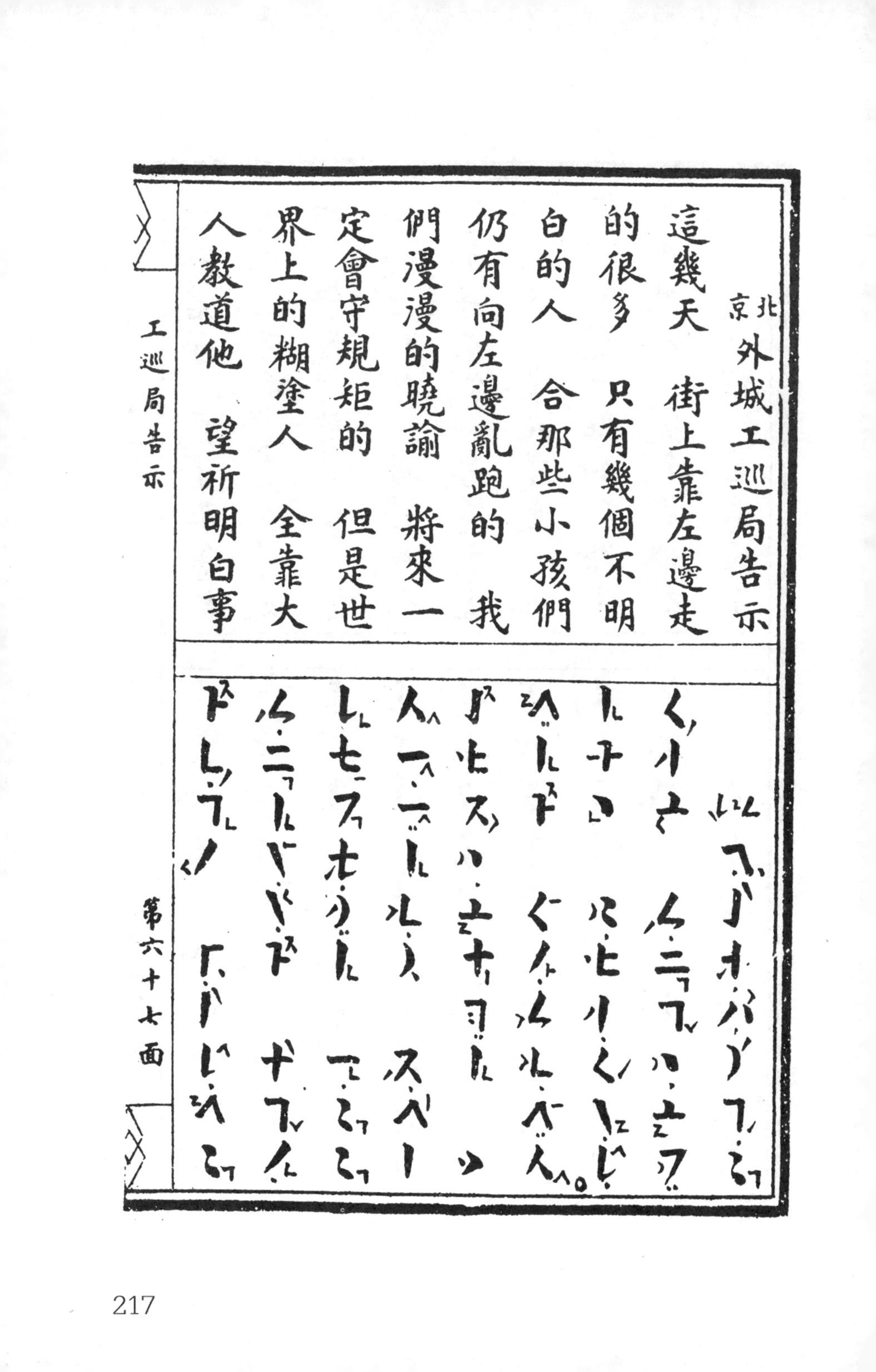

北京外城工巡局告示

這幾天街上靠左邊走的很多 只有幾個不明白的人 合那些小孩們仍有向左邊亂跑的 我們漫漫的曉諭 將來一定會守規矩的 但是世界上的糊塗人 全靠大人教道他 望祈明白事

理諸君子　見了那等糊塗人　不知道靠左邊走的　替我們幫幫忙　勸諭勸諭他們　再將各人家的子弟們　教道教道將來人人靠左邊走　也是講公德一條的效驗又免得外人　笑我們無教化　這一條　看看像不

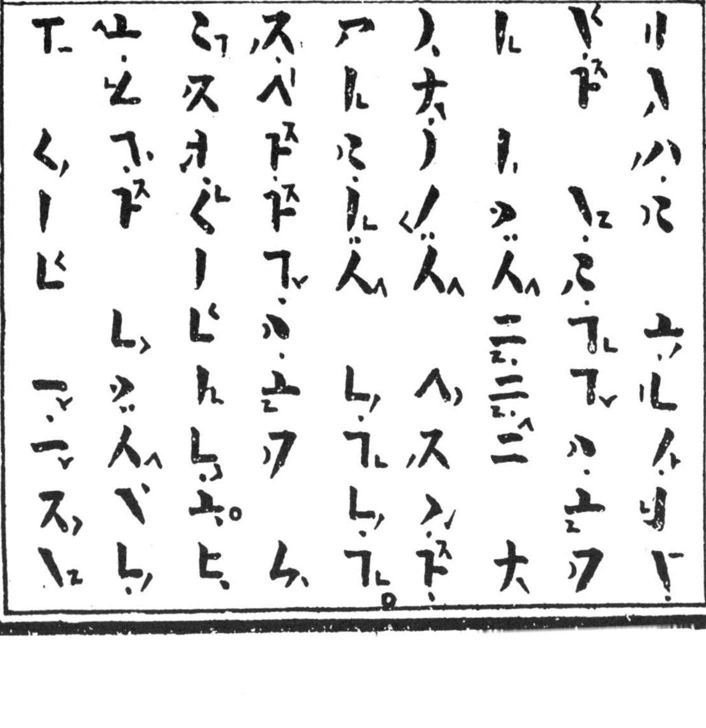

要緊　寔在也是不可不
講的
光緒三十一年十一月十五

第六十九面

中国字母北京切音合訂

盧戇章 著

內容說明

這是1906年出版的漢字筆劃式切音字方案之一，也就是盧戇章的第二種方案。原書分方案和課文兩部分，因課文部分與《北京切音教科書》重複，從略。盧戇章的這個方案因方音不同而又分為北京、福州、泉州、漳州、廈門、廣東六種具體方案，比如北京話是『四聲』，而廣東話是『八聲』，所以不同。共有『聲音』（聲母）25個，『字母』（韻母）102個。音節結構，以『字母』（韻母）為經，居中粗寫；以『聲音』（聲母）為緯，各按字音之平上去入，細書於『字母』的上下左右，念時先韻後聲。另有《制字略解列表》一種。

需要說明的是，盧戇章後來還設計了第三套漢字拼音方案，1915年出版《中國新字》，即此方案，1916年，出版宣傳該方案的《中華新字國語通俗教科書》及《中華新字漳泉語通俗教科書》。1920年，又製成閩南閏音一套，叫《閩南語注音字母、盧戇章中華新字字母、羅馬字字母對照表》。惜未見此書。

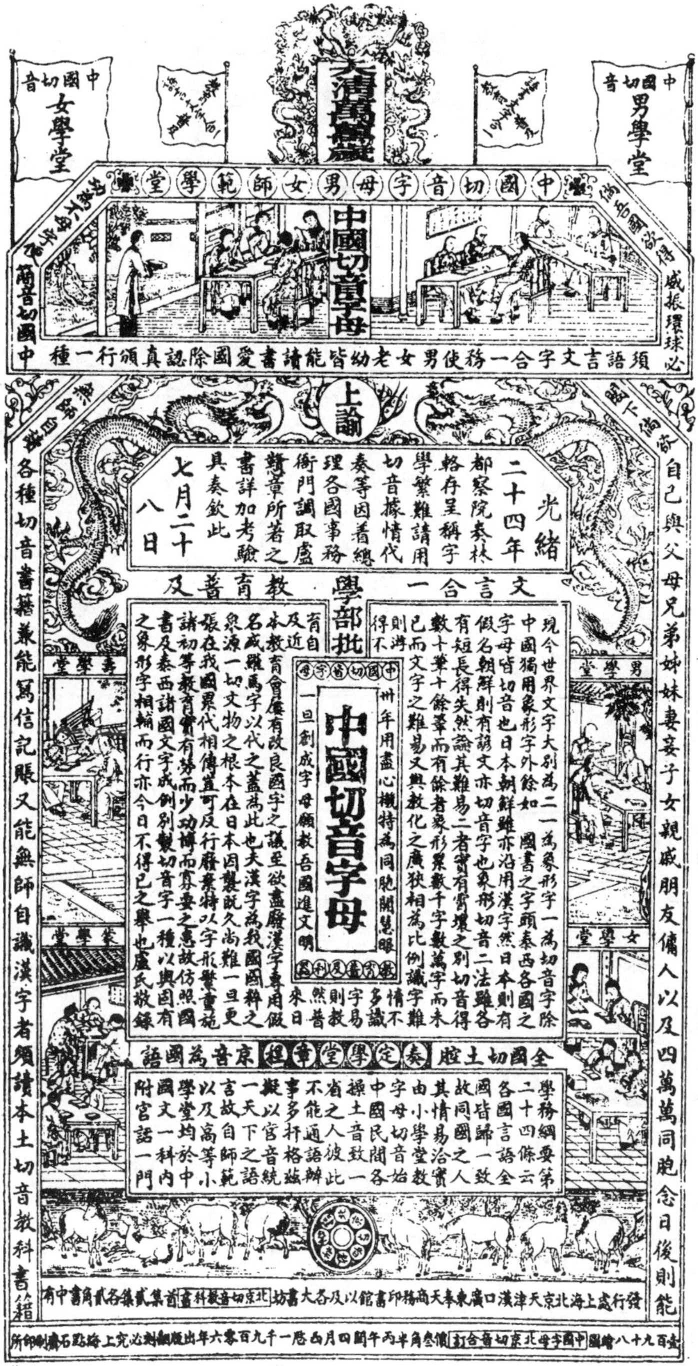
大清萬萬歲
中國切音女學堂
中國切音男學堂
中國切音字母男女師範學堂
中國切音字母
威振環球必須語言文字合一務使男女老幼皆能讀書愛國除認真頒行一種中
簡音切國中
上諭
光緒二十四年都察院奏林輅存呈稱字學繁難請用切音據情代奏等因着總理各國事務衙門調取盧贛章所著之書詳加考驗具奏欽此 七月二十八日
文言合一 學 教育普及
學部批
現今世界文字大別為二一為象形字一為切音字除中國獨用象形字外餘如 國書之字頭泰西各國之字母皆切音也日本朝鮮雖亦沿用漢字然日本則有假名朝鮮則有諺文亦切音字也象形切音二法雖各有短長得失然論其難易二者實有霄壤之別切音得數十筆十餘筆而有餘者象形累數千字數萬字而未已而文字之難易又與教化之廣狹相為比例識字難則溝情不得不多識字易則教然普來日育自及近本教育會屢有改良國字之議至欲盡廢漢字專用假名蔵雖馬字以代之蓋為此也夫漢字為我國國粹之衆源一切文物之根本在日本因襲既久尚難一旦更張在我國累代相傳豈可及行廢棄特以字形繁畫繁諸初等教育實有勞而少功博而寡要之患故仿照國書及泰西諸國文字成例別製切音字一種以與固有之象形字相輔而行亦今日不得已之舉也盧氏撤錄
中國切音字母
卅年用盡心機特為同胞開慧眼
一旦創成字母願教吾國進文明
中國切音字母
全國切土腔 奏定學堂章程 京音為國語
學務綱要第二十四條云各國言語全國皆歸一致故同國之人其情易洽實由小學堂教字母切音始中國民間各操土音致一省之人彼此不能通語辦事多扞格茲擬以官音統一天下之語言故自師範以及高等小學堂均於中國文一科內附官話一門
自己與父母兄弟姊妹妻妾子女親戚朋友傭人以及四萬萬同胞念日後則能
各種切音書藉兼能寫信記賬又能無師自識漢字者須讀本土切音教科書籍
發行處上海北京天津漢口廣東奉天商務印書館以及各大書坊 北京切音教科書 首集貳集各貳角書中有
壹百九十八繪圖 中國字母北京切音合訂 價叁角半 丙午閏四月西歷一千九百零六年出版 翻刻必究 上海點石齋印刷所

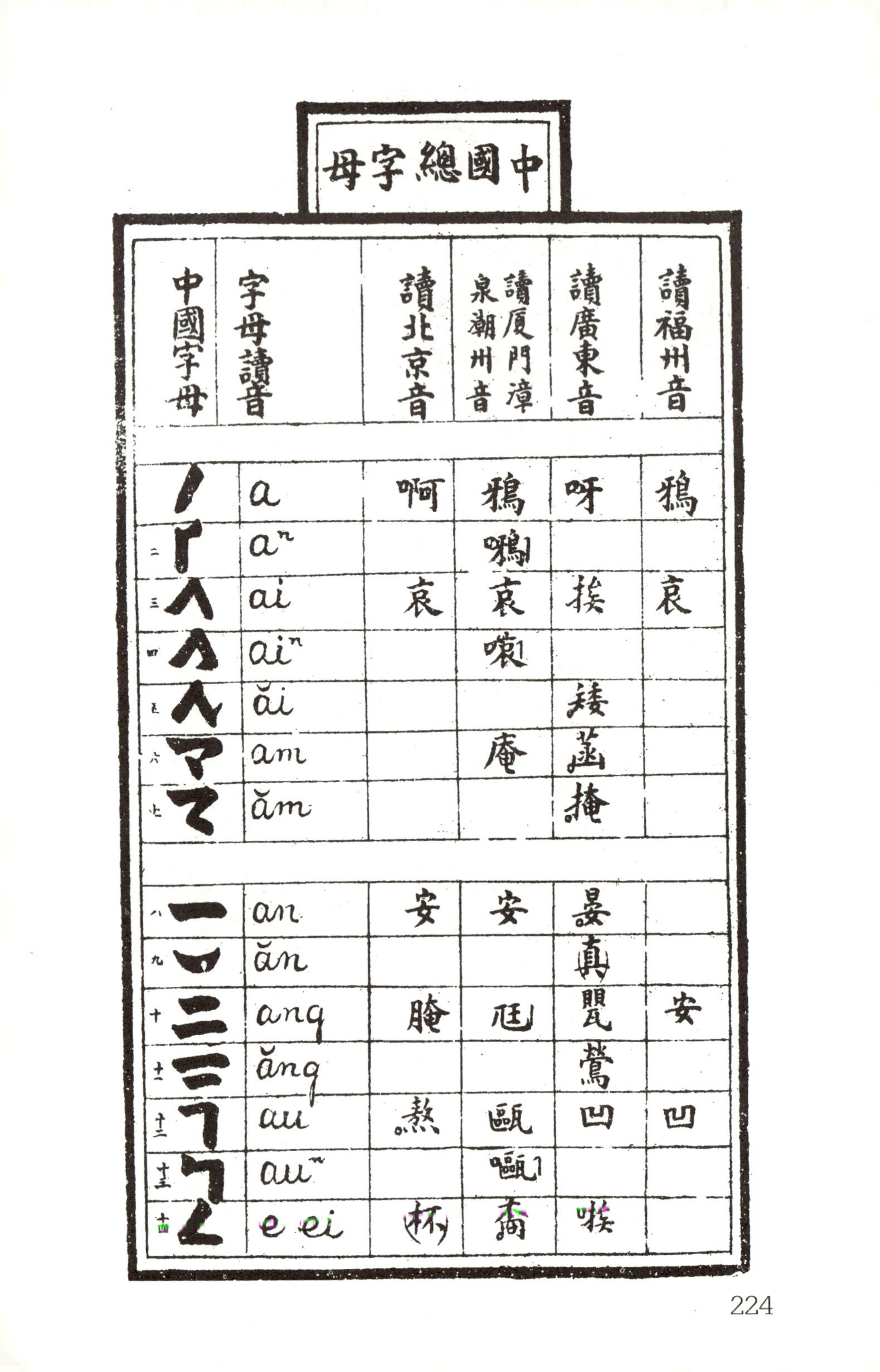

中國總字母

中國字母	字母讀音	讀北京音	讀厦門漳泉潮州音	讀廣東音	讀福州音
一	a	啊	鴉	呀	鴉
二	a^n		口+鴉		
三	ai	哀	哀	挨	哀
四	ai^n		口+哀		
五	ăi			矮	
六	am		庵	蓋	
七	ăm			掩	
八	an	安	安	晏	
九	ăn			真	
十	ang	腌	尪	罌	安
十一	ăng			鶯	
十二	au	熬	甌	凹	凹
十三	au^n		口+甌		
十四	e ei	杯	裔	唉	

中國總字母

	中國字母	字母讀音	讀北京音	讀厦門漳泉潮州音	讀廣東音	讀福州音
十五	ム	e^n		嬰		
十六	ト	en	因[illegible]			
十七	レ	eng	英	英	英	英
十八	匸	eu				甌
十九	く	ê	兒	鍋		初
二十	乇	êe êi	(黑)	挨		
二一	七	êü			靴	
二二	入	êm		參		
二三	人	ên	恩	恩		
二四	丁	êng	(哼)	(生)		紅
二五	フ	êu	甌	鷗	甌	
二六	ム	ɛ		加		挨
二七	乙	$ɛ^n$		(咩)		
二八	丨	i	伊	伊	伊	伊

中國總字母

	中國字母	字母讀音	讀北京音	讀廈門漳泉潮州音	讀廣東音	讀福州音
二九		i^n		咿		
三十		ia	鴉	爺	也	耶
三一		ia^n		纓		
三二		iai	涯	諧	吤	
三三		iam		閹	陰	
三四		ian	烟	烟	因	
三五		iang	央	英	嚶	影
三六		iau	妖	妖	優	喵
三七		iau^n		貓		
三八		ie	爺		耶	椅
三九		ieng				烟
四十		ieu				燒
四一		im		音	奄	
四二		in	因	因	烟	

中國總字母

	中國字母	字母讀音	讀北京音	讀廈門漳泉潮州音	讀廣東音	讀福州音
四三		inq				因
四四		io	約	腰		(嶠)
四五		io^n  io 海上		㘋腰		
四六		iu	優	優	妖	優
四七		iu^n		鷹		
四八		iunq	雍	雍	雍	央
四九		ü	吁		於	於
五十		üan	冤			
五一		üe	曰			
五二		üi			(雖)	
五三		üo	(虐)			
五四		ün	氳		冤	
五五		ünq				殷
五六		o	阿	阿	懊	

中國總字母

中國字母	字母讀音	讀北京音	讀廈門漳泉潮州音	讀廣東音	讀福州音
五七	o^n		啊		
五八	am			菴	
五九	θ		烏	呵	阿
六十	$θ^n$		嗚		
六一	θi			哀	欸
六二	θm		參		
六三	θn			安	
六四	θnq		翁	盎	恩
六五	u	烏	汙	烏	烏
六六	u^n		[口+汙]		
六七	ua	哇	哇	哇	哇
六八	ua^n		[口+鞍]		
六九	uai	歪	歪	歪	歪
七十	uai^n		[口+歪]		

中國總字母

中國字母	字母讀音	讀北京音	讀厦門漳泉潮州音	讀廣東音	讀福州音
七一	uăi			威	
七二	uam		(凡 潮)		
七三	uan	彎	彎	彎	
七四	uăn			温	
七五	uanq	汪	汪	(横)	彎
七六	uănq			轟	
七七	ue uei	偎	偎	(啡)	偎
七八	ueⁿ		喂)		
七九	uênq	滃			
八十	uɛ		我 漳		
八一	uɛⁿ		川(妹) 漳		
八二	ui	([illegible])威	威	(催)	威
八三	uiⁿ		喴		
八四	uin			(鬼)	

中國總字母

	中國字母	字母讀音	讀北京音	讀廈門漳泉潮州音	讀廣東音	讀福州音
八五		uing			·榮	
八六		un	温	温	·緩	
八七		ung	翁		甕	·翁
八八		uo	窩		窩	窩
八九		uong			汪	汪
九十		ŭ	([illegible])於	於泉	於蕊	
九一		ŭiⁿ		唹漳		
九二		ůn			(淮)	
九三		m		不	唔	
九四		ng		秧	·五	伓
		「」者屬鼻音 「」者讀白話 ()者係借與字母同韻之音也 ·者係借與字母近似之音也				

| 丁 宜qi
丫 翟ri
人
入 | 上 義ngi
一 㑚hi
丶 伊l | ㄱ 絲si
ㄱ 西hsi
丆 詩shi | ㄧ 基ki
ㄧ 斯tsu
乙 非fi
乙 果ni
乙 㵾hi | 丿
丿
乁
丶 | 琴之chi
如ni
此tsi
痴chi | 卜 尼ni
ㄧ 里mi
乁 低ti梯ti也
ㄥ
ㄥ |

八聲定位

廣東有八聲

二 登	干 干	又 金	卍 纖	八 寬	囝 〔一〕
二 等	千 趕	乀 錦	卐 械	八 婉	囷 〔二〕
二 凳	千 幹	乀 禁	卐 鑒	八 怨乙	囥囷 〔三〕
二 德	干 割	飞 急	卞 甲	八	囚 〔四〕

二 盟	干 寒	山 吟	卍 藍	八 元	囝 〔五〕
二 猛	干 早	山 社	卐 覽	八 軟	囷 〔六〕
二 孟	士 憾	山 任	卐 纜	八 願	囥 〔七〕
二 墨	士 褐	山 入	卞 蠟	八 月	囚 〔八〕

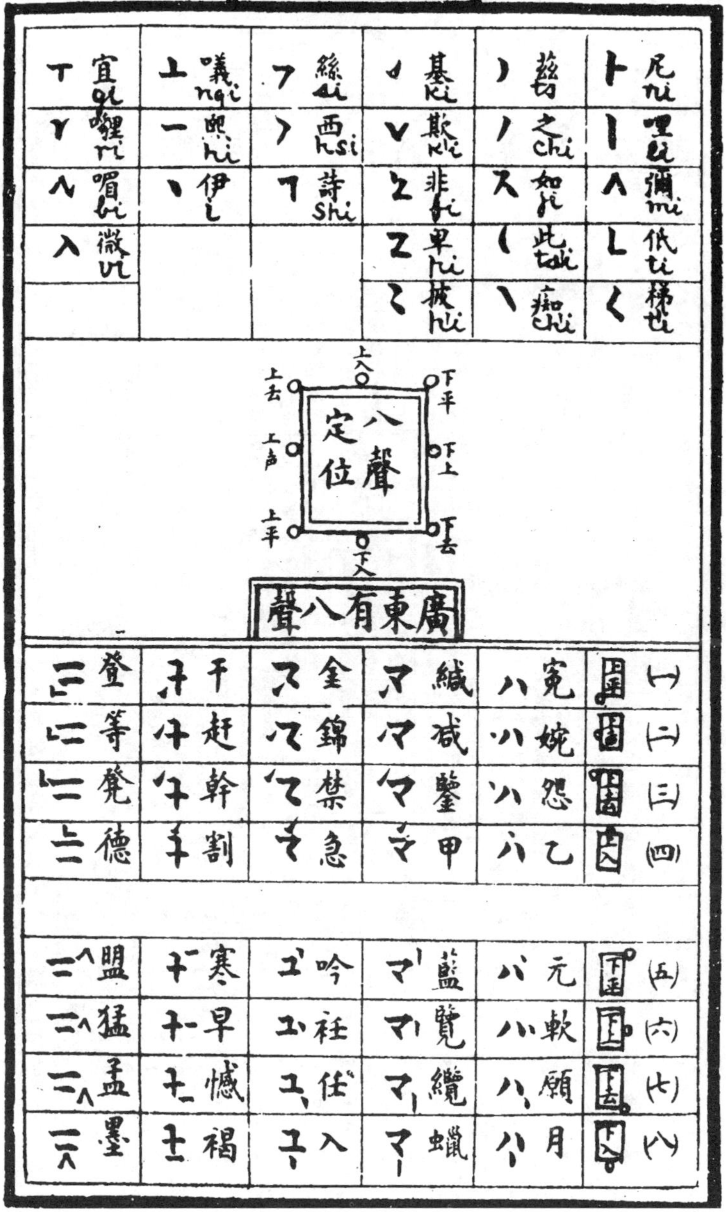

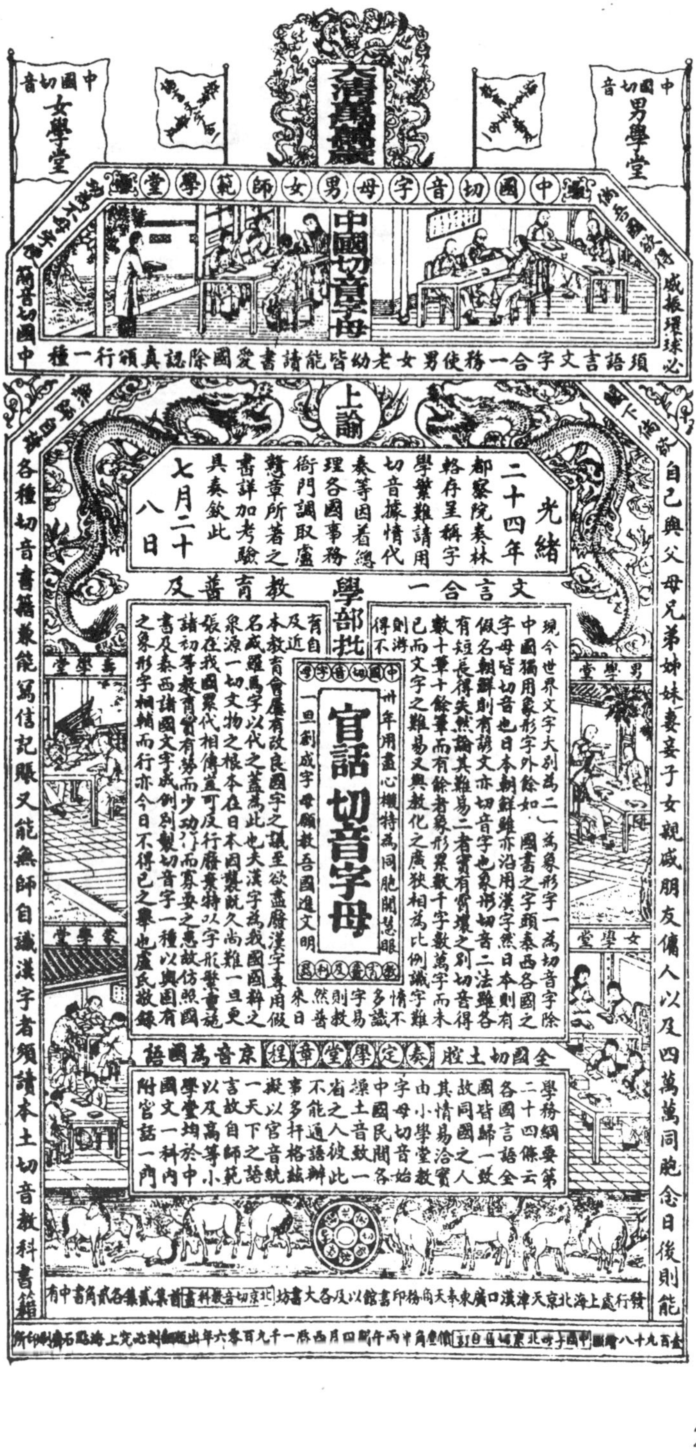
大清萬歲
中國切音女學堂
中國切音男學堂
中國切音字母男女師範學堂
中國切音字母
威振環球必
須語言文字合一務使男女老幼皆能讀書愛國除認真頒行一種
上諭
光緒二十四年都察院奏林輅存呈稱字學繁難請用切音據情代奏等因着總理各國事務衙門調取盧戇章所著之書詳加考驗具奏欽此
七月二十八日
文言合一
學部批
教育普及
官話切音字母
四十年用盡心機特為同胞開慧眼
一旦創成字母願教吾國進文明
現今世界文字大別為二一為象形字一為切音字除中國獨用象形字外餘如國書之字頭泰西各國之字母皆切音也日本朝鮮雖亦沿用漢字然日本則有假名朝鮮則有諺文亦切音字也象形切音二法雖各有短長得失然論其難易二者實有霄壤之別切音得數十筆十餘筆而有餘者象形累數千字數萬字而未已而文字之難易又與教化之廣狹相為比例識字難
育自及近本教育會屢有改良國字之議至欲盡廢漢字專用假名威羅馬字以代之蓋為此也夫漢字為我國國粹之泉源一切文物之根本在日本因襲既久尚難一旦更張在我國累代相傳豈可反行廢棄特以字形繁重施諸初等教育實有勢而少功而寡要之患故仿照國書及泰西諸國文字成例別製切音字一種以與固有之象形字相輔而行亦今日不得已之舉也
全國切土腔
奏定學堂章程
京音為國語
學務綱要第二十四條云各國言語全國皆歸一致故同國之人其情易洽實由小學堂教字母切音始中國民間各操土音致一省之人彼此不能通語辦事多扞格茲擬以官音統一天下之語言故自師範以及高等小學堂均於中國文一科內附官話一門
各種切音書籍兼能寫信記賬又能無師自識漢字者須讀本土切音教科書籍
自己與父母兄弟姊妹妻妾子女親戚朋友傭人以及四萬萬同胞念日後則能
男學堂
女學堂
發行處上海北京天津漢口廣東奉天商務印書館以及各大書坊 北京切音教科書 首集貳集各貳角中書有
百九十八繪圖 中國字母北京切音自習 價壹角 丙午年四月 西曆一千九百零六年 翻刻必究 上海點石齋印刷所

字母
官話
啊 a
哀 ai
安 an
腌 ang
熬 au
恩 ên
哼 êng
甌 êu
伊 i
鴉 ia
因 in
約 io
優 iu
雍 iung
吁 ü
烏 u
哇 ua
歪 ua
彎 uan
汪 uang
e
恩 en
英 eng
兒 ê
ei
涯 iai
烟 ian
央 iang
妖 iau
爺 ie
冤 üan
曰 üe
üo
氳 ün
阿 o
偎 ue
uêng
威 ui
溫 un
翁 ung
窩 uo
u
聲音
官話
尼 ni
哩 li
彌 mi
低 ti
梯 ti
茲 tsi
之 chi
如
此 tsi
痴 chi
基 ki
欺 ki
非
卑
披
絲 si
西 hsi
詩 shi
義 ngi
熙 hi
衣 i
基欺義熙此
四字讀南音

北京四聲

聲音寫在字母之

左下為[上平]如 烏熙 呼

右上為[下平]如 吳熙 胡

左中為[上声]如 五熙 虎

右下為[去声]如 悟熙 戶

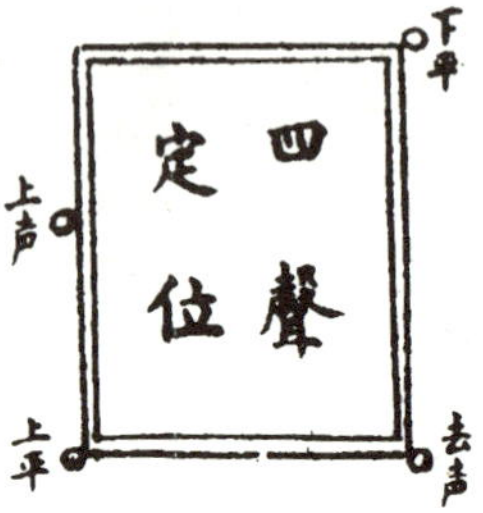

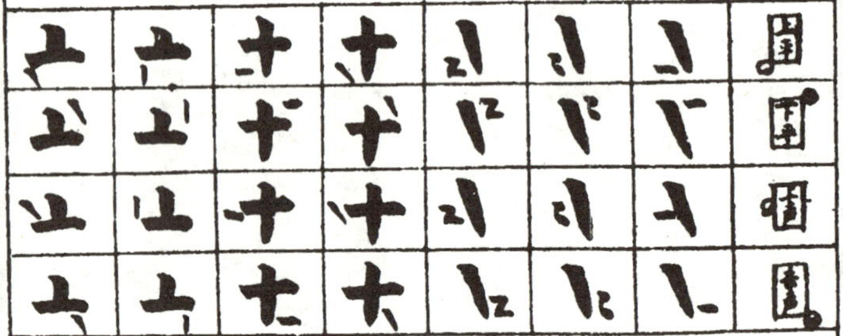

千 痴烟	拈 哩烟	歡 熙彎	川 痴彎	晡 卑烏	鋪 披烏	呼 熙烏	上平
錢 痴言	年 哩言	還 熙完	船 痴完	僕 卑吳	蒲 披吳	胡 熙吳	下平
淺 痴眼	輦 哩眼	浣 熙晚	喘 痴晚	補 卑五	普 披五	虎 熙五	上声
欠 痴宴	念 哩宴	喚 熙萬	串 痴萬	布 卑悟	鋪 披悟	戶 熙悟	去声

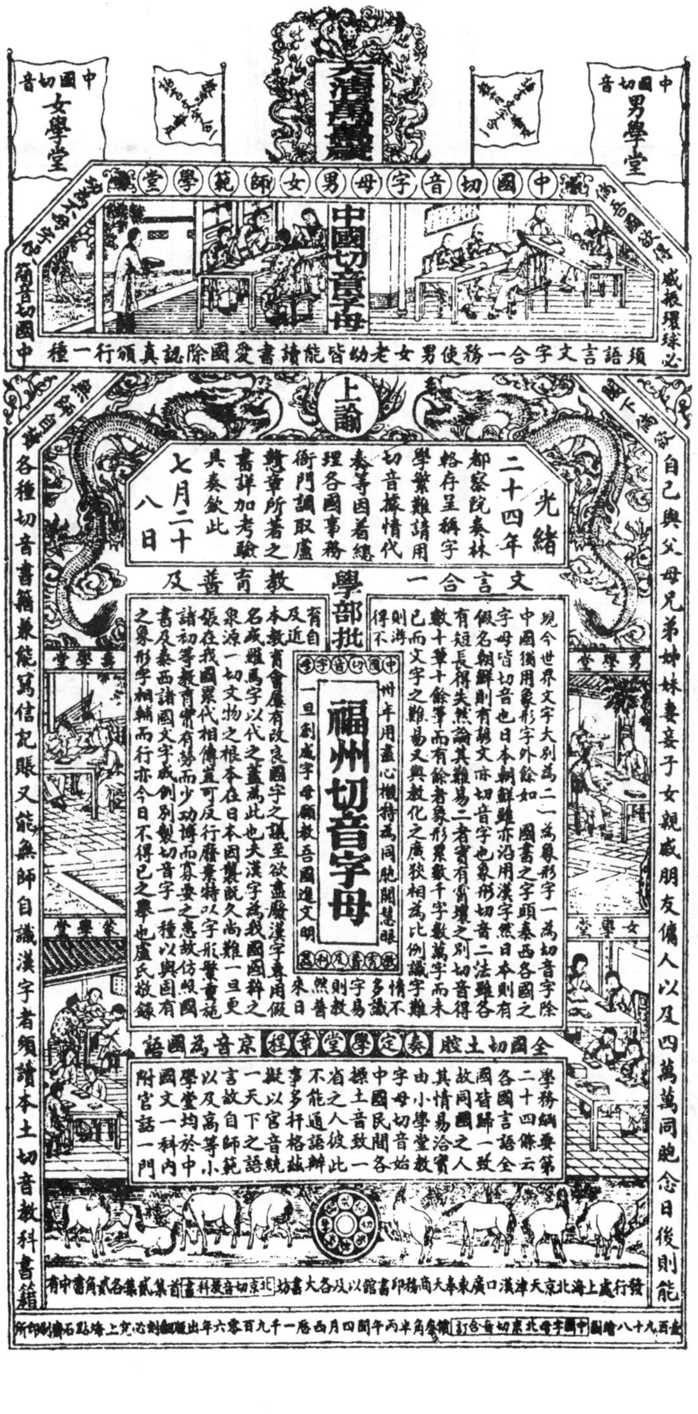
中國切音男學堂
中國切音女學堂
中國切音字母男女師範學堂
中國切音字母
須語言文字合一務使男女老幼皆能讀書愛國除認真頒行一種
上諭
光緒二十四年都察院奏林輅存呈稱字學繁難請用切音摭情代奏等因着總理各國事務衙門調取盧戇章所著之書詳加考驗具奏欽此七月二十八日
文言合一 學部批 教育普及
現今世界文字大別爲二一爲象形字一爲切音字除中國獨用象形字外餘如國書之字頭泰西各國之字母皆切音也日本朝鮮則有假名朝鮮則有諺文亦切音字也象形切音二法雖各有短長得失然論其難易二者實有霄壤之別切音得數十筆十餘筆而有餘者象形累數千字數萬字而未已而文字之難易又與教化之廣狹相爲比例識字難則識字不多情不易字則教易然則普及教育之事來日
福州切音字母
中州年用盡心機特爲同胞開慧眼一旦創成字母願教吾國進文明
有自及近本教育會屢有改良國字之議至欲盡廢漢字專用假名蔵雖爲字以代之蓋爲此也夫漢字爲我國國粹之泉源一切文物之根本在日本國襲既久尚難一旦更張在我國累代相傳豈可反行廢棄特以字形繁重施諸初等教育實有勢而少功博而寡要之患故仿照國書及泰西諸國文字成例別製切音字一種以與固有之象形字相輔而行亦今日不得已之舉也盧氏墩錄
全國切土腔 奏定學堂章程 京音爲國語
學務綱要第二十四條云各國言語全國皆歸一致故同國之人其情易洽實由小學堂教授字母切音始中國民間各操土音致一省之人彼此不能通語辦事多扞格茲以官音統一天下之語言故自師範以及高等小學堂均於中國文一科內附官話一門
自己與父母兄弟姊妹妻妾子女親戚朋友傭人以及四萬萬同胞念日後則能
各種切音書籍兼能寫信記賬又能無師自識漢字者須讀本土切音教科書籍
發行處上海北京天津漢口廣東奉天大商務印書館以及各大書坊 北京切音教科書 首集貳集各貳角書中有
西曆一千九百零六年出版翻刻必究上海點石齋印刷所

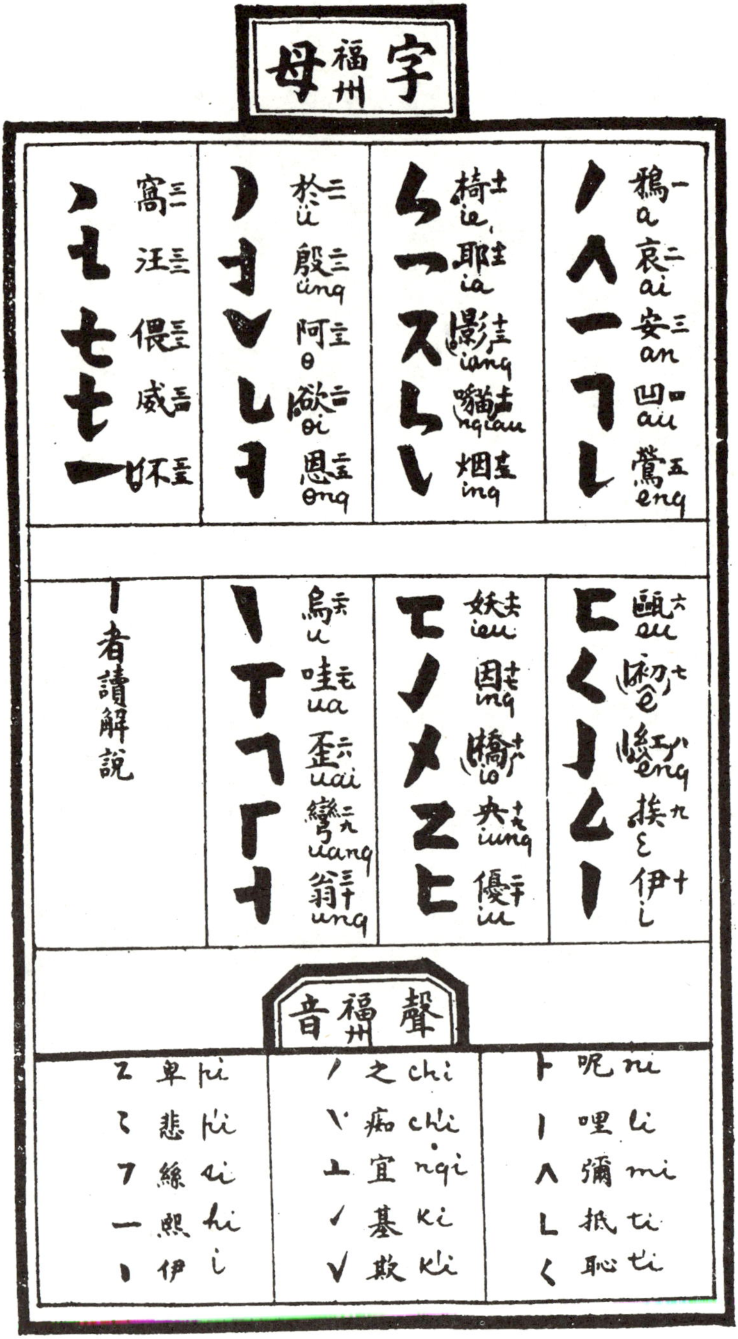
福州字母
一 鴉 a
二 哀 ai
三 安 an
四 凹 au
五 鶯 eng
六 甌 eu
七 e
八 eng
九 挨 ε
十 伊 i
十一 椅 ie
十二 耶 ia
十三 影 iang
十四 喵 ngiau
十五 烟 ing
十六 妖 ieu
十七 因 ing
十八 嬌 io
十九 央 iung
二十 優 iu
二十一 於 ü
二十二 殷 üng
二十三 阿 θ
二十四 歐 θi
二十五 恩 θng
二十六 烏 u
二十七 哇 ua
二十八 歪 uai
二十九 彎 uang
三十 翁 ung
三十一 窩
三十二 汪
三十三 偎
三十四 威
三十五 怀
者讀解說
福州聲音
呢 ni
哩 li
彌 mi
抵 ti
恥 t'i
之 chi
痴 ch'i
宜 ngi
基 ki
欺 k'i
卑 pi
悲 p'i
絲 si
熙 hi
伊 i

福州七聲

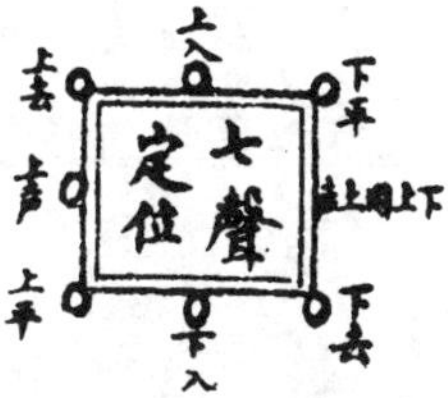

(一)	上平	丹	公	風	邊	燈
(二)	上上	胆	滾	粉	扁	等
(三)	上去	旦	貢	訓	變	店
(四)	上入	答	谷	福	鼈	得
(五)	下平	談	羣	紅	便	澄
(七)	下去	淡	郡	奉	辧	鄧
(八)	下入	達	崛	伏	別	澤

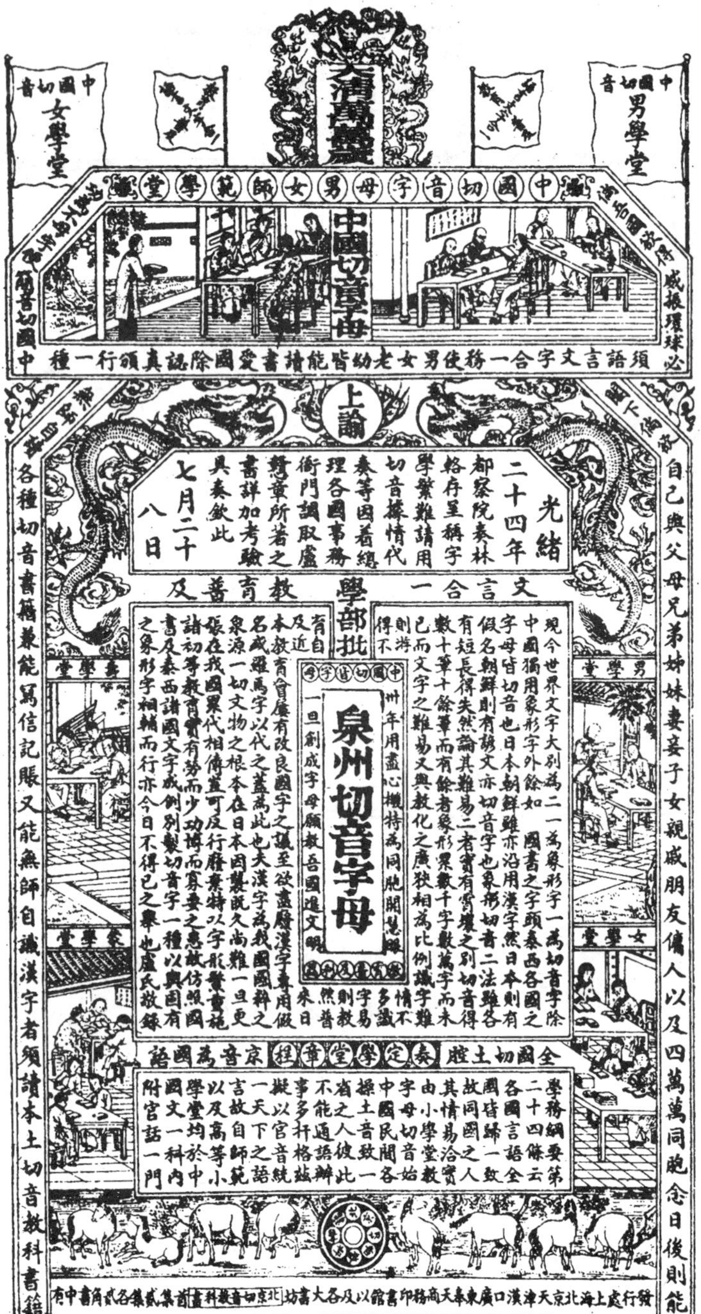

大清萬歲
中國切音女學堂
中國切音男學堂
中國切音字母男女師範學堂
中國切音字母
須語言文字合一務使男女老幼皆能讀書愛國除認真頒行一種中國切音簡
上諭
光緒二十四年都察院奏林輅存呈稱字學繁難請用切音據情代奏等因着總理各國事務衙門調取盧戇章所著之書詳加考驗具奏欽此
七月二十八日
文言合一
學部批
教育普及
現今世界文字大別為二一為象形字一為切音字除中國獨用象形字外餘如國書之字頭泰西各國之字母皆切音也日本朝鮮雖亦沿用漢字然日本則有假名朝鮮則有諺文亦切音字也象形切音二法難各有短長得失然論其難易二者實有霄壤之別切音得數十筆十餘筆而有餘者象形累數千字數萬字而未已而文字之難易又與教化之廣狹相為比例識字難則游情不得不多識字易則教然普來日
有自及近本教育會屢有改良國字之議至欲盡廢漢字專用假名威羅馬字以代之蓋為此也夫漢字為我國國粹之泉源一切文物之根本在日本因襲既久尚難一旦更張在我國累代相傳豈可反行廢棄特以字形繁重諸初等教育實有勢而少功博而寡要之患故仿照國書及泰西諸國文字成例別製切音字一種以與固有之象形字相輔而行亦今日不得已之舉也盧氏敬錄
中國切音字母
泉州切音字母
州年用盡心機特為同胞開慧眼
一旦創成字母願教吾國進文明
全國切土腔
奏定學堂章程
京音為國語
學務綱要第二十四條云各國言語全國皆歸一致故同國之人其情易洽實由小學堂教字母切音始中國民間各操土音致此一省之人彼不能通語辦事多扞格茲擬以官音統一天下之語言故自師範以及高等小學堂均於中國文一科內附官話一門
男學堂
女學堂
各種切音書籍兼能寫信記賬又能無師自識漢字者須讀本土切音教科書籍
自己與父母兄弟姊妹妻妾子女親戚朋友傭人以及四萬萬同胞念日後則能
發行處上海北京天津漢口廣東奉天商務印書館以及各大書坊
北京切音教科書
首集貳集各貳角書中有
一千九百零六年出版翻刻必究上海點石齋印刷所

泉州字母

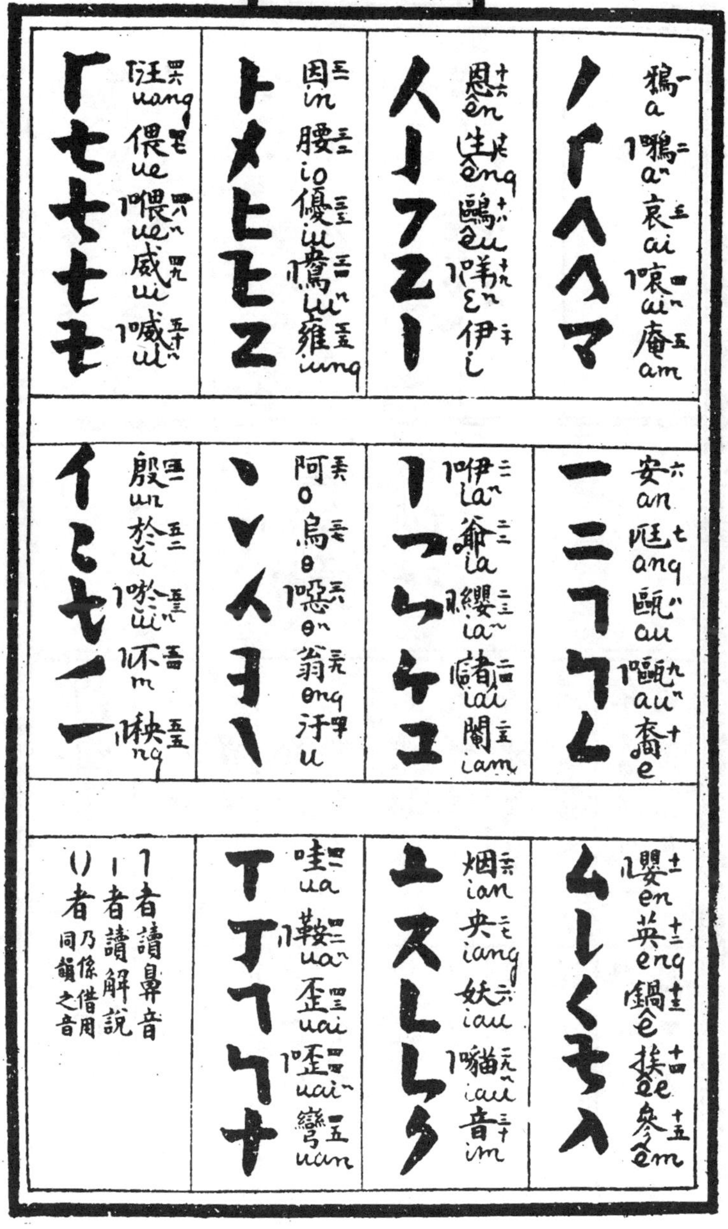
一 鴉 a
二 口鴉 aⁿ
三 哀 ai
四 口哀 aiⁿ
五 庵 am
十六 恩 ěn
十七 生 ěng
十八 鷗 ěu
十九 口咩 ɛⁿ
二十 伊 i
三一 因 in
三二 腰 io
三三 優 iu
三四 口優 iuⁿ
三五 雍 iung
四六 汪 uang
四七 偎 ue
四八 口偎 ueⁿ
四九 威 ui
五十 口威 uiⁿ
六 安 an
七 尪 ang
八 甌 au
九 口甌 auⁿ
十 裔 e
二一 口伊 iaⁿ
二二 爺 ia
二三 口纓 iaⁿ
二四 口諸 iai
二五 閹 iam
三六 阿 o
三七 烏 ɵ
三八 口惡 ɵⁿ
三九 翁 ong
四十 汙 u
五一 殷 un
五二 於 ɨ
五三 口於 ɨⁿ
五四 口不 m
五五 口秧 ng
十一 口嬰 eⁿ
十二 英 eng
十三 鍋 ê
十四 挨 ẽ
十五 參 ẽm
二六 烟 ian
二七 央 iang
二八 妖 iau
二九 口貓 iauⁿ
三十 音 im
四一 哇 ua
四二 口鞍 uaⁿ
四三 歪 uai
四四 口歪 uaiⁿ
四五 彎 uan
口者讀鼻音
亅者讀解說
()者乃係借用同韻之音

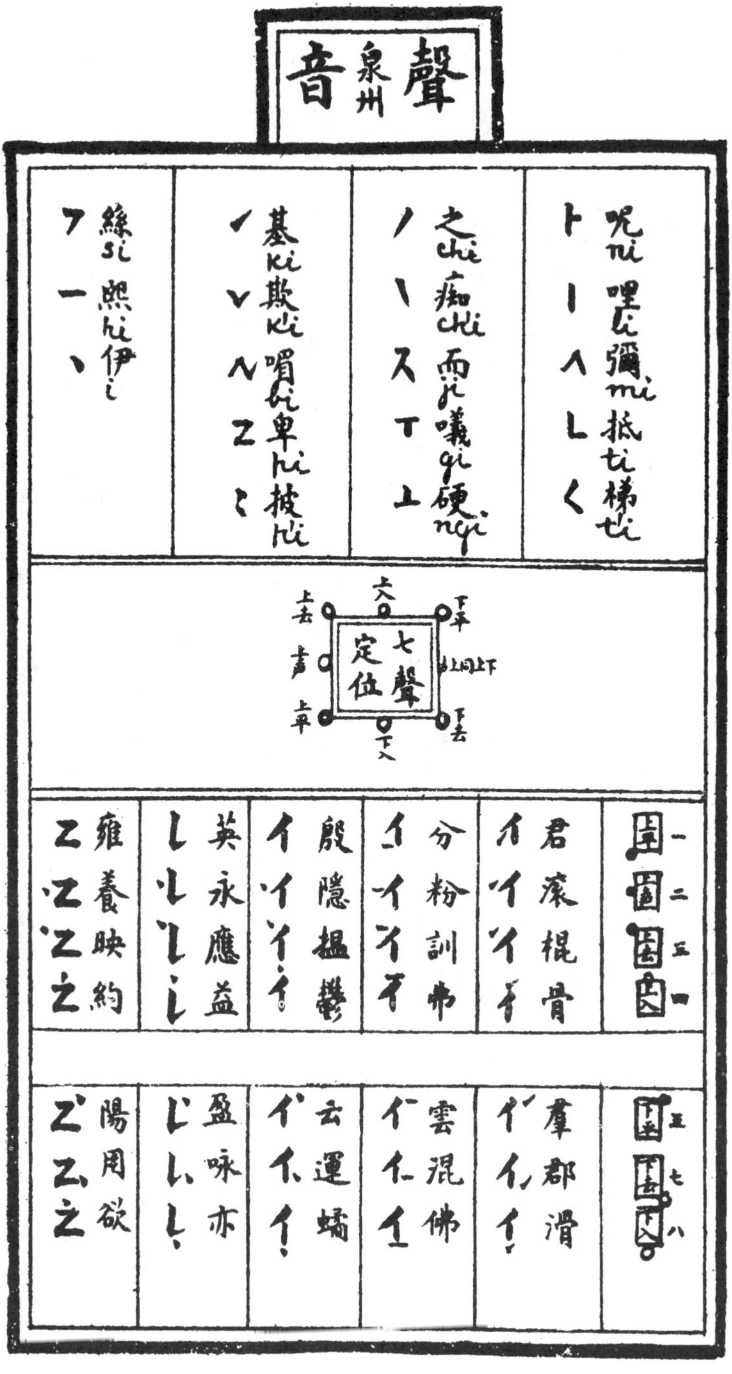
泉州聲音
呢ni 哩li 彌mi 抵ti 梯ti
之chi 痴chi 而ji 曦gi 硬ngi
基ki 欺ki 喟bi 卑pi 披phi
絲si 熙hi 伊i
七聲定位
上平 上去 上入 下平 下上同上 下去 下入
一 二 三 四
君 滾 棍 骨
分 粉 訓 弗
殷 隱 搵 鬱
英 永 應 益
雍 養 映 約
五 七 八
羣 郡 滑
雲 混 佛
云 運 蠕
盈 咏 亦
陽 用 欲

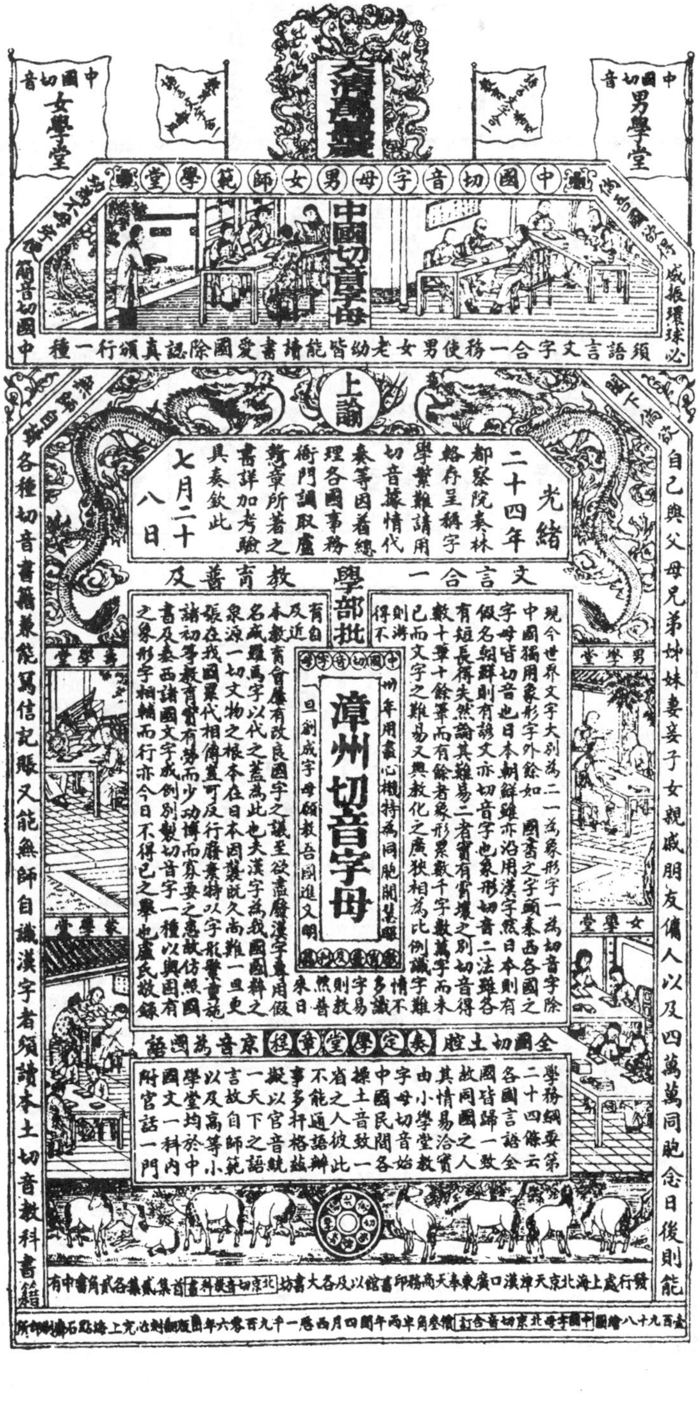
中國切音男學堂
中國切音女學堂
中國切音字母男女師範學堂
中國切音字母
須語言文字合一務使男女老幼皆能讀書愛國除認真頒行一種
上諭
光緒二十四年都察院奏林輅存呈稱字學繁難請用切音據情代奏等因着總理各國事務衙門調取盧戇章所著之書詳加考驗具奏欽此七月二十八日
文言合一
學部批
教育普及
現今世界文字大別為二一為象形字一為切音字除中國獨用象形字外餘如 國書之字頭泰西各國之字母皆切音也日本朝鮮雖亦沿用漢字然日本則有假名朝鮮則有諺文亦切音字也象形切音二法雖各有短長得失然論其難易二者實有霄壤之別切音得數十筆十餘筆而有餘者象形累數千字數萬字而未已而文字之難易又與教化之廣狹相為比例識字難則满得不情不多識字易則教普然來日
有自及近本數有會屢有改良國字之議至欲盡廢漢字專用假名威羅馬字以代之蓋為此也夫漢字為我國國粹之泉源一切文物之根本在日本因襲既久尚難一旦更張在我國累代相傳豈可反行廢棄特以字形繁重施諸初等教育實有勞而少功博而寡要之患故仿照國書及泰西諸國文字成例別製切音字一種以與固有之象形字相輔而行亦今日不得已之舉也盧氏竣錄
中國切音字學
漳州切音字母
全國切土腔
奏定學堂章程
京音為國語
學務綱要第二十四條云各國言語全國皆歸一致故同國之人其情易洽實由小學堂教字母切音始中國民間各操土音致一省之人彼此不能通語辦事多扞格茲擬以官音統一天下之語言故自師範以及高等小學堂均於中國文一科內附官話一門
自己與父母兄弟姊妹妻妾子女親戚朋友僱人以及四萬萬同胞念日後則能
各種切音書籍兼能寫信記賬又能無師自識漢字者須讀本土切音教科書籍
發行處上海北京天津漢口廣東奉天商務印書館以及各大書坊 北京切音教科書 首集貳集各貳角書中有
北京切音合訂 中國字母 價叁角半丙午年閏四月西曆一千九百零六年

漳州字母

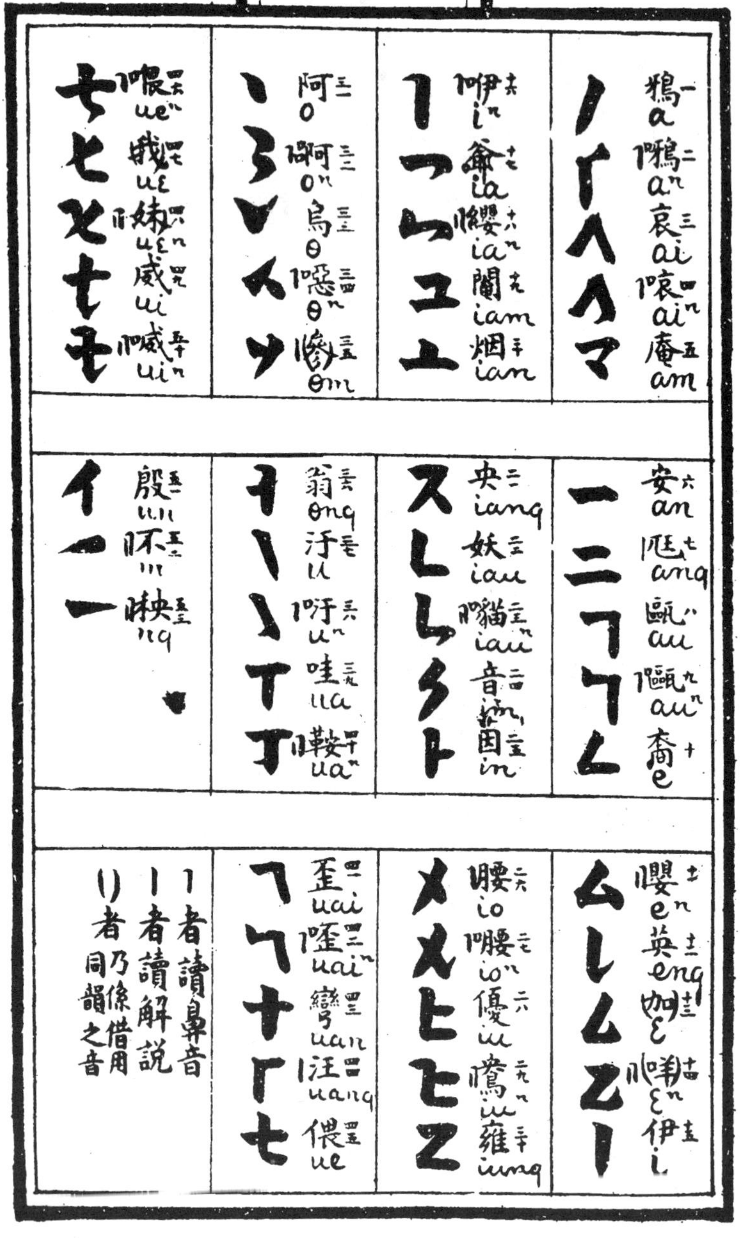

鴉 a
嘛鴉 aⁿ
哀 ai
喉 aiⁿ
庵 am
伊 i
爺 ia
嚶 iaⁿ
閹 iam
烟 ian
阿 o
阿 oⁿ
烏 ɵ
惡 ɵⁿ
參 ɵm
喂 ue
娃 uɛ
威 ui
安 an
尫 ang
甌 au
齊 e
央 iang
妖 iau
貓 iauⁿ
音 im
因 in
翁 ɵng
汙 u
哇 ua
嚶 e ⁿ
英 eng
伊 i
腰 io
優 iu
雍 iung
歪 uai
彎 uan
汪 uang
偎 ue
殷 un
不 ᵐ
秧 ng
者讀鼻音
者讀解說
者乃係借用同韻之音

漳州聲音

絲 si	基 ki	之 chi	呢 ni
熙 hi	欺 khi	痴 chhi	哩 li
伊 i	嵋 bi	而 ji	彌 mi
	卑 pi	曦 gi	抵 ti
	披 phi	硬 ngi	梯 thi

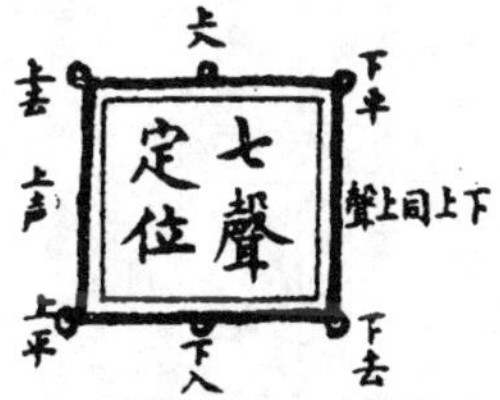

恩	分	雍	英	君	一 上平
隱	粉	養	永	滾	二 上上
揾	訓	映	應	棍	三 上去
鬱	弗	約	益	骨	四 上入
云	雲	陽	盈	羣	五 下平
運	混	用	咏	郡	七 下去
蝸	佛	欲	亦	滑	八 下入

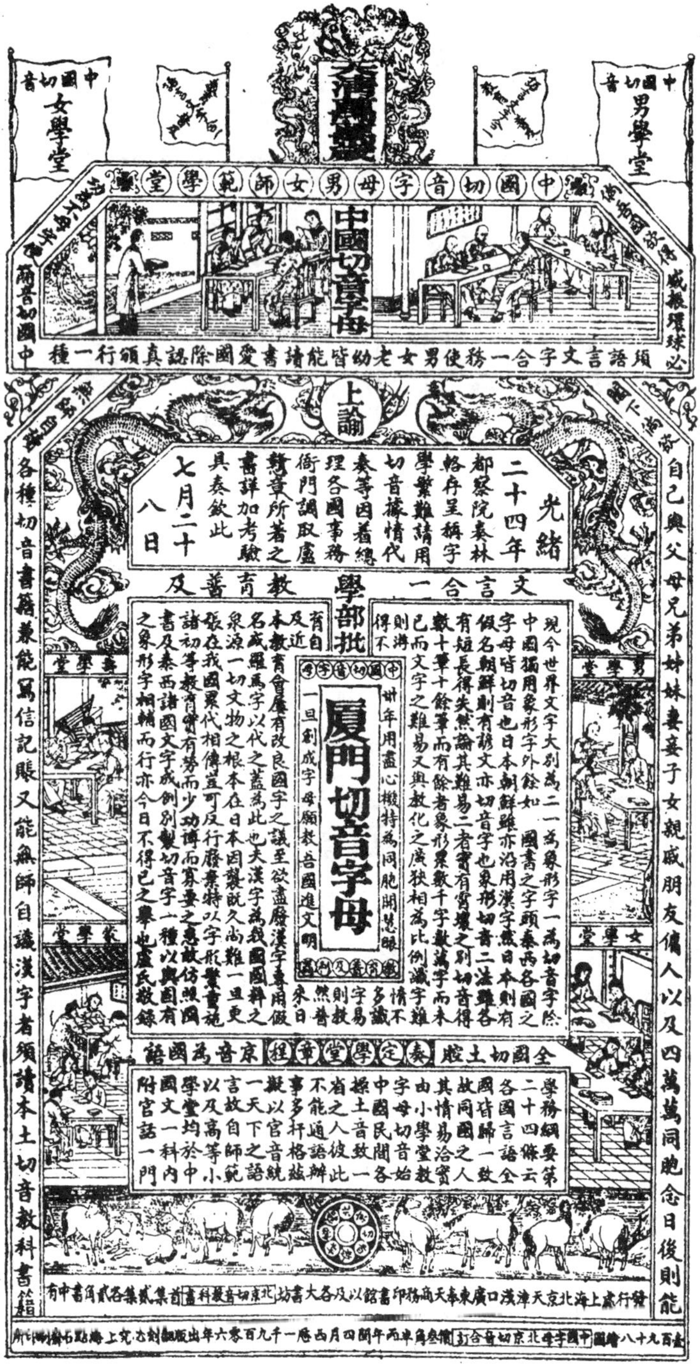
中國切音 女學堂
中國切音 男學堂
中國切音字母男女師範學堂
中國切音字母
須語言文字合一務使男女老幼皆能讀書愛國除認真頒行一種
上諭
光緒二十四年都察院奏林輅存呈稱字學繁難請用切音據情代奏等因着總理各國事務衙門調取盧戇章所著之書詳加考驗具奏欽此
七月二十八日
文言合一 學 教育普及
學部批
現今世界文字大別爲二一爲象形字一爲切音字除中國獨用象形字外餘如 國書之字頭泰西各國之字母皆切音也日本朝鮮雖亦沿用漢字然日本則有假名朝鮮則有諺文亦切音字也象形切音二法雖各有短長得失然論其難易二者實有霄壤之別切音得數十筆十餘筆而有餘者象形累數千字數萬字而未已而文字之難易又與教化之廣狹相爲比例識字難則游情不得不多識字易則教育自然普及近來日本教育會屢有改良國字之議至欲盡廢漢字專用假名或羅馬字以代之蓋爲此也夫漢字爲我國國粹之泉源一切文物之根本在日本因襲既久尚難一旦更張在我國累代相傳豈可反行廢棄特以字形繁賾施諸初等教育實有勞而少功博而寡要之患故仿照國書及泰西諸國文字成例別製切音字一種以與固有之象形字相輔而行亦今日不得已之舉也盧氏敬錄
中國切音字學
卅年用盡心機特爲同胞開慧眼
廈門切音字母
一旦創成字母願教吾國進文明
教育普及利國
男學堂
女學堂
全國切土腔 奏定學堂章程 京音爲國語
學務綱要第二十四條云各國言語全國皆歸一致故同國之人其情易洽實由小學堂教字母切音始中國民間各操土音致一省之人彼此不能通語辦事多扞格茲擬以官音統一天下之語言故自師範以及高等小學堂均於中國文一科內附官話一門
自己與父母兄弟姊妹妻妾子女親戚朋友傭人以及四萬萬同胞念日後則能
各種切音書籍兼能寫信記賬又能無師自識漢字者須讀本土切音教科書籍
發行處上海北京天津漢口廣東奉天商務印書館以及各大書坊 北京切音教科書 首集貳集各貳角書中有
每百九十八圖繪 中國字母北京切音合訂 價洋角半 丙午年閏四月西歷一千九百零六年出版翻刻必究 上海點石齋印刷所

廈門字母

a
aⁿ
ai
aiⁿ
am
ia
iaⁿ
iam
ian
iang
ɵⁿ
ɵm
ɵng
u
ua
an
ang
au
auⁿ
e
iau
iauⁿ
im
in
io
uaⁿ
uai
uaiⁿ
uan
uang
eⁿ
eng
ɛⁿ
i
iⁿ
iu
iuⁿ
iung
o
ɵ
ue
ueⁿ
ui
uiⁿ
un
m
ng

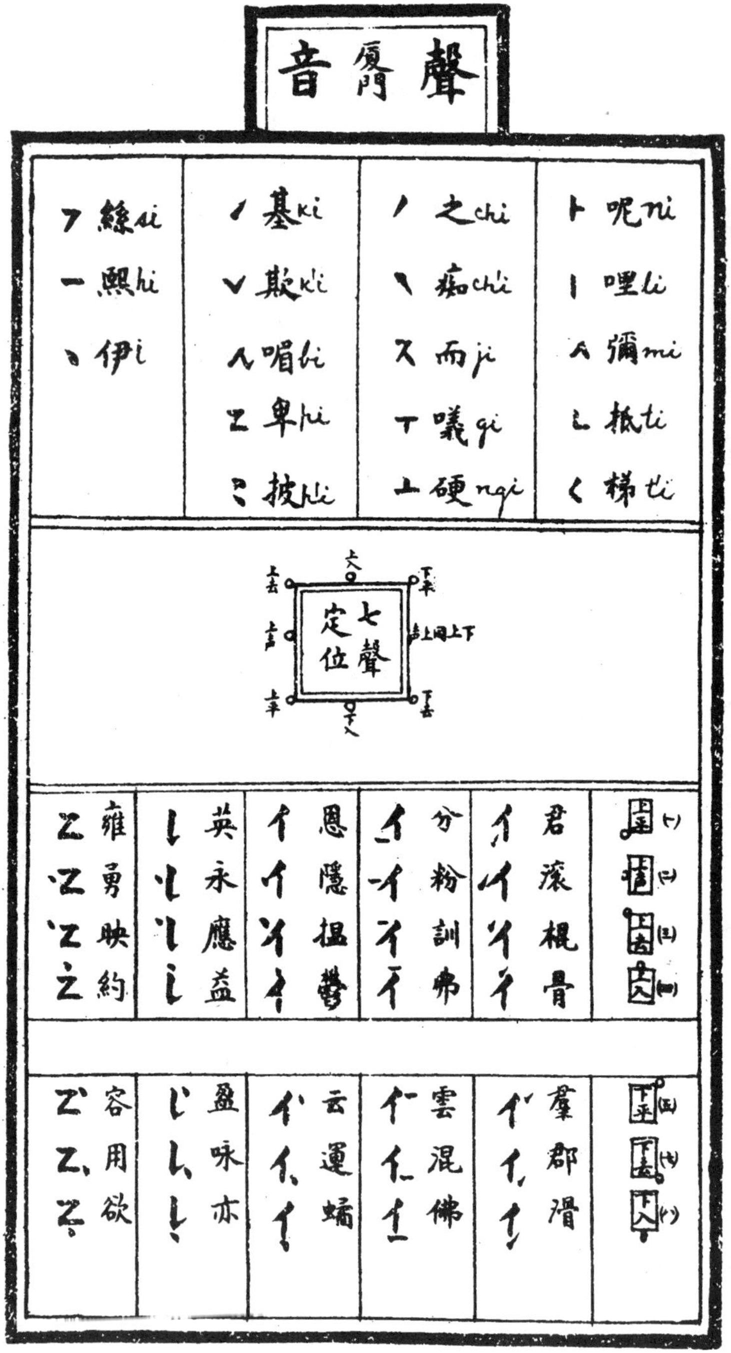

聲[illegible]音
呢ni
哩li
彌mi
抵ti
梯t'i
之chi
痴ch'i
而ji
曦gi
硬ngi
基ki
欺k'i
唱bi
卑pi
披p'i
絲si
熙hi
伊i
上入
下平
上去
上声
声上同上下
上平
下去
下入
七聲定位
上平(一)
上上(二)
上去(三)
上入(四)
君滾棍骨
分粉訓弗
恩隱揾鬱
英永應益
雍勇映約
下平(五)
下去(六)
下入(七)
羣郡滑
雲混佛
云運蝠
盈咏亦
容用欲

數目 記號

數目	記號
一	丨
二	Z
三	)
四	(
五	ㄟ
六	∠
七	ㄱ
八	ㄴ
九	<
十	丶
空	x
百	∨
千	>
萬	一
圓	⊙
角	ㄙ
占	∨
錢	⊖

句	讀	問	節	相連	輕音	人名
字之右傍寫一○	字之右傍寫一ㄥ	字之右傍寫一？	字之右傍寫二8	字之中間點一·	字之中間寫二:	字之中間寫一∠
○	ㄥ	？	8	·	··	∠

地名	註釋	駭聲	引書	相同	另者	要語	完止
x	︵︶	！	“”	〃	○	⦂	丨
字之中間寫一x	正文中間句首寫一︵句終寫一︶	字之右傍寫一！	句首左傍寫“句終右傍寫”	寫〃在同類之中間	句首上頭寫一○	語之右傍寫連環⦂	字之右傍寫一丨

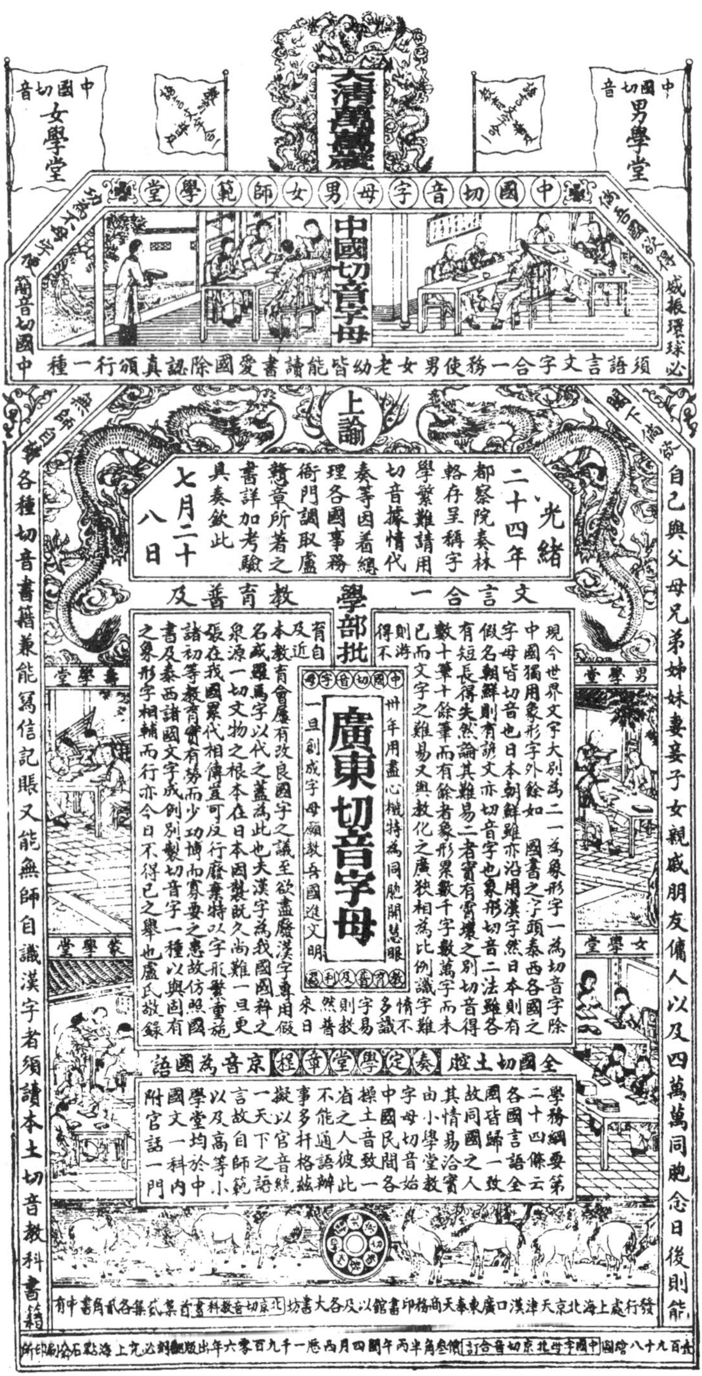
大清萬歲
中國切音女學堂
中國切音男學堂
中國切音字母男女師範學堂
中國切音字母
威振環球必須語言文字合一務使男女老幼皆能讀書愛國除認真頒行一種中國切音簡
上諭
光緒二十四年都察院奏林輅存呈稱字學繁難請用切音據情代奏等因着總理各國事務衙門調取盧戇章所著之書詳加考驗具奏欽此七月二十八日
文言合一學教育普及
學部批
現今世界文字大別為二一為象形字一為切音字除中國獨用象形字外餘如國書之字頭泰西各國之字母皆切音也日本朝鮮雖亦沿用漢字然日本則有假名朝鮮則有諺文亦切音字也象形切音二法雖各有短長得失然論其難易二者實有霄壤之別切音得數十筆十餘筆而有餘者象形累數千字數萬字而未已而文字之難易又與教化之廣狹相為比例識字難則遊情不得不多識字易則教普然則來日有自及近本教育會屢有改良國字之議至欲盡廢漢字專用假名或羅馬字以代之蓋為此也夫漢字為我國國粹之泉源一切文物之根本在日本因襲既久尚難一旦更張在我國累代相傳豈可反行廢棄特以字形繁重施諸初等教育實有勢而少功博而寡要之患故仿照國書及泰西諸國文字成例別製切音字一種以與固有之象形字相輔而行亦今日不得已之舉也盧氏敬錄
中國切音字母
卅年用盡心機特為同胞開慧眼一旦創成字母願教吾國進文明
教育普及利器
廣東切音字母
全國切土腔奏定學堂章程京音為國語
學務綱要第二十四條云各國言語全國皆歸一致故同國之人其情易洽實由小學堂教字母切音始中國民間各操土音致一省之人彼此不能通語辦事多扞格茲擬以官音統一天下之語言故自師範以及高等小學堂均於中國文一科內附官話一門
自己與父母兄弟姊妹妻妾子女親戚朋友傭人以及四萬萬同胞念日後則能
各種切音書藉兼能寫信記賬又能無師自識漢字者須讀本土切音教科書籍
發行處上海北京天津漢口廣東奉天商務印書館以及各大書坊 北京切音教科書 首集 貳集 各貳角 書中有
中國字母北京切音合訂 價叁角半 丙午閏四月 西歷一千九百零六年出版 翻刻必究

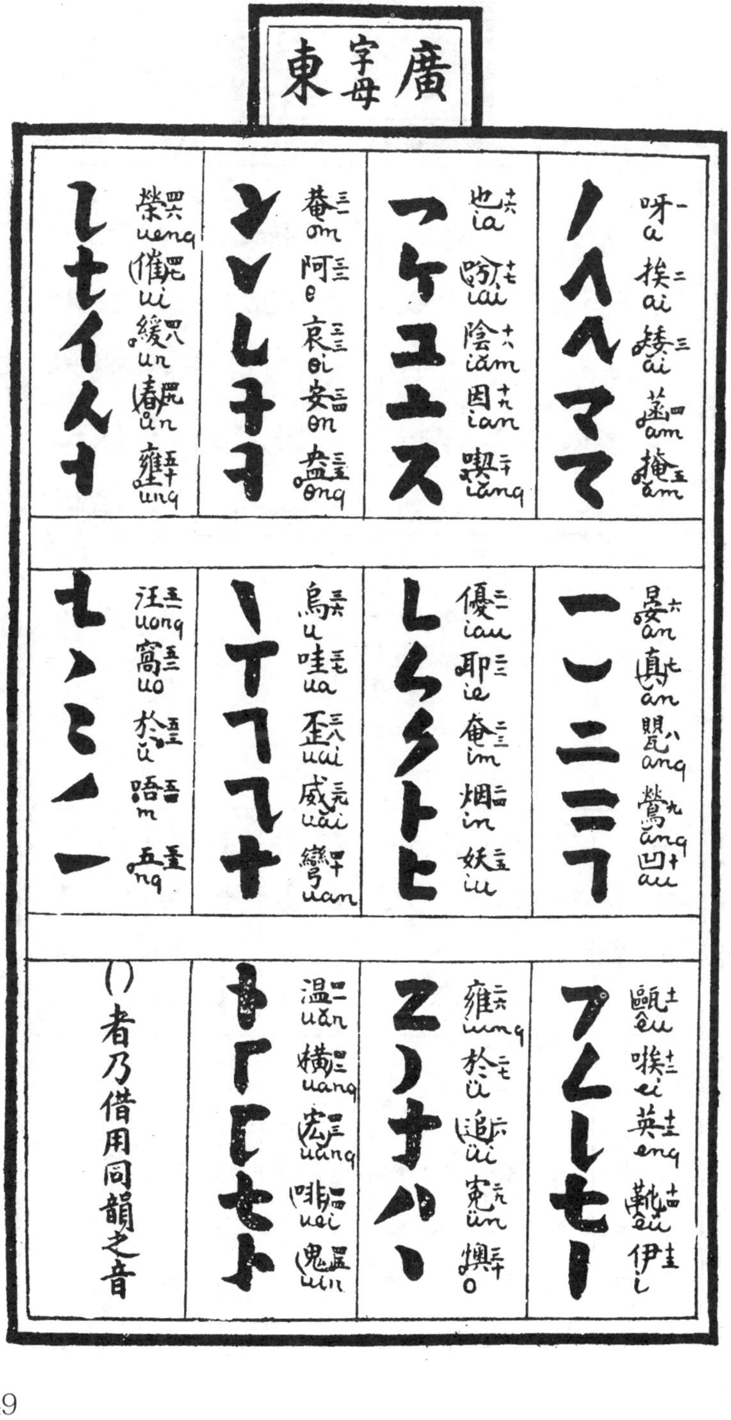
廣東字母
呀 一 a
挨 二 ai
矮 三 ăi
四 ăm
掩 五 ăm
也 十六 ia
十七 iai
陰 十八 iăm
因 十九 ian
二十 iăng
菴 三二 om
阿 三三 e
哀 三三 ei
安 三四 en
三五 ong
四六 ueng
四七 üi
緩 四八 un
四九 ŭn
五十 ung
六 ăn
真 七 ăn
八 ang
鶯 九 ăng
凹 十 au
優 二二 iau
耶 二三 ie
奄 二三 im
烟 二四 in
妖 二五 iu
烏 三六 u
哇 三七 ua
歪 三八 uai
威 三九 uăi
彎 四十 uan
汪 五一 uong
窩 五二 uo
於 五三 ü
唔 五四 m
五 五五 ng
十一 ău
喉 十二 ei
英 十三 eng
十四 ău
伊 十五 i
二六 iung
於 二七 ü
追 二八 üi
二九 ün
三十 ö
温 四一 uăn
横 四二 uang
宏 四三 uăng
四四 uei
鬼 四五 uin
() 者乃借用同韻之音

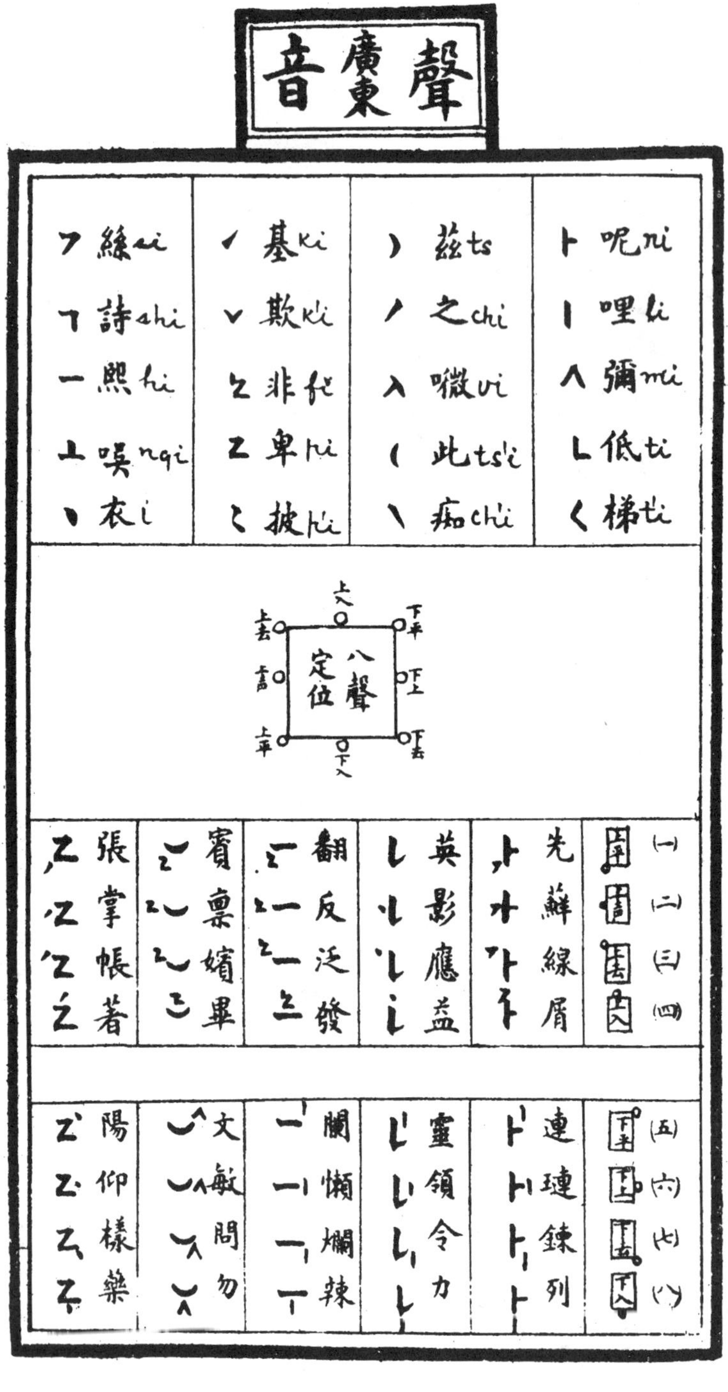
聲 廣東 音
絲 si
詩 shi
熙 hi
㖂 ngi
衣 i
基 ki
欺 k'i
非 fi
卑 pi
披 p'i
茲 ts
之 chi
嚱 vi
此 ts'i
痴 ch'i
呢 ni
哩 li
彌 mi
低 ti
梯 t'i
上入
上去
上上
上平
下平
下上
下去
下入
八聲定位
張 掌 帳 著
賓 禀 嬪 畢
翻 反 泛 發
英 影 應 益
先 鮮 線 屑
上平 上上 上去 上入
(一) (二) (三) (四)
陽 仰 樣 藥
文 敏 問 勿
闌 懶 爛 辣
靈 領 令 力
連 璉 鍊 列
下平 下上 下去 下入
(五) (六) (七) (八)

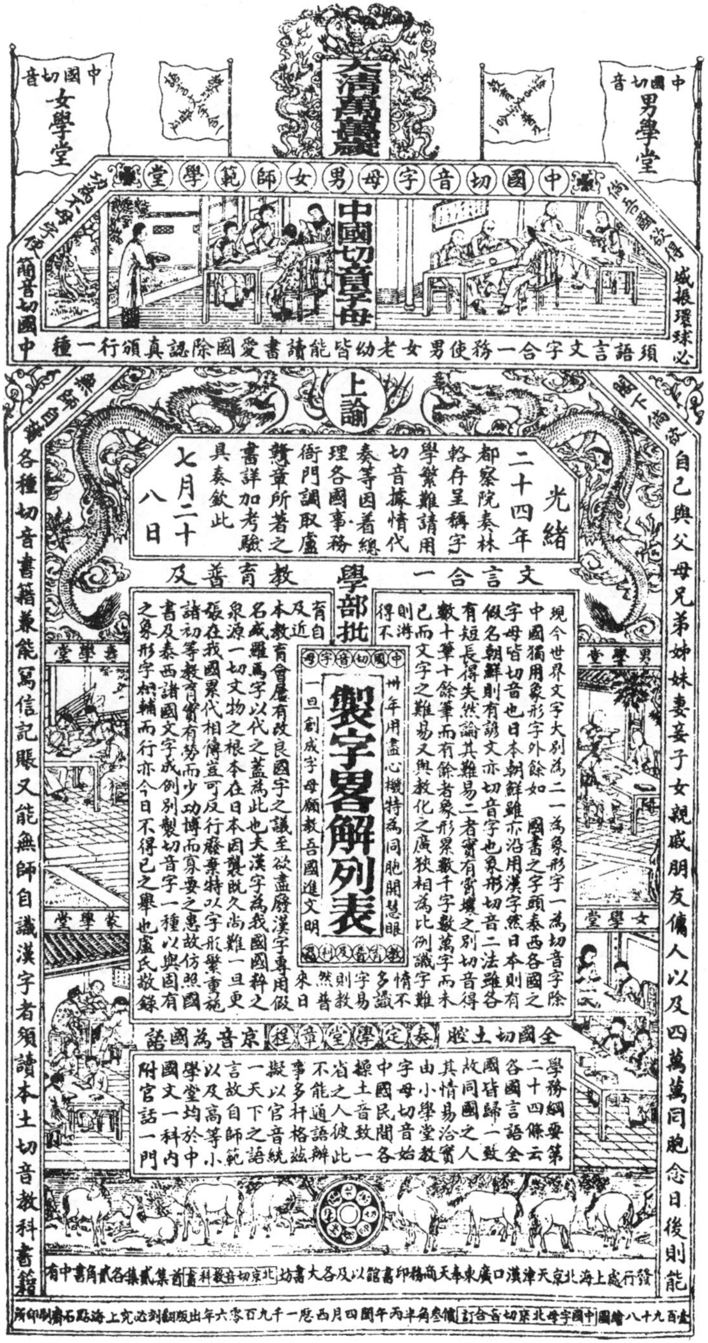

大清萬歲
中國切音 女學堂
中國切音 男學堂
中國切音字母男女師範學堂
中國切音字母
須語言文字合一務使男女老幼皆能讀書愛國除認真頒行一種
上諭
光緒二十四年都察院奏林輅存呈稱字學繁難請用切音據情代奏等因着總理各國事務衙門調取盧戇章所著之書詳加考驗具奏欽此
七月二十八日
文言合一 學 教育普及
部批
現今世界文字大別為二一為象形字一為切音字除中國猶用象形字外餘如 國書之字頭泰西各國之字母皆切音也日本朝鮮雖亦沿用漢字然日本則有假名朝鮮則有諺文亦切音字也象形切音二法雖各有短長得失然論其難易二者實有霄壤之別切音得數十筆十餘筆而有餘者象形累數千字數萬字而未已而文字之難易又與教化之廣狹相為比例識字難則溝得不
情不多識字易則教然普來日
育自及近
本教育會屢有改良國字之議至欲盡廢漢字專用假名威羅爲字以代之蓋爲此也夫漢字爲我國國粹之泉源一切文物之根本在日本因襲既久尚難一旦更張在我國累代相傳豈可反行廢棄特以字形繁重施諸初等教育實有勢而少功博而寡要之患故仿照國書及泰西諸國文字成例別製切音字一種以與固有之象形字相輔而行亦今日不得已之舉也盧氏敬錄
中國切音字母
製字畧解列表
卅年用盡心機特為同胞開慧眼
一旦創成字母願教吾國進文明
全國切土腔 奏定學堂章程 京音為國語
學務綱要第二十四條云各國言語全國皆歸一致故同國之人其情易洽實由小學堂教字母切音始中國民間各操土音致一省之人彼此不能通語辦事多扞格茲擬以官音統一天下之語言故自師範以及高等小學堂均於中國文一科內附官話一門
各種切音書籍兼能寫信記賬又能無師自識漢字者須讀本土切音教科書籍
威振環球必
自己與父母兄弟姊妹妻妾子女親戚朋友傭人以及四萬萬同胞念日後則能
發行處上海北京天津漢口廣東奉天商務印書館以及各大書坊
北京切音教科書
首集貳集各省書角中有
北京切音合訂
價叁角半丙午年閏四月西歷一千九百零六年出版翻刻必究上海點石齋印刷所

（一）法度畫一。

此書字母聲音平仄切法全國一律，絲毫不亂歐美所謂 Final 即此書總字母之讀音也，其 Initial 即此書總聲音之讀音也。各處平仄皆有定位，切法均歸一致。

（二）字畫極簡。

中國總字母計九十五字，其中單筆者有四十四字，雙筆者有五十一字，總字母單雙筆皆彙音列下，然扯算書中言語單筆者，約居三份之二。

總聲音計二十五字，單筆者有二十字，雙筆者祇五字，此五字甚罕用，總聲音彙音列下。

（三）合字簡便。

各國切法多至五六字母始可切為一音，中國雜作至少者亦以字母聲音平仄三合成音。此書祇以聲音書在字母平仄之定位，二合則可以成音，中國平仄定位列下。

（四）易寫易認。

筆畫單簡，便易學寫，便易認熟，便省紙筆。

（五）易習易譯。

字母聲音切法平仄皆有一定，欲習他處土腔，祇須再習與其本土所差數字之字母聲音平仄而已。至於繙譯，各省各國口音名詞自能全國讀音皆同而不致紛歧。

中國聲音彙音

總平仄定位

之	ch
茲	ts
痴	ch'
此	ts'
絲	s
西	hs
詩	sh
卑	p
披	p'
非	f
彌	m
嵋	b
微	v
哩	n
尼	l
狸	r
低	t
梯	t'
基	k
欺	k'
曦	ng
吳	g
熙	h
如	j
咿伊	a e i o u w y

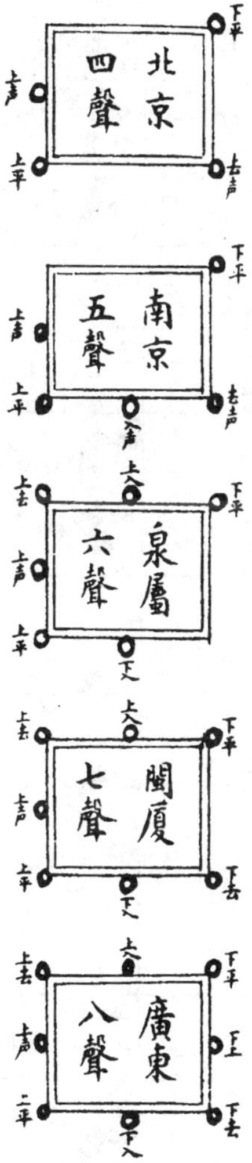

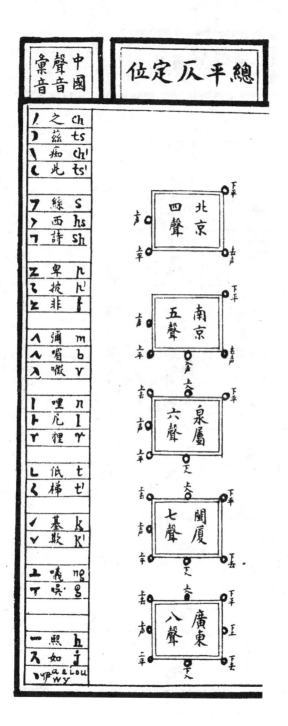

總字母單筆彙音

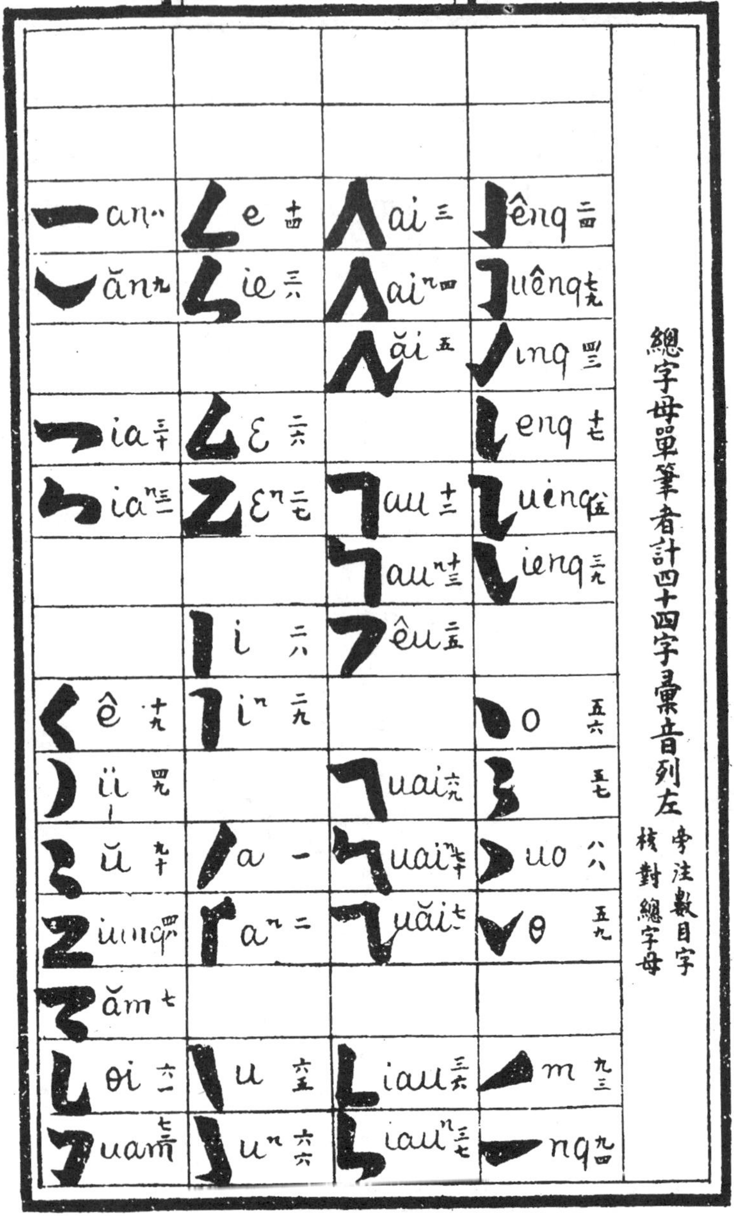

總字母單筆者計四十四字彙音列左

字注數目字核對總字母

io 四	uan 三十	ung 毛	ue 七
io 四十	uǎn 三士	ong 毒	ue 七六
üo 五十	üan 卅	on 三士	üe 五十
		uong 毛	êi 三十
êm 三十	ua 三十	üng 毛	êü 三十
om 五十	ua 三十		
om 毛		in 四十	ui 三十
	uang 毛	en 夫	ui 三士
ᵒⁿ 三十	uǎng 毛	uin 三十	üi 三十
eⁿ 三土			üi 五十
ưⁿ 毛	êⁿ 三十	uu 四十	uɛ 三士
iai 三十	un 六十	iu 四十	uɛ 三士
iam 三十	ưⁿ 九十	eu 大	
iang 三十	üⁿ 三十	ieu 四十	
im 四十			ang 十
ian 三十	io		ǎng 十

總字母雙筆者計五十字彙音列左旁注數目字核對總字母

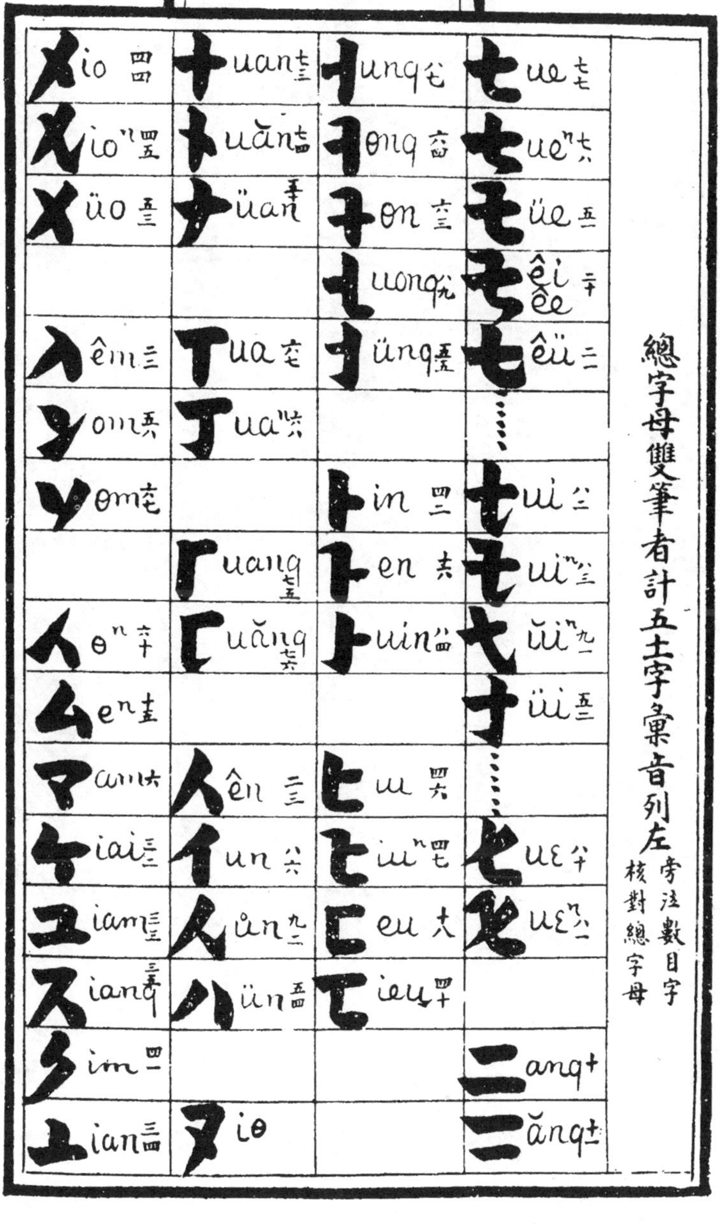

盛世元音

沈學 著

內容說明

這是1896年發表的拼音文字方案和著作之一。原文登載在1896年的《申報》和《時務報》上，只有理論部分，沒有方案。1956年文字改革出版社出版的《盛世母音》是照發表的文章影印的，因該版本模糊，故現在根據中華書局出版的《強學報時務報》進行重新校對和標點。

作者沈學，江蘇人，生平見梁啟超序。據文字改革出版社出版《盛世母音》的『內容說明』介紹，作者是清末上海梵皇渡書院的一個醫科學生，開始寫本書的時候只有十九歲，五年書成，曾經親自到茶樓去教群眾，後來窮餓而死。也可見文字改革在清末沒有地位。

沈氏音書序　新會梁啟超撰

國惡乎強，民智，斯國強矣；民惡乎智，盡天下人而讀書而識字，斯民智矣。德美二國，其民百人中識字者殆九十六七人，歐西諸國稱是。日本百人中識字者亦八十餘人。中國以文明號于五洲，而百人中識字者，不及三十人。雖曰學校未昌，亦何遽懸絕如是乎？吾鄉黃君公度之言曰：『語言與文字離，則通文者少；語言與文字合，則通文者多。中國文字，多有一字而兼數音，則審音也難；有一音而具數字，則擇字也難；有一字而具數十撇畫，則識字也又難。』（《日本國志》，三十三。）嗚呼，華民識字之希，毋亦以此乎。

梁啟超曰：『天下之事理二：一曰質，二曰文。文者，美觀而不適用；質者，適用而不美觀。中國文字畸於形，宜於通人博士，箋注詞章，文家言也；外國文字畸於聲，宜於婦人孺子，日用飲食，質家言也。二端對待，不能相非，不能相勝，天之道也。抑今之文字，沿自數千年以前，未嘗一變，（篆分楷草，寫法小異，不得謂文字之變。）而今之語言，則自數千年以來，不啻萬百千變，而不可以數計。以多變者與不變者相遇，此文言相離之所由起也。

古者婦女謠詠，編為詩章；士夫問答，著為辭令。後人皆以為極文字之美，而不知皆當時之語言也，烏在其相離也。孔子在楚，繙十二經，（見《莊子》《徐無鬼》篇。）《詩》、《春秋》、《論語》、《孝經》，齊儒魯儒，各以其音讀之，亦如英法俄德，各以其土音繙切西經，又烏在其相離也。

後之人棄今言不屑用，一宗於古，故文章爾雅，訓詞深厚，為五洲之冠。然顓門之士，或乃窮老盡氣，不能通小學，而山海僻壤，百室之族，知書者，往往而絕也。是以中國文字，能達於上，不能逮於下。

蓋文言相離之為害，起於秦漢以後。去古愈久，相離愈遠，學文愈難，非自古而即然也。西人既有希臘拉丁之字，可以稽古，以待上才，復有英法德各國方音，可以通今，以逮下學。使徒用希拉古字，而不濟以今之方音，則西人文言之相離，必與吾同。而識字讀書者之多，亦未必有以加於中國也。

稽古今之所由變，識離合之所由與，審中外之異，知強弱之原，於是通人志士，汲汲焉以諧聲增文，為世界一大事。吾所聞者，有劉繼莊氏，有龔自珍氏，頗有所述造，然世無傳焉。吾師南海康長素先生，以小兒初學語之聲為天下所同，取其十六音以為母。自發凡例，屬其女公子編纂之，啟超未獲聞也。而朋輩之中，湘鄉曾君重伯，錢塘汪君穰卿，皆有志於是業，咸未成。去歲，從《萬國公報》中，獲見廈門盧戇章所自述，凡數千言。又從達縣吳君鐵樵，見蔡毅若之快字，凡四十六母、二十六韻，一母一韻，相屬成字，聲分方向，畫別麤細。蓋西國報館，用以記聽議院之言者，即此物也。啟超於萬國文字，一無所識。音均之學，未嘗問塗，瞢然無以測諸君之所長也。然竊竊私喜。此後吾中土文字，於文質兩統，可不偏廢。文與言合，而讀書識字之智民，可以日多矣。

沈學，吳人也，無字，邃於西文，究於名理。年十九而著書，五年而書成，名曰《盛世元音》。其自言也，曰：以十八字母，可切天下音。欲學其技，半日可通，其簡易在五大部洲一切文字之上，謂盧君之法，泥於古，不如己也。

余告以蔡君法，則謂畫分麤細，不適於用，法未密，亦不如己也。余於盧君書未得見，蔡沈二家，則其法畧同，蓋皆出於西人，或沈君更神而明之，有所獨得歟。然吾之寡學，終無以測諸君之短長也。沈君以年少，覃心絕藝，思以所學易天下，常以西人安息日，在海上之一林春茶樓，挾技以待來者而授焉，其亦有古人『強聒不舍』之風乎。沈君屬以書入報中，其書文筆未盡雅訓，質家之言固如是，不能備求也。至其言論，多有透闢銳達為前人所未言者。嗚呼，不可謂非才士也已。先以原序登，其書與法，俟諸別簡。世之君子，或願聞諸。

附《盛世元音》原序　吳沈學來稿

今日議時事者，非周禮復古，卽西學更新。所說如異，所志則一，莫不以變通為懷，如官方、兵法、農政、商務、製造、開礦、學校，余則以變通文字為最先。

文字者，智器也，載古今言語心思者也。文字之易難，智愚強弱之所由分也。上古結繩之世，文風未啟；黃帝垂裳，制形象，數器物，以便民生；蒼頡製六書，以代結繩，文物漸昌明矣。籀文篆隸，字體代變，歷數千年，幾盡失製字精英大都刪繁就簡，畏難趨便。然亦人性使然，事理必至。

大清列聖御世，風氣大開，萃萬國之冠裳，通五洲之輪艦，極從古未有之世界，啟從古未有之變局。中外相形，中國不啻義皇上人，最絀者文字一學。太西切音，中國象形故也。自蒼頡造字，至今四千五百馀年，分字部之法有三：一事類，一音韻，一筆畫。字部多至五百四十四，至少亦二百一十四，共計字體四萬九百馀字。士人常用者惟四五千字，非誠讀十三經不得聰明，非十餘年工夫不可。人生可用者有幾次十年！因是讀書者少，融洽今古，橫覽中外者更少。既文事凌夷，外患蠭動，當此痛巨創深之際，莫不欲自強為計，竊謂自強陳跡有三：

一歐洲列國之強。羅馬失道，歐洲散為列國。列國所以強，有羅馬之切音字也。人易於讀書，則易於明理。理明利弊分晰，上下同心，講求富強。

二美洲之強。其所以強，由歐仁遷居其地，大都讀書種子，今格致富強，與歐洲並駕齊驅者，亦切音字為之。切音字易達彼此衷曲，上下無隔膜。

三俄國日本之強。俄皇彼得，幼肄習歐洲，一切富強事，銘之心，筆之書。身登大寶，新政隆然，今天下畏之。日本通商二十載，奮然興者，勇於師也。上下莫不以呂方美興為志，今天下敬之。二國之自強，其勢由上藉本國切音字，繙譯太西富強書，令民誦讀者也。

三者莫不以切音字為富強之源。中國人民，居天下三分之一，人民既眾，宜識字之法更便，不然，多多者皆蠢蠢之輩，雖具耳目，如無見聞。統計華人三四百兆，每年生死相比，百人多一人，一年增三四百萬，十年增三四千萬，即多兩省之人。不速為計，何以教養？變通文字，則學校易廣，人才崛起。

有曰：『切音易於寫讀者理也。獨象形目治，切音耳治。目治無耳治之廣遠，耳治無目治之恆久，利害相抵也。』余曰：『象形恆久，豈以其象耶？字形代變，意會者多。欲真恆久，非圖畫不可。字非圖畫，字各有音。漢文以邊傍為訓詁者若干部，與格致大相刺謬，不足為義。考字義之源只三，（詳《文學》《性理》篇。）既字義三源，安知不可用法成之？（詳《書法》篇。）字音有六千二百八十不同單音，（詳《反切》篇。）是更要於字義，何止千倍？西字不作字義，只以字音連句讀，通行天下，足證字音勝於字義，字義難載字音。（漢文音隨地而變，義不少變。）字音盡載字義，（觀西字彙可證。）是切音字不獨廣遠，兼能恆久。

或曰：『然則假彼國之切音字，切中國之音，可否？』余考中國之方音，最多最亂。歐洲方音，不大遠殊，尚不能合切，各成字母。英文不切法音，法文不切俄德丹音，其字母亦不能相通。歐人每議合數國音，使之同文，卒至今日無成。其筆畫亦並不省儉。數十字母，有并兩三字為一母者，三仄四聲茫然，聲音不及，筆畫又梗，轉不如用象形字。雖寫讀較難，而意義尚易判別也。中國音同義異之字頗多，用其切音字，理所不可。

或謂為富強計，不在另創新字，一切效法泰西，用洋文者洋文，漢文者漢文可也。余謂欲深通格致，力求富強，非兼通漢文洋文不可。盡驅國人學洋文，勢所不能，必賴出洋之徒，譯其書，繙其語，注以漢文授子弟。然漢文不能注西字音者甚多，且快慢脫節，輕重失序，在在皆是。漢文一字各隨方音而異，欲其惠於後學得乎？是生為華人，欲兼數國之文，鬚白尚在塾中，欲其精一藝得乎？余恐中國風氣一變，勞逸之心生，利弊之見明，以洋文較漢文，寫讀之易，利用之大，不百年，讀漢文者無矣。國中一有變更，將棄如敝屣，如此則富強未得，中國之方音滅矣，中國之文字廢矣。上以埃及巴西為鑑，下以印度日本為鑑，千古之精英盡失，良可嘆也。

然則漢文處今日，有不得不變之勢，又有不能遽變之情，為之奈何？天下無不可考之理，無不能為之事。余闡詳體用，得《盛世元音》十八筆字母，可公天下，能切天下音，兼分文理音同義異之字以譯漢文洋文書籍，音義不爽累黍，以十八筆為階。八下鐘可以盡學，寫讀之疾省，製作之美備，古今未曾有也。一載通國皆能誦讀有用之書，三年徧地盡屬有用之人，得文字之捷徑，為自強之源頭，同文之盛，殆將見之矣。

《盛世元音》（序見『時務報』第四冊）　吳沈學撰

體用

有體用，有一切知覺。聲音一官，以脫浪（英文聲浪。）入外耳管，或內耳管。（喉底。）兩管底，有耳鼓，（薄而韌。）浪擊鼓，鼓傳四小骨，（椎骨、砧骨、珠骨、馬鐙骨。）至孔盤、（孔盤四孔，橢圓孔，馬鐙骨底正圓孔，通螺紋小圓孔，脈管廻管出入之所長圓孔，太陽穴內接半環邊。）半環、（只兩環半，柔軟，喜顫。）螺紋（七旋有水，善波肌絲，排列如絃，絃中有精粒如沙，名阿拖利得。）三處，著腦網，乃知為聲，聲入耳管觸鼓，其輕重如一與七比。（有純一、四散之分，外耳管音四散，內耳管音純一。）四骨傳嚮，乘方得一千，半印半環，（知化音何位。）如五與三乘，半印螺紋，（知音律何位。）如五與五乘，得聲比出聲多數倍。（禽獸之耳靈於人者亦此。）其化音只二或三，（半環只兩環半。）音律只七或八。（螺紋只七旋，故七音，西律八音，即次均之第一音耳。以螺紋有頂底，兩旋中外各有半音，耳內體用一色。）耳能十一均，（謂之聲限至速二萬浪，在螺紋頂旋聲至高至緩十六浪，在螺紋底旋聲至低過此二率，耳不能聞。）口能七均。（女高男一均，男低女一均，各七均。）

聲宮，（肺管頭。）九枚脆骨集成，（一會厭蓋、一牌骨、一骨環、二脆骨、二三角骨、二方骨。）皆有厚膜，肌肉結連。（或左右橫環，或上下升提。）最要者聲宮四筋，（由前及後繫住脆骨。）上兩條涎膜，（夾疊而成。）下兩條聲帶，（形如人字。）呼吸時帶藏涎膜下，作聲時帶弭直如絃。聲之高下，在帶之鬆緊，（帶緊闊而薄，隙狹氣逼，聲高；帶松狹而厚，隙闊氣舒，聲低。）帶與隙為反比例，浪與鼓為正比例。（人具內外耳管，所出如所聞，學語歌唱有準則。）

口耳兩部，天然樂器，（樂器分橫動、直動二類，毋論橫直，皆以脫凹凸、力鬆緊成音，聲帶、耳鼓、半環、螺紋、唇舌、吊鐘，為橫動，耳管、鼻梁、喉腭、齒頰，為直動。）其大小形式不一，仍能悟會者，口中放音各異，耳內附音則一；如清絲脆竹，各自有音，所聞工尺則一；天下口音各異，其由元音則一。元音有原，母子變附，偏餘七音。（羣詳《反切》篇中。）

天下之均學於是定，知此古今一均。古人均依方音而詩，今四方之均，與均書不合，古均合者甚多。古今之異，無非轉韻通韻而然。與原音無有不合，且可證古人四聲通押之理。泰西長韻調音之法，原音者，音均之橐鑰也。知原音，不難知天下方音，方音之異，半在天氣。（以脫速率，不寒不熱之天，一杪行一千九十三尺高下，一度高下三尺，是故葱嶺放炮聲，如拍手極北黑，道隔三里通問詢。）

人習慣某音，即成某調。西儒艾約瑟中國言原考，（變音之道，唇舌、腭喉、齒牙，上去平入，上古先得唇音上聲，由次而牙音入聲，譬之嬰兒。考諸均書云。）余以為誤。上古雖聲音之訓未詳，六部四聲早具，（嬰兒未足以言古音均書，亦不足以言古均、廣均、北方之均也，周德清北人，故入聲散入三聲；沈約吳人，多偏南音。）方音之異，皆在一口。腔可分多少，不可定先後；調可分難易，不可定有無。（北之少入聲，以尋常言語，音高而長入聲，如不及聞南之多入聲，以尋常言語音快而急，所聞如多入聲。）

有方音之異，方言於是異。（泰西方言家分天下五類。）方言之異，半由人性事業。（西書《創世紀》巴別塔淆音者，寓言梯榮競勝之性生，懷疑分晰之端起。古人事業牧獵者，多陟山跋水，勢必言異。）余考中國之方言，春秋已異。（《公穀》、《左氏》所載『登來於菟』之屬，長言之鄒，短言之郲，婁黃池之會，吳王不能言冠，而言好冠。）

自古言語，必假聲音。（言者，心之聲也。如饑斯食，如渴斯飲，肇言之法，一師萬籟，如風字、馬字、弓字，一由知覺，如寒字、撲字、嘻字。）言語日增，聲音日新，書法日變，筆畫日便。蒼頡作六書，（象形如烏字，指事如三字，會意如信字，從人從言，假借如信字，誠信之信、信札之信、信口之信，轉注如松柏忠愨，諧聲失傳，人以轉注、假借為諧聲，大誤，諧字說文？詥也從言從合，廣雅耦也，玉篇合也，調也，舜典八音克諧聲，音均也，即字母諧聲，非反切而何？）諧聲失傳即今之反切，反切天籟。（反切，即在尋常言語之中有心者，不難辨出其反切與音律可通。善填詞者必善反切，度曲必用餘音，則還音較準，反切必收本音，則得吻合開元譜。一字一聲，有頭腹尾三音，曳而長之為平上去聲，吐而吞之為入聲，曲之和律即字之反切。）

腓尼興創字母，遺惠萬世；（腓尼興，太西古國，首創字母，雖粗魯可實用，較之雙聲疊均作紙上談者又高一着。）太西古字，亦近於畫。（象形如漢文，筆畫之繁，記誦之難，十倍切音字切音省筆。）

誠以識字之難易，關係生命體用人之智愚壽夭。切音字出，象形必變。（漢文六書，皆屬象形。）按體用學，心思之旁逸，相去七倍。（傳大腦須回覆力，一往一來，達腦結如機，斯應習慣毋庸思索。）漢文五萬，常用者五千字，得融會貫通，工夫十倍，須記才（回覆力）七十萬次。（結構辭藻所費精神尚不在其中。）人日用二百次，（回覆力。）則記而不忘。腦部需血得中，如過於勞心，血聚腦內，熱度逾常，損腦傷血。（輕則聰明變鈍滯，運思不靈，少時伶俐年老善忘，重則立死夭亡疾病。）如此，勝衣就傳，學得五千字已年逾而立，志強身壯，反不及西童。（所需腦結，日讀四五點鐘，無非切音字母。）其言語即文字，文字即格致經濟之書。一讀書而得讀書之害，一讀書而得讀書之利。非象形切音而何？

余統籌華人，讀書得八分之一，讀書成名無病者，百分之一，不墮括帖，以西學自鳴者千分之一，如此不愧為讀書者三萬人耳。究格致經濟之學，英有七百萬人，美有八百萬人，俄有六百萬人，法德各有五百萬人，和丹瑞奧，各有三百萬人，日本二十年來，亦有七十萬人。經綸宇宙，皆在人才培育，人才之盛衰，國之強弱見矣。中國欲自強，必先自文字。

字譜

沈學集古今中外字譜，並係之以論曰：字也者，誌也，所以助人省記者也。古字寓形，今字寓音。欲利於記誦，筆逾省為逾便，音逾原為逾正。講求字學，後學所當然，必不能去古人為法。不師古，如夜行無燭。余製十八筆，法古變今，至簡至倢，此譜文字變化之道殆盡。

上古亞甲族，創製象形書法。自上而下，埃及巴西中國美洲土字，亦各有象形，性相同也。前四千四百年，腓尼與航海埃及，選其用煩筆簡少之象形，為從音字諧方言。繼變橫書，連串成句，言語日多，筆畫更少。反切快而急，雙聲成單音，平聲為仄音，字母漸得。亞述利亞方字、巴比侖尖字、亞拉伯篆字、印度扁字、希伯來圓字、希臘字細，首尾銜接。甲行自左橫右，乙行自右橫左，書法最異。以上書法各異，切反則一。

至希利尼字母得廿二，羅馬并吞天下字母得廿五為之。臘丁羅馬衰，列國用以切本地方音，字形少變，字數不一。書法則行行自左橫右，（便寫讀合體用也。）各國自稱其字母為原音。英文不切法，法文不切俄德丹音，原而不原者也。（西字筆畫亦象形化出，省而不省者也。）

歐人輒曰欲盡得原音，不曉天下方音不可。泰西格致，幾盡窺底蘊，惟此道闕如。然西字筆之於畫，無異出之於口。一人坐誦，闔座瞭然，亦足以富強。漢文體尚洪武，書亦如畫。字體代變，去古不遠。漢制學僮十七以上，試諷籀篆，授爾雅九千字，乃得為吏。世尚端楷，筆畫難更，故反切始自孫炎，其後四十餘人，爭論雙聲疊均，無一造筆畫以成字，致反切為庸圖。

余考泰西所以無四聲有字母，中國所以有四聲無字母，以泰西不讀單音。創言之法，只在反切，故音繁筆省。漢文一音一義，泰西多至八九音者，漢文音單，創言之法只在單音。高下聲音，重疊筆畫，故音有四聲，筆多架疊。數百年前，日僧空開法漢文，製切音、變筆畫，今為富強之基。國朝未入關，達海法蒙古文，製切音，變書法，旋混一統，此皆祥瑞之兆也。今日華洋雜處，千古一變，才學百倍於吾者甚多。余獨效顰，緣亦不偶。能切天下音，足為全球法，當此盛世，容播元音。

性理（闕）

文學

文學書：卷一論字母反切，卷二積音義成字，卷三積字成句，（詩歌韻律。）卷四積句成章。（詞章各學。）

余製《體用》《字譜》《反切》，（三篇。）為《文學》卷一，《性理》、《文學》、《書法》（三篇。），為文學卷二，其三四卷，泰西中華，各有成書。均學中華詳於泰西，詞章亦曲於泰西，以有四聲八股。惟泰西韻有長短通轉，詞章能施之實用，述之於筆，即可出之於口。其字句生動瀏亮者，必有口才，議會中碩人，每口若懸河。中華娓娓紙上者，頗多期期艾艾，以文字與言語，判若天淵。

余謂漢文積於義，（漢文聚名山大澤之菁英數萬萬之手跡，方至於此。）而約於音。上古先有文，後有字。是文浮於字音，音寄於義，（音隨地有變，其字義宛在。）考字義以小學，審字音無由討索。曰古音方音雙聲疊韻之書，其筆畫依然象文。夫象文一字數用，一用一音，所註之字，吾烏知某用某音。夫字，士人之利器，以逾利為逾妙。今日西字，亦足稱強。一時致利用，後世尚不可。況漢字如夏鼎商彝，龐然古物，欲字公天下後世，非兼原音原義不可。謀長治久安之計者，新字不可不讀。

余才短襪線，於字學一道，生平精力在此。法則十全，能用萬世。或問新字何以有此絕大功用，余今日歷試而知，今日可譯天下音義，是千古可譯天下音義。今日之口齒心思，即後日之口齒心思。盡得腦內之原義，天下之義，莫能逃；盡得口內之原音，天下之音莫能逃。十八筆，並非紙上空談。儘人八下鐘，便可把筆自書，凡格致初聞，羣相驚異，一知其理，視為常事。余六篇反覆推詳，無非此理。

此篇後《性理》論字義。泰西分字義九類，余并助語、襯接、歎息為動作一類，（英文浮敎。）如與及、在於、吁噫、吟詠、飛潛、游泳等活字；指名等級區類，為形容一類，（英文阿及底胡。）如爾我他、快慢、彼此、大小、方圓、紅綠等虛字名號；自成一類，如中國、沈學、筆墨等實字。（英文囊。）每一字音有單雜，如天地、玻璃、睍睆、巴圖魯、莫須有、慷慨激昂、無可奈何、伯理璽天德、克韓林頓，各成一字，以繕連為書。（上別文理一法，更有別活虛實三字之法，詳《書法》。）活字分曲直，一切設若轉折比量為曲，一切志向問答使令為直。虛字分正反，如輕重、黑白、無有，重、白、有三字為正，輕、黑、無為反。實字分公私，一切物名為公，如牛、馬、米、麥，一切題誌為私，如英克蘭、華盛頓、上海之類。活虛實三字可互相調變，如香字、（鼻嗅之香、香臭之香、香奩之香。）書字（書寫紙書、書家書、書之書）不一。成句如『春風風人，夏雨雨人』、『解衣衣之，推食食之』、『己溺溺人，己渴渴人』，入其門，無人門焉者；入其閨，無人閨焉者。訓詁之道，有之久矣，人以為字學假借如此，不知性理變化如此。（性理中外一式，字學變化亦一式，觀《性理》。）人之忘也，先忘實字，（如人名地名。）後忘活字，活字如忘，虛字必不記憶。（性理曰三，無分彼此，人拘形體之見十次，記思覺悟已百次，象才只一次，其故五官覺悟，失之於聲，得之於色，失之聲色，得之於嗅味，失之聲色、嗅味，得之於觸，不學自能記思一才，非深於覺悟勿可，象才更覺悟之精英。是故字學，活字最多，實字最少。）人之靈於禽獸，記才象才較勝。其所以較勝，為覺悟靈敏，五官之覺悟，其亦有限。假器具以覺悟，靈敏百倍。格致家、田舍翁之覺悟，相去如成人之於嬰兒。器具之巧拙，必不可弗論。文字者，器具之尤也。

反切

沈氏新字出，見者曰係雙聲疊韻，及羅馬字之濫觴。吁，烏足以知沈氏哉。歷來反切家，不考原音，少立筆畫。為檢韻注釋起見，雙聲可通疊韻，疊韻可通雙聲。徒有母子之名，絕非母子之位。紛紛擾攘曰：若干母，若干子，不知母子之所以者也。豈新字亦如是？泰西反切，啡呢興首創若樣字，卽埃及之減筆象形也，曰康沙乃脫，浮話耳。無非當地之母子，故興廢隨勢，國亡與亡。（有人以洋文為中國字者，可以此鑑，日本通市初學荷蘭文，今朝野操英文焉，意為英強荷蘭十倍，抑若英文可長留字內，其亦見及此乎？）

今較著而留為古文者三：希伯來、希利尼、蠟丁，即羅馬字。羅馬失國，流為方音。羅馬字一變於歐洲各國，再變於各處新地，三變於中國教會。所謂變者，借其筆畫居多，用其母子實少，大都拼湊牽強之聲，並非蠟丁本音，且拒合並列，運用怪別。位子亂，字母缺。西書因雪可必的亞，輒自述其弊。雖字學家輩出，各有論說，苦無更替修正之法，惟其功用，已足智強，故得大布天下。西人有言曰：『造方音羅馬字，至中國最棘手。一音連四五字，字上復橫加記號，字母滿百，尚無定本。宜上海不宜別處，各地成各字，一如歐洲各國。』前三年上海西士，聚議文學，有以羅馬字說者，傅蘭雅力辨其非，良以難公天下耳。苟沈氏所製，與彼無相上下，亦何樂而為此囂囂？此皆淺見者未及知也。

沈氏謂字法之變，古今不一。惟音義筆畫，皆有定極。新字者無可再變之字也，取其定極者矣。古人無如是用，無如是字，今人有如是字，有如是用。今人有是用，無用字之心，無用字之地，而不能用者，大可惜也。當歐洲猖獗之際，東西隔一蔥嶺，絕無侵蝕。留古國於今日，方有往來者，天之福吾華也。

漢文一音一字，經數千載之琢磨，乃得音韻之精微，必有其人，撮其精微成字。沈氏不作，豈無作之之人？天之為新字計也。

今之英法俄德，昔日之野人也。天使野人得羅馬文化，羅馬一統天下音以羅馬字母之。今有新字於此，用可同文，亦將以中華為羅馬乎。或曰，『得如是字，未必得如是用。』楚才晉用者有之，是耶否耶？惟反切天籟，大傳大用，天下無不知不識之人，小傳小用，平生無難說難寫之音。

元音者，天下之公物也。固人人自然工夫，一觸反切機關，嗚然聲自口出。字母表依聲部體用，自喉音至唇音，挨定經緯左右，一無紊亂，只能口傳，難盡字註。原音只一，卽表右第一母，曰原音十八者，由唇舌、腭喉、齒牙之淺深廣狹而生。一原化六，高低長短重輕，（卽吳音平上去入清濁，沈氏另立新名者恐人誤會也。）由聲帶之緊緩多少大小而生。一譜分五音，正副吸偏餘，正音共六十五，（內五十四化音，十一底音。）副音共一百七十，（內變音七十一，附音九十九。）吸音共十一，偏音共二百四十九，（內加雙偏三音。）餘音共一千一百九十三，總共字母二千六百八十八。反切表吸音得四百四十，歐韻得二千六百七十七，衣韻得二千四百四十九，安韻得五千零二十七，偏音得一萬零三百二十，餘音六萬一千九百零五，總共得八萬五千五百十六，勿同單音。

考五音之理，反切之理，見體用圖，及人音機圖便知。正音副音之異，一自已有音，一必借底音成音。十一底音中以歐衣安三韻為最廣，三韻中以歐韻為最便，卽表在第一母，（按底音卽表上之短音，呃卽為左底，作右行七變音，挨晚噯惡四底，功用同歐韻，曷底除一喝自成底外，屋鬱叶為原，合列左行，其餘短音，復有七原，一變不稱底音，無和韻之力，無底音功用也。）

吸音只在表左，兼并得十一。偏音分舌捲、舐齒、圍唇三類，餘音分高、長、尖、粗四類，即泰西樂目、開衣、拿次、色潑來拿、培司。按字母譜，左右上下，每類得三位，有餘音，每類得九位，共四九三十六位，足為男女言語吟詠之用。五音前二音為正字母，後二音為副字母，有正副字母，天下無遺音矣。沈氏驗試聲部，得其五質地，四尺寸，十八方向。知反切之所以名，母曰板音，（檀板音。）子曰管音，（簫管音。）板音禿禿，管音翁翁，按聲學，浪紋各別，橫直有異。板音音響即滅，管音有附音相助，浪紋拽長變調，此理證之檀板擊井，一擊井中，一擊井外，咚嗒各別。（子不奪母。）移之同擊井中，嗒亦為咚。（母可切子。）聲部實具井中井外功用，因之複製音律新譜，（詳《書法》篇。）

得樂目五十六位，可為男女樂限，及人音機一具，欲其語即語、歌即歌。十八筆能音者，十八管（即人音機。）無不能音。投譜人機，按譜出音。大叩大鳴，小扣小鳴，可為問字之師。木能解語，可代舌人之用，啞亦成聲，惟放音有定，不克一機，音隨人而變。此機可與留聲機對照，一自成音，放音有定。一本無音，無音不可入耳，按放音（見泰西聲學。）本是無量，安得造無量機以盡其變乎？所謂格致者，皆取其綱領耳，猶之絲竹金石，放音各別，公尺則一。公尺之所以一，（中西暗合者。）有人耳以限之耳。

夫沈氏之製，豈獨為反切哉！既識其音，可通於律。某宮宜按某拍，宜壓某字，填詞得法。今日士大夫，鮮講音律，或有知音者，惟守古傳儀文之律，非正變工尺之音，致音韻雜亂，樂律浸淫。古樂流至昆曲，乃為末唱，附有曲文蓑衣諸註，音律尚未分歧，今日梨園、二黃西皮之外，復有挪子秦腔，淒楚裂帛之聲，盈於兩耳。求其一字三眼，獨母雙拍，得乎古人樂器就人，今人人就樂器。古人唯恐樂律亂音，簫按正宮，笛按小宮，所譜黃鐘無射之調；今人惟恐音韻破律，倒板必七拍，過門必提絃，致歌者不至力竭聲嘶不止。嗚呼，音律之失傳也。

書法

書法不一，由器用而異。古人書畫未分，六書儼如六法。用刀筆刻畫，蝌蚪箍篆，如細描雙鈎，字無粗細。迨弱毫興，隸書宋體行楷，如寫意傳神。畫分肥瘦，字學其筆法結構架疊，非一筆可繕連者，書法必直，筆法旋圈旋移，一字一筆者，書法必橫。按體用兩目，左右書法，橫行較直行便。同一用力，方向闊狹，如一與五半比。

夫今日之書法之難，孰有如漢文哉？人生百歲，幸而為士。然吮毫磨磚，工夫居其半，揮毫臨池，動輒腕折目眩，汨沒性靈歲月，莫此為甚。乃自棄者，月書一兩緘，猶禁鎖雙眉。今日人上者，輒欲文學興，人才出，亦思量及此乎。

夫書法之最古者，皆曰蒼頡象形，不知伏犧首畫八卦，以開文教，為指事數目之祖。其畫自左橫右，一形化三，方向奇耦、尺寸長短具全，易者易也。八卦變易之道失，視為卜筮，神天下之耳目，適所以愚天下之耳目。有絕妙書法失傳，良可惜也。

沈氏宗之，製十八筆，兼用曲直。六絃生十二弓，左右折半，畫點圈踢，變化成字。本音用直絃左弓右弓，横絃上弓下弓，左側絃左側弓右側弓，右側絃上側弓下側弓，左偏絃左偏弓右偏弓，右偏絃上偏弓下偏弓十八畫。化音偏音吸音，加點左右上下，附音馀音，加圈上下。（非整圈半圈耳。）或左行長三分之一，右行短三分之一。元義表書法，較元音表長大一倍。別文理，活字踢左或上，虛字踢右或下，實字無踢，詳見字母反切表。書法如洋文自左横右，每行占四直絃地步。新字筆法，六面每繕連，游移上下故也。惟排印成書，一如洋文，並行一線。下筆如小篆，不分粗細，粗可細亦可，別音不在肥瘦之間，在方向耳。高下自成比例，一目而知。沈氏用司太潑滴克掽司筆，製就新字。其利用相去方登筆什百，中藏墨水，筆端堅尖，隨寫隨下，可寫二萬音不竭，足為文人一日之用。一切句讀號碼，除切音外，書法依舊。

沈氏以歐韻一字反另造縮筆一法，除單母外，借歐韻諧聲為從音字，即表左四十七母。毋論何音，除要字雙拼外，一音只有一畫，其書法之速，可快與言同。聞之上古人壽數百歲至數千歲者，至今日七十已有稀。抑若造化壽人，有厚薄之分。余考其理，實無相上下。同一器用，古拙今巧，其因果數百歲數千歲，同數十歲耳，逾趨逾簡，天機流露之處，器用之巧拙，即生命之壽夭。人之智愚，可同日而語乎？可喜今日創製新字，不約而成者五六人。

此人為之乎？抑天為之乎？（同治十年，上海卞某以羊毫改方音羅馬字為方正，式如漢文筆畫，今復有龍溪蔡某，製直行快字，及廈門盧某、錫山吳某、西人雪司培先生，各有新字切音書法，以雪司培為較便，即泰西之旭得亨時（譯短寫），其書分粗細，比尋常西字省捷，餘無他妙。余往角技，雪謝不敏，蓋早聞之矣。去年余受教師卜監院之請，演講新字時，雪亦在座，云總之造省筆立字母，幾盡人皆能，欲書法省至不可省，字母無音不可譯方為字耳，然不知體用之學不足製字。）

按書法之速率，余嘗試得一表。（以一下鐘為率，小篆得一百八十字，王隸得二百字，宋體得二百八十字，正楷得三百字，草書得三百六十字，英法俄德文得四百音，印度文得三百二十音，日本切音得三百四十字，滿蒙藏三合清文得三百六十音，中國方音羅馬字得三百八十音，洋文短寫得六百音元音，新字得六百音元音，縮筆得一千八百音，按今日電報一下鐘得三千六百跳，於漢文得九百字，於洋文得一千八百音耳。）

新字只大小六模，正反橫斜，已足排印。仿泰西太一潑力透，製新字機一具，同一功用，可省工夫七分之五。閩人阮文達，善空古傳聲之法，來自鎮江，學是新字，更為余製元音十八拍，可為傳嚮隱語，非熟演不解。（其法以十八筆為本，拍之虛實，時之長短，聲之高低，數之奇耦，而成定某音在某拍，非某拍可出某音也。）

更有譜曲電報新法，啞瞽寫讀新法，亦新字之利用。書法之別調。（泰西曲譜，有工尺之音，無歌詞之字。新字筆省，無礙樂體，以起筆為眼，肥瘦為節，換去拿脫開衣，卽是今日電報，共三法：一電盤，一電針，一電筆。余以自製角筆代之，可報天下音，免繙譯之勞，移書上下，免粗細繆曲之亂耳。從來啞者，難以達音，瞽者不易寫字，沈氏憾之，製大小啞弓二，以像十八筆，較西法雙手單手勞逸何止十倍。另有啞譜一部，每幅着色畫圖一，上繫漢文洋文，下繫新字筆畫。啞者見圖知義，見字演音。宋石生夫子署其簽曰，有色有聲，亦非虛語也。余製角筆，其形尾尖如角，頭三稜式，有活舌四，按某舌即見某音，四活舌盡十八筆之用焉。瞽者兩指擋筆，旋擋旋書，迅速不亂明目，用之免弓絃混淆之苦。更為利用瞽人識字，用陽紋字模十二枚，拾聚相湊，無偏倚高下之患，扣緊倒置即是印板，泰西亦有是法。余謂凹字不及凸字醒指，用紙不及用木之滑。澤泰西瞽人，日撫百字不三年，皮甲十重好學之瞽，無奈輟讀其故。西字母筆畫煩多，如換新字，可用六十年之久。縱手誦百篇，皓首窮經，十指儼如十目，日后瞽聖如維勒太（希臘詩人）、離婁者定不乏其人，謂沈氏之功，余當不諱。）

書法除元音表外，復有元義表一。以元音譯天下音，不能限某音定為某義，復以繫詞之法定元義表。書法大一倍。元義係原義所化。天下義理無量，其由原義出則一，一如天下口音無量，其由元音出則一。一表四義，原、（只三詳《性理》篇。）正、（即左行。）副、（即右行。）附。（即歐、衣、安三韻位作正反疑似三面。）元義表，經緯並取，得單義一零三八八，得合義一九二六五四四。按，字學本分音義兩大類，音中有義，義中有音，亦有音中包不全之義，有義中包不全之音。此非字典畫譜，不補此缺處。（西文經學有經學字典，醫學有醫學字典，格致有格致字典，以同時一字易地迥異，非注釋其義繪出其形，必致誤解。）

今日讀中外書者，皆曰漢文無洋文生動，無時候地位牝牡諸名目，或曰洋文較漢文尤煩多，層色數號區類諸名目，混入字眼。余謂漢文太含混處，有單義字不少，洋文太分晰處，有三合義字頗多，各有勝劣。沈學以格致公理，造成元義一表，尋常無同音異義、同義異音之字矣。然今日知公理人少，不若元音切否，一聞便知，阿利多之言曰：『格致家探出新理，非徵一二代不信。』此所以吾道之窮也。

性理（補）

噫，人性天理之辨，自宋儒以來，皆目之陳腐庸語，何輕視之也。予考字義而有所覺悟，不禁出廣長舌相，深為天下告之。性理者，明德之器具，字學之綱領，萬物之樞紐也。嘗仰觀宇宙之大，俯察品類之盛，稱造化之名。無可為名，乃名之曰有。有不二有，有內只有有，有外更無有。一無外物入有，一無外物出有。有有有在在，在在無所不有。人在有而不覺有者，如晶球內外一質，晶球亦將不覺自為晶球，及若樣晶球，因無比例地也。有自己有，因自己有故有，如無有，應無自己，應無無有，比例以有無之見，或曰無有，然無無有盡，實非無有也。蓋日無有者吾也，既有今日之吾，天地必不無吾，吾亦必不無天地。如吾亦無有，則何自出無有乎？無有已非無有。

沈氏曰：『吾之所以吾，吾之所當吾，有而已矣。』有也者，不增不減，不生不滅，即禮即用，即身即物。格致之言曰：『人物更換，七日一新。』夫氣血代謝，時吾時物，吾抱此幻身，應身無量，混然與天地同體，無所不是吾自己。星辰是吾淵源，蚊蚋皆吾眷屬。吾年二十四度，變幻已不知幾千萬吾，幾千萬物，依然故吾者，非萬物皆備於吾，而能如是乎？有則皆能有，生死死生，如水冰冰水。如是吾未生以前已有吾，吾既死之後仍有吾，今日更深信有吾，古人者已去之吾，後人者同是之吾。名所獨，性所同也。陸子之言曰：『東海有聖人出焉，此性同此理同也。』推至西海南海北海，千百年之上，千百年之下，有聖人出，此性此理，亦無不同也。至理不二，大道無外。有則皆是有，色即是空，空即是色，物不有空，空無非物，無物無身，無身無覺，無覺無性。一切聲色香味觸，有形質可見，有分兩可權。一無虛入，一無虛出，果即是因，因即是果，吾即是天，天即是吾。奚為天堂地獄、鬼神魂魄哉！有之為物，無量者也。

蓋太虛非心非法，無聲無臭。固無所謂幻跡色相者也。色相皆由人造，人身心有限，心靈塊然，覺悟種種色相。以人為速率，惠吾字善，逆吾字惡，易目字清，難目字濁。一切言語文字，有反正比例矣。人物智愚之分，即在比例之廣狹。比例者，有率率也；太虛者，無率率也。以有率測無率，比例亦無量焉。如疇人以幾何積微法量天，逾高而逾渺，至不可思議，維茫然曰無量而已。

有之為物，三一者也。有好生性，有無量活，成無量生機；有好辨性，有無量熱，成無量形色；有好信性，有無量力，自任無量生機。無量形色，永無怠煩，此三一妙性。彌綸宇宙，有天球攝力。斯行星有拒力，拒力者，地心力也；有地心力，斯有結力，結力者，愛力也；有愛力，斯有化合力，化合力者，阿屯姆力也，有阿屯姆力，斯有天球攝力。推至一切動植定流，萬殊一力，小有深淺，皆有成己成物之力。

人為萬物之靈，體用較備，力尤深者焉。全體學，小腦主運動，大腦主知覺，中腦主立志；心靈學，覺、悟、記、思、象五才。予謂不覺不悟，覺悟一才，無記無思，記思一才，象一才，運動即覺悟才，知覺即記思才，立志即象才。覺悟才，仁也，好生性為之；記思才，義也，好辨性為之；象才，信也，好信性為之。只仁無義，謂之賊仁；只仁無信，謂之徒仁；只義無信，謂之浮義；只義無仁，謂之酷義；只信無仁，謂之虛信；只信無義，謂之妄信。此良知良能，三而一，一而三也。試以文字證之，覺悟才，出一切動作活字；記思才，出一切形容虛字；象才，出一切名目實字、活虛實字，即奇詁偏訓，可變幻通用，如花字，花費、花而美、楊花；火字，火其書、火速、漁火是也。按中外性理之論，如同一轍。

上古有上帝主宰天命天稟諸名，立祭焚、塑刻、洗割、誦拜諸禮。神道設教，驅人為物奴之惘。中古之性，有清濁、偽混、氣質、玄明之分，紛紛無定論，太過者廢形色相，毀分別性。頑如木石，以枯寂無為為旨，毫無生趣，不及者私心惟義利是圖，辱身忘命。近世格致業興，義理漸精。宗印度巴門教者，有路氏，創人由猴變之說；宗希臘可必梯尼教者，有鄧氏，創天良即重心之論。二氏皆耶教中人，大達厥旨，所論皆有實理，亦無奈其何。夫儒者即物求道而已，物即在道，道即在物。茲天道實學，知者尚鮮，或理解雖圓，非行莫證。人性之凶險詭詐，生命之顛覆慘毒，甯有時耶？安得遇魁閎寬通之士，共與參最上乘妙諦，行大自在哉。

《盛世元音》凡例

是書沈學新著。本命天下公字，英文由儞孚三而，昔司的姆，一切名目，斟酌自定，一切圖樣，剖驗自繪，撰論七篇。由原本英文譯出，限於篇幅，不及其半。

全書七篇。體用講言音來源，字譜論古今字樣，性理辨文字義理，文學別文法用，反切附字母表、反切表，書法附啞聾寫讀等法。末篇沈學以文字為機心，可以格物。（末篇稿未定各表嗣出。）

丙申八月，一登申報，就學訪道者不少，其告白曰創製新字譯天下音義，八下鐘，盡人能悟。志在廣播傳證，並不因利。投一名刺，便可就學。如有更勝善法，願酬洋三千元為資，敬無遺言。茲三逾月來，就學訪道者日盛。伏祈海內，不視為小道，幸甚。

光緒丙申冬月沈學識。

傳音快字

蔡錫勇 著

內容說明

這個方案採用速記符號作為拼音的字母，是中國拼音文字方案中所謂『速記派』的元祖，後來發展成為中國最早的速記術。

作者蔡錫勇（1847－1897），福建龍溪人，同治六年（1867）廣州同文館畢業，調京考試，回粵任職。光緒二年（1876）調任駐美使館翻譯，三年期滿後，回廣東任實學館教習及文報局差使。曾任廣東洋務局總辦、湖北鐵政局總辦等職，死後被清朝追贈『內閣大學士』。受美國淩士禮（Lindsley）『速記術』影響，研製中國拼音文字方案，即《傳音快字》。

龍溪蔡錫勇著　男琦璋校字

傳音快字

板藏湖北官書局

光緒三十一年
歲在乙巳冬
再刊於武昌

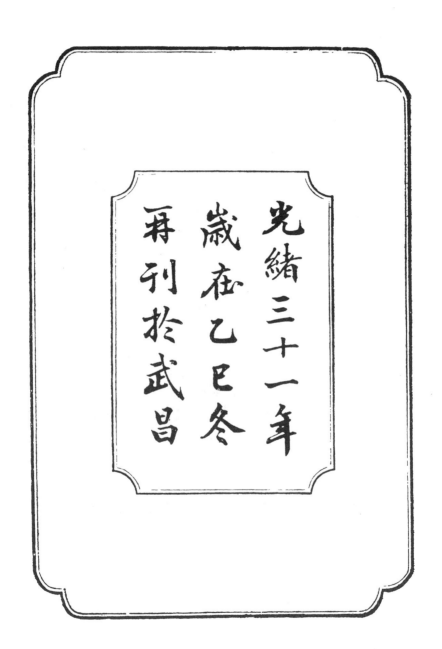

自序

余昔隨陳荔秋副憲，出使美日秘三國。駐華盛頓四年，繙譯之暇，時考察其政教風俗。嘗觀其議政事、判詞訟，大廷廣衆，各持一說，反覆辯論，雜遝紛紜，事畢各散。而衆論異同，業皆傳播，記錄稠疊，稾常盈寸。揣其必有捷法，繼詢彼都人士，始知有快字一種。行之已久，作者不一家，師承各異。然皆能筆隨口述，不假思索，手不停揮。率每分時，能作二百餘字。泰西文字本簡，此則簡而又簡矣。

嘗念中國文字，最爲美備，亦最繁難。倉史以降，孳乳日多，字典所收，四萬餘字。世人讀書，畢生不能盡識。小學家，多用《說文》字體，或仿金石古文；詞賦家，或專摉奇字。尋常應用，三千足矣。四書不同者，二千三百餘字，五經十三經，遞加二千餘字。童子束髮入塾，欲竟其業，慧者，亦須歷十餘年。如止讀數年，改操他業，識字有限，類不能文。在婦女，更無論矣。緣文字與語言各別，讀書識字，兼習其文，記誦之功，多稽時日也。

泰西承用羅馬字母，雖各國音讀互殊，要皆以切音為主。尋常語言，加以配合貫串之法，即為文字。自上至下，由男及女，無事不有學，無人不有學。其一丁不識者，不數覯也。加以快字，一人可兼數人之力，一日可並數日之功，其為用不益宏哉！

余久欲仿其法，合以官音，著為一書，以諗知者。捧檄從公，悤悤鮮暇。因循十有餘年，尚未脫稾。偶與友人談及，以為足資世用，亟促其成。爰檢舊稾，略爲釐訂。

其法本於美國近人淩士禮氏，而參以已意，變通增減，以適於用。以八方面弧及斜正輕重筆，分為二十四聲；以小弧小畫小點，分為三十二韻。合聲韻以切一音，即合兩筆以成一字，變而通之。更有以一筆為一字者，以授兒輩。數日悉能通曉，即以此法，傳信往來。幼子八齡，亦能以言自達。以此推之，欲習此者，不過旬月之功。貫通之後，得以其餘力暇日，習諸要務。推之古人之謨訓，當代之典章，異邦之制作，皆可以切音演為常語，而理可兼通。若夫觸類引申，一筆連書，可代數字，則神而明之，存乎其人矣。友人敦迫付梓，以公諸世。爰識其緣起於簡端。

光緒丙申孟秋龍溪蔡錫勇識於武昌寓齋。

凡例

傳音快字，創自泰西。閱時已久，精益求精，簡益求簡。各有師承，其法不一。要皆能筆隨口述，疾徐如意，不假思索，每分鐘能作二百餘字。故筆畫宜少，分辨宜明，而又能相連貫串，轉折便捷，斯爲至善。嘗考各家成法，惟美國近人凌士禮氏之書爲最便。爰取其法，演作正音，間亦參以己意，變通增減，以適於用。不敢掠美，特揭其原由，著於篇首。

六書之始，原爲通詞達意而設。上古用鳥跡雲書，降而有蝌蚪，又降而爲篆隸八分，及楷書行草之類，歷代相沿，隱寓刪繁就簡，趨易避難之意。是書以聲韻製字，實本反切而變通之。反切以兩字成一音，此則以兩筆成一音，間有一筆自成一音者，簡捷便用，無逾於此。

是書取八分弧矢，及橫直斜正輕重筆，分爲二十四聲，每聲不過一筆，無可再簡，是爲字母。又以小弧小點小畫，分爲三十二韻，一聲一韻，兩筆相連，切成一音。掇別一表於後，聲與韻，橫直相值，得七百六十八音。逐一註字，其有音無字者，空其格，以待補訂。加以平仄四音，可得三千零七十二音，正音言語，可以取用不窮矣。

字母二十四聲，以最常用之字命名。與古法字母，切韻要法，意同而字異。竊比古法尤簡，因去其重複者，列字音相等表於篇首，以備參考。

古法切韻，有合口呼者，多藏有烏字音，如迦烏安，切官；迦烏呵，切國之類。凡十四種，另列一表。置韻於聲之中間，以爲識別，不專立字母，取簡便也。

傳音達意，以音，不以字。既得其音，貫串成句，其意自達。此學專爲傳述語言而設。若駢詞藻語，則有文字在，非語言之所能賅也。

平仄四聲。傳聲字，寫法多同，而讀法各異。古法加圈於字之四隅，以辨平上去入。然加一圈，卽加一筆。欲省此筆，使平仄不至混淆，寫法須用直行格紙，順格綫書之。偏左而近者，爲平聲；偏左略遠者，爲上聲；偏右而近者，爲去聲；偏右略遠者，爲入聲。上平，則聲與韻連筆；下平，則聲與韻分筆。有此識別，平仄分明。習熟之後，審音定位，不假思索，信手書之，不必加圈，而平仄可辨，閱者皆能心目了然。

傳音快字，至靈至淺，至簡至易，婦孺可學，不過費數日工夫。記認二十四聲，三十二韻，略曉切音，卽可盡通其法，能自記事，以片紙作書，無不可達之詞意。若再充其作用，以經史衍成俗語，卽以此字宣布流傳，將見由質而文，由約而博。士君子所能喻者，農工商賈，罔不喻。有裨聲教，豈淺鮮哉。

弧矢辨聲圖

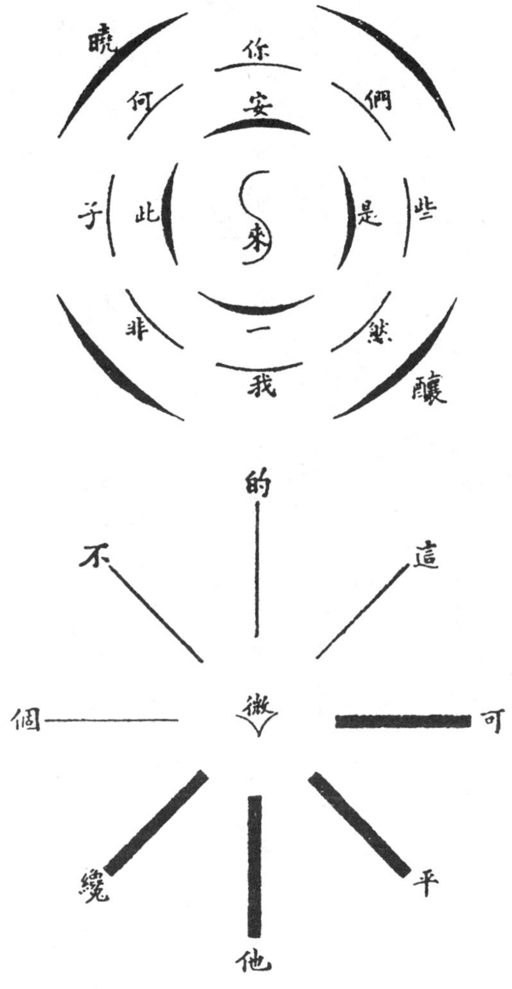

二十四聲字母

的他個可不平這纔你我們何

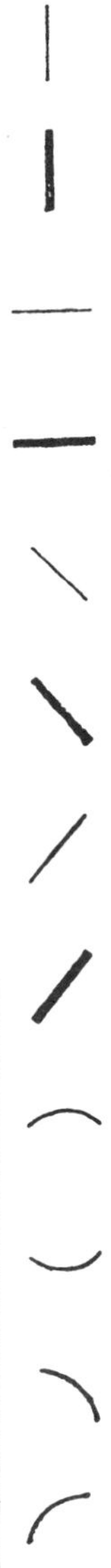

來安一是此子些然非釀曉微

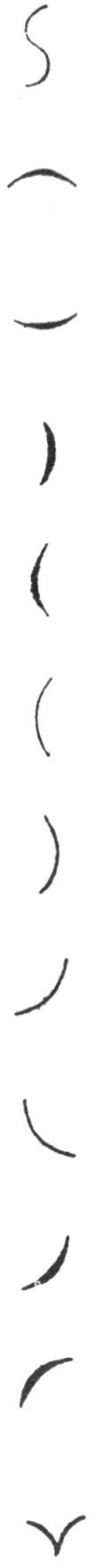

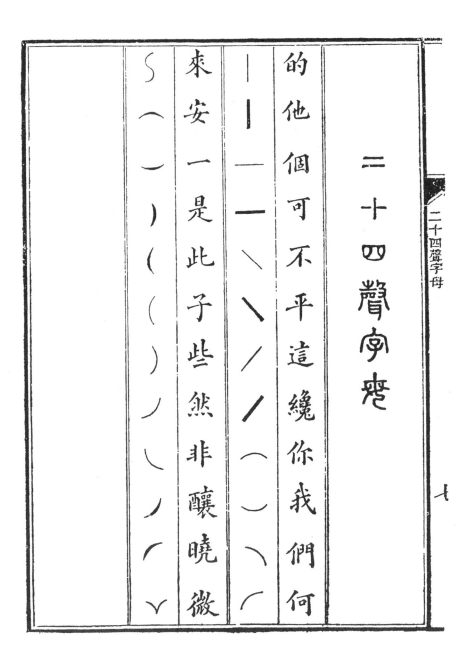

字音相等表

個	見
可	溪
釀	釀
安	疑
的	端
他	透
非	奉
微	微
不	幫
平	滂
子	精
此	清

這	知
纔	徹
是	審
些	心
一	影
曉	曉
何	匣
你	泥
來	來
然	日
們	明
我	為

三十二韻字母

阿渣切	∩	植茶花瓜馬巴沙
阿遮切	⊂	者車些蛇且野
於之切	∪	衣之池溪理米
烏哥切	八	阿河火個科麼羅
哇孤切	一	朱除夫湖古毋
衣居切	/	如虛居女須取
阿皆切	●	齋海該開快來
阿高切	7	昭超高考勞毛
衣歐切	7	曉交遼苗鳥標
阿安切	⌒	番寒歡然干坎官
阿當切	⌒	張昌莊方黃罔康
阿公切	o	中充風紅公空松
衣兄切	◎	兄穹
阿宸切	//	真陳分人根門恩
阿爭切	//	爭撐亨庚冷萌朋
衣當切	∽	香江羌良相將槍
阿察切	∩	札察髮括納八
衣格切	⊂	得格
阿咽切	∪	結頡列別屑貼節
衣昨切	八	學弱角却若餑削
衣鳩切	一	休九求留斗羞秋
衣靴切	/	靴
阿非切	·	肥歸肵雷梅悲威
衣家切	✓	遐加
衣挨切	✓	鞋皆揩
衣金切	◡	欣巾禽林民品心
衣英切	◡	興京卿靈明兵平
哇坤切	o	准春崑坤論順尊
衣捐切	○	元捐圈宣全圓淵
衣烟切	∽	賢堅連面平偏線
衣君切	ʔ	熏君羣句峻
阿周切	∧	周抽浮柔勾口樓

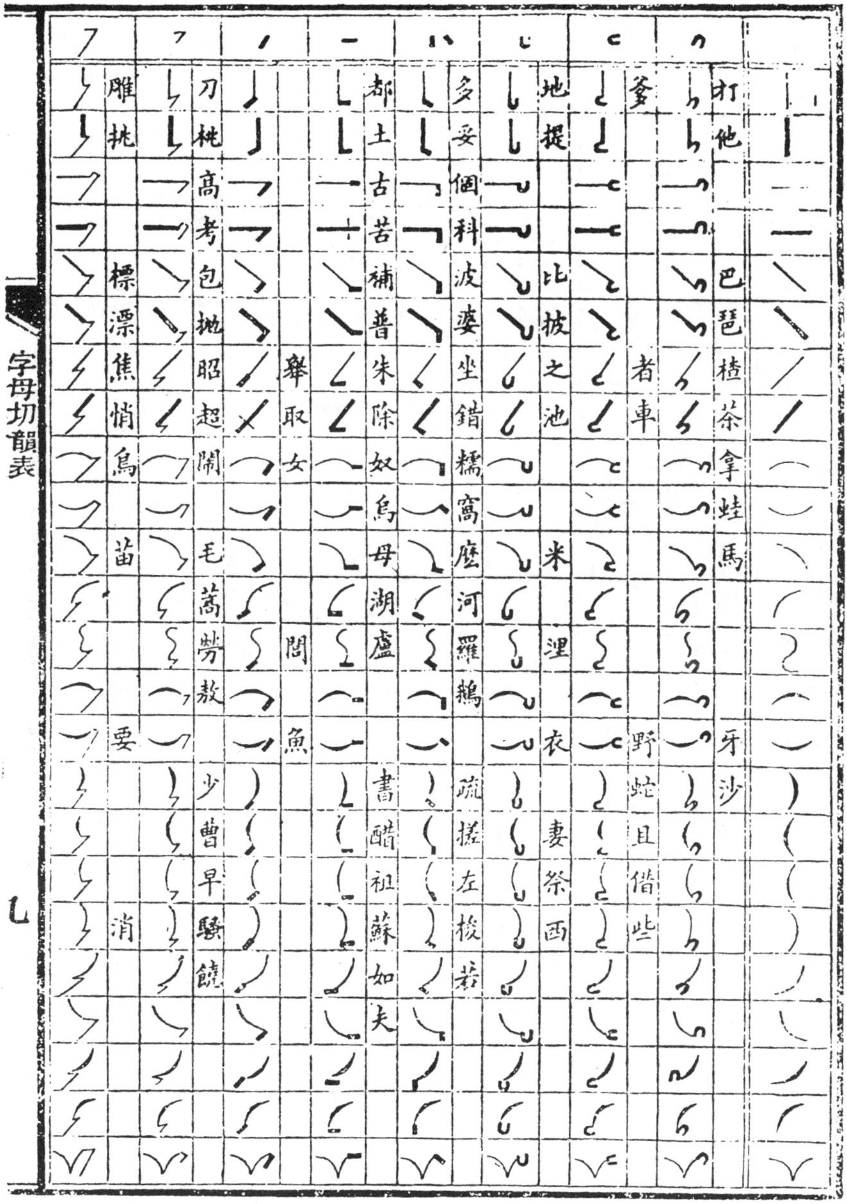
打他巴琶楂茶拿蛙馬牙沙
爹者車野蛇且借些
地提比披之池米浬衣妻祭西
多妥個科波婆坐錯糯窩磨河羅鵝疏搓左梭若
都土古苦補普朱除奴烏母湖盧書醋祖蘇如夫
舉取女閭魚
刀桃高考包抛昭超鬧毛蒿勞敖少曹早騷饒
雕挑標漂焦悄鳥苗要消

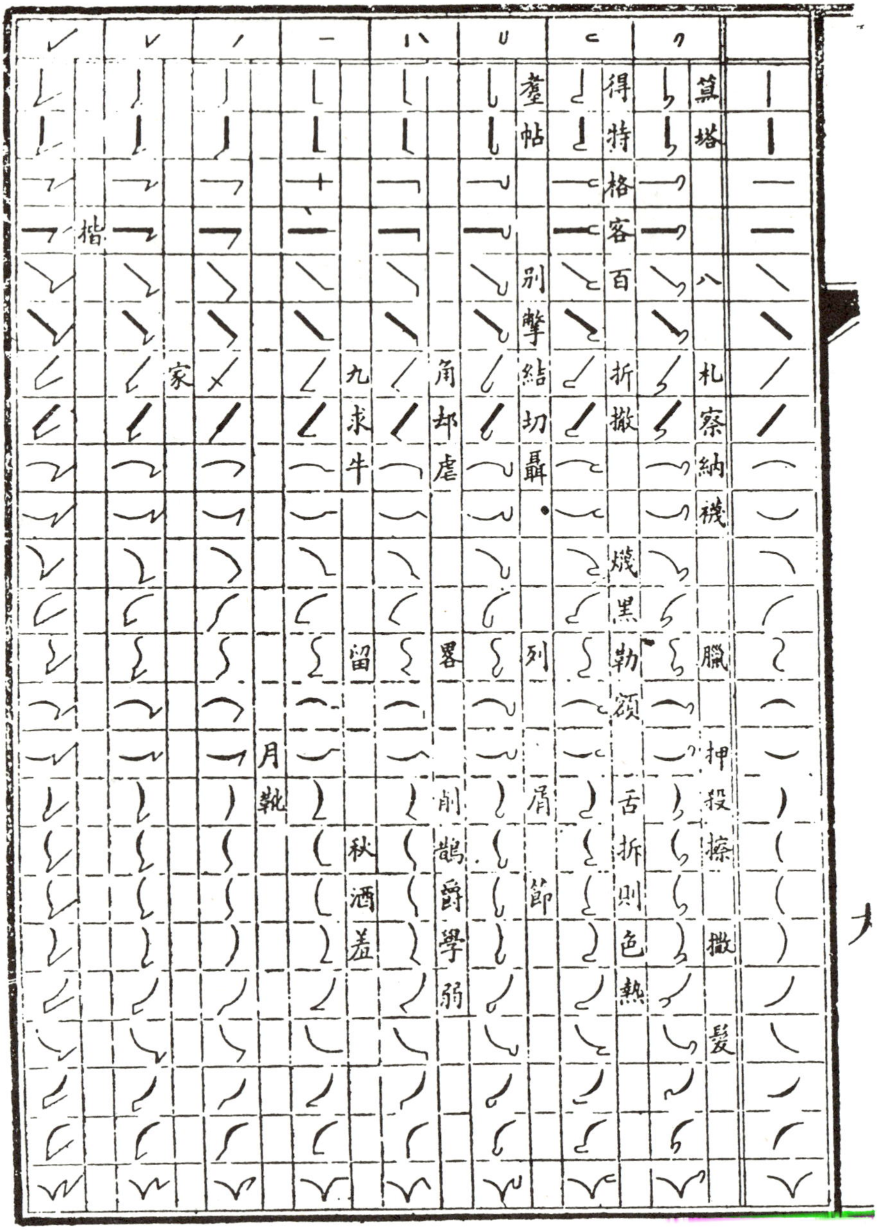
篡
塔
八
札
察
納
襪
臘
押
殺
擦
撒
髮
得
特
格
客
百
折
撤
黑
勒
舌
折
則
色
熱
帖
別
結
切
聶
列
屑
節
角
却
虐
畧
削
鵲
爵
學
弱
九
求
牛
留
秋
酒
羞
月
靴
家
揩

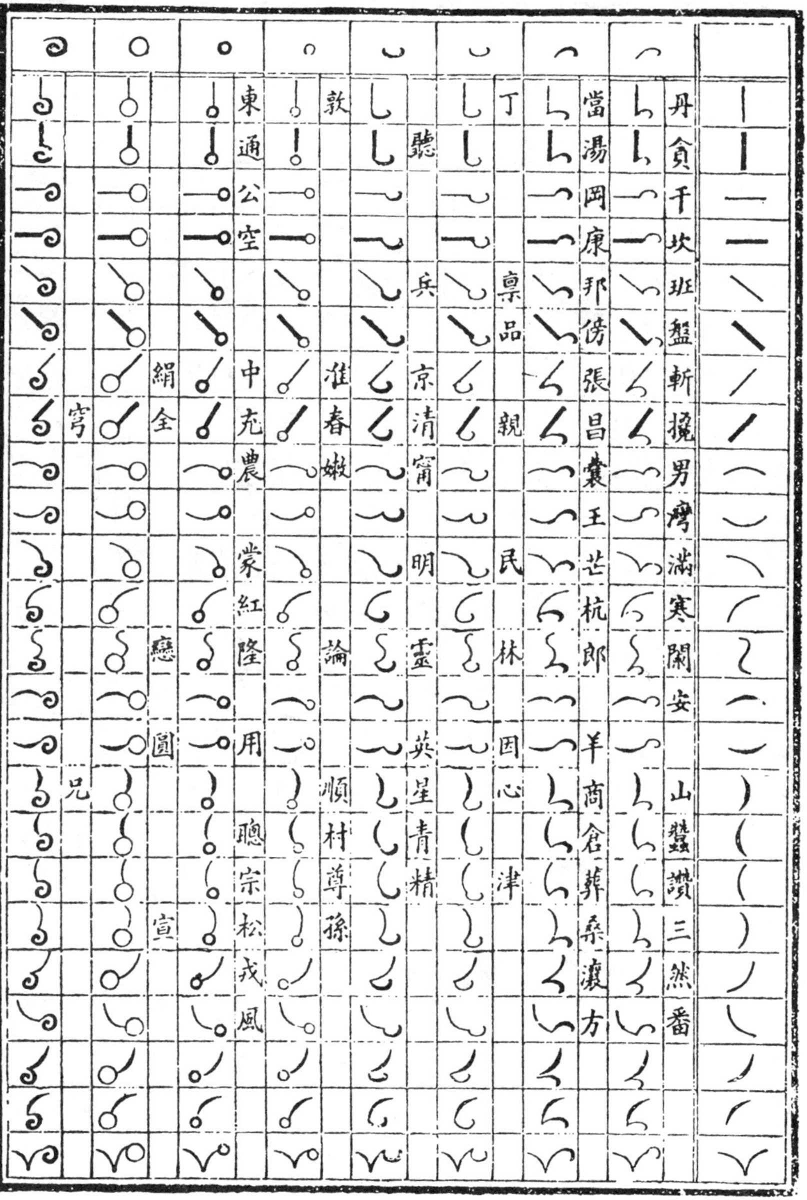
丹貪干坎班盤斬攙男彎滿寒闌安山蠶讚三然番
當湯岡康邦傍張昌囊王芒杭郎羊商倉葬桑瀼方
丁稟品親民林因心津
聽兵京清甯明靈英星青精
敦准春嫩論順村尊孫
東通公空中充農蒙紅隆用聰宗松戎風
絹全戀圓宣
穹兄

字母切韻表

十

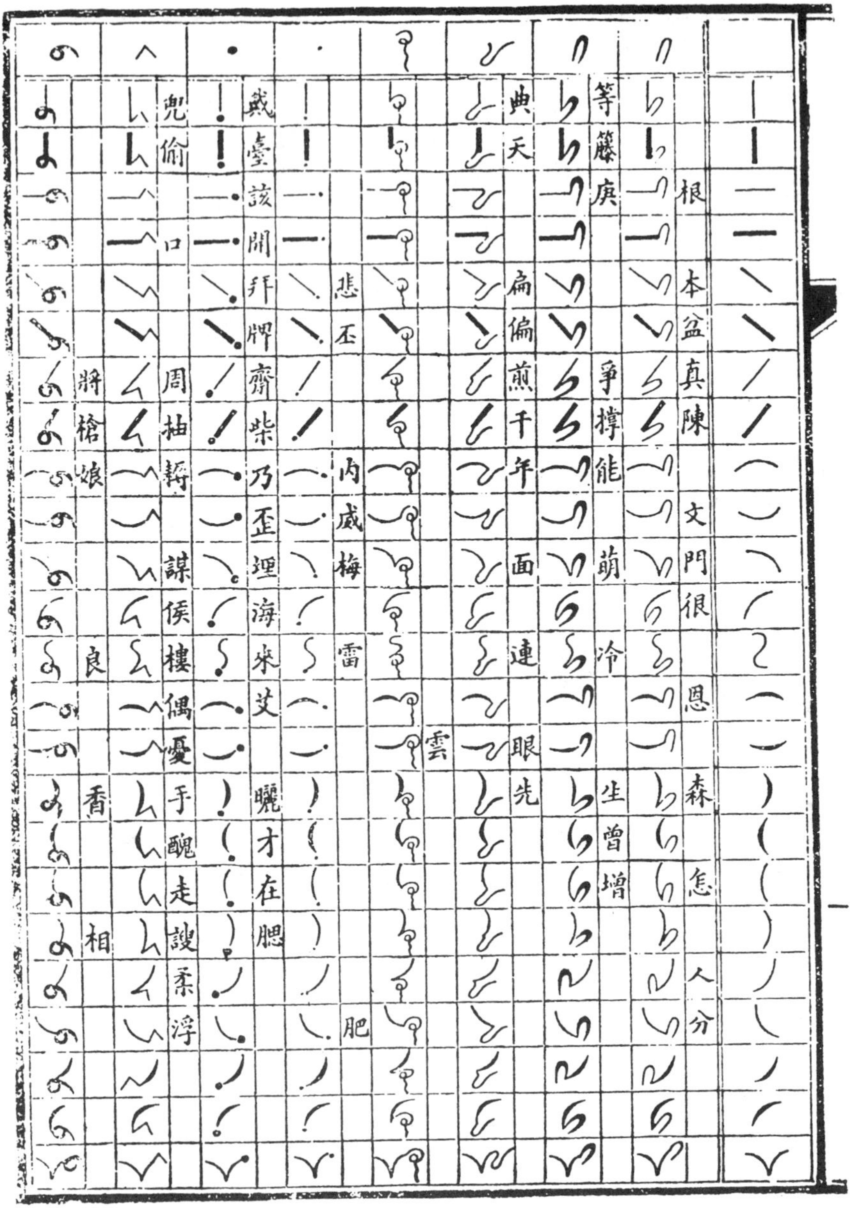
根 本 盆 真 陳 文 門 很 恩 森 怎 人 分
等 籐 庚 爭 撐 能 萌 冷 生 曾 增
典 天 扁 偏 煎 千 年 面 連 眼 先
雲
悲 丕 內 威 梅 雷 肥
戴 臺 該 開 拜 牌 齊 柴 乃 歪 埋 海 來 艾 曬 才 在 腮
兜 偷 口 周 抽 耨 謀 侯 樓 偶 憂 手 醜 走 謏 柔 浮
將 槍 娘 良 香 相

合口呼十四種切音表

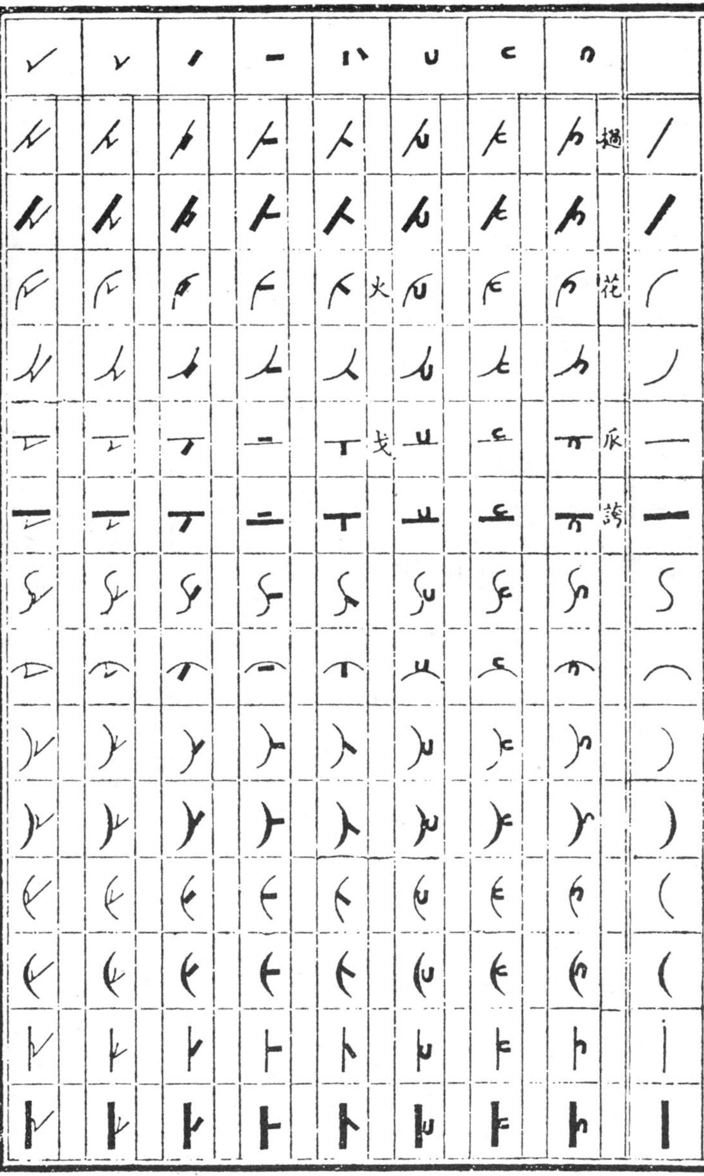

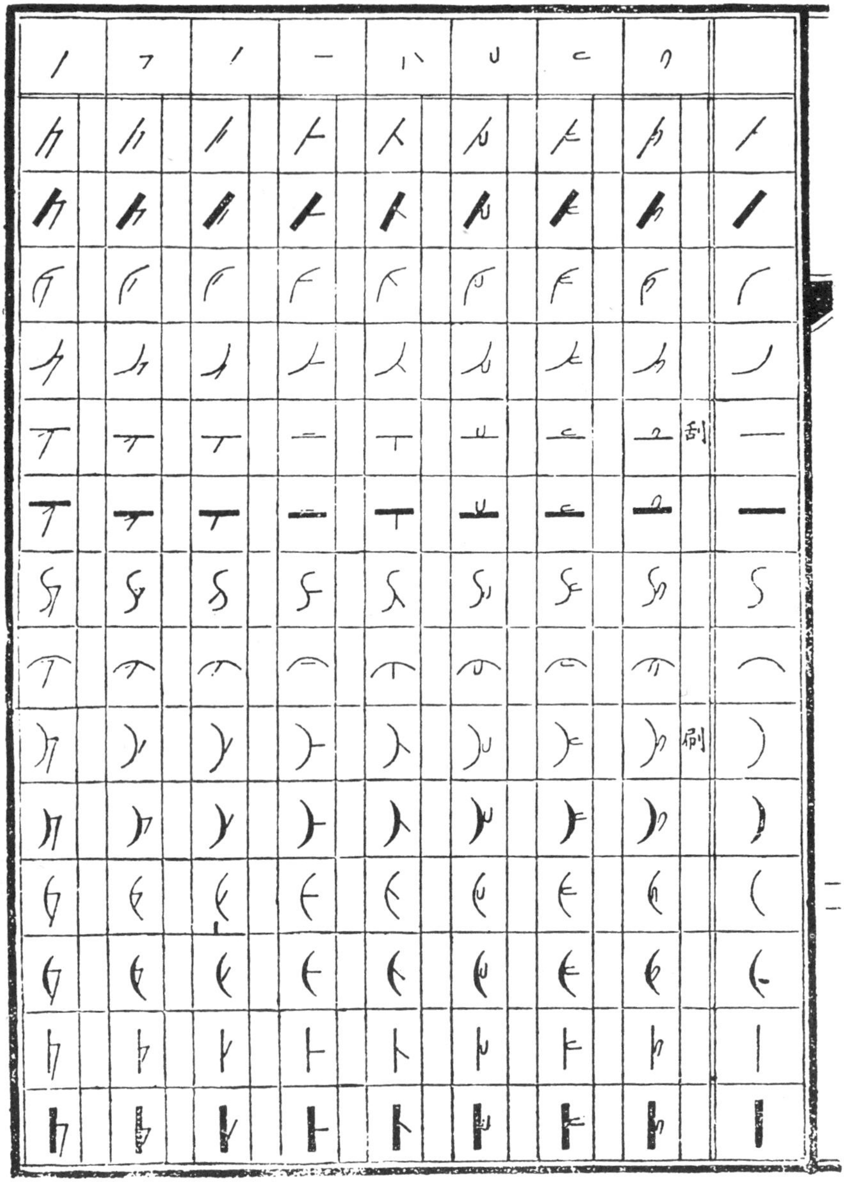
刮
刷

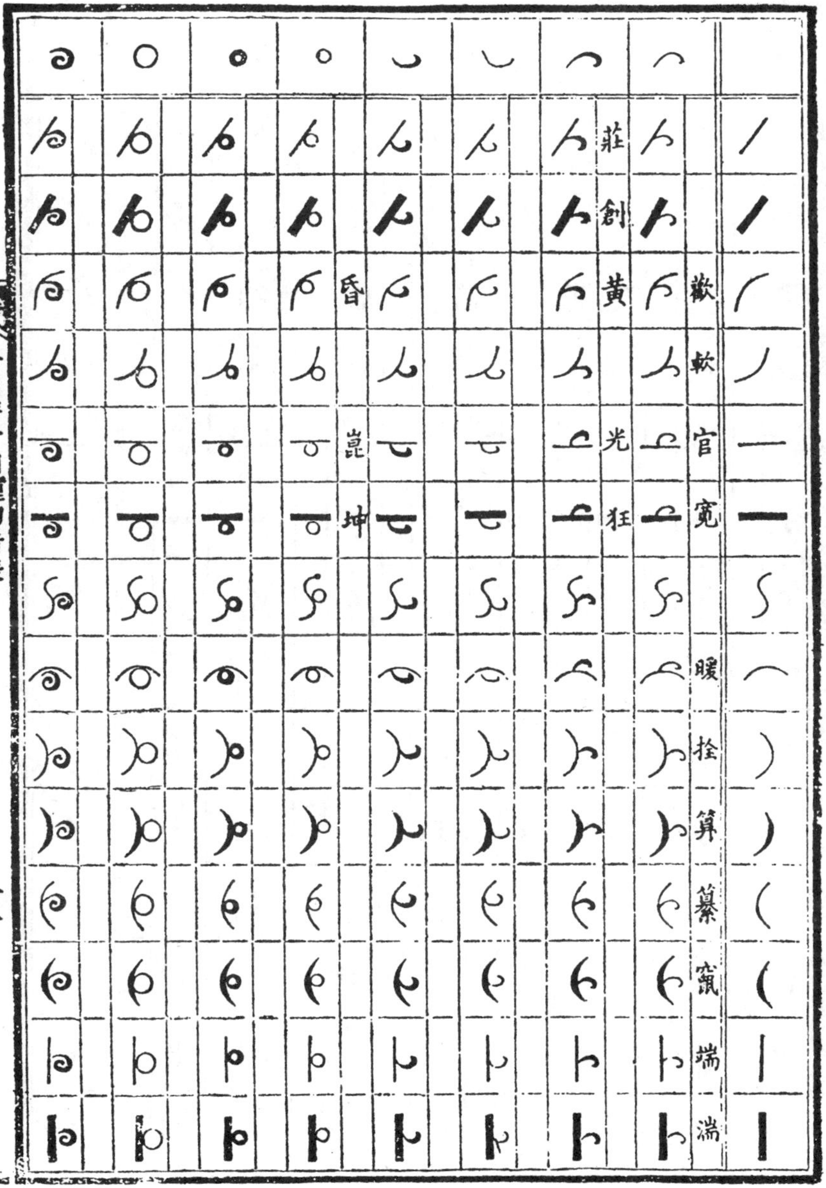
歡
軟
官
寬
暖
拴
算
纂
竄
端
湍
莊
創
黃
光
狂
昏
崑
坤

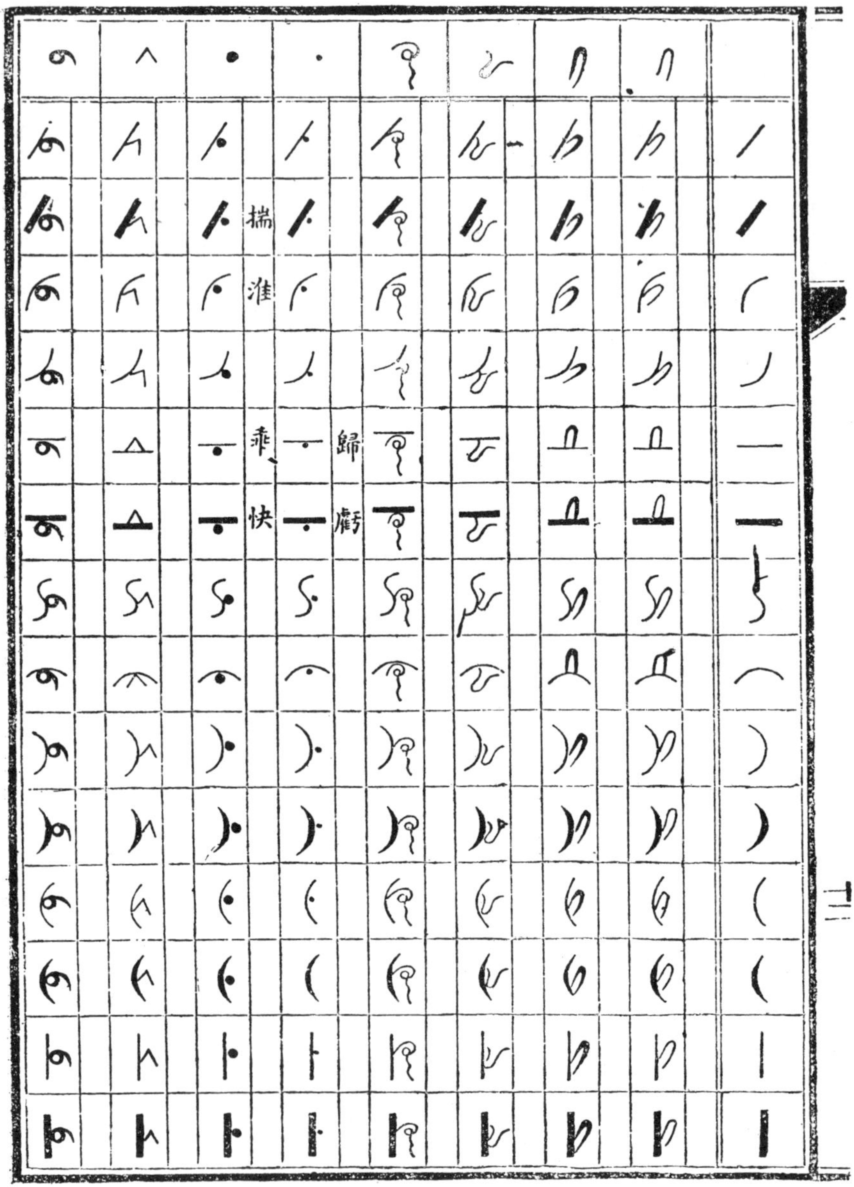
揣
淮
乖
快
歸
虧

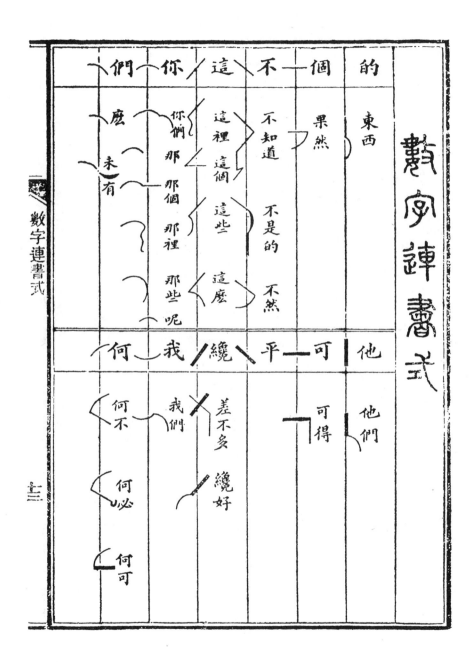

數字連書式

的　東西

個　果然

不　不知道　不是的　不然

這　這裡　這個　這些　這麼

你　你們　那　那個　那裡　那些　呢

們　麽　未有

他　他們

可　可得

平

纔　差不多　纔好

我　我們

何　何不　何必　何可

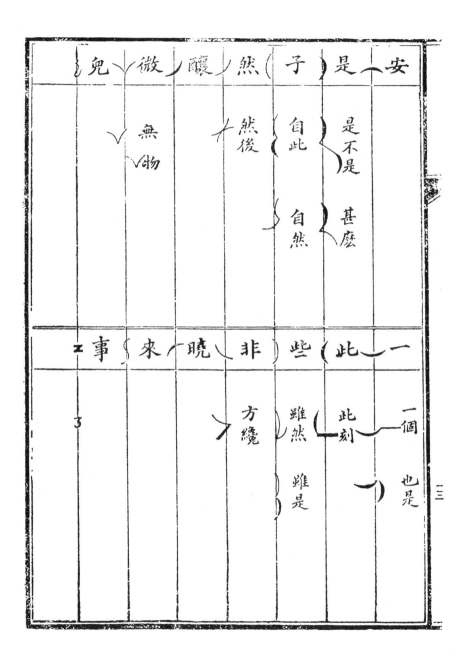

字	釋
安	
是	是不是 甚麼
子	自此 自然
然	然後
釀	
微	無物
兒	

字	釋
一	一個 也是
此	此刻
些	雖然 雖是
非	方纔
曉	
來	
事	了

三

敦孝弟以重人倫

萬歲爺意思說：『我，聖祖仁皇帝，坐了六十一年的天下，最敬重的是祖宗，親自做成《孝經衍義》這一部書，無非是要普天下人都盡孝道的意思。』所以，《聖諭十六條》，頭一件就說個『孝弟』。

世宗憲皇帝坐了位，想著聖祖教人的意思，做出《聖諭廣訓十六篇》來，先把這孝弟的道理，講給你們眾百姓聽。

怎麼是孝呢？這個孝順的道理，大得緊，上而天，下而地，中間的人，沒有一個離了這個理的。怎麼說呢？只因孝順是一團的和氣，你看天地若是不和，如何生養得許多人物出來呢？人若是不孝順，就失了天地的和氣了。如何還成個人呢？

如今且把父母疼愛你們的心腸說一說，你們在懷抱的時候，餓了呢？自己不會喫飯；冷了呢？自己不會穿衣服。你的老子娘，看著你的臉兒，聽著你的聲音兒。你笑呢？就喜歡；你哭呢？就憂愁；你走動呢？就步步跟著你。你若是略略的有點病兒，就愁的了不得。茶不是茶，飯不是飯，只等你身子好了，這纔放下了心，眼巴巴的看著。一年小兩年大，不知受了多少辛苦，躭了多少驚恐養活你，教導你。到得你成人長大，替你娶妻生子，望你讀書成名，替你掙家立業，那一件兒不關父母的心。這個恩是報得盡的麽？你若是不曉得你父母的恩，只把你待兒子的心腸想一想，就曉得了。古人說得好：『養兒方知父母恩』。既然知道父母的恩了，爲什麼不去孝順他呢？

這個孝順，也不是做不來的事。且如古來的人，有臥冰的，有割股的，有埋兒的，這樣的事，便難學了，也不必定要這麼做，纔叫做孝，只要心心念念的，放在父母身上就好。你們果然要報恩，但凡自己力量做將來的，無所不至，去奉承兩個老人家，寧可自己少喫少用的，儘父母喫，儘父母用。替他代些勞，不可去賭錢喫酒，不可去和別人打架，不可暗地裏，私自積攢銀子錢，疼自己的老婆孩子，不顧著父母，縱然外邊的儀節，做將不來，都不妨事，只要心裏邊誠實便好。就是每日裏，粗茶淡飯的，只要叫他歡歡喜喜喫得下去，這就是孝順了。

如是把這個道理推開說，就如舉動之間，不端端正正的，這就是褻慢了父母的遺體，便爲不孝了。替朝廷做事，不盡心竭力的做，事君不忠，就如待父母不好一般，就是不孝了。做官的若是不好，惹百姓們笑罵，這是把父母遺體輕慢了，就是不孝了。在朋友前說話做事不著實，便玷辱著父母，也是不孝。若是你們兵丁們，上陣出兵的時節，不肯勇猛爭先，叫人笑話你軟弱，這是把父母的遺體下賤了，也是不孝。

如今世上忤逆的兒子很多，父母說他句，他就變臉；父母罵他聲，他就應嘴，教他東，他往西。還有自己的老婆娃子，都飽飽煖煖的，父母倒忍飢受餓。自己撞下禍來，帶累父母受氣；自己犯了事，帶累父母，上官入府的。這樣人莫說天理上不容，就是自己兒子看了樣，也就跟著學了。你看不孝順的人，那裏養得出個好兒子來。你們想一想，還不省悟麼？

除了父母，就是兄弟。這弟兄們并不是兩個人，他身上的骨肉，就是我身上的骨肉，所以叫做『手足』。你若薄待了弟兄，便是薄待了父母了。就是弟兄們不同母，也是一個父親的骨血，不可說不是同母，就看做兩樣人了。人世上最親的是妻子，假使妻子死了，還可以另娶得一個。這兄弟若是沒了，那裏還討得一個來喲。你們想一想，還是該親愛，不該親愛？怎麼樣個親愛呢？做兄弟的要敬重哥哥，但凡有甚麼事，或是喫飯，或是穿衣服，或是隨人禮，或是說話，或是走路，或是坐，或是站，都要儘讓做哥哥的。古來的人，就是一鄉一村兒上的人，他若比我大十歲，我就尊他做哥子；他若比我大五歲，我就挨肩隨著他，就不敢僭越他了。外人比我年紀大，我還要這樣的敬重他，何況是我的親哥哥呢！至於做哥哥的，要疼愛著兄弟，兄弟們，憑他多大年紀，我只把他當娃兒待。比如我的兒子，若是不成才，我也著實恨他，罵他，打他，轉過臉兒，依舊的疼他。惟獨到了兄弟偏只是不好，再不肯慢慢兒勸他，說他，一遇兄弟有了些不是，就要爭鬭起來。你想你和你兄弟都是一個老子娘養的，你若打你兄弟，就是自家打自家一般了。做兄弟的又不知好歹，見哥哥打他，也就還起手來。比如一個人的手足，假如失手打了腳，難道還把腳去踢手不成。

如今弟兄們不和，都是爲爭財起見，都是聽老婆的話。這些老婆們的話，也不是盡情沒道理的。正因爲他的說話也有些理兒，便不知不覺的聽進了去。就如做嫂子的，向哥哥說小叔兒怎麼樣懶，怎麼樣花錢，你辛辛苦苦的掙錢養活著他，他反說長道短。難道我們是他的兒子媳婦，該當孝順他的麼？那個兄弟媳婦，也會向兄弟說，就是哥哥會掙錢，你也掙過錢，你在家裏一般兒做長做短，就是雇個長工，也沒有這般勞苦的。偏他的娃子就是娃子，買這個喫，買那個喫，難道我們的娃子，就都是該死的麼？照這般的說話，今日有些，明日有些，不由做哥兒們的聽不進去。從此便把弟兄們的心腸，都冷淡下來了。一日一日的攢湊，便至於打架廝鬧。卻不知道弟兄們，原是一個人。就是哥哥無能些，做兄弟的養活著他，也是該當的。兄弟無能些，做哥哥的養活著他，也是該當的。便是一時間，有些閑言閑語，只當他醉了，或是說夢話，便大家撒開了。偏要認的眞，譬如兩隻手，右手極其能幹，寫字也是他，打算盤也是他、拿東拿西的也是他。這隻左手，就笨的緊。沒有聽見人，拿右手去打左手的。一個哥兒兄弟，親親的手足，如何爭長論短？你想一想，銀子錢是淌來之物，去了還有來的。老婆們，他不和我是一個老子娘，他知道甚麼道理呢？只顧弟兄們不和，做父母的必然生氣。你只看你兒子們打架，你心裏惱不惱？所以做孝子的人，再沒有不和美弟兄的。俗話說的好：『打虎還得親兄弟，上陣還須父子兵。』又說道，『好殺了是他人，壞殺了是自己。』又說道，『兄弟不和旁人欺。』只顧你門爭閑氣，就有人來挑唆你們，搬鬭你們的是非，或是鬬毆；或是打官司，再沒有個不敗家的。

你們若是孝順友愛呢？做民的，纔是良民；做兵的，纔是好漢子。但是你兵民們，那一個不知道孝順是好事，弟兄們和美是好事？既然知道說好，爲甚麼不去實心實力的做阿？必定心心念念，想著父母兄弟。不要光尚外面的儀文，不要忽略了小處，不要止圖外人的虛名，不要以前好以後又不好了。這才是眞眞的孝子，眞眞的好弟兄。你若是不孝，或是弟兄們不和，就要拿刑法處治了。但你心裏不明白，處你也是枉然。萬歲爺心裏不忍，所以反反覆覆的勸誡你。你們肯聽萬歲爺的話，大家做個孝子悌弟，不但一生不犯法，就你的兒子孫子，也學個好樣子。俗話說的好：『孝順還生孝順子，忤逆還養忤逆兒』。果然子子孫孫，都是孝子悌弟，天下再沒有不太平的。你們都著實的做，萬萬不可看做常套，辜負聖祖仁皇帝一片盛心阿！

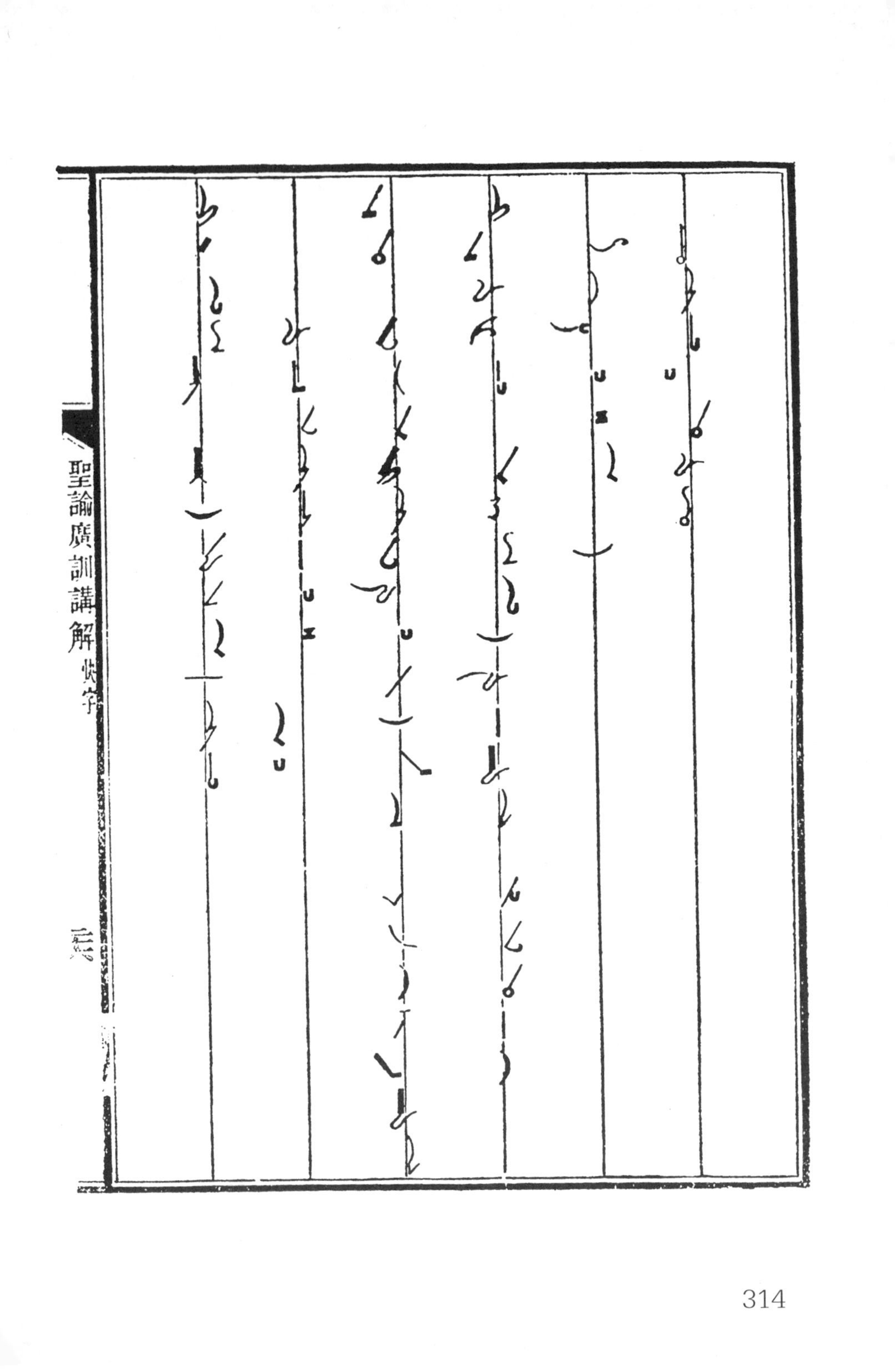

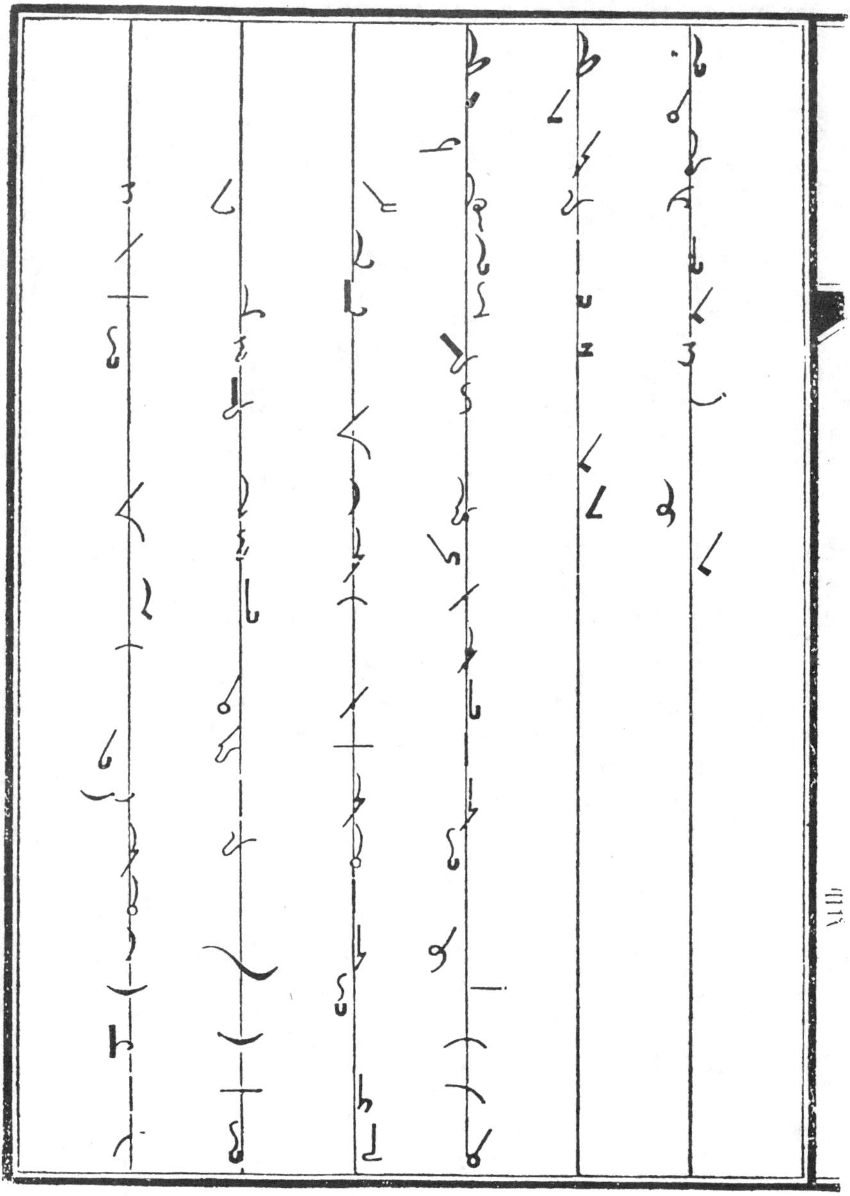

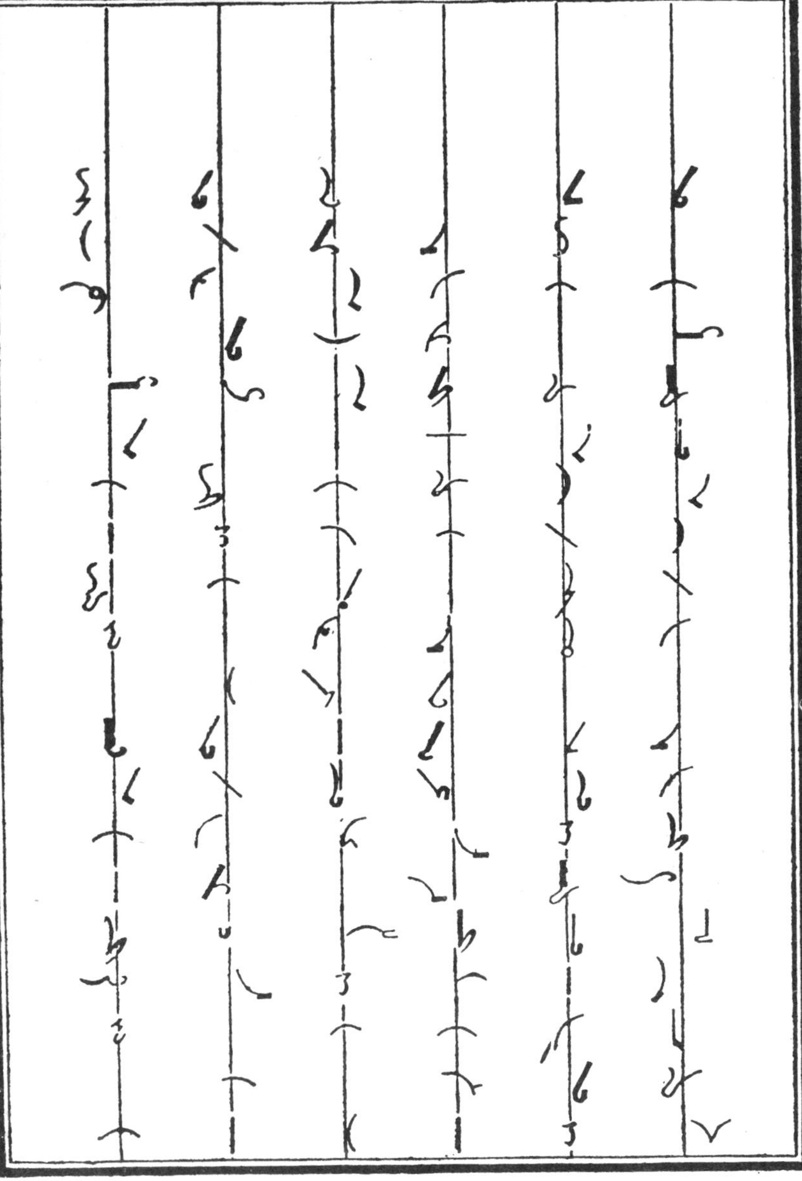

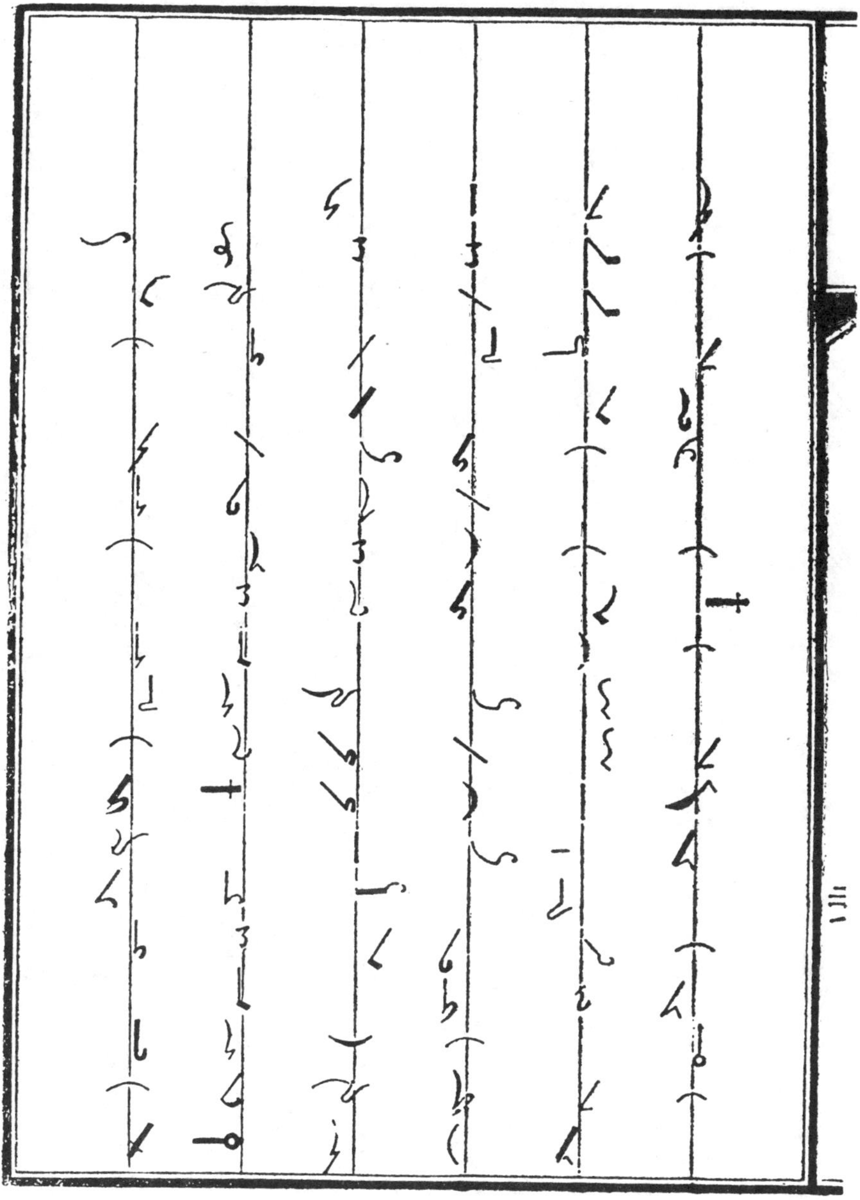

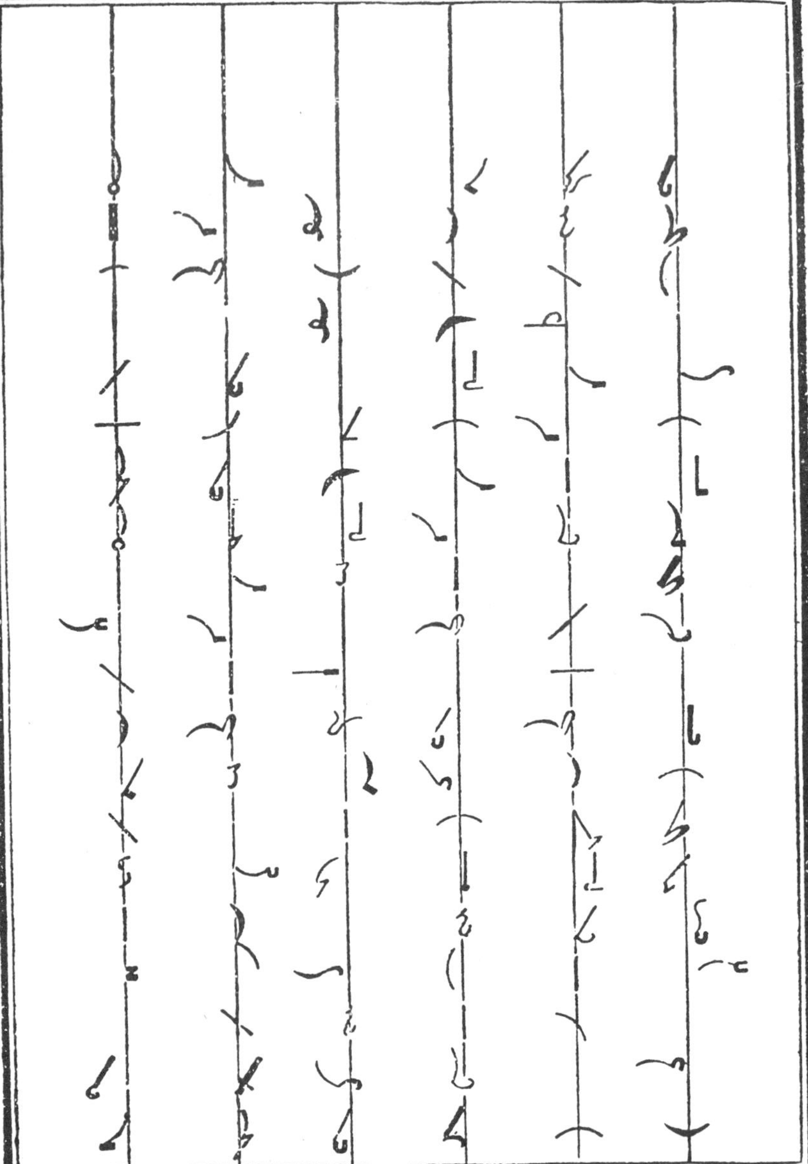

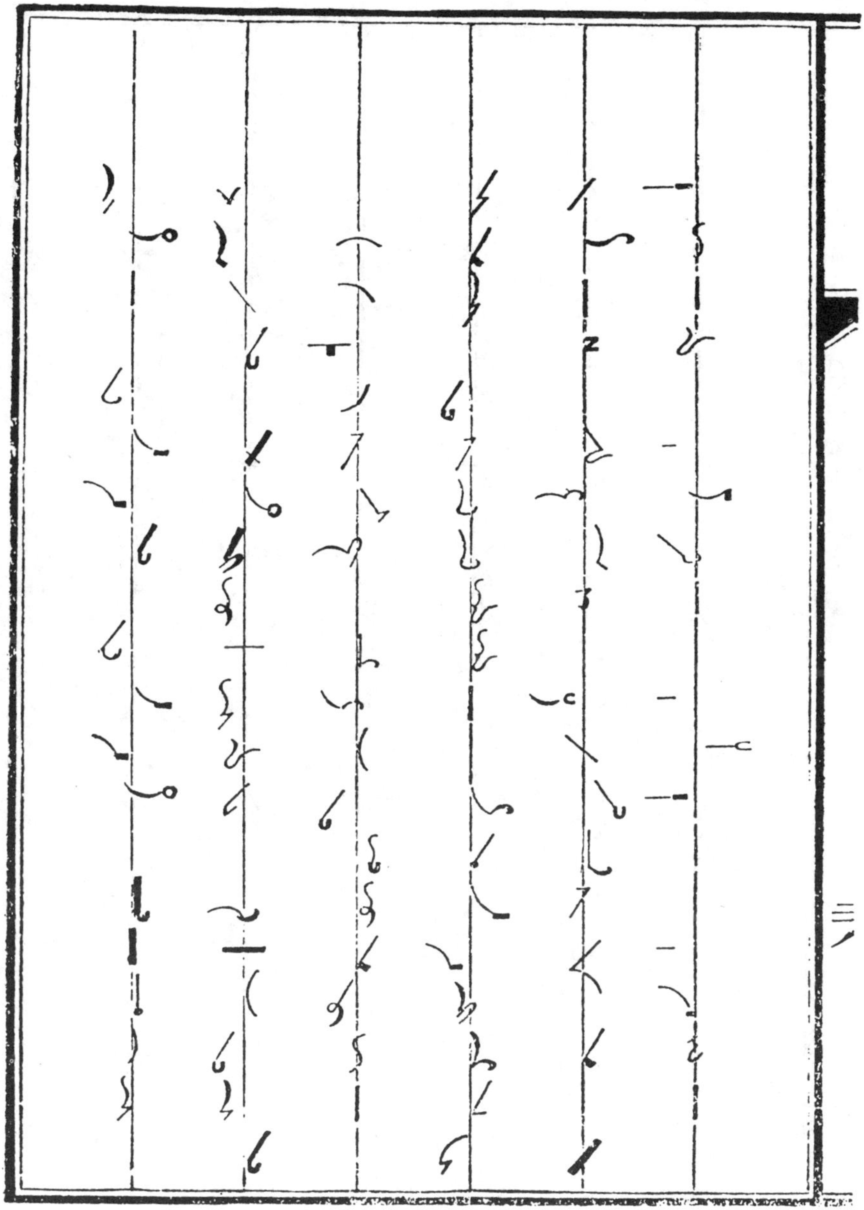

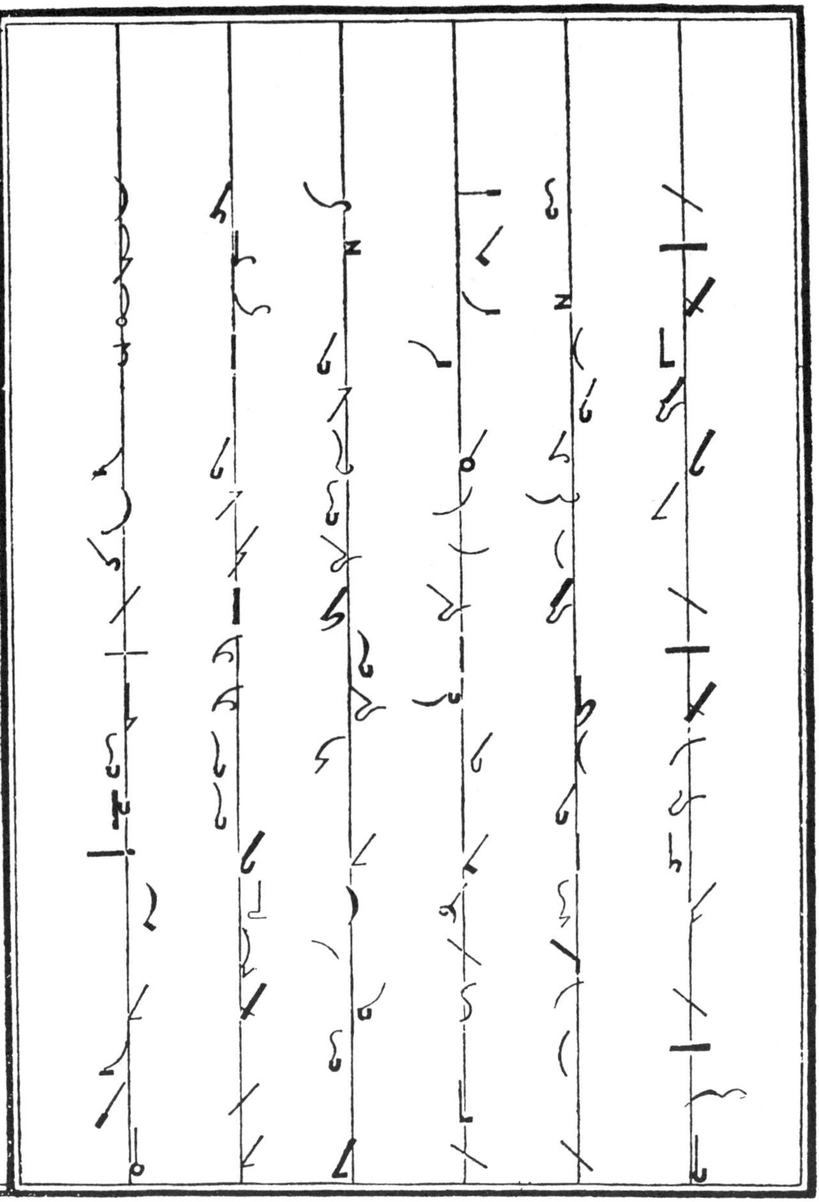

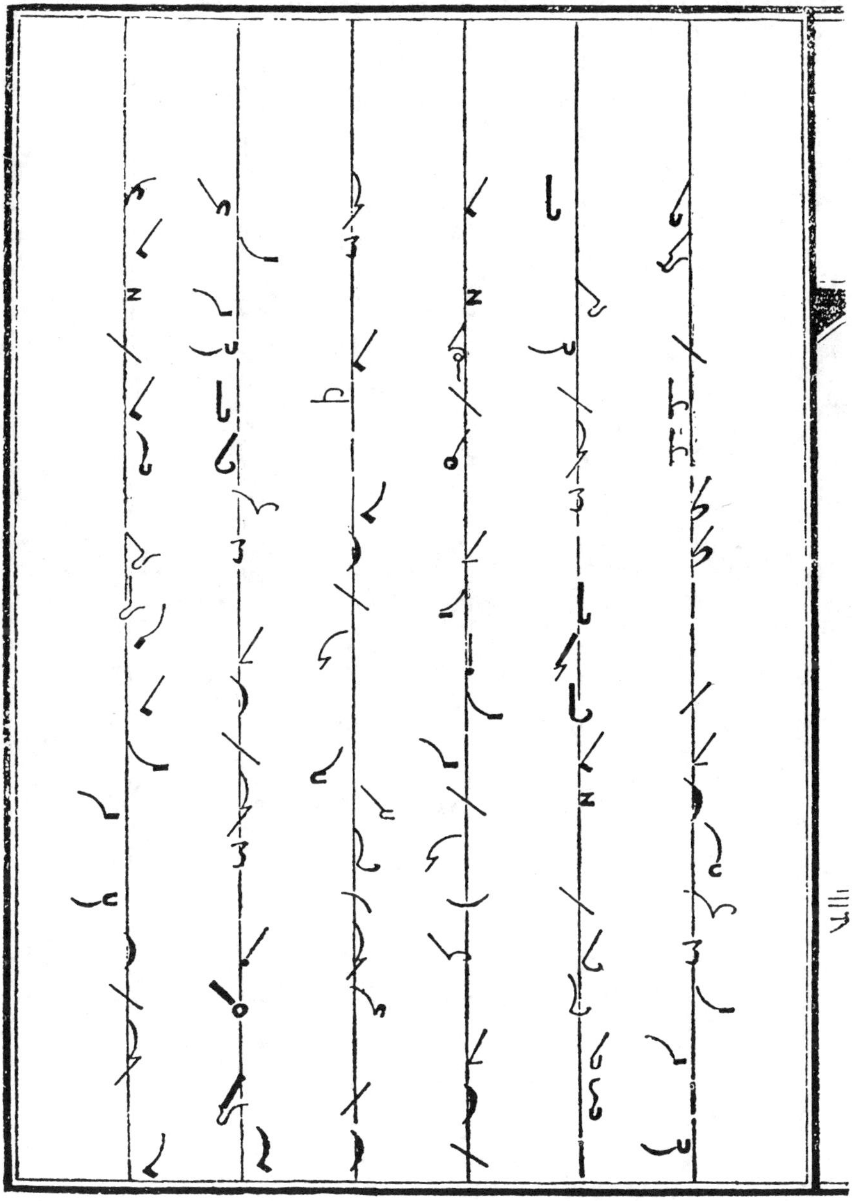

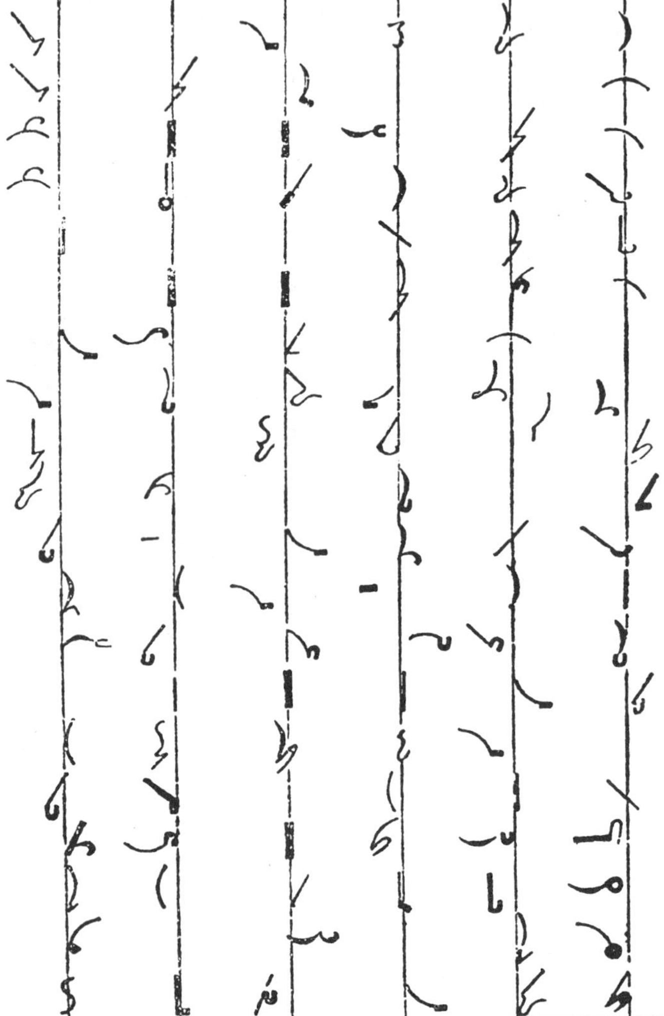

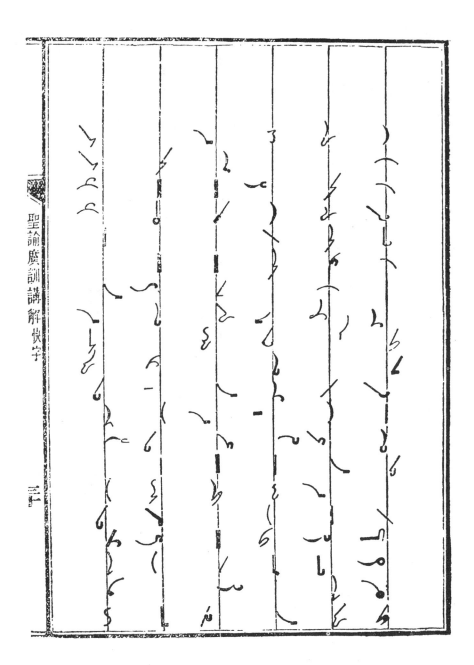

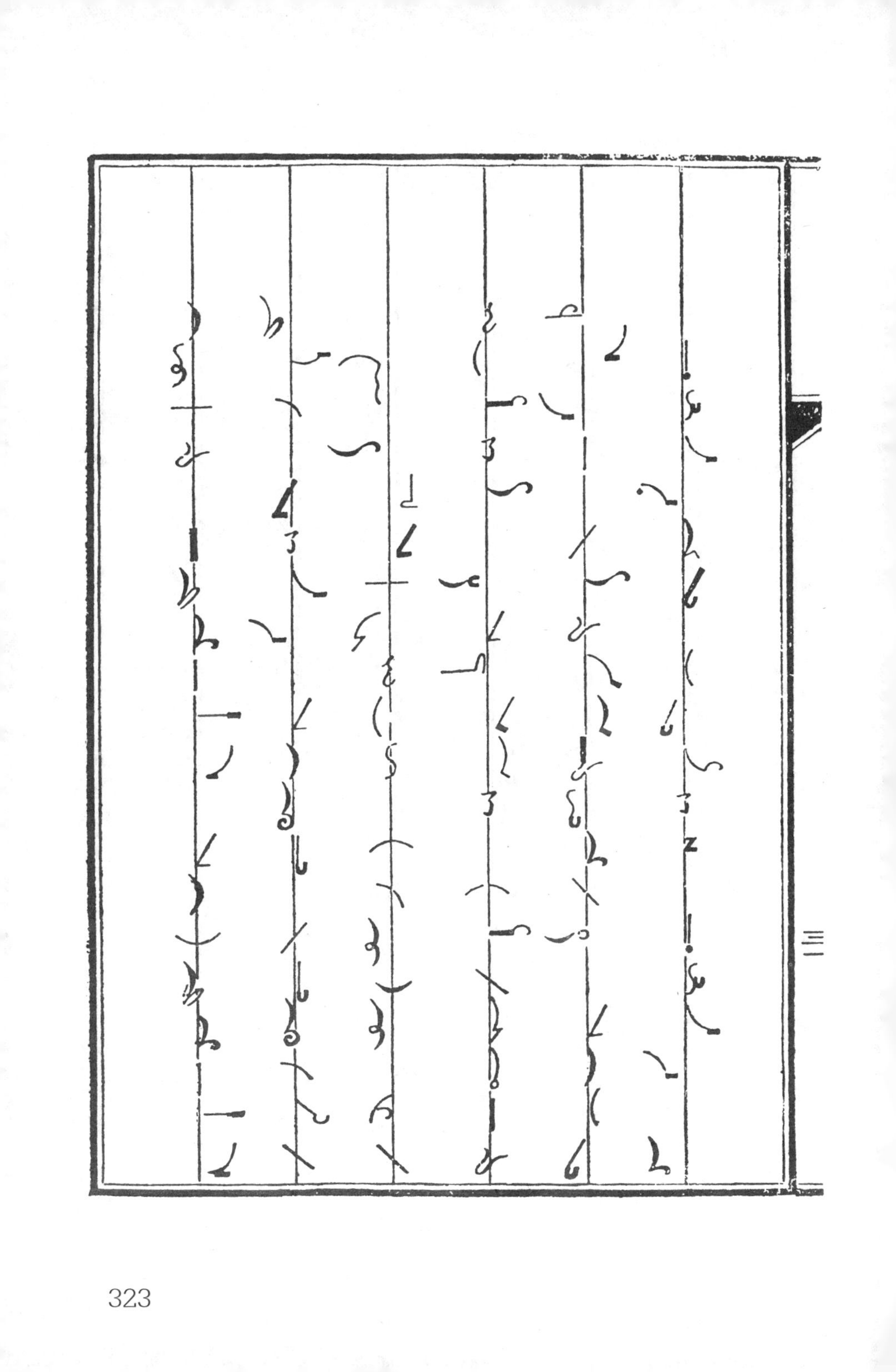

三

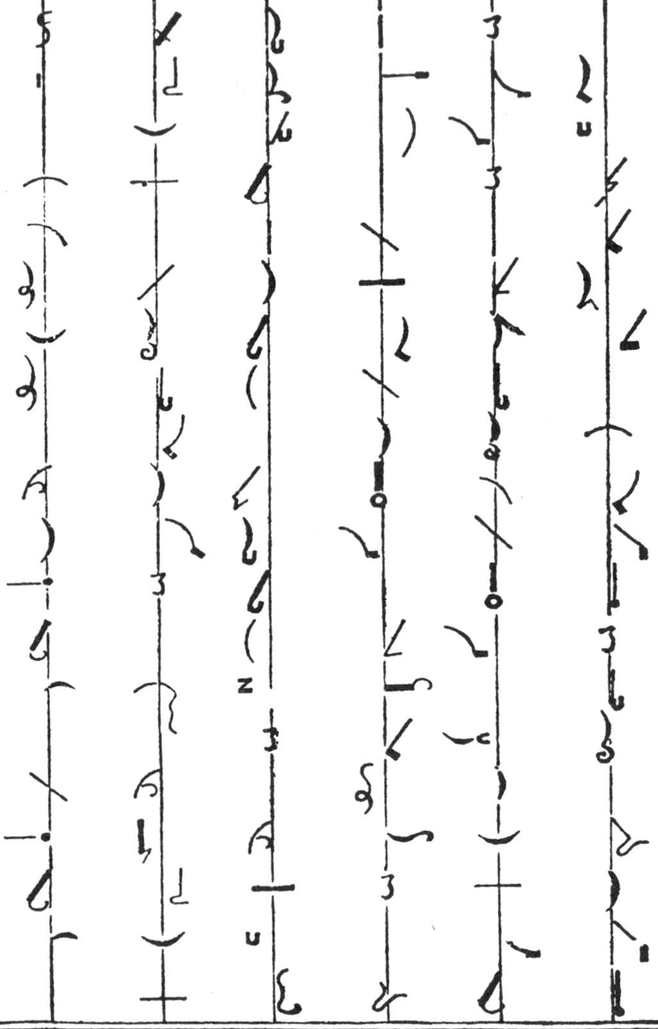

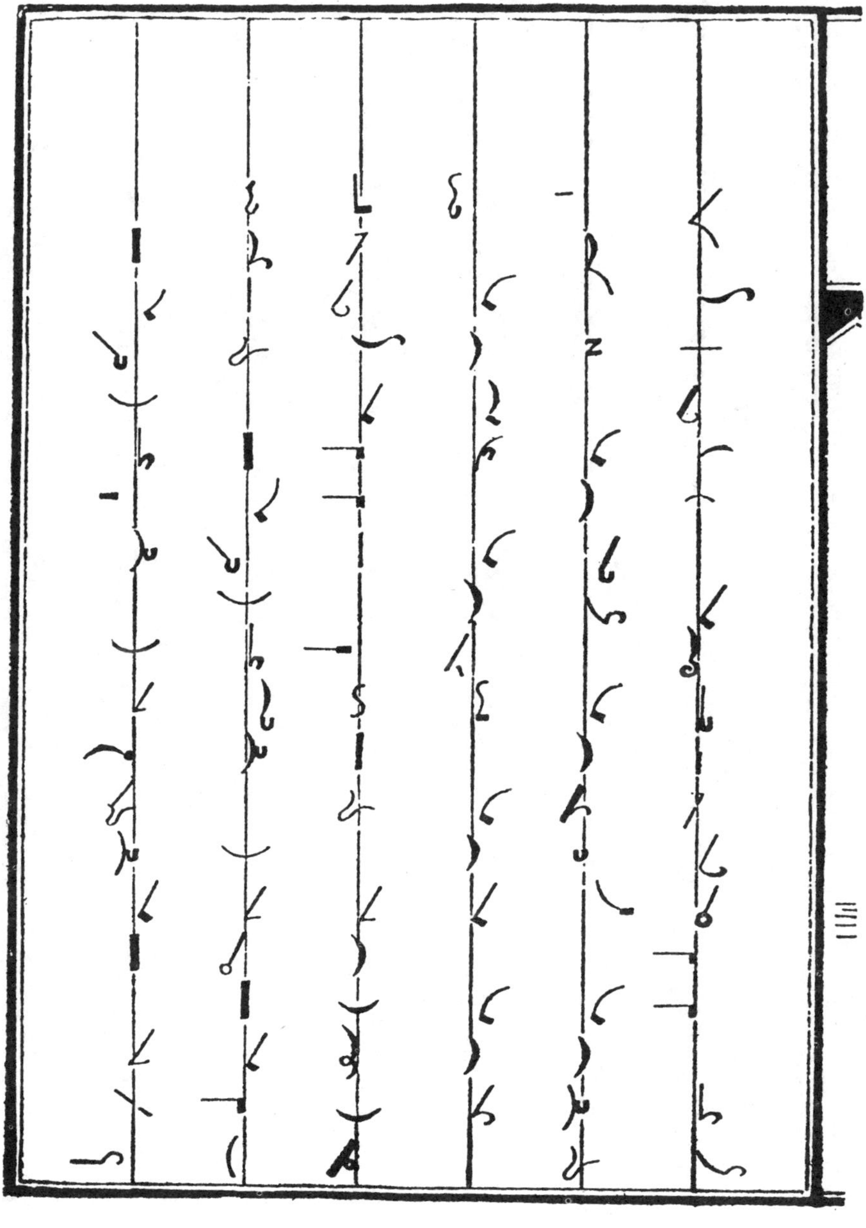

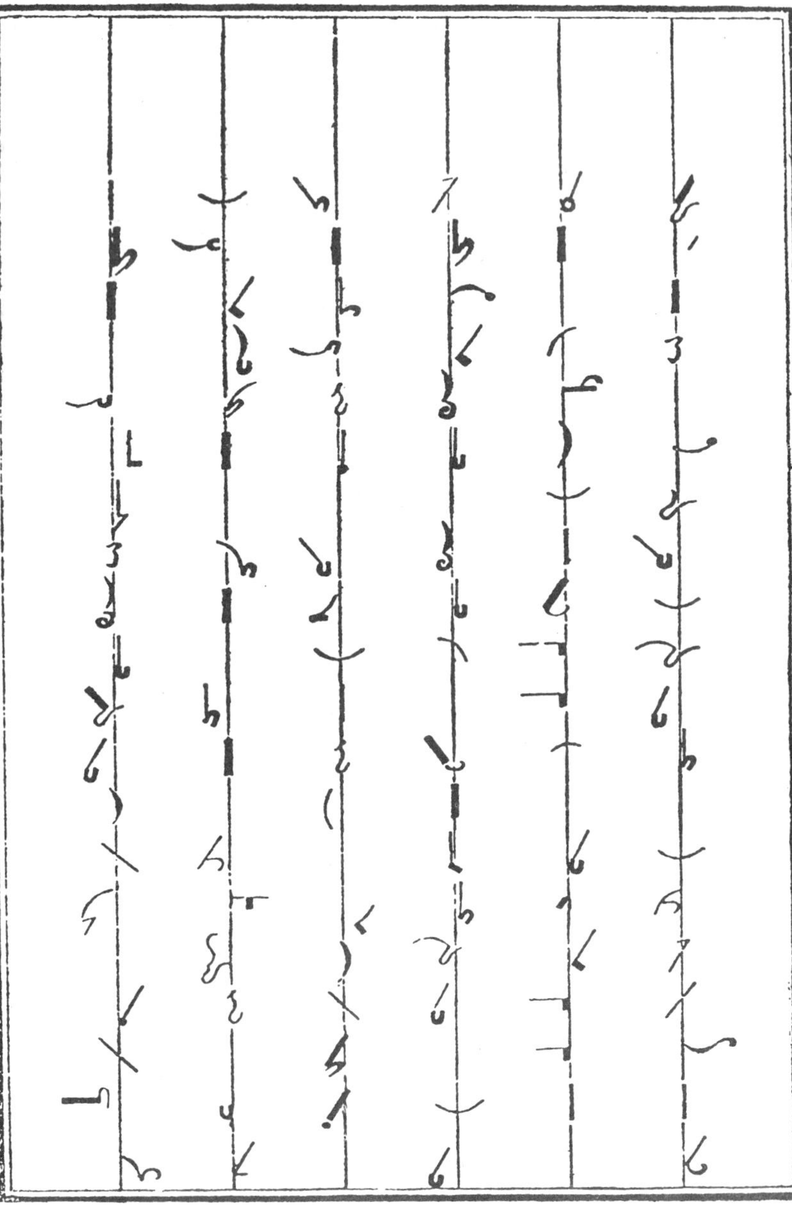

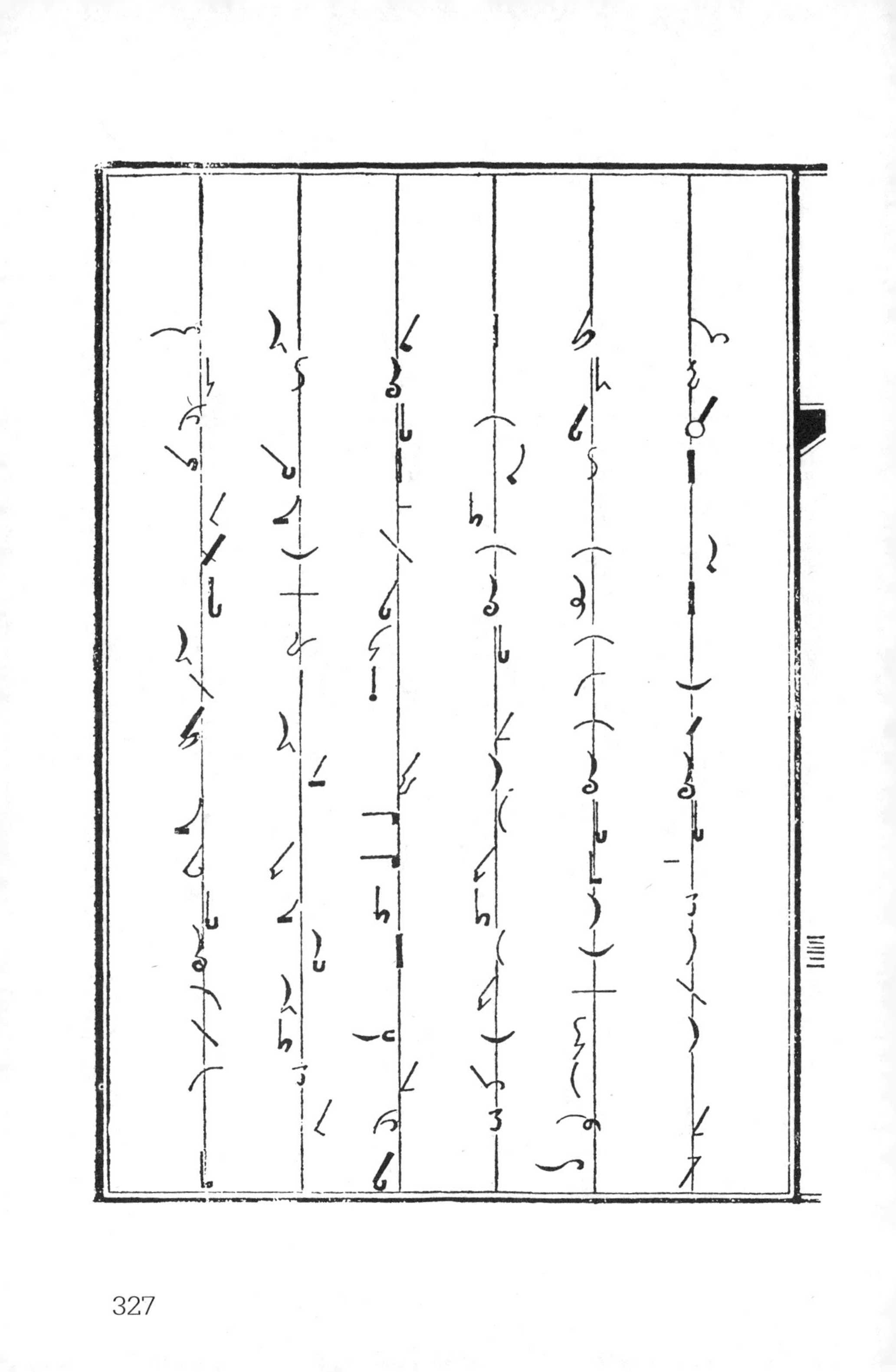

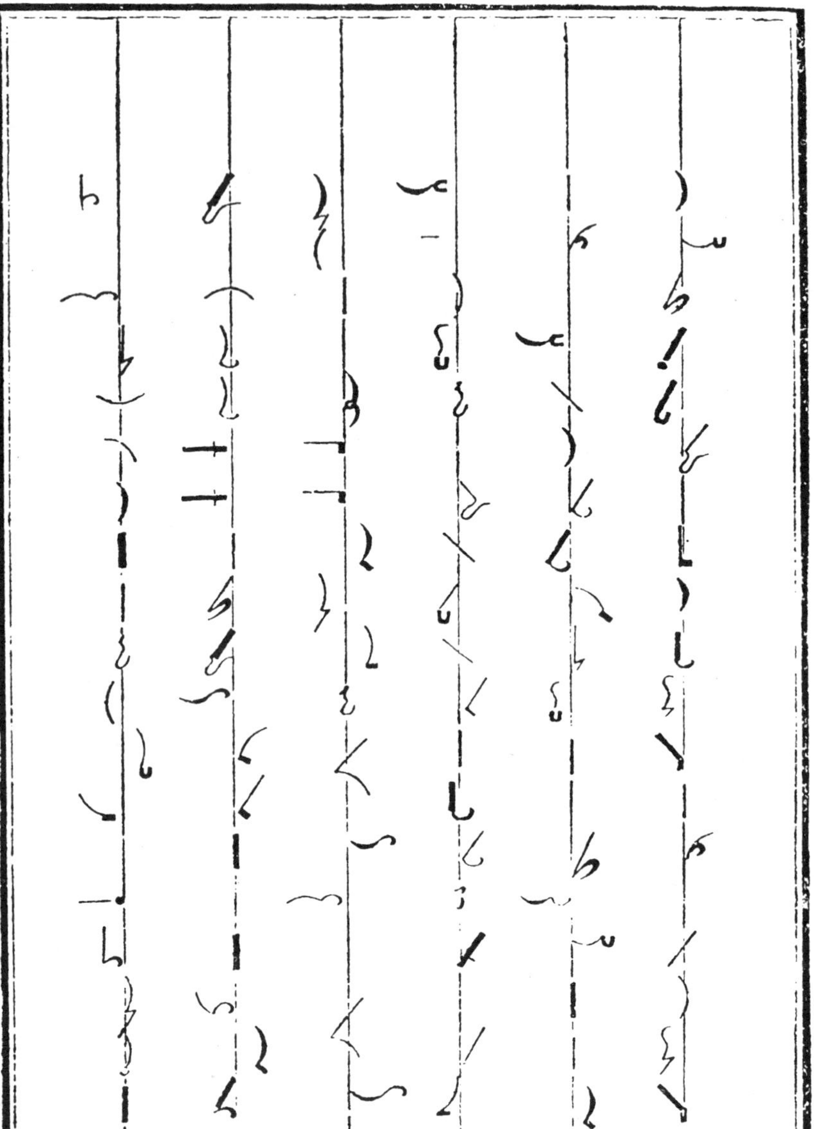

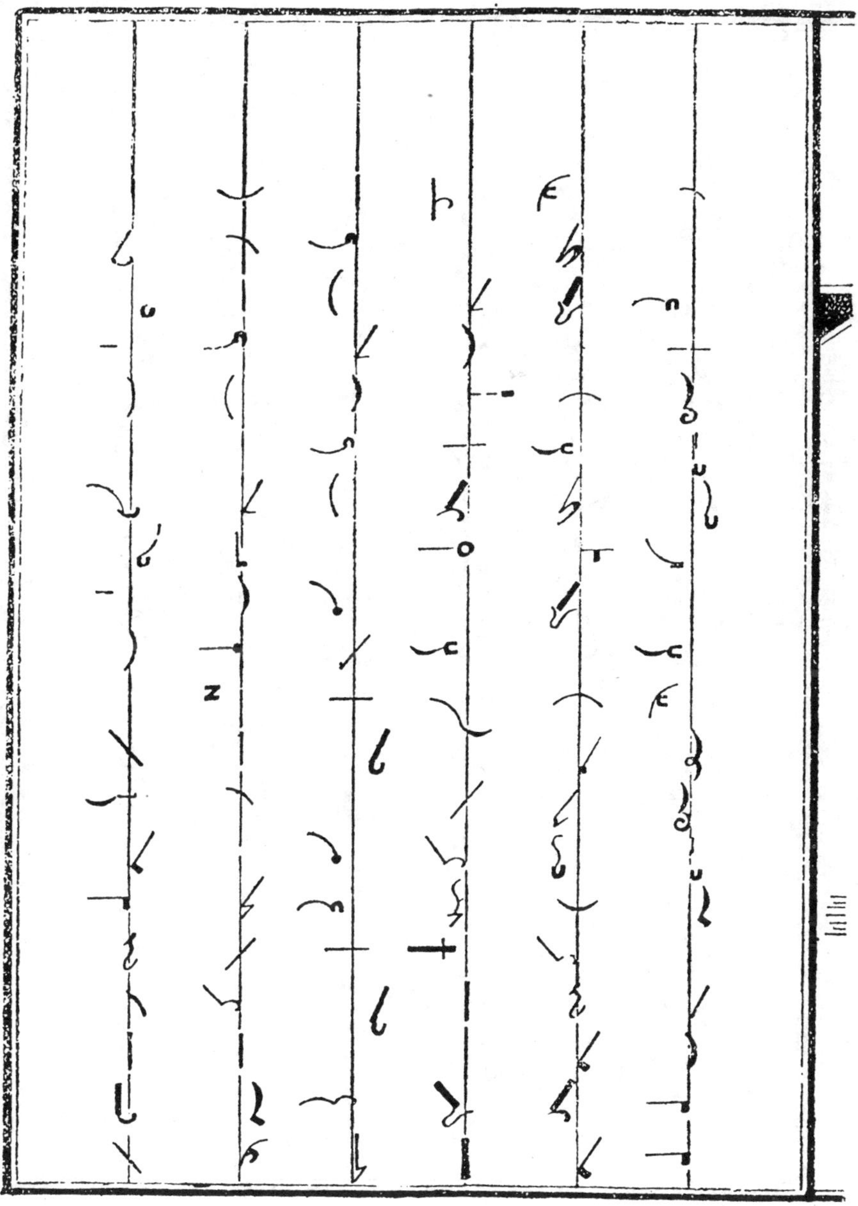

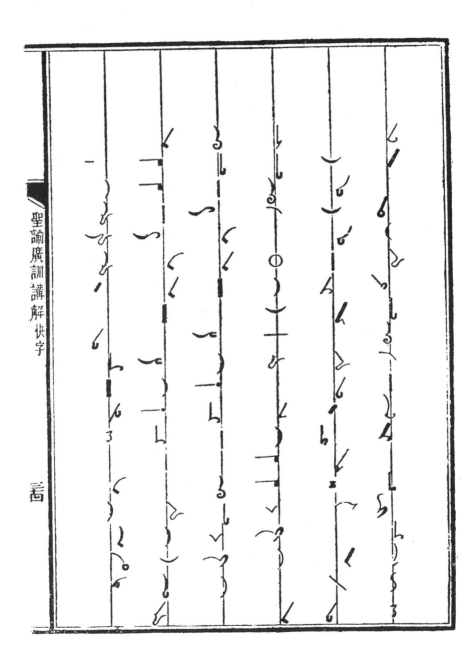

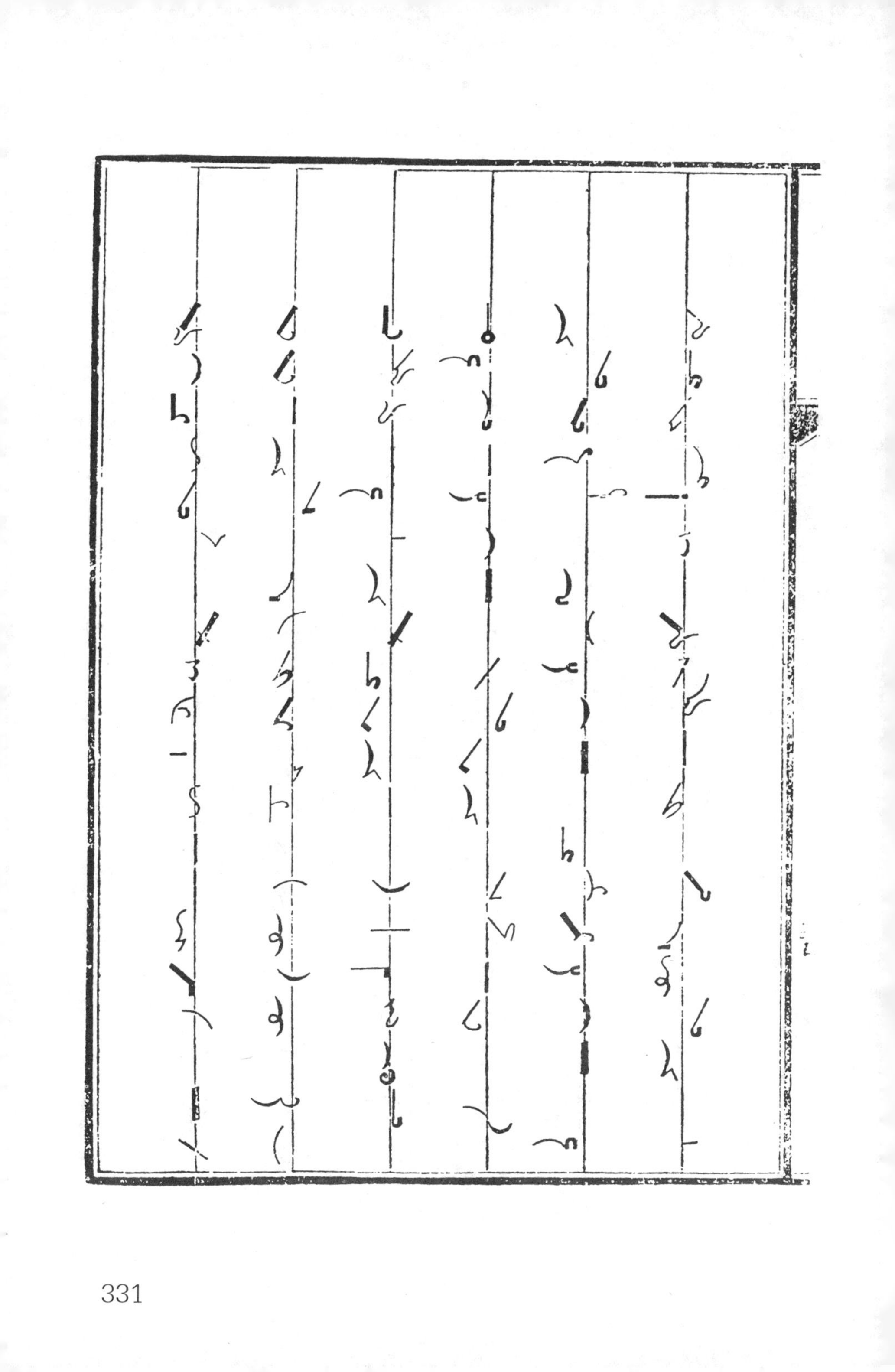

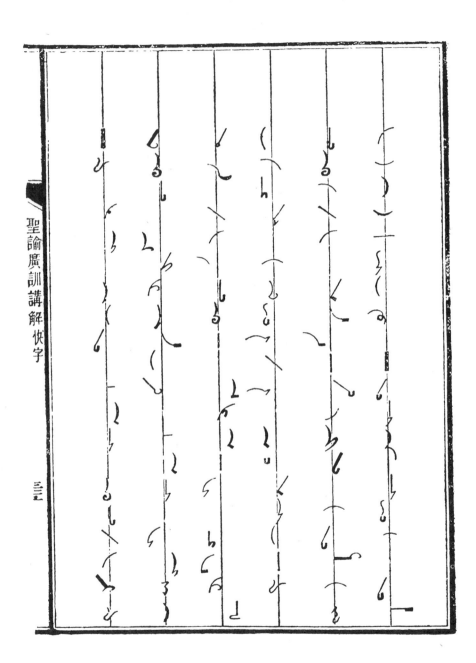

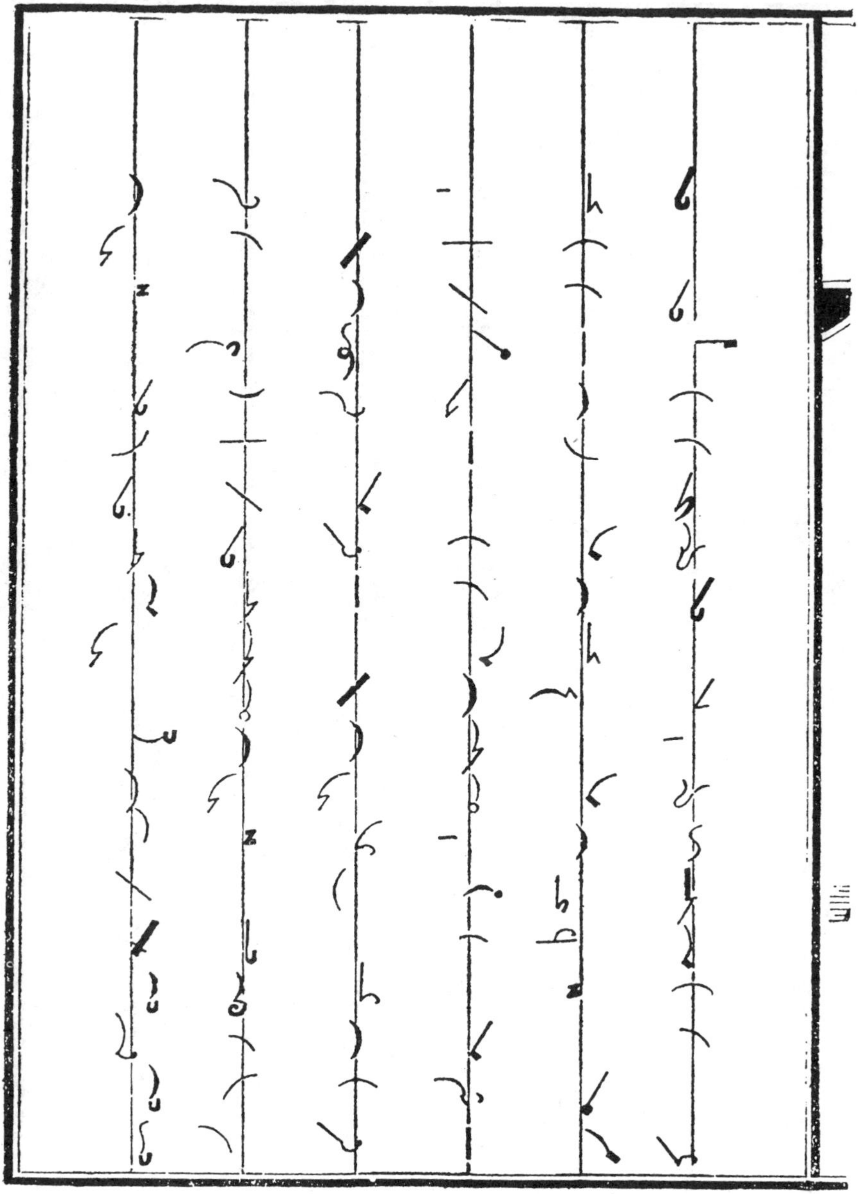

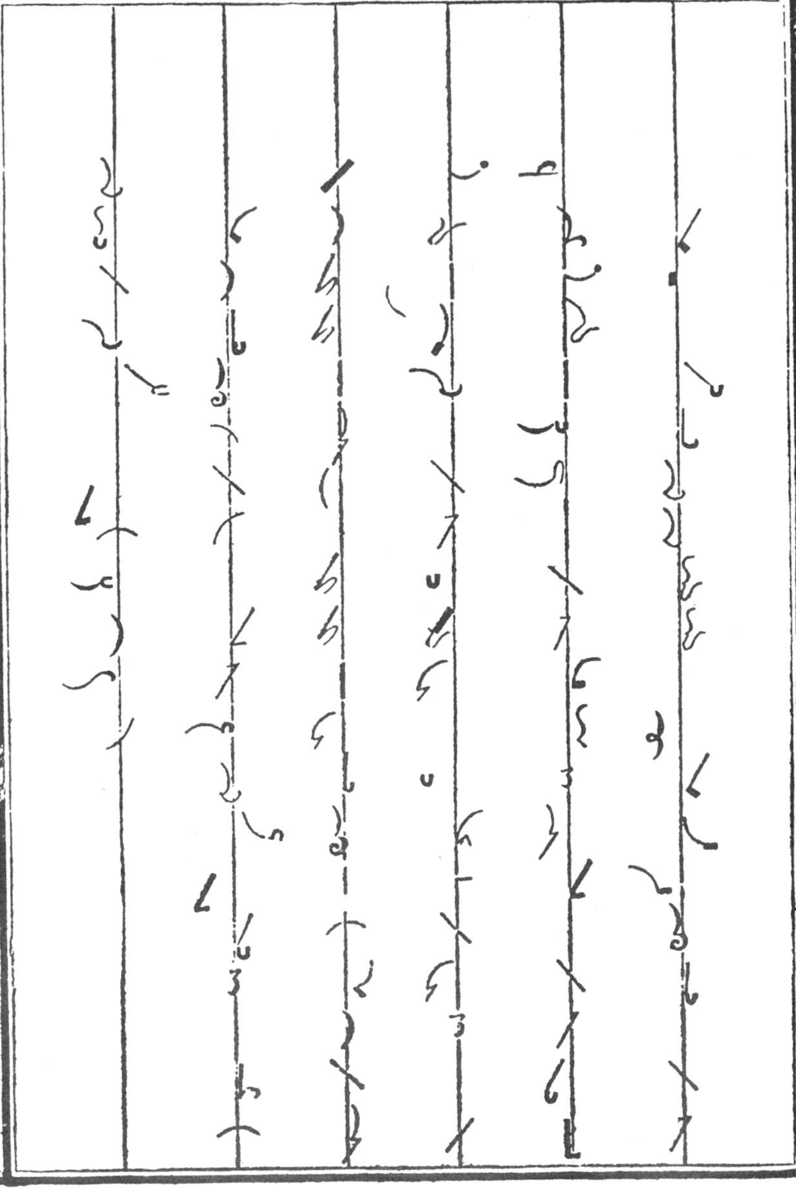

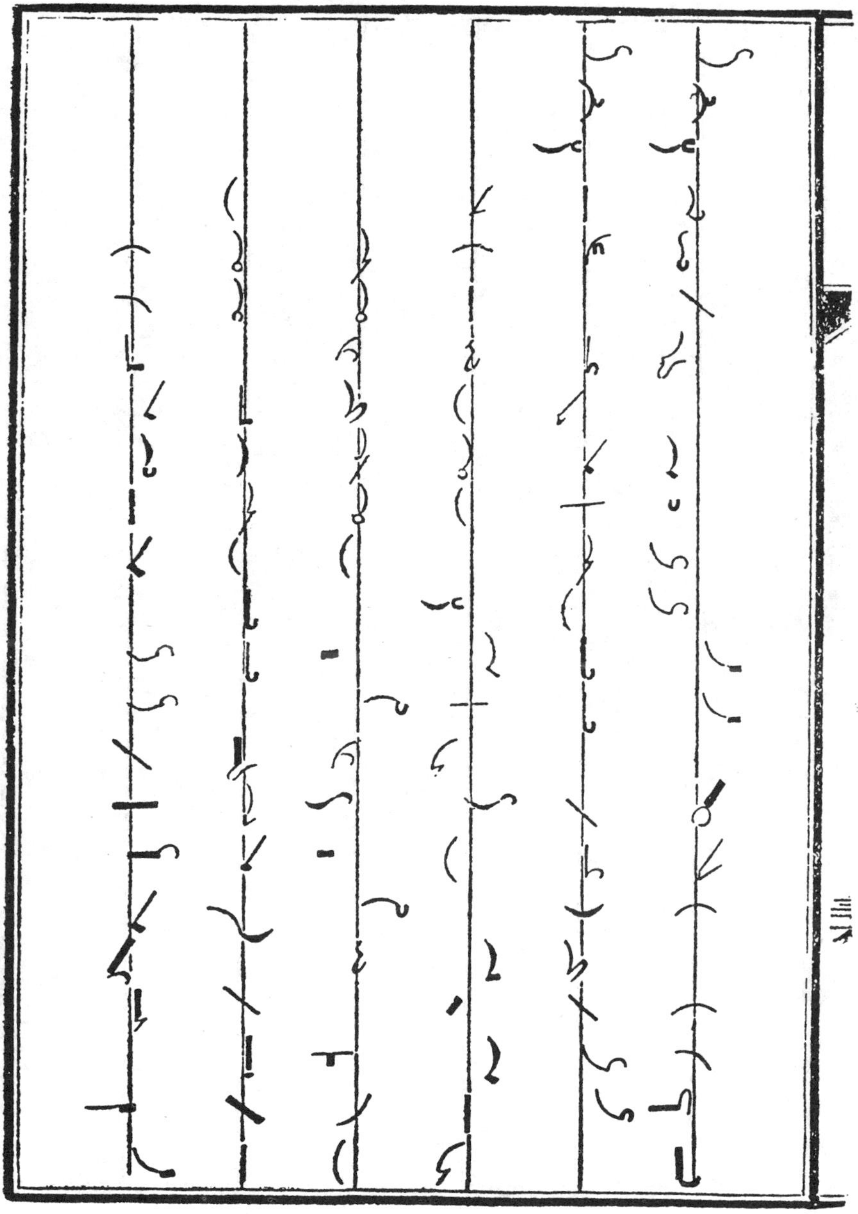

ᠶᠠᠪᡠᠴᡳ ᠠᠴᠠᠮᠪᡳ

《傳音快字》書後

《傳音快字》一卷，龍溪蔡毅若觀察所著也。觀察幼肄業『同文館』，熟谙西國語言文字。弱冠後，隨陳荔秋副憲出使美洲数年，考求益博。西文本简，更有简法。取曲直斜正，粗细點畫，纪音代字，記錄甚捷。乃增減分并，取合官音，列二十四聲，三十二韻。合聲韻以切音，以兩筆代一字；又以距格線遠近，判四聲。兩筆離合，別上下平，條理甚密。如遇本字，即以一筆代之。更推廣代其同纽之字，變化靡窮，為中國向所未有。儻施诸世，為用極廣，誠不可少之書也。

谐聲，為六書之一，而字居大半。後代遞增之字，此類為多，非取其易識耶。古未有反切之前，常语每與相合，人名物號多取雙生叠韻，已啟其機。魏孫叔然，創以代音，較漢儒譬況諸讀為確。梵筴入華，始有字母，其理不殊，惟古今音不同。後儒讖古書反语之疎，或更音和之字，皆以今繩古，在當時原不误也。

反切，本诸天籟。緩讀兩字，急呼成一字。上字為發语音，下字為语餘音。或有音無字，著書者不得不取相近者以代之。上必雙聲，論陰陽，不論平仄；下必叠韻，論平仄，不論陰陽，法寂简易，数言可了。而儒生有皓首不知其解者，缘見溪郡疑诸字母，以土音官音讀之，皆不合，故疑不能明耳。语人以反切，或不知。语以發语，語餘之音，則易知。语以谐聲，無不知矣。此書以切音為主，蕲合今音，不拘古韻，於音之發收弇侈，辨析甚微，非亦推廣谐聲之義乎。

自古及今，文字屡變。由古文籀篆八分，以至隸楷行草，皆有由繁趨简之機。西國文字亦然，由巴比倫而猶太，而希臘，而拉丁。至今法文，歐美二洲皆用之，而音讀各殊，惟美與英略同，其餘互異。然要以切音為本，语言串合，即為文字。且各國音多同纽，或同韻，類仍相近，惟與中國相去甚遠。即以英二十六字母言之，同韻者九，兩字同韻者二；同纽者亦九，而無東、冬、江、陽、真、文、庚、青诸韻。切出之音，得其仿佛，每切一字，常用数音，或多至六七，用雙聲而不用叠韻，此異於中國者也。惟其施诸本國，四境皆同，兼習他國语言文字，悉以切音對譯，未嘗有扞格之虞也。此書各韻次弟，本法國字母之音，取其與官音相近也。

近世民事日繁，恆苦限於時地。西人精思立法以通之，如火輪舟車電報及诸機器皆是。快字亦其一也，制彌简，而用彌宏矣。宋鄧肃言：『外國之巧，在文書简，故速。中國之患，在文書繁，故遲。』古今一概，若用此法，易繁為简，婦孺可知，慧者数日即通，鈍者不過数月。即未嘗讀書者，皆可以通情意述事理，而無不達之辭。更推史遷以训代經之法，凡所應讀之書，皆可以语言代文字，而得其要領。則化難為易，無書不可讀矣。

西音既與中國不同，各省以土音相近者代之，其字互異。若以切音對譯，庶得其真。電報以點畫纪数，以数编字，尚須检阅之煩，若以纪此聲韻，則得音即知其字，尤為捷矣。邇來當道力求振興，多仿西法。西人創此學，已膺懋賞，獲頒行。此書一出，知必有樂為表章者。近報纪廈門盧君言文字為振興之本，思以音制字，俾人共習，著論近萬言，而未見其書。此書一出，更必有先覩為快者。昔北朝孟威孫搴祖珽劉世清等，皆以能通外國语言見重時主。

觀察生逢聖代，遊歷外邦，既善翻譯，尤深洋務，且能變通撰著以資世用，其遇合不可預卜哉。向嘗因四元法，以天地人物代诸数，判方位以為識別，推其意，以弧角弦矢诸線纪音代字，图以資记，歌以便诵，體例各異，而用意略同，援漢學兼存之義，或亦可附驥而行乎。檢校既竣，因綴述其梗概。

光緒二十二年立秋節日花縣湯金銘謹跋。

發聲相等表

法	德	俄	英	聲	法	德	俄	英	聲
l	l	л	l	∫	d	d	д	t	│
ng	ng	ань	ng	⌒	t	t	т	t'	┃
y	y	и	y	‿	k	g	г	k	─
ch	sch	ш	sh	)	c	k	к	k'	━
ts	z	ц	tsz	(	b	b	б	p	╲
tz	ts	цз	ts	(	p	p	п	p'	╲
s	ß	с	s	)	tch	tz	з	ch	╱
j	j	жь	j	╱	ts	z	ц	ch'	╱
f	f	ф	f	╲	n	n	нь	n	⌒
j	j	жъ	z	╱	ou	w	у	w	‿
hi	ch	х	sh	⌐	m	m	м	m	⌒
w	w	в	v	∨	h	h	х	h	⌐

餘韻相等表

法	德	俄	英	韻	法	德	俄	英	韻
a	ă	а	ăh	ɲ	â	a	аа	a	ɲ
e	ĕ	э	ur	⊂	é	ä	ээ	é	c
ye	iä	й	ieh	ᴗ	i	i	и	i	ᴗ
yo	io	ё	ioh	⟍	o	o	о	o	⟍·
you	iŭ	ю	iu	—	ou	ŭ	у	u	—
ue	üä	юе	üé	/	u	ü	iy	ü	,
ai	e	ы	éi	·	aï	ai	ай	ai	·
ya	ia	я	ia	v	aou	aŭ	ао	ao	7
yē	iäi	яэ	iai	√	yao	iaŭ	iао	iao	7
yin	in	инь	in	◡	in	an	ань	an	⌒
en	ing	ынь	ing	◡	an	ang	анъ	ang	⌒
ouen	ŭn	унъ	un	∘	on	ŭng	уонъ	ung	•
uin	üan	юань	uan	○	ion	iŭng	уонь	iung	ɔ
ien	jen	инь	ien	v	en	ën	энь	en	/
uen	üin	юнь	üin	?	en	ëng	энъ	eng	/
eo	oŭ	оу	ou	^	yan	iang	іанъ	iang	ơ

全國高校古籍整理一般課題（編號1568）
國家社科基金重大招標課題
《語言變革與中國現當代文學發展》（編號16DA190）階段性成果

清末漢字改革方案文本 第二卷

高玉 选编·点校

浙江工商大學出版社—杭州

總目

第一卷

第二卷

總目

第四卷

拼音字譜

王炳耀 著

內容說明

這個方案也是採用速記符號作為拼音字母的。

作者王炳耀（生卒年不詳），男，東莞人。特別值得一提的是，他是漢字標點符號的創始人。中國古代沒有標點符號，只有閱讀意義上的『句逗』。王炳耀根據我國傳統的斷句方法，吸收外國的新式標點符號，經過反復研究，在1897年提出了他草擬的十種標點符號：『,』為逗號，『.』為句號，『。』為節號，『v』為段號，『：』為句斷意連號，『——』為接上續下號，『！』為慨歎號，『I』為驚異號，『?』為詰問句，『◇』為釋明號。這10種標點符號，後來大多數被採用，並和白話文一起推廣，逐步完善形成現代新式標點符號。1920年，北洋政府教育部發出53號訓令，通告全國採用12種新式標點符號。目前中國使用的標點符號為14種。

《拼音字譜》序

此《拼音字譜》以最簡之畫作字，擬成聲母，拼成韻母。粵音韻母五十三字，此五十三字中他省或減或加，如北音除減外，另加二十字，福潮二音加十字，客音加十字。十八省音約共九十三韻母字，三十聲母字，共一百二十三字。熟習之，中國土音幾可盡拼。粵音韻母字五十三，聲母字二十二，共七十五字。至愚之人亦不難學也。

以快筆字寫中國音，聲母一筆，韻母一筆，每字獨二筆，一便也。每字先讀聲母，后讀韻母，故兩筆可分寫，可連寫，可並寫，可上下寫，任人安置，以成形，二便也。已成之韻祇須讀熟，不須另學，拼字成韻，三便也。韻母之字，每字可如中國之字死讀之，亦可分釋拼合之，四便也。快筆字九聲之表在聲母起筆處辨，不須脫筆另寫，五便也。教小子婦女以及鄉愚細辨九音亦不易事，今快筆之字，惟於聲母起筆處教其認形，隨教者之聲讀之，與平日讀書法同，認形出音，易於教之辨九聲，六便也。粵音共二十二聲母字，每聲母本字非上平卽上入，起筆處變形則爲下平，下入或爲中入，且爲上上下上上去下去，如是每聲母字教之認六形，共認一百三十二字形，教不達文理者認形而讀，充口出之易於教之辨九聲多矣，況北音每聲母字祇用三形已足矣，豈不更易乎？若分聲不欲在聲母起筆處辨又可另寫，書內有二法任人擇用。

拼人之聲雖無字義，然覿面而談，聲出自然意明，拼音成字，即覿面相談矣。如必欲求字義，已在書內有表，表明分天地人物飛潛動植八類，每字依字義用法分爲八義，用一號加在字內，可知此字屬何類，有何義。倘以快筆之聲母字形難辨，則有楷書聲母可用，用楷書聲母拼楷書韻母原爲正法，即用以拼快筆韻母亦成字體也。

若云用文字，十八省可通，拼切土音則彼此不達，抑知中國土音各異，因所成之字諧聲者鮮，故十八省如十數國。倘以有義之字寫土音，忽兼取義，忽兼取音，若音不盡肖，則取其近者代之。且有無音可取者，每自造一字，而所造之字亦各不同，如是一句中之字或有取義，或有取音，或有無音，而自造者其雜如此，似不若以有義之字歸之。文學另立拼音之字拼寫土音，二者分途而用，較爲合宜。今用此拼音字非不用文字，惟拼土音通行本省，後用北音成書，待鐵路興，各省學北音必易，斯時十八省如一省，斯誠一國也。此字習之，數日可通，甚便，於農工婦稚可省其數年苦功。且以之報電報聲母韻母，每字獨報二次兩處，可省輾轉查對碼號之煩也。

更有要者，以別國字體寫本國土音，雖事勢或易行，然國基易轉移，故思強國脉者，欲於文字轉難爲易，宜知固國基者，當於字體自別不羣夫，然後能屹立不移，此拼音字譜所以參求本國字體爲體變，於己不變，於人而不失我中土之本然也。

《拼音字譜》序

中國之文字，由來尚矣，自結繩易爲書契而文運隆。然而唐虞三代之時，文字尚簡，故治亦極盛。洎乎秦漢以後，經生家務爲考据，於是字學諸書，浩如淵海，士至有皓首窮經，而未能盡名其字義者，至唐宋以詩賦掄才，有明以八股取士，文愈繁，則治亦愈衰。本朝科舉之法，悉沿明制，文則曰清眞雅正，字則曰光方通烏，聚天下聰明豪傑之人，終其身沈淪墨海，幸而通籍，則所學非所用（虛而不實），一切軍國大事，皆假手於幕友吏胥，而舞文之弊，遂致傷國脉，而喪元氣。固不待中日之戰，已知其致敗有由矣。

余世讀詩書，幼攻舉業，四戰棘闈，始離席帽，南宮三上，又遇罡風，其於文字之甘苦，既已親嘗，及今曠觀世變，遍覽西書，始悔三十年以前之精神，皆消磨於無用之地，而不謂當世士大夫，依然大夢未覺，一若地可割，欵可賠，而文字終不可變，坐視神州陸沈，聖裔種滅，此誠忠臣義士，太息痛哭，而莫可如何者也。今王君煜初，苦心孤詣，彙合各省方言，創爲拼音字譜，俾童蒙皆能解識，有合於聖人辭達而已之義。是書若風行海內，使學者得免文字之束縛，殫其力以講求經濟，未始非富強之初基，詎得以小道目之哉。

光緒二十三年孟夏穀日嘉應温灝謹序。

天下各國，惟中國與埃及，開文運爲最早。夏商之世，亞歐二洲，尚屬草昧，而中國與埃及，大啟文明，以二國之字相近也。二國之字體，起於象形。今至埃及考其金石，見其考古字，與中國鐘鼎籀文相彷，説者謂二國之字同出一祖，恐亦附會之辭，事有不謀而合矣。今斐洲部落，尚有獉狉之祖，披髮文身，茹毛飲血，因無字學，流之爲野。中國字學繁瑣，失之爲史，皆非中道。

夫中國之所以得成爲中國者，在於文字。而中國之所以僅成爲中國者，亦在於文字。文網之密，字學之繁，實爲致弱之基。埃及不振久矣，中國亦近爲外國憑陵，其故何哉？國朝功令，以文字取士，鄉會二場，取以文，殿試朝考，取以字。有因一點之悮，半畫之訛，竟遭勒帛，以字學之難也。士人窮一生之力，在於文字，何暇及於其他學也？嘗見鄉陬老生，帖括之外，叩以時事，茫然不知。英美不知在何部洲，中外不知有何合約。人才如此，何能興國。

泰西諸國，蒸蒸日上，不知者以爲在才之富，兵之強，其實在於字學之簡易。其法以二十六字母相生，至於無窮。中人之才，讀書數年，便可誦讀揮寫。故通國男女，鮮不學之人。學校隆，則人才盛，人才盛，則國運強，其勢然也。

家兄煜初，因中敗於日，有見於是，參用中西二法，而變通之，勞心歷月，擬成新字，名爲《拼音字譜》，其法簡便，文人學士，無藉於此，而平人習之，數旬既可通，隨意誦讀揮寫，無擱筆之虞，不第可便字學，亦可正讀語言，幸勿以小技忽之。

光緒二十二年季秋胞弟炳堃敬序。

夫人有音本於天性也，有音卽有言語，有言語然後有文字。言語之用達心意，而文字之用代言語耳。自聖人出，制字立義，以字義作口聲，使言由目入，遠可聞千古之語，近可聽四方之言，百官以察，萬民以治，治道之隆，豈不賴乎文字哉？顧言資乎耳，字資乎目，而文字之妙，能代言語，亦其路以人心。聖人創之，初非苦人所難，以博虛名也。惜今人鄙俗，言弄文字，玩月吟風，胸無實濟。何如於文字之外，復加拼音之字，拼切方言，使男女易習，立强國無形之實基。

日本重我國之文，並用本國方言之字，廣習西學，人民智而國強，已有足徵者。泰西之文，初或起於象形，終則歸於拼音。三千數百年前有名摩士者，腓尼基國人也，首創拼音新法，以二十六字爲母，拼切相生，始傳於希利尼，繼而羅馬，今遍行歐洲，讀書簡易，男女有學，其興有由矣。

今欲興中國，而專求歐美二洲之鐵路、機器、技藝、礦務、商務、銀行、郵政、軍械、戰艦，不務去僞之道，誘善之方，智民之術，興強無基礎，而羸弱反日深，前車之鑒，豈遠哉。夫泰西之強，先本於上下誠，男女學也，捨此不求，徒效外美，何異於截花插瓶，目前香豔。若卓識之臣，憬然悟之，思設學堂，以求西法，立報館以啟民心，可云務本之道。然化俗無方，虛僞如故矣，方言無字，民昧如故矣。

僕抱杞人之憂，設精衛之想，妄擬新字，拼切方言，字母比之泰西，書法依乎本國，拙者習之，旬日卒業，簡莫如也。是書拼音成字，書出口之音，運之入心，不由耳而由目，使目見者卽明。猶以口宣言，使耳聞者卽達，聲入心通，別無難義也。各字讀法，先聲母，後韻母，由左至右，自上而下，或先大后小，按音拼成，有識之士，虛心推行，始於家，繼而鄉，漸而國，合國爲家，天下莫強焉。

光緒二十二年仲秋王炳耀煜初序。

《拼音字譜》目錄

粵東客音增用韻母字

陽聲字又法

拼字法

分聲說

聲母字分聲表

別類分義說

聲母字別法類表

別類分義辨聲表又法

要道拼讀

陰聲字又法

陰陽合聲韻母字又法

鼻音字

分聲表

句義表

別類法

八聲分義表

拼音總說

聖諭拼讀

《拼音字譜》卷一

東莞王炳耀煜初撰

辨音總表

人聲成音總綱有二，曰陽聲，曰陰聲。陽聲自喉出，陰聲從唇齒牙喉口舌鼻中發。陽聲成音其純一而無別聲雜於中者，曰單音，分本音、變音二類。倘有別聲雜於中者，曰雙音。

凡聲所成之音，除厥陽聲，其發口未成音之微聲與音，未收口之餘聲，是爲陰聲。陰聲不能自成音，故不能讀，惟以陽聲之名名之，方能成音可讀。

本國言語有音無字者實多，今拼音之法按音成字，故有音卽有字。所擬字母各字，本國無字可音者，則用切音並用羅馬字作音註明，某字卽羅馬字某音，此亦學一知二也。

欲察人聲何音，最古當查其陽聲與陰聲如何變易。赤子祇有陽聲而無陰聲，故下列五單音字母，卽赤子發口聲，此爲最始之聲。其聲純直，變而有二陽聲合作一音者，其聲稍雜而曲，再變而有三陽聲合作一音者，其聲更輭而更曲。粵東羊城之音用陽聲者多至二字，北音、客音有用三陽聲合成一音者，以此理推之，粵音爲最古也。凡言語用陽聲少者，其音硬，須多分聲以補之，若勢使然也。粤東羊城之音有十聲，福潮人八聲，客人六聲，北音四聲，分聲少則音輭。歐人無分聲，其音更輭。或理有是歟？且查方言土音之變遲速如何，庶或可知其國之變遲速又如何。中土之音，去古未遠，卽是以推，庶知中土之人性難改舊，苟非聖神功化之力，未知何以能改也？不改未知何以能真强也。

本國之字，各具數音數義，且多同音別義者，用作電字，誠不易易。故電報學堂創用號碼，某碼指某字，來報之字數百箇，檢查之煩亦數百次，列明號碼，方能發電。接報者亦須按碼檢查方能抄譯，兩處輾轉查閱，然後完一報，此由字學之難也。倘用拼音新字電報字母，卽能成字，兩處可省檢查之煩，縱有同音別義之字難分，然接電者全句讀之，必知當用某字況。發報后不明者，釋之，多釋數字較之檢查更覺省事，惟釋字之費不取之於報電者，庶或公平。現電報學堂諸生，肄習電字，若將此新字以北音或南音教授，與舊法同習，習之有成，分遣各省，不第可節國家之財用，且可正中國之方言以歸畫一，豈不美哉。

電力運機所成之聲，分長短音，短音者作篤字讀，長者作都字讀。都字以一畫誌之，篤字以半畫別之，使讀者書者一目了然。

以電報字每字約報四次，依此新字祇報二次，一報聲母，一報韻母，合之成一字。電字列於卷終。

軍字說

軍旅之事未之學也，行軍之字，亦未之聞也，惟以理推。我國之字，作形示意，其難與電報字等，用此新字，晝則以旗，夜則以燈，遙示字母，對者見形，一人報字，一人揮寫，遠達軍情，此法簡便。

作形報字，其式列左圖：

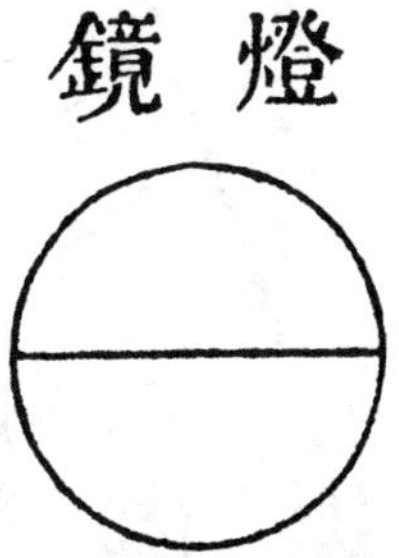

軍中之燈，內有機括，鏡光半露則作點，全露則作畫，點畫互用以成字，與電報之字同。

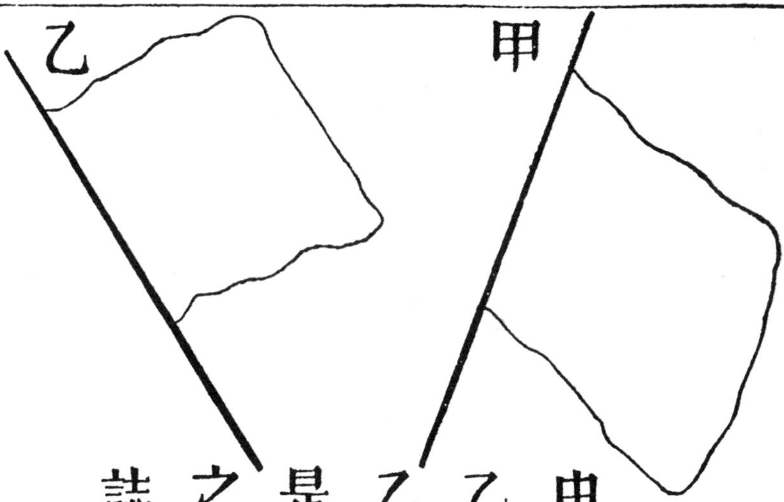

由甲處至乙處復由乙返甲處是為一點之形以點誌之

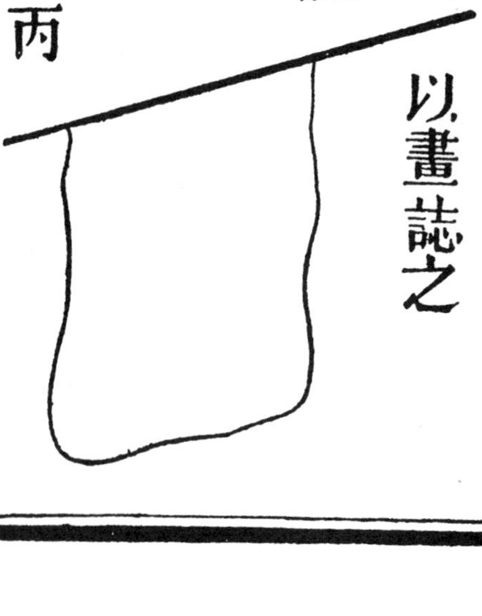

由甲處至丙處復由丙返甲處是作一畫之形以畫誌之

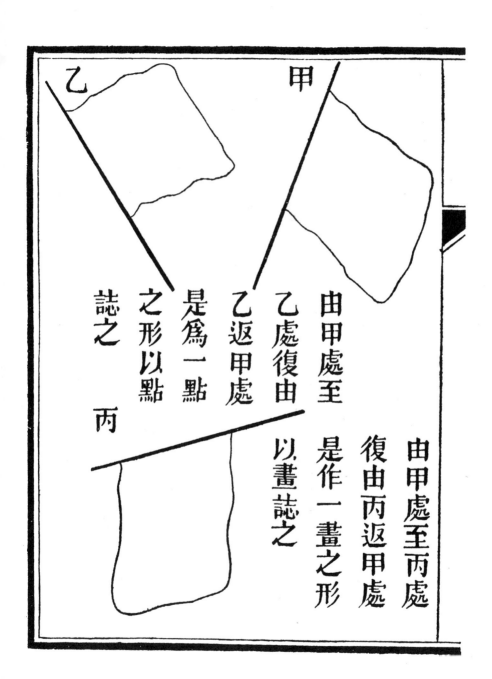

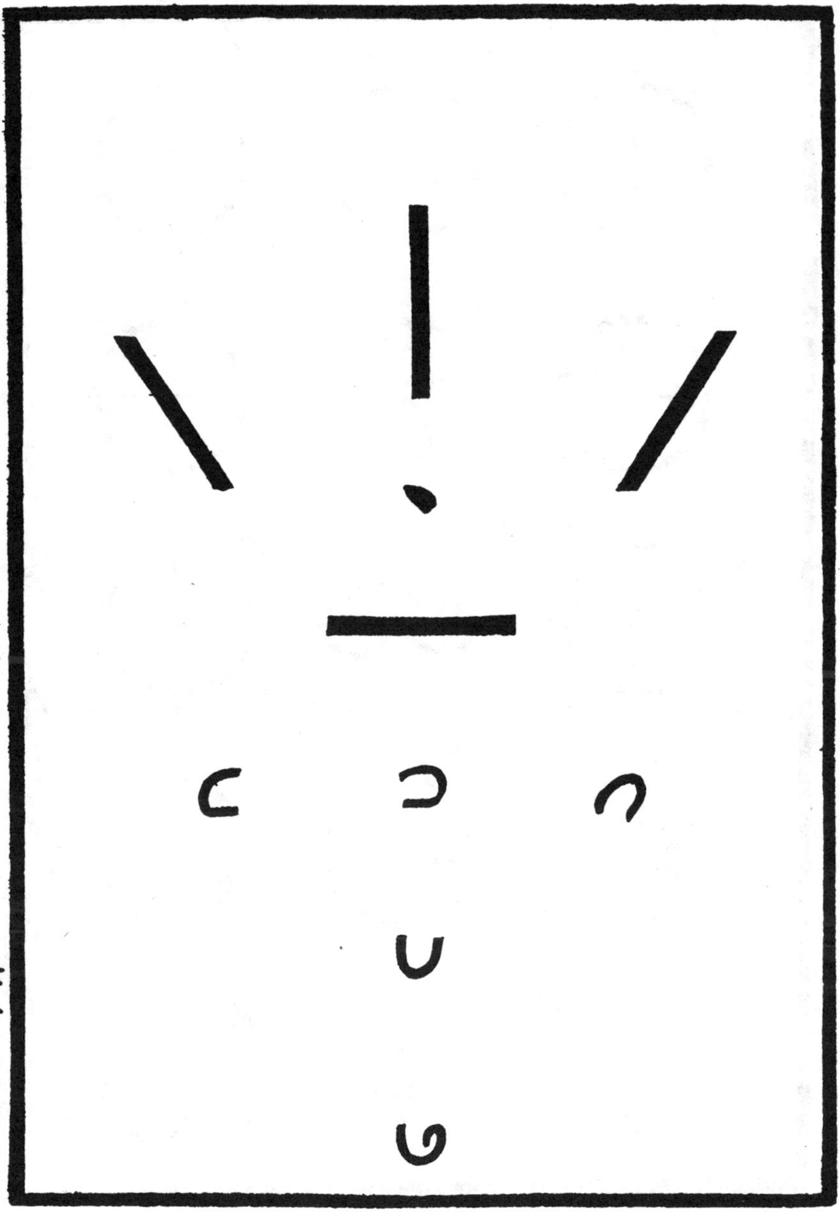

又十二

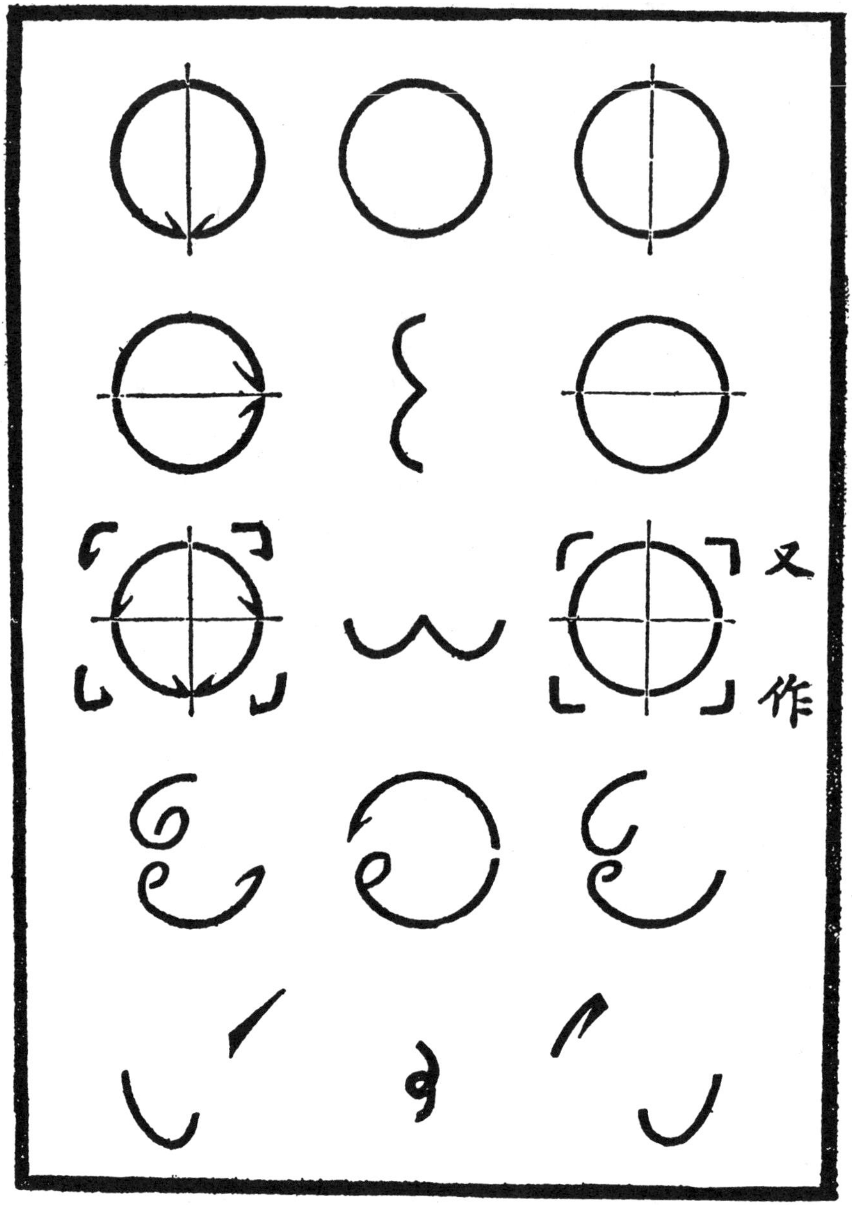
又作

陽聲字圖表

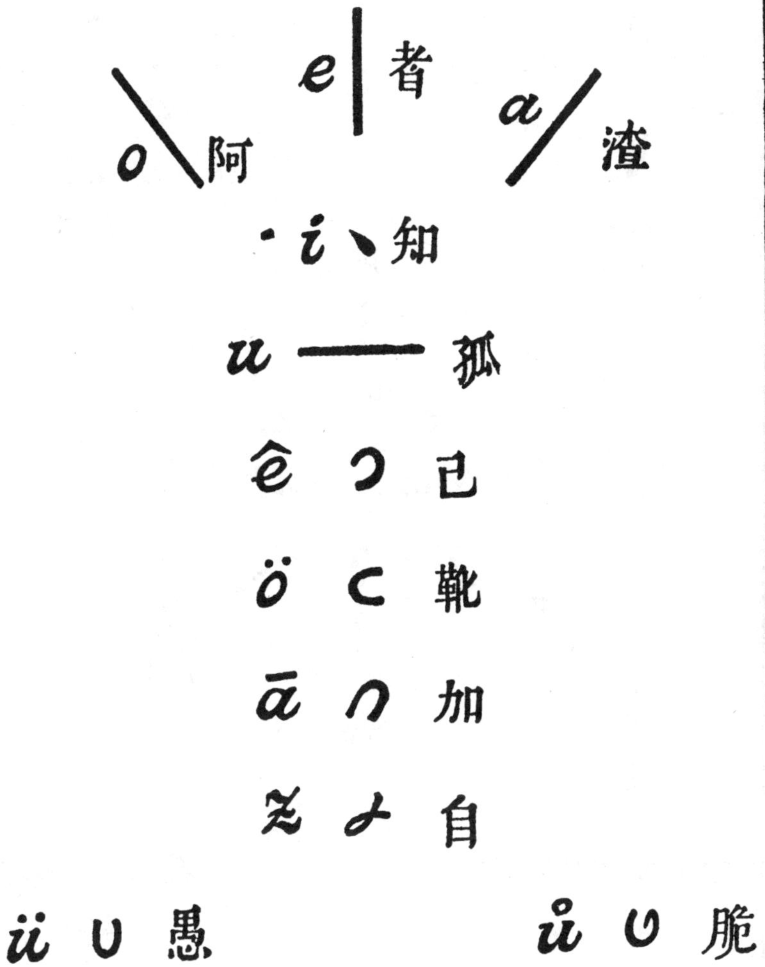

e 者
o 阿
a 渣
i 知
u 孤
ê 已
ö 靴
ā 加
z 自
ü 愚
ů 脆

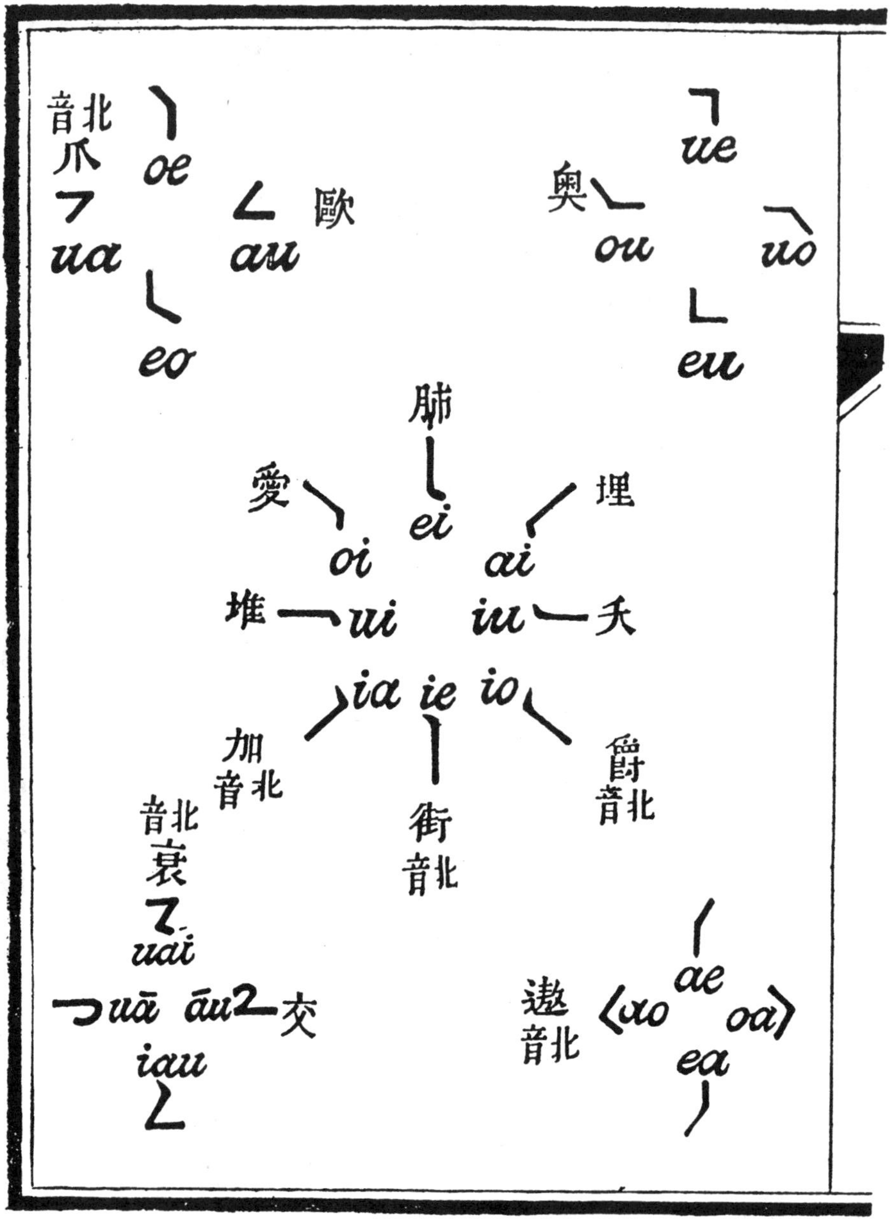
北音
爪
ua
oe
eo
au
歐
奥
ou
ue
uo
eu
肺
ei
愛
oi
埋
ai
堆
ui
iu
夭
ia
ie
io
加
北音
街
北音
爵
北音
北音
衰
uai
uā
āu
交
iau
遨
北音
ae
oa
ea

陰聲字圖表

巴
哥 打
　 k　p　t　拿
　乍　ch　n　利
　思　s　l
　　　w
哇

　訝
卡　　他
　kh　g　扒
　　　ph
查　chh　th　吾
　　　ng
沙　sh　t　夫
　　h　ts
蝦　　哉

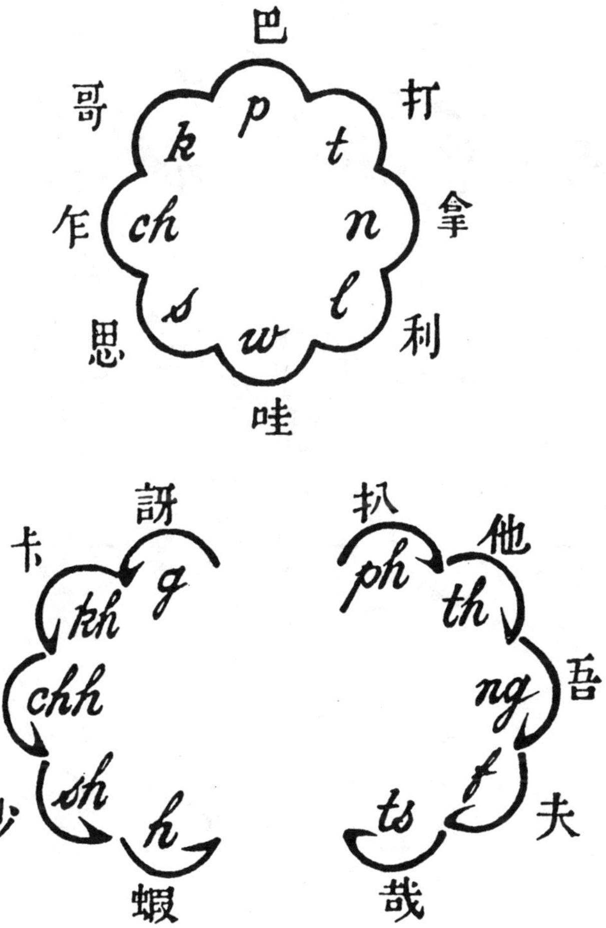

kw	瓜		*hs*	喜	北音
kwh	誇		*hh*	希	北音
sw	隨	福州音	*mw*	昧	福州音
lw	類	福州音	*tsh*	裁	
m	馬		*y*	爺	
r	離		*j*	如	

拼音字譜

陽聲本音字 卽韻母字左之切音取其韻母之音卽此字本音			羅馬字
／	阿渣切	粵音家假嫁韻从此 下皆粵東音韻	a
｜	阿者切	遮者蔗韻从此	e
、	阿知切	衣倚意韻从此	i
＼	音阿	科火貨韻从此	o
一	阿孤切	孤古故韻从此	u

陽聲變音字

⌒	阿加切	卽／字之變聲長	ā

ᑐ	粵音依已切	幾紀記韻从此即丨字之變	ê
ᑕ	阿靴切	即丶字之變	ö
ᑌ	粵音阿脆切	雖髓歲韻从此即一字之變	ů
∪	阿愚切	諸主著韻从此即一字之變	ü
陽聲雙音字即用二字切合成一音一字			
㇙	阿胇切	威偉畏韻从此	ei
く	阿埋切	皆解介韻从此	ai
ㄥ	阿叟切	修叟秀韻从此	au
ㄋ	粵東音坳	交絞教韻从此	āu

ㄥ 粵東音奥	都倒到韻从此		ou
〉 粵東音愛	栽宰載韻从此		oi
ㄱ 阿堆切	魁賄誨韻从此		ui
一 粵東阿天切	朝沼照韻从此		iu
ㄴ 粵東音在於靴之間	eu	∪ 雖髓歲韻當从此	üi
北音增用 下用北音切			
〈 阿遨切	ao	ノ 阿加切	ia
〈 阿表切	iao	丨 阿街切	ie
㇏ 阿爵切	io	7 阿爪切	ua

ㄛ 阿衰切 uai

乁 阿規切 uei

乀 阿過切 uo

增備

丿 即丨丿二字切合成音 ea

乚 即丨丶二字切合成音 eo

ㄥ 即丶丿一三字切合成音 iau

丿

＞ 即丶丿二字切合成音 oa

ㄑ 即丶丿丶三字切合成音 oai

ㄱ 即丶丨二字切合成音 oe

ㄱ 即一丨二字切合成音 ue

ơ 即c∪二字切合成音 öü

陰聲字　卽聲母又曰發口字

陰聲之字有聲無音原難朗誦須附陽音方能教授每字發口未成音之聲卽陰聲字本聲發口成音所成之響音是附入之音非陰聲字本音本音卽有聲無音之啞音也無音故曰聲母又曰發口已下所音之字是取其發口之啞聲非取其成音之響聲讀者審之

○　音馬　合脣音　買美妙摩母滿茫聲从此　*m*

◡　音哇　輕脣音　歪爲窩挽王穩等聲从此　*w*

音夫 輕唇音 非否凡方分風等聲从此 f

音巴 輕唇音 拜包彼表波邦等聲从此 p

音扒 重唇音 抓泡皮嫖婆傍等聲从此 ph

音思 齒縫音 瑣叟蘇遂散桑等聲从此 s

又作假 
粵音玆 此陰聲字可作陽聲字用 z

音思 齒縫音 北音私祠死涘等音从此 sz

音哥 輕牙音 街高狗古工肝等聲从此 k

又作假 
音卡 重牙音 慨靠摳抗叩等聲从此 kh

音蝦 喉音 孩好何罕杭恨等聲从此 h

北音潮音用此收聲者即為入聲書體變作一

 音爺　輕舌上音　愚有養咽天等聲从此 y

 音如　重舌上音　北音以銳讓等聲从此 j

 音利　輕卷舌音　勞李留慮林等聲从此 l

 音離　重卷舌音　即震舌聲北音用此字 r

 音拿　舌尖音　乃惱内尼女等聲从此 n

 音打　輕舌尖音　大代刀帝店等聲从此 t

 音他　重舌尖音　太台叨啼添等聲从此 th

 音哉　輕舌尖齒縫音　早嘴租左葬等聲从此 ts

	音裁	重舌尖齒縫音	曹隨粗搓藏等聲从此	tsh
	音自	北音子咨茲滋紫梓字漬等聲从此		tsz
	音此	北音疵雌慈祠次剌賜等聲皆从此		tszh
	音沙	腭上音	篩捨視收誰等聲从此	sh
	音乍	輕頂腭音	召者知舟主等聲从此	ch
	音查	重頂腭音	超扯痴抽除等聲从此	chh
	粵東音瓜	輕滿口音	掛卦註罣寡等聲从此	kw
	粵東音誇	重滿口音	夸姱等聲从此	kwh
	粵東音訝	鼻音	潮州音有用此爲聲母	g

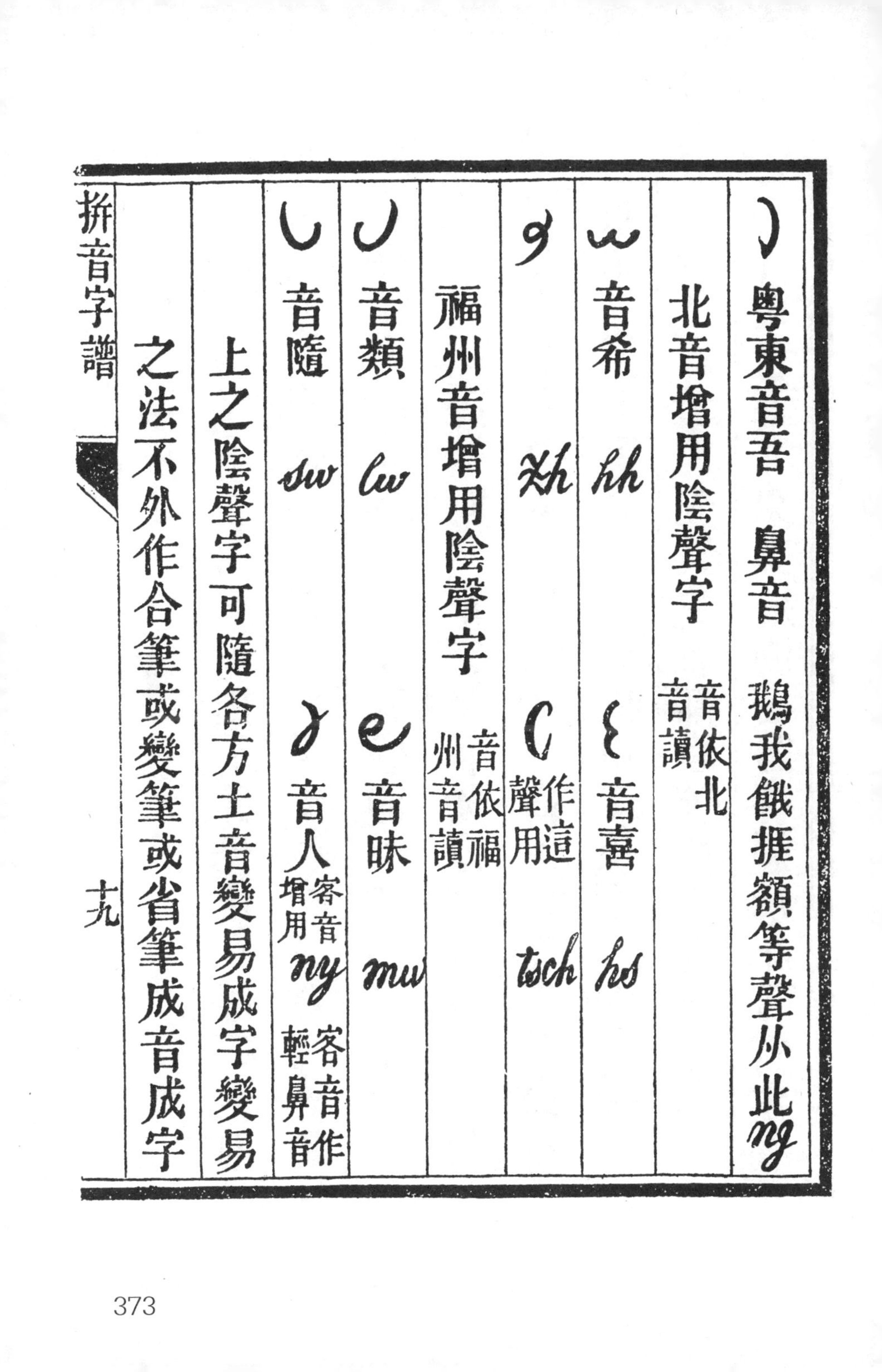

粵東音吾　鼻音　鵝我餓捱額等聲从此 ng

北音增用陰聲字　音依北音讀

音希 hh　音喜 hs

Xh　作這聲用 tsch

福州音增用陰聲字　音依福州音讀

音類 lw　音昧 mw

音隨 sw　音人 客音增用 ny 客音作輕鼻音

上之陰聲字可隨各方土音變易成字變易

之法不外作合筆或變筆或省筆成音成字

陰聲字用法

上之陰聲字用在陽聲前則爲聲母用在陽聲後則爲韻母作韻母用者共有六字○ ⌒ ( )) ⌒等是

此字中有三字粵東用作入聲卽⌒ (⌒等是

韻母之陰聲字有可作省筆者如) 字可省作丨卽陽聲字收筆尖直處也 ⌒ 字可省作 / 尖直處向右挑上) 字可省作、尖直處向左挑上 (字省作•

) 音拿　先賓鴛敦翻官等韻从此可省作丨

) 音吾　東英將剛登澎等韻从此可省作、

音打　畢乙卒屑等韻从此可省作

北音韻母無此字

音馬　金甘等韻从此北音韻母無此字

音巴　急刼甲蛤韻从此北音韻母無此字

音哥　盍着角德額韻从此北韻母無此字

附

音蝦　北音有用此字收聲者如厥刼歇
沌穴雪日列畧聶別出失實迭咽等是此
卽爲入聲也所别者北音收聲迂長粵音

收聲短速耳不可謂北音無入聲也況潮
音入聲有宜用此字者如益着月德脉甲
臘割等是以此例之更證北音非無入聲
也此字用作韻毋字可省作一

陰陽合聲韻母字

下切之音取其韻母

		粵音阿陰切	金錦禁韻从此	am
		粵音阿三切	緘減鑑韻从此	ām
	又作	粵音阿謙切	兼檢劍韻从此	im
		粵音阿堪切	甘敢紺韻从此	om
	省作	收筆尖鋒直處作）字用	粵音阿新切賓禀殯韻从此北音阿珊切	an
	省作	阿蘭切	翻反泛韻从此	ān
	省作	阿緍切	先蘚線韻从此	in
	省作	粵東音安	干趕幹韻从此	on

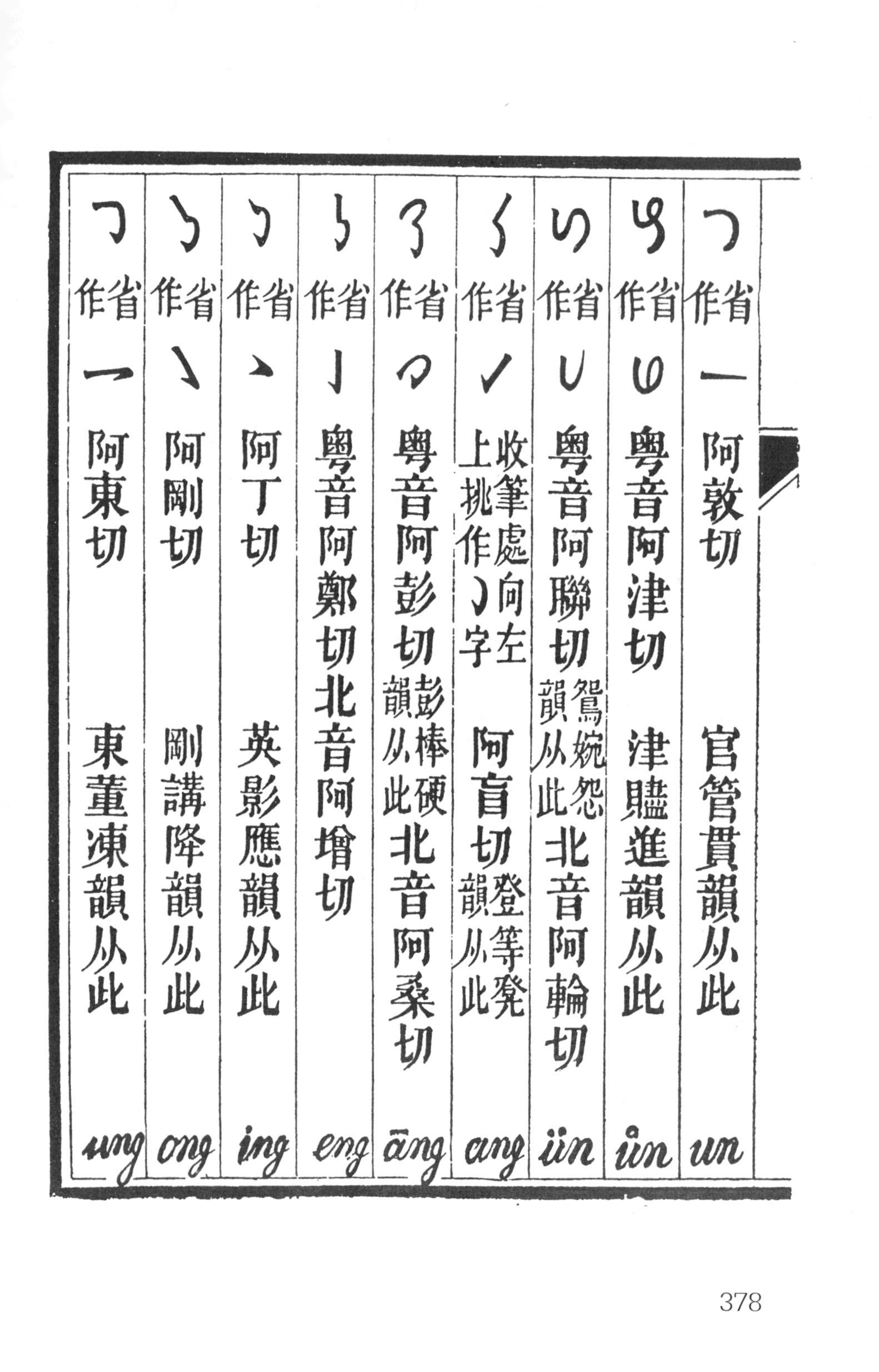

符號	省作	切音	韻	北音	拼音
		阿敦切	官管貫韻从此		un
		粵音阿津切	津贐進韻从此		ûn
		粵音阿聯切	鴛婉怨韻从此	北音阿輪切	ün
		收筆處向左上挑作□字	阿盲切　登等凳韻从此		ang
		粵音阿彭切	彭棒硬韻从此	北音阿桑切	āng
		粵音阿鄭切		北音阿增切	eng
		阿丁切	英影應韻从此		ing
		阿剛切	剛講降韻从此		ong
		阿東切	東董凍韻从此		ung

[glyph]	省作 [glyph]	粵音阿羊切	張掌帳韻从此 已下概是粵東音切	eung
[glyph]	省作 [glyph] 又作 △	阿若切	着韻从此	euk
[glyph]	又作 [glyph]	阿德切	德韻从此	ak
[glyph]	又作 [glyph]	阿額切	額韻从此	āk
[glyph]	又作 [glyph]	阿益切	益韻从此	ik
[glyph]	又作 [glyph]	音惡	角韻从此	ok
[glyph]	又作 [glyph]	音屋	篤韻从此	uk
[glyph]	又作 [glyph]	阿急切	急韻从此	ap
[glyph]	又作 [glyph]	音鴨	甲韻从此	āp

又作	阿業切	刼韻从此	ip
又作	阿鴿切	蛤韻从此	op
省作	阿不切	畢韻从此	at
省作	阿發切	發韻从此	āt`
省作	阿熱切	屑韻从此	it
省作	阿葛切	割韻从此	ot
省作	阿活切	括韻从此	ut
省作	阿卒切	卒韻从此	ůt
省作	阿乙切	乙韻从此	iit

北音增用韻母字 下列韻母字姑擬一式敬俟各方志士隨音删改

韻母	省作	切	拼法
[illegible]	丨	阿恩切 用北音切下皆同	en
[illegible]	[illegible]	阿煎切	ien
[illegible]	[illegible]	阿列切	ieh
[illegible]	[illegible]	阿專切	uan
[illegible]	[illegible]	阿昏切	uen
[illegible]	[illegible]	阿戀切	iian
[illegible]	[illegible]	阿將切	iang
[illegible]	[illegible]	阿窮切	iung

省作	阿莊切		uang
省作	音二		erh
福潮二音增用韻母字			
省作	阿則切	用福州音切	aik
省作	阿見切		ieng
又作	阿欲切		iik
省作	阿獲切	用潮州音切	uak
省作	阿益切		iah
省作	阿月切		ueh

 省作  阿刼切 iap

 省作  阿畧切 iak

 又作  阿祝切 öiük

 又作  阿衆切 öiüng

粵東客音增用韻母字

 省作  起筆微曲處作丿字用可阿壁切用客音切 yak

 省作  阿畧切 yok

 省作  阿俗切 yuk

 省作  阿接切 yap

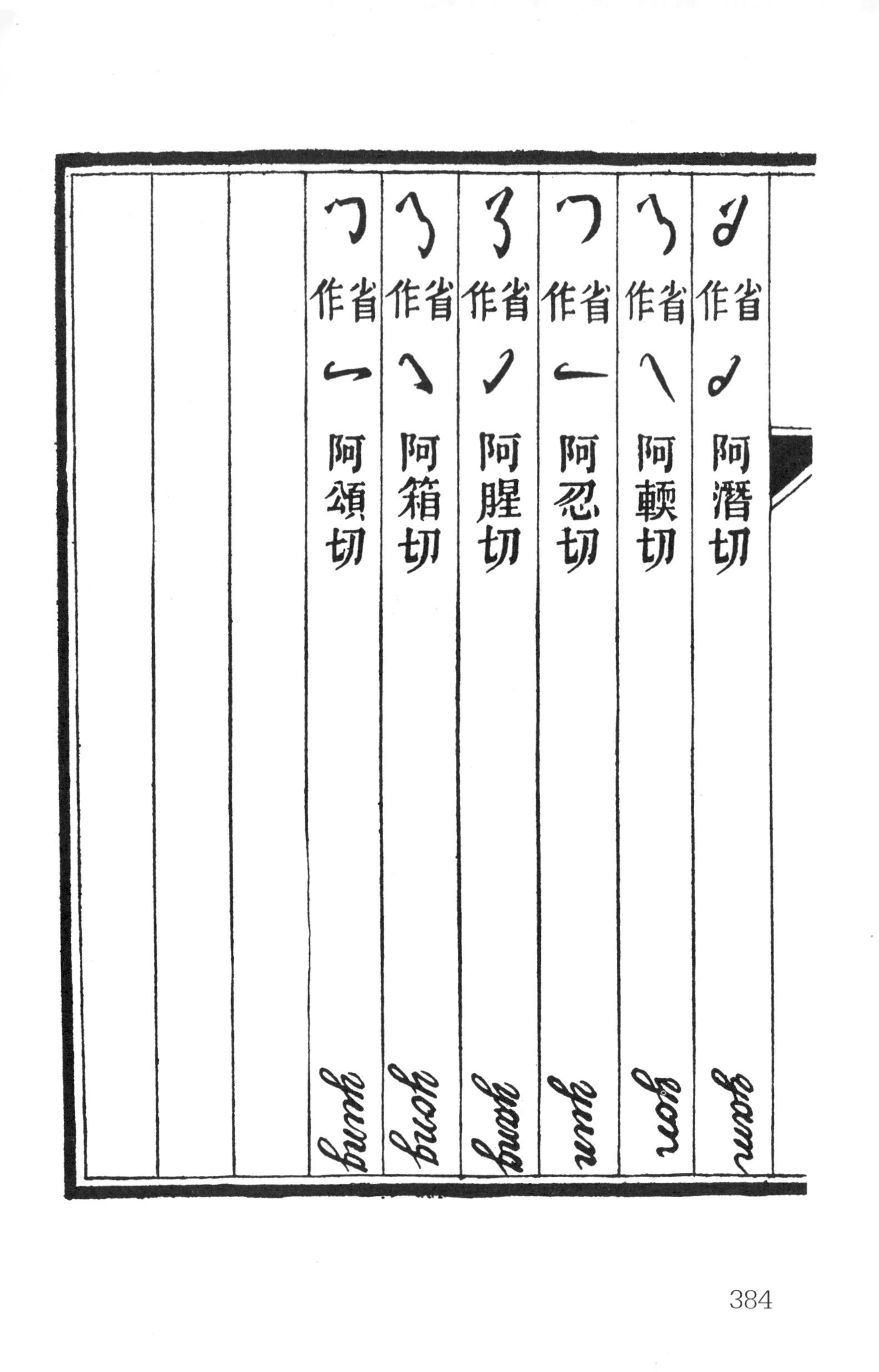

省作 阿潛切 gam

省作 阿輭切 gon

省作 阿忍切 gun

省作 阿腥切 gang

省作 阿箱切 gong

省作 阿頌切 gung

陰聲字叉法

可作楷書用

ㄑ	音馬	m	✓	音哇	w
厂	音夫	f	ㄩ	音卑	b
乙	音巴又作乁在韻母作ㄩ	p	九	音扒	ph
ヽ	音絲	c	Z	音思	s
亅	音茲	z	乙	音思	sz
i	音哥在韻母作亅	k	1	音卡	kh
ヌ	音蝦在韻母作一	h	/	音爺	y
ン	音如	j	一	音利又作ㄱ	l

ㄐ	音離	r
ノ	音拿	n
ア	音地	d
了	音打在韻母作乀	t
イ	音他	th
ㄑ	音哉	ts
ㄅ	音裁	tsh
山	音自	tsz
ㄢ	音此	tszh
ろ	音沙	sh
ツ	音乍	ch
彡	音查	chh
レ	音瓜	kw
ら	音誇	kwh
乂	音訝	g
入	音吾又作八厂	ng
丿	音希	hh
ㄏ	音喜	hs

ナ zh 𠃌 tsh

丆 音類 lw ㄑ 音昧 mw

エ 音隨 sw ㇄ 音人 ny

陽聲字又法 可作楷書用

コ 又作 ノ 音家 ā 十 依已切 ê

山 阿靴切 ö ㄇ 阿愚切 又作 ㄇ ü

ᗜ 阿脆切 又作 ᗜ ů マ 阿雖切 雖字音當从此 ůi

陽聲本音ノ丨丶乀一五字依前法故不復贅

陰陽合聲韻母字又法

可作楷書用

く	阿陰切	金錦禁韻	am
ㄟ	阿謙切	兼檢劍韻	im
ク	阿新切	賓禀嬪韻	an
ノ	阿緡切	先蘇線韻	in
フ	阿敦切	官管貫韻	un
ア	阿聯切	鴛婉怨韻	üin
人	阿彭切	彭棒硬韻	ang
入	阿丁切	英影應韻	ing
ㄜ	阿三切	緘減鑒韻	ām
乁	阿堪切	甘敢紺韻	om
ろ	阿蘭切	翻反泛韻	ān
〉	音安	干趕幹韻	on
刀	阿津切	津贐進韻	ün
人	阿盲切	登等凳韻	ang
人	阿鄭切		eng
入	阿剛切	剛講降韻	ong

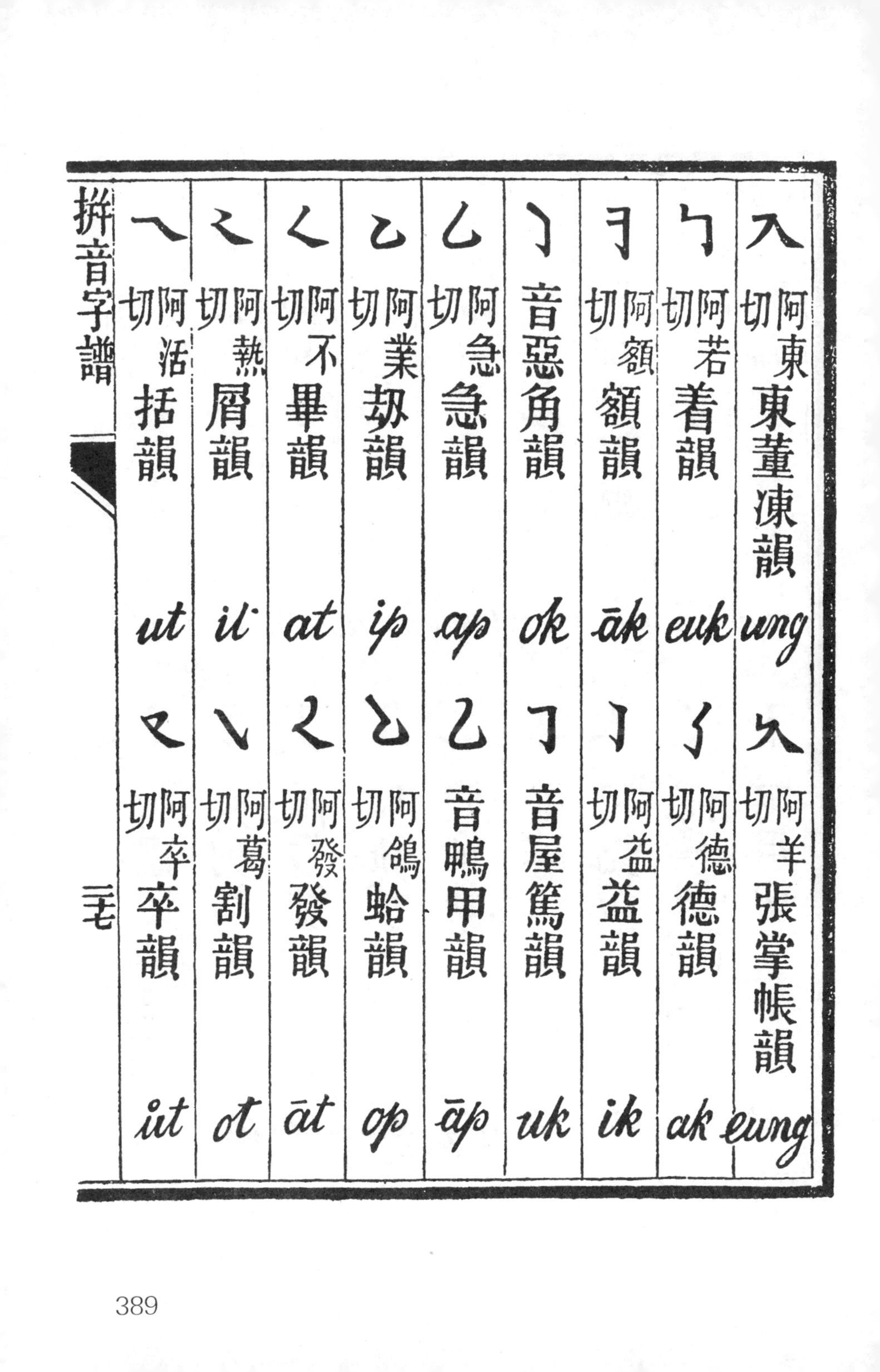

- 阿東切 東董凍韻 ung
- 阿羊切 張掌帳韻 eung
- 阿若切 着韻 euk
- 阿德切 德韻 ak
- 阿額切 額韻 āk
- 阿益切 益韻 ik
- 音惡角韻 ok
- 音屋篤韻 uk
- 阿急切 急韻 ap
- 音鴨甲韻 āp
- 阿業切 刼韻 ip
- 阿鴿切 蛤韻 op
- 阿不切 畢韻 at
- 阿發切 發韻 āt
- 阿熱切 屑韻 it
- 阿葛切 割韻 ot
- 阿活切 括韻 ut
- 阿卒切 卒韻 ůt

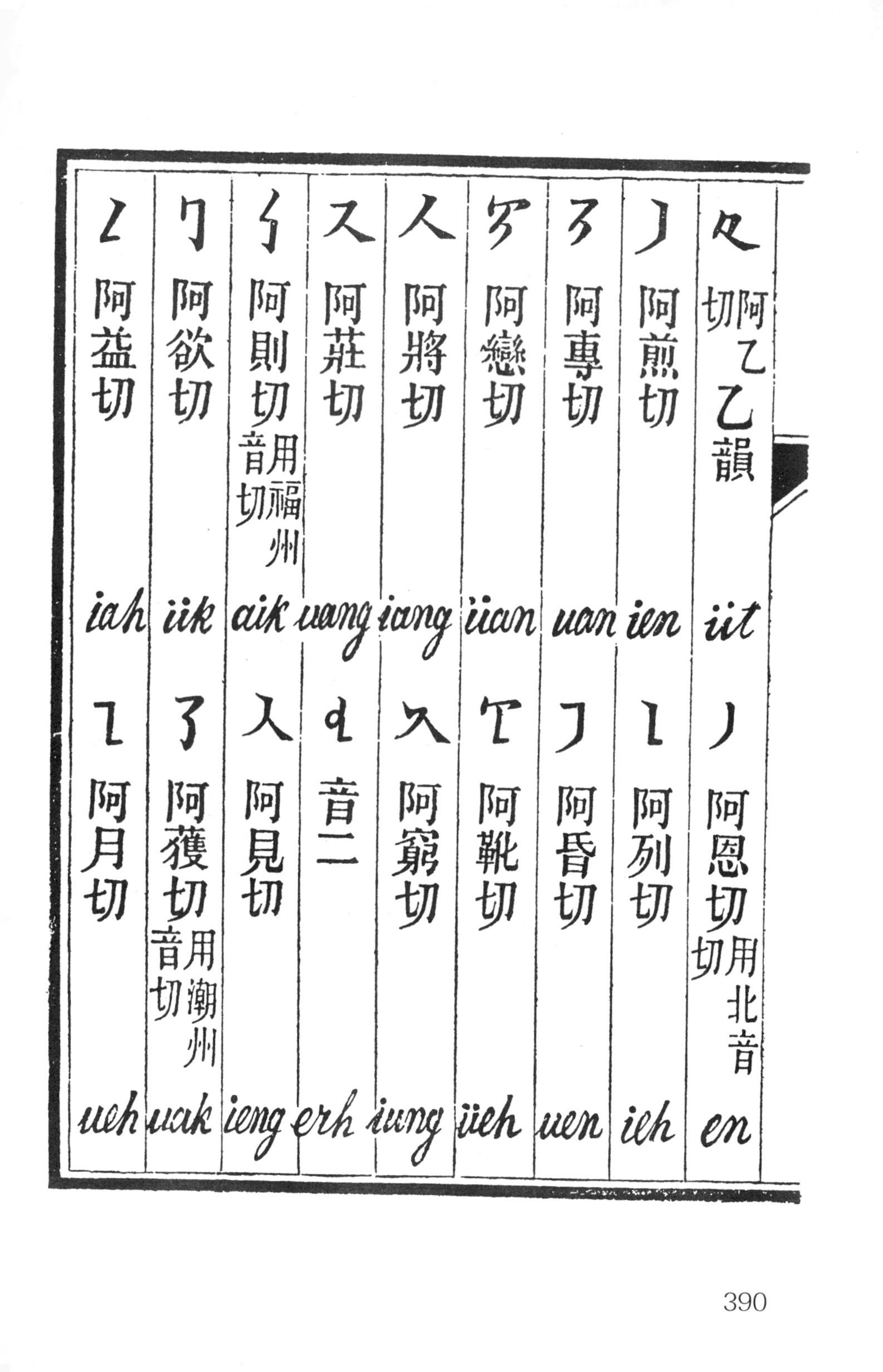

乙韻

切	注	拼音
阿乙切		iit
阿恩切	用北音切	en
阿煎切		ien
阿列切		ieh
阿專切		uan
阿昏切		uen
阿戀切		üan
阿靴切		üeh
阿將切		iang
阿窮切		iung
阿莊切		uang
二音		erh
阿則切	用福州音切	aik
阿見切		ieng
阿欲切		iik
阿獲切	用潮州音切	uak
阿益切		iah
阿月切		ueh

乙	阿劫切	iap
了	阿畧切	iak
㔾	阿祝切	öük
夂	阿衆切	öüng
了	阿璧切（用客音切下同）	yek
丫	阿畧切	yok
冂	阿俗切	yuk
乙	阿接切	yap
乏	阿潛切	yam
丷	阿輭切	yen
ワ	阿忍切	yun
久	阿腥切	yang
入	阿箱切	yong
入	阿頌切	yung

鼻音字

大 音吾 卽陰聲聲母字變作陽聲韻母字用如

粵東吾五悟韻从此

拼字法

拼音之法卽以兩字或數字拼合爲一音一字也。或謂以聲母拼音母，一聲一音合爲有聲有音之字也。如以陰聲字爲發口聲母，以陽字爲出口音母，卽以聲拼音爲（家音）字，聲母在左，音母在右，或聲母在上，音母在下，如拼爲，運合爲一有聲有音之字也。下列各字，左是聲母，右是音母，以左之聲母各字週拼右之音母各字，拼之純熟，自用之不滯矣。

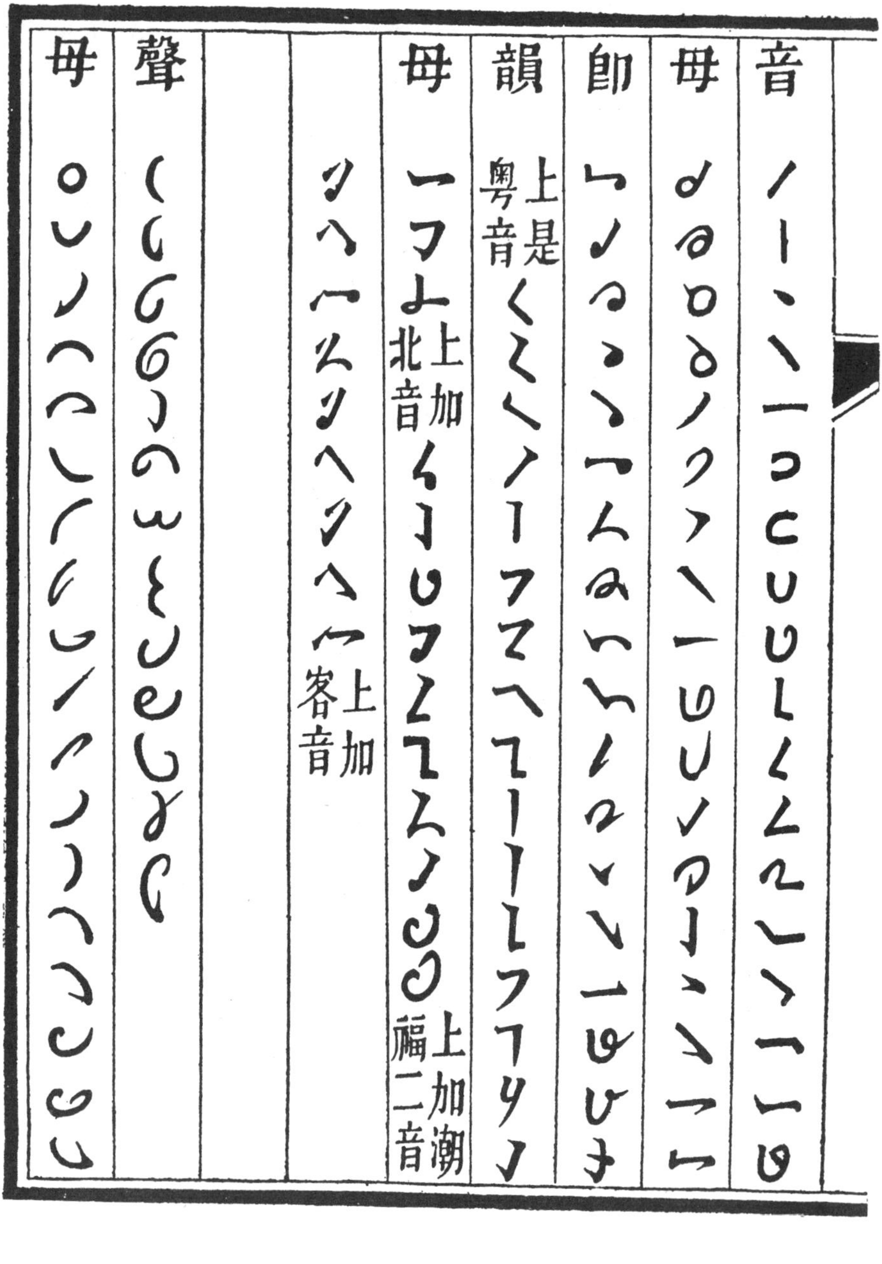
音母
節韻
上是粵音
母
上加北音
上加潮福二音
上加客音
聲母

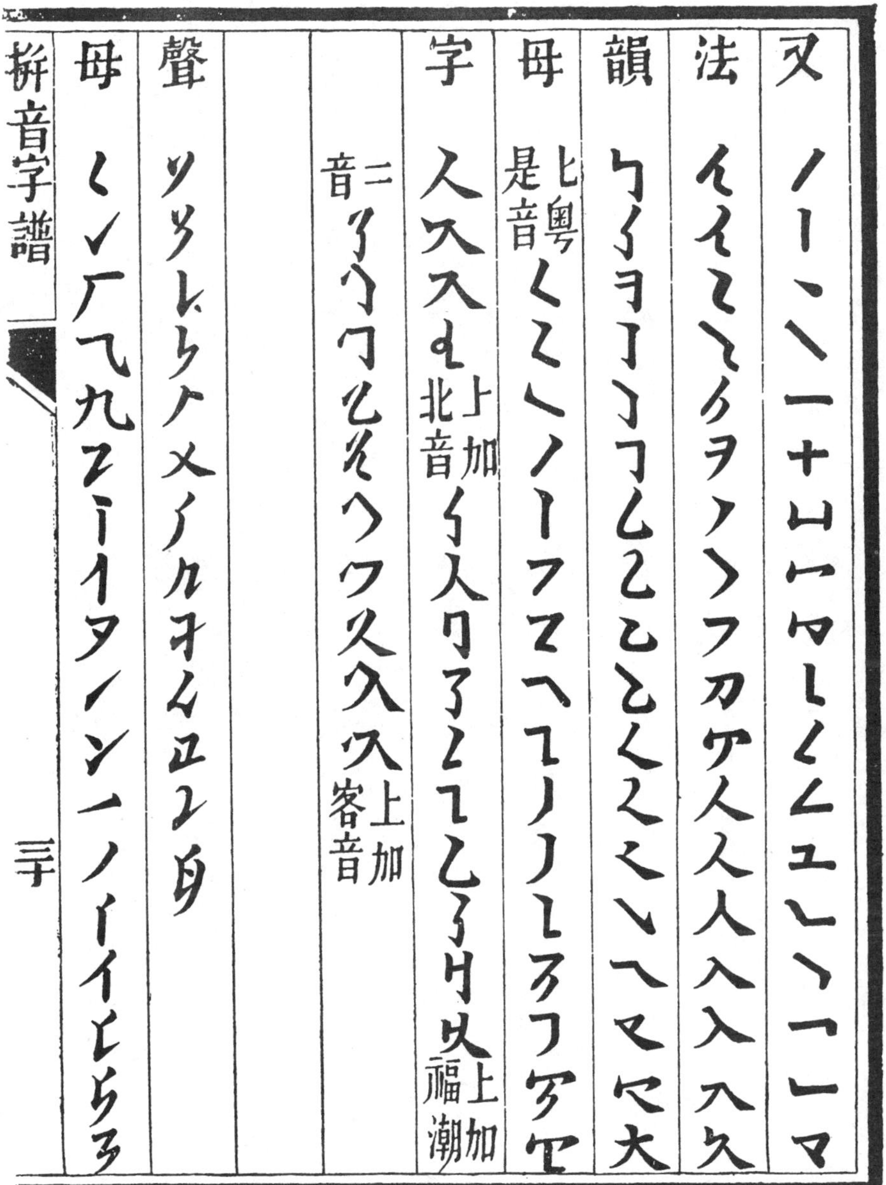
又法
韻母
粵音是
字母
上加北音
上加福潮
二音
上加客音
聲母

ナ，音吾，卽陰聲母字變作陽聲韻母字，如粵東吾五悟韻从此，除ナ字外，凡陰陽各字須用鼻音讀者，可用一小點誌在該字之中或左或右表之。

上粵東韻母字共五十三個，加ナ字共成五十四，復加北音福潮音韻母廿九，客音十，總共九十三，中國韻母或盡矣。聲母字粵音二十二，復加北音福潮二音八，總共三十個，中國聲母或亦盡矣。調以分聲，任說何音皆能揮寫成字，拼音大端已槪於此。神而明之，化以裁之，敬俟有志之君子。

分聲說

分聲之法，凡屬陰聲字無聲可分，所可分者惟陽聲字，故分聲之表宜表於韻母字之旁，或左右或上下，此分聲正法。若表在聲母處，屬分聲變法，所分之音，粵東九聲，潮州八聲，客人六聲，北人四聲。

上平下入不拘何法，不用聲表。故凡字無分聲之表，非上平卽上入。何爲入聲？以粵東音論，但視字末之陰聲是何字。或◠◜◝必爲入聲，無表則爲上入，有表則爲中入或下入。下列二法任人擇用。

分聲表

用表各形分別各聲非以方向辨別也故聲之表可置於聲母韻母處

︿ 下平下入聲　假丶

○ 中平中入聲表

╯ 上上聲表

∨ 下上聲表

◡ 上去聲表　假丨

︿ 下去聲表　假一

又式　表在陰聲字卽聲母字起筆處此法較前法更爲省筆此分聲二法任人擇用

／ 又作・ 下平下入表

丨 上上聲表

／ 下上聲表

丶 上去聲表

一 下去聲表

○ 中平中入聲表

北音客音上去二聲不分上下

聲母字分聲表

在各字起筆處辨

	下平 下入	上上	下上	上去	下去
音馬					
音哇					
音夫					
音巴					
音扒					
音思					
音哥					

音喜

音類

音昧

音隨

音八

作這聲用

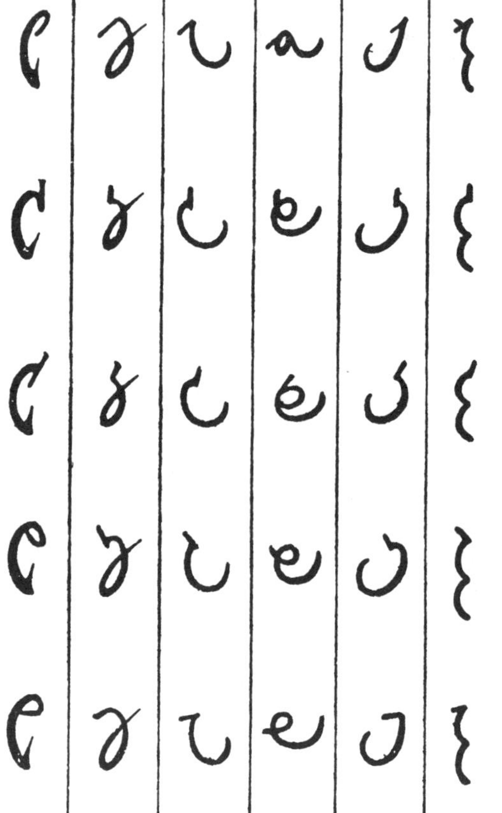

音希	音吾	音訝	音誇	音瓜	音查	音乍	音沙	音裁

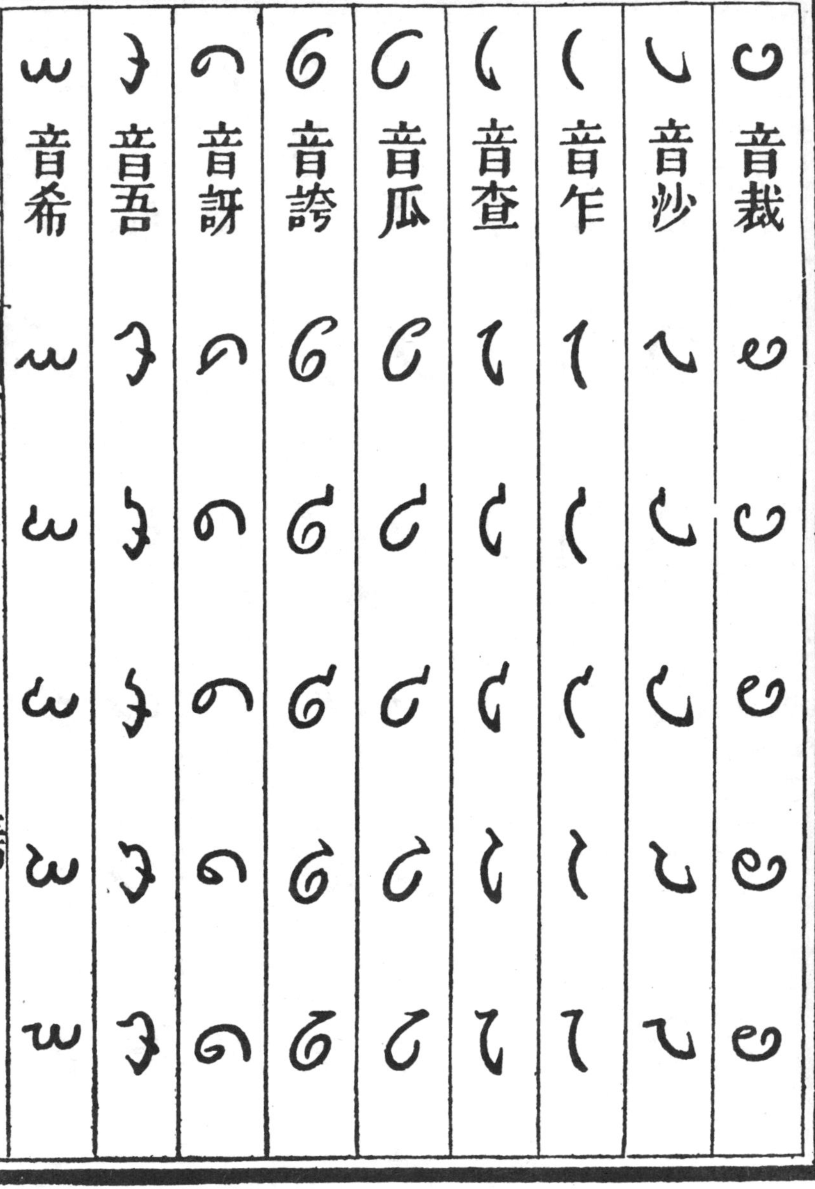

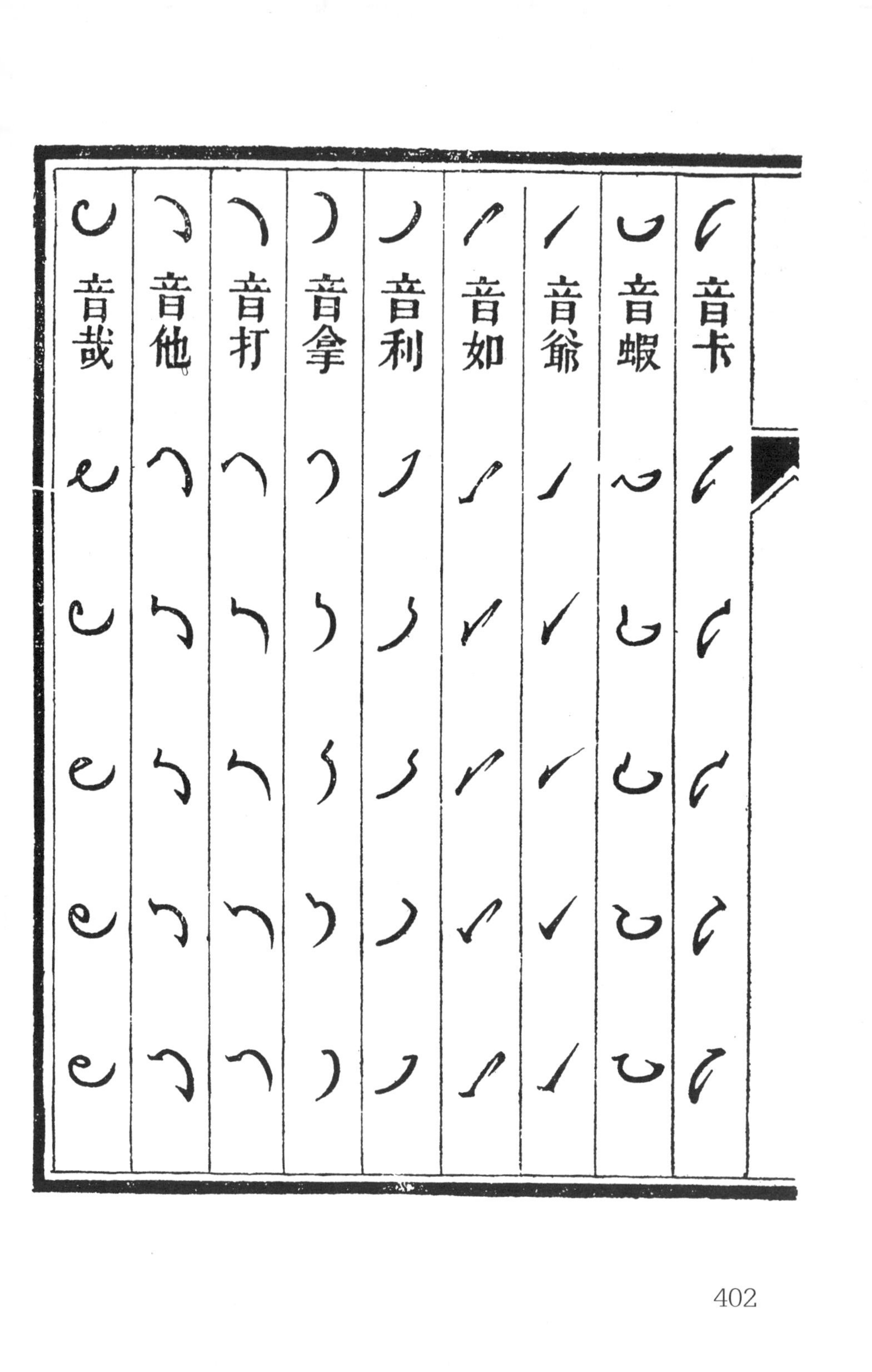

音卡

音蝦

音爺

音如

音利

音拿

音打

音他

音哉

句義表

號	義	號	義
ϑ	一讀之號		
•	一句之號	!	嘅嘆之號
○	一節之號	¡	驚異之號
✓	一段之號	?	詰問之號
:	句斷意連之號	「句在中」	釋明之號
一	接上續下之號		

言語即達心之聲也，故言語同者聞之必悉，不同者惟聽其聲耳。六書之法，制字立義，主義不主音，是以字多同義不同音，同音不同義。倘聞字音不見字形，意義難別。今拼音之字，以音爲主，若說者語中無兩可之言，則讀者心中無不明之義。惟律以六書字形而意義有別，是字學致之，非言語悞之也。六書字義，先入爲主，傳至今日，留爲雅言。今以拼音之字書，出口之音，誠恐讀者拘於先入之主，吹求字義，故特在聲母字加一表，別本字屬何類，在分聲之表用畫並用點，顯本字有何義，讀者審之，了然可辨。

又法用畫用點表在韻母聲母之上下左右，顯此字入何類，且在次別類之表，或左或右之上下另加一表，指此字屬何聲，此法將字之類之義之聲三者皆合於一表，較前法更簡便。

別類表

︵天類　╱飛類

◡地類　╱潛類

(人類　一動類

)物類　丨植類

聲母字別類表

○音馬　⊖ ⊖ ◑ ⦶ ⊘ ⊘ ⊖ ⦶

◡音哇　◡ ◡ ◡ ◡ ◡ ◡ ◡ ◡

各聲母字可依類推

八聲分義表

畫在聲表之上是名目類下是實字類

左是虛字類右是活字類

點在聲表之上是形容類下是死字類

左是數目類右是助語詞

式列左

各可

類推

又法別類分義辨聲合表

前分聲之法有二，其一聲之表置在聲母處，其一可置於聲母處，亦可置於韻母處。別類之表惟置於聲母處，若聲母處已有別類之表，則分聲之表宜置於韻母處，免相混淆。分義之表則置於聲表上下左右，以指該字有何義。

今再立一法分義辨聲，二者合於一表中，視此表在字之上或下或左或右，則知該字屬何類，有何義，是何聲，此法較前法似更簡易。

式如左

一畫在字之上位屬天類下位屬地類左位屬人類右位屬物類

丶點在字之上位屬飛類下位屬潛類左位屬動類右位屬植類

㇀名目字 丨實字 丶活字 ㇀形容字

上三畫之形皆在別類之畫之左上位獨形容字之畫在別類之畫之左下位式見下

㇀數目字 ㇀死字 丶助語詞 ㇀虛字

上四挑之形皆在別類之畫之右一上一下一上一下式見下別類之點分義式見下不復贅

式如左

一 此畫是別類之表

名目字　數目字

實字　死字

活字　助語詞

形容字　虛字

、丿 此點是別類之表

名目字　數目字

實字　死字

活字　助語詞

形容字　虛字

上上聲表　下上聲表

上去聲表　下去聲表

下平下入聲表　中平中入聲表

此聲表可置在右之別類分義表之上或下或左或右是一表而數事槪矣式見下

名目字上上聲　名目字下平聲　名目字上上聲　名目字下入聲

名目字下上聲　名目字中入聲　名目字下上聲　名目字中入聲

名目字上去聲　名目字上去聲

名目字下去聲　名目字下去聲

拼音總說

天下之言皆本於聲與韻也。有聲然後成音，有韻然後成語，今拼音之字亦不外合聲與韻，成音成字矣。成字之正法，聲母在左，韻母在右。變法則聲母或在上覆韻母，或在下載韻母，或在右包韻母，或覆或載或包。而聲母之字須大於韻母，可辨孰爲聲母孰爲韻母，每字讀法先讀出口之聲母，次讀成音之韻母，加之以音表，三事合，中國無不可寫之之音也，有音即有字也。

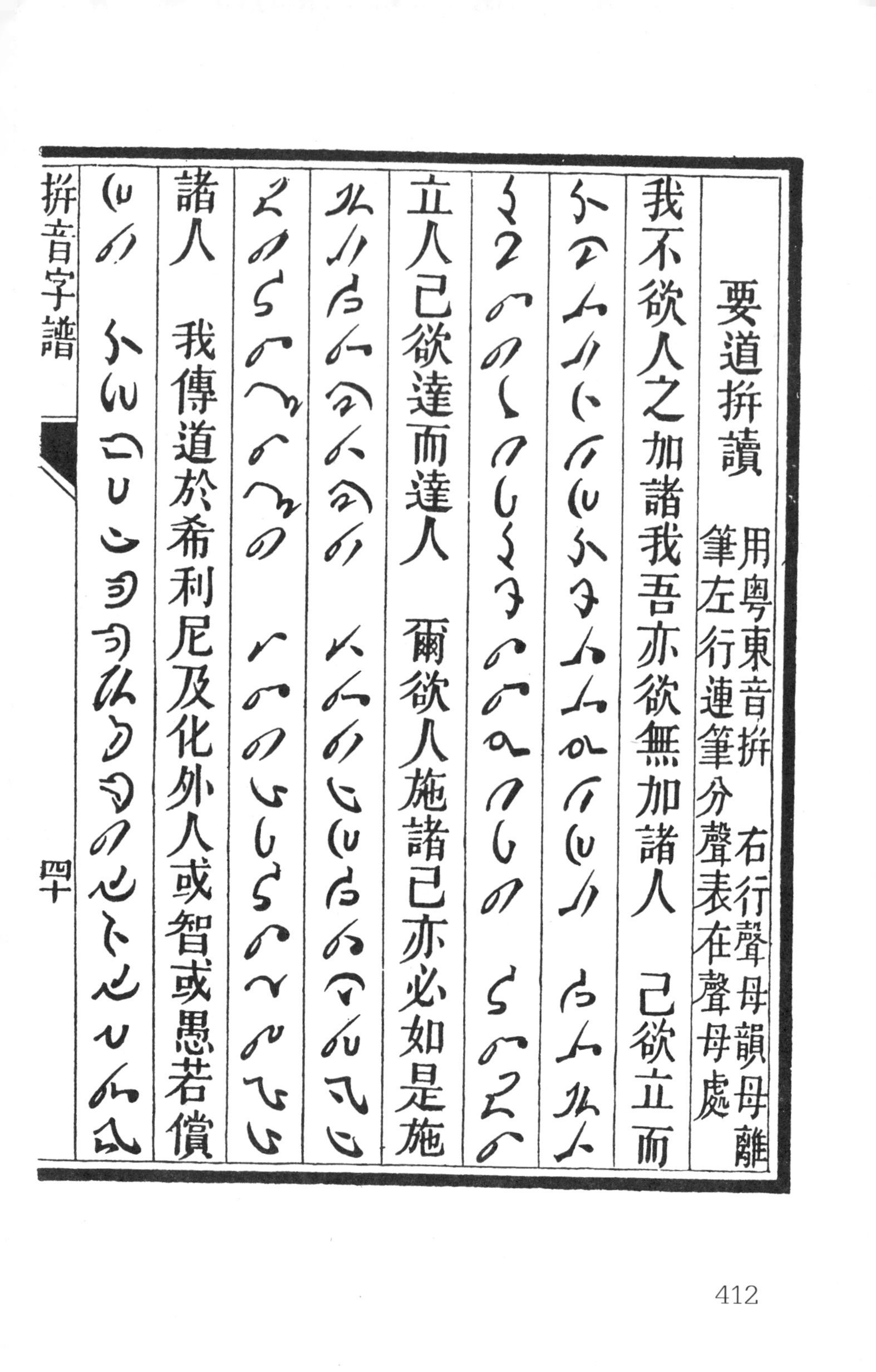

要道拼讀

用粵東音拼　右行聲母韻母離
筆左行連筆分聲表在聲母處

我不欲人之加諸我吾亦欲無加諸人　己欲立而立人己欲達而達人　爾欲人施諸己亦必如是施諸人　我傳道於希利尼及化外人或智或愚若償

負焉。

以直報怨以德報德　敵爾者愛之詛爾者祝之。

無友不如己者　人子至爲尋救所喪失者矣。

過則勿憚改　有類於惡者去之。

見義不爲無勇也　見善不行則惡矣。

獲罪於天無所禱也　上帝欲衆知眞理而得救。

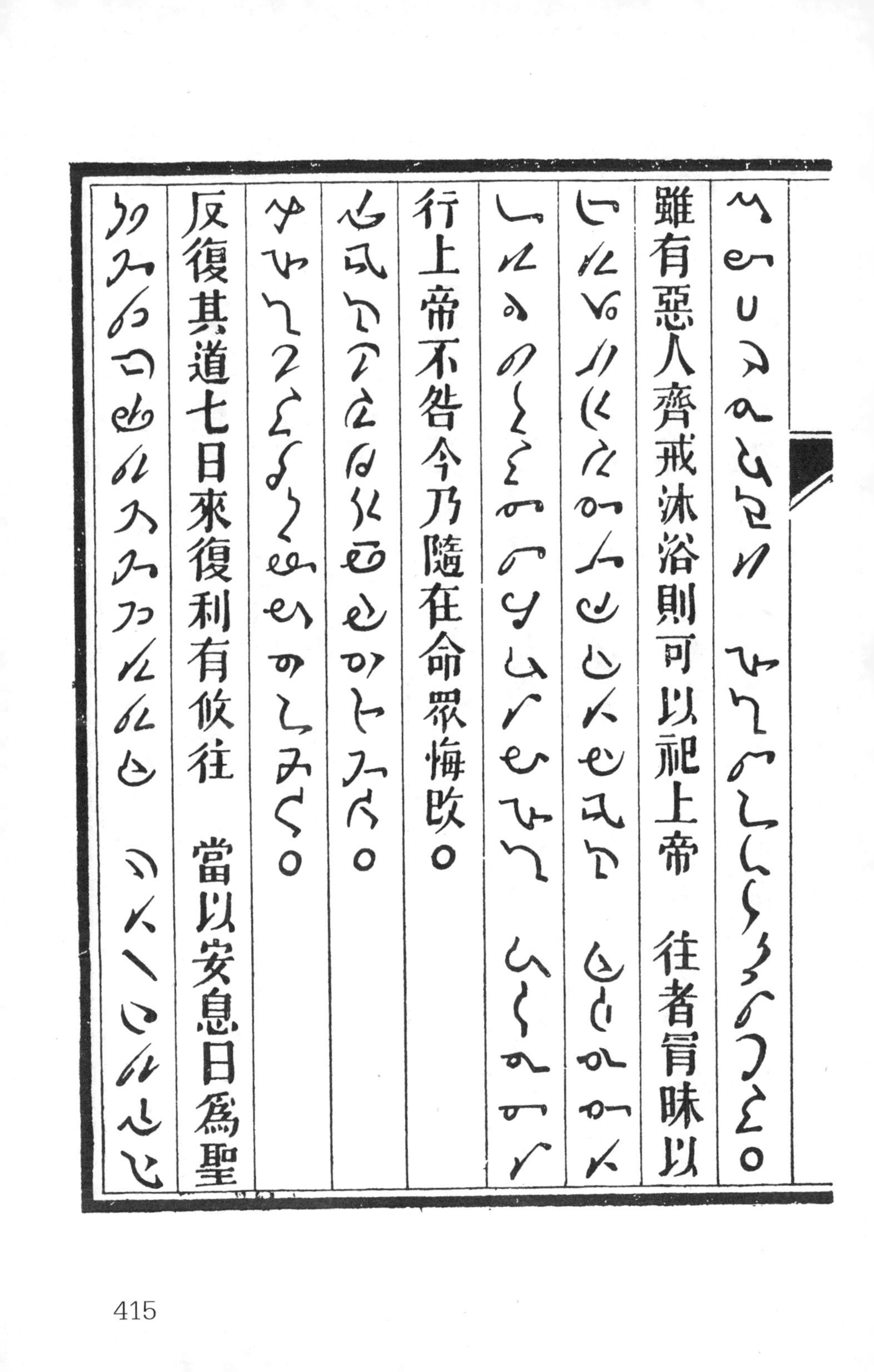

雖有惡人齊戒沐浴則可以祀上帝　往者冐昧以

行上帝不告今乃隨在命衆悔改○

反復其道七日來復利有攸往　當以安息日爲聖

日而蒙蝦焉。

。

。

聖諭拚讀　下用楷書拚寫

敦孝弟以重人倫　篤宗族以昭雍睦

和鄉黨以息爭訟　重農桑以足衣食

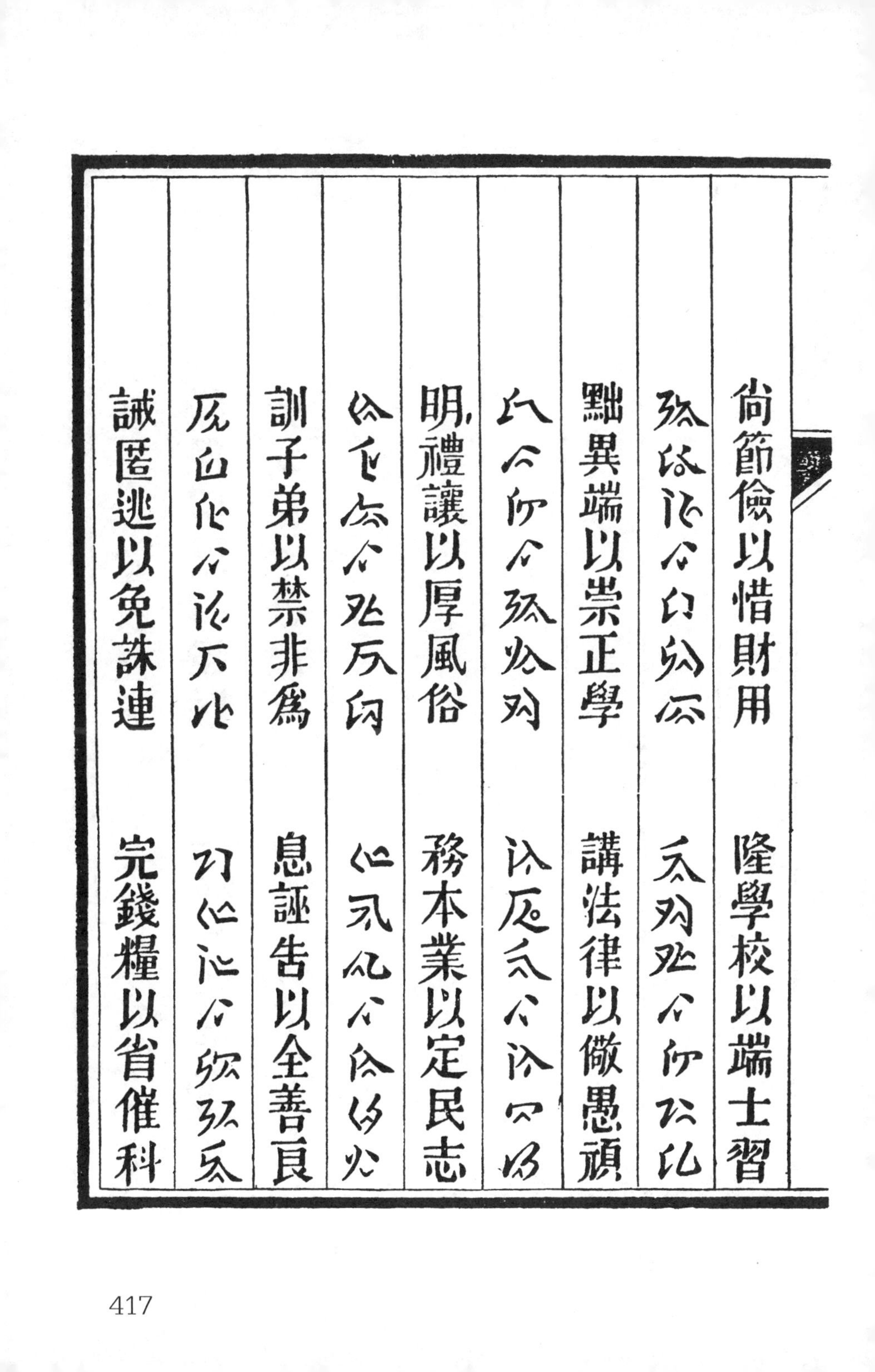

尚節儉以惜財用　隆學校以端士習

[illegible]

黜異端以崇正學　講法律以儆愚頑

[illegible]

明禮讓以厚風俗　務本業以定民志

[illegible]

訓子弟以禁非爲　息誣告以全善良

[illegible]

誡匿逃以免誅連　完錢糧以省催科

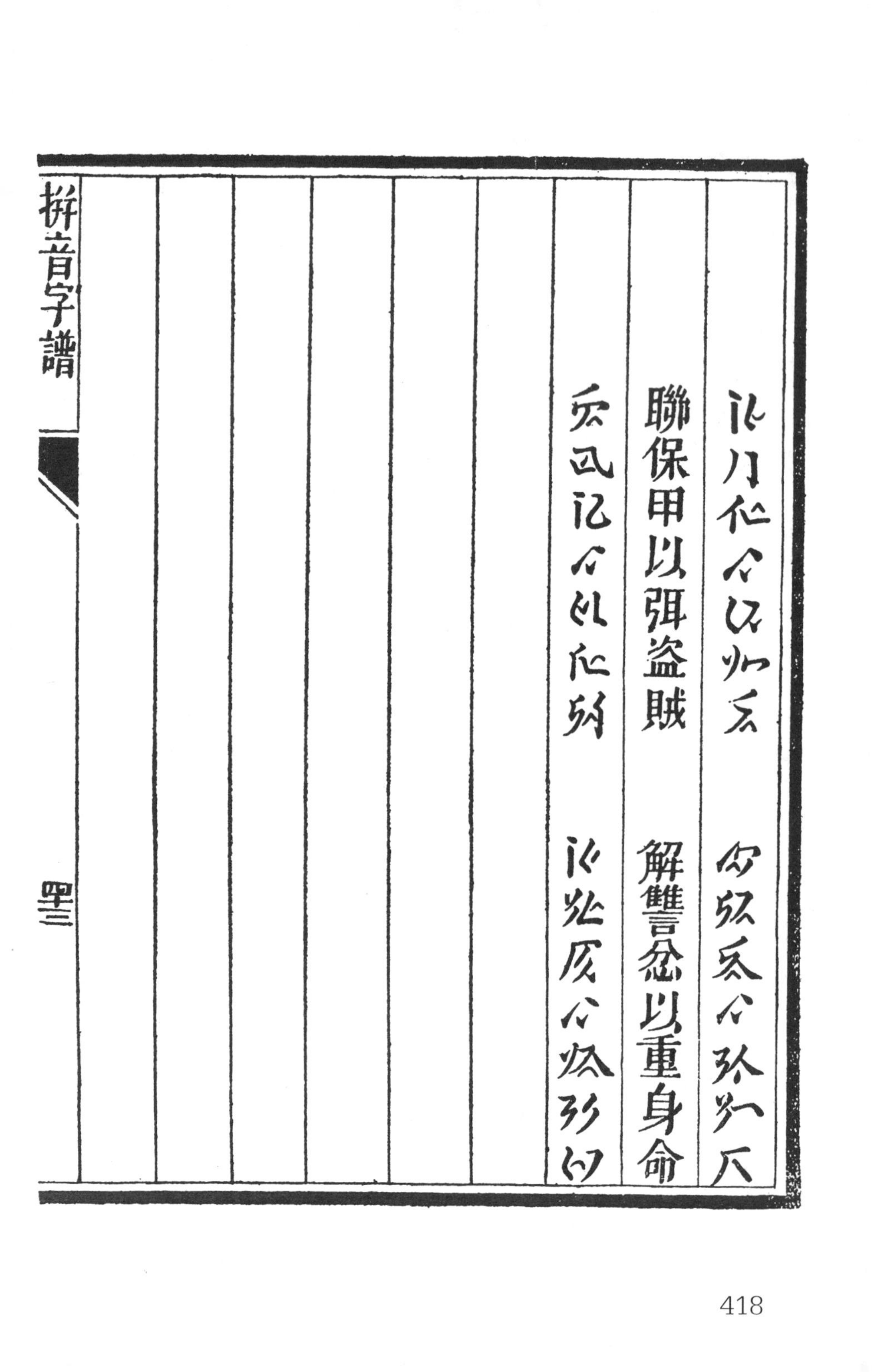

聯保甲以弭盜賊　解讎忿以重身命

陽聲本音韻母電音字

- ノ 家假嫁韻 · —
- 丨 遮者蔗韻 ·
- 丶 衣倚意韻 · ·
- ㇏ 科火貨韻 — — —
- 一 孤古故韻 · · —

陽聲變音韻母電音字

- フ · — · —
- コ 幾紀記韻 · · — · ·
- C 靴字音韻 — — — ·
- ʊ 雖髓歲韻 · · · —
- U 諸主著韻 · · — —

陽聲雙音韻母電音字

威偉畏韻

皆解介韻

修叟秀韻

交絞敎韻

都倒到韻

栽宰載韻

魁賄誨韻

朝沼照韻

北音增用韻母電音字

阿遨切

阿加切

阿表切

阿街切

阿爵切

阿爪切

阿哀切

阿規切

阿過切

北音增備電音字

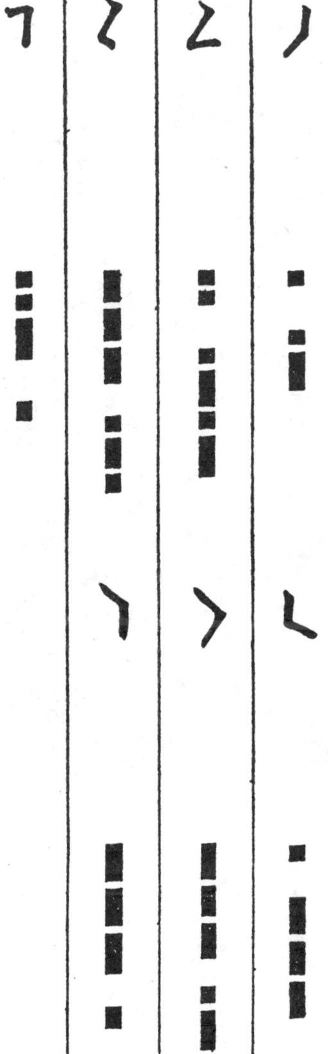

已上是陽聲韻母電音字

陰陽合聲韻母電音字

金錦禁韻

緘減鑒韻

兼檢劍韻

甘敢紺韻

賓稟殯韻

翻反泛韻

先蘚線韻

干趕幹韻

官管貫韻

津贐進韻

鴛婉怨韻

登等凳韻

彭棒硬韻

鄭字韻

剛講降韻

東董凍韻

英影應韻

着韻

額韻

角韻

急韻

劫韻

畢韻

屑韻

括韻

張掌帳韻

德韻

益韻

篤韻

甲韻

蛤韻

發韻

割韻

卒韻

乙韻

北音增用陰陽合聲韻母電音字

阿恩切

阿煎切

阿列切

阿專切

阿昏切

阿戀切

阿將切

阿窮切

阿莊切

二音

福潮二音增用陰陽合聲韻母電音字

阿則切

阿見切

粵東客音增用陰陽合聲韻母電音字

阿欲切

阿獲切

阿益切

阿月切

阿劫切

阿畧切

阿祝切

阿衆切

阿壁切

阿畧切

阿俗切

阿接切

阿輭切

阿濳切

阿腥切

阿忍切

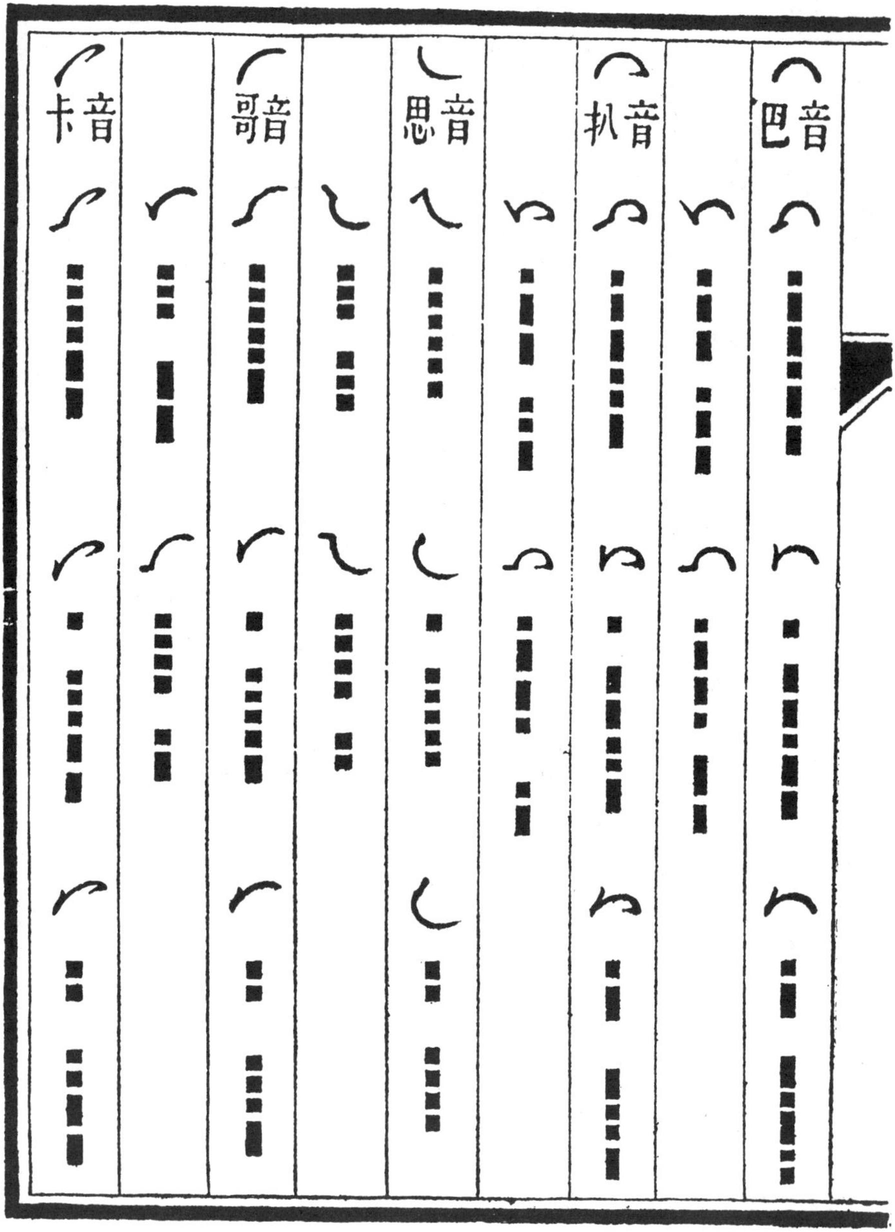
巴音
扒音
思音
哥音
卡音

聲母電音字

下平 下入　上上　下上

上去　下去

音馬

音哇

音訝

阿頌切　阿箱切

陰聲變作韻母字電音字

師史肆韻　吾五悟韻

音蝦
音爺
音如
音利

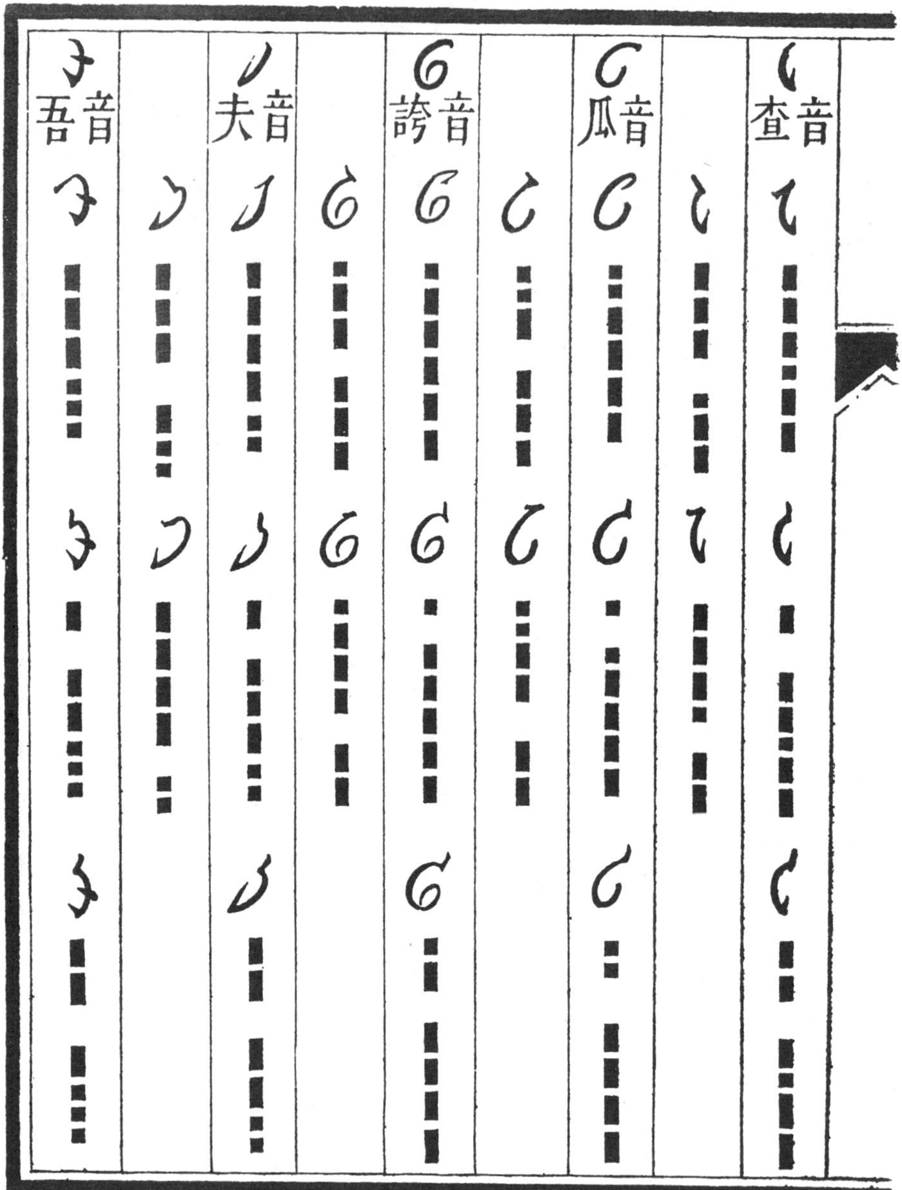
查音
瓜音
誇音
夫音
吾音

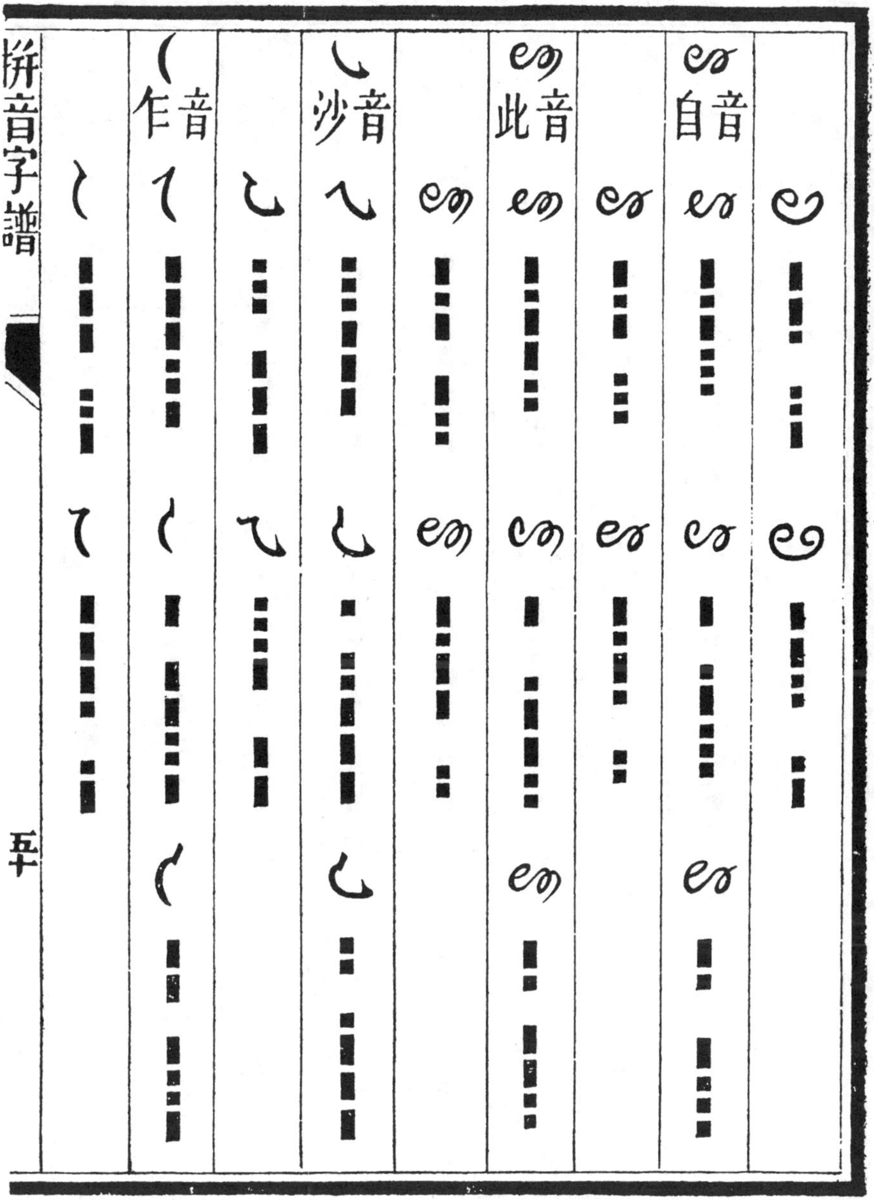

自音
此音
沙音
作音

拿音

打音

他音

哉音

裁音

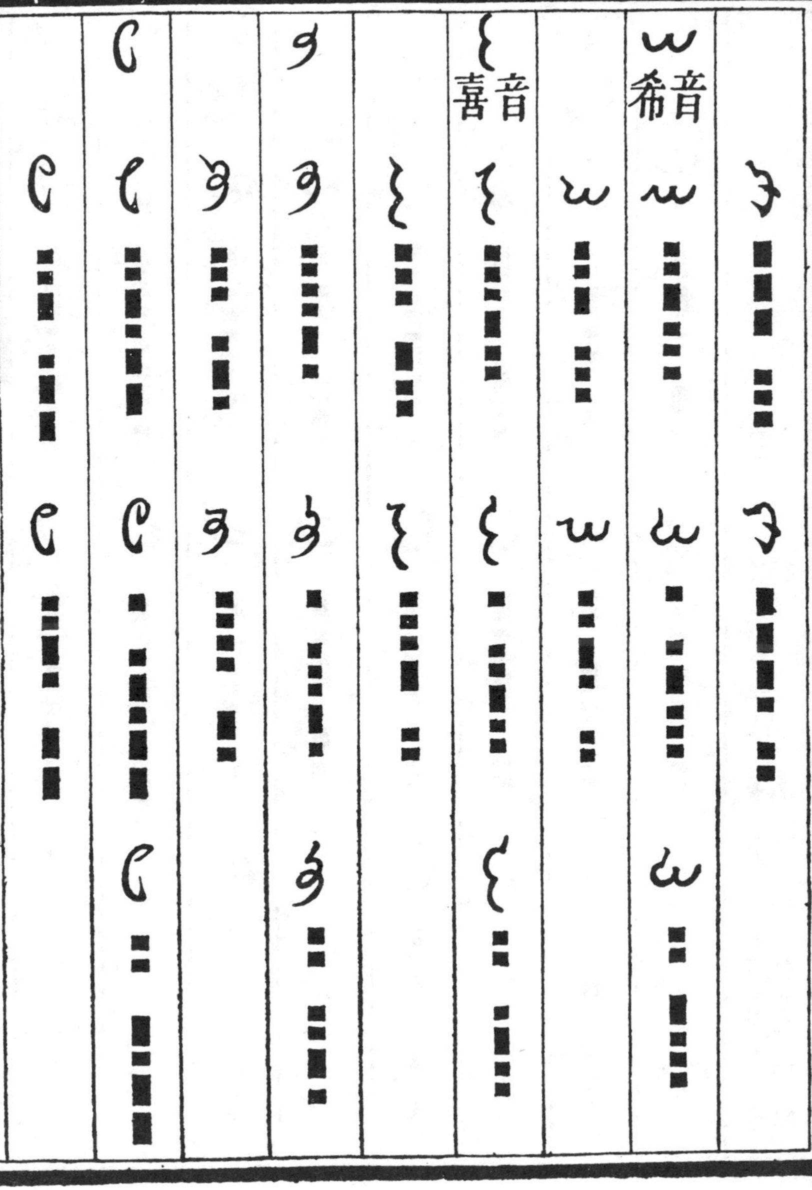

音希
音喜

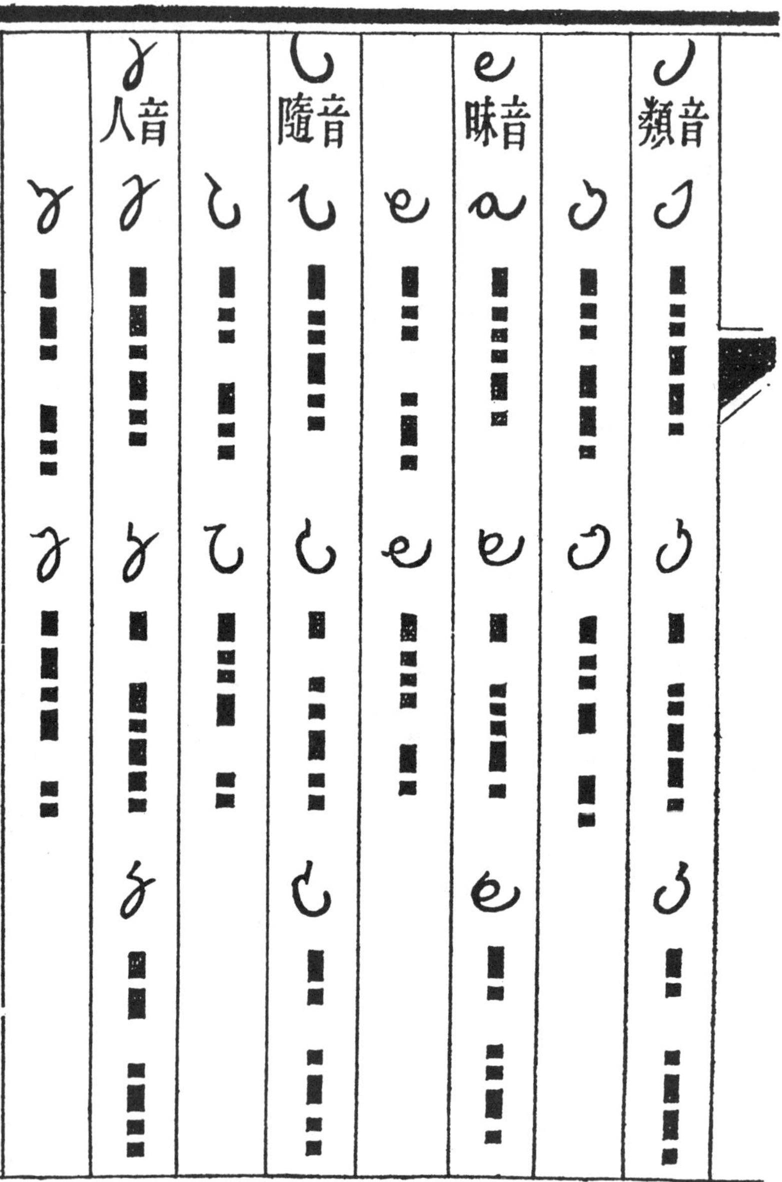

拼音字譜卷一終

閩腔快字

力捷三 著

內容說明

這是1896年出版的拼音文字方案和著作之四。這個方案實際上是《傳音快字》的『閩音譜』，也就是把《傳音快字》的原方案在聲韻方面加以增删，來拼寫福建方言的。本書采用光緒二十二年武昌刻本。

作者力捷三，字子薇，福建永泰人，光緒甲午舉人。1902年，力捷三又出版《無師自通切音官話字書》二卷。

翻刻必究

閩腔快字

芹漈力捷三集

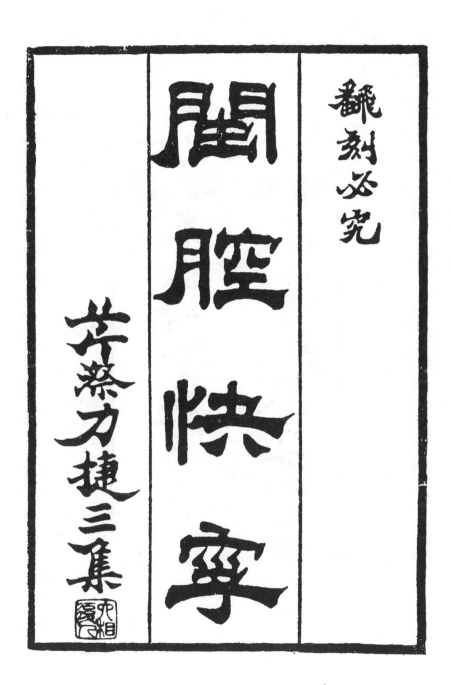

光緒二十二年歲
在丙申刊於武昌

上諭奏稿照錄

安溪林部郎輅存請用切音呈摺。為字學繁難，敬陳管見，請用切音以便學問，呈請代奏事。

竊聞一畫開天，龍馬啟苞符之瑞；二儀成象，岣嶁傳夏禹之碑。自古由篆而隸而楷而草字，已經屢易。我朝龍興遼瀋，兼用清書，欽定《康熙字典》，且用切音之法。蓋字者，要重之器也，器，惟求適於用，故書法代有變更，字類代有增廣。迄今重繹紛至，因知我國之字最為繁重艱深，以故為學綦難，民智無從啟發。

泰西人才之泉，實由字學易成。考其法，則以字母拚合，切成字音，故傳習無難，而成字自速。今欲步武泰西，當察其本原所在，師其意而效之，則用力少而成功多也。

現在朝野設立大小學堂及編譯局，所以培養人才之意，至為深厚。然字學仍舊非用功六七年，莫能稍通文理。而福建廈門近時用盧戇章切音新法，祇須半載便能持筆抒寫其所欲言，難易之間，判若天壤。倘以盧戇章所創《閩音字學新書》，以正京師官音，頒行海內，將見皇靈所及之地，無論蒙古、西藏、青海、伊犁以及南洋數十島國，凡華民散居處所，不數年間，書可同文，言可同音，而且婦孺皆能知書文字，因而大啟，是即合四海為一心，聯萬方為一氣也，豈不懿哉！

查創新法切音，福建盧戇章之外，更有福建舉人力捷三，江蘇上海沈學，廣東香港王炳耀，已故前署漢關道蔡錫勇，各有簡明字學刊行於世。其法均遵欽定《康熙字典》切音，參以西法，而善其變通，或以字形勝，或以音義勝，或以拚合勝。大旨以音求字，字即成文，文即為言，無煩講解，人人皆能。而尤以盧戇章苦心孤詣研究二十餘年，且其生長外洋，壯年回籍，故其所為切音新字捷訣，深得中西音義之正。而旅閩西人，亦多傳其學，稱為簡易。

某為中國文學所關，不揣冒昧，敢請我皇上飭下各該省督撫學政，傳令盧戇章等并其所著字書，咨送來京，由管學大臣選派精於字學者數員及編譯局，詢問而考驗之，校其短長，定為切音新字書，進呈御覽，察奪頒行。庶幾極難之學業變為極易，而四百餘兆人民無不知學，則我國富強安知不從此致也！

中國字學原取象形，最為繁難。今字典三萬餘字，仍留爲典要，能者從之，不必以此責令舉國之人從事講求，以疲其材力，則幸甚矣。某訪聞英美法各國，知文識理者十人得其八九，我國十不一二。而況民貧財竭，誦讀為難，更以艱深繁重之字責其為學，將何以啟中西文明之會耶！以故冒昧上言。

是否有當，伏乞代奏皇上聖鑒。謹呈。

此疏七月念二日上督察院，念四日由各堂官會銜代奏，軍機處面奉上諭，林輅存奏請用切音一摺，着交總理各國事務衙門調取盧戇章等所著之書，詳加考驗，具奏，欽此。

凡例

傳音快字，創自泰西，閱時已久，精益求精，簡益求簡，各自師承，不一其法。要皆能筆隨口述，不假思索，每分鐘能作二百餘字。故筆畫宜少，分辨宜明，而又能自相貫串，轉折便捷，斯為至善。吾閩龍溪蔡毅若觀察，深究各家成法，惟近人凌士禮氏之書為最便。因取其法，演作正音，參其己意，變通增減，洵堪傳世。但閩俗土音，與正音迥不相侔，自形閡隔，非另製榕腔快字，索解無從。雖有快字正音，惜閩人未獲窮其堂奧。籌維久之，恍憶童年所習戚少保《八音》，多載閩腔俗字，爰取而合參之。然我口所欲言，已言前人口；我手所欲書，已書前人手；不過為梓邦利用起見，非敢自詡聰明；亦闡聖言『述而不作』之旨，特揭其緣由，著於此篇首。

六書之始，原為通詞達意而設。上古鳥跡雲書，降而為蝌蚪，又降而為篆隸八分，歷代相沿，燦然大備。自楷書、行草一出，隱寓就簡刪繁，趨易避難之意。然未得要領，簡便終難。是書以聲韻製字，亦本反切而變通之。反切以兩字成一音，此則以兩筆切一音，間有一筆自成一音者，簡捷便用，無逾於此。

是書仿照蔡毅若觀察，取八方弧矢之式，參以戚參軍一十五字母為聲母，每聲一筆，無可再簡。又以繩尺圈點橫斜曲直，分為三十三韻。一聲一韻，兩筆相配，切成一音，掇列一表於後。聲與韻，橫直相值，得四百九十五音，逐音註字。其有音無字者，空其格以待補訂，加以上下平仄八音，除上聲同音外，實只七音，乘得三千四百六十五音，傳音語言可以取用不窮矣。

傳音達意，以音不以字。既得其音，貫串成句，其意自達。此學自專為傳述語言而設，若夫文人墨士麗藻騈詞，仍有文字在，不得以此例賅之達變通權之，君子當曲諒其用意之所在。

平仄八聲，傳聲字寫法多同而讀法各異。古法加圈於字之四隅，以辨平上去入。然加一圈即多一筆，欲省此筆使上下平仄不至相淆者，寫法須用格眼紙分中左右上下，凡六向，以十五聲粗畫為首筆，以三十三韻細畫為從筆。認明首筆方位，如偏左而上者為上聲；偏左畧下者，上平聲；正中而上者，為上去聲；正中畧下者，為上入聲；偏右而上者，為下去聲；偏右畧下者，為下入聲。除上聲同音外，衹餘下平一音，無位仍照古法圈位加點辨音，有此識別上下平仄，砉然分明。習熟之後，審音定位，信手書之。而八音悉辨，閱者皆能心目了然。

前條已極省筆，而於婦孺臨摹平時譯寫尤宜。若夫舟車犇走倉卒之際，格紙未便，寫法將窮，不得不仍照古法圈位，上平仄四音四隅加點，下平仄四音亦加點半，刁意看似較前法多一筆，其實異曲同工。且不必拘何紙，亦不必泥定首筆方位，隨手兩筆一點。成音更不假思索，亦最簡便，姑並存之，人人採用。

有一筆自成一音者，卽聲韻中本筆不用互切。如欲將本筆分八音平仄，按照中左右上下方位書之即得。

快字傳音，至靈至淺至簡至易。婦孺可學不過費數日功夫，記認十五聲三十三韻，略曉切音既可自通其法，並自能記事以片紙作書，無不可達之詞意。若再充其作用以經史衍成俗語，以此字宣布流傳，將見由質而文，由約而博。士君子所能喻者，農工商賈罔不喻焉。有裨聲教，豈淺鮮哉。

凡例補遺

該字寫法已極省便，茲推求得再省一法，下平可以不用加點，只將兩筆交互而書，如〵音『風』，用交互書，即『ㄨ』，為下平；『紅』字如『𠄌』，音『崩』，用交互書，即『ɸ』，為下平；『朋』字餘倣此。如遇本筆只一筆，無從交互，則多添偏左底筆一向，如『）』音『邊』，底筆一書即『）』，為下平；『便』字，如『⌒』音，低底筆一書即『⌒』，為下平；『蹄』字，如『ㄱ』音，先底筆一書即『ㄱ』為下平；『蟾』字，餘倣此。

該字音已推求詳備，惟土腔『伓』字為閩俗最常用之音，無音可切，只得配一『δ』字當『伓』字，以便寫用。

閩腔快字

弧矢配一十五聲圖

弧矢楷法

弧矢草法

栁邊求氣低波他爭日時鶯蒙語出喜

繩尺圈點橫斜曲直配三十三韻圖

楷法　草法

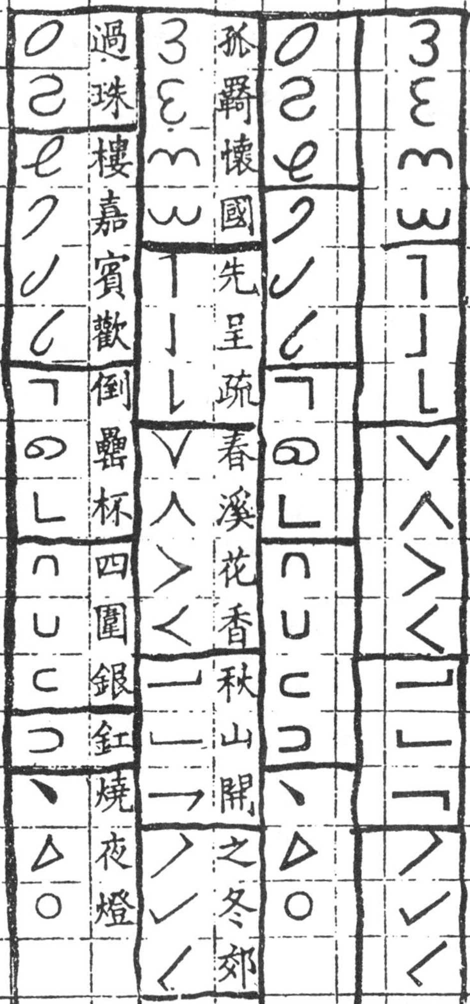
孫羁懷國先呈疏春溪花香秋山開之冬郊
過珠樓嘉賓歡倒罍杯四圍銀缸燒夜燈

閩腔快字

八音平仄呼法

上平 上声 上去 上入

公滾貢谷

下平 下上 下去 下入

羣滾郡崛

上下平仄分中左右上下六向舉隅

公滾貢谷

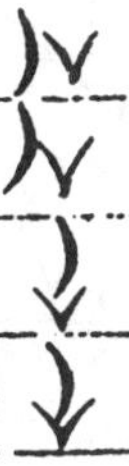

羣滾郡崛

風粉訓福

紅粉奉伏

上下平仄不分向照古法圈位加點舉隅

公滾貢谷　風粉訓福

羣滾郡崛　紅粉奉伏

一筆一音分向下平加點舉隅

邊扁變鼈　燈等店得

○○○○

便扁辨别　澄等鄧澤

○○○○

閩腔快字

聲韻中本筆一筆一音分類便覽

柳字類

（〇〇柳留綹〇籀溜霤〇〇留榴騮瘤硫琉流旒

鎏飀〇〇〇

邊字類

︶〇邊籩鯾鞭〇扁褊蝙貶〇變〇鼈別〇便〇〇

卞汴忭弁便辯辨〇別

求字類

）〇〇久玖羑九韭〇救〇〇求球毬逑裘〇〇舊

舅〇

氣字類

（○欺欹崎○起豈○氣器炁餼憩棄○○○○○

低字類

（○低○○帝螮○○題蹄稊○○弟悌梯遞○

波字類

（○波坡陂○叵頗尀○破○○○○○

他字類

○他佗○○○○○○○

争字類

○争曾增僧錚琤崢榛臻針猙○剪謭戩○諍譖

甑○則責汁謫摘昃仄幘簀謪○層橙○○贈○

截賊

日字類

丨○○○○○⿱穴甬⿰口⿱穴甬○○認倭膢○日汩溺匿⿰月匿搦

時字類

丨○絲詩屍○○○○時塒○○是諟示視寺峙恃

侍時氏○

鶯字類

一○鶯嚶嬰鸚甍轟○○○戹阨扼○○○限○

蒙字類

一○○○夢○○蒙○○悶○目木没

語字類

／○○語圉圄禦齬○○○愚魚○○遇御寓○

出字類

／○春椿聰驄蔥匆○蠢○○出○○○○

喜字類

〇非熙熹禧嬉妃希絺睎稀姬欷飛羲犧嘻〇喜

〇懿〇〇〇〇〇

孤字類

〇孤姑沽蛄辜鴣枯骷觚菰〇古盬估罟羖股鼓

鼓瞽蠱〇顧僱故固錮痼〇〇〇〇

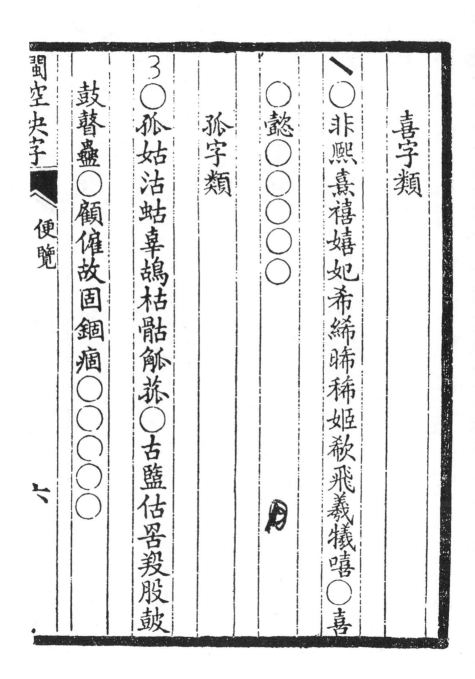

羈字類

ε○羈鷄圭奎跬閨規笄○○計寄季繼桂○○○

○偈○

懷字類

m○○○○○○懷淮槐○○壞○

國字類

〇光洸〇廣捲〇卷券綣眷睠〇國蟈幗〇權狂
顴拳〇〇倦〇

先字類

〇先仙僊邅〇閃陝鮮燹癬〇扇煽〇薛屑洩泄
緶爇褻設〇鹽詹檐蟬蟾〇〇善膳繕鱔羨擅贍
〇涉舌

呈字類

亅○○○○獺○呈程○○○○

疏字類

乚○○○疏○○○○○

春字類

∨通丿詳出字類

溪字類

入○溪谿鸂○○○○○○○

花字類

〉○花○○化○○華驊譁○○○

香字類

〈○香鄉暄萱蘐諼瑄軒○響享饗○向餉絢憲獻

嚮〇歐〇〇〇〇

秋字類

一〇秋偢啾湫〇手箒醜〇臭糗〇〇囚〇〇〇

山字類

一〇山三杉衫芟刪潛〇產傘〇散疝〇殺煞薩霎

〇〇〇〇

開字類

一○開○凱愷楷鎧覬○暨概慨漑愾○○○○○

之字類

丿○之○止祉趾址芷只枳咫姊旨指○志贄誌痣

至質觶○○○○字○

冬字類

✓○冬○○○○○○○

郊字類

く○交郊蛟鮫○○教磽較校○○○○○

過字類

0○過鍋○果粿○過句○郭槨廓○○○○局偈

珠字類

○珠朱○○鑄○○○○○○

樓字類

○○○○○○樓婁○○陋漏○

嘉字類

○嘉佳加家葭○假賈斝○價檟駕架嫁稼○○

○○○

賓字類

○賓濱繽兵豳冰邠彬斌○丙炳牝秉禀○并併

鬢儐擯殯竝○必畢筆篳○平瓶憑屏貧○○病

○闢弼

歡字類

○歡燔番幡飜蕃藩○返反○喚奐煥梵汎泛渙

○法發髮○還繁凡煩橫礬樊桓○○范範幻患
犯緩豢宦○伐閥罰乏筏猾滑

倒字類

「○多刀○倒搗島禱○到○○陶淘檮燾濤陀馱
酡逃○○道導稻蹈惰盜悼翿○

疊字類

◎○○○○○纍雷螺○○耒○

杯字類

L○杯○○貝背輩颶○○培賠陪○○琲佩倍旆

悖○

四字類

∩○思師輸偲須鬚斯胥需私司濡嚅○史使始黍

暑署曙死○賜恕絮庶弒肆泗四駟○○辭詞祠

殊徐○○士仕敘序事伺嗣姒俟豎樹祀澍與○

圍字類

葳威○委諉萎逶卉偉葦○畏尉慰蔚○○圍

為韋闈違幃○○○

銀字類

ㄈ○○○○○銀垠斷闇○○憖○五鈺獄

釭字類

ㄈ○釭綱罔杠江釭根罡杠○講○艮絳降○覺各

骨○○○○

燒字類

ヽ○燒簫蕭宵霄消銷硝魈○小少○肖○○韶髫

軺○○卲劭○

夜字類

△○○野冶○也○○○椰梛瑘耶○○夜○驛

燈字類

○○燈登簦○等○店磴○德得○騰滕藤籘謄填

棖澄縢○鄧殿○擇澤特

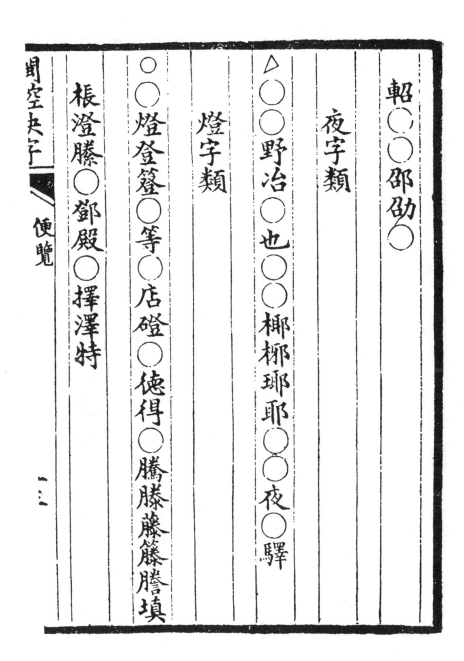

以上均係聲韻本筆須平時細看臨寫只按方

位一書即得

閩腔快字

分中左右上下六向平反並下平加點表

孤	罴	懷
姑	圭	
都	稽	
披		
租	芝	
蘇	施	
巫		
粗		
孚	淮	

（左側欄）閩立五字　字表

酉

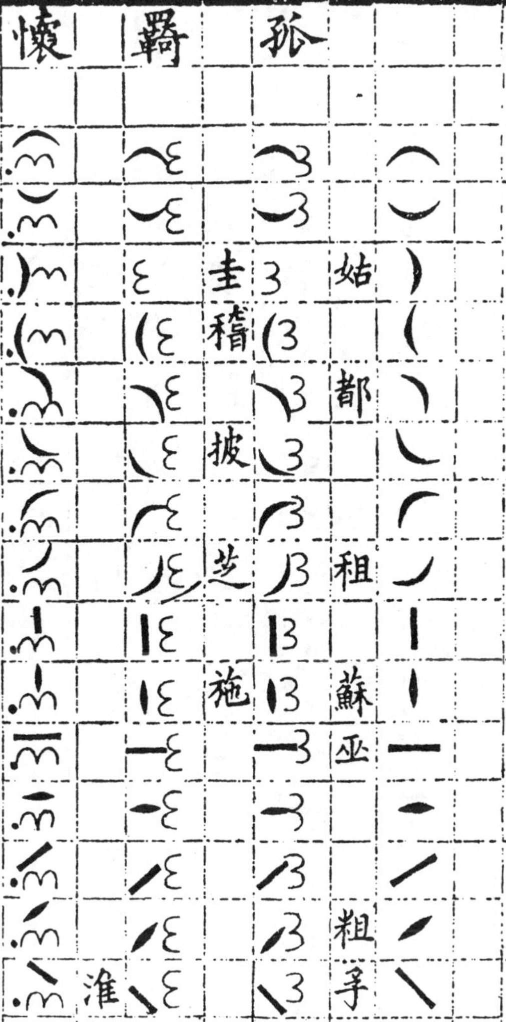

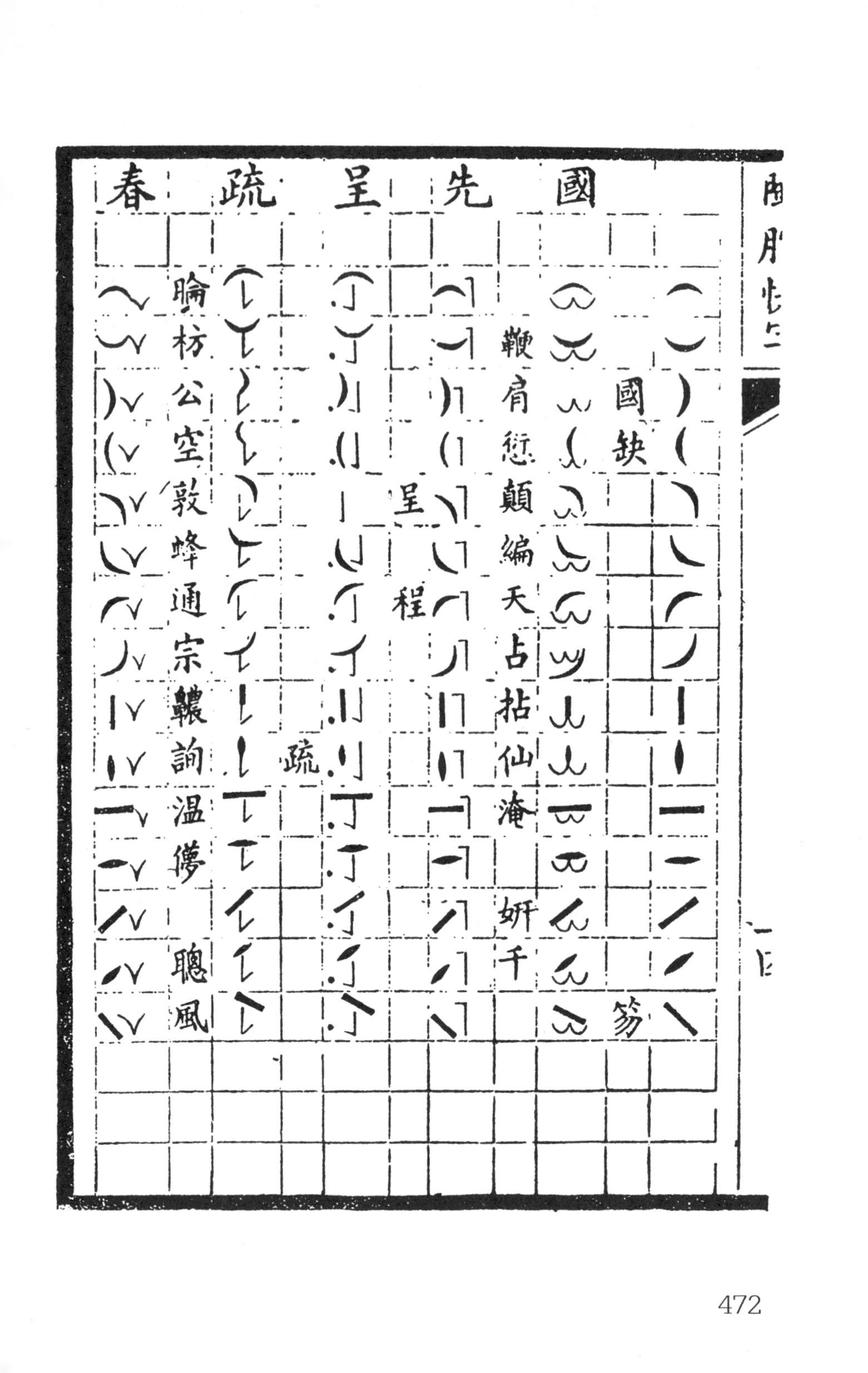

國　先　呈　疏　春

國
鈌
笏

鞭
肩
愆
顛
編
天
占
拈
仙
淹
姸
千

呈
程

疏

睮
枋
公
空
敦
蜂
通
宗
齈
詾
温
傯
聰
風

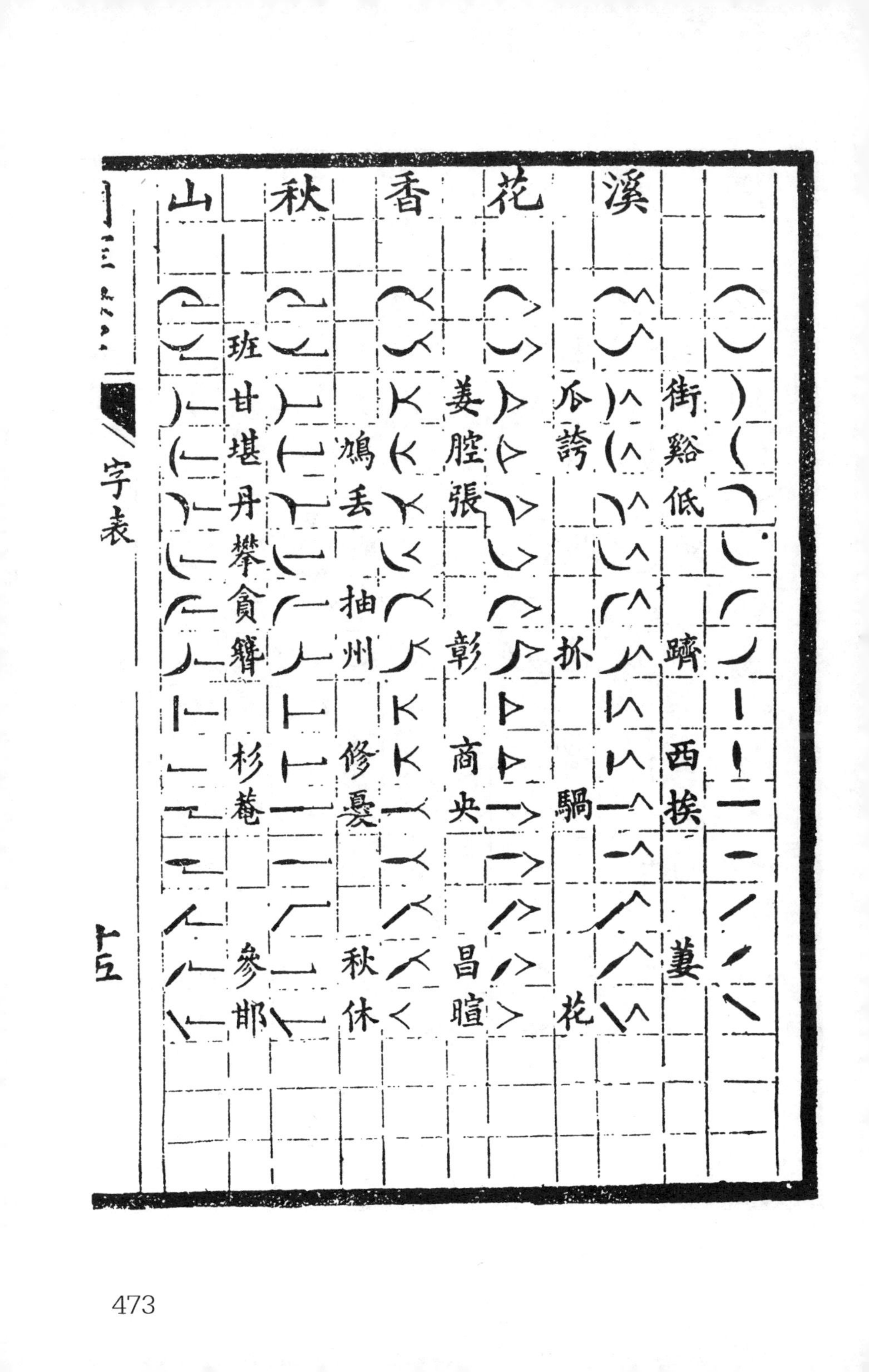

溪

街 谿 低 躋 西 挨 蔞

𡿨 誇 抓 騧 花

花

姜 腔 張 彰 商 央 昌 暄

香

鳩 丢 抽 州 修 㥂 秋 休

秋

班 甘 堪 丹 攀 貪 犨 杉 菴 參 鄁

山

字表

十五

開
該開獃
胎哉
腮埃
釵
之
卑箕欺知霏
之
絲衣
癡妃
冬
冬
雙
郊
包交𩿡兜拋
糟
梢
鈔哮
過
晡鍋科
鋪
窩捫

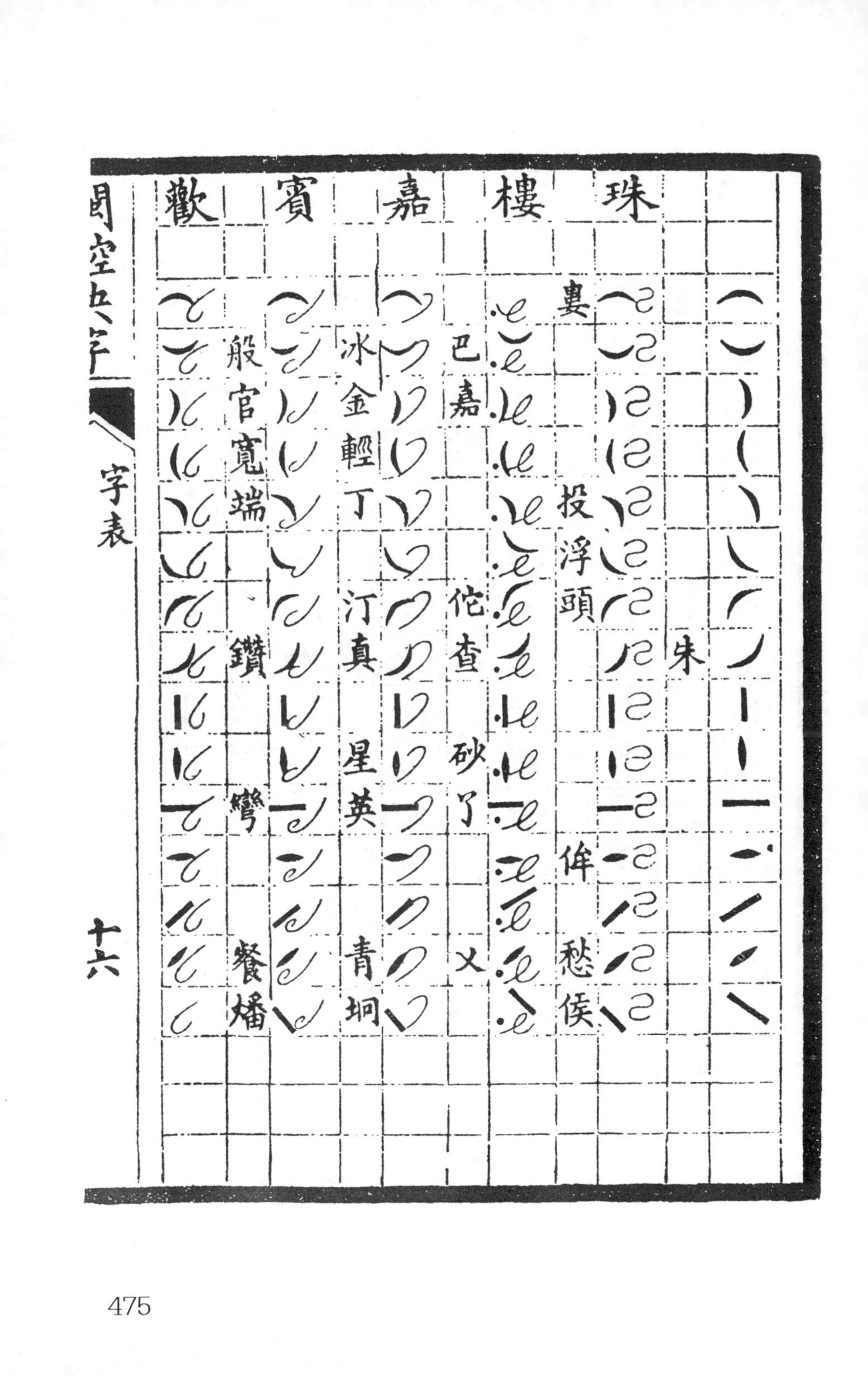

珠

朱

樓

婁

投浮頭

侔

愁侯

嘉

巴嘉

佗查

砂了

乂

賓

冰金輕丁

汀真

星英

青坰

歡

般官寬端

鑽

彎

飧燔

倒壘杯四圍

老保稿可島叵討左腦瑣我草好

雷頹栽

盃魁吹灰

窶倨去著恣恕娶煦

纍椎垂爲危

銀 釭 燒 夜 燈

龍 窮 勤 重 蟲 從 松 容 閧 雄

幫 綱 坤 當 滂 吞 尊 孫 秧 牕

標 嬌 敲 貂 飄 挑 招 宵 妖 超 驍

借 社 夜

崩 庚 硜 登 烹 僧 生 嬰 撐 亨

字表 十七

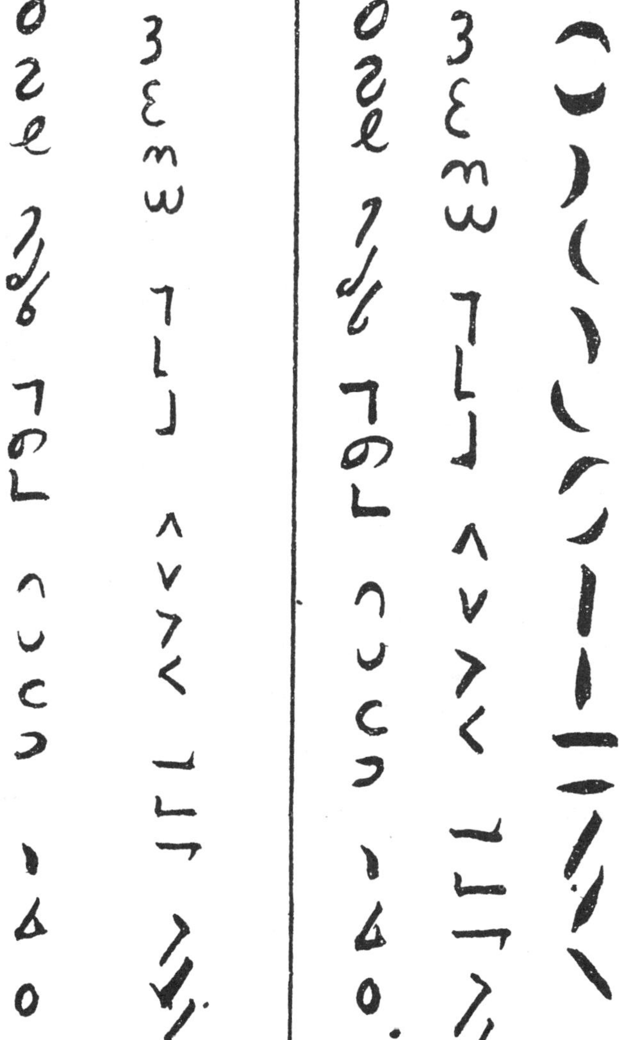

慮天下者常圖其所難而忽其所易備其所可畏而
遺其所不疑然而禍常發於所忽之中而亂常起於
不足疑之事豈其慮之未周與蓋慮之所能及者人
事之宜然而出於智力之所不及者天道也當秦之
世滅諸侯一天下而其心以為周之亡在乎諸侯之

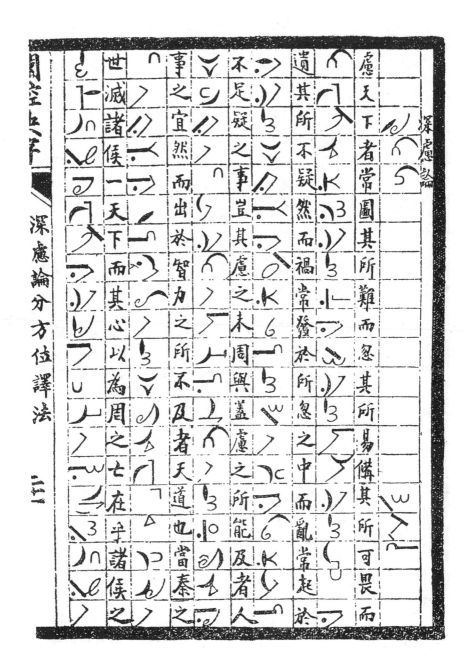

彊再變封建而為郡縣方以為共業可不復用天子
位可以世守而不知漢帝起隴畝之中而卒亡秦
之社稷漢懲秦之孤立於是大建庶業而為諸侯以
為同姓之親可以相維而無實而七國藩篡弑之謀
武宣以後稍剖析之以分其勢以為無事矣而王莽
卒移漢祚光武之懲哀平魏之懲漢晉之懲魏各懲

其所由亡而為之備而其亡也皆出於所備之外唐
太宗聞武氏之殺其子孫求人於疑似之際而除之
而武氏日侍其左右而不悟宋太祖見五代方鎮之
足以制其君盡釋其兵權使力弱而易制而不知子
孫卒困於敵國此其人皆有出人之智蓋世之才其
於治亂存亡之幾思之詳而備之審矣慮切於此而

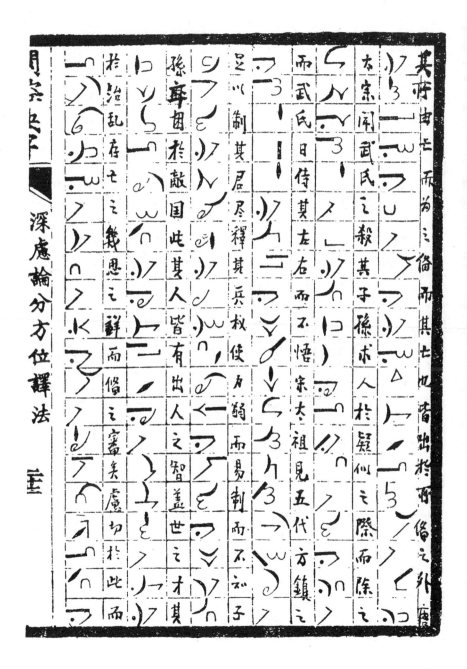

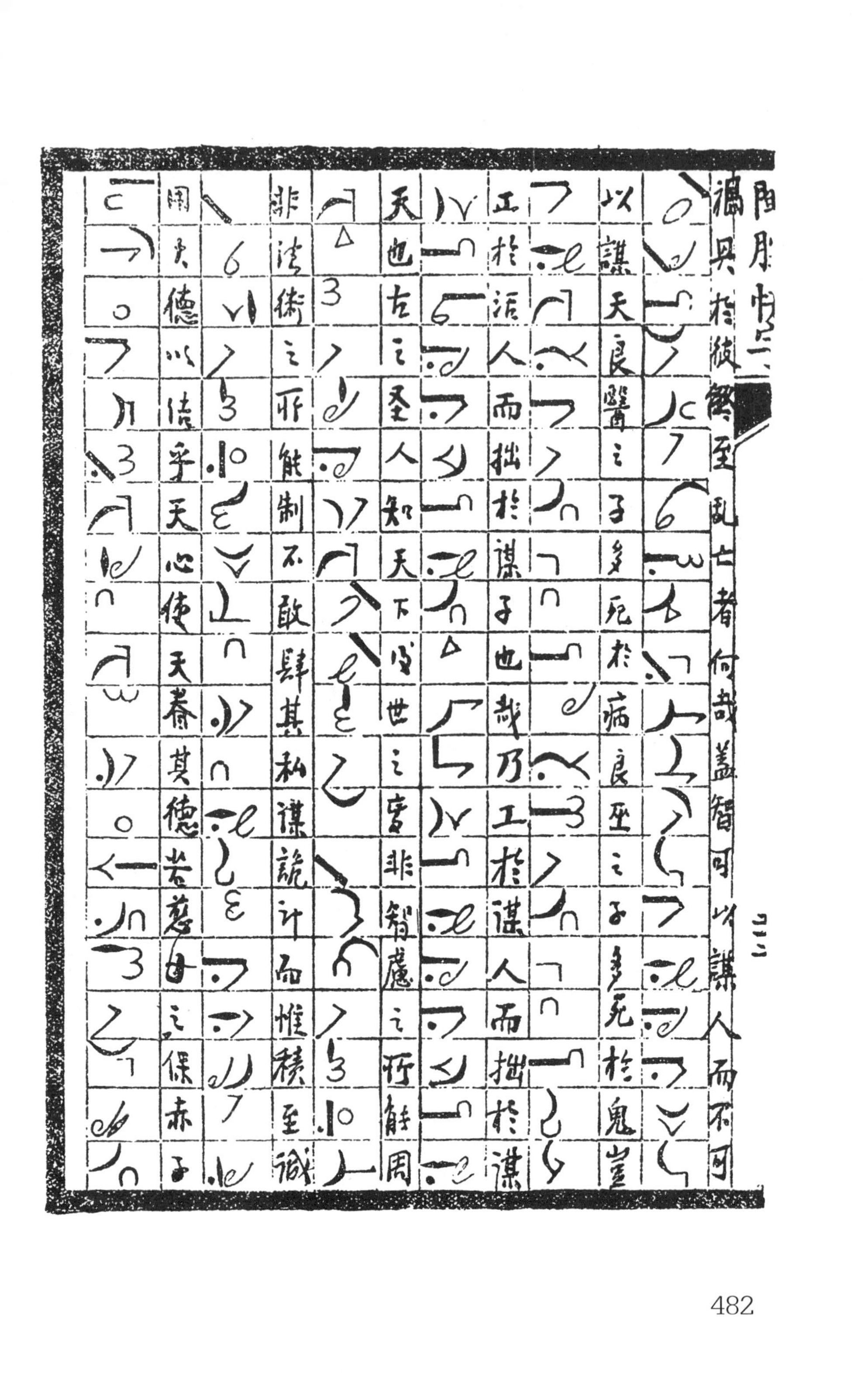

禍興於彼繇至亂亡者何哉蓋智可以謀人而不可以謀天良醫之子多死於病良巫之子多死於鬼豈工於活人而拙於謀子也哉乃工於謀人而拙於謀天也古之聖人知天下後世之害非智慮之所能周非法術之所能制不敢肆其私謀詭計而惟積至誠用天德以德乎天心使天眷其德若慈母之保赤子

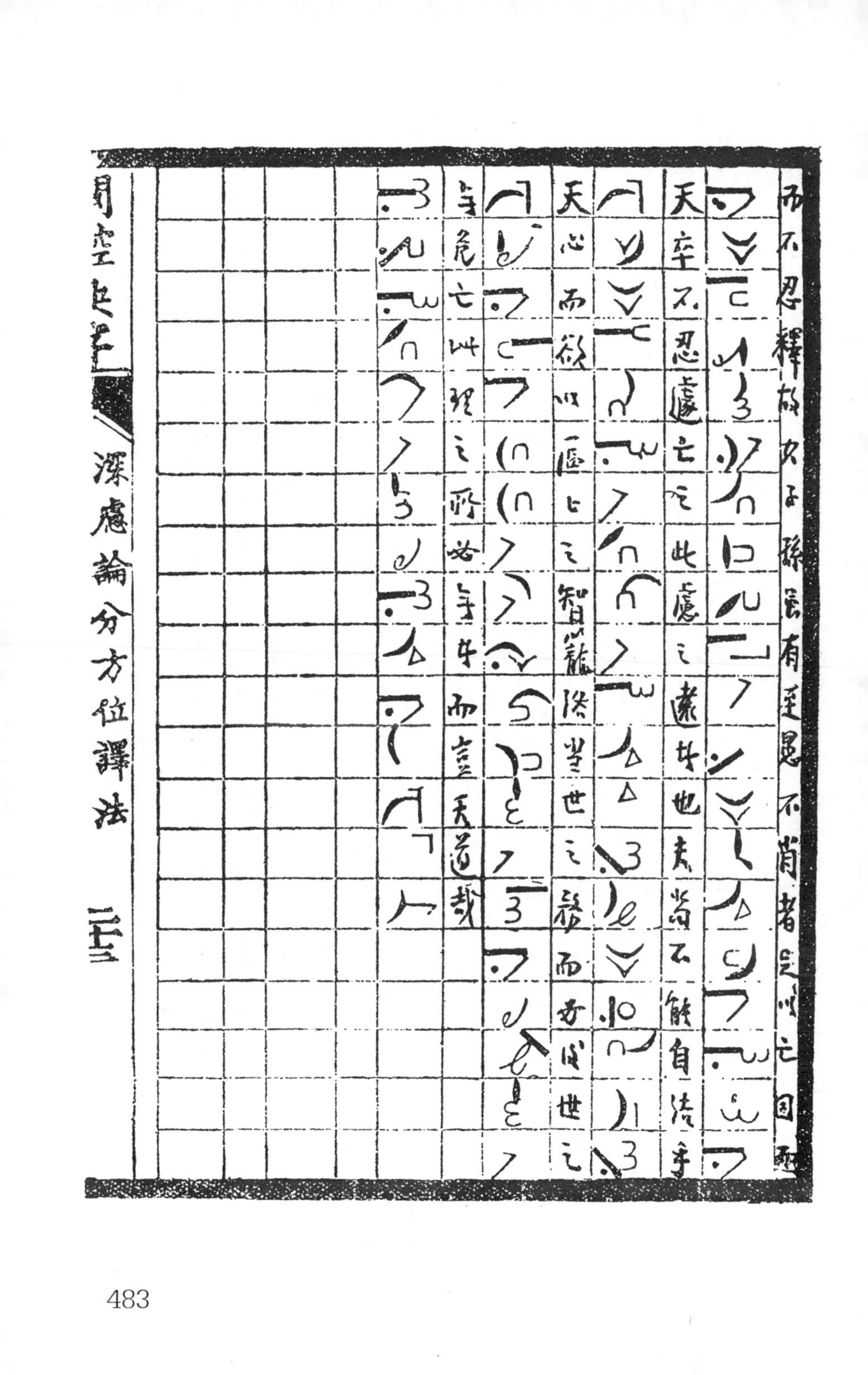

而不忍釋故其子孫雖有至愚不肖者足以亡國

天卒不忍遽亡之此慮之遠者也夫苟不能自結於

天心而欲以區區之智籠絡當世之務而後世之

無危亡此理之所必無者而豈天道哉

陋室銘

山不在高，有仙則名。水不在深，有龍則靈。斯是陋室，惟吾德馨。苔痕上階綠，草色入簾青。談笑有鴻儒，往來無白丁。可以調素琴，閱金經。無絲竹之亂耳，無案牘之勞形。南陽諸葛廬，西蜀子雲亭。孔子云：何陋之有？

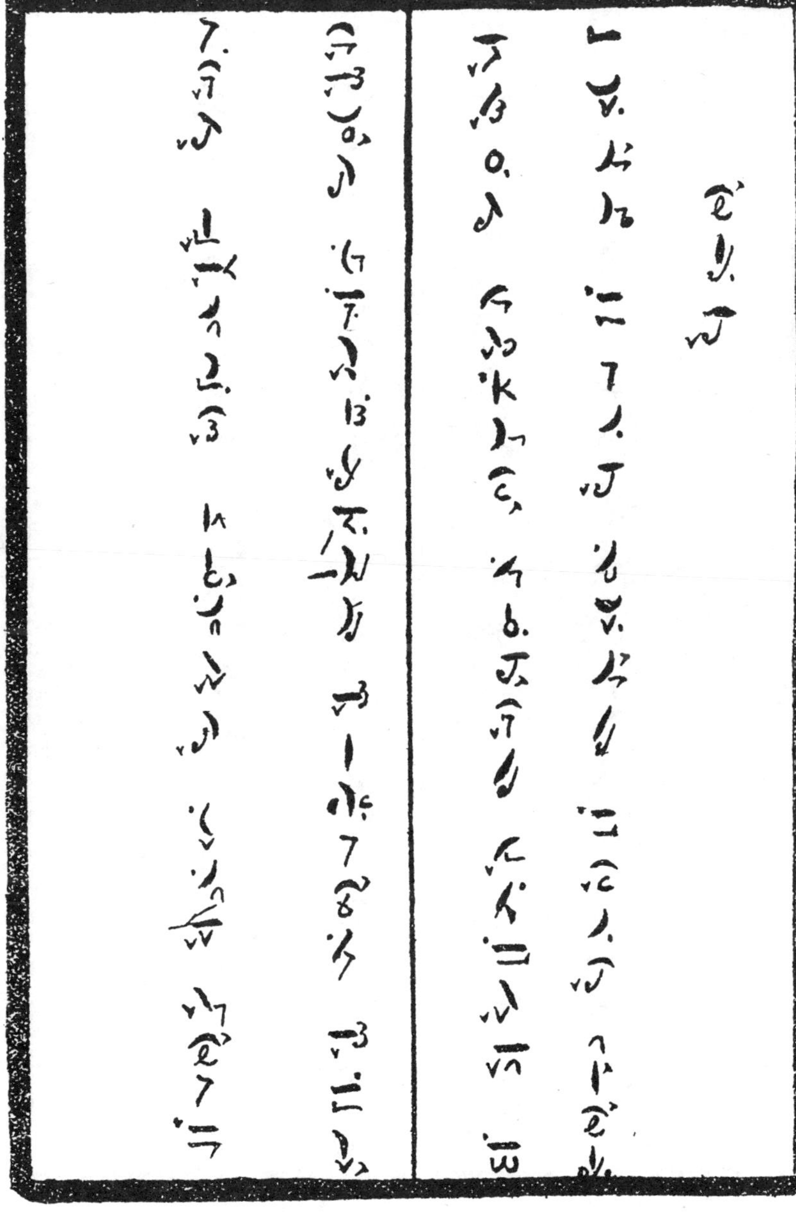

陋室銘不分方位譯法

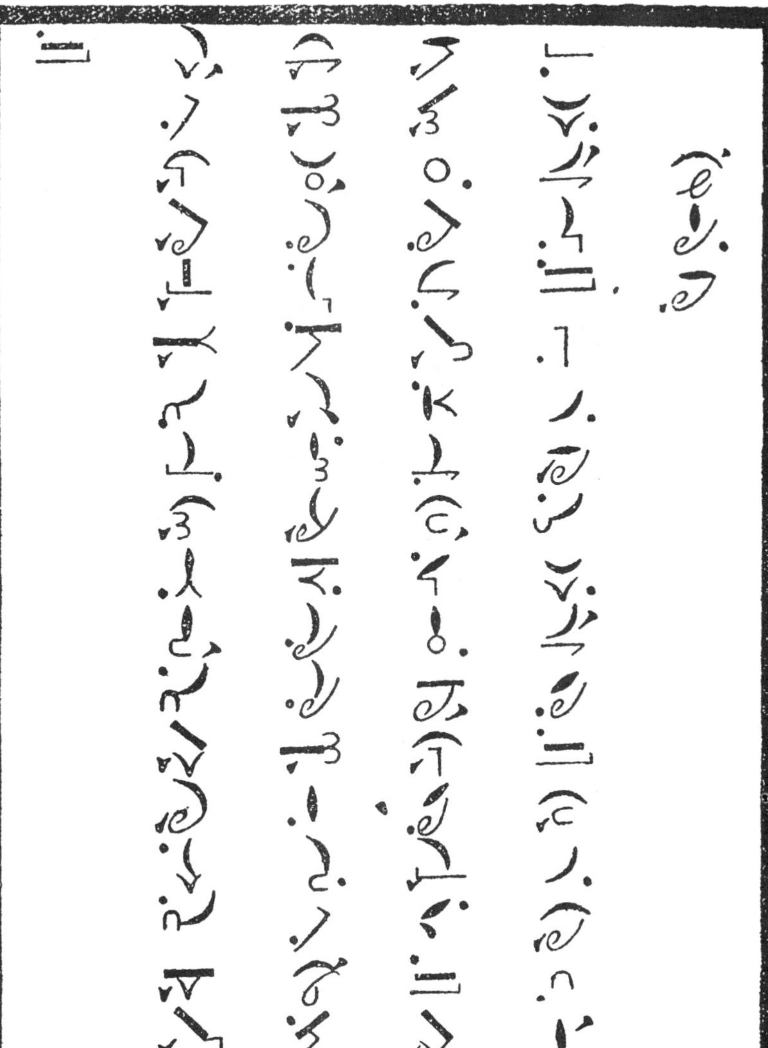

官話合聲字母

王照 著

內容說明

王照（1859–1933），字小航，號蘆中窮士，又號水東，直隸寧河縣（今屬天津市）人。清光緒二十年（1894年）甲午恩科進士。曾參與百日維新，勸康有為循序漸進，但被康有為拒絕。戊戌變法失敗後，他逃亡日本。1900年義和團運動期間，他秘密潛回中國，在天津創制『官話字母』，並寫成《官話合聲字母》，此書成為中國第一套漢字筆劃式的拼音文字方案。《官話合聲字母》一書1901年在日本出版。後在北京修訂重印，名為《重刊官話合聲字母序例及關係論說》。

由於官話合聲字母具有不少優點，各地有『官話字母義塾』『簡字學堂』等傳習機構的大力宣傳，在推行中又得到上層社會名流的支援，因此推行速度快且聲勢浩大，前後共推行十年，遍及13個省，是當時切音字運動諸方案中影響最大推行最廣的一種。

重刊官話合聲字母序例及關係論說

栐褙胡同義塾藏版

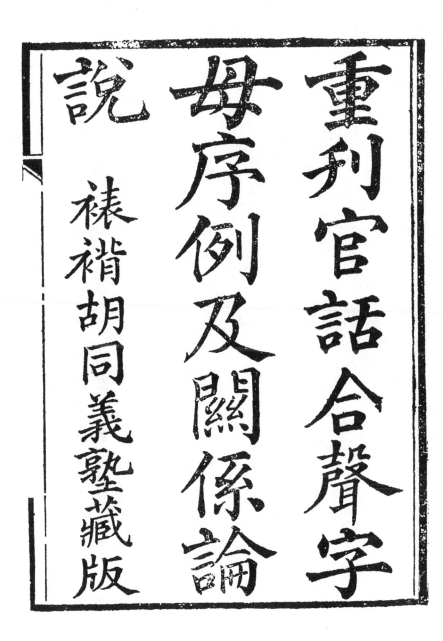

說明

庚子初稿，辛丑印於日本東京，後有改訂之字。今再錄版，並附益以吳京卿及中日二國人論說。之與官話字母有關系者，以冀海內文人感動提倡。至本塾所印之字母拼音書，專以給學字母之人，其中無漢文，與此不同。癸卯閏月識。

《官話合聲字母》原序

中國文字，創制最先。自我觀之，先入為主，闡精洩秘，似遠勝於各國。然各國文字雖淺，而同國人人通曉，因文言一致，字母簡便，雖極鈍之童，能言之年，即為通文之年，故凡有生之日，皆專於其文字所載之事理，日求精進，無論智愚貴賤，老幼男女，暇輒執編尋繹，車夫販豎，甫定喘息，即於路旁購報紙而讀之，用能政教畫一，氣類相通，日進無已。

而吾國通曉文義之人，百中無一，佔畢十年，問何學？曰：『學通文字耳。』鈍者或讀書半生而不能作一書柬，惟其難也，故望而不前者十之八九，稍習即輟者又十之八九，文人與眾人如兩世界。凡政治大意，地理大略，上下維繫，中外消長之大概，無從曉譬；宮府詔令，無論若何痛切，百姓茫然莫知。試就勸學、理財、練兵諸端與東西各國對鏡，而知其難易之大相懸絕，有由然也。

且吾國古人，造字以便民用，所命音讀，必與當時語言無二，此一定之理也。語言代有變遷，文亦隨之，故以孔子之文較夏殷，則變易句法，增添新字，顯然大異，可知亦就當時俗言肖聲而出，著之於簡，欲婦孺聞而即曉，無文之見存也。後世文人，欲藉此以飾智驚愚，於是以摩古為高，文字不隨語言而變，二者日趨日遠，而因無文字為語言之符契也。百里歲不相通，千里世不相通，其口音遷流愈速，一離而不可復合，同國如異域矣。

今各國教育大盛，政藝日興，以及日本，號令之一，改變之速，固各有由，而言文合一，字母簡便，實其至要之原。夫富強治理，在各精其業，各擴其識，各知其分。之齊氓不在秀，特英雋而已也，朝廷所注意而詳求者，宜在此也。茫茫九州，芸芸億兆，呼之不省，喚之不膺，勸導禁令，均無把握。而乃舞文弄墨，襲至高之論，希上哲之名目，若不睹細民動，謂富強之業，一轉移間焉，苟不當其任，不至其時，不知其術之窮也。此可為實心者道，難為文人言也。

戊戌夏，內閣中書林君輅存奏請用新字，詔下所司，核行未果。余會見蔡君錫勇、王君炳耀之作，於官話俱未合用也。今者偷息津城，無可消遣，偶欲創製官話字母以便鄉愚之用。閉戶搶卷，逐字審聽，口呼手畫數十日，考得一切字音轉變皆在喉中，喉音為總，不可與脣齒舌腭並列。凡反切之下一字，皆宜用喉音。反切舊法，牽合支離，類例繁多，徒亂人意。西文東文各字母，亦皆喉音未備。於是創為音母與喉音字共若干，皆假借舊字減筆為偏旁，僅用兩拼，使人易習。

一日，余方凝坐，執筆審音，嚴範孫先生來，持一書示之曰：『爾以為冥想獨得，尚未讀此《御定音韻闡微》乎？』余亟盥拜讀之，欣抃舞蹈，不能自已，歎曰：『有是哉！今而後有所稟承，不慮人訾為杜撰也已！』是書世宗御製，序稱『聖祖以國書合聲之法命李光地等作此書』，又繹其旨曰：『緩讀之則為二字，急讀之則成一音，在音和之中，尤極其和，出於人聲之自然，無所勉強。』其凡例曰：『反切上一字，皆用支、微、魚、虞、歌、麻諸韻之字。』又曰：『天下之聲，皆出於喉而收於喉，反切下一字必用喉音。』睿慮精詳，指授所及，確當不易。惟是書告成之歲，聖祖上賓已久，纂修諸臣，無由隨時禀承，故拘於韻書，拘於見、溪等字母，凡前人韻書所無之音不敢增補，以致各部中所註合聲者十不及二三，而今用、協用等名目十之八九，且自表明『影、喻二母中無其字，故旁借近似者用之，不能悉如合聲之法』云云，是與世宗所序聖祖旨意顯然相背，惜哉。夫國書合聲之法，為前人所莫及，亦為前人所不知，聖訓明明命以一如國書之法，又何必悉取於六朝以來文人所命之音，致負聖意哉！

余今私製此字母，但為吾北方不認字之人便於俗用，非敢用之於讀書臨文，而於我聖祖意旨竟得闇合焉，何其幸也！至開罪士林，知所不免，吾儕但知實用而已，敢登大雅之堂哉！

大清光緒二十六年季冬，蘆中窮士自敘於天津城東寓所。

用此字母專拼白話，語言必規劃一，宜取京話，因北至黑龍江，西逾太行宛洛，南距揚子江，東傳於海，縱橫數千里，百餘兆人，皆解京話。外此諸省之語，則各不相通，是京話推廣最便，故曰官話。官者公也，公用之話，自宜擇其占幅員人數多者。而南人每藉口，曰京中亦多土話，京話不足當官話之用，殊不知京中市井俗鄙之語，亦吾京中士大夫所不道，無庸多慮也。

凡聲必大小長短呼之，皆不與他聲相混，始可名為一聲，故各聲勢均力敵。任舉一字音以某一聲讀之，皆自可長可短，可大可小，總不失其本聲。北方人口耳中，於上平、下平分之甚，確與上、去二聲勢均力敵，而無入聲，故茲但分上平、下平、上去為四聲，不敢強無為有，以文吾陋而誤讀實用也。

合聲之法仿於國書，轉以四聲，則北人誦讀語言之音無一不可。寫出用熟時，以筆代口，任意揮灑毫無滯礙，而漢字喉音太少，不得已而創造之，此不過備一種便用之物，非敢自居為文字也。

《御定音韻闡微》謂字音皆出於喉而收於喉，精確不易喉音，不可與脣齒等音分列，至脣齒各音亦不可分列。天下未有一物不與他物相遇而能成聲者也，試審每一音之呼動，除皆有喉音外，有用脣者、有脣齒並用者、有脣齒舌並用者、有脣舌腭並用者、有齒舌並用者、有齒舌腭並用者、有舌腭並用者、有舌與腭內喉外下垂之小舌並用者。閱後頁之圖，人人可以確認，而文人每以脣舌齒牙喉，劃分為五，而強以一切字音，分屬之毫，不切實，襲其說者，狃於先入，誤人甚矣。

音母喉音共六十餘，似為太繁，然反切舊字既不足，用東西各字母拼音時加以變音，雖少實多，且往往非其音而強名之，用熟時忘其不合，初學時口耳不洽，全憑強記，又往往用三四以至七八字母始成一音。茲則不過兩拼，自然無音不備，似繁實簡也。

此字母為婦孺愚人易曉，概用兩拼。蠡縣王君德涵，於壬寅年仿而有作，亦用兩拼，而其字母乃多至百三十，經余指其例類雜亂且攙有彼一隅鄉村之土音，是以繁多。王君自悟其非，大自刪減，然王君刻意獨立，故又改用三拼減其字母，為三十六。惟是三拼之法習者倍難，且王君之三十六，雖三拼尚有不能成之音，經余又逐一指出，往復書稿具在，以備他日再商。

清輕、重濁、開口、合口或喉音隨音母而變，或音母隨喉音而變，皆出於自然。一ㄴ也，合五則為溫，合く則為陰，合乡則為薰；一ʃ也，合了則為花，合フ則為灰，合ㄴ則為昏。

日本伊澤修二不明此理，剽竊此本，妄加增改，謬矣。

麻韻字音能變フ為一，變丨為丿，變ㄱ為乙，變ㄴ為一，故不合字母之用。天津某君竊余作闕麻韻字，遂另樹一幟，特意多用麻韻字，不知麻韻字乃余始用之，而後棄之者也。

用法：遇所欲成之音，與某字母適同，即專寫某音母不綴喉音，今文微中宜依一類之音，及魚虞之各音，已備於五十音母中，則烏迂衣三喉音可不複用。故先有而後刪去干ㄚ幺小乙寸日等字，所含之喉音初作即未列入，無用故也。

初作為字母四十九，喉音十五。今改為音母五十，喉音十二，吳摯父先生《東遊叢錄》所稱道，乃庚子初稿，辛丑夏，日本東京印行者，實不如今之精當也。

拼音之大利在易習，不在易寫，識字之大用在讀書，不在手寫。蔡毅若所引各國之快字，乃另一種偶用之字，非通用之字也。凡人腦質印記形象，別異愈甚，記認愈易，且能倉卒不誤。各國字母筆劃皆不專求減少，亦此意也。福建蔡君、廣東王君之字母，皆用單筆，余恐其省手力而費腦力，書易就而讀易訛也，故特間用二筆三筆以至四筆較之。各國字畫尚有少無多，惟求易記，且通行後化為行草，亦不至混淆。近有人謂宜減筆劃，蓋未思筆劃太少之弊耳。

此字母專為無力讀書，無暇讀書者而設，故務求簡易，專拼北人俗話，肖之即不誤矣。今如兩人晤談，終日從未聞有相詰曰：爾所言之晚，為早晚之晚耶；為茶碗之碗耶，爾所言之茶，為茶葉之茶耶，為查核之查耶，可知肖之即無誤也。若用以拼文話，則讀者有混淆誤解之弊，是必不可。

此字母雖難，為貧人及婦女不能讀書者而設，然若讀書人習之以備教人，且與下等人通書信亦甚便也，且讀書人記誦尤易，不過五六日即熟。

此字母若有大力者提倡，充其速率，十五日間，一人可傳六十人；三十日，則可三千六百；四十五日，則可二十一萬六千人；六十日，則可一千二百九十六萬人，人盡知書宣傳。詔令講習學課，一心志齊，風俗何便如之。

有力讀書，有暇讀書者，仍以十年讀漢文書為佳，勿因有此捷法而輕視漢文。

漢文及俗話互有長短，不特吾國舊書終古不能廢，以後翻譯西書用漢文俗話並行，互相輔助，為益更多，若令人厭故喜新，非我同人之志。

五十音母

注字皆從京音初授讀時皆專作上平勿泥於其注字之聲總以口授為準

扌撲　卜卜　才木　扌夫　五五　文皮　么必　十米　厂麤

二祖　ク蘇　ナ都　土土　刀初　寸朱　中書　入入　又奴

七盧　千辭　マ姿　幺絲　卄德　牛特　乙低　匚題　小遲

幺之　寸詩　日日　亻訥　㇙勒　女女　口呂　尸居　丱趨

丿須　于于　匕尼　厶離　丄基　廿其　乂希　く衣　刁孤

刂刳　了乎　弋戈　丩科　卞禾

十二喉音

非口授不能讀

了 取阿字一畫

一 取哀字一畫

丿 取豪字一畫

乛 京語安

乙 取亢字一畫 京音昂字

㇏ 取爺字一畫

㇃ 取我字一畫

㇇ 取危字一畫

丨 取慪字一畫

𠃊 京語恩

亅 取翁字一畫

儿 京語兒

上平	上
點分四聲	
下平	去

十

廾丄乂 𡿨匕厶 屮尸夕 于女口 刀士巾

厂二𠂊 千ㄗ幺 小之寸 爿弋木 刂刁亅

才屮 匚工 土ナ 夊乂 才卜 七又 乚亻

十才 日入 尹丘

了一乛乙亅㇏

乀㇇乚𠃌丨儿

二

右次序廷翰卿防禦所更訂，依仿滿文容易記誦。翰卿名後，為西陵駐防旗人，以字母授人，窮年不倦。

用法

將各字母及各喉音之四聲熟讀後，心中若欲寫何字音，則審其出於某字母，即先書某字母偏旁於左，再審其含有某喉音，即書其喉音於右，併成一字之形，口呼字母，喉呼喉音，而字音成矣。惟字母之多，恐倉卒擇別不得，須知由才至卞之次序，起於脣終於小舌，由外而內，有迹可求。故欲寫何音，一涉想間，已得其所在，凡字母喉音，合併呼之，自然成其所欲寫之音，方為不誤。若小有不類，必係誤用，須更審擇也。今設如欲寫躺字，先審得字母，為舌著齒腭交際之才字，次審得喉音為乙，合寫成扎，呼之恰合。若誤取字母近似之乚字，涉想間，已覺呼之不類，急棄而另擇也，餘仿此。熟時不待，依迹而求，自然無誤。

凡欲寫之字，音有適如某字母者，即單寫字母居中，加點分聲，不須以喉音並寫。如欲寫僮僕之僕，則作才，欲寫歡樂之樂，則作乚、，欲寫不知道則作卜ミ忄也。

凡欲寫之字，音有適如某喉音者，即單寫喉音居中，不用字母，如欲寫歎聲之唉，則作一；欲寫人呼而我應之聲，則作ク；欲寫呼疼之聲，則作乚彳乚彳也。

凡字多用為語助，與上之實字合為一音，如有童子名喚三兒，三字應作纟ㄥ，此兒字，卻緊連不可另占一字，須作ㄑㄦ，方合也，餘仿此。若寫一兒一女，則此兒字乃獨為一字，須作ㄑ儿ㄑ女也，餘仿此。

凡ㄋㄚㄛㄌㄝㄜㄦ等字，單用作語助時，不加四聲之點。因其音，宜輕讀，未能分聲也。

凡兩拼之字，不宜加點者亦甚多，如哥哥、媽媽、怎麼、我們等類之，下一字皆輕讀，不分聲也。

拼語式樣

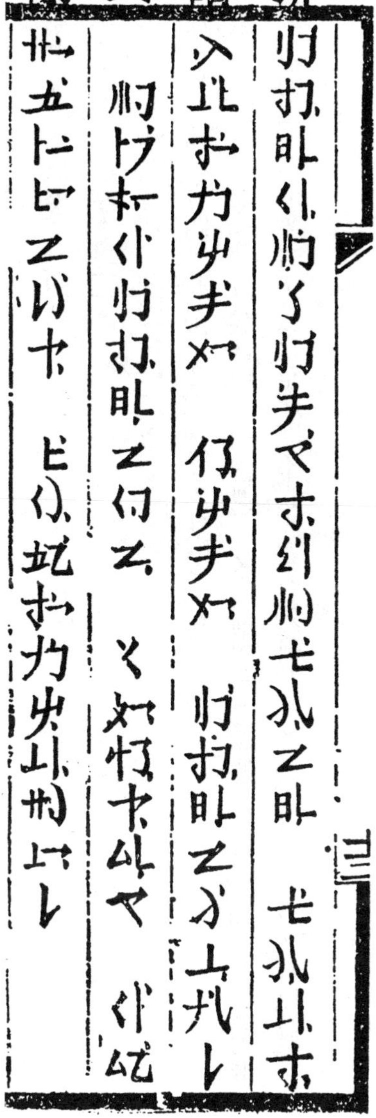

翻漢字

孔聖人，又稱呼孔夫子，是周朝魯國的人。魯國，就是如今山東曲阜縣。那曲阜縣，孔聖人的古蹟多啦。城北還有孔聖人的塋地。一片大樹林子，有兩千五百年的老樹，你若往山東去就瞧見咧。（還，音『孩』。若，音『要』）

第一日，教以字母十，大書於黑板，目注口呼，皆暫以上平聲讀之，每數十遍，少息再讀。

第二日，教習擇前日所教字，寫於黑板，令學生認之，至屢試不誤。乃添教字母八，如前日讀法。

第三日，溫習及添字母，讀法皆如前日。

第四日，如法添字母六（以後間或取前後之字，教以四聲之分，而仍以上平為主）。

第五日，如前日。

第六日，如法添字母五。

第七日，如法添字母四。

第八日，如法添字母三。

第九日，讀喉音八，分四聲讀之。

第十日，讀喉音四，並示以迂衣烏等，亦喉音而可不用。

第十一日，單提各字母喉音，試認皆遍，又當前，隨意口述他字音，問其含有何喉音，由何字母轉出，不能答者，教之至屢問不誤，對答如流乃罷。凡所答多誤者，責以溫習，用心審聽，並自審脣、舌、齒、腭內外輕重，離著翕張之異。

第十二日，隨意取一字母，綴一喉音，令其審聽成何字音，如是屢屢問之，乃複另舉字音令其拼寫，有誤者，正之。

第十三日，舉語句令其以格紙拼寫，又舉二句、三句令其拼寫，漸增至八句、十句，漸熟漸易，暢所欲言矣。

右不過教法，大概若聰慧者，可併作十日功課。鈍者可匀作二十日功課，教習察看學生資質，分班教之，不必拘定。

宛平縣生員王璞謹呈：為請用俗話字母廣傳

《聖諭廣訓》家喻戶曉，以固根本事。竊維三代之時，罝免為腹心，小戎知大義。自治術遷流失教已久，至今戶口雖繁，讀書認字之人百中無一，明理之人千中無一，邇來內憂外患，屢經震蕩，四民愚蠢，茫無依據，志益搖搖，試入閭閻而聽輿論，支離怪謬種種不同，此存亡之原，非細故也。生雖愚賤，匹夫之責，杞人之憂，何能恝然。

伏維大人獨任其難，廣興學校，育德育智，程課周詳，已得救時之本，十年之後，非特專科學成，足供驅策。凡在學生之列，皆可勝於往時。惟深觀目前種種情形，推其究竟，學校必不能多設，則僅就每邑一二校，以次選升，為培植官材之地。其數畧如往時，生童尚不及丁口千分一。欲民之耳目不惑，遂生裕後盡職奉公，焉有把握？夫內憂外患，無時不有，有國者，非其惑吾民之足患，特吾民可惑之足患，妄因愚生，乃確然情勢。今當事者，因有人好倡民權自由之空說，遂疑開民智、正民心為相反之端。一切不敢放手調停，瞻顧自添，無限阻滯，殊不知庸眾善惡之生，多分於認之明闇。

朝廷於國民二百六十年之撫育，原有同利同患，固結莫解之故，其緒綦繁理，皆顯著。特患民之聾瞶，昧於遠圖，則易入歧趨耳。生識力淺薄，於專科教育未能贊畫於耑，小學堂，實業學堂之宜多設，亦知之而未得其策，惟於民之宜人人能看書，人人能看報，人人能讀詔書示諭，知其切要，急思便捷之法，且深念我聖祖、世宗祖述百王，貫通中外，《聖諭廣訓》一書，集周孔之大成，出以淺顯，切於民生日用，今雖頒入學堂，而地方朔望之讀，久為具文，必欲廣行頒布，家喻戶曉，非令人人識字不可，苦心焦思，惟有之受業師某老先生所作官話字母，拼合自然，無音不備，至為簡當，若以之譯，《聖諭廣訓》，飭州縣遣生貢之無事者，布之民間，雖目不識丁之人，教字母十餘日，自能讀解，自必鼓舞歡欣，頌揚得意，由此而得作書信記簿之能，且有他日讀書讀示諭等類之益，則轉相傳授，增添之速，不可思議。惟於駁天主教一段，從權不譯。伏乞賜以面詢，審其當否，然後奏准試行，幾輔生不勝悚惕之至。謹呈。

右壬寅十一月，王潤山文學呈管學大臣張。

輓吳摯父先生聯語拜序（癸卯正月）

自甲午以來，閩粵燕吳仁人志士，不約而同，思作新字，傳白話，以速教育者六七家。戊戌有詔，將行未果。摯父先生生平謂古文外必無經濟，自游日本頓悟普通教育之意，乃特命其同鄉門人五人，習蘆中窮士所作官話合聲字母，攜之歸皖，謂必欲遍傳江淮間，又遣門人賫書呈管學大臣，勸其頒行於小學，以利普通教育。管學大臣蓋怪之，嗚呼！豈知先生識見之擴，其理甚庸常哉。

夫各國朝廷朝發一令，夕而遍入通國婦孺之目，且皆心知其意。凡學問之事，工商之途，傳演之速，呼喚之靈，莫不如是。

今吾中國，自稱新黨者，曰勝於紙，曰四萬萬同胞熱力云云，實則言之者，此千中有一之士夫，解之知之者，仍此千中有一之士夫也，四萬萬人固無從知也。今吾中國公文中，亦恒曰養民教民，實則發之者官吏，收之者官吏，解之知之者，仍此官吏也。民固無從知也，厥上之政治，自說、自解、自唱、自和，視民之苟且妄作，輒於紙上罵以心死，責以無良，而民又不知其厥上云何也，市井之談，支離頑謬，無所不至，千人中有九九九焉。

且今之自命教育家者，其生長富厚，幼年賴賢父兄之培養，十餘年始通文字，以成今日之名士，以成今日之顯宦，彼自忘其銷磨歲月之久，絕不思窮民萬無彼之財力，又不思人民外無政治，教育外無人民，彼其所操之術，僅為背後吶喊之資，上焉者僅足當一文學博士，以自保其高名耳。夫能以文章名世者，莫摯父先生若也。而先生獨能虛心折節以倡俗話之學，蓋先生心地肫摯，目睹日本得力之端在人人用其片假名之國語，而頓悟各國莫不以字母傳國語為普通教育至要之原故，為四萬萬愚蠢痛心而不暇計己之名高也，先生歿矣，如先生之心者更有幾人？悲夫！

自誕登彼岸，能悟普通之要，歸來將大有為，遽爾邱首成仁，是江淮間億兆窮黎無茲福命。

欲濟度眾生，有急饑溺之懷，卑之勿為高論，吾輩苦心孤詣，當新舊黨縱橫文陣誰復知音。

答土屋弘書（八月二十二日）　吳汝綸

惠書諭貴國以五十音施之初級教育，其進步之速。以此欲令敝國採用此簡便之物，以達教育速奏之效，至中流以上，居百中之一，不可以教育百中之一之方，施之九十九人之眾，可謂片言居要。某近頗籌思普通施教不宜過高，敝國人王照曾為省筆字，大意取法貴國五十音改為四十九字，別以十五喉音配之，可以賅盡敝國之音。學之數日可明，擬以此法傳之敝國，以為初級教育。庶幾所謂九十九人者，皆得識字知書，漸開智慧，是亦與來教之指闇合者，謬承注愛。敬以奉聞。（拙作與日本五十音迥異，先生對日本人措詞不得不爾。）

與東京府中學校校長勝浦鞆雄書（九月初六日）

承詢新製省筆字外，中國文須四五千者，自入中學始與否？查新制之省筆字，非下走所製，乃敝國王照字小航所為，今政府尚以為罪人，未必遽用其所製字。僕決將來必須用此，教育乃能普及。至中國字四五千者，小學校六年其後二年宜可漸習之，由省筆字移轉換認漢字似不甚難。請代裁定。

上張管學書（九月十一日）

中國書文淵懿，幼童不能通曉，不似外國言文一致。若小學盡教國人，似宜為求捷速途徑。近天津有省筆字書，自編修嚴範孫家傳出，其法用支微魚虞等字為母，益以喉音字十五、字母四十九，皆損筆寫之，略如日本之假名字，婦孺學之兼旬，即能自拼字畫，彼此通書。此音盡是京城聲口，尤可使天下語音一律。今教育名家，率謂一國之民，不可使語言參差不通，此為國民團體最要之義。日本學校必有國語讀本，吾若效之，則省筆字不可不仿辦矣。

右各信稿，先生歿後由哲嗣辟疆鈔寄，敝塾者拜誦之下涕淚沾衣，為我四百兆眾人悲也！先生所見為庚子津城所傳，初稿辛丑夏日本東京留學生印行者，故云字母四十九，喉音十五。

土屋弘來書（《東游叢錄》）

弘白吳君摯甫閣下：前月來視察敝邦普通教育制度，稱其進步，且怪僅僅三十餘年，達今日之域。烏呼！見吾君之所怪，足以知吾君平生用意於教育之篤也。弟亦嘗從事於普通教育，畧知其梗槩，請試言之。

盖工業之所以速成，一在用器之利便。教育以文字為利器，文字之簡易利便者，莫若五十音圖。敝邦普通教育，以五十音圖為先，五十音之為用，宇宙百般之事，無不可寫者，而其為字僅五十，雖幼童可輒記之，以此施於初級教育，其進步之速，曾何足怪。至教育中等以上人，則漢文歐語固不可不并用之，然是率皆中流以上之事，而人之位中流以上者居百中之一，以教育百中之一之方，施之於九十九之衆人，其教育之難速成，不亦宜乎。故以簡易之器導九十九之衆人，令邑里閭巷無不學之子弟，則衆中未必無傑出之才，所謂凡民之俊秀者也，此輩進而服高等之學科，愈磨愈厲，他年成立，必有可觀者矣。是今日普通教育所以為急務，而初級教育之所以不可不用簡要器具也。

今足下若欲速奏其效，宜先采用敝邦五十音圖，况此本取自於漢字，盍速用此至簡至便之物。若夫所課中等以上漢文，則高雅典實，用之金石，垂之不朽，其美固可以冠世界萬國矣。弟常云：人有長幼，有貧富，故文字亦當從長幼貧富課之，以達其用。乃在幼童及貧人，則主用五十音，至中流以上，則用象形文字，是自然之勢，無足怪者。敝邦普通教育之所以纔就緒者，無他，唯由於善用此器，調和適其度而已。君卓識超眾，必有味於弟言。

伊澤氏又曰：欲養成國民愛國必，須有以統一之。統一維何？語言是也。語言之不一，公同之不便，團體之多碍，種種為害，不可悉數。察貴國今日之時勢，統一語言，尤其亟亟者。

答：統一語言，誠哉其急！然學堂中科目已嫌其多，復增一科，其如之何？

伊澤氏曰：甯棄他科而增國語。前世紀人猶不知國語之為重，知其為重者，猶今世紀之新發明，為其足以助國體之凝結，增長愛國心也。就歐羅巴各國而論，今日愛國心之最強者，莫德意志若，然德意志本分多少小國，語言自不相同。斯時也，彼自彼，我自我，團體之不結，國勢之零落，歷史中猶歷歷如繪也。既而德王維廉起，知欲振國勢，非統一聯邦則不足以躋於盛壯；欲統一聯邦，非先一語言則不足以鼓其同氣。方針既定，語言一致，國勢亦日臻強盛。歐羅巴各國中，愛國心志薄弱殆莫如墺大利、匈牙利之共同國，全國國種不一，自然語言不齊，莫知改良之方。政治風俗，在在見參互錯綜之狀，甚至陸軍不受政府之駕馭，騷亂之舉，曷其有極！傍觀者時切杞憂，謂墺匈之恐不國也。此皆語言不統一之國。一則由不統一以致統一，其強盛有如德國；一則本不統一而不知改為統一，其紊亂有如墺匈合國。成績攸分，似足為貴邦前車之鑒矣。

答：語言之急宜統一，誠深切著明矣。敝國知之者少，尚視為不急之務，尤恐習之者大費時日也。

伊澤氏曰：苟使朝廷剴切誥誡，以示語言統一之急，著為法令，誰不遵從！尊意『大費時日』一節，正不必慮。即如僕，信州人，此阿多者（時席上有此人），薩摩人，卅年前對面不能通姓名，殆如貴國福建、廣東人之見北京人也，然今日僕與阿多君語言已無少差異。敝國語言之最相懸殊者，推薩摩，初建師範學校時，募薩摩人入學，俾其歸而改良語言，今年春僕曾遊薩摩，見學生之設立普通語研究會者，到處皆是。所謂普通語者，即東京語也，故現在薩摩人殆無不曉東京語者。以本國人而學本國語，究不十分為難，況乎今日學理之發明，啞者尚能教之以操語言，況非啞者乎？惟不試行之為患耳。苟其行之，假以歲月，其效顯著於齊、魯、閩、粵之間，可操券決也。

遊東京府第一中學校，校長勝浦鞆雄留飯，為言教育，以中國字多難記為言。吾告以近有人作省筆字，勝浦大奇之，以為中國若果行此，普通教育進化必速也。

東京府中學校長勝浦鞆雄第一次來書

去日嘗貴諭新製省筆字四十九母，十五喉音，用諸小學，則貴國必需之文字四五千字者，自入中學者始教習之乎？果然，則一學年三十五週中，以每週七時，即二百四十五時充教習國語之時可也。

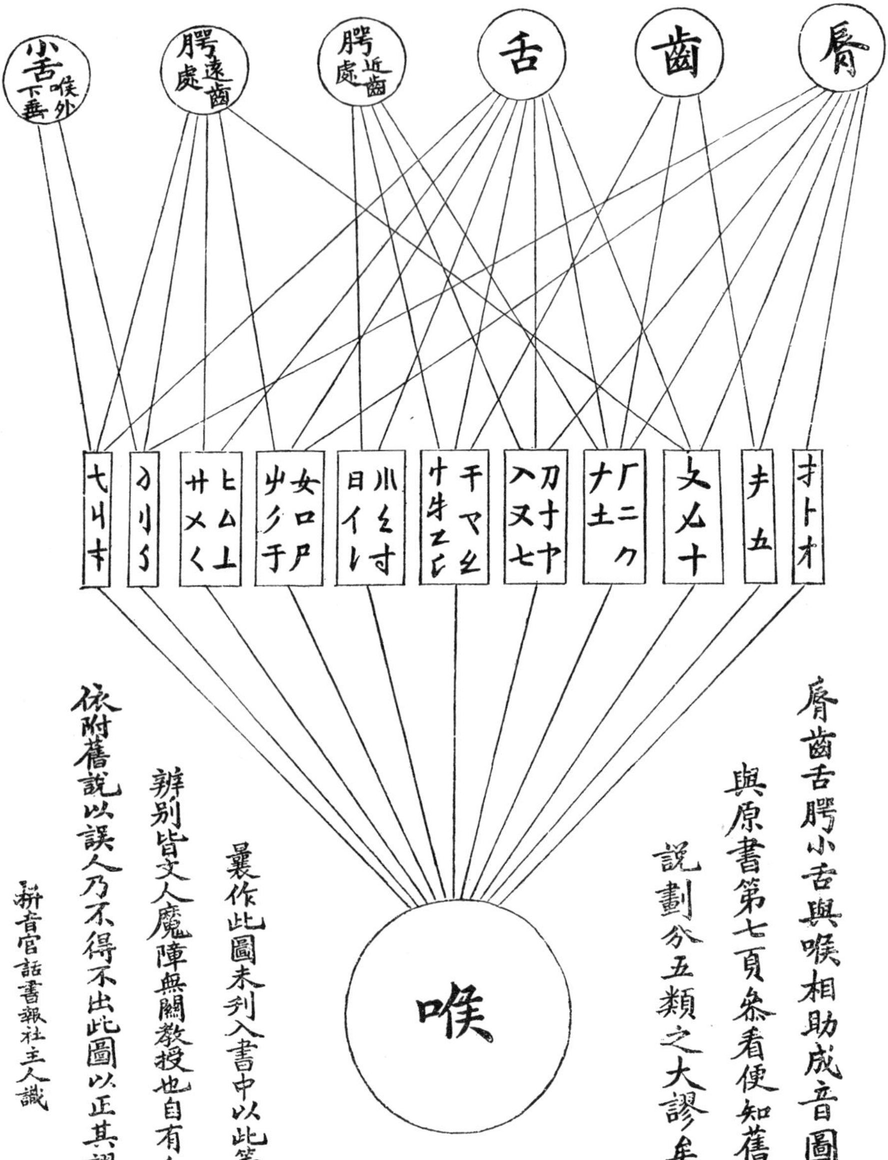

脣齒舌腭小舌與喉相助成音圖

與原書第七頁參看便知舊

說劃分五類之大謬矣

曩作此圖未列入書中以此等

辨別皆文人魔障無關教授也自有人

依附舊說以誤人乃不得不出此圖以正其謬

拼音官話書報社主人識

附『普通』字義辨

『普通』者，貴賤百業之人共由之謂也。日本人所習稱者，如普通教育，普通知識，普通學其義一也。蓋無論士農工商，百執事貴賤男女，於倫理、文字、筭術、地理、地文、史事、物理、體操等事，皆必應略習之。上之可為學業上達之基，否則，亦足以遵朝廷政令之意，而不為梗礙。

蓋十萬人中得一專科學士，猶酒之有櫱，筆之有顯焉耳。櫱與顯固為至要之物，然非有多數之水不能成酒，非有多數之毛不能成筆，區區櫱顯不能自施其用。國之賴眾人皆學也亦然，此普通之所以為要也。

尋常中學之為普通學，是偶對高等中學之專門豫備科而言，非中學外無普通學也。中學、小學皆於普通學中分深淺而已。考日本尋常中學、高等小學、尋常小學課程，皆分倫理、文字、筭術、地理、史事、物理、圖畫、體操等事，大致相同，惟隨意科之西洋文，則高等小學以上始有之，化學則中學始有之。其餘各科皆一線相承，由淺入深，由偏及全，由略及詳而已，非卒事於此，而更端於彼也。

試就筭術而言，無尋常小學之加、減、乘、除，不能及高等小學之比例、分數、小數、開方、幾何初步，無高等小學之比例、分數、小數、開方、幾何，初步不能及尋常中學之代數、幾何、三角，其餘各事皆然。譬如有七層之塔焉，而名其上三層為塔，名其下四層為非塔，可乎？

吾中國文人，每以腦中素有之意境，解他邦之字義，誤以普通為廣博貫通之義。於是，不得不以高深目之，縱意弄筆以訛承訛。近日，竟有形諸文牘，稱中學堂始授普通學者，夫若欲與他邦立異，特以普通專名吾中學堂之完美學課，劃小學堂於普通之外，似亦無乎不可，奈其誤解普通字義昧於教育要旨，昧於教育與行政之關係，遂至心目中無復友千中九百九十九之農工百業毫未學問之人，不為切實設法，而吾國即永為外人釣獵之池藪也，哀哉！

今世各族並立，競爭之道與四千年史事毫不相似，人類智愚共處，消息盈虛，絲絲不隔。愚者，常被智者剝削，猶魚禽之常供人用也。故一國之人數，百兆中能有一兆智者焉，亦不過此一兆人不為他人之役耳，於數百兆之被他人剝削，固不能救也。某某友邦對中國秘策，願中國兵強，願中國多成官材，願中國辦交涉得法，願中國不割地，而甚不願中國能教育四百兆之下等人。故其言論長使我教育家務高名，而不知普及。余屢向某國人之操此術者揭其隱微，而當路未有覺悟，且某國之熱腸人，亦有對我國人言普通教育最為切要者，而聞者心有成見，誤解普通二字之義，於言之合其見者，則是之；出於其見之外者，則非之。具曰予聖，奈何奈何。

推廣京話至為公義論　　長白老民

世界各強國，無不以全國語言一致為內治之要端，故近年吾國洞達治體者，亦無不深明此理，南省仁人亦多以推廣京話為言。今用字母拼京話以助文字所不逮，則惟顯宦及名士往往力為反對，非其心之不仁也，蓋其見之不明。有數端焉，其在北人，則因二百餘年常隱然畏南人斥吾之陋，故務作高雅之論，不敢言推廣京話以取南人譏笑，實則文野之分，自在知識行能，豈在咬文嚼字之皮毛哉？其在南人，則狃於千數百年自居文明之故見，以為惟江南為正音，又因其鄉人習北語甚難。若用京話字母拼譯中西各書，使南人讀之，較之讀解文章，不見有倍蓰之易，故以為多一周折不如任各省語言各異，專用文章通譯，或專用外國文通譯，鈍則均鈍，利則均利。

嗚呼！彼未知語言不一，暗中損礙之大，收拾之難，後禍之烈何如耳。且未知千人中有九百九十九貧人及婦女，其通文之難何如耳。且未知淮汝以北、黑龍江以南，苟用京話字母之書，則以十數日之功，可當十年，其便捷為何如耳。且未知根本之地，呼吸靈通於全國，裨益為何如耳。

且南人用官話，雖微覺其難，而用字母拼音官話較之習外國文究能倍易，若謂憖使一律遲鈍，不使北人偏加速利，則未為情理之公也。今夫長江直下川楚一帶數千里，資以便捷，而自滇黔人計之，則與攀嶺入越而達東海遲速相等。若與滇黔人言開濬長江為國之便利，則彼心以為徒費周折，萬萬非計，或且阻撓之，曾不為川楚左右，關係全局之百餘兆人，一思之也。

今我八旗奉直齊豫亦不下百兆人，用京話字母甚為便利，何敢遽望南人為我一思。而南人已早有因全國語言宜歸一致之公理，擬議及此，並切切言之者，所望顯宦名流勿終膠執故見，為滇黔人之欲塞長江也。至浮囂之輩，動云盡用東文，盡用英文，是猶滇黔人聽法人唆使，勸川楚燕齊盡廢海口而用越南海口，彼不自知其癲耳。吾不與辨。

節錄黃公度京卿説

蓋語言與文字離，則通文者少；語言與文字合，則通文者多。其勢然也。然則日本之假名，有裨於東方文教者，多矣。庸可廢乎，泰西論者，謂五部洲中，以中國文字為最古，學中國文字為最難，亦謂語言文字之不相合也。然中國自蟲魚雲鳥，屢變其體而後為隸書，為草書，余烏知夫他日者，不又變一字體為愈趨於簡，愈趨於便者乎？余又烏知夫他日者，不有孳生之字為古所未見，今所未聞者乎？周秦以下，文體屢變，逮夫近世，章疏移檄，告諭批判，明白曉暢，務期達意，其文體絕為古人所無，若小說家言，更有直用方言以筆之於書者，則語言文字幾幾乎復合矣。余又為知夫他日者，不更變一文體為適用於今，通行於俗者乎？嗟乎！欲令天下之農、工、商、賈，婦女幼稚，皆能通文字之用，其不得不於此求以一簡易之法哉。

右從《日本國志》摘出。

直隸学務處覆文（光緒三十年九月）

為呈覆事案奉宮保札飭，據豐潤縣廩生王金綬等稟，官話字母關係緊要，請實力推行勿任延宕等情到本督部堂，據此除批，稟悉官話字母一書傳習已及各屬，因勢利導，正在此時候。發學務處詳加考訂，速議發行繳等因印發外，合將原稟札發札到該處，即便查照辦理，具覆。此札計發原稟一件仍繳等因，奉此，查此案前蒙宮保札發本處核義詳准試辦，旋由大學堂學生何鳳華等議訂章程，編書數冊，亦經詳准照辦，分節知照在案，茲奉前因飭令詳加考訂。

查字母之利大端有二：一則可為教育普及之基，一則可為語言統一之助。日本近年文化稱盛，百人中識字者恒九十有奇，販夫走卒，皆能讀書閱報。固由強迫教育之效，亦賴有平假片假等名以濟其窮。凡通行之報章襍記，每漢字之旁皆注假名，深於文者讀正文，其淺者讀旁注，各從其便，即各適其用。小學教科書中始則全用假名，次則漸增漢字，高明者不啻以假名為漢字之先導。椎魯者，但識假名而已，足於讀書閱報及往來書信之用，誠快事也。

今該生等所呈字母拼音書與日本之片假名略同，而純拼單音，尤為省便。桐城吳京卿所謂婦孺習之兼旬即可自拼字畫，彼此通書，蓋確有證據之言，非虛語也。此教育普及之說也。

又《查奏定學堂章程》，《學務綱要》第二十四條云，各國言語，全國皆歸一致，故同國之人，其情易恰，實由小學堂教字母拼音始。中國民間各操土音，致一省之人彼此不能通語，辦事多扞格。茲擬以官音統一天下語言。故自師範以及高等小學堂，均於中國文一科內附入官話一門等語。

今該生等所呈官話字母拼音，雖僅為下等人急就之法，而用意亦隱與暗合，且能解此法，於習官話者尤為捷便。吳京卿所謂此音盡是京城聲口，尤可使天下語音一律，亦非虛語也。此語言統一之說也。

生員王儀型未明其故，乃於此法痛加詆駁，王儀型所呈《等韻便覽》一書用力不可謂不深，然係專言韻學，與此毫不相涉。其歷舉各省之音，以糾此本之誤，用意乃適相左。蓋此但求合於京音，不能概各省之音，各省之音方力求與京音一律，以收全國合一之效。奏定章程中言之甚詳，若仍執他省之音，以相糾繩，是所謂適楚而北其轅也。此無庸置議者也。

劉孟揚所呈天籟痕似較此法更加完密。然細考之，其拼切之音急讀之時或歧混。王金綬等禀中所指摘，試之良然。其謂能拼洋音亦屬似是而非，蓋以此國之字，切他國之音，從來不能密合，觀於日文切英音，英文切華音，往往乖異，可類推矣。此亦無庸置議者也。

又日本伊澤修二氏，近用此本增改付印，名曰《清國官話韻鏡》，日人之學華語者頗傳習之，惟彼所增之字，以我國京音審之，大都緟複可省。蓋日本之人發音與我國不盡同，有同母兩字，我以為同而彼以為異，我但求足於我國之用，足於我國京音之用而已。

凡遵論考訂所及，大略如此。至推行之法，仍須查照前次行知先令各蒙學試習，以期逐漸推廣。該生等原禀所陳辦法，一，專設義塾；二，專員經理；三，須給資本；四，設法鼓勵，均屬切實可行，似應准其試辦。惟拼譯書報，必須資本，非寒士之力所及，可否酌給官款，以資舉辦，敬候宮保批示遵行。請宮保咨明學務大臣核定，奏請頒行，以廣流布。所有議覆官話拼音字母各緣由是否當理合，具呈為此，呈請宮保鑒核。伏乞核。照呈訓示施行。須至呈者。

按，呈覆後，督批查取原書等件，咨送京師總理學務處核定。奏請頒行，照以畏某耆儒，故稱無書，以延緩之。

十一月十一日上袁宮保稟

直隸大學堂學生王用舟、何鳳華、劉奇峯、張官雲、世英、祥懋等謹稟為懇祈宮保大人奏明頒行官話字母，設普通國語學科以開民智，而救大局事。

竊思國之強不強，視民之智不智，民之智不智，視教育之廣不廣。今我國勸立學堂，誠為教育之本，然未足言教育之全量也何？則今世界之教育為多數之人，合羣策羣力以扞衛國家而設，非為求譯才而已也。夫我國不欲自強，不欲開民智則已，如欲開民智以自強，非使人人能讀書，人人能識字，人人能閱報章，人人能解詔書示論不可。雖然，時至今日，談何容易？非有文言合一，字母簡便之法不可。

彼歐美諸邦所以致強之源固非一端，而其文言合一，字母簡便實其本也。今中國語言一事，文字一事，已一離而不可復合矣。更兼漢字四萬餘，無字母以統之，學之甚難，非家計富厚、天資聰穎之人無從問津。此億萬眾婦女與貧苦下等之人，所由屏於教育之外，而國步亦所由愈趨愈下也。

夫以中國人學外國文則難，若轉而學中國文則必不難，若更降而以語言代文字，則知人人無不能者矣。我中國自文言分離以來，口音日雜一日，而讀書識字之人愈日少一日。此今日所萬不容不補救者矣。各省府州縣大中小各學堂，縱能徧立，學生之數不能占戶口千分之一，則以上等之人服上等之科，雖掄才有資，而於億萬眾下等之人風馬牛不相及也。質而言之，無高深之教育，無以待賢豪，無淺顯之教育，無以化庸眾，二者缺一不可。方今名儒碩彥，坐論於朝，不患無上等教少數之人教育，所患者，無教多數人之教育耳。何謂教少數人之教育，漢文、西文是也。何謂教多數人之教育，以語言代文字，以字母記語言是也。惟是中國近年雖有字母之作，率皆囿於方音，不可通用。近見自嚴太史修家所傳出之官話合聲字母，係仿國書合聲之法製，為字母五十，喉音十二轉換拼合。凡口中所能言之音無不能達，且專以京音為主，便利通用，莫逾於此。誠能推行，則億萬眾愚夫愚婦，能言者即能文，無用者亦有用矣，今將其官話合聲字母原書敬呈鈞覽，如能奏請施行，則其利益有五，辦法亦有五。請為我宮保大人陳之。

統一語言以結團體也。吾國南北各省口音互異，甚有隔省之人不能通姓名之弊。夫國人所賴以相通相結者，語言也，言不類則心易疑，此渙散之本也。彼泰西各國，類皆文言合一，故團體最固。至於日本，尤以東京語為普通教育，誠握要之圖也。我國無事不規仿泰西，步武日本，獨於此漠然置之，可惜孰甚。今誠用此字母，則上等之人彼自有高深之學問，即庸眾婦女亦能以言語自達矣。以字母定口音，則南北一致，以語言傳文字，則上下相通。其利益一也。

畫一名詞以省腦力也。今日中國不能不讀西書以啟文明，然若皆學西文，然后始讀西書，則能讀西書者有幾？勢不能不取經於譯本明矣，惟是譯本之弊，有最易誤人者，即外國人名、地名之名詞是也。攷近日之譯本，其名詞至為蕪雜，即如一書，其由英文轉譯者，其名詞必用英音，由法文轉譯者，其名詞必用法音。其他亦然。职此初讀譯本者，偶遇外國人名、地名兩書同異之處，往往有不辨其是一是二者。若用漢字，則同譯一國之名詞，而南人北人所用之字，又自不同，此今日中國譯界中之極大缺陷也。夫中國學夫士子，必不屑讀譯本則已，必讀譯本而聽其五色迷目，誤人心解，耗人腦力，如此其極可乎，不可。曩者，日本初譯西書，亦嘗患此，乃於明治三十五年十一月，由其文部省頒其假名，拼成一定之音，不許移易至今，遂收較如畫一之效。今中國宜師其成法，令所有新譯諸書，名詞務須畫一，不可移易，乃為有益。若仍以漢字為準，則南人、北人讀法互異，難免參差之弊。今誠用此官話字母口授甚捷，字形既能統一，字音必無二致。其利益二也。

講女學以強種族也。夫國於今日固以兵力爭勝負，實以民智卜存亡。今我國非但專注意於少數人之教育不足恃，即四萬萬男女人人皆學，尚恐與列強程度不敵，況二萬萬婦女徒為贅疣乎？事當因時而制宜，學貴去難而就易，今中國不欲婦女有智有用則已，欲其有智有用，則非先使其能讀書閱報不可。今誠用此字母，則婦女雖愚，不兩閱月無不能讀書閱報者，且不必偏立學堂也。字母簡便，人人易學，自人人樂學，果使一鄉村市鎮中有人先導，則父傳其子，兄傳其弟，夫傳其妻，姊妹妯娌互相傳演，不數十日，無論婦女若何冥頑，斷無不能拼合之理。既能拼合字母，令其讀白話書，閱白話報，必可鼓其精神，發其智慧，是無所勞費，而驟增二萬萬有智有用之人。其利益三也。

訓軍士以明武略也。國無兵不立，兵有智乃強。人皆知德國陸軍號稱第一，以為萬難幾及，不知彼當兵之人皆能讀書識字，故有今日之盛也。今我國兵勇不識字者十有八九，怯懦愚妄。雖有智、信、仁、勇之將，何以感發其愛國敵愾之心。今誠用此字母教之，則一二月間字母成誦，漸令其讀字母所拼出之白話兵學報等，以開其心思，再繪中外簡明扼要地圓與之註釋，更加以教練之精，號令之一，則有勇者且兼有智，必能萬眾一心，上下用命。其利益四也。

轉學堂而先收效也。今日司農仰屋之時，欲以國帑興起全國各小學堂，其事斷非三五年內所敢望勢，不得不賴各處自理蒙學矣。今若用此字母為始基，則此三五年內，小而鄉村，大而城鎮，皆利其便也，則蒙學必廣，啟蒙不厭淺，入學貴得門。蒙學堂中誠以此與漢字相輔而行，於童蒙尤省腦力。蒙學既多，則將來設小學堂時，及格者亦必多，此一定之途也。且每一小學堂多寡牽算計不過五六十人，何能普及？若有此無數蒙學堂，則在小學堂未興之先，既具有村村有學之規，且小學堂興辦之時，萬無招之不來、誘之不至之慮矣。其利益五也。

設師範院也。各省語言不一，隱然互視為異族，今誠欲統一語言以結團體，則字母師範院之設不可緩也。創辦之初，當先在北京設師範院，一區招口音純正、言語便捷者若干人，分班演習字母。以北京官話為準，畢業後分布各省學堂，作官話教習，並令暇時隨地傳衍，使各省人民皆能通曉官話，然後上而官商，下而行旅，自無隔閡。至若直隸口音，大致相同，推行尤為易易。應請於本省師範學堂內添此字母學科，俟該學生卒業後，為小學蒙養各學堂教習時隨地推廣。至於鄉村市鎮，應由地方官於該處各傳一二生童，赴本州縣學堂內，就近附學一月即可畢業。每月招一班，畢業后即派為本地教習，隨即飭令該村鎮設字母義塾，不拘時刻，不拘資格，專教本處未曾讀書之人，務期人人皆會為止。其辦法一也。

立演說會也。前閱北洋官報，內載揚道查看各府直隸州中學堂情形，並摺陳整頓事宜八條，第七條內稱『宜廣播演說，以開風氣，擬請照善堂宣講聖諭之法，招選有口辯敏悟機變者，多則千人，少亦數百。開設學會並飭官報局以白話淺說之法，將中外時局以及強弱愚智農工商務之相懸，用俗語淺近之言以教之，一兩月內，令其熟悉，分遣赴各屬城鎮演說，風氣未嘗不可早開』等語。學生等伏思開通風氣，誠非演說不為功，然必有善後之方，乃能收演說之效。今日民間目不識丁者百中九九，即白話書報亦不能讀也。彼既不能讀白話書報，則雖百方演說，而言者諄諄，聽者藐藐，一日曝之，十日寒之，亦具文而已矣，烏見其能開風氣乎？今若將此官話字母先授之各屬，再由官報局編印字母白話書報若干張，發給各屬，屆時演說之人持此以說，聽演說之人持此以聽，習慣之餘必有聲入心通之效，且聽者既有所憑藉，又兼能自讀書報，則演說者雖一時，即不啻時時演說矣，聽演說者雖一人，即不啻人人聽演說矣，且演說既貴廣播，則必窮鄉僻壤，徧處皆有。以本地人勸本地人之法，乃無顧此失彼之慮，以本地人勸本地人，尤無猜忌輕視之弊，財力省而收效普。其辦法二也。

出白話報也。民情頑固，國家一切政治皆無從措手，朝野上下劃然兩截，宜乎？政治風俗爾為爾，我為我也。今欲開通風氣，宜如何而後民始難惑？如何而後民始易曉是非？使人人閱白話報不為功。白話報者，以一人之演說，能達之千萬人行之千萬里之利器也。不必強人人必閱，要必使人人能閱。夫至人人能閱，雖禁之不閱，不可得矣。今《外交報》、《北洋官報》不曾添派各屬乎，其如目不識丁之民何？于此欲開風氣難矣。今誠用此字母編輯白話報，讀之既易，銷售必廣，此必然之勢也。如更欲使不識漢文之人，畧識漢字以備目前之用，可于報端按日酌登三五漢字，即于該字之旁，用字母注出一定音義，以極淺顯之白話講解之，大約尋常所用之三四千字，不三五年，雖愚夫、愚婦亦漸次能用矣。其辦法三也。

編白話書也。夫感動愚人之心，啟發愚人之智，文字常不如語言，深言又不如白話者，人人所共知也。今編書專主此義，以字母拼合白話書，分普通、專門兩類，普通者如論述中外大勢，國家強弱，民之智愚等類是也。專門者，如兵學、農學、工學、商學、女學、家政學等類是也。既出白話報以日新其耳目，復出白話書以陶鎔其志氣，開通風氣，此為要圖矣。書期人人能讀，話期人人易曉，推行愈廣，成人愈多。其辦法四也。

勸民就學也。中國教育向無捷便之途，又兼時勢日下，公私俱困于財力。故雖有教育普及之心，常苦無教育普及之法。今既有捷徑，若仍聽民自便，徘徊觀望之際，恐悞時幾，故非由國家立一強民就學之法不可。考太西各國之例，子弟及年不入學，則罪其父母。今中國子弟不學，本乎世襲者比比皆是，罪之曷可勝罪。應自頒行字母以後，無論男女貧富，苟非太幼者，俱不得不識字母，否則，認真酌罰，如是則中國文明之進步，必有不可思議者矣。夫學之不難則孰不樂學，況不學有罰乎。且未學之先，有人演說之，有人教導之，既學之後，又月有書、日有報以濟之。勸懲齊施，寬嚴並濟，如是則家喻戶曉矣。其辦法五也。

以上所陳絕不敢言過其實，如我宮保大人以為關係重大，現無成效可覩，未便率行入奏，則學生等敢請在於保定各軍營暨黌養半日各學堂內漸為試辦。如有不便試行通用之處，學生等願受冒昧瀆請之咎。所有稟陳推行官話字母緣由，可否奏明以及先行試辦之處，謹披瀝上陳。伏候宮保大人鈞示。謹此上稟。

十一月十七日督憲袁批

欽差大臣太子少保參預，政務大臣督辦，商務大臣、電政大臣、鐵路大臣、兵部尚書、都察院右都御史辦理。北洋通商事宜，直隸總督部堂袁批。

據禀已悉，國民普及教育，必由語文一致，而成為東西各國之通例。該學生等所呈官話合聲字母以及切合音之法，包括一切語文，與吾國古時文字，單簡假借同音之例，初不相背，果能通行無阻，誠如日本伊澤氏所謂簡要器具者。惟人情可與樂成，難與慮始，高明者狃於典雅之文而訾為無用，愚蠢者本無普通之識而駭為創聞，必先引其端倪而後可收成效，姑候行學校司體察情形如何試辦妥酌具覆飭遵繳。

按，是年臘月，經學校司覆後，督批飭保定蒙養半日各學堂並駐保定各軍營試辦，至三十年七月，迄未奉行。是以王金綬禀有『勿任延宕』語。

官話字母讀物

王照 著

內容說明

王照的方案在清末得到廣泛的推廣，影響非常大。王照親自編寫讀物，出版的《官話字母義塾叢刊》、《拼音對文百家姓》、《拼音對文三字經》、《拼音對文千字文》、《對兵說話》、《官話字母字彙》、《官話字母讀物》及『初學拼音官話書』系列（包括家政學、地文學、植物學、動物學）等，這些讀物有的是官話字母和漢字對照的，有的是純官話字母的。這裡選3種，均是『對照』本。

三字經

刀マ、オ丬乙犭才

出字母書的緣故

纟マ、オ丬才𠃌扎扎刀乙七灬才𠃌卜叽マ、乙叽灯

這字母書。是爲甚麽出的呢。全是爲不認字的人與

刀に乙刀、乍丑亻マ、オ十乙寸朴、大丬扎仁亿𠃌忄、

出來的。從前無有字母書的時候。讀書很難。因爲看

十㔾灬叽忄マ、卜叽マ、𠃌、卜仃忄、十㦰扎忄扎㔾卜

書必先認得字。不認字萬不能看書。我們中國比不

忄𤣥扎𠃌、亿七扎仁𠃌刁卜叽忄マ、乙打扎寸叽

得外國外洋各國男女沒有不認得字的。中國十人

乇打𠃌。亿𠃌七叽マ、乙亿刁亿亿卜仃叽叽𠃌忄、

之中連兩三個認字的也沒有。所以不能人人會看

半炊マ、仏扎以牝炋之叽炉扎公叽マ、代卜ホ之阝、
書寫字。要說明當下的人全上學認字也不是一半
匕ヾ卜旧乙ホ叱扩刈圴公彳匕卜廾乙叽マ、乩ホ仁
年可成的事。況且貧家。也有念不起的認字眞是難
ホマ、仍彳父マ、才卜卜从入彳、仉父忄彳、乂卜、卩、公叹、
事。自從有了字母。可就容易多了。但有一件竟學會
父マ、才仍、炊五彳マ、才乙卄盼。昈ホ卜仃炉忙代乂
了字母。那些無有字母的書。仍然是不能全看所以
圦札卞灼乃、乄マ、才卄卜。必扎乂卜幺屮仏ホ扎。公
我們纔與出這字母書來比方一部四書。要是上學
乄扌代忄儿幺匕扎仃匕、乆幺マ、才屮乄仏乆父ヾ
至少也得二三年。方能念會這字母書只要會了字

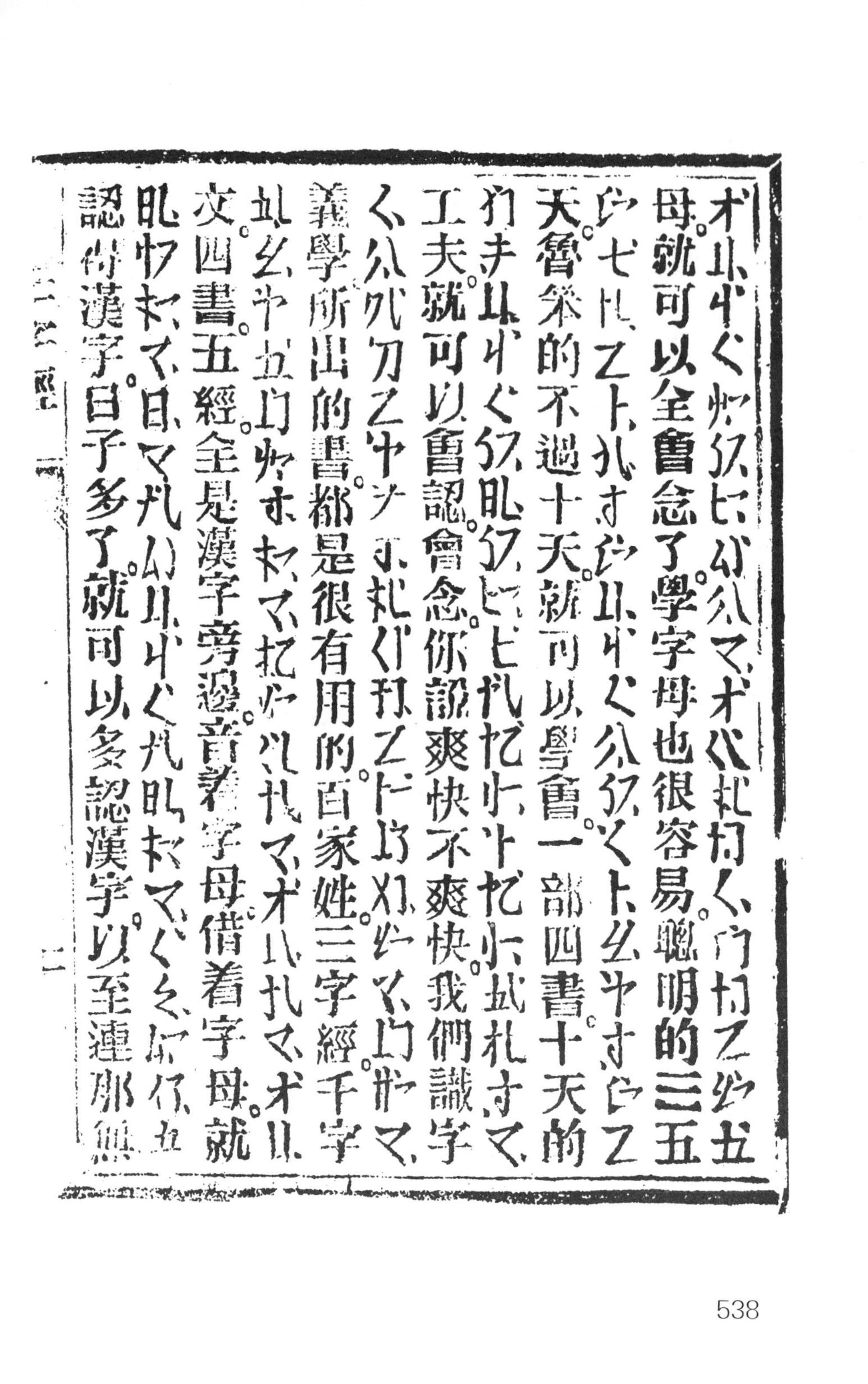

[illegible]
母。就可以全會念了。學字母也很容易。聰明的三五
[illegible]
天。會學的不過十天。就可以學會一部四書。十天的
[illegible]
工夫。就可以會認會念。你認爽快不爽快。我們識字
[illegible]
義學所出的書。都是很有用的。百家姓。三字經。千字
[illegible]
文。四書。五經。全是漢字旁邊。音着字母。借着字母。就
[illegible]
認得漢字。日子多了。就可以多認漢字。以至連那無

伊マオ乙ヤ代ナ丩く仸ボ幻仉ま禾伃くカく扎

有字母前書。也都可以會看了。眞是大有益處。以後

ぐ扎扪扒乩ナ可ヒ半ウ兊公乩纪兊圠寸孔丩ま

咱們中國人。都能念書。添点學問。長点見識。這就是

武扎弍マオヤ乙夘紦父弧フㄴ

我們作字母書的。所很指望的了。

人之初　性本善
性相近　習相遠
苟不教　性乃遷
教之道　貴以專

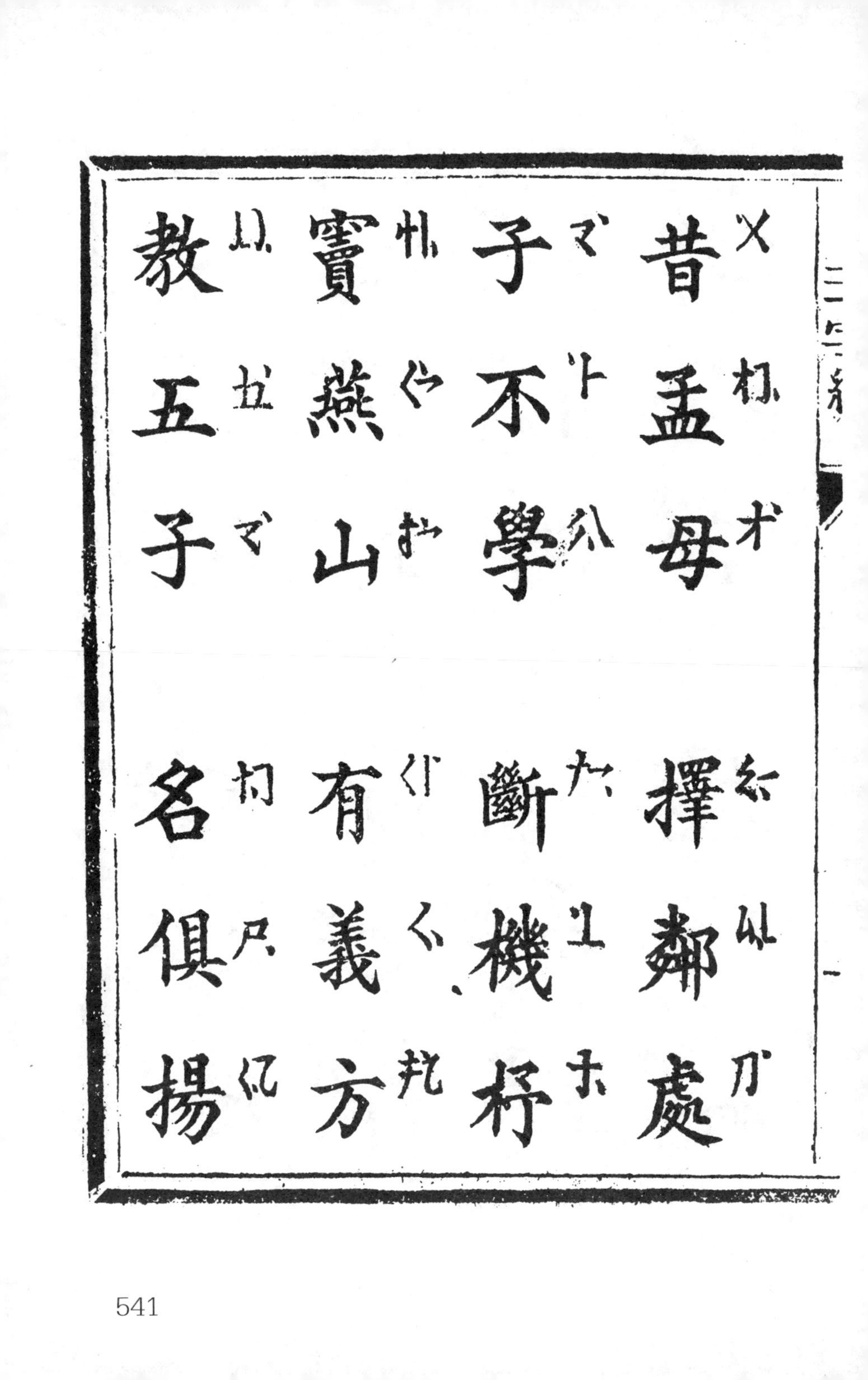

昔孟母　擇鄰處
子不學　斷機杼
竇燕山　有義方
教五子　名俱揚

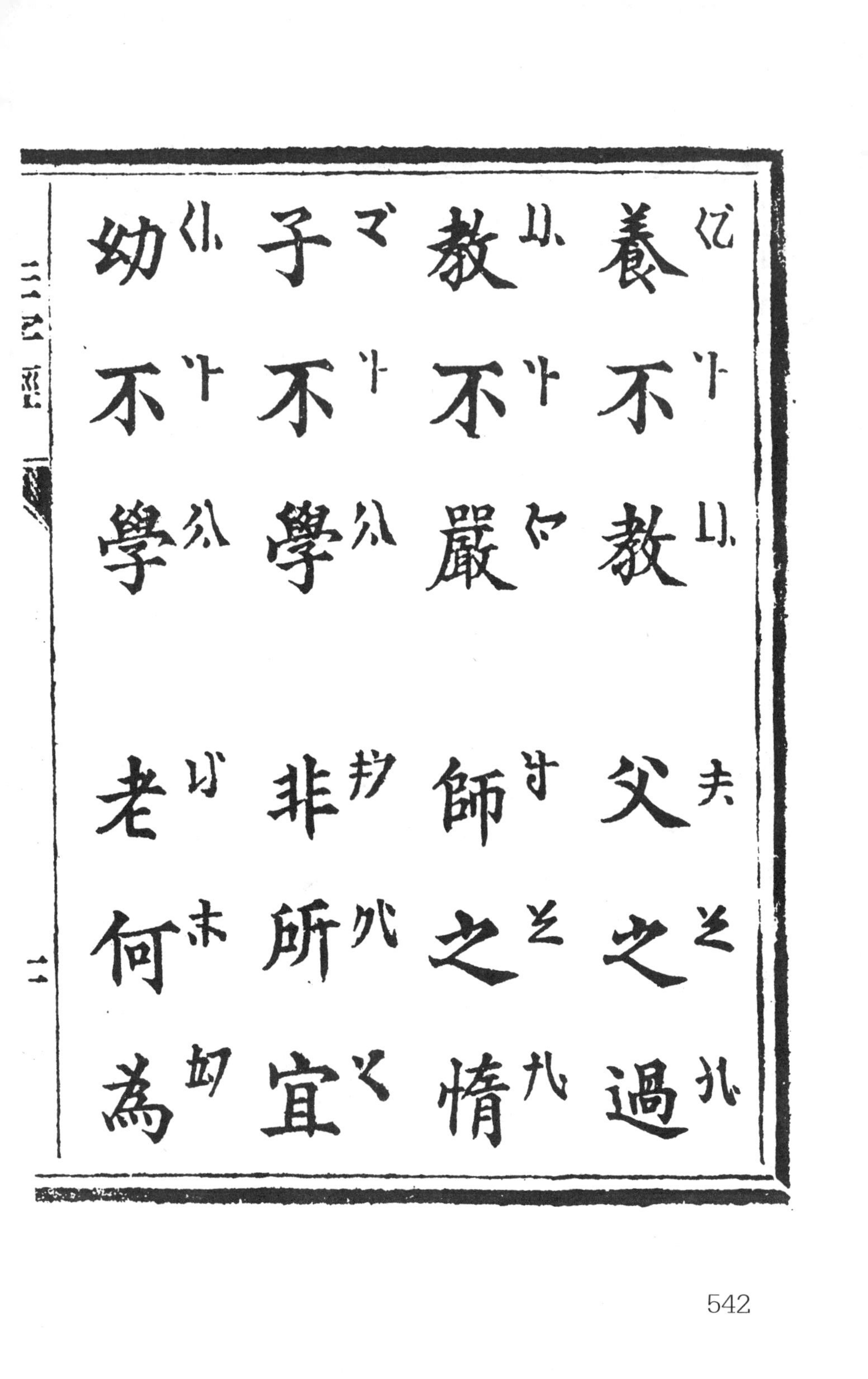

養不教 父之過
教不嚴 師之情
子不學 非所宜
幼不學 老何為

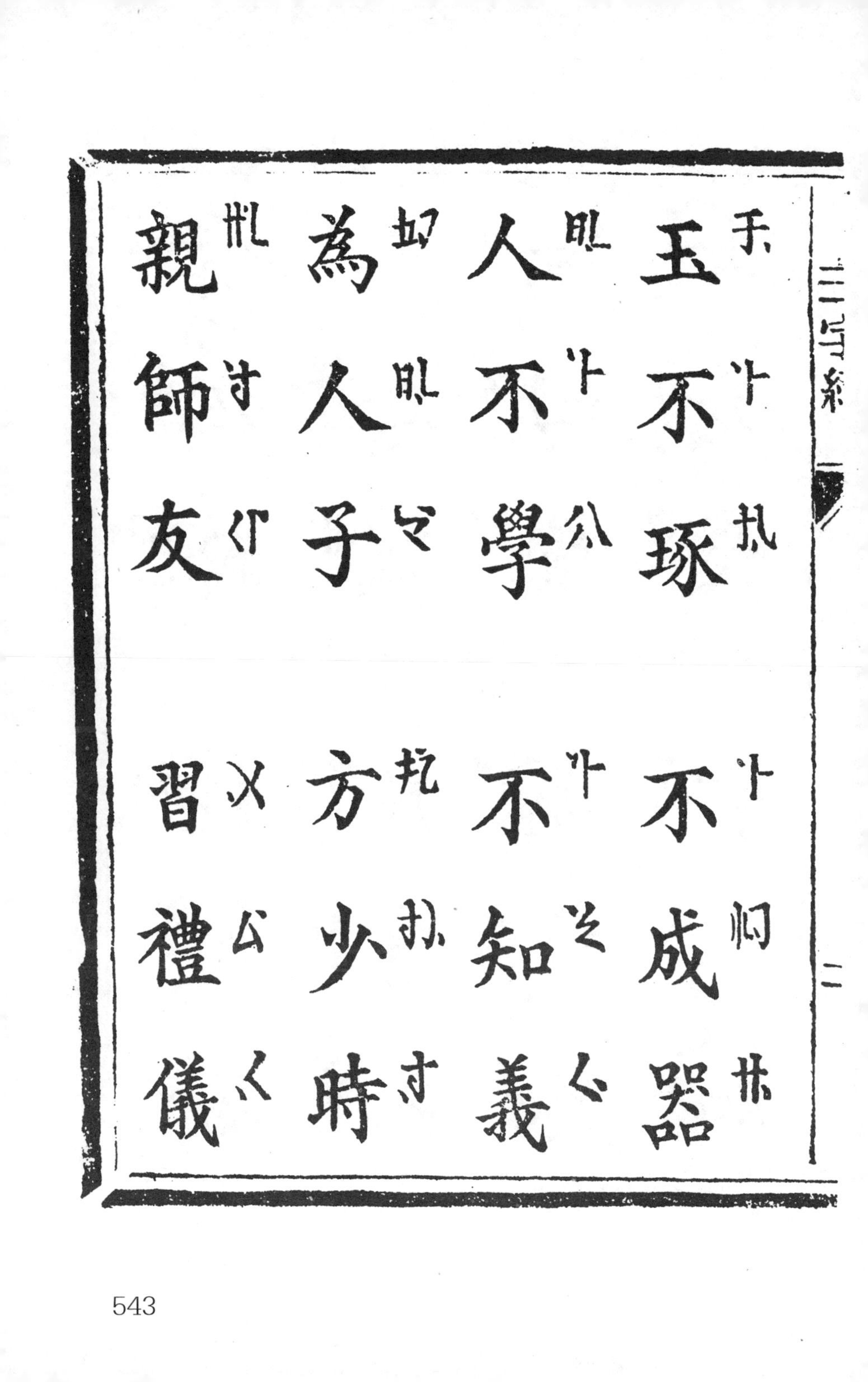

玉不琢 不成器

人不學 不知義

為人子 方少時

親師友 習禮儀

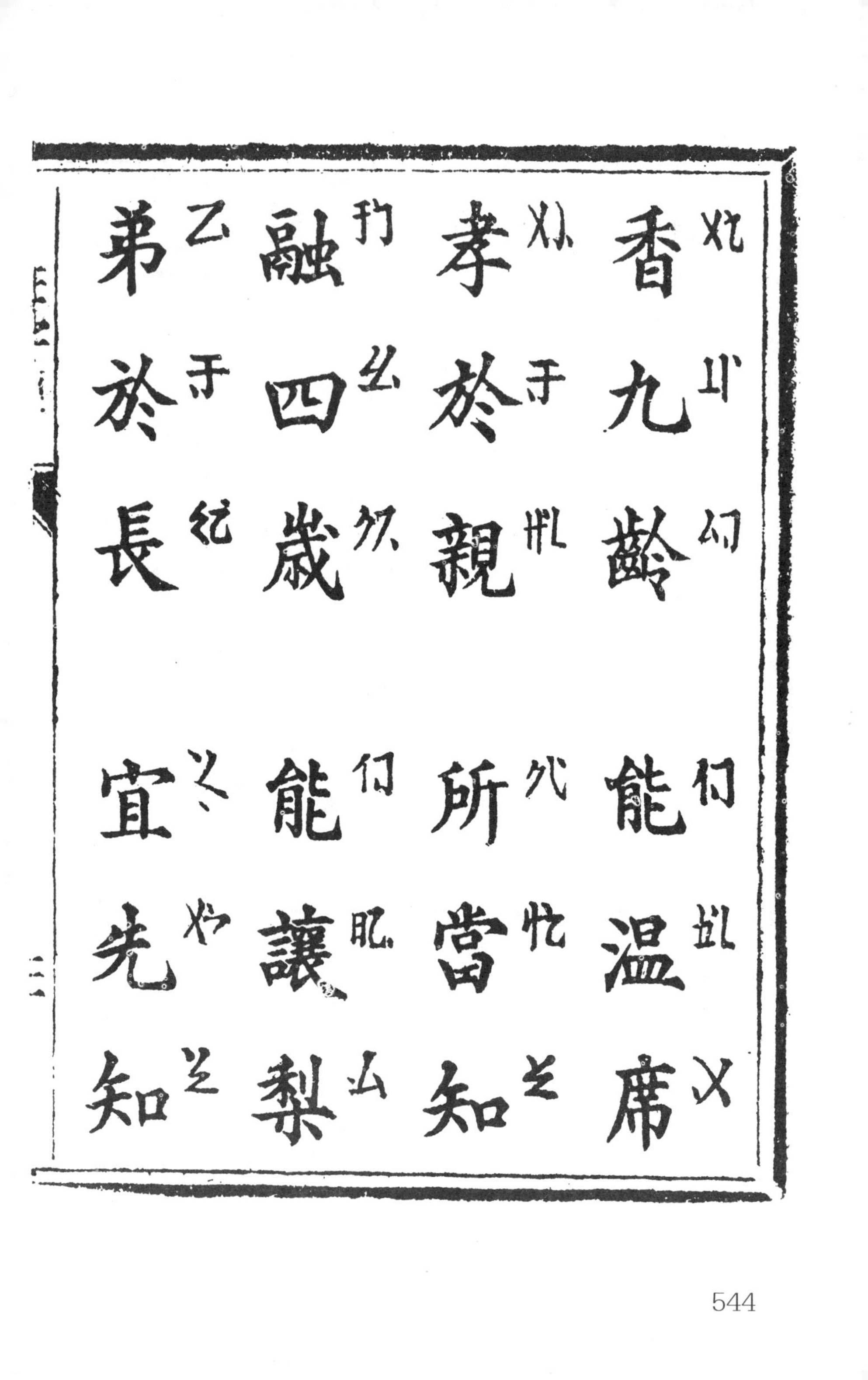

香九齡
能溫席
孝於親
所當知
融四歲
能讓梨
弟於長
宜先知

首（扌）孝（小）弟（乙）　知（之）某（才）數（卜）　一（久）而（儿）十（寸）　百（卜）而（儿）千（卅）

次（天）見（上）聞（丑）　識（寸）某（才）文（丑）　十（寸）而（儿）百（卜）　千（卅）而（儿）萬（卅）

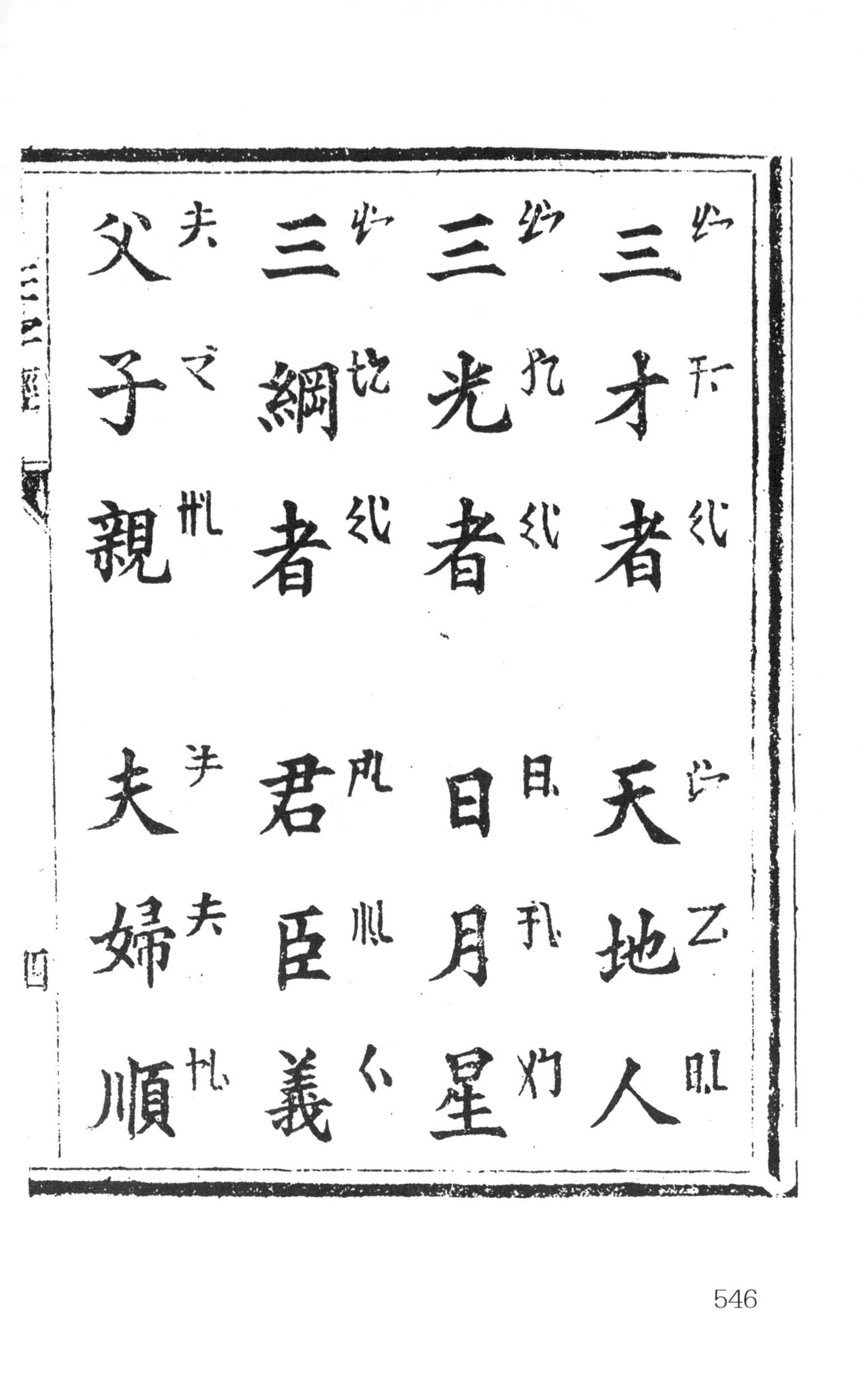

三才者　天地人
三光者　日月星
三綱者　君臣義
父子親　夫婦順

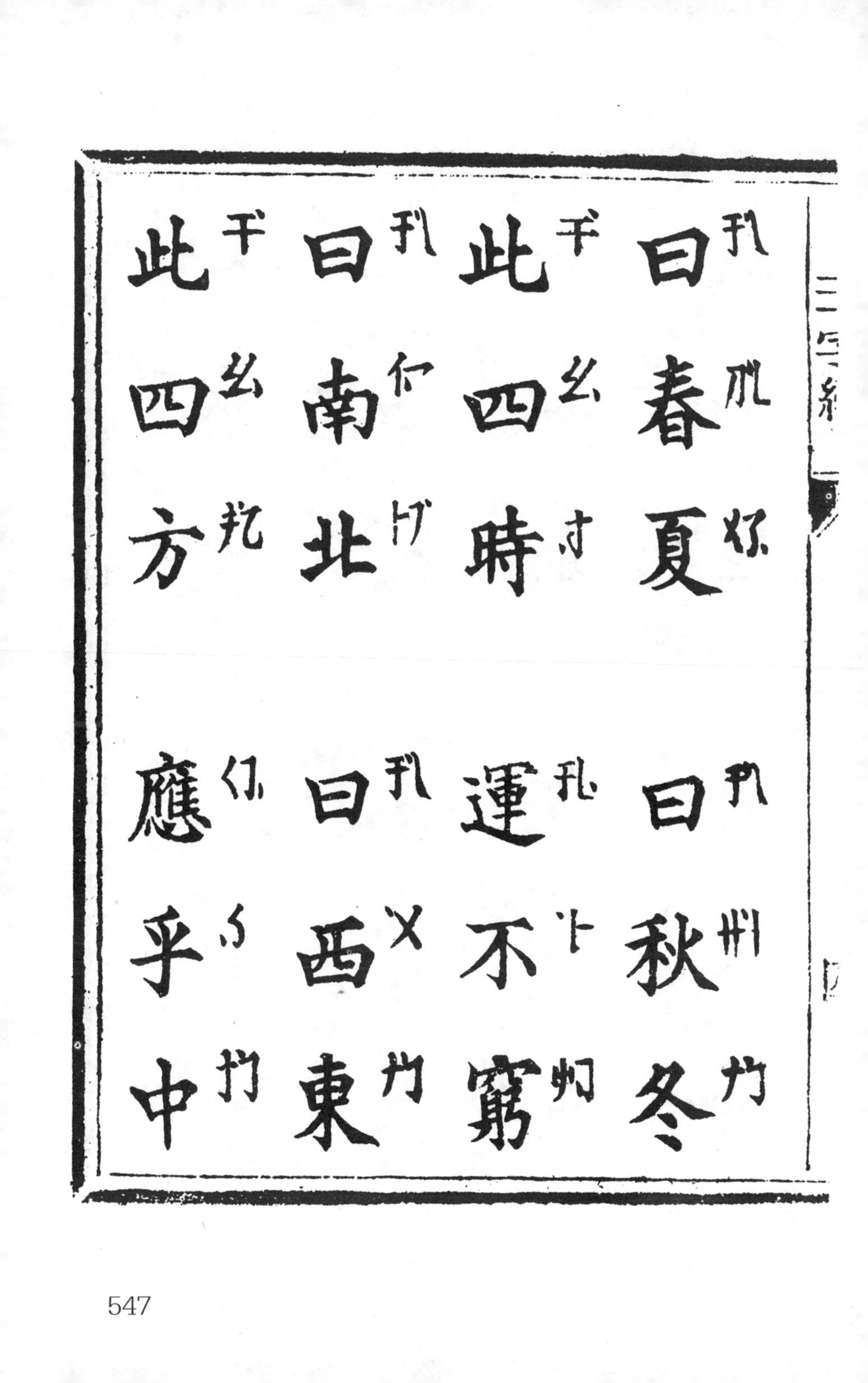

曰春夏　曰秋冬
此四時　運不窮
曰南北　曰西東
此四方　應乎中

曰왈水슈火화　木목金금土토

此차五오行ᄒᆡᆼ　本본乎호數수

曰왈仁인義의　禮례智지信신

此차五오常샹　不불容용紊문

稻粱菽 麥黍稷

此六穀 人所食

馬牛羊 雞犬豕

此六畜 人所飼

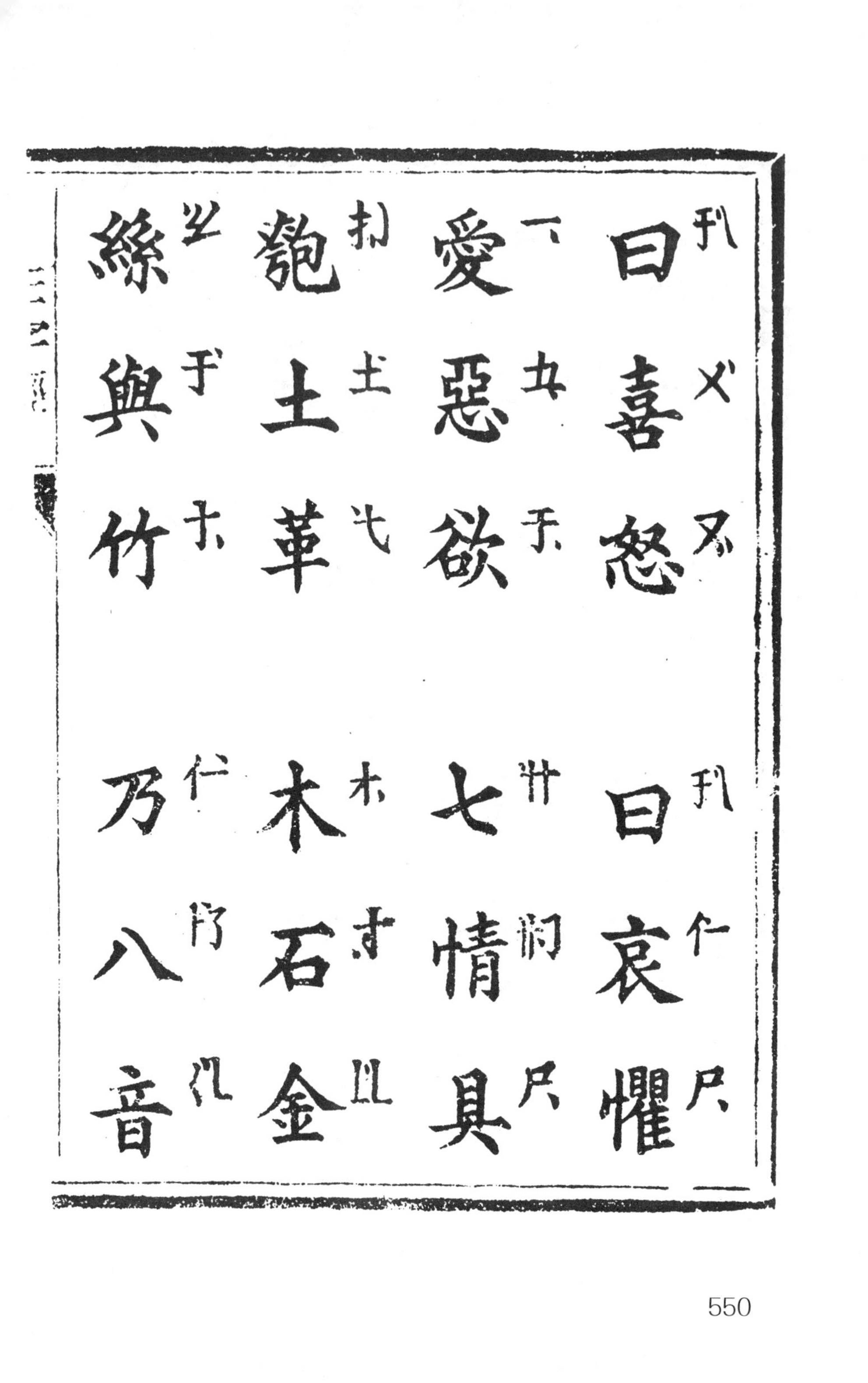

曰喜怒　曰哀懼
愛惡欲　七情具
匏土革　木石金
絲與竹　乃八音

高曾祖　父而身

身而子　子而孫

自子孫　至元曾

乃九族　人之倫

父子恩　夫婦從

兄則友　弟則恭

長幼序　友與朋

君則敬　臣則忠

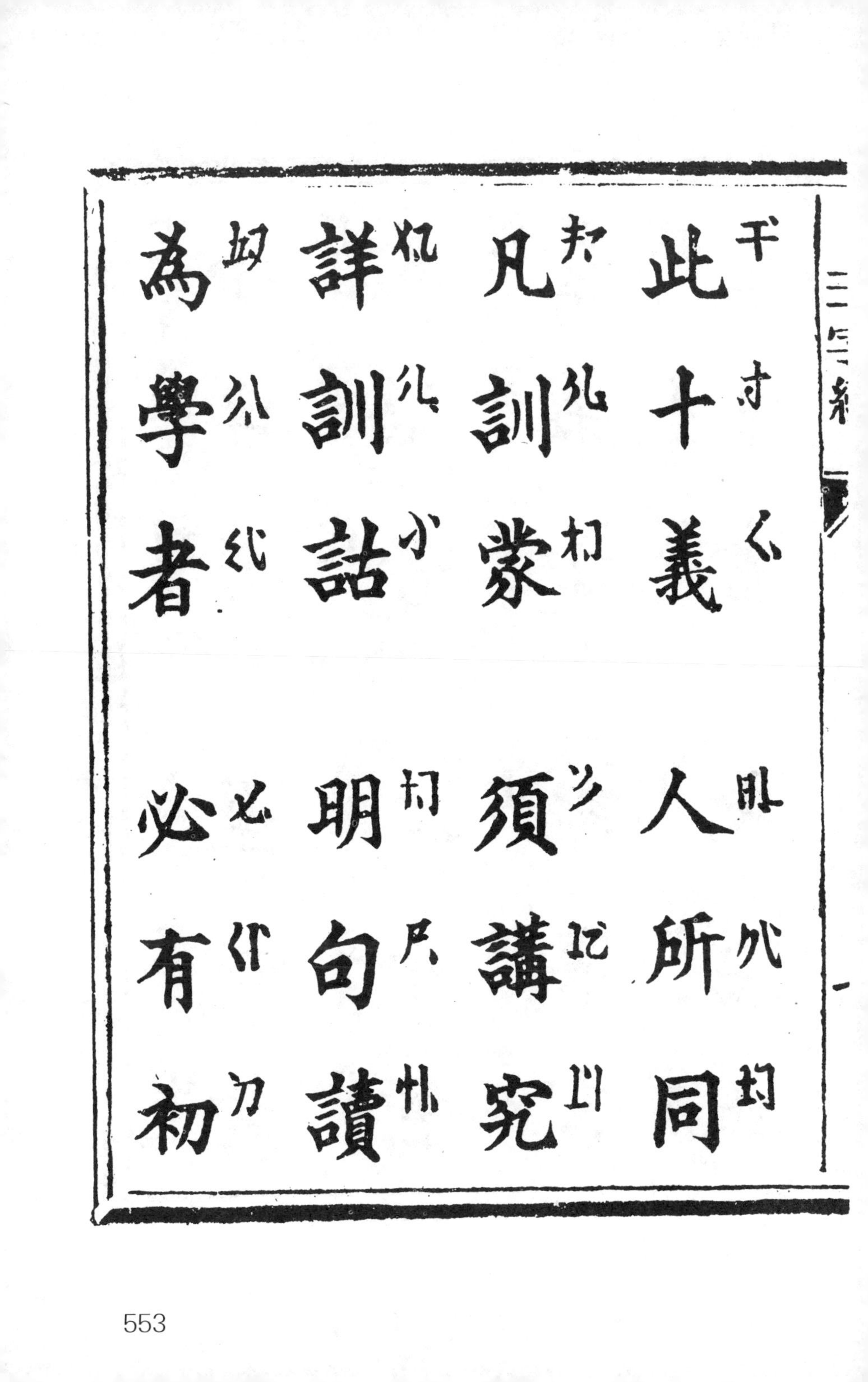

此十義　人所同
凡訓蒙　須講究
詳訓詁　明句讀
為學者　必有初

小學終 至四書
論語者 二十篇
羣弟子 記善言
孟子者 七篇止

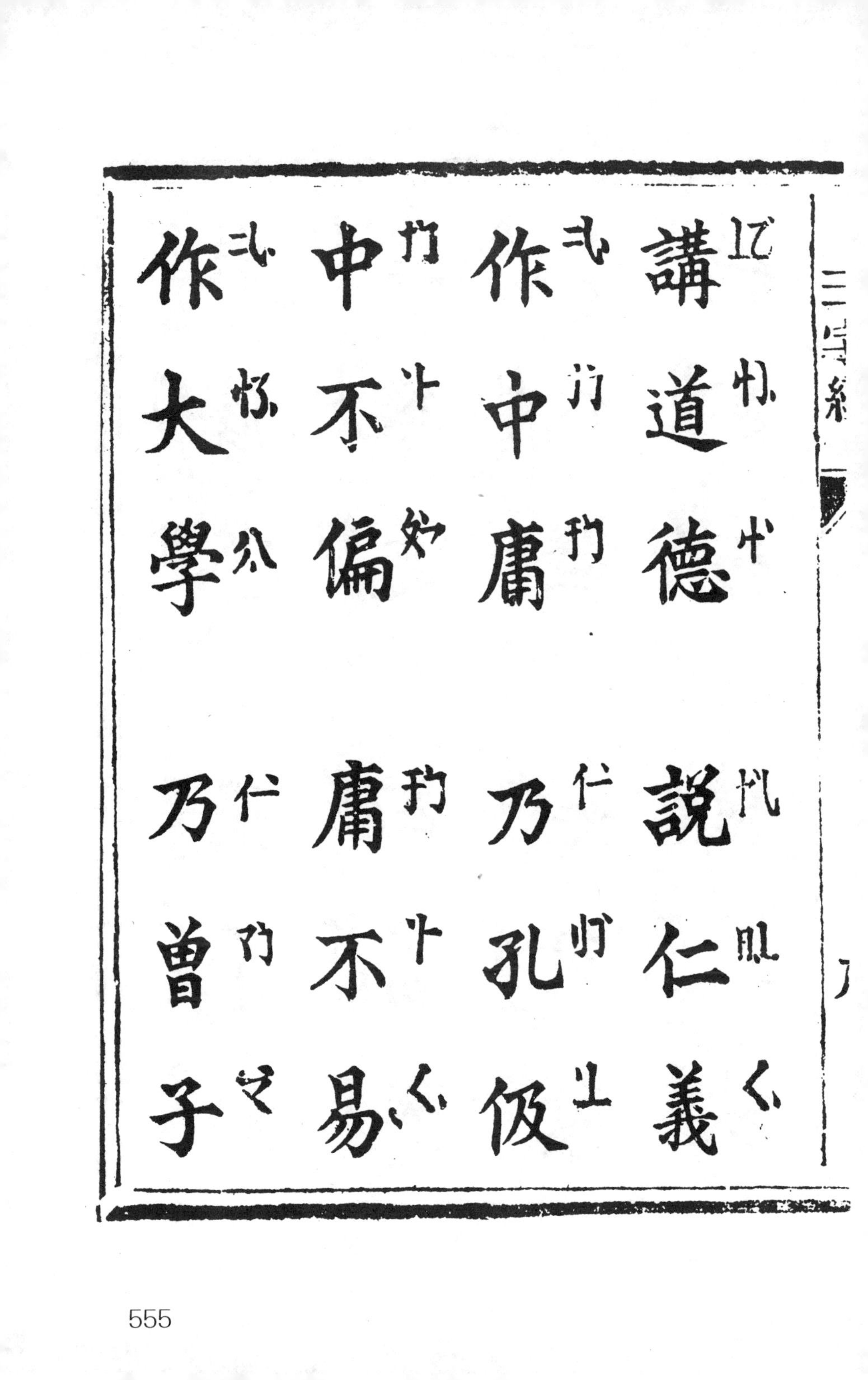

講道德　說仁義
作中庸　乃孔伋
中不偏　庸不易
作大學　乃曾子

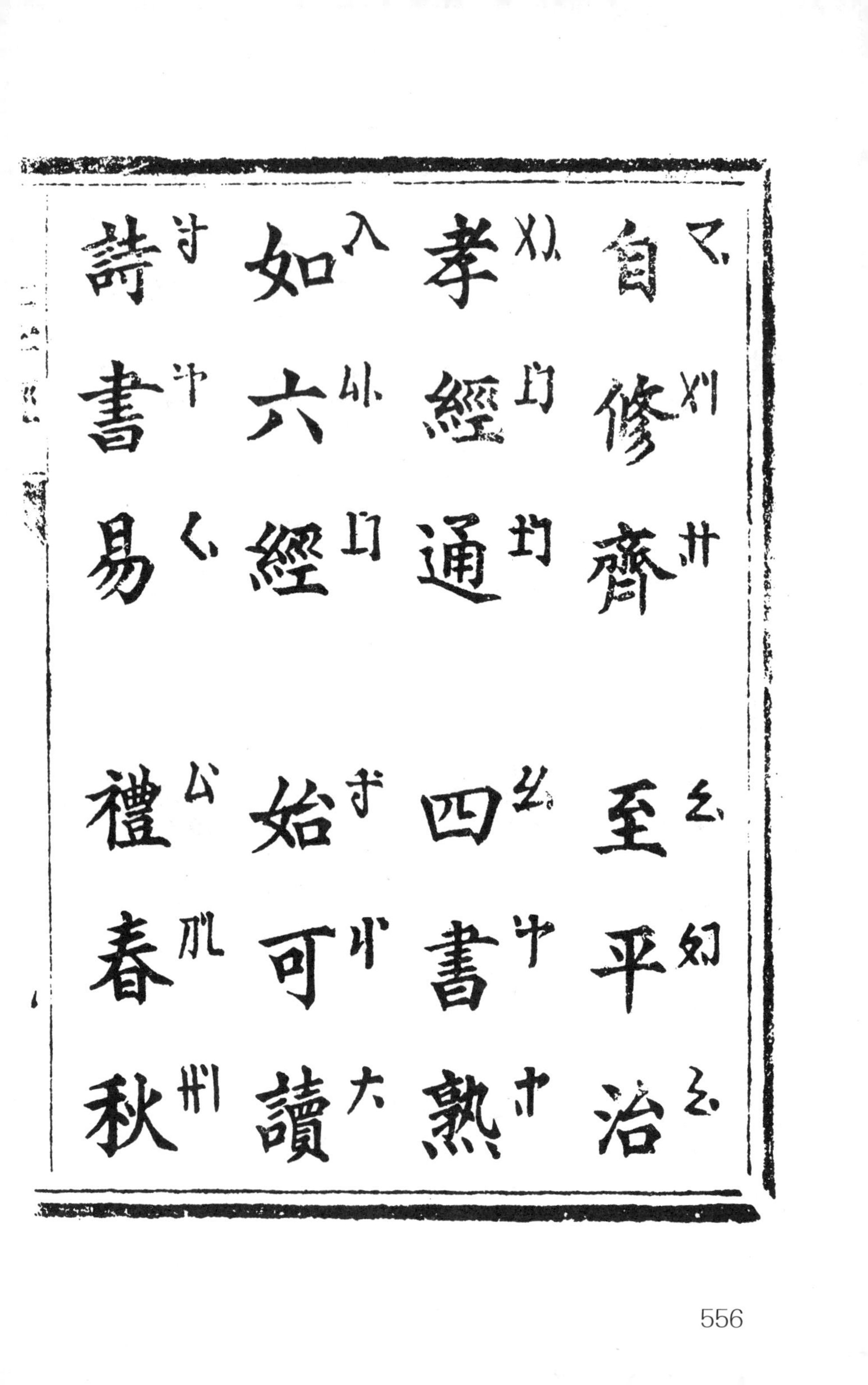

自修齊 至平治
孝經通 四書熟
如六經 始可讀
詩書易 禮春秋

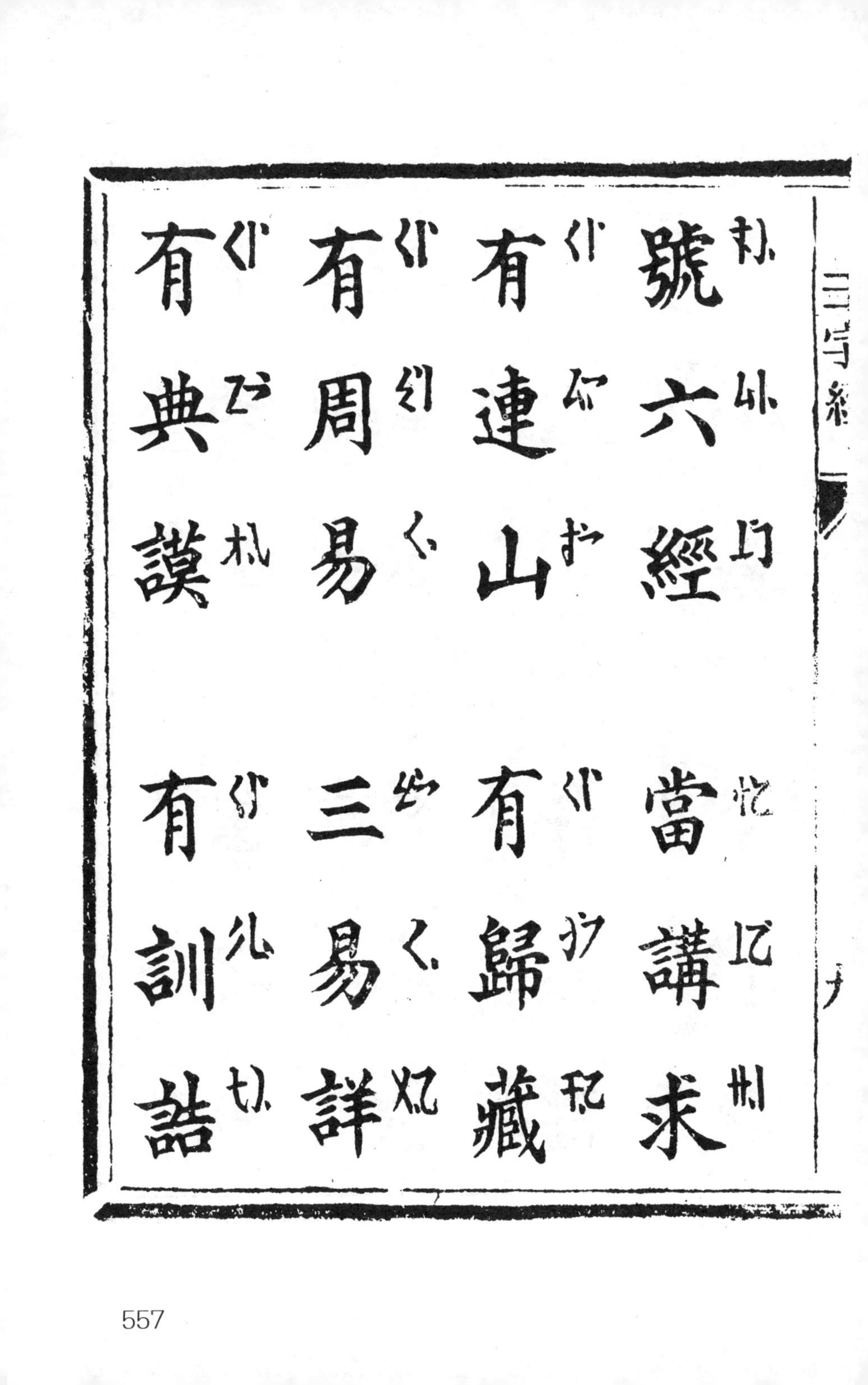

號六經 當講求
有連山 有歸藏
有周易 三易詳
有典謨 有訓誥

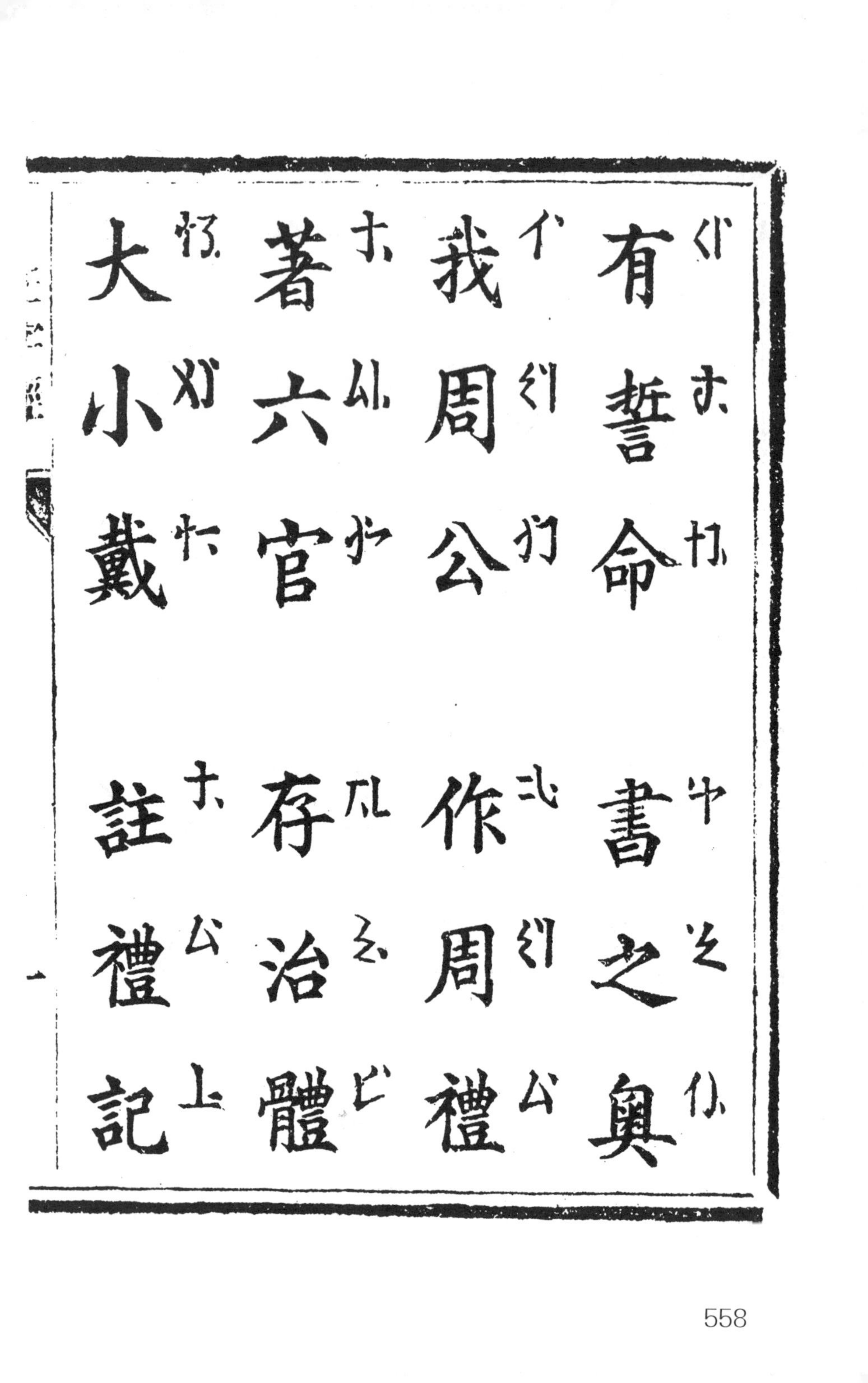

有誓命　書之奧
我周公　作周禮
著六官　存治體
大小戴　註禮記

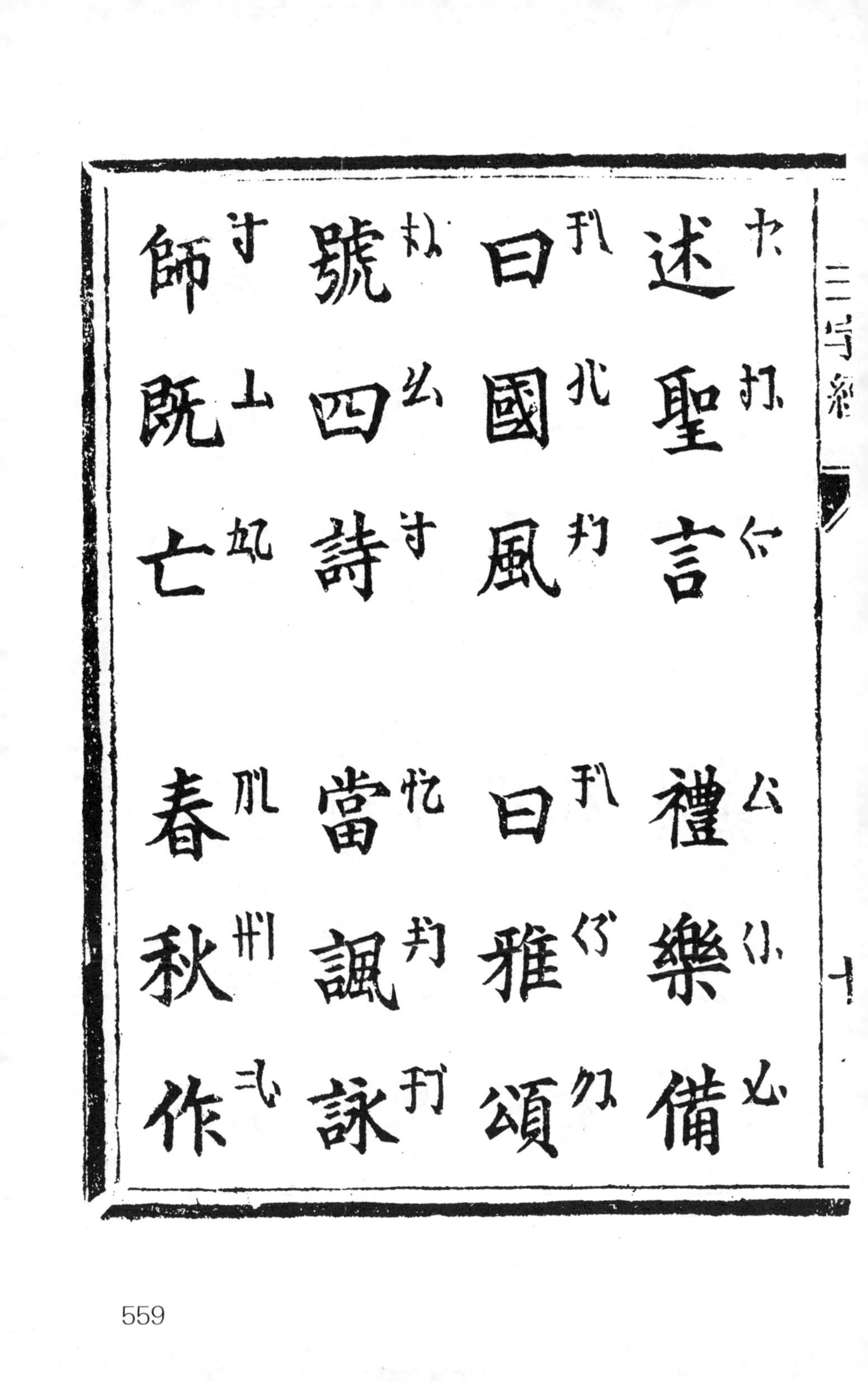

述聖言 禮樂備
曰國風 曰雅頌
號四詩 當諷詠
師既亡 春秋作

寓褒貶
別善惡
三傳者
有公羊
有左氏
有穀梁
惟胡氏
尊素王

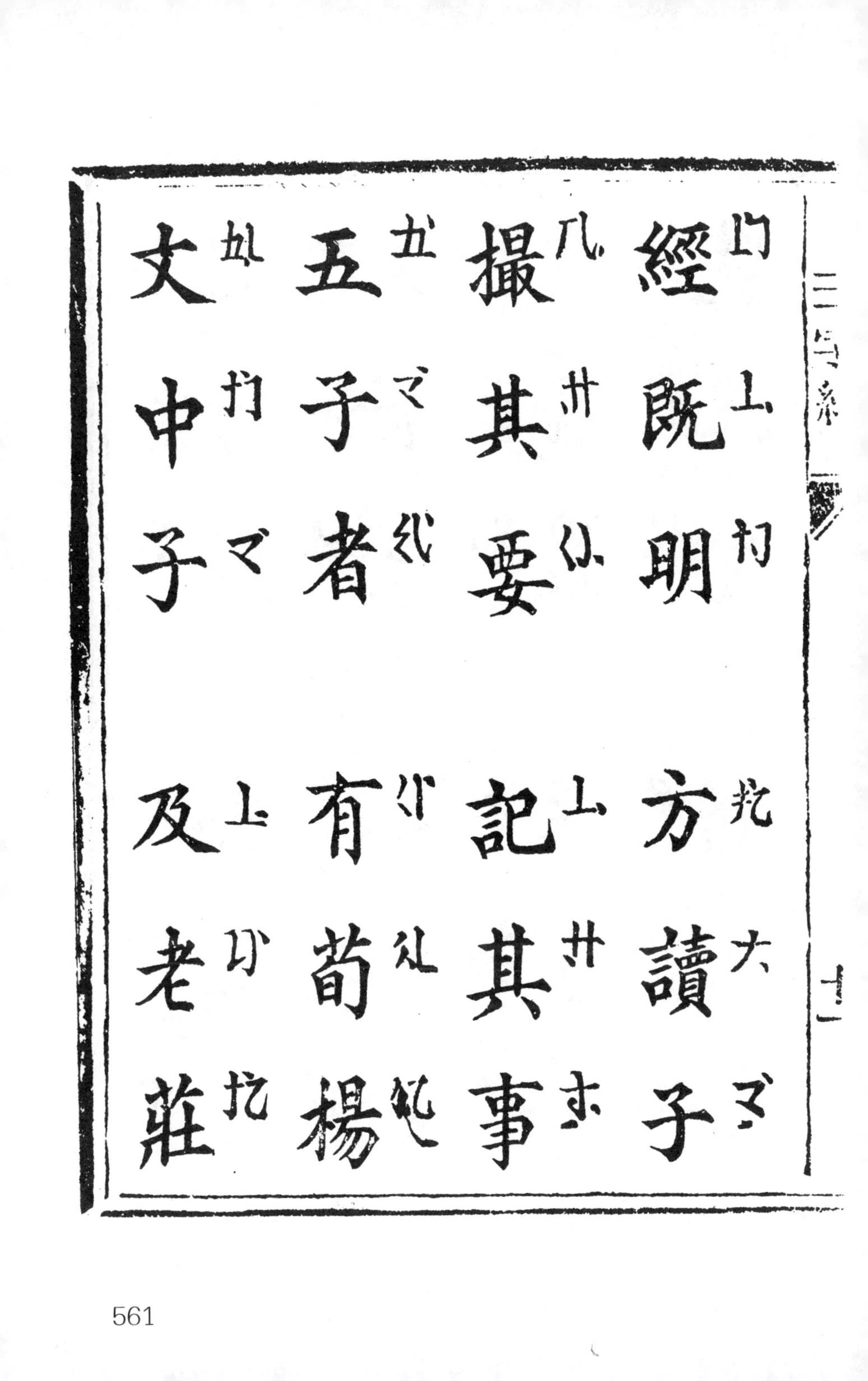

經既明 方讀子

撮其要 記其事

五子者 有荀楊

文中子 及老莊

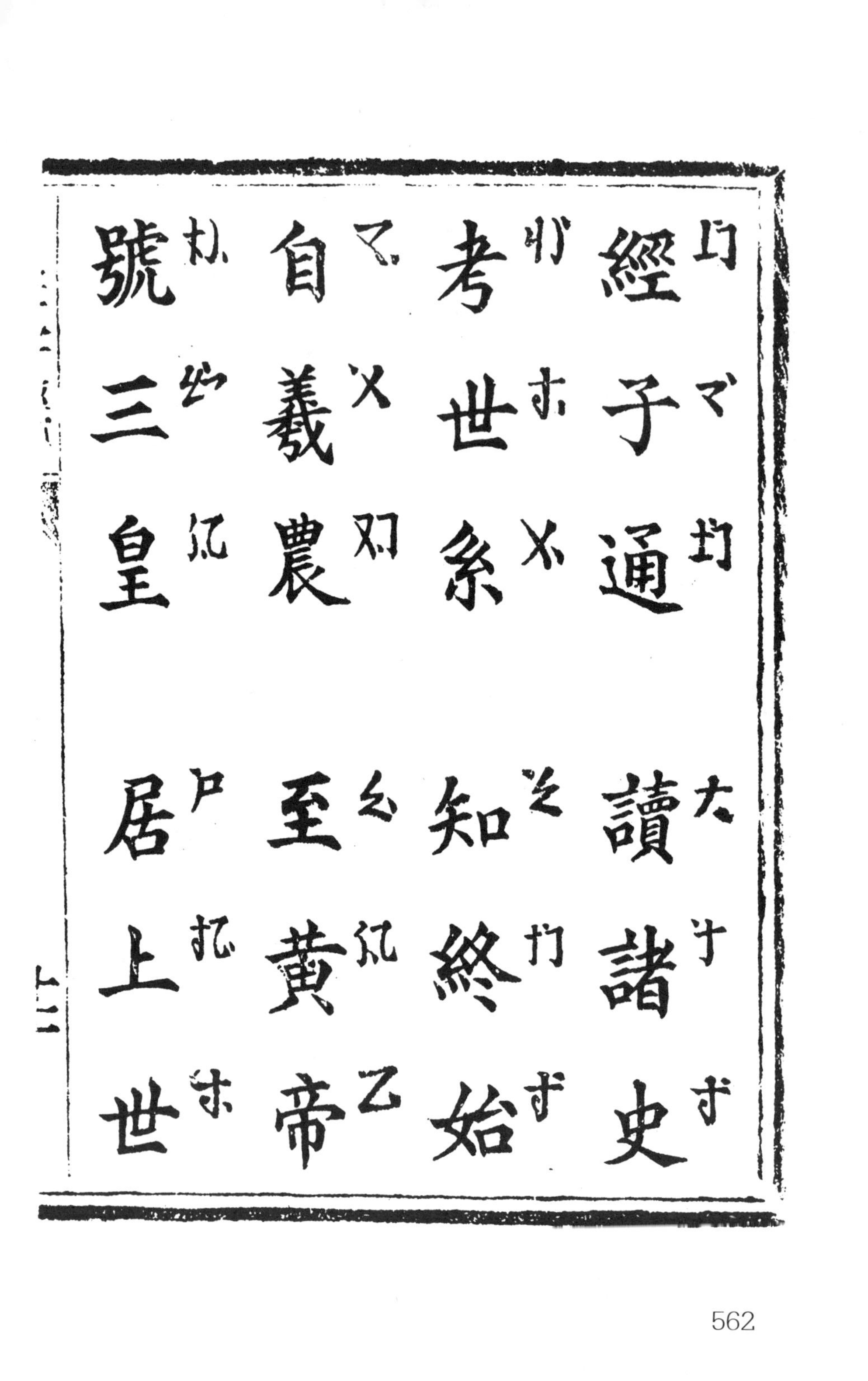

經子通　讀諸史

考世系　知終始

自羲農　至黃帝

號三皇　居上世

唐有虞　號二帝
相揖遜　稱盛世
夏有禹　商有湯
周文武　稱三王

夏傳子　家天下
四百載　遷夏社
湯伐夏　國號商
六百載　至紂亡

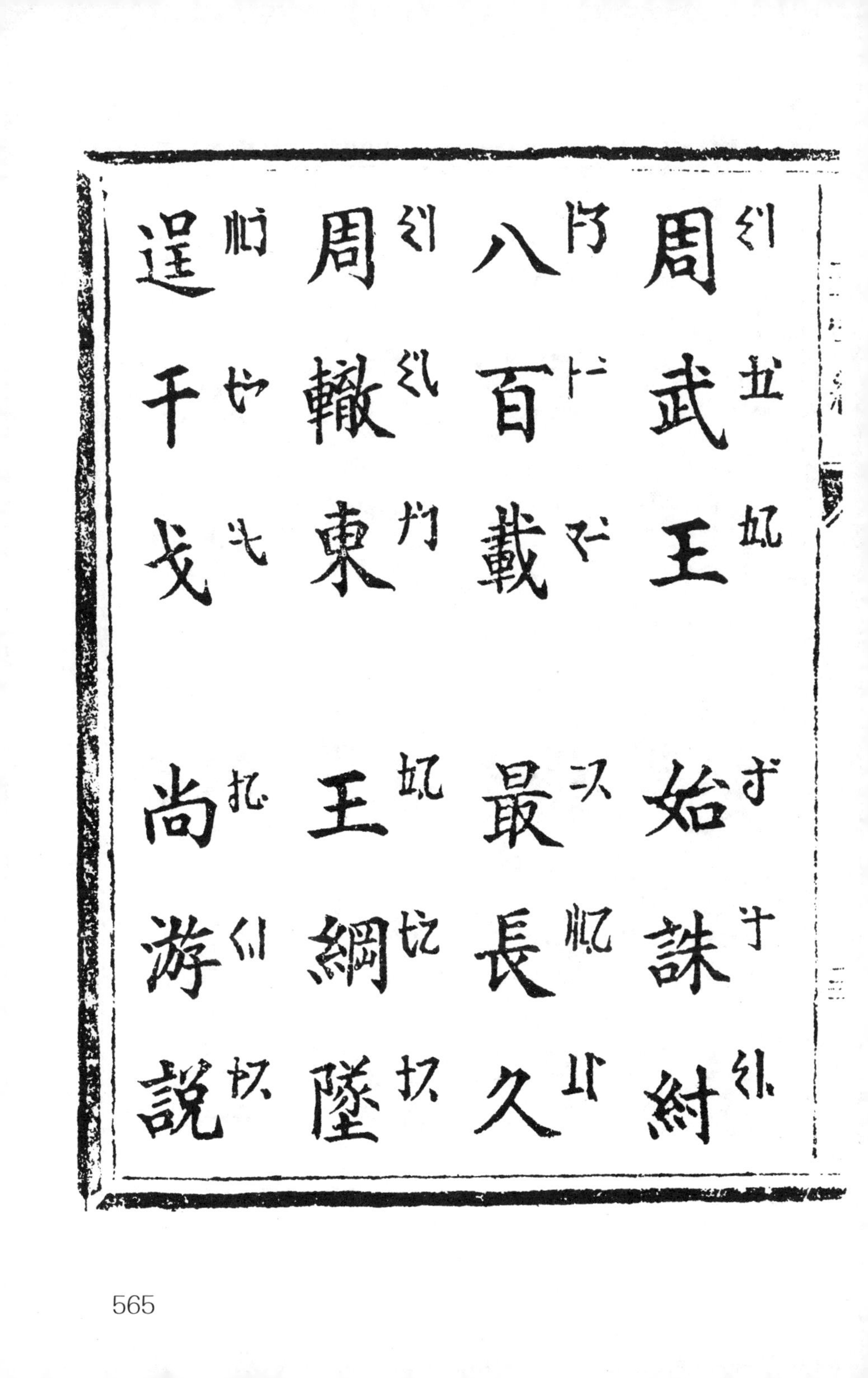

周武王　始誅紂

八百載　最長久

周轍東　王綱墜

逞干戈　尚游說

始春秋，終戰國。
五霸强，七雄出。
嬴秦氏，始兼并。
傳二世，楚漢爭。

高祖興
至孝平
光武興
四百年

漢業建
王莽簒
為東漢
終於獻

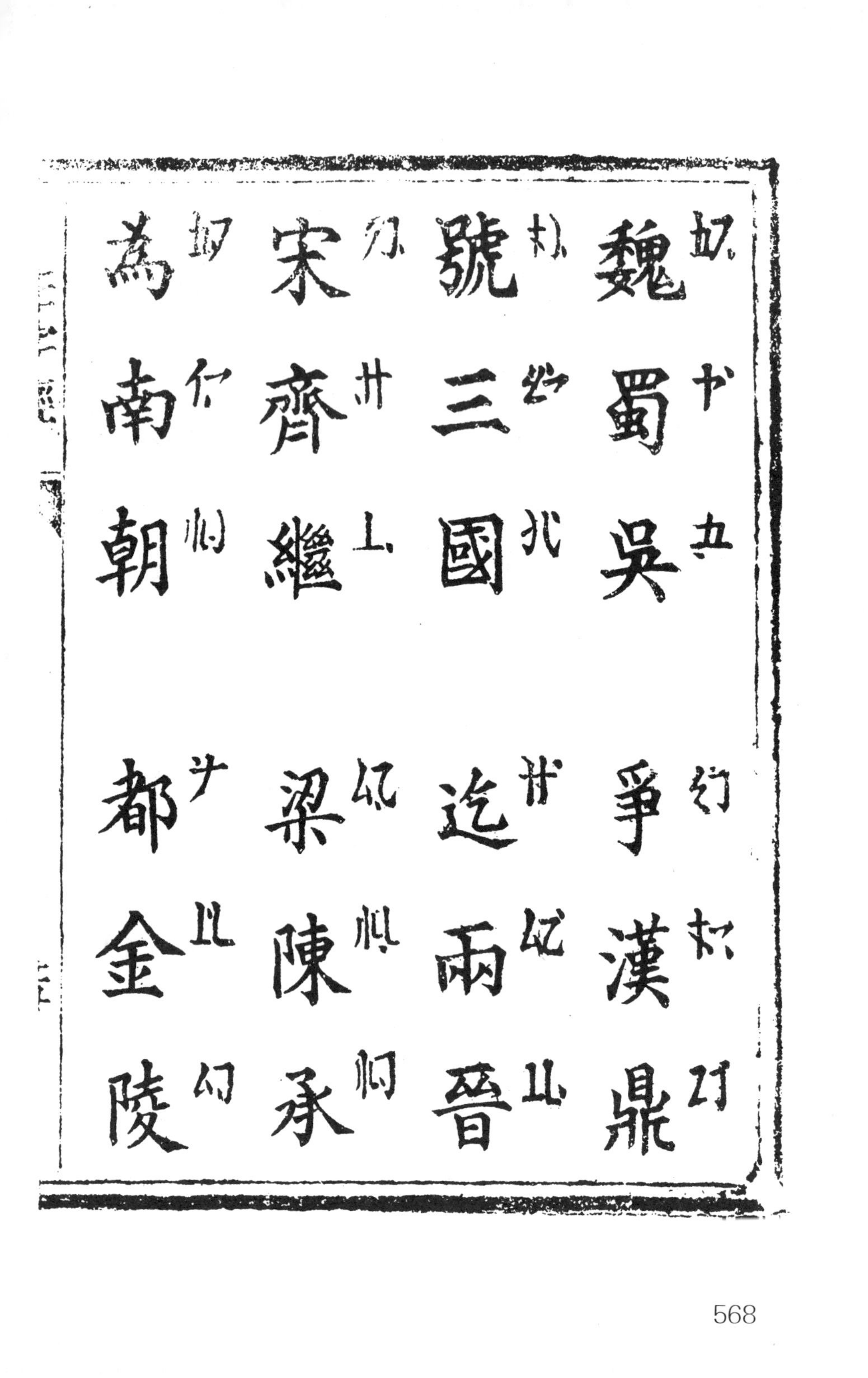

魏蜀吳
爭漢鼎
號三國
迄兩晉
宋齊繼
梁陳承
為南朝
都金陵

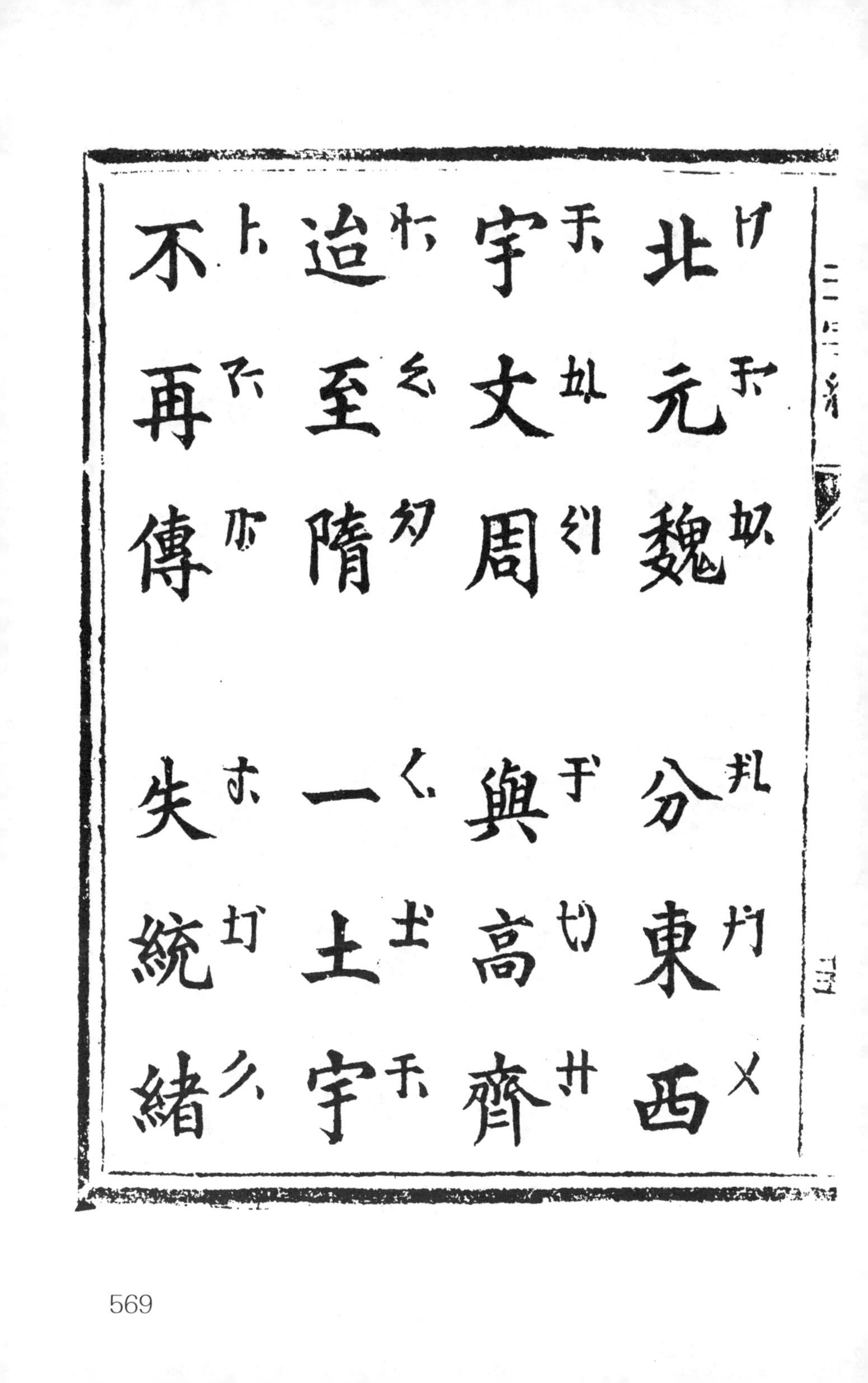

北元魏 分東西

宇文周 與高齊

迨至隋 一土宇

不再傳 失統緒

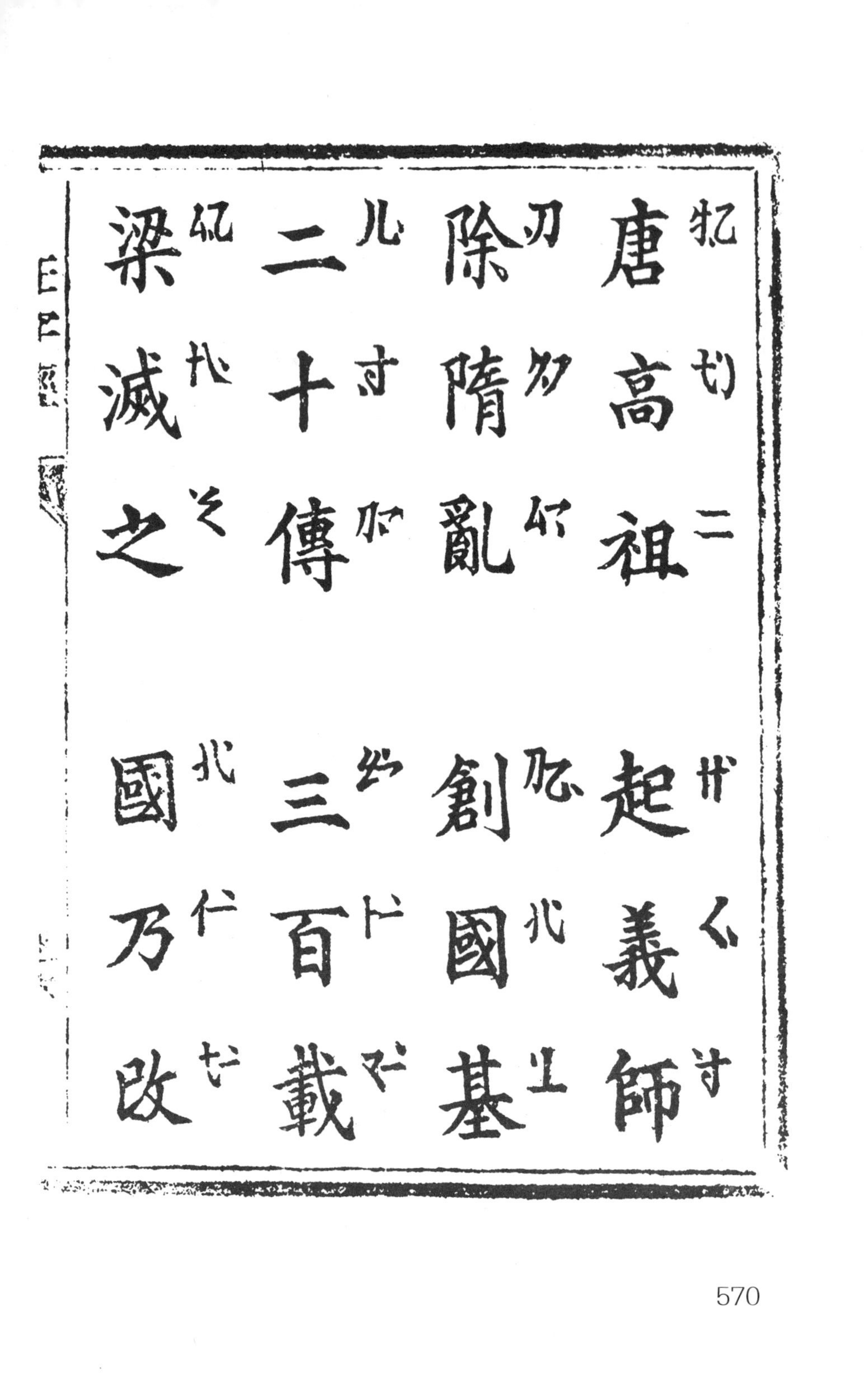

唐高祖　起義師
除隋亂　創國基
二十傳　三百載
梁滅之　國乃改

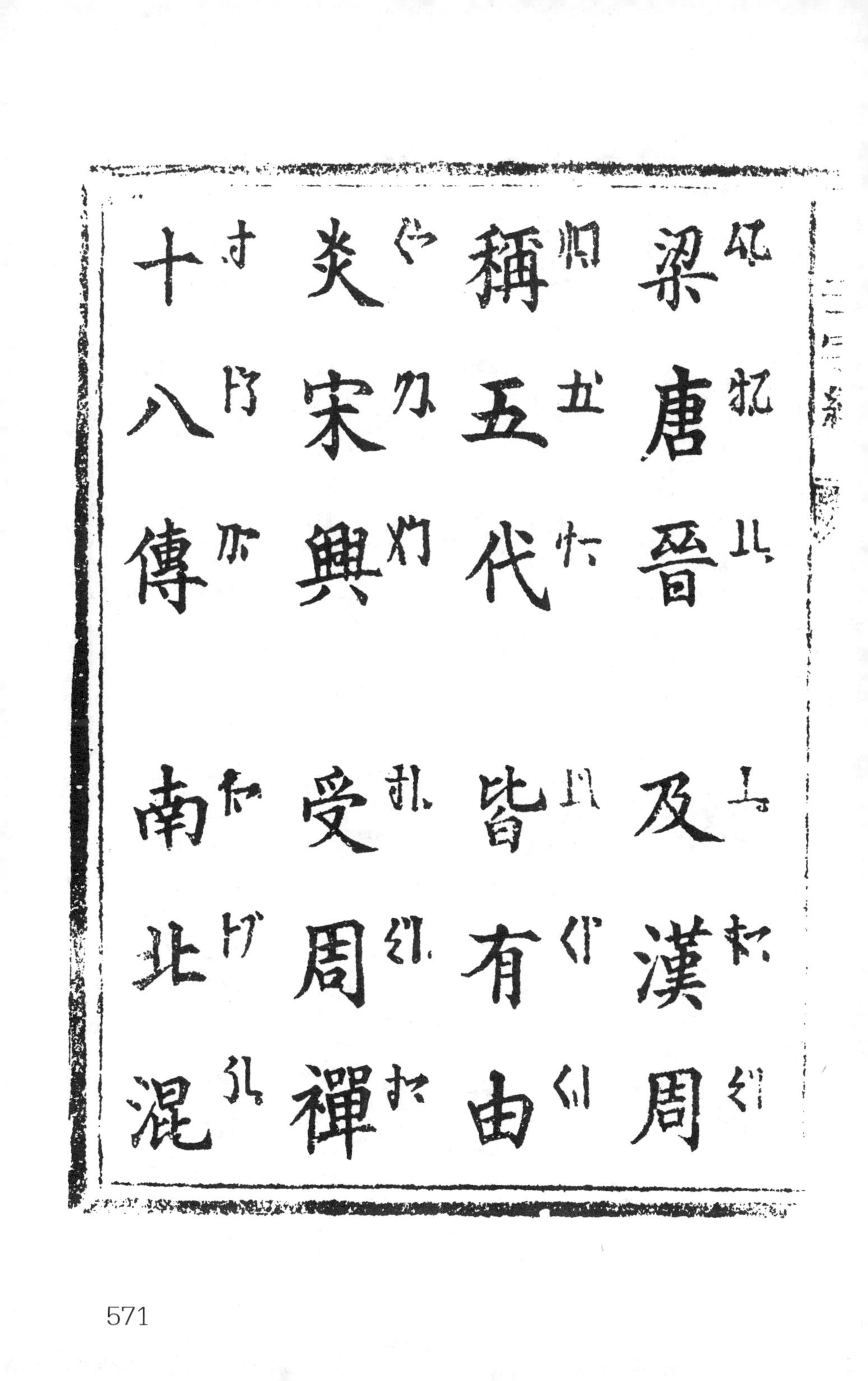

梁唐晉　及漢周
稱五代　皆有由
炎宋興　受周禪
十八傳　南北混

遼與金
皆稱帝
元滅金
絕宋世
涖中國
兼戎狄
九十年
國祚廢

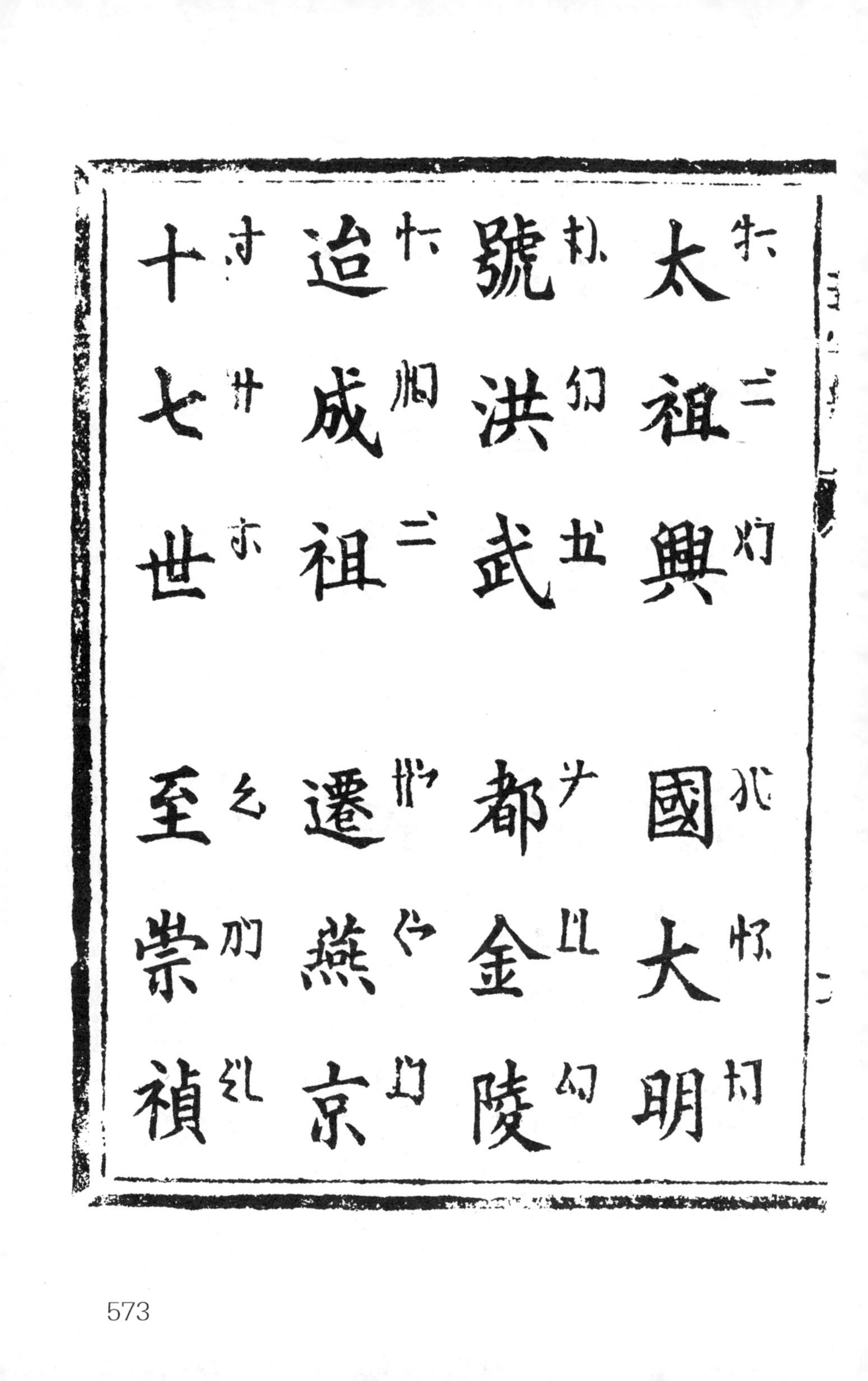

太祖興國大明
號洪武都金陵
追成祖遷燕京
十七世至崇禎

權奄寺　寇如林
至李闖　神器焚
清太祖　膺景命
靖四方　克大定

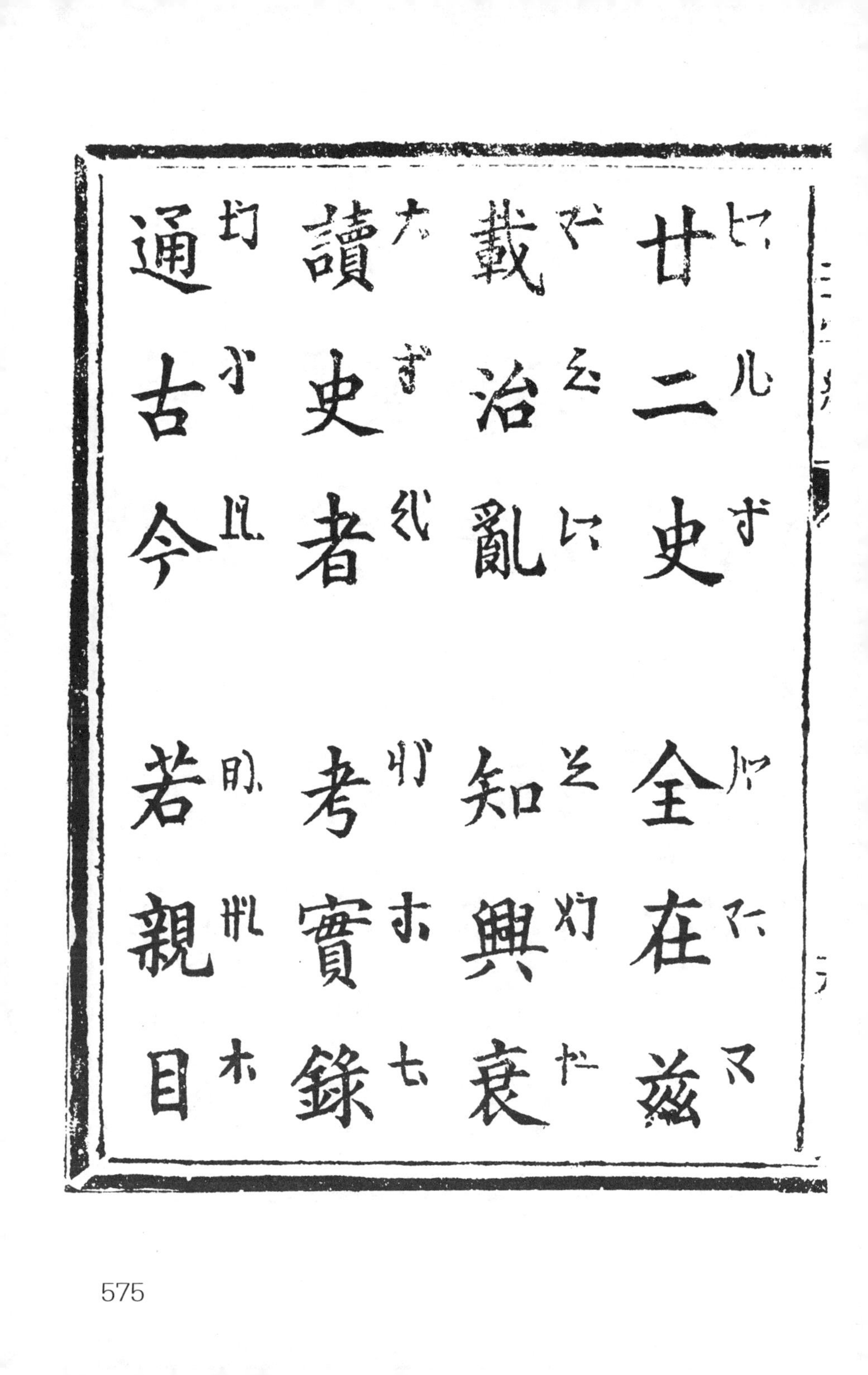

廿二史　全在茲
載治亂　知興衰
讀史者　考實錄
通古今　若親目

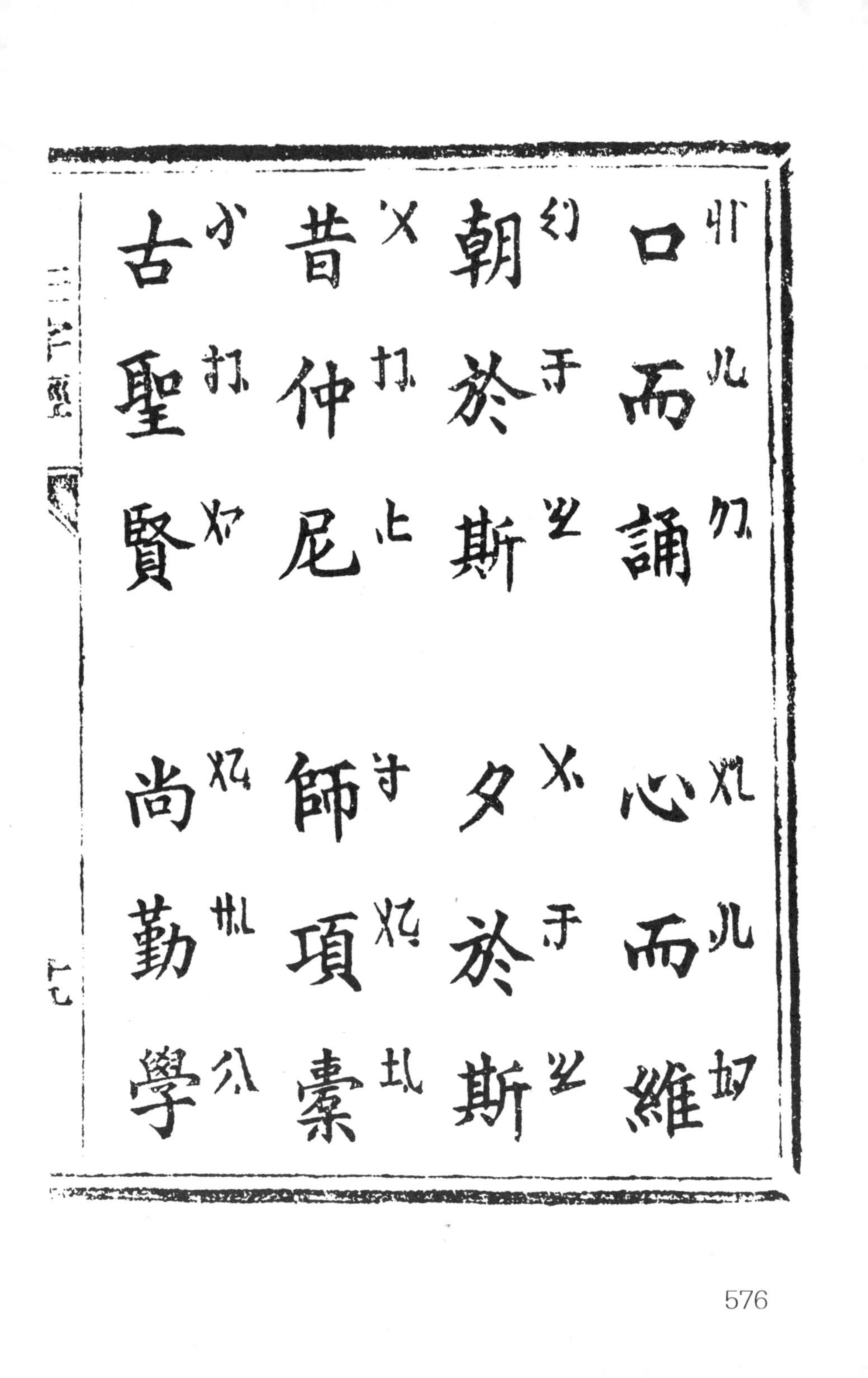

口而誦　心而維
朝於斯　夕於斯
昔仲尼　師項橐
古聖賢　尚勤學

趙中令　讀魯論
彼既仕　學且勤
披蒲編　削竹簡
彼無書　且知勉

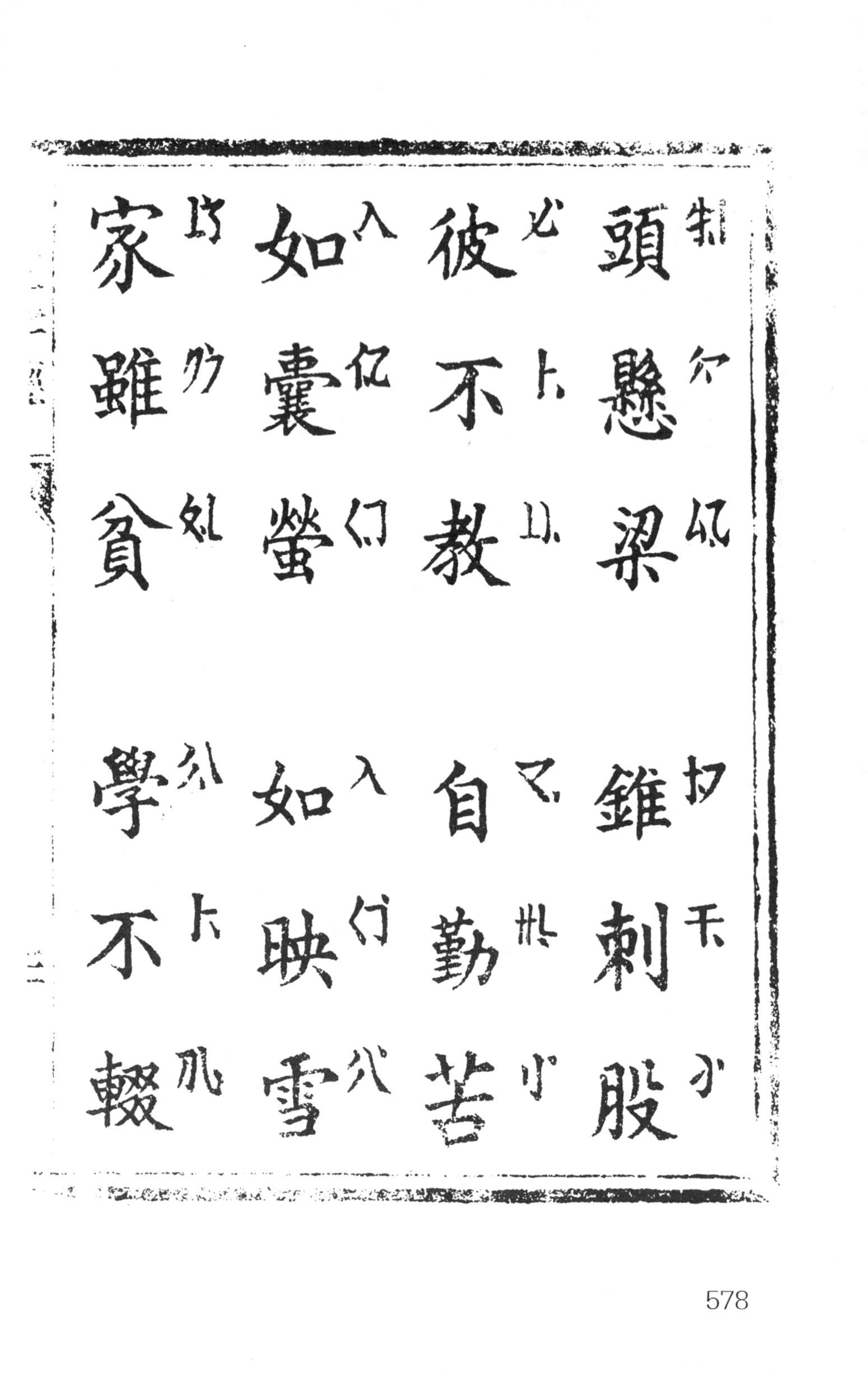

頭懸梁
錐刺股
彼不教
自勤苦
如囊螢
如映雪
家雖貧
學不輟

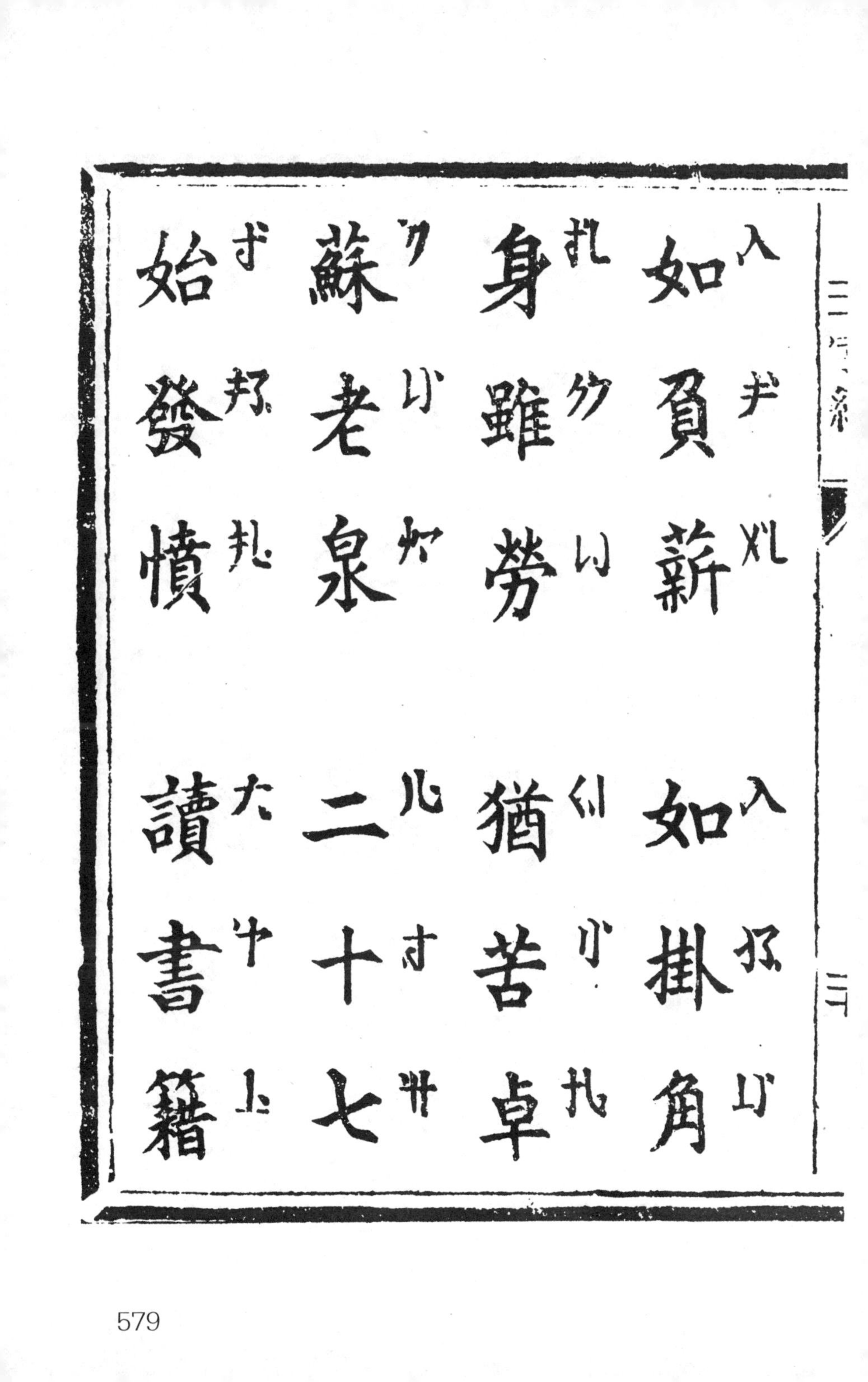

如負薪　如掛角

身雖勞　猶苦卓

蘇老泉　二十七

始發憤　讀書籍

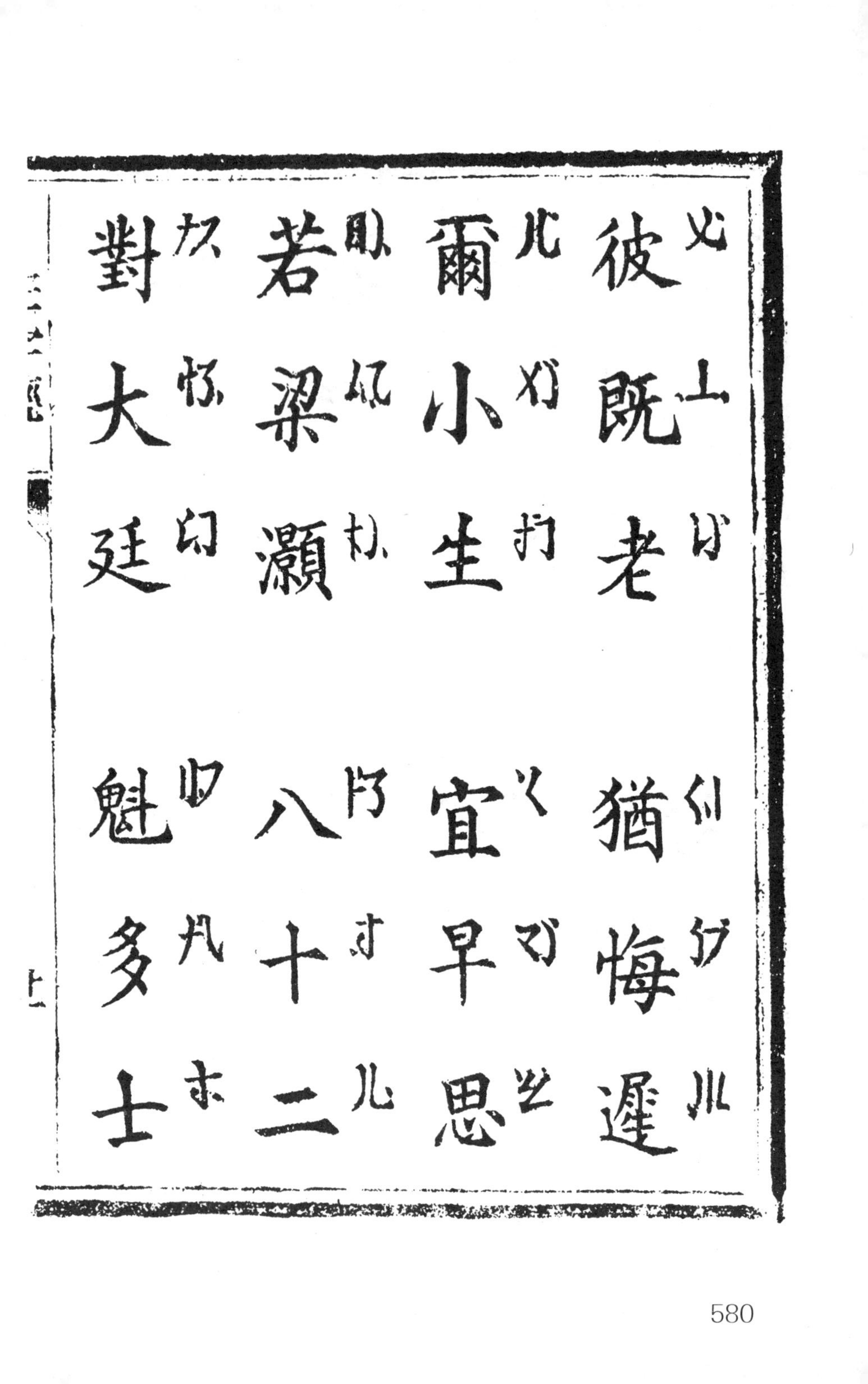

彼既老　猶悔遲
爾小生　宜早思
若梁灝　八十二
對大廷　魁多士

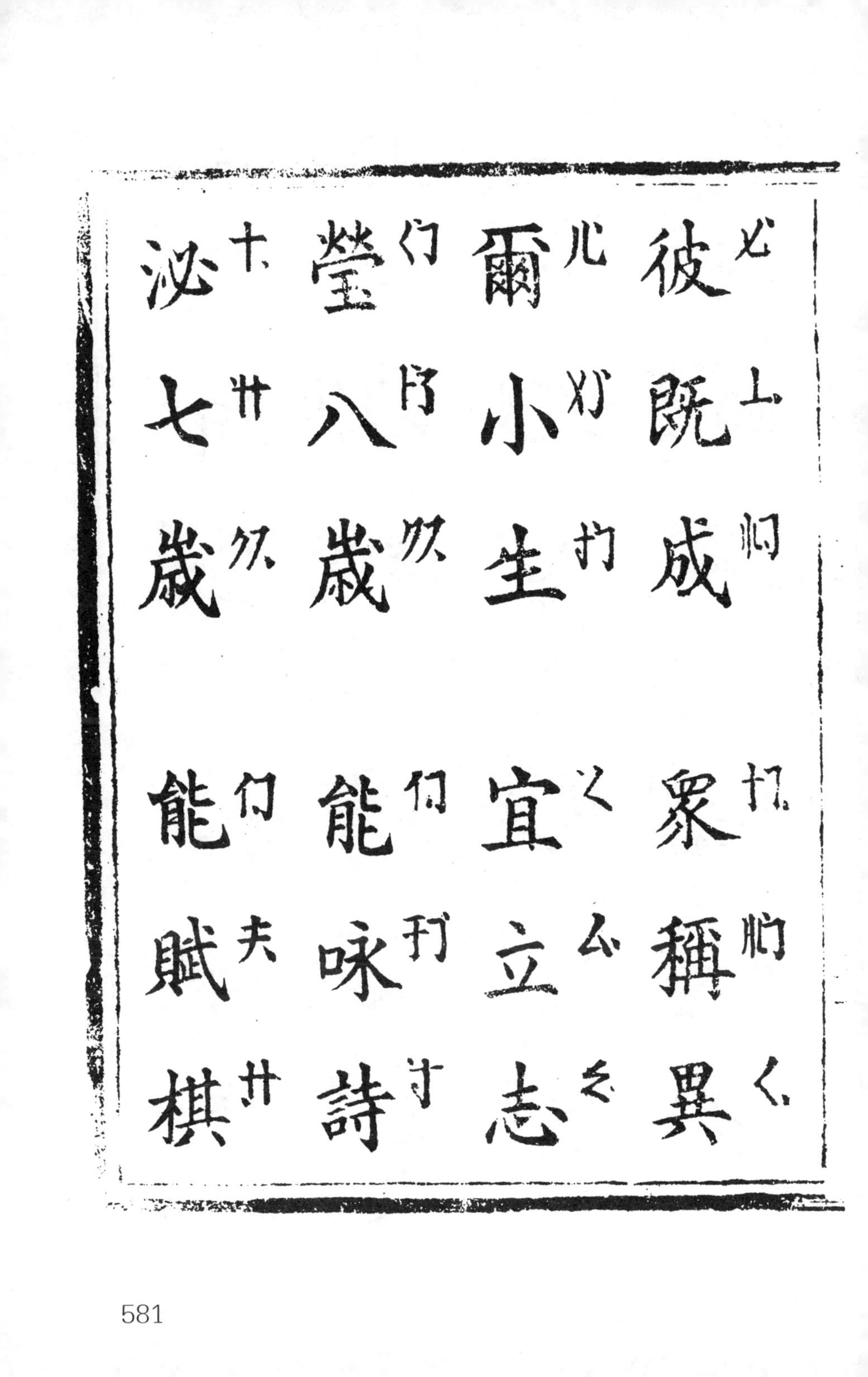

彼既成，眾稱異；
爾小生，宜立志。
瑩八歲，能詠詩；
泌七歲，能賦棋。

彼穎悟
人稱奇
爾幼學
當效之
蔡文姬
能辨琴
謝道韞
能咏吟

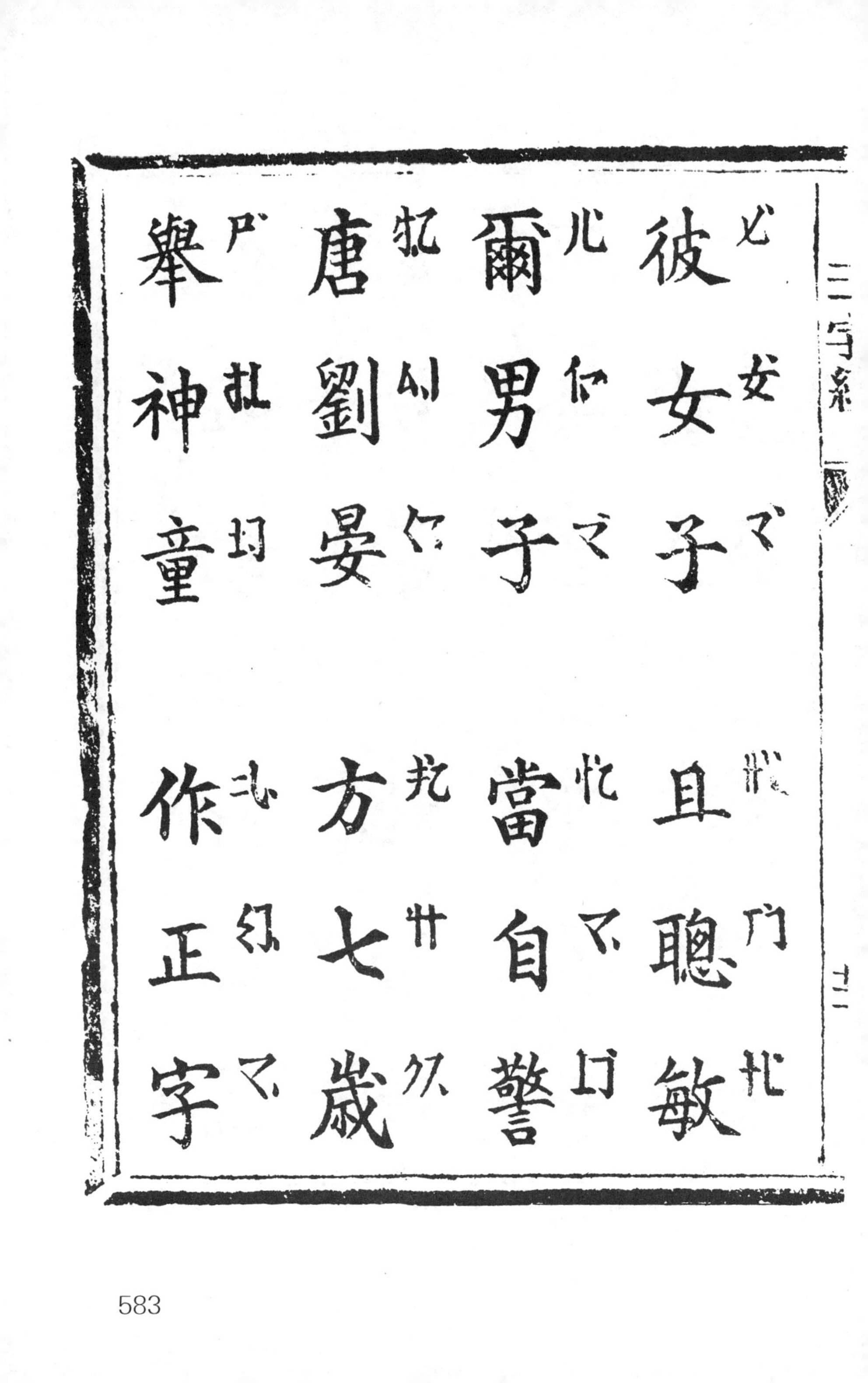

彼女子　且聰敏
爾男子　當自警
唐劉晏　方七歲
舉神童　作正字

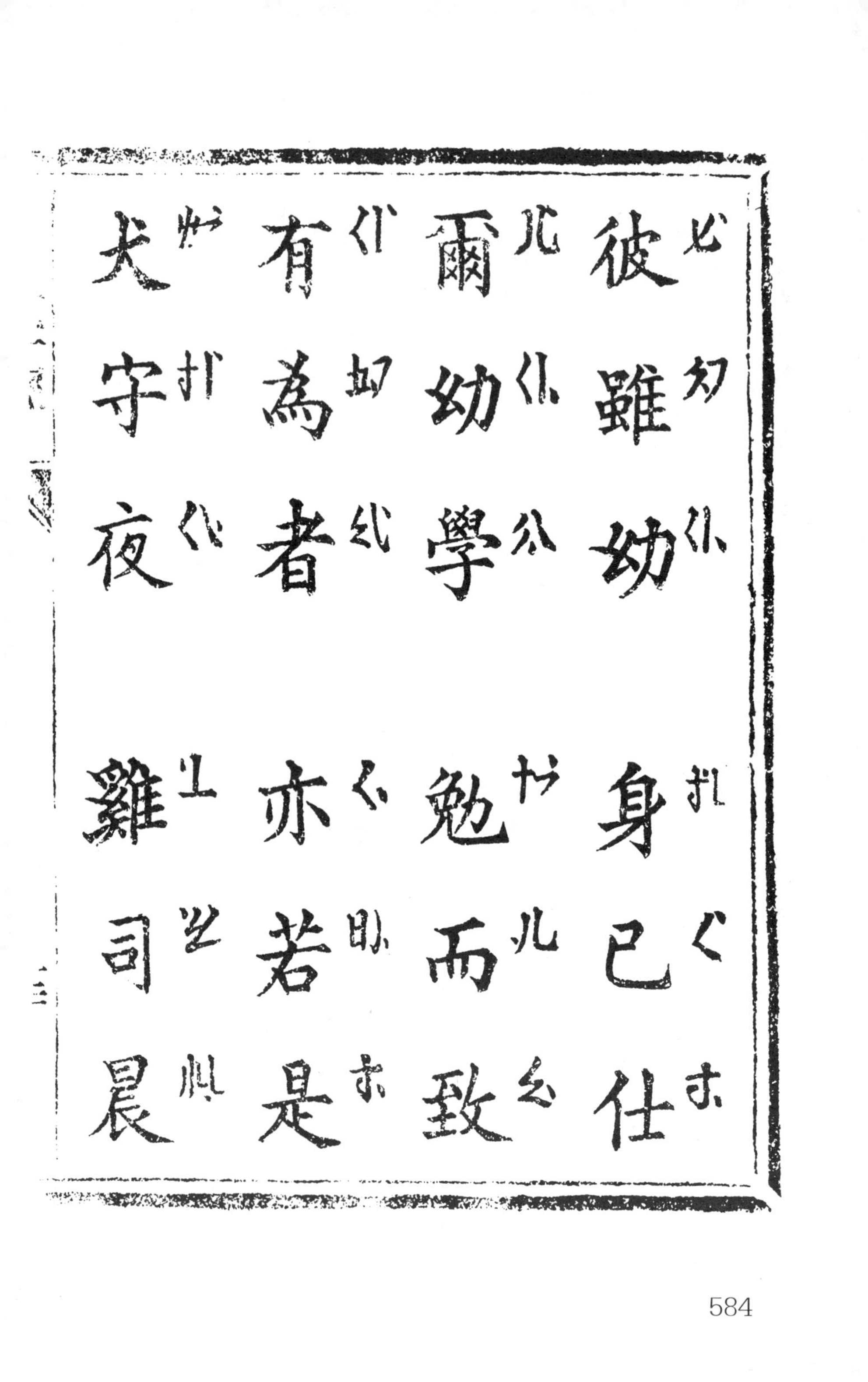

彼雖幼　身已仕
爾幼學　勉而致
有為者　亦若是
犬守夜　雞司晨

苟（切）不（上）學（公）
何（末）為（切）人（臥）

蠶（召）吐（去）絲（么）
蜂（打）釀（乏）蜜（十）

人（臥）不（上）學（公）
不（上）如（入）物（丑）

幼（仆）而（儿）學（公）
壯（扎）而（儿）行（刈）

上致君　下澤民
揚名聲　顯父母
光於前　裕於後
人遺子　金滿籯

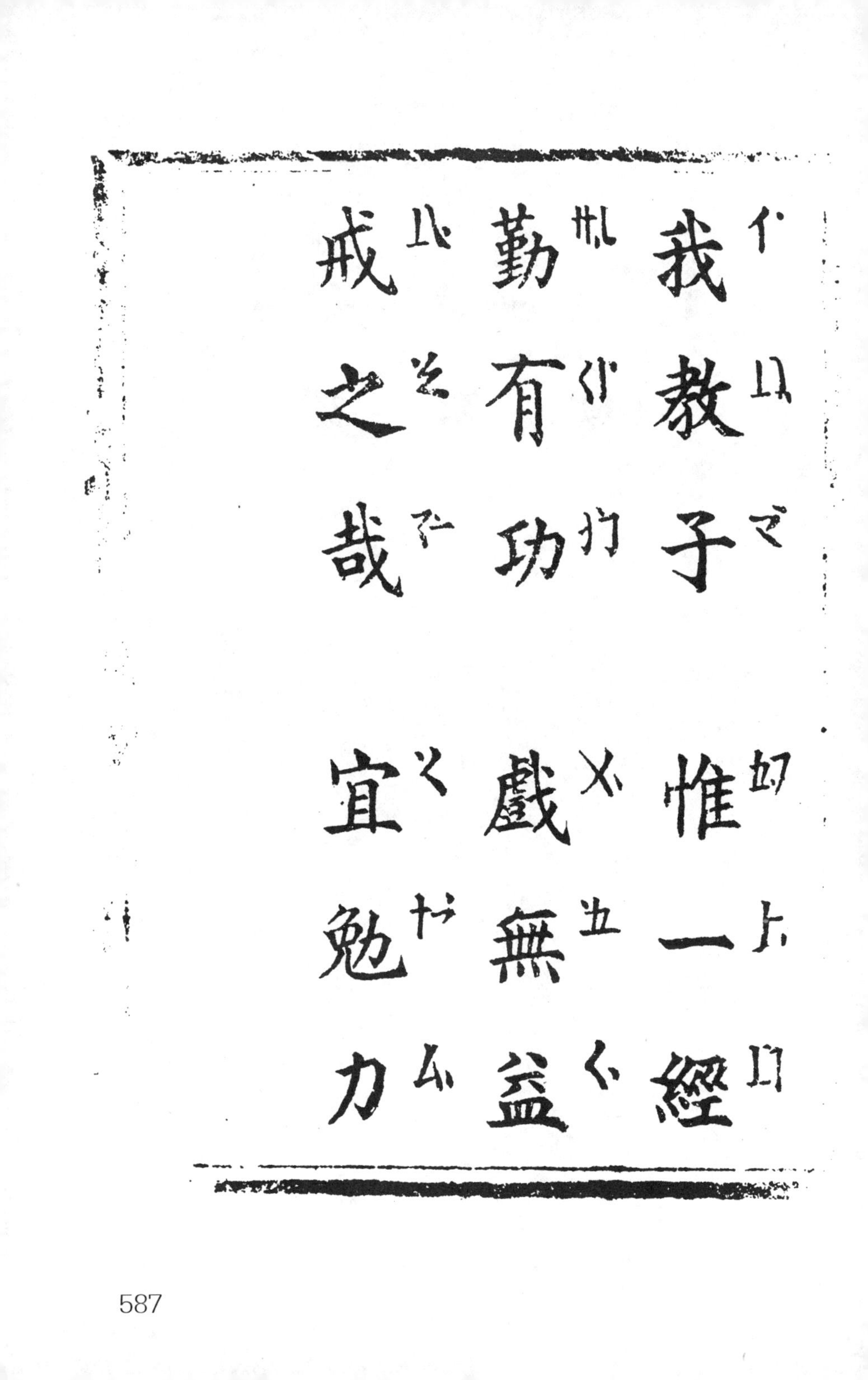

我教子，惟一經。

勤有功，戲無益。

戒之哉，宜勉力。

百 家 姓

百家姓

趙錢孫李周吳鄭王

馮陳褚衛蔣沈韓楊

朱秦尤許何呂施張

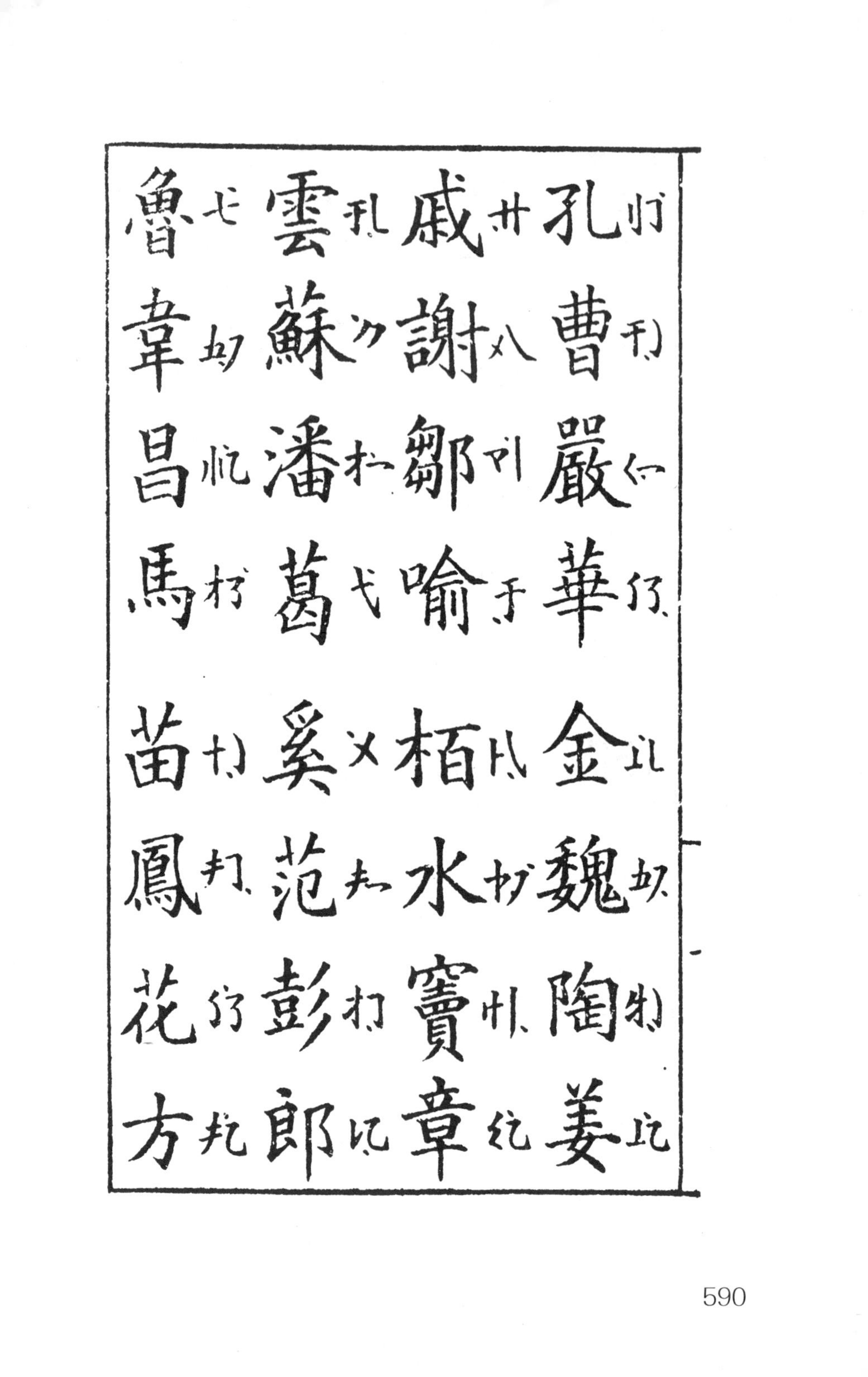

孔曹嚴華金魏陶姜
戚謝鄒喻柏水竇章
雲蘇潘葛奚范彭郎
魯韋昌馬苗鳳花方

俞任袁柳酆鮑史唐
費廉岑薛雷賀倪湯
滕殷羅畢郝鄔安常
樂于時傅皮卞齊康

二

伍오 余여 元원 卜복 顧고 孟맹 平평 黃황

和화 穆목 蕭소 尹윤 姚요 邵소 湛잠 汪왕

祁기 毛모 禹우 狄적 米미 貝패 明명 臧장

計계 伏복 成성 戴대 談담 宋송 茅모 龐방

熊ㄉ 紀上 舒十 屈ㄓ 項ㄨㄛ 祝ㄊ 董ㄉ 梁ㄨㄛ

杜大 阮ㄟㄇ 藍ㄈ 閔ㄔ 席ㄨ 季上 麻ㄉ 强ㄓㄛ

賈ㄐㄚ 路七 婁ㄌ 危ㄨㄟ 江ㄐㄛ 童ㄊ 顏ㄈ 郭ㄍㄛ

梅ㄇ 盛ㄕ 林ㄌ 刁ㄉ 鍾ㄓ 徐ㄒ 邱ㄑ 駱ㄌ

三

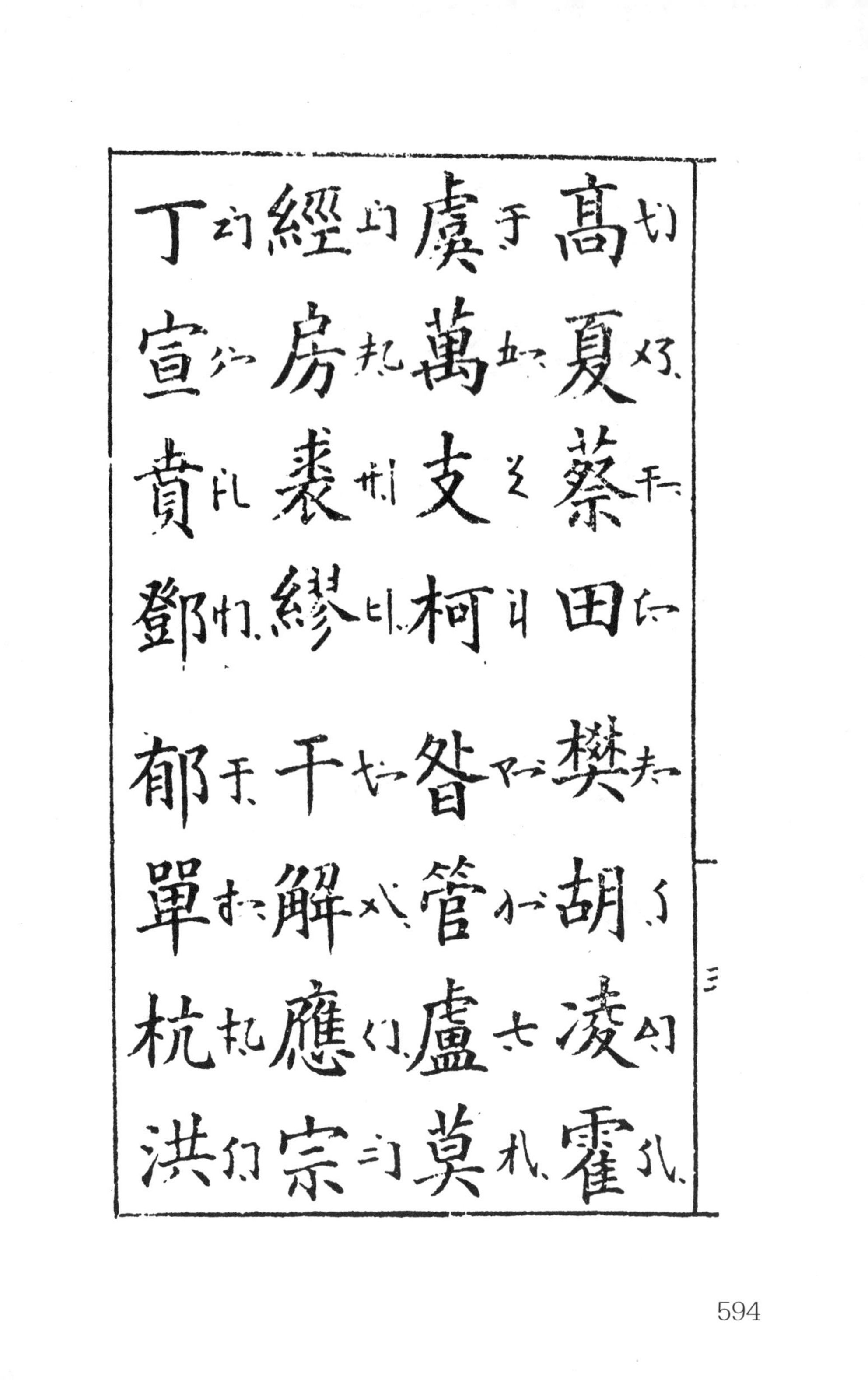

高夏蔡田樊胡凌霍
虞萬支柯昝管盧莫
經房袁繆千解應宗
丁宣費鄧郁單杭洪

包諸左石崔吉鈕龔

程嵇邢滑裴陸榮翁

荀羊於惠甄麴家封

芮羿儲靳汲邴糜松

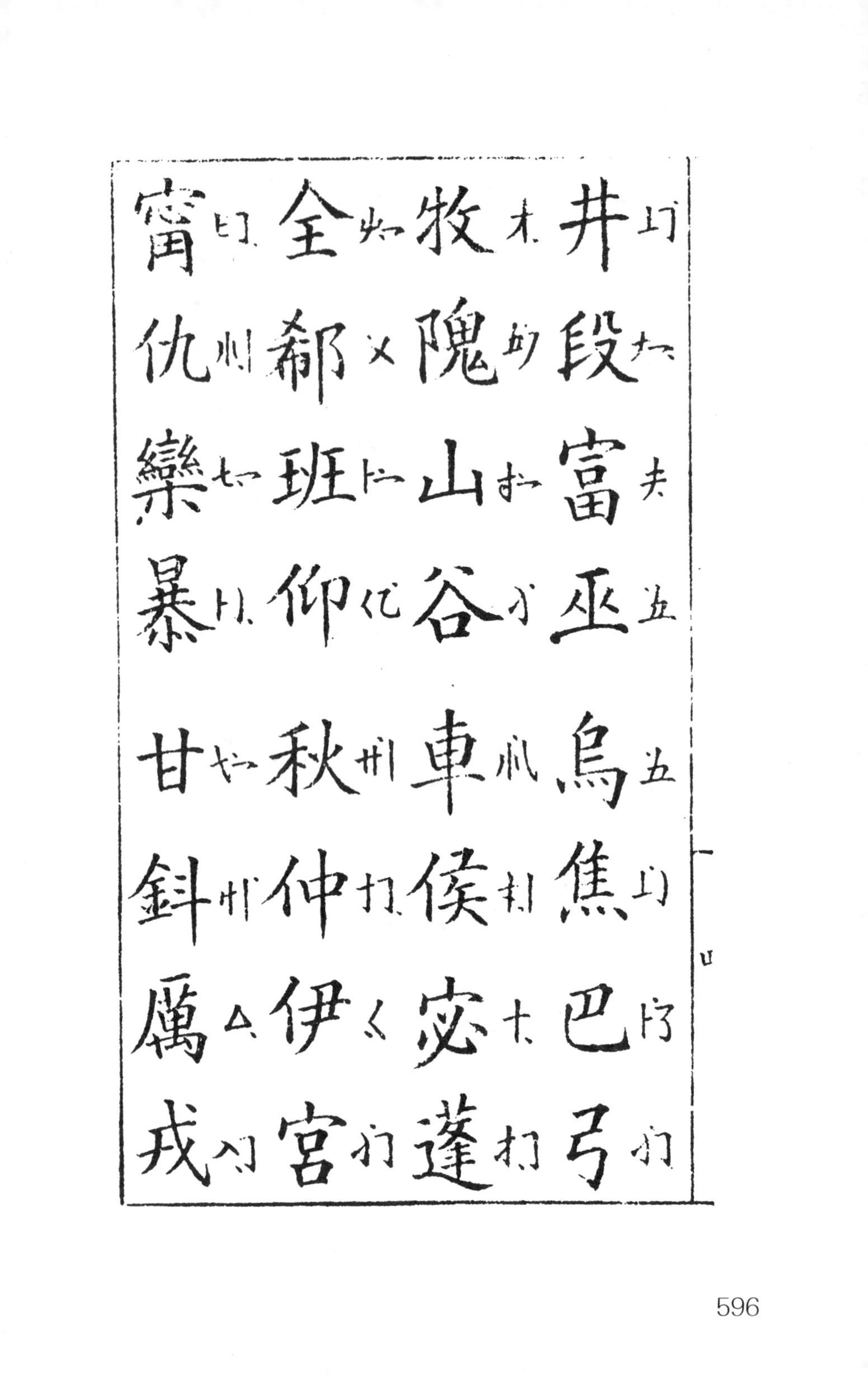

井段富巫烏焦巴弓

牧隗山谷東侯宓蓬

全郗班仰秋仲伊宮

甯仇欒暴甘斜厲戎

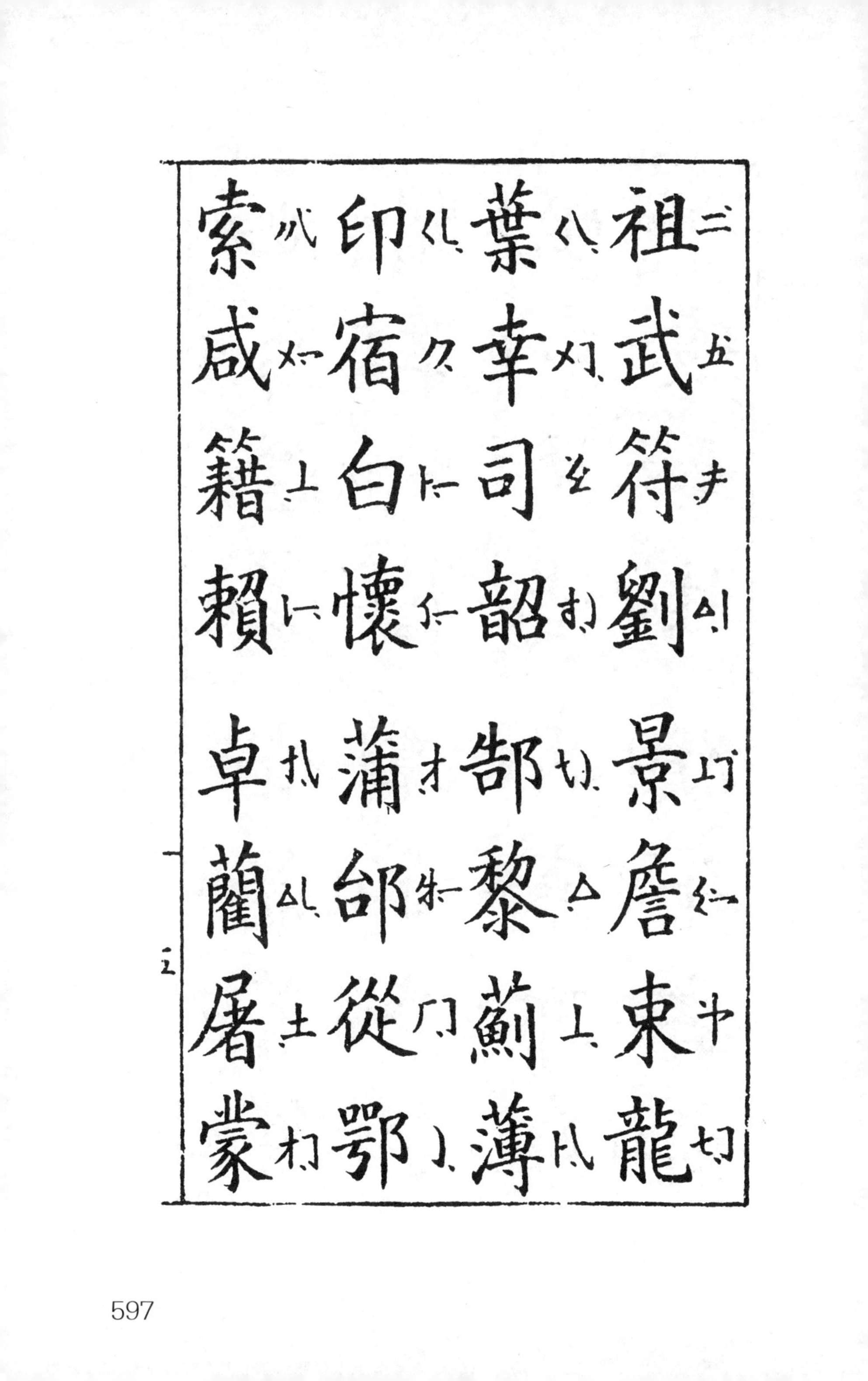

祖武符劉景詹束龍

葉幸司韶郜黎蒯薄

印宿白懷蒲部從鄂

索咸籍賴卓藺屠蒙

池喬陰鬱胥能蒼雙

闡華党翟譚賈勞逄

姬申扶堵冉宰酈雍

郤璩桑桂濮牛壽通

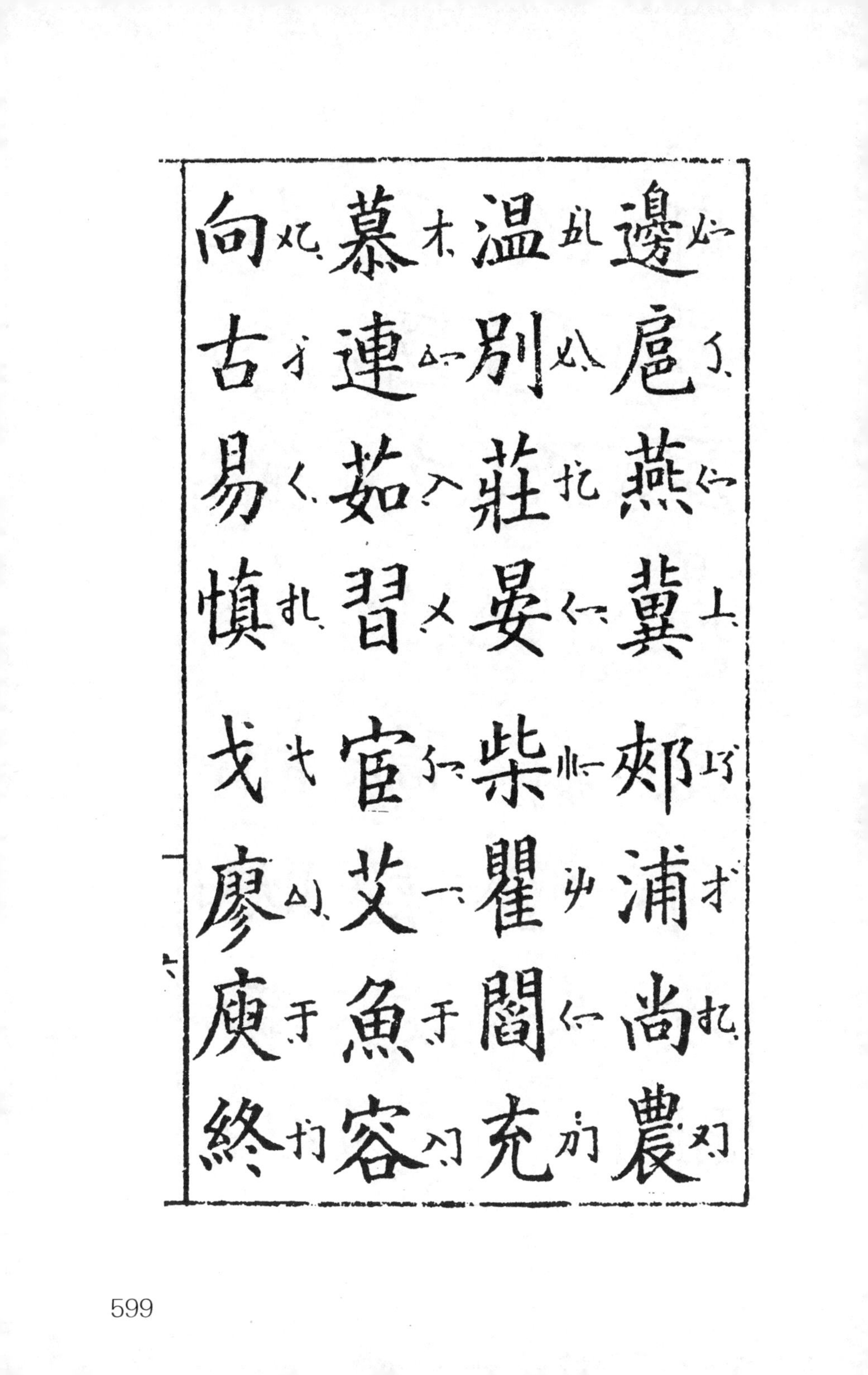

邊扈燕冀郟浦尚農
溫別莊晏柴瞿闇充
慕連茹習宦艾魚容
向古易愼戈廖庾終

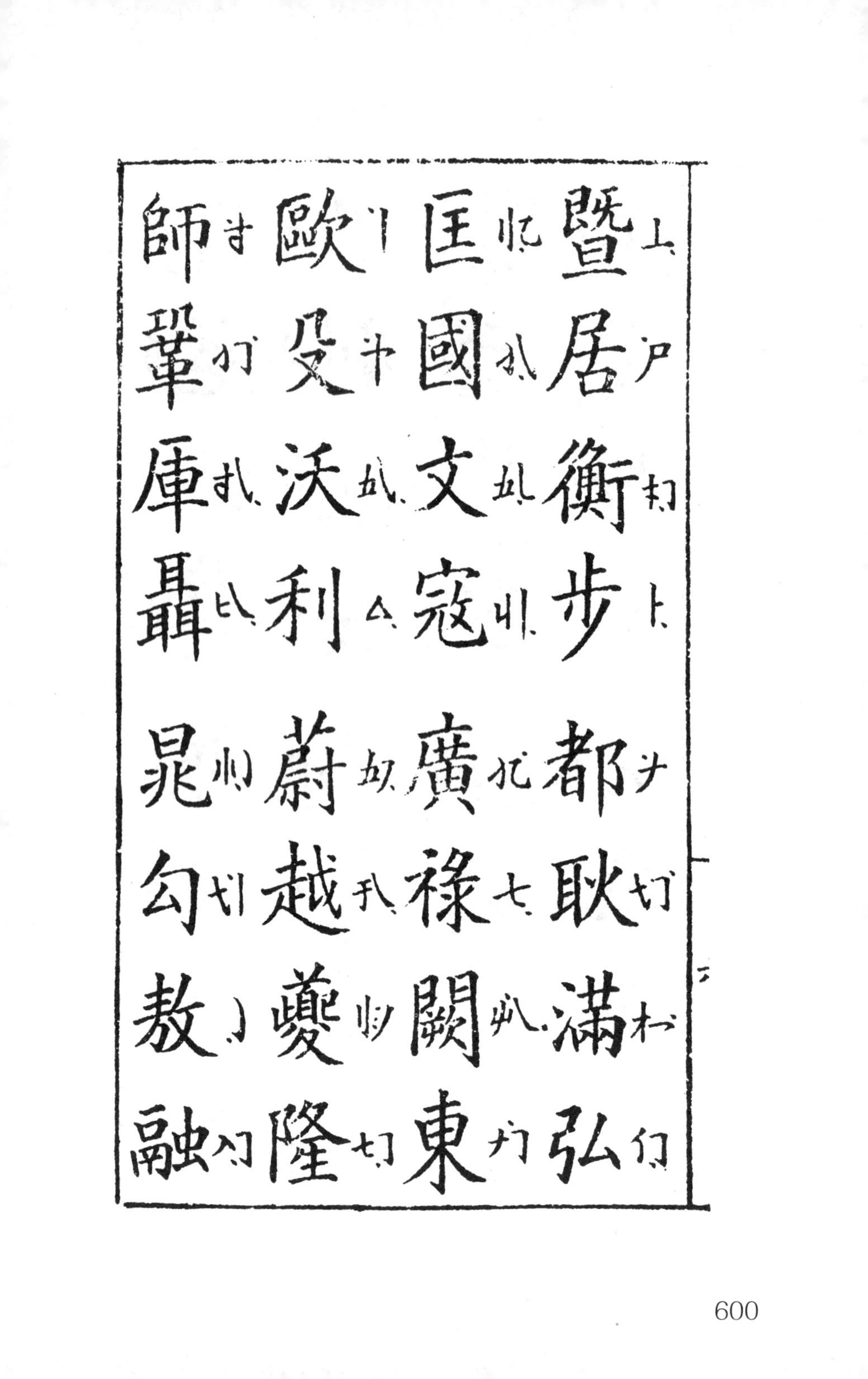

暨居衡步都耿滿弘

匡國文寇廣祿闕東

歐殳沃利蔚越夔隆

師翟厙聶晁勾敖融

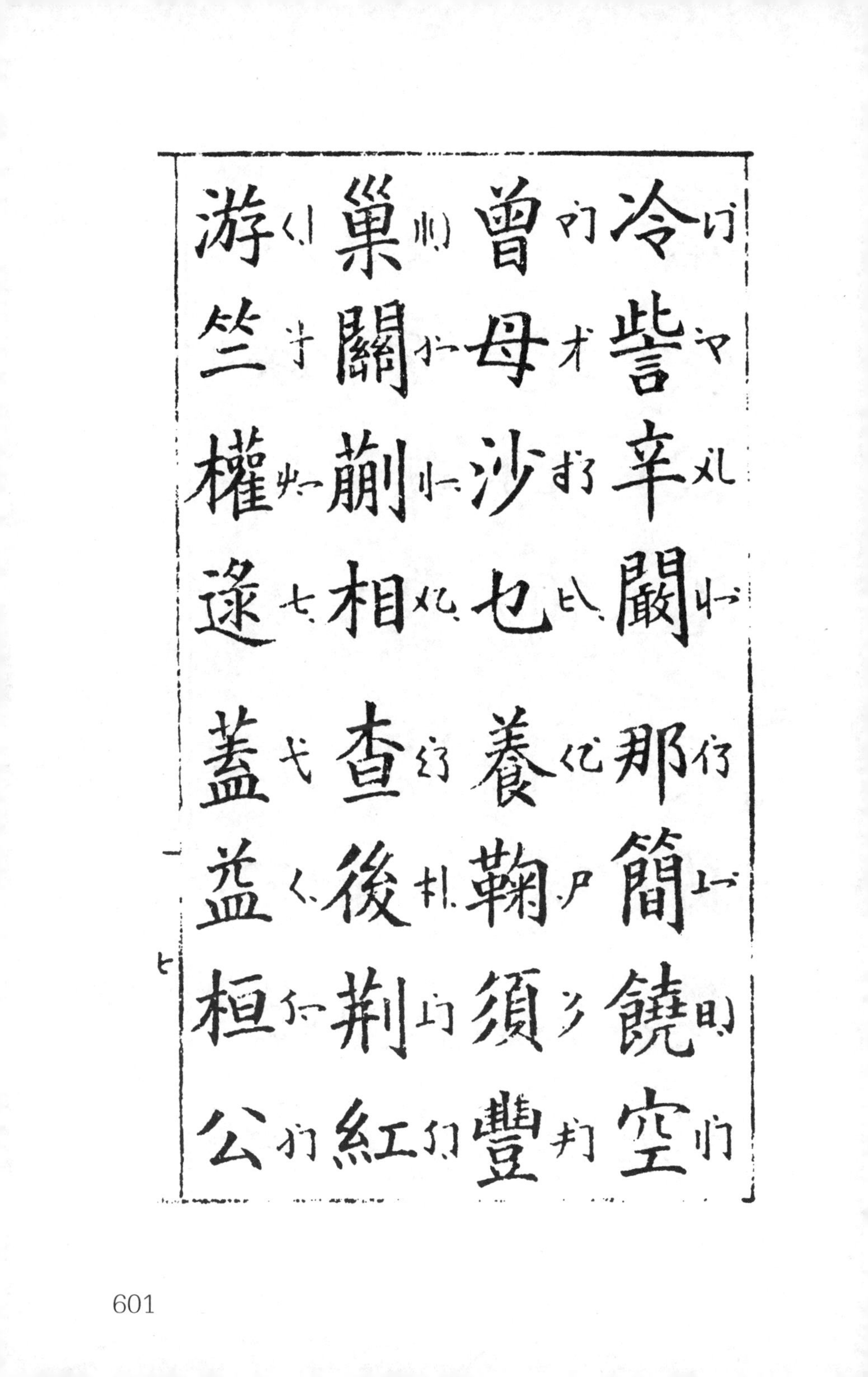

冷呰辛闞那簡饒空
曾母沙乜養鞠須豐
巢關蒯相查後荆紅
游竺權遂蓋盖桓公

一七

万俟司馬上官歐陽
夏侯諸葛聞人東方
赫連皇甫尉遲公羊
澹臺公冶宗政濮陽

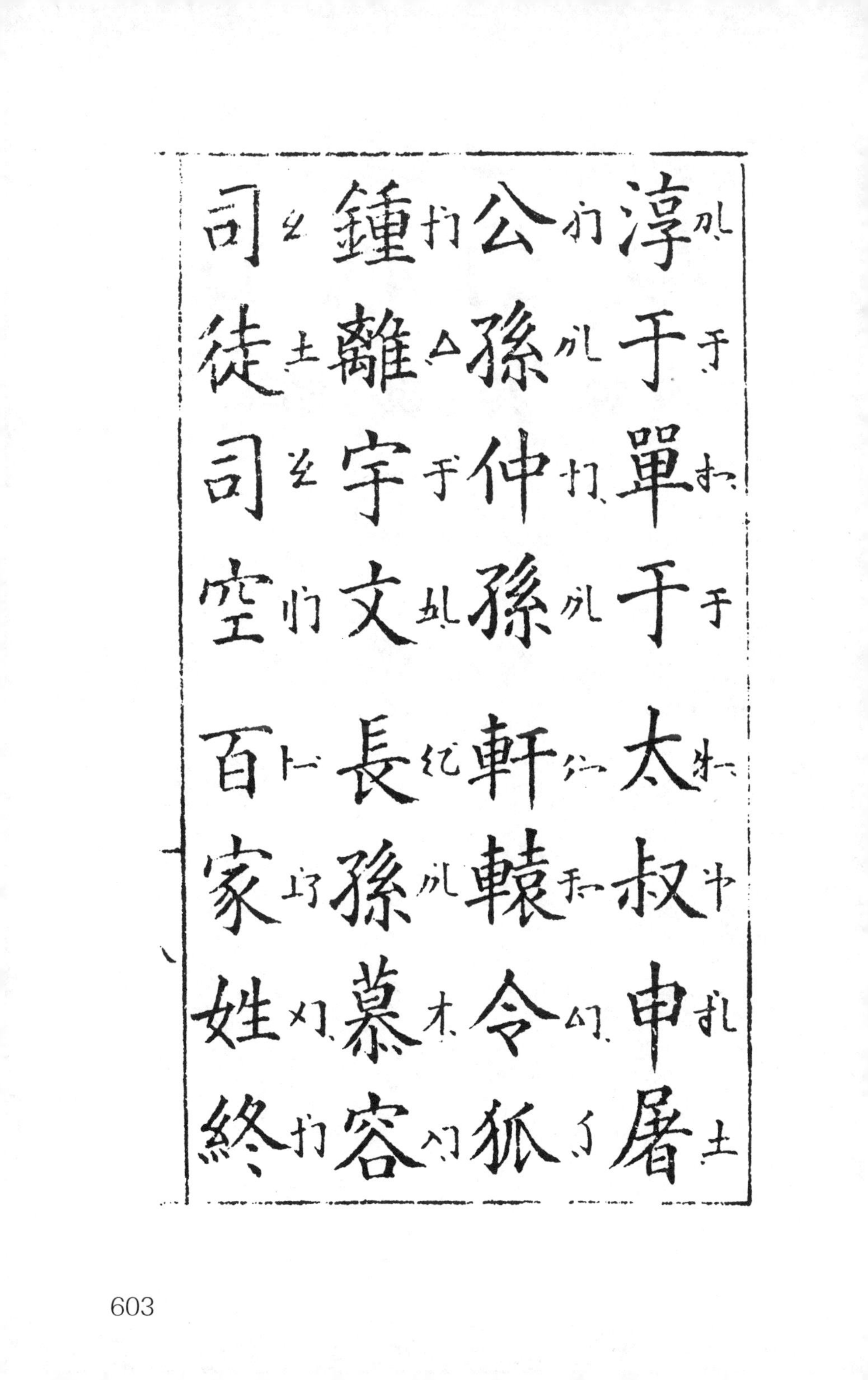

淳于單于太叔申屠

公孫仲孫軒轅令狐

鍾離宇文長孫慕容

司徒司空百家姓終

ナスビソ ヤレ イス

対 兵 説 話

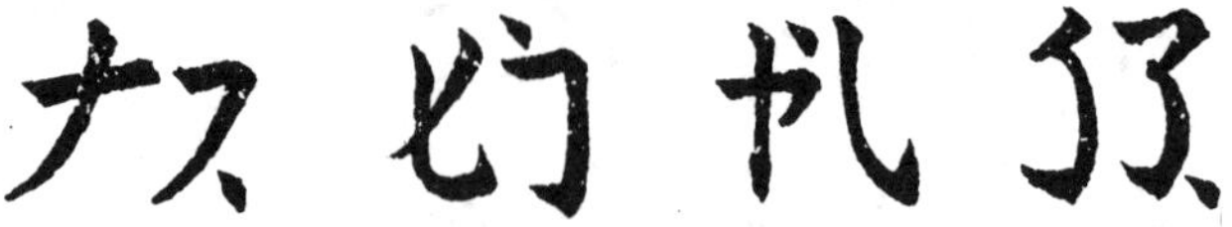

五十音母注字皆從京音初授讀時皆專
作上平勿泥於其注字之聲

才撲卜卜才木扌夫五五文皮乂必十衆广麤
二租ク蘇ナ都土土刀初寸朱巾書入入又奴
七麤千辭マ姿厶絲廾德攵特乙低𠃊題儿遲
幺之寸詩日日亻訥㇄勒女女口呂尸居屮趨
丿須于于匕尼厶離丄基廾其乂希く衣犭孤
刂刳了乎弋戈果丩科卡禾

十二喉音非口授不能讀

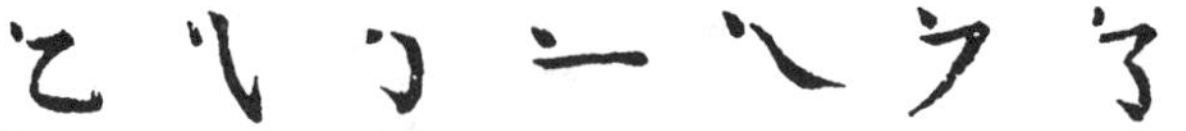

了取阿字一畫

㇇取危字一畫

㇏取爺字一畫

一取哀字一畫

亅取豪字一畫

㇂取我字一畫

乙取亢字一畫京音昂字

冂取翁字一畫　冂　冂　冂

乚取恩字一畫　乚　乚　乚

宀取安字一畫　宀　宀　宀

忄取慪字一畫　丨　丨　丨

儿　儿京語兒　儿耳　儿二

辶迂　户鳥　亻衣　庚子初稿有此三字

今不用

上平　　上

點分四聲

下平　　去

各字母單寫時皆以點分聲若拼寫時點皆專隨喉音設如寫俗話舖字音作才丶寫帕字音則作抔寫遖音作才寫爬字音則作扔也最宜識別

ㄑ扎公ㄅ孓、ㄚ、才ㄑ、比
衍說學官話字母要緊
ㄚ、门扎夂儿、寸ㄐ比ㄗ、扎、　和ㄅㄗ以、扎ㄈ　以、弋、
自從光緒二十九年臘月　袁宮保就商量　教各
凡ㄑ公ㄗ朋　公ㄨ纟、ㄅ孓、ㄈ、才　入以扎ㄈㄅ、ㄗ
軍營裏的人　學習這官話字母　如今商量定了
以、ㄇ扎凡ㄑㄗ朋　五ㄎ、ㄅ纟制木、灼ㄉ　刊ㄅ
教咱們軍營的人　無論官長頭目兵丁　都得
公ㄨ　ㄈ扎公纟、七ㄦ、扎扎ㄅ、　ㄑ奴纟ㄐ纟、七
學習　你說學這個做甚麼用　因為會了這個

就可以自己看書
你說武的何用看書
你要知道
如今武的
不比從前了
天下各國的兵法一天比一天精細
因為各國打了多少回仗試驗出來的
怎麼吃的虧
怎麼占的便宜
怎麼可以教那邊的人損傷的多
怎麼可以教這邊

乙眼水扎乙扎　比忱圦紅　乩比圦乙刀刀圦乢
的人損傷的少　　你強我賽　　作將官的處處留心

圦力八扎扔了以　以圦七扔了　扌比圦必忉
想出多少法子來　有些個法子　是將官必得

知道的　有些個法子　是兵丁都得知道的·知

彡忱乙　仆圦七扔了　扌灯巧刜忟乞忱乙乞
道的

忱乙扎　圦寸圦川忇　圦乚八比忱扣凡以圦
臨時就少吃虧　所以如今大師要教訓

道的多　臨時就少吃虧　所以如今大師要教訓

你們的話　多的很呢　因為你們不識字　靡法

比扎乙係　扎乙扎比　仉奴比扎上寸了　打扔

子數訓 如今你們把這字母兒記幾天 把拼音
的法子學習幾天 大帥就印出各樣兒的書來
給你們看 眼前明白的多 遇見打仗的時候
容易打勝仗 而且有了學問 在軍營裏當兵
像在學堂裏當學生一樣 比別的行兒的人尊貴

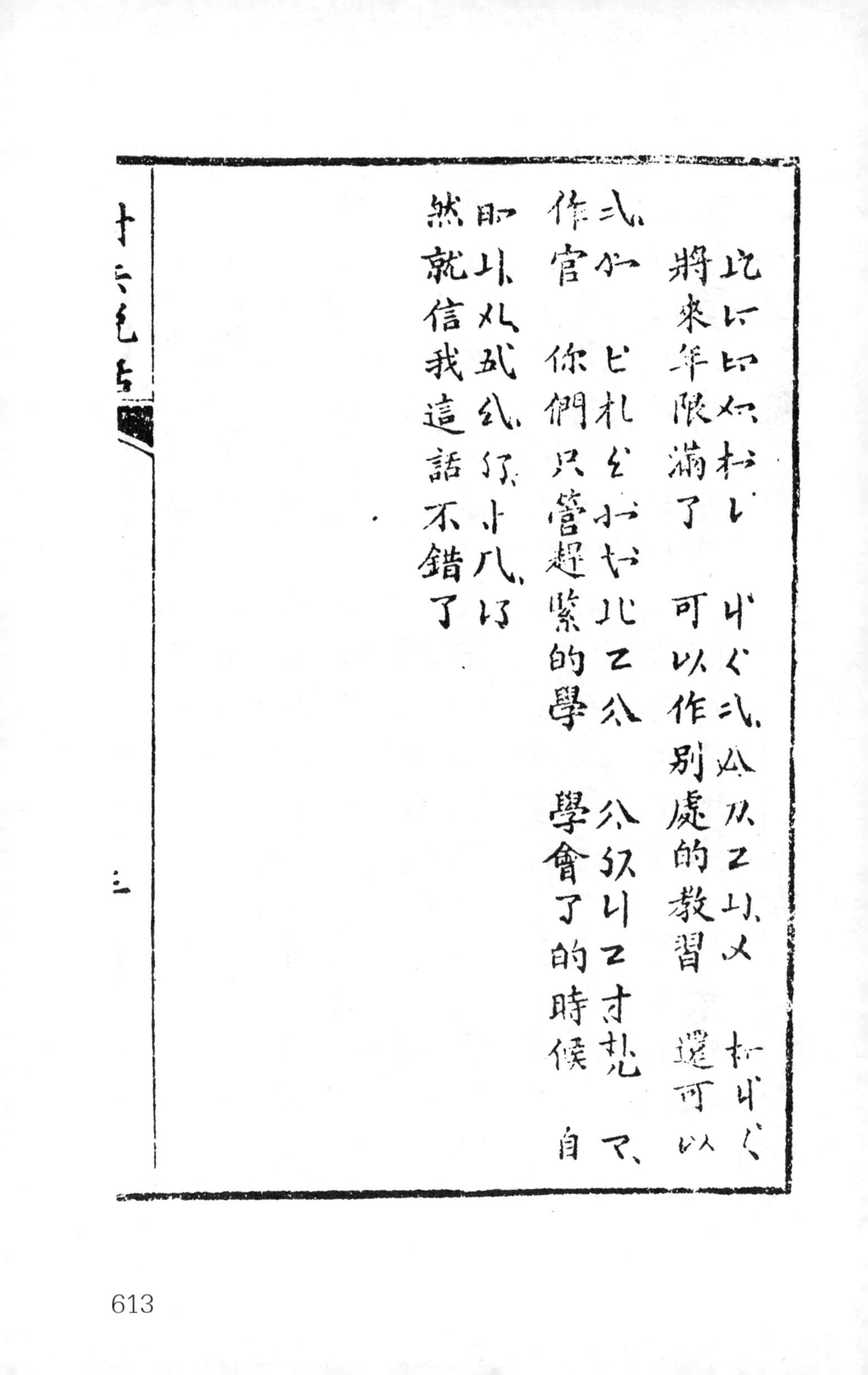

將來年限滿了　可以作別處的教習　還可以

作官　你們只管趕緊的學　學會了的時候　自

然就信我這話不錯了

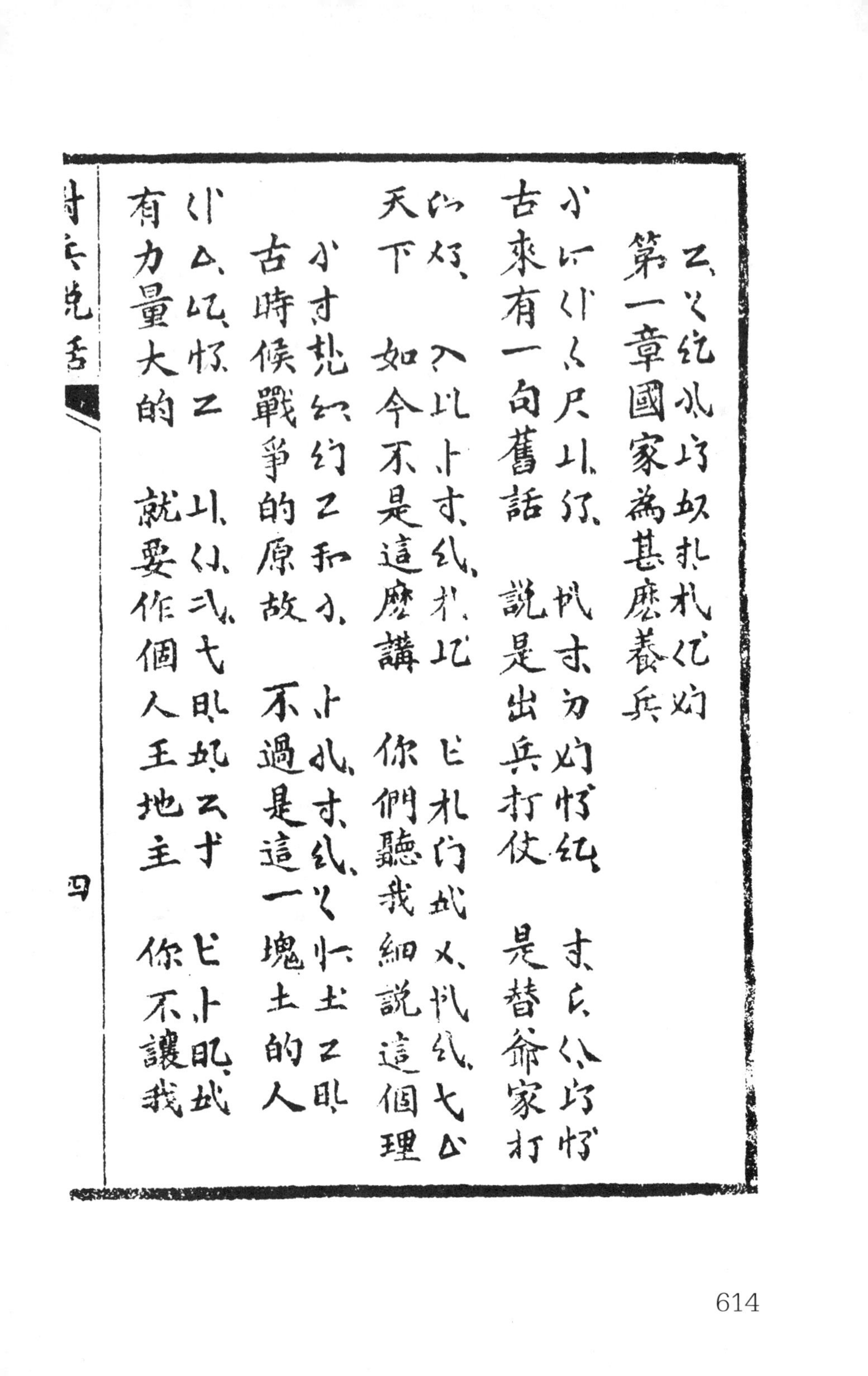

第一章國家為甚麼養兵

古來有一句舊話 說是出兵打仗 是替爺家打

天下 如今不是這麼講 你們聽我細說這個理

古時候戰爭的原故 不過是這一塊土的人

有力量大的 就要作個人王地主 你不讓我

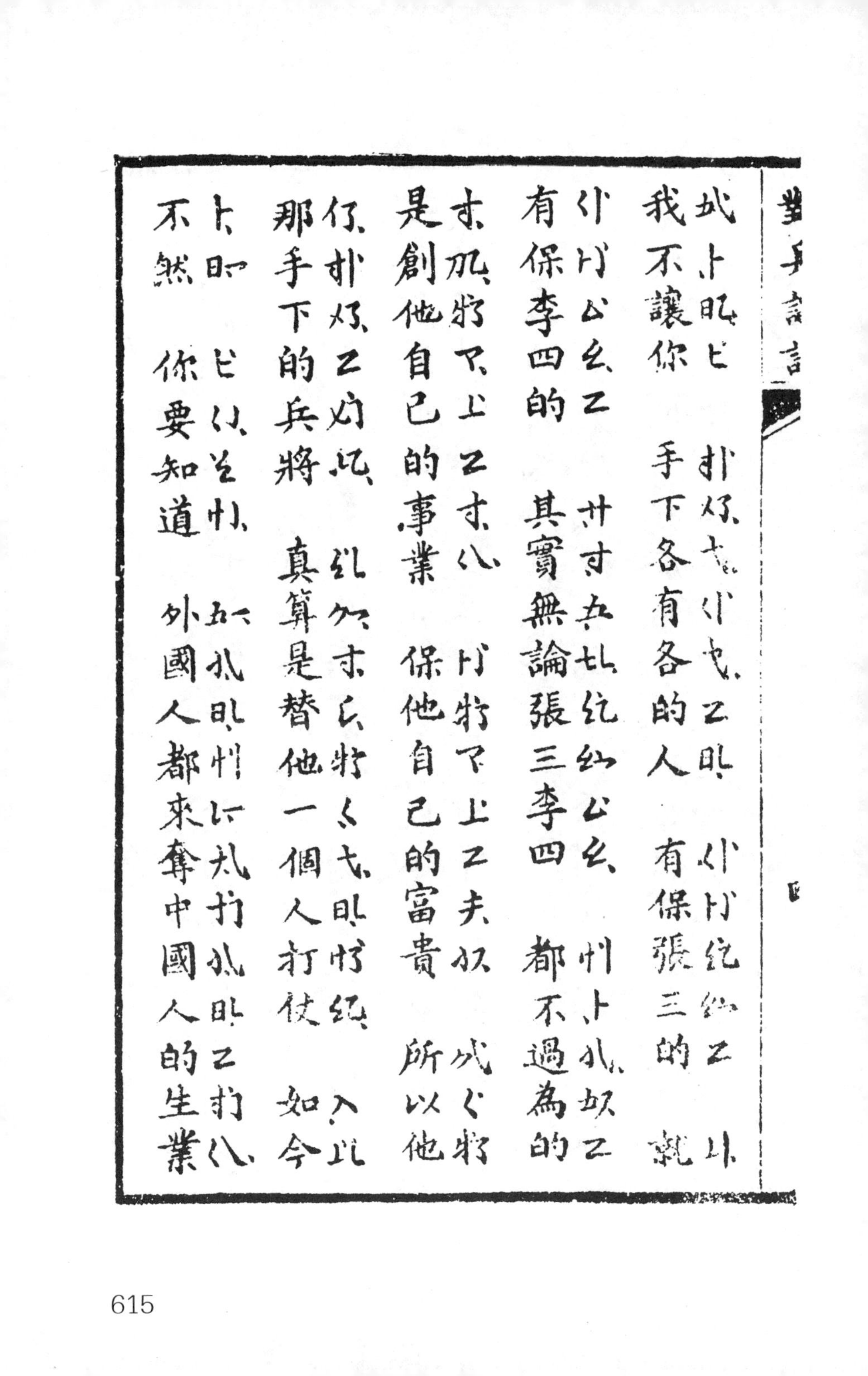

我不讓你　手下各有各的人　有保張三的　就有保李四的　其實無論張三李四　都不過為的是創他自己的事業　保他自己的富貴　所以他那手下的兵將　真算是替他一個人打仗　如今不然　你要知道　外國人都來奪中國人的生業

我們朝廷為我們百姓受的委曲多了自
门州忧匕儿切行如仁扣旦扣儿旦叱忙红成
從道光年因為鴉片烟害人對洋人開仗我
們的兵法不精軍器粗笨被洋人打死多少人
破了多少座城池萬分無奈纔立和約賠
你下少忻均加小小忙公仁于们乚仉灯
銀子許他通商傳教道光爺因此成了心病

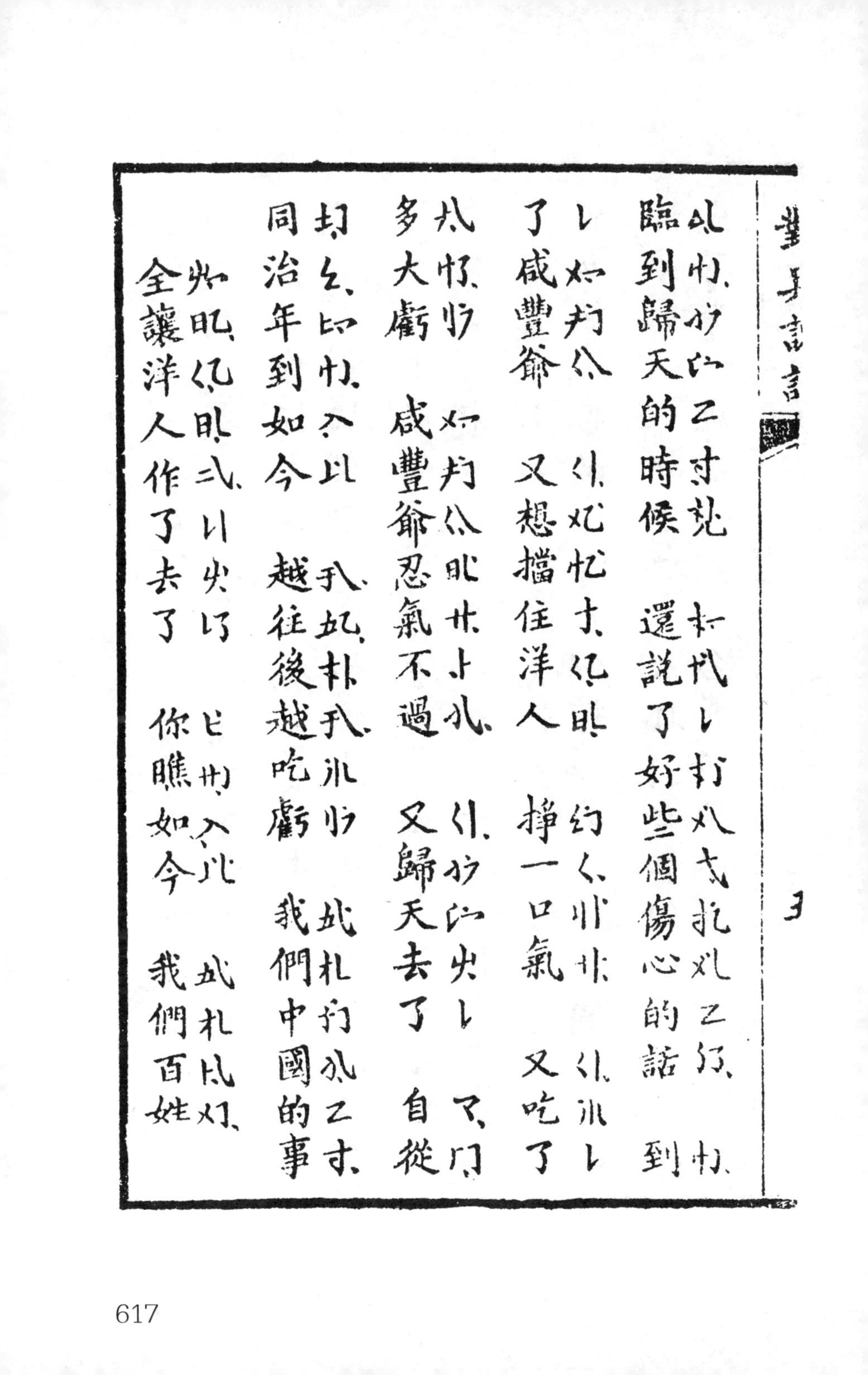

臨到歸天的時候　還說了好些個傷心的話　到

了咸豐爺　又想擋住洋人　掙一口氣　又吃了

多大虧　咸豐爺忍氣不過　又歸天去了　自從

同治年到如今　越往後越吃虧　我們中國的事

全讓洋人作了去了　你瞧如今　我們百姓

失業的一天比一天多

過日子一天比一天難

我和你說這個理

比如織布的失了業

似乎與

種地的不相干

你要知道

比如十個人裏頭

有五個織布的

有五個種地的

那五個織布的

失了業

也去種地

往常種地的掙三百錢

如

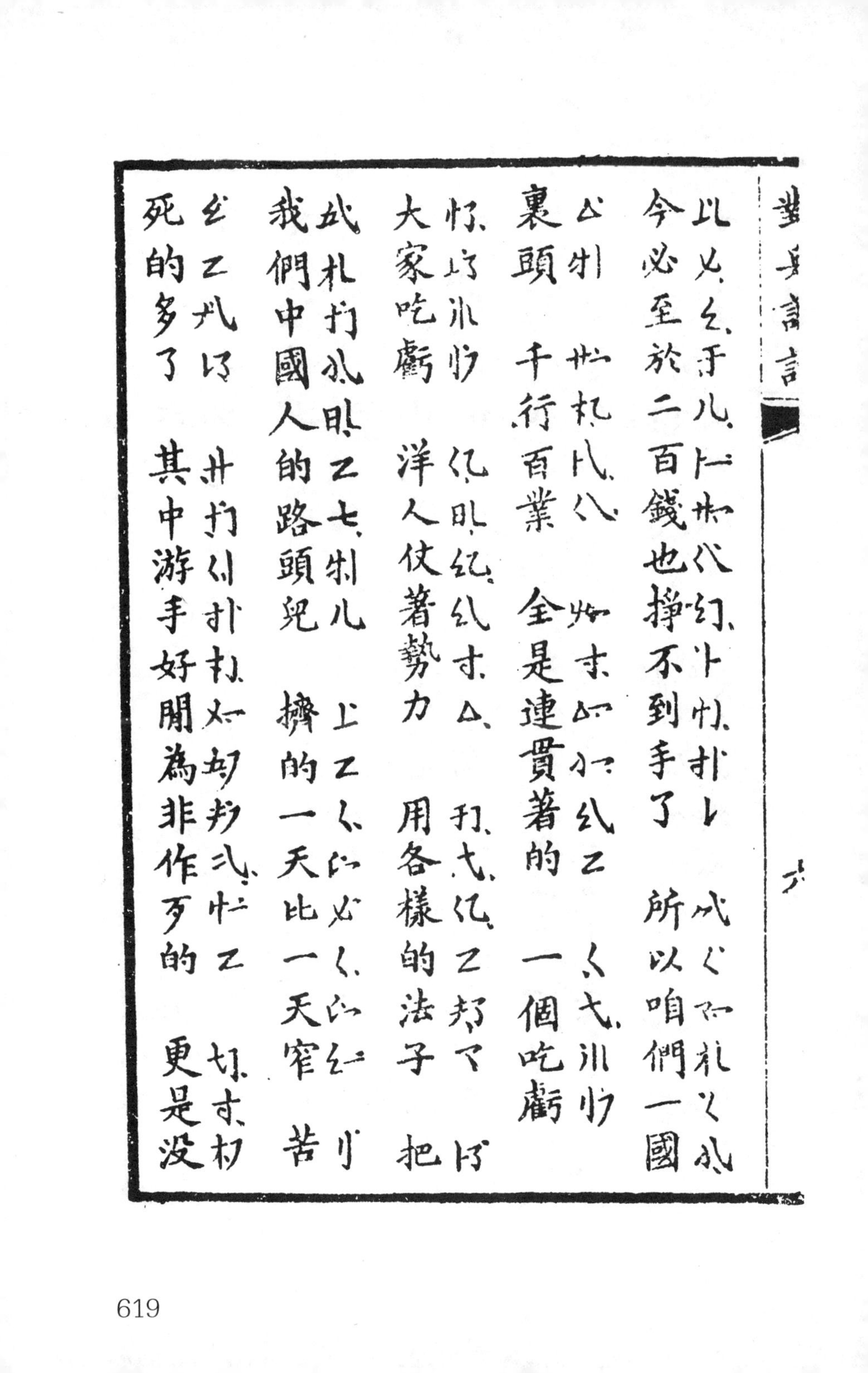

今必至於二百錢也掙不到手了　所以咱們一國

裏頭　千行百業　全是連貫著的　一個吃虧

大家吃虧　洋人仗著勢力　用各樣的法子　把

我們中國人的路頭兒　擠的一天比一天窄　苦

死的多了　其中游手好閒為非作歹的　更是沒

有一點人味兒
固然怨我們百姓 自己沒有本
事 也是我們的兵 打不過洋人的緣故 近來
這幾回開仗 也都是想著為百姓爭回一點便宜
來 不想吃的虧越發的大了 上次東三省差點沒
丟 東三省的地土 穀養三萬萬人口的 你想

𡈼朴仏卜弌𠃌灯 𡉏札扌爪乙𠃌叭川 𠂢乙𣏐
往後要不多練兵 我們中國地窄人稠 老的少
乙朴仏乙们仏卜们 以ぐ川门𠃌北乙𠃌灯 𣏐
的還活的成活不成 所以朝廷趕緊的練兵 瞧
灯扎扌 入叽𡈼𠂇代卜𠃌扒忄丘乙㕚 𡈼尸
兵很重 如今文官也都不敢輕看武的了 文舉
叽约仏仏忙丘㕚公扌 圪𠃌丘乙扎仆扌忄 匕
人爭著要當武備學生 將來武的很有發達 你
札忄扌𠃌仏乜仏幺
們得明白這個意思

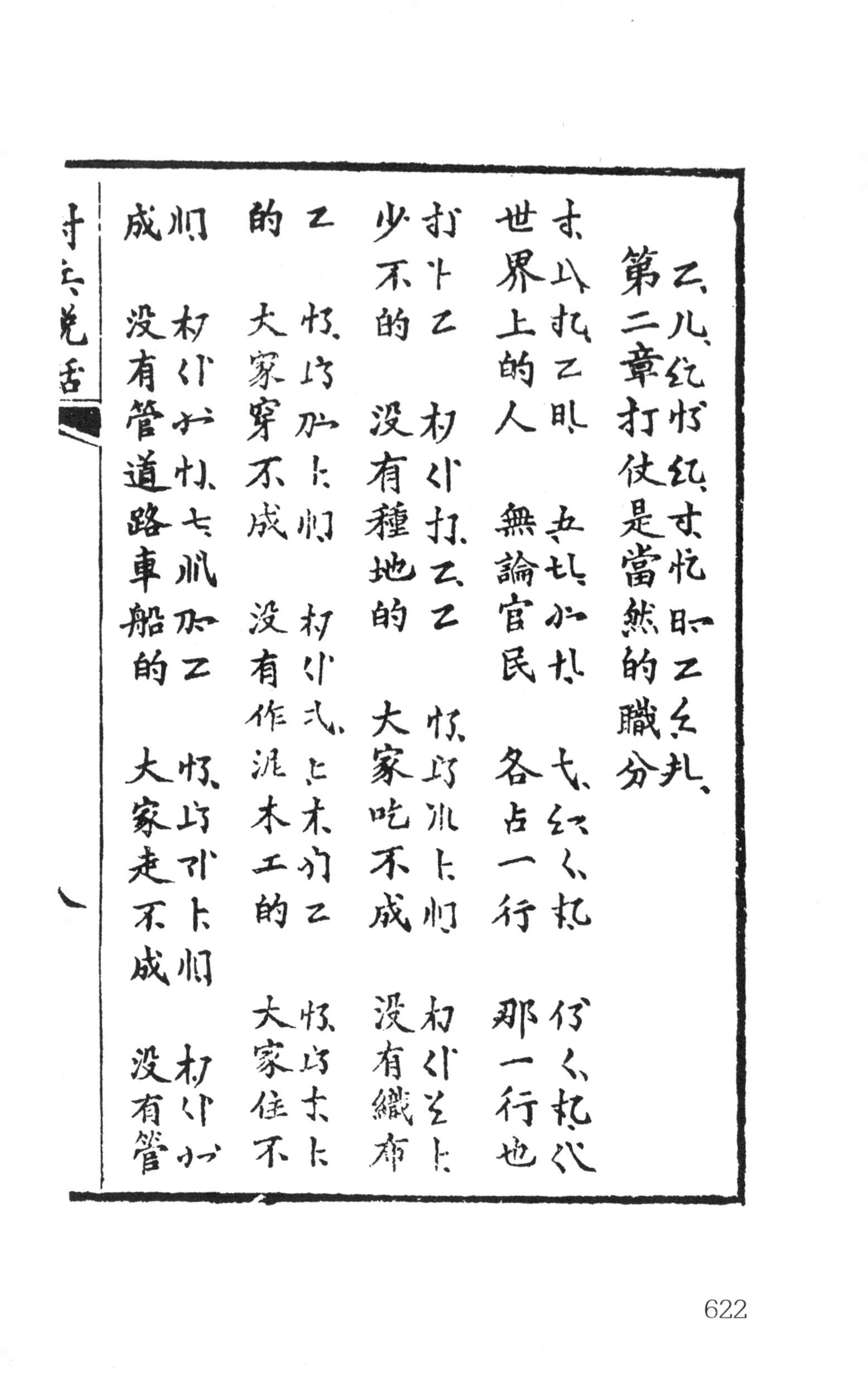

第二章打仗是當然的職分

世界上的人　無論官民　各占一行　那一行也少不的　沒有種地的　大家吃不成　沒有織布的　大家穿不成　沒有作泥木工的　大家住不成　沒有管道路車船的　大家走不成　沒有管

刑罰的　大家安定不成　以至於管收稅的　管

打仗的　其餘的千行百業　暗含著互相幫助

都是一理　入了那一行　就要死心塌地的　盡

這一行的本分　若是不想盡自己的本分　這山

看著那山高　種地的曬的肉皮漆黑　手上磨的

起魚鱗
還是有旱有澇
有收成有不收成
就想改別的行
作工匠的
黑夜白日不住手
和這家攬包工
和那家求主顧
總是沒有准進項
也想改別的行
作買賣的
東跑西顛
用盡了心計
還是有賺有賠
也想改別的行
那就

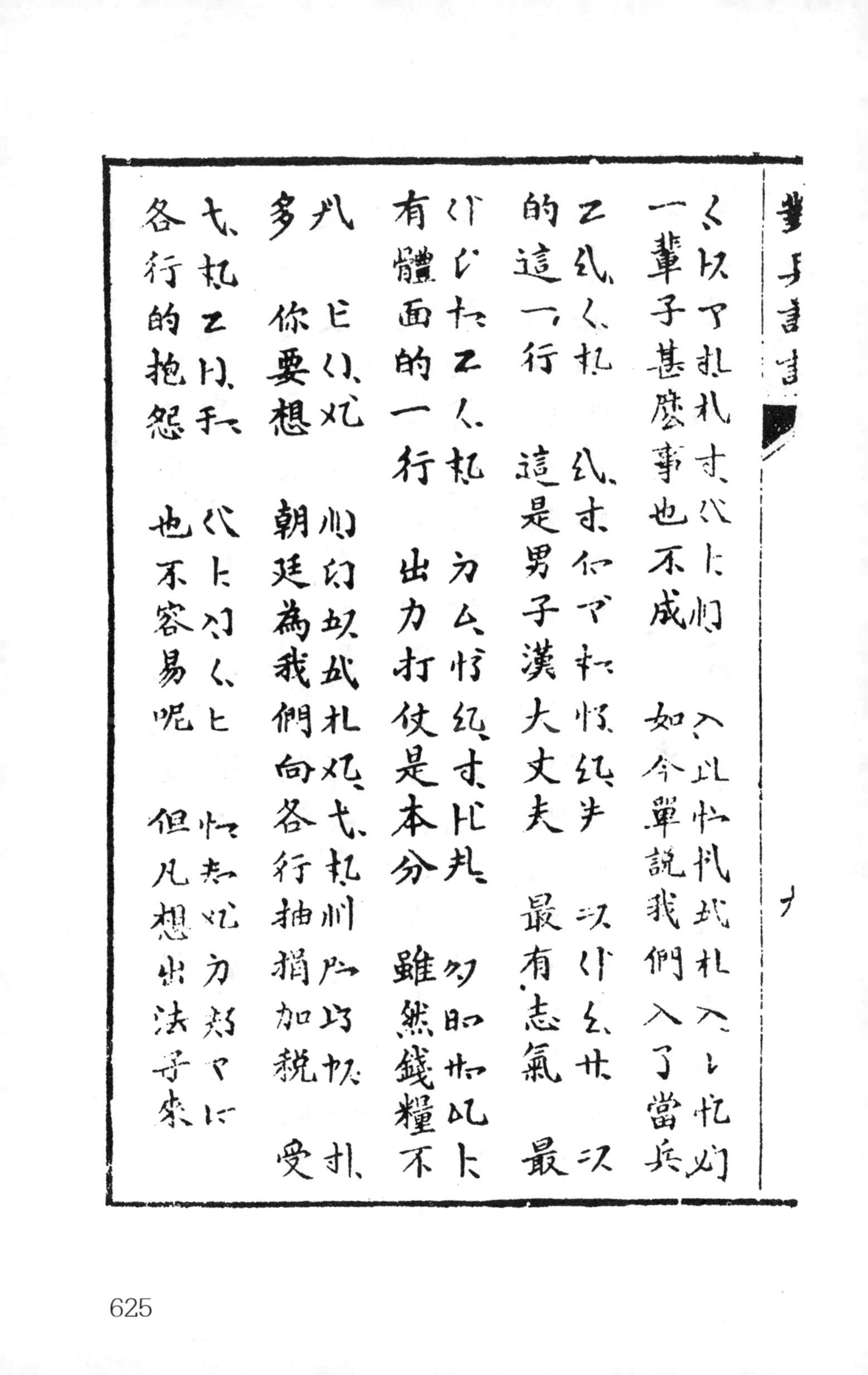

一輩子甚麼事也不成　如今單說我們入了當兵
的這一行　這是男子漢大丈夫　最有志氣　最
有體面的一行　出力打仗是本分　雖然錢糧不
多　你要想　朝廷為我們向各行抽捐加稅　受
各行的抱怨　也不容易呢　但凡想出法子來

朝廷還願意加錢糧　況且近年打敗仗　賠洋款

本利銀共計要十幾萬萬　都出在別行的百姓身

上　我們當兵的不管　若是說一樣的百姓　獨

獨當兵的受槍礮的危險　你想這危險是應當誰

去受呢　比如河水漲發　可以把幾百里的土都

沖刷壞了　要想擋住　不過靠近河岸那十丈寬
的土修隄　比如土會說話　他說一樣的土　怎
麼應該我們這十丈土獨獨的吃勁兒　我偏不去
做隄　那知道大水來了　把幾百里的土都沖壞
了　這十丈土也是滾在浪頭裏　被沙子漫了

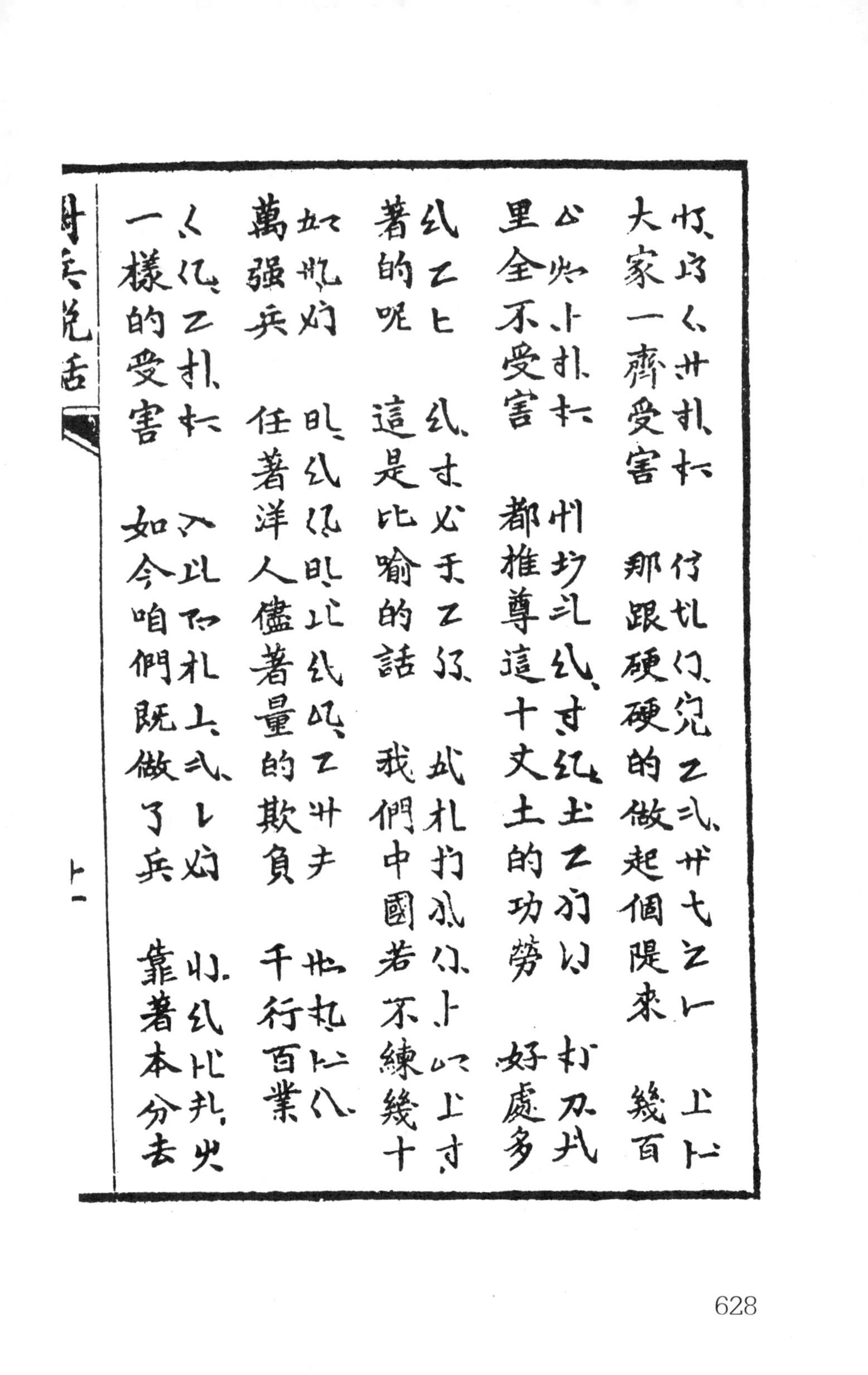

大家一齊受害　那跟硬硬的做起個隄來　幾百

里全不受害　都推尊這十丈土的功勞　好處多

著的呢　這是比喻的話　我們中國若不練幾十

萬强兵　任著洋人儘著量的欺負　千行百業

一樣的受害　如今咱們既做了兵　靠著本分去

做　要想法子打勝仗　這是天理當然的　我想
起一段閒話來　那年各國兵進京的時候　我見
一個日本兵　他說他家裏的老母親　就是有他
這一個兒子　他這回派來的時候　他母親對他
說　你要是打仗的時候逃跑回來　就沒臉見我

你若是被槍打死
我掉兩眼淚
可伸著大拇指頭說你是個好的
那年又有一個日本兵管吹喇叭的
他肚子上中了礮子
疼的站立不住
倚在個大樹根子上
還是不住的吹喇叭
喇叭聲兒越吹越小
直到斷了氣
喇叭纔不響了

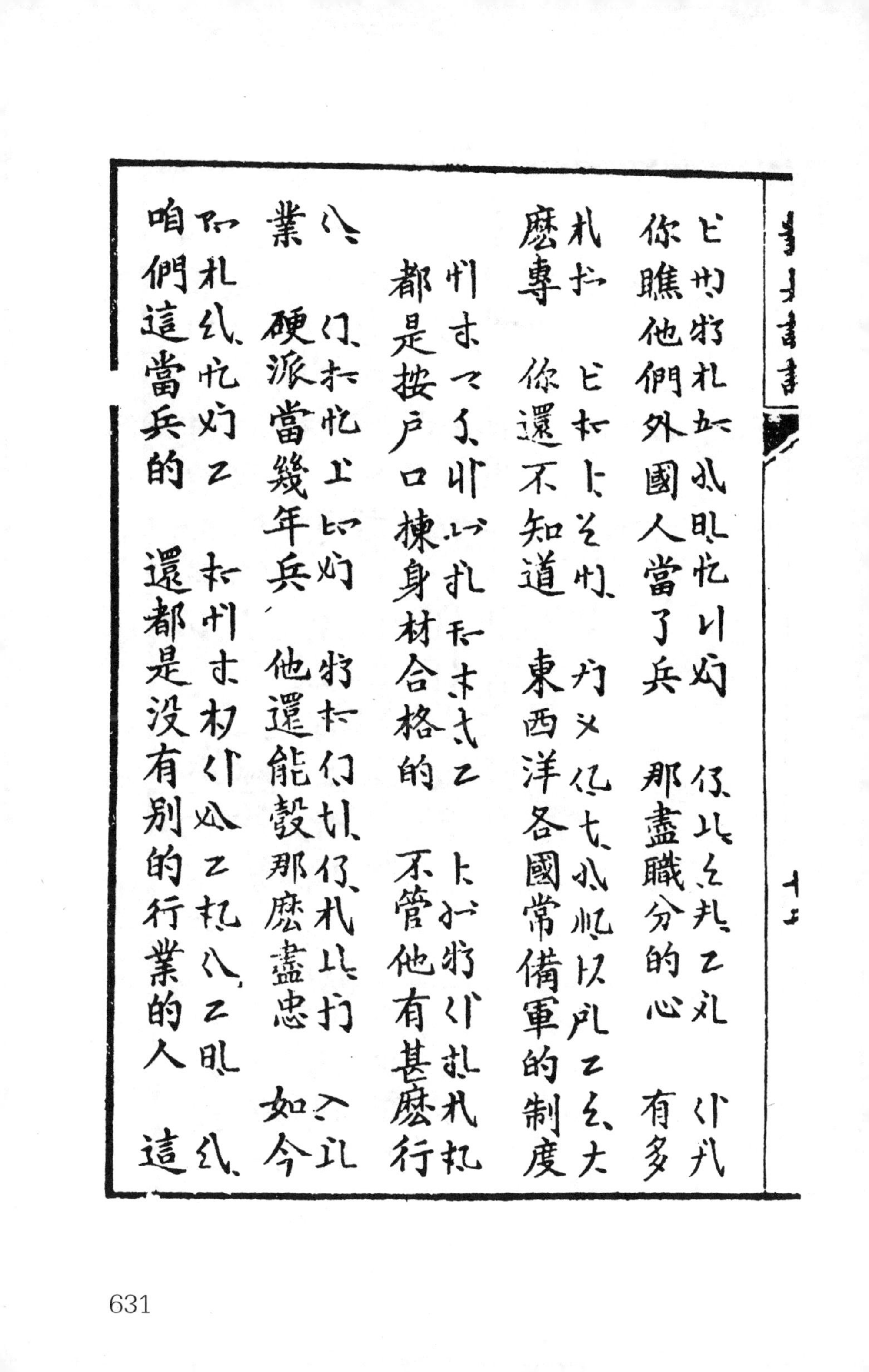

你瞧他們外國人當了兵　那盡職分的心　有多

麼專　你還不知道　東西洋各國常備軍的制度

都是按戶口揀身材合格的　不管他有甚麼行

業　硬派當幾年兵　他還能彀那麼盡忠　如今

咱們這當兵的　還都是沒有別的行業的人　這

卝、纟扎、切、寸、忆即乙乚　幻、片切、上ヒ　△、刂扚刂

盡職分更是當然的了　正經幹幾年　立了功勞

杓ぐ𠯁△乙寸　下、上△纟卄扛、　扛凪代刂刂

沒有丟臉的事　自己理直氣壯　旁人也都瞧

扎氵乚扒　ㄗ、寸扛、禾ㄑ亻く、奴ヒ

著尊貴　在世上纔真有意味呢

第三章當兵的受勞苦

我們一國的人　既倚仗著兵　這當兵的就該吃喝玩樂　比別人多受用纔是　怎麼天天勞苦吃的穿的住的都不很講究　這是個甚麼理　你要知道　人這身子越練越結實　越嬌慣越軟弱

臨時出兵打仗　不定出去多遠　不擇地勢
不拘時候　說住就住　說走就走　若是平常日
子舒服慣了　臨時的辛苦　受不下去　怎能彀
一心想主意打勝仗　你若說既是該平常練習勞
苦　怎麼作大帥的　騎大馬　住大房子　有人

伺候　你要知道　人這心裏勞苦　比身子勞苦

還難呢　差使越大　事情越多　那大帥調度全

軍的事務　今天豫備明天的　今年豫備明年的

緊的慢的　近的遠的　天文地理　物力人情

上上下下　前前後後　多少的坷兒坎兒　都在

悵扎ㄑㄑㄚㄏ趴札公扣尒· ㄑㄚㄏ尒们勺札 悵ㄏ

大帥一個人心裏盤算 一時也不能鬆心 大帥

勺公私札ㄑㄚㄏ 札丐私ㄏㄚ上乙ㄍ扣ㄦ九ㄑㄩ ㄅ

調理這些個人 像養活自己的小孩兒一樣 你

札扣丁忙扎忙忙了七乙寸찮 ㄍ扱悵ㄏ扎ㄏ 只怕大帥還在大

們躺在炕上打大唔嚕的時候

扎ㄚ公 扎扎ㄑㄑ竹 扎打扐卄卩札朷七ㄏ尒

房子裏 守著一盞燈 唉聲歎氣攅眉毛呢 若

尒奵扎朷 悵ㄌ卅们扎 悵ㄏㄌ们ㄅ扎ㄑㄨㄐ

再往上說 到了朝廷上 那事情比大帥更多多

了

起早睡晚　並不是吃穿享福　你要知道勞心的難處　就知道我們受勞苦是本分　你看唱戲的作出諸葛亮來　外面子上有多麼逍遙自在　到了五丈原　他歲數並不大　就累心累的吐血死了　況且如今無論大帥官長　他身子的勞

丁《卜扌
苦也不少

末犭乀 式扎灼𠃌 乙丨丨
何況我們兵丁的勞苦

怀忄 扌 寸 乂
大帥還是心

犭 式扎匕
疼我們呢

第四章兵丁要遵守官長的命令

在世上作個人　都得受管束　兒女受爹媽的管束　百姓受官的管束　官受皇上的管束　皇上受老天爺的道理的管束　無論是誰　若是不聽管束　由著自己的性兒　沒有不壞事的　這當

凡軍人的受官長的約束更是要緊因爲這幾千幾萬的人聯在一塊兒總得像一個人似的遇見敵人纔有制伏他的大力量大家都不吃虧比如一個人的腦子有眼睛耳朵給他查探外面的情形他隨時出主意使喚渾身胳膊腿

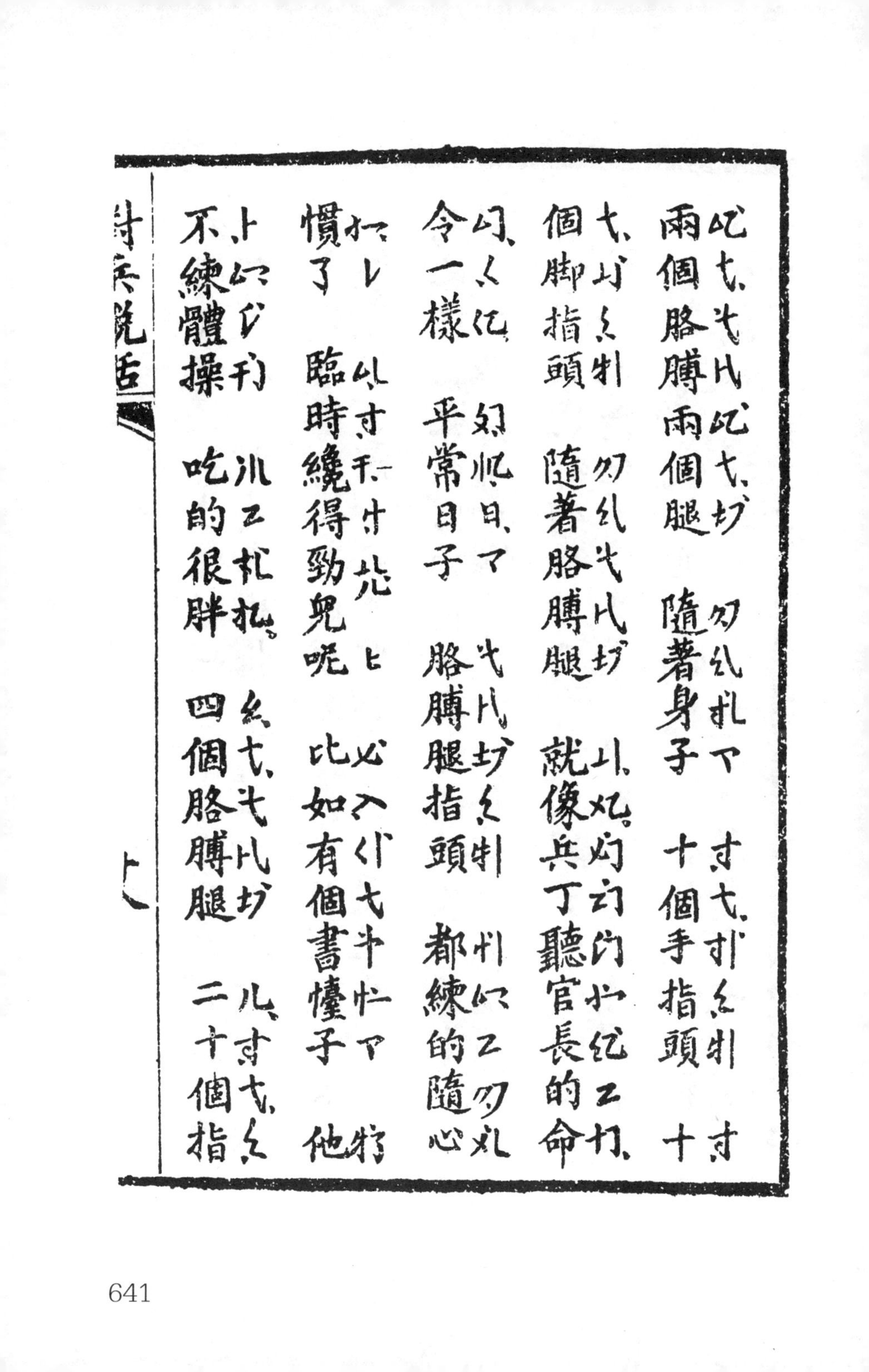

兩個胳膊兩個腿　隨著身子　十個手指頭　十個脚指頭　隨著胳膊腿　就像兵丁聽官長的命令一樣　平常日子　胳膊腿指頭　都練的隨心慣了　臨時纔得勁兒呢　比如有個書懞子　他不練體操　吃的很胖　四個胳膊腿　二十個指

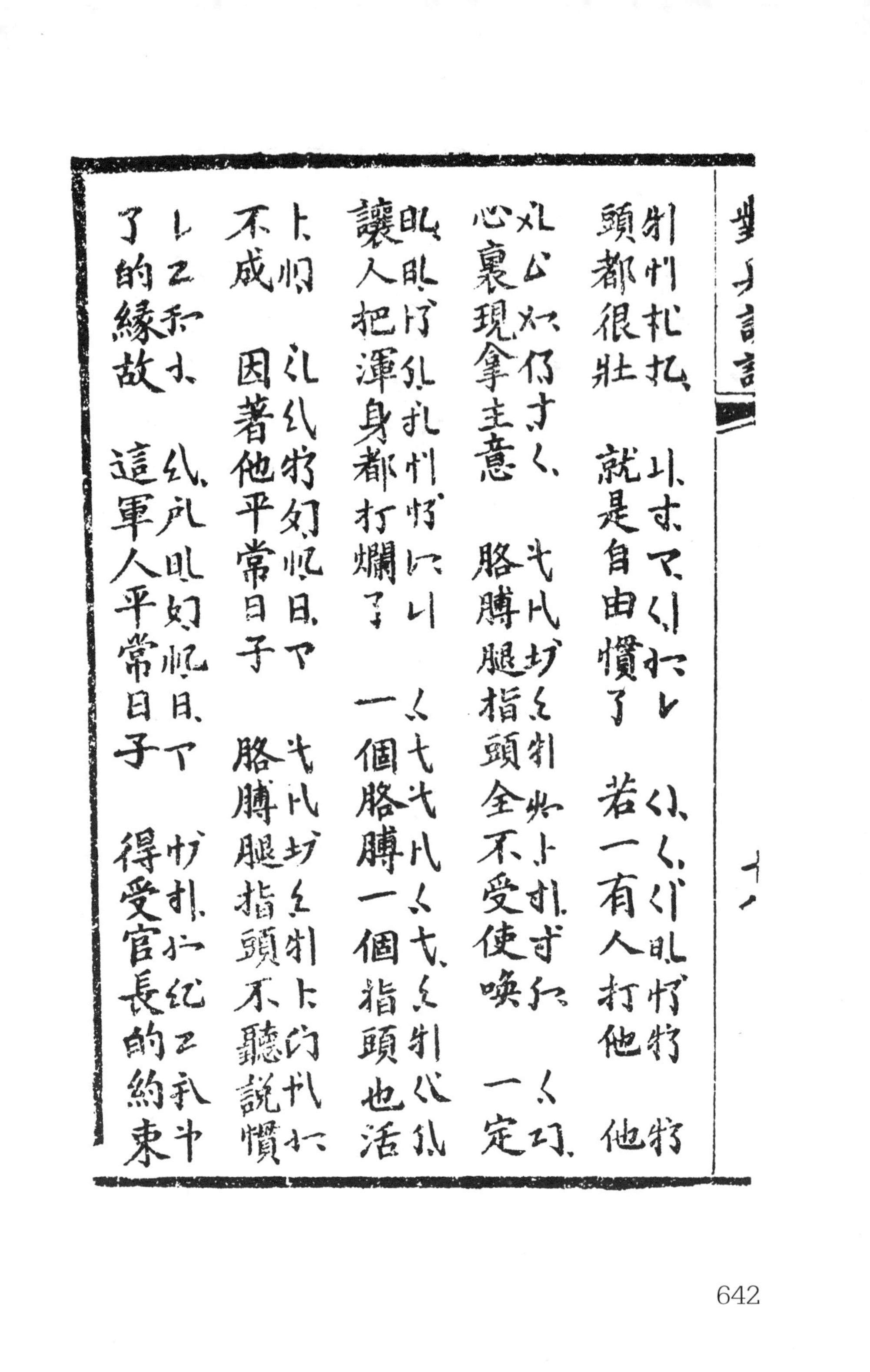

頭都很壯　就是自由慣了　若一有人打他　他
心裏現拿主意　胳膊腿指頭全不受使喚　一定
讓人把渾身都打爛了　一個胳膊一個指頭也活
不成　因著他平常日子　胳膊腿指頭不聽說慣
了的緣故　這軍人平常日子　得受官長的約束

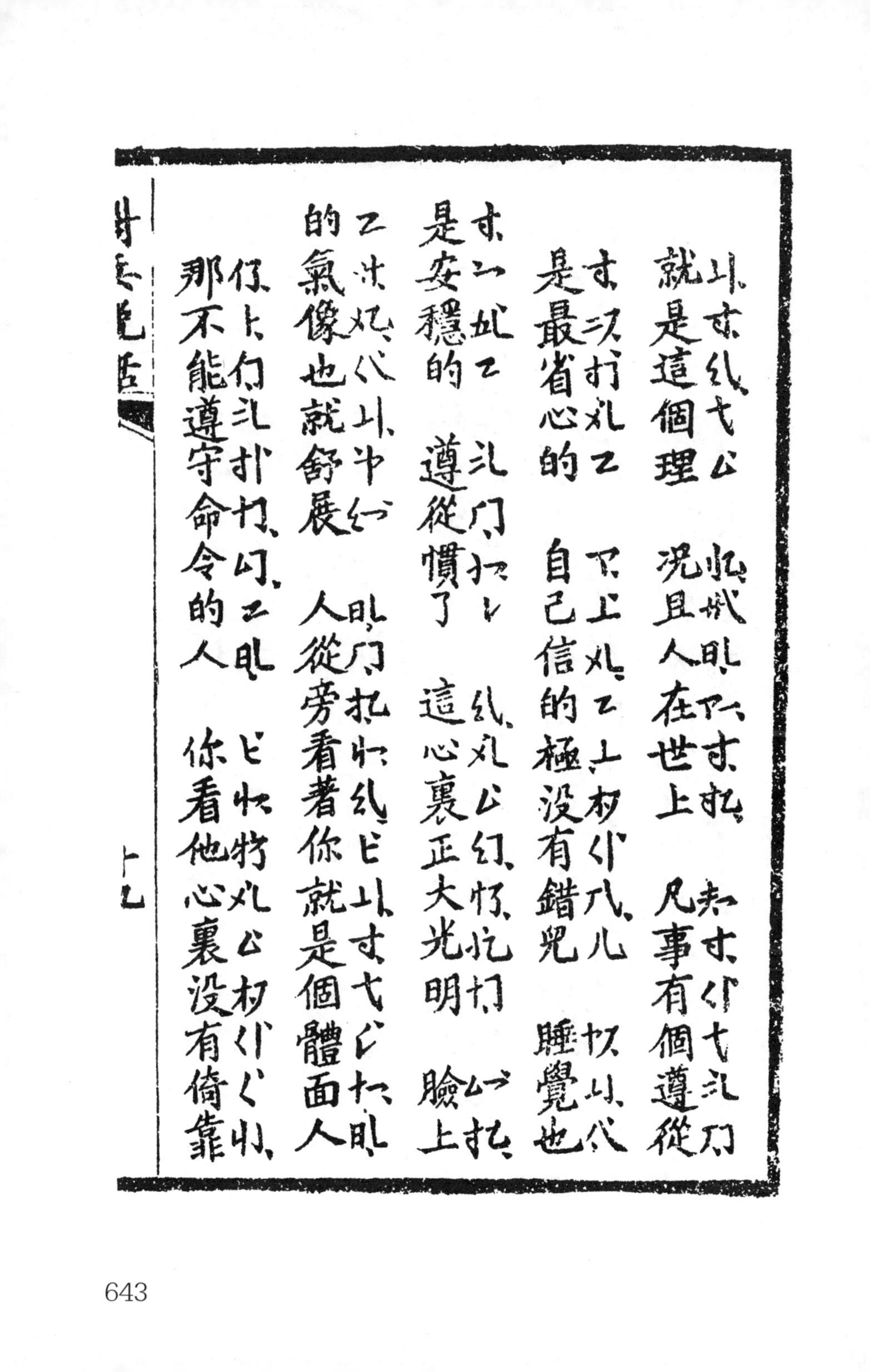

就是這個理　況且人在世上　凡事有個遵從
是最省心的　自己信的極沒有錯兒　睡覺也
是安穩的　遵從慣了　這心裏正大光明　臉上
的氣像也就舒展　人從旁看著你就是個體面人
那不能遵守命令的人　你看他心裏沒有倚靠

兒不由的臉上就毛毛咕咕的　總而言之　人
在世上　一動一靜　都有個本分　先得處處守
本分　纔能彀生發呢　你看那西洋德國的兵有
多麽揚氣　前年我在京城　有一天看見兩個德
國兵在街上玩笑　他的官長走來看見了　上去

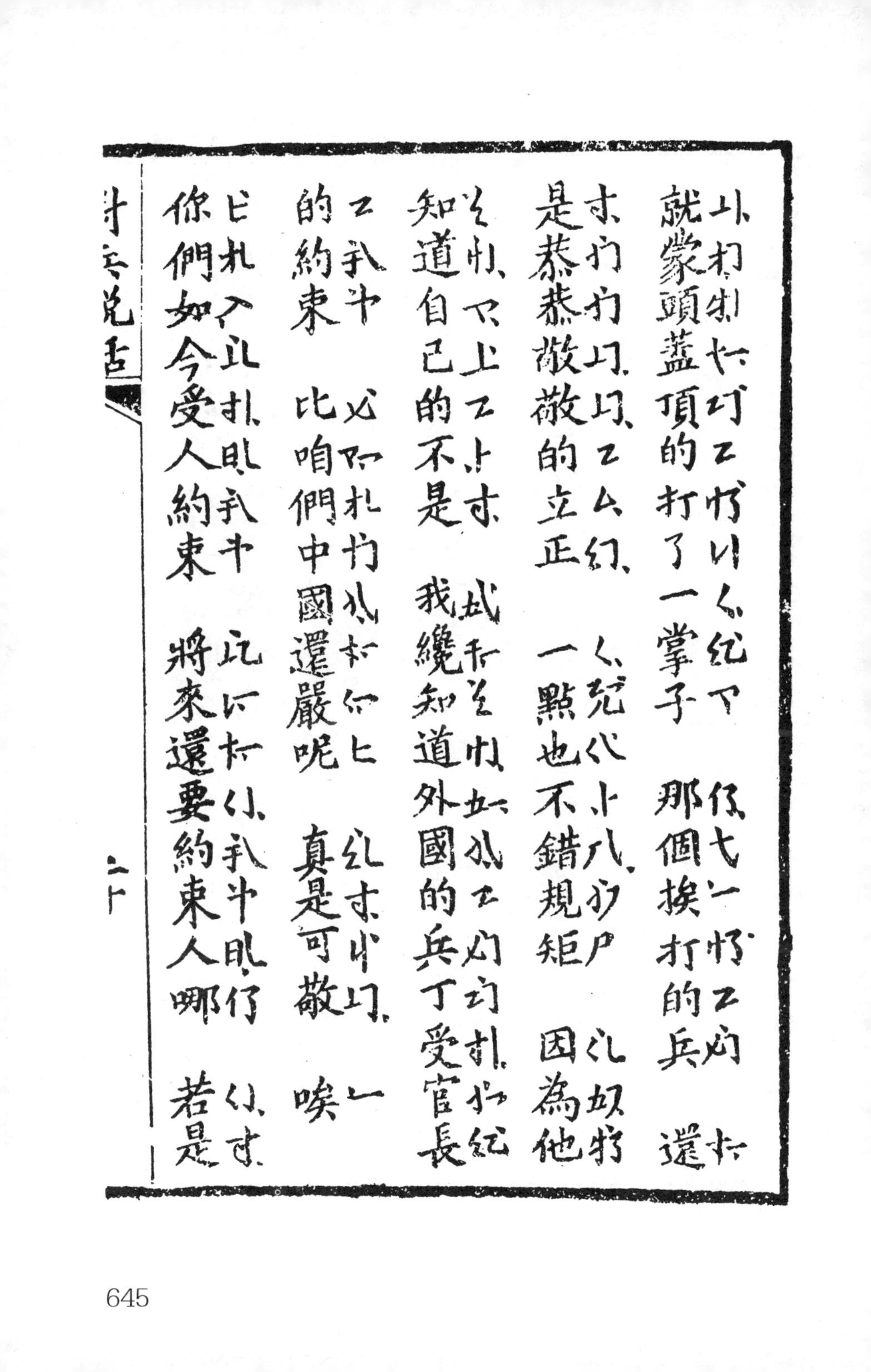

就蒙頭蓋頂的打了一掌子　那個挨打的兵　還

是恭恭敬敬的立正　一點也不錯規矩　因為他

知道自己的不是　我纔知道外國的兵丁受官長

的約束　比咱們中國還嚴呢　真是可敬　唉

你們如今受人約束　將來還要約束人哪　若是

瞧輕了命令

就是輕看自己呀

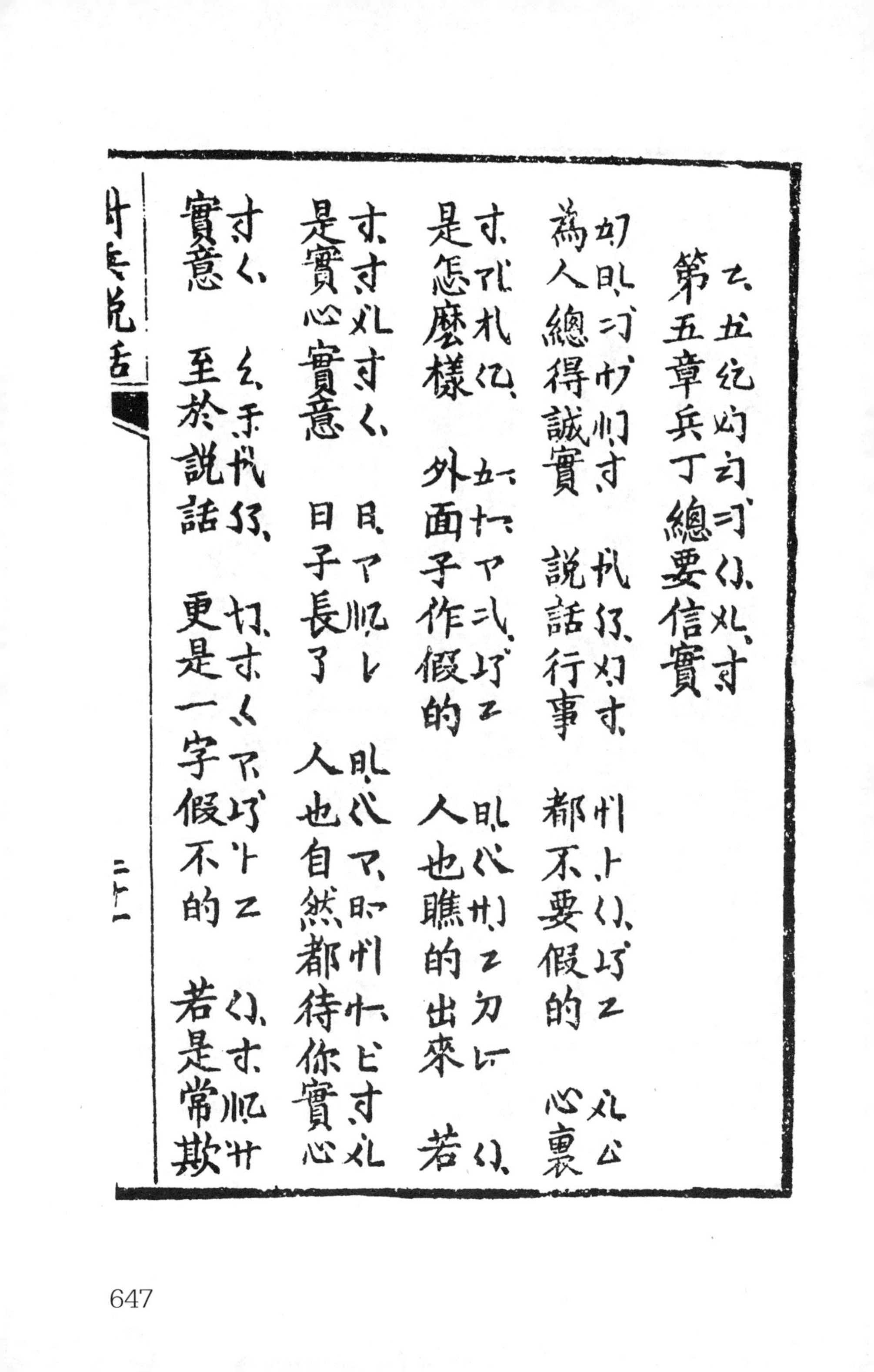

第五章兵丁總要信實

為人總得誠實 說話行事 都不要假的 心裏是怎麼樣 外面子作假的 人也瞧的出來 若是實心實意 日子長了 人也自然都待你實心實意 至於說話 更是一字假不的 若是常欺

哄人　你外面雖然作個英雄樣子　內裏虧心
自己知道　不由的一天比一天氣就弱了　所以
是英雄豪傑　沒有對人不信實的　你一時說句
假話　覺著不要緊　那知道這心就慣壞了　當
軍人的前程遠大　更得養成直正的心　一絲一

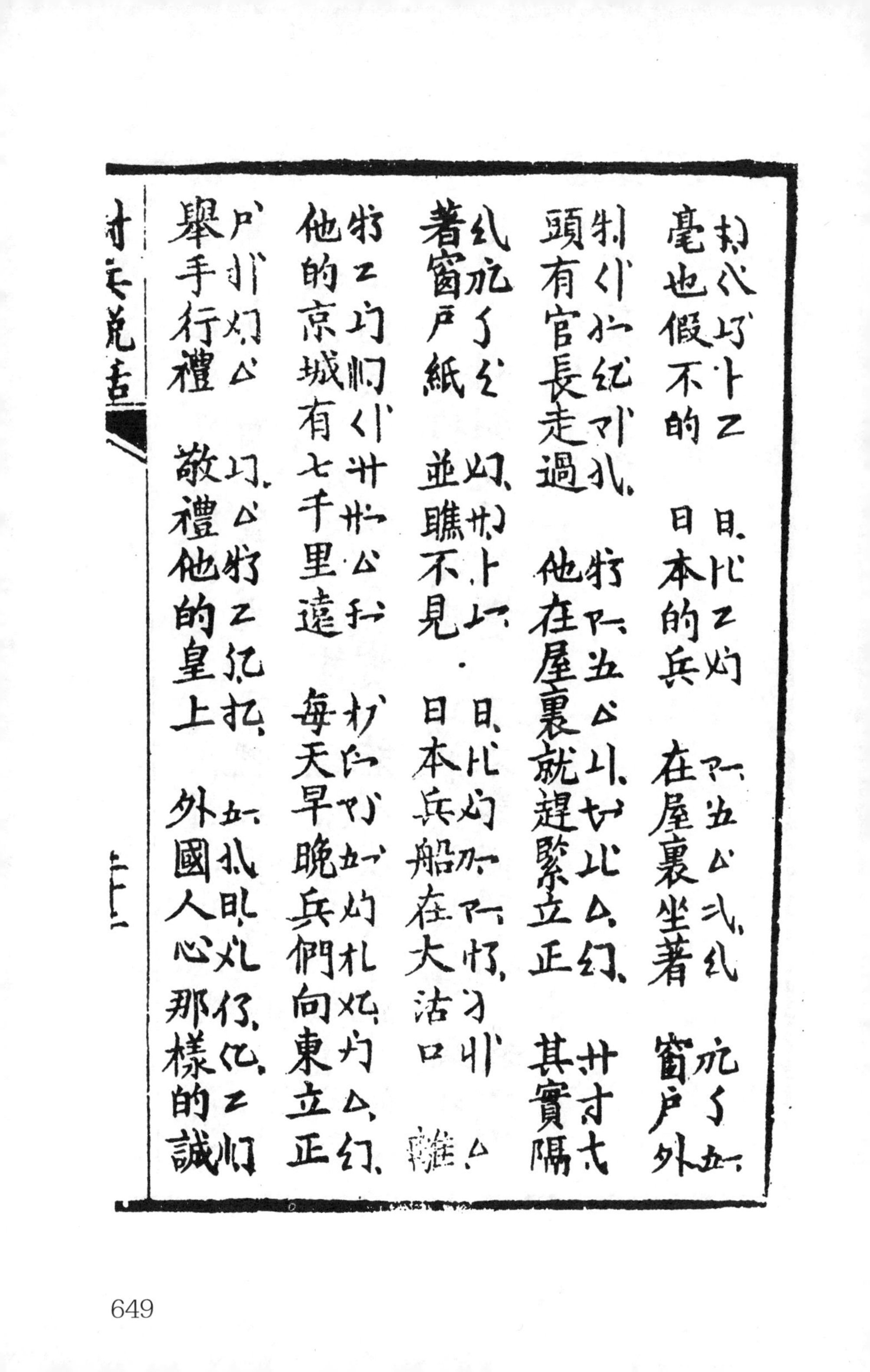

毫也假不的　日本的兵　在屋裏坐著　窗戶外頭有官長走過　他在屋裏就趕緊立正　其實隔著窗戶紙　並瞧不見　日本兵船在大沽口　離他的京城有七千里遠　每天早晚兵們向東立正舉手行禮　敬禮他的皇上　外國人心那樣的誠

寸　□□此札幻上玛打比　此札竹打眼札幻、眼广、

實　怎麼會不發生呢　我們孔聖人說過　人在

寸扎幻　□幻幻幻顺寸　幻上顺寸　川寸打打

世上活著　全仗著誠實　若不誠實　就是偷生

幻　□打幻幻上幻寸　川上卟七打幻　此札凡

鬼兒　對朋友不信實　就不觳個朋友　我們軍

眼□□幻川下打、

人千萬要自重。

第六章兵丁要儉省

人這花錢的事　無盡無休　花慣了　沒有知足

的時候　其實就是吃的穿的　是要緊的事　下

餘別的　多花錢於身子還沒益處　當兵的總要

儉省　將來高陞了　一步比一步寬綽　纔有意

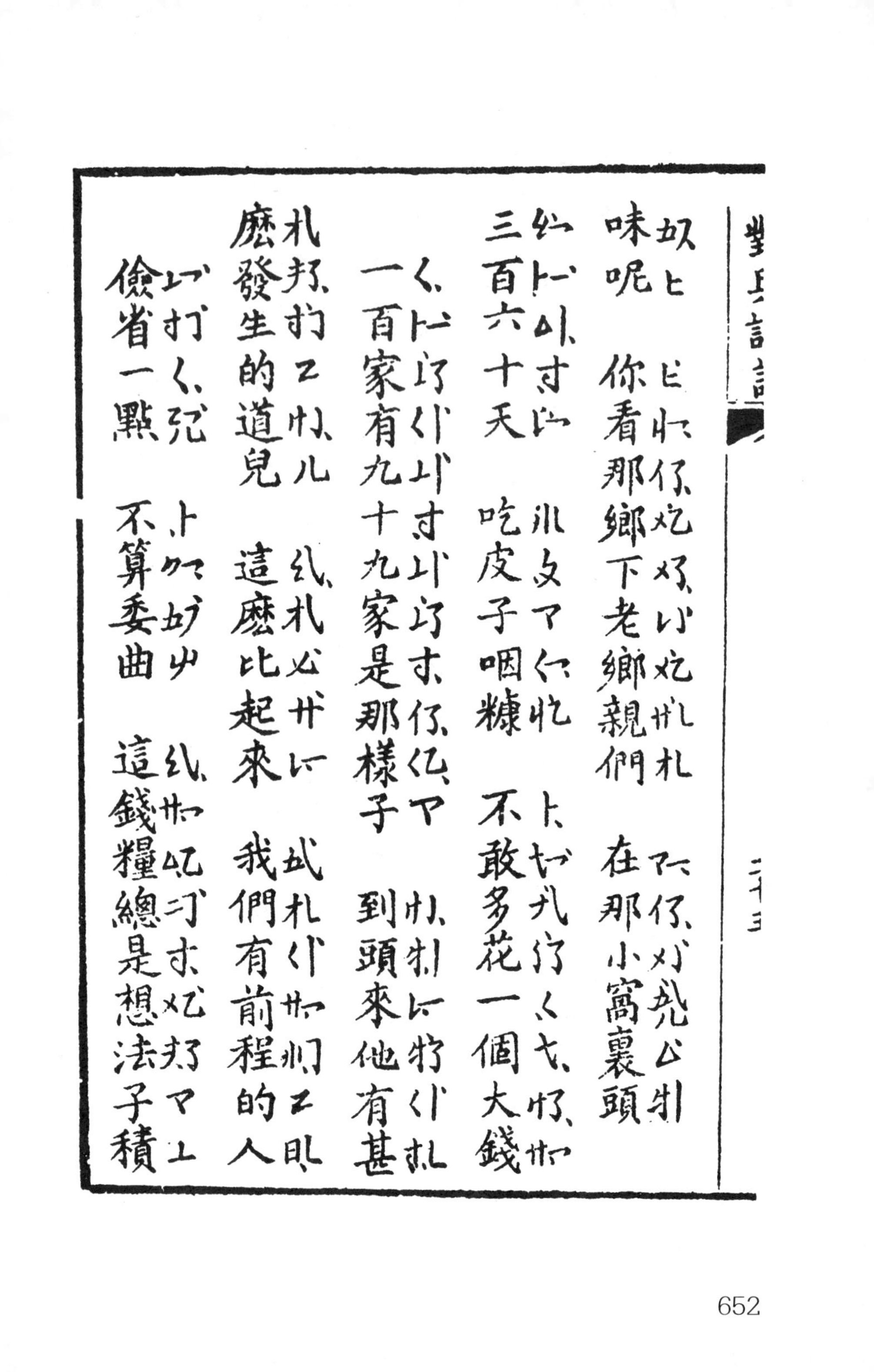

味呢　你看那鄉下老鄉親們　在那小窩裏頭
三百六十天　吃皮子咽糠　不敢多花一個大錢
一百家有九十九家是那樣子　到頭來他有甚
麽發生的道兒　這麽比起來　我們有前程的人
儉省一點　不算委曲　這錢糧總是想法子積

儹幾個兒纔好　大家夥伴兒　要彼此相勸　不

要到錢不彀用的時候兒後悔　無論甚麽人　這

儉省最是長遠的道兒

漢字不能與說話逼肖　故此書中　以還字註ホ一　以都字註ㅐ　以了字註ㅣ　或り或ろ　凡此之類　皆白話自然之音　漢字不能吻合

拼漢合璧五洲歌略

北京二十四号官話字母义塾头班拼譯
張濂溪校訂

內容說明

這是一本教材，署『北京二十四號官話字母義塾頭班拼譯，張濂溪校訂』，主編者是該號義塾教習恩來，張濂溪為官話字母第二號義塾創辦人。這本教材即王照官話字母的推行本或者運用本。數目字分華碼（漢字）、舊碼（蘇州碼子）、洋碼（阿拉伯字）和新碼（自造）四體，四體中可以隨便用哪一種。

五引弋叹
五洲歌略
乙、扐扎弋
地非方體
切卅忆打
高其當中
乙仁处幺
地面文質

京兆上ㄣドㄏ儿、才幺、扎、判卜ㄱ乱く、
二十四號之頭班稍譯

尸刈卄灯
橘柚其形
乙、公幺上ㄱ
地學之家
扎文二ㄨ上ㄱ
剖析最精

厶乙上、刂卜ㄱ
兩極稍卑
亿く卅打
因以球名
未幺乙、十ㄱ
欲知地面

土乂乙乂𠃊川刁
圖象先星
村乂丆扎加
橫綫曰緯
大卞乂乙村
度數詳明
卌弋打工刁
球體中經

大卌ㄑ乂丆
度球以綫
夂乂丆扎工刁
直綫曰經
ㄑ厶上大
以里計度
川卌日卜乂刁
赤道繞行

儿仃刁村
界畫縱橫
幺丆卜以寸
三百六十
儿卜寸川刁
二百餘程
扎加大钱
測緯度者

水仆寸灯
赤道是憑
水仆仁卜
赤道南北
引扌加打
畫短為冬
扌水如仅
短長圈內

弋丬寸大
各九十度
扌水如灯
短長圈稱
卜水仁扌
北長南短
秋书式打
酷暑多風

〇上扎刈
兩極分平
仆水加灯
晝長為夏
上如大〇
廿三度零
寸我昢忙
是日熱帶

灯奴妒灯
冬夏微同
求扒扟忄
是曰温帶
彳扌以灯
有海皆冰
扒均大代
測經度者

扚汎灿如
短長圜外
如汎上打
外則極終
求扒扣忄
是曰寒帶
打灯求封
中綫是憑

卄扑丰入
氣候和融
仂卜八上
南北二極
如五上打
萬物不生
打灯五封
中綫無定

七、才乙、匀
各視帝京
力卜阝才
東百八十
く五ㄩㄋ
亦無減增

力匀乂匀
東經西經
才扎力匀
是曰東經
ㄩ扌ㄩ乙
漸遠漸狹

打乂乂力
中綫西東
乂匀大卜
西經度數
乙、上儿火
至極而窮

く扎、ㄇ乩、乙、川ㄩ、乂
以上總論地球界綫

圢丄厶㭍
統計地球
仏扎七川
三分陸程
乂扎㸃乂
西日大西
七切ぐ灯
各名以冰

ヤブ七㇉入冂
水陸交縈
ヤブ扎丸く乙
水分五洋
くㄴ大尸扌ㄅ
印度居中
仅乙丄乞卞
内地江河

ヤブ尸卄卄
水居其七
扌ㄅ扎牜刘
東日太平
ム乙丄牜く乙
兩極大洋
乂卞仫扌ㄅ
悉數難終

七、乙、五钊
陸地五洲
入扠八、灯
如肺葉形
𠂇卜ㄱ州仸
東半球內
乎扌ㄱ汉钊
幅員最宏

日小、卜ア工扌丁
繞北極生
卜ㄱ扎州ㄊ
半分球體
幺ソ钊川丁灯
三洲稱雄
〈了钊乂卜ア
亞洲西北

㐅厶、乂了、刀ㄱ
披離下垂
扌ㄱ加ㄱ乂𠂇ㄱ
剖為西東
扎〈了乂〈了
日亞西亞
丨七ㄟ卜ㄱ川丁
歐羅巴稱

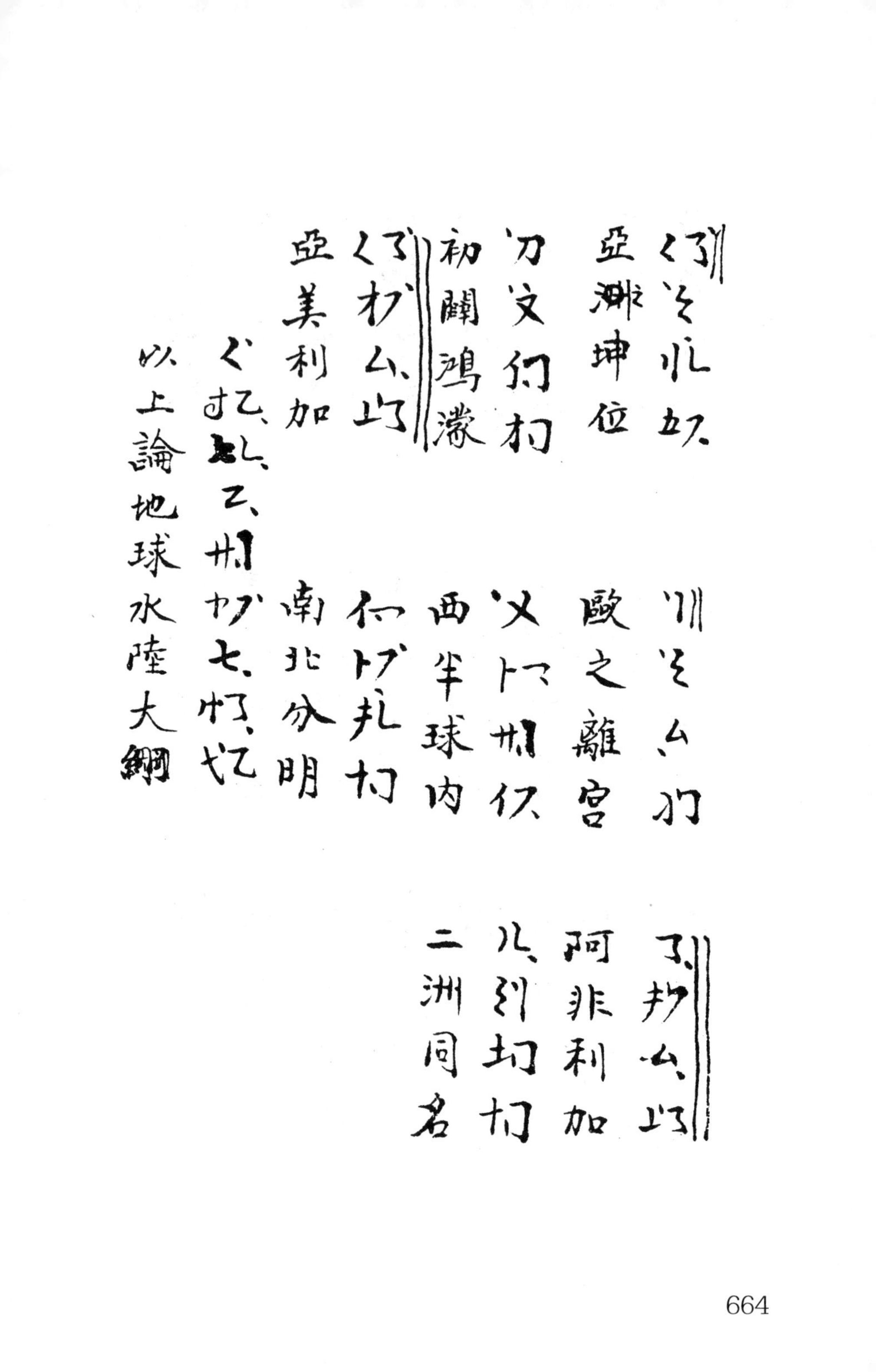

[illegible]
亞洲坤位
[illegible]文[illegible]
初闢鴻濛
[illegible]
亞美利加

[illegible]
歐之離宮
[illegible]
西半球內
[illegible]
南北分明

[illegible]
以上論地球水陸大綱

[illegible]
阿非利加
[illegible]
二洲同名

五纠工、乂、
五洲既悉
干、乙、㐅们
次第可聽
乂八、仴卜、
西括回部
杓朩く力丁
黑海以東

丷乢、朳扌丁
再論國封
仴纠幺、工丁、
亞洲四境
丨纠弋二丁、
歐洲接蹤
卜乙灯扌二
北抵冰海

寸、炇圪禾、
逐詳疆域
力乢仵、刘丁
東盡太平
仁乢仏、亿
南盡印洋
犭扎、五灯
廣莫無窮

亞洲東境　都建燕京
西包西藏　西藏界英

中國是宗　南盡閩廣
北盡滿蒙　高麗琉球

分省廿一　東接滄溟
滿蒙鄰俄　昔皆藩封

又以丫、厶、
一則自立
丫、打扒打
在中國東
阝寸五扒
八十五國
刀人丁打
蝦夷故封

又如日、豹
一為日爭
打弋朽公
中隔海里
北土弌、叮
本土作京
仁八、以卅‖
南[illegible]琉球

日、比‖厶忄
日本四島
北幺寸切
僅四十更
以豹幺扒
九州四國
帆州八、豹
群島錯綜

琉球西南
我讓行成
暹羅緬甸
緬則隸英

島亦日幷
濱南海者
舊貢於中
馬來隅者

是日台灣
越南稍東
越今歸法
居暹坤宮

朽にさ化	馬來之南
才、扒、仆、刀、	市舶要衝
㐅儿犿代	廓爾喀者
扎ナㄑ扚	身毒遺封

礼坊扎扚	新嘉坡通
卜丷工ㄟさ㐅	緬甸之西
卜、マ丷廾扚	布在其東
朴、丘ㄑㄴ大、	號五印度

卜ㄟ八仃ヤ	半皆英屬
卜、七ㄐ们	布魯克稱
卜㐅さ仁	布廓之南
扎ㄑ、仃仃	受制英廷

くし、大乂
印度之西
了夫扌乛川丁
阿富汗稱
ニ丁扌丨、乂于、
總號西域
扎ㄠ寸、圢
波斯是通

乂七、ㄟ圢
俾路芝名
丁夫扌乛卜ブ
阿富江北
卜、廾弋乂丁
布碁羅星
扎ㄠぐ乂
波斯以西

乂七、ㄟ卜ブ
俾路芝北
亻丁刂、于刀丁
回教愈崇
乂七、ㄟ乂
俾路芝西
圡尺寸、川
突厥世承

亞歐分界
同祖所宗
西域更北
高加索名

西境所窮
名阿剌伯
盡屬俄封
屬島庫頁

突厥之南
亦在亞中
西伯利亞
直滿洲東

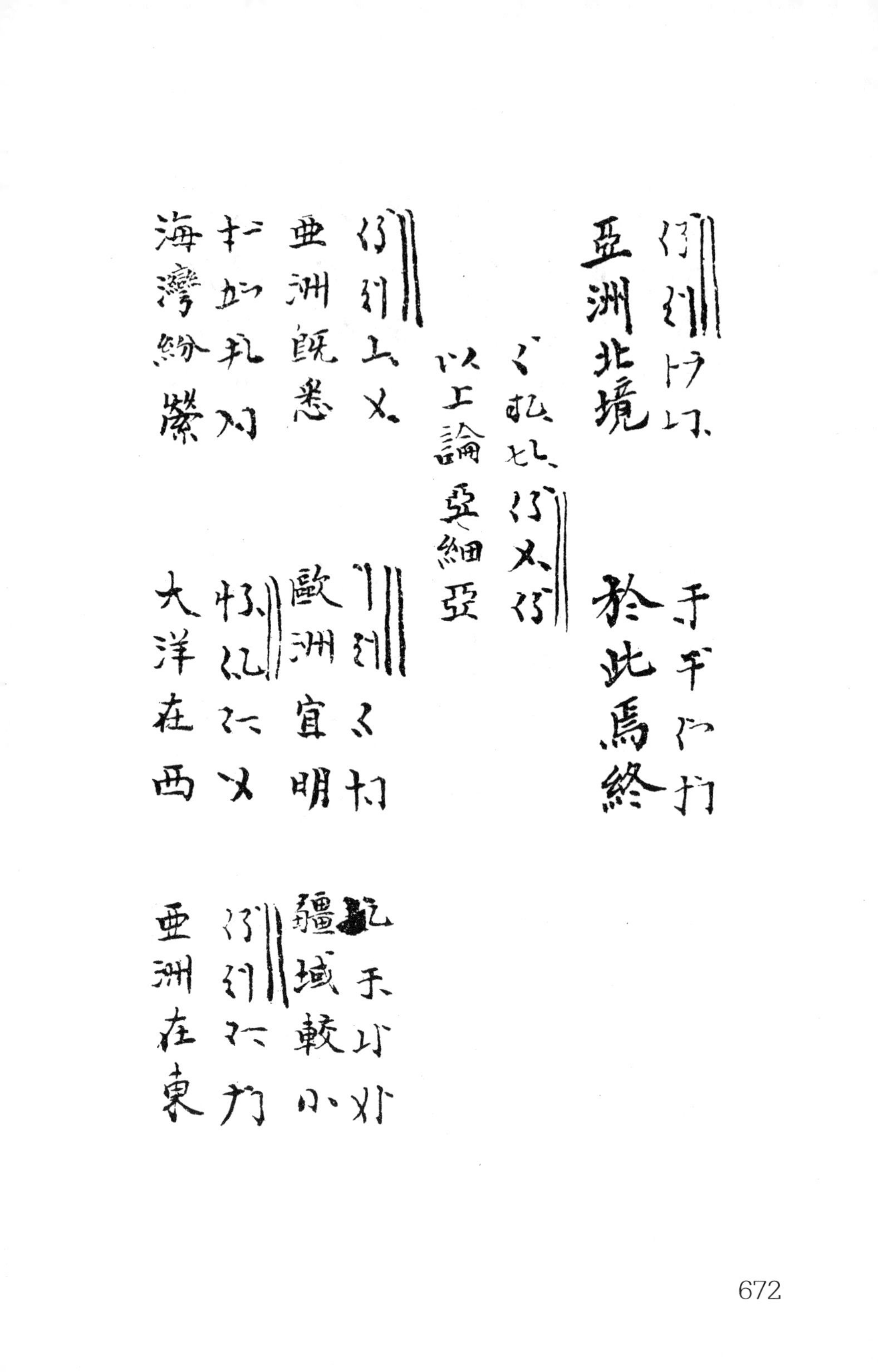

亞洲北境
於此焉終

以上論亞細亞

亞洲既悉
海灣紛縈

歐洲宜明
大洋在西

疆域較小
亞洲在東

乙门六仁
地中在南
丶打丸村
自號文明
厶怀约引
地跨三洲
未兲川时
是日俄京

行乙打州
北抵海冰
川引厅幻
歐洲東偏
㐅丄川打
都建歐東
乂丨灼怀扌二
西濱大海

怀札寸于
大國十餘
川七二幻
俄羅最雄
打火斗木
聖彼得堡
扎七之们
波羅的稱

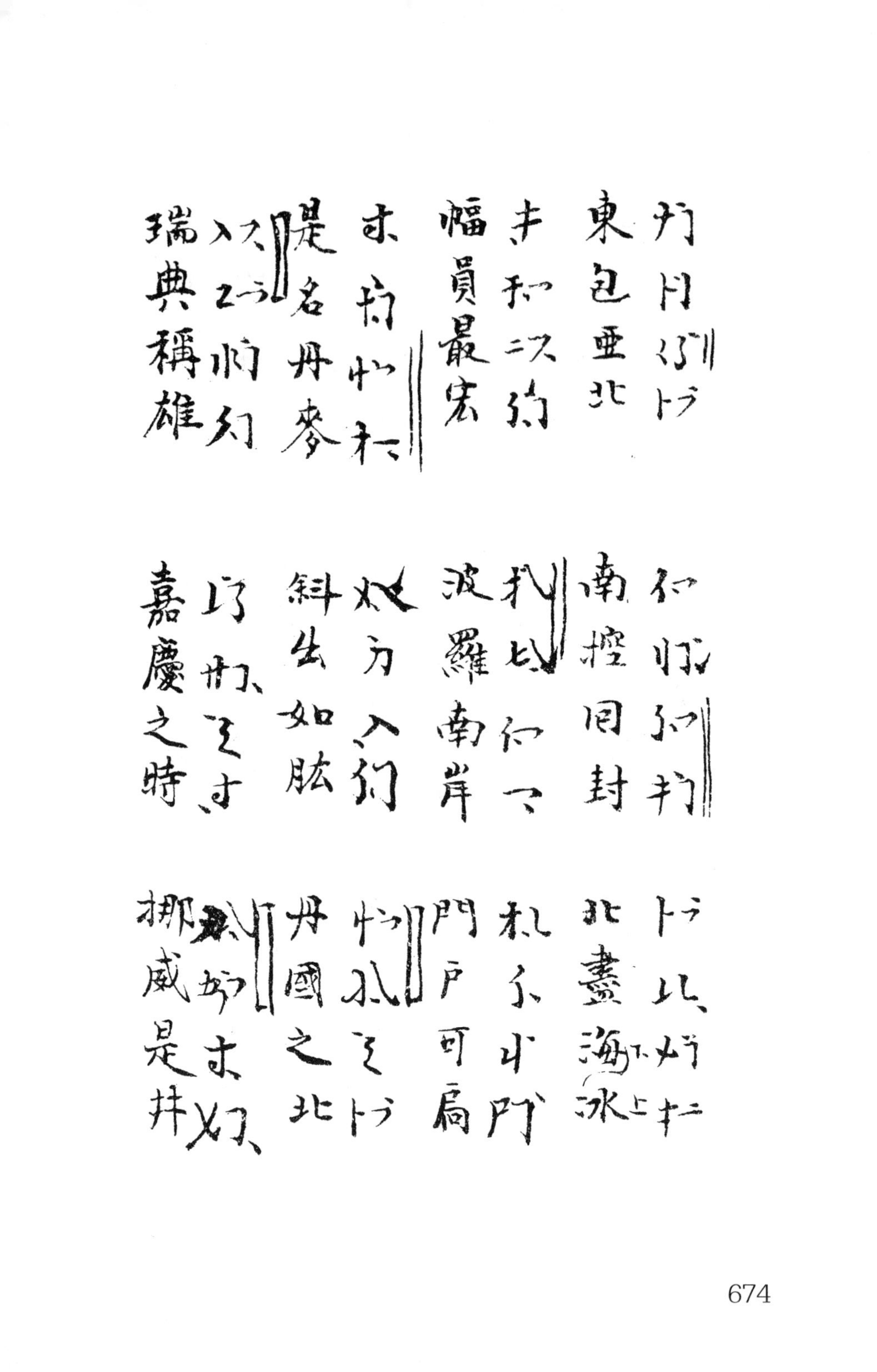

[illegible]
東包亞北
[illegible]
幅員最宏
[illegible]
是名丹麥
[illegible]
瑞典稱雄

[illegible]
南控同封
[illegible]
波羅南岸
[illegible]
斜出如肱
[illegible]
嘉慶之時

[illegible]
北畫海冰
[illegible]
門戶可扃
[illegible]
丹國之北
[illegible]
挪威是井

圤扎乏仂
丹國之南
卜ㄴ卄北灯
本德舊名
上扌扨扎
既勝法國
卜ラ弘孔灯
北枕滄溟

凷く乄灯
德意志與
凵日卂朩
聯日耳曼
未打灯刃
合衆稱雄
扣乏ㄨ仂
荷之西南

朩弋幺弍
普魯斯者
于扨切灯
與法構兵
扣ㄨ扎仂
德西荷蘭
灯么寸灯
比利時稱

處北以北
比德鄰德
又江之方
西洋岸東
之亦入仁
義在瑞南
處北之方
斜亘地中

仁以挪方
南接法京
方以入求
東鄰瑞士
以於不凡
羅馬故城
川之之行
奥地利亞

挪威又名
法郎西者
之水以江
義國接蹤
入不於上
如股著屐
小亦入方
又在瑞東

西北鄰德
居奥巽宫
其東南境
希臘是通

東北俄封
都濱黑海
在西洲中
屬島草雷

土耳其者
孔士但丁
其西南境
亦在地中

乂仏乞丰
希臨洒海
幺于儿打
至此而終
丰制奴乂
葡萄更西
手于仁灯
於此焉窮

入肌紀灯
如人掌形
乂卜紀代
西班牙者
忄紀寸奴
大洋是憑
打孑瓜孑仆
法國正北

刂门仁工
歐東南境
尸扌爪羽
居法坤宫
刂乂仁工
歐西南境
幺仁忄汃打
三島最名

门口口夕丹弋
英蘭蘇葛
丫仆扌打
孤懸海中
汀上丿纤
總計歐洲
卅上乆仔
奇技異能

冫ㄣ扣们
埃爾蘭稱
丨纤仄叮丶
歐洲北境
凡打奻打
白種憑生
女丶文丶犬乙丶
外闢屬地

扎丶汀上厶
號英吉利
千兰奻打
於斯為終
卅阝乚仅丶
其人智慧
上女仃纫
發編八紘

く扎、忆乜丿乜仃

以上詳論歐羅巴

刂纠乏仁

歐洲之南

打以扎村

種類顯蒙

乙、忆川、川、

地當赤道

扌扎乙、打

海日地中

了、抄厶此

阿非利加

纵、厶、仁纠

瘴癘炎蒸

扌仁才𣎴

海南諸國

仁廾纠村

乃其洲名

乂尸乂仈

西距西洋

印洋在東
非洲北土
迸制於英
今闢新河

紅海在艮
諸國早興
蘇彝士土
兩海乃通

前接南滇
東北埃及
亞洲接蹤
埃及東南

ㄨ乂ㄋ、们
努比阿稱
〈扛、纟扎
以上三國
幺、扎丬打
四國可名
乇土匕幺
曰突尼斯

ㄋ、乂乂匕
阿比西尼
们扌亻打
紅海在東
ㄗ、ㄙ弋公
的黎波里
ㄨㄋ明、ㄗ、打
斜繞地中

ㄇ一、乂儿打
在努巽宫
一上ㄠ乂
埃及之西
乂丬ㄙ打
西有鄰封
亿扌乂扌
兩面濱海

ト丿刀ㄊ、灯
北出地形
了、儿上、儿
阿爾及耳
ㄖ七、弋们
摩洛哥横
ㄑ扛、幺、扎
以上四國

土匕、ㄑ、乂
突尼又西
扎、幺、扌丁灯
受制法廷
卜丿乂八扌
北西皆海
扌丁工、扌冂扌丁
砂磧前横

彳丿卜、寸、刀
回教是崇
了、儿切、乂
阿爾更西
彳丁扎朳、彳丁
回民帽紅
扌丁纟丁扌丁汅
名撒哈拉

尸釧釘打
居洲正中
小沙忄弋
有蘇丹國
又乂乂刁
努比接蹤
纨仅兰仁
塞內之南

打仁弋扎
沙南各國
忄夫个扌
達夫在東
沙忄兰乂
蘇丹之西
上仅仔扌
幾內亞名

了弋釧打
亦多回封
小小弋弋
又東哥多
纨仅忆们
塞內兩稱
上仅仔仁
幾內亞南

亻打↘们
有公額城
引仁以灯
洲南漸狹
灯[illegible]防们
星卑巴稱
不仁工北
再南地盡

亻扎乜以
以上各境
入刈化灯
如削筍形
乂尸乂亿
西距西洋
上扎仫们
岅朴隸英

引以们打
洲西洲中
卜以打
北接公額
仁以斗刁
南界河丁
村圮尺代
好望角者

仁廿从打
乃其别名
打卜代扎
東北索發
八乂仁打
皆濱南溟
札幺玄卜
莫三之比

巧式乙公
加佛勒里
汁肌仒勹
蘭人所營
卜幺乂牛
莫三鼻克
纪上阝打
桑給羅名

厶上札打
在峽朴東
巧代儿卜
加索二部
尸代也打
居索良宮
厶卜阝肘
再北亞然

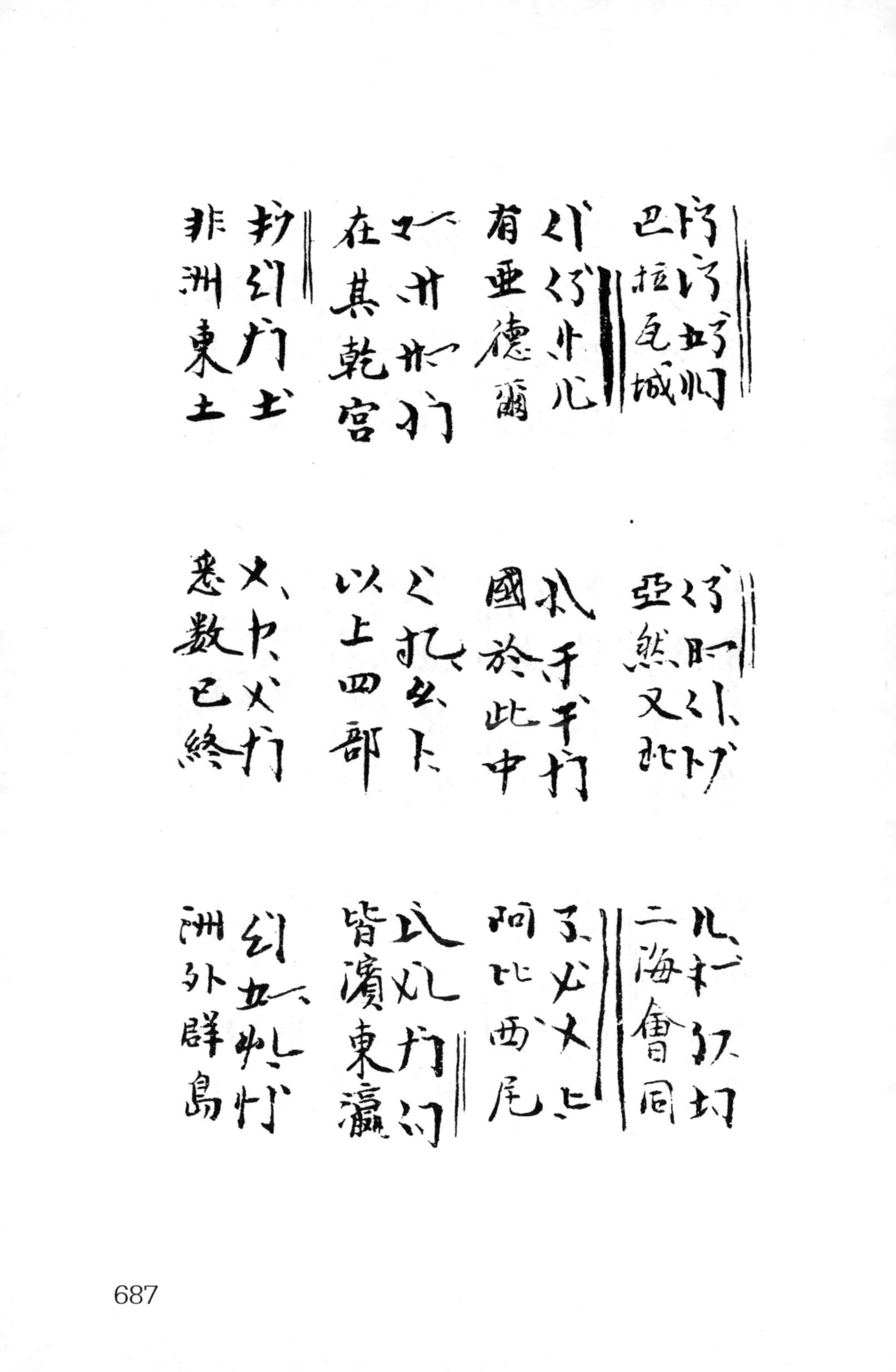

[illegible]
巴拉瓦城
[illegible]
有亞德爾
[illegible]
在其乾宫
[illegible]
非洲東土

[illegible]
亞然又北
[illegible]
國於此中
[illegible]
以上四部
[illegible]
悉數已終

[illegible]
二海會同
[illegible]
阿比西尼
[illegible]
皆濱東瀛
[illegible]
洲外群島

散如小星

居印洋者

哥麼羅稱

居西洋者

八在印洋

塞西桑蒙

毛里不爾

加拿高峰

六居西濱

馬達加斯

在馬達東

緣山頭島

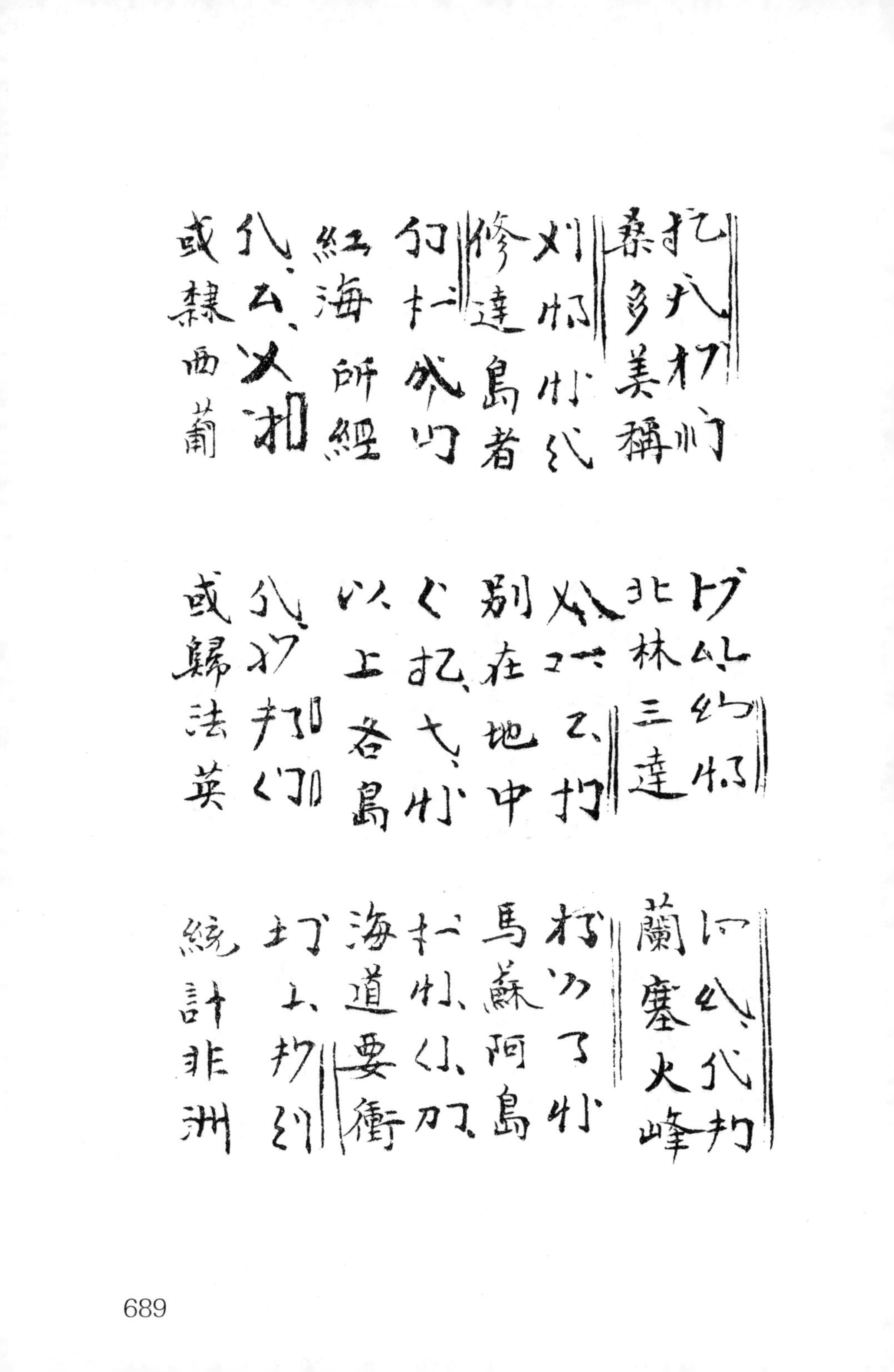

[illegible]
桑多美稱
[illegible]
修達島者
[illegible]
紅海所經
[illegible]
或隸西蘭

[illegible]
北林三達
[illegible]
別在地中
[illegible]
以上各島
[illegible]
或歸法英

[illegible]
蘭塞火峰
[illegible]
馬蘇阿島
[illegible]
海道要衝
[illegible]
統計非洲

幺卅加门
四千萬程
纟丷纟丷口丷上卜
戰三年久

抄仿牙叽
非南特人
二木于门
卒和於英

乂扌乙乂乙七乙了抄幺匹
以工詳論阿非利加

门卜卅卜
東半球背
了打幺扫
亞美利名

北于门门
近與英爭
卜幺幺纟
不連三洲

入打手幻
如飛魚行
八刹扎八、
二洲分界
扒仁卜打
日南北中
仁卜〻上
南北至極、

十、紋卅
獨嵩球
打们入扣
中腰如蜂
打尺们、以
東距大西
乜、尺、卄、哟
各距海冰

仁、吵く艸
南北異稱
く扎、仏卜、
亦號三部
乂尺扌刁
西距太平
成扒扎、上
我國民極

マ千州打
在此球中
ガ刹ガ寸
美洲北士
丗如以抑
區為九封
山仍ヘ仆
加拿之南

太ぐガ弐
陽亜美者
トカ于仍
半歸於英
力トガ州
東北屬丹
卞打州们
合衆稱雄

ゟ扎ヌ幻
峽日卑令
扎山佩竹
日加拿大
斗以に州
克林蘭稱
扎ガム山
號美利堅

扎寸二ス扪
民主最公
扎乂弋代
墨西哥者
乙、川ㇷ二ス扚
礦産最豐
圢扎以卜、
統分六部

仏寸卟卜、
三十八部
尸扌儿扪
居美坤宫
卜ブ扌纟仏
北美洲南
く卜ム、仃
一部隸英

仏卜ブ乂扚
南北西中
扎九寸卜、
分五十部
扌ブ纟凹
中美洲稱
九乂扎寸
五皆民主

工八代打
境多火峰
打八マ、寸
中多自主
仁到卌们
南洲乾宫
丷衤了ス二仁
厄底在南

打才力仁
中美東南
仁才圵圢
南美統名
卜尸乂亿
北距西洋
刁汉ス二打
委内在東

寸手爪打
十餘國封
火卬伃代
新嘉拉者
乂尸牛二刘
西距太平
ス二力行了
再東瓜阿

厶打相們
隸法荷英
以仍乀打
西連尼亞
刁阿非打
在巴坤宮
八公之地
玻里之前

打了之仍
瓜阿之南
十七八门
秘魯接蹤
八公力仍
玻里東南
门阿尸打
拉巴居中

阿以汉打
巴西最名
十仍八公
秘南玻里
阿阿加們
巴拉圭稱
丑阿打代
烏拉乖者

丫汀阝门
在拉巴東
汀阝丫们
拉巴在南
灯八寸叮
冰雪時凝
么卅以卞
四千六百

门乂乙厶
拉西智利
阝州们打
巴他拿名
打大八引
統計二洲
以寸加汌
六十萬程

打仫切扚
中隔高峯
们圩北工
南境逕極
丈マ州打
闢自前明
丈比八五
土人而外

自種平生

以上詳論南北阿美利加

五洋群島

差可詳明

更僕難終

印洋最北

其稍著者

錫蘭蘇英

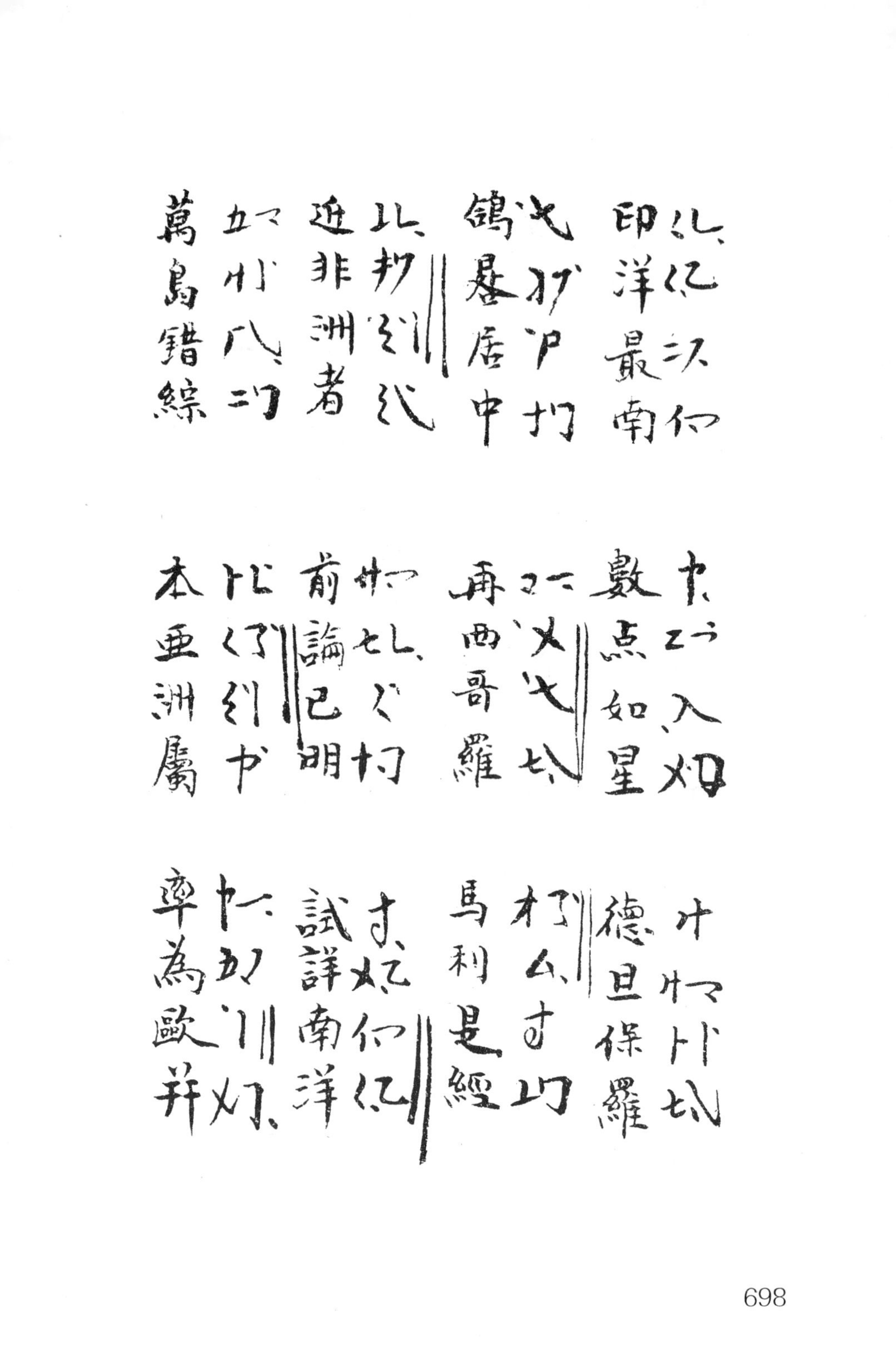

印洋最南
鎢基居中
近非洲者
萬島錯綜

數点如星
再西哥羅
前論已明
本亞洲屬

德旦保羅
馬利是經
試詳南洋
卒為歐并

ツ扎灯汇
蘇門檳榔
乂ハヤ门
一則屬英
木尸忄卜マ
荷據大半
才日扎门
葡人分營

工乚乙力
接印洋東
ツ扎乀仍
蘇門之南
千ヤ仍扚
餘屬冋封
弋也彳弋
婆羅洲者

乂ハヤ木
一則屬荷
犸妈汉扚
爪哇最名
卅力刈刂
其東小島
尸犸比刀
居爪良宮

荷英分轄
又居婆東
或隸土酋
羅亞文丁

士曾居中
港汊屈曲
或隸荷廷
武羅西蘭

西里伯者
如股臂形
再東五島
摩鹿加名

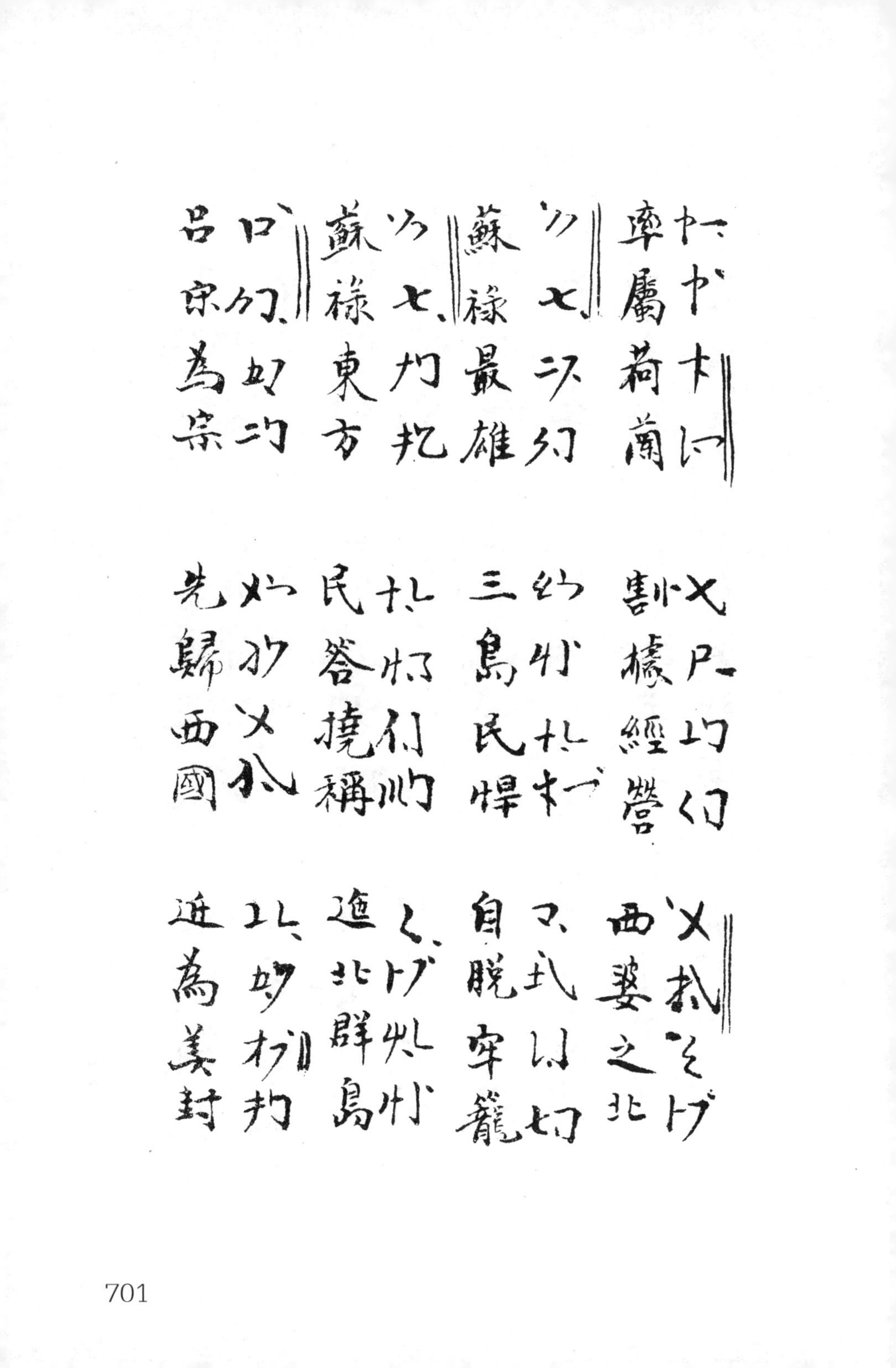

率屬荷蘭
蘇祿最雄
蘇祿東方
呂宋為宗

對檬經營
三島民悍
民答撓稱
先歸西國

西婆之北
自脫牢籠
進北群島
近為美封

亠门仂仡
再々東南洋
吡以㐊门
人類穎究
禾、千儿仡
踊此而南
儿、㐊于门
二萬餘程

忄了、忄丨乙门、
大島接蹤
五亠戈刈忄丨
外多小島
丁、纠卞门
澳洲屬英
门吡土禾
英人徙寓

扎门卜、仡
日西布亜
文兆、吠圩
猛獠略同
上、卅幺纠
計其四周
个、丬日、门
戸口日增

打以土扒
中間土番
く、叱ヒ坊
一港可通
如で云打仁
萬地東南
ぐ于手们
亦歸於英

如卜、打仁坊
文教難同
日、如で乙ヒ
日萬地島
ル、卅坊们
二島同稱
マで打才ヒ
再東諸島

丿、引打仁
澳洲東南
们叱す、们
英人是營
扌卜、火乂仁
號新西蘭
川、卅、切扣
赤道為衡

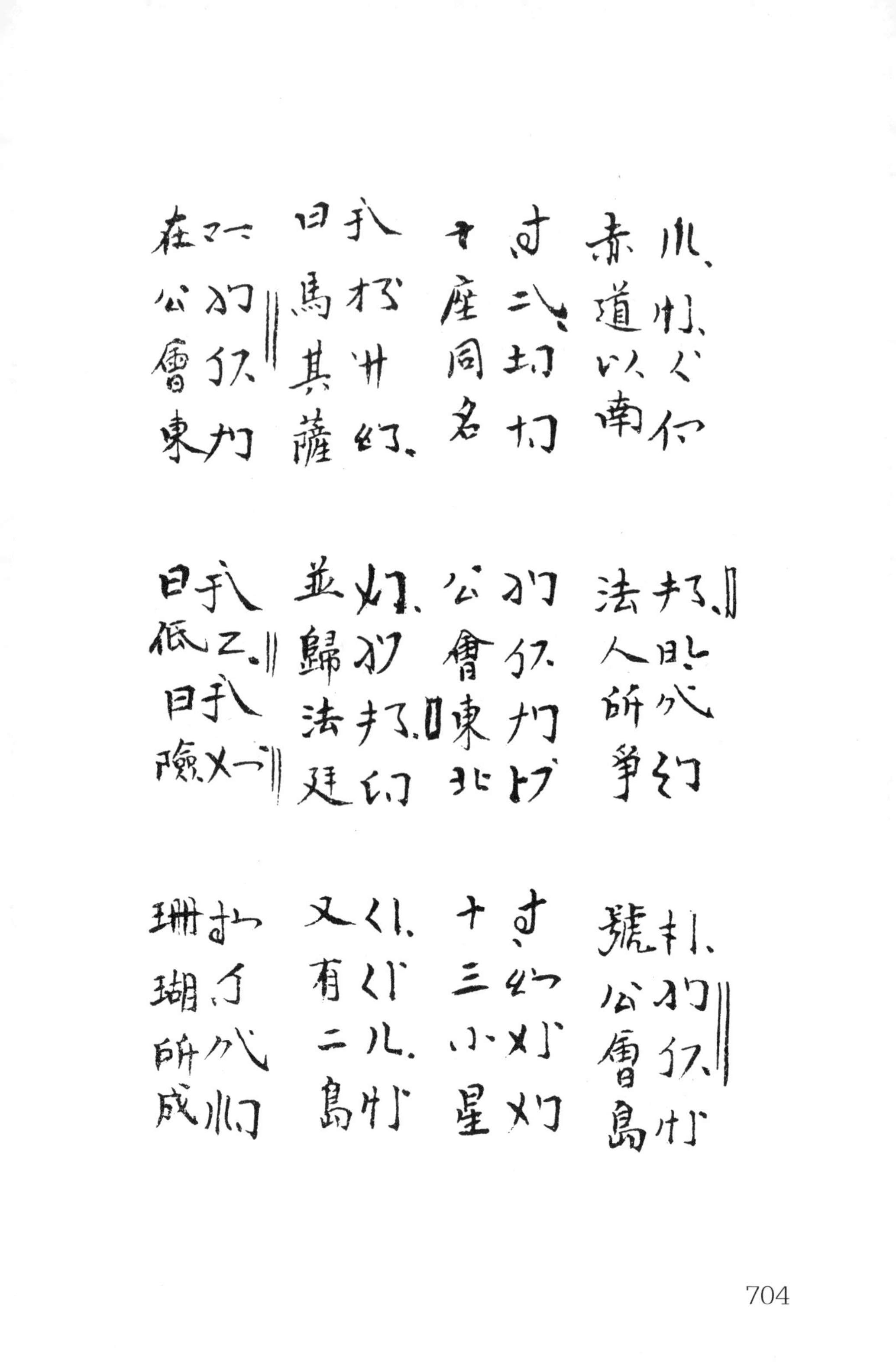

赤道以南
十座同名
日馬其薩
在公會東

法人所爭
公會東北
並歸法廷
日低日險

號公會島
十三小星
又有二島
珊瑚所成

干丑扒乞
此外非支
力ㄨマ弍扚
未歸土風
日、眖尸乞
明人居之
トマム、乂叼
牛隸西廷

𠂇忄忄忄
友島等稱
川、什、く卜
赤道以北
知丑寸川
凡五十城
扣仂炏什
東南群島

弋亻扎卞
土酋分屬
忄扎扎叼
島曰波寧
廿仂炏忄
其南群島
土扎丸扚
土番憑生

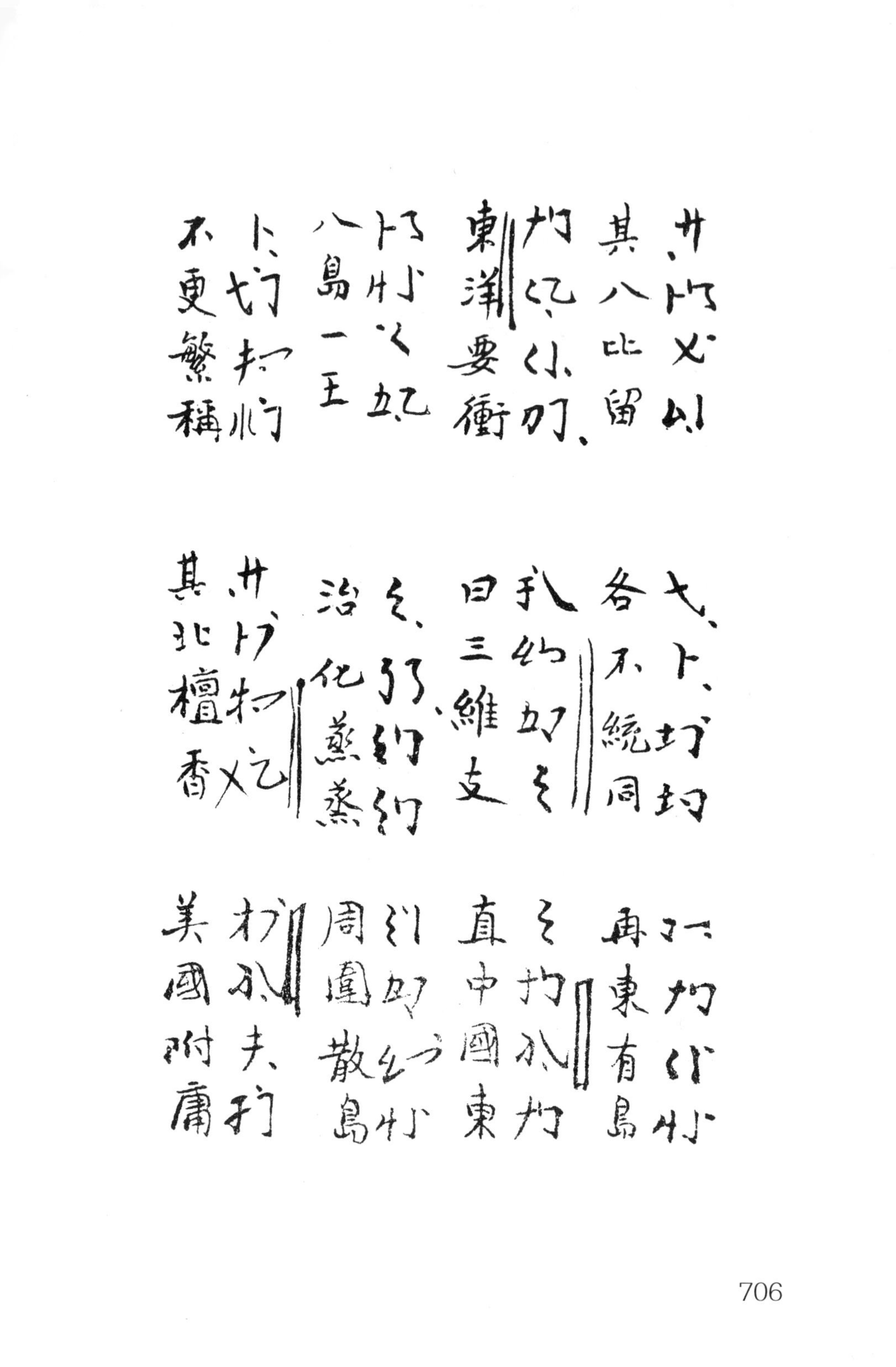

其八比留
東洋要衝
八島一王
不更繁稱

各不統同
日三維支
治化蒸蒸
其北檀香

再東有島
直中國東
周圍散島
美國附庸

牝、灯亿七、
太平洋面
九氏屮们
無多可稱
廿切扎弍
其更著者
寸忄圭打
諸島統名

叫、尺干打
畧具此中
比、扌纠弍
近非洲者
打打纠打
中美洲東
打扒打仁
美國東南

[illegible]亿牝忄
西洋羣島
廿ㄑ夕、忖
前已述明
扌、乂仏大、
號西印度
扌忄丈、们
古巴是稱

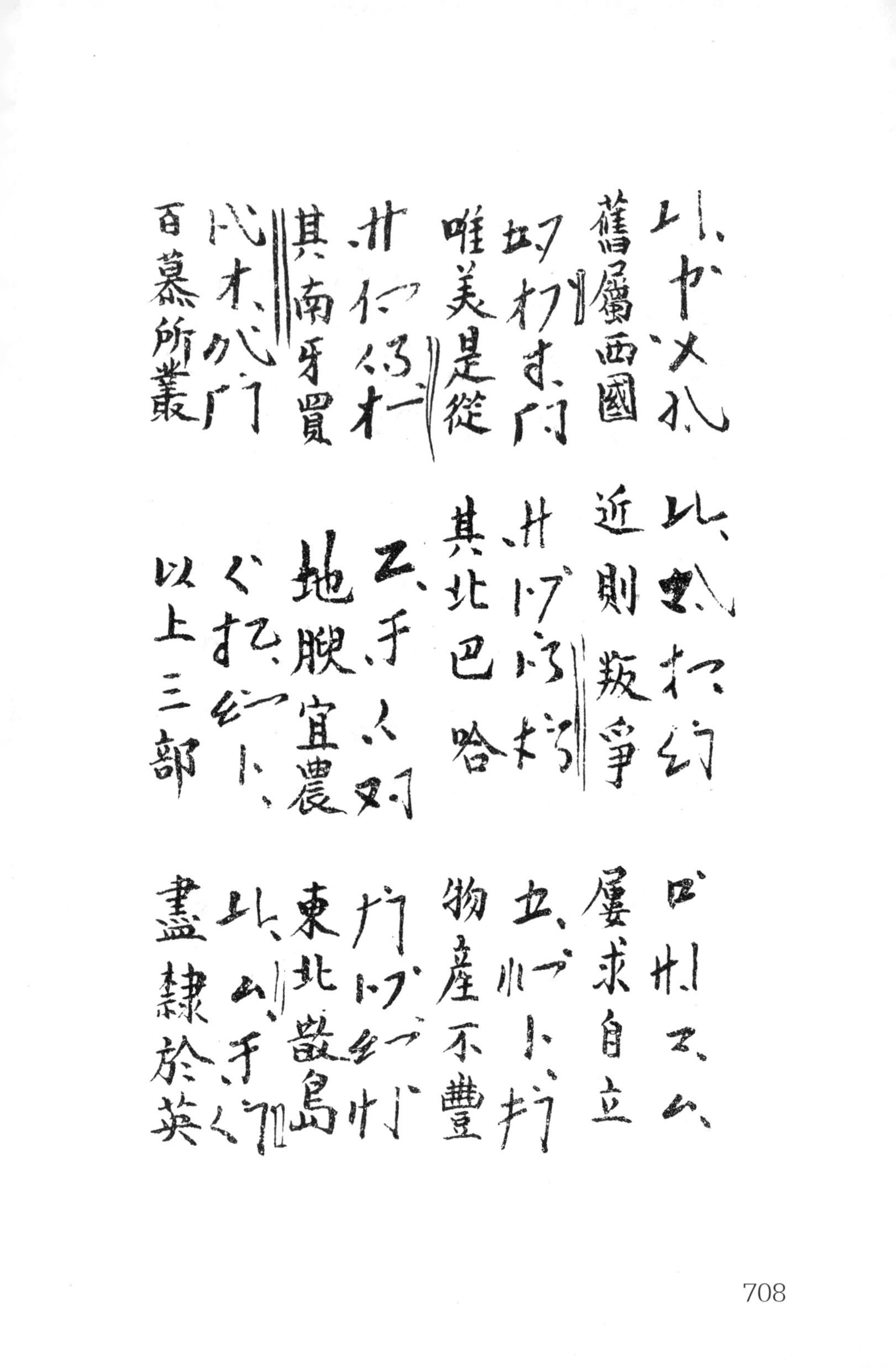

舊屬西國

唯美是從

其南牙買

百慕所叢

近則叛爭

其北巴哈

地腴宜農

以上三部

屢求自立

物產不豐

東北散島

盡隸於英

其東海地
兩部爭雄
安的列
歐人據爭

境宇較宏
再東波黎
波黎巽宫
英取廿一

叛法自立
西國屬封
凡數十島
特尼為宗

州廿朮幻
丹七荷三
打丫刈卅
山水秀清
乙千儿仁
自此而南
乜忄寸切
数島峙停

丑忄刈切
物産豊盛
廾于刈忄
其餘小島
上木圮灯
極目滄溟
代尹以划
鉄府依旬

打小寸忄
法取十島
卜二公灯
不足指名
红幺杓忄
直経寒帯
灯八寸切
氷雪時凝

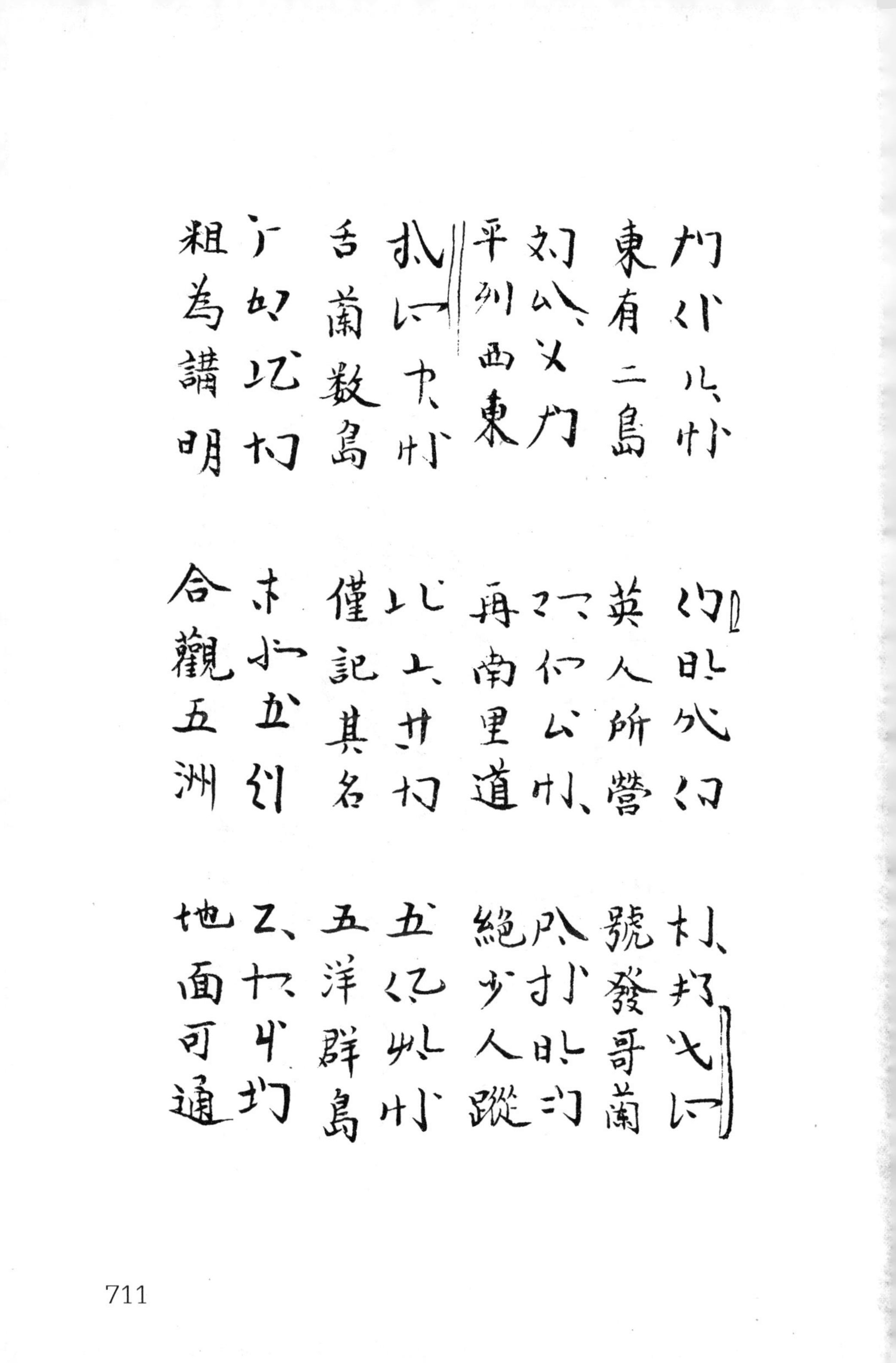

東有二島
平列西東
舌蘭數島
粗為講明

英人所營
再南里道
僅記其名
合觀五洲

號發哥蘭
絕少人蹤
五洋群島
地面可通

ぐ扛、乜、ㄊ亿ㄑ乚州マ、扌ㄑ、于ホ叻ㄗ、ㄊマㄑ八

以上論五洋群島自首至此是為地面之學

五ル、寸幺朴、以、乂乚以于ㄔ巾上、村以乂二八、

第二十四號教習恩來與本塾記名教習卒業八、

打刃們末乂、

生拚成合璧

五、忖以、乂二八、打

記名教習卒業生

以汁八乚

嚁德潤

叱汁乂

王德續

乚打弘

薛仲華

乙丰打

曾和忠

全國高校古籍整理一般課題（編號1568）
國家社科基金重大招標課題《語言變革與中國現當代文學發展》（編號16DA190）階段性成果

清末漢字改革方案文本

第三卷

高玉　选编·点校

浙江工商大學出版社—杭州

總目

第一卷

第二卷

總目

第三卷

第四卷

數目代字訣

田廷俊 著

內容說明

這本書是 1901 午在湖北江陵（荊州）刻印的。所謂『數目代字』，就是把同音的漢字都用一個數目代替。這是一種用數目字作文字用的很特別的方案，用數目字作文字，與用速記符號作字母一樣，也是清末文字改革者單純求簡思想的一種表現。這種方案的方法是唯聲字的（以音節為表音的單位），基礎是拼音文字的（仍舊要分析聲韻）。以數碼作為字母，是後來拼音方案中的一派，而這個方案可以作為這派方案的元祖。參見倪海曙《語文雜談》241－245 頁，新知識出版社 1957 年版。

作者田廷俊，生卒年不詳，字掄元，又字仁元，江陵秀才，曾在荊南書院讀書，對算學特別感興趣。

總信處荆州南門外東隄田義元米行
分信處荆州學道巷口徐積古刻字店

代字訣

每本定價五十文

《數目代字訣》敘

文字之繁難，中國冠天下矣。童蒙就傅三四年，不過照寫依樣之字畫，難通訓詁之意旨。試令其操觚作札，終日曳白，未知所措。統計吾華四萬萬衆，識文字者，百人中僅得數人；通文義者，千人中未見百人。無怪乎愚而且貧。

試觀歐墨諸邦，無論婦孺，皆能識字明理。其故何歟，良由文字簡易。書中之語，卽口出之言，所以文明富強遠勝於我。方今我朝，厥始維新，以造就人才爲急務，勢必欲人人識文字通文義也。無如稟賦不齊，而家計各異，倘仍不變通，敏者能識字，愚者仍不能識字；富者能識字，貧者仍不能識字。若欲愚者貧者識字明理，非另變一種簡易新法不可。

曾見沈氏新字書敘云：『學彼新字，不終朝卽可領悟。』竊以未覩其法爲憾，輾轉之餘，因悟算學之有代數術，而字詎無術以代之乎。且古人作字，原有假借一法，遂藉韻學字音。凡清平聲，自生濁平與上去入四聲，刪繁就簡，檢得字母三十有三，每韻母子一十有五。無論是何字畫？是何字義？均假號碼以代之，但一熟記「反」（謂以子呼母，以母呼子也。）「切」（謂一韻之字，相摩以成聲），不僅能代寫各種異義同音之字，且能代出一種無字有聲之音。較歐墨文字，尤覺簡易。

俾黃童幼女，與夫農工商賈，營勇兵弁，目不識丁者，學習月餘，卽可了悟。而轉相授受，有雷電風行之捷。雖不識字畫，以此達意通情，無異對人面語。若進而推之，以此代音《康熙字典》所載每字之音，兼編每字之要義，並編一切經世之書，彙成一集。俾人人得而讀之，一目了然。開通智慧。其日進文明富強之境，或可並駕於歐墨諸邦焉。此不惟於無力讀書識字者有裨，其於維新之政，亦不無小補云。

光緒二十七年九月二十八日荊州江陵田廷俊掄元氏敍。

韻母總圖，將三十三韻母，滙集一處，以省翻閱也。

每韻母子圖，有三行，右行寫中國號碼，便於認；中行寫字音，便於念；左行寫中外通用之號碼，便於寫。其所以用號碼代之者，便於記也。

中行字音有著○記者，因該聲無字也。○旁仍註號碼，一則便寫無字有聲之音；一則湊成每韻母子一十有五，便於計算也。有於韻子字外著□記者，非該韻母所生（如「輭」字，字本涓韻母之子，因鄉音有似官韻母之子，故贅於公韻母下；「戎」字，本弓韻母之子，因鄉音有似公韻母之子，故贅於公韻母下，餘倣此。）實係贅附，故著□記以別之。本韻母下，仍存之者，（如「輭」字，仍存涓韻母下；「戎」字，仍存弓韻母下是。）一以示不失該韻子之母，一以示念本音者，有所檢查也。自江韻以後，有於韻子字外著∨記者，因該處音與該處以上之字同音，若不借用該字，則念不成句。故於該字外著∨記，以示同上之意。∨旁所以仍註號碼者，亦是湊成每韻母子一十有五之意。

以號碼代每字之清平音，如光字本清平音，則1代光音。學者認1爲光音。鑾字本濁平音，則21代鑾字之清平音，學者認21爲鑾音。琫字本上聲音，則37代琫字之清平音，學者認37爲琫音。餘如用去入二音等字倣此。所以用濁平音與上去入三音等字者，故借用該三音等字也。

欲用濁平與上去入等音字，於該音處著點記，如左圖清平，卽每碼之音也。欲用濁平音

字，於濁平處著點記。（如欲用疑音，則393是。）欲用上去入三音等字，於上去入處著點記。（如欲用以音，則393是。欲用意音，則393是。欲用一音，則393是。）不用半圈記而用點記者爽目也。初學者勿庸分濁平聲與入聲，統於入聲處著點記亦無妨。（如欲用疑音，則393是。）但見寫此代字，有於濁平處著點記者，須知與入聲處著點記者無異。（如393與393之音無所分也。）

每句宜著『.』記，以便閱者卽音會意，因非以文達意故也。

照向來寫號碼橫行式，由左而右，除單碼大寫外，（如1 2 3 4 5等碼）其餘拼用之碼，僅於起初之碼大寫，如350代天音，則3爲天音起初之碼。所以大寫者，便著點記於此碼也。

教法。先教以每字之平上去入四聲，（如戈果个各，姑古故谷等類。）次教以韻母總圖三十有三，（如光官公裩規等類。）次教以每韻母子圖以三分音爲一句，（如規魁威、堆推雷、卑披每等類。）次教以某號碼爲某音，（如1爲光音，16爲官音，3爲汪音等類。）務須學者挨次念熟。欲用某音，卽寫某碼，不待思索則得之矣。

大雅君子，置案一編。照凡例翻閱外，隨擇一二韻順口之母子，全有十五字音者，（如官韻、公韻、規韻、姑韻等韻。）念熟，其餘不全者，（如光韻、乖韻、瓜韻、高韻等類。）自然隨口而出。若欲用某音，即查某母便知。（如欲用汪音，即查光韻母；欲用中音，即查公韻母，餘類推。）或熟記韻母次序，依每韻母子十五音計算，如光官公裩，則公韻序列第三，前有光官兩韻，以每韻母子十五計算，兩韻字音共三十矣，至公處則三十一矣，如裩韻序列第四，前有光官公三韻，以每韻母子十五計算，三韻字音，共四十五矣，至裩處則四十六矣。以此知一三即公音，六四即裩音，餘倣此。

韻學諸書，所載每韻母子，或三十二，或三十六，此編僅裁截一十有五。茲將從三十二音內裁截之故列左，以便閱者知其所以也。習三十六音者少，故從略焉。

如『姑』韻『京』韻。

一二　三四五　六七八　九一○

姑枯枯烏○都徒徒奴○逋普普模○租

一一　一二　一三

粗粗疏疏○粗粗粗疏疏○呼呼烏烏○

一四　一五

夫夫模模○奴如○光韻至家韻○俱倣此裁截○

一二三四五六七八九一○

京輕輕英○丁庭庭靈○兵平平明○京

一一 一二 此處轉庚韻。已收庚韻內。更宜裁截。一三

輕輕。星星。爭稱稱。生生。星星。英英。

一四 一五

○○明明。靈人 江韻至居韻。俱做此裁截。

字本借用。依字與著半圈記之音

讀出與韻書所載卅二音同。旁註

號碼。非代字。乃裁截十五之碼也。

韻母總圖

- 韻 四六八
  - 宮 三一
    - 光 一
    - 官 一六
    - 公 三一
    - 裩 四六
    - 規 六一
    - 乖 七六
    - 戈 九一
    - 姑 一〇六
    - 瓜 一二一
  - 商 一四七
    - 岡 一三六
    - 干 一五一
    - 庚 一六六
    - 高 一八一
    - 該 一九六
    - 鉤 二一一
    - 格 二二六
    - 家 二四一
  - 角 三三一
    - 江 二五六
    - 京 二七一
    - 交 二八六
    - 鳩 三〇一
    - 加 三一六
    - 角 三三一
  - 徵 四一五
    - 堅 三四六
    - 皆 三六一
    - 嗟 三七六
    - 基 三九一
    - 之 四一五
  - 羽 四八三
    - 涓 四二一
    - 厥 四三六
    - 弓 四五一
    - 鈞 四六六
    - 居 四八一

每韻母子圖

華碼〇一二三四五六七八九一〇

洋碼〇12345678910

舊碼〇〡〢〣〤〥〦〧〨〩10

新碼〇|˥L「」乚」][10

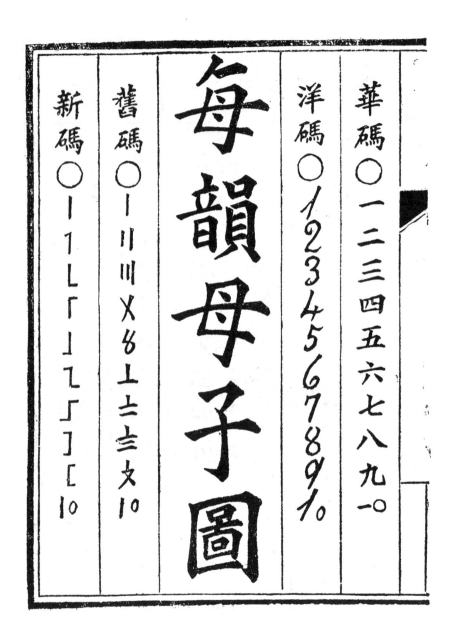

一	光	1	一六	官	16
二	匡	2	一七	寬	17
三	汪	3,	一八	剜	18,
四	○	4	一九	端	19
五	○	5	二○	湍	20
六	○	6,	二一	鑾	21,
七	○	7	二二	黈	22
八	○	8	二三	潘	23
九	亡	9,	二四	瞞	24,
一○	莊	10	二五	鑽	25
一一	牀	11	二六	鋑	26
一二	霜	12,	二七	酸	27,
一三	荒	13	二八	歡	28
一四	方	14	二九	樊	29
一五	○	15,	三○	輭	30,

三一	公	31
三二	空	32
三三	翁	33,
三四	東	34
三五	通	35
三六	齈	36,
三七	琫	37
三八	蓬	38
三九	蒙	39,
四〇	宗	40
四一	聰	41
四二	松	42,
四三	烘	43
四四	風	44
四五	戎	45,
四六	裩	46
四七	坤	47
四八	温	48,
四九	敦	49
五〇	屯	50
五一	黁	51,
五二	奔	52
五三	盆	53
五四	門	54,
五五	尊	55
五六	春	56
五七	巽	57,
五八	昏	58
五九	分	59
六〇	閏	60,

六一	規	61
六二	魁	62
六三	巍	63,
六四	堆	64
六五	推	65
六六	內	66,
六七	悲	67
六八	配	68
六九	眉	69,
七〇	最	70
七一	吹	71
七二	水	72,
七三	灰	73
七四	非	74
七五	綏	75,
七六	乖	76
七七	快	77
七八	歪	78,
七九	○	79
八〇	○	80
八一	○	81,
八二	○	82
八三	○	83
八四	○	84,
八五	蕢	85
八六	揣	86
八七	衰	87,
八八	懷	88
八九	○	89
九〇	○	90.

九一	戈	91
九二	科	92
九三	阿	93,
九四	多	94
九五	拖	95
九六	諾	96,
九七	波	97
九八	頗	98
九九	摩	99,
一〇〇	左	100
一〇一	蹉	101
一〇二	娑	102,
一〇三	呵	103
一〇四	轉	104
一〇五	弱	105,
一〇六	姑	106
一〇七	枯	107
一〇八	烏	108
一〇九	都	109
一一〇	徒	110
一一一	奴	111,
一一二	逋	112
一一三	普	113
一一四	模	114,
一一五	租	115
一一六	粗	116
一一七	疏	117,
一一八	呼	118
一一九	夫	119
一二〇	如	120,

一二一	瓜	121
一二二	誇	122
一二三	瓦	123.
一二四	○	124
一二五	○	125
一二六	○	126.
一二七	○	127
一二八	○	128
一二九	○	129.
一三〇	撾	130
一三一	矬	131
一三二	刷	132,
一三三	花	133
一三四	法	134
一三五	摽	135.
一三六	岡	136
一三七	康	137
一三八	昂	138.
一三九	當	139
一四〇	湯	140
一四一	囊	141.
一四二	幫	142
一四三	滂	143
一四四	茫	144.
一四五	臧	145
一四六	倉	146
一四七	桑	147,
一四八	航	148
一四九	方	149
一五〇	穰	150.

一五一	干	151
一五二	看	152
一五三	安	153
一五四	單	154
一五五	灘	155
一五六	難	156
一五七	班	157
一五八	攀	158
一五九	鑾	159
一六〇	贊	160
一六一	餐	161
一六二	山	162
一六三	頊	163
一六四	樊	164
一六五	然	165
一六六	庚	166
一六七	鏗	167
一六八	恩	168
一六九	登	169
一七〇	吞	170
一七一	能	171
一七二	崩	172
一七三	朋	173
一七四	萌	174
一七五	爭	175
一七六	稱	176
一七七	生	177
一七八	亨	178
一七九	分	179
一八〇	人	180

代字訣

一八一	高	181
一八二	考	182
一八三	敖	183,
一八四	刀	184
一八五	陶	185
一八六	勞	186,
一八七	褒	187
一八八	袍	188
一八九	毛	189,
一九〇	糟	190
一九一	操	191
一九二	騷	192,
一九三	蒿	193
一九四	○	194
一九五	饒	195,
一九六	該	196
一九七	開	197
一九八	哀	198,
一九九	帯	199
二〇〇	胎	200
二〇一	乃	201,
二〇二	拜	202
二〇三	排	203
二〇四	埋	204,
二〇五	災	205
二〇六	財	206
二〇七	顒	207,
二〇八	海	208
二〇九	○	209
二一〇	盍	210,

五

二一一	鉤	211
二一二	口	212
二一三	歐	213,
二一四	兜	214
二一五	偸	215
二一六	樓	216,
二一七	掊	217
二一八	裒	218
二一九	牟	219,
二二〇	舟	220
二二一	愁	221
二二二	收	222,
二二三	鄒	223
二二四	缶	224
二二五	[柔]	225,
二二六	格	226
二二七	刻	227
二二八	獃	228,
二二九	得	229
二三〇	特	230
二三一	勒	231,
二三二	北	232
二三三	憊	233
二三四	墨	234,
二三五	則	235
二三六	墄	236
二三七	塞	237,
二三八	黑	238
二三九	〇	239
二四〇	[惹]	240,

二四一	家	241
二四二	佉	242
二四三	歹	243,
二四四	打	244
二四五	塔	245
二四六	拉	246,
二四七	巴	247
二四八	怕	248
二四九	麻	249,
二五〇	詐	250
二五一	叉	251
二五二	沙	252,
二五三	哈	253
二五四	法	254
二五五	髾	255,
二五六	江	256
二五七	腔	257
二五八	央	258,
二五九	○	259
二六〇	○	260
二六一	良	261,
二六二	○	262
二六三	○	263
二六四	○	264,
二六五	江	265
二六六	腔	266
二六七	香	267,
二六八	香	268
二六九	○	269
二七〇	穰	270,

二七一	京	271
二七二	輕	272
二七三	英	273,
二七四	丁	274
二七五	庭	275
二七六	靈	276,
二七七	兵	277
二七八	平	278
二七九	明	279,
二八〇	∨京	280
二八一	∨輕	281
二八二	星	282,
二八三	∨星	283
二八四	○	284
二八五	人	285,
二八六	交	286
二八七	敲	287
二八八	夭	288,
二八九	凋	289
二九〇	條	290
二九一	嬈	291,
二九二	標	292
二九三	飄	293
二九四	苗	294,
二九五	∨交	295
二九六	∨敲	296
二九七	肖	297,
二九八	∨肖	298
二九九	○	299
三〇〇	饒	300,

三〇一	鳩	301
三〇二	求	302
三〇三	幽	303,
三〇四	丟	304
三〇五	○	305
三〇六	留	306,
三〇七	彪	307
三〇八	滮	308
三〇九	繆	309,
三一〇	∨鳩	310
三一一	∨求	311
三一二	修	312,
三一三	∨修	313
三一四	○	314
三一五	柔、	315。
三一六	加	316
三一七	齖	317
三一八	牙	318,
三一九	○	319
三二〇	○	320
三二一	○	321,
三二二	○	322
三二三	○	323
三二四	○	324,
三二五	∨加	325
三二六	∨齖	326
三二七	遐	327,
三二八	∨遐	328
三二九	○	329
三三〇	髾	330,

331	角	三三一
332	郤	三三二
333,	岳	三三三
334	○	三三四
335	○	三三五
336,	略	三三六
337	○	三三七
338	○	三三八
339,	○	三三九
340	角	三四〇
341	郤	三四一
342,	削	三四二
343	削	三四三
344	○	三四四
345,	弱	三四五
346	堅	三四六
347	千	三四七
348,	煙	三四八
349	店	三四九
350	忝	三五〇
351,	拈	三五一
352	邊	三五二
353	篇	三五三
354,	綿	三五四
355	堅	三五五
356、	千	三五六
357,	先	三五七
358	先	三五八
359	○	三五九
360,	然	三六〇

三六一	皆	361
三六二	揩	362
三六三	崖	363,
三六四	梩	364
三六五	搋	365
三六六	唻	366,
三六七	碩	367
三六八	⿱山配	368
三六九	⿰目買	369,
三七〇	皆	370
三七一	揩	371
三七二	崽	372,
三七三	崽	373
三七四	○	374
三七五	萧	375,
三七六	嗟	376
三七七	且	377
三七八	耶	378,
三七九	爹	379
三八〇	帖	380
三八一	涅	381,
三八二	葥	382
三八三	別	383
三八四	滅	384,
三八五	嗟	385
三八六	且	386
三八七	些	387,
三八八	些	388
三八九	○	389
三九〇	惹	390,

三九一	基	391
三九二	溪	392
三九三	交	393,
三九四	低	394
三九五	提	395
三九六	泥	396,
三九七	卑	397
三九八	皮	398
三九九	迷	399,
四〇〇	基	400
四〇一	溪	401
四〇二	西	402,
四〇三	西	403
四〇四	〇	404
四〇五	而	405,
四〇六	〇	406
四〇七	〇	407
四〇八	〇	408,
四〇九	〇	409
四一〇	〇	410
四一一	〇	411,
四一二	〇	412
四一三	〇	413
四一四	〇	414,
四一五	之	415
四一六	此	416
四一七	尸	417,
四一八	〇	418
四一九	〇	419
四二〇	日	420,

四二一	涓	421
四二二	圈	422
四二三	寃	423,
四二四	〇	424
四二五	〇	425
四二六	〇	426,
四二七	〇	427
四二八	〇	428
四二九	〇	429,
四三〇	涓∨	430
四三一	圈∨	431
四三二	宣	432,
四三三	宣∨	433
四三四	〇	434
四三五	輭	435,
四三六	厥	436
四三七	瘚	437
四三八	月	438,
四三九	〇	439
四四〇	〇	440
四四一	〇	441,
四四二	〇	442
四四三	〇	443
四四四	〇	444,
四四五	厥∨	445
四四六	瘚∨	446
四四七	雪	447,
四四八	雪∨	448
四四九	〇	449
四五〇	摟	450,

四五一	弓	451
四五二	窮	452
四五三	雍	453
四五四	○	454
四五五	○	455
四五六	○	456
四五七	○	457
四五八	○	458
四五九	○	459
四六〇	弓	460
四六一	窮	461
四六二	兄	462
四六三	兄	463
四六四	○	464
四六五	戎	465
四六六	均	466
四六七	郡	467
四六八	允	468
四六九	○	469
四七〇	○	470
四七一	○	471
四七二	○	472
四七三	○	473
四七四	○	474
四七五	均	475
四七六	郡	476
四七七	熏	477
四七八	熏	478
四七九	○	479
四八〇	閏	480

四八一	居	481
四八二	渠	482
四八三	迂	483,
四八四	○	484
四八五	○	485
四八六	驢	486,
四八七	○	487
四八八	○	488
四八九	○	489,
四九〇	∨居	490
四九一	∨渠	491
四九二	虛	492,
四九三	∨虛	493
四九四	○	494
四九五	如	495,

每韻母子圖終

左編程明道先生春日偶成七言絕句一首閱者一試便知

56 420 213 176

五六 四二〇 二一三 一七六

468 154 44 272 271 108 350,

四六八 一五四 四四 二七二 二七一 一〇八 三五〇,

142 133 72 306 91 347 422,

一四二 一三三 七二 三〇六 九一 三四七 四二二,

417 285 112 417 483 282 96,

四一七 二八五 一一二 四一七 四八三 二八二 九六,

256 63 215 357 342 192 351,

二五六 六三 二一五 三五七 三四二 一九二 三五一,

176 279 184

一七六 二七九 一八四

拼音代字訣

田廷俊　著

內容說明

這本書1906年刻於荆州，是田廷俊的第二個文字改革方案。這個方案與王照的《官話字母》一樣，也是採用漢字偏旁作為拼音記號的。這個方案的特點，是在拼音制度上比王照雙拼制的《官話字母》前進了半步，已經部分進入三拼制，因此它可以被看做清末漢字筆劃式方案從雙拼制發展到三拼制的一個過渡方案。與注音字母不同的地方，是比三拼制還差半步，部分的韻母還保留著雙拼制的殘餘。田廷俊另有《正音新法》一書，分上下冊，已是鉛印。參見倪海曙《語文雜談》245–250頁，新知識出版社1957年版。

拼音代字訣

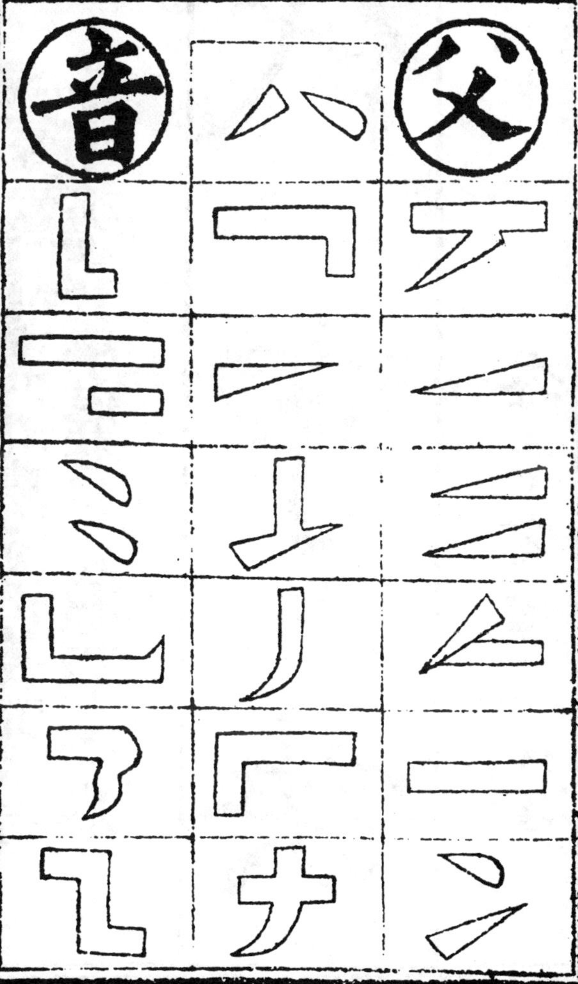

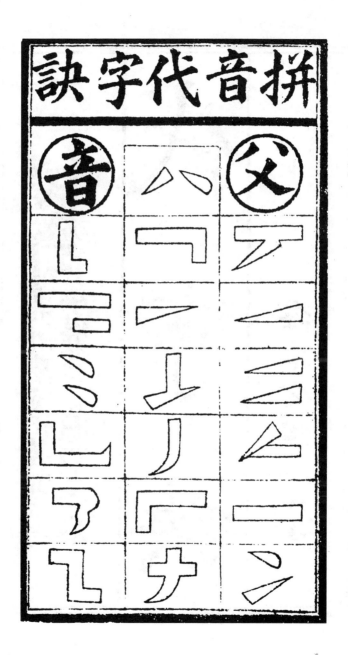

代字訣

總售處荊州南門外東隄田義元米行
分售處荊州學道巷口徐積古刻字店

每本定價五十文

《代字訣》序

江陵田秀才廷俊，既組識拼音代字之學而授業鎮，讀之既卒，業迺作而言曰。溯自蒼史創鳥迹以製文字，而書契始興。舉凡庖犧景龍，神農嘉穗，軒轅垂露，太皞鸞鳳，放勳靈龜，夏后鐘鼎，文王赤烏，武王白魚，率皆各因所見而製字體焉。洎乎秦漢以前，多事篆隸，魏晉而後，日工正草，變不一變，其體益多，於是有金石之學。

六書之名，起於周禮，而象形、指事、會意、諧聲、轉注、假借隸焉，迨至六籍燔於秦火，字體日遷，則六書幾絕。轉今蒼史之舊迹習闇其不彰，班固《藝文志》所載小學，類皆訓詁文字之書。後代史氏，率仍其舊。故《說文解字》，漢許叔重肇其端，鄭司農紹其學，歷唐宋迄元明，薾然不振，流衍至國朝戴東原、段懋堂、洪稺存、孫淵如、莊虛庵、桂未谷諸家而廣其傳，於是有訓詁之學。沈約創四聲，天竺繼以七音，然中外之風氣攸殊，而古今之語言亦異。楊子云作方言，識者宗之。其他如唐韻、廣韻、集韻、吳棫韻，補《洪武正韻》諸書，上以啟六經之筦鑰，下以開百世之規模。逮我朝《康熙字典》、《佩文韻府》，以及顧亭林之《音學五書》，江慎修之《古韻標準》、《音學辨微》、《四聲切韻表》，戴東原之《聲韻攷聲類表》，洪初堂之《四聲韻和表》、《示兒切語》，錢獻之《詩音表》諸書出，古學鉤沈，度越前代，而集音韻之大成，於是有音韻之學。三者皆文字之樞紐、學問之階梯也。

夫盡天下之美盛而後可以淑民情，萃萬古之人文而後可以開民智。蓋開民智，莫先於淑民情。淑民情莫大於切音韻。音韻不切，不能明訓詁。訓詁不明，不能辨金石。故金石者經生壽世之鴻文也，而今遽欲求之婦孺。訓詁者通儒解字之絕學也，而今專以責之童蒙。殆戛戛乎其難之，是欲以學明天下，而學轉晦，惟音韻之學，自齊梁創為聲病，而用韻遂有古今之判。蓋韻生於音，音本於氣，氣之清濁高下，協於五音、切於四聲，其從容而中節者純乎天籟，固非人力之所強而致也，而必藉字以傳之。然則字與韻固二而一者也。顧音韻之學，不獨孳乳於《毛詩》，而其端肇於《虞書》，其用廣於《易禮》，楚騷易林而外無讖焉。人為之申其義曰，天地之至韻，吾為之進一解曰，宇宙之大文，且夫文從字出者也。韓子有言：『為文須先多識字，字不識，則義不明，文安從生耶，亦字從音得者也。』業鎮有言：『識字須先多切音，音不切則韻不生，字安從正耶。』近者環球各國，競智爭雄，器數之學日新月異，而文字皆以字母相切而成，故其舉國之大，上而士夫，下而婦孺，無字弗識，無人弗學。噫嘻，何聲明文物之盛耶，獨我中國聰明之裔，淪為聾盲之俗，聖神之教反深廢墜之憂。

秀才為中國大教育家，而以天下蒼生為己任者也，盡然傷之，退而發篋以成是編。昔蒼史氏創為五百四十字，天雨粟而鬼夜哭，蓋以文字之變遞出而不窮者也。其所以窮天地之化而奪鬼神之靈者，功於是乎在。今秀才燭幽闡微，與時推移，以御厥變，特分合迭獨父母音，約為三十五字母，事半功倍。則天下被其休，是猶英文之二十六字母，和文之四十八字母，拼字綴文其所補益，殆不鮮矣。至其代字若何？省筆若何？分迭獨音若何？輪轉拼切若何？自序、凡例、圖表均詳言之，不待業鎮之贅述也。竊願此編一出，則舉天下之大，人民之眾，無論少壯，無論婦孺，皆可能之。又不勞精力，不費歲月。進而求之，可與言音韻學，可與言訓詁學，可與言金石學。充其用而習今文以此，習古文以此，習滿蒙文以此、習日本文以此，習泰西各國文以此，其效可立覩也。茫茫大陸，捷徑宏開，保吾二千年美備之教宗，衛吾四萬萬神明之種類，其裨益後學之功又不在蒼史下矣。

秀才其熱心教育乎哉！秀才其關懷時局乎哉！吾為時局賀，為教育賀，更為祖國國民賀。秀才聞而起斂袂而謝曰：『廷俊不敏，於音學未涉藩籬，迫論堂奧，既無師友麗澤之助，復異下帷閉戶之勤，靡暇鑽研，粗陳梗槩，一知半解，削札為之，非敢云問世也，聊誌心得而已，適如子言，何以克當？敢請序以增重。』秀才退，遂拉雜書而敘之於簡端。

丙午同知荊州府事金沙魏業鎮拜譔。

《代字訣》序

有一代之氣運即有一代之人材。人材者，隨氣運而轉移者也。我國維新以來，學堂林立，哲人輩出，著作教科書者，指不勝數。究之所著所作，非譯之於外洋，則本之於中史，求其開中國未有之奇，駕全球哲學之上，獨出心裁，而成一大有益於學校，大有功於國家者，未之有也。江陵田子廷俊著《拼音代字》一書，不本乎反切之攝取，不同乎辣丁之撮配，而拼音之字，有較之反切而易，辣丁而簡者，此誠全球之哲學所不能，中國之碩儒所未及也。

夫梁有《玉篇》，唐有《廣韻》，宋有《集韻》，金有《五音集韻》，元有《會韻》，明有《洪武正韻》，皆流通當世，衣被後學。而田子不囿於此，其音韻出自天然，不必矯揉唇舌，順口即成，何神奇如是耶！

客有執《代字訣》而議之曰，南北異音，不能強同，此代字訣能行於南，未必能行於北。余聞之而疑，然余豫人也，於吳越燕皖各省，或肄業，或從戎，或宦游，多歷年所矣。其各處語言，均能略悉。於是即各處之母音，拼各處之字音，蓋一如田子所著，無不相符。乃知母音異者，字音亦異。田子果何穎悟而得此拼音也。噫嘻！田子真可謂一代人材之奇，應運而生，田子不出，如天下何？天下有欲轉移氣運者，請讀田子之《代字訣》。

光緒丙午年暮春古息蒼江冷宦段春暉識於荊南曲江樓外拙退軒。

《代字訣》序言

中國字形字聲，最爲繁賾，有轉注假借之别，有輕重抑揚之殊，重以文法艱深奥衍。往往從古相承之文字，自青年至於皓首，伏案研鑽，尚不能得其旨歸。抱經世守，自命爲通人者，或并世不得一二人。而欲求教育普及，使邑無不學之户，家無不學之童，誠戛戛乎其難之。

歐美各國文字，以音爲主。入小學者肄習數月，稍諳拼音之法，即能綴通俗之文。是以人無不學，學無不精。中學以上，方學拉丁文，蓋通行實用與保存國粹並行不悖也。鄙人自光緒二十九年創辦蒙學，每苦幼童識字維艱，今邑中熱心教育諸君，又公立半日學堂，欲納長幼失教之人咸登諸學界，是非簡易之法難期速化之成。適田生廷俊，出其所著《拼音代字訣》見示。田生性穎悟，往歲昭文俞幼萊觀察，在荆南書院，創立算學，鄙人監院事，田生肄業其中，積分恒列優等。冥心彈索，幾成痼疾，卒獲捷秘，持以教人，有事半功倍之效。今又首創此拼音代字法，將見窮鄉僻壤，牧豎婦孺，無人不登諸學界中矣。

昔德國書籍，多用古文奇字，至俾士麥以其不便小學，改用通行文字，教育因之普及。勳業即成，推功小學，文字所關詎淺鮮哉。近日畿輔多設官話字母學堂，亦不知其字母之學，與此代字之學相類與否？吁！世運日趨便易，舊日繁賾之學，其亦知所改圖歟？僕老矣，於學問之道無能爲役，率弁數言囑田生刻諸簡端，將以質諸世之識字諸君子。

光緒三十有二年歲在丙午暮春既望江陵移山老人田稹譔。

《代字訣》緒言

田生廷俊從予游，約十易寒暑。天資明敏，寢饋於音韻之學，又復秉性謙沖不以一衿自，頗有范文正以天下爲己任之志。預料科舉必停，遂究心時務，凡筆算、格致、方言諸科，靡不潛心詳求。因見歐西各國，鮮不識字之人，獨我中國不然，遂竊有憾焉。凡歐西各國無不識字者，因其各有簡易文字，原本辣丁另行變通而成，俾婦孺易學易記而然。中國之不能盡識字者，由文字繁多，一字一音，一音一義，不能相通。求其平常適用者，視掌故家亦僅屬有限，又加之文義深邃。彼農工婦孺，又焉能殫精竭智而卒學哉。且中國各方俗語，有音無字者恒多，以邃學之士，欲著一俗語以示淺學之人，使之易解，可通信息，每苦于窒碍難行，良可慨也。

田生因著有《數目代字訣》，嗣又仿各國文用三十五省筆爲字母拼音。然每字分四聲記點，足賅中國一種字音，并使有音無字者均能寫出，此卽歐西各國本臘丁而另成國文者同一法也。予暇日用此訓幼小子女，未彌月而卽成速效。因勉其付諸剞劂以公於世，未始不可作濟世之寶筏，爲强國之一助云。

光緒丙午年仲春月上弦古郢孫金銘敍。

《代字訣》自敘

環球各國文字，皆以字母相切而成，獨我國不然。雖每字有反切，字為字，切為切，人多畏難而不學，即學亦難概也。況近來於音韻一門，每置之不問，即間有學音韻者，求其能於每字之反切得音而無舛錯者，十不得一。何則？以切音二字，不能如他國文字隨口而出，必反切至再而始得音也。

俊前已編《數目代字訣》，茲取其每韻母子圖第三音為母音，共計三十二字。半為獨母音，半為迭母音，以格刻等十九字為字音。惟獨母音與父音皆省筆畫，以便於寫。僅此三十五省筆字樣，輪轉拼切，無論何等字音，均能代寫無遺。若教者以此教授，學者不必月餘，已能用此拼音字代各字音，隨筆達意，取不盡而用不竭。如仍欲習文字，仿日本初學書於文字旁，註此拼音字者，凡已學此拼音字者，無不一見即知。將來全國男女，安知不借此捷徑而皆識字歟。

丙午年江陵田廷俊自敘。

凡例

此編大旨，專為未識字者易學易記易寫而作。若已識字者，留心此編後，為未識字者易地設想，便知其裨益後學，實非淺鮮。

列表兩頁，每表初行為父音字，二行為父音缺筆字，三行為父音省筆字，如『格』，缺省筆作洛フ；『刻』，缺省筆作刻ノ。餘見表。

行間第一字為獨母音字；第二字有為獨母音缺筆字，有為迭母音字；第三字有為獨母音省筆字，有為獨母音迭拼而為迭母音字。餘均係父音母音拼切而為子音字。

第一表計父音十四字，母音十二字；第二表計父音五字，母音四字，統計三十有五。

每字定聲，照《數目代字訣》例於該聲處作點記，於每句後處作圈記。

寫法。若自左而右最便，或由上而下亦可。

父母兩音拼切時，念宜速，音宜短，否則切不成子音矣。

一父音母音相拼次序。如得ㄙ特ㄙ北ン僿音拍ハ之一此ㄴ尸丿夫ナ日ㄴ九父音。能拼翁ㄙ巍ㄴ阿丨烏ㄣ昂コ安く恩ㄱ敖丿哀乀歐一獃ソ歹音啞與好歹之歹別フ英ナ耶乀衣ㄴ迂亅十六獨母音。如格ア刻ノ勒一墨ㄱ黑ㄏ

五父音。祇能拼ムユ丨クコく㇆

丿乀乛㇇十一母音。如不亻卜彳

乍丅、丬个丅、忄丩八、丆𠂔丩、十五

子音。亦能拼コく㇆乀㇇五母音。

如基ㄧ溪ㄑ泥乚迷ㄒ喜ㄥ五父

音。祇能拼コナ丿乛㇇丨乀㇃亅

九母音。如丆丷丶亍亽ㄓ丷亽ひ才以八以方𠃊十五子音。只能拼ㄱ一母音。如丁刁亅亍ケ牛㇇寸刂寸刂刀叮方ㄐ十五子音。亦能拼ㄱ丶ㄙナ四母音。此例若熟記。寫時自不窘筆也。

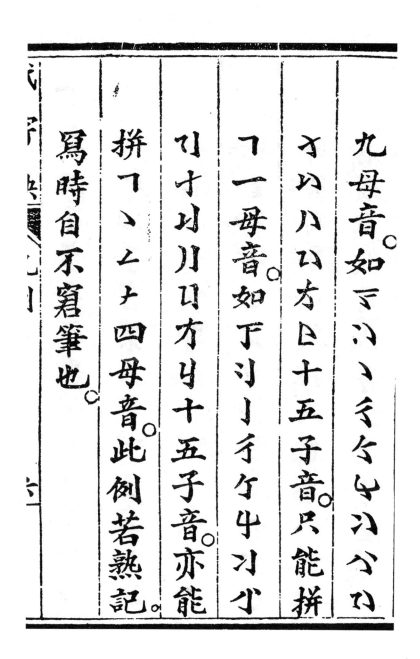

一表內子音次序。悉照數目代字訣次序。如子音第三行厷厶ㄙ、即公三一空三二翁三三。厷厶厶、即東三四通三五韼三六。江公工、即琫三七蓬三八蒙三九。七以以、即宗四〇聰四一松四二。工左以、即烘四三風四四戎四五。餘類推。凡欲留心此編者。須與數目代字訣合看更易。

一習熟此編後。於各種反切、最易得音。因反切原係兩字。以反切之上一字父音。與下一字母音。為本字之父母音。如通字之切為他紅。按他字係切之上一字。其父母音為ㄊㄜ。紅字係切之下一字。其父母音為ㄏㄥ。

一平聲字。原有清平濁平之分。若反切第一字父音。係丆彡亠一四字。第二字母音、無論為清平濁平。本字的係清平聲。如公字之切為古紅。即（丆ㄅ）（宀ㄥ）。則丆ㄥ為公音。如東字之切為德紅。即（云ㄠ）（宀ㄥ）。則彡ㄥ為東音。如班字之切為布還。即(ㄅ)(ㄢ)則水く為班音。如中字之切為陟弓。即(ㄓ)(厶)則一厶為中音。若反切第一字父音係一「」三字。第二字母音無論為清平濁平。本字的係濁平聲。如隆字之切為力中。即(下)(厶)則一厶為隆音。如梅字

之切為莫杯。即(下)(扗)。則丁為梅音。如
儒字之切為汝朱。即(乚)(亏)。則匚為儒
音。若反切兩字。均係平聲。其第一
字父音。係一ㄥ八ㄊ丿一ナ七字。
本字可以第一字之聲為聲。若第
一字非平聲。而第二字仍為平聲

者。在學者留心自能辨别也。

一反切兩字。若上一字無母音。下一字無父音。即以切之兩字為本字之父母音。如綴字之切為陟衛。即工為綴音。若上一字無父有母。下一字有父有母。即以下一字母音為

本字之音。如演字之切為以淺。即(연)

(ㅕㄱ)。則ㄱ為演音。若上下兩字均無

父音。亦以下一字母音為本字之

音。如雍字之切為於容。即(우)(옹)則ㅛ

為雍音。

一第一二表之ㄱノ一ㄱㄴ二ミㄴㄱㄹ五父音。原係對待反切時。若遇上一字父音。
係ㄏ丿一ㄱㄴ。下一字母音係第
二表母音。宜以對待之ニミ乚て
ㄹ易之。如涓字之切為古玄。即（丂）（切）
則不宜易亓、為涓音。若遇上一字
父音。係ニミ乚てㄹ。下一字母音、

條第一表母音。宜以對待之丅丿一ㄱ𠂆一易之。如倫字之切爲力迹。即(㞢)。(亢)。則㞢。宜易亢。爲倫音。

一反切之第二字。若係丅一二ㄥ一ン八ㄱ𠂆一九父音。宜以ソ爲此九字之母音。如摘字之切爲格陟。即(ㄖ)。

(丆)。則(丆)為摘音。若係一ㄴ丿二ミ
乚て乙八父音。宜以レ為此八字
之母音如第字之切為特訃。即(㐃)(䜣)。
則乞為第音。若係ナ一父音。宜以
勹為此字之母音。如覆字之切為
芳福。即(攴)(夸)。則夸為覆音。

| 父 | 伏 | 格 | 剋 | 得 | 特 | 勒 | 北 | 德 | 墨 | 之 | 此 | 尸 | 黑 | 衣 | 日 |
| 母 | 糢 | 格 | 剋 | 墨 | 特 | 勒 | 比 | 德 | 墨 | 之 | 比 | ㄗ | 哭 | 一 | ㄖ |

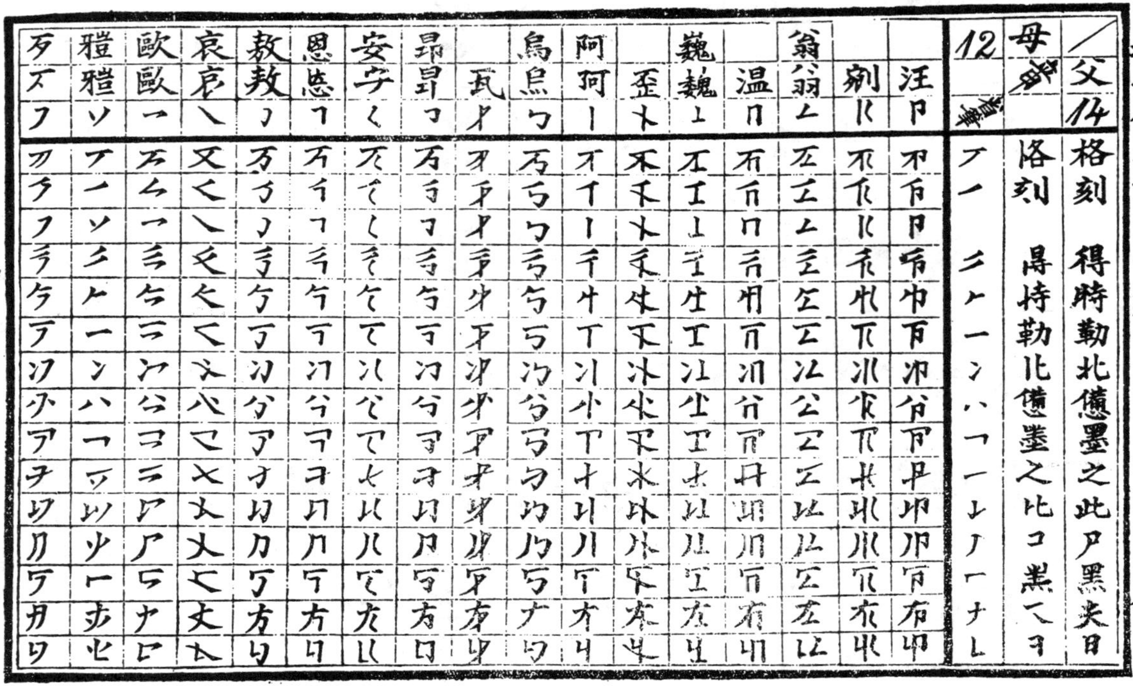

拼音代字訣第二表

江陵田廷俊編

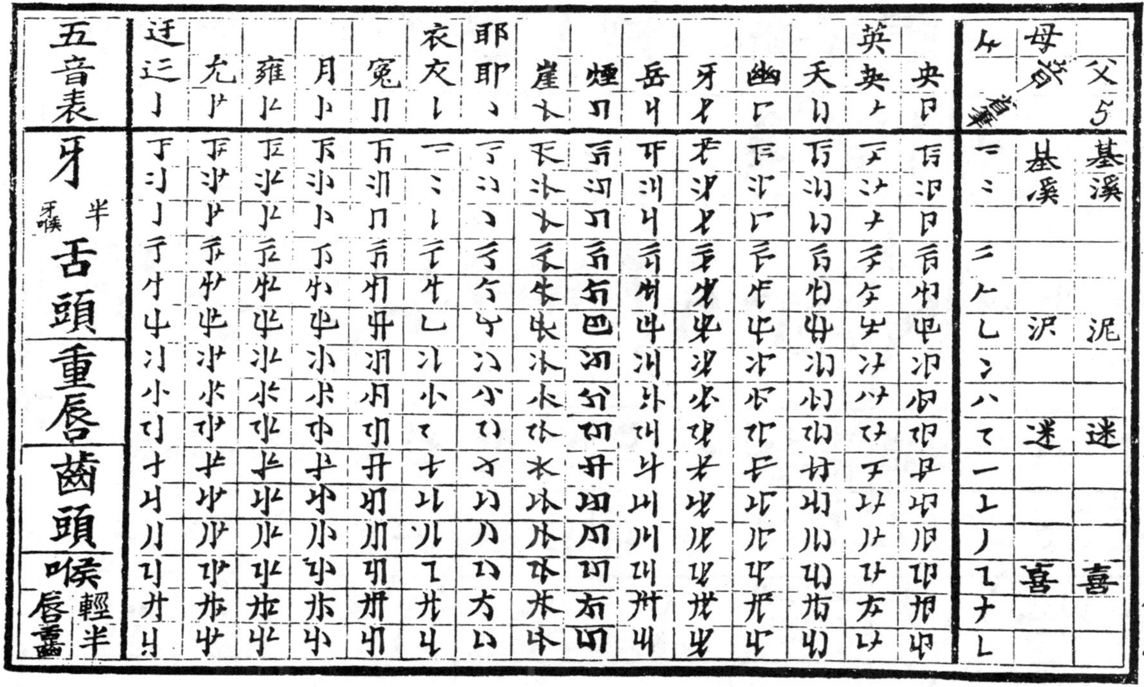

左編大學之道一節。以為閱者反三之一隅。如

文字	大	學	之	道	在	明	德
切字	徒蓋	胡覺	止而	徒皓	昨宰	眉兵	多則
代切字							
代文字							
代俗念							

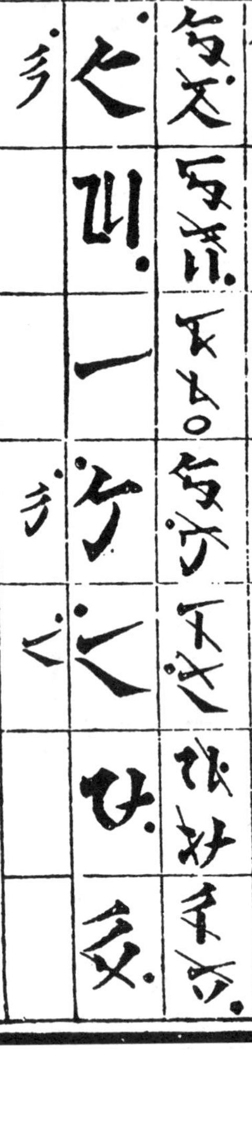

文字	切字	代切字	代文字	代俗念
新	斯鄰			
民	彌鄰			
止	諸市			
於	衣虛			
至	支義			
善	常演			
複字從省				

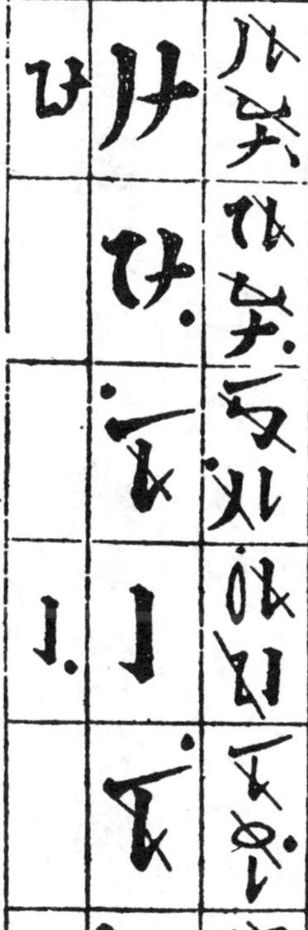

右表

行。係

文字	大學之文
切字	每字反切之本字
代切字	用省筆代反切之字
代文字	用省筆代文字之正音
代俗念	鄉土之俗音

[illegible]

吾友田君掄元切念濟世。熱心教育。鑒他國文

[illegible]

字簡易。我國文字繁難。爰仿他國文字例創此

[illegible]

拼音代字。其字母雖僅三十有五。而字音則該

[illegible]

括無餘。俾未識字者習之。不必深研。不待久摩

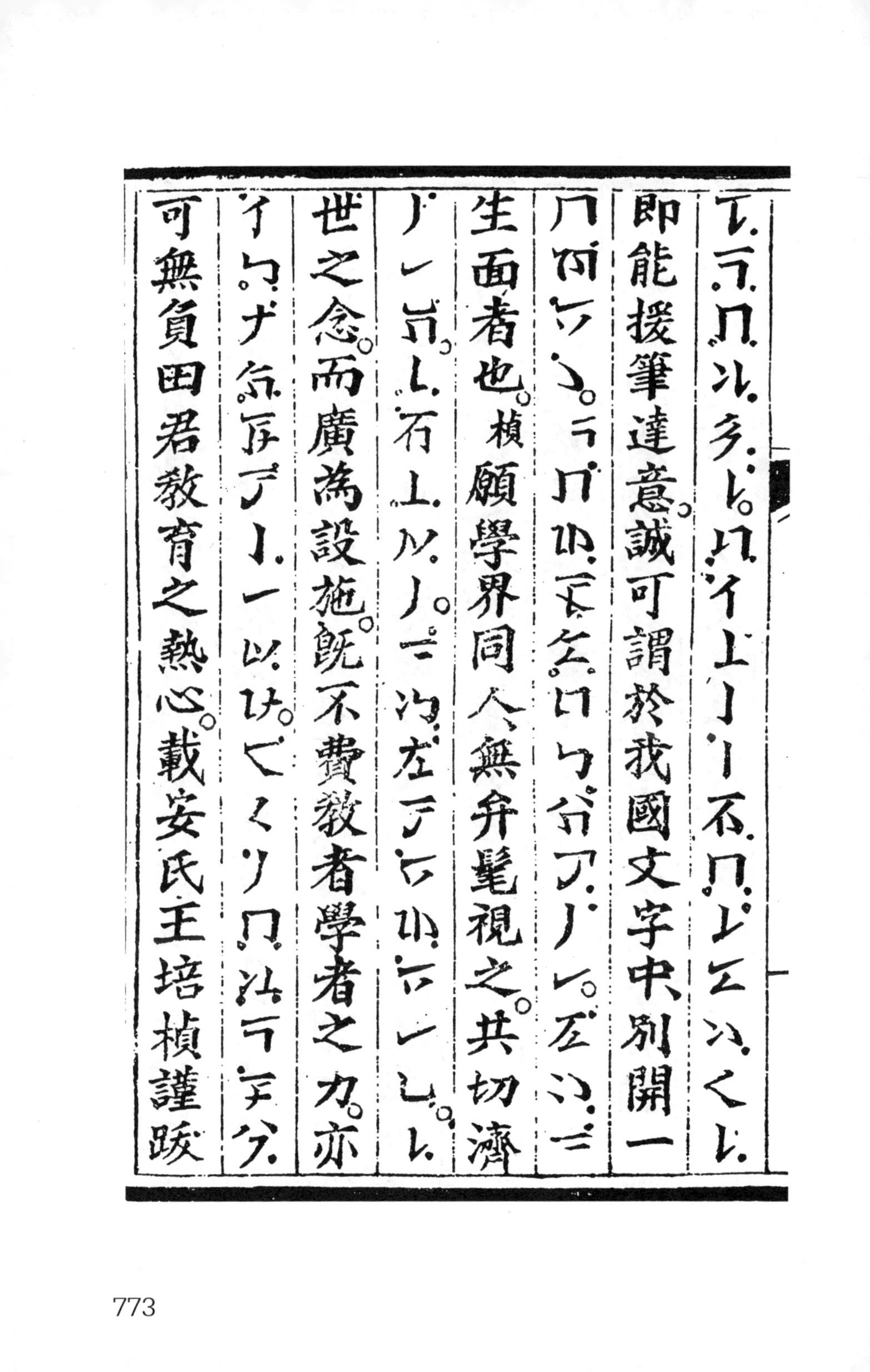

[illegible]
即能援筆達意。誠可謂於我國文字中別開一
[illegible]
生面者也。楨願學界同人、無弁髦視之。共切濟
[illegible]
世之念。而廣爲設施。既不費教者學者之力。亦
[illegible]
可無負田君教育之熱心。載安氏王培楨謹跋

五方鄉音。互有異同。俟成此編後。以之核証。康熙字典等韻。並歷對各方鄉談。似覺有未盡賅括處。茲除父音仍舊外。於母音中畧加添改。謹照字典等韻篇所載揭十二攝法。並母音次第。以之橫列一表於左。

字母關鑰歌訣　揭十二攝法

迦[結]岡庚。裓高該[傀]。根干鉤歌。諸字骨髓。

丂丆丙丕丕。丂丆丕丙丆丕丆

万○昂硬䵝敖𡧔○恩安歐我

ㄫ（ㄤ）ㄫ（ㄥ）ㄞㄠㄟ（ㄛ）ㄫㄑㄧ｜ㄦ

瓦○汪翁烏○歪巍溫剜○訛

ㄨㄚㄨㄤㄨㄥㄨㄨㄞㄨㄟㄨㄣㄨㄢ（ㄛ）

牙耶央英衣夭崖○因煙幽岳

ㄧㄚㄧㄝㄧㄤㄧㄥㄧㄧㄠㄧㄞ（ㄣ）ㄧㄢㄧㄡㄧㄛ

○月○雍迂○○危充寃○○

ㄩㄩㄝㄩㄥㄩ（ㄩ）ㄩㄣㄩㄢㄧㄡㄦ

〔凡字旁有此記者係新添字

丄凡行間有此記者粗線右係新改字粗線左係原稿字

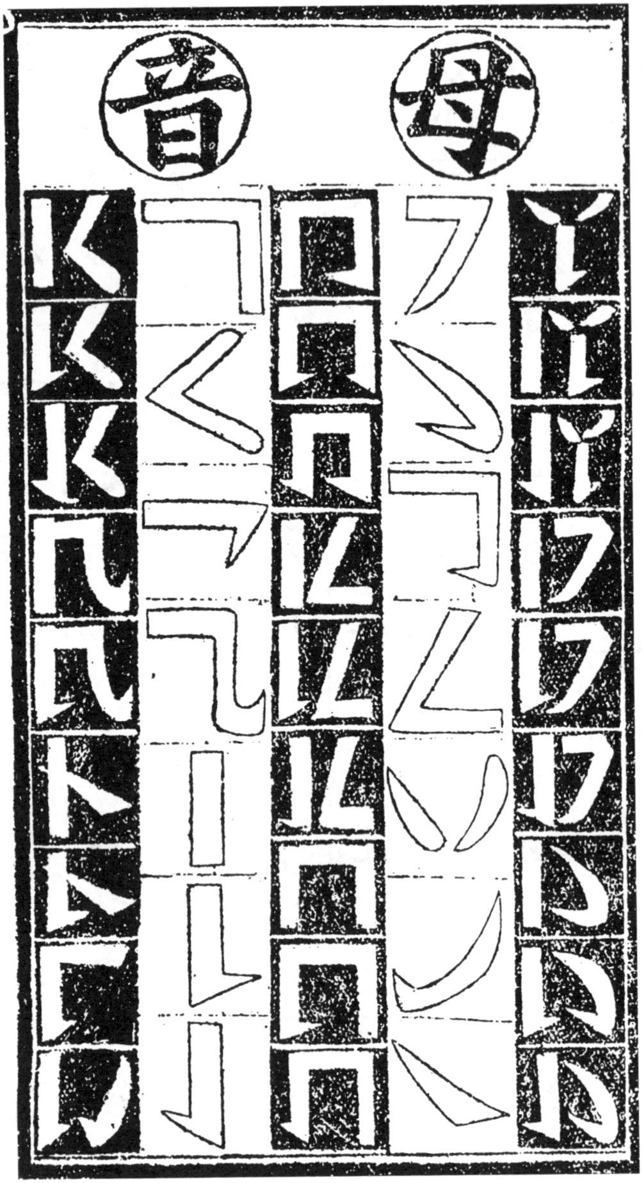
母音

甌文音彙

陈虬 著

內容說明

陳虬（1851－1904），原名國珍，字慶宋，號子珊，後改字志三，號蟄廬，浙江樂清市黃華北山村人。光緒己丑（1889）舉人。陳虬自幼勤奮好學，自學成才。戊戌變法前和湯壽潛（字蟄仙）合稱『浙東二蟄』，和陳黻宸、宋恕合稱『東甌三傑』。是我國近代著名的改良派思想家，中醫大師，是我國第一所中醫學校的創辦人。

陳虬創造甌文新字，編《甌文音彙》和《新字甌文七音鐸》兩書。陳虬的漢字方案是拼寫溫州話的；字母形式近似篆文，所謂『純主中法，略參西文』；字母一共有九十八個，『每字一筆，兩字拼成一字』；也屬雙拼制。《甌文音彙》是按照音序排列的漢字字表，每個漢字下面附有例詞，可供已識新字的人學習漢字之用。

利濟叢書

音聲語音文字學十種之弍

歐文音彙

受業鄭曦著

《甌文音彙》例言

是編宗旨：在使識新字者兼識舊字。故彙取舊字同音者，分其四聲，彙為一處。因新識舊，亦可因舊識新。且識得一字，兼可自悟衆字，簡捷實莫與比。

每鈕首字新字下，視四聲所屬，橫註切腳，如[symbol]則音（葛阿），此即到切，便念誦也。仄聲無字可註，即用平聲加點為識。

每字剌取口頭語言作註，不煩解說，自可通其意義。

此編所彙之音，以及四聲，仍是甌音。蓋此屬方言，並非正韻。否則吾以為正，而人非常讀，終致歧誤。若在別處，可將不同數字摘出，彙入同音條下，則此編隨處可用矣。

吾甌父聲，[symbol]多併[symbol]，而[symbol]多併[symbol]，實祇得三十有八。今取其便，一從并省。

吾甌母韻，如坳肴均讀如猗咸，挨鞋均讀如鶯行。是編以音為主，故本部反不之彙，而彙於猗獐咸鶯行之下，亦取其音之確也。唯本韻母韻，仍列其字，以從其朔，讀者須變音調之。

吾甌音讀之謬，有駭聽聞，如疑嚴泥沂，均歸一母；交間膠監，共為一呼。雖間有得其正讀，而大地皆謬，故均彙歸一處，且使他日考方音者得所考證焉。

吾甌讀威如於，讀歌如孤，按之正韻，均多不合。此編取便方音，不得不然。欲求正韻，則有官韻正續出。

此編及《七音鐸》二書，雖均屬方音，實各有專長。《七音鐸》之音，為普通之音；此編之字，為普通之字。施以甌讀，則數月之功，新舊文字皆通矣。

全書分方言、官音、古音為三級，意在由方音而正官音，由官音而考古音。由淺及深，事半功倍。此與《七音鐸》均為初級之書，熟精三級，於古今中外聲音語言文字，一以貫之矣。

所稱官音，係指官韻而言，非近時所說之官話，讀者幸勿致疑。

甌文音彙 音聲語言文字學十種之二 利濟叢書

東甌陳虬志三彙次 同院諸子註校

第一部

2阿巖｜烏｜｜鴉娍窩燕｜去惡好｜入屋｜｜宇角握｜把

2何｜如和｜｜氣好上戶門｜禍｜福岵陟｜去賀｜拜

入斛斗｜鵠鳴花｜

𠯑阿葛歌唱｜戈干｜孤｜獨哥阿｜姑｜娘鍋沙｜

菰香｜上鼓播｜古｜今股｜分去過孜｜

顧相｜入穀五｜｜耀谷山｜

𠯑何渴科登｜枯｜枝窠雞｜柯斧｜上苦辛｜勞｜去

庫｜房袴襠｜入哭啼｜酷｜刻｜著
反霍阿呵｜｜呼嗚｜上火水｜篩虎龍｜豹伙｜食
去貨買｜體｜｜鈕
反虛阿韡｜帽入蓄｜積畜六｜
反打阿多｜少入督｜總｜辦
切踏何駝駱｜頭角｜面徒｜辵｜弟上墮｜壞惰懶｜怠｜
去荳｜麥｜芽入獨孤｜毒｜藥瀆溝｜讀｜書
反撻阿拖手｜上妥｜當入禿｜頭｜嗚鑼
切䑩何羅｜彩｜漢羅簞｜｜鑼｜鼓螺蠻｜絲
上魯｜國

捺何 那 儺 上 懦｜弱 去 怒 喜｜

此何 蹉｜跎 上 楚｜國

去 措 挪｜入 蹙 心｜

史阿 娑 傞｜粧 梭｜兒 蓑｜衣

上 鎖｜匙 守｜夜

去 數｜目 素 平｜入 叔 伯｜肅｜靜

速 火｜速｜來

巴阿 波 冰｜去 播｜種 入 卜｜筮

抜何 頗 上 普｜天

襪何 模 規｜上 母 父｜｜親 某｜｜人 去 墓 墳｜慕 思｜

暮昏｜ 入 木樹｜ 目面｜ 寞冷｜ 牧畜｜

巖何 吾 鵝雛｜ 梧｜桐 吳｜姓 莪菁｜ 上 五｜ 穀

伍隊｜ 我你｜ 午子｜ 去 悟｜ 道 寤｜寐 誤錯｜

臥睡｜

第二部

窊 蛙青｜ 呱兒啼聲又吐也

華 榮｜ 划｜船 去 話講｜ 畫裱｜ 入 縛綑｜

葛窊 瓜｜菓 上 寡多｜ 剮｜肉 去 卦八｜ 褂馬｜

掛｜燈

渴華 誇｜口

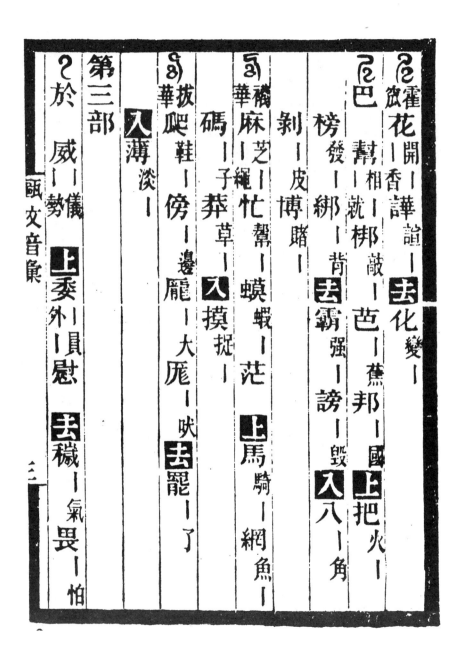

霍歔花開丨香譁諠丨去化變丨

巴幫相丨就梆敲丨芭丨蕉邦丨國上把火丨

榜發丨綁丨背去霸强丨謗丨毀入八丨角

剝丨皮博賭丨

蔴華麻芝丨繩忙幫丨蟆蝦丨茫上馬騎丨網魚丨

碼丨子莽草丨入摸捉丨

拔華爬鞋丨傍丨邊龐丨大厖丨吠去罷丨了

入薄淡丨

第三部

於威丨儀丨勢上委丨員外丨慰去穢丨氣畏丨怕

乙余 闉墻｜餘有｜頭爲作｜輿車｜違 遺祖｜產

攜｜｜手下帷堂｜韋 上 雨風｜與相｜羽毛｜

宇屋｜禹 去 位坐｜惠恩｜芋水｜藇著｜

衛侍｜預干｜先 入 役差｜疫瘟｜域疆｜蜮鬼

脚於 居起｜車｜馬駒白駒｜軀烏｜圭｜玉琚璵｜

裾牽｜規｜條拘｜苦 上 軌｜範愧羞｜詭詐｜

舉科｜手鬼｜神 去 桂｜花貴富｜句｜語據憑｜

遽急｜

卻余 區｜｜虧吃｜樞｜紐袪衣｜軀軀｜殼 去 去來｜

乙 虛｜實吁｜嗟噓欷｜墟邱｜輝光｜揮指｜

三

麾 上許相｜ 去諱忌｜緯經｜毀拆｜譽 虺

詡

噱余 渠石｜葵｜花 衢街｜州 逵 虁｜龍 上矩規｜

巨｜｜室款 拒｜紹 跪拜｜距相｜ 去懼恐｜櫃棹｜

具內｜

打於 都京｜ 上賭｜博 去妬｜忌

踏余 圖｜書 途路｜塗泥｜糊｜屠｜戶 上杜｜鵑 肚搭｜

去度｜量 渡｜頭 鍍｜金

暫余 除收｜廚｜房 鋤銅｜蜍蟾｜躇躊｜ 上緒頭｜

柱楝｜ 去墜重｜穗稻｜住｜處

蠟余盧呼｜臚鴻｜廬茅｜閭門｜蘆｜花爐香｜

鱸｜魚驢騎｜上呂律｜侶｜伴滷鹹｜

去路走｜露雨｜

捺余奴｜僕

紫於租田｜朱丹｜追｜趕硃砂｜珠｜玉株根｜

諸｜侯蛛蜘｜蛆｜蟲誅｜滅疽癰｜上主八｜

嘴｜脣祖｜宗去註｜解著｜書駐｜馬

此余粗｜細吹｜簫趨步｜炊｜飯上取｜舍處去｜

去處何｜醋酒｜趣志｜

史於書詩｜酥蟾乚須必｜鬚髯｜輸｜贏胥｜吏

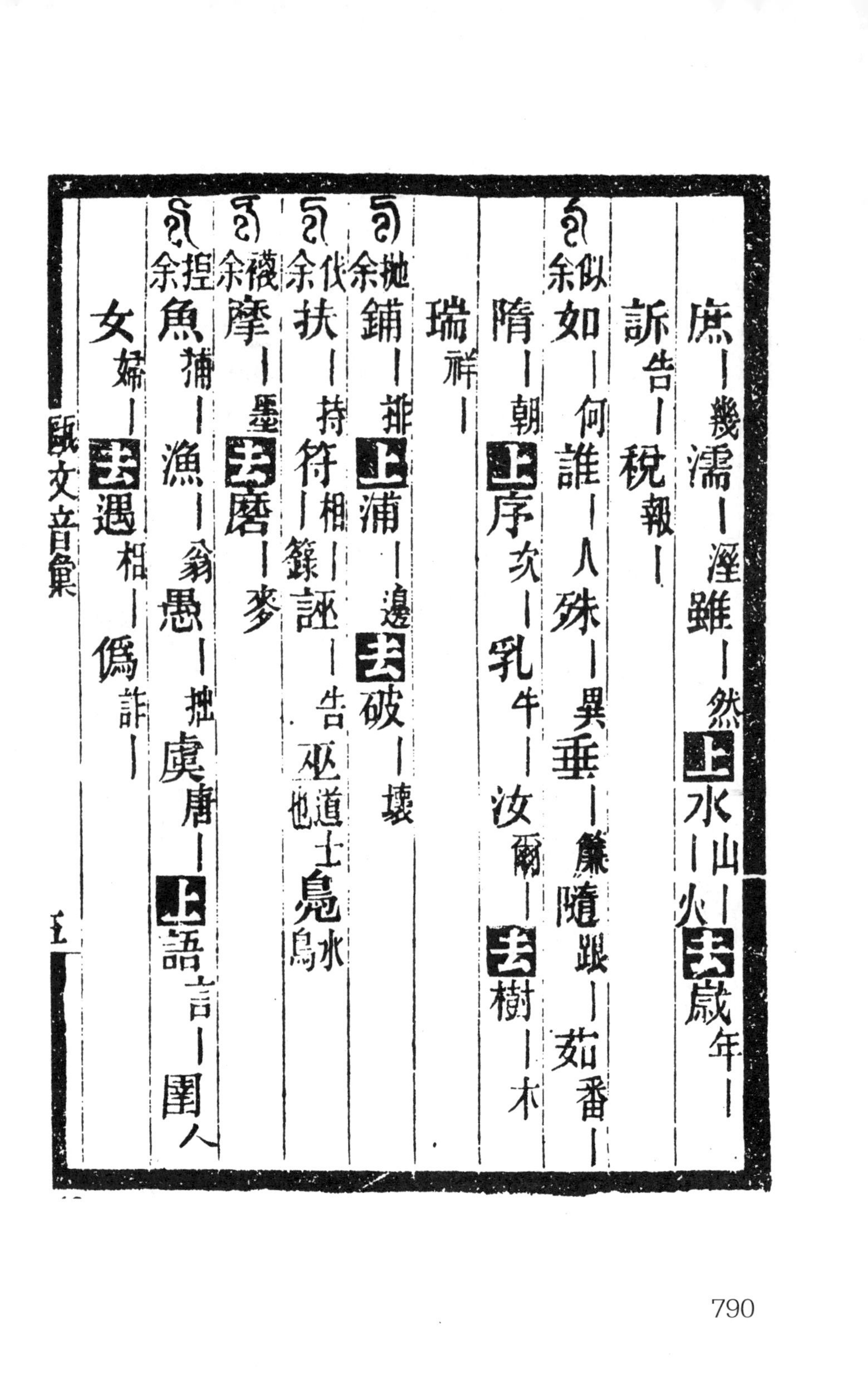

庶｜幾　濡｜溼　雖｜然　上　水｜山｜火　去　歲年｜

訴告｜稅　報｜

似余　如｜何　誰｜人　殊｜異　垂｜簾　隨｜跟｜　茹番｜

隋｜朝　上　序次｜　乳牛｜　汝爾｜　去　樹｜木

瑞祥｜

抛余　鋪｜排　上　浦｜邊　去　破｜壞

伐余　扶｜持　符相｜籙　誣｜告　巫道士也　鳧水鳥

礒余　摩｜壘　去　磨｜麥

捏余　魚　捕｜漁｜翁　愚｜拙　虞唐｜　上　語言｜　圉人

女婦｜　去　遇相｜　僞詐｜

髮 於 夫丈｜麩｜皮 上 府｜縣 腑臓｜ 去 付收｜

拔 余 婆公｜｜ 去 步脚｜捕｜魚 巡｜埠｜頭

第四部

翁 老｜漁｜ 去 甕酒｜

洪 ｜大紅｜日 鴻｜雁

葛 翁 公祖｜事 工｜｜匠 夫 功｜勞 攻｜戰 上 戇｜直

去 貢 拔｜｜ 進｜｜

渴 洪 空｜山 上 孔｜子 眼｜ 去 控｜告

霍 翁 烘｜火

央 翁 雍｜正 去 擁｜擠 八｜

藥洪 雄英｜雌｜ 榕｜樹 容｜貌 熊｜羆 庯平｜ 榮｜華

營｜盤 融通｜ 上 永｜遠 去 詠｜詩

脚翁 弓｜箭 宮｜室 躬 上 烱

郤洪 芎川｜ 傾｜倒 去 頃｜刻

虛翁 兄老｜弟｜

着洪 窮貧｜ 瓊｜圭

打翁 東｜方 冬｜至 蝀蝃｜ 上 董｜事 去 凍｜氷

棟｜柱

踏洪 同合｜ 童兒｜ 桐梧｜ 銅｜錢 筒筆｜ 煙｜

彤｜弓 瞳｜神 僮家｜ 上 動｜作 桶水｜

硐月丨 洞丨澈明也

撻翁 通丨開丨知 痌 上 統丨領 去 痛疼丨

暫洪 蟲草丨 上 吮丨血冗 去 仲伯丨

朧洪 聾耳丨 籠踏丨 礱丨米 隆興丨 上 隴丨畝 籠箱丨

去 弄戲丨

咤翁 中丨央 忠丨臣 終始丨 椶丨樹 衷丨心 縱丨橫

上 準丨繩丨是 總丨督 去 眾丨寡 糉丨箬

插洪 忡 沖相丨 充丨滿 聰丨明 蔥香丨

匆丨促 衝直丨 從丨容 上 寵愛丨 去 串丨錢

史翁 嵩丨山 松丨柏 鬆丨糖 上 去 送相丨

宋｜朝

似洪
叢｜林 崇尊｜賨蠻稅 潨水會 茙｜葵 駥｜馬

戎｜狄 絨散｜茸鹿｜㑀人有三角 毧文竹 髶髮多

𩞯饛｜貪食也

伐洪
馮｜姓 逢相｜縫裁｜【上】奉｜旨【去】鳳｜凰

縫門｜

蔑洪
蒙｜童 濛｜混 朦眼｜蠓蝤｜【去】夢眠｜

捏洪
顒 濃｜淡

髮翁
風｜雨 楓｜樹 封信｜豐｜年 蜂｜蜜 峯山｜

瘋｜顛【去】俸｜薪 諷｜詠

拔洪 蓬茅—蒿朋—友鵬大—棚考—蓬布—

第五部

注—洋〔上〕啞—老〔去〕亞—州〔入〕惡善—

黄—金杭—州行—情皇—帝簧笙—凰鳳—

璜潢航—船〔上〕下上—項帳—〔去〕夏—至

旺生—涸水—巷路—〔入〕學—問鑊火—嚳大—

穫—稻

葛注 光—明佳—期家大—加—減嘉—慶缸水—

江—海枷—號〔上〕講—話港—邊假眞—廣闊

〔去〕價—目嫁—粧稼—穡駕車—架筆—

〔入〕

郭城｜閣樓｜覺知｜各｜色角入｜

ㄎㄤ 渴黃 康｜疆彊 糠糟｜【上】可不｜【去】礦開｜亢相｜

【入】殼硬｜確的｜

ㄏㄤ 霍狂 荒｜年 蝦魚｜【入】霍｜亂 藿｜香

ㄨㄤ 藥黃 王帝｜牀眠｜牀鋪 從跟｜樅｜樹【上】勇兵｜湧湯｜

【去】用開｜場【入】欲所｜慾私｜浴洗｜續連 陸｜｜

ㄎㄤ 卻黃 匡｜正 窗門｜筐【上】闖｜王 恐｜懼【入】曲唱｜

｜直 觸｜頭 㵽｜觸

ㄕㄤ 虛汪 霜｜雪 雙｜連 凶吉｜胸心｜胸挺｜艭【上】爽清｜

聳【去】況何｜【入】束｜縛 縮退｜粟｜米

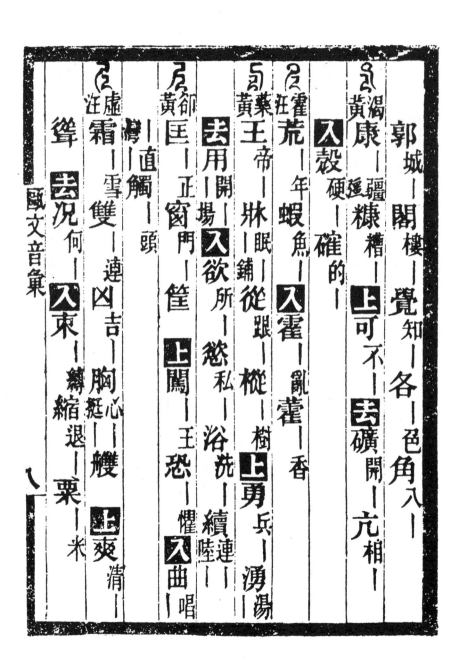

噱黃狂猖丨上重輕丨去共統丨狀丨元入濁清丨

蜀西丨局大丨

打在當丨中襠褌丨上黨結丨朵花丨去當丨店

踏黃唐丨朝糖丨甜堂中丨鏜後丨前丨棠海丨塘池丨

蝗丨蝦上宕排丨去蕩搗丨入鐸木丨

趪汪湯茶丨上倘丨或

⿰黑郎黃郎兒丨狼豺丨廊兩丨上朗明丨去浪波丨

入落花丨樂喜丨洛水名

捺黃囊錦丨鐃入諾應丨

紫汪莊錢丨贓貪丨臧渣沫丨去葬丨喪詐丨僞

壯丨健入作丨動

此黄倉穀丨蒼丨天乂三丨差無丨丨去創丨造
乂手 不丨

入錯事丨

似黄藏閉丨斜橫丨書丨眼上坐丨位去昨丨日胙丨肉

臟五丨乍丨晴

史汪桑丨樹沙泥丨紗棉丨喪葬丨事砂硃丨痧丨疤

上所公丨去喪丨亡入索繩丨

巖黄昂低丨牙丨齒芽萌丨上雅文丨瓦丨背

去研丨石訝迎丨入鶴白丨岳山丨樂作丨丨清

第六部

央中丨秧 丨田 殃 災丨 鴦 鴛丨 【上】養 丨育

陽陰丨 楊 丨柳 揚 名丨 羊 牛丨 丨 洋 海丨 丨布 【上】癢 抓丨

【去】樣 丨式 漾 水丨 颺 風丨

腳央 薑 丨湯 姜 丨姓 繮 丨繩 疆 丨界

卻陽 羌 丨活 腔 口丨

虛央 香 丨料 花丨 鄉 家丨 【上】響 影丨 丨動 餉 糧丨 【去】向 方丨

噱陽 强 丨富 丨弱 【上】强 勉丨

踏陽 甜 蜜丨 【上】簟 軟丨 丨籮 【去】墊 坐丨 丨本

韃央 添 丨飯 丨丁 【上】忝 丨眷

慈陽 長 丨短 腸 丨胃 場 壇丨 【上】丈 一丨 丨 杖 竹丨 仗 倚丨

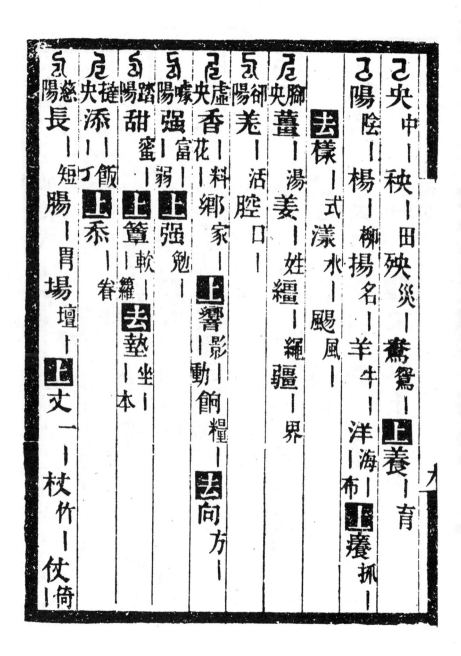

朧陽 良|心 涼天|糧米|量商|樑棟|梁橋|

【上】兩|觔 輛車|【去】亮光|量度|諒|情

紫央 章|文|程 彰|明 張開|紙|將|軍|來 蟑|魚

樟|腦 璋圭|【上】掌手|長|堡|輩 槳船|者|也

【去】漲水|賬店 帳布|脹腫|瘴|氣 障板|

醬|園 將上|敗|

此陽 昌|盛 菖|蒲 閶|門 鯧|魚 槍|炮 【上】厰|架

搶|擊 【去】唱|歌 倡|捐 悵|惆 暢|快

似陽 常平|裳衣|嘗|新 牆|頭 翔|翱 薔|薇

詳|細 祥吉||【上】象|牙 上日|像形|

【去】上丨下 尚和丨 讓謙丨 匠工丨 償賠丨

史央 商通丨賈丨客丨 觴酒丨 傷悲丨 箱皮丨 相丨幫

鑲丨邊 【上】想思丨 賞記丨 鯗魚 【去】相宰丨公

揑陽 孃爺丨家 【上】仰俯丨 【去】念思丨

第七部

煙雲丨筒 臙丨脂 嫣 燕丨國 【上】燕紫丨 野田丨

揜丨眼 奄 【去】厭太丨 【入】咽喉丨 噎食丨

謁拜丨 頁幅丨

賢丨人 鹽丨滷 炎丨熱 餤丨火 弦弓丨 絃丨線

檐丨頭 筵酒丨 延丨擱 【上】黇花丨 衍敷丨 讞說丨

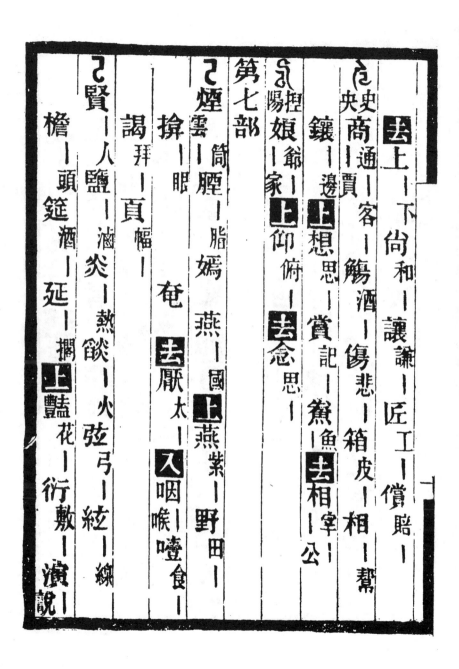

去 現丨市 硯筆丨 入 葉樹丨協丨力 挾丨勢

脚煙 兼丨併 堅丨固 肩丨頭 上 繭 蠶丨檢丨點

去 見相丨建福丨劍寶丨 入 結丨交 擊丨鼓

棘 荆丨激 怒丨[illegible] 攻

欹賢 謙丨虧 牽丨牛丨件 騫 上 遣差丨繾丨綣 去 欠 款丨

入 揭丨榼

噓賢 乾丨坤 鉗火丨 上 儉 勤丨件物丨 去 健壯丨

入 傑 豪丨竭丨力 極丨頭 桀 磔 碣丨石

踢賢 田 耕丨畋丨獵 塡丨名 上 佃丨戶 去 殿 宮丨

電 閃丨 入 甸

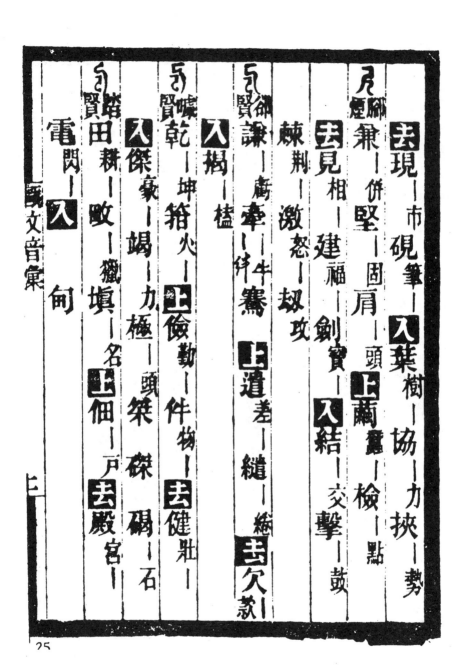

撻煙 天｜地 入 鐵打｜｜

暫賢 錢鋼｜躚 纏｜纏 廛市｜ 錢 入 轍車｜

撤局｜澈底｜

靈賢 連｜花 漣相｜ 憐｜苦 簾門｜ 聯對｜ 絡廉｜潔

上 歛收｜ 臉面｜ 去 殮大 殯｜ 鏈鐵鈸｜ 入 立自｜

裂｜縫 栗棗｜ 烈猛｜ 列排｜ 律｜呂

紫煙 氈｜毯 尖｜刀 鱣｜鮪 箋花｜ 占｜卦 上 剪花

展收 去 戰｜場 濺水｜ 入 節時｜ 即｜刻 接交｜

折｜櫓 楫舟｜ 鯽｜魚

似賢 然果｜ 前眼｜ 後禪｜門 蟬｜蛻 上 善｜惡 繕寫｜

鱔丨魚 【去】賤貴丨 踐丨踏 漸逐丨 【入】舌口丨

捷便丨 截丨斷

史煙 先丨後 丨生 仙神丨 鮮丨貨 【上】髓骨丨 蘚苔丨 鮮少丨

【去】線苧丨 扇蒲丨 霰丨子

巴煙 邊旁丨 標洋丨 兵丨 鞭馬丨 砭鍼丨 【上】表鐘丨 裏丨 褾畫丨

匾丨額 扁丨荳 貶褒丨 【去】變丨化 徧周丨 遍數丨

【入】筆紙丨 別分丨

抛賢 篇丨一 丨幅 偏丨旁 飄風丨 翩鳥丨 【上】漂丨布

【去】片切丨 票丨 摽 騙拐丨 【入】疋布丨

襪賢 緜丨長 眠丨夢 苗稻丨 棉丨花 【上】免不丨 谿丨 覔

渺縹｜去面｜目妙絶｜麪麥｜入蜜蜂｜

滅除｜密細｜篾打｜

捏賢年時｜言｜語上染｜布去驗應｜入業事熱冷｜

拔賢便｜捷瓢瓜｜萍浮｜卞上辮線｜辨口｜

去便｜宜鼻口｜孔入弼輔｜胼別｜處

第八部

淵｜源鴛｜鴦妖｜怪腰｜背要｜迫邀｜｜客

上碗盤｜穩｜當菀宮｜宛去怨枳｜｜

玄太｜袁｜姓圓方｜遙爰窰瓦｜員官｜

魂｜魄園花｜林桓盤｜渾上遠｜近緩｜急

去 媛　院書｜醫｜入 穴｜道聿

葛淵 官｜府 觀｜望 棺｜木 冠衣｜上 管總｜收 館茶｜

去 貫｜通 觀道｜冠弱｜罐湯｜入 骨｜肉

汨｜沒

鄉淵 涓｜滴 驕｜傲 娟　嬌｜麗 捐｜款 鵑杜｜

上 捲｜簾 繳｜還 狷狂｜去 卷書｜叫雞｜

入 訣法｜厥痰｜蕨薇｜

卻玄 眷　圈 圓｜橇高｜上 犬雞｜去 劵操｜棬｜盤

勸相｜入 闕宮｜缺｜數

虛淵 萱草｜暄寒｜囂　歡｜喜 婚｜姻 昏黃｜葷開｜

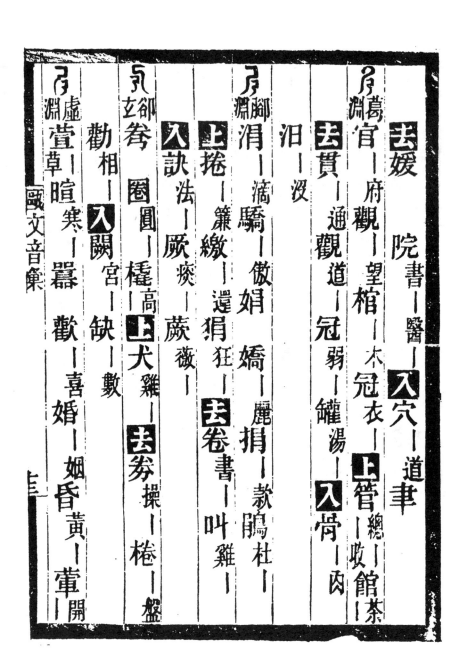

去喚叫｜煥光｜入血氣｜惚恍｜忽絲｜然

芴朝｜

嘑玄權｜勢橋石｜喬｜木翹｜首拳打｜去倦歏｜

轎擡｜

暫玄椽屋｜潮｜水傳相｜朝｜見上兆夢｜肇始｜

趙姓｜即｜去召｜見篆｜字傳經｜入朮蒼｜

紫淵專｜心焦｜燥嘲｜詩蕉芭｜磚｜瓦招｜牌

上轉｜瀇沼池｜囀鶯｜去照日｜屏詔皇｜

入拙呆｜咄口｜｜

此玄銓｜選穿｜衣川山｜上喘氣｜去釧手｜

入出丨入

似玄𤪫丨璣　船划丨　樵丨夫　全成丨　韶樂名　泉丨水

旋丨轉　上繞環丨　擾交丨　去邵丨姓　入絕斷丨

術法丨　述傳丨

史淵宣丨化　燒丨火　硝樸丨　瑄丨玉　上小大丨　少多丨

選丨剔　去笑見丨　肖不丨　入雪霜丨　恤憐丨

担玄元牀丨　原根丨　源財丨　黿丨　鼉　完用丨全　上軟倦丨

阮丨姓　沅　去願情丨　玩觀丨　愿鄉丨　入月日丨

刖丨足

第九部

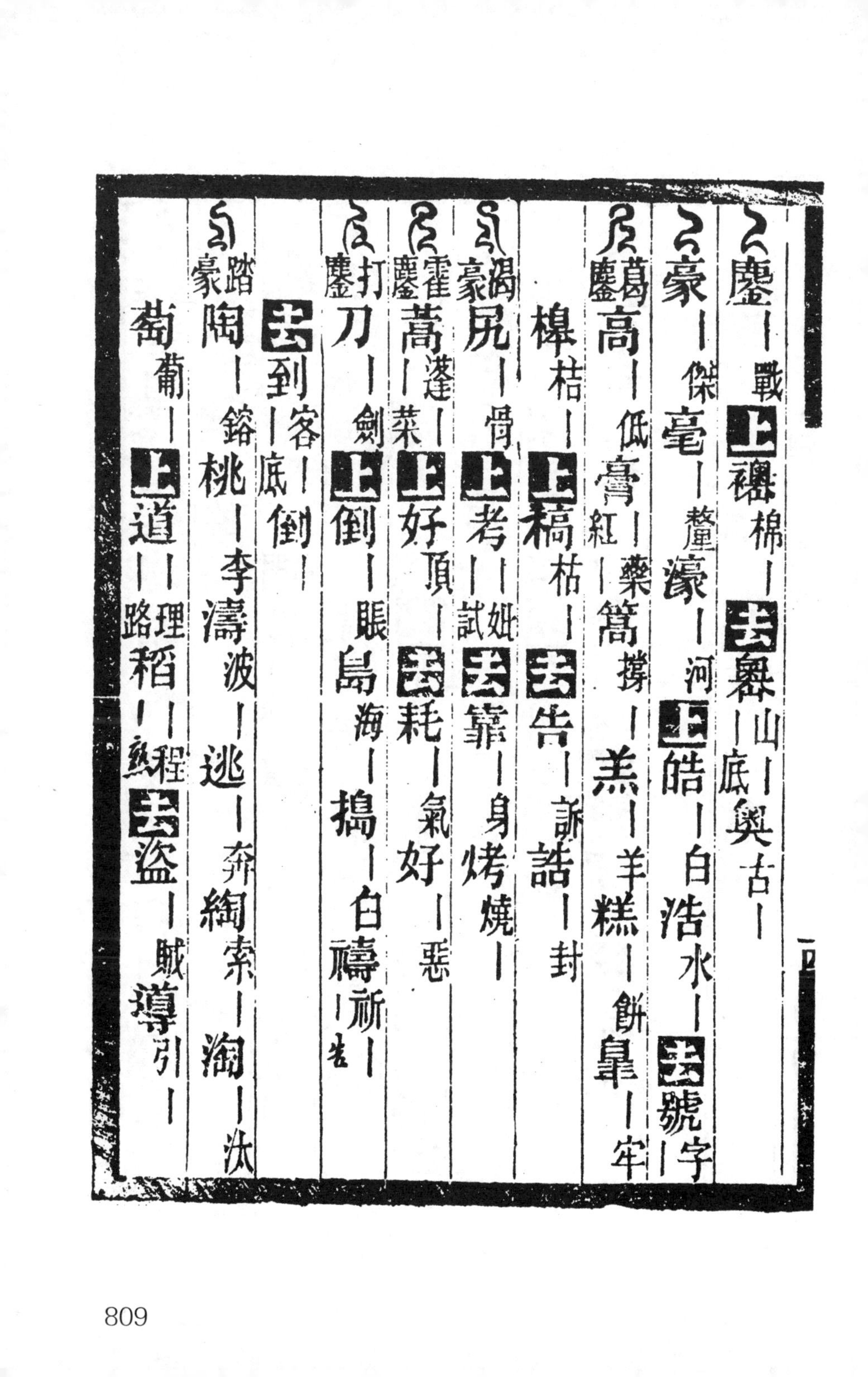

鏖丨戰【上】襖棉丨【去】奡山丨底奥古丨
豪丨傑 毫丨釐 濠丨河【上】晧丨白 浩水丨【去】號字丨
葛鏖 高丨低 膏丨藥 紅丨篙撐丨 羔丨羊 糕丨餅 臯丨牢
槔桔丨【上】槁枯丨【去】告丨訴 誥丨封
渴豪 尻丨骨【上】考妣丨試丨【去】靠丨身 烤燒丨
霍鏖 蒿蓬丨萊【上】好頂丨【去】耗丨氣 好丨惡
打鏖 刀丨劍【上】倒丨賬 島海丨 擣丨白 禱祈丨告
【去】到丨客丨底倒丨
踏豪 陶丨鎔 桃丨李 濤波丨 逃丨奔 綯索丨 淘丨汰
萄葡丨【上】道丨理 路稻丨程緜【去】盜丨賊 導引丨

撻鏖 饕｜餮 縚絛｜ 韜｜畧 弢弓｜ 叨｜光 上 討强｜

去 套圈｜ [illegible]袍｜

臘豪 勞｜苦 牢｜間｜固 醪｜醴 上 老｜少 去 勞慰｜

搽豪 猱猴類 上 腦｜髓 瑙瑪｜ 惱煩｜

紫鏖 糟｜糠 遭｜難 上 早天｜ 棗紅｜ 澡水｜ 蚤蝨｜

去 竈｜房 躁性｜

此豪 操｜持 造｜次 上 草｜木 去 操體｜

史鏖 搔｜首｜手 臊腥｜ 騷｜客 上 嫂兄｜ 去 燥焦｜

掃｜地

似豪 曹部｜ 漕馬 上 造｜化 皂洋｜ 角｜ 漕｜米

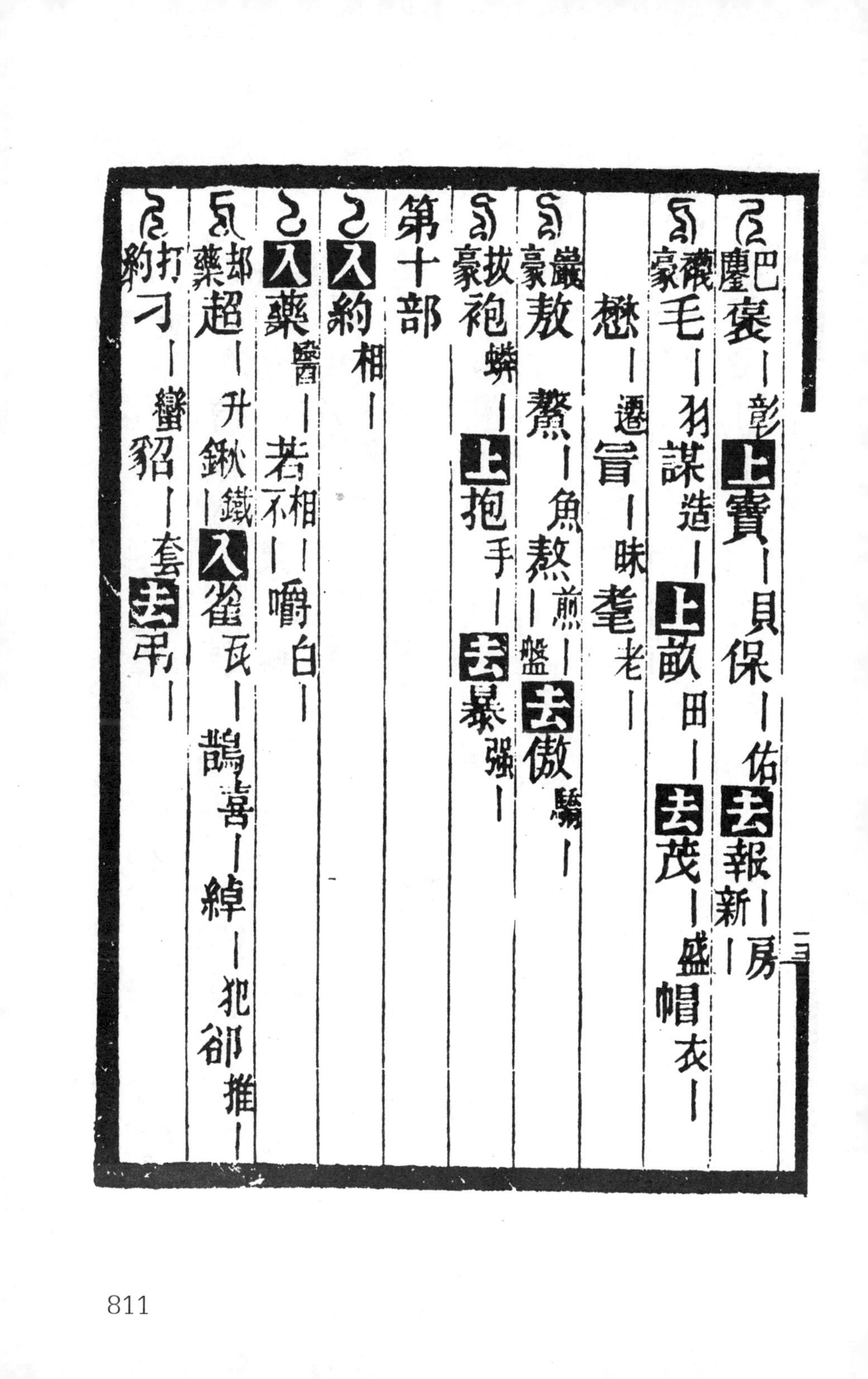

巴麌 襃丨彰 【上】寶丨貝 保丨佑 【去】報丨房新丨

穮豪 毛丨羽 謀造丨 【上】畝田丨 【去】茂丨盛 帽衣丨

懋丨遷 冒丨昧 耄老丨

巖豪 敖 鰲丨魚 熬煎丨丨盤 【去】傲驕丨

拔豪 袍蟒丨 【上】抱手丨 【去】暴強丨

第十部

【入】約相丨

【入】藥醫丨 若相丨不丨 嚼白丨

郤藥 超丨升 鍬丨鐵 【入】雀瓦丨 鵲喜丨 綽丨犯 卻推丨

打約 刁丨 鑾 貂丨套 【去】弔丨

踏藥 迢｜｜ 調｜排 入 蝶蝴｜ 碟碗｜ 牒投｜ 叠重｜

趒約 挑｜担 輕｜ 祧兼｜宗｜ 去 跳｜蚤 糶｜穀 入 帖接｜ ｜服

臘藥 聊無｜ 遼｜東 鐐脚｜ 竂菴｜ 寥｜寂 上 了不｜

蓼辣｜ 去 料｜作 入 畧大｜ 掠搶｜

虛約 蕭｜疏 簫吹｜ 宵元｜ 霄九｜ 上 曉天｜

入 削｜竹 閃｜光

捏藥

第十一部

入 育養｜ 郁｜姓 燠安｜

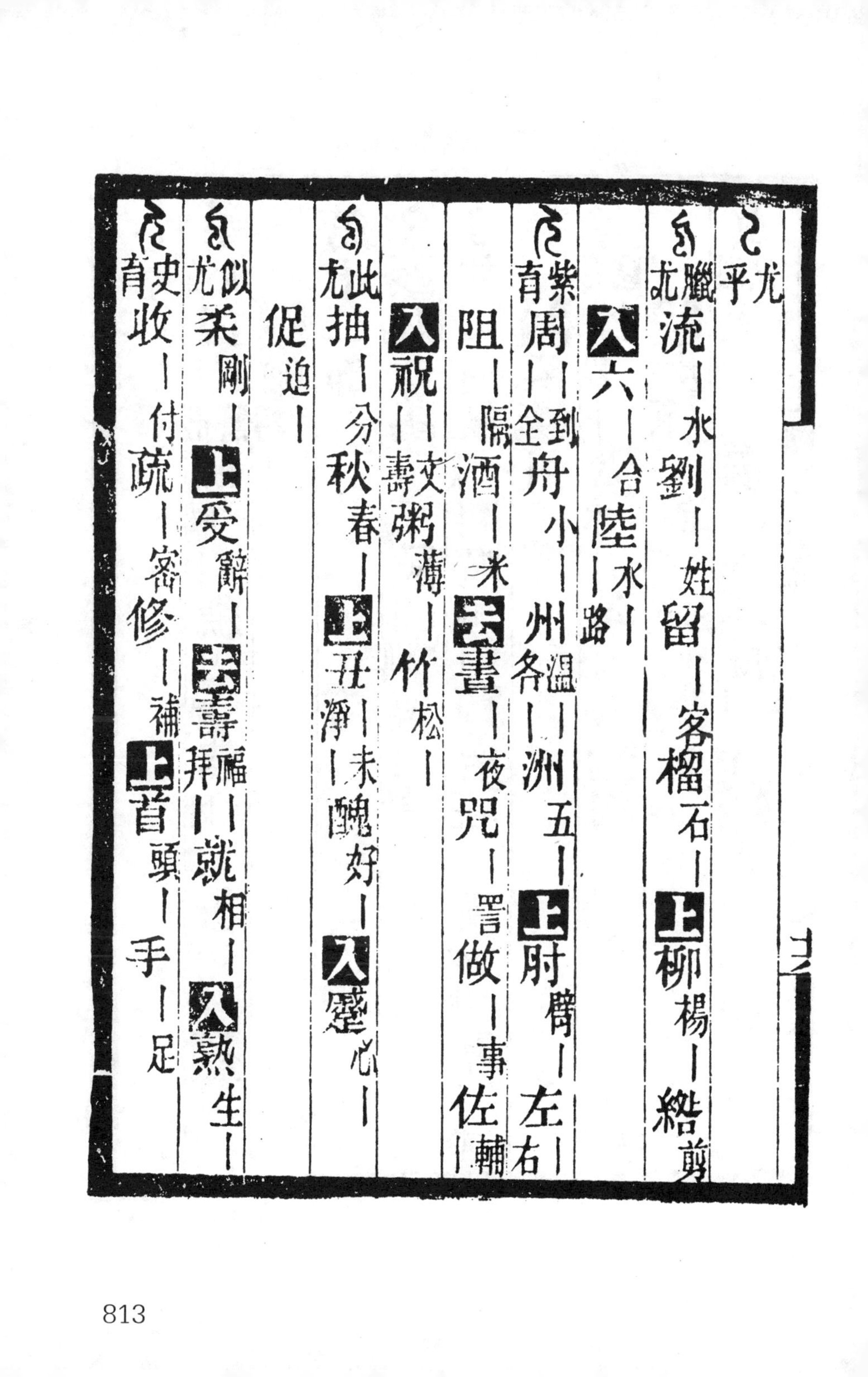

尤
平
臘尤流｜水劉｜姓留｜客榴｜石上柳楊｜綹剪
入六｜合陸｜水｜路
紫育周｜到全舟小｜州溫｜各洲五｜上肘膊｜左右｜
阻｜隔酒｜米去晝｜夜呪｜詈做｜事佐輔｜
入祝｜文壽粥薄｜竹松｜
此尤抽｜分秋春｜上丑淨｜未醜好｜入蹙心｜
促迫｜
似尤柔剛｜上受辭｜去壽福｜拜｜就相｜入熟生｜
史育收｜付疏｜客修｜補上首頭｜手｜足

慈尤囚丨犯丨籠酬丨應綢丨緞儔同丨籌丨捐上紂王丨

入軸轉丨

第十二部

甌瓦東甌丨鷗丨鳥歐丨洲謳丨歌嘔吐丨

侯丨王猴猿丨喉咽丨上后王丨後前丨厚丨薄

去候氣丨

葛甌鉤銀丨溝水丨勾丨茅上狗丨馬苟丨且笱竹器

去垢面丨詬丨罵

渴侯彄摳丨衣帶丨上口丨舌去扣丨除叩丨首

央甌 幽 清丨 憂 丨愁 優 倡丨

藥侯 由 自丨 遊丨 學 油 打丨 尤 怨丨 猶 丨之 蝤 丨蠑

上 有 丨無 友 朋丨 酉 卯丨 去 又 再也 誘 引丨

牖 戸丨 右 左丨 佑 保丨

腳甌 鳩 斑丨 上 九 重丨 久 長丨 玖 丨玉 去 救 丨世

郤侯 邱 土高日丨 丨陵 丨澤

虛甌 休 千丨 息 上 朽 丨爛 去 臭 丨味

噱侯 虬 丨龍 求 苦丨 球 地丨 毬 打丨 裘 狐丨 上 舅 父丨

臼 杵丨 去 舊 新丨

打甌 兜 㨮 湯丨 上 斗 升丨 星丨 抖丨 丨膽 去 鬬 力丨 丨狠

踏侯 投 丨去 【去】豆 祭器 籩丨 竇 徑丨

持甌 偷 丨竊 【去】透 歷 氣丨丨

膢侯 樓 丨臺 婁 丨姓 蔞 瓜丨 【上】縷 麻線也 簍 貧丨 簍 筬丨

【去】漏 水丨 陋 鄙丨

紫甌 鄒 丨姓 騶 馬名 鄹 丨姓 【上】走 行丨 【去】縐 湖丨

奏 丨章

此侯 掫 【去】湊 丨找 數丨

似侯 愁 心丨憂丨

史甌 搜 丨檢 丨羅 溲 丨溺 【上】瘦 肥丨 叟 老丨 【去】嗽 咳丨

伐侯 浮 雲丨 【上】阜 豐也 【去】復 猶再也丨

巖侯牛｜羊

上藕｜｜節｜｜花 偶匹｜｜然

拔侯裒

第十三部

鴉官音 入 一第｜ 挹翠｜ 浥露｜

霞官音 入 曰言也

脚鴉迦 釋｜

部霞佉

噱霞伽

打鴉爹 阿｜ 上 打敲｜ 去 帶旗｜

臘霞儸

暫霞荼湝丨查巡丨楂山丨
紫鴉咤
此霞車推丨
史鴉些

第十四部

醫丨藥衣丨裳依丨靠伊丨尹人名上倚偏丨丨傍椅榥丨
去意丨思噫相痛聲入抑丨鬱溢滿丨益進丨
奚何也爺老丨夷蠻丨姨丨娘蹊丨徑移轉丨
徯待也上以所丨已止也矣去夜丨間易容丨
傒闕丨系世丨異非常也入亦丨是丨可翼羽丨易交丨

逸勞丨

解醫 姬丨妾 雞丨犬 機丨丨坊 基地丨 幾見丨 箕箆筲丨丨

饑丨餓 飢丨肉 期丨丨年 璣珠丨 稽丨考 【上】蟣蝨丨

紀年丨 几茶丨 幾丨丨日時 己自丨 【去】記丨號 寄信丨

計丨算 旣丨然

却奚 欺丨侮 谿丨坑 【上】起睡丨倒丨 豈丨敢 杞丨樹 啟收丨

【去】契丨據下仝 氣丨血 汽丨機 器丨用 棄抛丨

【入】乞求也丨付 吃丨飯 訖收丨 契相丨

虛醫 希丨望 嬉遊丨 熙康丨 曦 羲伏丨 欷丨嘘

嘻丨笑 稀丨少 【上】喜丨怒 蟢蟲名丨丨 【去】戲演丨 頑丨

噱奚 其對我而言 棋圍｜ 祈｜禱｜付 奇｜怪 旂｜號 去 妓女｜

技｜藝 忌｜禁｜辰 芰｜荷

打醫 低高｜ 上 底內｜ 柢根｜ 抵｜款 去 帝｜王

蔕瓜｜ 入 滴水｜ 的｜確

踏奚 啼｜哭 蹄脚｜ 提｜揭 隄長｜ 題｜詩 上 弟兄｜

去 地天｜ 第門｜科｜ 娣｜婦 入 敵對｜ 笛吹｜

荻蘆｜ 狄夷｜ 逖｜遠 糴糶｜ 翟雉羽

撻醫 梯樓｜ 稊柳｜ 上 體身｜相｜ 去 剃｜頭 膩細｜

涕鼻｜ 替｜代 入 剔揀｜ 踢脚｜ 惕心｜

暫奚 池｜塘 墀庭｜ 上 苎｜麻 豸惡獸 去 滯下｜

箸碗｜入直曲｜殖貨｜值價｜蟄驚｜

之有｜知｜覺芝靈｜蘭蜘｜蛛姿｜色脂胭｜

滋｜潤茲此也孜勉也上子｜孫止｜步紫紅｜

姊｜妹旨聖｜意咫｜尺指手｜去至冬｜智才｜

置處｜誌記也志｜願痣點｜

紫醫

躋攀｜遮｜蔽支干｜款枝樹｜肢四｜猪｜羊

嗟｜歎上紙字｜煮｜飯姐小｜去借告｜

濟利｜世制｜度製｜造蔗甘入積｜聚織｜布

職官｜迹形｜跡脚｜隻船｜脊｜背鶺｜鴒

淛同

浙｜江績功｜瘠肥｜

差參｜雌｜雄癡｜呆【上】此如｜齒牙｜恥廉｜

【去】刺｜客次｜第

此奚妻夫｜棲鳥｜淒雨｜萋草｜【上】且｜夫杵搗｜

鼠老｜【入】尺｜寸赤｜色戚親｜勅｜封

時｜節祠｜堂慈｜愛辭｜行而茨茅｜

鰣｜魚磁｜器石｜【上】士進｜是｜非市街｜柹漆｜

耳｜目爾｜你邇近也遠｜【去】事行｜自｜己字｜寫

私｜債｜見詩｜書絲｜線司｜事屍｜骸師｜長

思｜想施｜捨獅｜子篩米｜斯此也尸主也

笥箱也【上】死生｜豕犬｜史經｜御｜使差｜屣鞋也

徙遷｜去四｜方肆放｜試考｜賜賞｜泗水名

史醫西東｜睬｜眼犀｜牛上寫｜字洗｜面舍下｜

銑去世｜界勢｜力赦｜罪細粗｜瀉便｜

入式款｜息利｜歇｜錫｜器識相｜悉知｜燮｜

栻軾

馳｜馬遲早｜持扶｜上雉｜雞痔｜漏

去治｜國

似奚齊整｜蛇龍｜邪｜氣臍肚｜薺荸｜徐｜姓

上社書｜嶼島｜去射｜箭謝拜｜榭庭｜

入食飲｜石｜頭蓆草｜席筵｜籍書｜藉

蝕日丨丨

巴醫 上 比丨較 鄙丨陋 去 蔽遮丨 閉門丨 嬖丨人

入 必何丨 壁板丨 璧圭丨 逼緊丨 鱉魚丨

拋奚 披丨風 砒丨霜 批丨賬 胚丨胎 丕大也 上 譬喻丨

入 吡吒丨 僻偏丨

伐奚 微細丨 薇薔丨 肥丨瘦 上 吠犬丨 去 未丨必

薇奚 迷丨混 眉丨毛 楣門丨 麋丨鹿 糜丨爛 靡丨費

彌丨補 上 米穀丨 美丨人 弭丨兵 尾頭丨 餌餅丨

去 謎猜丨 媚嬌丨

担奚 泥丨沙 巖壯丨 疑丨心 宜相丨 儀威丨禮丨 尼丨姑

上你｜我儀｜然蟻螻｜去義意｜藝手｜

髲醫飛｜舞非是｜扉門｜霏雪｜騑 上匪會｜

去廢｜壞費經｜痱秋｜

拔奚鼙鼓｜皮｜毛脾｜罷疲｜軟 上被｜褥痞滿｜

去避迴｜備防｜弊利｜敝｜壞 入斃死也

第十五部

此部爲變徵音以舌抵下齒得聲與下廿三部羽音廿七部變宮音不同三部字吾鄉方言多混爲一以音彙例儘可併省但係部目故分別註之

乙因｜緣音聲｜陰｜陽姻婚｜茵蓐 上飲｜酒

隱｜士 去映月｜印用｜蔭樹｜

乙寅同｜｜刻淫｜蕩夤｜緣 上引｜路蚓｜蚯｜

脚因 金 丨銀 巾 汗丨 斤 丨兩 筋 丨骨 今 古丨 上 巹 合丨

緊 要丨 錦 丨繡 去 禁 丨止

郤寅 欽 敬也 丨差 衾 衣丨

虛因 歆 享也 丨祀 欣 丨丨 悅也

噱寅 琴 彈丨 勤 丨力 芹 丨菜 芩 黍丨 禽 飛丨 擒 生丨

檎 林丨 岑 山丨 上 近 遠丨 去 僅 丨可 丨是 覲 見丨

晉寅 陳 丨姓 新丨 臣 君丨 塵 烟丨 沉 浮丨 去 陣 排丨

臘寅 鄰 丨近 林 樹丨 琳 丨瑯 淋 水丨 臨 駕丨 辱丨 鱗 魚丨

鈴 鏻 丨 麟 麒丨 燐 丨火

紫因 真 丨假 榛 丨棘 津 丨液 珍 丨寶 斟 丨酌 箴 丨規 戒也

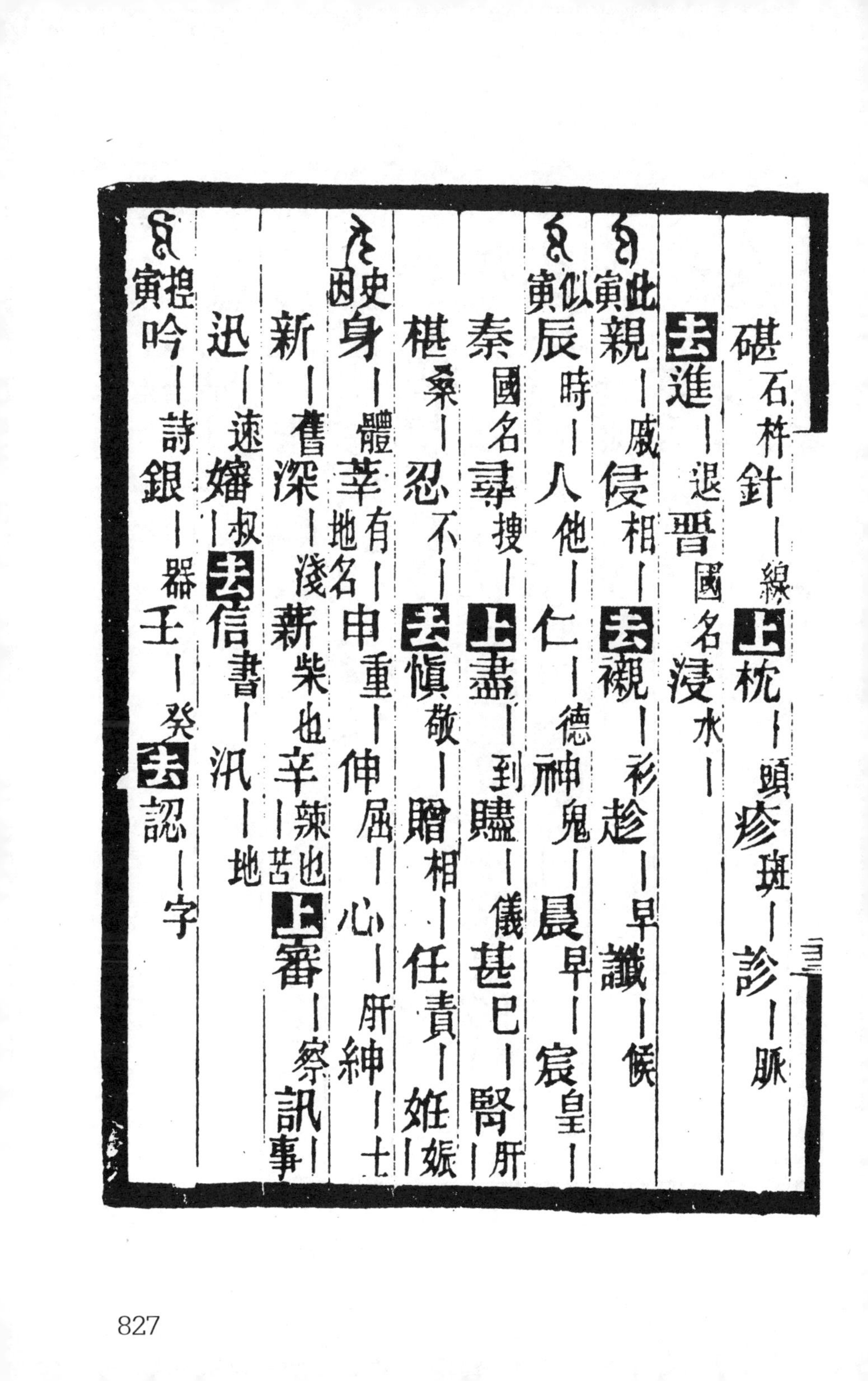

碪石杵針｜線 上 枕｜頭 疹斑｜診｜脉

去 進｜退 晉國名 浸水｜

此寅 親｜戚 侵相｜ 去 襯｜衫 趁｜早 讖｜候

似寅 辰時｜八 他｜仁｜德 神鬼 晨早｜宸皇｜

秦國名 尋搜｜ 上 盡｜到 贐｜儀 甚已｜腎肝｜

椹桑｜忍不｜ 去 慎敬｜贈相｜任責｜姙娠｜

新｜舊 深｜淺 薪柴也 辛辣也｜苦 上 審｜察 訊事｜

史因 身｜體 莘地名 有｜申重｜伸屈｜心｜肝 紳｜士

迅｜速 嬸叔｜ 去 信書｜汛｜地

提寅 吟｜詩 銀｜器 壬｜癸 去 認｜字

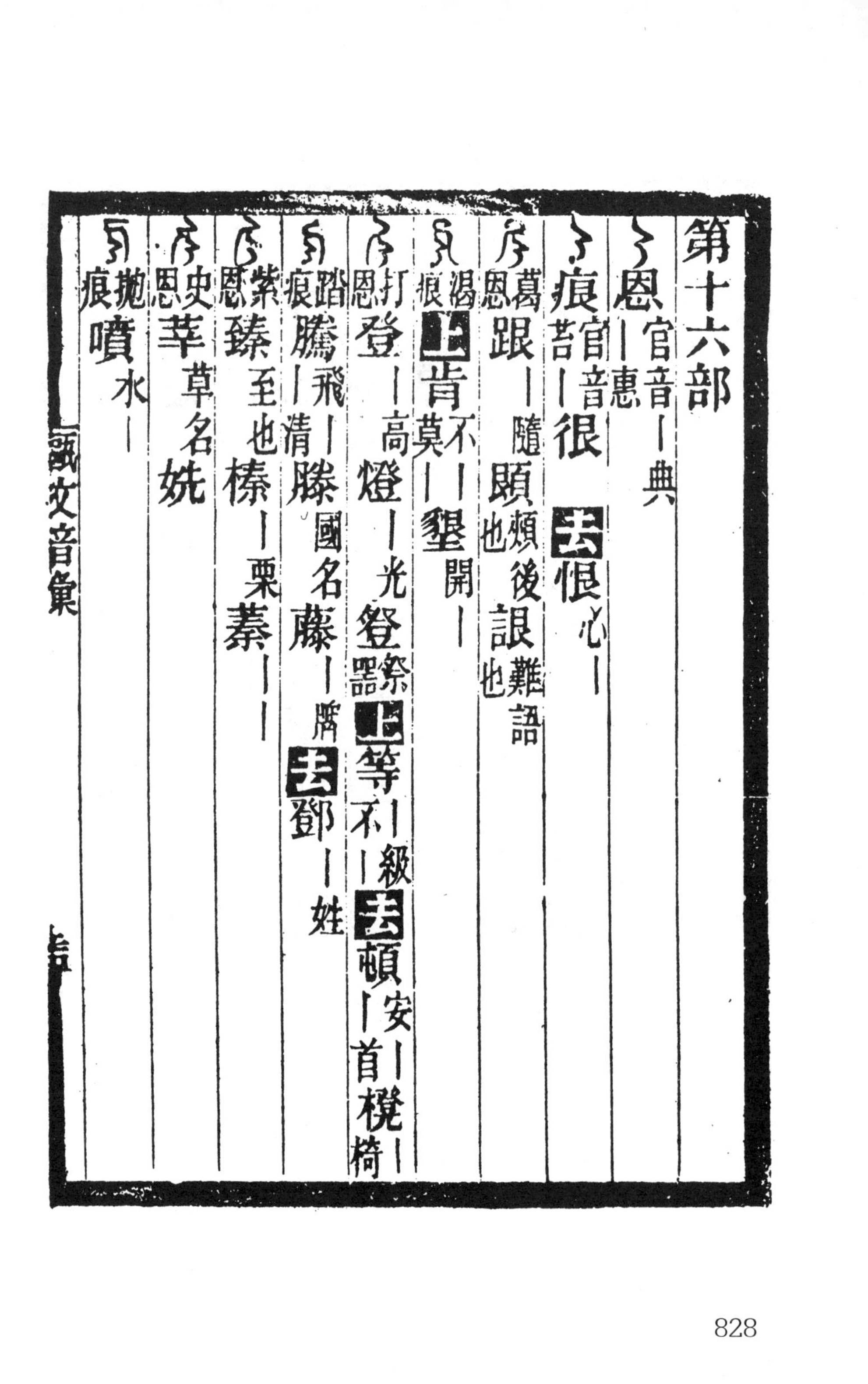

第十六部

恩官音丨典丨惠

痕官音苦丨 很 去 恨心丨

葛恩 跟丨隨 頣頻後也 詪難語也

渴痕 上 肯不丨莫丨 墾開丨

打恩 登丨高 燈丨光 豋祭器 上 等丨級不丨 去 頓安丨首丨 櫈丨椅

踏痕 騰飛丨丨清 滕國名 藤丨[illegible] 去 鄧丨姓

紫恩 臻至也 榛丨栗 蓁丨丨

史恩 莘草名 㜪

拋痕 噴水丨

第十七部

娃 少丨歪丨向

懷 思丨横丨直 強丨衡 權丨槐丨花 淮丨水 【去】壞 破丨

【入】惑 疑丨 畫 筆丨 劃丨一

葛 娃 乖丨戾 【上】柺 樹丨拐丨騙 【去】怪 見丨 奇丨 【入】虢 國名

虢 雷聲丨丨

濄 懷 𨵿 【去】快 暢丨

霍 娃 華 轟丨丨 聲也 【入】豁 䫦丨

巖 懷 【去】外 內丨

第十八部

乙 挨｜官音 次 上 也者｜入 一第｜揖作｜壹 鬱｜氣 金｜

乙 鞋｜官音 襪 入 曰人｜

譯 挹秀｜浥露｜

尺 挨腳 入 吉｜囚 橘柑｜急緊｜湁｜｜桔｜桿筏 監｜

汲｜｜汲引 級等｜

第十九部

乙 哀｜官音 痛

乙 孩｜官音 子

尺 哀藹 去 个 一｜

尺 哀打 堆｜積 去 對｜｜碓踏｜

[illegible]文音彙　壹

踏孩 隤 丨壞 魋人名 丨 〔去〕隊 丨伍 兌 拆丨

提哀 推 丨窗 〔上〕腿 腳丨 〔去〕退 進丨 唾 痰丨

腦孩 雷 丨聲 擂丨 鼓 罍酒器 纍繫丨丨 相貫貌 丨 〔上〕壘 營丨

癗 瘰丨 藟葛類 絫 拖丨 誄 〔去〕淚 眼丨 捩丨 盤

戾 乖丨

搽孩 挼 〔上〕餒 志丨 〔去〕内丨 外

紫哀 〔去〕醉 酒丨 最丨 好

此孩 催 丨客 崔丨 姓 〔去〕翠丨 翡 脆肉丨

似孩 〔上〕罪丨 犯 〔去〕睡丨 醒

史哀 衰丨 老 〔去〕碎 破丨 粹 精丨

慈孩摧丨折

巴哀悲丨傷杯酒丨桮丨棬上貝寶丨背脊丨輩排丨

拋孩肧有丨去配相匹丨丨

穖孩枚一丨

拔孩培栽丨賠丨墊陪丨伴上倍加丨去背丨面
佩丨服珮玉丨焙火丨

第二十部

隈山丨煨火丨

回丨頭徊徘丨廻丨避茴丨香桅檣丨上洧水名
鮪魚名聵聾丨繢畫也闠闤丨去會相丨元滙水丨

潰内丨

尺 葛隈歸丨來 【去】繪圖丨 膾魚丨 檜木名 瑰玫丨 薈萃丨

獪狡丨 【入】國丨家

尺 霍隈灰紙丨 徽美也丨州 【上】賄得丨 【去】悔丨心 誨教丨

乃 溷回魁經丨 奎丨星 恢丨宏 睽丨隔 詼 悝 睽卦

刲刺也 【去】喟丨然嘆聲 塊金丨

第二十一部

己 猾 凹丨凸 【上】晏丨安 【入】鴨水丨 壓丨制丨力

己 咸丨皆也丨豐 鹹鹹魚丨 閑安丨 嫌丨疑 爻卦丨 閑丨時

【上】限有丨 【去】陷下丨 【入】匣鏡丨 狹闊丨

葛猾 緘封｜間中｜交｜易 膠魚｜艱｜難 上 絞繩｜

鉸手｜晈｜潔 去 教｜訓 較比｜入 甲指｜鐵｜

夾｜袍 莢榆｜浹河｜

渴咸 嵌鑲｜敲｜門 上 巧手｜檻欄｜澗水｜

去 瞯偷｜入 恰｜當

霍猾 虓 哮｜嗽 上 喊打｜撼搖｜去 孝忠｜

打猾 單上｜夾 丹鍊｜朱 擔｜柴 上 膽肝｜去 旦平｜

擔重｜誕壽｜入 搭｜船｜背

踏咸 壇壜｜檀｜香 痰｜唾 談口｜上 淡濃｜澹同上

去 憚忌｜入 踏脚｜

撻猎
灘溪丨他丨人攤丨派 上 毯氈丨袒身丨坦平丨
去 炭松丨歎悲丨 入 撻鞭丨達丨生塔古丨頂丨
搨手丨榻丨床
攋咸
蘭丨花闌深也夜丨欄丨杆藍青丨籃菜丨瀾波丨
上 欖甘丨懶丨惰覽 去 爛火丨纜丨繩
入 辣味丨丨手臘丨月蠟丨油
紫猎
抓手丨 上 爪丨甲斬丨首盞碗丨找丨借
去 罩籠丨贊引丨瓚圭丨 入 劄紙丨扎租丨
紮兵丨
揷咸
餐飯丨鈔錢丨抄丨票 上 炒製丨 去 刹寶丨

入察審｜插｜屛

似咸殘花｜巢鳥｜讒｜言｜孱｜弱潺水聲｜

史猾山｜水衫衣｜三二言｜叉珊｜瑚删｜去筲｜箕

上産田｜稍少也傘雨｜去散解｜入殺｜戮

煞｜尾

慈咸上湛露｜去暫｜時棧客｜

巴猾班一｜包衣｜胞同｜斑｜色上板地｜飽吃｜

去豹虎｜

伐咸凡大｜房親｜煩｜惱防提｜繁紛｜礬｜鹽

上犯｜法去望期｜飯吃｜萬千｜入乏無也

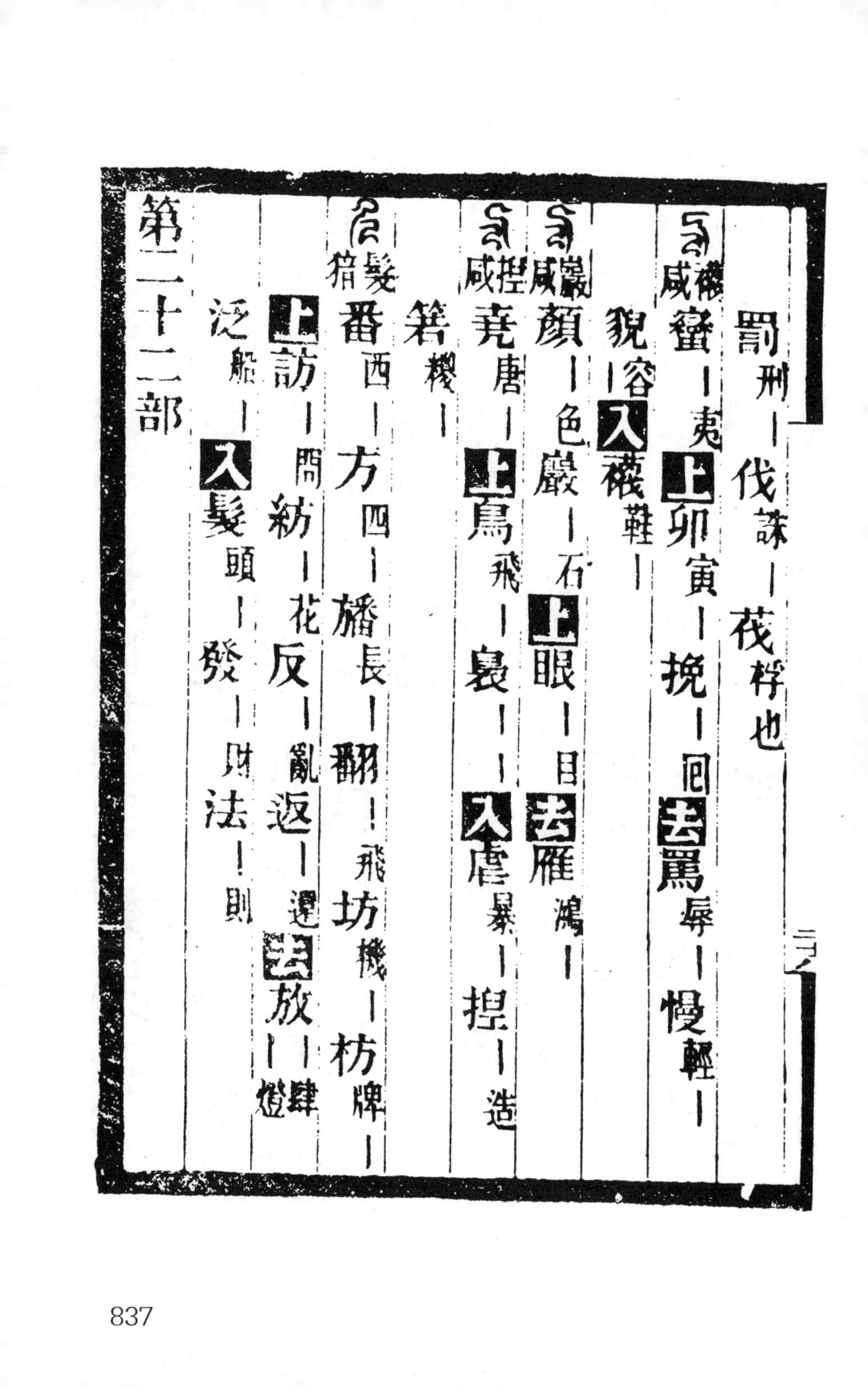

罰刑｜伐誅｜茷桴也

襪咸 蠻｜夷 上 卯寅｜挽｜迴 去 罵辱｜慢輕｜

貌容｜ 入 襪鞋｜

巖咸 顏｜色 巖｜石 上 眼｜目 去 雁｜鴻｜

捏咸 堯唐｜ 上 鳥飛｜裊｜｜ 入 虐暴｜捏｜造

箬機｜

髮猗 番西｜方四｜旛長｜翻｜飛 坊機｜枋牌｜

上 訪｜問 紡｜花 反｜亂 返｜還 去 放｜肆｜燈

泛船｜ 入 髮頭｜發｜財 法｜則

第二十二部

안 安 平｜ 鞍 馬｜ 去 案｜件 按 手｜ 入 曷 何也

한 寒｜熱 翰｜林 含｜蓄 上 旱 大｜ 去 汗 發｜ 恨｜怨

간 葛安 根 樹｜ 干 戈｜ 竿 釣｜ 乾 燥｜ 甘 苦 上 趕 追｜

桿 旂｜ 去 幹 事｜ 艮 卦名 入 葛 瓜｜ 割 刀｜

칸 渴寒 看 花｜ 上 勘 摩｜ 案 入 渴 口｜

환 霍安 酣 睡｜ 鼾 鼻｜ 上 罕 見 去 漢 好｜ 入 喝 叱｜

단 打安 端 正｜ 敦 厚 上 短 長｜ 去 斷 決｜ 入 掇 手｜

탄 踏寒 團 圓｜ 扇 屯 兵｜ 臀 股｜ 上 斷 隔｜ 去 緞 綢｜

段｜ 疋 鈍 刀｜ 遁 逃｜ 入 奪 劫｜ 凸 凹｜ 突 然｜

탄 撻安 湍 水｜ 呑 吐｜ 探 包｜花 入 脫｜ 去 託｜ 言 托｜ 拜

臘寒 鑾｜童鸞｜鳳巒｜山孿拘｜【上】卵蛋也

【去】論｜說亂反｜【入】粒顆｜

吒安 撙裁抑也 尊｜卑 駕鐏 罇酒｜鑽銀｜【去】譖｜毀

插寒 村山｜【上】忖｜度【去】寸尺｜【入】猝倉｜

捺寒 【上】㬉烘｜鍋｜【去】嫩葉｜

似寒 存｜亡 款｜ 蠶養蠶｜【上】饌酒｜撰｜著【入】䉶鐵｜

史安 孫兒｜蓀 鷴｜酸味｜悶門｜【上】損｜壞

【去】遜謙｜巽卦名 蒜大｜算｜賬【入】刷樣｜

巴安 【去】半｜兩【入】鉢鐵｜撥｜撥｜茶潑 潑沿｜

拋寒 潘｜姓【去】泮入｜水判｜審｜官

[illegible]襪寒鰻｜魚瞞遮｜【上】滿盈｜【去】幔布｜【入】末本｜

沫涎｜沒出｜歿身｜抹塗｜

[illegible]拔寒槃盂｜盤｜碗般這｜【上】伴同｜【去】叛背｜

【入】勃蓬｜

第二十三部此部爲羽音，本部音皆撮脣作聲，與上十五部變徵音，下廿七部變宮音不同

[illegible]氳氤｜殷｜姓慇｜勤【上】允平｜尹縣｜

[illegible]匀｜稱云也猶言雲｜雨芸｜香耘｜草紜繁｜

【去】閏｜月韻音｜暈頭｜

[illegible]腳氳君｜王均｜平鈞大也軍將｜營｜

[illegible]虛氳薰｜蒸勳｜名興｜起【去】訓教｜興酒詩｜｜

曉匀羣同丨裙羅丨【去】郡丨城

隴匀淪沉丨倫五丨輪丨盤

紫盦遵丨巡肫雞丨遵循也丨命諄教也【上】準丨頭

【去】駿丨馬雋超丨

此匀春交丨椿樹名【上】蠢愚丨

似匀脣嘴丨純丨正旬十日日丨循因丨有序也丨馴丨善

巡丨查蒓丨菜徇丨情殉丨難【上】順和丨潤滋丨

史盦荀丨姓詢丨問【上】筍竹丨【去】峻山丨浚水丨

舜虞丨瞬轉丨

伐匀文丨章紋丨路蟁丨蟲聞見丨墳丨墓焚火丨

三

【上】刎丨自憤發丨【去】問答丨分坐丨

第二十四部

了諳　哀丨痛庵丨堂【上】噯丨氣酸【去】愛丨惡暗黑丨

了含　煙丨【上】亥丨時【去】害相丨【入】合和丨榼搗丨

核桃丨盍也何不

乃諳　葛柑丨橘該應丨賅丨款【上】敢不丨感丨動改換丨

【去】蓋遮丨概大丨【入】鴿白丨

乞含　渴開丨門堪不丨【去】咳丨嗽慨丨歎【入】刻時丨字丨

克勝也剋相丨

乃諳　霍蛤綠丨【上】海江丨醢肉醬也【入】黑丨白

打諳睛老丨眈丨丨丨【去】戴感丨【入】答丨問得丨失

德道丨

踏含臺戲丨苕河丨擡丨轎覃恩丨潭深丨【上】待款丨

【去】代年替丨丨袋布丨【入】沓丨丨

撻諳胎胞丨台天丨貪丨賍【去】黛粉丨忒慝怨丨

捺含南丨京枏木名喃呢丨【入】納捎丨訥丨言

紫諳裁丨花哉也丨【上】宰丨相【去】載船丨再丨三

【入】則法丨仄平丨昃盈丨

臘含來將丨棶蓬丨【去】賚賞丨【入】笠箬丨勒丨索

劣優丨肋骨丨

此含 猜｜嫌｜着 參｜差 上 採｜花 采採也｜｜ 彩燈｜ 慘悲｜

去 菜｜蔬 入 側 反｜測｜｜度字

似含 才 秀｜材 人｜木 財 貨｜ 裁｜縫 上 在 自｜

入 賊 盜｜雜｜貨 夾｜

史語 顋 去 賽｜會 塞｜外 入 [illegible]通｜ 色 顏｜

慈含 鰓｜｜是 到

巴語 入 北｜方 敗｜

嫣語 娒｜｜

禮含 梅｜花 媒火｜ 煤燈｜ 媒｜婆 上 每｜日

去 妹 姊｜ 昧暗｜ 魅魑｜ 入 墨 摩｜ 默 靜｜

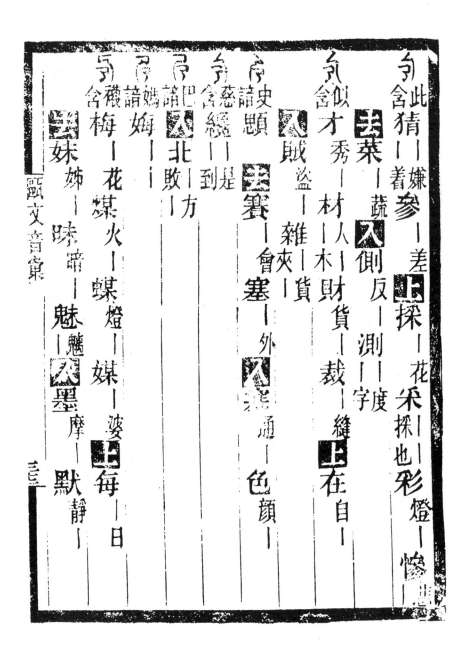

巖含呆｜人礙無｜去艾旂｜盡也乂耐｜苦

第二十五部

鶯黃｜挨｜欸埃塵｜上矮高｜入厄困｜扼要｜

行｜走鞋｜襪諧和｜上幸僥｜杏｜花荇｜菜水草

去行品｜

葛鶯耕｜田庚｜申更支｜皆｜是偕同也｜行羹｜湯

街｜路喈｜鳥聲上耿光也去介芥｜菜价貴｜

界｜限入革斥｜格欄｜隔阻｜

渴行鏗｜慳｜吝坑溪｜上楷模｜入客｜商

霍鶯亨｜通上蟹河｜入赫｜｜

噱行[入]及｜第 掘｜地

打鶯[上]打｜鼓 [去]帶結｜｜信

跆行[去]大｜小｜門

撻鶯[去]太老｜｜過｜平 泰康｜｜驕 汰裁｜

賿行[去]賴靠｜ 癩小瘡 [入]攋手｜

捺行[上]乃 奶｜｜ [去]㮏李屬 奈｜何

紫鶯齋書｜ 爭｜鬭 箏樂器 [去]諍諫也 債欠｜

[入]執固｜ 責｜情

此行釵金｜ 差公｜ 撐｜船 [去]蔡｜姓 [入]拆手｜｜兒

漆柹｜ 七｜星

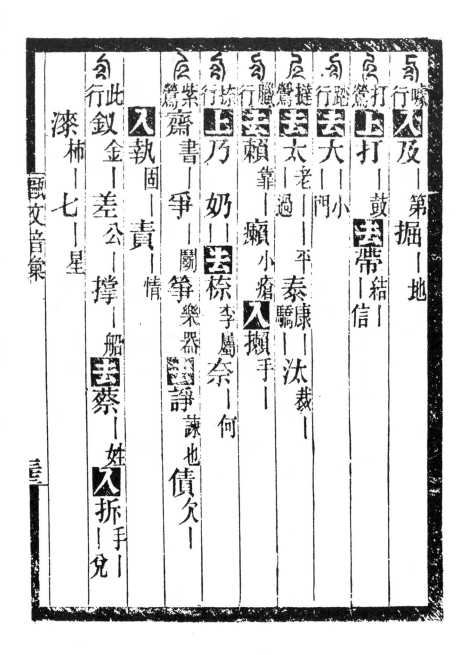

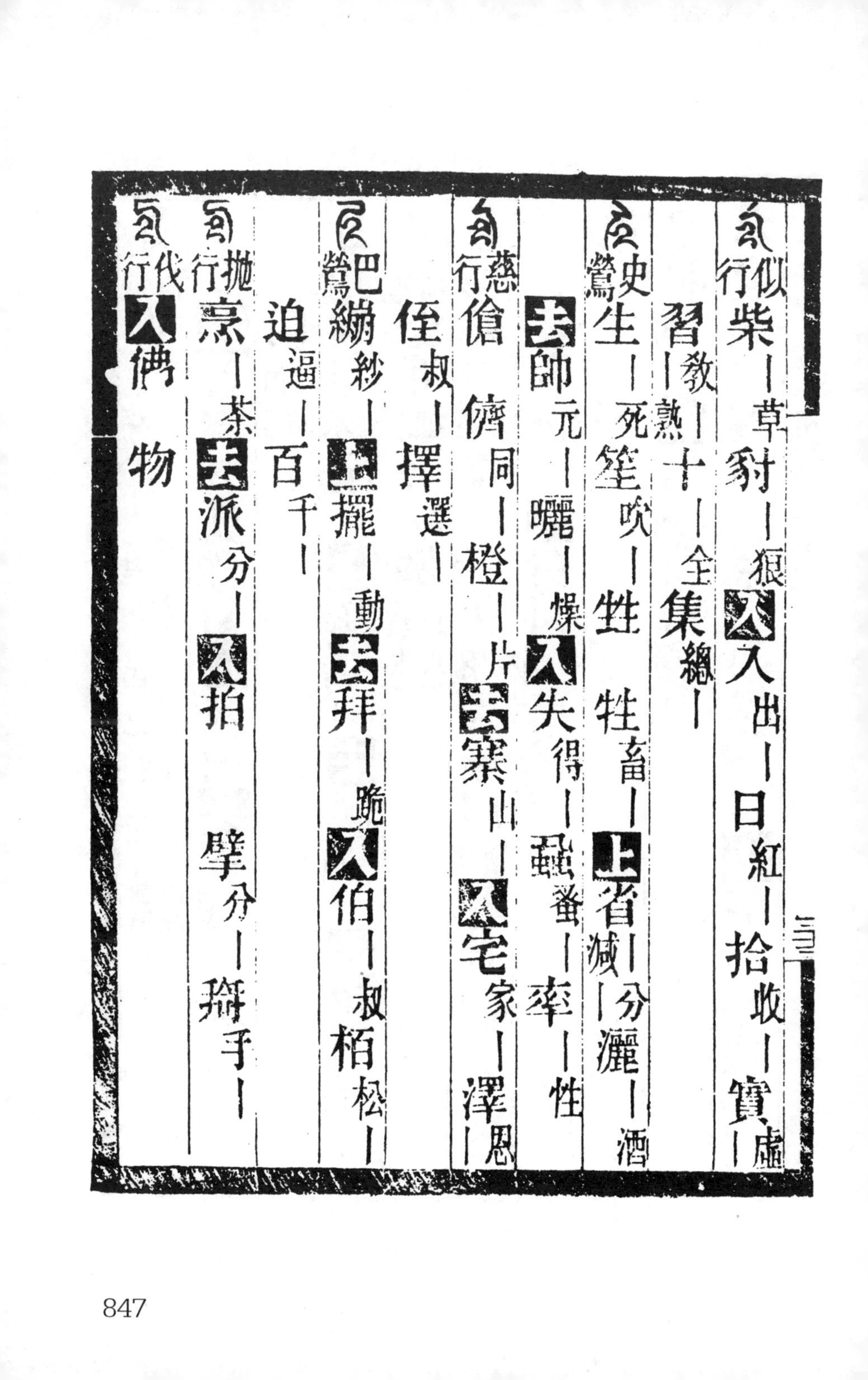

似行柴｜草豺｜狼入入出｜日紅｜拾收｜寶虛｜

習敎｜熟十｜全集總｜

史鶯生｜死笙吹｜甡牲畜｜上省減｜分灑｜酒

去師元｜曬｜燥入失得｜蝨蚤｜率｜性

慈行傖儕同｜橙｜片去寨山｜入宅家｜澤恩｜

侄叔｜擇選｜

巴鶯繃紗｜上擺｜動去拜｜跪入伯｜叔栢松｜

迫逼｜百千｜

拋行烹｜茶去派分｜入拍擘分｜掰手｜

伐行入佛物

薇行萌丨芽　理丨根　氓民也　盲目丨　上　猛丨烈　買貨丨

去　孟丨姓　賣買丨　邁遠丨　入　麥豆丨　脈血丨

陌阡丨

巖行涯丨水　崖　上　駭驚丨　去　硬鐵丨　入　額丨頭

髮鶯　入　弗如丨　勿郄丨　佛怒也逆也

拔行彭丨姓　排丨宕　牌招丨　蟛小蟹丨蜞　上　蚌河丨

去　敗破丨　入　白丨色　帛布丨

第二十六部

灣轉丨　上　抝扁丨　幻變丨

還返丨　寰丨宇　環玉丨　鬟兩丨　去　豢丨養　換兌丨

入活｜動滑路｜

葛灣關｜口｜卡鰥｜魚｜寡去慣｜手入适疾也括｜去

渴還寬｜和入闊｜狹

巖還頑戲｜

第二十七部此部爲變宮音促鼻張口而喉間緊切作聲與上十五部變徵音廿三部羽音不同

烏丁膺胸｜嬰｜兒英｜雄應該｜鷹八｜鶧｜鵡

戶丁盈｜滿縈滎熒螢｜火贏輸｜

上影燈｜

形｜容刑｜法邢｜國蠅蒼｜

脚膺經五｜｜過京｜都荆｜竹驚｜慌競｜｜競逐也矜長｜

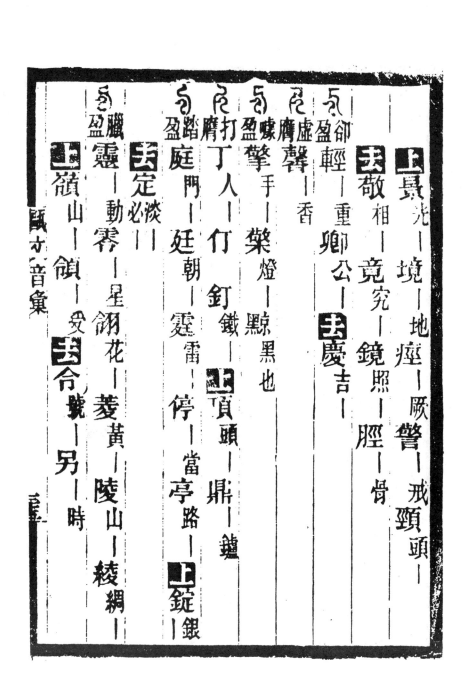

上景光｜境｜地㙈｜厥警｜戒頸頭｜

去敬相｜竟究｜鏡照｜脛｜骨

卻盈輕｜重卿公｜去慶吉｜

虛膺馨｜香

噱盈擎手｜檠燈｜黥黑也

打膺丁人｜仃釘鐵｜上頂頭｜鼎｜鑪

踏盈庭門｜廷朝｜霆雷｜停｜當亭路｜上鋌銀｜

去定必淡｜｜

臘盈靈｜動零｜星翎花｜菱黃｜陵山｜綾綢｜

上嶺山｜領｜受去合號｜另｜時

咤膺蒸燻丨征丨伐貞丨節烝精丨神上井水丨

整丨齊去正端丨

紫膺增丨減甑鑊類

此盈稱丨贊清丨淨青丨色上請丨酒

似盈成丨功承丨受晴丨天情性丨丨面餳丨糖上靜影丨

去淨乾丨盛昌丨

史膺星丨斗升米丨腥丨氣惺上省丨察去性禀丨

姓百丨

慈盈呈具丨程章丨

巴膺冰霜丨賓丨客彬兵丨丁上丙丨丁秉丨命

餅魚｜稟｜單 去 柄刀｜權｜併合｜

ᡦᡳᠩ 拋盈 娉｜婷 上 品｜貌 去 聘｜定

ᠮᡳᠩ 禨盈 名｜氏 明｜白 銘鼎｜ 民人｜ 盟｜好 上 敏｜靈

去 命｜性｜

ᠨᡳᠩ 捏盈 迎｜接

ᡦᡳᠩ 拔盈 瓶花｜ 貧｜窮 平｜安 頻｜仍 憑｜據 上 竝｜無

去 病 疾｜

第二十八部

ᠣᠨ 温 官音｜涼 ｜州

ᡥᠣᠨ 魂 官音｜魄

葛温昆｜弟【上】滚湯｜【去】棍木｜

渴魂坤乾｜【上】緄｜縛【去】捆｜打困窮｜

巴温崩山｜渀水｜奔逃｜【上】本｜根｜錢畚｜斗

抛魂噴煙｜氣｜

襪魂門｜窗捫舌｜【去】悶心｜

甌文音彙終

甌文音彙補遺

第一部

嗚 咽丨

荷 丨花 湖西丨 胡丨姓 何通 糊丨塗 河江丨 狐丨狸

葛阿 去 雇丨工

踏何 陀 彌丨

捺何 奴 才丨 去 糯丨米

巴阿 坡 長丨

禨何 謨 丨烈 入 睦 和丨

巖何 娥 嫦丨 蛾 蠶丨 娛

第二部

巴家 入 駁拙丨 駁雜

羲華 上 銜丨銜

扳華 入 泊停丨

臚華 龍丨虎 入 綠丨色 菉染草

第三部

上 萎枯也 痿丨弱

蠔余 瞿丨麥 去 匱空也 蕢草器

都余 上 去除丨

蹃余 涂丨姓

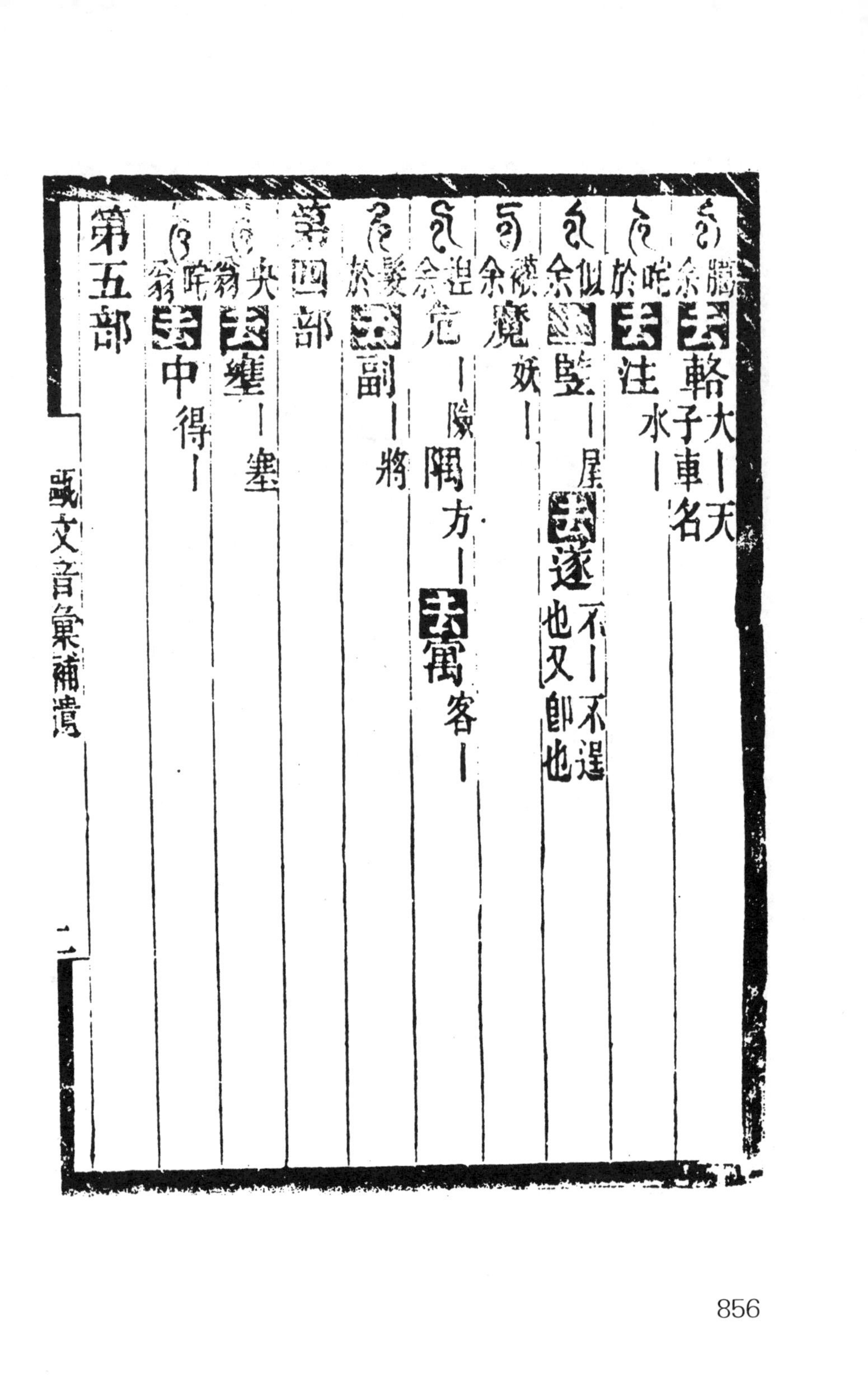

腳余 去 輅 大丨天子車名

吒於 去 注 水丨

似余 [illegible] 豎 丨屋 去 遂 不丨不逞也又卽也

禝余 魑 妖丨

逞余 危 丨險 隅 方丨 去 寓 客丨

髮於 [illegible] 副 丨將

第四部

央翁 去 壅 丨塞

咤翁 去 中 得丨

第五部

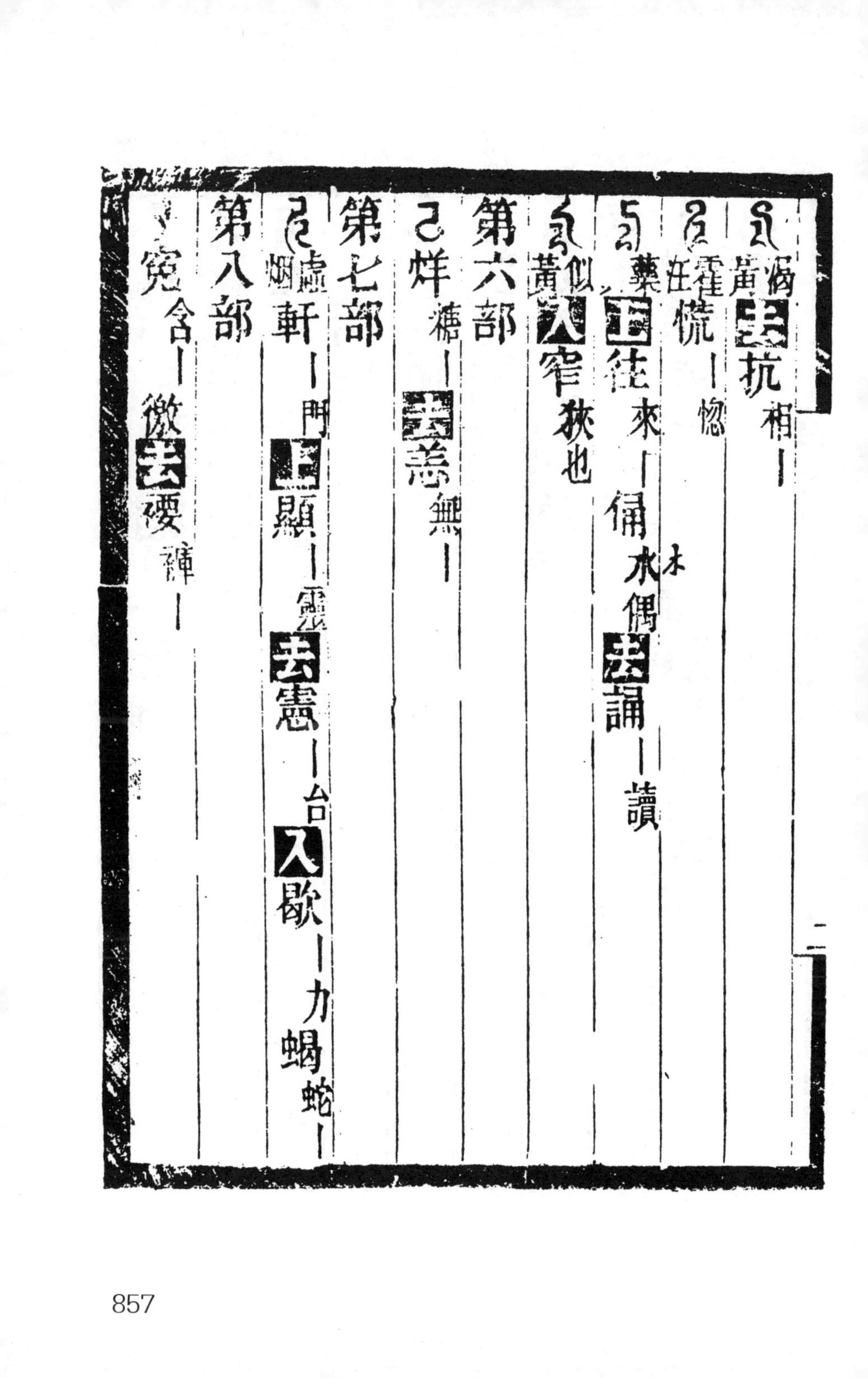

滄黃 上 抗 栯丨

霍荏 慌丨惚

藥 上 往來丨俑水木偶 去 誦丨讀

似黃 入 窄狹也

第六部

烊 糖丨 去 恙無丨

第七部

虛烟 軒丨門 上 顯丨靈 去 憲丨台 入 歇丨力蝎蛇丨

第八部

菴含丨徽 去 䆲禪丨

ㄋ 搖手｜轅門 入 閱歷｜悅相｜
ㄕ 斷淵 去 絹 綢類 入 抉手｜

第九部

ㄠ 去 奥古｜
[illegible] 踏豪 上 衛 衛｜
[illegible] 巴鏖 褋｜真守 真也
[illegible] 似豪 嘈｜｜雜聲 錯 螬 蠐｜虫也

第十部

[illegible] 踏藥 上 窕 窈｜ 掉｜頭 去 掉 對｜ 調腔｜

第十一部

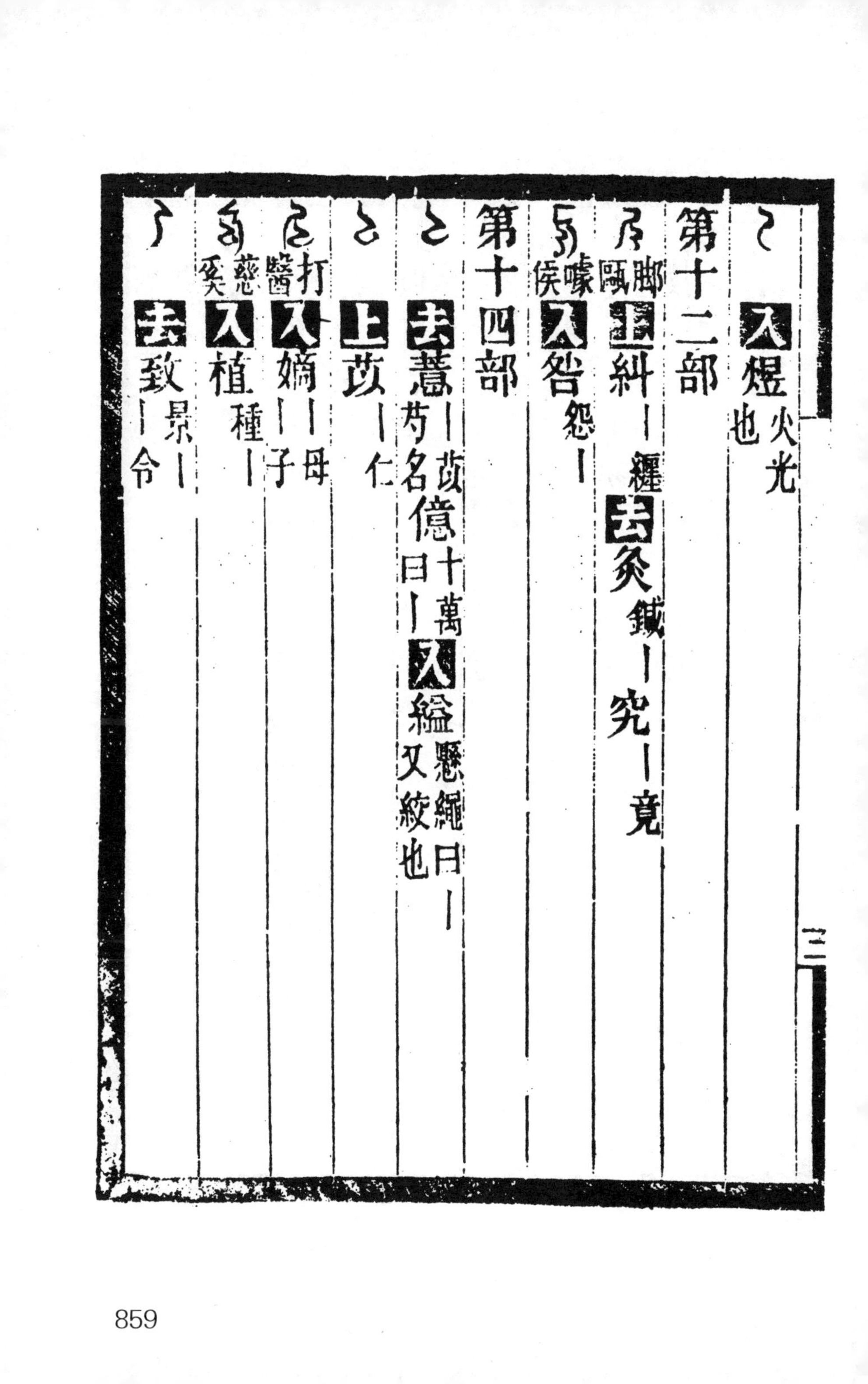

入 熤 火光也

第十二部

鄒甌 上 糾 丨纏 去 灸 鍼丨 究丨竟

噱候 入 咎 怨丨

第十四部

去 薏 丨苡芍名 億 十萬曰丨 入 縊 懸繩曰丨又絞也

上 苡 丨仁

打醫 入 嫡 丨母丨子

慈奚 入 植 種丨

去 致 景丨丨令

紫醫 去 擠 擠|

痴 與|同 疵 病也

上 似 相| 祀 祭| 耜| 頭 䙾 近| 去 示 告|

慈 仝上

似奚 去 辭 |香

巴醫 上 彼 |此 入 祕 |訣

揑奚 上 議 |事

髮醫 上 斐 文貌 去 肺 肝|

拔奚 去 幣 |帛 入 婢 |女

第十八部

鄊挨 入 給 丨發供丨

第二十一部

葛猜 蛟丨龍 上 東 書丨簡 仝上又畧也

達咸 彈丨琴 去 彈 鐵丨 入 達 通丨

臢咸 攔丨佳

此咸 入 擦丨去

巴猎 上 版 手丨

伐咸 蘩 水草罔無也

襪咸 去 漫 懶丨

嚴咸 上 咬丨破

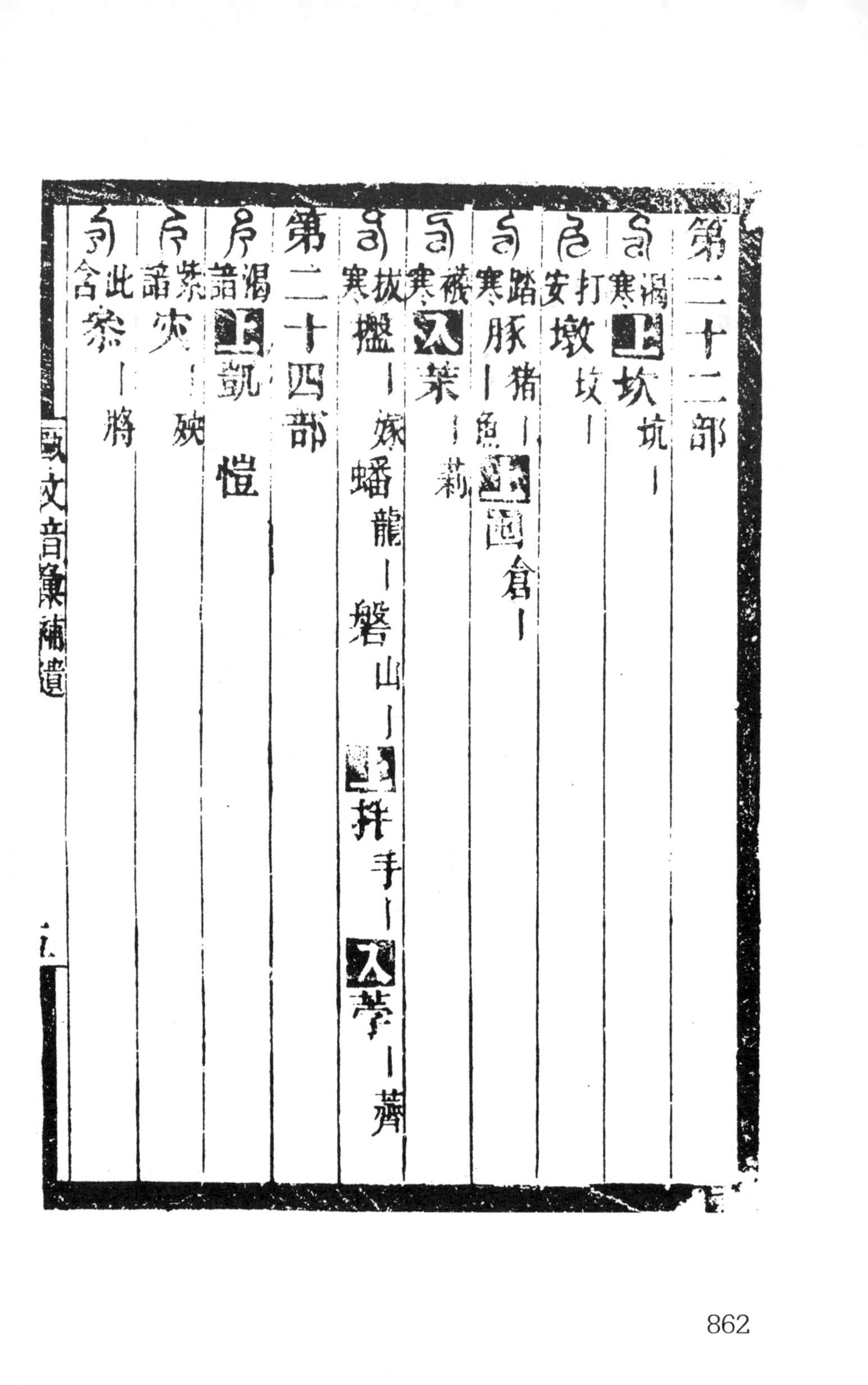

第二十二部

渴寒 上 坎 坑丨

打安 墩 坟丨

踏寒 豚 猪丨 丨魚 上 囤 倉丨

薉寒 入 菜 丨薪

拔寒 攙 丨嫁 蟠龍丨 磐山丨 上 拌 手丨 入 学丨 薺

第二十四部

渴諳 上 凱 愷

柴諳 灾丨 殃

此含 祭丨將

第二十五部

陿丨難險狹丨

骸晁丨〔去〕解丨怠

蔦鶯階石丨〔上〕解丨散鯁骨丨哽丨咽

鴨行〔去〕穎天丨

紫鶯〔入〕汁金丨

第二十六部

彎丨弓〔上〕莞笑丨爾小貌

第二十八部

〔去〕混丨雜

終

新字甌文七音鐸

陈虬　著

內容說明

這本《新字甌文七音鐸》是新字甌文方案的課本，共三十六課，內容分認法、寫法、記法、拼法、溫法、讀法六個部分，後面附有溫州話的一些特殊詞彙《甌諺略》。

本書參照《陳虬集》（浙江人民出版社 1992 年版。）校對標點。

利濟叢書

音聲語言文字學十種之弍

新字甌文七音鐸

愛葉鄭曦署

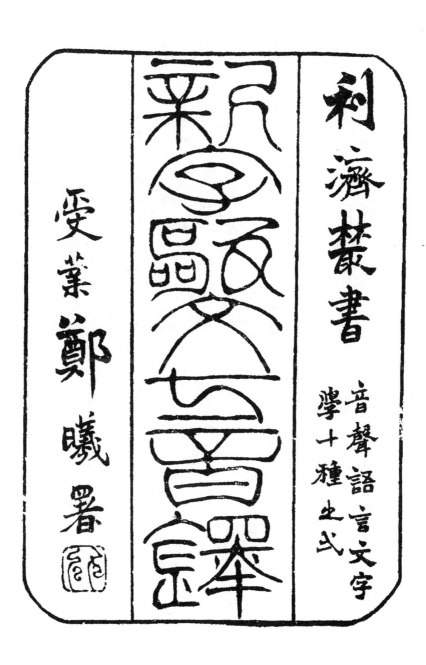

是編宗旨在開通民智，緊要詳後演說。不論婦女農野，每日熟課一點鐘，月餘皆自能寫信記賬，簡捷無比，一人學成可教一家。尚祈大力推廣，多開新字甌文學堂，進化當視尋常學堂事半功倍。

中國字有萬餘，而語言之間，有音無字者，尚居其半。故語言文字，不能合一。太西切音成字，甚有合十餘字始成一字。然於中國單音之字，或仍多不得正音，且中西兩學非五六年不能粗通文義。欲求於十數日之間，人人可學，無不達之意，無不肖之音，字簡而賅，筆畫又省四聲四呼，秩然不紊者，當以此編爲最，讀者當自知之。

此編功課，須分六級：認法、寫法、記法、拼法、温法、讀法。認法，先明父聲母韻。字形長者爲父聲，位居上；短者爲母韻，位居下。寫法，每日當用毛筆描寫範本一頁，久習手腕自然純熟。記法，須分喉、牙、舌、舌齒、齒唇、唇喉，卽宫、商、角、變徵、徵、羽、變宫七音。父聲六位，筆畫由少而多，反正兩體，六字實卽三字。母韻四宫，一二三四，從括弧化出，自然無訛。拼法，分陰陽二門，凡父聲母韻，屬奇者爲陰，屬耦者爲陽。陰與陰拼，陽與陽拼，不得相混。四聲點近母韻，四呼點近父聲，拼法卽明，再求習熟。温法，每人用黑板或粉牌一面，不時任意自行默寫，或用厚紙將父聲母韻裱好裁作九十八塊，隨意聯拼音更妙。太西教瞽法，卽用字母刊好，令其摹認。讀法，以熟爲度。母韻陰聲七課，每日早晚，須演唱一次，進種強權，首在於此。義甚元微，難與初學道也，久演自知。

吾甌音讀多謬，入聲尤甚。編中惟父聲母韻，官音與甌音同者，直注官音。餘俱暫用甌音。是編取有音卽有字，義在增字，未及正音。如「龍」字，官音當拼臘洪，郡城音讀如良，卽可拼臘陽；瑞安讀○，卽可拼臘華。各如其地之方音拼寫，方能令婦女通曉。待方音書寫純熟，再求講正音韻可也。

新字甌文，當分三級，此爲初級之書，以方音爲主，論音不論韻。取其有音卽有字，然僅可施之各省本地，出府則或多窒礙。二級以官韻正方音之訛。數日之間，便能分晰經史一切。各得正音書名《官韻正》，熟此，則大地可通。三級，則爲譯林，取《官韻正》之音同義異者，又加分別，其用始廣，不特舊文萬餘，一一可通，兼可漸悟文法，不過一年之功，可以盡讀譯本中西之書。較之舊法，不啻倍蓰。信學界中之輪舟電路也。

無論古今中外，按其聲韻，均不出二十八部。不過方音之異，在字之音韻不同，竝非韻有欠缺不全，故此編各處皆可通行。

此編文取質實，務令婦女易曉，所謂質家之文也，幸弗致哂。

所定七音部次，確有要義。不材治此已三十餘年矣，異同之故，具詳答問。此爲初學教科之書，無取辭費。一切攷據，概從刪削，閱者勿疑。

甌文四體，大寫全師篆法，小寫時兼隸意，聯字正便兩體髣髴石經，總以不欲盡棄中法爲主。其快字草字，則另著於編云。

例言補正

甌文本有四體，已經刊行。同學以新字初出，先示一體，方易領受。遽授數體，易致歧誤，故復行削存。

《甌諺畧》是刊行後所增本，不僅爲甌方言而作，中多向來有音無字之字，且多仄聲，其音原爲別地所有，其字實爲舊文所無，每日倒切數句，足補前課平聲倒切之缺，故附增于末。

是編別署《普通音字新書》，同學所贈也，意取通俗，故仍之。

新字甌文七音鐸（音聲語言文字學十種之一） 利濟叢書，東甌陳虬志三譜定，同院諸子校。

新字甌文學堂開學演說

今天是利濟醫院新字甌文學堂開學的日子，吾且把院中造出新字的緣由，說給大眾們聽聽。這醫院新建在浙江溫州府城內。原有兩個，老的卻在瑞安，造起來差不多有二十個年頭。那主講先生別名皐牢子，他讀書無成，去興醫道。聽說古人有『上醫醫國』的話，要把那四個字着实做到，表明醫家本等應辦的事體，這麼喚作醫國，因爲人有人的病，國有國的病。現今我們大清國的病呢？是坐在『貧弱』兩個字哪！只有富強是個對證的方兒，因此造出新字，當那富強藥房的本草，這且慢表。

且說吾們現在所立的地面呢？本來橢圜如球，故此喚做地球哪。地球上面有五個大洲。吾們所居的地方呢？是亞細亞洲。那五洲中又五種人類，那五種呢？黃白黑紅樓。吾們到算是黃種。黃種初代的祖宗哪，喚做軒轅黃帝，這文字就是那老祖宗的史官倉頡、沮誦兩個聖人造出來的。當初的字形，頭粗尾細，同那蝦蟆子一樣，便喚做蝌蚪文。後來到了周朝，宣王的時候，史籀變爲大篆。到那秦始皇的時，丞相李斯又變爲小篆，同時程邈又以篆字筆畫忒多，另外造起一種隸書。秦朝一過哪，便是兩漢，史游又造草書，剛是西漢元帝的時候。後來到了東漢章帝的時哪，王次仲纔造正楷，就是現在吾們所寫的字了。變而又變，那倉聖所造的古文，早已影迹全無。

若說尋常的道理，古人費了許多心思，造出文字，應該萬代遵守呢。後人滅了古人的迹，豈不是個大大的罪過麽？不知文字如衣冠車船一般呢！原取便民適用合時爲主。現今吾們穿的戴的坐的駛的，那一件還是三代秦漢的老樣子呢？何況文字。考之前朝，大約遠者千多年來，近者數百年，文字就沒有不變的。只有東漢至今差不多有二千年，依舊守着這篆隸正草四體哪，竝沒有造出新字。吾們中國在地球上面呢，當初也產過多少大聖賢大豪傑，原算是頭等富強的國度呢，只因吃了文字守舊的虧，遂不覺走到貧弱一路上來。這是甚麽道理呢？吾且慢慢說出來把你們聽。

外洋如英美德法日本，男女八歲，一定要他到學堂里讀書。有不依律例哪，就拿他的父兄治罪。因此到處都是學堂，通國算起來，一百人中，那識字的竟有九十多人呢。中國除城鎮大地方以外，能曉粗淺文理的，十個人中哪，還挑不出一個，這就差得多了。他那里識字的人多，故人人多會自己讀書看報，無論做官的念書的造機器的，應該用着文字呢。卽那種田的農夫，以及泥水木匠哪，亦多能自己刊報著書，所以他們造出來這許多東西。製作一天好一天，銷場一年闊一年，利源就興旺起來了。國富沒有不強，此是一定的道理。

吾們中國那里彀得上呢？地方既沒有許多學堂，字又着實難識得狠。每字既有許多音哪，每音又有許多字呢，而且筆畫忒多，通扯起來每字總有八九筆，多者四五十筆不等。字共四萬有餘，緊要的也有四五千呢。還有許多音，統沒有字，就是在學堂十年出來哪，舊字個個認得解得，喚他們寫幾句口頭的言語，開一批手面的賬單，竟沒有一個能一直寫下去的。那人這麼肯費了多少功夫，花了多少銀錢，去學這沒有用場的文字。

識字人少，自然讀書明理的不多，所以西洋從前尚稱吾們為半教的國家，近來竟呼吾爲野蠻呢。因此甲午年以後，中國有志的通人，多曉得開通大家的聰明，總要造出新字纔好呢。現在刊行的，已有吳人沈學，閩泉盧戇章，龍溪蔡錫勇三家。不過他們書，字形字母哪，多是倣洋文的法子，而且母韻不全，故取音仍然不准。中國有些音，依舊是沒有字的，他們書多在那裏，大家看過，多是這麼說。吾們造出來的新字，是純主中法，畧參西文。將來中外通行起來，也好替中國爭點文明的面子。字只有九十八個，每字一筆，兩字拼成一字，有音卽有字，每日費了一點鐘呢，一個把月，就會自己寫信記賬，畧畧加些功夫，并能閱報讀書，眞乃是文字場中的輪船鐵路，比之從前，十分裏頭，總快便的九分。好不好麼？

這部書原名《福利音》，後來又改爲《都利音》。本來造字傳音，用場在音，故名字就音一邊取的。這麼說用場在音呢，因爲天地間音聲的作用狠多，現在統沒有人替他發達起來，如那光學汽學電學一般，只好先用他來治國治病。這話說起來，似乎有些稀奇，不知道古人聽見樂聲，就曉得那朝那國的治亂興衰，這宗道理，是有人聽過的。

說那音可治病，未免有些不信，那曉得上古祝由遺編——禁呪，都載在黃帝造的醫書《內經》裏頭呢。還有一件，古人『藥』字从草从樂，豈不是一個絕妙佐證麼。如今寓音於字，因此改名《甌文七音鐸》。這麼喚做七音，宮商角徵羽五音，再加上那變徵變宮兩音就是。那『鐸』字是這麼說呢，上古本有小小執事官兒，喚做遒人，國中凡有緊要的事，他就把那木鐸在路上搖起來，告訴大眾們。這麼喚做『甌文』呢，是說此文出在東甌，猶之英文出在大英，和文出在日本哪。這部書的名字就取這宗意思。但是現在人多賤今貴古，還祈明公理發熱心有大力量的人，帮襯吾們推廣推廣，無論文的武的老的少的男的女的，勸他學起一個，去教一家。數年之內，吾們黃鐘四百兆同胞，沒有一個不識字，國家自然沒有不富強的。將來好在地球上仍做了第一等文明的國度，好不好么。到那時候不獨本醫院沾得幸福，即吾們老祖同那當初造字二位神聖，亦當歡喜無量呢！請大眾們仔細看看罷。

七音圖

宮商角徵羽謂之五聲，亦名五音，再加變宮變徵謂之七音，用法觀後各譜自明。

第一課

音阿。輕喉音。此字天竺定爲元音。國書取爲字頭。實環球普通之元聲也。調時舌尖微覺有氣。爲陰聲最清之字。每韻陰聲字皆從此生。

音匣。重喉音。調時舌根用力。爲陽聲最濁之字。每韻陽聲字皆從此生。

音葛。直喉。宜舌尖抵下齒。而舌腹稍用力。

音渴。舌腹微凹。返喉而鼻微有聲。

音霍。宏喉。張口而兩輔微覺狹小。

葵匣切。舌根插近會厭。喉緊而下唇用力。

每日描習範本一頁。

以上六字。皆出於喉。喉於七音屬宮。凡宮聲字。皆衝喉而出。字形首作ꝯ象喉之形。以順逆分陰陽。一字化六。以下每宮。皆僅換字頭。

第二課

音央舌腹用力而聲出鼻間

音藥閉口舌尖微捲而聲出兩牙兩輔微覺有氣

音腳舌腹用力而聲出兩牙

音卻舌頭用力而氣出鼻間

音虛撮口而氣由臚中徐出蓄於兩頤音宜緩而舒

音噱其藥切甌音近着啟唇聲由兩頤急衝至舌頭着舌頭噱牙音以此爲別

先就粉牌上默寫第一課六字分作三句朗誦首二字每字一頓三四五六一頓

以上六字皆出於牙牙於七音屬商凡商聲字皆出於牙調時須閉齒而逼合聲出兩槽牙

字形首作ㄱ者象牙形也說文牙作𤘗齒作𠚕故用以爲別

本課認熟并前六字一氣朗誦以熟爲度

第三課

音打舌尖向上膛用力。

音踏舌頭用力。

音撻舌腹用力。

湛入聲開口而舌頭用力。不帶鼻音。

音囉拉阿切。舌尖用力。而聲出鼻間。天竺稱爲彈舌音。

音臘。舌頭微卷。戛然而止。

貼默舊課七字。另用範本一頁。將貼過已熟之字加圈。

以上六字皆出於舌。舌於七音屬角。

凡角聲字。皆出於舌。字形首作者。象舌形也。

本課認熟。并前十二字熟誦。

第四課

音咤齎鴉切舌齒音開口而舌尖抵齒

音插攙盍切開口舌頭抵齒稍用力

而吳合兒陰聲字舌抵齒而鼻有聲

音兒二平聲舌抵下齒急氣讀之

此字古汝移切在日母近北音混疑母南音雜娘母均非本音

怒翁切農陰聲字上唇微撮舌尖輕抵上齒齦而聲出鼻間

音捺張口而舌頭出兩齒間聲重而氣停

貼寫舊課未圈之字未熟另貼總以滿七字爲度

以上六字皆出於舌齒於七音屬變徵變徵者聲在角徵之間故字形首作ㄥ者亦參用舌齒之半也

本課認熟并前十八字朗誦

第五課

音紫.撮口齒頭用力.

音此.撮口而舌從上齶緊抵正齒.

是猗切.時字清聲.撮口舌頭緊抵齒齦.而鼻微有聲.

音似.撮口而聲出正齒.氣微至鼻.

音史.唇啟而聲出兩齒.

音慈.撮口.聲出舌腹.而齒頭用力.此與似聲有別.似於舊母屬斜禪.半清半濁.慈則從牀二母.字皆全濁聲也.

貼默舊課七字.以上六字皆出齒齒於七音屬徵.凡徵聲字皆出於齒.字形首作ㄥ者割說文入形之半也.本課認熟并前廿四字接誦

第六課

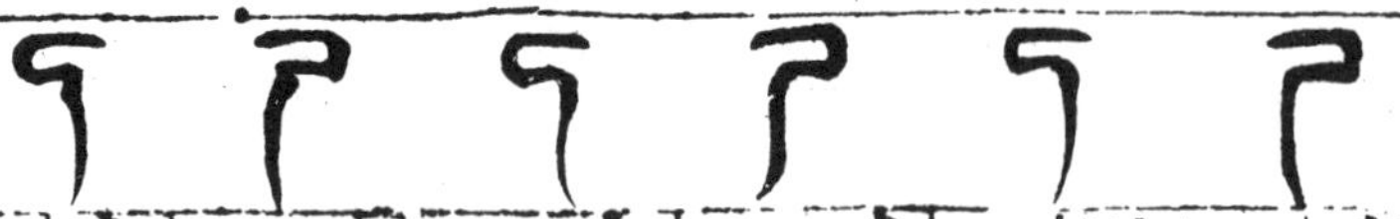

音巴。重脣音。合口緊出

拋入聲。重脣。張口緊出

武翁切。馮字清聲。輕脣音。合口

而帶鼻音

音伐。輕脣音。張口出之

音媽。芒字清聲。上下脣緊切。而

微帶鼻音

音襪。上下脣緊切而出。收聲返

喉。

貼默舊課七字。以上六字皆出於脣。脣於七音屬羽。凡羽聲字皆出於脣。字形首作ㄱ者象脣形也。

本課認熟。接誦以前三十字。

第七課

五哀切.外脣微用力.而聲出鼻.先貼默舊課七字間.次認本課.

喦盍切.嚴入聲.聲由鼻間.而歷脣喉.

麌鷗切.兩脣緊切.而穿鼻返喉.忌撮口抵齒.

音揑.鼻中用力.而喉脣緊相切.忌帶齒音.

音髮.兩脣用力.而空喉度氣.

音拔.兩脣緊切.而聲驟歛入喉.

以上六字.皆出於脣喉.脣喉於七音屬變宮.變宮者.聲在羽宮之間.故字形首作ᘐ者.亦參用脣喉之半也.本課認熟.并前三十六字接誦.

第八課

先檢七日描過範本七頁.

次合逐字朗誦一番.如有錯誤.檢表指正.

習問

就粉牌上任意寫出數字.問其識否.

還講

另挑以上數字.合其默寫粉牌上.

再合逐句大家合誦.以諧音節

第九課

宮一  音阿，窩字開口音，兩脣相合，中微留一竅，聲從喉中緩緩而出。

宮二  音窊，烏瓜切，聲出喉間，而氣留鼻孔。

宮三  音於，撮口聲，仍返入喉，而脣稍用力。

宮四  音翁，合口空喉，而聲出鼻間。

以上四字為宮音，所云一二三四者，全書大綱，以七音分部，每部四韻，共二十八韻，綱而一二之次，則以高下疾徐而定，便演唱也。四韻皆宮音，故首仍作ɔ形，本部字皆喉，特用力，一二三四則取括弧︵︶（）四體為識。有父聲有母韻，即可拼字，每日摘拼數字為例，餘法另詳。

拼法

   歌

   烘

凡拼法，上聲下韻，急讀兩字，逼出本音。

第十課

商一	商二	商三	商四

音汪。翁荒切。合口。聲出兩牙。	音央。約香切。齊齒。而氣出鼻間。兩頰車微自相切。	音煙。聲出兩牙。	音淵。合口。氣從槽牙。蓄於兩頤。

默寫九課四字。

以上四字為商音。故字形首作乛。凡本部字。皆兩槽牙用力。

凶

薑

雍

第十一課

角一		音麼襖蒿切。張口而聲從舌腹上出。
角二		音顯握交切。口微開。而舌腹插近前膛。
角三		郁平聲。撮口而舌尖微卷。聲從兩頤出。
角四		音甌沃鷗切。合口而懸舌居中。聲蓄兩頤。

貼默舊課六字。仍就範本將母韻表加圈。以上四字為角音。故首作。凡本部字皆舌用力。

東

偷

湯

第十二課

變徵一	變徵二	變徵三	變徵四

音鴉啞平聲。懸舌齊齒。	音醫。抵齒。舌尖用力。	音因。舌尖緊抵下齒。鼻徵有聲。	音恩翁臻切。合口舌抵下齒。聲出鼻間。

與下挨字音不同。挨以上四字爲變徵音。故首作乀。凡本部音皆以舌抵下齒。此以舌緊抵正齒。

默寫舊課六字。

知

第十三課

默寫舊課六字

徵一		音歪·齊齒懸舌·而兩唇微啟·
徵二		音挨·官音矮平聲·齊齒懸舌·而鼻微有聲
徵三		音哀一衣合聲·兩齒緊切·而聲出鼻間·
徵四		音隈·齊齒·兩唇啟·而聲出兩頤·

以上四字爲徵音·故首作ㄥ·凡本部字·皆兩齒用力

○ ○ 哀

第十四課

羽一		音猗讀如凹上唇下垂。
羽二		音安兩唇尖音氣圓繞。
羽三		音氳撮唇而舌尖緊抵上齶。
羽四		音諳讀如頤音哀垂舌而兩唇微覺有氣。

默寫舊課六字。

以上四字爲羽音故首作つ凡本部音皆撮唇作聲。

包 姆 ○

第十五課

默寫舊課六字。

變宮一	變宮二	變宮三	變宮四

音鴬。兩唇大啟。張口。而空喉作聲。	音灣。撮唇。而聲從喉間直出。	音膺。促鼻張口。而喉間緊切出聲。	音溫。烏昆切。撮唇而氣從喉間上蓄兩頤。

以上四字爲變宮音。故首作。凡本部音皆在唇喉之間。

第十六課

再檢十五日描過範本十五頁。

習問

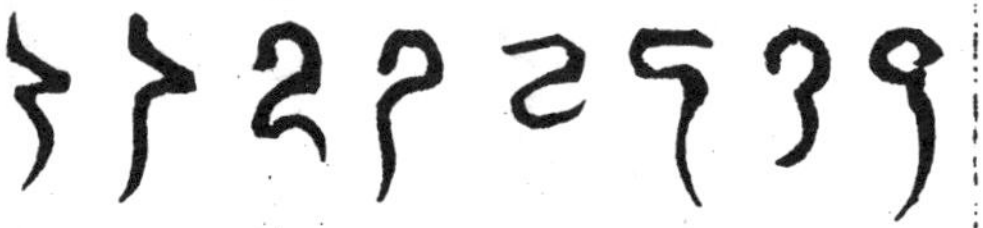

就粉牌上錯綜。寫出數字。問其識否。

還講

另挑以上數字。合其默寫粉牌上。

演唱

韻分七部。每部四音。以高下疾徐為次。唱時須由高而下。而疾而徐。徐者。緩也。發聲須響。收聲須長。全韻一氣接誦。此中別有妙義。

音何

音黃　韻綱二十八類　皆取清聲四字

音華　標目便符識也

音陽　然用以拼字則

音余　每類又須各分

音賢　陰陽蓋陰不切

音洪　陰陽不切陰也

音立　陽陽不切陰也

計共五十六字

寫法則陽聲字

即就陰聲字反

寫

八字一頓．須讀編

第十八課讀法

音豪

音霞讀如甌音曰

平聲

音肴讀甌
音藥平聲

音移

音尤平
合

音寅

音侯

音痕讀如甌音恆

三

第十九課

音懷　音咸

音鞋　官音　音寒

孩入聲　近亦　音勻

音回　音合平聲

讀法

第二十課

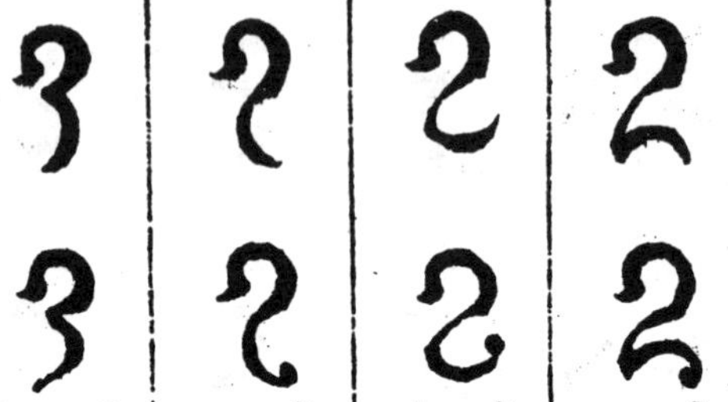

音行　音還　音形　音丸

讀法

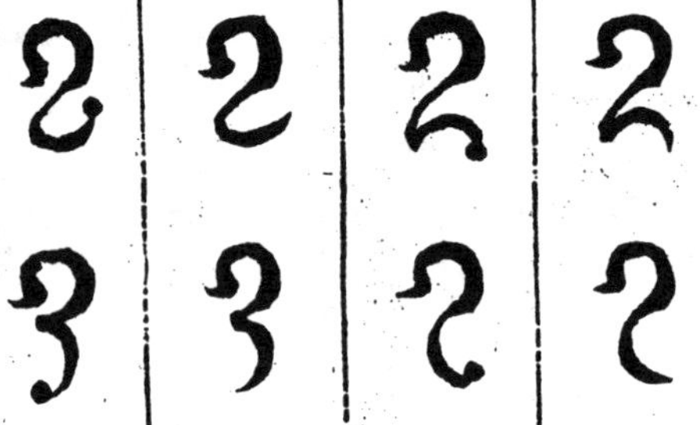

拼法須知順切到切說

拼法，葛淵爲官，葛鏖爲高，兩字拼成急，讀則合爲一音。先字後音，此爲順切。熟此則自能識字。然新字之用，其要則在到切。如欲寫一公字，須能念公葛翁，方能將葛翁二字拼作一公字，否則僅能識字，不能寫字，尚無用也。故順切雖熟，平時仍須逐字自行到切，方精因取要韻七部，各列順切，到切，按課熟讀，自能脫口而出。課畢又須橫讀一番，并可識全韻序次，惟烏匣二父聲下，卽係母韻，但有直音，不須拼合，蓋母韻爲一韻之母，能生子音，自不待拼，父聲或可拼寫。然旣設爲父聲，拼成亦是此字，故父聲母韻皆僅一字。

第二十一課

翁 汪 甌 醫 隈 因 猜

洪 黃 侯 移 回 寅 咸

公 光 鉤 ○ 歸 ○ 監

空 康 彄 ○ 恢 ○ 嵌

烘 荒 ○ ○ 灰 ○ 哮

頏 ○ ○ ○ ○ ○ 郃

倒切

翁●●汪●●甌●●醫●●隈●●因●●猗●●

洪●●黄●●侯●●移●●回●●寅●●咸●●

公●●光●●鉤●●○●●歸●●○●●監●●

空●●康●●彄●●○●●恢●●○●●嵌●●

烘●●荒●●○●●○●●灰●●○●●哮●●

頏●●○●●○●●○●●○●●○●●卸●●

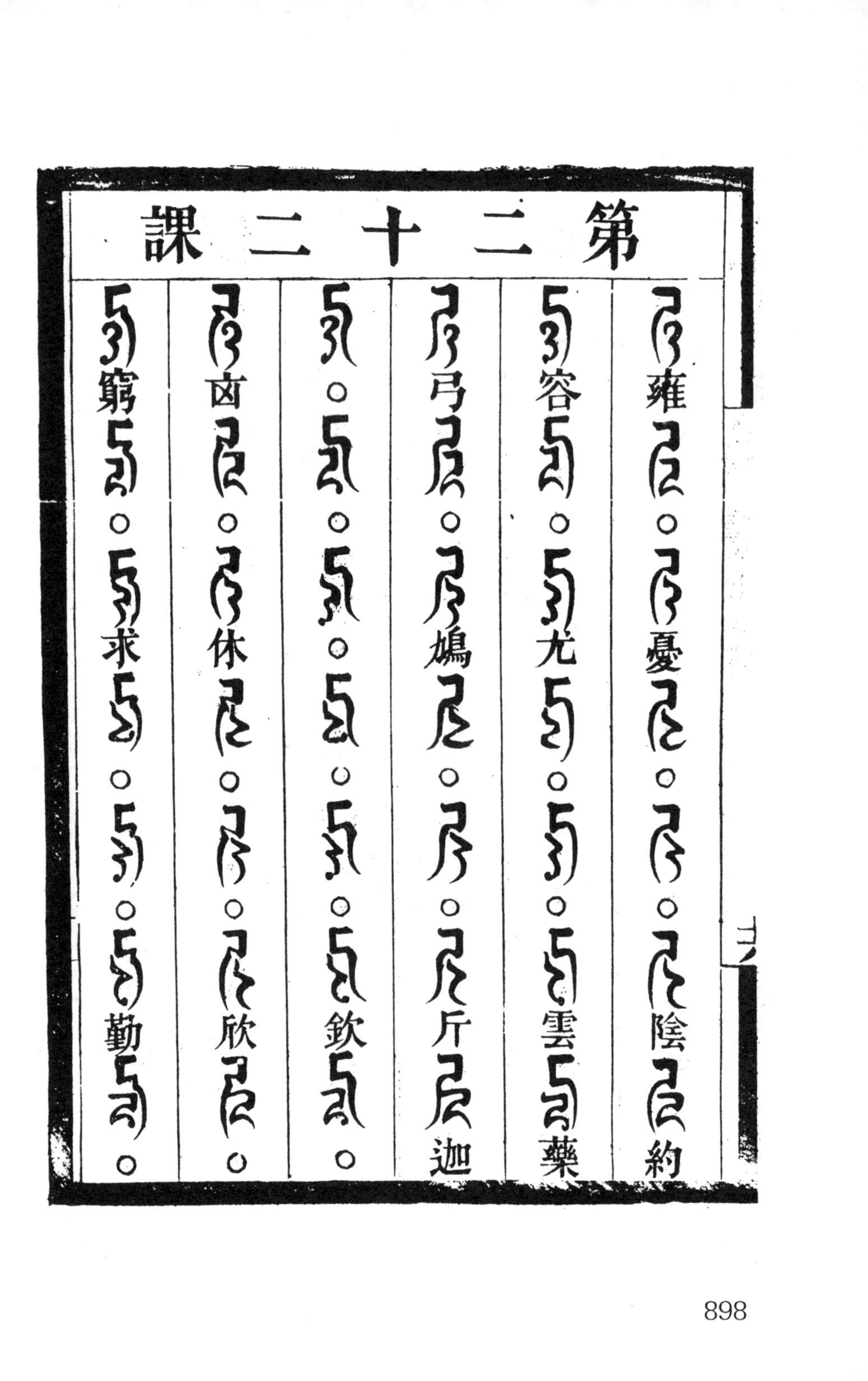

第二十二課

雍 ○ 憂 ○ ○ 陰 約

容 ○ 尤 ○ ○ 雲 藥

弓 ○ 鳩 ○ ○ 斤 迦

○ ○ ○ ○ ○ 欽 ○

囱 ○ 休 ○ ○ 欣 ○

窮 ○ 求 ○ ○ 勤 ○

倒切

雍	●	●	○	●	●	憂	●	●	○	●	●	○	●	●	陰	●	●	約	●	●
容	●	●	○	●	●	尤	●	●	○	●	●	○	●	●	雲	●	●	藥	●	●
弓	●	●	○	●	●	鳩	●	●	○	●	●	○	●	●	斤	●	●	迦	●	●
○	●	●	○	●	●	○	●	●	○	●	●	○	●	●	欽	●	●	○	●	●
凶	●	●	○	●	●	休	●	●	○	●	●	○	●	●	欣	●	●	○	●	●
窮	●	●	○	●	●	求	●	●	○	●	●	○	●	●	勤	●	●	○	●	●

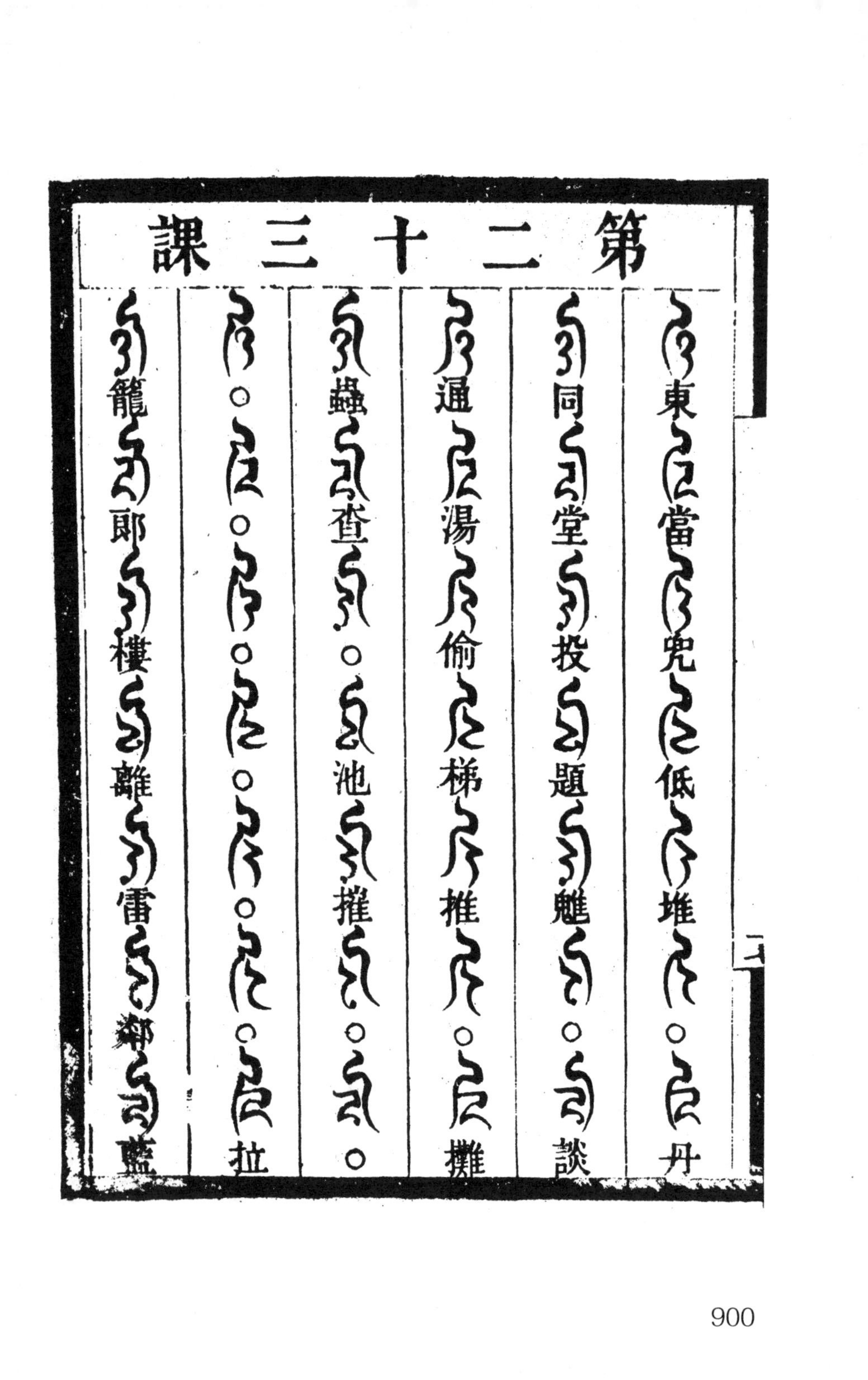

第二十三課

東當兜低堆○丹
同堂投題雕○談
通湯偷梯推○攤
蟲查○池摧○○
○○○○○○拉
籠郎樓離雷鄰藍

倒切

東●●當●●兜●●低●●堆●●○●●丹●●

同●●堂●●投●●題●●䭼●●○●●談●●

通●●湯●●偷●●梯●●推●●○●●攤●●

蟲●●查●●○●●池●●摧●●○●●○●●

○●●○●●○●●○●●○●●○●●拉●●

籠●●郎●●樓●●離●●雷●●鄰●●藍●●

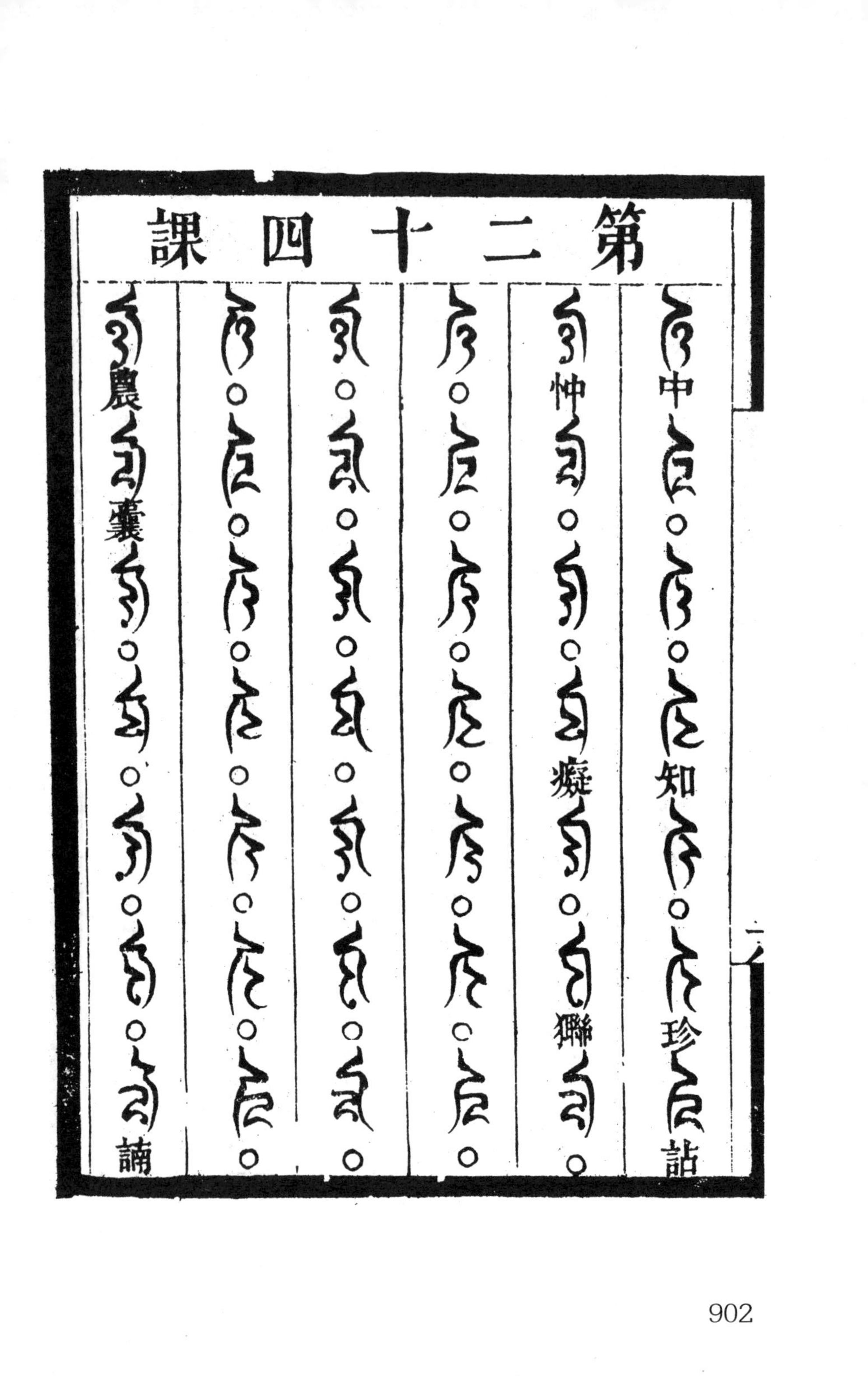

第二十四課

中 知 珍 詀

忡 癡 獬

農 囊 諵

倒切

中●●○●●○●●知●●○●●珍●●詁●●
忡●●○●●○●●癡●●○●●獮●●○●●
○●●○●●○●●○●●○●●○●●○●●
○●●○●●○●●○●●○●●○●●○●●
○●●○●●○●●○●●○●●○●●○●●
○●●○●●○●●○●●○●●○●●○●●
農●●囊●●○●●○●●○●●○●●諵●●

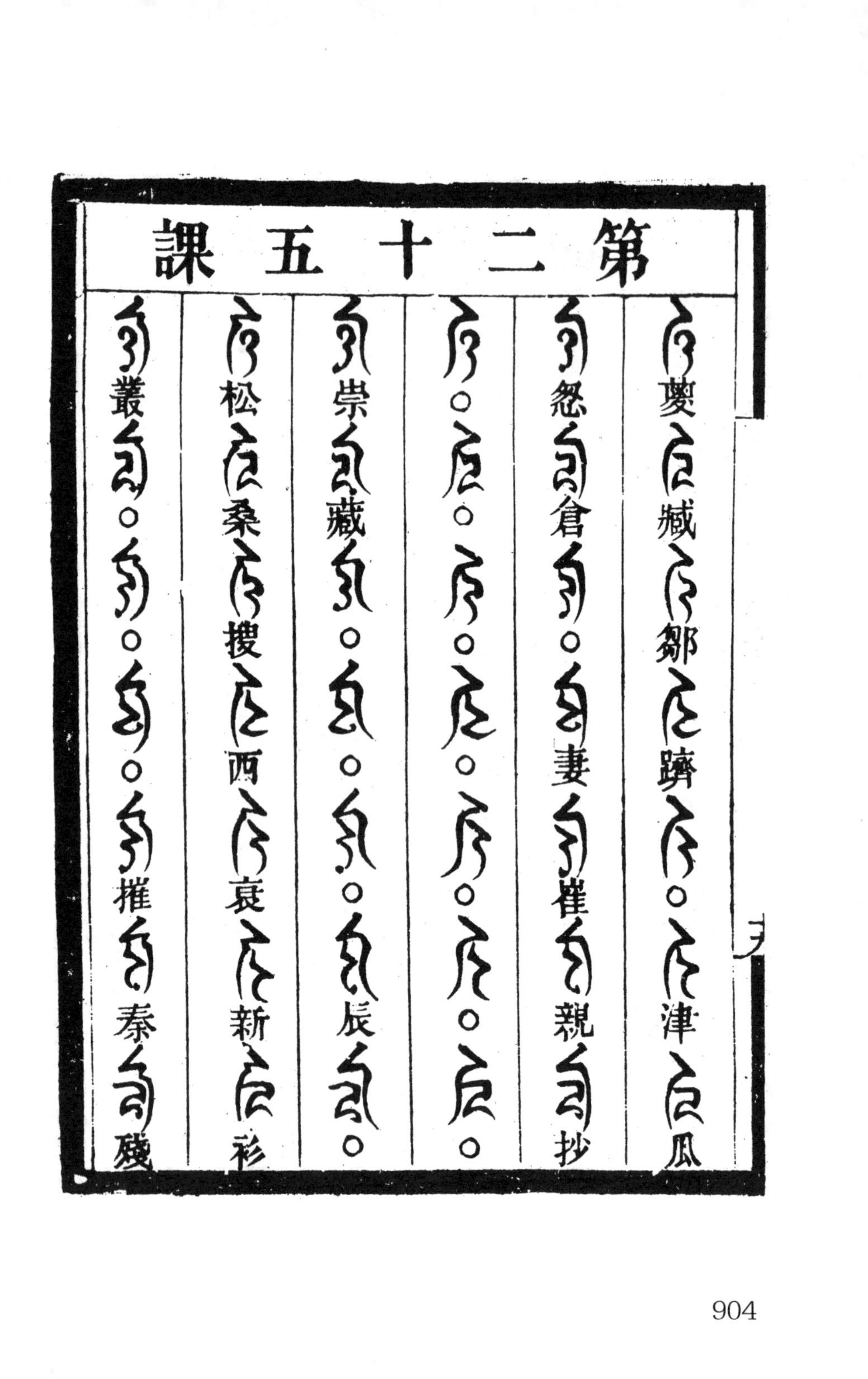

第二十五課

叟 臧 鄒 躋 ○ 津 瓜

怨 倉 ○ 妻 崔 親 抄

○ ○ ○ ○ ○ ○ ○

崇 藏 ○ ○ ○ 辰 ○

松 桑 搜 西 衰 新 衫

叢 ○ ○ ○ 摧 秦 殘

倒切

㚇	●	●	臧	●	●	鄒	●	●	躋	●	●	○	●	●	津	●	●	爪	●	●
怱	●	●	倉	●	●	○	●	●	妻	●	●	崔	●	●	親	●	●	抄	●	●
○	●	●	○	●	●	○	●	●	○	●	●	○	●	●	○	●	●	○	●	●
崇	●	●	藏	●	●	○	●	●	○	●	●	○	●	●	辰	●	●	○	●	●
松	●	●	桑	●	●	搜	●	●	西	●	●	衰	●	●	新	●	●	衫	●	●
叢	●	●	○	●	●	○	●	●	○	●	●	摧	●	●	秦	●	●	殘	●	●

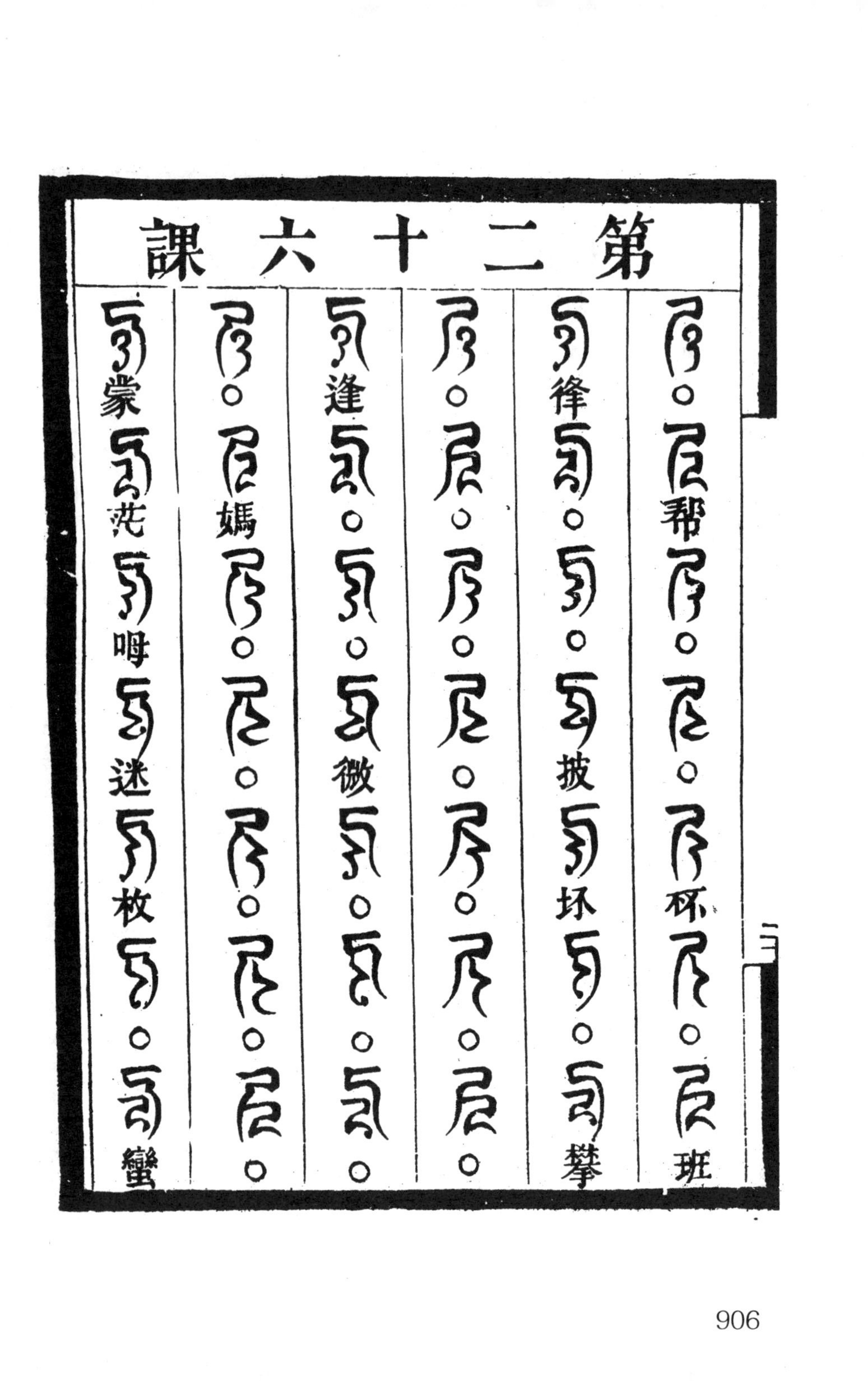

第二十六課

○帮○○杯○班

徬○○披坏○攀

○○○○○○○

逢○○微○○○

○媽○○○○○

蒙茫呣迷枚○蠻

倒切

○	[彳夆]	○	逢	○	蒙
●	●	●	●	●	●
●	●	●	●	●	●
帮	○	○	○	媽	茫
●	●	●	●	●	●
●	●	●	●	●	●
○	○	○	○	○	呣
●	●	●	●	●	●
●	●	●	●	●	●
○	披	○	微	○	迷
●	●	●	●	●	●
●	●	●	●	●	●
杯	坏	○	○	○	枚
●	●	●	●	●	●
●	●	●	●	●	●
○	○	○	○	○	○
●	●	●	●	●	●
●	●	●	●	●	●
班	攀	○	○	○	蠻
●	●	●	●	●	●
●	●	●	●	●	●

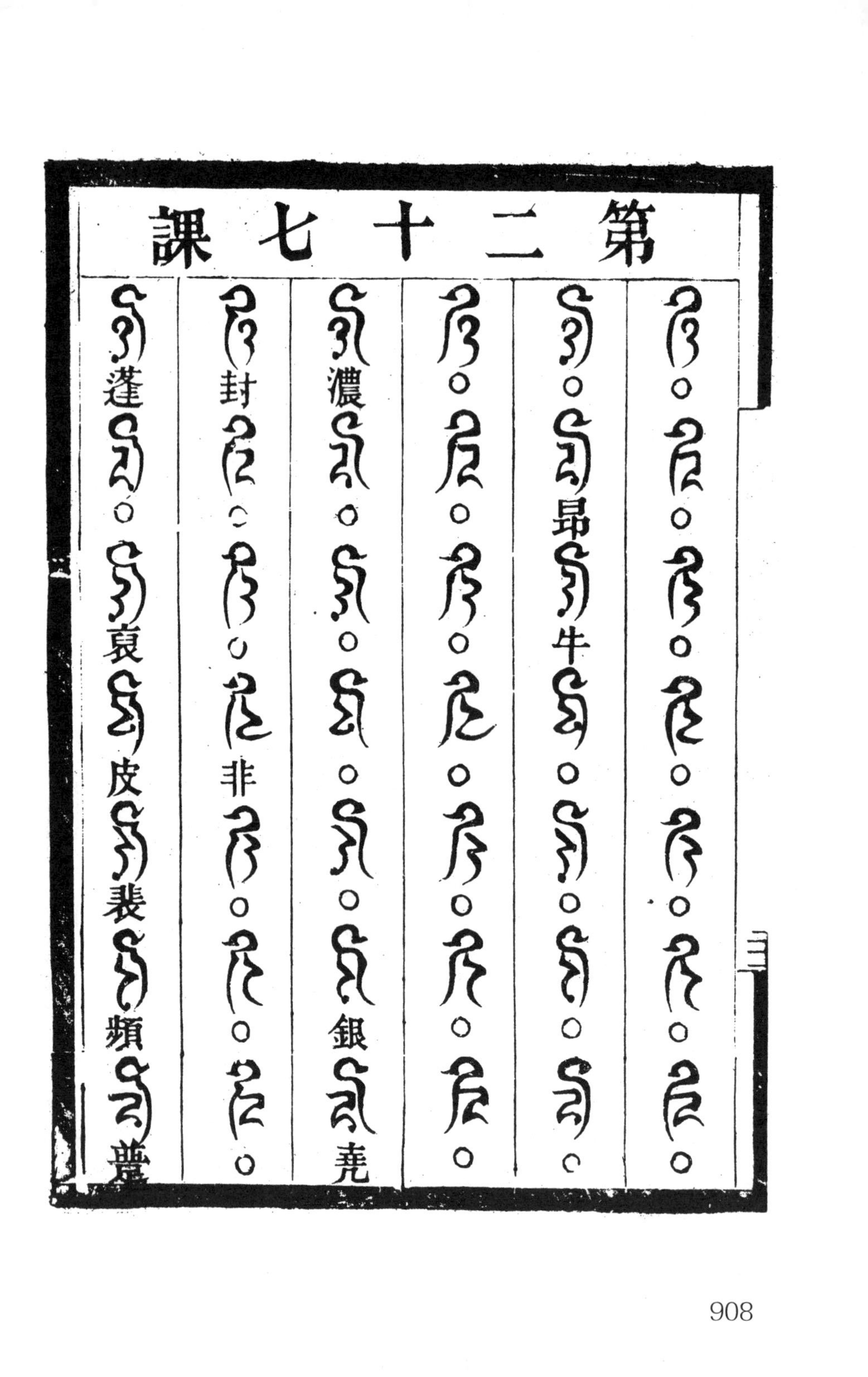

第二十七課

昂 牛

濃 銀 堯

封 非

蓬 裒 皮 裴 頻 豐

倒切

○●●○●●○●●○●●○●●○●●○●●

○●●昂●●牛●●○●●○●●○●●○●●

○●●○●●○●●○●●○●●○●●○●●

濃●●○●●○●●○●●○●●銀●●尭●●

封●●○●●○●●非●●○●●○●●○●●

蓬●●○●●裒●●皮●●裴●●頻●●蹩●●

習熟以上各課自可拼字寫字然尚僅能施之平聲之字於仄聲猶未及也蓋每字各有平上去入四聲上去入三聲統名仄聲能明四聲一字方得四聲之用而寫法則不過於四角另加一點以爲記號而本字仍然不易如遇仄聲亦然蓋仄聲母韻均不待拼也另圖於後

四聲圖

上	去
平	入

去聲舌端重轉　入聲舌縮而垂

上聲舌尖微卷　平聲舌坦而舒

第二十八課

第二十九課

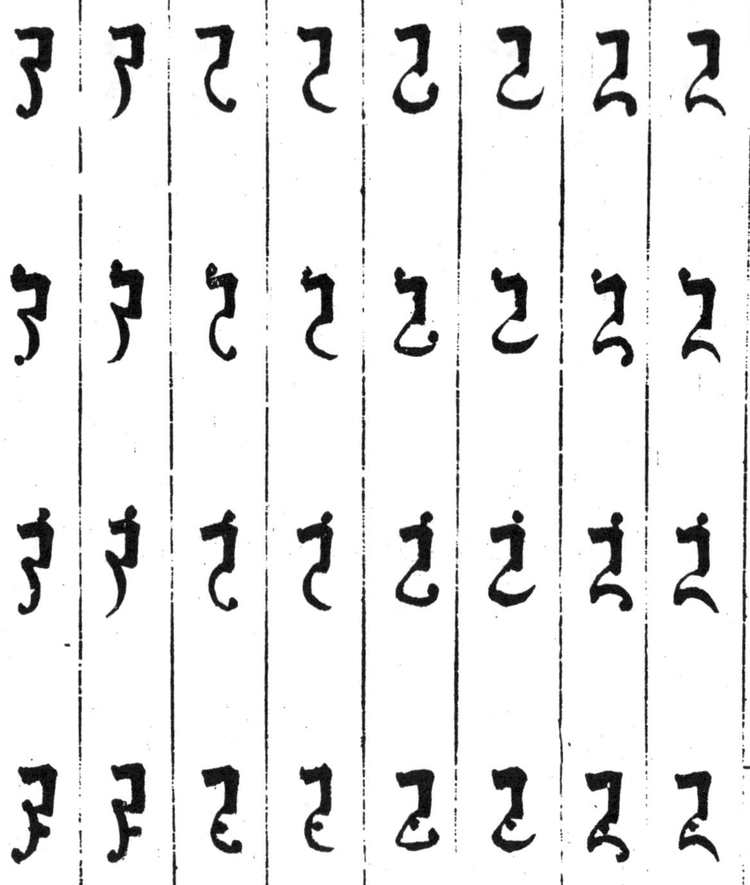

第三十課

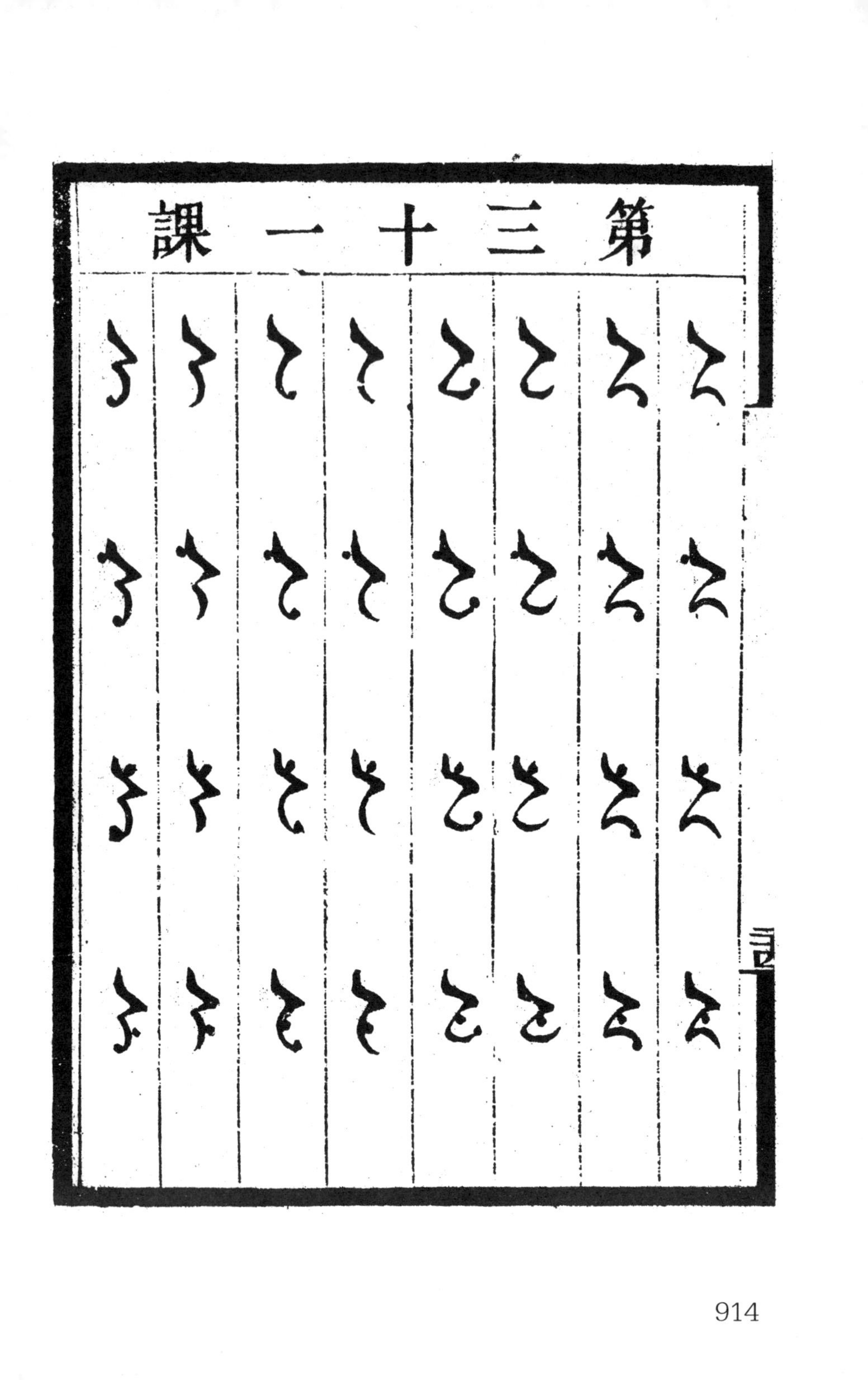

第三十一課

第三十二課

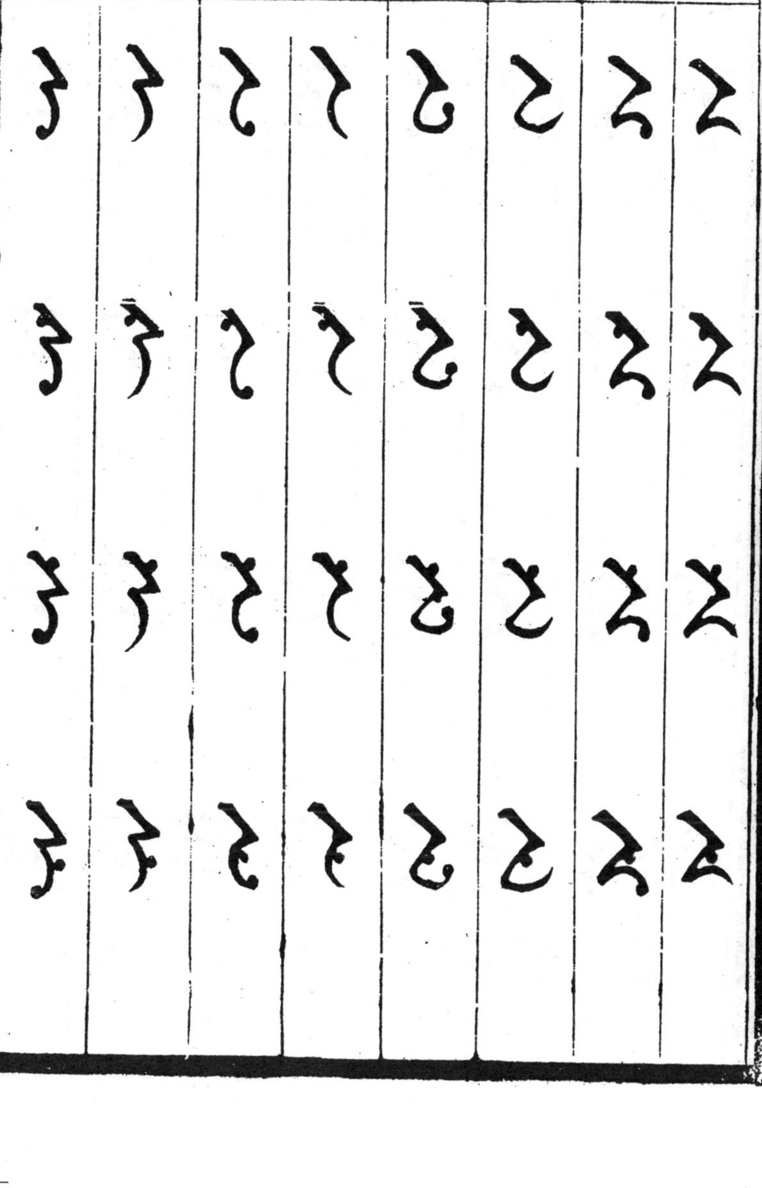

第三十三課

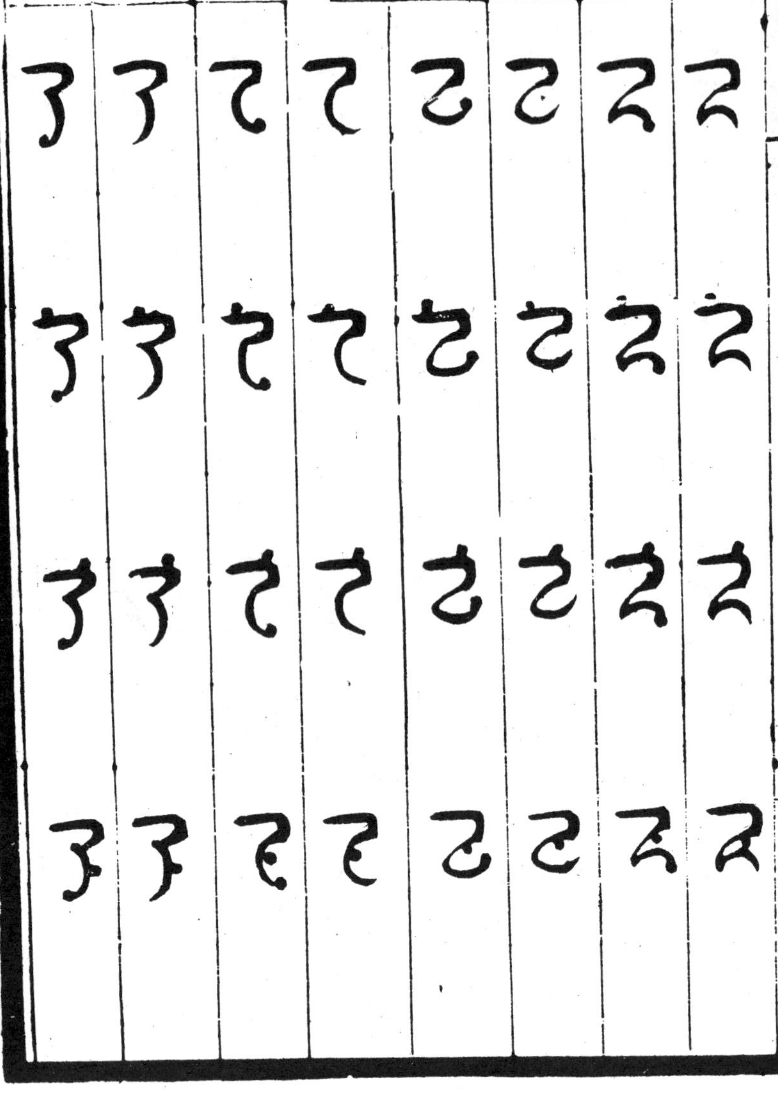

第三十四課

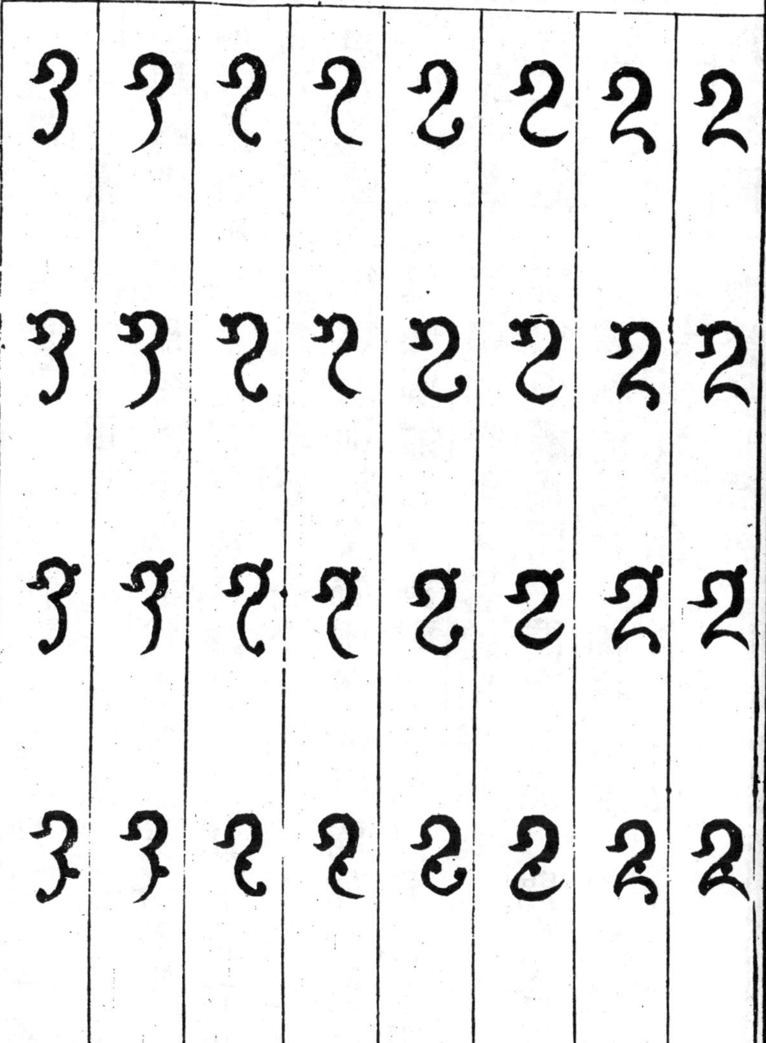

第三十五課　四呼圖說

既明四聲。又當再知四呼。何謂四呼。開齊合撮也。蓋每字重轉。則有一平三仄。是謂平上去入四聲。輕轉則無論爲平爲上爲去爲入。每聲又各有開齊合撮四呼。此書專爲各處方言而作。論音不論韻。音近皆可假借。四呼本可不計。然欲求聲音高下大小之準。有時亦不可忽。因立數圖於後。寫法則於父聲四角加點。開如平聲。此點可省。如遇父聲母韻獨體之字。四聲四呼。如何分別。則四聲之點。靠近緊連字畫。四呼則可畧遠。與字相離。

四呼圖

聲出兩齶爲開　開齊合撮　開齊合撮

向齶歷齒爲齊　抝邀么妖　○烓隈威

滿蓄兩頤爲合

收聚唇口爲撮

第三十六課

考案

造新字宗旨何在？

先行演說何意？

七音如何分配？

父聲四十二字，母韻五十六字？陰陽各有幾？

父聲陰陽寫法如何分別？

母韻陰陽寫法如何分別？

父聲二變，與徵宮二部，寫法何別？

母韻每宮四部，寫法以何爲別？

拼法何以必須分陰陽？

順切到切，要處何在？

四聲，一平三仄，三仄是何？

拼字何以必明四聲？

四聲記號如何？

何謂四呼？
末附甌諺括何用？
何法能使通國老少男女都識新字？
如何能使遍地皆開學堂？
如何能使識與不識之人，均能助吾開辦學堂？
課畢當再行演說何意？
課畢當將例言逐條解說何意？
《新字甌文七音鐸》終。

甌諺畧

此編不僅作越語文典以皆口頭語中多向來無字之音且多仄聲字每日以倒切法調習數句其餘自能脫口而出矣　凡父聲母韻無字可音者作圈　語尾字畧小爲別

天文

紅　撻烟　襪杏　提行

晴也

蒿猴　霍甌

虹見也

髮翁　癡

颶也

許養　伐行

雷也

虛壓　葛汪

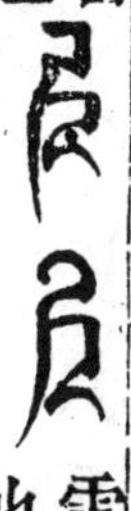

電也

咸　虛淵　許晏

長庚也

時令

踏咸　此洪

交春焚香樟也

似樣　何

入夏午後大雨也

歲時

葛益　提賢

本年也

襪恒　咤淵

明日也

襪限　葛鶯

夕時也

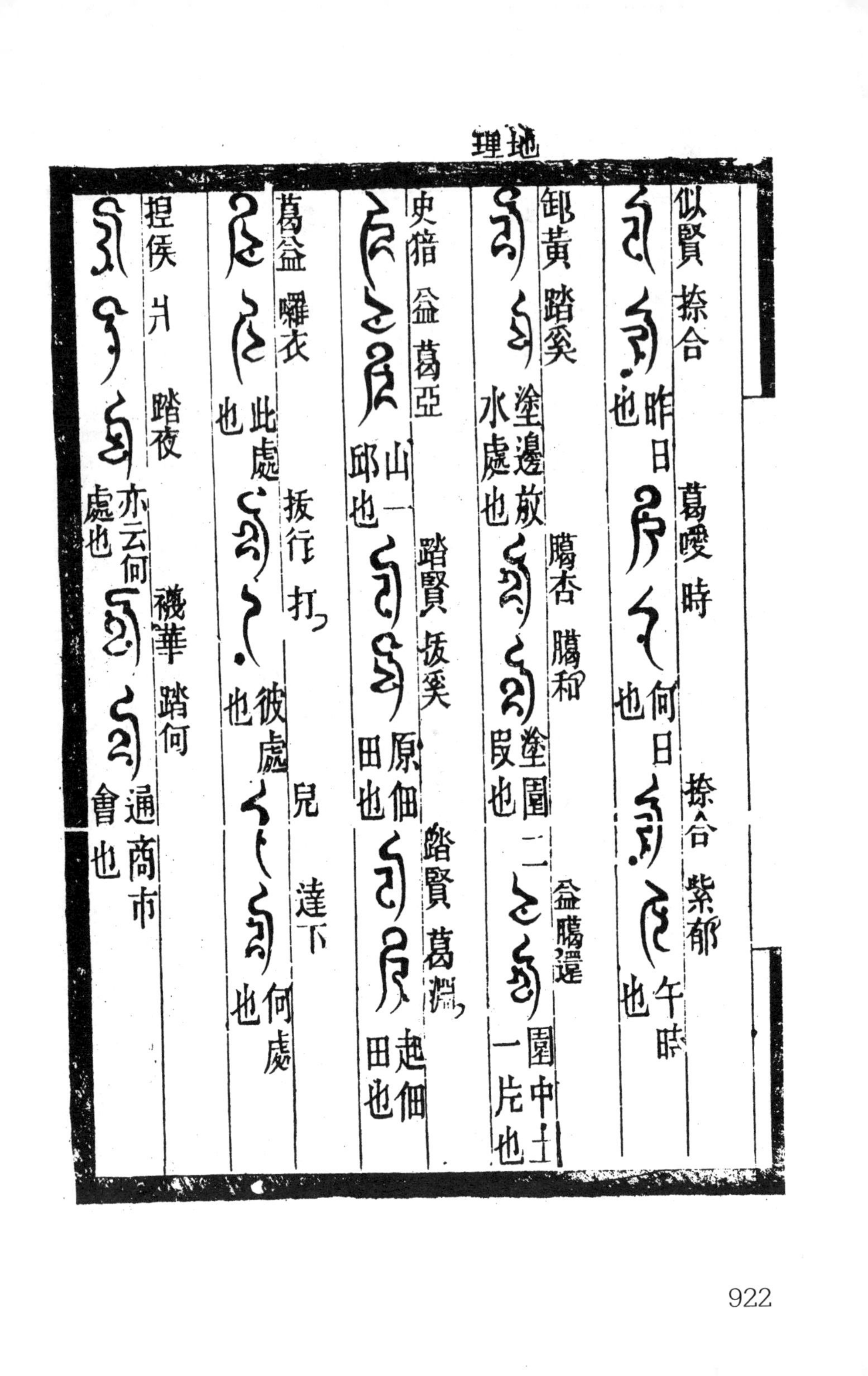

似賢捺合 昨日也

葛嘍時 何日也

捺合紫郁 午時也

鄐黄踏奚 塗邊敧水處也

騰杏騰和 塗圍二段也

益騰還 園中土一片也

曳猪益葛亞 山一邱也

踏賢坂奚 原佃田也

踏賢葛淵 赿佃田也

葛益囉衣 此處也

扳作打 彼處也

兒達下 何處也

揑俟片踏夜 亦云何處也

襪華踏何 通商市會也

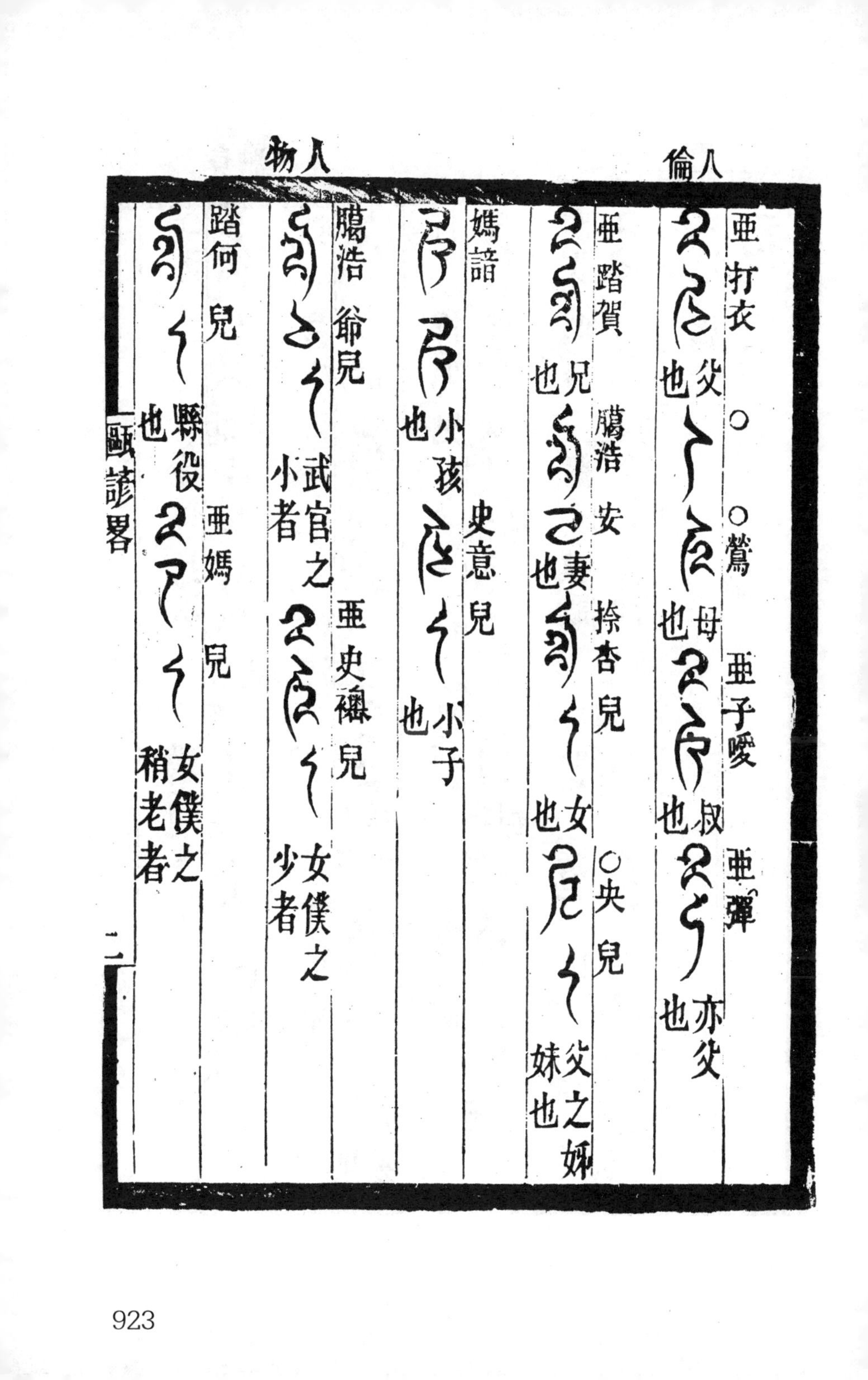

亞打衣　○　○鶯　亞子嗳　亞彈

父也　母也　叔也　亦父也

亞踏賀　臈浩安　掿杏兒　○央兒

兒也　妻也　女也　父之姊妹也

嫣諳　史意兒

小孩也　小子也

臈浩　爺兒　亞史禰兒

武官之小者　女僕之少者

踏何兒　亞嫣兒

縣役也　女僕之稍老者

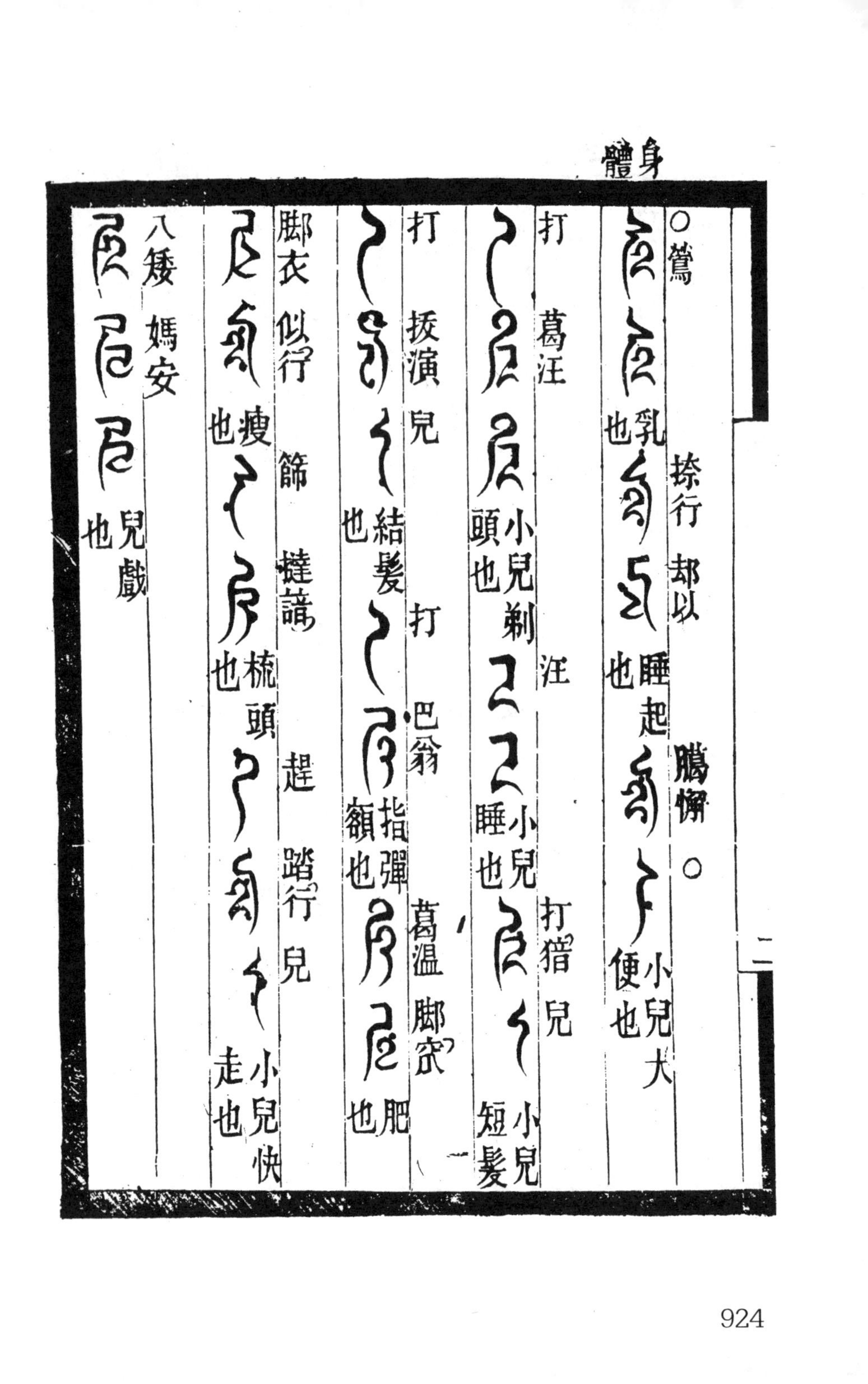

○鶯 捺行 却以 䳱僻 ○

乳也

睡起也

小兒大便也

打 葛汪 汪 打猾兒

小兒剃頭也

小兒睡也

小兒短髮

打 扳演兒 打 巴翁 葛溫 脚穴

結髮也

指彈額也

肥也

脚衣 似行 篩 撻譪 趕 踏行兒

瘦也

梳頭也

小兒快走也

八矮 媽安

兒戲也

撻意兒　看壞子

塗中小舟也　箸也

史○　似玄兒　河襪寒　膈何兒

小舟也　極小舟也

霍鳥　媽四兒　襪斜　葛溫

烘火具也以坭爲之　木合也

踏洪　踏賢　撻翁　似閏　拔行　踏賢兒

錢也　次等錢也　私鑄也

鷹洋　渴溫洋　卸侯洋　葛惡子

墨銀也　台州扱也　括洋也　少洋也

數目

盆 二 史凹 四 巖戶 臈斛 此行 八 九 似行

八亜 此賢 萬 億 暫遠

數目也

權度

脚因 臈囊 踏賢 髮恩 臈移

權法也

稗囊 此亦 此岸

度法也

疾病

打 暫玄

瘧也

葛惡 臈號

疥也

史央 臈浩 葛恩

感暑也

史鶯 臈回 兒

小瘌也

此○ 髮意

癖也

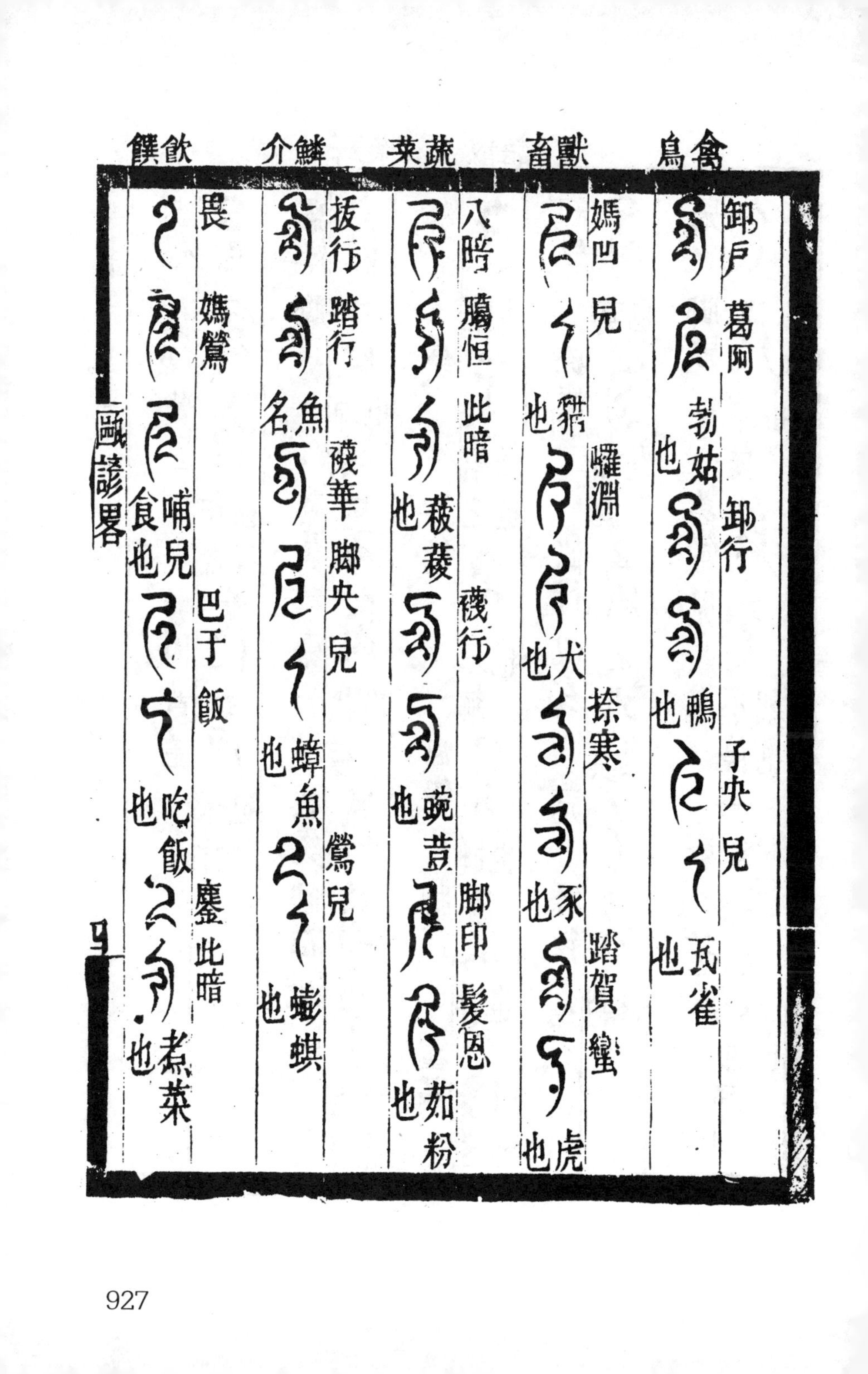

禽鳥 獸畜 蔬菜 鱗介 飲饌

卸戶 葛阿 卸行 子央兒

剨姑也 鴨也 瓦雀也

媽四兒 蠼淵 捺寒 踏賀蠻

豬也 犬也 豕也 虎也

八暗 騰恒 此暗 襪行 腳印 髮恩

菠薐也 豌荳也 茄粉也

援行 踏行 襪華 腳央兒 鶯兒

魚名也 蟑魚也 蟛蜞也

畏 嫣鶯 巴于飯 鏖此暗

哺兒食也 吃飯也 煮菜也

國諺畧

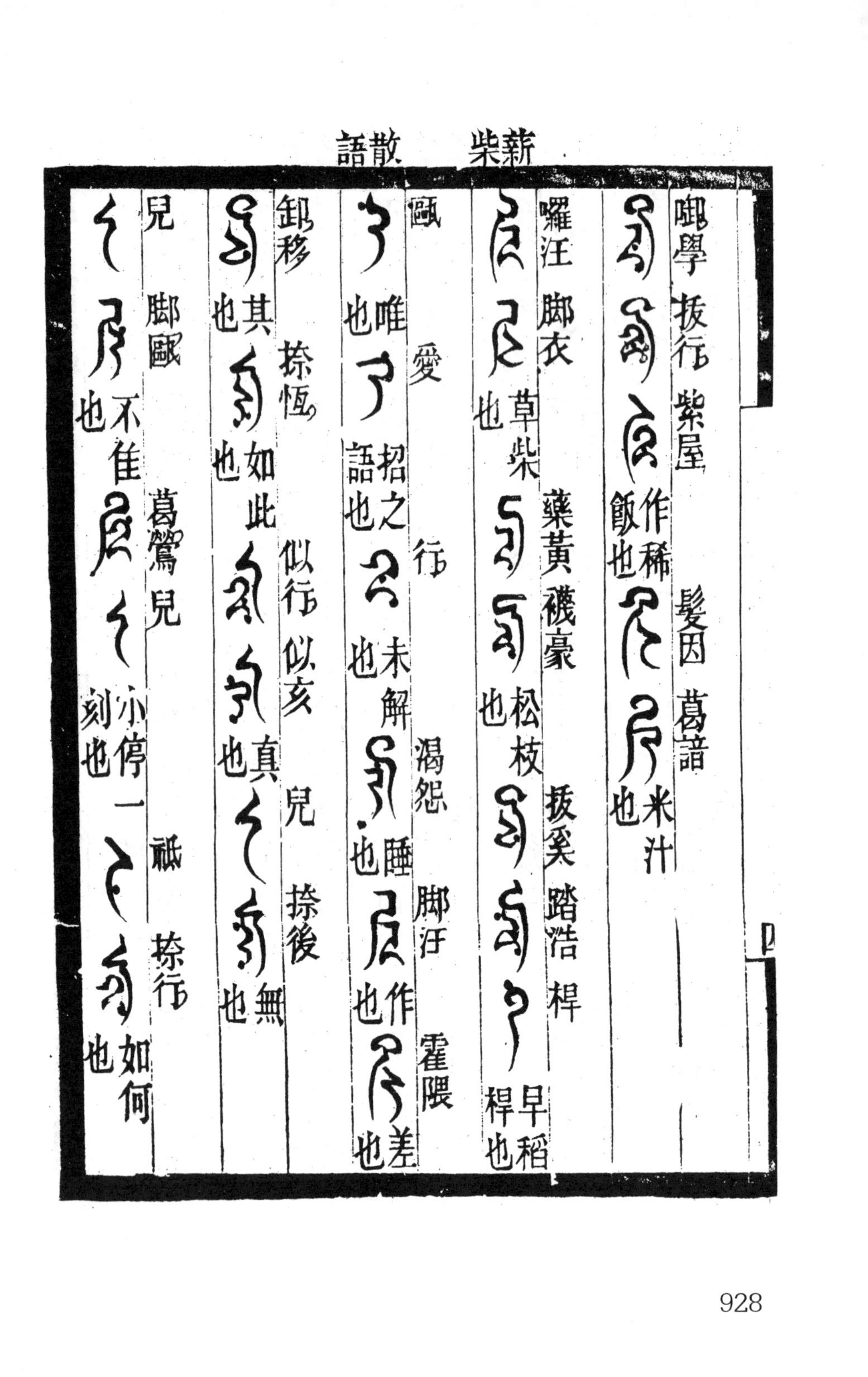

嘲學 拔行 紫屋 髮因 葛諳

作稀飯也 米汁也

囉汪 脚衣 藥黃 襪豪 拔奚 踏浩 桿

草柴也 松枝也 早稻桿也

甌 愛 行 渴怨 脚汙 霍隈

唯也 招之語也 未解也 睡也 作也 差也

鉬移 捺恆 似行 似亥 兒 捺後

其也 如此也 真也 無也

兒 脚甌 葛鶯兒 祗 捺行

不隹也 小停一刻也 如何也

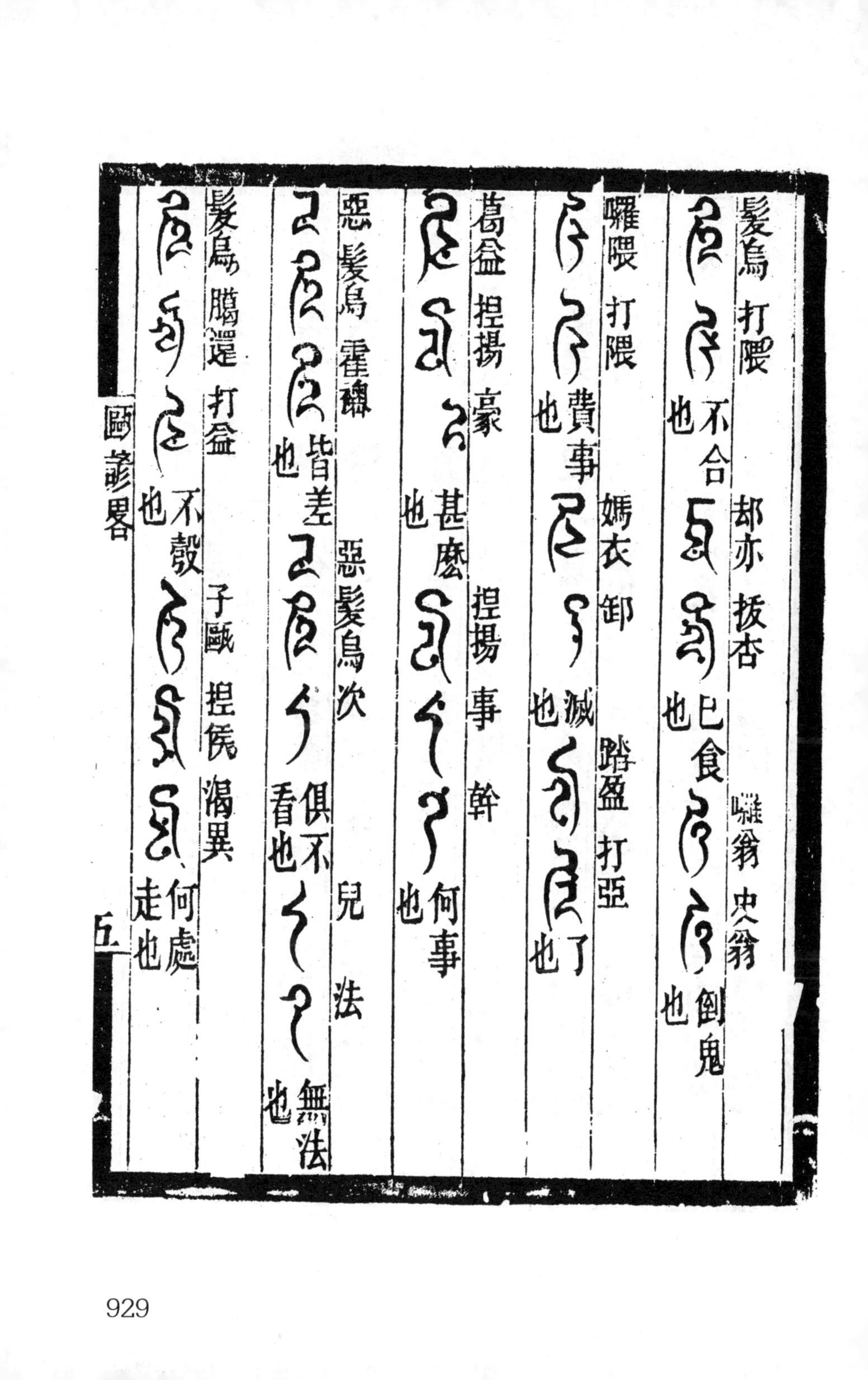

髮烏 打隈 郄亦 拔杏 嚨翁 史翁

不合也 已食也 倒鬼也

囉隈 打隈 嫣衣 郤 踏盈 打啞

費事也 減也 了也

蒿益 提揚 豪 提揚 事 斡

甚麼也 何事也

惡髮烏 霍鶻 惡髮烏次 兒 法

皆差也 俱不看也 無法也

髮烏 膓還 打益 子甌 提僥 渴異

不㪷也 何處走也

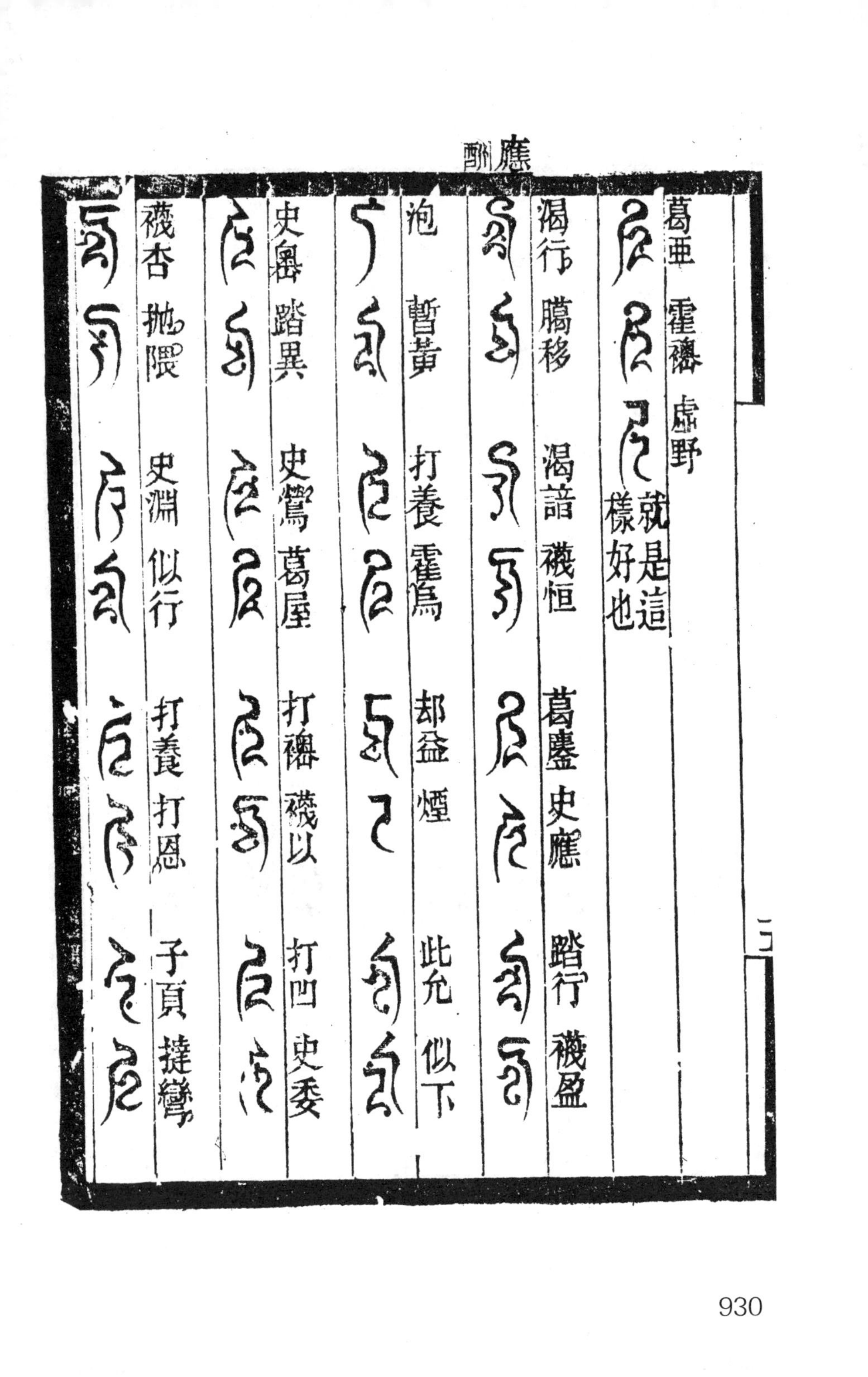

葛亞 霍礙 虛野 就是這樣好也

渴行 騰移 渴諳 襪恒 葛盧 史應 踏行 襪盈

泡 暫黄 打養 霍鳥 郤益 煙 此允 似下

史奥 踏異 史鶯 葛屋 打礙 襪以 打凹 史委

襪杏 拋隈 史淵 似行 打養 打恩 子頁 撻彎

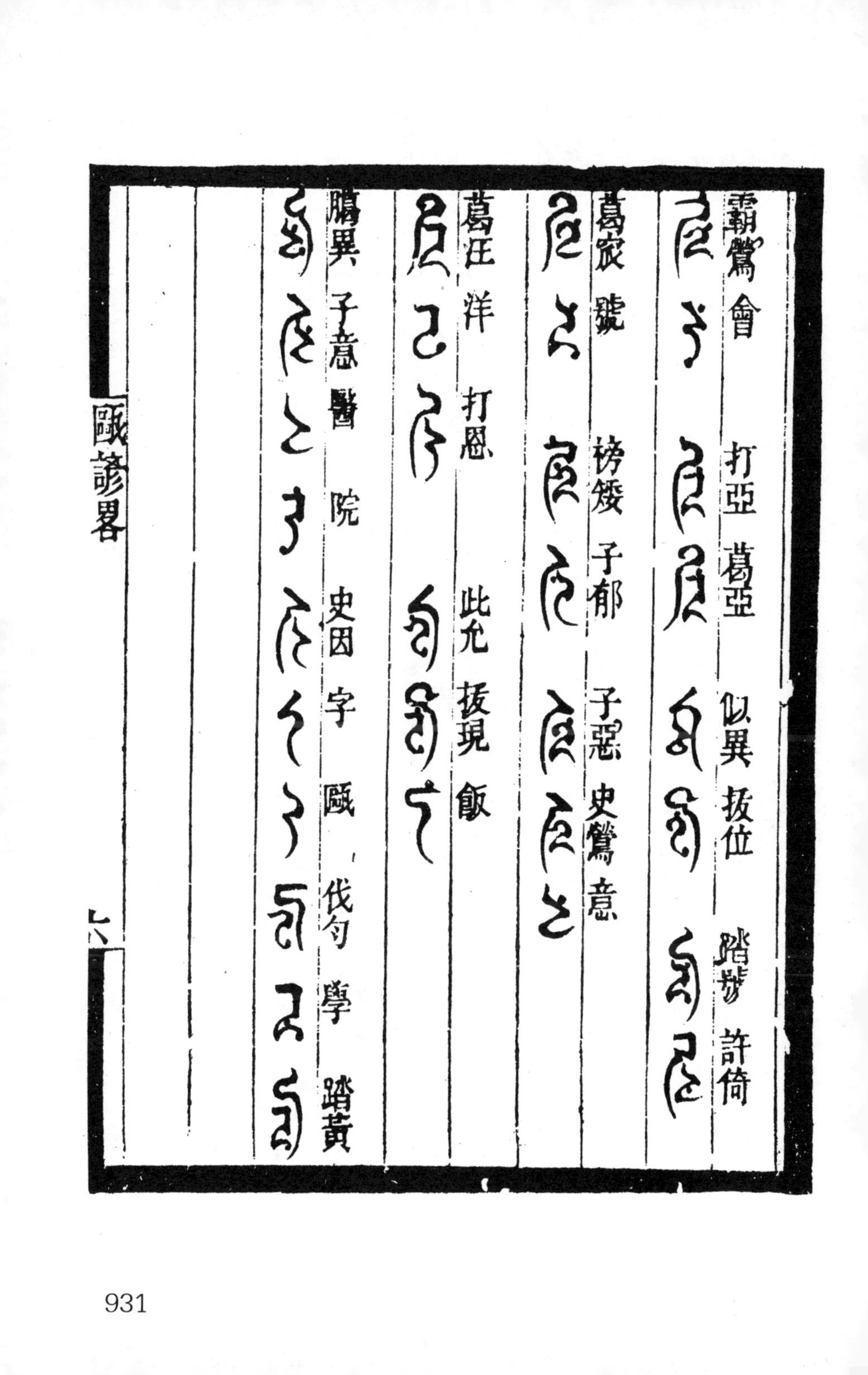

霸鸞會　打亞　葛亞　似異　拔位　踏𨁾　許倚

葛宸號　榜篓　子郁　子惡　史鸞意

葛任洋　打恩　此允　拔現　飯

臈異　子意醫　院　史因　字　甌　伐勺　學　踏黃

形聲通

楊瓊　李文治　著

內容說明

作者生平不詳，只知道是雲南大理府人。這個方案被認為是清末切音字方案中『別具匠心』但卻脫離實際的標本之一。但此書被認為有四大價值：一、『此書是雲南語言學史上第一部文字革新的著作，它在一定程度上反映了雲南語言學的學術研究水準，給後人留下了寶貴的精神財富。』二、『此書可以看作傳統語言學和現代語言學在雲南語言學史上的分水嶺。自此書問世以後，雲南語言學便從舊式的，理性的和封閉的傳統語言學的道路逐步走上科學的、實用的和面向社會的現代語言學的道路並向前發展。』三、『此書無論在音系的格局上還是在音韻理論的研究上都能別開生面，獨樹一幟。它一方面繼承了傳統音韻學的研究成果，一方面又能衝破其牢籠，不受其框架的束縛，提出自己獨特的見解，建立自己新的音韻理論體系。』四、『此書所提出的口操之說是對輾轉欺誣的傳統教學法的一種挑戰，它是追求文明進步的響箭，它企望語音學從傳統音韻學的桎梏中獲得解放，從而成為面向學生和面向教學的真正的口耳之學。』參見張華文：《〈形聲通〉研究——為紀念該書出版九十周年而作》，《雲南師範大學學報》1995年第5期。

乙巳孟冬

形數通

滇南楊璦
李文治 同著

楊序

天壤間噫气流水戛石，皆能做籟。彼其動而乘乎，萬有不同之竅，故吹萬不同也。唯人之聲亦然，人聲出乎喉中，而乘乎牙舌唇齒相摩不同之竅，故亦有萬形萬聲焉。近世聲光之學，日以發明。而于人之聲也，獨不能舉而綱紀之，以通乎環球。管子曰：『五方之民，其聲之清濁高下，各象其山川泉壤淺深廣狹而生。』故于五音，必有所偏得。繇此言之，則即一國一鄉之近，且不能相通，矧云環球哉？雖然天竅而任其自呈，天籟而聽其自鳴，不得其中聲而推測之，是故頡誦佉盧，國各殊語，哈喇啥唎，格而難通。雖聖人剏物固，亦不能免於偏闕之病也。

我中國之六書善矣，顧其以象形為主，而諧聲為輔。故說文九千餘文，形複而聲大半闕，又其義頗閎奧，而形則緐縟。義閎奧故學之為難，士大夫求通六藝之文往往窮世累年，而未能悉解。形緐縟故作書不能疾速，日僅可數千言。此在古世，事物簡單，自應爾爾。若至今世，事物複雜，競爭又復劇烈，而欲執此以求新學問普教育，是猶策蹇驢以躡飈景，其何能及事？然則何如而可？曰是必別作簡易之文。若秦漢之世，于篆書之外，更有殳書署書諸別體。古固有之，今亦宜然。務使耕夫販婦，朝而誦之暮而能解之。而下焉以之通諺語，上焉以之通文言，外焉以之通西音。

庶乎新學可求教育能普，則亦何所禁忌而不為之？若夫漢文為我國之國粹，此必設為專科，俾由楷書而上研篆籀，以彰古義。而文言著述，皆當取材於是。孔子曰：『言之無文，行而不遠，其何可廢置哉？』

余與李子南彬，同學于蒼洱間，讀書之暇，輒喜從事于形聲之書。每有所疑，相與辨難，蓋忽忽三十餘年矣。去年秋，同來日本留學。自恨年老舌强，學語未能寄耳舌人方于瘖聲無如何也，乃與南彬共為此編。以聲為主，而形以象之。南彬為其聲，余則為其形。用父母音生子音之法，為父形二十有四，母形二十，經緯之，合二形為一，而聲即從而生，凡得聲四百八十。以四物乘之，得一千九百二十。又以四準乘之，得七千六百八十，聲蓋備矣。而漢音之闕者偏出於洋音，洋音之闕者偏出於漢音，此可知中聲之無所不含也。書既成，名之曰《形聲通》，以自為學語之標識，而門人輩乃阿好之，固請以付印。因念新學之出，其先皆有一二人瞀說之，然後識者從而訂正之，以底于精當。是故當就正有道，以芟其謬盭，而安敢自諱哉？

光緒乙巳秋八月，滇西楊瓊自序于日本東京巢鴨校舍，時年六十。

今宇內憂時之士，憫中土之顛危，慨人心之蔽塞，發憤著書，輒以開通民智為第一義。嗟乎！通豈易言哉！瀛海之隔絕也，不能不通之以汽船；大陸之阻修也，不能不通之以鐵軌。學問之事何獨不然？文字者，學問之舟車也。語言隔無以通文字，聲音隔無以通語言，聲音之道顯之在有形。精之及無朕，故大自雷霆，細至蚊虻，凡穹壤間所有之物，其聲之洪纖大小，以加倍減半法求之，為巧歷所不能算。惟人之身分，萬物之原質吐納空氣，其發於聲音也，以口為之闔闢，以鼻為之昇降，以咽為之張翕，以臍為之輸轉。而牙以戛之，齒以切之，舌居中以運掉之，唇居外以舒卷之，清濁高下，音狀繁殊。以類萬有之，情而紀百物之，數造物精巧神奇莫過於此。

近世歐洲科學大興，測天步地，無奧不搜。卽音樂一門，其抗墜抑揚之節，實能闡發精蘊。獨是人口之發而為聲也，耳可得而聞，目不可得而親，神可得而會，而手不可得而揣。然而有聲必有象，有象必有形。由形以得象，由象以得聲，而法生乎其間矣。故開口、齊口、合口、撮口者，口之總形也。形四而口一，其象力，是徑一圍四之象，疊韻之源泉也，矩象也。口張舌縮口中舌抵口聚者，口之分形也。口一而形五，其象圓，是徑一圍三之象，雙聲之根柢也，五者三之推也。規象也然。而矩之中，其音之有長有短有舒有促者，是自疊韻而之雙聲者也，直象也。故度以矩者，不可以無繩。圓之中其音之或昇或沈或上或去者，是自雙聲而之疊韻者也，平象也。故度以規者，不可以無準。是故以幾何之術測口體，而口無遁形；以繪畫之術寫口狀，而口無遁象；以體操之術操口輪之機關，而口無遁音。是宜為理科名家精神智慮之所，及將有組織成一科學，以便世用者，而余尚未之見焉。

夫倉頡製字原本羲畫，六書精理盡在諧聲，聲音本原根於象數，自一之萬，絕非苟然。迨至孳乳愈繁，聲類漸廣，而自流溯源，猶可測識三代以還部居不亂，秦漢而後漸失其眞。梁沈約別以四聲，其道愈晦，及婆羅門法入中國，以十四字貫一切音，儒者述之，爭為韻譜，然而譜之作也，法以臆造，非出自然。剖析雖微，通行則滯。至於方言里諺，不但無字可求，亦並無聲可攷。若夫四聲五聲之辨，清音濁音之殊，平聲入聲之疑，南音北音之乖，村塾俗師，謬說相傳。有懷疑終身而不能決者，先儒病音學之乖方也。競攷古音，代有通人，然往往執字論聲，渺茫臆度以為據。未或就人口發聲自然之法象，推究之以合於聲音之本原者，則亦以此道之難明，但期兢兢守古而未暇以格致之學求之也。

夫圓顱方趾，萃處環瀛全體細胞，罔或歧異，況在於口。天然鐘律，聲音機軸，豈容懸絕？何以教育之方？體育德育皆切身心，而文字語言智育門戶，獨資外鑠，靡所據依，不但此也，著書之家，偶以漢字注彼西音，輙成乖謬，推原其故，總由中土音學未經發明，囿於一偏，不給於用。故我之所畧者，反為他國之所詳，他國所備者，反為中邦之所闕。

試觀歐洲各國字母，其牙齒唇舌之分，雖不外西域等子九音之術，而其中開、合、齊、撮、長、短、舒、促、張、抵、中、縮、聚、昇、沈、上、去等象狀，罔不備具，雖不若中土唐韻二百六部之嚴，而於內外八轉音紐之理，無不隱括。故其教兒童也，微茫之辨，不差累黍。是以能舉國同聲，若出一致，聲化之遠，蔓衍全球。儒者慕其便利，不探其源，而欲以苟且之法，希教育之普及，是如伏榛莽以覽淵海，臨谿谷以望泰華也，是豈可得之數載？

余與楊君絅樓，二十年前，以學相切劘，慨形聲之不明，即導蒙之無術，分業而治，庶得指歸。楊君山居日久，於六藝多所殫究，而許氏之書，幽探冥索，直窺古人精意。余則自慚固滯，兼以四方奔走，未暇他為，然於音韻一道，篤嗜成癖。口之所調，神與之遇，心目之閒，若有法象。自謂所得殆有條理，其中甘苦，不敢告人，忽忽已三十餘年矣。乙巳同遊日本，暑假中，商量舊學，楊君慨然曰：『吾人平日為學，至近衰之年，而無所裨益於人，與不能取證於人，自負孰甚焉。子曷出子所心得以公諸世？』余曰：『僕之念此久矣。雖然，余之所為，與當世之所希者，恆齟齬而不合，然苟以子平日六書之旨，別製形體，俾吾所得之音韻，有所依托以為識別，當此新學大興，學界中致多高明特識之士，必有能糾正吾說，而採用之者。然則欲裨益於人，與取證於人，皆子之責也。』楊君亦以為然。乃共商體例，合而為之。

書成，已歷星期有七。質之同人，或謂君等之書，於形聲務究本原，以此利用，毋乃却行以求前乎？余曰：『漢字之所以繁難者，後世不究聲音之原，苟趨便利之心為之也。我等所為，不求人人能解，而求人人能通。故狃於流則求通反滯，尋其原則不能立通，而可以漸通。且天下事，其始人人能通者，其勢反不能通，必握乎通之原，俾世之不能通者，皆恃此以求通，然後一通而可以不復塞。方今環球之大，必有人焉以任其責者，我等方翹首望焉。兹之所為，謂其不足以為通則然矣，若憂其不能使人，通則亦未免過濾也已』。

時光緒三十年秋八月，滇南李文治自序。

《形聲通》目錄

卷五　說下

《形聲通》卷一　旨例　滇南楊瓊絅樓、李文治南彬同著。

宗旨十一則

中國訓蒙舊法，往往偏于記誦，徒傷腦力，此不惟詞章為病也，即以識字而論，每字而强識之，亦未免於消耗腦力、躭延日時。今此書用意，在于以形象聲，簡而能賅，曲有條理。學者但用意于數表，而形之道得，而聲之道大備。是為求學之捷訣，而省腦力之良方也。

中國說文九千餘文，不可謂不多。然音多重複，故文繁，而音多乃闕。今此書共得七千六百八十文，音無一複，故文簡而音乃大備。葢古人之意，在于象形，此書之意，在于象聲。故其難易懸絕，非敢謂漫勝乎古人也。

此書作形之旨，不惟以之紀聲，亦在于減省字畫，俾作書可以疾速。故每字雖合父母二形為之，然至多不過六畫，少則三四畫而已。用以作書，一日可得五萬言，誠便易法門也。

此書于音固有綱紀，而形亦與有綱紀焉。由一至二十四之父形，則以象數別之。由二十四至九十六，則以『丨丿一、』分之。由九十六至一千九百二十，則以母形二十錯綜之。由由一千九百二十，至七千六百八十，則又以『丨丿一、』四倍表之。學者但記二十四字父，及二十字母，而七千餘字，即以類相從，一望可知，不勞而理也。

識此簡文，可借以著六經四書之音讀，俾讀者不至音訛，且易誦讀。日本人以和文著漢字音讀，俾人易曉，此為近之。

識此簡文，可借之以通方言俗語。漢文繁難，識之者少，聲又不備，故方言不能相通。今此簡文，音無不備，方言皆在其中。又人人易學，彼此可曉，以之相通，庶一國之情，不至隔閡。

近來讀英法文字，必待教師口授，偶有著書之家，以漢文譯西音，多有誤繆。良由各省方音不同，本省人注之，本省人讀之，已多牽强。其在他省，更多齟齬。觀英話註解，無師自通，及《英字指南》諸書，商旅用之，往往與其本音相遠。今此書聲類自口中探，原音無不備者，用之以注西音，雖不必曲肖其神，而其音之大分，已確然有定矣。

孩童認字，每苦見形而忘其聲，得聲而忘其形。今此書見形可以知聲，聞聲可以知形，合耳目之用為一。識字捷法，無過於此。

學童調平仄，於入聲一部，每與平聲混淆。今此書分別部居，截然不亂。深者固可見形而攷聲，即淺者亦可托形以記字。其上平下平上聲去聲之辨，以丨丿一、識之，尤為一見瞭然。

昔人反切之法，非師傅不易曉解，學者每苦其難入，由音和類隔，門類不一。今此法以兩音拼合，直捷取音，雖婦孺亦可啓口而知，不似反切法之繁密不可以通行也。

中國小兒認字之難，往往苦以十年，僅只得其大概。今可于五六歲嬉戲之時，仿西人恩物之式，製為木骰七枚，枚各六方，以四枚二十四方，分書字父二十四形，以三枚十八方，分書字母二十形。其二十形內，有中聲⊓⊔二形，可以一形顛倒用之，コ⊏二形，可以一形展轉用之，共為十八形，而字父字母之形具矣。以授小兒，如為樗蒲之戲者，信手擲之，拼字認音，數月之中，殆可盡曉。及至六歲入學之時，其于普通學問，已有基礎矣。以較昔時之法，其為勞逸遲速，奚啻天壤哉？

體例

此書以二十四字為音父，以二十字為音母。

二十四字父，分為四部。牙部三，舌部五，唇部七，齒部九。

二十字母，亦分四部。上部商，左部徵，下部角，右部羽。

字母商角徵羽四部各五字，其第一字屬商，第二字屬徵，第四字屬角，第五字屬羽，其第三字即宮聲也。

字母二十韻中，如限之開口齊齒，熝之合口，鴉之開口，衣之開口，烏之開口、齊齒，耶之開口，齊齒合口，阿之齊齒，翁之開口、齊齒，等韻，中國全無字以紀音，其餘每韻中，亦多有音而無字者。今用英字紀之以為識別，讀者按英字讀之，即知其列內之本音矣。

英字之音，與中國異，似不應雜厠其中。不知英字與中字異，在不分四準而分四繩，無平仄而論舒促。至某音應入譜中某行某列，苟以矩繩規準之法求之而會其本原，則固不能異也。且須知表中所列，本無四聲之別，亦不定為若何之方音，故雖注以漢音，亦屬虛以待用之列，非必僅可為漢字譜，而不可為西字譜也。今以漢字為主，無字可求者，以西音識之。以西證中，以中證西，庶幾兩有裨益，即用是法以證法德各國之音，按譜塡之，亦可以得其大凡矣。

聲以載形，聲愈析則形之孳乳者愈廣。故欲以聲紀字，不得不嚴辨乎聲。然欲即簡御繁，但以二十為母，勢不得不略其複聲，而專用其單純之聲。故齊韻必藉聲於支，徵韻必藉聲於灰，江韻必藉聲於陽，蒸侵韻必藉聲於眞文，覃鹽咸韻必藉聲於元寒刪先，其勢自應如此。若欲於唐韻二百六部求其備，則再繕四表，加符號以別之，便可無聲不備。然欲以之通俗，則辨聲難明，增形易識，則不如以偏旁增之以周於用之為得，而今固未暇及此也。

世傳平聲，或曰陰平陽平，或曰上平下平，用二言為符號，與仄聲之上去各一言者殊不一律。今易為升沈二字，與上去相配，謂之升沈上去四準。

準聲之法，昔人于字之四隅，各加圈以區別之，殊不成形。今訂為音羣中之一千九百二十字，皆未定準音，虛以待用。學者于用字之時，例合升準則加以丨，合沈準則加以一，合上準則加以丿，和去準則加以丶。例如亻父一母之丅字，準升則加丨作丰，準沈則加一作亍，準上則加丿作午，準去則加丶作卞。又如亣父凵母之凷字，準升則加丨作屮，凖沈則加一作[illegible]，凖上則加丿作[illegible]，凖去則加丶作[illegible]，此上覆下載之母也。若左旋之母，如[illegible]字則加作[illegible]，右抱之母，如[illegible]字則加作[illegible]，餘可類推。

音韋四表中所注英字，如牙音之第三字，齒音之第五六七八字，皆不注音。以英國字母本無是音，證以平日所聞，往往而然。知英字不用牙之濁音，其正齒音，則多歸併於齒頭音也。其撮表中全不注英字者，以英國於撮口呼字，多入之合口類中。盖撮口呼字，音本偏狹，即中國亦少其字，故從畧焉。惟表中時有非英字常用之音，而藉英字拼合以顯其音者，意在得音以資識別，故不暇援西例以正之。當不為識者所非笑也。

是編成于海外，行槖蕭然，無書可證。又為時倉卒，不及深攷，率爾成書，知不免于謬誤。夫學貴商量，法期完善，愚者一得，安敢自矜。所望海內君子，同志之士，正其讆尤，共加釐定，俾成懿矩，是所禱祝者焉。

讀法

一，初學識字，須先讀第二卷音父表二十四字，及音母表二十字。

二，讀音父二十四字，音母二十字，須按圓圖次第。字父起干而終[illegible]，字母起安而終惡。須令口中滑熟，不待思索，自然流出乃善。

三，讀音父音母，以辨音為第一義。須令音父二十四字無複音，字母二十字無複韻，乃不差誤。

四，既能熟讀，又能審音，已得識字綱領。於是即音父音母中，各舉一字拼合，便得其本音矣。

五，音父二十四字，專係開口呼字，若欲識齊齒合口撮口三類之音，須用轉音法。如轉干為干堅，便成齊齒音。轉干為干官，便成合口音。轉干為干涓，便成撮口音。

六，何以知音父正音與音父轉音之辨？但觀直撇橫點四形在字中，遇直為音父正音，遇撇為音父轉齊齒音，遇橫為音父轉合口音，遇點為音父轉撮口音。

七，欲知正音及轉音之全字，須看音族九十六名表，而開齊合撮四部之音，無不具備。於是可求見字尋聲之法。

八，見字何以知聲？如見豆字，不知其聲，但觀其上字之ㄋ為頊堅，讀若軒，與下一字之一，讀若盎。軒盎二字，聯合急讀，便成香字之音。

九，既見字知聲，又必因聲而尋字。如香字在字父中屬唇音，與頊堅同類，在字母中屬角聲，與鴦韻同等。但書頊堅字ㄋ，與鴦一字聯合，便是豆字。

十，何以知音字屬唇音？但從唇音毲字讀起，毲樠班攀蠻頊安，頊為第六字，齊齒字父用頊軒，軒香雙聲，故知為唇音也。

十一，何以知香字屬角聲？但審香字為舌後縮之音，在短矩中屬抵規，故知為角音也。

十二，如不能遽辨商徵角羽之聲，但就安恩二十字母，審其與何字同韻，便知應用何母。如此雖未能直捷取音，亦初學捷法也。

十三，審音法分四次。第一先審其字於開齊合撮四大部中應歸何部，是為四矩，此最易辨者也。第二次則於本部中別其長舒短促，應歸何部，是為四繩。第三次則於長舒短促之一部中，辨其開口張則為商音，舌抵齒則為徵音，舌居中則為宮音，舌根縮則為角音，口內聚則為羽音，是為五規。然後辨其升沈上去之四準而字無遁音矣。

十四，此書與反切法異。反切法以二字切一音，上字歸母，下字歸韻，故所切出之音，其輕重大小，一視下字為此例。今此編母音較父音尤少，其開合齊撮四部，但以開部統之，故字父係開音，則兩開相切成音，字父齊齒者，以齊切開而成齊齒音，字父合口者，以合切開而成合口音，字父撮口者，以撮切開而成撮口音。一以父音為主，與反切法之以下一字為此例者不同。

教法

中國訓蒙舊法，必以記誦為先務，說者謂徒傷腦力，今學界中類能言之，吾謂記誦之謬，其病根始於文字，何也？每篇而記之誦之，與每字而記之誦之，皆記誦也，皆求諸行迹而傷腦力者也。而人但言記誦篇章之失，而不言記誦箇字之失者，則以中國文字不傳諧聲之法，非記誦無以識之也。夫記誦亦何可盡非，特是苟得乎自然之理與至便之法，則不事記誦之所得與必待記誦之所得，其收效不可以道里計。然則如何而可？曰改良文字，使文字悉統於聲音。雖然，吾猶有說焉。以聲音較文字，則文字末也，聲音本也。以口齒較聲音，則聲音用也，口齒體也。

外國學語言，先教之以二十餘字母，今細審之，其中開合齊撮長短舒促張抵中縮聚，靡不包括。是於未教拼字之先，早有口操之法以嫻熟之，以故字母既通，口齒斯利，以拼羣字，如乘快艇縱横海上，無不如意。中國既不尚記誦，則必以口操為識字之先導而後可。操之法何如？曰操之以口而已。體操者非必有所習也，口操者非必有所讀也，不泥於用而為衆用之主也。

其操之之法，宜按矩繩規準四門，分為若干課目，而必以音矩為第一期，音矩中之開口呼為第一節。開口呼中又分為若干條，務使童子識一字即能辨一聲，教師正其口形之誤，以為實驗，不求深，不求速，數日之後，全班一律，然後授以齊齒呼以下之三矩。四矩既通，然後教以四繩五規以至四準，如算學自加減乘除以至代數微積，萬勿陵躐失序。其鈍者教師自以口形導之，或每篇繪其伸縮大小之狀以示之，務使之明瞭而後已。此口操之大概也。

昔人以音韻為深邃，不敢以之教童子，而於學對偶，則遽教之以調四聲。夫四聲本原精深，法律細密，塾師不求甚解，習非成是，是以次序顛倒，轉紐舛訛，輾轉欺誣，以至今日。學界昏塞，鮮不由此。今而欲文明進步，程度適宜，則吾口操之說，教育家所宜採擇也。

形聲通卷二

表上

滇南　楊璦絅樓
李文治南彬同著

音源表

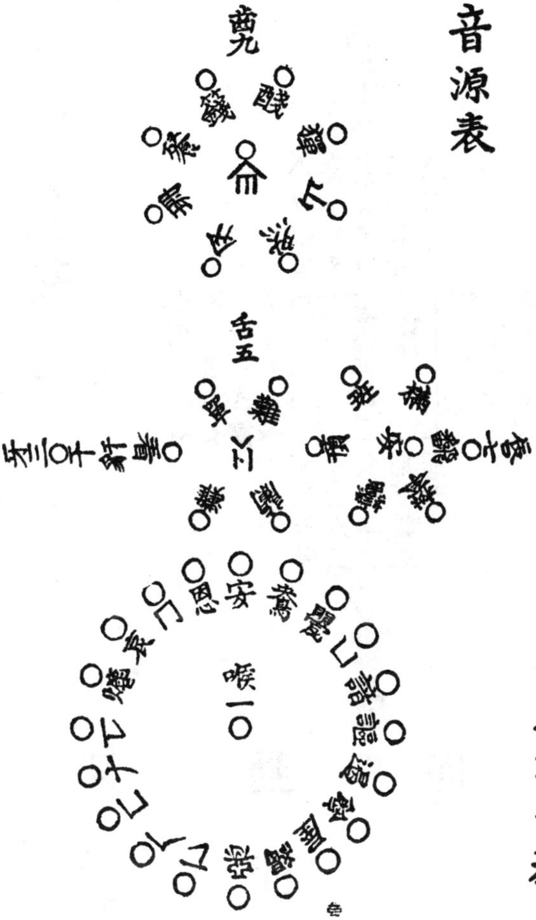

会含易祕
發音之源
舍口求聲
聲乃失傳

父形四象表

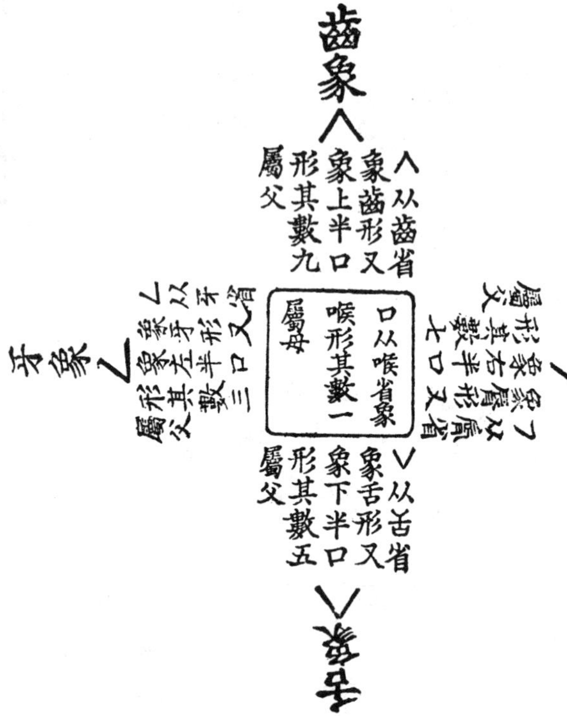

牙舌脣齒
動而作聲
四分其口
一喉所鳴

父形四物表

開物丨　丨、說文、下上通也、引而下行讀若退、古本切、引而上行讀若囟、思二切、今以爲開口呼之物、象口上下縱開之形、又以爲升聲之準、凡開物九數、及升準皆从丨、

齊物ノ　ノ、說文、右戾也、象大引之形、讀若辟、乀、左戾也、从反ノ、讀與弗同、今以爲齊齒呼之物、象口脣前引之形、又以爲上聲之準、凡齊物九數、及上準皆从ノ、

闔物一　一、說文、惟初太極、道立于一、造分天地、化成萬物、从一、指事、今以爲闔口呼之物、象左右橫闔之形、又以爲沈聲之準、凡闔物九數、及沈準皆从一

撮物、　、、說文、有所絕止、、而識之也、讀若鐙中火主之主、今以爲撮口呼之物、象口脣撮聚之形、又以爲去聲之準、凡撮物九數、及去準皆从、、

丨ノ一、

楷字四物

寓形于耳

寄聲于目

爻形九數分物表

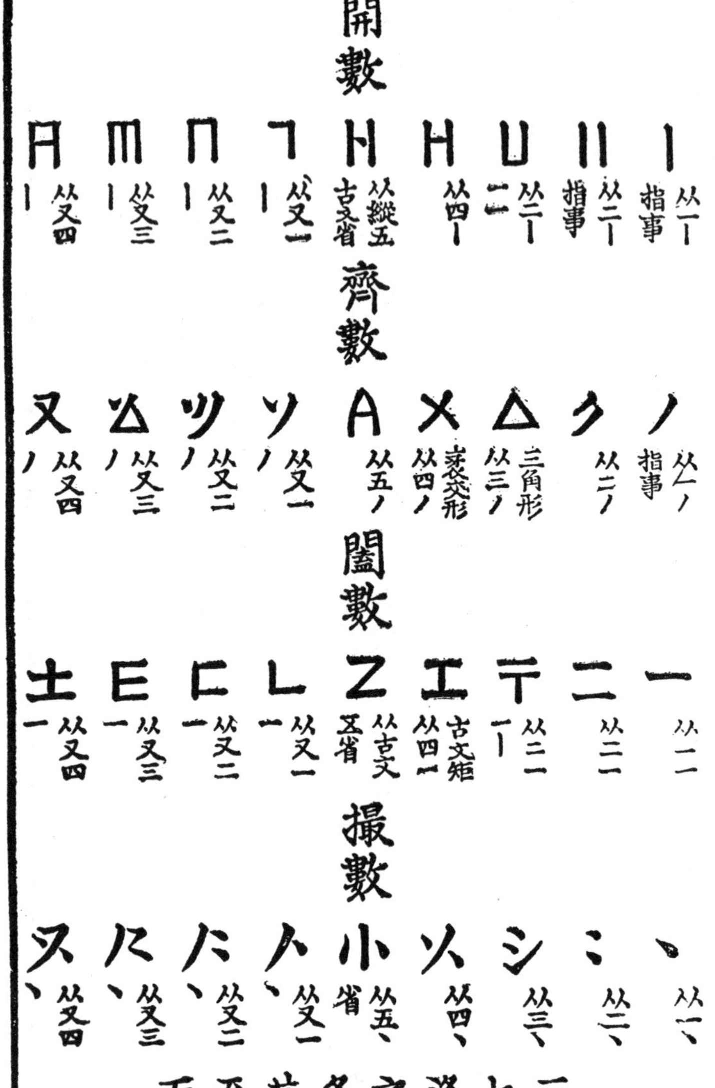

三五七九洛書之數各物其物至九而具

母形五象表

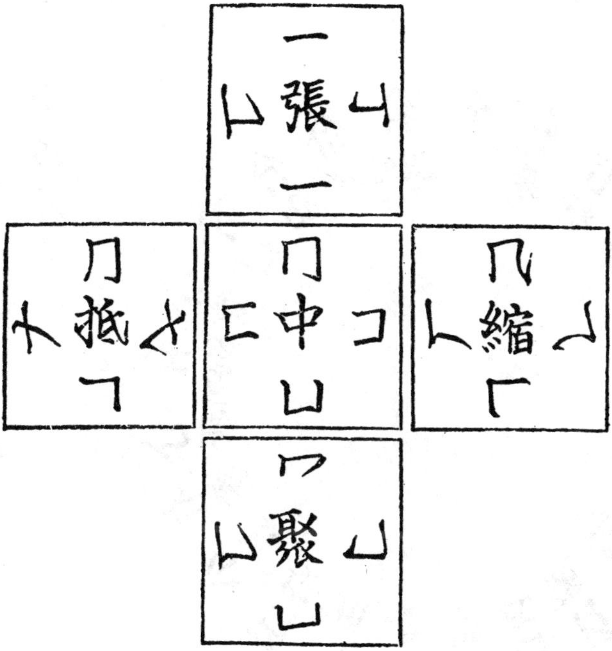

上下左右
各有位次
張抵縮聚
與中環伺

音父二十四名表

音之注射
其直如矢
是秉乾德
萌動資始

音母二十名表

既虛以受
又靜而方
孕茲聲子
母德用彰

音族九十六名表

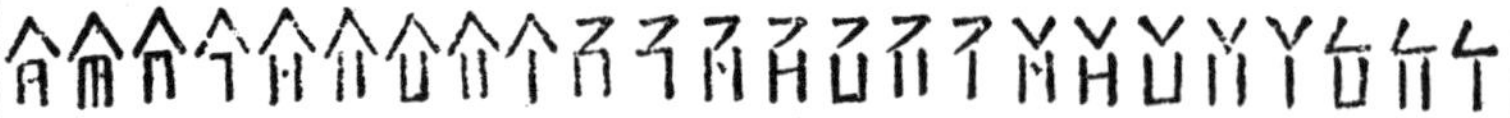

干看豻單灘難蘭　飜樠班攀蠻頇安籛餐珊　山繟醆

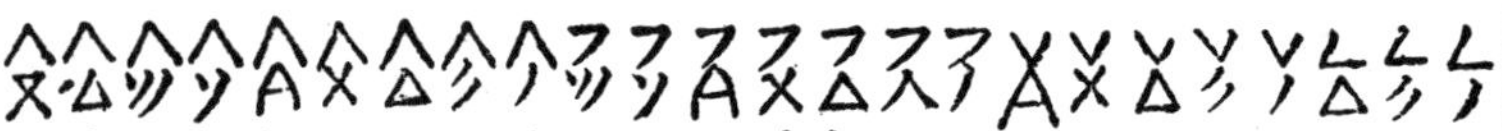

堅愆言顛天年連　鞭篇眠祆煙箋千仙　饘闡羶然

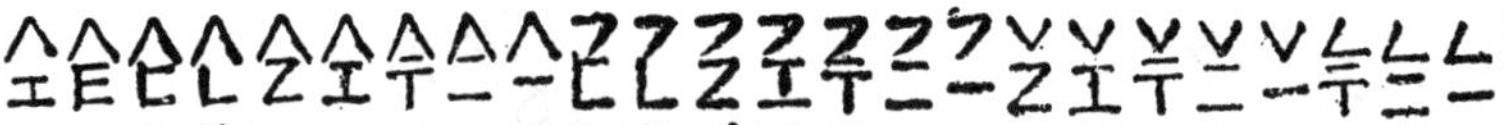

官寬岏端湍渜鑾　般潘瞞歡桓鑽鋑酸　跧簒栓

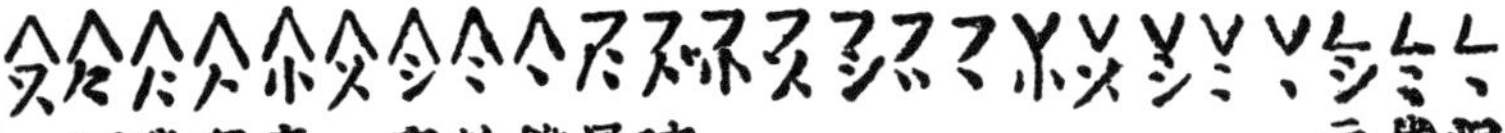

涓拳元　暄員鐫詮宣　專穿遄堧

支分　派別　始字　弟昆　類之　以族　有序　有倫

音嫡三百八十四名表

父 / 母	干看秆單灘難蘭 嶔攀蠻頇安籛餐珊 酸狎山
一 安	干看秆單灘難蘭 嶔攀蠻頇安籛餐珊 酸狎山
ㄏ [illegible]	
一 鶱	岡康卬當湯囊郎 幫滂茫炕鶱臧倉桑
丁 過	曷渴䢔怛闥捺剌 捌叭傄 贊攃躠 札刹殺
父 / 母	堅愆言顛天年連 鞭篇眠祅煙箋千仙 餐闌山然
一 安	堅愆言顛天年連 鞭篇眠祅煙箋千仙 餐闌羶然
ㄏ [illegible]	嘉齣牙 瘕鴉 楂叉鯊
一 鶱	薑羌卬 良 香盎將蹌襄 章昌商穰
丁 過	鷀鴰聒 黠軋 瞥

嫡派世傳實主宗器先聲

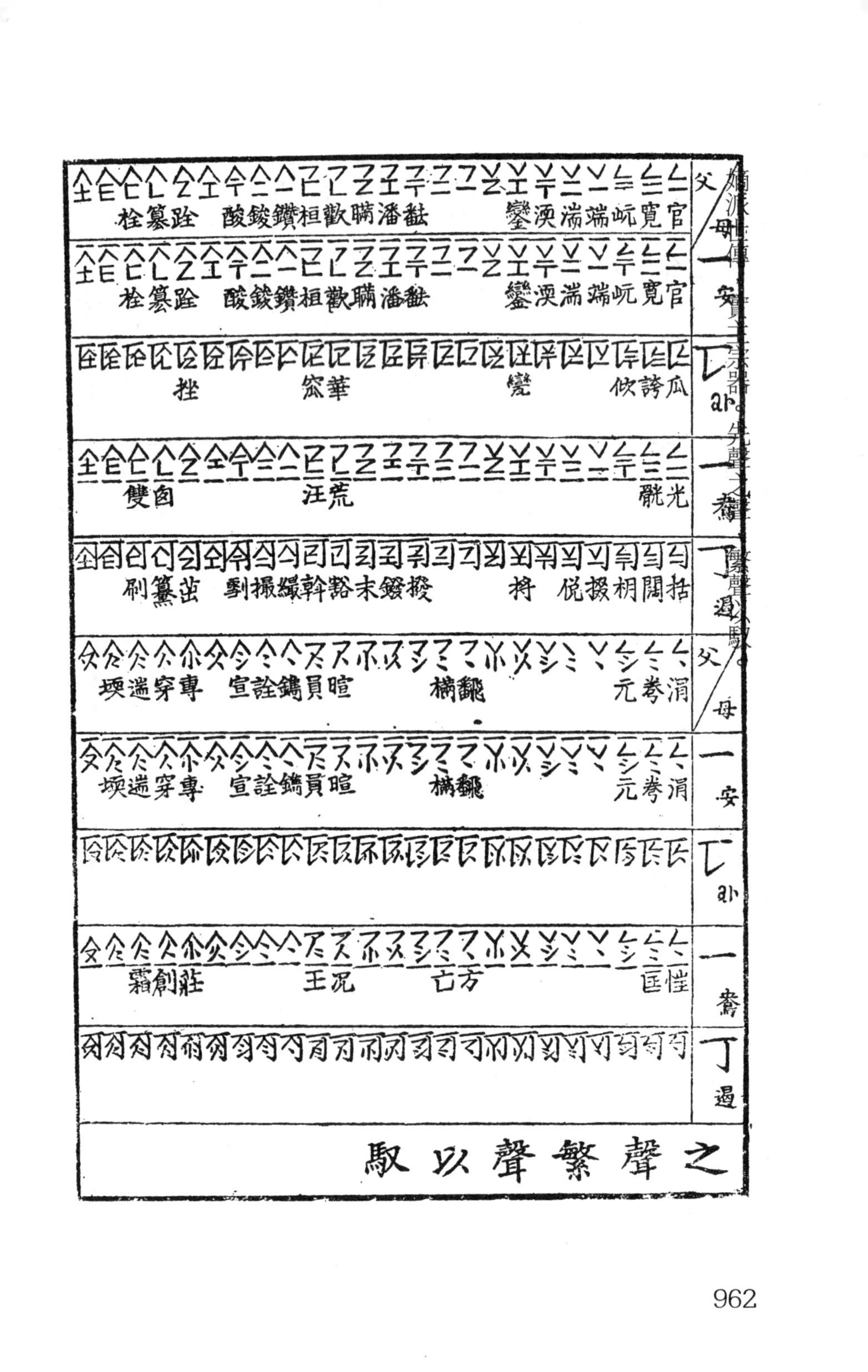

嫡派册傳寶之宗器。先聲之聲繫聲遞以馭。

父母 一 安

官寬屼端湍渜鑾 䤲潘瞞歡桓鑽鋑酸 跧篡栓

官寬屼端湍渜鑾 䤲潘瞞歡桓鑽鋑酸 跧篡栓

丁 ㅏ

瓜誇攸 鑾 華窊 挫

一 齊

光觥 荒汪 囪雙

丁 遏

括闊栝掇挩 捋 撥鏺末豁斡繓撮剟 茁簒刷

父母 一 安

涓卷元 鼯橼 暄員鐫詮宣 專穿湍堧

涓卷元 鼯橼 暄員鐫詮宣 專穿湍堧

丁 ㅏ

一 齊

恇匡 方亡 况王 莊創霜

丁 遏

之聲繫聲以馭

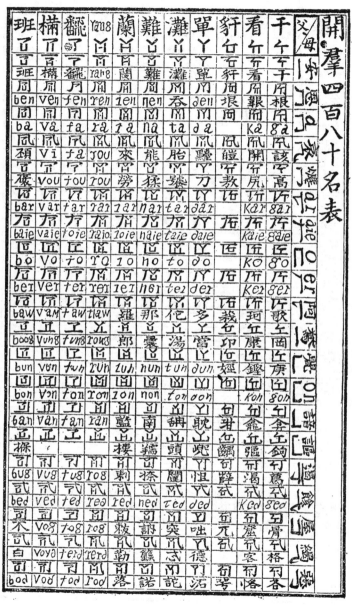

開聲四百八十名表

班	構	翻	yang	蘭	難	灘	單	犴	看	干	父/母
[illegible]	[illegible]	[illegible]	[illegible]	[illegible]	[illegible]	[illegible]	[illegible]	[illegible]	[illegible]	[illegible]	[illegible]
[illegible]	[illegible]	[illegible]	[illegible]	[illegible]	[illegible]	[illegible]	[illegible]	[illegible]	[illegible]	[illegible]	一
班	構	翻	rang	蘭	難	灘	單	犴	看	干	[illegible]
[illegible]	[illegible]	[illegible]	[illegible]	[illegible]	[illegible]	[illegible]	[illegible]	[illegible]	[illegible]	[illegible]	[illegible]
ben	ven	fen	ren	len	nen	吞	den	垠	報	根	[illegible]
[illegible]	[illegible]	[illegible]	[illegible]	[illegible]	[illegible]	[illegible]	[illegible]	[illegible]	[illegible]	[illegible]	[illegible]
ba	va	fa	ra	la	na	ta	da		ka	ga	a
[illegible]	[illegible]	[illegible]	[illegible]	[illegible]	[illegible]	[illegible]	[illegible]	[illegible]	[illegible]	[illegible]	[illegible]
碩	vi	fa	you	來	能	胎	鼉	皚	開	該	[illegible]
[illegible]	[illegible]	[illegible]	[illegible]	[illegible]	[illegible]	[illegible]	[illegible]	[illegible]	[illegible]	[illegible]	[illegible]
褒	vou	fou	rou	勞	猱	饕	刀	敖	尻	高	[illegible]
[illegible]	[illegible]	[illegible]	[illegible]	[illegible]	[illegible]	[illegible]	[illegible]	[illegible]	[illegible]	[illegible]	[illegible]
bar	var	far	rar	lar	nar	tar	dar		kar	gar	ar
[illegible]	[illegible]	[illegible]	[illegible]	[illegible]	[illegible]	[illegible]	[illegible]	[illegible]	[illegible]	[illegible]	[illegible]
baie	vaie	foie	raio	loie	naie	taie	daie		kaie	gaie	aie
[illegible]	[illegible]	[illegible]	[illegible]	[illegible]	[illegible]	[illegible]	[illegible]	[illegible]	[illegible]	[illegible]	[illegible]
bo	vo	fo	ro	lo	no	to	do		ko	go	o
[illegible]	[illegible]	[illegible]	[illegible]	[illegible]	[illegible]	[illegible]	[illegible]	[illegible]	[illegible]	[illegible]	[illegible]
ber	ver	fer	rer	ler	ner	ter	der		ker	ger	er
[illegible]	[illegible]	[illegible]	[illegible]	[illegible]	[illegible]	[illegible]	[illegible]	[illegible]	[illegible]	[illegible]	[illegible]
baw	vaw	faw	tlaw	羅	那	佗	多	莪	珂	歌	[illegible]
[illegible]	[illegible]	[illegible]	[illegible]	[illegible]	[illegible]	[illegible]	[illegible]	[illegible]	[illegible]	[illegible]	[illegible]
boog	vung	fung	roug	郎	囊	湯	當	卬	康	岡	[illegible]
[illegible]	[illegible]	[illegible]	[illegible]	[illegible]	[illegible]	[illegible]	[illegible]	[illegible]	[illegible]	[illegible]	[illegible]
bun	vun	fun	run	lun	nun	tun	dun	娙	鏗	庚	[illegible]
[illegible]	[illegible]	[illegible]	[illegible]	[illegible]	[illegible]	[illegible]	[illegible]	[illegible]	[illegible]	[illegible]	[illegible]
bon	von	fon	ron	lon	non	ton	don		kon	gon	on
[illegible]	[illegible]	[illegible]	[illegible]	[illegible]	[illegible]	[illegible]	[illegible]	[illegible]	[illegible]	[illegible]	[illegible]
ban	van	fan	ran	藍	南	貪	耽	岩	龕	甘	[illegible]
[illegible]	[illegible]	[illegible]	[illegible]	[illegible]	[illegible]	[illegible]	[illegible]	[illegible]	[illegible]	[illegible]	[illegible]
摳				樓	羺	頭	兜	齵	彄	鉤	[illegible]
[illegible]	[illegible]	[illegible]	[illegible]	[illegible]	[illegible]	[illegible]	[illegible]	[illegible]	[illegible]	[illegible]	[illegible]
bug	vug	fug	rog	剌	捺	闥	怛	嶭	渴	葛	[illegible]
[illegible]	[illegible]	[illegible]	[illegible]	[illegible]	[illegible]	[illegible]	[illegible]	[illegible]	[illegible]	[illegible]	[illegible]
bed	ved	fed	rea	red	ned	ted	ded		ked	ged	[illegible]
[illegible]	[illegible]	[illegible]	[illegible]	[illegible]	[illegible]	[illegible]	[illegible]	[illegible]	[illegible]	[illegible]	[illegible]
不	vog	tog	rog	鞁	訥	突	咄	兀	窟	骨	[illegible]
[illegible]	[illegible]	[illegible]	[illegible]	[illegible]	[illegible]	[illegible]	[illegible]	[illegible]	[illegible]	[illegible]	[illegible]
白	voyd	ferd	rerd	勒	齉	忒	德		客	格	[illegible]
[illegible]	[illegible]	[illegible]	[illegible]	[illegible]	[illegible]	[illegible]	[illegible]	[illegible]	[illegible]	[illegible]	[illegible]
bod	vod	fod	rod	落	諾	託	沰	咢	恪	各	[illegible]

句萌直達象一之通

Zang	然	山	獮	醆	Shan	珊	餐	籛	安	頇	蠻	攀
[illegible]	[illegible]	[illegible]	[illegible]	[illegible]	[illegible]	[illegible]	[illegible]	[illegible]	[illegible]	[illegible]	[illegible]	[illegible]
[illegible]	[illegible]	[illegible]	[illegible]	[illegible]	[illegible]	[illegible]	[illegible]	[illegible]	[illegible]	[illegible]	[illegible]	[illegible]
Zang	然	山	獮	醆	Shyang	珊	餐	籛	安	頇	蠻	攀
[illegible]	[illegible]	[illegible]	[illegible]	[illegible]	[illegible]	[illegible]	[illegible]	[illegible]	[illegible]	[illegible]	[illegible]	[illegible]
zen		莘	瀙	臻	Shyen	sen			恩	痕	Men	Pen
[illegible]	[illegible]	[illegible]	[illegible]	[illegible]	[illegible]	[illegible]	[illegible]	[illegible]	[illegible]	[illegible]	[illegible]	[illegible]
za					Shya	sa			a	ha	Ma	Pa
[illegible]	[illegible]	[illegible]	[illegible]	[illegible]	[illegible]	[illegible]	[illegible]	[illegible]	[illegible]	[illegible]	[illegible]	[illegible]
Zi		篩	差	齋	Shyi	鰓	猜	裁	哀	咍	[illegible]	排
[illegible]	[illegible]	[illegible]	[illegible]	[illegible]	[illegible]	[illegible]	[illegible]	[illegible]	[illegible]	[illegible]	[illegible]	[illegible]
zou		稍	讒	[illegible]	Shyon	搔	曹	糟	爊	蒿	毛	拋
[illegible]	[illegible]	[illegible]	[illegible]	[illegible]	[illegible]	[illegible]	[illegible]	[illegible]	[illegible]	[illegible]	[illegible]	[illegible]
zar		[illegible]	叉	樝	Shyur	sar			ar	har	Mar	Par
[illegible]	[illegible]	[illegible]	[illegible]	[illegible]	[illegible]	[illegible]	[illegible]	[illegible]	[illegible]	[illegible]	[illegible]	[illegible]
zer					Shyer	sae			aie	haie	Maie	Paie
[illegible]	[illegible]	[illegible]	[illegible]	[illegible]	[illegible]	[illegible]	[illegible]	[illegible]	[illegible]	[illegible]	[illegible]	[illegible]
zo					Shyo	so			o	ho	Mo	Po
[illegible]	[illegible]	[illegible]	[illegible]	[illegible]	[illegible]	[illegible]	[illegible]	[illegible]	[illegible]	[illegible]	[illegible]	[illegible]
zer					Sher	Ser			er	her	Mer	Per
[illegible]	[illegible]	[illegible]	[illegible]	[illegible]	[illegible]	[illegible]	[illegible]	[illegible]	[illegible]	[illegible]	[illegible]	[illegible]
zaw						娑	蹉	[illegible]	阿	訶	Maw	Paw
[illegible]	[illegible]	[illegible]	[illegible]	[illegible]	[illegible]	[illegible]	[illegible]	[illegible]	[illegible]	[illegible]	[illegible]	[illegible]
zung					Shun	Sung			螉	烘	Mong	Pong
[illegible]	[illegible]	[illegible]	[illegible]	[illegible]	[illegible]	[illegible]	[illegible]	[illegible]	[illegible]	[illegible]	[illegible]	[illegible]
zun		生	琤	爭	Shung	Sun			甖	脝	Mun	Pun
[illegible]	[illegible]	[illegible]	[illegible]	[illegible]	[illegible]	[illegible]	[illegible]	[illegible]	[illegible]	[illegible]	[illegible]	[illegible]
zon					Shon	Son			on	hon	Mon	Pon
[illegible]	[illegible]	[illegible]	[illegible]	[illegible]	[illegible]	[illegible]	[illegible]	[illegible]	[illegible]	[illegible]	[illegible]	[illegible]
zan		攕	攙	漸	Shan	三	參	[illegible]	諳	[illegible]	[illegible]	Pan
[illegible]	[illegible]	[illegible]	[illegible]	[illegible]	[illegible]	[illegible]	[illegible]	[illegible]	[illegible]	[illegible]	[illegible]	[illegible]
		[illegible]	[illegible]	[illegible]		涑	[illegible]	[illegible]	謳	齁	哞	捊
[illegible]	[illegible]	[illegible]	[illegible]	[illegible]	[illegible]	[illegible]	[illegible]	[illegible]	[illegible]	[illegible]	[illegible]	[illegible]
		殺	剎	札	Shug	薩	擦	[illegible]	遏	曷	[illegible]	Pug
[illegible]	[illegible]	[illegible]	[illegible]	[illegible]	[illegible]	[illegible]	[illegible]	[illegible]	[illegible]	[illegible]	[illegible]	[illegible]
zed		瑟	[illegible]	[illegible]	Shea	sed			ed	hed	Med	Ped
[illegible]	[illegible]	[illegible]	[illegible]	[illegible]	[illegible]	[illegible]	[illegible]	[illegible]	[illegible]	[illegible]	[illegible]	[illegible]
		[illegible]		[illegible]	Shos	窣	猝	卒	頞	忽	沒	誖
[illegible]	[illegible]	[illegible]	[illegible]	[illegible]	[illegible]	[illegible]	[illegible]	[illegible]	[illegible]	[illegible]	[illegible]	[illegible]
zerd		設	策	責	Shen	澁	擇	賊	厄	[illegible]	麥	拍
[illegible]	[illegible]	[illegible]	[illegible]	[illegible]	[illegible]	[illegible]	[illegible]	[illegible]	[illegible]	[illegible]	[illegible]	[illegible]
zod		爍	綽	灼	Shoa	Sod			惡	臛	Mod	Pod

中 寰 滿 聲 發 进 雷 春

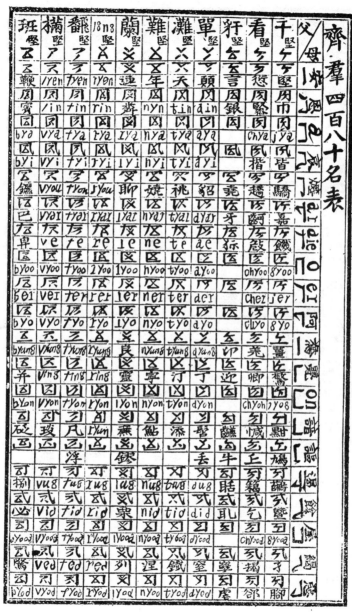

齊韋四百八十名表

班 堅	構 堅	飜 堅	18n8 堅	蘭 堅	難 堅	灘 堅	單 堅	犴 堅	看 堅	干 堅	父／母
[illegible]	[illegible]	[illegible]	[illegible]	[illegible]	[illegible]	[illegible]	[illegible]	[illegible]	[illegible]	[illegible]	[illegible]
鞭	lyen	tyen	ryen	蓮	年	天	顛	言	愆	堅	[illegible]
[illegible]	[illegible]	[illegible]	[illegible]	[illegible]	[illegible]	[illegible]	[illegible]	[illegible]	[illegible]	[illegible]	[illegible]
賓	/in	tin	rin	[illegible]	nyn	tin	din	銀	緊	巾	[illegible]
[illegible]	[illegible]	[illegible]	[illegible]	[illegible]	[illegible]	[illegible]	[illegible]	[illegible]	[illegible]	[illegible]	ai
bya	vya	tya	rya	Iya	nya	tya	aya		chya	jya	[illegible]
[illegible]	[illegible]	[illegible]	[illegible]	[illegible]	[illegible]	[illegible]	[illegible]	[illegible]	[illegible]	[illegible]	[illegible]
byi	vyi	tyi	ryi	lyi	nyi	tyi	dyi		揩	皆	[illegible]
[illegible]	[illegible]	[illegible]	[illegible]	[illegible]	[illegible]	[illegible]	[illegible]	[illegible]	[illegible]	[illegible]	[illegible]
鑣	vyou	tyou	ryou	聊	嬈	祧	貂	堯	蹻	驕	[illegible]
[illegible]	[illegible]	[illegible]	[illegible]	[illegible]	[illegible]	[illegible]	[illegible]	[illegible]	[illegible]	[illegible]	ar
巴	vyar	tyal	ryal	lyal	nyar	tyal	dyar	牙	[illegible]	嘉	[illegible]
[illegible]	[illegible]	[illegible]	[illegible]	[illegible]	[illegible]	[illegible]	[illegible]	[illegible]	[illegible]	[illegible]	die
卑	ve	te	re	le	ne	te	ae	[illegible]	[illegible]	鐵	[illegible]
[illegible]	[illegible]	[illegible]	[illegible]	[illegible]	[illegible]	[illegible]	[illegible]	[illegible]	[illegible]	[illegible]	[illegible]
byoo	vyoo	tyoo	lyoo	lyoo	nyoo	tyoo	ayoo		ohyoo	8yoo	o
[illegible]	[illegible]	[illegible]	[illegible]	[illegible]	[illegible]	[illegible]	[illegible]	[illegible]	[illegible]	[illegible]	[illegible]
ber	ver	ter	rer	ler	ner	ter	der		cher	jer	er
[illegible]	[illegible]	[illegible]	[illegible]	[illegible]	[illegible]	[illegible]	[illegible]	[illegible]	[illegible]	[illegible]	[illegible]
byo	vyo	tyo	ryo	lyo	nyo	tyo	dyo		chyo	8yo	阿
[illegible]	[illegible]	[illegible]	[illegible]	[illegible]	[illegible]	[illegible]	[illegible]	[illegible]	[illegible]	[illegible]	[illegible]
byung	vyung	tyung	ryung	良	nyung	tyung	dyang	卬	羌	薑	[illegible]
[illegible]	[illegible]	[illegible]	[illegible]	[illegible]	[illegible]	[illegible]	[illegible]	[illegible]	[illegible]	[illegible]	[illegible]
并	ving	ting	ring	靈	寧	汀	丁	迎	卿	[illegible]	[illegible]
[illegible]	[illegible]	[illegible]	[illegible]	[illegible]	[illegible]	[illegible]	[illegible]	[illegible]	[illegible]	[illegible]	on
byon	vyon	tyon	ryon	lyon	nyon	tyon	dyon		chyoh	jyo8	[illegible]
[illegible]	[illegible]	[illegible]	[illegible]	[illegible]	[illegible]	[illegible]	[illegible]	[illegible]	[illegible]	[illegible]	[illegible]
砭	[illegible]	凡	lyum	廉	鮎	添	[illegible]	[illegible]	[illegible]	黚	[illegible]
[illegible]	[illegible]	[illegible]	[illegible]	[illegible]	[illegible]	[illegible]	[illegible]	[illegible]	[illegible]	[illegible]	[illegible]
		浮		鏐			丟	牛	丘	鳩	[illegible]
[illegible]	[illegible]	[illegible]	[illegible]	[illegible]	[illegible]	[illegible]	[illegible]	[illegible]	[illegible]	[illegible]	[illegible]
捌	vug	tug	rug	lug	nug	tug	dug	聒	[illegible]	[illegible]	[illegible]
[illegible]	[illegible]	[illegible]	[illegible]	[illegible]	[illegible]	[illegible]	[illegible]	[illegible]	[illegible]	[illegible]	[illegible]
必	vid	tid	rid	[illegible]	nid	tid	did	[illegible]	乞	[illegible]	[illegible]
[illegible]	[illegible]	[illegible]	[illegible]	[illegible]	[illegible]	[illegible]	[illegible]	[illegible]	[illegible]	[illegible]	[illegible]
dyood	vyood	tyood	ryood	lyood	nyood	tyood	dyood		chyood	8yood	[illegible]
[illegible]	[illegible]	[illegible]	[illegible]	[illegible]	[illegible]	[illegible]	[illegible]	[illegible]	[illegible]	[illegible]	[illegible]
[illegible]	ved	ted	red	列	涅	鐵	窒	孽	揭	孑	[illegible]
[illegible]	[illegible]	[illegible]	[illegible]	[illegible]	[illegible]	[illegible]	[illegible]	[illegible]	[illegible]	[illegible]	[illegible]
byod	vyod	tyod	ryod	lyod	nyod	tyod	dyod	虐	卻	腳	[illegible]

萬 物 潔 齊 是 謂 夏 聲

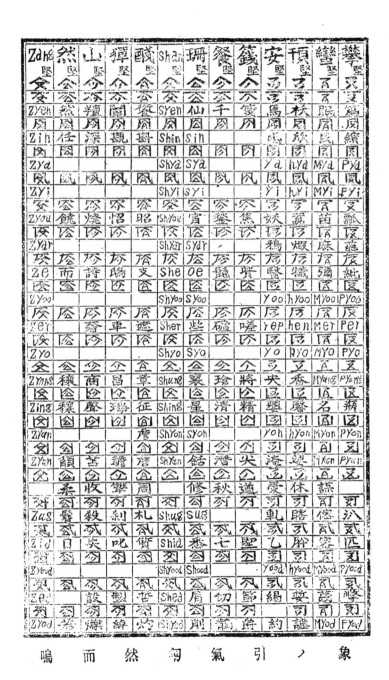

Zang 堅	然 堅	山 堅	禪 堅	戩 堅	Shan 堅	珊 堅	餐 堅	籛 堅	安 堅	頇 堅	蠻 堅	攀 堅
[illegible]	[illegible]	[illegible]	[illegible]	[illegible]	[illegible]	[illegible]	[illegible]	[illegible]	[illegible]	[illegible]	[illegible]	[illegible]
[illegible]	[illegible]	[illegible]	[illegible]	[illegible]	[illegible]	[illegible]	[illegible]	[illegible]	[illegible]	[illegible]	[illegible]	[illegible]
ZYen	然	羶	闡	餐	SYen	仙	千	箋	焉	祆	眠	篇
[illegible]	[illegible]	[illegible]	[illegible]	[illegible]	[illegible]	[illegible]	[illegible]	[illegible]	[illegible]	[illegible]	[illegible]	[illegible]
Zin	任	深	覿	斟	Shin	Sin			因	欣	民	繽
[illegible]	[illegible]	[illegible]	[illegible]	[illegible]	[illegible]	[illegible]	[illegible]	[illegible]	[illegible]	[illegible]	[illegible]	[illegible]
ZYa					ShYa	SYa			Ya	hYa	MYa	PYa
[illegible]	[illegible]	[illegible]	[illegible]	[illegible]	[illegible]	[illegible]	[illegible]	[illegible]	[illegible]	[illegible]	[illegible]	[illegible]
ZYi					ShYi	SYi			Yi	hYi	MYi	PYi
[illegible]	[illegible]	[illegible]	[illegible]	[illegible]	[illegible]	[illegible]	[illegible]	[illegible]	[illegible]	[illegible]	[illegible]	[illegible]
ZYou	饒	燒	怊	昭	ShYou	宵	鍫	焦	妖	囂	苗	飄
[illegible]	[illegible]	[illegible]	[illegible]	[illegible]	[illegible]	[illegible]	[illegible]	[illegible]	[illegible]	[illegible]	[illegible]	[illegible]
ZYar					ShYar	SYar	'		鴉	煆	麻	葩
[illegible]	[illegible]	[illegible]	[illegible]	[illegible]	[illegible]	[illegible]	[illegible]	[illegible]	[illegible]	[illegible]	[illegible]	[illegible]
Ze	而	詩	鴟	支	She	Oe	鷈	貲	醫	犧	彌	紕
[illegible]	[illegible]	[illegible]	[illegible]	[illegible]	[illegible]	[illegible]	[illegible]	[illegible]	[illegible]	[illegible]	[illegible]	[illegible]
ZYoo					ShYoo	SYoo			Yoo	hYoo	MYoo	PYoo
[illegible]	[illegible]	[illegible]	[illegible]	[illegible]	[illegible]	[illegible]	[illegible]	[illegible]	[illegible]	[illegible]	[illegible]	[illegible]
Zer		奢	車	遮	Sher	些	磋	嗟	Yer	hen	Mer	Per
[illegible]	[illegible]	[illegible]	[illegible]	[illegible]	[illegible]	[illegible]	[illegible]	[illegible]	[illegible]	[illegible]	[illegible]	[illegible]
ZYo					ShYo	SYo			Yo	hYo	MYo	PYo
[illegible]	[illegible]	[illegible]	[illegible]	[illegible]	[illegible]	[illegible]	[illegible]	[illegible]	[illegible]	[illegible]	[illegible]	[illegible]
ZYung	穰	商	昌	章	Shung	襄	瑲	將	央	香	MYung	PYung
[illegible]	[illegible]	[illegible]	[illegible]	[illegible]	[illegible]	[illegible]	[illegible]	[illegible]	[illegible]	[illegible]	[illegible]	[illegible]
Zing	穰	聲	蹕	征	Shing	星	清	精	嬰	馨	名	甁
[illegible]	[illegible]	[illegible]	[illegible]	[illegible]	[illegible]	[illegible]	[illegible]	[illegible]	[illegible]	[illegible]	[illegible]	[illegible]
ZYan				詹	ShYan	SYan			Yan	hYan	MYan	PYan
[illegible]	[illegible]	[illegible]	[illegible]	[illegible]	[illegible]	[illegible]	[illegible]	[illegible]	[illegible]	[illegible]	[illegible]	[illegible]
ZYen	顩	苫	譫	詹	ShYen	銛	潛	尖	淹	嬐	MYen	PYen
[illegible]	[illegible]	[illegible]	[illegible]	[illegible]	[illegible]	[illegible]	[illegible]	[illegible]	[illegible]	[illegible]	[illegible]	[illegible]
	柔	收	犨	周		修	秋	遒	憂	休	謀	
[illegible]	[illegible]	[illegible]	[illegible]	[illegible]	[illegible]	[illegible]	[illegible]	[illegible]	[illegible]	[illegible]	[illegible]	[illegible]
Zug	聲	殺	刹	札	Shug	Sug			軋	瞎	傛	扒
[illegible]	[illegible]	[illegible]	[illegible]	[illegible]	[illegible]	[illegible]	[illegible]	[illegible]	[illegible]	[illegible]	[illegible]	[illegible]
Zid	日	失	叱	質	Shid	悉	七	堲	乙	肸	密	匹
[illegible]	[illegible]	[illegible]	[illegible]	[illegible]	[illegible]	[illegible]	[illegible]	[illegible]	[illegible]	[illegible]	[illegible]	[illegible]
ZYood					ShYood	Shood			Yood	hYood	MYood	PYood
[illegible]	[illegible]	[illegible]	[illegible]	[illegible]	[illegible]	[illegible]	[illegible]	[illegible]	[illegible]	[illegible]	[illegible]	[illegible]
Zed		設	掣	哲	Shed	屑	切	節	絹	娎	蔑	擎
[illegible]	[illegible]	[illegible]	[illegible]	[illegible]	[illegible]	[illegible]	[illegible]	[illegible]		[illegible]	[illegible]	[illegible]
ZYod	若	爍	綽	灼	ShYod	削	鵲	爵	約	謔	MYod	PYod

象ノ引氣匈然而鳴

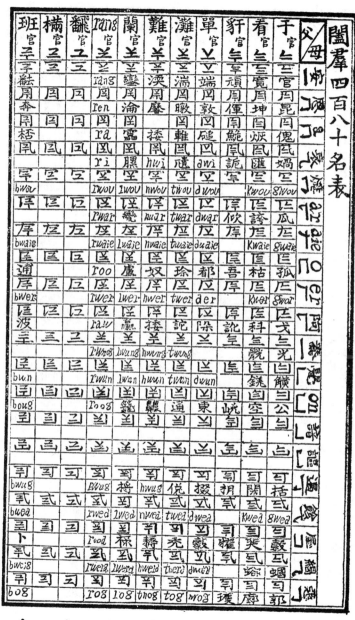

闔聲四百八十名表

父/母	于官	看官	豻官	單官	灘官	難官	蘭官	rang官	齹官	樠官	班官
	[illegible]	[illegible]	[illegible]	[illegible]	[illegible]	[illegible]	[illegible]	[illegible]	[illegible]	[illegible]	[illegible]
安	[illegible]	[illegible]	[illegible]	[illegible]	[illegible]	[illegible]	[illegible]	[illegible]	[illegible]	[illegible]	[illegible]
	官	寬	頑	端	湍	渜	鑾	rang			[illegible]
溫	[illegible]	[illegible]	[illegible]	[illegible]	[illegible]	[illegible]	[illegible]	[illegible]	[illegible]	[illegible]	[illegible]
	昆	坤	僤	敦	暾	磨	淪	ren			奔
a	[illegible]	[illegible]	[illegible]	[illegible]	[illegible]		[illegible]	[illegible]	[illegible]	[illegible]	[illegible]
	傀	烣	鮠	磓	鞋	捼	靁	ra			栝
哀	[illegible]	[illegible]	[illegible]	[illegible]	[illegible]	[illegible]	[illegible]	[illegible]	[illegible]	[illegible]	[illegible]
	媧	匯	詭	awi	殨	hwi	膘	ri			
烓	[illegible]	[illegible]	[illegible]	[illegible]	[illegible]	[illegible]	[illegible]	[illegible]	[illegible]	[illegible]	[illegible]
	gwou	kwou		dwou	twou	nwou	lwou	rwou			bwou
ar	[illegible]	[illegible]	[illegible]	[illegible]	[illegible]	[illegible]	[illegible]	[illegible]	[illegible]	[illegible]	[illegible]
	瓜	誇	侬	dwar	twar	nuar	鸞	rwar			
aie	[illegible]	[illegible]	[illegible]	[illegible]	[illegible]	[illegible]	[illegible]	[illegible]	[illegible]	[illegible]	[illegible]
	gwaie	kwaie		duaie	twaie	nwaie	lwaie	rwaie			bwaie
o	[illegible]	[illegible]	[illegible]	[illegible]	[illegible]	[illegible]	[illegible]	[illegible]	[illegible]	[illegible]	[illegible]
	孤	枯	吾	都	瑹	奴	盧	roo			逋
er	[illegible]	[illegible]	[illegible]	[illegible]	[illegible]	[illegible]	[illegible]	[illegible]	[illegible]	[illegible]	[illegible]
	gwor	kwer		der	twer	hwer	lwer	rwer			bwer
阿	[illegible]	[illegible]	[illegible]	[illegible]	[illegible]	[illegible]	[illegible]	[illegible]	[illegible]	[illegible]	[illegible]
	戈	科	訛	除	詑	捼	贏	raw			波
鴦	[illegible]	[illegible]	[illegible]	[illegible]	[illegible]	[illegible]	[illegible]	[illegible]	[illegible]	[illegible]	[illegible]
	光	[illegible]			twung	hwung	lwung	rwng			
恩	[illegible]	[illegible]	[illegible]	[illegible]	[illegible]	[illegible]	[illegible]	[illegible]	[illegible]	[illegible]	[illegible]
	[illegible]	鐃		dwun	twan	hwun	lwan	rwun			bwn
on	[illegible]	[illegible]	[illegible]	[illegible]	[illegible]	[illegible]	[illegible]	[illegible]	[illegible]	[illegible]	[illegible]
	公	空	屼	東	通	[illegible]	籠	roog			boug
謳	[illegible]	[illegible]	[illegible]	[illegible]	[illegible]	[illegible]	[illegible]	[illegible]	[illegible]	[illegible]	[illegible]
謳	[illegible]	[illegible]	[illegible]	[illegible]	[illegible]	[illegible]	[illegible]	[illegible]	[illegible]	[illegible]	[illegible]
遏	[illegible]	[illegible]	[illegible]	[illegible]	[illegible]	[illegible]	[illegible]	[illegible]	[illegible]	[illegible]	[illegible]
	括	闊	捐	掇	侻	hwug	捋	Rwug			bwug
鎰	[illegible]	[illegible]	[illegible]	[illegible]	[illegible]	[illegible]	[illegible]	[illegible]	[illegible]	[illegible]	[illegible]
	gwed	kwed		dwed	twed	nwed	lwed	rwed			bwed
屋	[illegible]	[illegible]	[illegible]	[illegible]	[illegible]	[illegible]	[illegible]	[illegible]	[illegible]	[illegible]	[illegible]
	轂	哭	矐	蔽	禿	耨	祿	rood			卜
穩	[illegible]	[illegible]	[illegible]	[illegible]	[illegible]	[illegible]	[illegible]	[illegible]	[illegible]	[illegible]	[illegible]
	蟈	緣		dwcid	therd	hweid	lwerd	rweid			bwcig
惡	[illegible]	[illegible]	[illegible]	[illegible]	[illegible]	[illegible]	[illegible]	[illegible]	[illegible]	[illegible]	[illegible]
	郭	廓	擭	wrog	tog	thog	log	rog			bog

聲自內合其形也翕

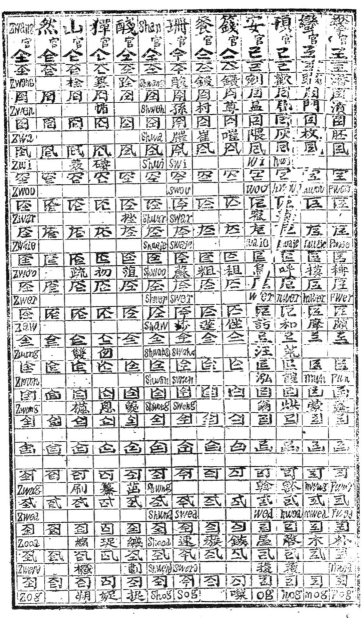

Zwang官	然官	山官	撣官	酸官	Shan官	珊官	餐官	籤官	安官	頑官	鑾官	孿官
[illegible]	[illegible]	[illegible]	[illegible]	[illegible]	[illegible]	[illegible]	[illegible]	[illegible]	[illegible]	[illegible]	[illegible]	[illegible]
[illegible]	[illegible]	[illegible]	[illegible]	[illegible]	[illegible]	[illegible]	[illegible]	[illegible]	[illegible]	[illegible]	[illegible]	[illegible]
Zwang		檜	簒	跧	Shwang	[illegible]	鋑	鑽	剜	歡	[illegible]	[illegible]
[illegible]	[illegible]	[illegible]	[illegible]	[illegible]	[illegible]	[illegible]	[illegible]	[illegible]	[illegible]	[illegible]	[illegible]	[illegible]
Zwen			[illegible]		Shwen	孫	村	尊	昷	[illegible]	門	濆
[illegible]	[illegible]	[illegible]	[illegible]	[illegible]	[illegible]	[illegible]	[illegible]	[illegible]	[illegible]	[illegible]	[illegible]	[illegible]
Zwa					Shwa	[illegible]	崔	嗺	隈	灰	枚	胚
[illegible]	[illegible]	[illegible]	[illegible]	[illegible]	[illegible]	[illegible]	[illegible]	[illegible]	[illegible]	[illegible]	[illegible]	[illegible]
Zwi		蕤	[illegible]		Shwi	Swi			Wi	hwi		
[illegible]	[illegible]	[illegible]	[illegible]	[illegible]	[illegible]	[illegible]	[illegible]	[illegible]	[illegible]	[illegible]	[illegible]	[illegible]
Zwou						Swou			woo	hwou	mwou	Fwou
[illegible]	[illegible]	[illegible]	[illegible]	[illegible]	[illegible]	[illegible]	[illegible]	[illegible]	[illegible]	[illegible]	[illegible]	[illegible]
Zwar				[illegible]	Shwar	Swar			[illegible]	[illegible]		
[illegible]	[illegible]	[illegible]	[illegible]	[illegible]	[illegible]	[illegible]	[illegible]	[illegible]	[illegible]	[illegible]	[illegible]	[illegible]
Zwaie					Shwaje	Swaje			waie	hwaje	mwaje	Fwaje
[illegible]	[illegible]	[illegible]	[illegible]	[illegible]	[illegible]	[illegible]	[illegible]	[illegible]	[illegible]	[illegible]	[illegible]	[illegible]
Zwoo		疏	初	蒩	Shwoo	蘇	粗	租	烏	呼	摸	稃
[illegible]	[illegible]	[illegible]	[illegible]	[illegible]	[illegible]	[illegible]	[illegible]	[illegible]	[illegible]	[illegible]	[illegible]	[illegible]
Zwer					Shwer	Swer			wer	hwer	mwer	Fwer
[illegible]	[illegible]	[illegible]	[illegible]	[illegible]	[illegible]	[illegible]	[illegible]	[illegible]	[illegible]	[illegible]	[illegible]	[illegible]
Zaw					Shaw	[illegible]	蹉	侳	訶	和	摩	頗
[illegible]	[illegible]	[illegible]	[illegible]	[illegible]	[illegible]	[illegible]	[illegible]	[illegible]	[illegible]	[illegible]	[illegible]	[illegible]
Zwang		雙	囱		Shwang	Swang			汪	荒		
[illegible]	[illegible]	[illegible]	[illegible]	[illegible]	[illegible]	[illegible]	[illegible]	[illegible]	[illegible]	[illegible]	[illegible]	[illegible]
Zwun					Shwun	Swen			泓	[illegible]	mun	Fun
[illegible]	[illegible]	[illegible]	[illegible]	[illegible]	[illegible]	[illegible]	[illegible]	[illegible]	[illegible]	[illegible]	[illegible]	[illegible]
Zwong		樬	怱	[illegible]	Shwong	Sweng			翁	烘	蒙	蓬
[illegible]	[illegible]	[illegible]	[illegible]	[illegible]	[illegible]	[illegible]	[illegible]	[illegible]	[illegible]	[illegible]	[illegible]	[illegible]
[illegible]	[illegible]	[illegible]	[illegible]	[illegible]	[illegible]	[illegible]	[illegible]	[illegible]	[illegible]	[illegible]	[illegible]	[illegible]
[illegible]	[illegible]	[illegible]	[illegible]	[illegible]	[illegible]	[illegible]	[illegible]	[illegible]	[illegible]	[illegible]	[illegible]	[illegible]
Zwug		刷	纂	茁	Shwug				斡	豁	mwug	Fwug
[illegible]	[illegible]	[illegible]	[illegible]	[illegible]	[illegible]	[illegible]	[illegible]	[illegible]	[illegible]	[illegible]	[illegible]	[illegible]
Zwea					Shwea	Swea			wea	hwea	mwea	Fwea
[illegible]	[illegible]	[illegible]	[illegible]	[illegible]	[illegible]	[illegible]	[illegible]	[illegible]	[illegible]	[illegible]	[illegible]	[illegible]
Zooa		縮	娖	[illegible]	Shooa	速	蔟	鏃	屋	嚳	木	朴
[illegible]	[illegible]	[illegible]	[illegible]	[illegible]	[illegible]	[illegible]	[illegible]	[illegible]	[illegible]	[illegible]	[illegible]	[illegible]
Zwera		檝		劃	Shwera	Swera			獲	[illegible]		Fwera
[illegible]	[illegible]	[illegible]	[illegible]	[illegible]	[illegible]	[illegible]	[illegible]	[illegible]	[illegible]	[illegible]	[illegible]	[illegible]
Zog		朔	娖	捉	Shog	Sog		喿	og	hog	mog	Fog

秘而能宣象之以一

撮聲四百八十名表

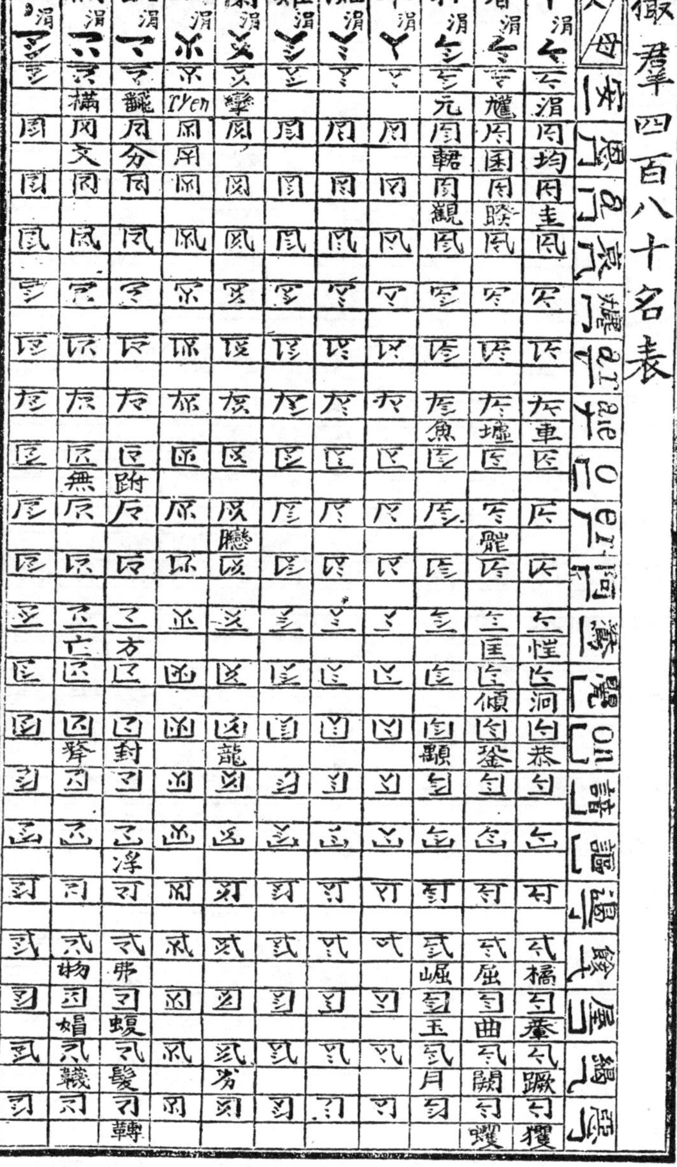

蹋踏其形苑結其聲

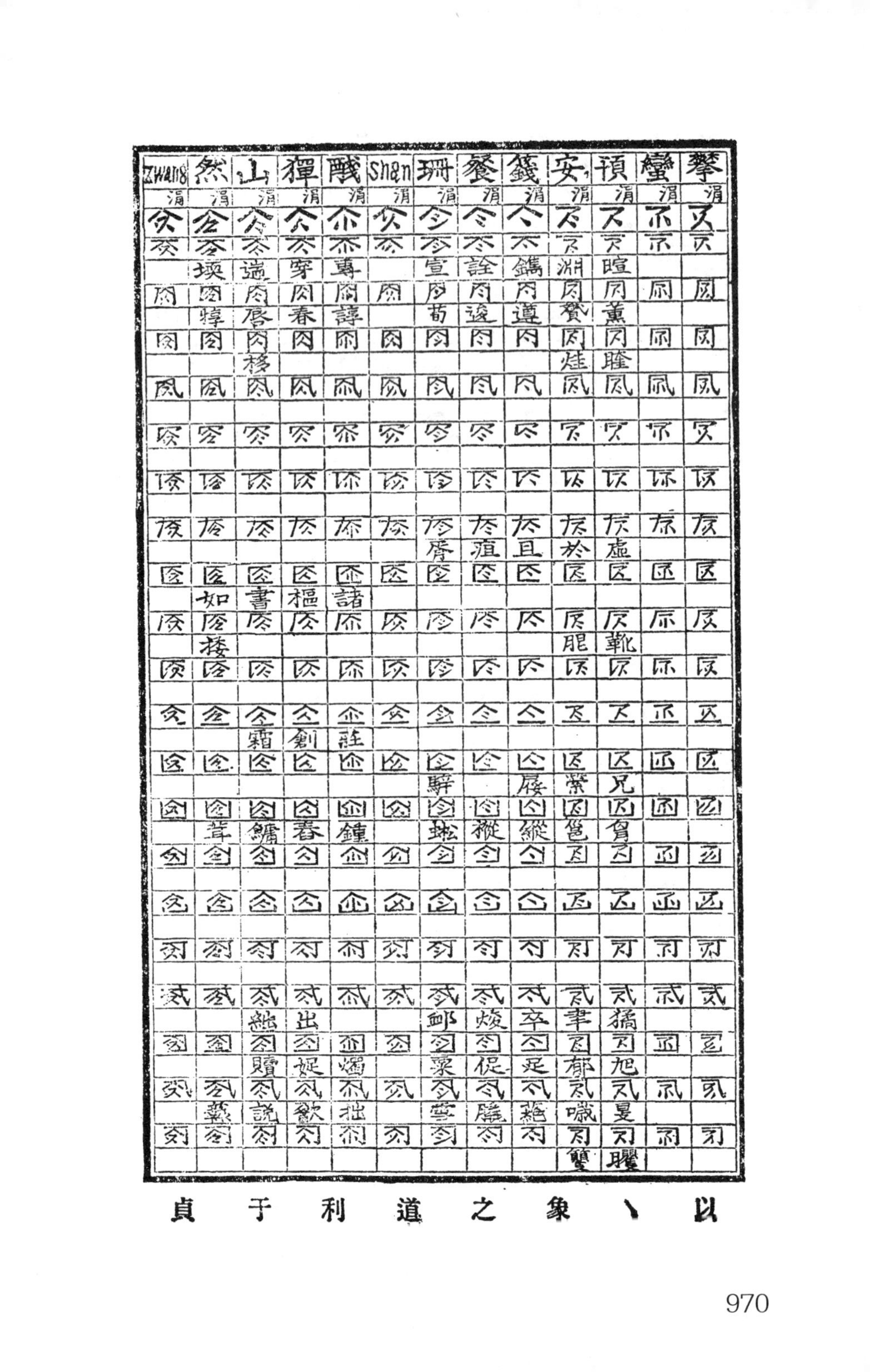

Zwang	然	山	獐	戩	Shan	珊	餐	籛	安	預	巒	孿
涓	涓	涓	涓	涓	涓	涓	涓	涓	涓	涓	涓	涓
[illegible]	[illegible]	[illegible]	[illegible]	[illegible]	[illegible]	[illegible]	[illegible]	[illegible]	[illegible]	[illegible]	[illegible]	[illegible]
[illegible]	[illegible]	[illegible]	[illegible]	[illegible]	[illegible]	[illegible]	[illegible]	[illegible]	[illegible]	[illegible]	[illegible]	[illegible]
	堧	遄	穿	專		宣	詮	鐫	淵	暄		
[illegible]	[illegible]	[illegible]	[illegible]	[illegible]	[illegible]	[illegible]	[illegible]	[illegible]	[illegible]	[illegible]	[illegible]	[illegible]
	犉	脣	春	諄		荀	逡	遵	贇	薰		
[illegible]	[illegible]	[illegible]	[illegible]	[illegible]	[illegible]	[illegible]	[illegible]	[illegible]	[illegible]	[illegible]	[illegible]	[illegible]
		移							烓	睦		
[illegible]	[illegible]	[illegible]	[illegible]	[illegible]	[illegible]	[illegible]	[illegible]	[illegible]	[illegible]	[illegible]	[illegible]	[illegible]
[illegible]	[illegible]	[illegible]	[illegible]	[illegible]	[illegible]	[illegible]	[illegible]	[illegible]	[illegible]	[illegible]	[illegible]	[illegible]
[illegible]	[illegible]	[illegible]	[illegible]	[illegible]	[illegible]	[illegible]	[illegible]	[illegible]	[illegible]	[illegible]	[illegible]	[illegible]
[illegible]	[illegible]	[illegible]	[illegible]	[illegible]	[illegible]	[illegible]	[illegible]	[illegible]	[illegible]	[illegible]	[illegible]	[illegible]
						胥	疽	且	於	虛		
[illegible]	[illegible]	[illegible]	[illegible]	[illegible]	[illegible]	[illegible]	[illegible]	[illegible]	[illegible]	[illegible]	[illegible]	[illegible]
	如	書	樞	諸								
[illegible]	[illegible]	[illegible]	[illegible]	[illegible]	[illegible]	[illegible]	[illegible]	[illegible]	[illegible]	[illegible]	[illegible]	[illegible]
	樓								肥	靴		
[illegible]	[illegible]	[illegible]	[illegible]	[illegible]	[illegible]	[illegible]	[illegible]	[illegible]	[illegible]	[illegible]	[illegible]	[illegible]
[illegible]	[illegible]	[illegible]	[illegible]	[illegible]	[illegible]	[illegible]	[illegible]	[illegible]	[illegible]	[illegible]	[illegible]	[illegible]
		霜	創	莊								
[illegible]	[illegible]	[illegible]	[illegible]	[illegible]	[illegible]	[illegible]	[illegible]	[illegible]	[illegible]	[illegible]	[illegible]	[illegible]
						騂		屣	縈	兄		
[illegible]	[illegible]	[illegible]	[illegible]	[illegible]	[illegible]	[illegible]	[illegible]	[illegible]	[illegible]	[illegible]	[illegible]	[illegible]
	茸	鱅	舂	鐘		蜙	樅	縱	邕	胷		
[illegible]	[illegible]	[illegible]	[illegible]	[illegible]	[illegible]	[illegible]	[illegible]	[illegible]	[illegible]	[illegible]	[illegible]	[illegible]
[illegible]	[illegible]	[illegible]	[illegible]	[illegible]	[illegible]	[illegible]	[illegible]	[illegible]	[illegible]	[illegible]	[illegible]	[illegible]
[illegible]	[illegible]	[illegible]	[illegible]	[illegible]	[illegible]	[illegible]	[illegible]	[illegible]	[illegible]	[illegible]	[illegible]	[illegible]
[illegible]	[illegible]	[illegible]	[illegible]	[illegible]	[illegible]	[illegible]	[illegible]	[illegible]	[illegible]	[illegible]	[illegible]	[illegible]
		繼	出			卹	焌	卒	聿	獝		
[illegible]	[illegible]	[illegible]	[illegible]	[illegible]	[illegible]	[illegible]	[illegible]	[illegible]	[illegible]	[illegible]	[illegible]	[illegible]
		贖	娖	燭		粟	促	足	郁	旭		
[illegible]	[illegible]	[illegible]	[illegible]	[illegible]	[illegible]	[illegible]	[illegible]	[illegible]	[illegible]	[illegible]	[illegible]	[illegible]
	爇	說	歠	拙		雪	膬	絕	噦	旻		
[illegible]	[illegible]	[illegible]	[illegible]	[illegible]	[illegible]	[illegible]	[illegible]	[illegible]	[illegible]	[illegible]	[illegible]	[illegible]
									矍	矐		

以丶象之道利于貞

音海七千六百八十名表

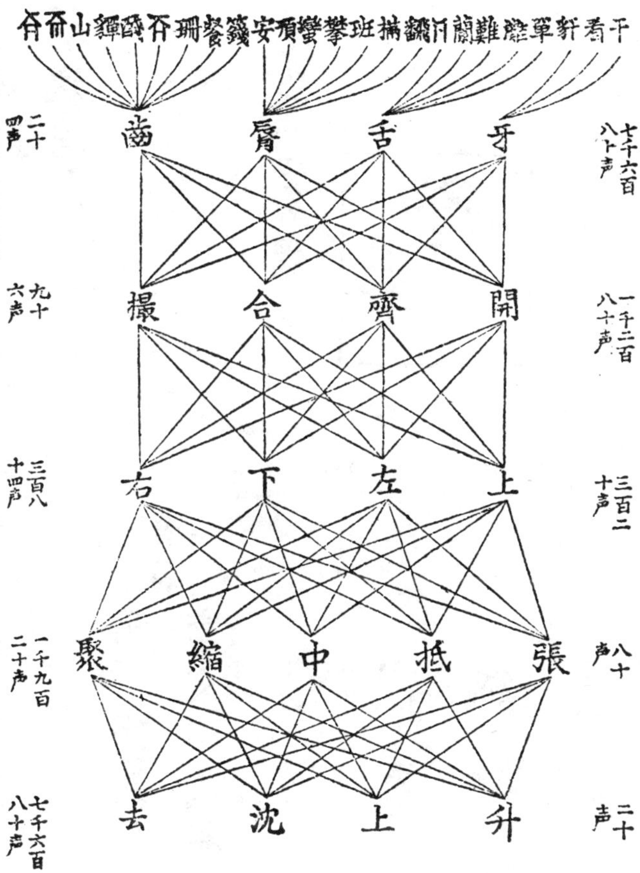

源于涓滴
至海而極
萬派朝宗
聲名洋溢

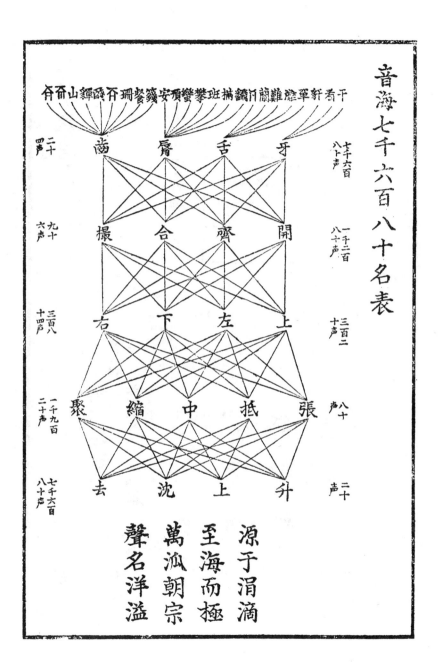

滇南 楊瓊絅樓
李文治南彬 同箸

音標一名表

干

亢宗長子
代表羣音
綱紀敷布
實爲大君

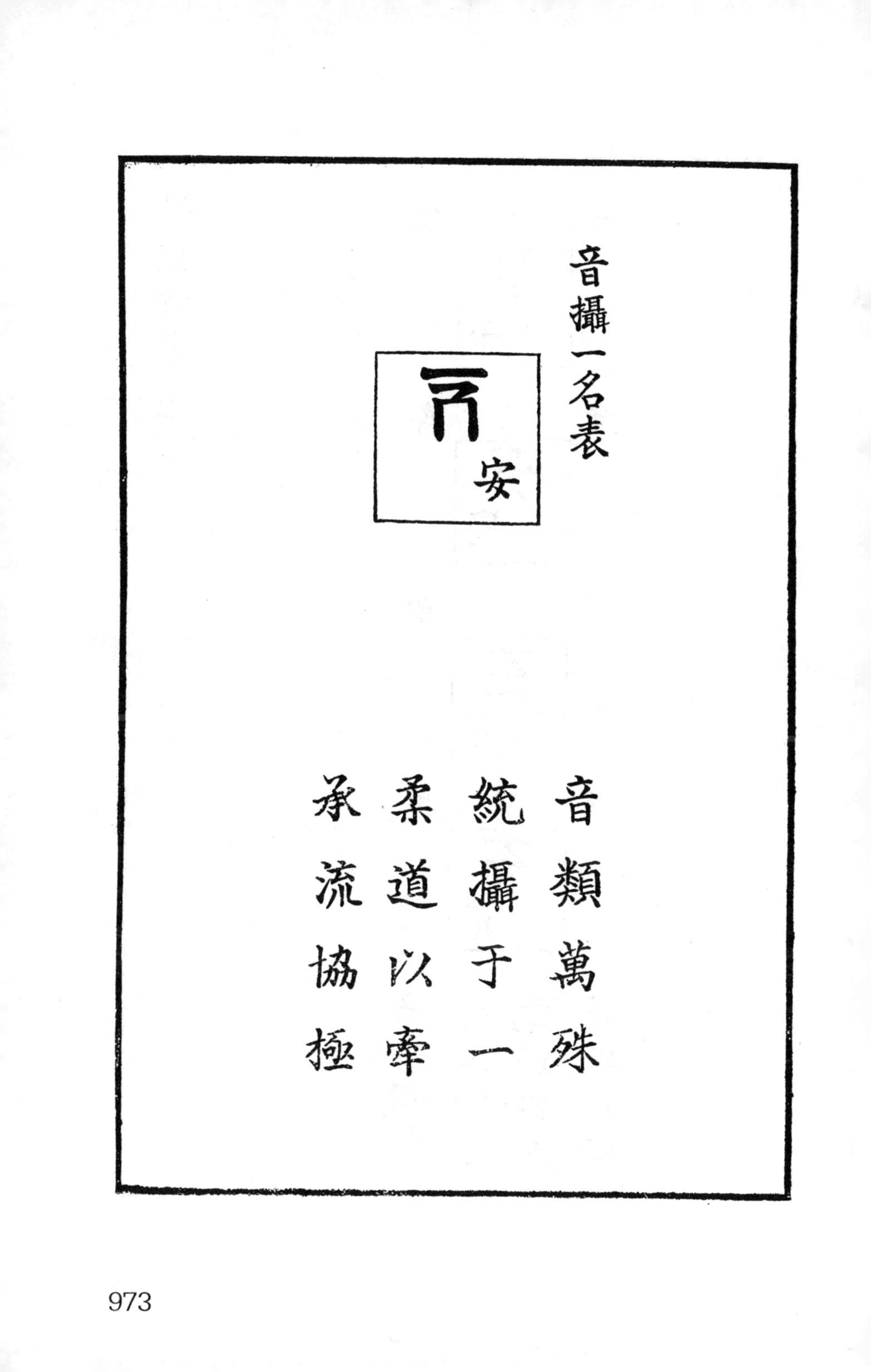

音攝一名表

亓

安

音類萬殊
統攝于一
柔道以牽
承流協極

音矩四名表

開口呼

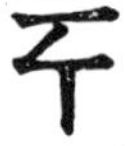 干

齊齒呼

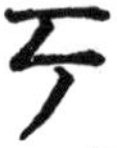 堅

闔口呼

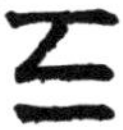 官

撮口呼

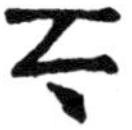 涓

大塊噫气
旁沛四方
孰綱維是
厥矩用彰

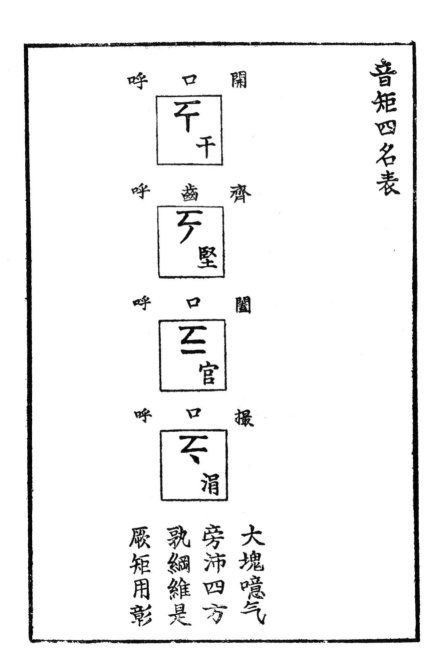

音繩十六名表

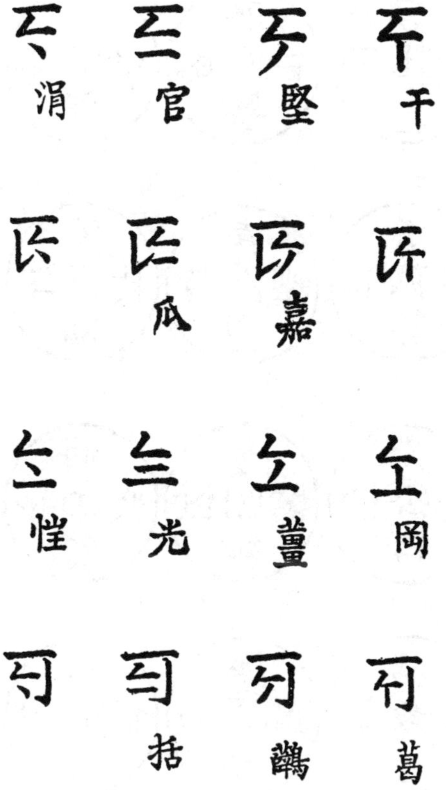

長舒短促
引之以繩
半以遞減
有物可捫

音規八十名表

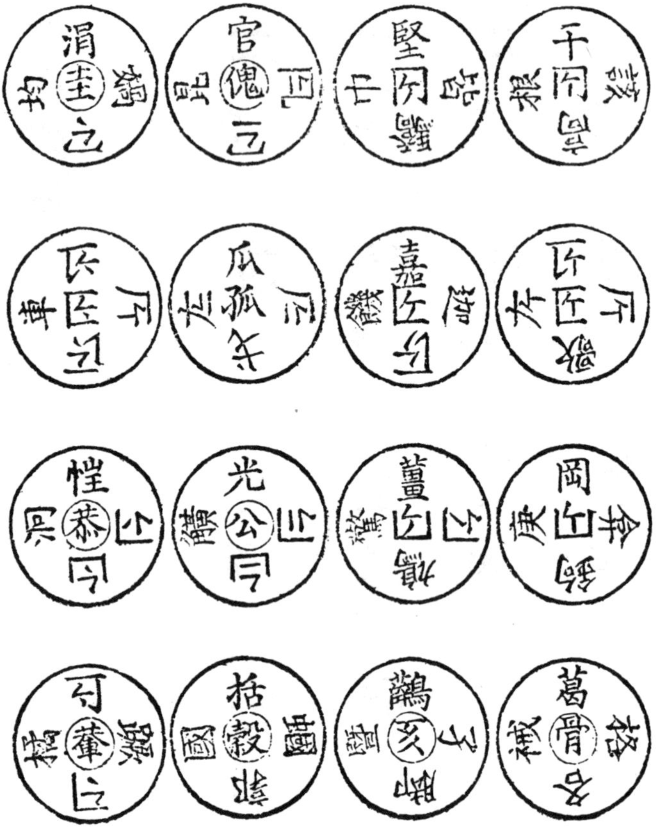

貫珠纍々
五緯相聯
往來順逆
參錯以宣

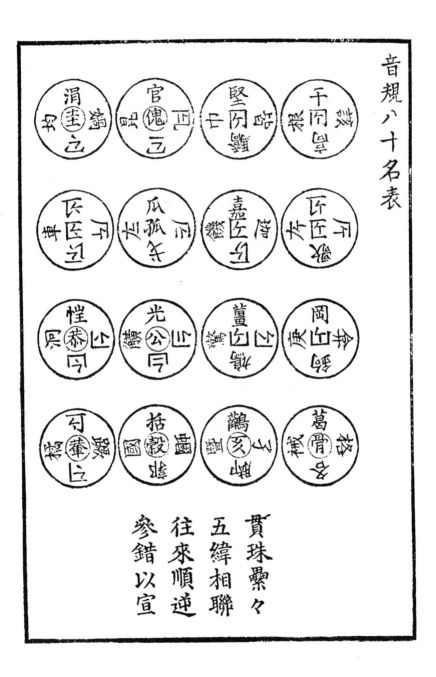

音準三百二十名表

開口呼

	張	抵	中	縮	聚
長	干〓笴玕	根〓〓艮	〓〓〓〓	該〓改蓋	高〓暠誥
舒	〓〓〓〓	〓〓〓〓	〓〓〓〓	〓〓〓〓	歌〓哿箇
短	岡〓〓鋼	庚〓梗更	〓〓〓〓	〓〓感紺	鉤〓苟遘
促	葛〓〓〓	裓〓〓〓	骨〓〓〓	格〓〓〓	各〓〓〓

齊齒呼

	張	抵	中	縮	聚
長	堅〓蹇健	巾〓巹抻	〓〓〓〓	皆〓鍇誡	驕〓矯叫
舒	嘉〓檟駕	饑〓几冀	〓〓〓〓	迦〓〓〓	〓〓〓〓
短	薑〓繮韁	驚〓警敬	〓〓〓〓	黚〓撿〓	鳩〓久救
促	〓〓〓〓	暨〓〓〓	〓〓〓〓	孑〓〓〓	脚〓〓〓

調停其聲如準之平升沈上去乃有定名

合口呼

張	抵	中	縮	聚
官亖管貫	昆亘鯀睔	傀丙頍憒	媧瓦丫卦	空空空空
瓜㐄寡坬	尪尪尪尪	孤亙古顧	疘疘疘疘	戈亙果過
光乡廣挄	觵乡礦乡	公㠯韥貢	乡乡乡乡	㠯㠯㠯㠯
括勾勾勾	國式式式	穀勾勾勾	蟈式式式	郭勾勾勾

撮口呼

張	抵	中	縮	聚
涓云卷眷	均丙庫㩴	圭丙肉桂	冈冈冈冈	穴穴穴穴
医医医医	車斥舉據	医医医医	斥斥斥斥	医医医医
惺乞獷誑	洞乍熲扃	恭勾拱供	乡乡乡乡	㠯㠯㠯㠯
句句句句	橘式式式	葦勾勾勾	蹶式式式	句句句句

《形聲通》卷四　滇南楊瓊絅樓、李文治南彬同著

音源章第一

天下之數，始於一而終於一。以洛書九數言之，三其一而得三，五其一而得五，七其一而得七，九其一而得九，合三五七九二十四數皆分其一而得二十四，是一即二十四也。一其三而得一，一其五而得一，一其七而得一，一其九而得一，合三五七九二十四數，皆統於一而得一，是二十四即一也。人口之於聲也亦然。口有牙齒舌唇喉。喉者，牙齒舌唇之所終始也，三振其喉而得牙音三，九噓其喉而得齒音九，五輪其喉而得舌音五，七曳其喉而得唇音七，是喉即牙齒唇舌也。三牙皆以喉為餘音，九齒皆以喉為餘音，五舌皆以喉為餘音，七唇皆以喉為餘音，是牙齒唇舌即喉也。是故喉如木之根，其幹呈於牙，其枝繁於齒，其花燦於舌，其實鐘於唇，實中含種可以再生。故驗喉音者，不必驗之於牙於齒於舌，而專驗之於唇。不必驗之於唇音之黐樠班攀蠻頇，而專驗之於唇音之安誠以安音者，藏根於實之中，而喉音之成終而成始者也。由是自分子之一，而復返於統會之一，則一音可以轉五音，可以回轉五音，而得二十音，可以輪轉二十音於二十四音之中，而得四百八十音，而天下之音皆統於是。此洛書之精蘊，徵之萬物而皆通，證之人口而尤著。夫是之謂音源，可以按表而推之者也。

音父章第二

何謂音父？牙三、舌五、唇七、齒九，共得二十四音是也。何以但稱牙舌唇齒？而不立喉音之名？以喉為四音之主也。昔人九音有舌上音無半唇音，今增半唇而去舌上者，舌上音本可合於齒，而半唇音，不可混於喉也。九音去舌上而併喉於唇，則得八音，而分半舌半齒為二，亦九音之數也。昔人等母三十六字，或專用清音，或專用濁音，或兼用清濁二音。今專用其清者，以一音統餘音也。去濁音則音減，而仍得二十四者，增他國之音也。唐韻二百有六，皆可以音切字，何獨取於干韻？以干韻音數全，足以備衆音之用也。干韻開齊合撮，皆可調韻，何獨取於開口呼？以開部二十四音，足以括九十六音也。二十四音何以名音父？以其具牙舌唇齒四音之全數，為萬音之所資始也。

音母章第三

何為音母？本商徵宮角羽之五聲，別其長短舒促，而得二十音是也。二十音何以備衆音？其音為萬音之發音，亦為萬音之收音。本無定音，故足以攬衆音也。既無定音，何以用影母為識？影母音與喉密邇，故可以代之也。音父有族，音母何以無族？音父之族七十二，與音父異其性質；音母之族六十，與音母同其功用也。音母八十，渾括於二十，何以別開齊合撮之用？以音族之開齊合撮別之也。故靜翕動闢者，音母之質也。无成有終者，音母之德也。大哉！音母！萬音資生，是孕嫡音三百八十四而不尸其功，含羣音一千九百二十而不匱其用者也。

音族章第四

何謂音族？二十四字父之開口音，聯屬齊齒合口撮口之七十二音，共得九十六音是也。齊合撮三音，與開口異，質而同氣，干得堅音而口齊，干得官音而口合，干得涓音而口撮。堅官涓之統於干，猶諸父之統於父也。故以『丨』象開，斜撇之則為齊音，以『丿』象齊。橫列之則為合音，以『一』象合。約點之則為撮音，加『丨丿一、』於牙之四族，得音十有二，而牙族之父音備矣。加『丨丿一、』於舌之四族，得音二十，而舌族之父音備矣。加『丨丿一、』於脣之四族，得音二十八，而脣族之父音備矣。加『丨丿一、』於齒之四族，得音三十六，而齒族之父音備矣。故九十六族者，二十四父之同父昆弟，而實一千九百二十音分派之諸宗也夫。

音嫡章第五

何謂音嫡？於九十六族所生音子之中，舉其張口音以為之長是也。張抵中縮聚五音，而張為長，合覆載懷抱四部，每部二十四長，共得九十六長。合開齊，合撮之覆載懷抱，各舉其張口音，則四倍九十六，而得三百八十四長，故曰音嫡。音嫡者，支庶之所由統也。故上覆之音得嫡，而『ㄇ冂几ㄏ』之四形，統於一矣。下載之音得嫡，而『ㄴ凵ㄱ凵』之四形統於一矣。左懷之音得嫡，而『ナ匚厂ㄴ』之四形統於『ㄴ』矣。右抱之音得嫡，而『ㄘコ乁丁』之四形統於『丁』矣。是故就理，一言之音，嫡與一千九百二十音，同為音中之分子。就分殊言之，則所以聯貫羣音，而不致散亂，皆音嫡之任也。大易四千九十六卦，生於三百八十四爻，可以觀音象矣。

音羣章第六

何謂音羣？統九十六族所生之子音，而為一大羣是也。上覆之音為上羣，下載之音為下羣，左懷之音為左羣，右抱之音為右羣。萃開口，覆載懷抱之音為開羣，萃齊齒覆載懷抱之音為齊羣，萃合口覆載懷抱之音為合羣，萃撮口覆載懷抱之音為撮羣。經緯乎，開齊合撮與覆載懷抱而縱橫求之，每小羣，周二十四字父得一百二十音。四之，得四百八十音，再四之，得一千九百二十音，則合衆小羣而為一大羣。故羣也者，音之國也。不有綱紀其原者，無以正羣音，然不疏導之，使各得其本，音不足以成音國。羣之時義大矣哉！

音海章第七

何謂音海？一千九百二十聲，四倍之而得七千六百八十聲是也。父音二十四聲，與『丨丿一、』之族音相乘，而得九十六聲，再與覆載懷抱之嫡音相乘，而得三百八十四聲，再與張抵中縮聚之羣音相乘，而得七千六百八十聲。聲至七千六百八十，則升沈上去四聲全具。故每字四聲，以規五倍之得二十聲，又以繩四倍之，則得八十聲，合四繩之規音八十，又四倍之則得三百二十聲，合四羣之繩音，三百二十又四倍之，則得一千二百八十聲，於是以四羣之二十四字父公乘之則得七千六百八十聲，此音之全數也。故曰：『音海倍之，則得一萬五千三百六十聲。』則人口之音已不能周，若四倍之，得三萬七百二十聲，則細極纖微，而非人口所能具矣。故音海者，音源之究竟，人聲之宙合也。

音標章第八

何為音標？立一音以為表，而藉以比例羣音者是也。於一千九百二十音中，各舉其長，則得三百八十四音。於三百八十四音中，專舉其上覆音之長，則得九十六音。於上覆音中，專舉其開口音之長，則得二十四音。於二十四音中，專舉其本部之長，則得一音。於是即此一音，整而方之，則為四矩音，引而長之，則為十六繩音，圍而圓之，則為八十規音。故二十四字父者，一千九百二十音之標。干音者，八十音之標也。而三百二十之音準，由此生矣。觸類而長之，而七千六百八十之音海，皆如立竿見影，覩指而知歸矣。

音攝章第九

代音主總全部之音，而轄于內者謂之攝。代音主分一部之音以治於外者亦謂之攝。曉匣影喻四母，昔人謂之喉音。夫字父二十四字，皆喉音之所從出。今獨以此四字屬喉，是他字皆出喉後，各分屬於牙舌唇齒間。此四字則出喉後，獨虛懸於口中而無所薄也。豈知曉匣之字，雖若不盡關於唇，然其出聲定字之交，苟非唇，為之引送則其聲不圓滿，不得為全聲。證之日本，若本字之讀若哄，藩字之讀若罕。他國之音，可以變中國幫奉而為曉匣，則知曉匣與幫奉，其聲類本一氣之轉也。至若影喻二字之為唇音，則證之於口而已足。蓋謂之唇者，合上下兩輔左右兩頰而名之也。齒則齒頭齒上，外有半齒音。舌則舌頭舌上外有半舌音。豈唇於輕唇重唇之外，不有半唇連頰之音乎？況牙音之犴，舌音之[illegible]，齒音之[illegible]，皆以喉音而托於牙舌齒之間，而不以喉音名。而何疑影喻二母之為喉音也？至若韻母二十字，皆用影母，則又其代音主總全部之音，而轄於內者，出納王命，兼領一方，唇之所司亦重矣哉。

音矩章第十

開齊合撮，何以謂之音矩？蓋此四者，為疊韻之總攝，皆據口中全局，更迭而成聲。無左右之參差，無斡旋之屈曲。合計四矩之音，其數八十，音之所攝者，廣故其体方，且宫音藏於四音之中，故其用亦方也。音規數五，而音矩止於四，盖商徵宫角羽，五規如聯珠，故張抵中縮聚轉旋於口其象圓。圓則能具五音，闔闢往來四矩如合璧，故開齊合撮，層累於口其象方，方則止具四音也。夫音終於圓而始於方，四者發音之始，大小之象，雖陳，而進退之機未著，故不可言規，而但可言矩。然而開口之矩其界濶，齊齒之矩其界侈，合口之矩其界約，撮口之矩其界歛。每界中各涵四界，濶界中所涵之四界，與其餘三界中所涵之界，其分量各異，非揣測不足以知之。是所貴有繩以度之矣。

音繩章第十一

繩所以絜矩，然不必離矩而求繩，矩中之四界即繩也。故有長繩，有舒繩，有短繩，有促繩。第一界為長繩，其音長。第二界為舒繩，其音舒。第三界為短繩，其音短。第四界為促繩，其音促。即矩見繩，區畫明晰。四繩在開口之矩，其長舒短促必濶。四繩在齊齒之矩，其長舒短促必侈。四繩在合口撮口之矩，其長舒短促必或約而或歛。四矩者，韻之疆域，而四繩則求韻之指南也。昔人訂聲，不先求之於此，而屑屑於四聲。是徒知箇音之分界，而昧羣音之分界，故音無條理，而促音遂失其部居。嗟乎！豈特聲音之道為然哉？

音規章第十二

何謂音規？於長舒短促四矩中，各分五音者是也。第一音屬商，其音張。第二音屬徵，其聲抵。第三音屬宮，其音中。第四音屬角，其音縮。第五音屬羽，其音聚。開齊合撮者，音之大界也；長舒短促者，音之小界也。至是而口中分界漸約，故音不能再方，而漸趨於圓。故規者，音之自放而收者也。故商音之張，一轉而為徵音之抵，徵音之抵，一轉而為宮音之中，皆自內達外，而合於中音者也。宮音之中，一轉而為角音之縮，角音之縮，一轉而為羽音之聚，皆既趨於中音而自外以入內者也。長繩之五規，其音長；舒繩之五規，其音舒；短繩之五規，其音短；促繩之五規，其音促。矩於口中定音，繩於音中定韻，而五規則於每韻中定聲。至是可論及四聲，而以準求之矣。

音準章第十三

何謂音準？於五規中之一音，分為升沈上去之四界是也。準所以為平，升沈上去四聲，何以言平？蓋合四聲之平而聯之，則成一規。分一規之圓而離之，則為四平也。五規之音圓，故古音不貴疊韻而貴通韻。四準之音平，故唐韻不尚通韻而尚疊韻。然升沈上去，各自聯韻，則為疊準。升沈上去，互相聯韻，則為通準也。夫開齊合撮，其形不齊，不可以為準。長短舒促，其度不齊，不可以為準。張抵中縮聚，其象不齊，不可以為準。惟升沈上去，其音漸密，雖有差等，以較音規，勢頗均平，故曰音準。然而自升而上而沈而去，流行之準也；自升而沈而上而去，對待之準也；自升而上自去而沈，往來順逆之準也，要之皆平也。若以入聲配之，則與三聲不平，而不可以言準矣。

音樞章第十四

何謂中聲？五規中之第三聲是也。第三聲何以為中聲？其聲為前後四聲之轉樞也。他聲何以非轉樞，而必取於第三聲？盖第三聲在羣聲中，雖有長短舒促之異，而無偏倚過不及之差，此所以為中聲也。故在長繩，則以傀為中聲；在舒繩，則以孤為中聲；在短繩，則以公為中聲；在促繩，則以縠為中聲。此四聲在口中，與羣聲異。羣聲各得偏氣，四聲獨得中氣，故其開口呼，不與他聲同，而人遂以為無開口呼。試攷之西音，則開合之聲俱備。中國韻書，今但傳合口音，而開口音遂失。然四聲中之傀聲，則過侈。孤與縠之聲，則過歛。惟公字之聲開合，得中，無侈與歛之失。古人以東冬鐘為二百六部之建首職，此之由也。苟即公之聲以求餘三聲，並即四聲以證群聲，則如天之有北辰，居中以御四方，而衆星皆歷歷可指，如數一二而辨黑白矣。

音系章第十五

四準之聲，出於五規，五規之聲，出於四繩，四繩之聲，出於四矩，此音系之不可易者也。以音繩之一音配四矩，而增為五矩，則矩宗必亂。以音規之一音配四繩，而增為五繩，則繩宗必亂。以音準之一音配五規，而增為六規，則規宗必亂。此之謂上侵。上侵則下不安於下而難為上，以音規之一音配四準，而增為五準，則準支必亂。以音繩之一音配五規，而增為六規，則規支必亂。以音矩之一音配四繩，而增為五繩，則繩支必亂，此之謂下陵，下陵則上不安於上，而難為下。而況以四繩之一音，配四準而為五準乎？促聲本居音繩之第四等，為音準之祖行。以之綴於四準去聲之下，其謬誤萬不可解。推原其故，不能不歸咎於沈約之四聲矣。夫四聲既分以後，別增上去二聲，使平聲僅得為五規之分子，已為失位，然猶不失為繼高之宗子也。若夫入聲一部，則未分四聲。以前，固與平聲相伯仲並轡齊驅，攷之古音，多以入聲為獨部可以概見。迨至廣韻分部，不以入聲列於上去二聲之前，而以之列於去聲各部之後，而諸家韻譜踵謬承訛。於是促聲一部，不得居規音之父等，而下降為繩音之孫行。音倫乖舛，匪伊朝夕。固音界中人士所不能默然者也。

形聲通卷五　滇南楊瓊絅樓、李文治南彬同著

音蔀章第十六

音韻三十六字母中，郡、定、澄、奉、從、邪、牀、禪、匣、喻十字，皆濁音。轉法既用升沈上去，則以清統濁，何必別立字母？知徹二字，音與照穿相近，攷之歐洲字母，亦無知徹澄娘四字之音，故昔人久置不用。敷與非界在微茫，有非音則敷音可該，不必別出。以上共十四母，皆可從刪。其餘見、溪、疑、端、透、泥、非、微、幫、滂、明、精、清、心、照、穿、審、曉、影、來、日，二十一母，皆絕不可少之字。夫郡、定、奉等十字，與疑、泥、微、明、來、日六字，皆濁音也。然前十字，則與見、端、非、幫、精、心、照、審、曉、影十字清濁相配。後六字，則有濁音而無清音。六字既有濁無清，則與各音不相牽混，惟郡、定、奉、並、從、牀六母之平聲字，雖無本位之平聲，斷不應塡以溪、透、滂、清、穿五母之陽平聲。而韻譜漫然塡之，俾與其本行之上去，不能作一音之轉。最足生人疑訝，豈見端之上去則與郡定相配？而郡定之平聲，必取於溪透之陽平也。又況溪透之平聲，有陰有陽，而見端之平聲，則有陰無陽，其陽聲僅出於上去。疑泥，則有陽無陰，並上去二聲之陰而無之，與溪透同，何參錯不齊若是？總由入聲之列既差，則平聲不得居本位，而從於他位也。噫！陰霾四翳萬景沈沈，此音，屋之豐蔀也。酌之以二十四字，無複無遺，庶幾雲開

而見日矣。

音弋章第十七

韻書中向無捲舌齒尖噓齒三音，而中國普通人口中則有之。口中所有之音，而無字母管之，豈特西音不備，不足以通外？即口中音不前，不足以為方言土語之識別，亦缺憾也。夫地球萬國，人類雜沓。其口音之詰倔聱牙者，不知凡幾。然皆數音拼合後，各隨風土，以為變易不可以常例求者。至若矢口成聲，聲必有母，則固中外之所同也。攷英法字母，其中音所有，而西音所無者，如精清心照穿審等，西音不屑々部別。至中國不製字，不立母，而為西音所常用者，如R字之為捲舌音，與來母異C字之為齒尖音，與心母異Z字之為噓齒音，與日母異。中土失之，西人得之。禮失求野音，亦宜然。苟製文以補之，則用以讀西書。西人名物，可以俯拾即是，何至左支右絀，輾轉訛舛？雖得近似，而實與本音無涉哉！

音衢章第十八

中土唐韻，分類極細，剖析至二百有六，為英法各國所未有。然聲類之未備者亦多，攷韻譜書，如嘉字韻列二等，而其開口呼則為歌，則嘉之開口韻全失。迦字韻列於三等，而開口呼為歌嘉，則迦之開口亦失。證之鄉俗間，口中嘗用之音，而譜中無之。此其缺畧，世所共知，而莫解其故。驗之日本，則麻韻之開口呼全國普通用之，二其阿字母，中國人之歌韻中，而無其本音，其他如東冬鐘、魚虞模等譜中祇有合口呼字。灰韻，原有開口呼一音，而古人亦未製字。以是用之鄉邑間，尚多隔礙，若以比較歐洲字音，無怪其懸絕之遠也。今此等聲類悉補入新譜中，如往來通衢，榛莽充塞披其軌道，可以四達。欲通中外語言，曷執此以證之乎？

音史章第十九

音之遷轉，自皇古以至今日，不知凡幾更。如人之族譜姓氏，數千年後，大半不可識別。然此可以言字，而不可以言音。故音也者，百變而不離其宗者也。故就箇人言之，嬰兒方知孩笑，未可言矩。迨能口呼父母，則音之矩生，能語言則音之繩生，能歌詠則音之規生，能識字則音之準生。由是能識箇字，可以知準；能識箇字所轉之五字，可以知規；能識箇字所轉之二十字，可以知繩；能識箇字所轉之八十字，可以知矩。此兒童進化之理也。是故魏晋而後，則尚音準。故廣韻二百六部，剖析極詳。商周而下，則尚音規，故《古詩三百篇》、《離騷》、《楚辭》，證以六書，諧聲部分極嚴。中古時代，必尚音規，故虞廷教胄紫，依永和聲，決不與六書之聲韻，判為二事。若夫洪荒之世，必尚音矩，事物簡單，語言寡少。四矩成韻，足可識別。此亦世界進化自然之理也。夫四矩之音，得數八十，其象方。方者，世界之象也。四聲之音，得數二十，其象直。直者，國家之象也。五規之音，得數五，其象圓。圓者，家族之象也。四準之音，得數一，其象平。平者，個人之象也。古人音界寬而有紀，後世音界密而無倫，是亦古今世變之證，讀史者當有會心也。

音地章第二十

管子曰：『五方之音不同，其清濁高下，各肖其山川原隰之廣狹而生。』今以中土二十四行省攷之，北方之濁音恆高，南方之濁音恆低。故北方之促音悉高，南方之促音悉低，此音準之不同者也。然而音準不同，而音規則同。故高下雖殊，而轉紐不變。故中國長舒短三部之升沈上去，尚無岐音，惟中國字母可紀以五規者凡四，日本及歐洲各國，則大都不越五音。故中國之音規不同於日本，日本之音規不同於英國，英國之音規不同於法國，攷之各國字母可見也。然而音規不同，而音繩則同。故中國有舒長之音，亦有短促之音，此與海外同者也。惟中國於長舒短三部，其部音平視，無所低昂。促音亦衹一種，無多別異。而英法，則長舒短三部，決非一例，而促音又分為幾種者也。然而音繩不同，而音矩則同，故中國有開口齊齒合口撮口之四矩，而各國之音，終不能外。雖撮口一門，其音最少，有時以合口該之，而要其截然四分，則固原於人口之闔闢，無有能外之者。是故音矩同則音繩音規音準無不可推而同之。此欲貫通中外文字音韻者，所宜究心者也。

音滙章第二十一

西音之足以攷定中音者，有數大端。以有音字為經，以無音字為緯。今字皆有所繫屬，知中國以喉音與牙舌唇齒諸音幷列，其謬一也。西音有音之字凡五，半有音之字凡二，任字之孳乳不窮，而皆不離其本。知中國不以五韻，為紀者其謬二也。西音有長音，有短音，有最長最短之音，說者以為類中音之平仄，其實非也。中國平仄之分，乃在四準。西音之長短，即中國之四聲。知中國之有平仄，而不知有長短，其謬三也。西音有開有合，如公孤韻，有合口音，亦有開口音。公之開口，在中國古韻則為江孤之開口，在中國古韻則為侯。高弇韻有開口亦有合口，方言中多用之，乃於公孤韻，則有合而無開。高弇韻，則有開而無合，其謬四也。然是四者，必起於後世之韻譜，今以矩繩規準之法求之，一一皆具西音之所長。知倉頡以來之舊法，必出於此無疑也。問朝宗者觀於海，欲祭川者先諸河。學者欲希各音之滙通，於此求之可矣。

音貫章第二十二

豈崑山顧氏，分古韻為十部？厥侯艮庭江氏，懋堂段氏諸家，更加攷訂，部分日以嚴密。至仙麓苗氏，分為七部，辨核益精。今以矩繩規準之法求之，則干根二規，即古韻之眞文元寒刪先也。傀該二規，即古韻之微佳皆灰也。高韻與鈎韻順逆相接，即古韻之蕭肴侯尤幽也。

弇公二規，即古韻之覃侵鹽咸東冬鐘江也。庚岡二規，即古韻之陽唐庚清蒸登也。此十部乃由長部轉入短部之音也。嘉饑二規，即古韻之麻支也。孤迦二規，即古韻之魚虞模也。由是順逆相接，遞而數之，則歌各二韻，即古韻之歌戈藥鐸也。格骨二韻，即古韻之陌薛月沒屋燭也。祴葛二韻，即古韻之德職曷鎋也。此十部乃由舒部轉入促部之音也。雖不敢斷古韻之為七為十，而要聲類相為聯貫無論在本部與他部，皆以聲相近者為衡。知古音雖遞有遷轉，而苟不因字泥聲，而以聲證字，則古人之韻終不越人口之侈歛潤約，其部分固歷々可按圖而指也。

音蠹章第二十三

聲韻之道，其洪纖鉅細遞相減者也。故長部轉至去聲則其音必舒，舒部轉至去聲，則其音必短，短部轉至去聲，則其音必促，促部轉至去聲，則其音必盡。故欲强配入聲，則可以短部為長部之入聲。必不可以舒部為長部之入聲，可以促部為舒部之入聲。必不可以促部為短部之入聲，而韻譜之配入聲也。歌戈韻以各郭為入聲，岡光韻亦以各郭為入聲，高韻及鉤韻，皆以各為入聲。夫高韻音長，以各為入聲，猶之可也。若夫岡韻鉤韻音短，歌韻音舒，皆以各為入聲與高韻一例不倫甚矣。其他如公韻孤韻，公音短而孤音舒，皆以穀為入聲。媧韻瓜韻，媧音長而瓜音舒，皆以劀為入聲。搡韻迦韻，搡音長而迦音舒，皆以孑為入聲。若斯之類，皆由聲類不明之故，以致音韻一道。晦蝕而無光，又況短音促音，各能轉四聲，何於短音，猶能自成一隊，於促音，則僅寄人籬下，而使不得自由哉？

統一章第二十四

四矩四聲五規，各方之音雖有不同，以法律之音，皆可細別。惟四準之音，在昔已難畫一，如平聲之濁音字多類促聲，上聲之濁音字多類去聲。至若促聲一門，北人讀之則類陰平聲，南人讀之則類陽平聲，就海外各國驗之，則多類上聲。就吾滇之方言察之，則多類去聲。今欲托文字於音韻，務使全國同聲，則不得不使之統一。惟京師之音，陰平陽平，不相懸絕，促聲之高，正與四準相符。攷音者，惟一直隸省之音為主，俾二十四行省，皆折衷於此，固統一聲音之要法也。夫升上之音輕清，沈去之音重濁，試攷中外之音，而證以此篇矩繩規準之法，大都貴升上而賤沈去。然中國舊傳四聲，但循其自然之法，而正千年來之訛誤。雖並用四聲而文明之發達，恒必賴焉。若夫促音重濁，由必以北京之音為主，此亦地球之公理也。

原形章第二十五

形者易道也，易之為形，不外乎陰陽，文之為形，矣不外乎陰陽。是故形有四病，質則病其陋，文則病其緐，簡則病其疏，曲則病其擾。形有四能質求其能文，文求其能簡，簡求其能曲，曲求其能理。兼茲四能，而免于四病，形之道得焉。已一生二而陰陽具，二生四而萬物舉。孔子曰：『易有太極，是生兩儀。兩儀生四象，四象生八卦。』老子曰：『一生二，二生三，三生萬物。』一者，何于文為、（獨若火主之主）？由、衡引之為一，由『、』從引之為丨（字上引下下引上之，讀若逻自丨讀若囟），由『、』右戾之為『丿』（讀若辟若茲左戾之『乀』讀與弗同），所謂生二也。合『丨丿一、』則為四物，從橫以間之象數以紀之，凡得陽形二十有四，陰形二十。于是陽以經之陰以緯之，得四百八十。乘之以四物，得一千九百二十。再四乘之，共得七千六百八十，而形具矣。爰溯，其原作原形。

明形章第二十六

形何為者？邪所以象聲也。古之為形也四，曰象形，曰指事，曰會意，曰諧聲。今之為形也，一曰象聲，然何不曰象形？曰諧聲？而曰象聲邪？蓋象形焉者，外物之形，而象聲則以象口中出聲之形也。諧聲焉者，主乎形母而諧以聲子，此之象聲則非為形母而直為聲母也。是故牙舍脣齒，昭其象也（如『ㄥ𠃌∨∧』者是）。三五七九，昭其數也（如『凵ㄏ冂ㄗ』者是）。開齊闔撮，昭其物也（如『丨丿一丶』者是）。此父形之規則也。學者但觀其象別其數辨其物，而父音得矣。上下左右，明其位也（如『几凵ナ弋』者是）。覆載還抱，明其事也（如『冂凵コ匚』者是）。張抵中縮聚，明其情也（如『一刀几ㄏ』者是）。此母形之矩則也。學者但稽其位視其事審其情，而母音得矣。父母之音得而子音從而生矣。形其聲之象邪？作明形。

用形章第二十七

音之矩繩規準四者，皆有形可象矣。惟其矩繩規具有定體，而四準則待人用焉。屬升準者加以『丨』屬，沈準者加以『一』屬，上準者加以『丿』屬，去準者加以『丶』屬。例如一列之亍名，讀若干，升準則加『丨』作⿻亍丨，沈準則加『一』作⿱一亍，上準則加『丿』作⿻亍丿，去準則加『丶』作⿻亍丶，餘可類推。夫聲既大備，不慮事浮於聲，而物或相干，往往名非獨有。事異聲同，則叚借宜之。葢古人固有此例，其在六藝且多有之，況乎書牘抑又何傷？若夫鳥獸艸木稱名或殺水火土金與物無辨，則可加形以為識別。此又古人諧聲之例，在乎臨事增訂自然成文。所以字曰孳生，遂成定體，固不待急就凡將之必為先創業作用形。

古形章第二十八

古之六書，其主義而不主聲者，惟指事而已。指事之字，如二从一物在天上，二从一在地下，本从一在木下，末从一在木上，不从鳥飛上翔不下來，至从鳥目高下至地之類，以義為主，故不主聲也。其他象形雖不主聲，然如日實月闕，山宣川散，水準火焜，木冒土吐之類，凡其聲詁，亦繫乎形。會意之字，如人言為信，止戈為武，間有不主聲者。至如化之从人七會七亦聲，順之从頁川會意川亦聲之類，其主聲者，殆亦什七也。若諧聲之江从水工聲，河从水可聲，家从宀豭省聲，宮从宀躳省聲，秋从禾㷗省聲，哭从吅獄省聲，其著从某某省聲之例，許氏固曲盡主聲之意矣。叚借之字必係同音，如日在西方而鳥棲，故借為西字。皮以束物，枉戾相韋，故借為韋字。難鳥也而以為難字，易虫也而以為易字，能為猶獸也而以為能為猶字，皆以同聲而叚借也。轉注之例，後人不一其說，有以為考老同聲，而特意聲轉者，有以為考老同意，而特意意轉者。余謂考老二字明是同形當從形轉，葢惟形近，故其聲近，故其意近也。夫六書之義寓于聲，而聲寓于形，此全球各國之文字，所未能及者。特以籀篆遞，更隸楷迭變，而古形亡矣。畾壘纍櫐，洊省古形，羔量杏梓，莫辨本聲。形聲既省，殽掍滋多，寧復古意之能昭邪。故有志于保國粹者，其必設為專科以研究之作古形。

活形章第二十九

以諧聲分形，而斷斷焉。辨之，不願以叚借通之者，此吾國秦漢以後之大蔽也。稽之古代何嘗然哉，言詞之詞，可通于辭訟之辭。辭訟之辭，可通于辤受之辤。責讓之讓，可通于推讓之攘。推讓之攘，可通于纕背之纕。守圉之圉，可通于囹圉之圉。囹圉之圉，可通于禁敔之敔。變七之七，可通以教化之化。順屰之屰，可通以送逆之逆。夅伏之夅，可通以升降之降。雲氣之氣，可通以廩氣之氣。尌立之尌，可通以樹木之樹。叚借之叚，可通以眞假之假。𢼸細之𢼸，可通以隱微之微。本然之侌易，可通以山阜之陰陽。詩書之文，古昔截然，不可以悉數也。蓋上古之初制字也，因聲以制形，故其形足以給聲，即有不可，則叚借以通之，是形固足以通聲也。中古以形諧聲，形日以滋聲乃見少，而有不欲叚借以通之，是形之不能通聲而轉以蔽聲也。例如𠀠為象形字，本象𠀠形，丌下基也。又叚之為語詞之其，是一聲而可以通數形也。自後人加竹為諧聲字，于是但可用之于竹箕，而用之為木箕金箕且不可。若用之為語詞之箕，則更不可也，是非形為之蔽哉？夫聲之為物活動者也，形之為物窒蔽者也。用志于形者，以萬求一，勞多而效遲；用志于聲者，以一貫萬事，寡而效速。西人但用二十六字母以拼音，意不在形而在聲。其形活其法捷，故其學之為易也。中古制字愈多，意不在聲而在形，其形蔽其法緐，故其學之為難也。然則學者于此，不必更為諧聲之字，以識別之也。合文成言，自可區別羣音合奏，是大團體，而何必于個字區別之哉作活形？

跋

源讀《形聲通》稿，始而欣疑，繼而駭，終而幸。竊劵我國文明發展之機，其將在此，其將上企日本以頑頡歐西不難。吾國第一要件積數千年欲改良而未得者，今一旦發見於競爭劇烈之世，而影響所及，豈直重力聲光熱電而已哉？蓋二十世紀之舞臺，一切新制度、新理想、新器械之發達，無不借語言文字為媒介。故各國歷史所載，於語言文字之沿革綦詳，亦以其興衰治乱之原因皆係乎此。

中國自倉頡作字後，許氏說文，沈約定聲，已閱數千餘年於茲矣。顧形意複襍，薦紳先生猶難之。是以四萬萬衆，目不識丁者殆三分之二。雖由教育未普及，抑亦漢文之困難，方言之庬襍致之也。今觀日本國中雖僕役婦孺，亦能讀報章，曉時事。由其言文一致，故發達如此之速。中國志士謀進步者，亦倡文字改良之說，然非積數十年沈思默攷之力，貫澈古今中外音學之根源，不足以語此。

南彬胞兄與迴樓師素有志于形聲之學，去年秋，來遊日本，因著是編，以自為學。語之標識，源受而讀之，因思同人取閱，不能遍及，固請以付印。蓋此書特色，於形聲一道，能破數千年疑團，而形由聲定，天然生成，不能移易。其傳之遲速，雖不可知，而影響之所及，無敢劵其為我國發機也。誠得熱心人採而推廣之，俾中國人民，無不識字，於是進而日本，進而歐西，馴至言文一致。駸駸達於文明之極點，則是書之價值乃定。

江蘇新字母

朱文熊 著

內容說明

朱文熊（1883–1961），蘇州昆山人。清光緒三十年（1904），出洋留學日本，與魯迅、許壽裳為同窗好友。1914 年任民國教育部（教材）編審員，與魯迅等 83 人組成『通俗教育研究會會員』，後又任京師圖書館館長。1919 年被聘為『國語統一籌備會』會員。

1906 年，朱文熊出版《江蘇新字母》，主張採用拉丁字母給漢字注音，不必生造。他把漢語分成三類：國文（文言文）、普通話和俗語（方言）。他不僅提出了普通話的名稱，而且明確給普通話下了定義：『各省通行之話。』所以朱文熊被認為是最早提『中文拼音』和『推廣普通話』方案的人。中國文字改革委員會主任吳玉章 1958 年在《六十年來中國人民創造漢字拼音字母的總結》報告裡肯定他在我國中文拼音發展當中的首創作用。

KON-SW SIN ZU̇H-MUS

ZXH-TSꟻS

TSU̇-VUN-YOON

江蘇新字母

目錄

自序

我國言與文相離，故教育不能普及，而國不能強盛。泰西各國，言文相合，故其文化之發達也易。日本以假名書俗語於書籍報章，故教育亦普及。而近更注意於言文一致，甚而有創廢漢字及假名而用羅馬拼音之議者。舉國學者，如醉如狂，以研究語言文字之改良，不遺餘力。余受此刺激，不覺將數年來國文改良之思想，復萠於今日矣。

嗚呼！余讀上海沈君之切音新字，直隸王君之官話字母，未嘗不歎美而稱羡之也。顧切音新字，形式離奇，難於識別。官話字母，取法假名，符號實多。余以為與其造世界未有之新字，不如採用世界所通行之字母。用是採取歐文，或仍其舊音，或變其讀法又添造六字以補其不足。凡字母三十二字，變音二字，變聲十一字，熟音九字。變音以點為符，變聲合兩元音而成一音，熟音合兩僕音而成一音。上考等韻，下據反切，旁用羅馬及英文拼法，以成一種新文字，將以供我國通俗文字之用，而先試之於江蘇，命曰《江蘇新字母》。而所注國字，暫以蘇音為準。曰『江蘇新字母』者，乃就其一端而言之，其實各省音及北京音均能拼切，但略加其音調高低緩急之號可矣。

余學普通話（各省通行之話），雖不甚悉，然余學此時所發之音，及余所聞各省人之發音，此字母均能拼之，無不肖者。即就我江蘇論之，人口千四百萬中能讀國文者幾人乎？雖無確實之調查，而吾知其為少數也審矣。今余於課餘研究此字，已五閱月，規則略備，以供國民之用，非欲書棄國文也。使不能讀國文者，讀此文字，則亦可寫信記賬，而漲知識。又讀此文字而後再讀國文，則亦易為力矣。凡學此者，如已讀過西文之人，則五分鐘可悉，一點鐘可竟，一日可嫻熟，二日可應用。已通國文而知蘇音者，一點鐘可悉，一星期可應用。不識字者，必有人教之而後知。雖為愚者，經一月之練習，無不能書其言語思想於紙矣。

光緒丙午三十二年五月既望，中國朱文熊書於日本東京小石川林町永川館。

例言

一、此文字自左橫讀至右，有大小正書，大小草書。書籍用正書，寫時用草書，句首第一字用大書，專名第一字如之。讀用『,』句用『。』問語用『?』感歎用『!』中說用『—』引用句用『:』以為記號，又括弓〔()〕內作注釋。

二、字母三十二字，變音二字，變聲十一字，熟音九字，此拼蘇音而無遺者也。拼他省音時，或多變聲熟音若干字亦未可知，要以三十二字母括之者，茲姑不論。

三、讀此文字則學國文、普通話，以及西文，無不便利者。而各省人及外國人之欲知蘇音者，亦不可不從此着手也。

四、拼音成字，聯字成辭，合字與辭成句，綴句成文，此各國文字皆然。而此字母之拼成字音也必有一元音，或一元音以上，而後成一字。我國一字者，實英文中之一段音也。

五、京音無入聲，而分上去、下去。若蘇音則四聲有別，併音時平入兩聲，其元音不同，而加s於平聲字之後為上聲，加h於平聲字之後為去聲。S、h兩字均不讀音。

六、國文中雖同音異字者不少，以拼音為文，則有混淆莫辨之患。然俗語無是患也，譬如「桌」與「竹」同音而「竹頭」與「桌子」顯然不同，因有一種接尾音也。況語中雖有同音之字，其意思萬不能混者，如「東風冬天最少」此二Ttoon字是也。

七、音表者拼音之表也。表中僅列平入二聲，其上去二聲另立四聲表以為舉例，餘類推。又表中國字所有之音，則以國字注之，其音以蘇音為準，如有誤處，讀者諒之。其有音而無字者，則僅於新字下附記號X，而有拼法無實用者（就蘇音言之），僅書拼音無X之號。

八、l，m，n三僕音所拼出之字音，均有高音以」為記，以示高一調，又辭雖聯字而成，但其字除末一字外，如為上去聲，則必作短劃—以間之如「Nunh-gon」是。

九、拼舌音者其僕音常用t，l，tt，d，n，齒音常用s，ts，z，th，腭音常用j，y，g，ch，nb，sh，i，脣音常用f，pp，v，m，p，b，喉音常用h，k，hg，c，u，ng，q，鼻音則n，m與ü相拼而已。

十、数目字用亞拉伯字如1、2、3、4、5、6、7、8、9、0，讀法亦以蘇音為準。

第一章　字　母

(字母三十二字)　a 阿　r 挨(在僕音則爲捲舌之'而')　x 凹　ɔ 歐　b 白

c 刻　d 特　e 哀　ʇ 衣　ɻ 安　f 弗　g 基　h 喝　i 一　ɹ 煙　j 及

k 革　l 而　m 姆　n 納(在元音後爲𠰻)　o 壓　ɷ 惡　p 魄　q 斛　s 斯

t 忒　u 褐　ɭ 曷　w 何　v 勿　y 亦　z 詞.

(變音二字)　j音在e與ɻ之間　ů音爲u褐之平聲(如lů＝而,nů＝魚,tsů＝朱.).

(雙聲十一字)　ia 鴨(官音)　ix 腰　iw 憂　iɹ 雅,　io 約　oo 哇　wə 爲　wɻ 完

wo 劃　wɭ 活　wr 槐

(熟音九字)　ch 欺　hg 害　ng 兀　nh 女　pp 不　sh 噓　th 痴　ts 朱　tt 得.

(字母大正書)　A a,　R r,　X x,　Ǝ ə,　B b,　C c,　D d,

E e,　⊥ ʇ,　Ⅎ ɻ,　F f,　G g,　H h,　I i,　ꓤ ɹ,　J j,

K k,　L l,　M m,　N n,　O o,　ɷ ɷ,　P p,　Q q,　S s,

T t,　U u,　⅂ ɭ,　W w,　V v,　Y y,　Z z.

(大草小草)　A a,　R r,　X x,　Ǝ ə,　B b,

C c,　D d,　E e,　⊥ ʇ,　Ⅎ ɻ,　F f,　G g,

H h,　I i,　ꓤ ɹ,　J j,　K k,　L l,　M m,

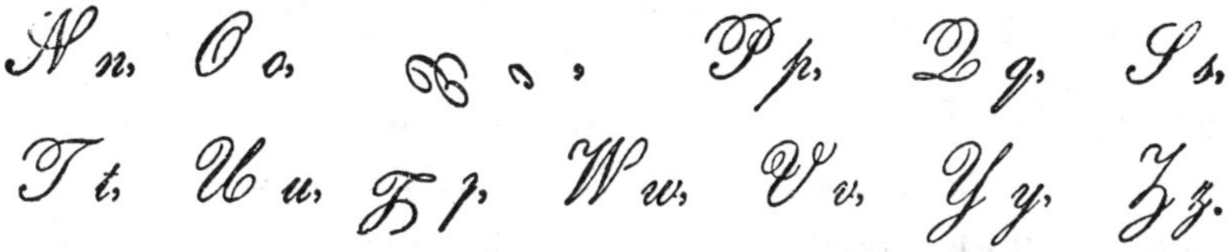

Nn, Oo, ɷɷ, Pp, Qq, Ss,

Tt, Uu, Ƭɿ, Ww, Vv, Yy, Zz.

第二章 拼　法

o n..on	l on..lon	i n..in	t in..tin	l ɹ..lɹ	d e. de
壓吰··盎	而盎··郎	一吰··陰	忒陰··聽	而安··鸞	特哀··臺

tt ɷ…tt ɷ	d w…dw	n oo…noo	s ə··sə	tsü…tsü	u n..un	z un…zun
得惡 ···篤	特何··駝	納哇··拿	斯歐··雖	朱×…朱	褐吰 恩	詞恩·· 人

oo n…oon	th oon…thoon	j u..ju	y x..yx	g i..gi	ch a…cha
哇吰··翁	痴 翁····聰	及褐 及	亦凹 ·搖	基一··吉	欺阿··恰

nh ɹ…nhɹ	sh an…shan	i n..in	f ɷ…f ɷ	pp ɫ…ppɫ	m oo…moo
女煙·· 年	噓×···· 香	一吰··陰	弗惡··福	不衣··×	姆哇·· 麻

拼入聲之元音多 a, i, o, q, u, ɭ, 餘後詳.

第三章 唇音表

Ban彭	bɪ牌	bx袍	bə賠	be排(京)	bɫ皮	bɹ盤	bin貧	bɹ便	bon旁
ba扳	bo白	ba	bu帛	ba	bi別	bɭ跋	bi	bi	bo

bw婆	bix瓢	boo爬	boon蓬	bun盆
bu	bia	bɷ僕	bɷ	bu

faɹɹ　fr　fx　fə否　fe番　fɿ非　fʝ　fin　fɹ　fon方

fa發　fo　fa　fu弗　fa　fi　fɭ　fi　fi　fo

---

fw夫　fix(fixh＝弗要)　foo　foon封　fun分

fu　fia　fɷ福　fɷ　fu

---

man(mans＝密也)　mr哞　mx毛　mə煤　me蠻　mɿ迷　mʝ瞞　min民

ma襪　mo麥　ma　mu墨　ma　mi滅　mɭ抹　mi

---

mɹ綿　mon忙　mw摩　mix苗　moo麻　moon蒙　mun門

mi　mo　mu　mia　mɷ木　mɷ　mu

---

m'an×　m'r媽　m'x×　m'ə×　m'e×　m'ɿ(鬼m'ɿ)　m'ʝ𤜶　m'in溟

m'a×　m'o　m'a　m'u　m'a　m'i×　m'ɭ×　m'i

---

m'ɹ×　m'on×　m'w(引小兒語)　m'ix×　m'oo×　m'oon濛　mun×

m'i　m'o　m'u　m'ia　m'ɷ　mɷ　mu

---

pan×　pr派　px抛　pə丕　pe攀　pɿ披　pʝ潘　pin拼　pɹ篇　pon×

pa×　po拍　pa　pu魄　pa　pi匹　pɭ潑　pi　pi　po

---

pw鋪　pix飄　poo怕　poon×

pu　pia　pɷ撲　pɷ

ppan浜 ppr擺 ppx包 ppə杯 ppe班 ppɿ比 ppʅ搬 ppin冰

ppa × ppo柏 ppa ppu不 ppa ppi筆 ppɭ撥 ppi

ppɹ邊 ppon邦 ppw波 ppix標 ppoo巴 ppoon ×

ppi ppo ppu ppia pp ɷ北 pp ɷ

van vr × vx və浮 ve凡 vɿ微 vʅ viu vɹ von房

va伐 vo vu vu × va vi vɭ佛 vi vi vo

vw扶 vix voo ×（上海之疑問助辭） voon馮

vu via v ɷ伏 p ɷ

第四章 舌音表

Dan × dr大 dx逃 də頭 de臺 dɿ題 dʅ團 dʅ頭(də) din亭 dɹ田

da達 do × da du特 da di敵 dɭ奪 dɭ di di

don堂 dw駝 dian × dix條 diw頭（吳江） doo（無錫音） doon同 dun騰

do du dia dia di d ɷ獨 d ɷ du

lan冷 lr喇 lx勞 lə雷 le來 lɿ離 lʅ鸞 lʅ樓 lin臨 lɹ廉

la蠟 lo × la lu勒 la li立 lɭ埒 lɭ li li

lon郎 lw羅 lian良 lix黎 liw留 loo× loon龍 lun倫 lir×

lo lu lia lia li l ɷ 六 l ɷ lu lio×

---

l'an l'ɾ拉 l'x× l'ə×(割也) l'e× l'ʅ哩 l'ɟ× l'ɟ×(逃也) l in×(提也)

l'a l'o× l'a l'u× l'a l'i l'ɭ× l'ɭ l'i

---

l'ɹ× l'on× l'w(l'wl'w平) l'ian× l'ix了 l'iw× l oo× l'oon×(隨便)

l·t l'o l'u l'ia l'ia li l'ɷ l'ɷ

---

l'un× l'ir× (附) lu̇而 l'u̇(l'u哩起來)

l'u l'io×

---

nan× nr那 nx撓 nə內 ne難 nʅ你 湖南) nɟ南 nɟ× nin你(京)

na捺 no× na nu納 na ni立(南京) nɭ納(崑山) nɭ ni

---

nɹ年(南京) non囊 nw奴 nian nix niw你(吳江) noo拿 noon農

ni no nu nia nia ni n ɷ 諾 n ɷ

---

nun能 nir×

nu nio×

---

n'an× n'r那 n'x(n x袋)(京) n'ə× n'e(n'e得來)(江陰) n'ʅ你(京)

n'a × n'o× n'a n'u× n'a n'i×

n'ɹ(好n'ɹ)	n'ɹ=n'ɹ	n'in	n'ɪ	n'on×	n'w	n'ian	n'ix	n'iw×(吳江)
n'ɭ×	n'ɭ		n'i	n'i	n'o	n'u	n'ia	n'ia	n'i

n'oo×(吳江)	n'oon×	n'un×(等也)	n'ir×
n'ɔ×	n'ɔ	n'u	n'ịo×

tan(tan鑼)	tr他	tx叨	tə偷	te灘	tɿ梯	tɭ貪	tɭ偷	tin聽
ta塔	to×	ta	tu忒	ta	ti鐵	tɭ脫	tɭ	ti

tɪ天	ton湯	tw拖	tian	tix挑	tiw偷(吳江)	too×	toon通	tun呑	tir×
ti	to	tu	tia	tia	ti	tɔ託	tɔ	tu	tio×

ttan×	ttr打(京)	ttx刀	ttə堆	tte單	ttɿ低	ttɭ端	ttɭ丟	ttin丁
tta搭	tto×	tta	ttu得	tta	tti的	ttɭ答	ttɭ	ti

ttɪ顚	tton當	ttw多	ttian	ttiw丟	ttoo×	tton東	ttun登	ttir爹
tti	tto	ttu	ttia	ttia	ttɔ篤	ttɔ	ttu	ttio×

(附)…… r 在元音前讀如而之捲舌音但非譯外國音及唱歌曲時江蘇殆不用是音 而可以 l 代之故不列入表

第五章 齒音表

San簺	sr篩	sx燒	sə收	se山	sɿ西	sʅ酸	sʝ修	sin新	sɹ仙
sa殺	so柵	sa	su失	sa	si雪	sɭ說	sɭ	si	si

son桑	sû書	sɯ蘇	sian箱	six簫	siw修	soo賒	soon松	sun孫	sir。寫
so	su	su	sia	sia	si	sᴖ叔	sᴖ	su	sio削

than昌	thr差	thx操	thə催	the崭	thɿ妻	thʅ穿	thʝ秋
tha插	tho尺	tha	thu出	tha	thi妾	thɭ轍	thɭ

thin親	thɹ千	thon窗	thû痴	thw粗	thian槍	thix ×	thiw秋
thi	thi	tho	thu	thu	thia	thia	thi

thoo車	thoon聰	thun春	thir ×
thᴖ促	thᴖ	thu	thio鵲

tsan張	tsr齋	tsx遭	tsə追	tse哉	tsɿ苴	tsʅ専	tsʝ州	tsin精
tsa札	to杓	tsa	tsu則	tsa	tû即	tsɭ折	tsɭ	tsi

tsɹ尖	tson莊	tsû朱	tsw租	tsian將	tsix焦	tsiw酒	tsoo遮
tsi	tso	tsu	tsu	tsia	tsia	tsi	tsᴖ作

tsuoon中 tsun貢 tsir。姐

tsᴖ tsu tsio爵

---

zan長 zr柴 zx曹 zə籌 ze才 zɥ徐 zȷ船 zȷ四 zin秦 zɹ全 zon床

za擲 zo石 za zu十 za zi集 zɭ涉 zɭ zi zi zo

---

zû詞 zw鋤 zian牆 zix樵 ziw囚 zoo茶 zoon蟲 zun人 zir斜

zu zu zia zia zi zᴖ逐 zᴖ zu zio嚼

第六章 腭音表

Chan× chr× chx蹺 che檻(京) chɥ欺 chȷ圈 chin輕(常熟)

Cha恰 cho郤 cha cha chi chɭ缺 chi

---

chɹ謙 chon腔 chw丘 choo(呼叱雞犬聲) choon穹 chun輕

chi cho chu chᴖ曲 chᴖ chu乞

---

gan姜 gr家 gx交 ge界(京) gɥ雞 gȷ捐 gin金(常熟) gɹ奸 gon江

ga夾 go脚 ga ga gi gɭ决 gi gi go

---

gw鳩 goo× goon龔 gun金

gu gᴖ菊 gᴖ gu吉

ian央 ir雍 ix腰 ie也 iq衣 ij豁 in陰(iin之畧) iɹ煙

ia鴨(京) io約 ia ia i—(ii之略) iɭ鬱 i i

---

ion× iw憂 ioo霞 ioon雍 iun=in

io i i∩育 i∩ iu=i

---

jan强 jr伽 jx喬 je× jq其 jj拳 jin勤(常熟) jɹ箝 jon×

ja jo× ja ja ji jɭ掘 ji ji jo

---

jw求 joo× joon窮 jun勤

ju j∩局 j∩ ju及

---

nhan娘 nhr× nhx饒 nhe。念 nhq泥 nhj元 nhin銀(常熟)

nha(拿也) nho虐 nha nha nhi逆 nhɭ月(上海) nhi

---

nhɹ年 nhon× nhw牛 nhoo× nhoon濃 nhun銀

nhi nho nhu nh∩玉 nh∩ nhu=nhi

---

shan香 shr× shx梟 she駭 shq希 shj喧 shin欣 shɹ軒

sha瞎(京) sho謔 sha sha shi吸 shɭ血 shi shi

---

shon shw休 shoo× shoon凶 shun欣

sho shu sh∩畜 sh∩ shu=shi

yan羊 yr爺 yx遙 yeɓ骸 yʇ夷 yɟ圓 yin行(常熟) yɹ言 yon× yw由

ya協 yo藥 ya ya yi亦 yɭ穴 yi yi yo yu

yoo× yoon容 yun行

yᴖ學 yᴖ yu=yi

第七章 喉音表

Can坑 cr揩 cx敲 cə樞 ce開 cɟ堪 con康 cw柯 coo誇 coon空

ca(壓也) co客 ca cu克 ca cɭ渴 co cu cᴖ哭 cᴖ

cun鏗 cwə奎 cwɟ寬 cwon匡 cwr。快

cu cwɭ濶 cwɭ cwo× cwo

han× hr哈 hx哮 hə× he。海 hɟ酣 hon× hw呵 hoo花 hoon烘

ha黑 ho赫 ha hu赫 ha hɭ喝 ho hu hᴖ霍 hᴖ

hun亨 hwə灰 hwɟ歡 hwon荒 hwr歪

hu hwɭ忽 hwɭ hwo hwo

hgan行(行軍散) hgr鞋 hgx豪 hgə侯 hgc骸 hgɟ韓 hgon杭

hga匣 hgo× hga hgu× hga hgɭ合 hgo

hgw何* hgoo華 hgoon紅 hgun恆 hgwə爲* hgwɹ完*
hgu hgɷ塾 hgɷ hgu hgwɭ滑* hgwɭ*

hgwon王* hgwr槐*
hgwo劃* hgwo

*hg在w之前無音略去亦可

kan粳 kr枷 kx高 kə鈎 ke該 kɹ干 kon岡 kw孤 koo爪 koon工
ka袷 ko隔 ka ku格 ka kɭ割 ko ku kɷ各 kɷ

kun根 kwə圭 kwɹ官 kwon光 kwr乖
ku kwɭ汩 kwɭ kwo× kwo

ngan硬 ngr牙 ngx熬 ngə。藕 nge呆 ngɹ巖(崑山) ngon昂
nga(改少也) ngo額 nga ngu額(京) nga ngɭ月(月亮) ngo

ngw吾 ngoo。瓦 ngoon ngun(nguns.常熟音) ngwə危 ngwɹ ngwo
nngu ngɷ鶴 ngɷ ngu ngwɭ ngwɭ ngwo

qan× qr茄 qx× qə(常熟之他字) qe× qɹ× qon戇 qw× qoo×
qa軋 qo qa qu銜 qa qɭ× qo qu qɷ×

qoon。共 qun× qwə葵 qwɹ qwon狂 qwr×
qɷ qu qwɭ qwɭ qwo× qwo

an × * ɾ挨* x四* ə欧* e哀* ʃ安* on盎* uw嗚 oo哇* oon翁*

a阿* o壓* a u褐* a ɭ曷* o u ɔ惡* ɔ

un恩 uwə威 uwɹ宛 uwon汪 uwr ×

u uwɭ × uwɭ uwo uwo

*凡 u 爲僕音時除元音爲 w 外餘均省筆

第八章 鼻音表

nů, n′ů, mů, m′ů 歎聲用‘nů,’ 小兒不平之聲爲‘n′ů,’廣東之唔字也, 病夫呻吟之聲爲‘mů,’ 呼母曰‘m ů m′e.’

第九章 音表說

以上六音表曰脣. 曰舌. 曰齒. 曰齶. 曰喉曰鼻而等韻之所謂牙音. 舌頭音. 舌上音. 重輕. 脣音. 齒頭音. 正齒音. 喉音半舌半齒音與此互有異同. 因此表以通俗反切爲準故也. 又全表拼音. 每字僅用二三字母. 其用四五字母者. 僅數字而已. 且亦不嘗用之. 故以此文字記帳. 寫信. 作文. 均比國文快便. 而字母亦不甚多. 讀者易於記憶. 至於拼音全數. 則脣音用僕音 b, f, m, m, p, pp, v. 七字. 元音a n, r, x, ə, e, ʃ, ɹ, in, ɹ, on, w, ix, oo, oon, un. 十五字. 入聲 a, o, u, i, g, ɔ, 六字. 總數 7×(15×3*+6) 音. 舌音用僕音 d, l, l′, n, n′, t, tt, 七字元音

* 三倍之者平上去三聲也

多 j, ian, iw, ir. 四字爲十九字. 入聲多 ia, io 二字爲八字. 總數 $7\times(19\times3+8)$. 齒音用僕音 S, th, ts, z. 四字. 元音又多 ů 一字爲二十字入聲八字. 總數 $4\times(20\times3+8)$. 腭音用僕音 ch, g, i, j, nh, sh, y. 七字. 元音 an, r, x, e, ɡ, ȷ, in, ɹ, on, w, oo, oon, un. 十三字入聲六字. 總數 $7\times(13\times3+6)$ 喉音用僕音 c, h, hg, k, ng, q, u. 七字. 元音 an, r, x, ə, e, ȷ, on, w, oo, oon, un, wə, wȷ, wr, won, 十五字入聲多 wɭ, wo. 二字爲八字. 總數 $7\times(15\times3+8)$ 鼻音僕音爲 n, n′, mm′ 四字. 元音 ů 一字. 總數 4×3. 又舌音表中附 l, l′. 與 ů 相拼音之總數 2×3. 又 n′h, n′g. 雖不列入表. 其音之總數爲 $(13\times3+6)$, $(15\times3+8)$. 如是得總數爲

$$7\times(15\times3+6)+7\times(19\times3+8)+4\times(20\times3+8)+7\times(13+6)+7(15\times3+8)+4\times3+2\times3+(13\times3+6)+(15\times3+8)=1872$$

共得拼音千八百七十二音. 雖不敢曰中國之音盡於是. 然苟得此表而利用之. 亦可以發達文明. 普及敎育矣. 況此乃以一字之. 音言之英文所謂 One syllable 者也. 若合數字爲辭. 如中國 ‘Tsoonkwɭ,’ 西洋 ‘Sɥyan’ 之類 苟將來有以此文字編中國大辭典者. 吾知全書字數之多. 非今所能預想者也. 或曰. 此文之字母均用歐文. 音表又根於反切. 拼法折衷反切歐文之間 文法句法仍中國之舊. 寫法沿歐文橫書之法 是利用歐文而已. 不得謂之創造. 是說也. 吾甚欽之. 然梓人之構屋也. 其所用木石. 非梓人所造亦集合之而已. 吾亦仿造而已. 何得謂之創造. 況乎以一人之心力爲之. 誤謬當亦不少. 讀者諸君. 幸賜敎焉.

第十章　四聲舉例表

平		上		去		入	
Bun	朋	buns		bunh	笨	bu	白
Ce	開	ces	愷	ceh	慨	ca	恰
Dx	逃	dxs	稻	dxh	道	da	達
Fon	方	fons	倣	fonh	放	fo	
Gw	鳩	gws	九	gwh	救	gi	急
Hoo	花	hoos		hooh	化	ho	霍
In	陰	ins	隱	inh	應	iu	一
Jan	強	jans		janh		ja	
Koo	瓜	koos	寡	kooh	掛	kɔ	各
Lian	良	lians	兩	lianh	量	lia	
Mr	哶	mrs	買	mrh	賣	mo	脈
Nx	猱	nxs	腦	nxh	鬧	na	捺
San	笙	sans	省	sanh		sa	殺
Tun	吞	tuns		tunh		tu	忒
W	何	ws	戶	wh	賀	wl	活
Ve	凡	ves	范	veh	飯	va	伐

Yun	云	yuns	引	yunh	運	yu	亦
Zů	詞	zůs	痔	zůh	寺	zu	十
Chʅ	欺	chʅs	起	chʅh	去	chi	吃
Ppx	包	ppxs	飽	ppxh	報	ppa	
Shʅ	嘘	shʅs	喜	shʅh	戲	shi	歇
Ttun	登	ttuns	等	ttunh	橙	ttu	得

第十一章　反切舉例

上一字曰反. 下一字曰切 一反一切. 相合而成音 凡反之元音必爲 oo, ɷ。如 Boo, b ɷ. foo, f ɷ. moo, m ɷ. m'oo, m' ɷ. poo, p ɷ. voo, v ɷ. 之類均可以爲脣音之反而切則有互相爲用之利焉譬如:—

'Moo麻 ppx包' = Mx毛; Moo 爲反. ppx 爲切. 又如:—

'Too lin 臨' = Tin聽; Too 爲反, lin 爲切此兩反也. 若三反則爲:—

'Moo ppoo ppx' = Mx, 'Too loo lin' = Tin, 'Tt ɷ l ɷ lu' = Ttu. 之類是也.

再舉實例如下:—

'Tt ɷ lans' = Ttans打, 'Foo ppe' = Fe反, 'Th ɷ zi' = Thi切, 'Tt ɷ lxh' = Ttxh倒, 'M oo ppe' = M'e蠻, 'H ɷ kxh' = Hx h好, 'B ○ vu' = Bu白, 'S ○ tsianh' = Sianh相, 'K ○ hgu' = Ku格,餘可類推

敎不識字之人. 可先以反切口授之. 使知拼音之漸 然後敎以字母, 敎以拼法, 以及寫法. 又復熟習音表 廣爲應用. 他日者有語法文典出. 而以此文字演之. 不亦美乎.

第十二章 論略音揷音

二字讀作一音曰略音. 一字讀作二音曰揷音蓋必有所略而後二爲一. 必有所揷而後一爲二. 譬如 '弗曾' 讀如 '分.' 又 '弗要' 亦讀一音此略音也. 常人雖莫之辨. 以此字母書之. 則知我之有略音猶西文之有啞音也. 如 '弗曾' 爲 Fu zun 乃讀作 Fun 可知中間 uz 兩字母之略去矣 '弗要' 爲 Fu ixh 乃讀作 Fixh 可知中間 u 一字母已略去矣. 我蘇略音恐不止此二字. 但此二字. 用塲最廣. 故擧以爲例. 揷音亦往々有之. 今擧一例. 蘇属 '小巧' 亦曰 '即靈,' 蓋 '即靈' 乃 '精' 字之一字兩音讀法. 如 '精' 爲 Tsin. 乃讀作 Tsi lin. 是其中揷入 l i 兩字母也. 故曰揷音. 推而言之. 反切者亦揷音之一種也. 如上章所擧反切之 'Moo ppx' = 'Mx' 是揷入 oo, pp. 兩音也. 'Too lin' = 'Tin 是揷入 oo, l 兩音也若三反則揷音更多如 'Moo ppoo ppx' = 'Mx' 是揷入兩倍之 oo, pp 也 'Too loo lin' = 'Tin' 是揷入兩倍之 oo, l 也. 餘可類推又 '己搭' gɿs tta 亦曰 '己裏搭' gɿs lɿs tta 雖語氣略異然命意實同 是謂爲揷音之類也亦宜.

第十三章　讀　課

Dɟh 1 səs;　Iu ku nhun,　lians tso gɟ,　se dix nhw,
第一首；　一個人，　兩只雞，　三條牛，

sůh kwəh kx,　nůs li don,　lo tsan zi,　thi pɹh nho,
四塊糕，　五粒糖，　六張席，　七片肉，

pp ᴖ fo hgooh,　gws hga funs,　zu ke ᴖ.
八幅畫，　九匣粉，　十間屋.

Dɟh 2 səs;　Nhɟh nůs zɟsi,　Ha se hgooh sůh,　Thi fu
第二首；　二五縺一，　瞎三話四，　七弗搭 搭

tta pp ᴖ,　Nhɟs nůs ttu zu.
八，　二五得十.

Dɟh 3 səs;　Tse :—　Lzon tso hxs tse,　Sɟ veh hga chi
第三首；　哉:—　衣裳着好哉，　稀飯亦喫過哉.

kwh tse,　Nwku akw mu ttxh tsus hg ᴖ don lɟs chɟh tse,
我格阿哥末到子學堂裏去哉.

Lh gin pp ᴖ ttɹs tsoon tse,　Nw hga ixh chɟh tse.
已經八點鐘哉，　我亦要去哉.

Dɟh 4 səs;　Ku :—　Hgoonku, Thinku, Boku, Huku, Lᴖku,
第四首；　格:—　紅格，　青格，　白格，　黑格，　綠格，

Wonku, Leku, Tsůsku, Hwəsuku, Yɭboku, Tsiuku,
黃格, 藍格, 紫格, 灰色格, 月白格, 鐵色格,
Zoolɷku, Thiwshansuku……
茶綠格, 秋香色格……

Dɟh 5 səs; Lu:— Tɪ lu dɟh, Moonkws lu Sɟzon, Nhudə
第五首; 勒:— 天勒地, 蒙古勒西藏, 日頭勒
lu ngɭlianh, Yx lu nhan, Shondɟs lu tsɟsməh, Swtsȷ lu
月亮, 爺勒娘, 兄弟勒姊妹, 蘇州勒上
Zons-hes, Le lu chɟh.
海, 來勒去.

Dɟh 6 səs; Mu:— Ne mu le, nw mu chɟh, lʼɟ mu
第六首; 末:— 耐末來, 嘔末去, 哩末弗
fu le fu chɟh. Nȷ mu chu irpɹɹ, nhɟs mu zȷh go: sws-ɟs
來弗去, 男末吸鴉片煙女末纏脚所以勒中國...
lu Tsoon kwɭ...

Dɟh 7 sos; Tsůs:— I ku sixs-kȷnůh chu tsůs veh, noo
第七首; 子:— 一個小幹唔喫子飯, 拿子
tsůs ttx lu ttxh tsůs ngrh dȷ chɟh tse; cwrh ttɪ chɟh bxh
刀勒到子外頭去哉快些去抱子哩進來罷.

tsûs l'ʇ tsinh le brh!

Dʇh 8 səs ; Lutt ɷ :— Ttixs lutt ɷ coon lʇs fʇ, nů lutt ɷ sůs
第八首； 勒篤：— 鳥勒篤空裏飛， 魚勒篤水裏遊，

lʇs yiw, nhun lutt ɷ dʇh lonh tsəs, uwəh ttu zůkr doonh
人勒篤地上走， 會得自家動格末，

kumu, zun gıxh doonh vן.
純叫動物.

Dןh 9 səs ; L ɷ mun :— Swtsȷ mu yiws l ɷ mun zəhzůs :
第九首； 六門：— 蘇州末有六門就是，

Thonmun, Sʇmun, Bןmun, Fwmun, Lȷmun lu Zʇmun.
閶門， 胥門， 盤門， 葑門， 婁門， 勒齊門，

Dןh 10 səs ; Zunlun :— Yrnhan, Shoondʇs, Tsʇs-məh, Fwthʇ,
第十首； 人倫：— 爺娘， 兄弟， 姊妹， 夫妻，

Banyiwh, Vwh-tsûs, Ginzun, Tsans-ppəh, Sixs-ppəh,
朋友， 父子， 君臣， 長輩， 小輩，

Doon-ppx, Kwןmin.
同胞， 國民.

Dɿh 11 səs; Doonh vɭ:— Lxs zoon, Mx sin chɿh,
第十一首; 動物:— 老蟲(鼠). 貓腥氣(貓所食小魚),

Shan lɿ mx, Tə koo shɭ, Hu b ɷ kɭ, Sůs w lw, Loo
香狸貓(麝), 偷瓜倏(蜩), 黑白鴿(黑鴿), 水葫蘆(鳩類); 鱸々

loo ttix, Won thůh lon, Gixh kw kw, Yw hws zoon.
鳥(鸕鷀), 黃鼠狼(鼬), 叫哥々(絡緯), 有火蟲(螢).

Dɿh 12 Səs; Zu vɭ:— Ppo thxs, Fe mo, Soon zůh,
第十二首; 植物:— 栢草(車前), 番麥(玉蜀黍), 松樹,

Ts ɷ dj, G ɷ hoo, Yɭ yɭ hgoon, Bu dx, Bi boo, Sɿ koo,
竹頭, 菊花, 月月紅, 葡萄, 枇杷, 西瓜

Lxs sxs nhɹ.
老少年.

Dɿh 13 səs; Fonshanh:— Ttoon, Nj, Sɿ, Pp ɷ, Tsoon,
第十三首; 方向:— 東, 南, 西, 北, 中,

Zanh, Yoos, Ttoonpp ɷ k ɷ, Sɿnjfon. Zůhgəh:— Thun
上(文語), 下(文), 東北角, 西南方, 時候:— 春,

Yooh, Thiw, Toon, Nhu, Yrh, Zonh tsəh, Hgooh tsəh.
夏(文), 秋, 冬, 日, 夜, 上晝, 下晝.

Dɿh 14 səs; Tsɟmin :— Choonloonse, Dwhmooslwh, Gin-
第十四首， 專名：— 穹窿山， 大馬路， 金雞

gɿ·hgw, Liw-yɟ, Lunttunlwh, Hgwhloonkr, Pp ɷ gin,
湖， 留園， 臨登路， 護龍街， 北京，

Sútsúse, Thinyandɿh, Thonlondin, Trhhgw(或作 Trh-w),
獅子山， 青陽地， 滄浪亭， 太 湖，

Uwstsússɿ, Wonfɿh-gɿ, Zun-hgw(或作 Zun-w).
伍子胥 王廢基 澄 湖.

Dɿh 15 səs; Desminzú :— Nw, Ne, L'ɿ, L'ɿne,
第十五首； 代名詞：— 㖸(我)， 耐(你)， 哩(他)， 哩耐(他)，

Núhtt ɷ, L'ɿtt ɷ; Nhɿh, Kuku, Kəhku,
唔篤(你們)， 哩篤(他們)， 呢(我們)， 格々(這個)， 茍格(這個：比

Kəku, Keku, Keta, Kuta,
Kuku (略遠)， 勾格(那個)， 該格(＝Kuku)， 該搭(此處)， 格搭，

Kəta, Gɿta, Gɿ ɿta, Nwta, Neta,
勾搭， 己搭(＝Keta)， 己裏搭(比 Gɿta 着實)， 㖸搭， 耐搭，

Lɿta, L ɷ kwh, Sannhun, L ɷ lɿh, L ɷ ta.
哩搭， 陸顧(誰)， 啥人(何人)， 陸裏(何處)， 陸搭(＝Lslɿh).

Dɥh 16 səs; Inszə:— (a) Thins gixh tsun-sinh? (r)
第十六首; 應酬:— (甲) 請教尊姓 (乙)

Bɥhsinh Sw, tsunsinh? (a) Bɥhsinh Hgoo, thins gixh
敝姓蘇, 尊姓. (甲) 敝姓華 請教台甫.

tefws? (r) Nhɹiwh! nhɹiwh! sɹ thinsgixh? (a)
(乙) 年幼々々先請教. (甲)

Thxszùh Kwɟsjw, kwɟ tteh tsù kwɟ, dɥh jw tsù jw; thxs
草字冠球, 冠帶之冠, 地球之球; 草 氣

chɥh ttu ju! (r) Kw irs ttuju! thxszùh Ppishun.
得極! (乙) 高雅得極! 草字必興.

(a) Fws lonh zùh....? (r) Soosgɹ zùh Swtsj. (a)
(甲) 府上是....? (乙) 舍間是蘇州. (甲)

Oo! zùh doonshan ttule! sxh ginh sxh ginh. (r) Fws
吓! 是同鄉得來! 少敬少敬. (上) 府上

lonh a zùh zunlɥh? (a) Zùh ku. kwəh kan ttw sxh
阿是城裏? (甲) 是格. 貴庚多少哉?

tse? (r) Nhɹssùh. (a) Shoondɥs tx tsans lianh səh.
(乙) 念四 (甲) 兄弟明長兩歲.

(r) Mun tsx wəh! (a) Mes thinh.
(乙) 明朝會. (甲) 慢請.

第十四章　習練及教法

國文改作新字.

學堂. 警兵. 徵兵. 體育會. 運動會. 中國者中國人之中國也. 世界和平. 臥薪嘗膽. 愛國必先愛群. 勿存私見. 吃黑飯嘸不白飯吃. 革政先革風俗. 白人說黃禍是忌. 黃人說白禍是眞. 欲保守必進取. 國民一點血. 切勿自相殘. 早起吸淨空氣. 勤學溉新知識. 運動能健筋骨. 愛國勿顧家室. 民無錢當興實業. 民無學當興教育. 民無團體. 振其精神. 民不自治. 本身作則.

新字改作國文

Nhin-wh tilwh. Ttoon-se-sans. Tɹtsin. Zun tsů thw, sinh ppunh zɟs. Tɹ dɟh nhȷ won. Zxh zɹ sun lɟs. Tsu-nngɭ ke məhoo. Nhɟhngɭ ke hgans-hoo. Gwsngɭ ke g ᴖ hoo. Zu-ngɭ ke vw-yoon. W zon lu dxszůh. Tsů thůh jinh w ioons. Koon ttu sů ttu. Sw-tsȷ dxhlwh fu cwɭ. Kwȷ ttw su gɹs. Min ppu lix sun. Tɹ w! Tɹ w.! Tsoonkwɭ jɟ shin w!

教法. 如有志開通風氣者以此文字敎人時可先敎反切. 次字母. 次表. 四聲、及習練. 如是書有誤處或疑義乞致書與熊. 苟有來信者之姓名住址; 要求說明. 無不答者. 熊之住址見序末 用中國郵票三分即可寄到.

附論各省音之變遷及擧例

各省音之變遷．有不規則者．有一定之規則者．後者如元音變而僕音同．例如江．蘇々州爲 oon 湖南長沙爲 un。蓋蘇州逢，鳳，同，東，龍，胸‥‥讀作 Boon, foon, doon, ttoon, loon, shoon;... 長沙讀作 Bun, fun, dun, 'ttun, lun,shun....然蘇屬木鐸音同長沙．亦一奇事．(就 oon 與 un 一端言之)．又僕音變而元音同者如蘇音爲 d, 京音爲 t 蓋蘇音讀同，滕駝，團，獨，達‥‥爲 Doon, dun, dw, dJ,d ɷ, da,‥而京音爲 Toon, tun, tw, tJ, t ɷ, ta, ‥知此則江蘇人學各省話旣易．各省人學蘇省話亦不難．而終至於國語統一．夫吾之所以望同胞者．能自立於生存競爭之世界耳顧文字不易．教育終不能普及．國語不一團結力終不能堅固．此文字乃中國文字之改革．而先試之於江蘇者也．江蘇以蘇州爲省會之一．故以蘇音爲標準．他日國語統一之目的能達．則此字母及拼法雖可用．而音表上所註之國字．不得不更定矣．　　(終)

新編簡字特別課本

沈韶和 著

內容說明

沈韶和，字樵李，江蘇嘉定人。沈韶和擬制的切音字方案是一種真正的數碼式的切音字方案。其目的是改進勞乃宣的合聲簡字，他認為勞乃宣的簡字還不夠『簡』，因此制定這種更『簡』的方案。這個方案是以數碼作為拼音記號的，韻母全部用蘇州碼子，聲母是在「乚乛乂〇凵六種記號上加畫數來區別。這是清末　正的一份數碼式的切音字方案。參見倪海曙《清末中文拼音運動編年史》166–169頁，上海人民出版社1959年版。

新編簡字特別課本

長水知音子題

弁言

曩讀報章，嘗見有簡字學堂之議，初未經意也。友人林君幼益見示勞玉初觀察所箸《合聲簡字谱》，一再尋繹，深悟其得簡易之途，洵為當今啟廸捷法。繼玩其所定字母韻目，各簡筆之字，簡有相渾於常用之字，且為母至六十餘，不免複叠，似猶未臻簡之極點，而韻目僅十八，似又太簡。因憶少時曾從事於音韻之學，竊有心得，幼益怂恿試為改良，乃師觀察之法，擬此《特別課本》，且可以為各學堂附課之一端，更可以為空谷傳聲之逸事。既脱稿，因囑幼益參酌，考訂粗具節目，惟恐不足，博大雅一粲，姑録如左。

光緒三十二年仲夏之月雋李沈韶和識。

簡字特別課本

槜李沈韶和理唐學　男　源長　本榮　仝校

閩中林嘉煒幼益參考

辨平仄　平仄四聲、首須能辨、畧舉四字為例、每字讀出四聲、自能辨矣、

掭　鉄　至　則　萬　伐　富　福
天　子　萬　福
忝　天　子　支　范　凡　甫　夫

熟字母　平仄既辨、清濁宜分、清為陰、濁為陽、皆屬乎母、清與濁不盡同母、加○●別之、

見○溪○琴●呢●娿○　○清　●濁　端○體○定●你●那○　邦○普○並●米●媽

ㄱ ㅋ ㅋ ㅋ ㅋ　ㄴ ㄷ ㅌ ㅌ ㅌ　ㄱ ヲ ヲ ヲ ヲ

佳从官音讀　街从俗音讀

殷音近官音安字

精○清○澄●如●心○　曉○霞●全那陰○　非○奉●來●拉○

乂爻爻爻爻　Ｏ８８　日目目目

清韻目

增刪為三十二韻、各方之音、包括殆盡、更係以喉音清濁二字拚字合聲最便、

丨東翁洪　刂龔雍容　川罔盎杭　乂光汪黃

五陽央羊　丄支之時　亠基衣移　亖魚於于

文諸朱如　十模烏吳　卜佳鴉耶　仁街挨鞋

三灰威危　㐅開哀孩　区真恩痕　卩坤温渾

卜寒安含　卜桓剜完　㕚山殷銜　卅關彎環

卝元淵袁　乍先烟延　乍蕭夭搖　収豪凹毫

歌音如俗音𠂢字　麻音如買字平聲　樱音从俗呼樱珠之音

閙音从俗呼房閙之音　瓜音如拐字平聲　觥音括平聲　庚从俗音

叵歌阿何　丨工麻蛙華　丨二庚樱衡　丨三觥烏横横

收青音形　卌十君氲云　卌一尤攸游　卌二樓謳侯

以上各韻、有宜用俗音者、非口授不可、惟支韻止有第四句、及來母六音、餘皆不成音、諸韻亦同、

明母首每韻依母呼讀、母韻相切、即得其字、玆將各韻第一母之字揭出、俾易呼讀也、

公龔岡光姜　支基居諸姑　佳街規該根昆

干官閒關捐　堅交高歌瓜　庚觥巾君鳩鉤

讀等韻　韻表逐韻多有無須全讀、但畧讀數韻熟後、自然逢韻即能順口念出也、

開　高敲毫蔾敖凹號　刀叨桃橈凹諾　包抛袍毛凹莫

口

呼　糟操潮鐃梢　蒿毫凹　夫扶凹豪牢撈

二

合口呼

公空（葓敎咢洪洪翁）　東通同農（諾翁）　（補普翁翁）蓬蒙（莫翁）

宗葱崇茸嵩　烘洪翁　風馮龍（洛翁）

撮口呼

捐圈拳原（女淵）　端°湍°團°男°（諾淵）　般°潘°盤°瞞°樠°

專拴傳擱宣　喧懸淵　（非尾呂呂淵袁袁淵）

齊齒呼

經輕琴吟（匿音）　丁廳亭（你你形音）　兵拼平明（密音）

精青尋（如形）心　欣形音　分°文°林拎

毎韻二十七母之音、不全者多、有有音無字者、有有音不能實呼、須作俗稱鳥味者、今用二字作切、合聲讀之、即得、或借相近之音、而加圈以別之、以便誦習、此四韻既熟、他韻如法念之、無不應口也、

轉四聲（凡平上去入四聲、皆可通轉、而入聲音最少、故從平轉入、僅三之一、餘皆同也、）

公犂貢穀　弓拱供菊　岡港槓各　光廣誑郭
姜講絳腳　支子至則　基紀記吉　居舉句厥
朱主注拙　姑古固各　佳賈價甲　街假架格
規鬼桂骨　該改蓋格　根耿艮革　昆滾棍骨
干敢幹割　官管貫骨　奸減鑑戛　關（寡挽）慣括
捐卷絹厥　堅撿見吉　驕矯呌菊　高杲告閣
歌哿箇各　瓜寡挂括　庚梗更格　觥礦（卦橫）括
巾緊敬吉　君窘捃厥　鳩九救菊　鉤狗够角

以上各節，可分作十六天，每天兩行，讀之爛熟，乃教以拼字法。質敏之子，約計一月，可以成業矣。

拼字之法，如欲作桃園二字，先認桃字為[illegible]豪韻，即從母首高字呼至桃字，知是定母。先書定母簡碼[illegible]於左，次書豪韻簡碼[illegible]於右，得[illegible]，即是定母豪韻拼成之簡字。合二字急讀之，成桃字矣。再認園字為[illegible]元韻，從母首捐字，呼至園字，知是霞母，乃書霞母簡碼8於左，次書元韻簡碼[illegible]於右，得[illegible]，即是霞元二字拼成之簡字。合而讀之，又成園字也。如欲作仄聲字，即可用平聲拼出合碼，加點於仄聲角上，如法轉之，無不可得。

按所定字母廿七字，係從三十六母中刪去十三字而增四字，并酌易數字，如疑字，則或有讀若夷字者，故易作呢。群、透、泥、滂、明、影、喻、日八字，或口氣不順，或口音難確，故易作琴、體、你、普、米、陰、霞、如八字。就江南浙西，各方字音，無不齊備。間有似乎重複，而實異者，則以南北土音。混分互殊，無可再刪。故此二十七母，既以通之京師中州，但有相似之嫌，而無遺漏之患者也。至所謂清濁者，並非字字皆有，原書所論，恐未盡然。茲之二十七母之中，惟一、二、三、六四句末二字母，實是同母，而有清濁之分，就一母而增為二母也。然濁音有字者多，清音有字者無幾，不過俗語之有音無字，而屬清音者，正亦不少。故所增四母，特便取音爾。五、六句，曉非二母，係清音，而北方每有以霞、奉二母之字，讀若曉非母之字，而為濁音。此等濁音，吾鄉所無，故不虛列。又琴、定、並、澄四母，北方平聲，讀作溪、體、普、清四母，而仍為濁音，仄聲，則四母之音，又混於見、端、邦、精四母。蓋溪、體、普、清、曉、非六母，清音而兼濁音，南人止用清音，北人並用清濁二音。明乎此，而南北方音，易相通洽。欲習北語，亦收事半功倍之效。

原書所論甚詳，第嫌母多韻少，且習之者，苟欲精明神妙，非盡棄字典之字，而專從事於簡字，斷難登其堂奧。見諸施行，若茲之法，則仍可與字典並行不悖。且不僅簡字學堂改用此法，得簡字之實義，即各種學堂，皆可增此一門，期月之間，而簡字之科，率土周知。課本無多，畢業又易，或為時下新學所不棄。抑竊猶有慮者，簡字之用，但取同音，以為筆談來往之通便，苟一音，而字有多數，遇文義深奧之字，發者固無難，而收者必致茫然無著手。

僕有《精本韻表》一書，每韻取同母之字，萃於一行。其於字音，考究明確，鮮有舛訛。擬將是書按現定母韻，編成科本，俾用簡字者，家置一編，遇有深文奧義，另添號碼，註明第幾字，則雖曰簡字，而行簡之妙無窮，豈不盛哉？

拼成簡字式。

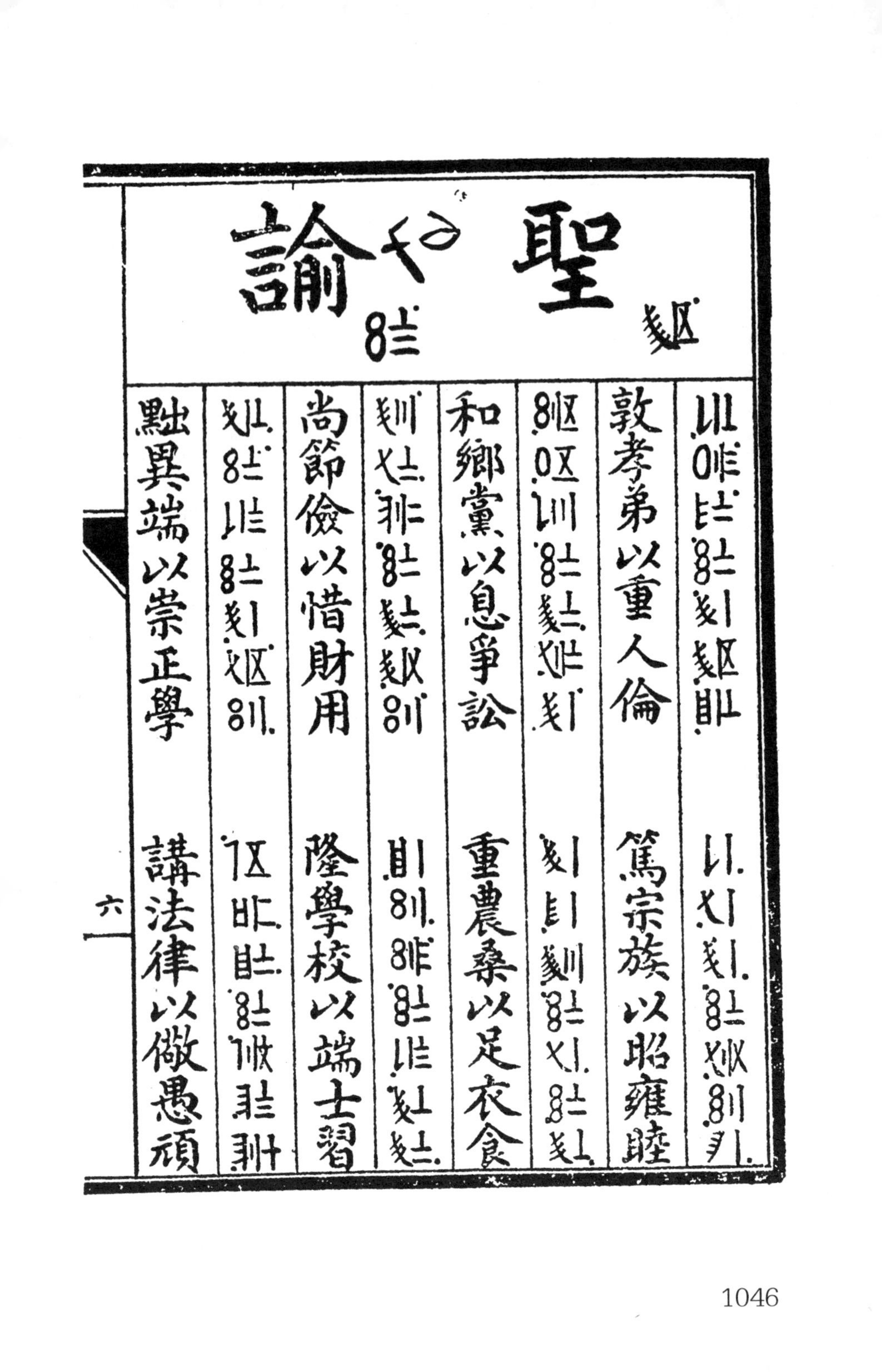

聖諭

敦孝弟以重人倫　篤宗族以昭雍睦

和鄉黨以息爭訟　重農桑以足衣食

尚節儉以惜財用　隆學校以端士習

黜異端以崇正學　講法律以儆愚頑

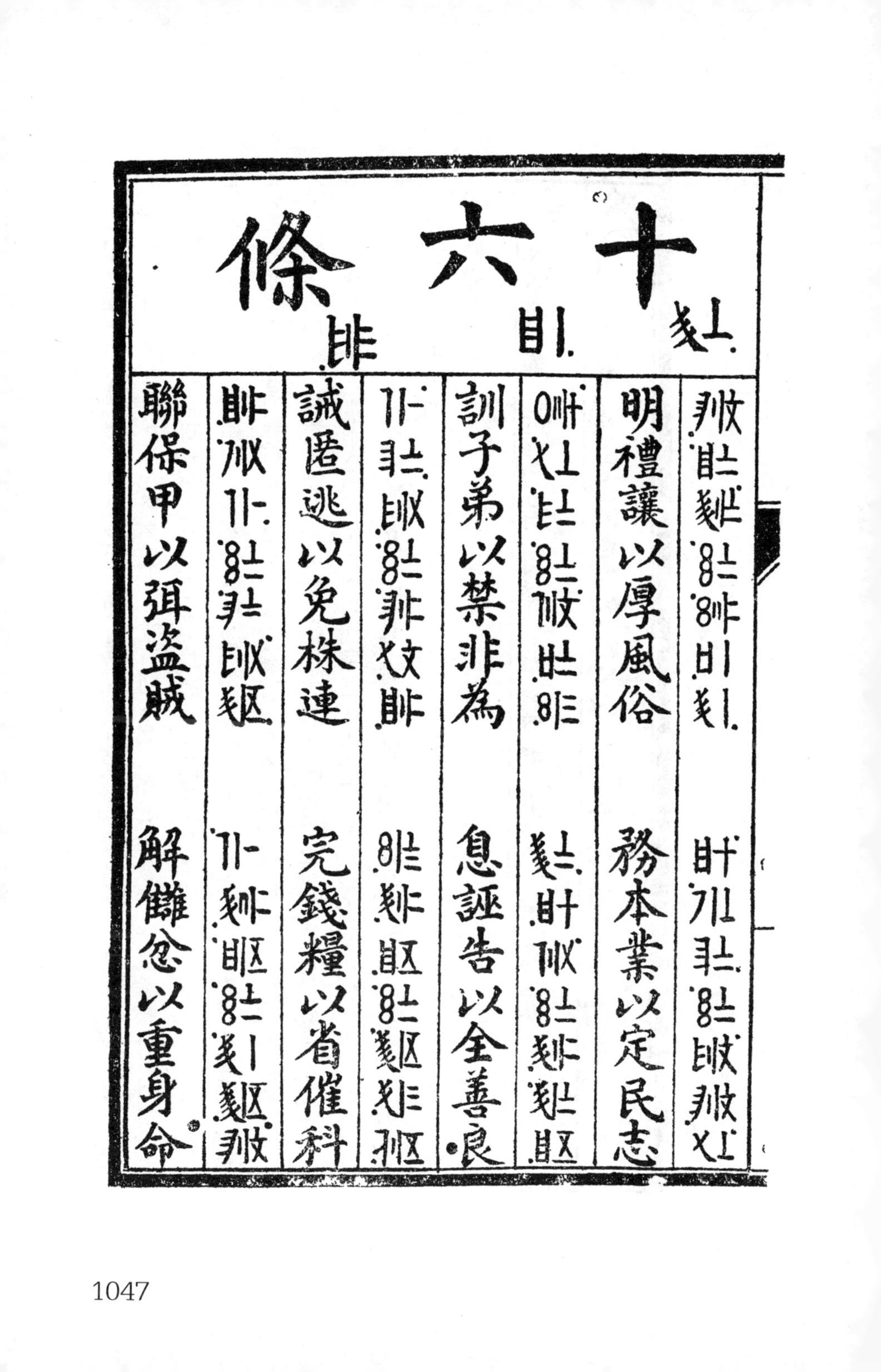

十六條

明禮讓以厚風俗

務本業以定民志

訓子弟以禁非為

息誣告以全善良

誡匿逃以免株連

完錢糧以省催科

聯保甲以弭盜賊

解讎忿以重身命

音韻之學，至為微奧。四聲之外，以陰陽清濁，為最明顯可辨。陰陽即清濁也。唐宋迄今，通儒代出，或有主五音五聲之說者，或有創六支二界之法者，要皆議論精詳，各有心得，足以發明韻學精蘊。而初無關於簡字之業，至於平仄四聲，其陰陽清濁，皆所同然。一音不能兼有清濁，何必平聲獨判清濁為上平?原書每字分（上下）平上去入，為五處點發，拘矣。惟牙舌唇齒喉之五音，亦所當知者也。各方鄉音，互有不同，驟聞之似覺其錯雜紛亂，詳究之，乃知各隨母轉，具有天然來歷，無非清濁二音，周轉於各字母中，而不稍越其範圍。其出此母，必入彼母，所謂天籟者是也。蓋簡字之設，專為同聲相應之用，儘可就音定母及韻，自然巧合。茲將各字母之清濁，及清中有濁者，詳細注明，俾習者領悟微妙，而各方鄉音，聞一二語，即可推求而得矣。

字母清濁表

見清音並無濁音可讀、强讀之、必入他母矣、

溪清音兼濁音、江寧鎮江、以至京師、乃有濁音、

琴濁音、北方讀起盈切、仍為濁音、似入溪母、而實稍有異、至仄聲、又似入見母、如近、覲、極、讀竟、敬、急、也、

呢濁音、本母中、惟呢、娘、年、義、敖、呆、牛、等字、南北相同、餘字、北人皆讀耶母、即南人亦多兩可、聽便無妨、

妍清音、本屬呢母、因清濁二音顯判、故分立、

端清音、全見母、

體清音兼濁音、全溪母、

定濁音、北方平聲、似體母、仄聲、似端母、

你濁音、

那清音、從你母分出、

邦清音、全見端母

曉清音兼濁音、同溪母、

霞耶。霞濁音、北人讀喜耶全切、近曉母、仍濁音、耶、南北同音、蓋此母位、本係二母所併、北人顯出二音、南人則止一音、北人霞雖近曉母、實非曉母、故此母擬霞耶二字、二而一、一而二也、

陰清音、

非清音兼濁音、

普　清音、兼濁音、仝溪體母、

並　濁音、北方平聲似普母、仄聲似邦母、

米　濁音、

媽　清音、從米母分出、

精　清音、仝見端邦母、

清　清音兼濁音、仝溪體普母、

澄　濁音、北方平讀清母、仄讀精母、

如　濁音、北方讀似來母、

心　清音、稍兼濁、北方讀邪母之字似之、

奉　濁音、北人讀捧、入非母、仍為濁音、

來　濁音、

拉　清音、從來母分出、

以上琴、定、並、澄、奉、五母、北人雖讀似溪、體、普、清非五母、然仍有清濁之分、故琴等五母不能刪也、又舊有之微母、南人併在奉母、而北音則混同耶母、此又不可不知、凡各方出入之音、不必刪改、各從其俗、自能拍合、即使韻與母、覺有重複、亦可不問、但求無遺漏而已、

字母推原

字母三十六字，創自西域，載於華嚴經，古今字書所用字母，皆以之為主，

見溪羣疑牙音　端透定泥舌音　知徹澄娘齒音兼舌

幫滂並明重脣音　非敷奉微輕脣音　精清從心邪齒音

照穿床審禪齒音　影曉匣喻喉音　來日半舌齒音　以上原母

見溪琴即羣呢即疑妍新增　端體即透定你即泥那新增

邦普即滂並米即明媽新增　精併知照清併徹穿澄併從床邪禪如即日心併審

曉霞即匣耶即喻陰即影　非併敷奉併微來拉新增　以上今定

韻目存舊

四聲舊一百六韻，今所定平聲三十二韻，分合不一，但求字與韻諧而已，

東董送屋　冬腫宋沃　江講絳覺

支紙寘　微尾未　魚語御
虞麌遇　齊薺霽　佳蟹泰卦
灰賄隊　真軫震質　文吻問物
元阮願月　寒旱翰曷　刪潸諫黠
先銑霰屑　蕭篠嘯　肴巧效
豪皓號　歌哿箇　麻馬禡
陽養漾藥　庚梗敬陌　青迥徑錫
蒸○○職　尤有宥　侵寢沁緝
覃感勘合　鹽儉豔　咸豏陷洽

附空谷傳聲法

簡字習熟後，如在大庭廣衆之中，欲有機密話語，隨時可以擊節傳出，旁人不能知覺。假如欲説『看花』二字，看字屬去聲，係從平聲十七寒韻所轉，乃先擊十七記，知是寒韻，其母首為干字，次擊二記，知是第二位堪字，再擊三記，即是去聲看字。花字，麻韻二十六記，曉母二十一記，平聲一記，即知是花字也。

是書專就蘇省嘉郡二處俗音所定，而江南浙西各方口音，不無大同小異。凡習簡字者，但就本方之音，配合韻母，即與蘇地不同，亦自能合，不必拘泥。推而至於他省，亦可通融配用。善行簡字者，必能知其妙處也。

簡字譜錄

勞乃宣 著

內容說明

勞乃宣（1843–1921），字季瑄，號玉初，又號韌叟。籍貫浙江省嘉興府桐鄉。同治十年（1871年）進士，曾任直隸知縣。光緒三十四年（1908年）奉詔進京，任憲政編查館參議、政務處提調，授江寧提學使。宣統三年（1911年）任京師大學堂總監督，袁世凱內閣學部副大臣。張勳復辟，被任命為法部尚書，藉口年老未就職。1902–1903年任浙江大學堂（浙江大學前身）總理（校長）。

勞乃宣重視教育，主張普及等韻字母之學，推行漢語簡字拼音，曾奏設簡字學堂于南京，被稱為『中國近代音韻學家』。著《簡字譜錄》5冊，分別是：《增訂合聲簡字譜》、《重訂合聲簡字譜》、《簡字叢錄》、《京音簡字述略》、《簡字全譜》。勞乃宣的方案在清末也得到廣泛的推廣，在南方影響很大。

增訂合聲簡字譜

鄧爾題

增訂合聲簡字譜

《增訂合聲簡字譜》序

言文一致，為教育普及之大原，此寰宇之通理也。甯河王氏於前數年撰《官話合聲字母》，設塾於都城。直省並出書報，陸續推廣於各州縣，今已有塾數十處，識此字者已數萬人。明效大驗，彰彰可據。吾南省不可不急起直追，以期企及也。顧其書專用京音，南方有不盡相同之處，然所差無幾，略加增改，即能相通。不揣固陋，與二三同志考訂商搉，於其原定五十音母加六字為五十六母，於其原定十二喉音加三字為十五韻，於其點發四聲加一入聲之號，則甯屬各府州縣及皖屬各處語音相近之處，皆可通行。若再加七母三韻一濁音之號，則蘇屬及浙省等處皆可通行矣。今經兩江學務處陳諸督帥令於甯省開設學堂，因先將甯屬等處通行之母韻列為此譜，以備學堂之用。異日當續編蘇浙通用之譜，以冀推廣於蘇屬及吾浙也。

光緒三十一年歲次乙巳秋八月桐鄉勞乃宣玉初甫序於金陵寓齋。

原本五十音母為京音而設，京音輕齒母之齊齒撮口呼，與牙音無異，故用丄、卄、乂、尸、屮、彡六母已足，南音則不能不分，故於牙音之外別增輕齒音夕、ヨ、丆、ㄩ、勹、ス六母以配之，共為五十六母。

原本十二喉音即韻也，以韻皆收於喉，故名之曰喉音。北音元寒刪先覃鹽咸韻之字，收音俱相同，用一乛韻已足。南音則如關與官、閒與堅之類，收聲俱不同，而官與堅又不同，故於一韻外增一ノ韻一ろ韻。又江甯揚州等處有穿鼻一音，其音如蘇州音之吳字，復增一ㄙ韻，共為十五韻。

原本點發四聲分上平、下平、上、去而無入，以北方語無入聲也。南方則有入聲，今增一撇為入聲之號，惟字母本音及了、乀、一、ㄱ四韻有入聲，餘皆不用。

是編首列『五十六母』。原本五十母次序以脣為始，由外而內而不分開、齊、合、撮，記誦不易。今按喉、牙、舌、齒、脣之次，各以開口、齊齒、合口、撮口分列，共為十八句，以便易讀易記。

次列『十五韻』。原本十二韻分六行，上下兩層對列，但前十字本係一陽一陰相對，而後二字則非對。今前十字仍兩層對列，而後二字及新增之三字則各獨為一行以示區別。

次列四聲於各韻之下，分左上上平、左下下平、右上上、右下去，加點為號，而於有入聲之ㄋ、ㄟ、一、ㄱ四韻各增一入聲，加撇於右為號。

母、韻、聲之後，列『合聲』。全譜橫列喉音及五十六母，喉音縱列十五韻，餘縱列十四韻，每母又橫列四聲，合母韻聲而成一字，共三千四百八十字，而人口中之音全矣。（ノ字一韻開口合口皆收聲於此，而齊齒撮口則收聲於ㄋ，與別韻不同。故凡開合之母用ノ而於ㄋ位列空方圍，齊撮之母用ㄋ而於ノ位列空方圍，以示區別。）

母皆直喉支微齊魚虞韻，此韻之字即用母字加四聲之號即成一字，無須拼韻。韻皆喉音影喻母，此母之字即用韻字加四聲之號即成一字，無須拼母。《合聲譜》中，上一排即母不拼韻之字，首五行即韻不拼母之字也。

『合聲』后列母韻聲『音註』。此字本假借舊字減筆而成，於每字下註所借本字，以便識字者易記。惟所借之字不能盡合本音，其合本音者不再加音，即讀本字之音；不合本音者再加音於其下，有字者用字，無字者用反切，讀者可按所加音切讀之。五十六母、十五韻逐字皆加音註四聲，則有此音之字者註於下，無此音之字者闕之，可以類推而得也。

學此字者先將母韻七十一字及四聲記號認記純熟，再學合聲。合聲之法以一母一韻連呼之，緩呼則為兩音，急呼則成一字。學者於《合聲譜》內任擇幾行讀之，讀至極熟則他行不必學而自能呼出。如是則合成之字可一望而識，而亦能自合為字矣。其分日『教授次序』列於後。

『教授次序』後錄《聖諭十六條》及《小兒語》數則，各註合聲字於旁，以示用法。

後列『雜識』數條，於方音之不同、讀法之互異、用法之變通，申明其說，俾習者有所依據。

語言畫一與文字簡易皆為中國今日當務之急，然欲語言畫一必先以文字簡易為始基。日本先有假名而各處語言初未畫一，後設國語科，一旦而通國皆曉東京語，以有簡筆字為之基也，至魯至道，難易判然。今於《官話》原譜別增母韻符號以合南音，似於語言畫一之道相反，不知此字之長專在肖聲，先通此字則無論何等語音皆能以聲狀出，於學官話至為易易，是相反而適以相成也。俟此字本地語音習熟後，即當教以京音，使閱官話各書報，自能收事半功倍之效。

日本省筆字名曰『片假名』、『平假名』，朝鮮省筆字名曰『諺文』，中國此種省筆字亦應定一名稱，以便於用。原書中或稱『官話字母』，或稱『合聲字母』、『拼音字母』，又質言之曰『省筆字』。案『字母』之稱不能賅括韻與聲，『合聲』即拼音，而『合聲』二字出於《國書》及《音韻闡微》，尤為典要切當。今定其名曰『簡字』，亦曰『合聲簡字』。是編本於原書而增訂之，即名之為《增訂合聲簡字譜》，有未當者，望當代通人教正之。

是編母韻所註音切及《聖諭》、《小兒語》旁所註合聲，皆以江甯音為主，各處方音不一，當依江甯音求之。至所列母韻之用，則不僅囿於江甯一處，凡甯屬各郡邑及皖省語音相近諸處，皆可通用。惟一處方音於此譜母韻不能皆備，方音所無即似重複，但既為方音所無，即可不用，聽其重複，以存其位可也。

增訂合聲簡字譜

五十六母

く五于

弋リ丰　丄卄乂　才刂了　尸少彡

廾牙レイ　乙匚ム匕　ナ土七又　口女

之水寸日　寸刀巾入

マ千幺　夕ヨ丅　二厂ク　丑勿久

乂文十　卜才オ

キ

十五韻　四聲

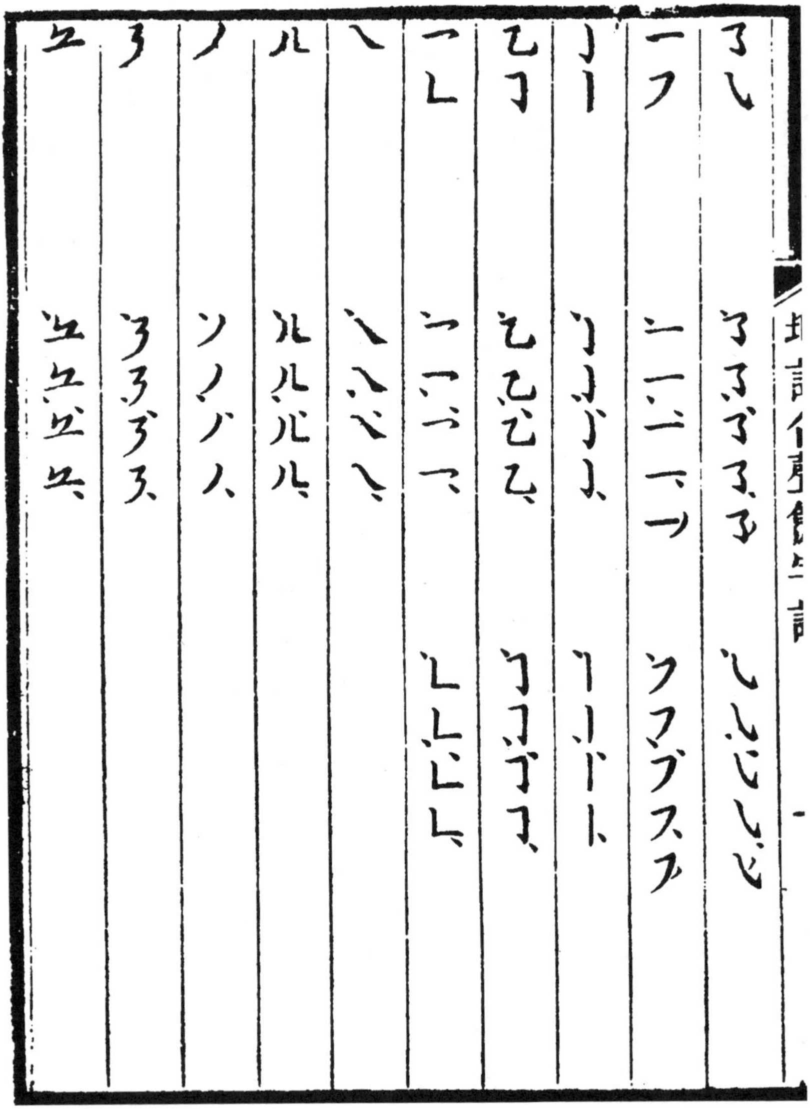

合聲

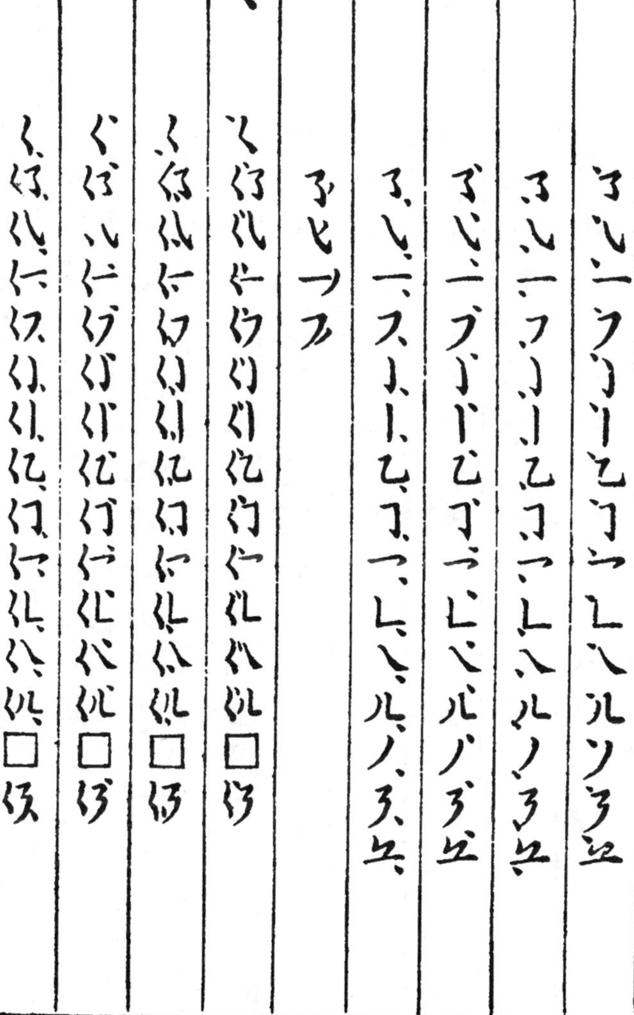

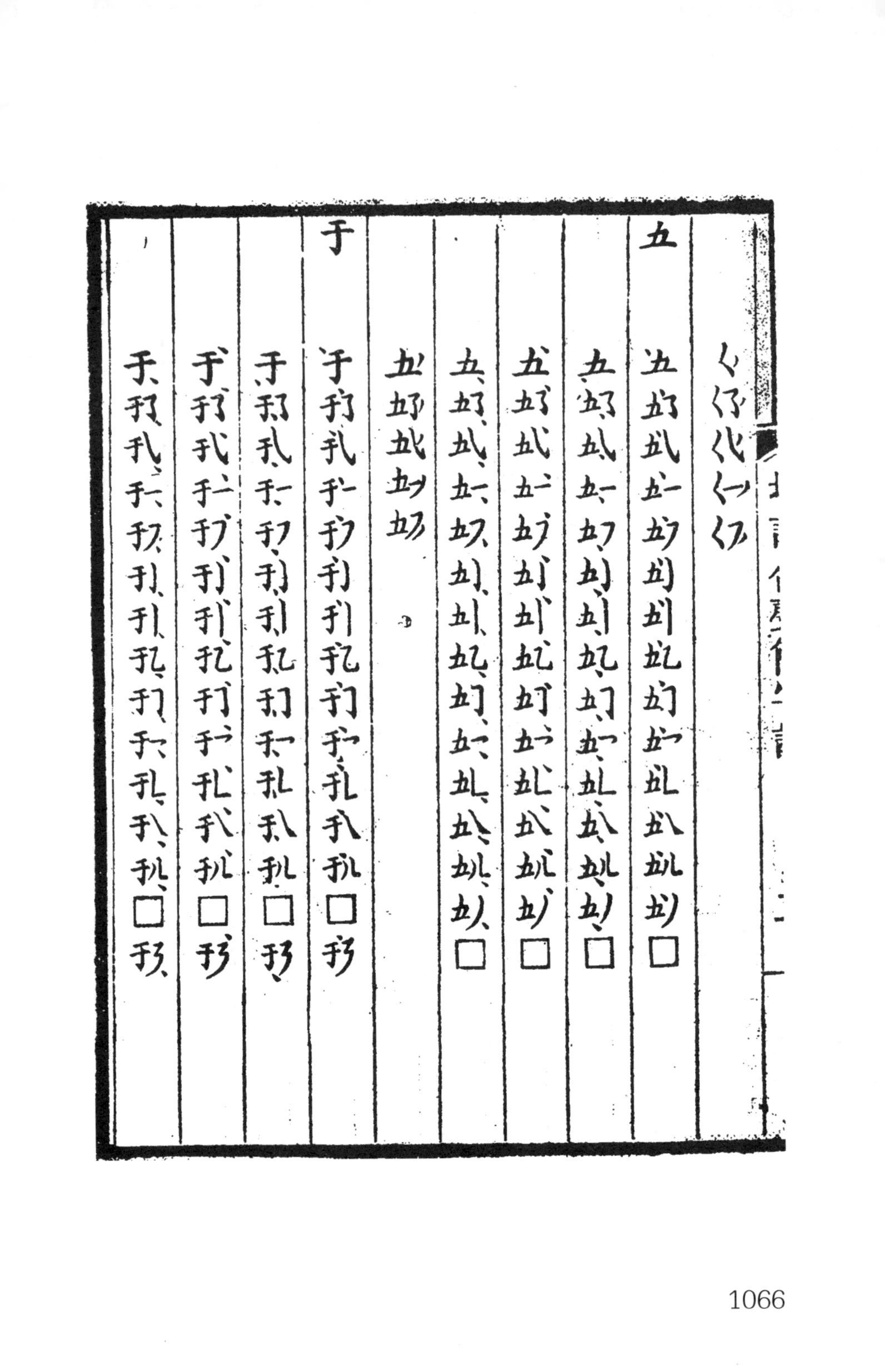

五

于

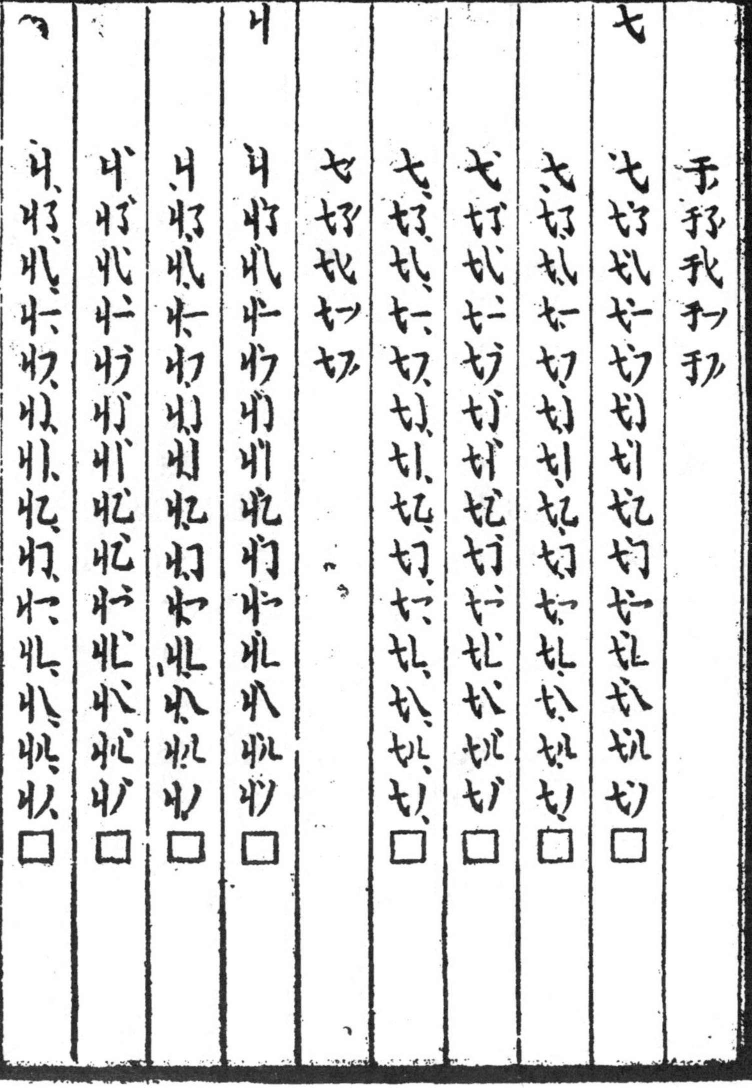

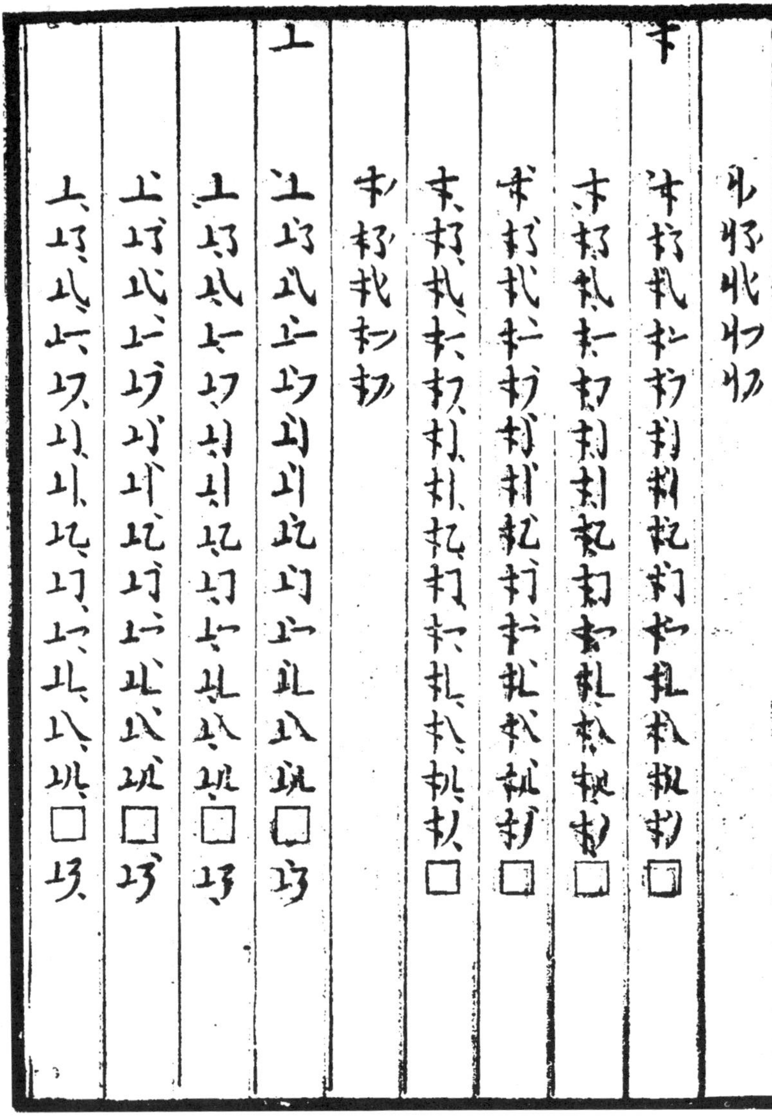

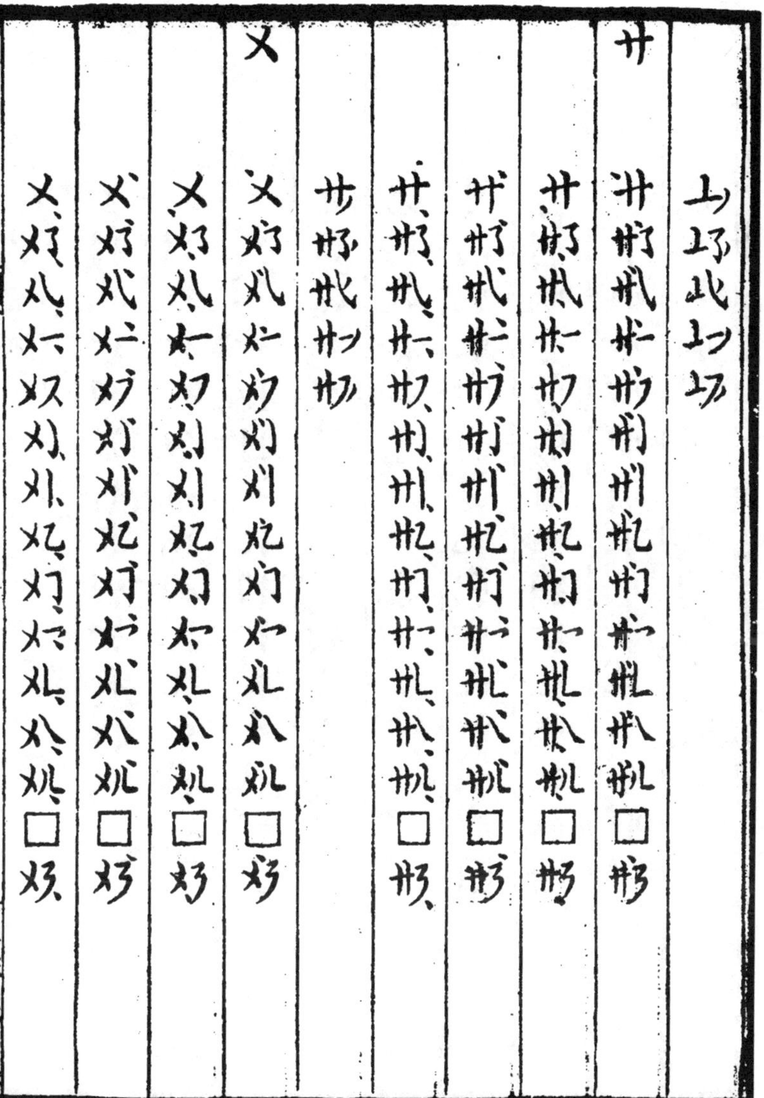

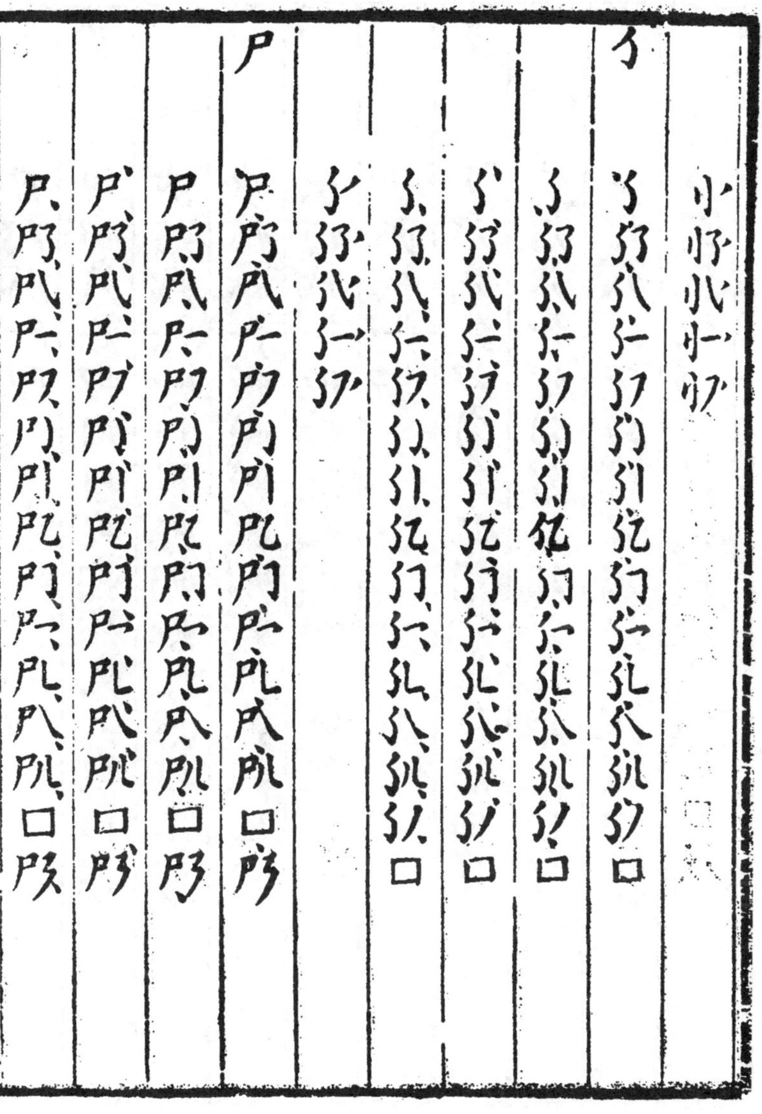

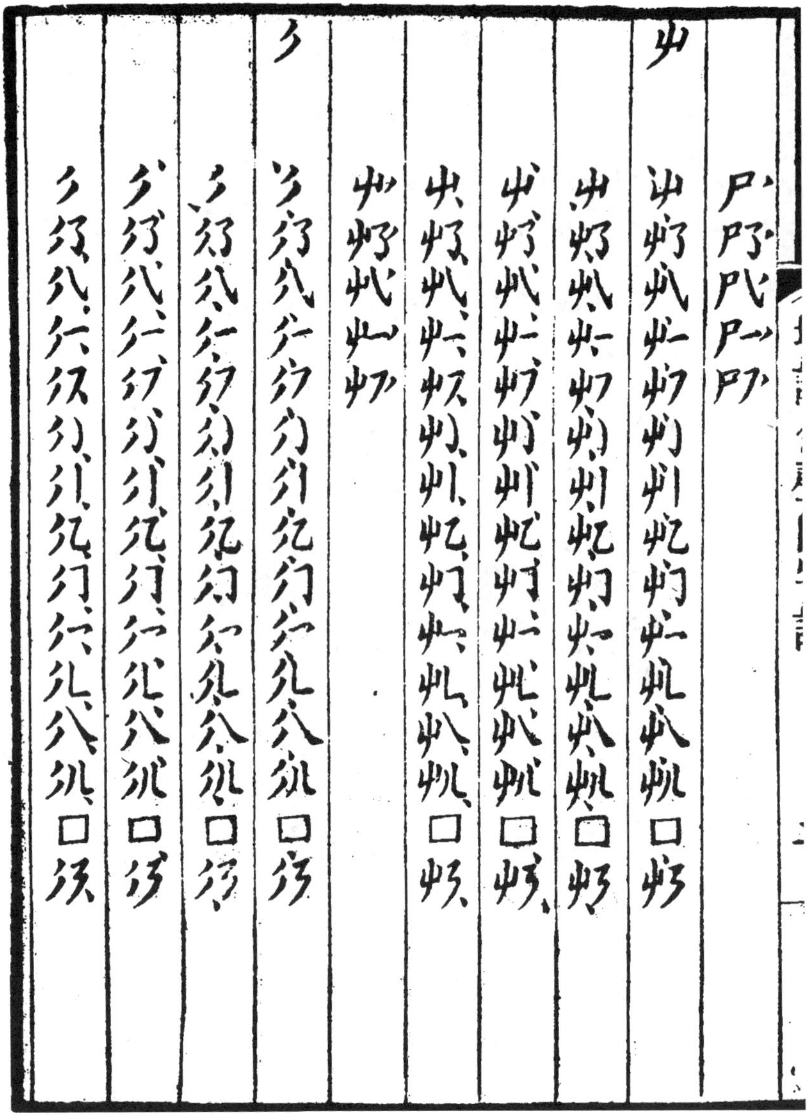

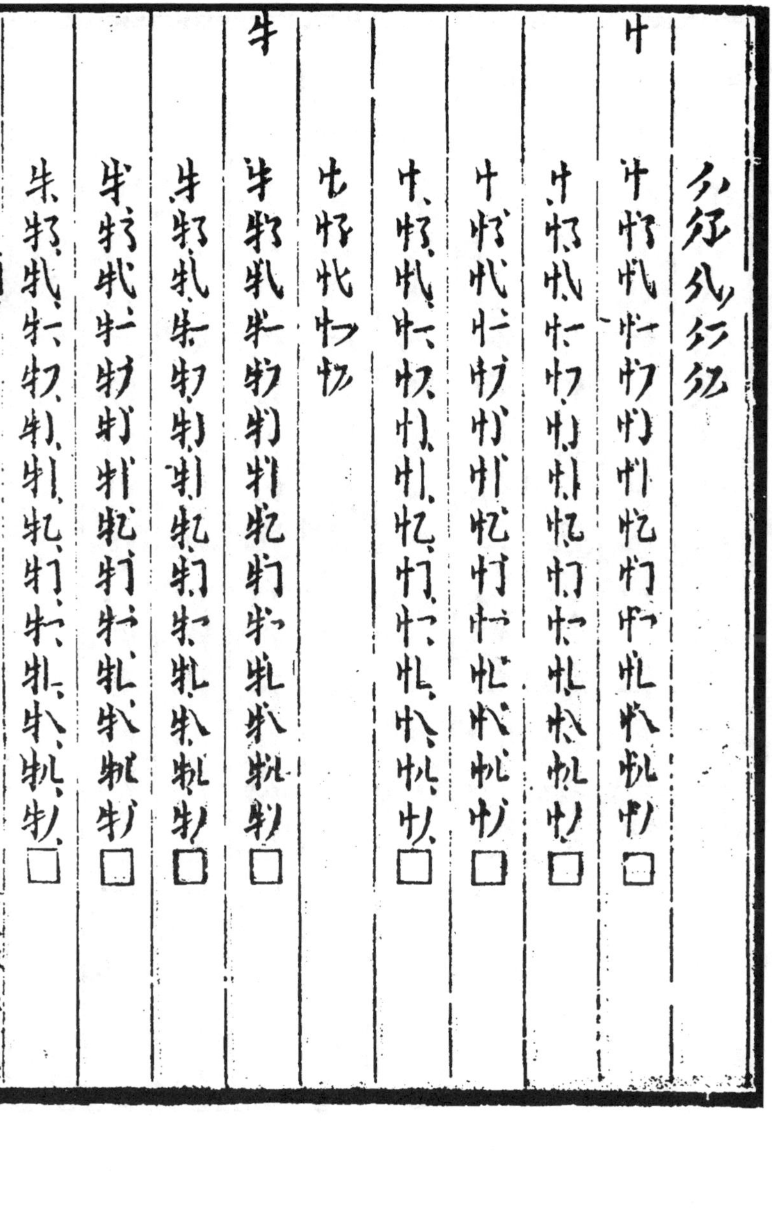

六

矩齋所學

牛牸牝物物

乚

乚汸汎汇汐汨汌汽汀汸汍汃汌汐□

乚汸汎汇汀汨汌汽汨汇泍汃汌汐□

乚汸汦汇汀汁汁汽汀汇汇汃汌汐□

乚汸汎汇汉汨汌汽汨汇汎汃汌汐□

乚汸比汇汲

亻

亻仿仉仁仂们们亿们仁化代仇仪□

亻仿代仁仃仆们亿们仁化代仇仪□

亻仿代仁伃们们亿们仁化代仇仪□

亻仿代仁仅们们亿们仁化代仇仪□

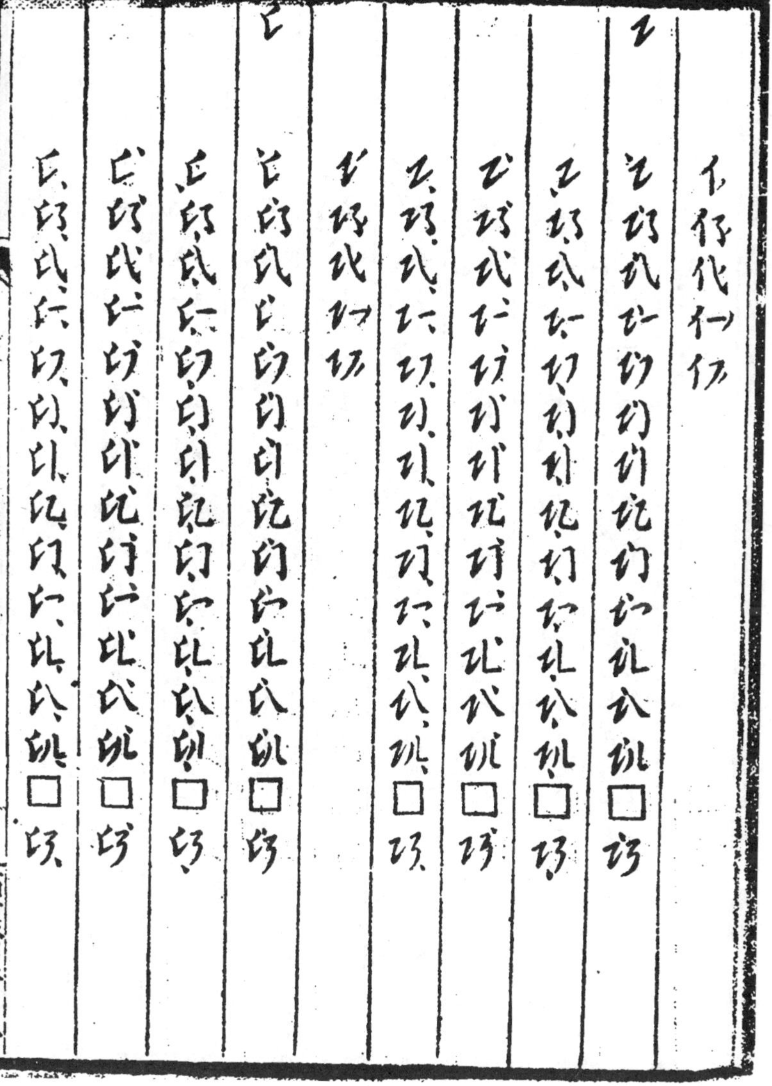

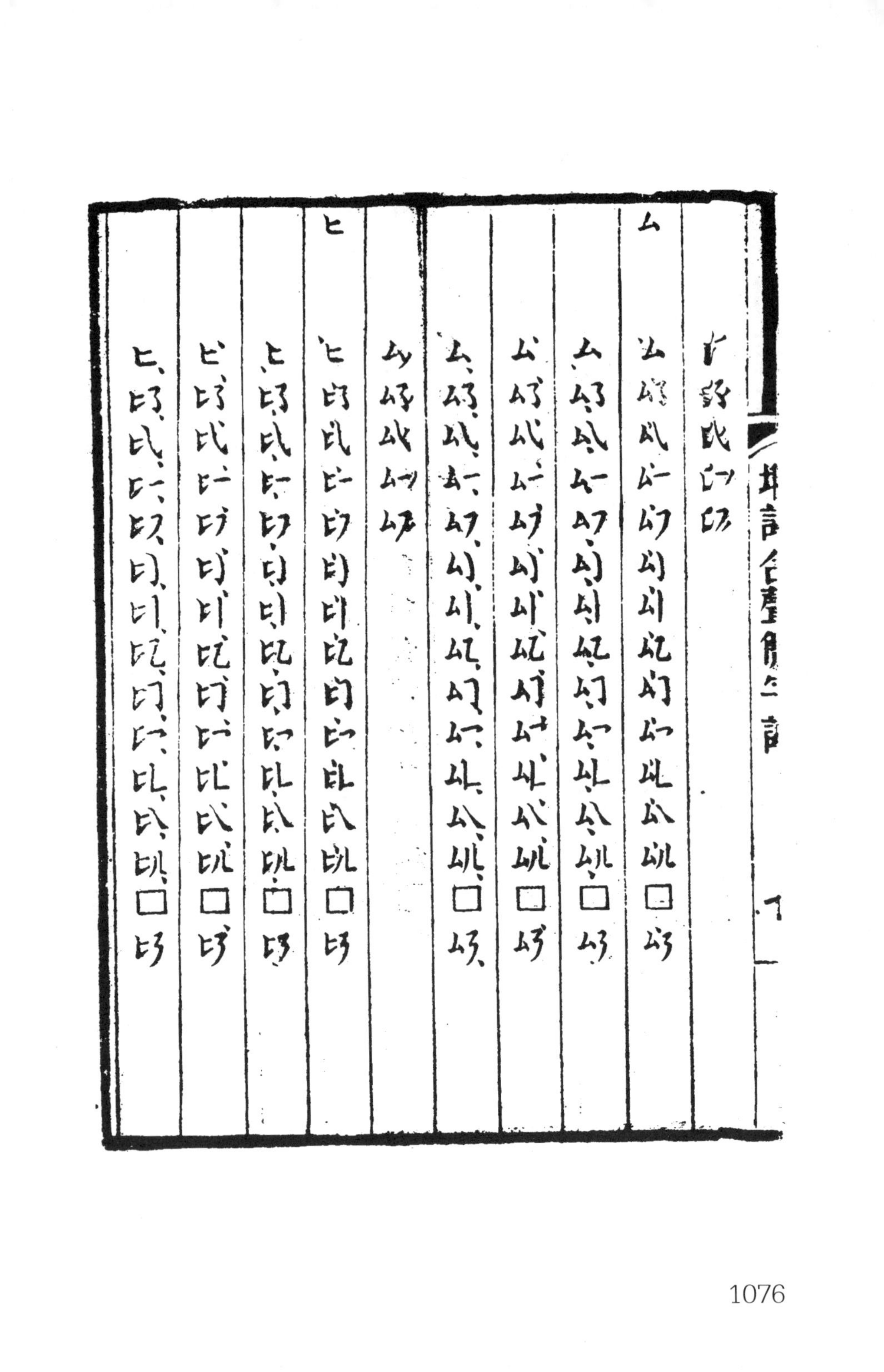

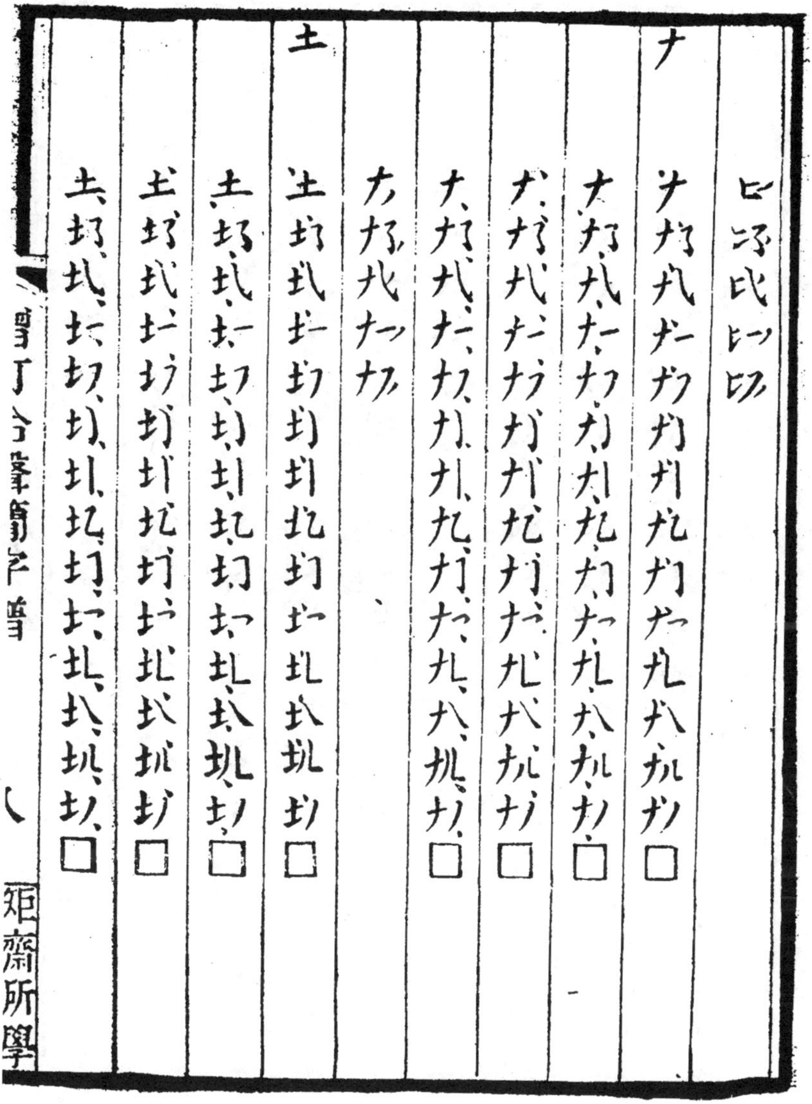

矩齋所學

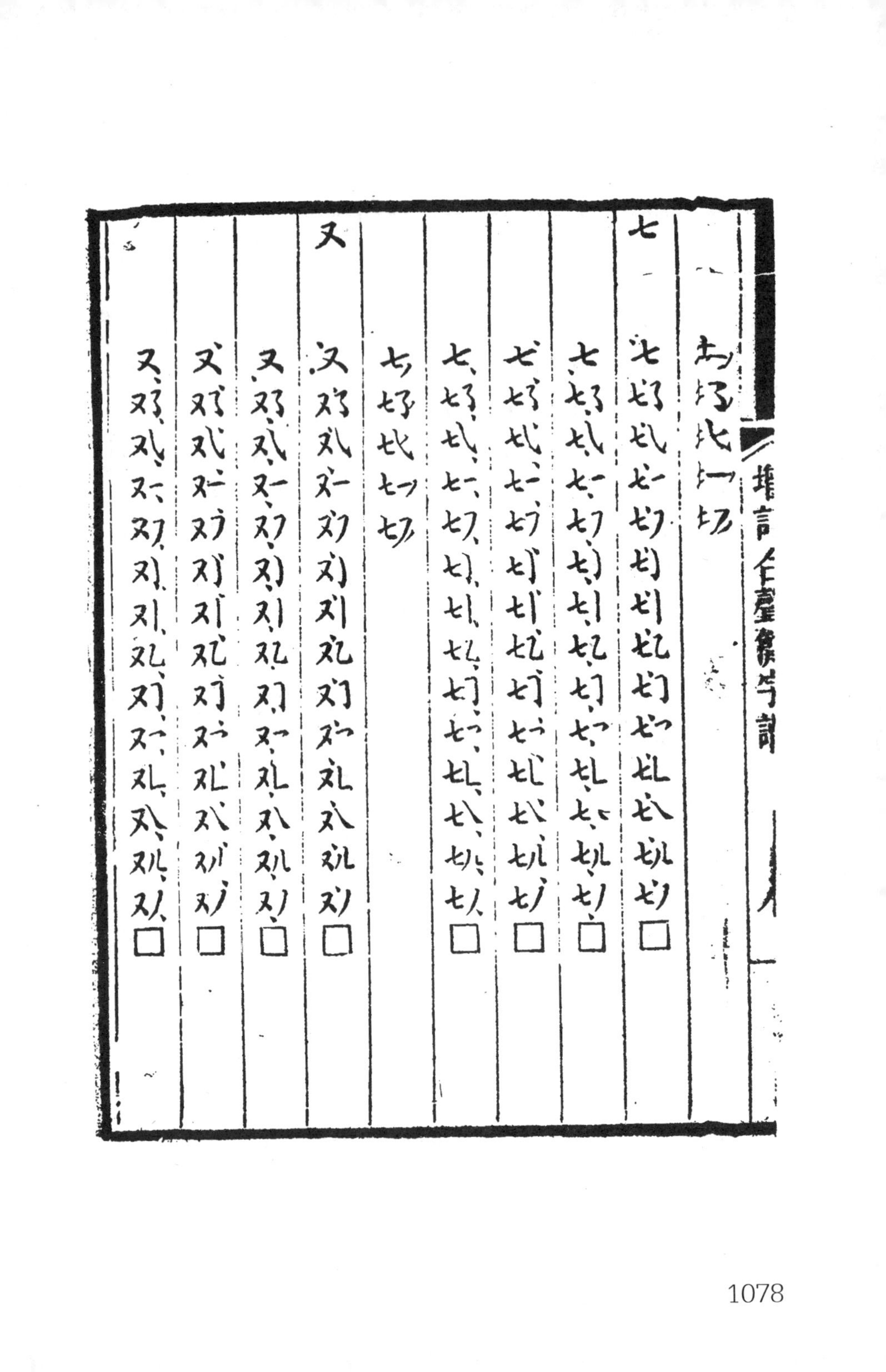

七

[illegible]

七 [illegible] □

七 [illegible] □

七 [illegible] □

七 [illegible] □

七 [illegible]

又

又 [illegible] □

又 [illegible] □

又 [illegible] □

又 [illegible] □

口

女

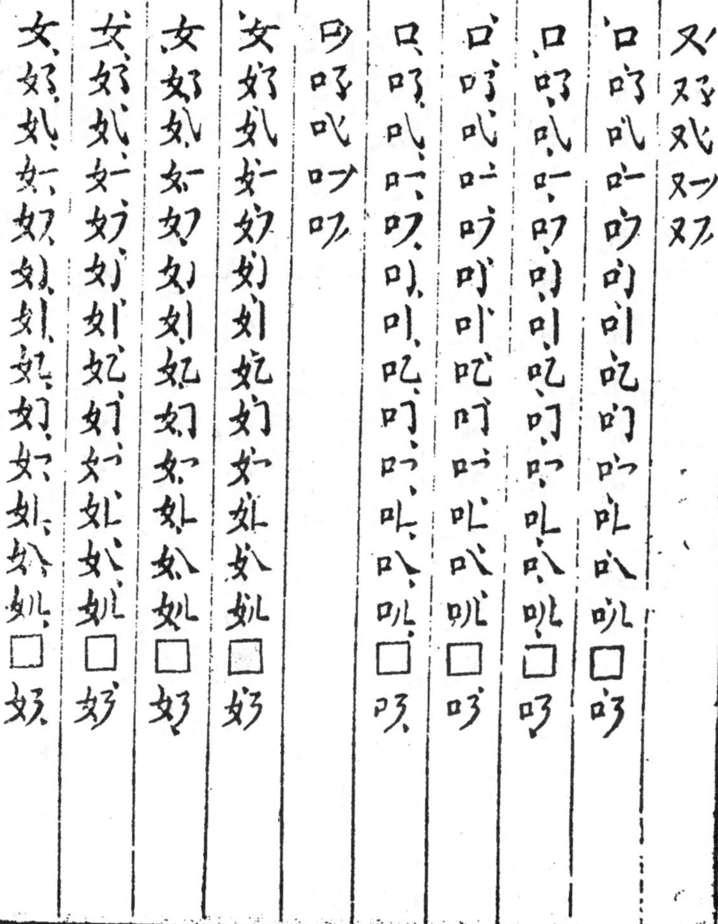

水

如好我妙奴

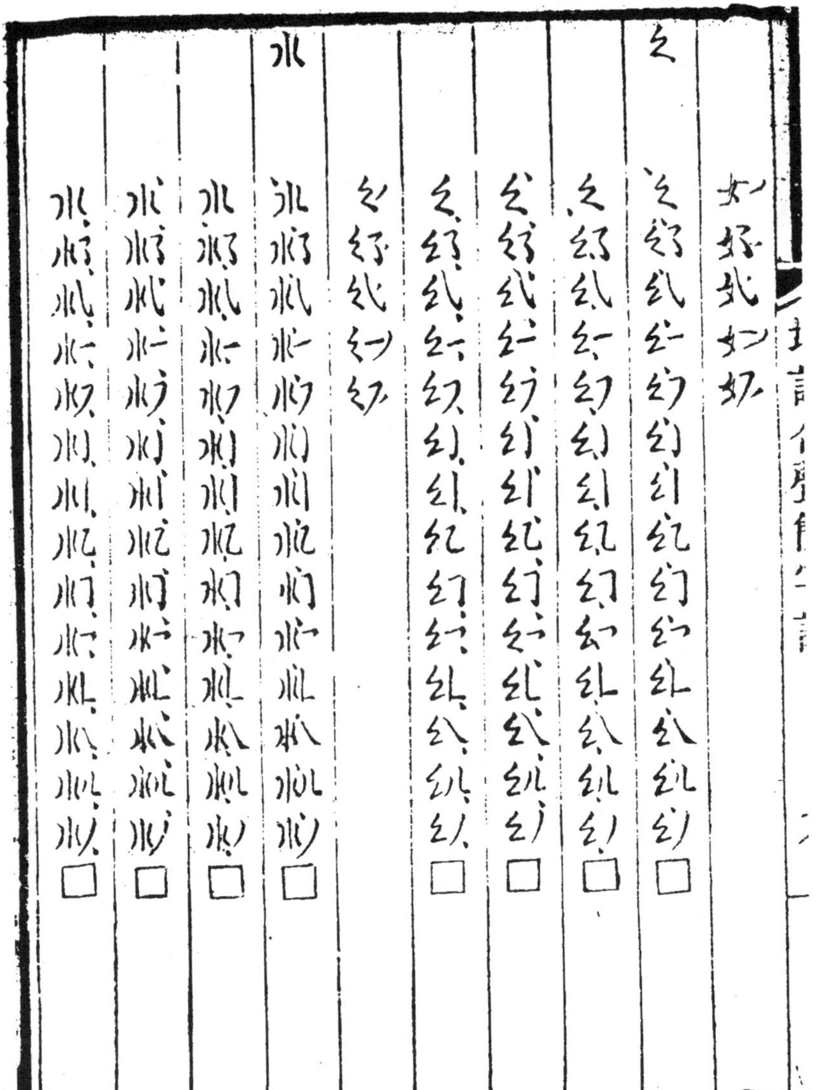

（縦書き記号譜）

刀

寸

日眇眈眇眄

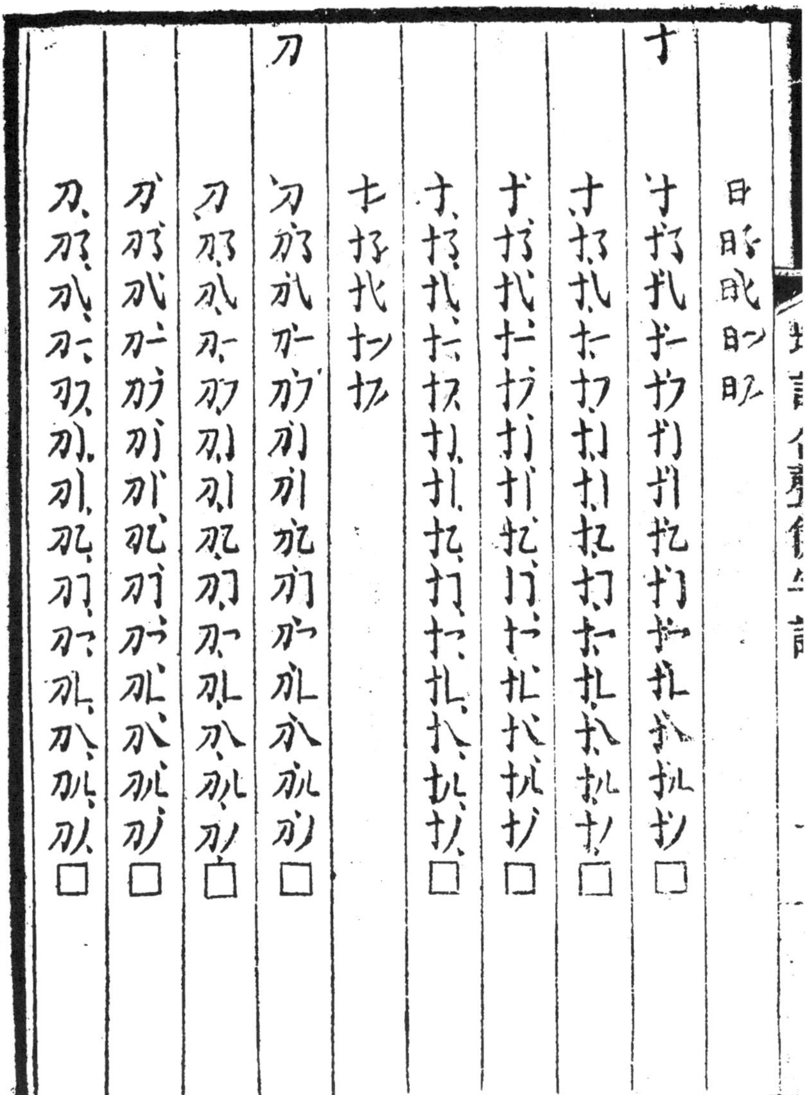

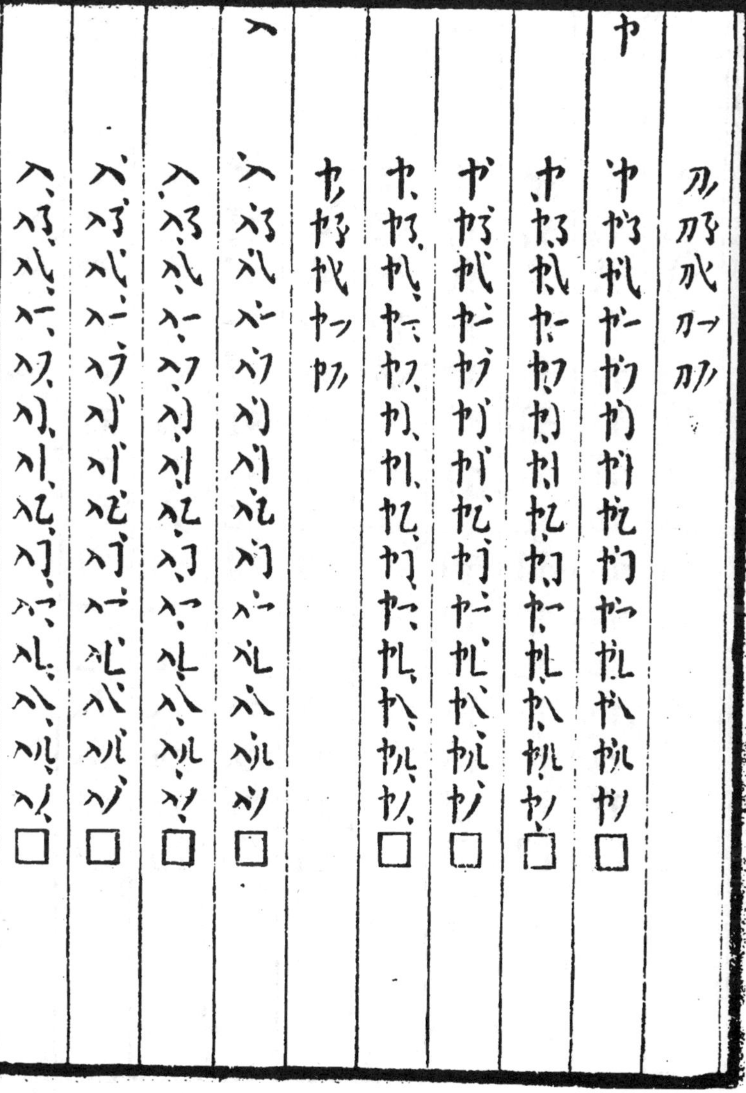

土言倉屋館之言 二

夕

增訂金聲簡字譜

卅二

短齋所學

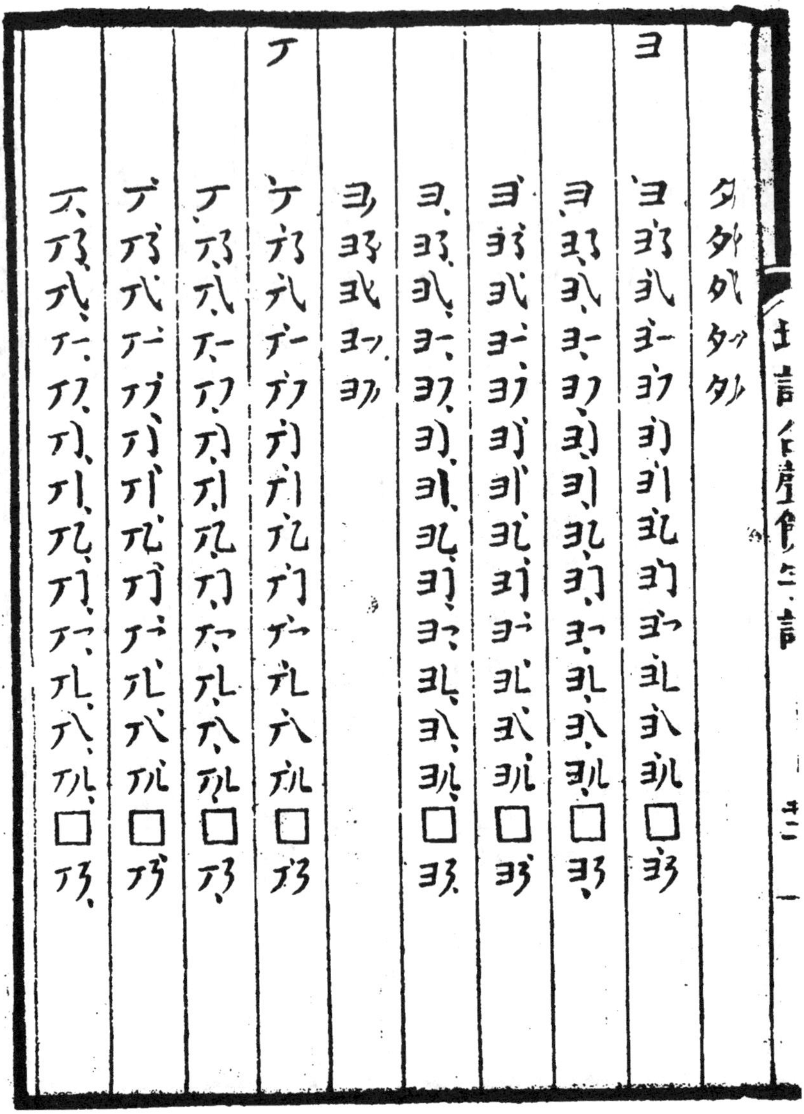

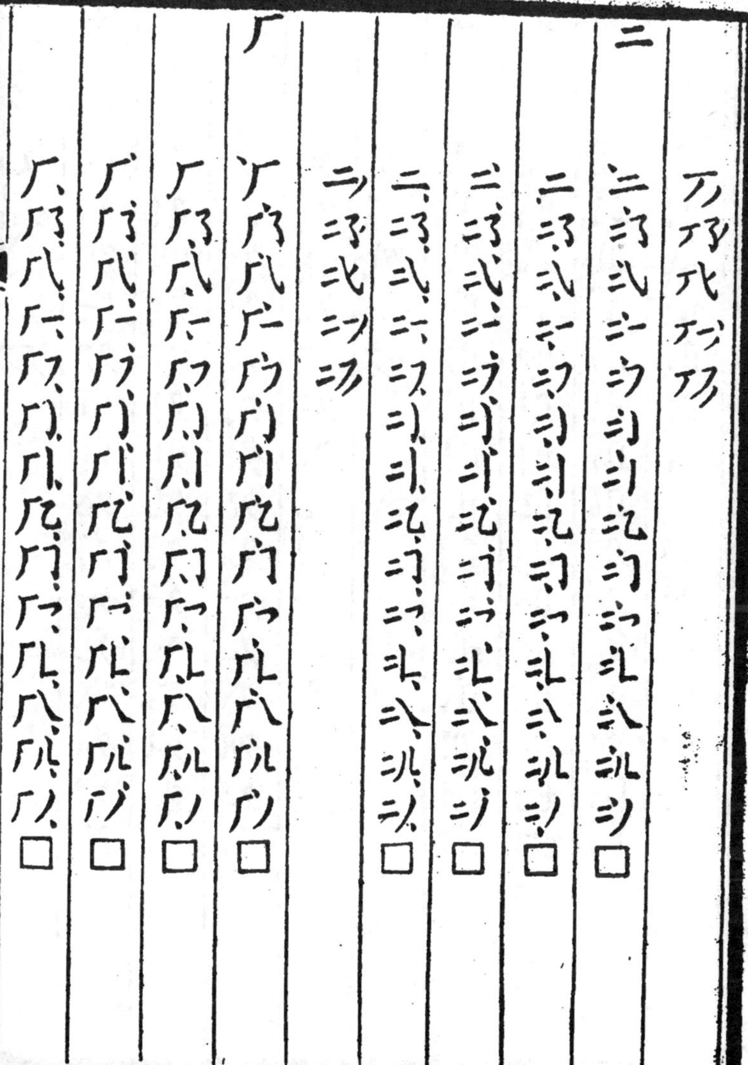

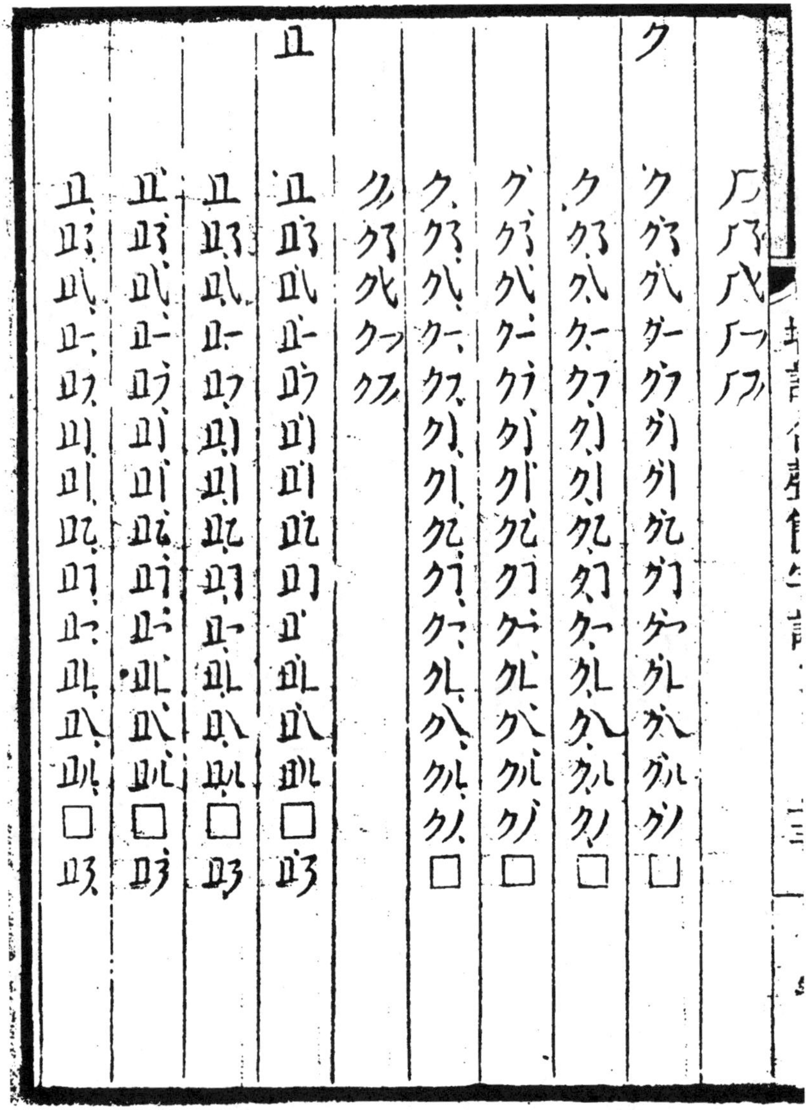

勹

丑 吟 氏 口 一 叼

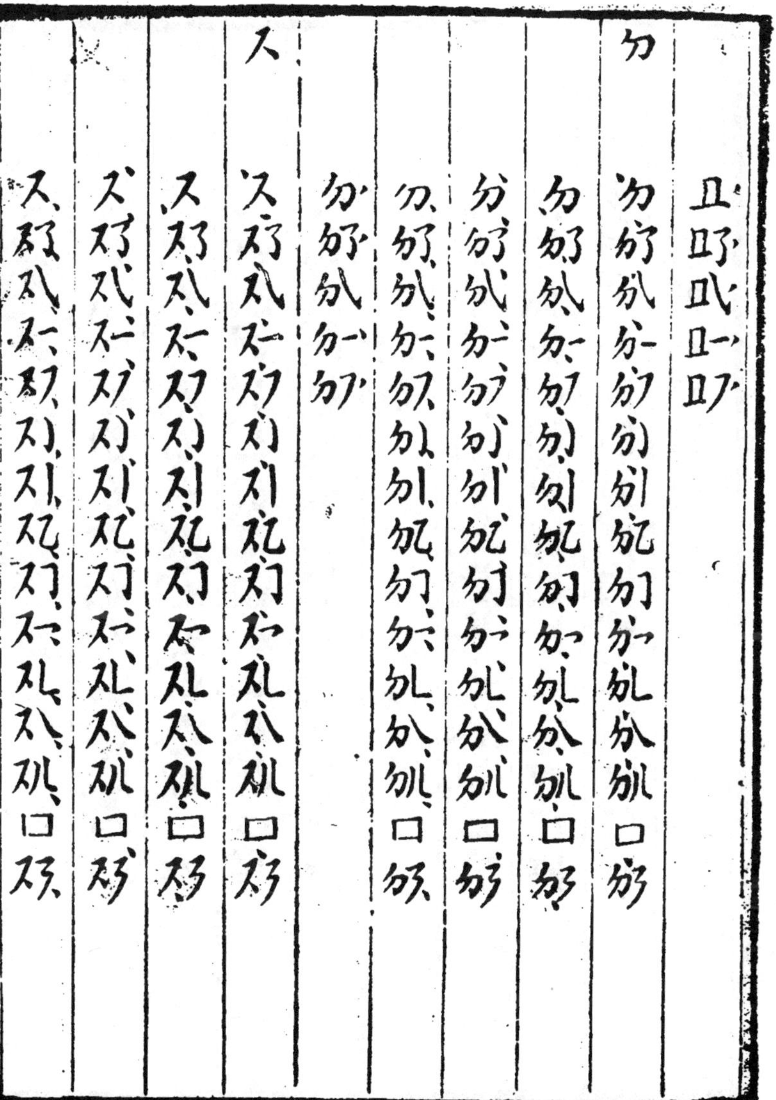

十

文好戏如如

卜

扌

ド 卜乃 卜乚 卜フ 卜ク

扌 扌乃 扎 扌一 扌フ 扌丿 扌丨 扎 扌丁 扌 扎 扒 扒 扌丿 □

扌、扌乃 扎、扌一 扌フ 扌丿 扌丨 扎、扌丁 扌、扎、扒、扒、扌丿、□

扌 扌乃 扎 扌一 扌フ 扌丿 扌丨 扎 扌丁 扌 扎 扒 扒 扌丿 □

扌、扌乃、扎、扌一、扌ス、扌乀、扌丨、扎、扌丁、扌、扎、扒、扒、扌丿、□

扌 扌乃 扎 扌ク 扌ス

才

才 扌乃 扎 扌一 扌フ 扌丿 扌丨 扎 扌丁 扌 扎 扒 扒 扌丿 □

扌 扌乃 扎 扌一 扌フ 扌丿 扌丨 扎 扌丁 扌 扎 扒 扒 扌丿、□

扌 扌乃 扎 扌二 扌フ 扌丿 扌丨 扎 扌丁 扌 扎 扒 扒 扌丿 □

扌、扌乃 扎、扌、扌ス 扌乀、扌丨、扎、扌丁、扌、扎、扒、扒、扌丿、□

朩杉朼朸杦

扌 扌邦扎扌扐扚扎扐扌扎扒扒扔□

扌扨扒扌扐扚扎扐扌扎扒扒扔□

扌扨扒扌扐扚扎扐扌扎扒扒扔□

扌扨扒扌扐扚扎扐扌扎扒扒扔□

扌邦扎扐扨

五十六母音註

く衣 五五鳥 于于迂

弋戈鬲 丩科䯊 卞禾鱎

丄基 廿其欺 乂希

才 孤 一 刂 刳 枯 了 乎 呼

尸 居 一 屮 趨 祛 夕 須 虛

十 德 一 牛 特 乙 勒 亻 訥

乙 低 一 丘 題 梯 ム 離 樆 匕 尼 妮

ナ 都 土 土 駐 七 盧 驢 又 奴 駑

ロ 呂 迢 女 女 𨒬

之 之 水 遲 癡 寸 詩 日 日 謝

寸 朱 刀 初 樞 巾 書 入 入 駅

マ 姿 千 辭 疵 幺 絲

夕 祭 齋 ヨ 妻 丁 西

二租 厂麤 ク蘇
ㄩ咀 勿趨 ス須
乂必柲 攵皮拔 十米粖
卜卜逋 キ撲鋪 才木駯
チ夫

右五十六母各註所取偏旁原字於下於所讀之音與之相同者即讀其字之音不再加註其所讀之音與之不同者再加一音於又下無字可音者註反切兩字讀時全作清平讀之惟ㄐㄐ牛ㄴㄧ四母南音讀平聲不便可作入聲讀之其七ㄐㄐ三母江甯音可讀平聲他處

無此音讀作入聲鬲克黑可也

十五韻音註　四聲音註

了 阿啊　了 啊 上平　了 下平　了 上　了 去　了 入

乀 我痾　乀 痾　乀 俄　乀　乀　乀 萼

一 哀　一 哀　一 騃　一 矮　一 愛　一丿 劊

フ 危⿰非厄　フ　フ　ブ　ス　ㄌ 厄

亅 豪麈　亅 麈　亅 敖　亅 襖　亅 奧

丨 慪歐　丨 歐　丨　丨 偶　丨 慪

乙 亢咉　乙 咉　乙 昂　乙 泱　乙 盎

亅 翁⿰翁厄　亅　亅　亅　亅

一安北音　一安　冖闇　一丶按

乚恩　乚恩　乚　乚　乚丶

㇏爺額　㇏　㇏　㇏　㇏丶

儿兒　儿　儿兒　儿耳　儿二

ノ安南音　ソ　ノ　ノ　人

ろ延　ろ煙　ろ延　ろ偃　ろ燕

ㄓ吳蘇音　ㄓ　ㄓ　ㄓ　ㄓ

右上列十五韻各註所取筆畫之原字於下於所讀之音與之相同者卽讀其字之音不再加註其所讀之音與之不同者再加一音於又下無字可音者註反切兩

字所註之音有淸平有濁平讀時全作淸平讀之丁韻讀翁之開口呼如北音應諸之聲如不能讀卽讀翁字一丶韻爲北音安字江甯音安字相同丿韻爲南音安字當讀如裹下河等處安字之音乀韻讀翁字之開口呼如不能讀卽讀翁字ㄩ韻讀爲蘇州音之吳字如江甯自稱之音下列四聲前四韻有入聲列上平（卽淸平亦曰陰平）下平（卽濁平亦曰陽平）上聲去聲入聲五字上平加點於左上下平加點於左下上聲加點於右上去聲加點於右下入聲加撇於右旁後十韻無入聲列上平下平上去各四字上列十五韻全加音註下列四聲則有此字者註

無此字者不註可以類推而得也

教授次序

第一日認字母九字

く五于　七リ丰　上卄乂

第二日認字母十字仍帶温前認之字以後每日帶温皆同

才リ了　尸少彡　个牛レイ

第三日認字母十字

ヒ匸ム匕　ナ土七又　口女

第四日認字母八字

之水寸日　寸刀ヤ八

第五日認字母六字

マ千幺　夕ヨア

第六日認字母六字

ニ厂ク　ユ勿ス

第七日認字母七字

义文十　トオオ　ナ

第八日認韻八字

ろ乀　一フ　亅丨　乙丁

第九日認韻七字

乛乚乀儿ノろ厶

第十日認四聲二十字教以上平下平上去入聲之音並其記號使其自呼以下同

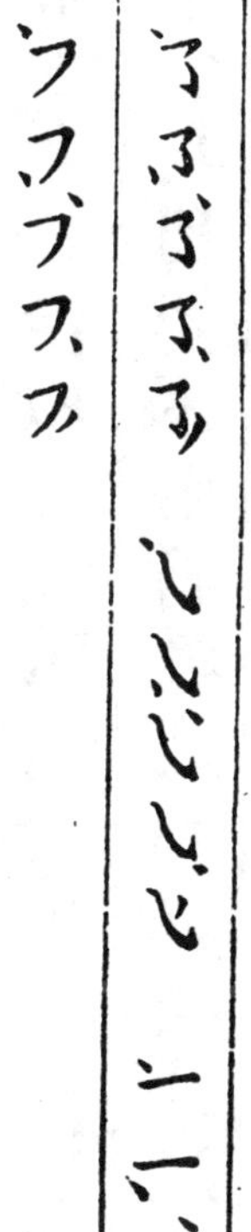

第十一日認四聲二十四字

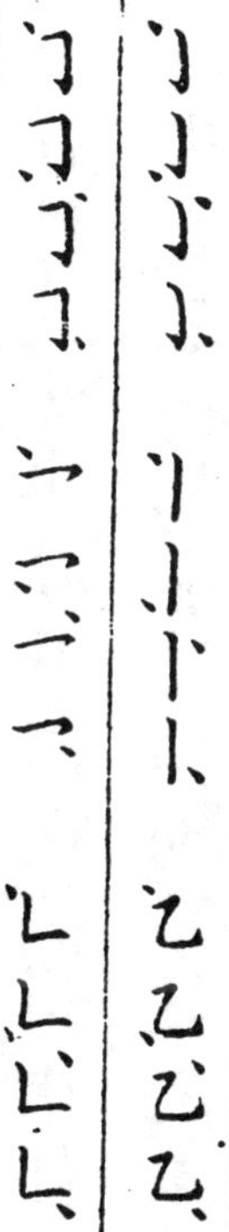

第十二日認四聲二十字

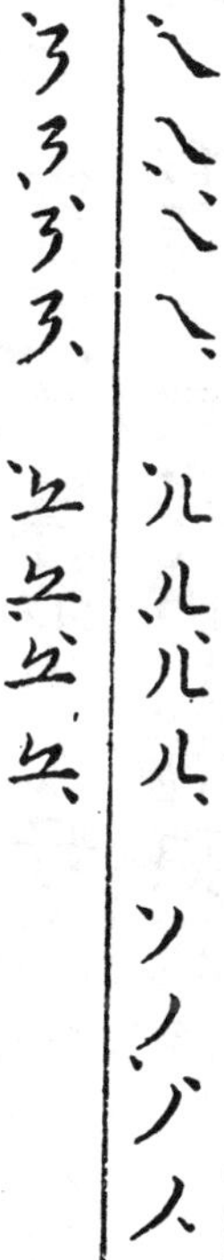

第十三日讀合聲譜中七母上平一行讀熟再讀下平上去入各行不厭多讀以極熟爲度

第十四日讀合聲譜中ㄐ母ㄊ母各二行帶温七母各行

第十五日於ㄝ水寸日以後諸母中任擇讀數行並令其試呼未讀之行如能呼出則屢試之未能呼出者教之以任提一字隨口呼出爲度

第十六日告以母韻兩音合成一字之法隨意寫合成之字令其自認不解者教之有誤者正之

第十七日隨意舉字令其自拼自寫不能者教之

第十八日舉語句令其自拼自寫自一句漸增至二句三

句以至多句自此以後每日習練久之則自能習熟矣

不能寫字者須教以寫字先以母韻聲字寫成影本刻印紅色令其描寫次以合成之字刻印黑色令其映寫每日認字拼音之外並令寫字一兩張

扎禾才七幻

聖諭十六條

扎刈く丶く打卧圠

敦孝弟以重人倫

ナ门厂く幻钓才

篤宗族以昭雍穆

扎忆忙ミ万孔叼

和鄉黨以息爭訟

打刘纪ぐ弓ㄨ寸

重農桑以足衣食

扎奶圬ぐ万禾打

尚節儉以惜財用

切代刈ぐ㧗幺万

隆學校以端士習

刀く㧗ぐ刀礼代

黜異端以崇正學

比扌ㄖㄑ比千立、

講法律以儆愚頑

扎厶叹、ㄑ扎、扚ㄅ

明禮讓以厚風俗

五、比亿ㄑ仆、扎ㄆ、

務本業以定民志

孔、ヾ丌、ㄑ从、扚圠

訓子弟以禁非爲

丆扌ㄊㄑ夘扌、叹

息誣告以全善良

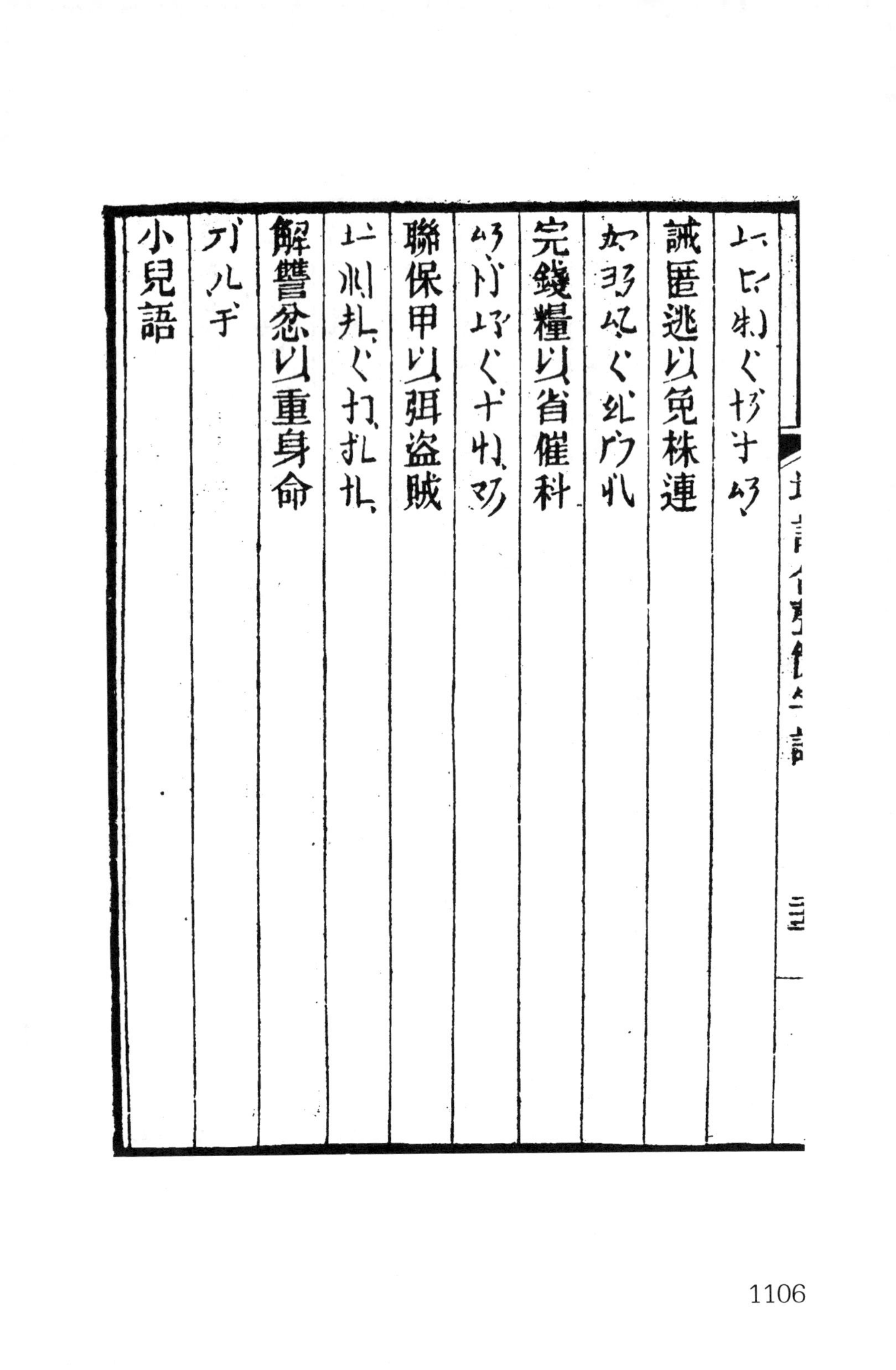

[illegible]

誡匿逃以免株連

[illegible]

完錢糧以省催科

[illegible]

聯保甲以弭盜賊

[illegible]

解讐忿以重身命

[illegible]

小兒語

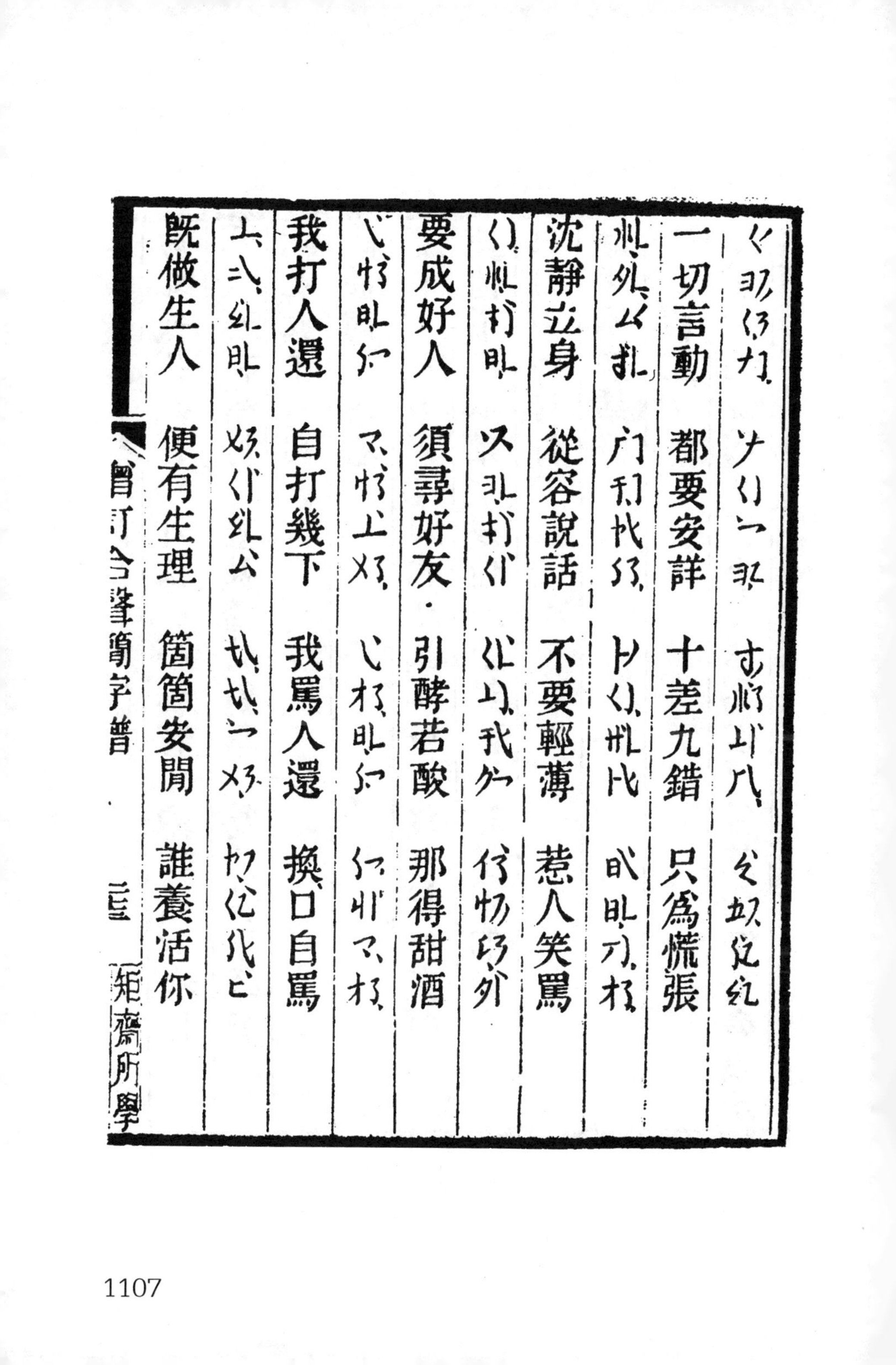

[illegible]

一切言動　都要安詳　十差九錯　只爲慌張

[illegible]

沈靜立身　從容說話　不要輕薄　惹人笑罵

[illegible]

要成好人　須尋好友　引酵若酸　那得甜酒

[illegible]

我打人還　自打幾下　我罵人還　換口自罵

[illegible]

既做生人　便有生理　箇箇安閒　誰養活你

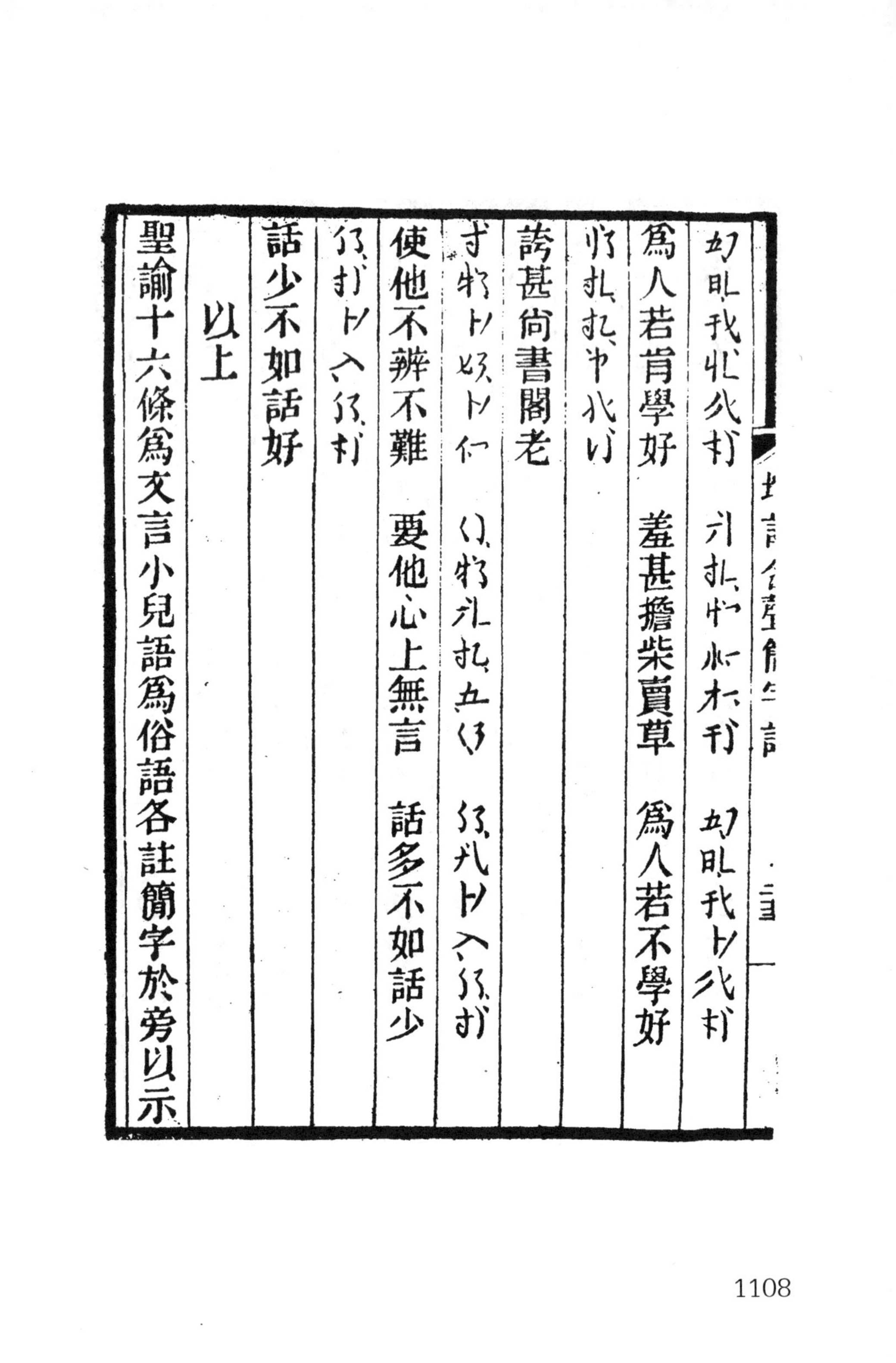

[illegible]　[illegible]　[illegible]

為人若肯學好　羞甚擔柴賣草　為人若不學好

[illegible]

誇甚尚書閣老

[illegible]　[illegible]　[illegible]

使他不辨不難　要他心上無言　話多不如話少

[illegible]

話少不如話好

以上

聖諭十六條為文言小兒語為俗語各註簡字於旁以示

拼音之用學者可以隅反

雜識

官話原譜專主京音其母韻但取周於京音之用而已足今此譜欲包括江安各屬土音雖以江甯音爲主而增訂母韻不能不兼爲各屬計故所列母韻於各處土音有闕有重闕者無此音者也重者兩音不能分別者也習者可聽其闕與重然不可不知其理存其位庶語音不同而不甚相遠之處彼此可以互通不致專爲一隅土音所囿

金陵口音レ與イ ム與ヒ 口與女皆不分 乙與一亦不分用時隨便亦無不可然不如各從其類爲善習者宜悉心

體會當可漸知其分別之理

譜中不列支微齊魚虞之韻以字母即此數韻可不拼韻也然開口諸母惟々水す日マ千ム齒音數母用支韻餘母皆不用支韻以彼各母無支韻字也然金陵語膈肢以手向人呵癢之謂之膈讀鬲師切給入之給讀鬲史切爲牙音支紙韻字若無支韻之母則無字可用故金陵語應讀七ㄐ才三母爲支韻當讀爲弋鬲師切ㄐ克師切才黑師切以備膈給諸字之用其江北等處無膈給等字之音則當讀爲入聲若用戈科呵歌韻等字則拼乀韻可也

揚州讀官與關不同而金陵皆讀爲關揚州讀間與堅不

同而金陵皆讀爲堅關與間皆收聲於乛韻而官則收聲
於ノ韻堅則收聲於ㄋ韻故金陵音祇須於乛韻外增一
ㄋ韻揚州音則須再增一ノ韻也
丄卄乂尸屮彡與夕ヨ丅ㄩ勹ス乁儿寸寸刀巾與マ干
ㄠ二厂ク金陵分而揚州不分江安各屬或分或不分各
不相同其向有分別者自當分用其向無分別者可以隨
便然總以心知其故爲尤善
入聲有了乚乛ㄗ四韻金陵音無乛韻揚州等處有之如
八字髮字之類金陵讀爲了韻揚州則不同卽乛韻也
金陵自稱之吾字其音穿鼻而出如蘇州語之吳字如吾

爹吾媽之類揚州亦同此音而讀爲上聲如吾家你家之類無此音不能備土語之用故增一厶韻讀如蘇州語吳字之音此字但有喉音不能拼母故合聲譜中但於首四行喉音之末列此四字餘母皆不用

京語連兒字之音其字本音之韻仍在而下連一兒字如三兒連讀則爲⿰纟亢雖帶兒字而一字之韻仍在也金陵語連兒字之音則卽以兒爲韻而其字之本韻不見如三兒連讀則爲⿰幺儿不復存ㄏ字之韻他如盤兒作⿰木儿碟兒作⿰忄儿鐘兒作⿰扌儿碗兒作虬之類皆成兒韻不復存其本韻故合聲譜中以兒字一律拼韻與京音作三拼者不同其金陵

以外如江北等處則無此音凡連兒字者皆分開作兩字
讀亦無京語三拼之音也
江北裏下河各屬去聲入聲皆有濁音如共字既與貢字
不同亦與控字不同及字既與急字不同亦與泣字不同
地字既與帝字不同亦與替字不同仗字既與帳字不同
亦與暢字不同便字既與變字不同亦與片字不同之類
皆濁音也此譜無濁音之母無字可拼當於く五于丩寸
廿メリ了ㄓ彡牛ㄈ土儿寸刀ㄚ千ㄠヨ一厂ク勹ス夂
才ヰ等母各加一點於左旁為濁音之號為拼濁音去入
聲之用舉例如左

く　く異　く意

五　五悟　五塢

于　于豫　于飫

丩　忄隑　忄概　忄欬

扌　扌翰　扌漢

廾　廾忌　工記　廾器

乂　乂效　乂孝

刂　刂共　刂貢　刂控

了　仅會　仅翽

云　圠掘　阝橘　圠屈

彡　彡乀衙　彡乀絢

牛　牛⺀但　忄⺀旦　牛⺀炭

㇄　㇄、地　㇄、帝　㇄、替

土　土丁動　力丁凍　土丁痛

爪　爪乙仗　幺乙帳　爪乙暢

寸　寸、事　寸、試

刀　刀、箸　十、著　刀、處

中　中、樹　卜、戍

千　千乀造　刁乀竈　千乀操

幺　幺、飼　幺、四

ヨ　刃截　夕刃節　刃切

丁　亓祚　丌秀

厂　叭座　弍佐　叭剉

ク　𠈌俗　𠈌粟

勿　勿聚　丑足　勿趣

ス　ス又鏇　ス又選

文　奺別　奺鱉　奺撇

ま　未步　卜布　木鋪

キ　找伏　找福

右第一字為濁音，第二字、第三字皆清音，裏下河等處語音三者皆不同。在無濁音之處，讀第一字與第二字相同，而聽裏下河人讀第一字於有三字之行似與第三字相近，其實與第三字亦不同也。凡裏下河有濁音諸處，遇濁音諸字，當加一點於左旁以別之。此舉其概，餘可類推。

此母韻口授極易，而形諸筆墨則極不易達。譜中諸說力求明顯，在素嘗究心等韻之學者自可一目了然，若未涉韻學藩籬，則恐尚未易領會。故欲學此字者，總以口授為善也。

各處方音如偶有特別之音為譜所未備者，不妨於譜外別增之，但原譜不可輕動，乃不致於普通之用有所損礙。此變不離宗之要義也。

音韻之理以母、韻、聲三者為大綱，而其中有喉、鼻、舌、齒、唇之分，重輕、清濁、陰陽之判，四類、四等之殊，條理至為精密。是編為教育普及計，但求其易學易解，此等精微皆置不論，而其理則仍相貫通，不差絫黍。生徒學此簡字但期應用，原可不必深求，而好學深思之士則不可不知其源流。其習為師範者，將為人師，非心知其故無以應答生徒，尤不可不求甚解。鄙人別有《等韻一得》一編，言此甚詳，欲明此學者可於彼書求之。

全國高校古籍整理一般課題（編號1568）
國家社科基金重大招標課題
《語言變革與中國現當代文學發展》（編號16DA190）階段性成果

清末漢字改革方案文本

第四卷

高玉 选编·点校

浙江工商大學出版社 — 杭州

總目

第一卷

第二卷

總目

第四卷

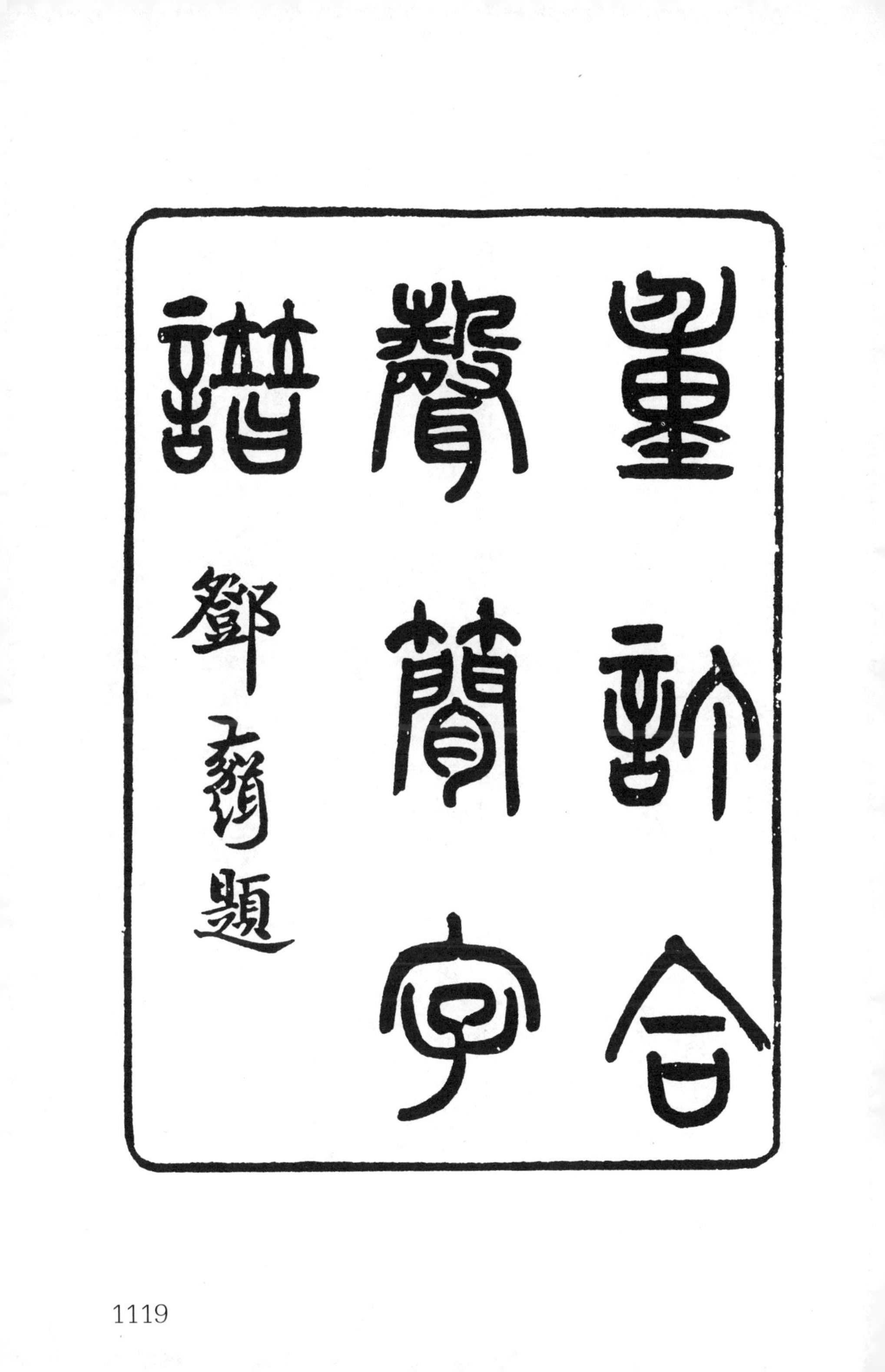

重訂合聲簡字譜

鄧毅題

重訂合聲簡字譜

《重訂合聲簡字譜》序

中國文字，淵懿浩博，其義蘊之精深、功用之閎遠，為環球所莫及。顧學之甚難，非淺嘗所能捷獲，故但能教秀民而不能教凡民。天下秀民少而凡民多，此教育之所以不易普及也。泰西以二十六字母、東瀛以五十假名括一切音，文與言一致，能言者即能文。故人人能識字，實為教凡民之利器。我中國數百兆凡民，欲令普受教育，非學步之不可。

甯河王氏於前數年創『拼音官話字母』，定為母五十、韻十二、四聲之號四，京師語音皆能該括。設學堂及書報社於京師、保定、天津等處，推廣於山左右東三省，風行極廣而極速，獨南省尚未之及。緣其譜以京音為主，輕齒輕脣不全，且無入聲，無濁音，於南音尚略有未備也。不揣譾陋，與二三同志考訂商榷，增六母、三韻、一入聲之號，而江甯及甯屬各郡縣并皖省語言相近諸處皆能通行。又增七母、三韻、一濁音之號，而蘇州及蘇屬各郡縣并浙省語言相近諸處皆能通行。

近陳諸江督建德尚書，開簡字學堂於甯省，已將所增甯音母韻錄為《增訂合聲簡字譜》，以為學堂之用矣。今復將所增蘇音母韻錄為是編，名之曰《重訂合聲簡字譜》，以備蘇屬及浙省之用，他日如能推廣及之，則蘇屬及吾浙億兆凡民之幸也。

光緒三十一年乙巳九月桐鄉勞乃宣玉初甫序於金陵寓齋。

《重訂合聲簡字譜》例言

原本五十音母為京音而設，京音輕齒母之齊齒呼、撮口呼與牙音無異，故用丄、廾、メ、尸、屮、ク六母已足。南音則不能不分，故於牙音之外別增輕齒音夕、ヨ、丁、Ц、勹、乆六母以配之。又京音疑喻無別，故祇用く、五、于三母而疑母亦包括在內，吳音則別有疑母，故增手、丙兩母。京音重脣開口與合口相近，故祇用卜、扌、才三母，包括開合。吳音則開口與合口迥殊，故增重脣開口丂、ろ、巾三母。京音輕脣僅一非母合口，故祇用一ま母。吳音則有非母開口、齊齒，故又增コ、飞二母。共為六十三母。

京音但有濁平而無濁上、濁去，甯音亦然，有入聲亦無濁入。吳音則平上去入皆有清有濁，而其清濁之根則分於母。今六十三母皆讀清音，而於字母之左加一點為濁音之號，即讀為濁母，合之為一百二十六母，而清濁之音全矣。

原本十二喉音即韻也，以韻皆收於喉，故名之曰喉音。北音元寒刪先覃鹽咸韻之字，音俱相同，用一乛韻已足。吳音則關與官、鹽與寒不同，故於乛韻外增一丿韻，且官與堅、寒與延其收聲又不同，故又增一ろ韻。吳音庚韻之字近乎陽而稍斂，自為一韻，與陽庚皆不同。陽韻之字收聲亦有侈斂兩類，故又增一丁韻。又吳音吳字、你字、姆字皆自為一音，與各韻俱不同，故又增ュ、ケ、孑三韻，合之共為十八韻。

原本點發四聲分上平、下平、上、去而無入，以北方語無入聲也，南方則有入聲。今增一撇為入聲之號，惟字母本音及了、㇏、一、フ四韻有入聲，又丁韻亦有入聲，餘皆不用。

是編首列『六十三母』。原本五十母次序以脣為始，由外而內而不分開、齊、合、撮，記誦不易。今按喉、牙、舌、齒、脣之次，各以開口、齊齒、合口、撮口分列，共為十九句，以便易讀易記。

編首所列六十三母皆讀清音，又列六十三母於次而加一點於左旁為濁音之號，皆讀濁音。

次列『十八韻』。原本十二韻分六行，上下兩層對列，但前十字本是一陽一陰相對，而後二字則非對。今前十字仍兩層對列，而後二字及新增之六字則各獨為一行，以示區別。又其中儿、ㄙ、ㄗ、ㄐ四韻祇有喉音，不能與各母拼合，是為餘音，故列之於末。

次列『四聲』於各韻之下，分左上上平、左下下平、右上上、右下去，加點為號，而於有入聲之了、㇏、一、フ四韻及丁韻各增一入聲，加一撇於右旁為號。清濁各四聲，並列為兩行，清音有上平無下平，故祇有左上之點，濁音有下平無上平，故祇有左下之點。所以不改原式者，期於原式不悖，且使日後學官話、閱官話書報仍無扞格也。

母、韻、聲之後，列『合聲』。全譜橫列喉音及六十三母，喉音縱列十八韻，餘縱列十四韻，每母一清一濁相次，各橫列四聲，合母韻聲而成一字，共六千一百六十六字，而人口中之音全矣。（吳音讀寒先韻之字，開口合口撮口皆收聲於ノ，而齊齒則收聲於ろ。故開合撮口諸母有ノ無ろ，齊齒諸母有ろ無ノ，《合聲譜》中凡無此音者列空方圍以別之。）

母皆直喉支微齊魚虞韻，此韻之字即用母字加四聲之號即成一字，無須拼韻。韻皆喉音影喻母，此母之字即用韻字加四聲之號即成一字，無須拼母。《合聲譜》中，上一排即母不拼韻之字，首八行即韻不拼母之字也。

『合聲』后列母韻聲之『音註』。此字本假借舊字減筆而成，於每字下註所借本字以便識字者易記。惟所借之字不能盡合本音，其合本音者不再加音即讀其字之音；不合本音者再加音切於其下，其讀法詳述於『音註』後。

學此字者先將母韻八十一字及四聲記號、濁音記號認記純熟，再學合聲。合聲之法以一母一韻連呼之，緩呼則為兩音，急呼即成一字。學者先讀《合聲譜》內七母諸行，復任擇幾行讀之，讀至極熟則他行不必學而自能呼出。如是則合成之字可一望而識，而亦能自合為字矣。其分日『教授次序』列於母韻聲『音註』之後。

『教授次序』後錄《聖諭十六條》并《吳門天足會勸放足歌》一則，各註合聲字於其旁，一為文言，一為俗語，皆以示用法也。

後列『雜識』數條，於方音之不同、讀法之互異、用法之變通，申明其說，俾習者有所依據。

語言畫一與文字簡易皆為中國今日當務之急，然欲語言畫一必先以文字簡易為始基。日本先有假名而各處語言初未畫一，後設國語科，一旦而通國皆曉東京語，以有簡筆字為之基也，至魯至道，難易判然。今於《官話》原譜別增母韻記號以合南音，似與語言畫一之道相反，不知此字之長專在肖聲，先通此字則無論何等語音皆能以聲狀出，於學官話至為易易，是相反而適以相成也。俟此字本地語音習熟後，即當教以京音，使閱官話各書報，自能收事半功倍之效。

是編為蘇屬各郡縣并浙省語言相近諸處而設，母韻所註音釋皆以蘇州土音為主，他處觀此音釋當仿蘇音求之，然必口授乃能無誤。王氏原書有云：『勿泥於其註字之聲，總以口授為準洵。』篤論也。但此母韻亦非專主蘇音，有蘇無此音而他處有之者，亦該括於內，以備各處之用。大抵一處多不能全備各音，闕者，每似重複，如本處闕此音，則不妨聽其重複，此韻學家通例也。

日本省筆字名曰『片假名』、『平假名』，朝鮮省筆字名曰『諺文』，中國此種省筆字亦應定一名稱，以便於用。原書中或稱『官話字母』，或稱『合聲字母』、『拼音字母』，又質言之曰『省筆字』。案字母之稱不能包括韻與聲，似不賅備。『合聲』即拼音，而『合聲』二字出於《國書》及《音韻闡微》，尤為典要切當，今定其名曰『簡字』，亦曰『合聲簡字』。前因原書增訂為甯音之譜，名曰《增訂合聲簡字譜》，今又重訂為吳音之譜，因名之曰《重訂合聲簡字譜》。有未當者，望當代通人教正之。

重訂合聲簡字譜

六十三母　清音

く五于

七ㄐ卞于　丄廾乂　丫刂亇万　尸ㄓ彡

廾牛レイ　ZLムヒ　ナ土七又　口女

乞儿寸日　寸刀巾の

マ干幺　タヨア　二厂ク　丑勿ス

丂弓巾　乂攵十　ト才オ

コ飞ナ

六十三母　濁音

乂丘孑

弋川寸手　丄廾乂　孑川亍丏　尸㞢彡

廾牛丩亻　乙㐄厶匕　寸土七又　口女

之兆寸日　寸刃巾入

冖干幺　夕彐丁　二ソク　山勿久

丏丐叩　乂攵十　卜才才

コ飞丬

十八韻　四聲

了乚　了了了子　乚乚乚乚　清音

了了了子　乚乚乚乚　濁音

丿 丨

乙 コ

コ レ

丶

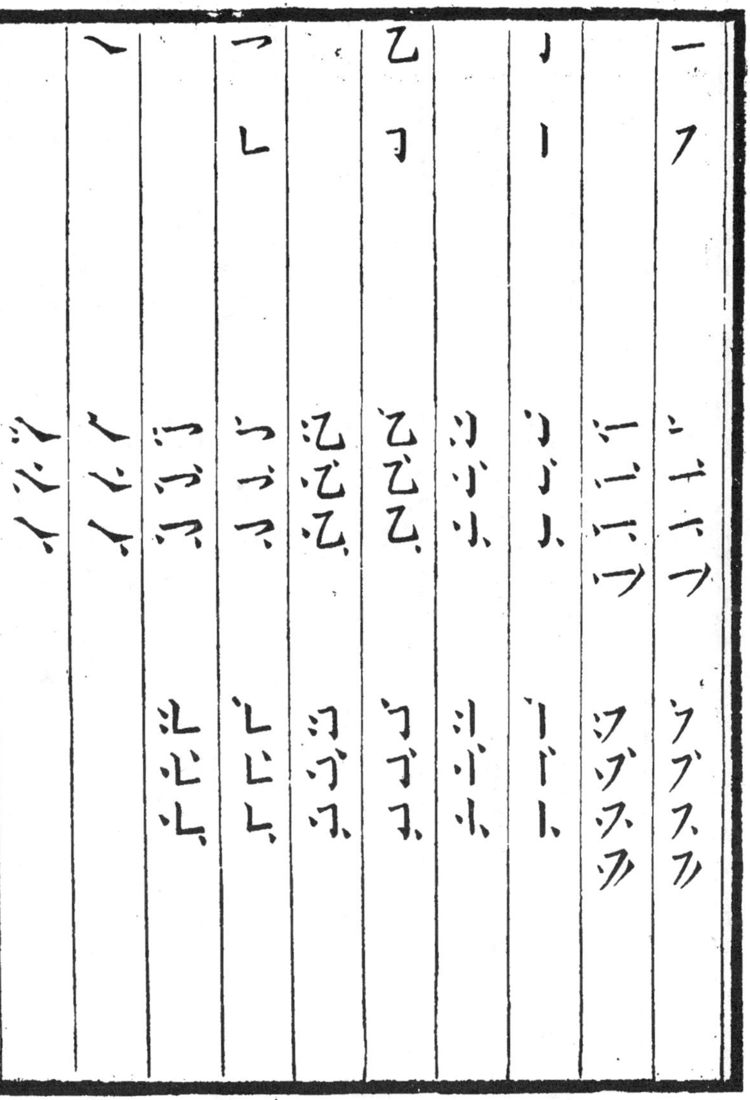

丁 丁丁下丅
丁丁下丅
丿 丿丿人
丿丿人
ㄋ ㄋㄋ乃
ㄋㄋ乃
儿 儿儿儿
儿儿儿
乚 乚乚乚
乚乚乚

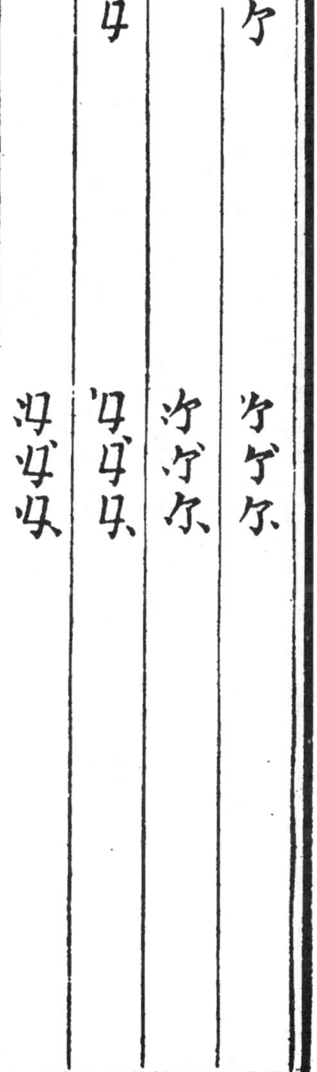

合聲

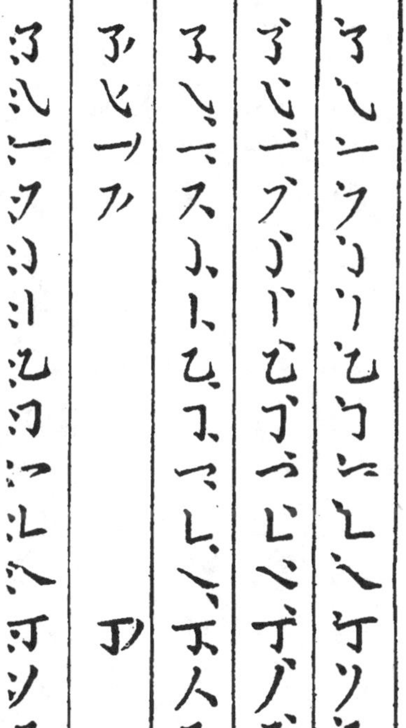

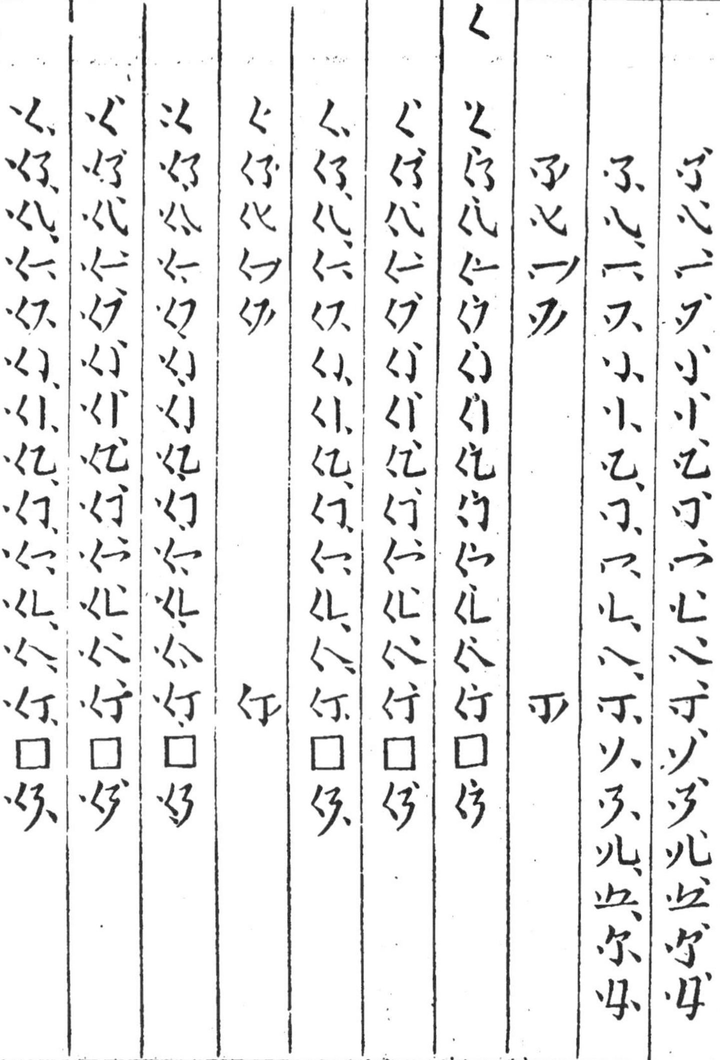

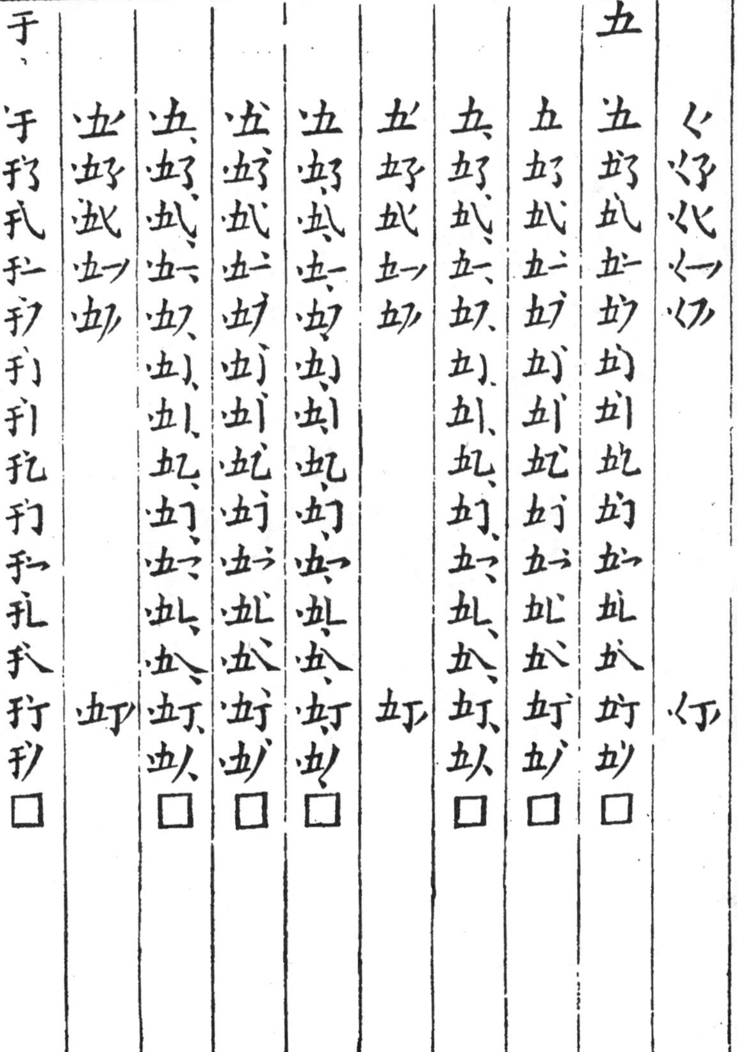

七

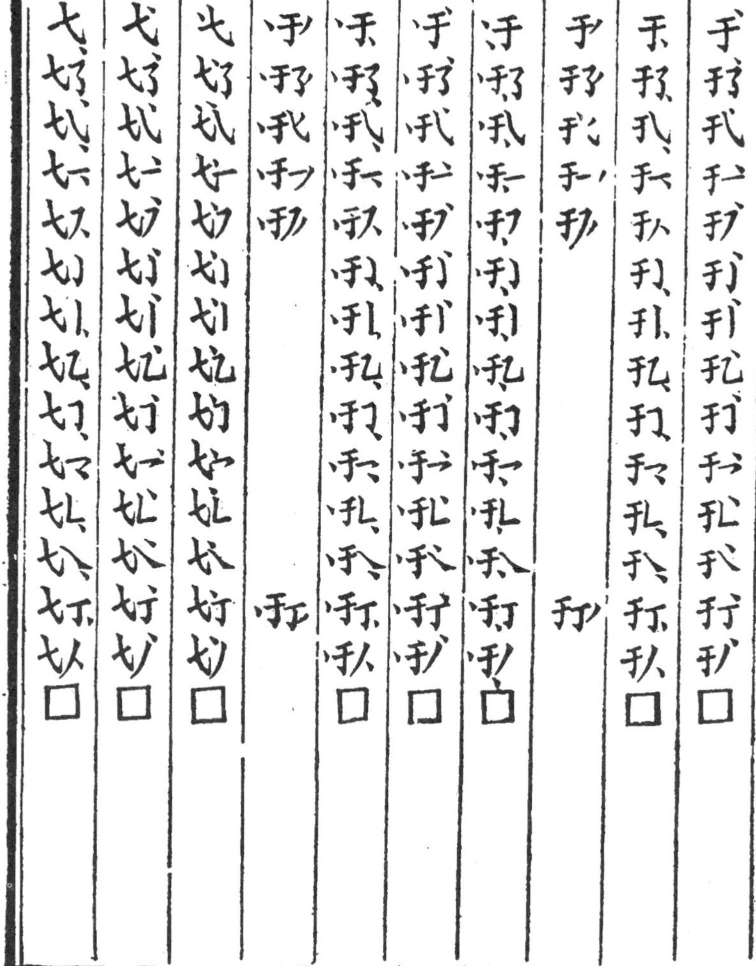

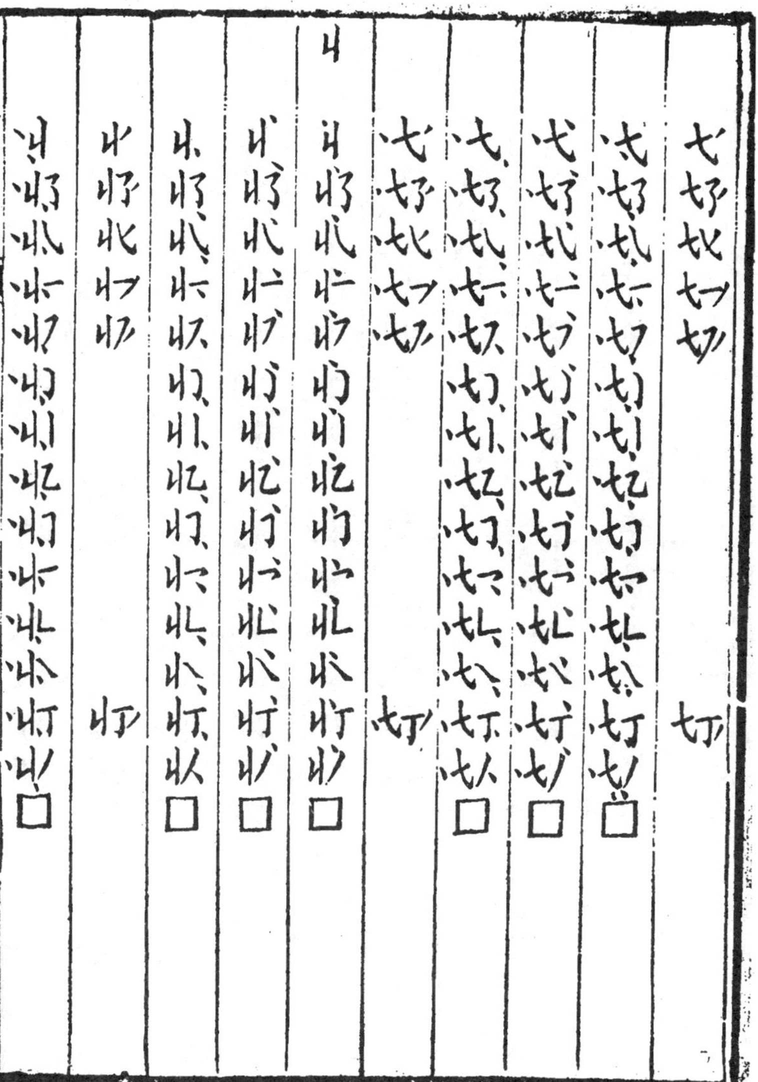

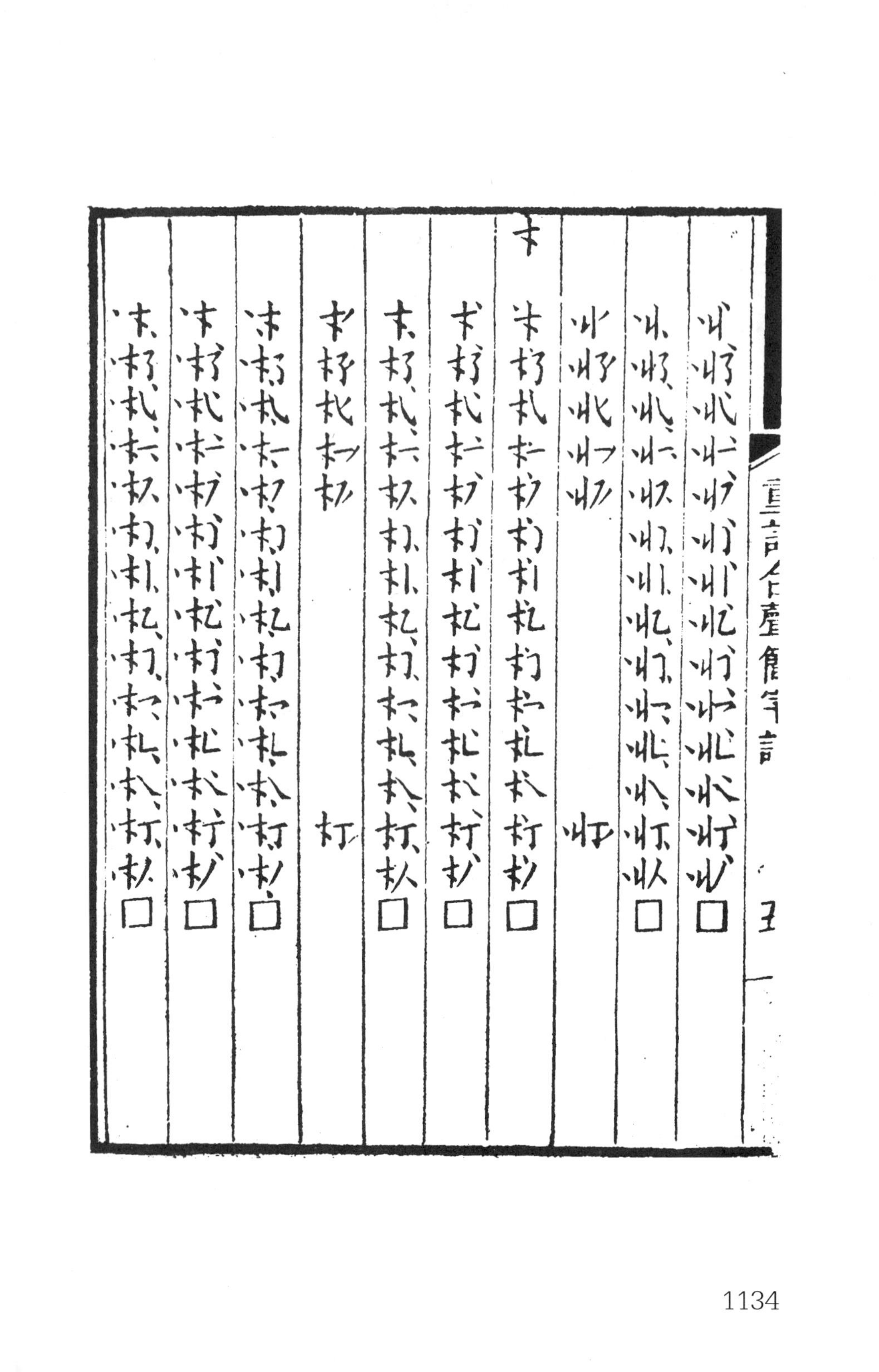

[illegible] □

[illegible] □

[illegible]

[illegible] □

[illegible] □

[illegible] □

[illegible]

[illegible] □

[illegible] □

[illegible] □

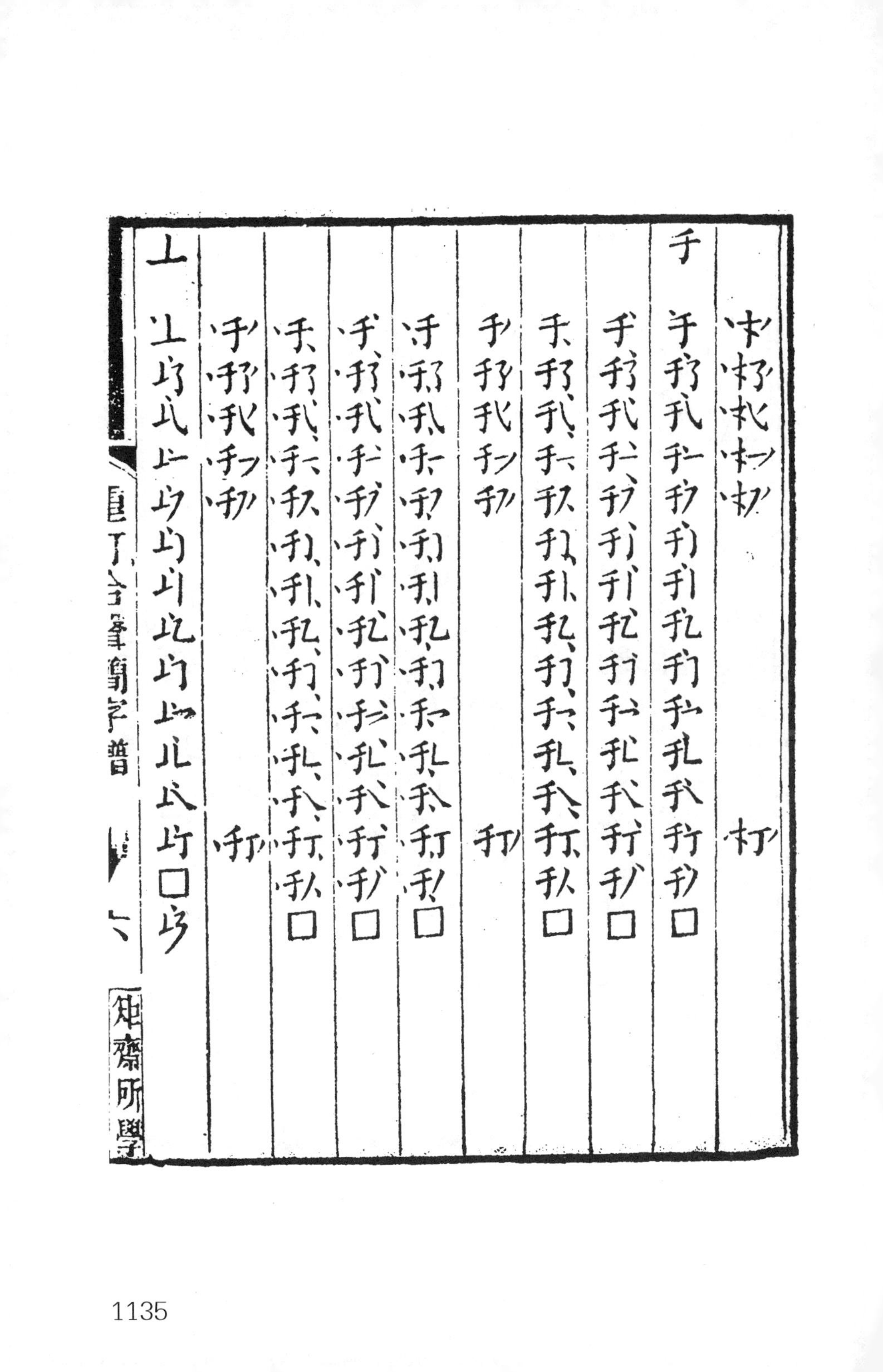

打

手

□

□

打

□

□

□

□

打

上

□

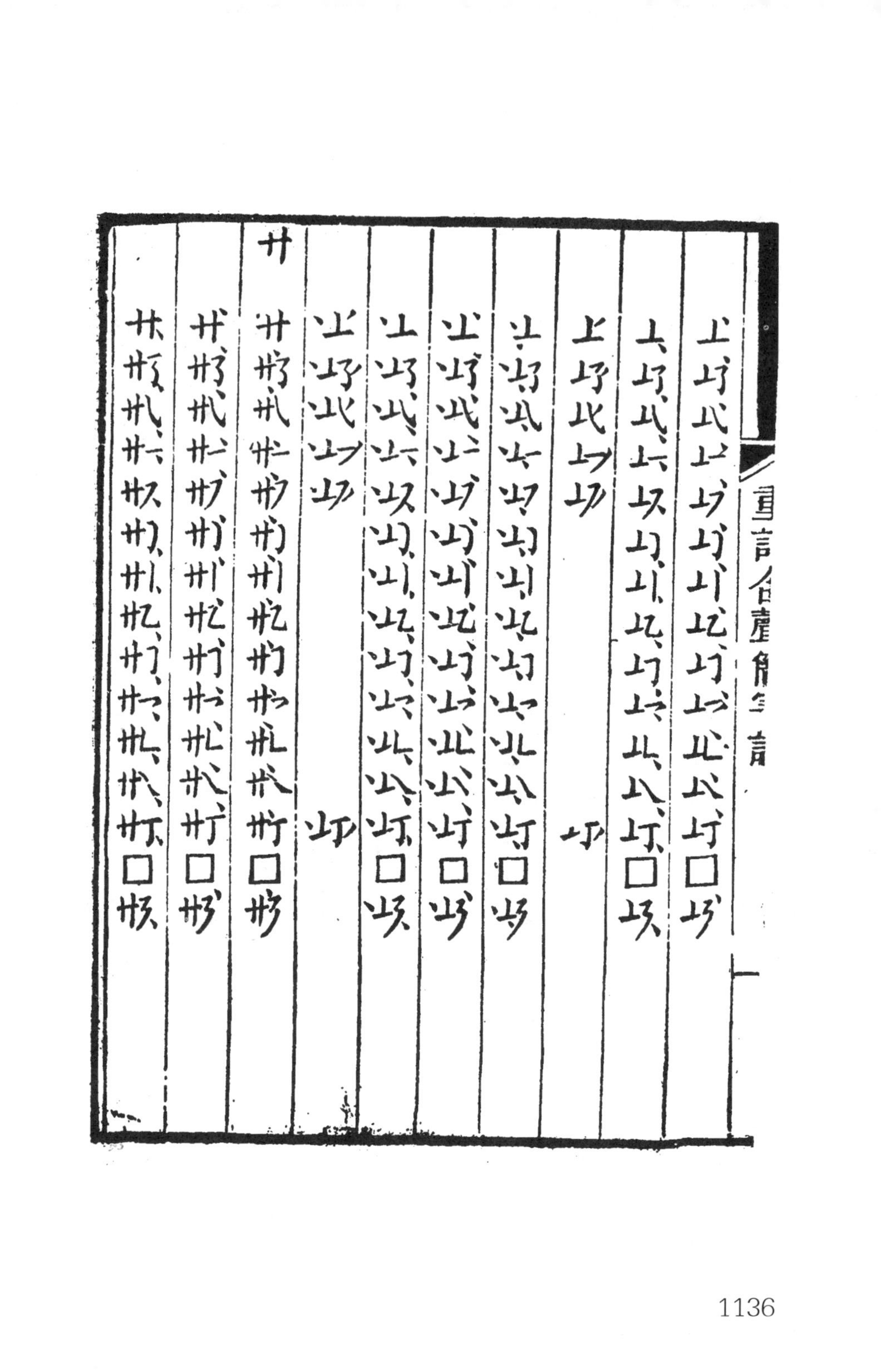

廿

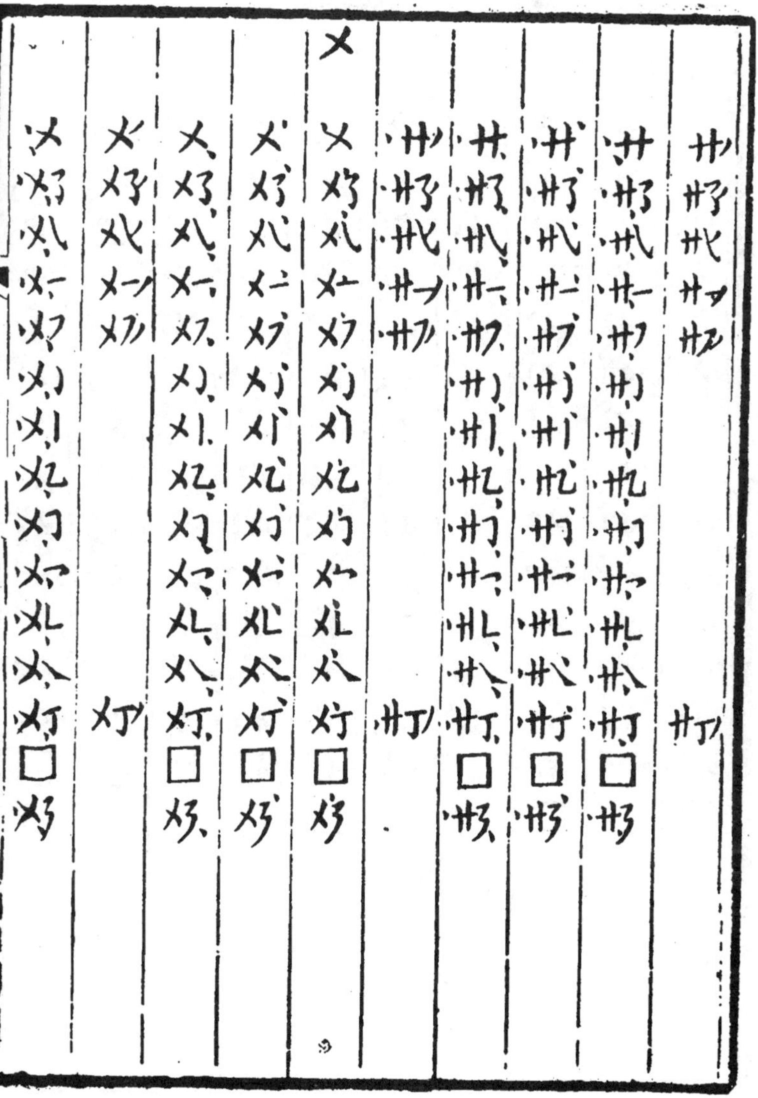

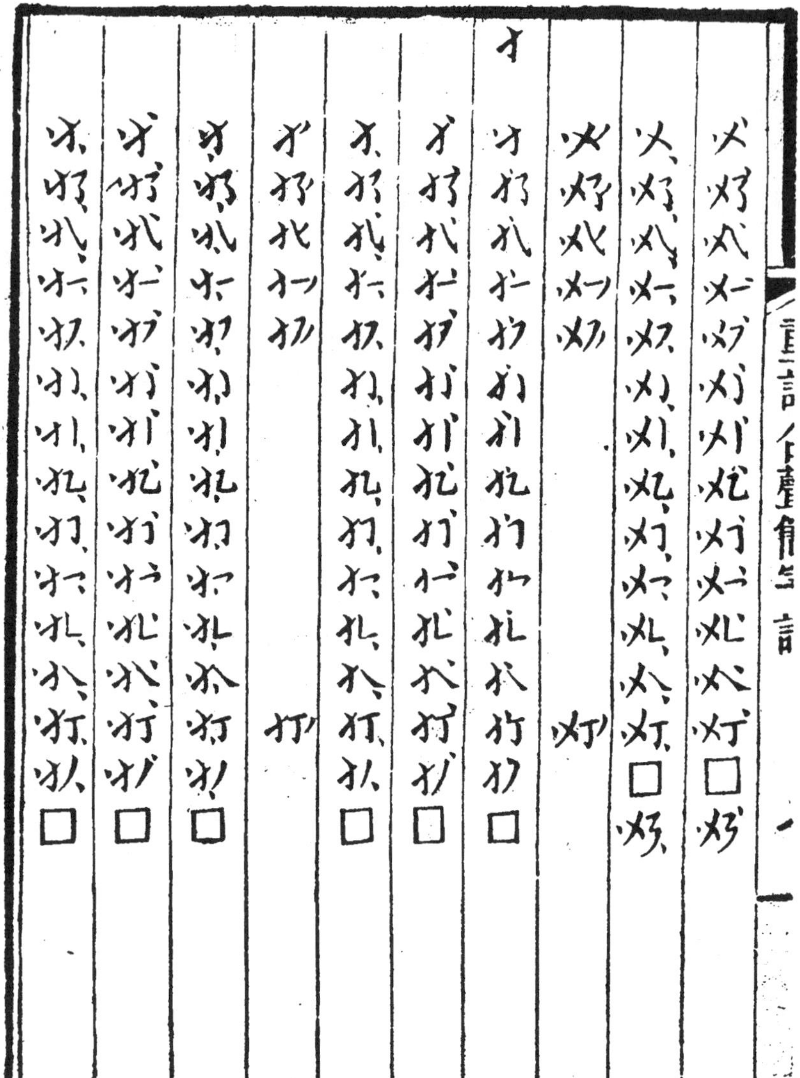

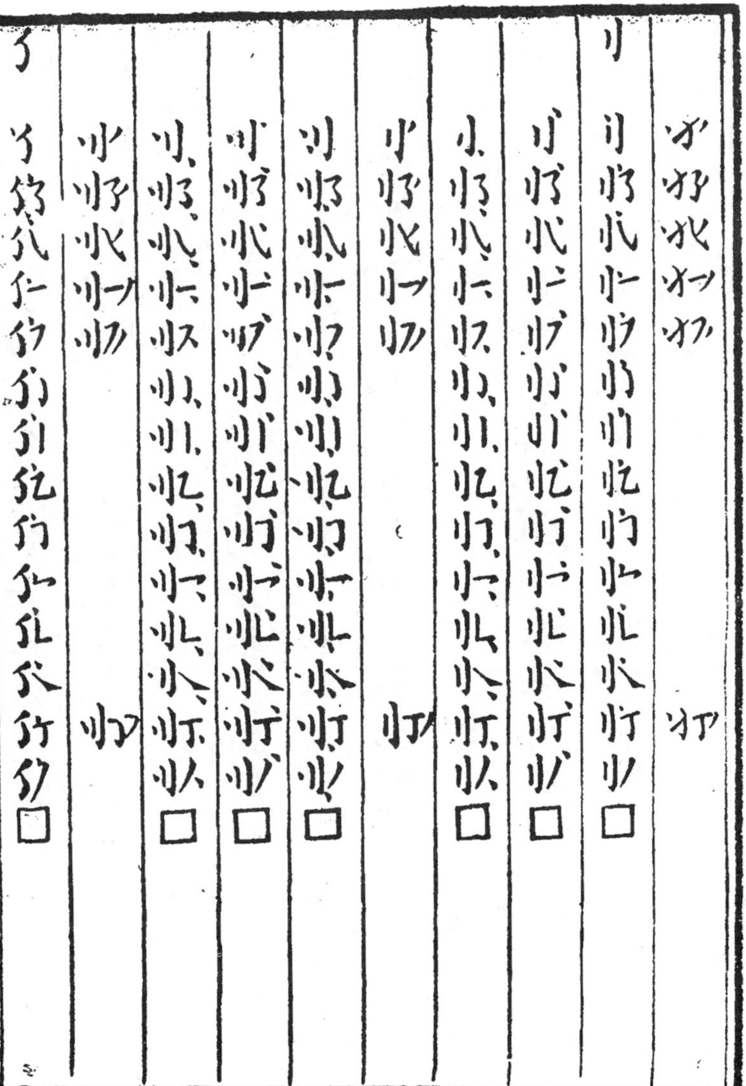

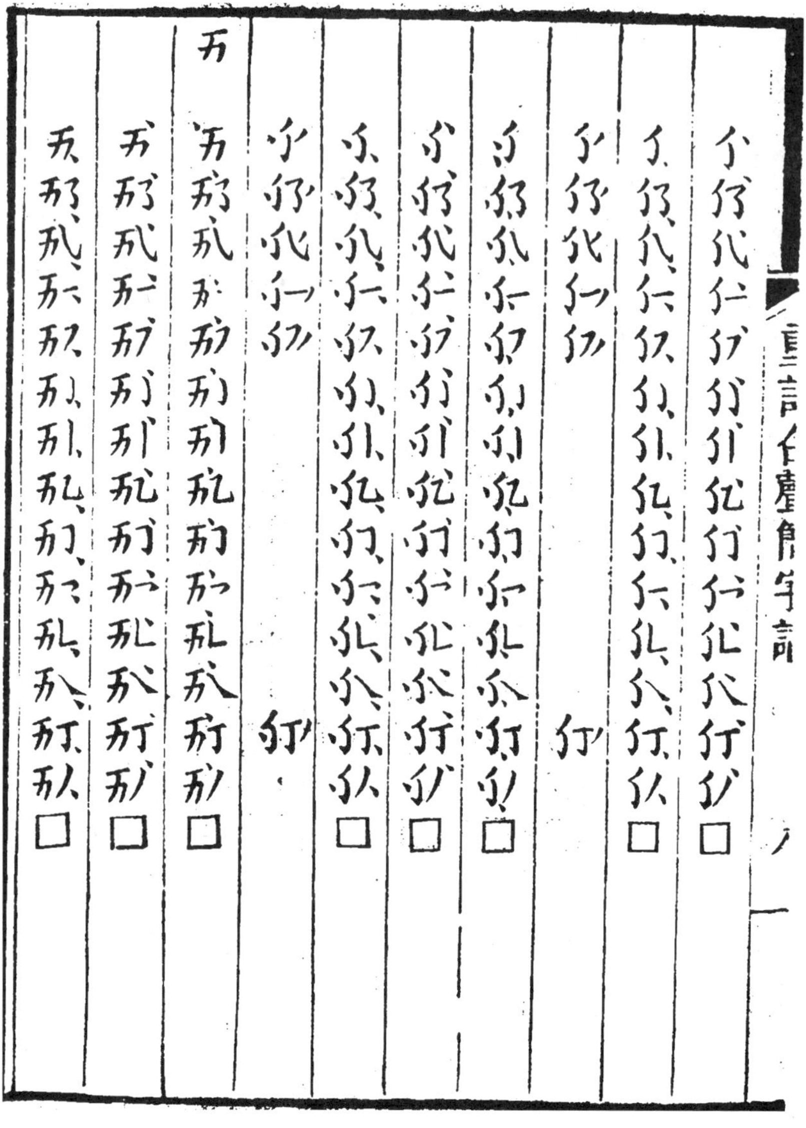

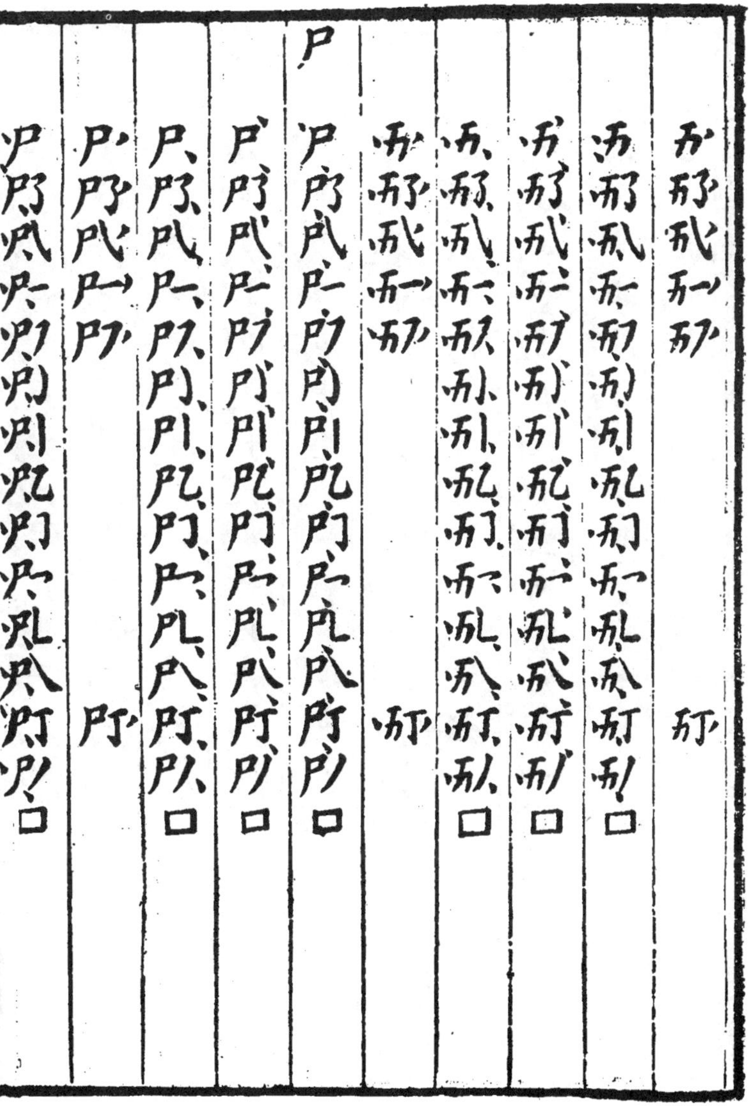

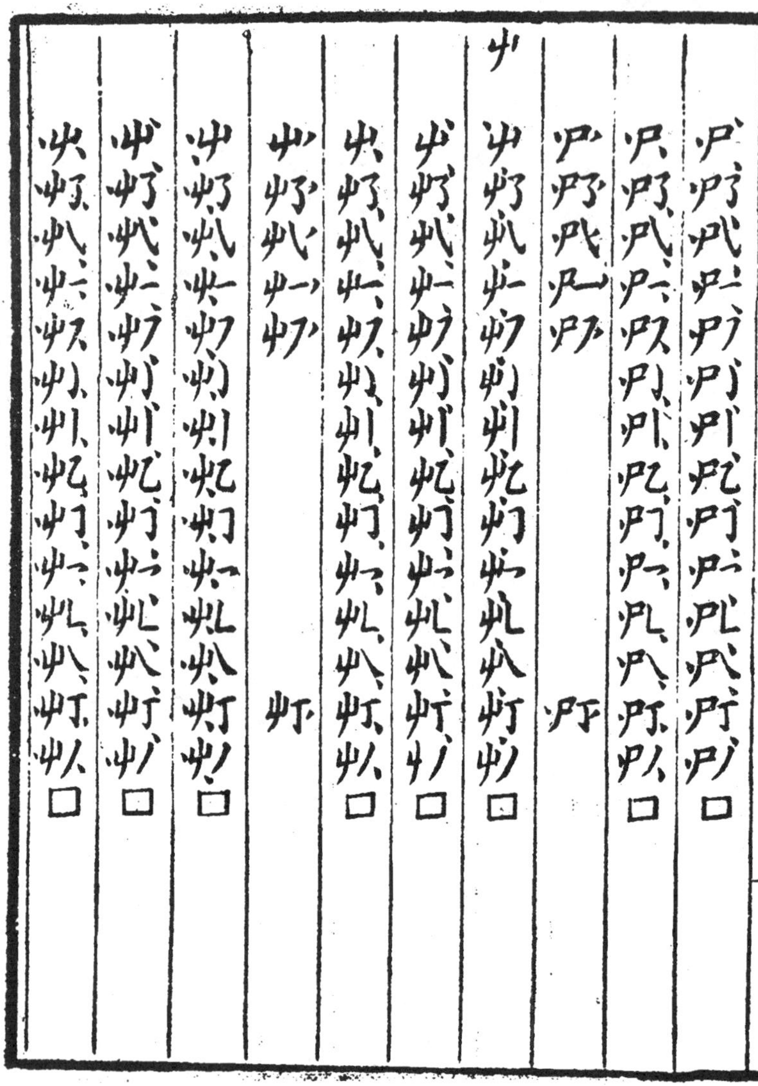

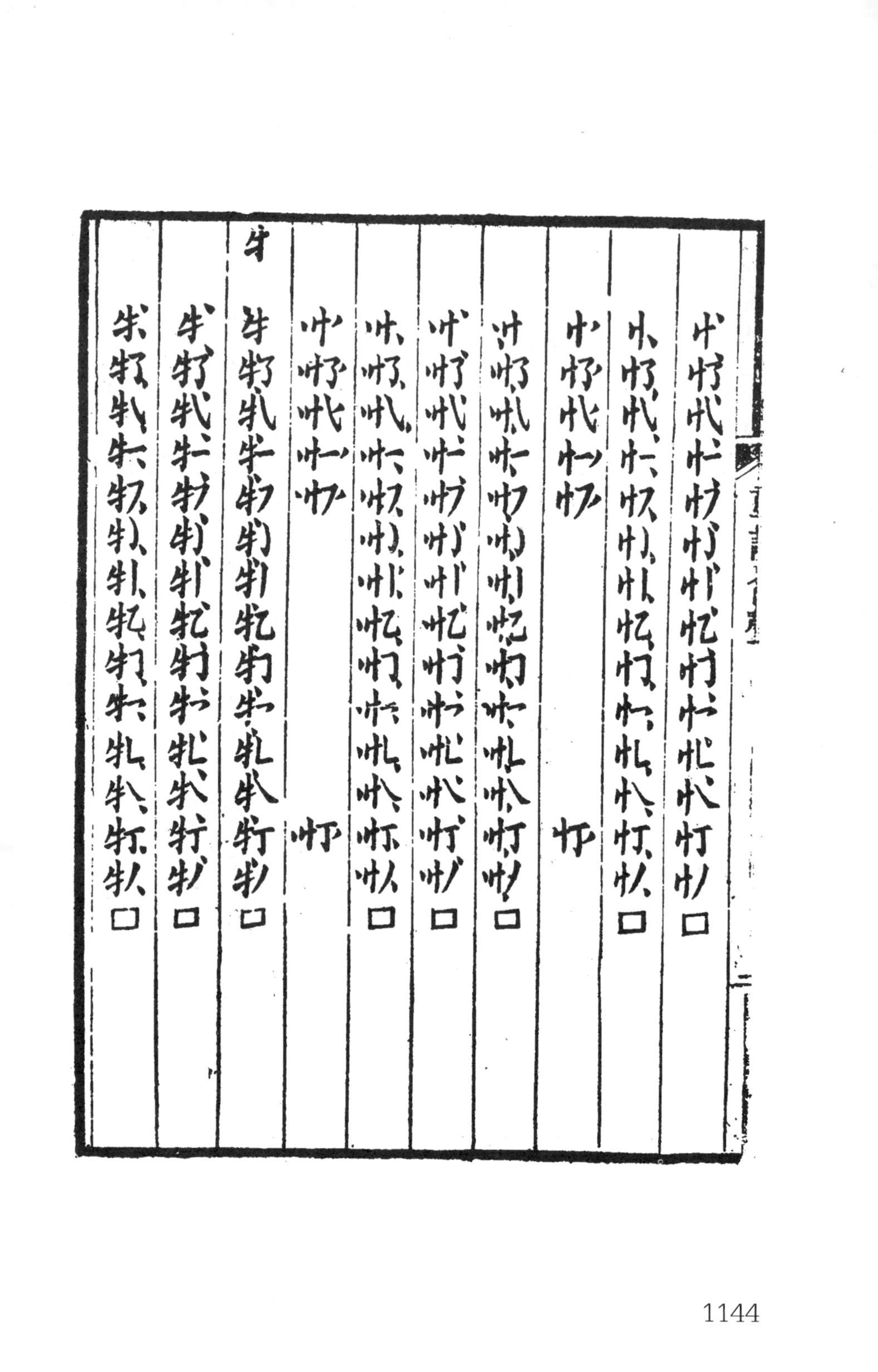

[illegible]

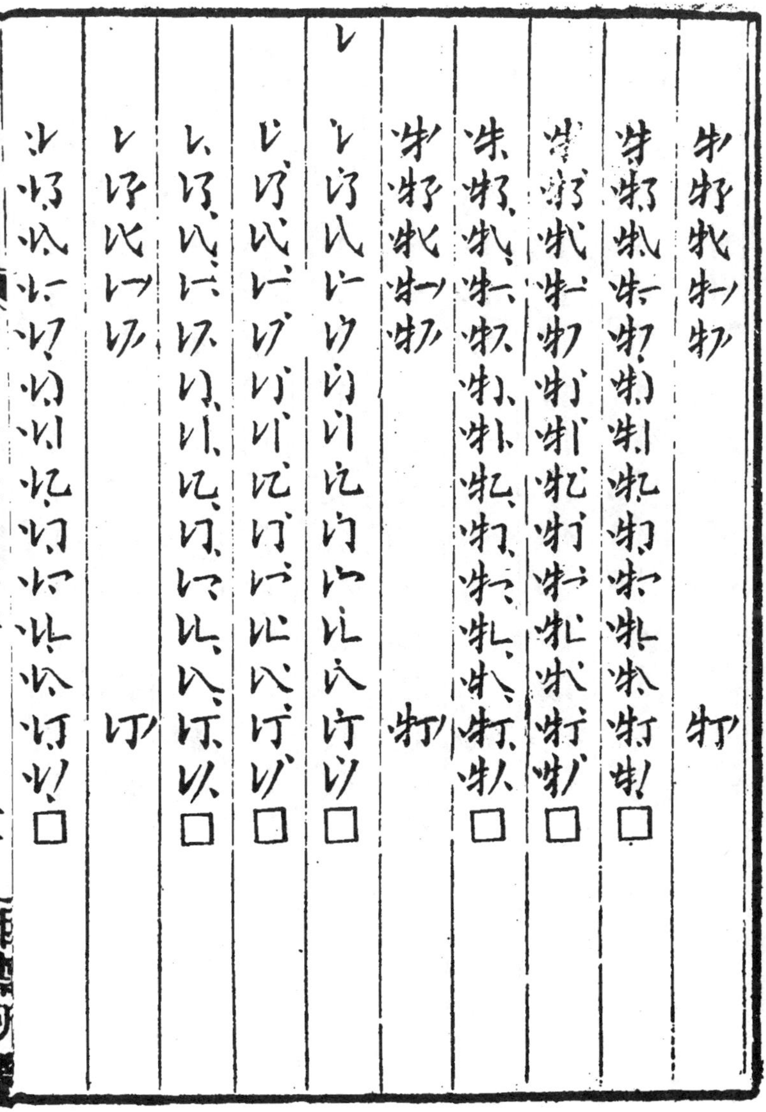

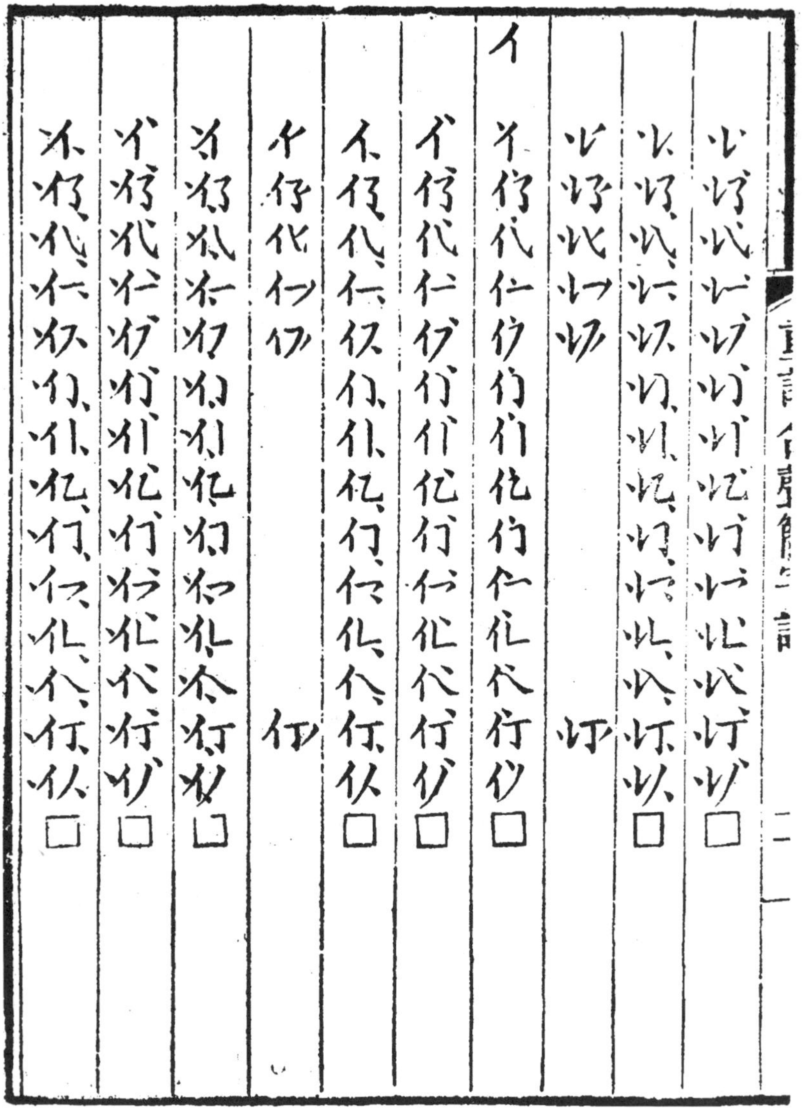

乙

仔仔化仔仔

仔

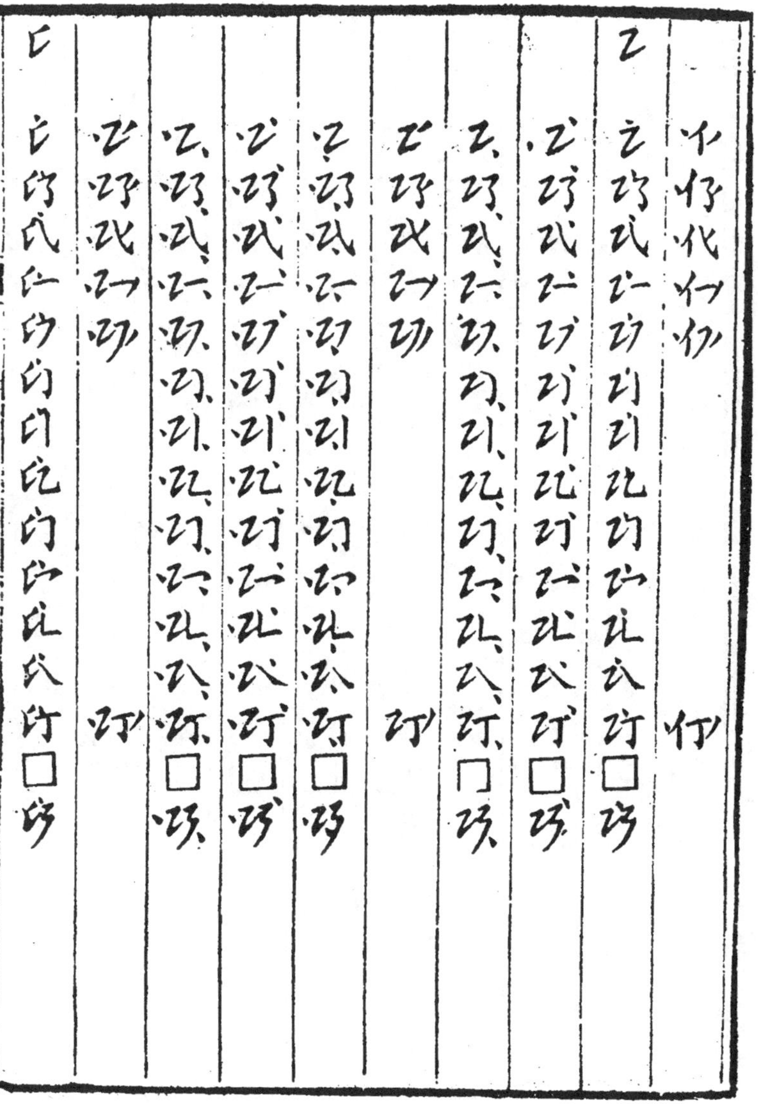

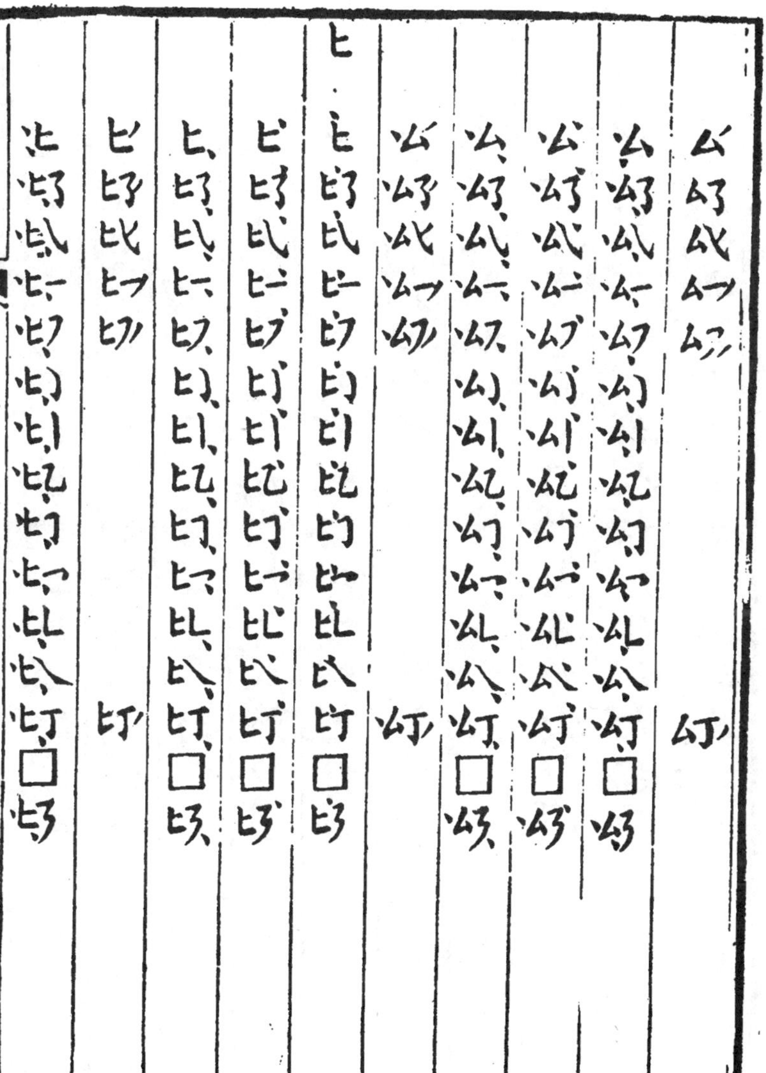

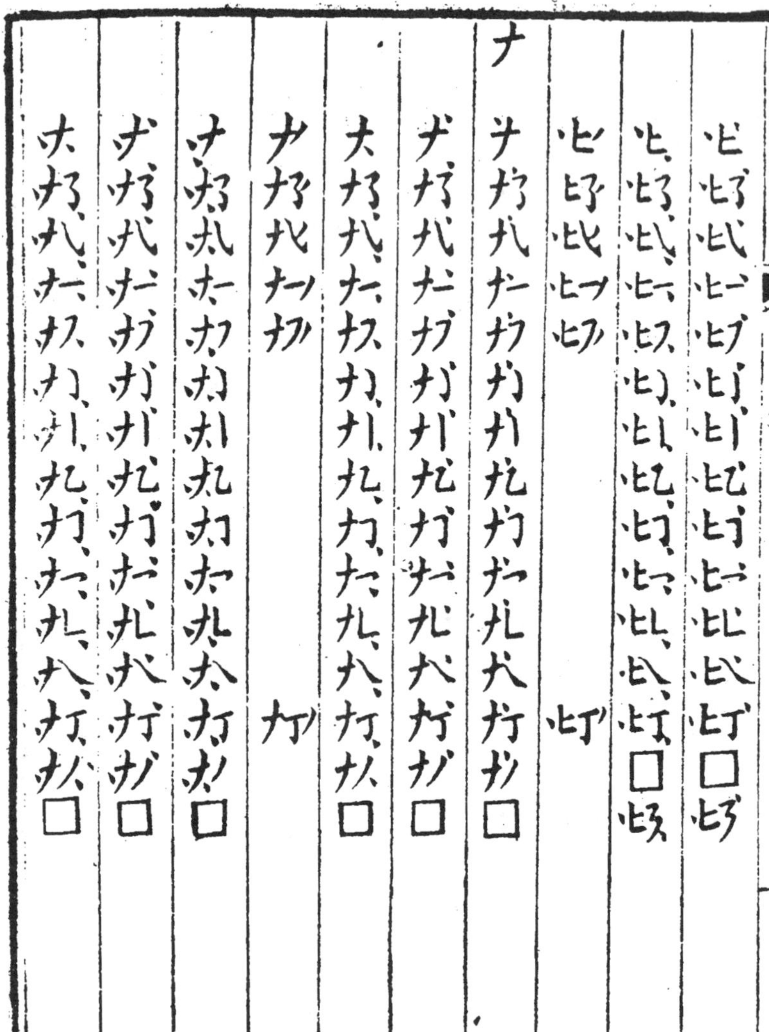

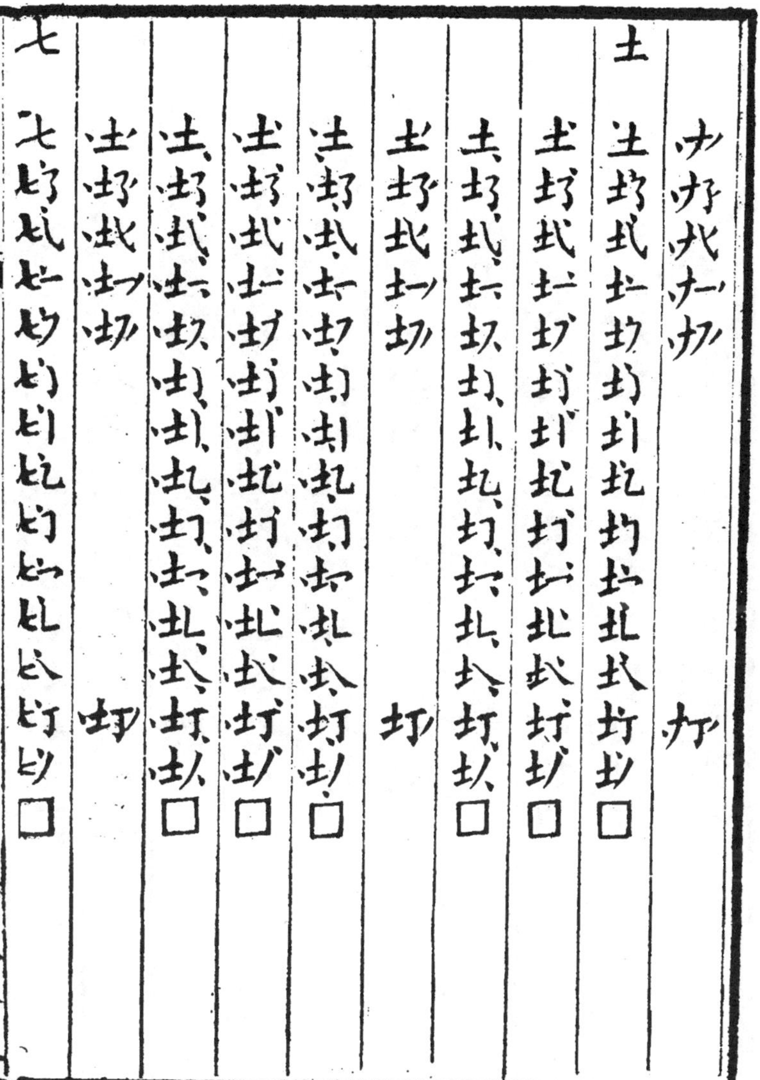

重訂合聲簡字譜　　矩齋所學

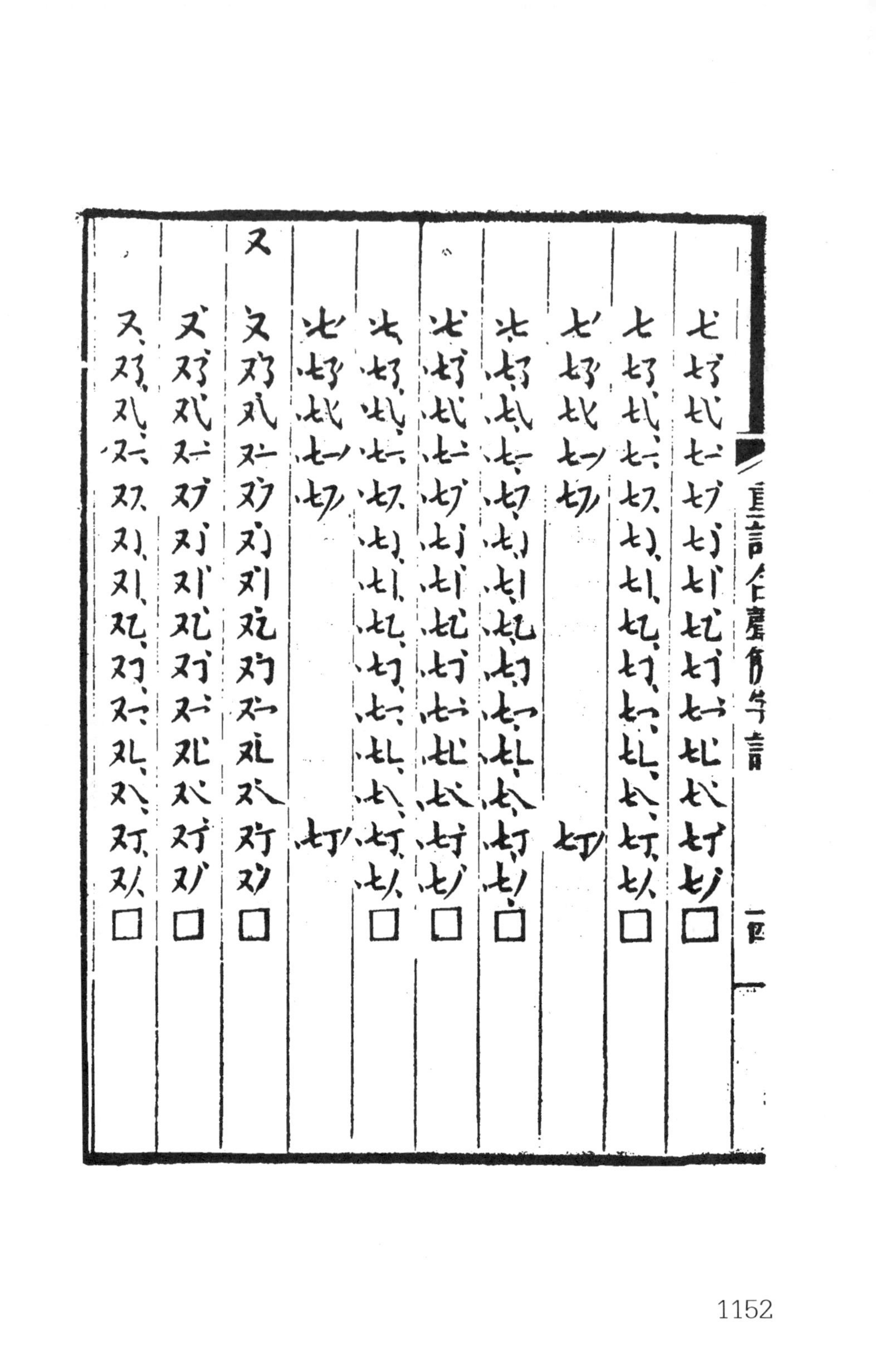

[illegible] □

[illegible] □

[illegible]

[illegible] □

[illegible] □

[illegible] □

[illegible]

又

[illegible] □

[illegible] □

[illegible] □

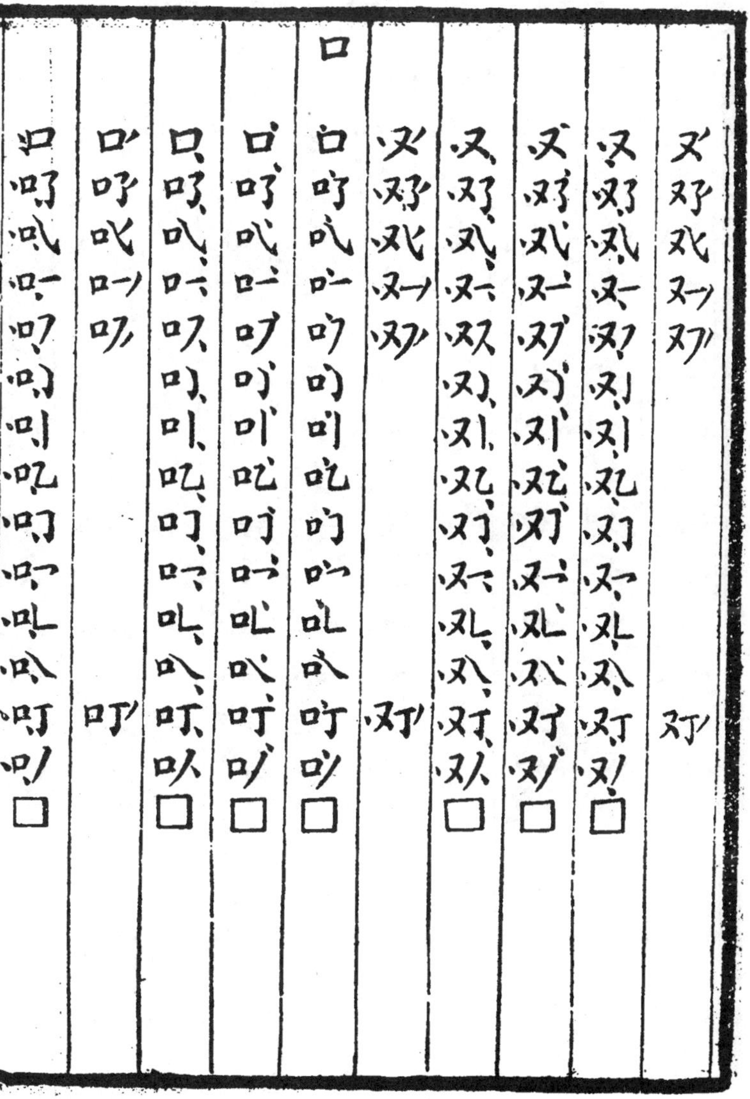

口 叮 叱 口亠 叮 叮 叫 叱 叮 口亠 叱 叭 叮 叮 □

口 叮 叱 口亠 叭 叮 叫 叱 叮 口亠 叱 叭 叮 叭 □

口 吁 叱 口亠 叮 叮

女

女 好 妐 女亠 奵 奵 奵 妃 奵 女亠 処 妐 奵 奵 □

女 好 妐 女亠 奵 奵 奵 妃 奵 女亠 処 妐 奵 奵 □

女 好 妐 女亠 奴 奵 奵 妃 奵 女亠 処 妐 奵 奵 □

女 好 妣 女亠 奵 奵

女 好 妐 女亠 奵 奵 奵 妃 奵 女亠 処 妐 奵 女 □

女 好 妐 女亠 奵 奵 奵 妃 奵 女亠 処 妐 奵 奵 □

女 好 妐 女亠 奴 奵 奵 妃 奵 女亠 処 妐 奵 奴 □

女好姒奻

《重汀今肇簡字普》

矩齋所學

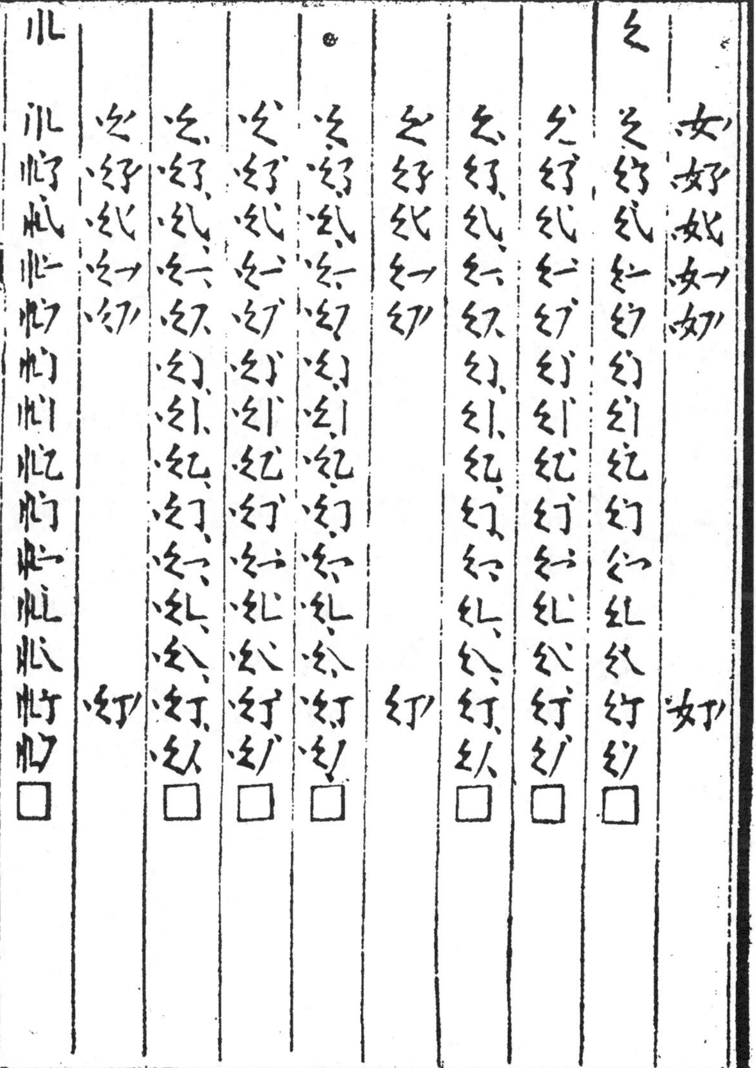

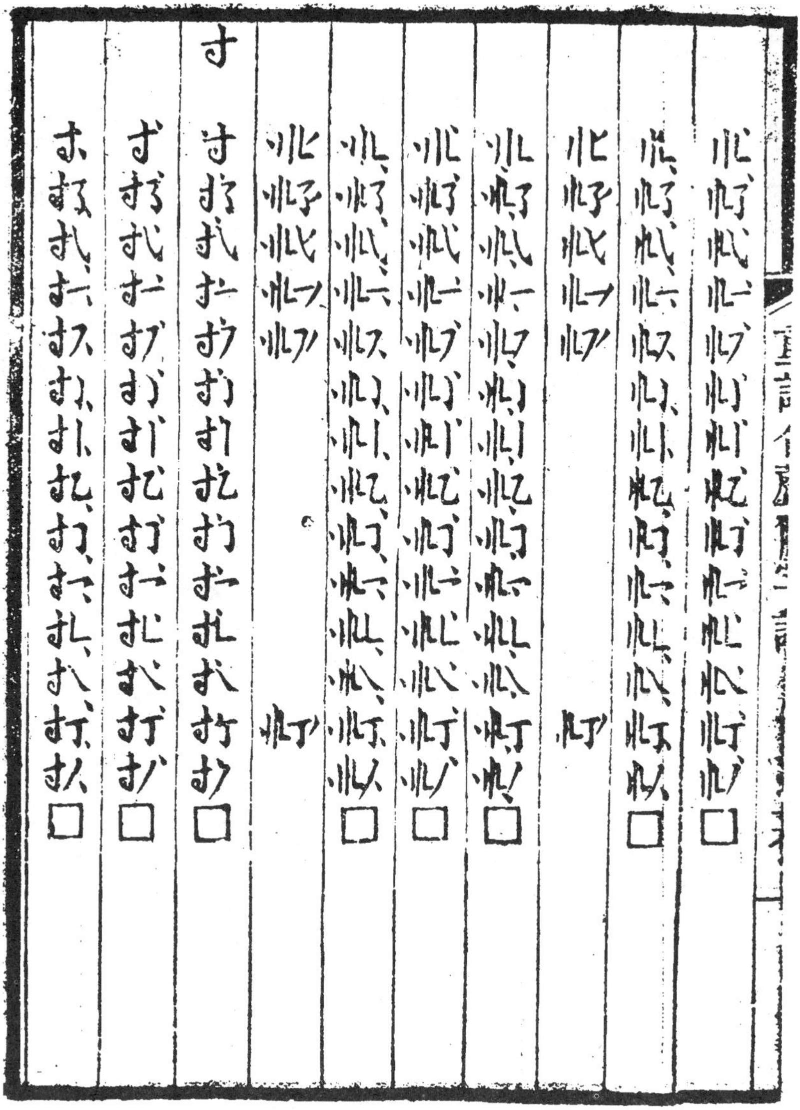

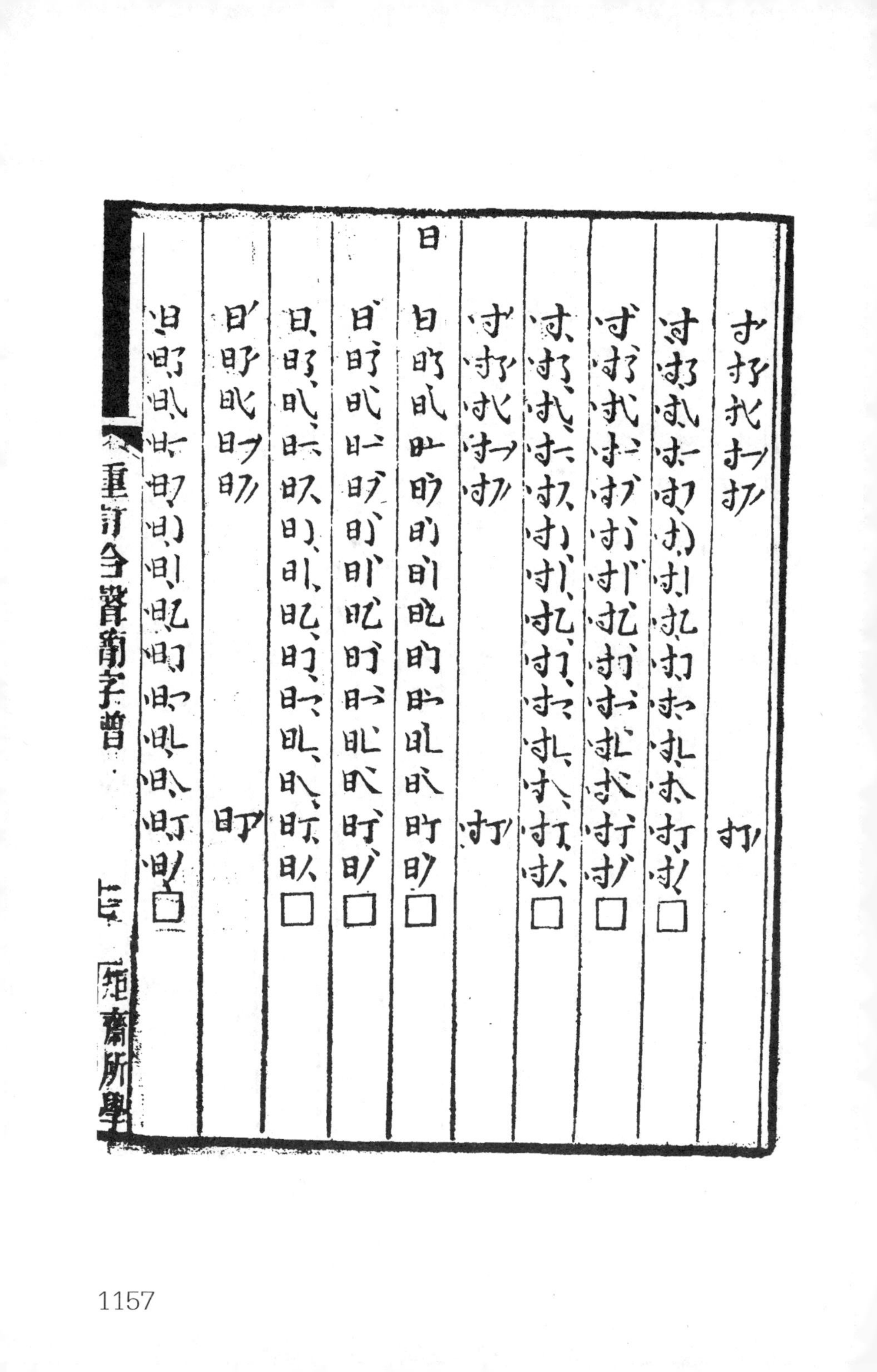

日

□ □ □ □ □ □ □ □

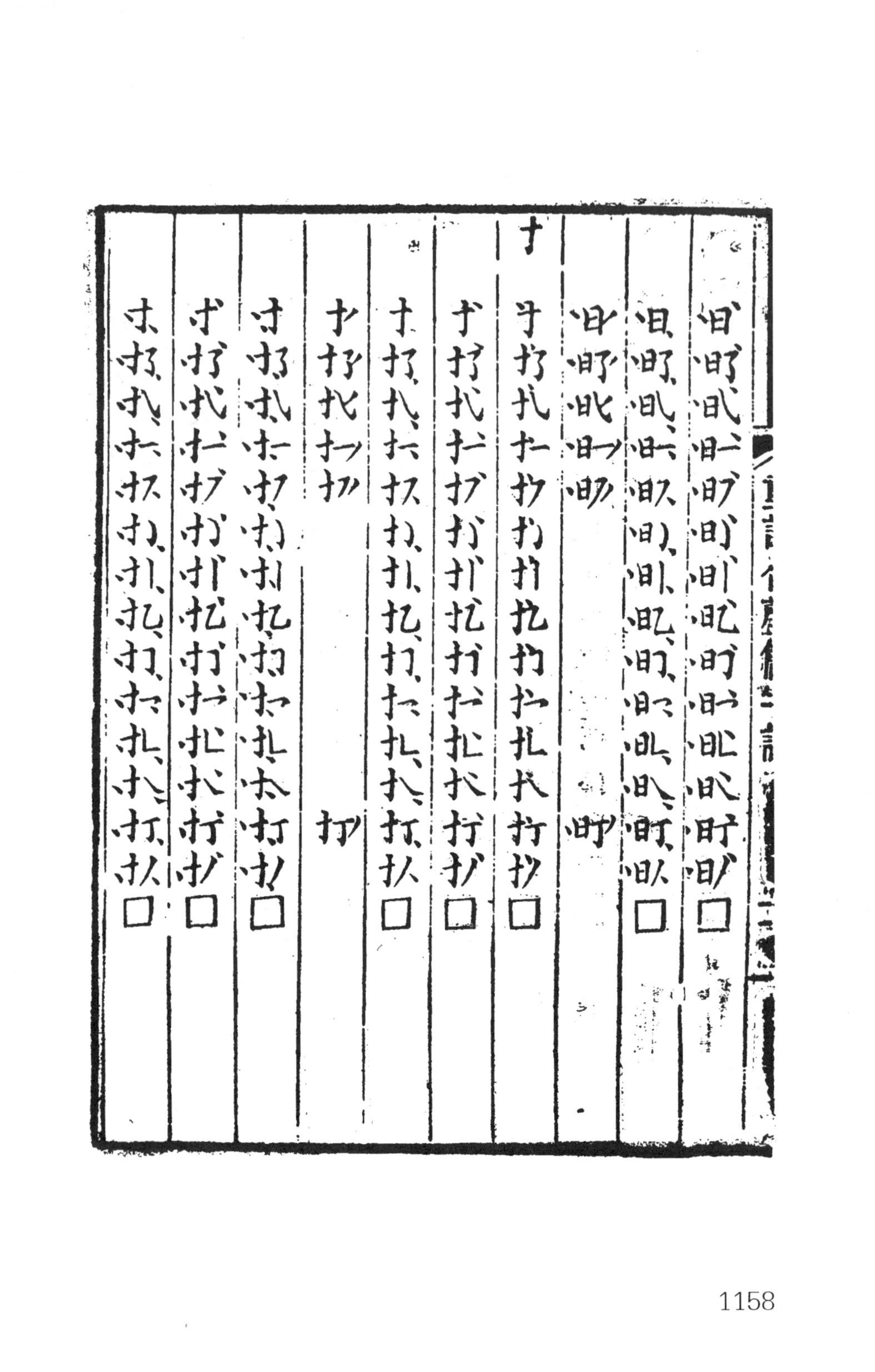

扌

十								刀
十竹犹忉忉忉打忉□	刀刃犹一忉	刃刃犹一忉刃犹忉刃忉刃犹□	刃犹犹一犹刃刃犹忉犹一忉犹刃犹刃忉□	刃刃犹一犹刃忉犹忉犹一犹刃忉□	刃犹犹一忉 刃犹□	刀犹犹一刃犹忉忉犹犹犹忉犹刃忉犹刃忉刃人□	力犹犹一忉刃忉忉犹忉犹犹犹犹犹刃犹刃人犹忉刃忉犹□	力犹犹一犹刃忉忉犹忉犹犹犹犹犹犹忉犹犹忉□

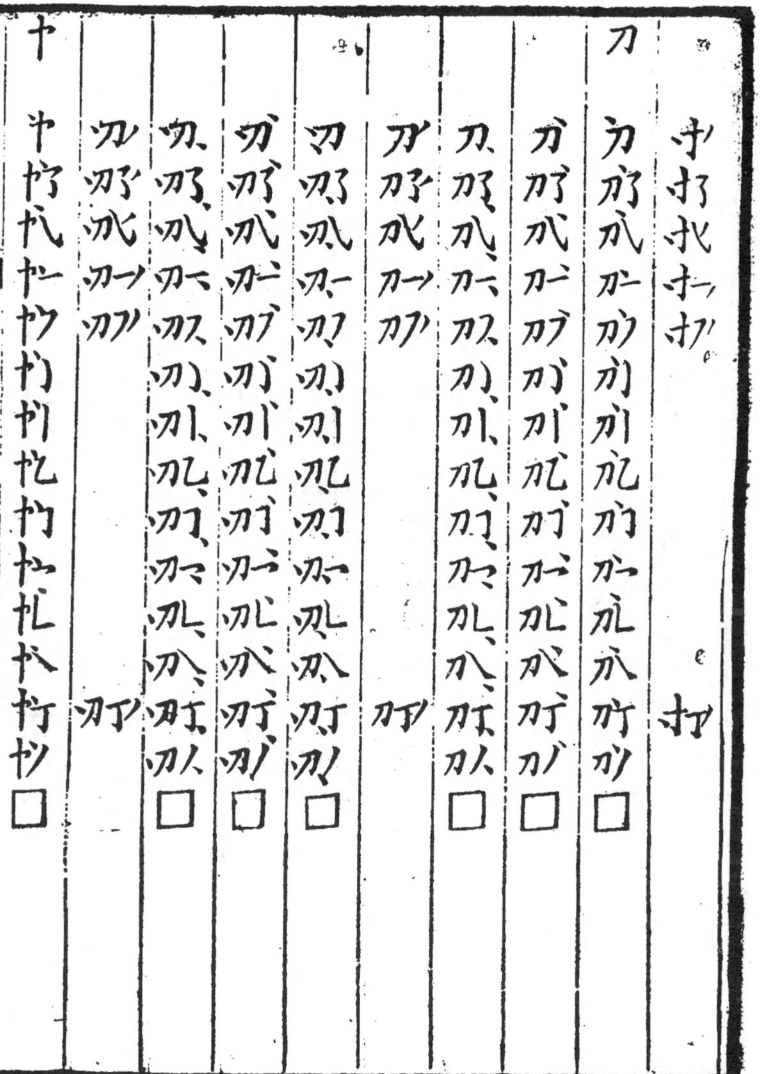

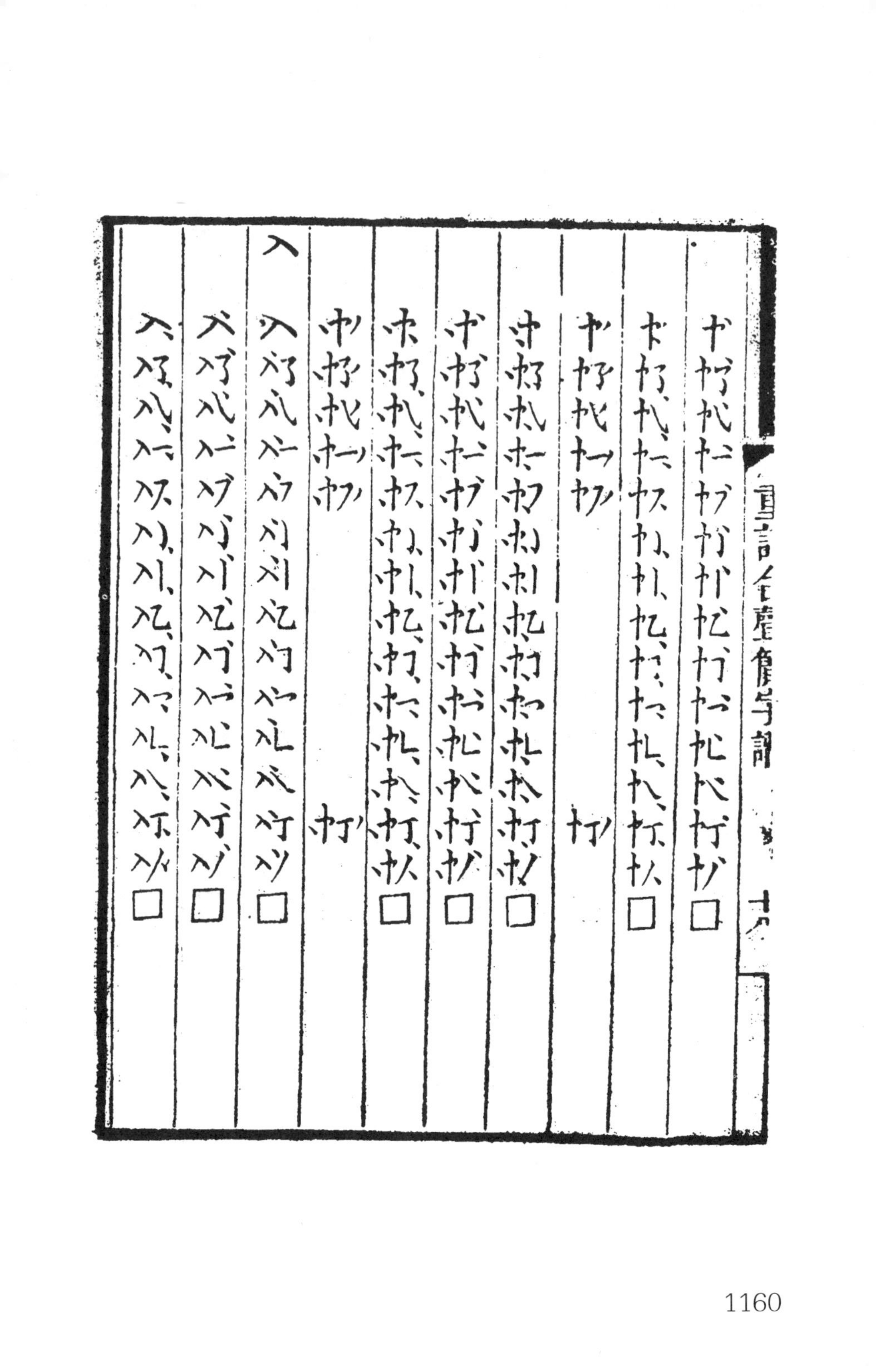

入

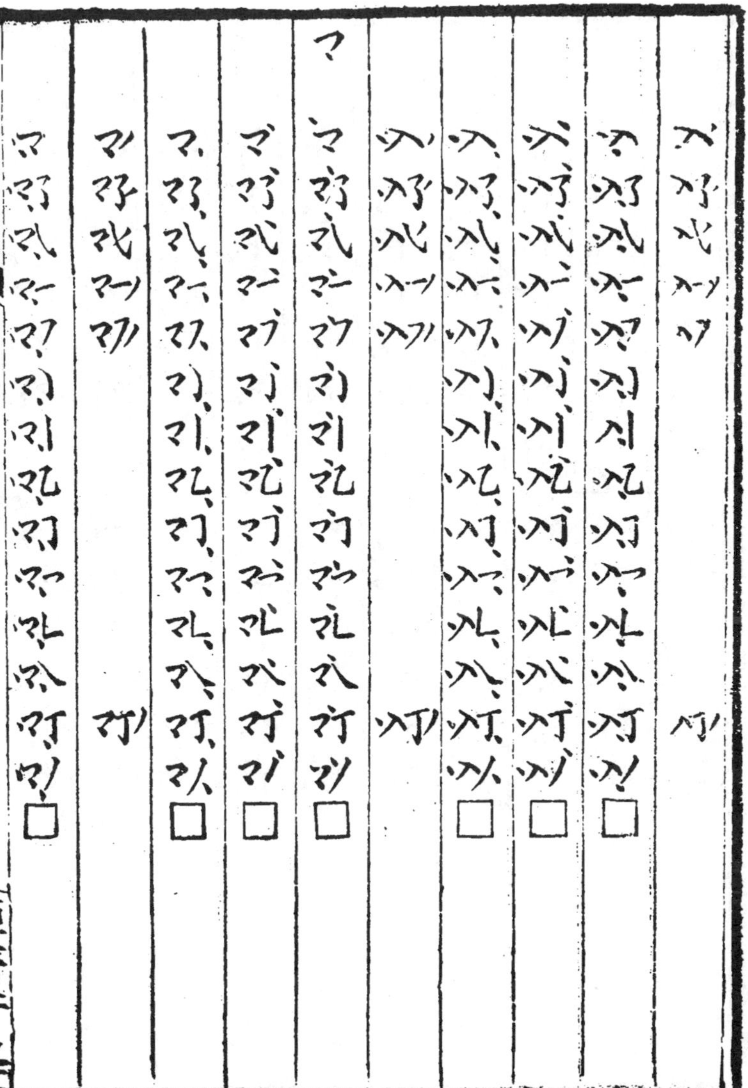

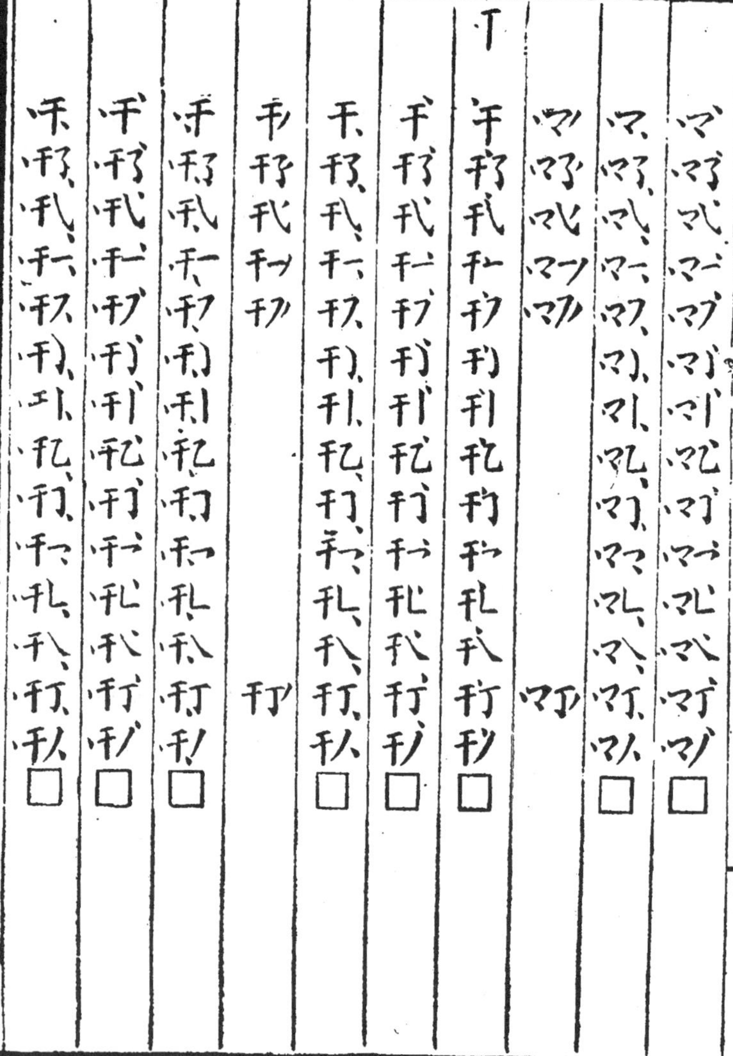

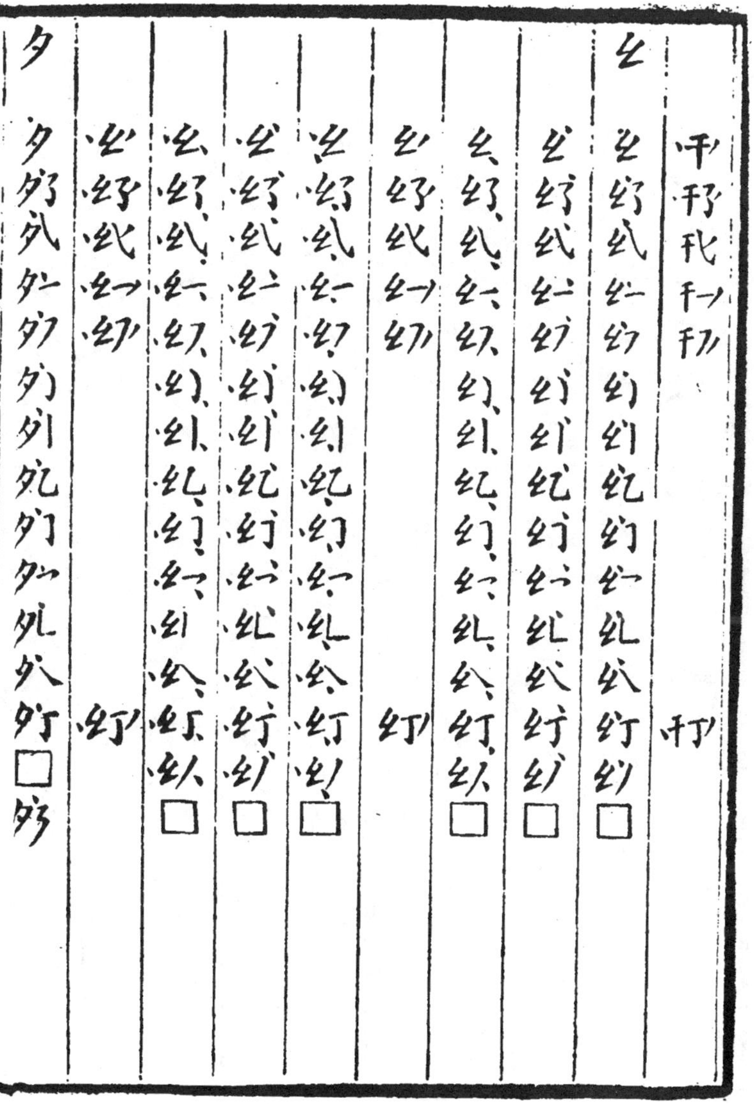

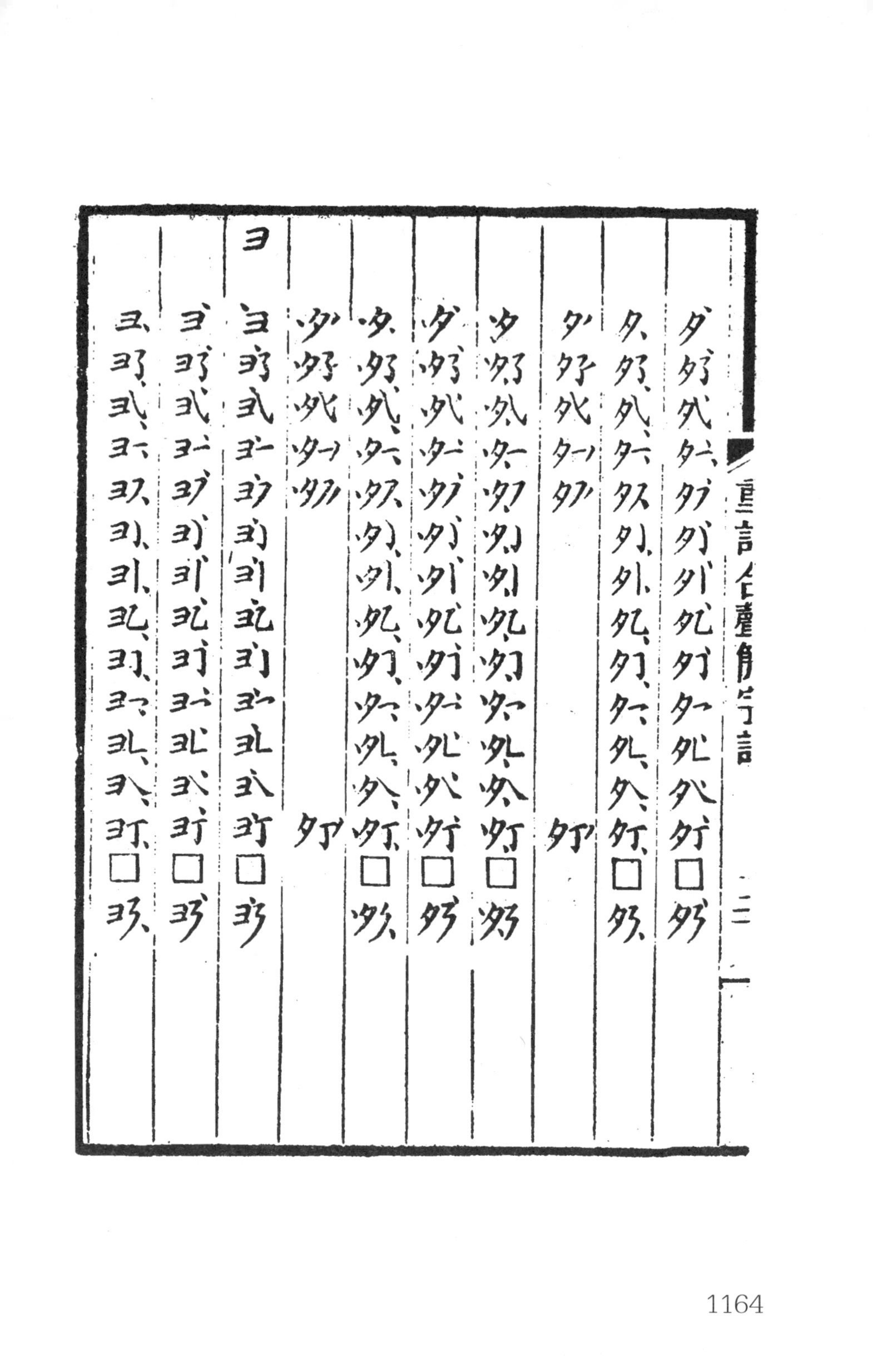

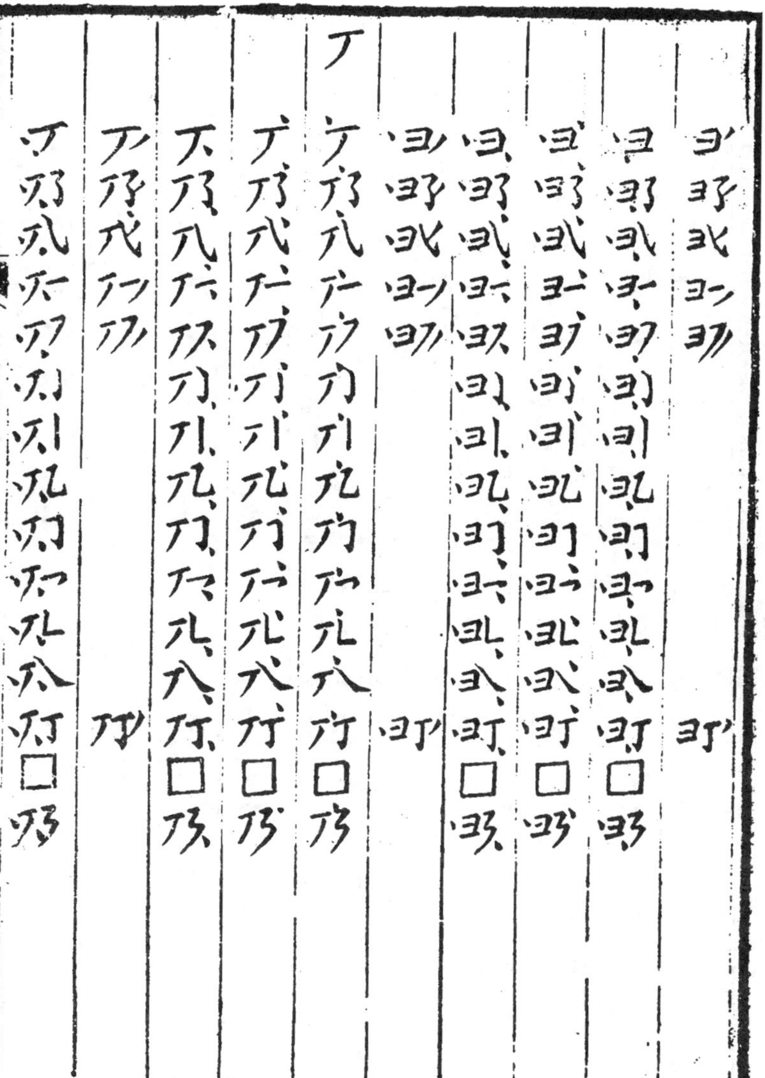

二

重訂入門筆順字譜　三　矩齋所學

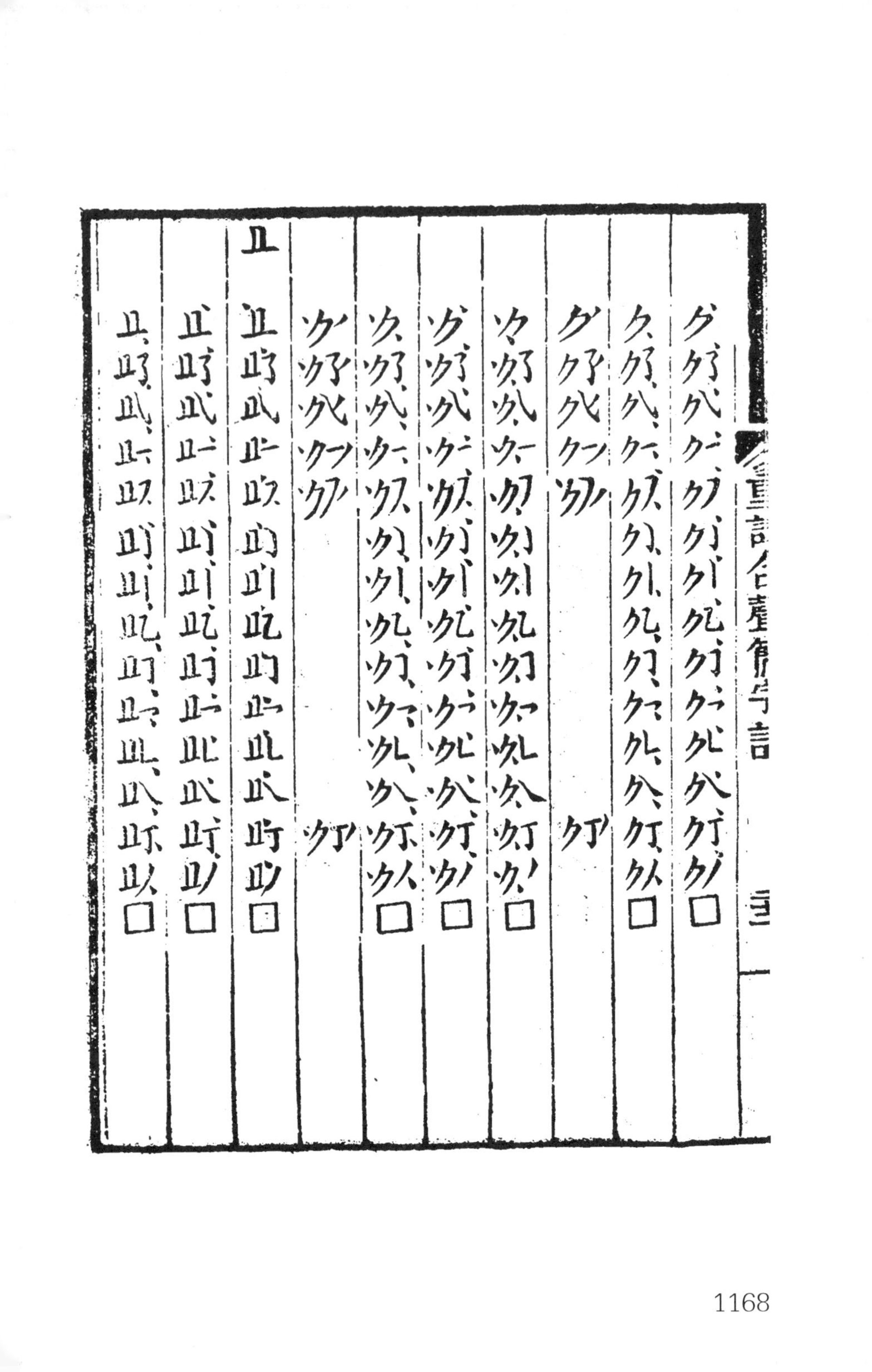

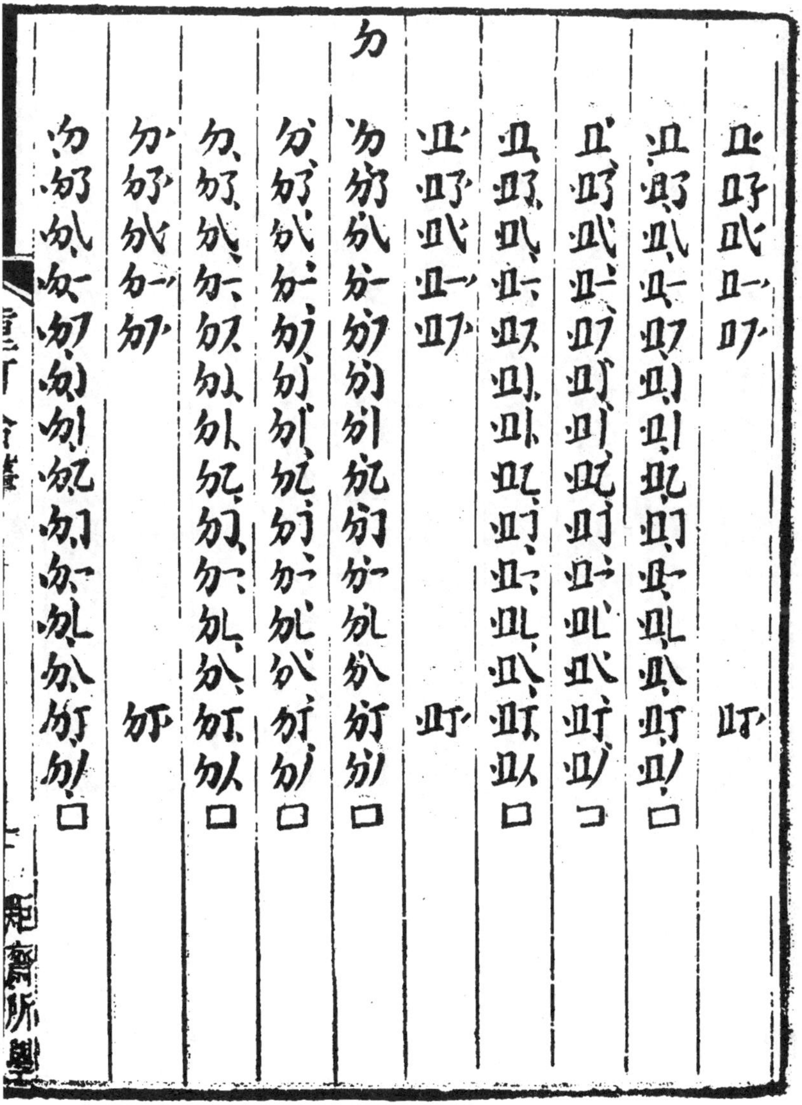

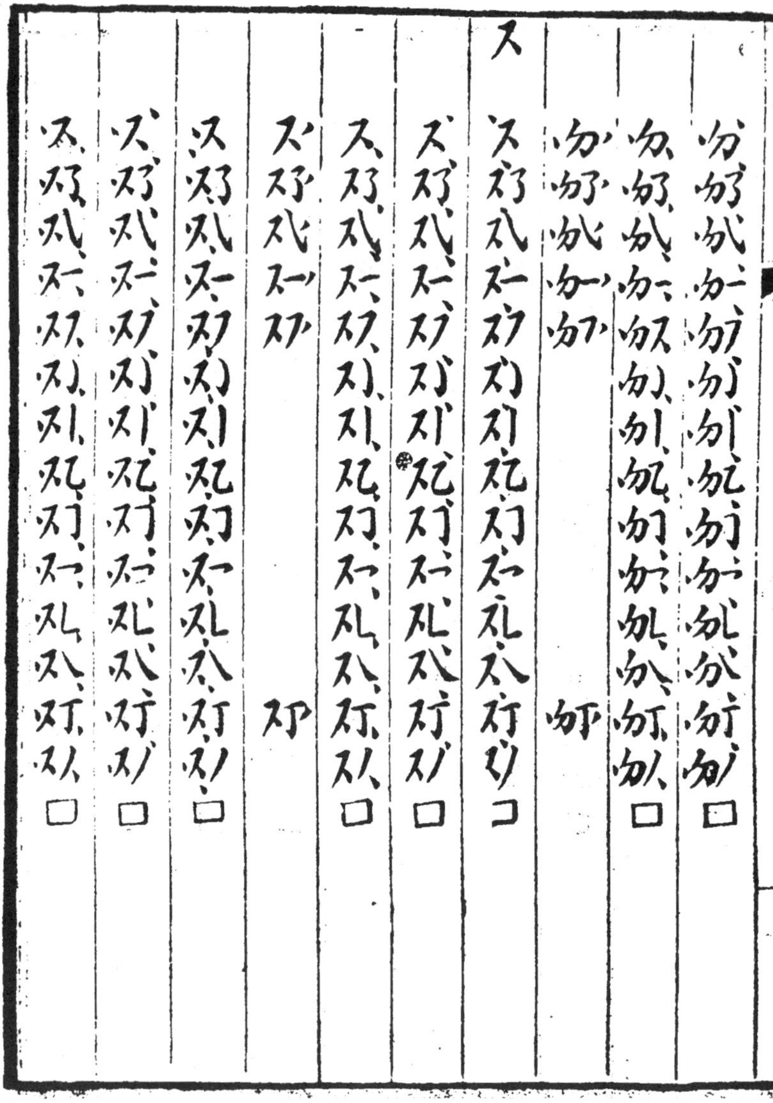

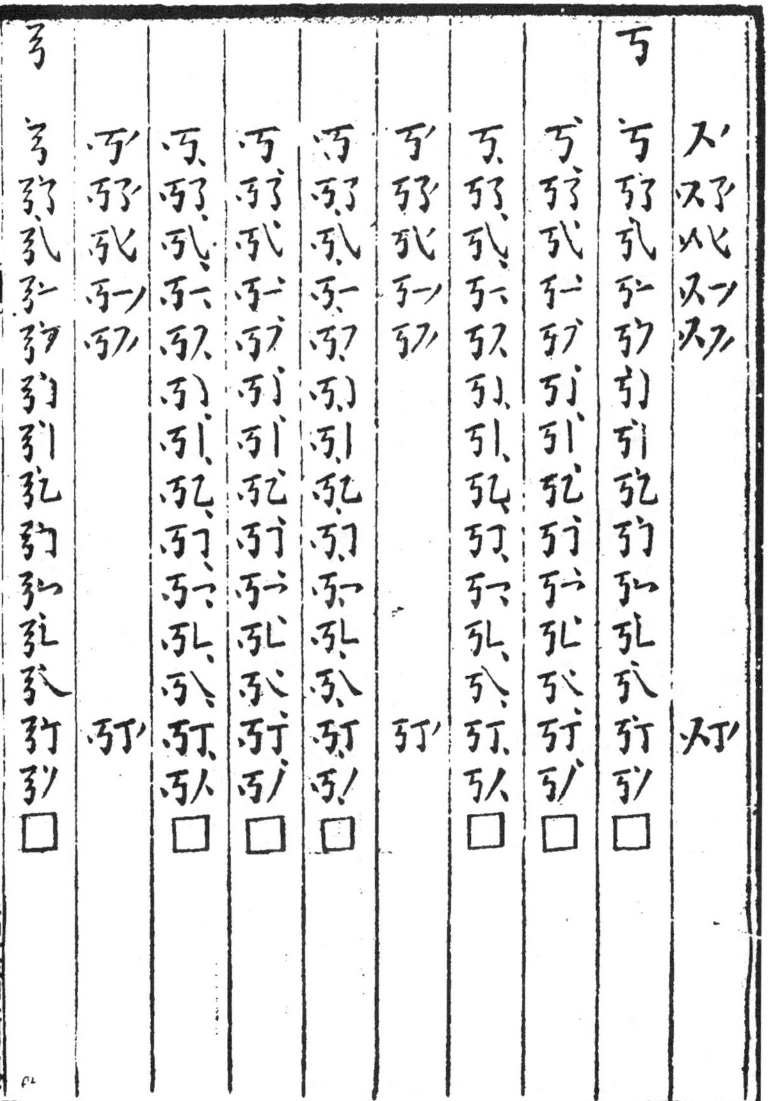

[illegible]

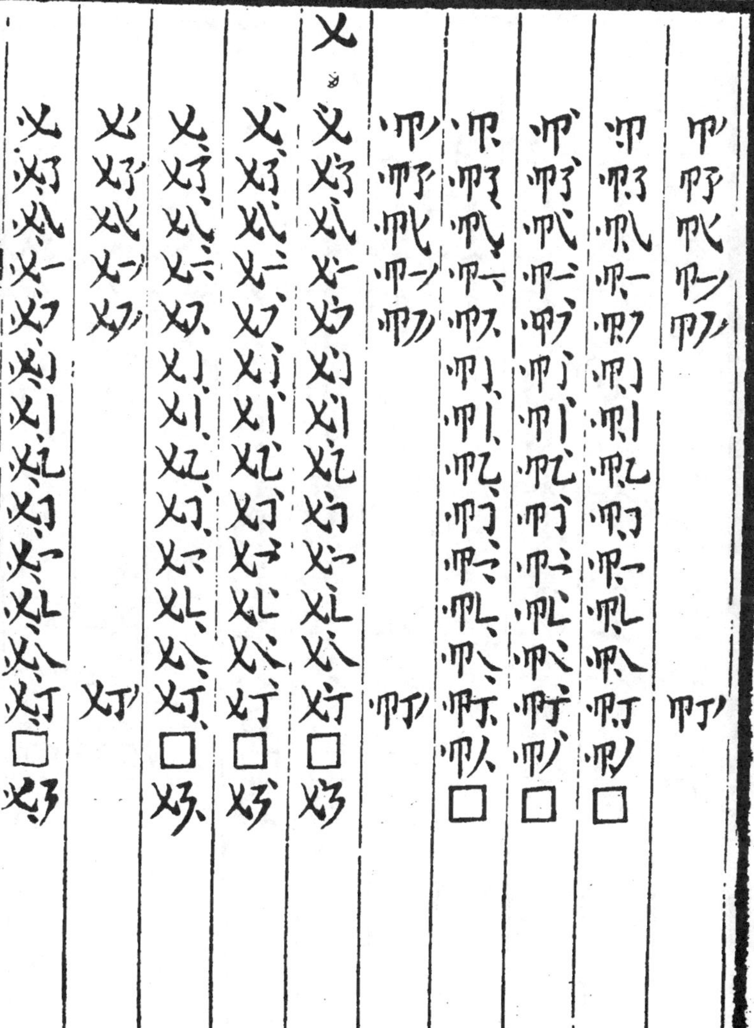

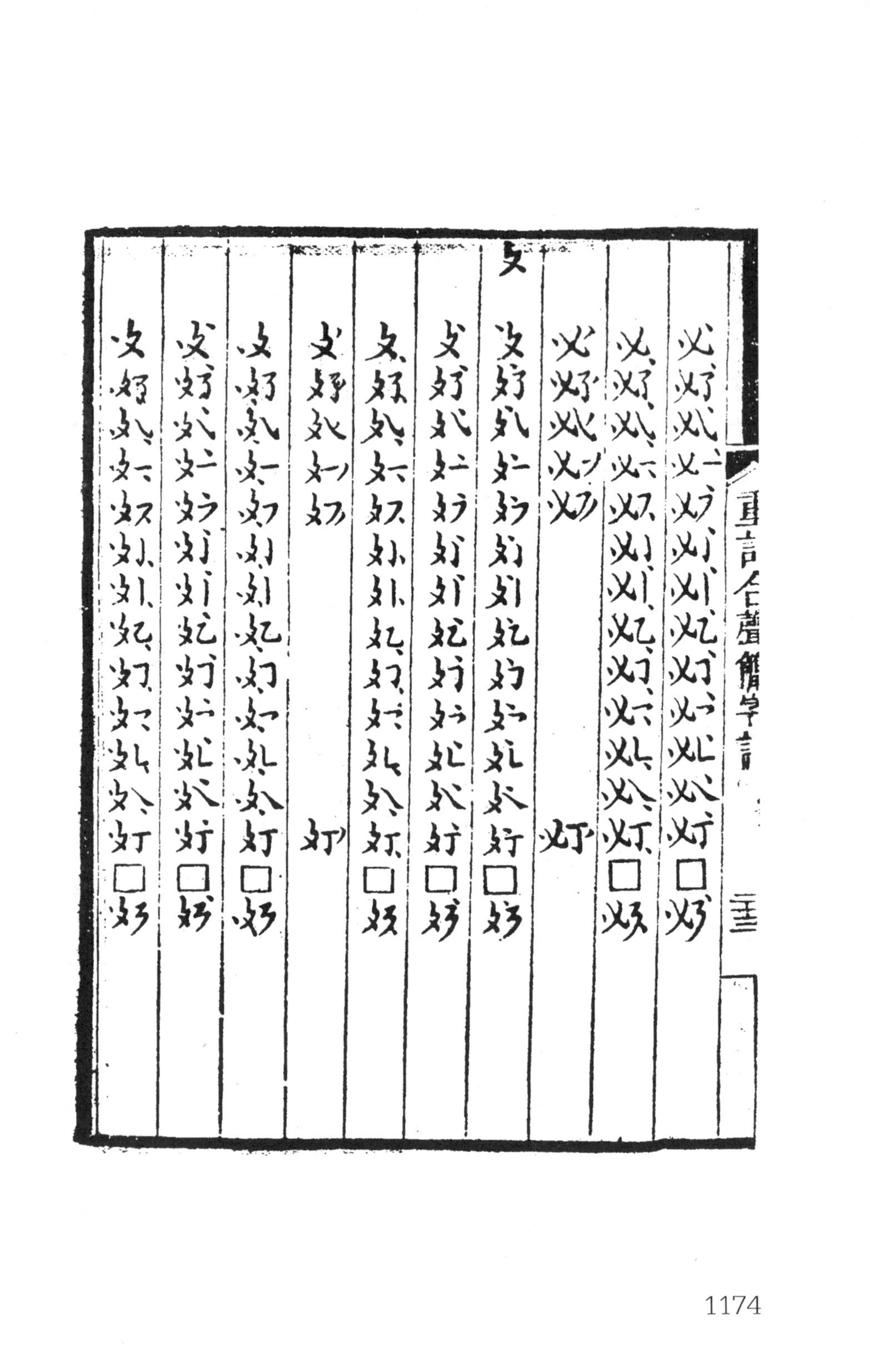

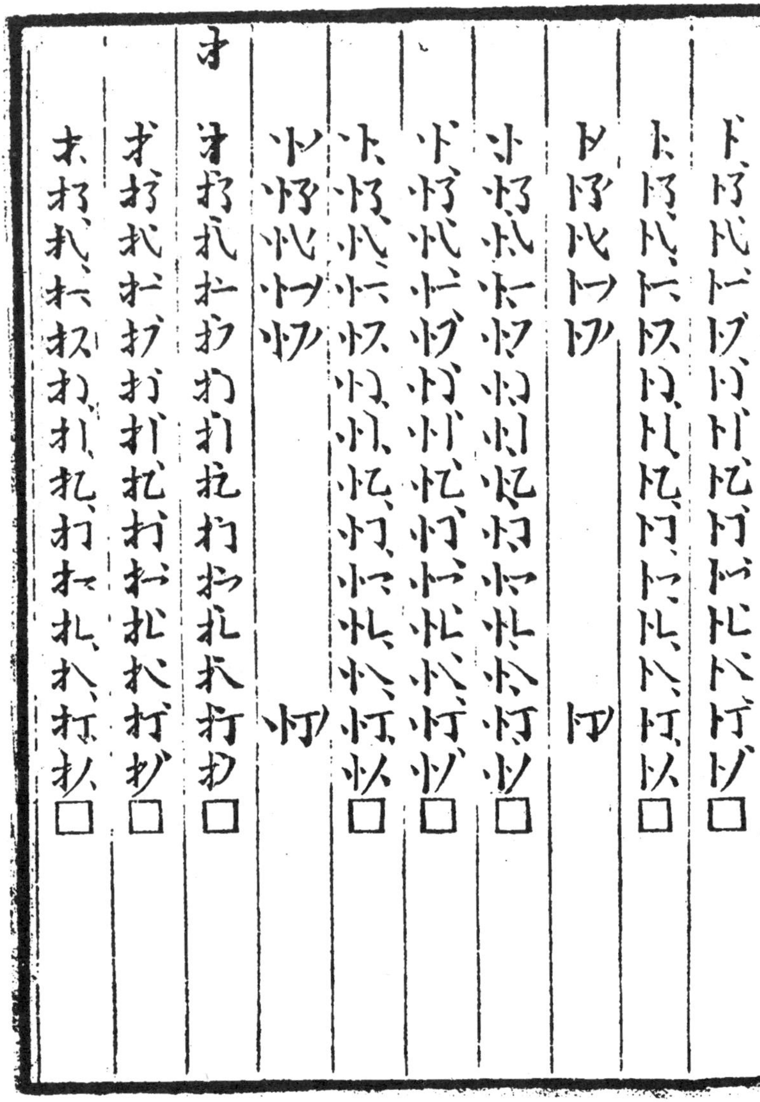

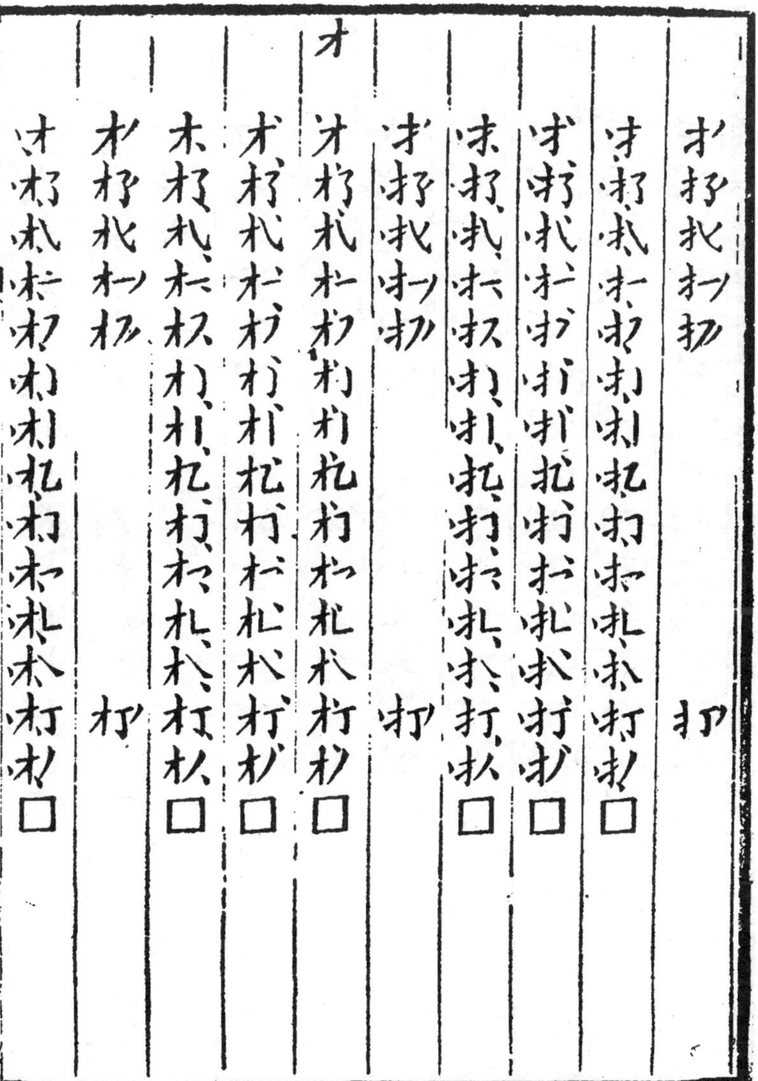
才

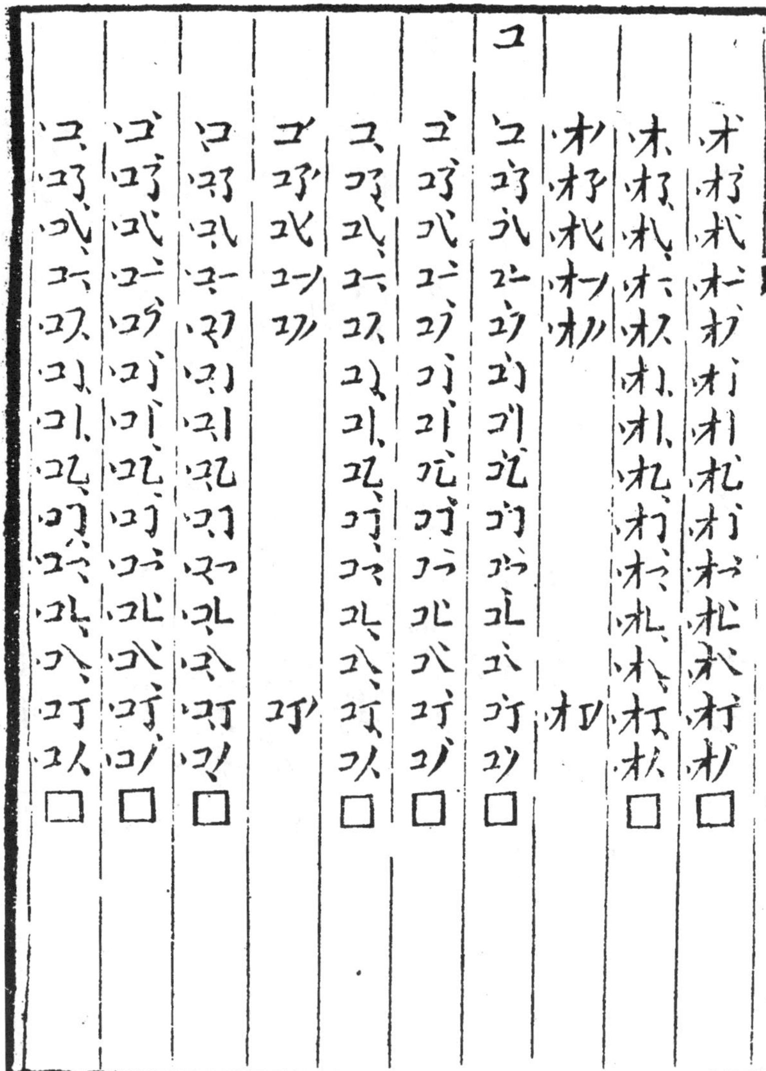

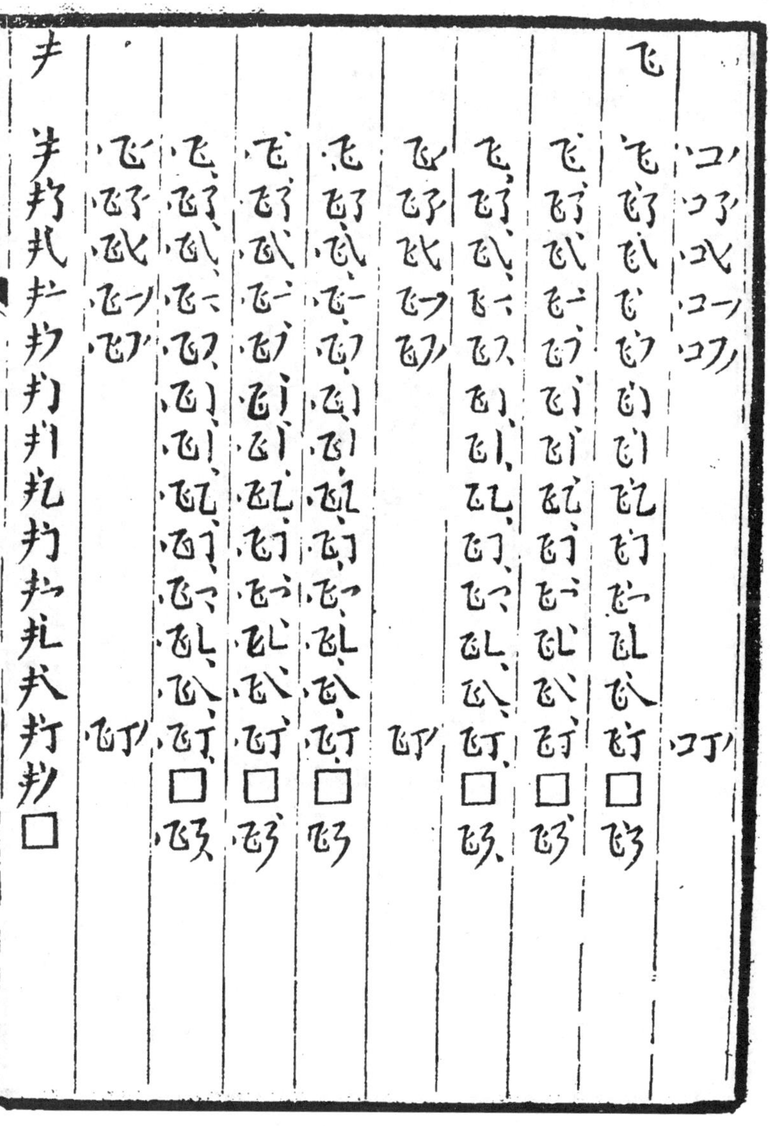

六十三母音註

く 衣

五 五烏

于 于

弋 戈鬲　丩 科克　木 禾黑　于 我兀

丄 基　廾 其欺　乂 希

亻 孤　刂 刻　亇 乎　丂 吾

尸 居　彡 趨袪　夕 須虛

廾 德　牛 特忒　乚 勒　亻 訥

乙 低　匚 題梯　厶 離　匕 尼

ナ 都　土 土駐　七 盧　又 奴

口 呂郘　女 女𡛟

之 之　氺 遲癡　寸 詩　彐 日詡

1181

扌朱 刀初樞 巾書 入入如

マ姿 千辭疵 幺絲

夕祭齎 ヨ妻 丁西

二祖 厂麤 ク蘇

丑咀 勿趨 乄須

丂百 弓潑 卩墨

乂必柲 夂皮披 十米眯

卜卜逋 才撲鋪 才木

コ弗

飞飛

ナ夫

右六十三母各註所取偏旁原字於下於所讀之音與之相同者卽讀其字之音不再加註其所讀之音與之不同者再加一音於又下無字可音者註反切兩字所註之音有淸平有濁平讀時先全作淸平讀次全作濁平讀惟七刂才手四母ヤ牙レイ四母丂ろ卩コ四母吳音讀平聲不便可作入聲讀故註入聲字音於下先全讀淸入次全讀濁入

十八韻音註　四聲音註

了 阿 啊

了 啊 淸平　了 淸上　了 淸去　了 壓 淸入

濁平 濁上 濁去 濁入

我 屋

夏 鑊

哀 哀 藹 愛 餲

孩 亥 醫

危 桅 厄

兀

豪 坳 坳 襖 奧

豪 號

慪 歐 歐 嘔 漚

乙 尣映

丁 翁鉝

一 安北音

乚 恩

乀 爺

刂侯	丬	小侯
乙映	乙盎	乙、盎
氵乙昂	丫乙	乙、巷
丁	丁	丅
氵丁	丫丁	丌
一安	一	丅晏
氵一鹹	丫一	丅限
乚恩	乚	乚、
氵乚痕	丫乚	乚、佷
乀	乀	乀

丁 行

ノ 安南音

彡 延

儿 兒

厶 児

八 心 八

丁 櫻 丁 丁 丁 鴨

叮 行 叮 叮 杏 叮 狹

ソ 安 ノ 人 按

ソ 寒 ソ 火 翰

彡 煙 彡 偃 彡 燕

汸 延 汸 演 汸 豔

儿 儿 儿

儿 兒 儿 耳 儿 二

厶 厶 厶

□吳　□唔　□

□你　□　□　□

□　□你　□

□姆　□　□　□

□無　□姆　□

右上列十八韻各註所取筆畫之原字於下於所讀之音與之相同者卽讀其字之音不再加註其所讀之音與之不同者再加一音於又下無字可音者註反切兩字所註之音有清平濁平有上聲均作清平讀了韻讀如北音麻韻如吳音啊呀之啊乀韻讀如北音歌韻如

吳音了頭之丫フ韻應讀北音危字之開口呼如南音應諾之聲如不能讀即與一·韻相重讀如哀字ㄱ韻讀翁之開口呼如北音應諾之聲如不能讀即讀翁字一韻讀如北音安字如吳音阿曾相連之音乀韻讀如北音翁字如吳音詫異之聲丁韻讀如吳音庚韻行字其清平如櫻桃之櫻ノ韻讀如吳音安字ろ韻讀如吳音延字其清平爲煙字ㄣ韻讀如吳音吳字ケ韻讀如吳音你字之平聲ㄐ韻讀如吳音姆字之平聲下列四聲前四韻有入聲並列清音平上去入四字濁音平上去入四字爲兩行清平加點於左上濁平加點於左下上

聲加點於右上去聲加點於右下入聲加撇於右旁其濁音之四字則皆加點於左旁後十四韻惟丁韻有入聲並列清濁平上去入各四字（吳音麻韻入聲有侈斂兩類侈者爲壓斂者爲鴨吳音讀了韻本近侈故以其入聲了字爲侈類之壓而讀丁韻則近斂故以其入聲爲斂類之鴨）餘十三韻無入聲並列清濁平上去各三字爲兩行上列十八韻全加音註下列四聲則有此字者註無此字者不註可以類推而得也所註各字皆按吳中俗語之音讀之如讀讀書之音卽不合矣

教授次序

第一日認字母清音十字兼認濁音十字

ㄑ五于　七ㄐ卞于　丄廾乂

ㄑ五于　七ㄐ卞于　丄廾乂

第二日認字母清濁各十一字仍帶温前認之字以後每日帶温皆同

才刂了万　尸屮彡　廾牙㇄亻

才刂了万　尸屮彡　廾牙㇄亻

第三日認字母清濁各十字

乙㇀厶匕　ナ土七又　口女

乙㇀厶匕　ナ土七又　口女

第四日認字母清濁各八字

乑儿寸日　ナ刀ヤ入

乑儿寸日　ナ刀ヤ入

第五日認字母清濁各六字

マ千幺　夕ヨ丆

マ千幺　夕ヨ丆

第六日認字母清濁各六字

二厂ク　丑勿乂

二丆ク　丑勿乂

第七日認字母清濁各六字

丂丂卩　乂夂十

丂丂卬 乂攵十

第八日認字母清濁各六字

卜才才 コ飞ヰ

卜才才 コ飞ヰ

第九日認韻十字

了乀 一フ 亅丨 乙丁 乛乚

第十日認韻八字

乀 丁ノ 孑儿 ム 丫 母

第十一日認四聲清濁各十六字教以清音平上去入濁音平上去入之聲並其記號使其自呼 以下同

第十二日認四聲清濁各二十一字

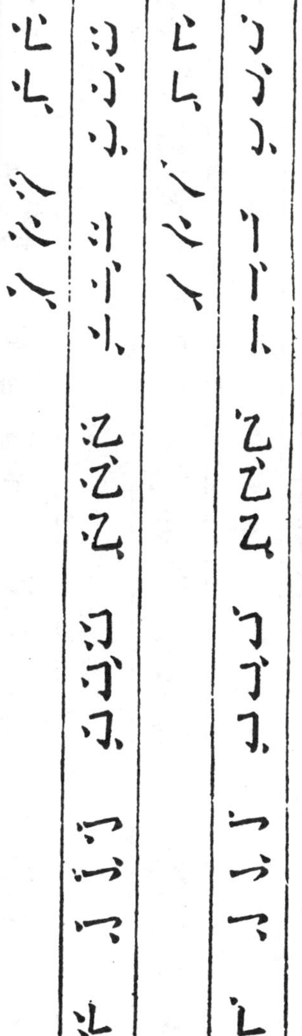

第十三日認四聲清濁各二十二字

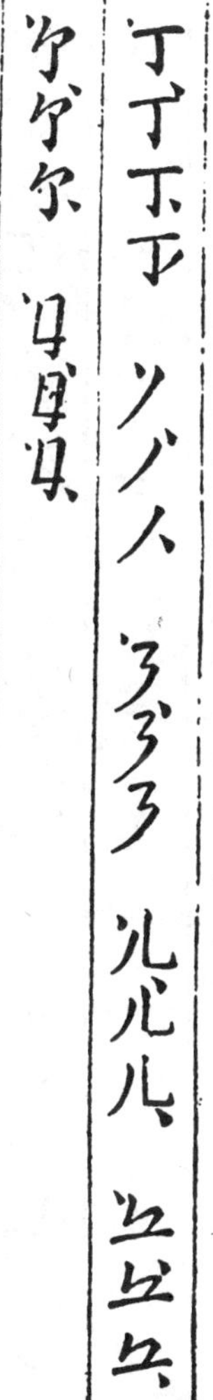

汀汀汀　ツツ乂　汅汅汅　氿氿氿　岦岦岦

汵汵尔　毋毋毋

第十四日讀合聲譜中乜母清平一行讀熟再讀上去入各行清音讀熟再讀濁音平上去入各行不厭多讀以極熟爲度

第十五日讀合聲譜中リ母卞母手母各一二行帶温乜母各行

第十六日於乄儿寸日以後諸母中任擇讀數行並令其試呼未讀之行如能呼出則屢試之未能呼出者教之以任提一字隨口呼出爲度

第十七日告以母韻兩音合成一字之法隨意寫合成之字令其自認不解者教之有誤者正之

第十八日隨意舉字令其自拼自寫不能者教之

第十九日以後舉語句令其自拼自寫自一句漸增至二句三句以至多句如此每日習練久之則能習熟矣

不能寫字者須教以寫字先以母韻聲字寫成影本刻印紅色令其描寫次以合成之字刻印黑色令其映寫每日認字拼音之外並令寫字一兩張

扎呆扨戊刃

聖諭十六條

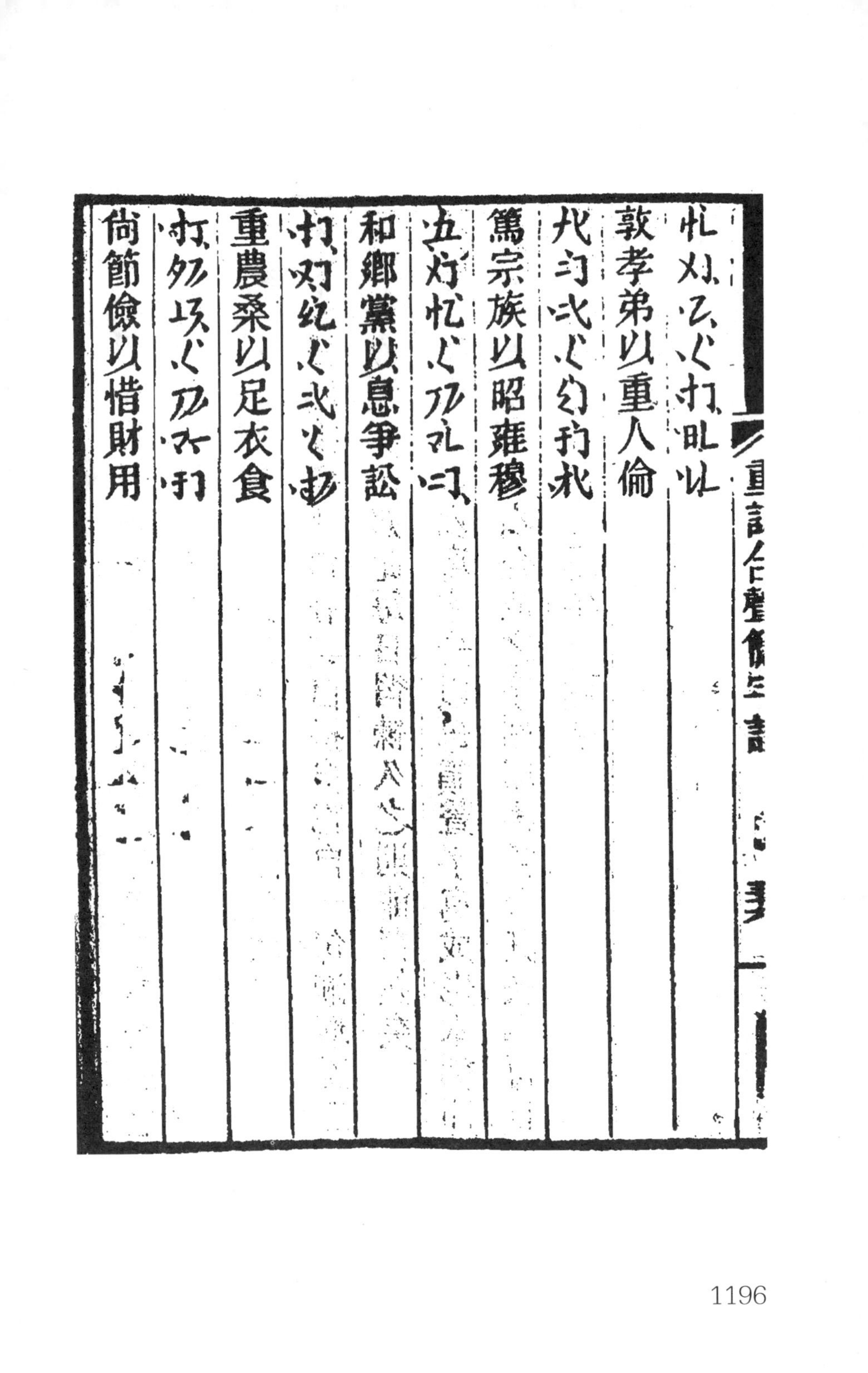

[illegible]

敦孝弟以重人倫

[illegible]

篤宗族以昭雍穆

[illegible]

和鄉黨以息爭訟

[illegible]

重農桑以足衣食

[illegible]

尚節儉以惜財用

切戊以心扑必仍

隆學校以端士習

仍心扑心词私戊

黜異端以崇正學

卫邛幼心止女孤

講法律以儆愚頑

扎公町心扎扚戊

明禮讓以厚風俗

夫孔切心扎扎之

務本業以定民志

[illegible]

訓子弟以禁非為

[illegible]

息誣告以全善良

[illegible]

誡匿逃以免株連

[illegible]

完錢糧以省催科

[illegible]

聯保甲以弭盜賊

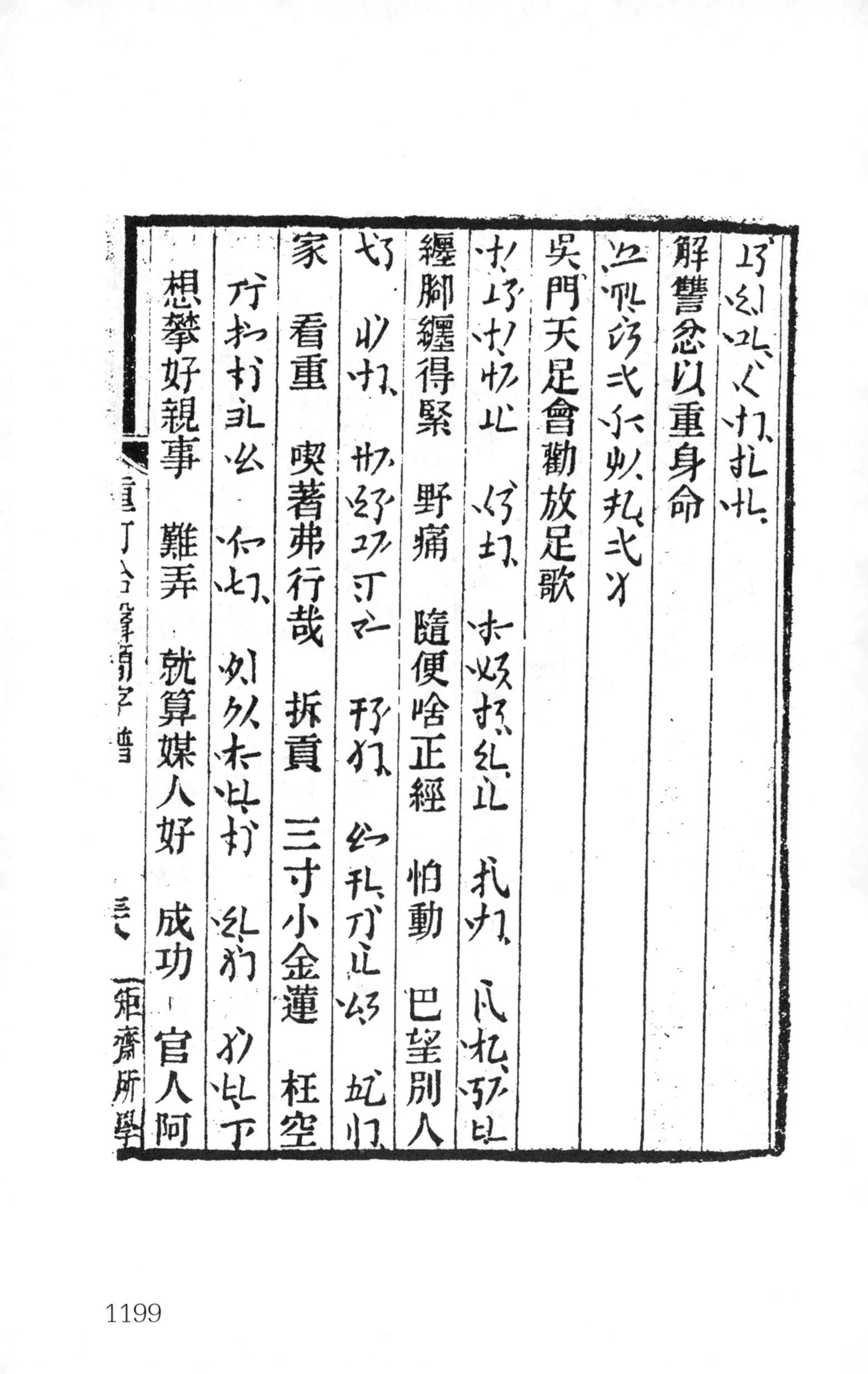

[illegible]

解讐忿以重身命

[illegible]

吳門天足會勸放足歌

[illegible]

纏腳纏得緊　野痛　隨便啥正經　怕動　巴望別人

[illegible]

家　看重　喫著弗行哉　拆貢　三寸小金蓮　枉空

[illegible]

想攀好親事　難弄　就算媒人好　成功　官人阿

[illegible]

中意 弗中 那末懊惱罷 無用 一場白辛苦 做

[illegible]

夢 趁早聽我話 放鬆 各位娘娘們 阿懂

以上

聖諭十六條爲文言勸放足歌爲俗言各註簡字於旁以示拼音之用學者可以隅反

雜識

官話原譜專主京音其母韻但取周於京音之用而已足

今此譜欲包括蘇浙各屬土音雖以蘇州音爲主而增定

母韻不能不兼爲各屬計故所列母韻於各處土音有闕有重闕者無此音者也重者兩音不能分別者也習者可聽其闕與重然不可不知其理存其位庶語音不同而不甚相遠之處彼此可以互通不致爲一隅土音所囿

蘇州音夂儿寸日與才刀ヤ入無別一與フ無別松江上海奉賢等處之音夂儿寸與マ千幺無別丄廿乂尸屮彡與夕ヨ丁丑勿ス無別一與フ亦無別然一與フ蘇則全讀一松則全讀フ蘇州東城一與乛無別而西城則有別松江湖州及嘉興數縣亦無別而常州則有別湖州及吾桐鄉等處丄廿乂與尸屮彡夕ヨ丁與丑勿ス無別蘇州

タヨ丆與丑勹ス亦無別凡此之類固可聽其重複然不心知其故亦有窒礙之處如蘇州え與ナ無別而氈與輒張與莊則有別拼氈張須用え母拼輒莊須用ナ母不能相混湖州桐鄉等處尸讀如丄而拼迴只可用尸如用ニ則不合夕讀如メ而拼靴只可用夕如用メ則不合故不可不知其分別之理也

入聲フ韻爲蘇州音所無當讀如杭州音罨入聲落來之罨如割字盒字等皆收此聲

南音郡定狀從並等母爲見端照精幫之濁而北音則爲溪透穿清滂之濁故南音溪透穿清滂無濁音今既一清

一濁對讀則於溪透等母重讀之可也如弋丬皆讀爲毄廾牙皆讀爲特乊爿皆讀爲遲ㄇ干皆讀爲餅丂丂皆讀爲勃之類

音有隨語而轉者如蘇州語怕字本淸去聲而怕動二字連讀則轉爲淸平就字本濁去聲而就算二字連讀則轉爲濁平杭州語點字本上聲而一點兒三字連讀則轉爲平聲之類各處語音有如此者皆當隨時變通之

丁字乃庚靑蒸韻當讀開口呼如北音應諾然拼以合口之母乃爲東冬韻但蘇屬及杭嘉湖等處讀庚靑蒸韻與眞文韻無別無此開口之收聲惟東冬韻始用之故不得

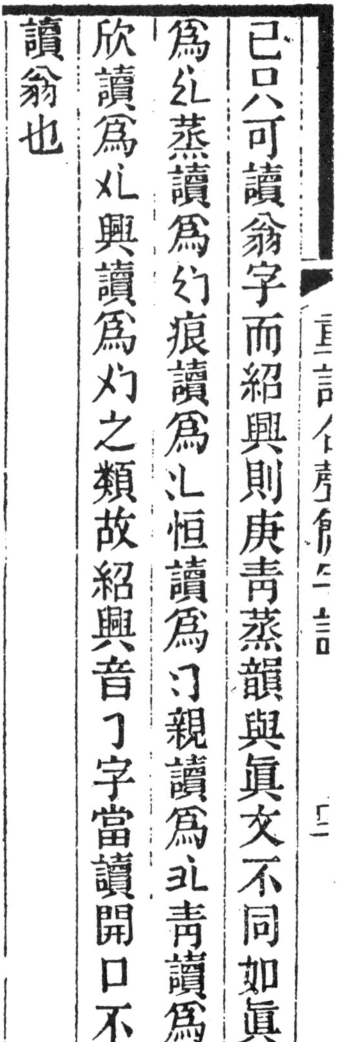

重訂合聲簡字譜　三

已只可讀翁字而紹興則庚青蒸韻與眞文不同如眞讀爲乣蒸讀爲约痕讀爲汇恒讀爲刁親讀爲丑青讀爲丑欣讀爲𠃌興讀爲灼之類故紹興音丁字當讀開口不可讀翁也

此母韻口授極易，而形諸筆墨則頗不易達。譜中諸說力求明顯，在嘗究心等韻之學者自可一目了然，若未涉韻學藩籬，則恐尚未易領會。故欲學此字者，總以口授為善也。

各處方音如偶有特別之音為譜所未備者，不妨於譜外別增之，但原譜不可輕動，乃不致於普通之用有所損礙。此變不離宗之要義也。

音韻之理以母、韻、聲三者為大綱，而其中有喉、鼻、舌、齒、脣之分，重輕、清濁、陰陽之判，四類、四等之殊，條理至為精密。是編為教育普及計，但求其易學易解，此等精微皆置不論，而其理則仍相貫通，不差絫黍。生徒學此簡字但期應用，原可不必深求，而好學深思之士則不可不知其源流。其習為師範者，將為人師，非心知其故無以應答生徒，尤不可不求甚解。鄙人別有《等韻一得》一編，言此甚詳，欲明此學者可於彼書求之。

簡字叢錄

簡字叢錄

《簡字叢錄》自序

簡字之用，專取淺近易曉。余編《增訂》、《重訂》兩譜，凡深微之理、閎遠之論，一語不敢闌入，懼人之畏其難，蓋教科書之體然也。然簡字本於等韻，等韻為小學家精詣，其義藴頗深，且其霑被可使億兆同風，運量亦極廣遠，非竟卑無高論者。閒與朋儕討論，生徒講說，並書問酬答，胷所欲言隨筆傾吐，積稿漸多，見淺見深，叢雜不一，而於音理之條流、教學之甘苦，時復言之親切。暇輒擇其可存者錄為此編，以補兩譜所未備。朋輩論說有精當者亦附編中，名之曰《簡字叢錄》。隨手掇拾，雜遝無序，他日復有所得當續入之。世有洞乎古今聲韻之淵源，達乎中外教育之正變者，或不我遐棄也乎。

光緒三十二年六月桐鄉勞乃宣識。

簡字南北音合表

簡字始於京音爲母五十韻十二聲號四余增母六韻三聲號一爲甯音一譜又增母七韻三濁音號一爲吳音一譜既刊行矣顧各爲一譜或疑彼此不能貫通今合三者而一之以京音爲主不加標識甯音所增加方圍吳音所增加圓圍按原字無圍者讀之即京音之譜加有方圍者讀之即甯音之譜再加有圓圍者讀之即吳音之譜也

母

く 丑 孑

七ㄐ朩(手)　ㄴ卄ㄨ　才刂彡(五)　尸屮彡

廾牛ㄥ亻　乙ㄥ厶ㄈ　ナ土七又　口女

夂川寸日　寸刀ヤ入

マ干幺　[夕][ヨ][丁]　二厂ク　[丑][勿][ス]

(丂)(子)(卩)　乂夂十　卜才才

(コ)(飞)ナ

京音甯音母皆不分清濁吳音則有清母有濁母此皆作清母用再加一點於左側卽濁母也

韻　聲

了㇏　了了了[了]　㇂㇂㇂[㇂]

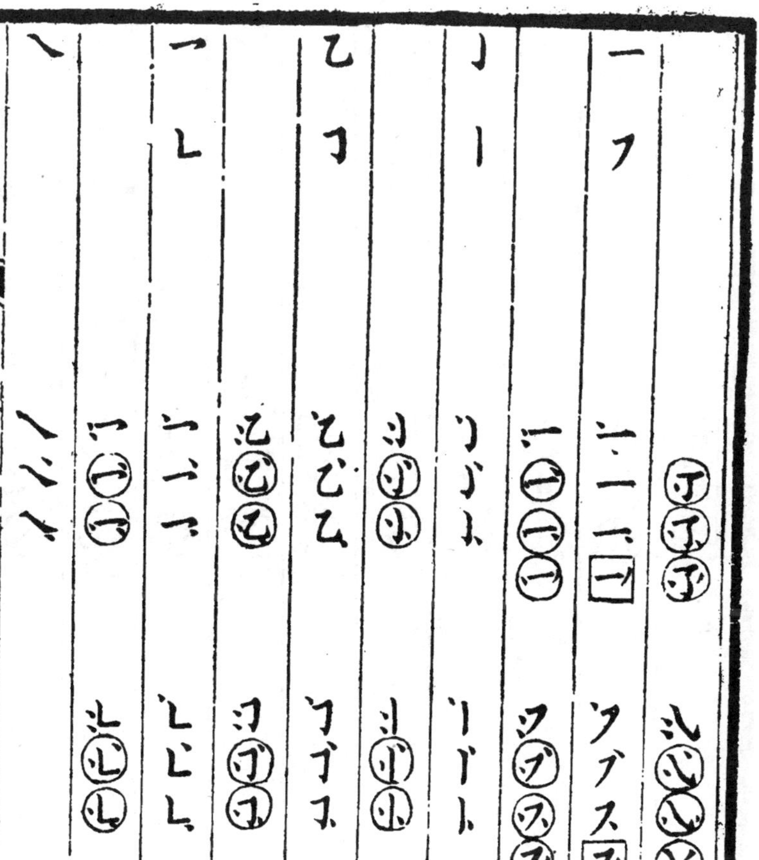

奇字萇錄　二　矩齋所學

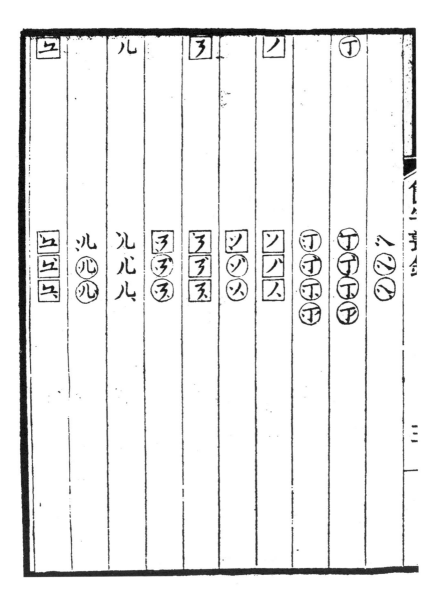

八 八 八

丁

丁 丁 丁 丁

丁 丁 丁 丁

ノ

ソ バ 人

ソ ゾ 㐅

ろ

ろ ろ ろ

ろ ろ ろ

儿

儿 儿 八

儿 儿 儿

ム

ム ム ム

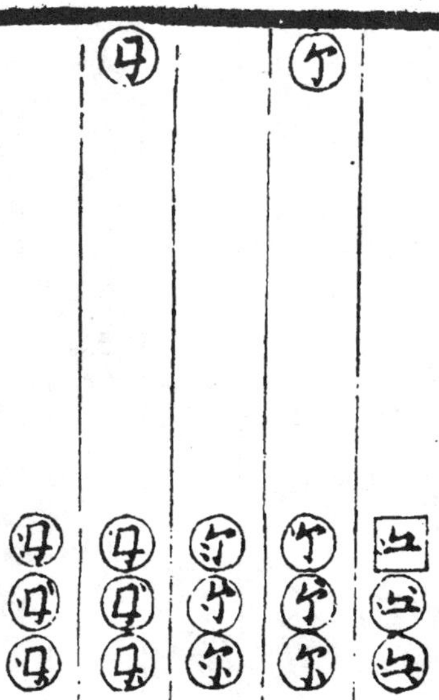

北音上去甯音上去入皆無淸濁之別讀時當以濁平
置淸平之次下連上去與入濁平左側亦不加點

簡字南北音分配古母韻部表

韻學家所用字母韻攝各不相同而以三十六母上下平三十韻爲通行簡字所用亦不外此範圍而南北方音互有出入今各爲一表以古母韻部一一分配使習簡字者可由簡字以通古母韻之理本明古母韻者可由母韻以通簡字之法焉

京音五十母分配古母

		開口	齊齒	合口	撮口	
喉音	影喻	○	く	五	千	
鼻音（一名牙音）	見羣	七	上	ㄌ	尸	戛音

類	母	字				音
	溪 羣	ㄐ	廿	刂	少	透音
	曉 匣	才	ㄨ	了	ク	轢音
		○	○	○	○	捺音
舌音一名舌頭音	端 定	廾	ㄗ	ナ	○	戛音
	透 定	牛	ㄈ	土	○	透音
	來	レ	ム	七	口	轢音
	泥	イ	ヒ	又	女	捺音
重齒音一名正齒音	照 牀	ㄑ	○	寸	○	戛音
	穿 牀	川	○	刀	○	透音
	審 禪	寸	○	十	○	轢音

類	字母	符號	音
	日	日○八○	捺音
輕齒音一名齒頭音	精從	マ○二○	戞音
	清從	千○厂○	透音
	心邪	幺○ク○	轢音
		○○○○	捺音
重脣音	幫並	○乂卜○	戞音
	滂並	○夂才○	透音
		○○○○	轢音
	明	○十才○	捺音
輕脣音		○○○○	戞音

透音	轢音	捺音
	非奉	
○○○○	○○扌○	○○○○

古母清濁各別而北音惟平聲有清濁上去皆無清濁以平聲之清濁分爲上平下平與上去並列爲四聲故清濁合爲一母又羣定牀從並母之字平聲讀透音上去讀戛音分隸兩母今以清濁其母者兩母同列一行濁母分隸者分註兩清母下以示區別

開口齊齒合口撮口四等古分於韻而母不分今則分之於母故古母一母今皆下列四母其呼不成音拼音

不用者列空圈以存其位戛透轢捺不全者亦列空圈以存其位

京音十二韻分配韻部

	陽正音	方音	陰正音	方音
喉一部一名直喉	了 麻		㇏ 歌	
喉二部一名展輔	一 佳		㇇ 灰	
喉三部一名斂脣	丿 蕭肴豪		亅 尤	
鼻部一名穿鼻	乙 江陽		㇆ 東冬庚青蒸	
舌齒部一名抵齶	一 元寒刪覃鹽咸先		㇗ 眞文元侵	
喉一部次音			㇏	麻

喉餘音　儿

右十二韻分配上下平韻部二十有五惟支微齊魚虞五韻部不在其內緣字母所用已備此五韻部之音專用字母不必拼韻即支微齊魚虞等韻部之字合之而上下平三十韻全矣

讀韻部本音者標正音方音與韻部本音不同者標方音

侵覃鹽咸四部古爲閉口韻屬脣音部而京師方音讀覃鹽咸之字與元寒刪先同讀侵韻之字與眞文元同故附於一乚韻下而標明方音以別之

麻韻內車遮一類北音與麻異讀〈韻所註方音麻即車遮韻也

儿字爲餘音三十韻部所無故不註

甯音五十六母分配古母

喉音

鼻音一名牙音

	開口	齊齒	合口	撮口	
影喻	○	く	五	于	
見羣	弋	丄	才	尸	戛音
溪羣	丩	廾	刂	㞢	透音
曉匣	ㄊ	ㄨ	ㄋ	ㄆ	轢音
	○	○	○	○	捺音

舌音 一名舌頭音	端 定	ケ ㄗ ナ 〇	戛音
	透 定	牛 ㄣ 土 〇	透音
	來	ㄴ ム 七 口	轢音
	泥	イ ヒ 又 女	捺音
重齒音 一名正齒音	照 牀	ㄠ 〇 才 〇	戛音
	穿 牀	川 〇 刀 〇	透音
	審 禪	寸 〇 十 〇	轢音
	日	日 〇 入 〇	捺音
輕齒音 一名齒頭音	精 從	マ 夕 二 丑	戛音
	清 從	千 ヨ 厂 勿	透音

		重脣音				輕脣音			
心邪		幫並	滂並		明			非奉	
ㄠㄏクス	○○○○	○ㄨト○	○夊扌○	○○○○	○十才○	○○○○	○○○○	○○ナ○	○○○○
轢音	捺音	戛音	透音	轢音	捺音	戛音	透音	轢音	捺音

甯音字母與京音略同惟增輕齒齊齒ㄨㄩㄈ撮口ㄩ

ㄉㄋ六母

甯音十五韻分配韻部

	陽	陽正音	方音	陰	陰正音	方音
喉一部一名直喉	了	麻		乀	歌	
喉二部一名展輔	一	佳		㇇	灰	
喉三部一名斂脣	亅	蕭肴豪		丨	尤	
鼻部一名穿鼻	乙	江陽		㇆	東冬	
舌齒部一名抵齶	一	寒刪	覃咸	㇗	眞文元庚青蒸	侵
喉一部次音				㇏		麻

舌齒部次音	丿	寒
又	ㄋ	元先鹽咸
喉餘音	儿	
鼻餘音	ㄙ	

北音寒刪先覃鹽咸均無別南音寒先鹽等韻之字別有一類如官與關不同堅與艱不同之類而官與堅收聲又不同故別立丿爲開合之韻ㄋ爲齊撮之韻北音庚靑蒸爲東冬之開口而南音與眞文元無別ㄙ爲鼻餘音亦北音所無也餘同北音

吳音六十三母分配古母

發音部位	清	開齊合撮	濁	開齊合撮	
		口齒口口		口齒口口	
喉音	影	○く五于	喻	○く五于	
鼻音一名牙音	見	弋丄才尸	羣	弋丄才尸	戛音
	溪	丩廾刂屮		丩廾刂屮	透音
	曉	才乂了夕	匣	才乂了夕	轢音
		千○丏○	疑	千○丏○	捺音
舌音一名舌頭音	端	十乙ナ○	定	十乙ナ○	戛音
	透	牛匚土○		牛匚土○	透音
		レム七口	來	レム七口	轢音
		亻ヒ又女	泥	亻ヒ又女	捺音

重齒音一名正齒音				輕齒音一名齒頭音				重脣音	
照	穿	審		精	清	心		幫	滂
ㄋ○才○	川○刀○	寸○ヤ○	日○入○	マ夕二丑	千ヨ厂勿	幺丁クス	○○○○	丂乂卜○	丂文才○
牀		禪	日	從		邪		並	
ㄋ○才○	川○刀○	寸○ヤ○	日○入○	マ夕二丑	千ヨ厂勿	幺丁クス	○○○○	丂乂卜○	丂文才○
戛音	透音	轢音	捺音	戛音	透音	轢音	捺音	戛音	透音

		輕脣音			
				非	
○○○○	丆十才○	○○○○	○○○○	コ飞ナ○	○○○○
	明			奉	
○○○○	丆十才○	○○○○	○○○○	コ飞ナ○	○○○○
轢音	捺音	戛音	透音	轢音	捺音

吳音清濁異母與古母符合故清濁對列透類無濁音拼字時可不用列字以存其位讀時可與戛類相叠捺類及轢類之來母古無清音而方音有之故亦列其清音之字

吳音十八韻分配韻部

	陽正音	方音	陰正音	方音
喉一部　一名直喉	了 麻	佳	乀 歌	麻
喉二部　一名展輔	一 佳	灰	㇇ 灰	
喉三部　一名斂脣	亅 蕭肴豪		亅 尤	
鼻部　一名穿鼻	乙 江陽		㇆ 東冬	
舌齒部　一名抵齶	一 刪		㇄ 真文元庚青蒸	侵
喉部次音			乀	
鼻部次音	丁	陽庚		
舌齒部次音			ノ	元寒先覃

又

喉餘音　儿

鼻餘音　ㄙ

舌齒餘音　ケ

脣餘音　ㄇ

ろ

吳音庚韻之字近於陽而稍斂陽韻之字亦有斂音別立丁以別之ろ韻專拼齊齒其撮口亦用ノ與甯音不同故ろ下不註元韻ケ爲舌齒餘音ㄇ爲脣餘音則又甯音所無也

ㄟ爲北音車遮韻吳音所無惟一詫異之聲似之但亦

無字可拼祇能視爲餘音故存其位而不註韻部

以上母韻分音分部分類分等詳愚所著等韻一得

此悉依用其義例欲知其詳可於彼編考之

簡字四等分於母說

凡音皆有四等呼，曰開口，曰齊齒，曰合口，曰撮口。如干、堅、官、涓，則干為開口，堅為齊齒，官為合口，涓為撮口；根、巾、昆、均，則根為開口，巾為齊齒，昆為合口，均為撮口；又如坑輕空穹、差妻麤趨等皆是。

向來等韻家四等之分皆在韻攝，而母則不分，故古人反切四等之別在下一字，而上一字不拘呼等，如根字開口而切以古痕，痕為開口而古則合口非開口也；蕭字齊齒而切以蘇彫，彫為齊齒而蘇則合口非齊齒也；東字合口而切以德紅，紅為合口而德則開口非合口也；暄字撮口而切以況袁，袁為撮口而況則合口非撮口也。以此之故，古反切不甚易解，緣上一字不必同等呼之，不甚諧也。

《音韻闡微》以合聲之法易之，上下兩字皆取同等，如歌恩切根，歌字恩字皆開口；西腰切蕭，西字腰字皆齊齒；都翁切東，都字翁字皆合口；虛鴛切暄，虛字鴛字皆撮口，之類，一呼即得，已遠勝於古法。然聲音本然之理，四等實全分於發聲之始，至收聲則皆收於開口，一呼下一字，初不必分等也。即如干、堅、官、涓四字，歌安為干，基煙為堅，姑彎為官，居淵為涓，誠至諧矣。然就口中自然之音辨之，堅實為基安，官實為姑安，涓實為居安。齊齒之堅、合口之官、撮口之涓，實皆收聲於開口之安，不必用煙、彎、淵也。又如根、巾、昆、均四字，歌恩為根，基因為巾，姑溫為昆，居氳為均，亦為至諧。

然自然之音，巾實基恩不必用因，昆實姑恩不必用溫，均實居恩不必用氳，皆齊齒、合口、撮口俱收聲於開口之明證。是反切之分別開、齊、合、撮，實在上一字之母，不在下一字之韻也，此其理為古來論反切者所未道，獨《欽定同文韻統》《華梵字母合璧第一譜》所註反切，下一字皆用開口之字，如伊阿切為鴉，烏阿切為窪，烏厄切為窩，俞厄切為約，伊安切為焉，烏安切為彎，俞安切為淵，伊翰切為英，烏翰切為翁，俞翰切為雍，之類，係用此法，允屬天造地設，不假安排。惜全譜未能全用此法，後人亦未有宗之者。

今簡字之法於字母中備列開齊合撮四等，每等各為一母，為拼音之上一字，而其韻不分四等，專用開口喉音為拼音之下一字，與《合璧》第一譜所用反切之法若合符節，合而呼之，躍然而出，如矢貫的，如土委地，田夫野老、婦人孺子入耳而能通，矢口而能道，蔚為教育溥及之利器。其所以能臻此妙境者，實由四等分於母而不分於韻之合於天籟，非前人舊法所能及也。孰謂今人心思不能踰於古人哉？至甯音元先鹽等韻之齊齒撮口，吳音先鹽等韻之齊齒，收聲於ㄋ而不收於ノ，則為一方偶異之音，又當分別觀之，不可一概論也。

簡字分配古母列表說

古母三十六，清濁相對者，影與喻、見與羣、曉與匣、端與定、知與澄、照與牀、審與禪、精與從、心與邪、幫與並、非與奉，二十二母，為偶者十一。有清無濁者，溪透徹穿清滂敷七母，有濁無清者，疑來泥孃日明微七母，為奇者十四。原包括中國同文之音，非一處方音所能備也，後世等韻家每有刪併，而又往往彼此相非，其實皆限於方音，未嘗觀其通也。其大別大抵有二，一分清濁，一不分清濁是也。

簡字本以方音為主，方音所無者本不必用，故不以刪併為嫌。京音、甯音，母皆不分清濁，其清濁為偶者併為一母，十一偶中不用知澄，為十母，十四奇中不用徹敷疑孃微，為九母，共為十九母，兼清濁數之則為二十九母。所以不用知徹澄孃者，無舌上音也。所以不用疑微者，喻疑微不分也。所以不用敷者，與非同也。

吳音母分清濁，其清濁為偶者分為兩母，而清濁為奇者互補其偶。十一偶中亦不用知澄，為十偶，與京音、甯音同。十四奇中不用徹敷孃微，為十母，互補為十偶，比京音、甯音多用一疑母，共為二十清母、二十濁母，除互補之十母，數之則為三十母。其無舌上音，與京、甯音同，而疑別於喻，與京、甯音異。雖亦不用微母，而讀微母與奉母同，不與喻母同，亦與京、甯音異也。計三十六母，京音、甯音用二十九，吳音用三十，惟知徹澄孃敷微六母皆不用，似此六母皆為今日方音所無矣。然閩廣今有舌上音，如推廣於閩廣，則當增入知徹澄孃等母，敷母古為滂母之輕音，與非不同，而今音非、敷無別，故用非，即不用敷。然陝西讀鋪如古之敷、微母，吳音與奉無別，故用奉即不用微。然山東兗州、濟甯等處無奉母而有微母，是則如推廣於陝西、山東，仍當增入敷母、微母。是三十六母皆不可闕也。

簡字之用，一取其易學，一取其能通。求其易，必各肖其本處之方音，求其通，必統括乎各處之方音。古人三十六母本參合當時宇內方音而設，今已多歷年，所而各省方音尚不能出其範圍。四方舊學家通知其説者，亦尚不乏其人。今列為《簡字分配古母表》，取古母之部別，明簡字之條流。凡本明字母舊學者，證以舊法，參以方音，則於簡字用母之旨及各處方音與三十六母之離合異同，可不煩言而解，且使初學簡字者借以窺古母之門徑，為講求韻學之階梯，觀此表者當自知之。至開齊合撮四等分於母而不分於韻，為簡字之創格。故每一母分為四母，其四等不備者，或闕之為三母、二母、一母，如**く**、**五**、于皆影母，**七**、**丄**、**丫**、**尸**皆見母之類。是以京音、甯音皆十九母，而京分為五十母，甯分為五十六母，吳音清濁各二十母，而分為清濁各六十三母也。

簡字分配韻部列表說

上下平三十韻，定於平水劉氏，非古韻也，而為世所通行，士人所共知，故以此指示，易於曉解。

等韻之法分三十韻為十三攝，曰喉一部，其陽麻韻也，其陰歌韻也，其下支微齊魚虞韻也；曰喉二部，其陽佳韻也，其陰灰韻也；曰喉三部，其陽蕭肴豪韻也，其陰尤韻也；曰鼻部，其陽江陽韻也，其陰庚青蒸東冬韻也；曰舌齒部，其陽元寒刪先韻也，其陰眞文元韻也；曰脣部，其陽覃鹽咸韻也，其陰侵韻也。又有次音十三攝，今京音、甯音、吳音所有者，喉一部次音，北音麻韻之車遮類也；鼻部次音，吳音庚韻及陽韻之斂音也；舌齒部次音，吳音寒先覃鹽等音也。又有餘音四攝，喉餘音，北音兒也；鼻餘音，吳音吾也；舌齒餘音，吳音你也；脣餘音，吳音無也。

以簡字之韻叕之支微齊魚虞為母不拼韻之字，故韻中不列此部。其前列之了、乀、一、フ、亅、丨、乙、㇆、乛、乚十韻，即喉一部至舌齒部之陰陽各五韻。此十韻京音、甯音、吳音皆備，所以無脣部者，京、甯、吳方音皆無閉口韻也。此後為次音，京音有乀韻，甯音增丿韻，吳音又增丁韻。此後為餘音，京音有几韻，甯音增厶韻，吳音又增丫韻，夕韻至乃韻為丿韻之齊齒，惟先鹽等韻中甯音之齊撮、吳音之齊齒用之而不用丿韻開口，則一方偶異之音也。今各列為表，以明其分配之部，知三十韻者一望可曉第韻部之字。

各處方音讀之每有不同，如庚青蒸正音為東冬之開口，而南音與眞文元無別，侵覃鹽咸正音為閉口韻，而京音、甯音、吳音皆讀如寒刪先眞文元之類，故於表中分列正音、方音二格，其讀作正音者入正音格，方音不合正音者入方音格，以示區別。閉口韻，京、甯、吳方音皆無之，故闕此部。然閩廣及吾浙溫州等近閩之處皆有閉口韻，如推行於此數處，則閉口韻亦不可少。今豫擬兩字以為之備，一用菴字省筆作**乇**，為覃鹽咸韻；一用陰字省筆作**ㄋ**，為侵韻。他日若推行於有閉口韻處，即可以此為用，而韻之六部全矣。

江甯簡字半日學堂師範班開學沈鳳樓觀察（桐）演說文

今日奉明詔廣設學堂，建德尚書尤亟亟以興學為務，農工商兵亦既各建校舍而猶垂注於教育之普及，於是有簡字半日學堂之設。蓋此堂之設否，關繫民智之通塞，宜尚書之鄭重詳審，樂觀厥成也。

夫中國之辦學堂，經費亦非易易矣。東觀日本，西覽歐洲，凡蒙童六歲以外皆當讀書識字，有不學者罪其父母，謂之強迫教育。其學堂林立，初不悉由國家籌款，故經費甚易。中國風氣初開，民間貧乏者眾，其無力興辦者，勢也。既無力興辦，學堂必不廣，學堂不廣，識字必不多，識字不多而覬國家之富且強也，得乎？國家富強之源不在一二上流社會之人才，而在多數下流社會之識字，一百人中下流社會居九十九，今也識字占其一，不識字占其九十九，此而欲民智之開，得乎？中國積習，每好為高論，凡造就下流社會之利器，皆鄙為無足道。試思國家將坐視下流社會之蕪穢盲塞，而徒恃一二上流社會，遂足以富強乎？

然中國文字極煩，學亦甚艱，自束髮受書，非十稔不能握管撰文。此而欲田夫野老、婦人女子人人識字，無論資性不近，即人人聰哲、人人慧悟，亦無此十年之時間也。是以建德尚書之設簡字半日學堂，一以使人易知，一以省時間。何謂易知？中國舊字一字數音、一字數義，繁賾精奥，雖宿儒不能悉瞭。今以二音合成一字，最為簡明，亦如古之反切，以德紅二字切成東字之類，但習六十九字即可拼成三千餘字，雖極魯至愚之人亦不難於學成，其易知也何如。

何謂省時間？田夫野老、婦人女子非不欲識字，實無暇識字。農工有農工之職業，婦女有婦女之職業，今欲舍職業而入學堂，多則五年，少則二三年，然則兆民將不食不衣、枵腹裸身以從事於學乎？欲學則飢寒，不學則民智不開，無兩全之道，此非省其時間以半日學以半日仍營職業不可。況貧窶之子弟，類多經營極微之生計，販賣飴餳果品之屬以餬其口，以致幼而不學，長而浮蕩，流為盜賊，其禍害彌亟。惟有以半日令其來學，仍可以半日營生計，其省時間也何如。

既易知又不耗時，學成之後並繙成新字書報，廣布民間，車夫輿卒皆可閱報看書，時事借以通曉，民智借以開通，凡朋友文札、婦女家書，皆可人自為之，何至為瞢昧無知之人。況普通知識即可借以發明，如修身、輿地、歷史各科學，皆有益於身心。學修身則聖教可明，不至惑於外教，外教家祀佛奉天，出於虛無，聖教則齊家治國皆歸實踐，如《論語》，千乘弟子道之以政，各章已明言之。學輿地則山川形勝、疆域沿革、都會口岸、民情物產、五方風氣皆可盡稔。學歷史則國家之治亂興衰、君相賢愚、忠佞節義諸大端皆有實蹟可考，非空疏者比。

茲者新字習成，凡普通學科皆可灌注於新字之中。君子之道，譬如行遠必自邇，譬如登高必自卑，勿謂簡字至淺，勿謂簡字至俗，由淺而推之深，由俗而推之雅，故至捷之事也。是故識字斯能讀書，讀書斯能明理，明理則無事不可治、無業不可就，皆學之力也。

今日為簡字半日學堂開學第一日，諸生來習師範者，皆國文已達之人，簡字之理自不難於領悟。茲經理此堂及教授此堂者皆實事求是、深通韻學之士，諸生務當鋭志向學，不負所期。今日學成師範，來日教育學生，由近及遠，由國及郊，廣為勸導，庶乎雲從風應，不必效西人強迫之法。孩稚六歲以外無不入學，下至田氓野老、車夫輿卒、婦人女子，無不識字，以斯追求歐美人人識字之盛也不難矣。今日為開學第一日，吾猶望諸生立志學成之後，各盡義務，不可為無用之人，致與草木同腐。夫草木之腐猶可為薪為樵，人之腐則歸於烏有，是草木之不如也。諸生勉旃。

按：初訂甯音之譜為五十六母十三韻，後乃增為十五韻，篇中所云六十九字指初訂母韻言也，下篇同。

江甯簡字半日學堂師範班開學演說文

沈先生之言，廣大精微，無以再加矣，余但就簡字之義言之可乎？周玉帥欲農夫牧豎、婦人女子皆能看報章閱書信，故特開是堂。是堂名簡字，簡字何始乎？始於甯河王禮部，本古時字母，審今人方音，成五十字母，又以古韻太多，如東冬江陽魚虞之類，皆可併歸一韻，定為十二韻，顧其書專用京音，南方不盡相同，吾特就南音加以六母，如基欺希與齏妻西，居祛虛與咀趨須，北同而南異之類；又增一韻，如關與官、艱與堅，北音相同，南省之江北等處分為二音之類；至入聲，北無而南有，故亦增之。

今日師範開學，諸生中如有平日知反切之學者，則三五日可以領悟；即平素不知反切，若能潛心研究亦不難明其理。諸生當自知之，無待贅言也。雖然，外間不知簡字之妙用者，有二說焉，亦不可以不辨。

一說以為增添六母一韻，南北語言從此隔閡，習簡字本欲語言畫一，今反兩不相謀，豈非求簡反繁耶？不知文字簡易與語言畫一本應作兩級堦墄，本應為兩次辦法。日本亦先有平假名、片假名，而後有國語科。先聖有云『齊一變至於魯，魯一變至於道』，言變更之不可躐等也。今未講文字簡易，即欲語言畫一，是欲一變至道，豈非躐等乎？躐等之學，萬不能成。

如謂兩級辦法之迂緩不如一級辦法之直截，其言乍聞之，似近有理，而實未深曉音學之甘苦也。何也？中國之用舊字數千年，用方言亦數千年，今欲數千年之方言一旦變為官音，聞者咸苦其難，望而卻步。教育之道莫妙於誘，莫不善於駭，開學校本欲誘之使來，何可駭之使退耶？今世學東西之語言者至眾矣，然東西之語言學成可以為名，高人豈有舍學東西語言之日力移而學此耶？故莫若即其本音而遷就之，俾人人知簡字之易學，知簡字之誠可代語言，然後人人皆有變遷語言之思想。有變遷語言之思想，然後率而導之於國語之途，則從之如流水，趨之如大道矣。此所以教育之道在於誘也，此可躐等而進耶？今夫土可種禾，禾可生穀，穀可為飯，此人人所知者也。若舍其中層累之數而悍然曰：汝以土種禾、以禾生穀、以穀為飯之太迂緩，不若余之徑以土種飯之為直截痛快。言非不壯，試問土可種飯耶？彼外閒之不求文字簡易而驟欲語言畫一者，何以異於是？

況乎學南音非但不與北音相反，而且相成，何也？南方語言既可以簡字拼之，由是而覽北方之書報，不覺恍然大悟曰：此一字吾讀某音，今北方則讀某音；此一音吾所有，今北音則無之。僅須一轉移之功而北音全解，北音全解而國語全通矣。所謂相反而適相成也。此前一說之當知者也。

其一說則又以為簡字一興，但有聲而無形義，『六書』之學皆廢，《說文》之書無人誦讀，古學必就湮矣。此其論乃世界之有心人務保國粹，見非不卓，然此不必慮者也。簡字者，特三十六母之併省、反切之便易者耳。三十六母少於新母而實繁，五十六母多於舊母而實簡。舊母雖名為三十六，加以開口齊齒合口撮口則為一百四十四。今雖五十六母，其實止十九母，此其易者一也。反切非深通其例不能曉，簡字則一望而可知，一呼而即出，合於《音韻闡微》合聲之例，如前人切德紅為東不如都翁音準之類。此其易者二也。

今世學者以《說文》為專家之學，通都之中，習者僅數人焉。其故皆由阻於艱奧，故習之者少。若通簡字后再習《說文》，則易易矣。何也？《說文》多從音訓，戴、段皆由此入，不知聲音之理，徒執形象以求，未有能悟者也。若夫學者未能人人通反切，亦坐反切之無捷法耳。簡字即反切之捷法也。不通反切即無由讀《說文》，蓋今所行宋本《說文》每字下必注云：『某某切。』不知者讀至此，即瞢昧耳。今通簡字后，則凡有反切之書，皆迎刃而解。然則簡字者，非惟不足湮古學，而且可以羽翼古學、光輝古學、昌明古學，尚何慮哉？諸生至斯習師範，亦惟堅持宗旨以達於畔岸而已矣。

致《中外日報》館書

讀二月二十八日貴報述簡字學堂辦法一則，慮隨地增撰字母，愈遠於同文之治，謂宜強南以就北，不遺在遠俯賜鍼砭，具見關懷教育之盛心，曷勝感佩。鄙人初亦本擬如此辦法，及加以體察，始知此中有不能不分之界限，有不能不歷之階級。反復籌維，乃以隨地增撰通其變，而仍以有增無減統其同，正兢兢焉，懼其遠於同文之治也。

夫文字簡易與語言統一皆為今日中國當務之急，然欲文字簡易不能遽求語言之統一，欲語言統一則必先求文字之簡易，至魯至道，有不能一蹴幾者。蓋設主音不主形之字，欲人易識，必須令其讀以口中本然之音，若與其口中之音不同，則既須學字又須學音，更覺難矣。假使以官話字母強南人讀以北音，其扞格必有甚於舊日主形之字者。故必各處之人教以各處土音，然後易學易記，即如舊日之字亦各處各以土音讀之，不能皆用官音也。果能天下之人皆識土音簡易之字，即不能官音，其益已大矣。

至於學習官音，乃別是一層功夫，不能於學習簡易文字時兼營並進也。此文字簡易與語言統一有不能不分之界限也。迨土音簡易之字既識之後，再進而學官音，其易有倍蓰於常者。蓋以此方人效彼方語，必求肖其音，已識主音之字則有所憑藉。方音之相異有母異者，有韻異者，有聲異者，而其本方之母韻聲則必自相一律。能肖其母之一字，則同母之字皆可推；

能肖其韻之一字，則同韻之字皆可推；能肖其聲之一字，則同聲之字皆可推。明於母韻聲之條理，則易於貫通。今先以土音學簡字，於拼音之法、母韻聲之理已了然於胷矣。而官話母韻聲之字與土音母韻聲之字無異也，所異者音耳。以本識之字、本明之法而但變其音，有不渙然易解者哉！此文字簡易與語言統一有不能不歷之階級也。

北音原譜五十母、十二韻、四聲，非特無入聲也，其母與韻亦與南音有互相出入之處，故今增六母、三韻、一入聲之號為甯音之譜，而甯屬各府廳州與皖省語言相近之處皆可通。然甯音雖有入聲而與蘇屬母韻猶有出入，且無濁音也，故又增七母、三韻、一濁音之號為蘇音之譜，而蘇屬各府廳州與浙省語音相近之處皆可通。所增母韻皆北音所無也，而北音原譜亦有南音所無者，則仍之而不刪，以備學官話之用。待土音學成之後，即用原譜以學官音，無待另起爐竈，自然事半而功倍。金陵所設學堂即用甯音之譜，以甯人為師，教以江甯土音，學之極易。又由京師延一都人士為官話師，俟土音學成后教以官話，學之亦極易，上年已畢業一班，見諸實驗，確有可憑。是隨地增撰母韻聲音，非特無損於同文之治，且有益於同文之治也。

蓋所慮於增撰字母因而語文愈加分裂者，恐所增之譜與原譜不能相通也。今有增無減，將北音全譜包括於中，相通而不相悖，則不必強南以就北，自能引南以歸北矣。日本當語言未統一時，有五十假名已千餘年，度其時，各方讀之必字同而音異，一方之音亦必有缺而不全之處。而易收統一之效者，以五十字通國皆同而能包括諸方之音也。今吾新定兩譜，尚未能包括閩廣之音，閩廣有舌上母、閉口韻，他日當乞諸閩廣人相與講求而增之，以期包括吾華通國諸方之音。庶幾易收統一之效，則尚有志而未之逮也。

總之，鄙人增益母韻之意在以土音為簡易之階，以官音為統一之的，增益愈多，包括愈廣，統一愈全，方愧增益未備，非敢妄事紛更。貴報為海內眾望所歸，一字褒譏，關係於教育前途者甚大，故敢將此中曲折覼縷詳陳，尚祈登入來函一門，以供眾覽，匡其不逮，學界幸甚，國民幸甚，非區區為一人自明其私也。伏乞鑒之。

附二月二十八日《中外日報》一則

述簡字學堂辦法：簡字半日學堂以拼音字母教授下等社會，本取法於北洋，惟主持者以北音無入聲，今在南方舉辦，因增入入聲字母數音，現將推廣於江北揚州等處。又擬按照江北口音再行增設數字母。將來倘復在蘇常舉辦，必更添撰字母。中國方言不能畫一，識者久以為憂，今改用拼音簡字，乃隨地增撰字母，是深慮語文之不分裂而極力製造之，俾愈遠同文之治也。主持其事者其一念諸？按英文二十六字母、東文五十字母，實不聞有隨地增減之說。今中國以遵王論，以舉辦之先後論，惟有強南以就北，正毋庸紛紛更變為也。

潘籍郛孝廉（立書）推行簡字非廢漢文說

凡民識漢文難而行簡字易，軍學商政諸界與民皆有關繫而議推行簡字，所以冀民智之開通，教育之普及，毋使上下貴賤之情或有閉塞而隔閡也。

夫軍學商政諸界中人不過於漢文外增識簡字一類，如讀碑碣，如摹鐘鼎，如考訂切韻諧聲，與其已識之漢文無損焉。凡民目不識丁，即無簡字，彼之不識漢文自若也。北洋簡字已出報年餘，凡詔諭暨天文、與地、人倫、歷史、姓名，尋常有用之字，莫不旁註漢文，其意欲使人由簡字以略識漢文也。然則吾議推行簡字，亦謂識漢文、識簡字可以各行其是，可以並行不悖，可以使簡字與漢文相因相成而不相刺謬。非謂人人學簡字直可以廢漢文也。

夫人有習篆隸者矣，有習東西文者矣，習篆隸、東西文者有因之而廢漢文者乎？人之謂習篆隸、東西文者有謂其廢漢文者乎？然猶可諉曰：此文人之好古與識時務者之通今耳。不見夫閩人之閩腔切音，取先字之一筆，凡與先音同者，皆以代之，閩之人皆習之。閩之人於漢文亦仍皆習而識之，不聞因有切音遂廢漢文也，亦不聞有疑切音之足以廢漢文者也。然猶可諉曰：此方音之離奇，故特製此字以便俗耳。又不見夫以一直二直三直等碼代數之一至九乎？代數之碼通行已久，而漢文之一至九未或廢也，即漢文之壹至玖亦未或廢也。是故學習簡字，上之為習篆隸、東西文，次之為習閩腔切音，下之為習一直二直三直等碼，亦在人視之為何如耳。

今夫重闈複闥，衣必文繡，食必膏粱，富貴之人則然，其在陋巷之子，裋褐不完，日得藜藿以供一飽，固已甘之如飴，處之泰然。使富貴之人責其因陋以就簡，且緦緦然慮其相習成風，將盡廢其宮室衣服飲食也，有是理乎？茲字名簡，固因陋就簡之謂也，漢文猶富貴之人也。疑推行簡字之廢漢文，猶富貴之人慮貧乏之者之廢其宮室衣服飲食也，其是非尚待辨哉？余既作推行簡字學說，有謂異日將並漢文而廢之者，故復作是說焉。

《李氏音鑑》北音入聲篇音釋

北音無入聲，凡入聲字有讀為陰平、陽平、上、去聲者。有一字時而讀陰陽平，時而讀上去者，北方各處不同，京師又與各北方不同。簡字以京音為主，學京音恆以入聲難辨為憾，偶檢李松石《音鑑》中有北音入聲一卷，所註四聲，有字可音者音以字，無字可音者音以反切，專以京音為主，極有裨於學者。顧考諸拼音官話書報亦有偶異者，則以京師內城外城語音亦稍殊也。閒嘗手錄一通，分為陰平、陽平、上、去等聲四類，又別四聲通用之字為一類，其異於拼音官話書報者另列異讀一類，類註簡字，即依簡字母韻為次，以便檢閱。共得入聲字七百餘，尋常有用之字與夫北人隨俗之音似已無多欠缺。學簡字北音者詳審而熟習之，則簡字為識字之捷徑，是編又為學北音之捷徑矣。元和潘立書識。

陰平類

一壹乙鳦挹揖ㄟ

屋渥幄兀ㄨ

割擱鴿弋

磕丩

喝卜

積績唧屐 丩

七柒漆戚 廾

吸噏翕皙肸 乂

哭窟 刂

笏 丂

鞠 尸

剔踢 匕

督 屮

禿 土

隻汁擲騭織 夂

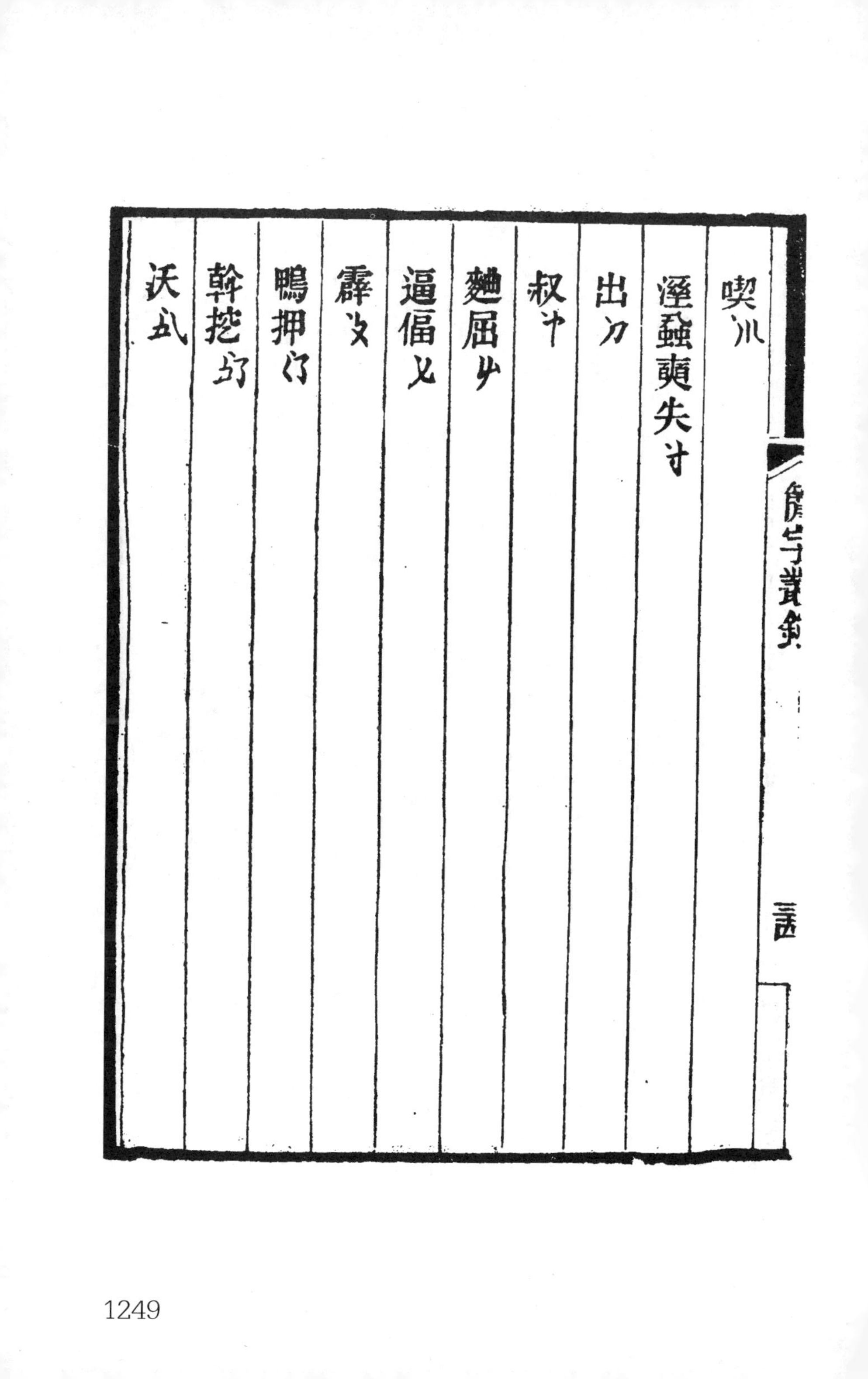

喫爪

溼蝨顛失寸

出力

叔卞

麴屈少

逼偪乂

霹攵

鴨押门

斡挖圴

沃弌

黑扌了

夾丄了

接癤揭丄乂

掐忄了

瞎乂了

削乂刂

歇蠍文乀

括聒适刮扌了

虢蟈扌乀

搭忄了

拉门

跌下

貼下

捻下

脫托下

鱉下

摘下

粥了

插敵鍤心

殺打

捉涿卜八

矗𢧵觸刀八

刷卜了

說卜八

薩鞁幻了

撮蹙蹴踧簇八

縮八

闕缺少八

瞥必八

撥餑孛剝卜八

潑扎

拍扌一

摸扎

發打

陽平類

閣葛革格胳挌骼蛒膈鬲弋

核劾覈曷礍餲盍闔榼合扌

集寂勣籍脊迹蹟踖疾蒺蝍即吉佶頡極急彶級上

緝楫輯戢廿

中

席蓆昔錫習メ

斛〃

槲菊局尸

笛敵嫡糴荻狄的迪滌覿工

倜〃

讀犢櫝匵毒獨ナ

直殖秩帙姪質執職〃

十石拾食實蝕什寸

竹竺軸燭柷寸

孰塾沭秫菽贖屬蜀寸

足卒二〃

族㇓
俗ㄅ
僕璞幞樸朴濮㇍
福蝠匐伏茯服菔複復覆腹㇍
袂ㄎ
嚼ㄐ
節結潔刦拮詰孑碣竭桀傑桀ㄚ
瞎柙狎狹挾ㄨ
協燮脇叶ㄨ
國幗ㄨ

滑猾 仍

活 八

爵 凡

決訣玦駃厥蹷倔掘譎絕 凡

達笪妲答 忉

迭臺垤瓞蝶牒諜疊 公

奪鐸 太

纛 以

閘煠 幻

哲蜇蟄陟摺 仏

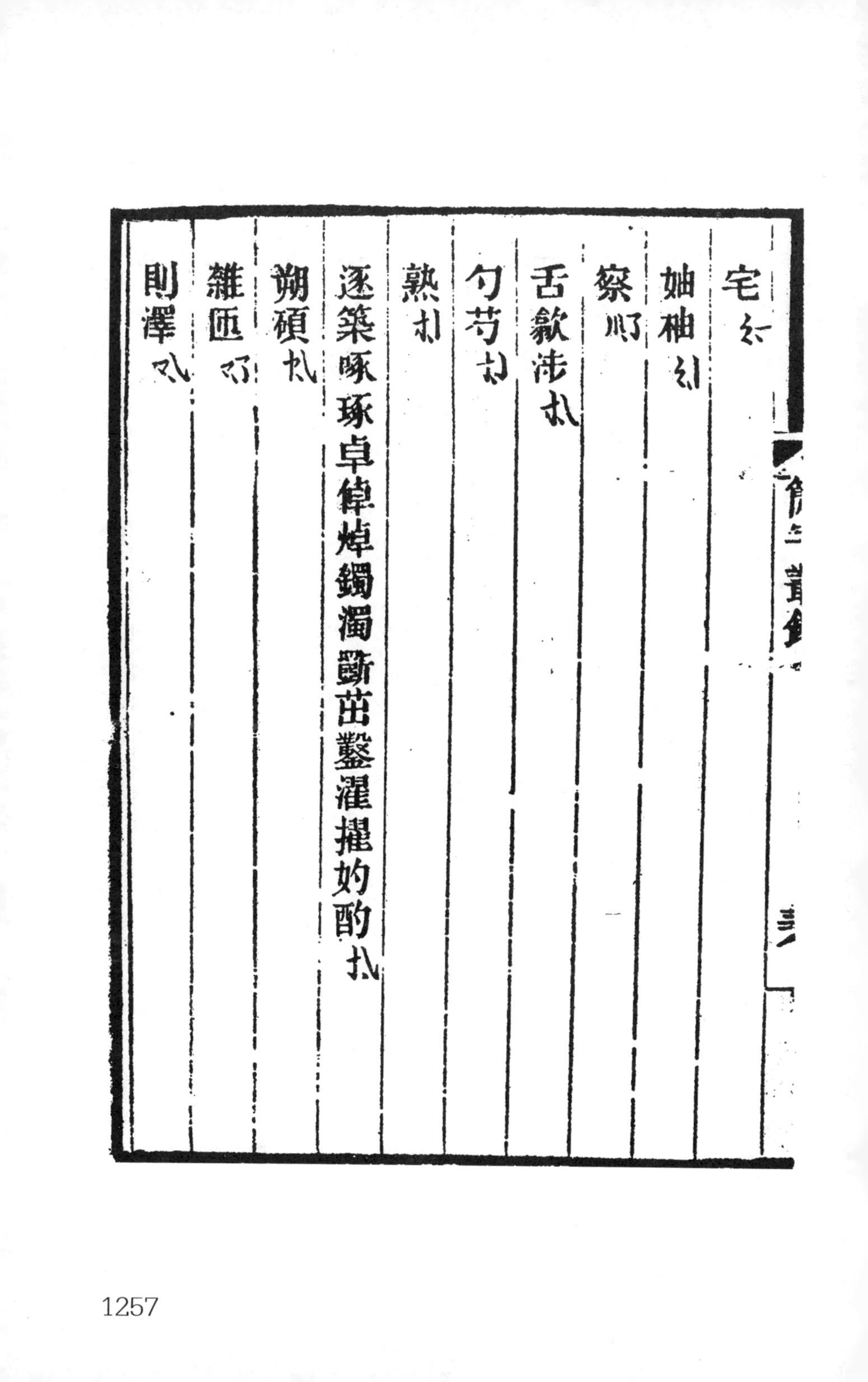

宅

妯柚

察

舌歙涉

勺芍

熟

逐築啄琢卓倬焯鐲濁斲茁鑿濯擢妁酌

蒴碩

雜匝

則澤

賊ㄗ丷

昨ニㄟ

別ㄠ丷

拔跋卜ㄗ

亳駮箔鉢脖蘗搏博卜ㄟ

白卜ㄧ

雹鼩卜ㄐ

伐筏閥乏罰キㄋ

佛ㄎㄟ

上聲類

渴刂
戟給丄
訖乞廾
尺川
囑寸
筆乂
疋匹癖爻
卜卜
幅弗
郝扌

腳刂

雀卄

梛弋

塔打

鐵帖弍

窄纟

索代

雪公

癟公

北卩

去聲類

益謚鎰鷁譯驛繹懌斁亦奕弈億臆佚泆翼翌逸弋易

抑佾く

物勿五、

玉郁鬱獄鸑欲慾育澳薁聿浴疫役丢

各七、

克剋客刻酷ㄐ、

赫壑虩末、

嫉鯽上、

泣迄卄、

悉夕析隙熄㐅、

獲蠖穫忽㇇、

特忒朱

立笠粒歷靂栗慄力厶、

匿𦝼溺七、

瀆牘大

祿碌錄鹿轆麓戮陸七、

律漉綠口、

窒植𠄌、

赤斥勅飭八、

室釋適飾式軾拭木

日日、

述術倏十、

入褥入、

戌續夂

畢蹕謐邲壁璧弼碧乂

僻闢乆、

蜜密宓覓十

木沐目苜牧鶩睦穆木、

拂弗髴艴夫

龠篇瘧 八

葉業鄴謁披液腋 八

[illegible] 奴孓

獄岳 孓

月刖悅閱閾軏域越 孓

恰跲 卅孓

妾竊 卅八

泄褻 乂八

闒廓鞹 八

或䮚涸豁霍藿 八

闒㯿榻獺踏 犳、

蠟臘辣 叺、

納訥衲 仈、

大 叭、

列裂烈獵躐劣 公、

涅孽臬闑聶鑷躡 匕、

駱洛 乇、

諾 ㄨ、

虐 奺、

栅 纴

浙 八

霎煞 扌

設攝 扌

熱 日

肉 日

若弱 入

仄昃 マ

惻策冊 干

錯 厂

宂恤郵蓄 八

滅 扌、

帕 扌了、

勃渤䳢珀粕迫 扌、

墨默脈貊末沫莫漠寞 扌、

麥 扌、

髮 扌了、

襪 扌、

通用類

邑 く く、

杌 五 五、

隔弋弌

激汲擊丄丄

稷及鵖丄丄

惜㐅㐅

襲息㐅㐅

穀轂谷鴣鶻骨ㄎㄎ

滴ㄗㄗ

的ㄗㄗ

轟𠂇大

識才才

朮扌扌

速粟クク

曲

曲折少歌曲少

必乂乂乂

劈攵攵

不卜卜卜

撲扑扌扌

額乀乀

蛺圴圴

甲

盔甲圴甲乙圴

桔 亾 亾

切 卝 卝

郭 扎 扎

札紮 纡 纡

拙 扎 扎

綽 𠘨 𠘨

測 𠄌 𠄌 𠄌

塞 幺 幺

顱 几 氿

髖 㐅 㐅

撒攵攵

八捌魃卩卩

法扌扌

異讀類

躍ㄑ扎

穀丩巛

紇扌乀

鶴扌扣

捷棘ㄴ亼

膝乂乂ㄓ

樂 哀樂ㄴ禮樂ㄹ孔孔

勒 ㄴ氵以

翟 墨翟乙姓纟

畜 畜牲刀畜養八

夙 餗鰊東淑卞久

肅 卞少久

辱 入八

藥 葯ㄴ孔

曰 豸孔

約 孔孔孔

荀子箋釋 𠂤

角覺𠀧凡

血乂公

學刈公公

得德忄サ

得德忄サ

肋八以

絡酪烙落り氏

略厶叭叭

擇紅乙

折曲折糹跌折扎

色扎扌糹

穡嗇澀瑟ㄔ丶ㄙ丶

卒ㄔ丶ㄨ丶

宿ㄅㄆ乂丶

卻鵲碏碏ㄓ丶ㄓ丶

薛八八

薄ㄏㄑ

百ㄏㄏㄏ

陌ㄔ丶ㄔ丶

没ㄔ丶ㄔ

兩江督部堂端匋帥江甯簡字學堂高等小學開學演說文（光緒三十四年正月二十四日）

今日為簡字學堂江甯高等小學開學之期，本部堂見來學者之盛，甚為嘉慰。夫各國人民文野程度，以識字多寡為比例。吾國文字艱深，曩者吳京卿摯甫東游時，日本教育家嘗以為言，坐是之故，以致識字者少，風氣錮閉，朝有良法而不易推行，官有文告而不能曉諭，師儒有教育而不能偏及。自簡字出而人人無不識之字，無不可達之語言，而文言所不能傳者簡字得而傳之。其有一音而字涵數義者，稍以漢字為輔，其中意義乃自無不周匝。異日吾國人人識字，教育普及之基礎，庶將於是乎在。

本部堂去歲札飭所屬小學及高等小學添習簡字，蓋將為簡字傳播地，非為簡字實行地。良以今日來學簡字諸生與高等小學諸生，其人類能通漢文，以能通漢文之人習簡字，必能以漢譯簡，而專習簡字者乃得有書可讀，有報可觀。上下之郵既通，而簡字實行之日即將不遠。

吾國士夫東遊還者，見其車夫下女皆能看書報也，嘗嘖嘖羨之。其實彼國義務教育名為五年，近或欲改為六年，而其窮苦下賤之人固非無入學一年二年即輟者，而其小學第一年功課每日又不過四鐘，四鐘之內且有衹課半鐘者。以至短之時、至簡之課，而其人乃無不能識書能寫字，其道何在？亦在有五十字母以賅眾音而已矣。

吾國簡字苟至實行之時，凡貧民教育，第須先識簡字字母，後識漢字數百，其人即能看書報，凡一切教育皆可以施，而其功則在今日學成傳播之人也。本部堂以此簡字學堂與高等小學同設一地，故樂合言之如此。

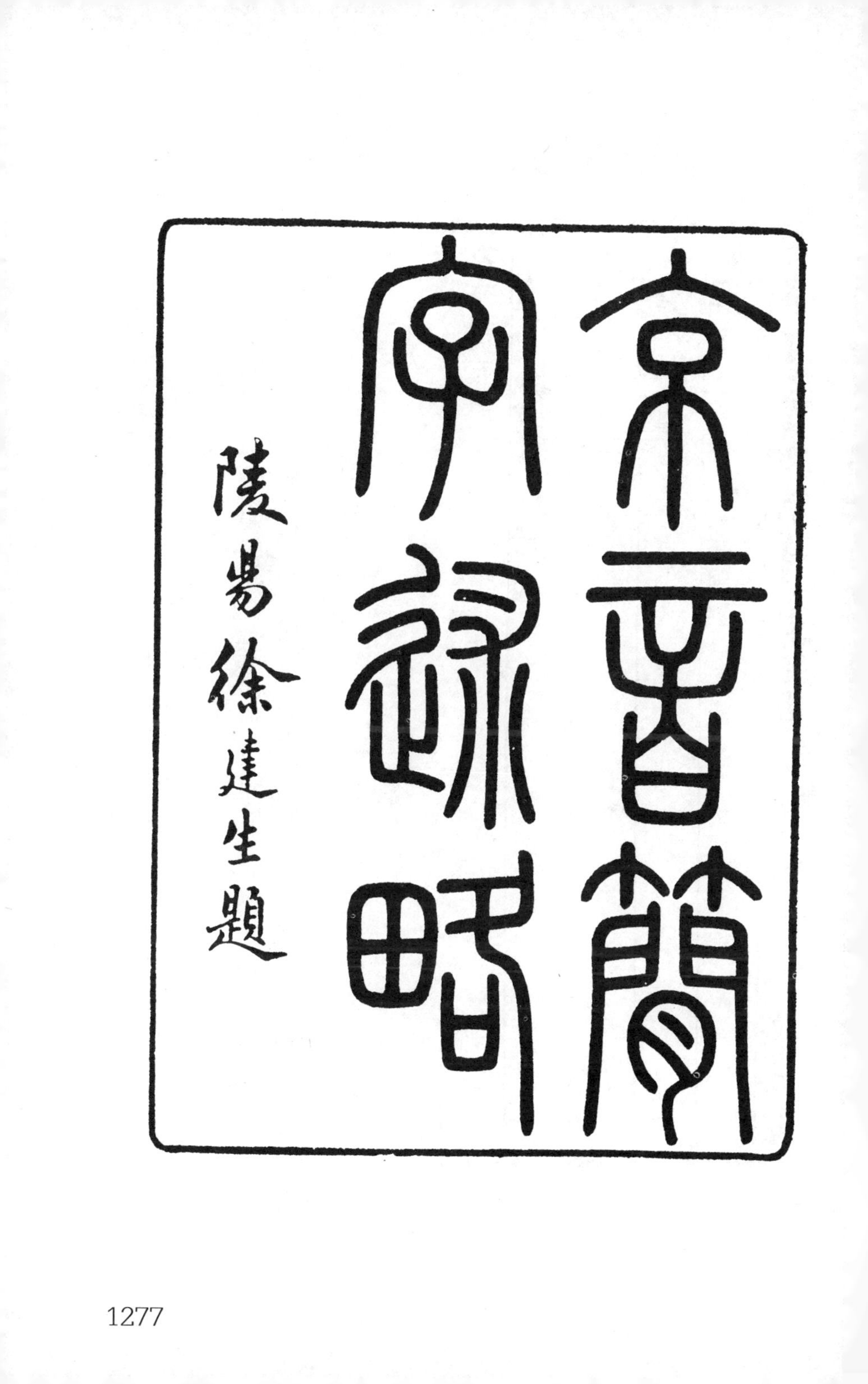

京音簡字述略

陵陽徐建生題

京音簡字述略

《京音簡字述略》自序　桐鄉勞乃宣述

簡字以京音為原本，余刻甯音、吳音兩譜而不及京音者，以已有官話合聲字母原書也。顧原書板在京師，南中購求不易，每有朋儕見詢，無以應之。爰述此篇付諸剞劂，俾素操北音及特習官話者有以知其略焉。

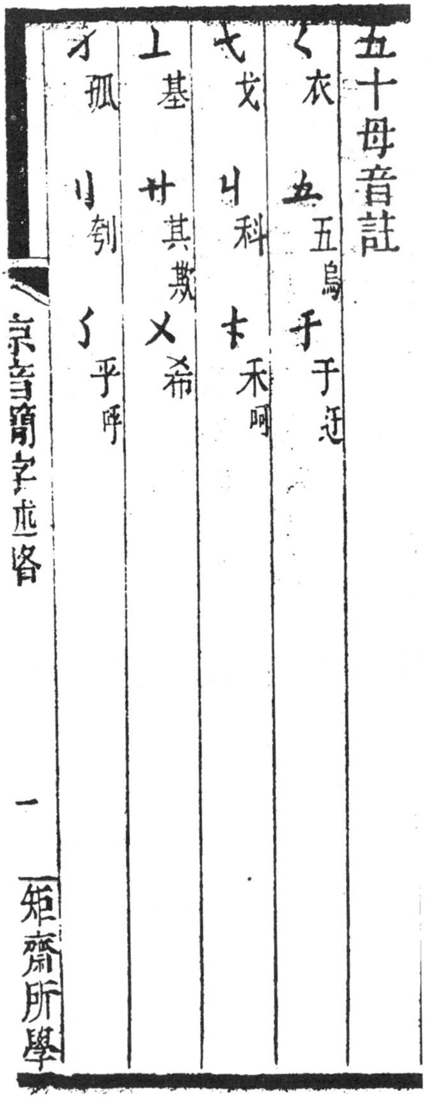

尸居　屮趨　夕須
廾德　牛特　𠃊勒　亻訥
乙低　匚題梯　厶離罹　匕尼柅
𠂇都　土土䖅　七盧驢　又奴駑
口呂𨑹　女女𡚦
夂之　川遲癡　寸詩　日日詉
十朱　刀初　十書　入入𨈚
マ姿　千辭疵　幺絲
二租　厂麤　夕蘇
必必祕　夂皮披　十米粖

ト卜逋　扌撲鋪　才木躰

扌夫

右五十母各註所取偏旁原字於下於所讀之音與之相同者卽讀其字之音不再加註其所讀之音與之不同者再加一音於又下無字可音者註反切兩字讀時全作清平讀之

十二韻音註　四聲音註

了阿啊　了啊上平　了下平　了上　了去

㇏我痾　㇏痾　㇏俄　㇏　㇏餓

一哀　一哀　一騃　一矮　一愛

フ危甈　フ　フ　ブ　ス
亅豪鏖　亅鏖　亅敖　亅襖　亅奧
卜慪歐　丨歐　卜　卜偶　卜慪
乙亢映　乙映　乙昂　乙泱　乙盎
丁翁甕　丁　丁　丁　丁
一安　一安　一　一闇　一按
乚恩　乚恩　乚　乚　乚
㇏爺甈　㇏　㇏　㇏　㇏
儿兒甈　儿　儿兒　儿耳　儿二

右上列十二韻各註所取筆畫之原字於下於所讀之

音與之相同者即讀其字之音不再加註其所讀之音與之不同者再加一音於又下無字可音者註反切兩字讀時全作清平讀之下列四聲各上平下平上去四字上平加點於左上下平加點於左下上聲加點於右上去聲加點於右下上列十二韻全加音註下列四聲則有此字者註無此字者不註可以類推而得也

拼音　錄拼音官話報

⺀厶(门之)圴扎和仴ㄱ才○和仴ㄱ才　奴ㄹ求以卧朩

直隸總督推廣官話字母○官話字母　為的是叫人都

公ㄨ和仴　ず火扒ㄹ化于彸川ㄑ口、五乚、仃ㄑ扌ㄹ

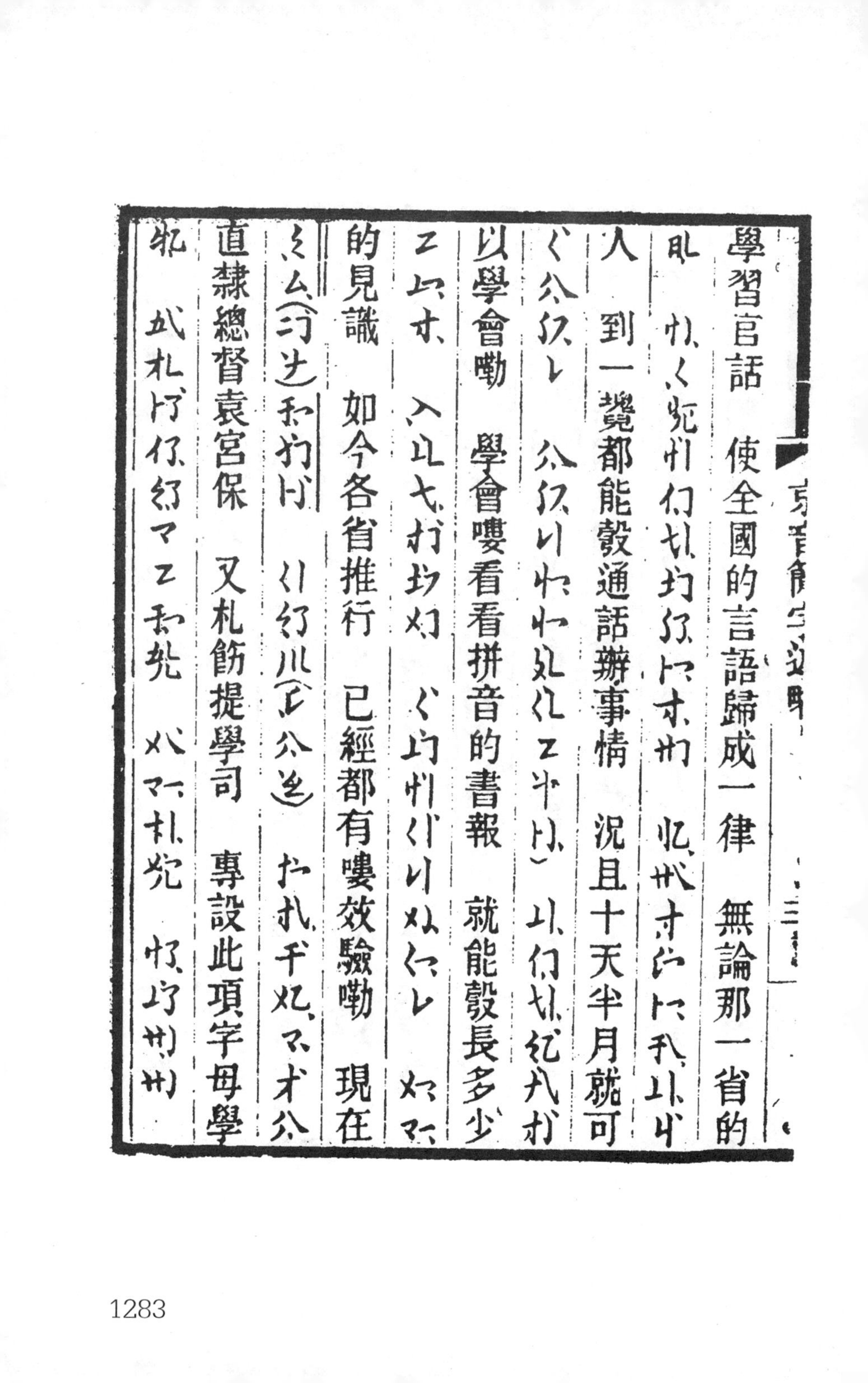

學習官話　使全國的言語歸成一律　無論那一省的

[illegible]

人　到一幾都能彀通話辦事情　況且十天半月就可

[illegible]

以學會嘞　學會嘍看看拼音的書報　就能彀長多少

[illegible]

的見識　如今各省推行　已經都有嘍效驗嘞　現在

[illegible]

直隸總督袁宮保　又札飭提學司　專設此項字母學

[illegible]

堂 我們把那札子的原竟 寫在後邊 大家瞧瞧

攵幻川木 幻卄川禾才上 以如圤乀于仒 儿圠マ

爲札飭事 照得教育普及 必先統一語言 而文字

于于仒 圠圢圠公 木卝圴犮 肌ゑ木 忄卅卝乀

與語言 相爲表裏 故開通多人智識 但求簡易

五屮卝扎 卝尸(圢公牝)公扌木扌仃扌 圢卅寸卜圢

無取艱深 前據大學堂學生何鳳華等 稟請試辦官

仴マ才 八圴川仜卜㓚(圢㐅)上(卜日公牝) 寸圢卜

話字母 業經飭令保定蒙養 及半日學堂 試行在

一 忄卜㓚公牝㓚忄(公五圢㐅)工儿寸幺㓚 仅

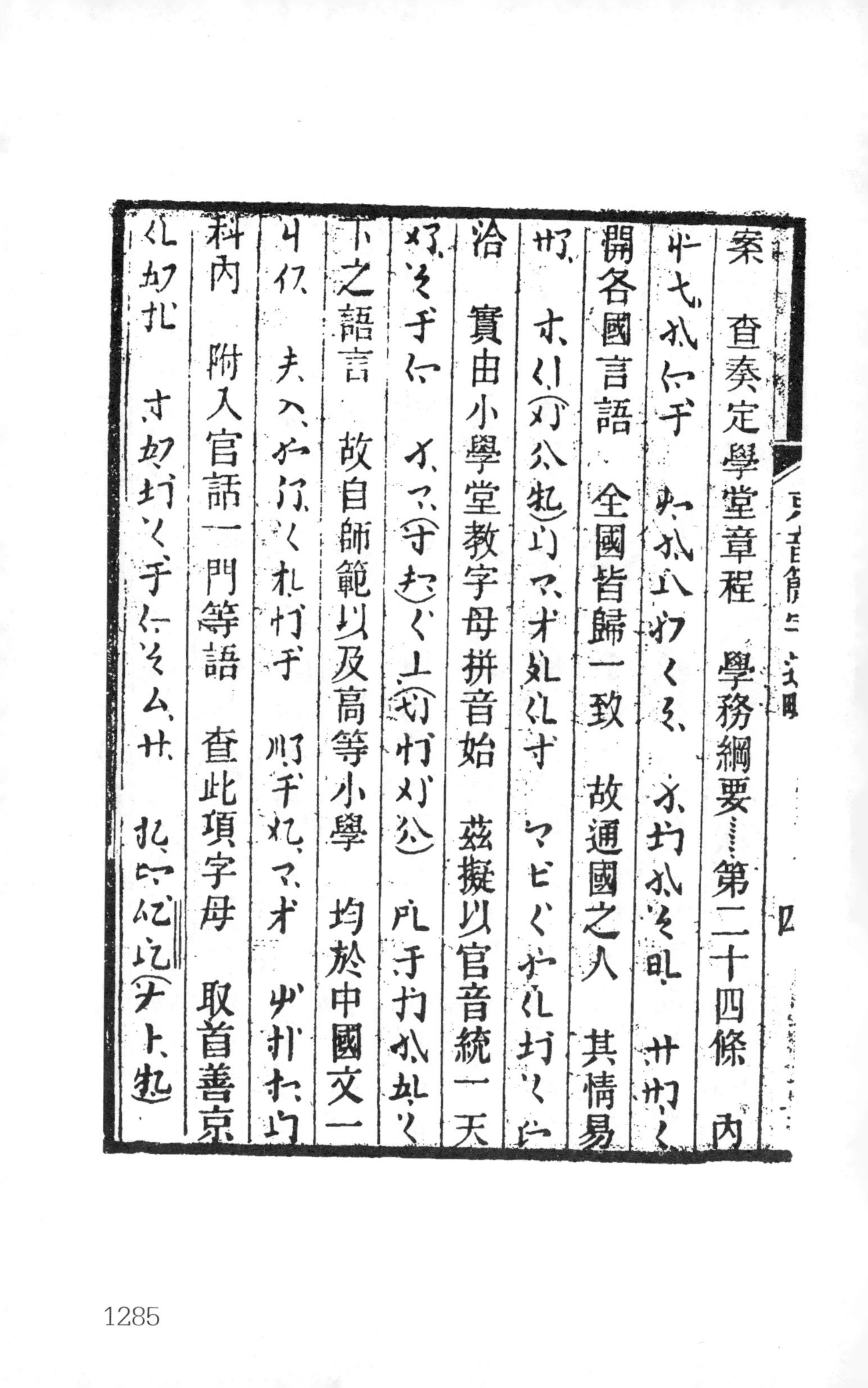

案　查奏定學堂章程　學務綱要第二十四條　內

[illegible]

開各國言語　全國皆歸一致　故通國之人　其情易

[illegible]

洽　實由小學堂教字母拼音始　茲擬以官音統一天

[illegible]

下之語言　故自師範以及高等小學　均於中國文一

[illegible]

科內　附入官話一門等語　查此項字母　取首善京

[illegible]

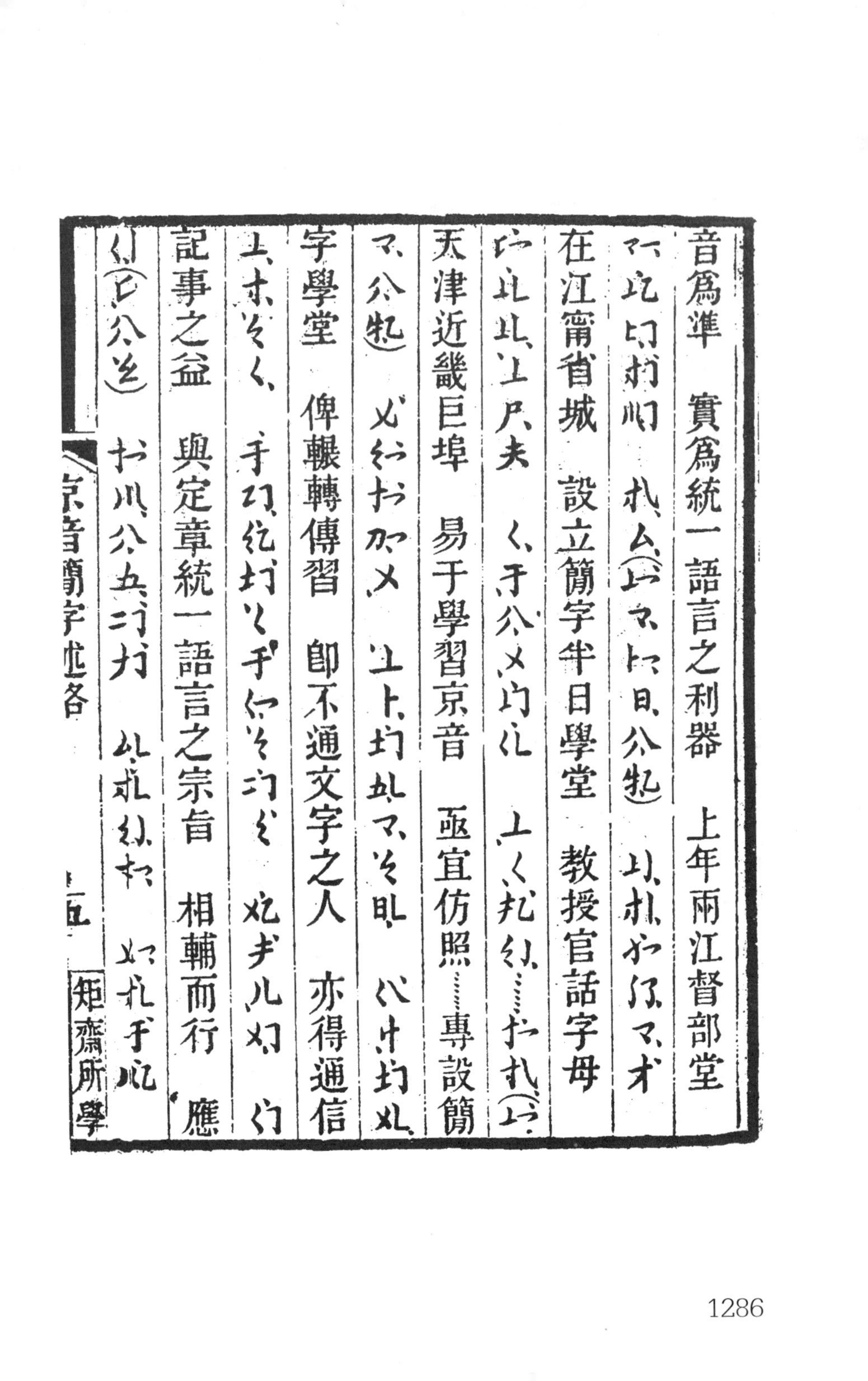

音爲準　實爲統一語言之利器　上年兩江督部堂

[illegible]

在江甯省城　設立簡字半日學堂　教授官話字母

[illegible]

天津近畿巨埠　易于學習京音　亟宜仿照……專設簡

[illegible]

字學堂　俾輾轉傳習　即不通文字之人　亦得通信

[illegible]

記事之益　與定章統一語言之宗旨　相輔而行　應

[illegible]

由提學司　轉飭學務總董　林紳兆漢　卞紳與昌
式く川六　廿(寸扌)丄七(刈公乣)　门入木夫入〢川
妥議籌辦　其師範及各小學堂　應如何附入課程
くロ公メ　く弋乡扌川乚刈　木刈纟川　纟卝弋乡
一律學習　由該司通飭遵行　合行札飭　札到該司
丄刄川纟卜公
卽便查照辦理
右錄拼音官話報一則前係俗語後係文言左列漢文
右列簡字其簡字係報章原文用漢字譯出以示拼音
之用學者可以隅反

官話字母原書五十母，次第繪有一圖，其條理自有用意，然不甚分明，故其書中又有文氏依國書字頭別定之次，而亦未盡自然。今按等韻之理別定此第，取其易讀易記，於原書仍無出入。

官話語助如的字、嘞字之類，其音輕略無四聲可指，故Z字、レ字等皆不加點，實字之隨口帶說者如『事情』之『情』之類亦不加點。

官話有帶兒字言者，兒字與上一字合為一音，不能分作兩字，如『一塊兒』、『原文兒』、『後邊兒』等語，其『兒』字皆與上字相連不分，故用三拼之法作宂、犮、宂，當合讀為一音。

京音入聲有讀作平聲者，有讀作上去者，各字不同且一字亦隨處不同。如同一『一』字，『一律』之『一』，讀為上平，『一省』之『一』則讀為去聲，『一塊兒』之『一』又讀為下平；同一『及』字，『普及』之『及』讀為下平，『及各小學堂』之『及』則讀為去聲之類，其作點隨處而異。此京音特別之處，不可不知。

拼音官話各書報皆分別句讀，句隔一字讀則聯以細點，又於地名旁加雙直，人名旁加單直，各項名詞如官名、學堂名之類皆上下加括弧，緣簡字有音無義，必加此各等符號以醒眉目，乃免混淆，用簡字者皆當法之。

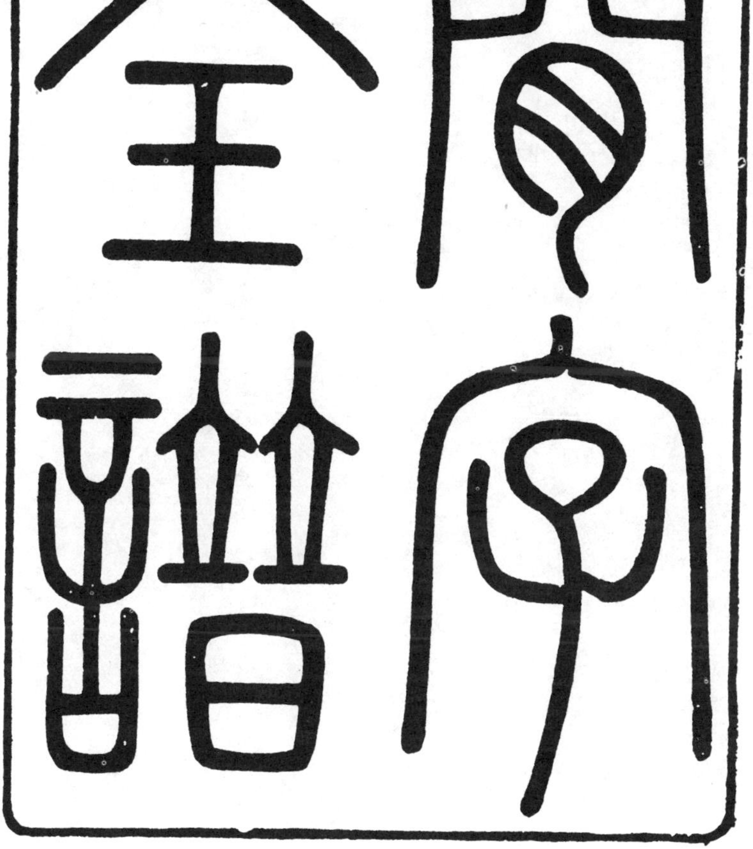

簡字全譜

《簡字全譜》（自序）

《易》曰：『上古結繩而治，後世聖人易之以書契，百官以治，萬民以察。』古之人先有語言後有文字。文字者，所以為記語言之表職也。古籀而小篆，篆而隸，隸而眞行，人事降而愈繁，則文字趨而愈簡，自然之勢也。今之字比之古籀、篆、隸，固為簡矣，而比之東西各國猶繁，何也？彼主聲此主形也。主形則字多，字多則識之難；主聲則字少，字少則識之易。彼之字易識，故識字之人多，我之字難識，故識字之人少。識字者多則民智，智則強；識字者少則民愚，愚則弱。強弱之攸分，非以文字之難易為之本哉，然則今日而圖自強，非簡易其文字不為功矣。

簡字之興，萌芽於京師，漸傳於北洋，而南洋始登奏案，今江皖蘇浙稍稍廣播矣。顧吾國幅員遼廓，欲徧及之猶不易也，而吾於北音外增訂甯音、吳音兩譜，猶未能及閩廣，則全國之音猶為未備。閒與二三知己私相討論，咸謂必合五音母韻，統為全譜，使中國同文之域諸方之音舉括於內，乃足為推行全國之權輿。不揣固陋，以向所考定《等韻》為本，訂為《簡字全譜》一編，以質於世，於教育普及之方、語言統一之道或不無小補云爾。

光緒三十三年丁未冬十一月桐鄉勞乃宣序。

《簡字全譜》例言

簡字始於京師之官話字母，先有京音五十母、十二韻、四聲，余加六母、三韻、一入聲之號為甯音一譜，又加七母、三韻、一濁音之號為吳音一譜，顧猶未足以括中國各處方音。考中國之音有二十九母，有清濁，有四等，有十三攝，有次音，有餘音，四聲亦有清濁。雖各方互有出入，一方不能全備，而必全備乃能該括諸方之音。今舉此諸音各配以簡字，列而為譜，凡吾中國同文之域，其語音無不備於此者，故謂之《全譜》，所以統一全國之語言也。

《全譜》包括全國語言，而一處不能全用，當各就其音之所有，於《全譜》中取之。今列為京音、甯音、吳音、閩廣音四譜，簡者列於前，繁者列於後，後包乎前，繁賅乎簡，俾京音母韻人人全習，為人人皆習官話計也。

中國語音分類，北音為一類，中原各處大概相似；甯音為一類，界乎南北之閒；吳音為一類，純乎南音；閩廣音為一類，又加佶屈焉。大略如此。而一州一縣又各有異同，如京音不分尖團，保定等處即分之；京保等處無入聲，廣平陝西即有之；直隸無輕脣微母，山東即有之；江甯等處無濁母，江北裏下河即有之；蘇常無濁上，嘉湖即有之；蘇杭等處無閉口韻，溫州等處即有之；南方庚青與眞文不分，紹興即分之。諸如此類，微細分別甚多。此四譜但分大界，各處當以一譜為主，而再就方音所有，取諸全譜以益之。全譜包括諸處方音，無不備也。

京音等四譜俱於全譜中取出應用之字，其不用者不列，而仍列空圈以存其位，使於全譜條理不紊，脈絡可尋。所以示全國語音有相互而無相悖也。

四譜之後列『一百十六母分配古母』、『二十韻分配韻部』各一譜，將五音、四類、四等、重輕、清濁、陰陽等名目一一標明，三十六母、三十韻一一相配，皆韻學家精義。簡字雖淺近，與等韻之學實相貫通。著此兩譜，所以使學者循流溯源，得以上窺等韻之奧，亦使知韻學者一覽而可知簡字之條理也。

譜後列『拼音白話』四種以明用法，各用京師、江甯、蘇州、廣東土音俗語，以漢字、簡字並列，略示拼音之用，學者可以隅反。

此編為通國統一全譜，但舉其大概，其詳別見『增訂』『重訂』各譜及《簡字叢錄》諸書，閱者幸參考之。

一百十六母

清音

𠃋 餕師　く 衣　五 烏　千 迂

弋 祴師　工 基　万 孤　尸 居

丩 刻師　廾 欺　刂 刳　屮 區

卞 黑師　乂 希　了 呼　夕 虛

于　下　丏　夕

十 德師　乙 低　ナ 都　𠤎 低俞

牛 忒師　匕 梯　土 土烏　兮 梯俞

乚 厶 七 口

亻 匕 又 女

乇知 乍伊知 歹豬 豕俞豬

丙絺 丙伊絺 丙烏絺 上攄

乜 少 乇 屮

丰 乇 专 不

之支 步伊支 寸諸 丼俞諸

川蚩 尘伊蚩 刀初 巳俞樞

寸師 也伊施 中書 半俞書

日 丙 入 夊

マ咨　夕齋　二租　ユ苴

千雌　ヨ妻　厂粗　勹趨

幺絲　丁西　夕蘇　ス須

廾　彳　㐅　夂

丂百師　乂必伊　卜逋　勹卑俞

弓潑師　文拔　才鋪　攴拔俞

尹　飞　尹　夫

卩　十　才　广

牙　处　个　卯

孑字師　孚字伊　勺敷　孓字俞

コ弗師　飞飛　ナ夫　夫夫俞

丏　牙　チ　支

濁音

ㄥ佁師　く移　五帷烏　于俞

弋翎師　山奇　ゔ葵烏　ア渠

川　卄　川　少

寸劾師　乂兮　ゞ胡　乡兮俞

千軆師　下疑　历吾　乃魚

廾特師　口題　寸徒　丘題俞

牛　匕　土　ㄗ

□勒師 □離 □盧 □閭

□龤師 □泥 □奴 □泥俞

□池 □池伊 □池烏 □除俞

□ □ □ □

□ □ □ □

□拏師 □尼 □拏烏 □袽

□茌 □茌伊 □雛 □鉏

□ □ □ □

□時 □時伊 □蜀烏 □殊

□髻師 □鬚 □如烏 □如

マ慈 夕齊 二徂 丄苴

千 ヨ 𠂆 勿

厶祠 丁席伊 ク俗烏 ス徐

廾 仒 从 夊

丂蘼師 以皮 卜蒲 勺皮俞

弓 文 才 攴

尹 乜 尹 夬

卬墨師 十糜 才模 广糜俞

丏 必 个 办

亇 夆 勺 孚

口符師 飞符伊 ㄓ扶 夫符俞

丂無師 乎無伊 ㄓ無 芆無俞

二十韻 四聲

了啊 乀俄 了了了了 乀乀乀乀

了了了了 乀乀乀乀

一哀 ㄱ厄碑 一一一一 ㄱㄱㄱㄱ

一一一一 ㄱㄱㄱㄱ

丿鏖 丨歐 丿丿丿丿 丨丨丨丨

小小小小 丨丨丨丨

乙噢 ㄱ輪 乙乙乙乙 ㄱㄱㄱㄱ

乙乙乙　㇆㇆㇆

一 安北音　乚 恩　一一一　乚乚乚

一一一　乚乚乚

乇 菴　ラ 厄森　乇乇乇乇　ラララ

乇乇乇乇　ラララ

丶 厄奢　丶丶丶

八八八

丁 行南音　丁丁丁丁

丁丁丁丁

丿 安南音　ソノ人

ソソ八

ㄋ延
ㄋㄋㄋ

ㄋㄋㄋ

儿兒
儿儿儿

儿儿儿

ㄩ吳南音
ㄩㄩㄩ

ㄩㄩㄩ

ケ你南音
ケケケ

ケケケ

ㄇ姆南音
ㄇㄇㄇ

右清濁各一百十六母二十韻清濁各四聲中國同文之域雖方音各殊而其喉鼻舌齒脣發而爲母韻聲者略備於此今以簡字列爲全譜其母韻各註音讀於下有字可音者用直音無字可音者用反切清母濁母同用一字清母無點濁母左加一點清濁皆有字者各註音切清有而濁無濁有而清無者各註其一可以互推又有清濁皆無字可音比類乎重音以取其輕音比類乎輕音以取其重音者亦可比類而知韻之音有清有濁讀時全作清平讀之註南音者按蘇音讀四聲各分

清濁有入聲者七韻清平點於左上濁平點於左下上聲點於右上去聲點於右下入聲撇於右方其餘各韻無入聲各點平上去三聲取此譜母韻聲拼合成字中國各處方音舉莫能外故爲全譜而一方則不能全用各取其合乎方音者用之足矣今列京音甯音吳音閩

廣音所用母韻聲於左

京音五十母不分清濁

〇　乀　五　于

弋戈　丄　才　尸

丩科　卄　刂　屮

木（呵）乂了夕
○○○○
卄（德）Zナ○
牙（特）ㄈ土○
レ（勒）ム七口
イ（訥）ヒ又女
○○○○
○○○○
○○○○
○○○○

そ	○	寸	○
川	○	刀	○
寸	○	ヤ	○
日	○	入	○
マ	○	二	○
千	○	厂	○
幺	○	ク	○
○	○	○	○
○	乂	卜	○
○	攵	扌	○

○○○○

○十才○

○○○○

○○○○

○○扌○

○○○○

京音十二韻　四聲

了㇏　了了了了　㇏㇏㇏㇏

一㇇　一一一一　㇇㇇㇇㇇

㇁丨　㇁㇁㇁㇁　丨丨丨丨

乙	乛	○	乀 鄒	○	○	○	儿	○	○
丁	乚	○							
乙乙乙乙	乛乛乛乛	○○○○	乀乀乀乀	○○○○	○○○○	○○○○	儿儿儿儿	○○○○	○○○○
丁丁丁丁	乚乚乚乚	○○○○							

○　○○○○

右京音五十母十二韻四聲皆於全譜中取出京音所有者實列其字京音所無者列空圈以存其位其與全譜同讀者不加註與全譜異讀者別加音註於其下京音之母不分清濁故不另列濁母四聲有清平濁平上聲去聲而無入聲上去亦不分清濁故直列清平濁平上去四聲而不分清濁兩行亦不另列入聲

甯音五十六母不分清濁

ㄇ　ㄑ　五　于

七　丄　万　尸

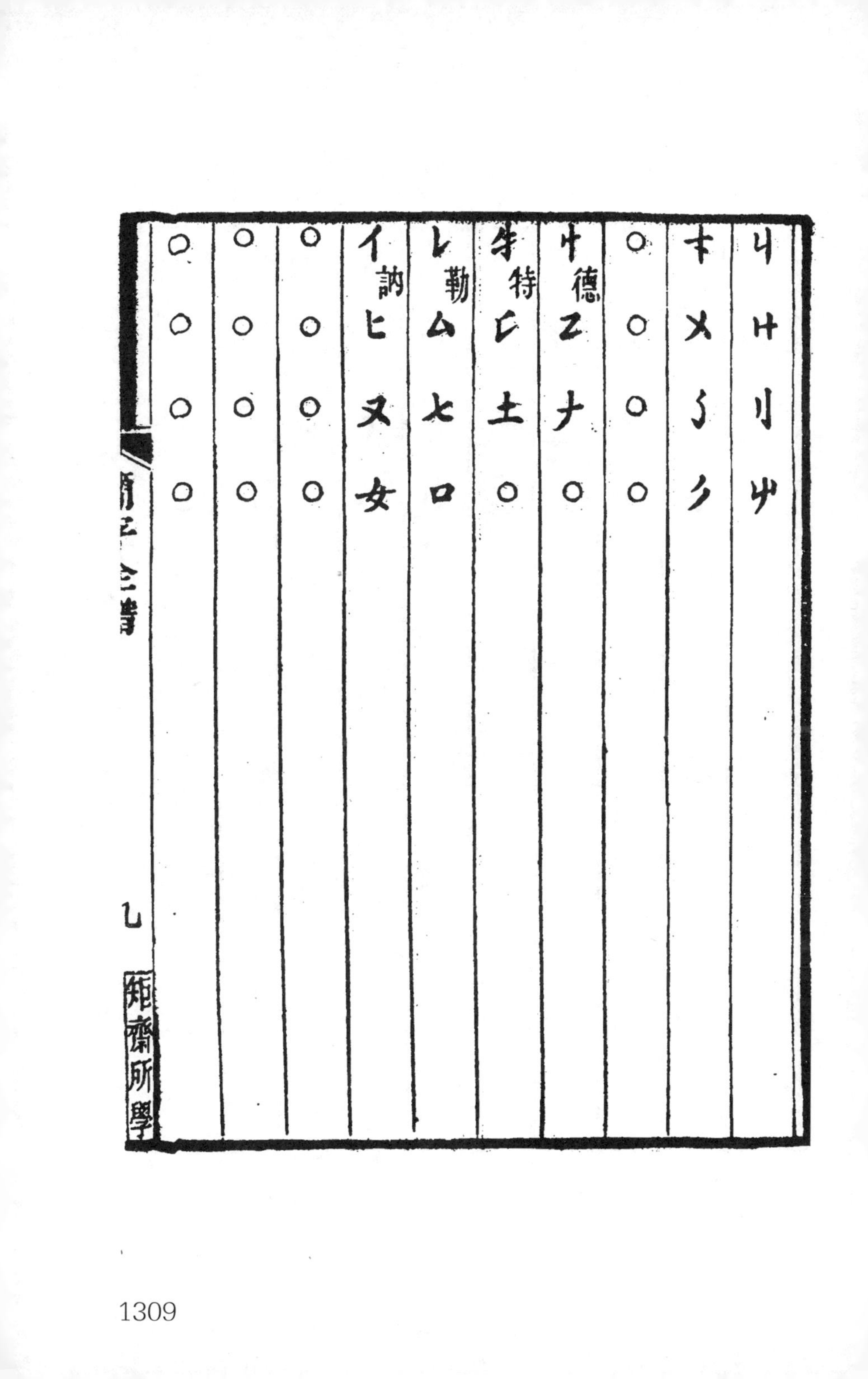

丩 卄 刂 屮
卞 乂 了 夕
○ ○ ○ ○
十 德 乙 ナ ○
牛 特 ㄈ 土 ○
乚 勒 厶 匕 口
亻 訥 匕 又 女
○ ○ ○ ○
○ ○ ○ ○
○ ○ ○ ○

○○○○
乙○扌○
爪○力○
寸○卞○
日○入○
マタ二丑
千ヨ广ㄉ
幺丆クス
○○○○
○乂卜○

○夂才○

○○○○

○十才○

○○○○

○○○○

○○扌○

○○○○

脣音十五韻　五聲

了丶　了了了了了　丶丶丶丶丶

一㇇　一一一一一　㇇㇇㇇㇇㇇

亅 丨 亅亅亅小 亅亅卜卜

乙 ㇆ 乙乙乙乙 ㇆㇆㇆㇆

乛 ㇗ 乛乛乛乛 ㇗㇗㇗㇗

○ ○ ○○○○ ○○○○

㇏ ㇏㇏㇏㇏

○ ○○○○

丿 丿丿丿人

㇌ ㇌㇌㇌㇌

儿 儿儿儿儿

厶 厶厶厶厶

[illegible]字全訣 十

○　　○○○○

◉　　○○○○

右甯音五十六母十五韻五聲亦於全譜中取出比京音多六母三韻一聲亦有音者列實字無音者列空圈與全譜同讀者不加註異讀者則加音註母亦不分清濁不另列濁母與京音皆同聲則比京音多一入聲故有入之韻直列清平濁平上去入五聲餘列四聲其不分清濁兩行亦同京音

吳音六十三母

清母　　濁母

〇 く 五 手
弋（爾） 丄 才 尸
ㄐ（克） 卄 刂 屮
木（黑） 乂 了 彡
千 〇 丙 〇
什（德） 乙 ナ 〇
牛（忒） 匚 土 〇
レ（[illegible]） 厶 七 口
亻 匕 又 女
〇 〇 〇 〇

〇 く 五 手
弋（搦） 丄 才 尸
ㄐ 卄 刂 屮
木（核） 乂 了 彡
手（兀） 〇 丙 〇
什（特） 乙 ナ 〇
牛 匚 土 〇
レ（勒） 厶 七 口
亻（訥） 匕 又 女
〇 〇 〇 〇

幺	千	マ	日	才	爪	々	○	○	○
丁	ヨ	タ	○	○	○	○	○	○	○
ク	厂	二	入	中	刀	寸	○	○	○
ス	勿	丑	○	○	○	○	○	○	○

幺	千	マ	日	才	爪	々	○	○	○
ソ	ヨ	夕	○	○	○	○	○	○	○
ク	厂	二	入	中	刀	寸	○	○	○
ス	勿	丑	○	○	○	○	○	○	○

○○○○ ○○○○
丂百乂卜○ 丂白乂卜○
弓潑攵扌○ 弓攵扌○
○○○○ ○○○○
卩十才○ 卩墨十才○
○○○○ ○○○○
○○○○ ○○○○
コ弗飞才○ コ佛飞才○
○○○○ ○○○○
吳音十八韻 清濁八聲

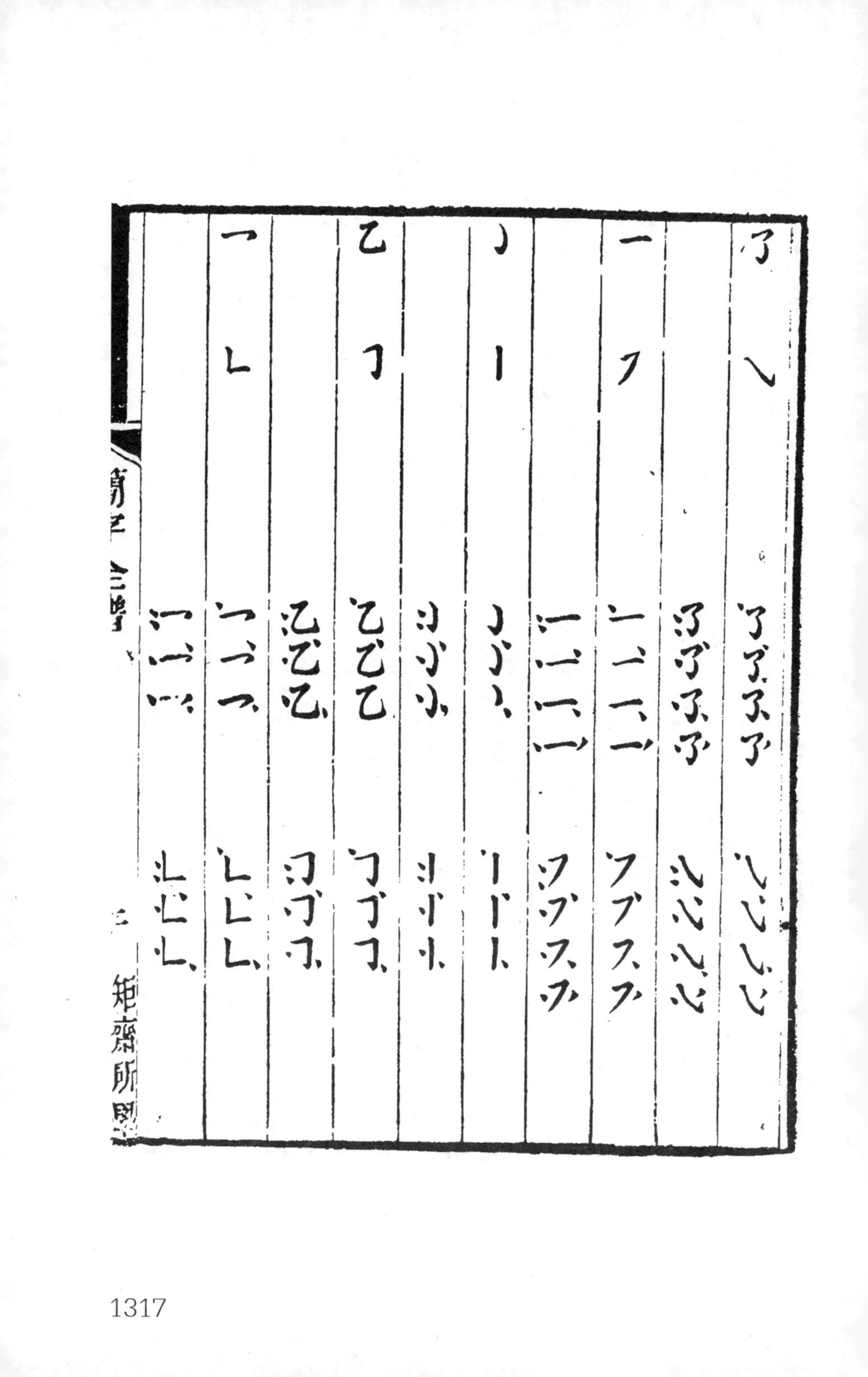

了 ㇏

一 ㇇

亅 丨

乙 ㇆

乛 ㇄

○　○　○○○○　○○○○

○○○○　○○○○

㇏　㇏㇏㇏

乀乀乀

丁　丁丁丅丅

汀丁丅丅

ノ　ソノ人

ソソソ

㇋　乃乃乃

乃乃乃

儿　儿儿儿

儿儿儿

厶　厶厶厶

厶厶厶

个　个个尔

个个尔

母　母母母

母母母

右吳音六十三母十八韻清濁入聲仍於全譜中取出
比常音又多七母三韻一濁音之號仍有音者列實字

無音者列空圈與全譜同讀者不加註異讀者別加音註與京音甯音皆同其母則有清濁之別清母不加點濁母加一點於左方聲則清濁各有四聲合爲八聲分爲清濁兩行清左不加點濁左加點與京音甯音皆異而平聲之點仍清左上濁左下俾與京音甯音一律

閩廣音八十三母

清母	濁母
○ く 五 千	○ く 五 千
乀 丄 才 尸	弋 丄 才 尸
丩 卄 刂 屮	丩 卄 刂 屮

才	千	什	牛	ㄴ	亻	乞	仄	○	寺
乂	○	乙	匚	厶	匕	乍	币	○	丕
了	万	ナ	土	七	又	万	丐	○	亏
夕	○	○	○	口	女	豕	上	○	不

才	千	什	牛	ㄴ	亻	乞	币	○	寺
乂	○	乙	匚	厶	匕	乍	币	○	丕
了	万	ナ	土	七	又	万	丐	○	亏
夕	○	○	○	口	女	豕	上	○	丌

〻	川	寸	日	ㄇ	千	么	〇	丂	亏
ㄘ	出	乜	丙	夕	ヨ	丁	〇	必	文
寸	刀	十	入	二	厂	夕	〇	卜	寸
歺	白	中	女	丑	勺	ス	〇	〇	〇
〻	川	寸	日	ㄇ	千	么	〇	丂	亏
ㄘ	出	乜	丙	夕	ヨ	丁	〇	必	文
寸	刃	中	入	二	厂	夕	〇	卜	寸
歺	白	中	女	丑	勺	ス	〇	〇	〇

○○○○　○○○○

卩十才○　卩十才○

○○○○　○○○○

○○○○　○○○○

○○○○　○○○○

コ飞扌○　口乜扌○

○○○○　○○○○

閩廣音二十韻　清濁入聲

了乀　了了了了　乀乀乀乀

了了了了　乀乀乀乀

一フ　一二二一　フフスフ

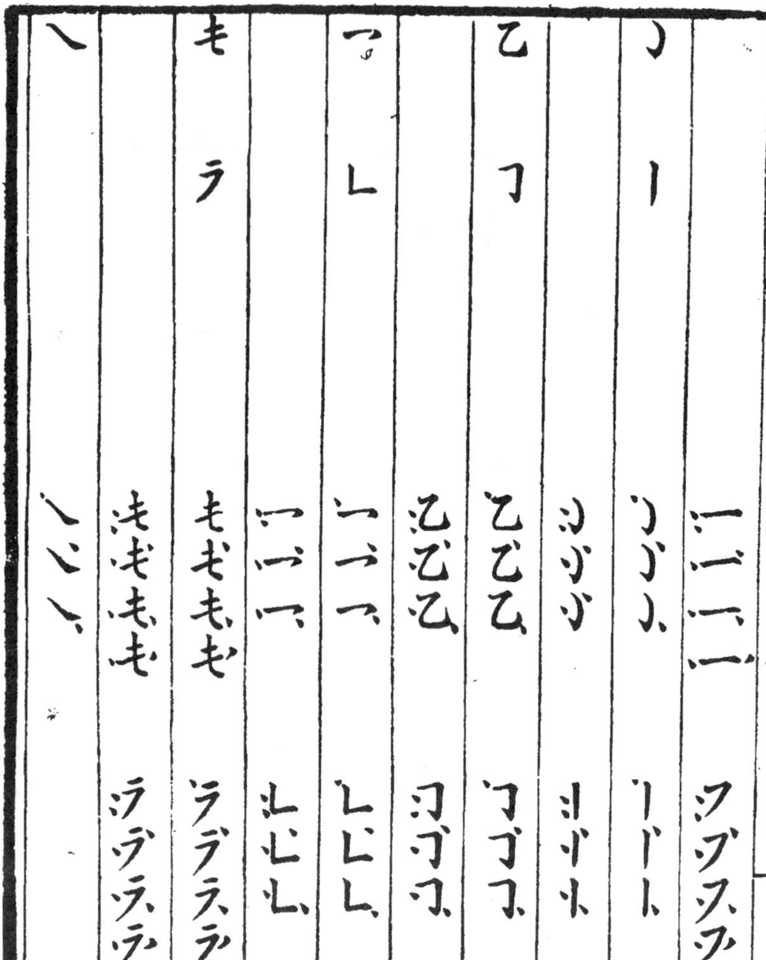

丁

ノ

ノ

乃

乃

几

几

厶

八 八 八

丁 丁 丅 丅

丁 丁 丅 丅

ソ ノ 人

ノ ソ ソ

乃 乃 乃

乃 乃 乃

儿 几 几

儿 儿 儿

厶 厶 厶

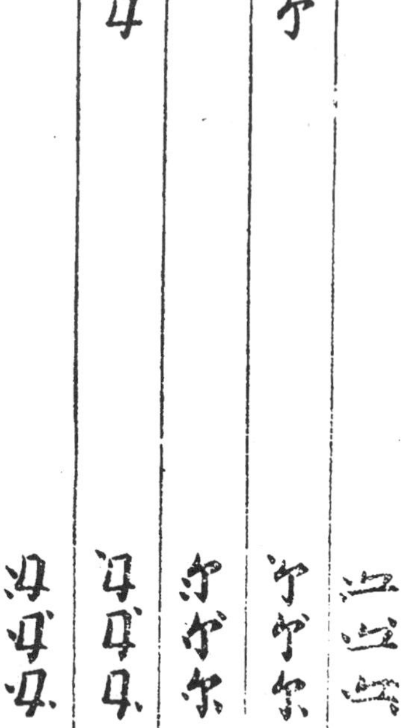

右閩廣音八十三母二十韻清濁八聲俱於全譜中取
出比吳音又多二十母二韻其有音者列實字無音者
列空圈與前皆同音註與全譜及吳音同而以閩廣音
讀之母與韻皆別清濁與吳音同
以上全譜一京音甯音吳音閩廣音譜四全譜者包括

中國全國之音者也京音者以京師之音爲主凡直隸山東山西河南陝甘湖廣江西四川廣西雲貴以及東三省之音皆相近甯音者以江甯之音爲主凡蘇省之甯屬及安徽各屬之音皆相近吳音者以蘇州之音爲主凡蘇省之蘇屬及浙江各屬之音皆相近閩廣音者以閩廣省城之音爲主而各屬之音皆相近京音母韻聲最少甯音以下逐漸加多聲音之道開化愈久則愈趨於簡北方爲古中原地開化最早故聲音最簡南方次之故比北方多入聲江以南又次之故又多濁母邊省又次之故又多舌上母閉口韻此其大概也而各處

母韻聲復各有互相損益之處今以京音甯音吳音閩廣音四譜分爲大界凡聲音相近之處當以所近之譜爲本而量爲增加所加之音皆可於全譜中取之不能出於其外此全譜所以爲包括全國之音也各處聲音既互有損益有增即當有減今四譜逐漸加多有增無減何也爲統一語言計也京師爲四方之極又其聲音最簡欲統一天下語言當以京師爲主是以增而不減使京音之母韻聲人人全習一效其口吻即能通曉矣

一百十六母分配古母

清　開口　齊齒　合口　撮口　　濁　開口　齊齒　合口　撮口

喉	影	𠂉ㄑ五于	喻	𠂉ㄑ五于
鼻	見	入丄ㄌ尸	羣	入丄ㄌ尸	戛音
	溪	丩卄刂屮	溪之濁	丩卄刂屮	透音
	曉	𠂇乂亅夕	匣	𠂇乂亅夕	轢音
	疑之清	千下万勹	疑	千下万勹	捺音
重舌	端	十乙ナ乍	定	十乙ナ乍	戛音
	透	牛匕土乡	透之濁	牛匕土乡	透音
	來之清	ㄥ厶七口	來	ㄥ厶七口	轢音
	泥之清	亻匕又女	泥	亻匕又女	捺音
輕舌	知	乞午万豕	澄	乞午万豕	戛音

徹　丙丙丙上　徹之濁　丙丙丙上　透音

來之輕清　乜夕七少　輕　來之　乜夕七少　轢音

孃之清　寸尺专不　孃　寸尺专不　捺音

重齒　照　々ち寸少　牀　々ち寸少　戛音

穿　爪业刀巳　穿之濁　爪业刀巳　透音

審　寸乜巾中　禪　寸乜巾中　轢音

日之清　日丙入女　日　日丙入女　捺音

輕齒　精　マ夕二丑　從　マ夕二丑　戛音

清　千ヨ厂勿　清之濁　千ヨ厂勿　透音

心　幺丆夕久　邪　幺丆夕久　轢音

	日之輕清	丹乃以幺	日之輕	丹乃以幺	捺音
重脣	幫	丂必卜勹	並	丂必卜勹	戛音
	滂	丂攵才攴	滂之濁	丂攵才攴	透音
	非之重	𠃋乇夬夫	非之重濁	𠃋乇夬夫	轢音
	明之清	卬十才广	明	卬十才广	捺音
輕脣	幫之輕	牙必不力	幫之輕濁	牙必不力	戛音
	敷	夕夕勹豕	敷之濁	夕夕勹豕	透音
	非	匚乙夬夫	奉	匚乙夬夫	轢音
	微之清	丐平歹殳	微	丐平歹殳	捺音

二十韻分配韻部 字母配支微魚虞齊韻

	陽	陰
喉一部一名直喉	了 麻	㇏ 歌
喉二部一名展輔	一 佳	㇇ 灰
喉三部一名斂唇	） 蕭肴豪	丨 尤
鼻部一名穹鼻	乙 江陽	㇆ 東冬庚青蒸
舌齒部一名抵齶	乛 元寒刪先	㇗ 眞文元
唇部一名閉口	乇 覃鹽咸	ラ 侵
喉部次音		㇏ 麻
鼻部次音	丁 陽庚	
舌齒部次音		ノ 元寒先

又　ㄋ元先

喉餘音　ㄦ

鼻餘音　ㄩ

舌齒餘音　ㄘ

脣餘音　ㄇ

人生之音發於喉鼻舌齒脣母韻皆然母則分喉鼻重舌輕舌重齒輕齒重脣輕脣八音喉惟一類餘皆分戛透轢捺四類爲二十九母合清濁爲五十八母古母三十六卽括於其內二十九母又各分開齊合撮四等則爲一百十六簡字之法四等分於母故爲清濁各一百

十六母韻則分喉音三部鼻與舌齒與脣各一部爲六部部各分陰陽喉一部又有下聲是爲十三攝韻部三十卽括於其內六部又各有次音餘音簡字之法字母卽喉一部下聲韻惟用十二攝而次音用者有四加以四餘音故爲二十韻綜此一百十六母二十韻再合以四聲中國同文之音包括無遺矣古母三十六韻部三十爲學者所共知今以簡字各分配之則本明古母韻者可因以知簡字之音習簡字者亦可因以知古母韻之理焉

拼音白話

京話

勸人自強說

公、

列位啊　偺們各人都要覺強罷　瞧瞧偺們中國成甚

麼樣啦　早些年的事　不用提　就打甲午那年說起

不是偺們跟日本打嘞一仗嗎　是因爲護著高麗

沒想到這一仗 就把偺們打虧空啦 讓人家好些箇

地 賠人家好些銀子 纔算拉倒 轉過氣來 調著

覺也跟人家學 說是變法自强 這四箇字怎麼講呢

就是變著鐃各人要强 好敵得住人家 主意是不

錯 可惜嚷嚷得有覽 並沒怎麼樣 索性惹得外國

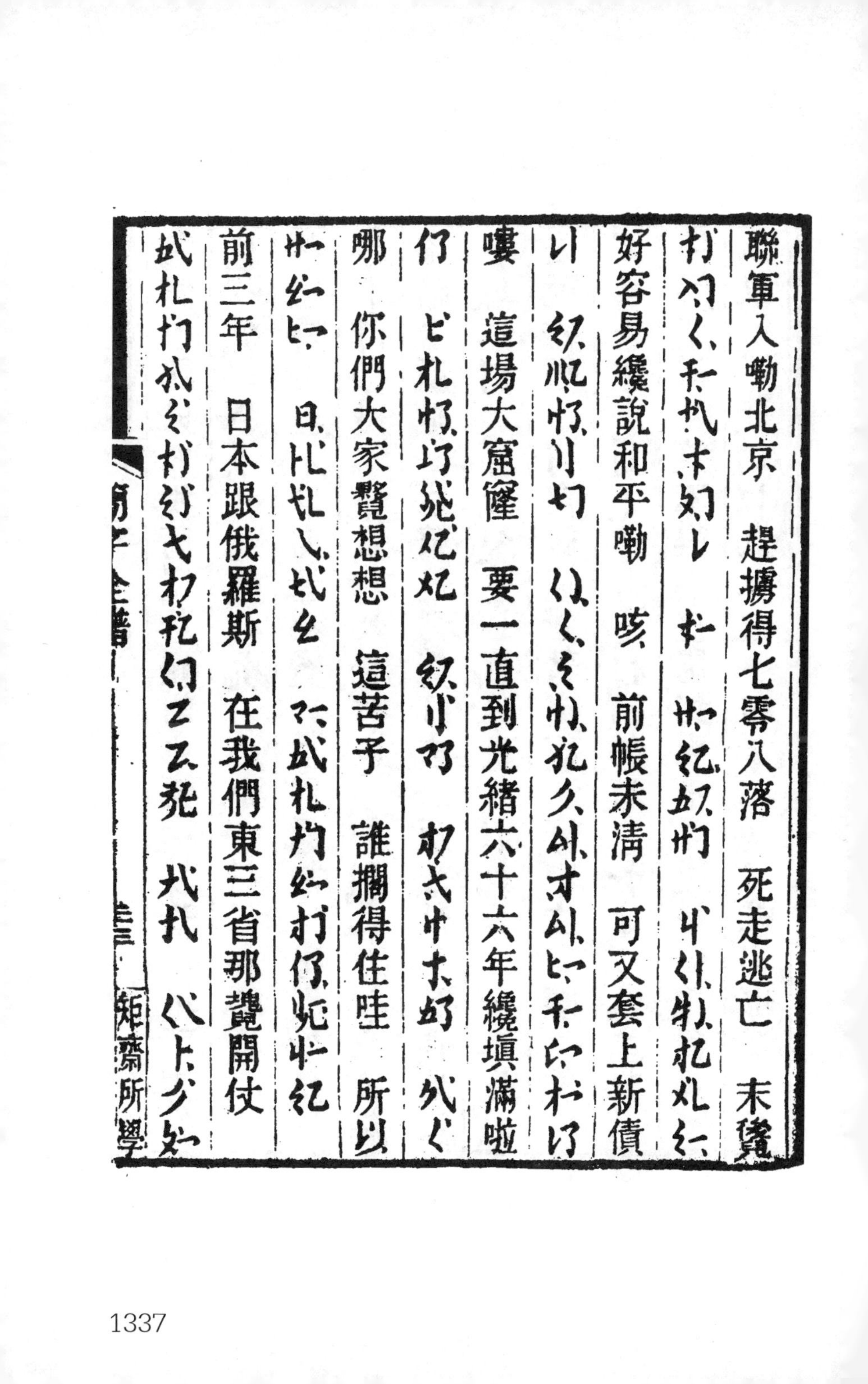

聯軍入嘞北京　趕擄得七零八落　死走逃亡　末[illegible]

[illegible]

好容易纔說和平嘞　咳　前帳未清　可又套上新債

[illegible]

嘍　這場大窟窿　要一直到光緒六十六年纔填滿啦

[illegible]

哪　你們大家釐想想　這苦子　誰擱得住哇　所以

[illegible]

前三年　日本跟俄羅斯　在我們東三省那釐開仗

[illegible]

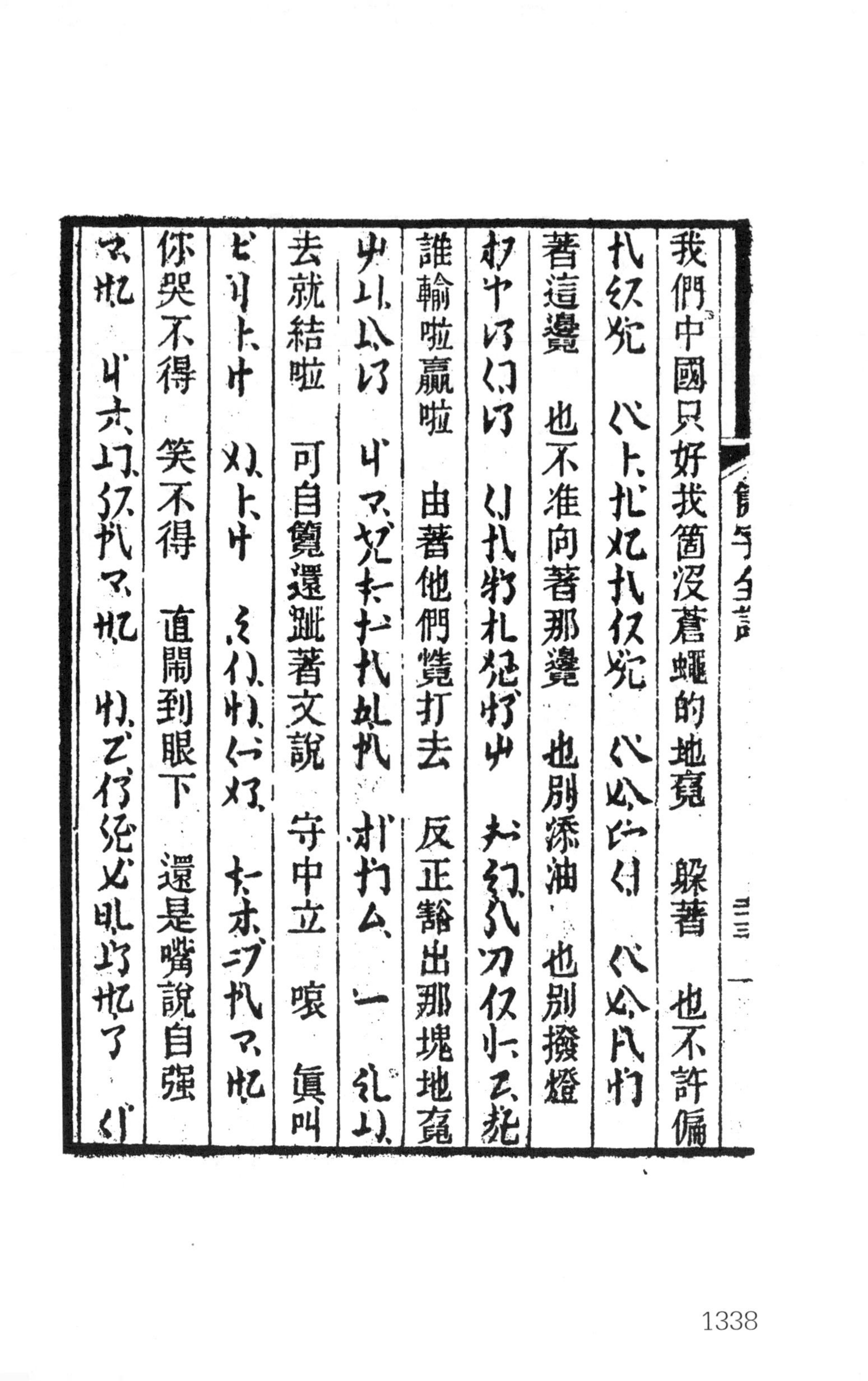

我們中國只好找箇沒蒼蠅的地寬 躲著 也不許偏

[illegible]

著這邊 也不准向著那邊 也別添油 也別撥燈

[illegible]

誰輸啦贏啦 由著他們襲打去 反正豁出那塊地寬

[illegible]

去就結啦 可自覺還蹦著文說 守中立 嗐 眞叫

[illegible]

你哭不得 笑不得 直鬧到眼下 還是嘴說自強

[illegible]

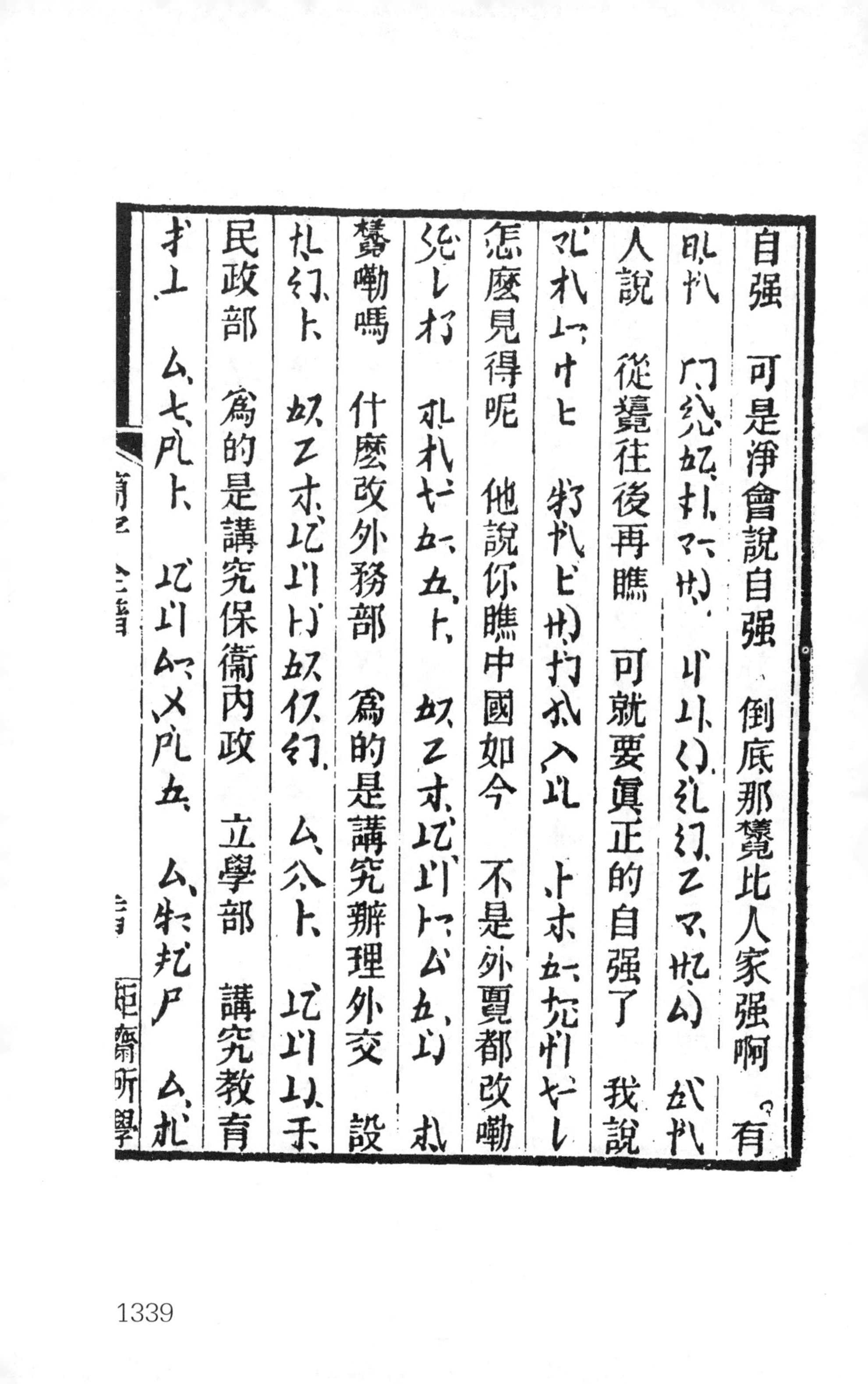

自强　可是淨會說自强、倒底那蠢比人家强啊。有

[illegible]

人說　從蠢往後再瞧　可就要眞正的自强了　我說

[illegible]

怎麼見得呢　他說你瞧中國如今　不是外頭都改嘞

[illegible]

蠢嘞嗎　什麼改外務部　爲的是講究辦理外交　設

[illegible]

民政部　爲的是講究保衛內政　立學部　講究教育

[illegible]

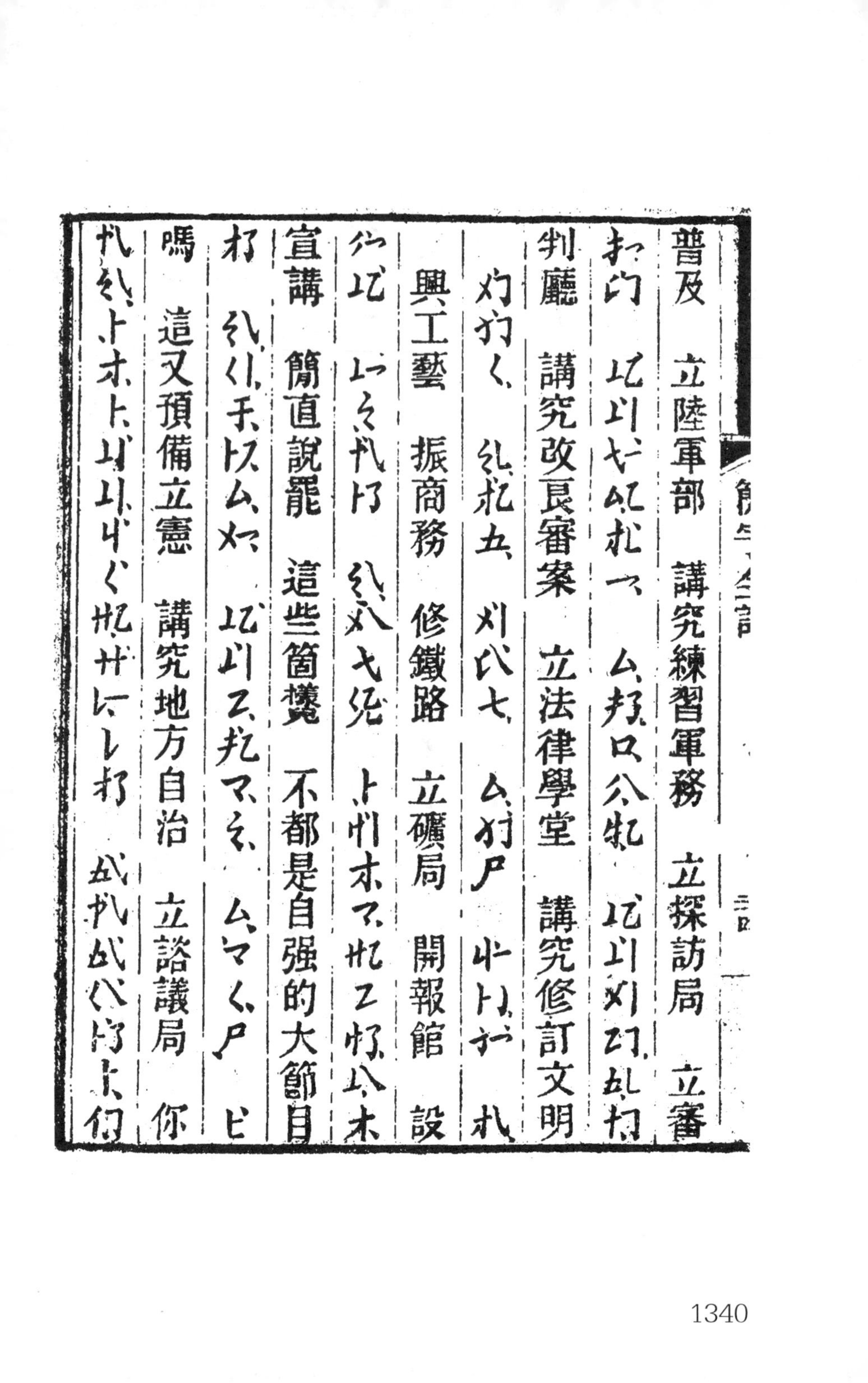

普及　立陸軍部　講究練習軍務　立採訪局　立審
判廳　講究改良審案　立法律學堂　講究修訂文明
興工藝　振商務　修鐵路　立礦局　開報館　設
宣講　簡直說罷　這些箇攏　不都是自强的大節目
嗎　這又預備立憲　講究地方自治　立諮議局　你

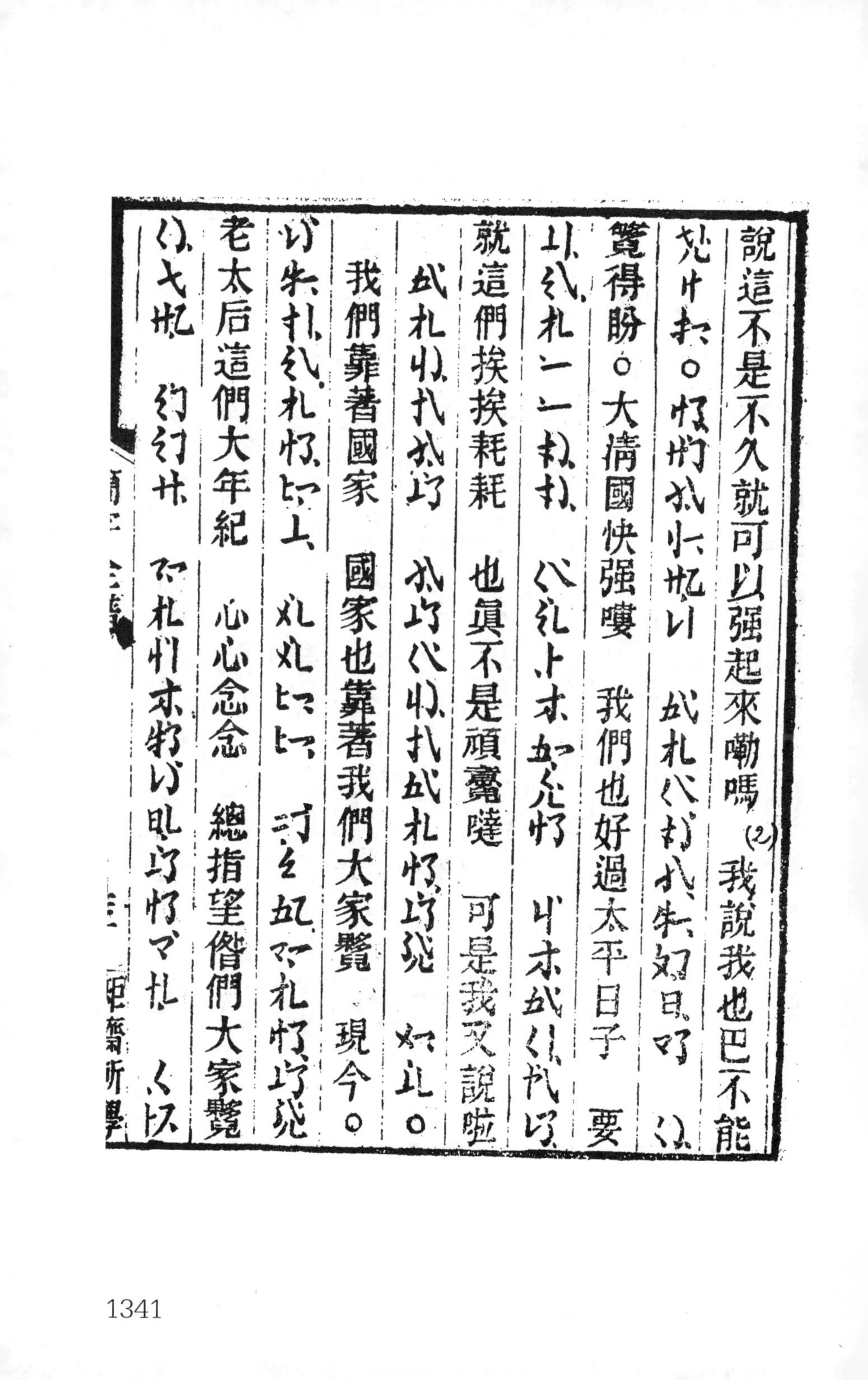

說這不是不久就可以強起來嘞嗎(2) 我說我也巴不能

覺得盼。大清國快強嘍 我們也好過太平日子 要

就這們挨挨耗耗 也真不是頑竇噠 可是我又說啦

我們靠著國家 國家也靠著我們大家夥 現今。

老太后這們大年紀 心心念念 總指望偺們大家夥

要箇強　爭爭氣　咱們都是他老人家噠子民　一輩

坈忄扌乚儿卜九卩乙。汇乚　㐅扎孓卜犳卜亿乙斗、

輩噠受嘞二百多年的。皇恩　怎麼會不疼不癢的就

𠄌斗双、屮乚仃　乂戈扎　弋叽爪、死犳刀亿乂乚　忄

將就下去嘞哪　依我說　各人趁早兒掏出良心來　打

扎均扎　均、以七怃　从均、凡才扌约

著精神　統要箇強　別淨說得好聽

江甯話

𠃌二代

天足說

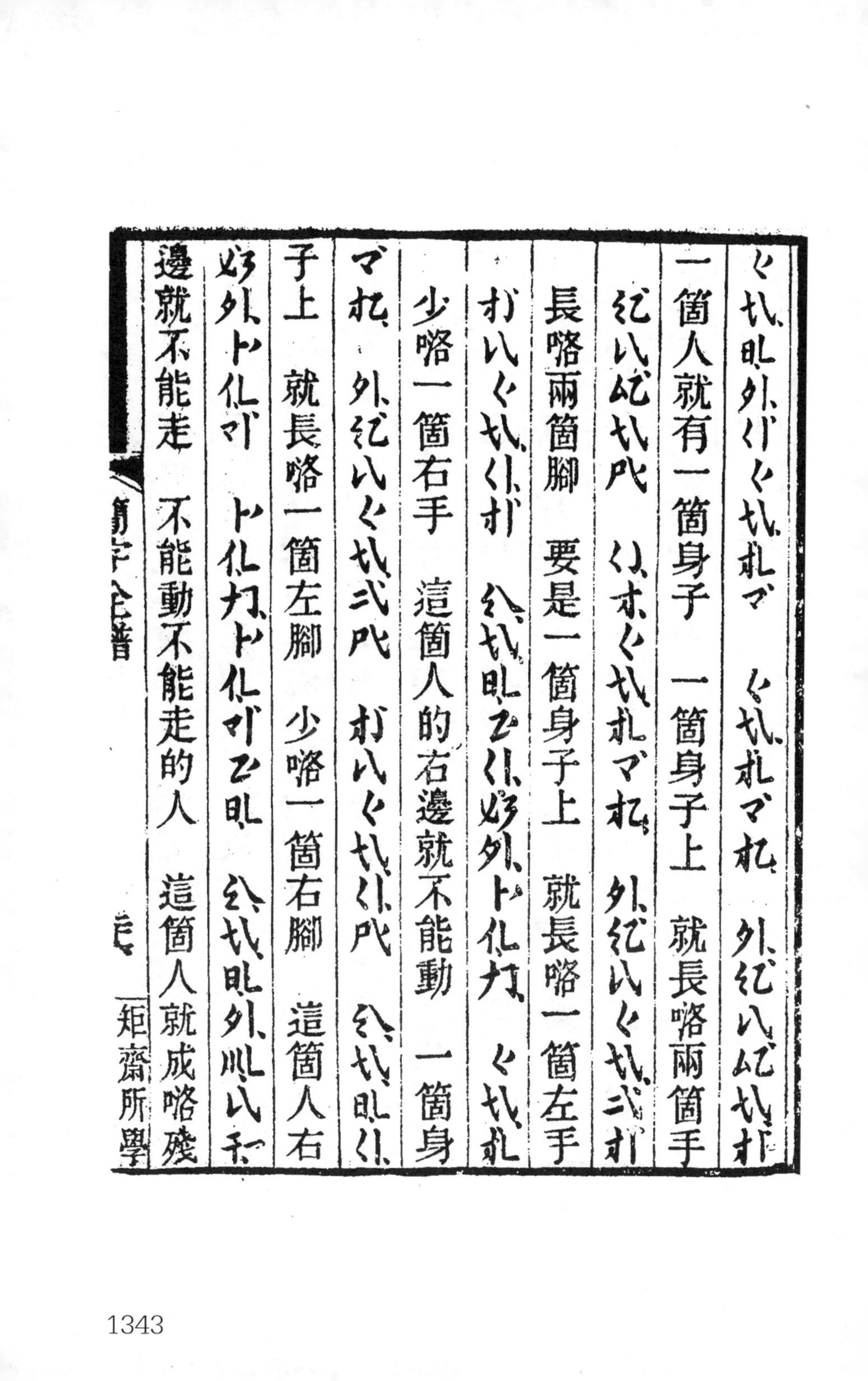

[illegible]

一箇人就有一箇身子　一箇身子上　就長咯兩箇手

[illegible]

長咯兩箇腳　要是一箇身子上　就長咯一箇左手

[illegible]

少咯一箇右手　這箇人的右邊就不能動　一箇身

[illegible]

子上　就長咯一箇左腳　少咯一箇右腳　這箇人右

[illegible]

邊就不能走　不能動不能走的人　這箇人就成咯殘

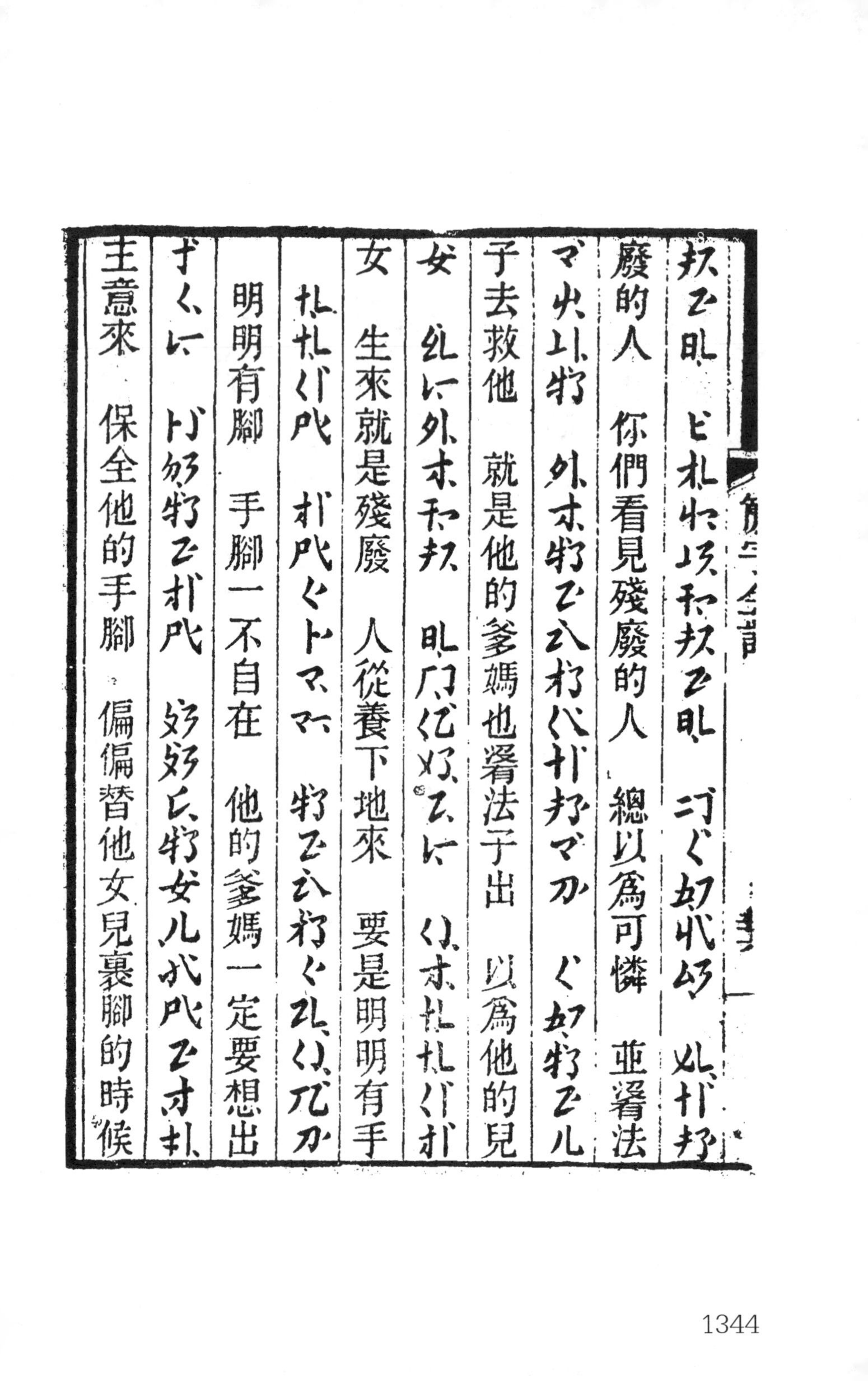

[illegible]
廢的人　你們看見殘廢的人　總以為可憐　並沒法
[illegible]
子去救他　就是他的爹媽也沒法子出　以為他的兒
女　[illegible]
女　生來就是殘廢　人從養下地來　要是明明有手
[illegible]
明明有腳　手腳一不自在　他的爹媽一定要想出
[illegible]
主意來　保全他的手腳　偏偏替他女兒裹腳的時候

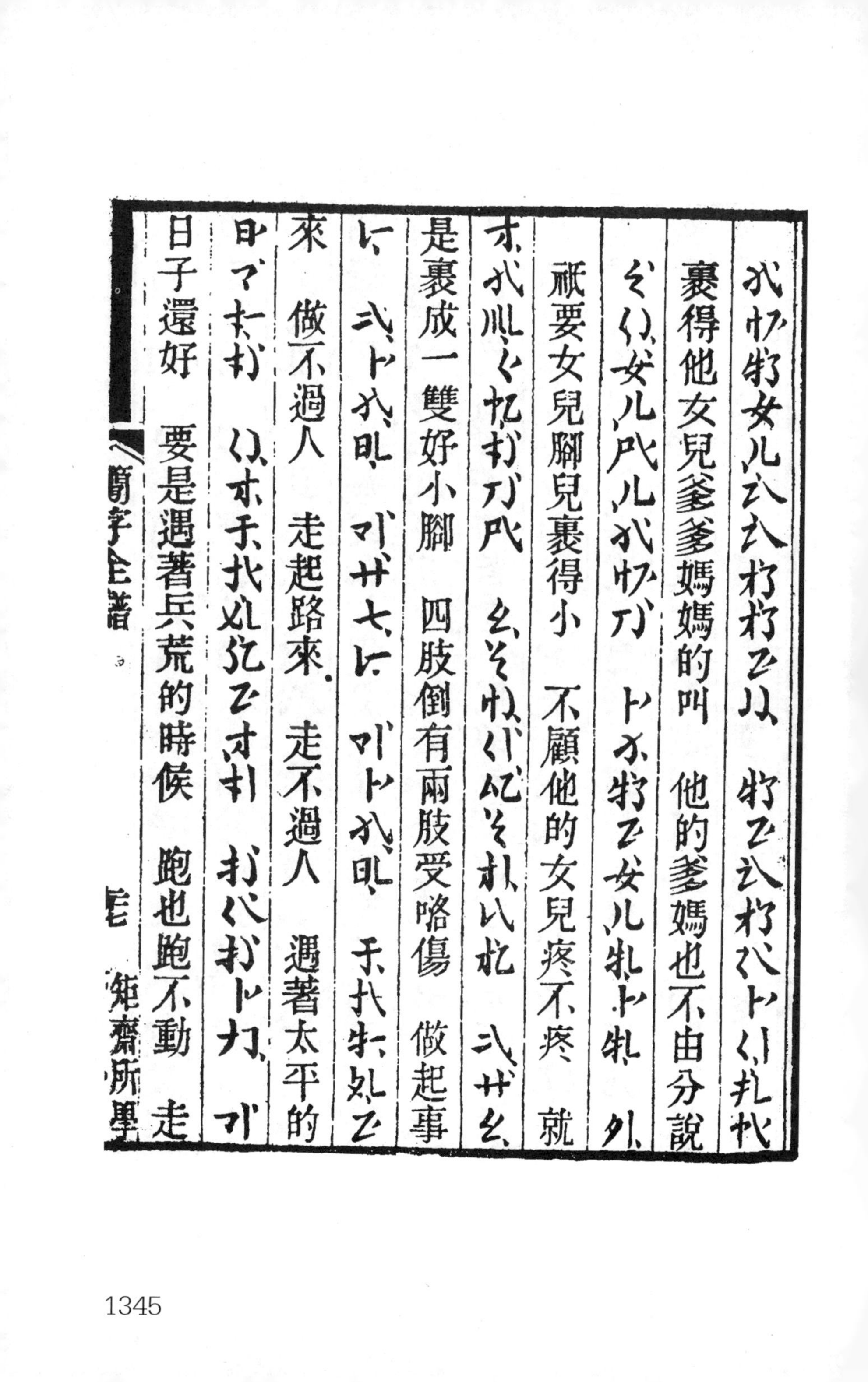

[illegible]

裹得他女兒爹爹媽媽的叫　他的爹媽也不由分說

[illegible]

祇要女兒腳兒裹得小　不顧他的女兒疼不疼　就

[illegible]

是裹成一雙好小腳　四肢倒有兩肢受咯傷　做起事

[illegible]

來　做不過人　走起路來　走不過人　遇著太平的

[illegible]

日子還好　要是遇著兵荒的時候　跑也跑不動　走

廿卜凡弋九凡、　卩卩乙引乙凡　帜心打

也走動動　豈不把箇性命　白白的丟掉麼　勸我中

國婦女們　已經裹腳的把腳放了　沒裹腳的總不裹

了　把從前裹腳的苦處　脫的乾乾淨淨　豈不快活

弋凡　大什ㄣ扚扚刀　夫女卜弋凡　扎マ必乙忙

些麼　還有一樁好處　婦女不裹腳　身子必定強

死乚糺双儿安乚　扎マ八外忙乚　忙扚乙扚マ外、

將來生下兒女來　身子也就強了　強種的法子　就

在不裏腳

蘇州話

勸人戒鴉片煙白話

听　各位嚐喫上子个鴉片煙　到子箇喞還弗豪燥醒

醒來　爲啥咾呢　耐看大大小小个煙館　撥辣官噹

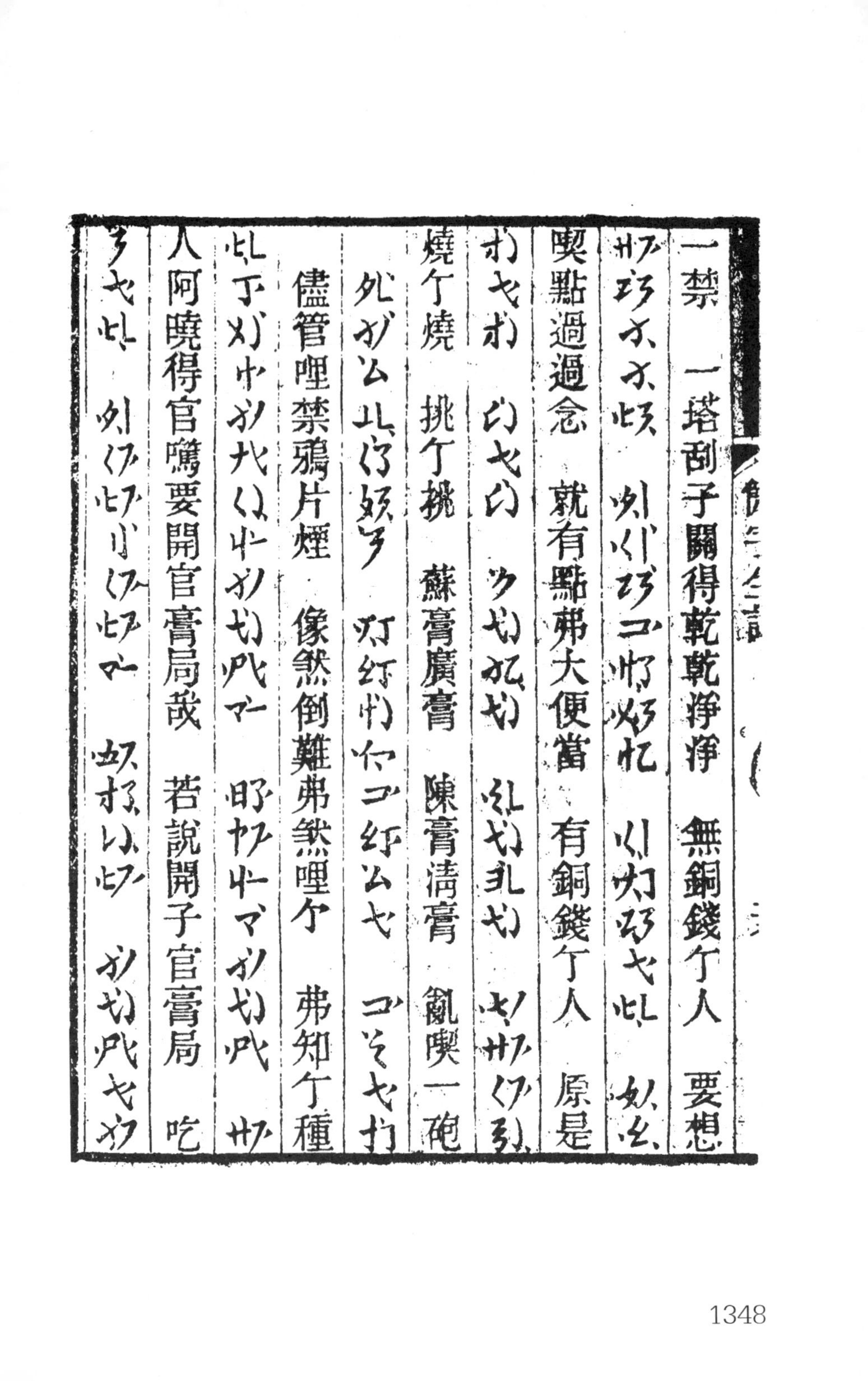

一禁　一塔刮子關得乾乾淨淨　無銅錢个人　要想

喫點過過念　就有點弗大便當　有銅錢个人　原是

燒个燒　挑个挑　蘇膏廣膏　陳膏清膏　亂喫一砲

儘管哩禁鴉片煙　像煞倒難弗煞哩个　弗知个種

人阿曉得官膏要開官膏局哉　若說開子官膏局　吃

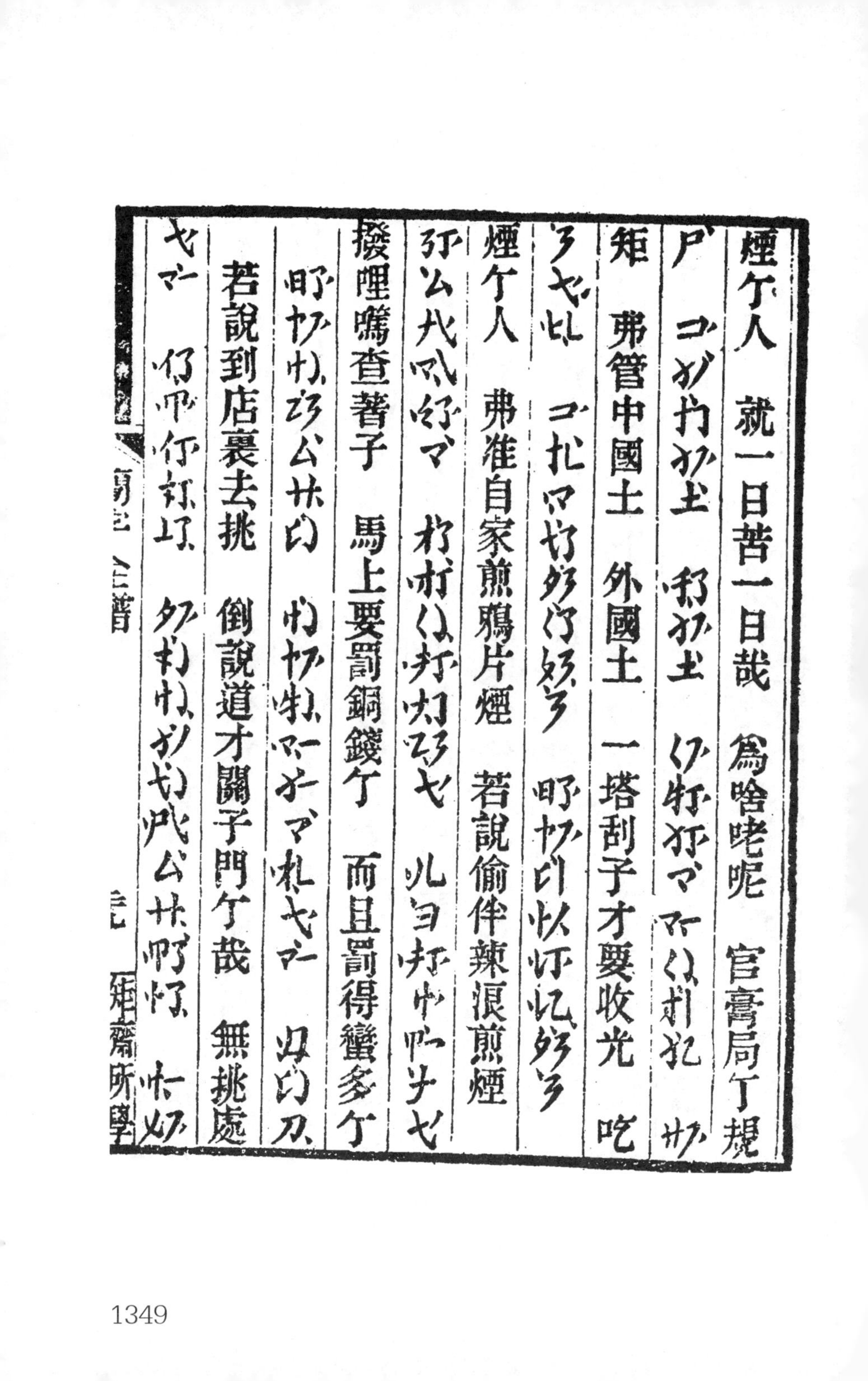

煙个人　就一日昔一日哉　爲啥咾呢　官膏局个規

矩　弗管中國土　外國土　一塔刮子才要收光　吃

煙个人　弗准自家煎鴉片煙　若說偷伴辣浪煎煙

撥哩嘴查著子　馬上要罰銅錢个　而且罰得蠻多个

若說到店裏去挑　倒說道才關子門个哉　無挑處

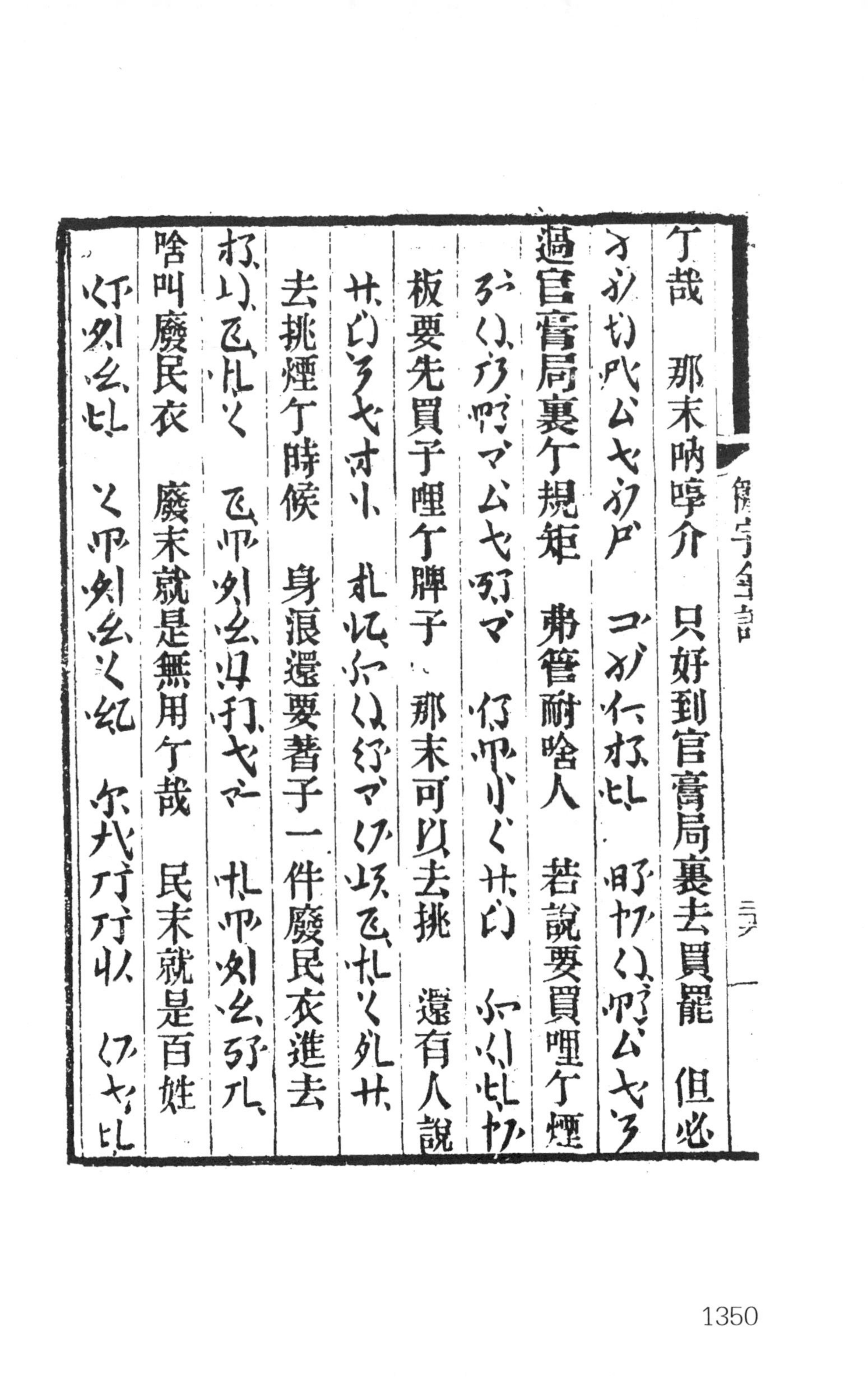

丁哉　那末吶嘑介　只好到官膏局裏去買罷　但必

過官膏局裏个規矩　弗管耐啥人　若說要買哩个煙

板要先買子哩个牌子　那末可以去挑　還有人說

去挑煙个時候　身浪還要著子一件廢民衣進去

啥叫廢民衣　廢末就是無用个哉　民末就是百姓

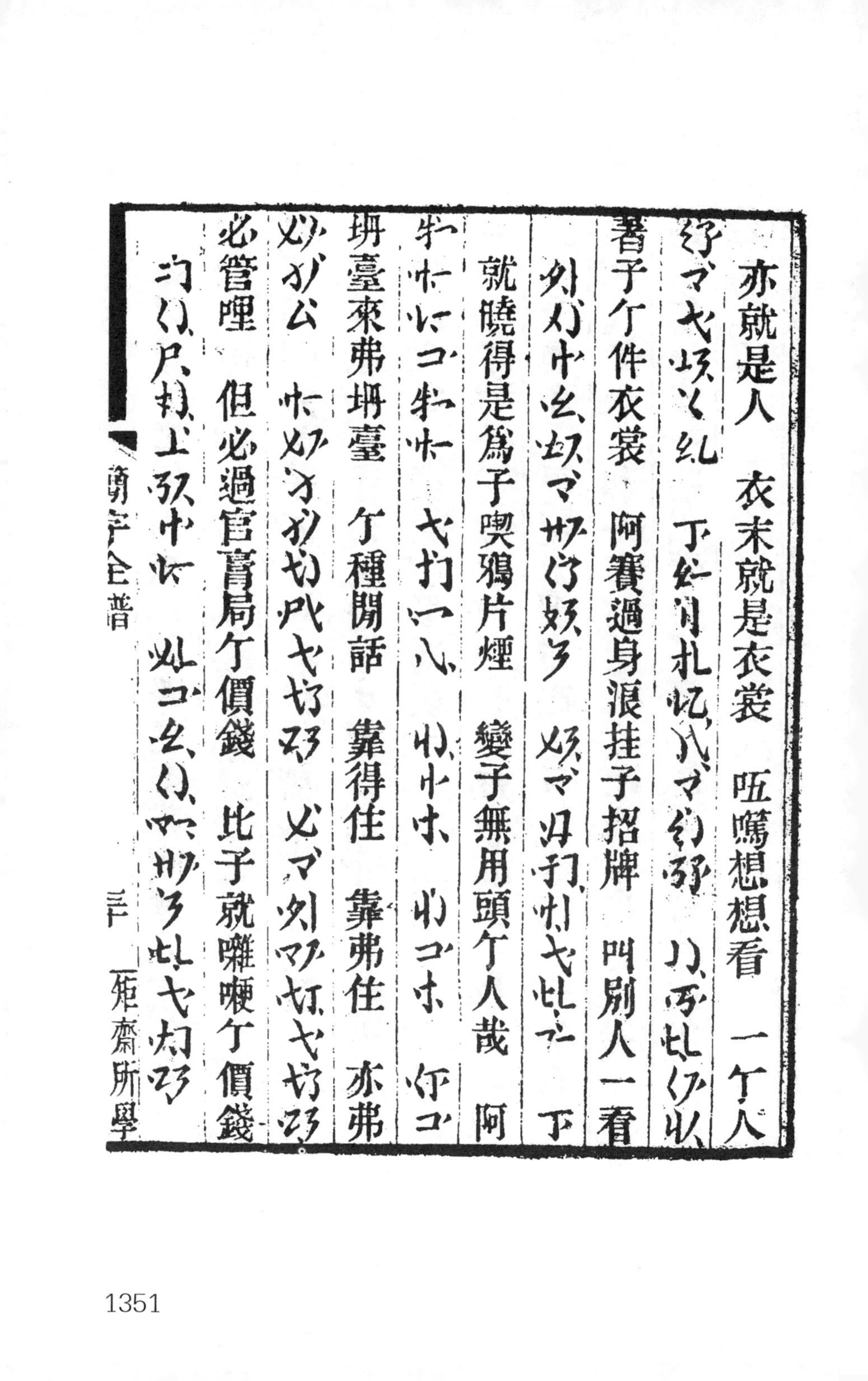

亦就是人　衣末就是衣裳　呕嗎想想看　一个人

[illegible]

著子个件衣裳　阿賽過身浪挂子招牌　叫別人一看

[illegible]

就曉得是爲子喫鴉片煙　變子無用頭个人哉　阿

[illegible]

坍臺來弗坍臺　个種閒話　靠得住　靠弗住　亦弗

[illegible]

必管哩　但必過官膏局个價錢　比子就嚨嗄个價錢

[illegible]

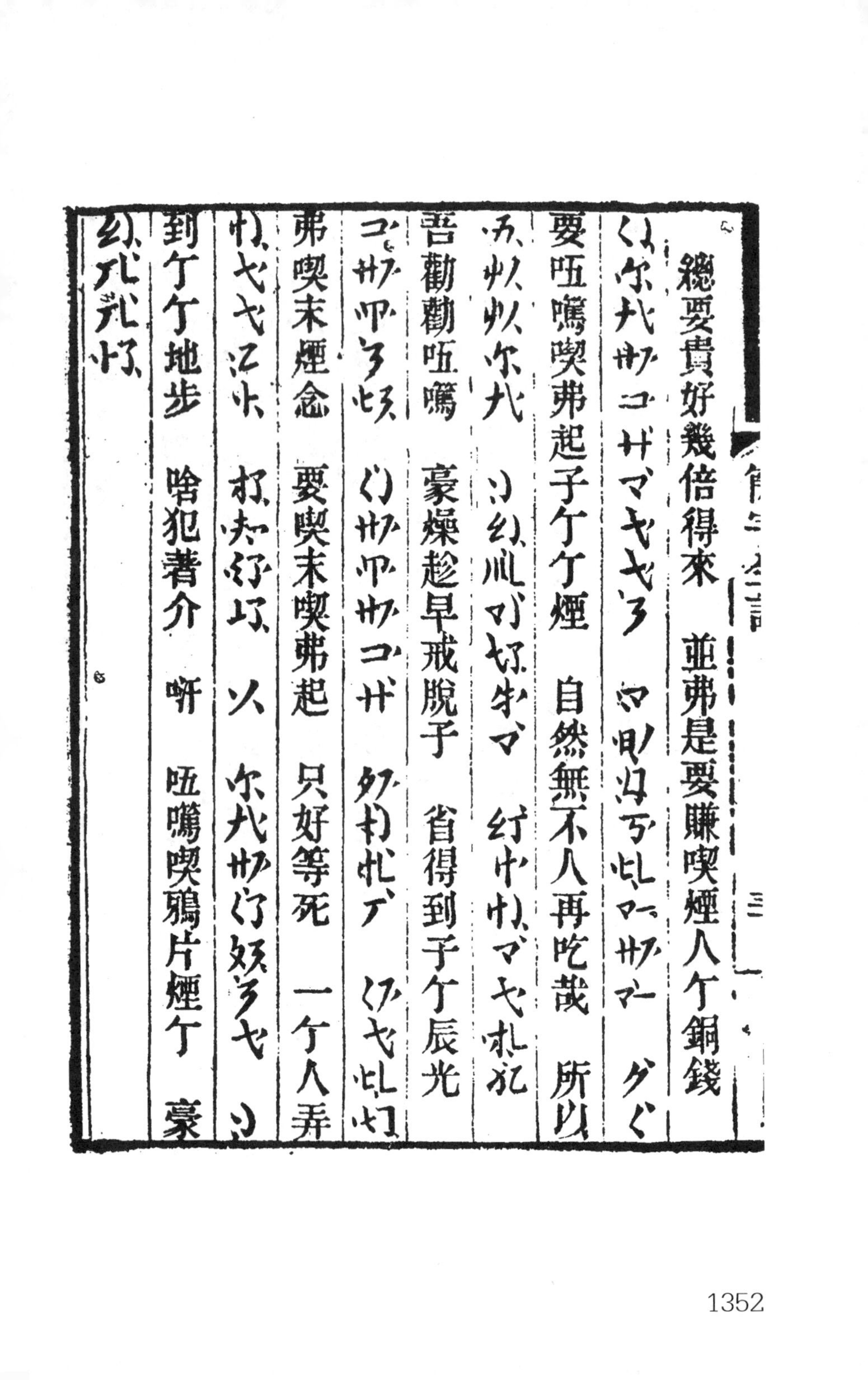

總要貴好幾倍得來　並弗是要賺喫煙人个銅錢

[illegible]

要啞嘴喫弗起子个个煙　自然無不人再吃哉　所以

[illegible]

吾勸勸啞嘴　豪燥趁早戒脫子　省得到子个辰光

[illegible]

弗喫末煙癮　要喫末喫弗起　只好等死　一个人弄

[illegible]

到个个地步　啥犯着介　呀　啞嘴喫鴉片煙个　豪

[illegible]

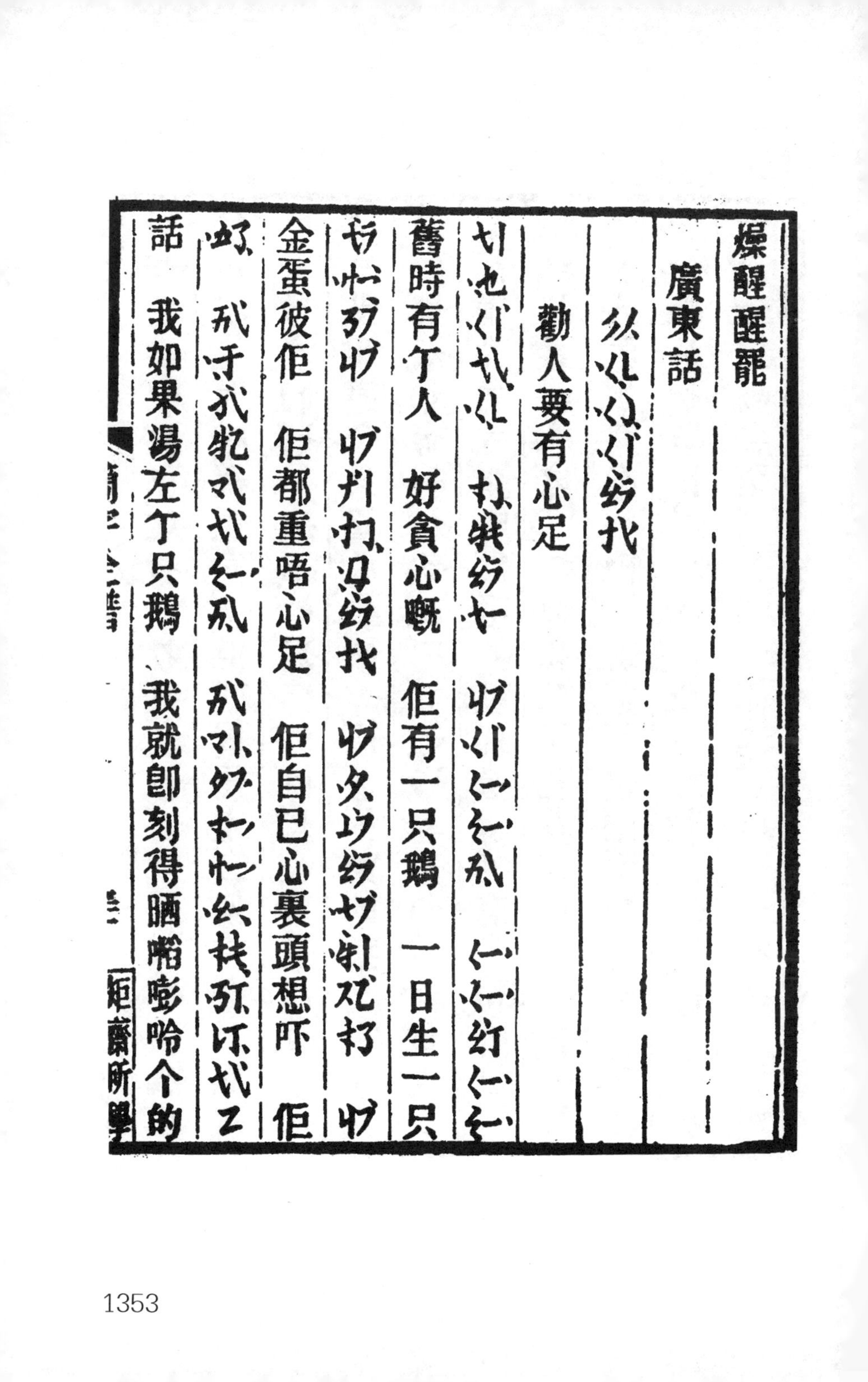

燥醒醒罷

廣東話

[illegible]

勸人要有心足

[illegible]

舊時有丁人　好貪心嘅　佢有一只鵝　一日生一只

[illegible]

金蛋俾佢　佢都重唔心足　佢自己心裏頭想吓　佢

[illegible]

話　我如果湯左丁只鵝　我就即刻得晒啲嘭哈个的

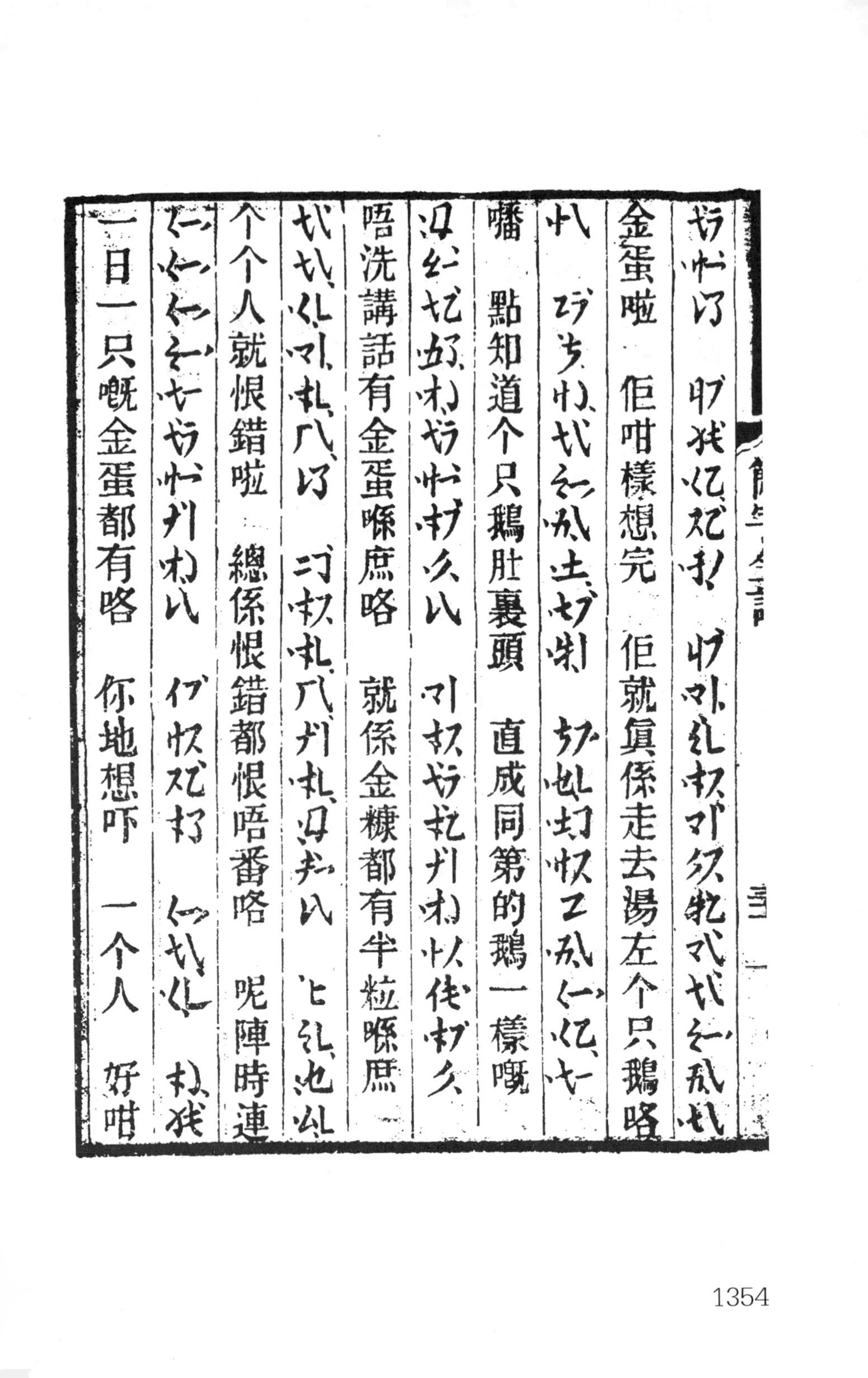

金蛋啦　佢咁樣想完　佢就眞係走去揚左个只鷄咯

嚿　點知道个只鷄肚裏頭　直戚同第的鷄一樣嘅

唔洗講話有金蛋喺度咯　就係金糠都有半粒喺度

个个人就恨錯啦　總係恨錯都恨唔番咯　呢陣時連

一日一只嘅金蛋都有咯　你地想吓　一个人　好咁

粒纷汲松仁　松汲弓找汲松仁

貪心唔好呢　好唔知足唔好呢

以上京話江甯話蘇州話廣東話各演白話一段左列漢字右列簡字以明拼音之用此四處口音之人各以土音讀之自能領會各處土音有漢字不能恰合者用近似之字加圈以充之閱者可以意會其非此四處語音之人可各以相近者推之若明母韻聲之理自能增減而適合也

普行簡字以廣教育議

今我中國天下誠可謂危急存亡之秋矣，有識之士咸思所以救之，以言乎弱則宜尚武事，然無兵學無以練兵也；以言乎貧則宜講實業，然無農工商學無以興利也；以言乎人心偷薄則宜重道德，然無義理之學無以興民行也。是則興學尚矣，然而幅員萬里，人民數百兆，欲教育之普及，戛戛乎其難之。

中國文字奥博，字多至於數萬，通儒不能徧識，即目前日用所需亦非數千字不足應用。學童入塾至少必五七年始能粗通文理，貧民子弟安得有此日力？故欲人人識字、人人能受教育，必不得之數也。

立憲之國，必識字者乃得為公民。中國鄉民有闔村無一人識字者，或有一二識字之人適為其村敗類而良民轉不識字，將比里連鄉無一人能及公民資格，何以為立憲之憑藉乎？

歐美以二十六字母、日本以五十假名，括一切文字，識此數十字，明其拼音之法，即可執筆自達其口所欲言，即可讀書閱報，通知義理，曉達時事。英國百人中有九十餘人識字，是以民智開通，雄視宇內。日本浡興，識者皆知其本乎學校，亦由有假名以為之階也。是故今日欲救中國，非教育普及不可；欲教育普及，非有易識之字不可；欲為易識之字，非用拼音之法不可。

前數年，京師拼音官話書報社定有官話字母，以五十母、十二韻、四聲輾轉相拼得二千餘音，包括京師語言，一時風行，學之極易，性敏者數日而通，即極鈍之資，至遲數月無不解者。乙巳歲鄙人陳諸江督建德尚書，設簡字學堂於金陵，即以京師原譜為本而增加母韻，訂為甯音、吳音各譜，期合南音以便習學，俟南音學成，再學京音，以歸統一。

奏明奉旨敕部立案，兩年以來畢業多次，給憑者數百人，畢業者又轉相授受，推行於江浙各屬，通曉者甚夥。素不識字之婦女村氓，一旦能閱書報，能作函札，如盲者之忽爾能視，其欣快幾無可名狀，明效大驗，彰彰可覩。聞直督袁公、奉督趙公皆已推行於直隸、奉天等省，外人覘國者亦謂由此入手普通教育進化必速。然猶未能各省徧及，其提倡之方、強迫之力猶未能一律實施，故尚未能普著成效於天下。

竊謂當訂為通國統一全譜，奏請飭下廷臣，延攬深明古今韻學之儒、通曉各省方言之士，詳加考核，勒為定本，進呈恭候欽定，並以此字編定各種淺近教科書，請旨頒行天下，將初等小學五年學期分為兩級，第一年兩學期，專以此簡字教授，一年畢業，畢業後自第二年起乃以漢文教授。既有此易識之字，即可實行強迫之令，應令全國人民凡及歲者皆入此簡字之學，一年不學者罪其家長。再別定極簡極易之法，縮短功課為半年一學期畢業，以待極貧不能入學一年之民庶貧家子弟胥能就學，乃可冀全國人民無不識字，無不得受普通教育。

復廣設簡字報館，俾無人不獲閱報之益，並預頒定制，將來實行立憲之時，除本識漢字者外，其不識漢字而能識此簡字者，一體準作公民。又勒定五年之後官府出告示、批呈詞皆用此字，俾人人能曉，如此則不待強迫，爭願學習矣。

此字傳習極易，至多不過數月而可成。以一人授五十人計之，一傳而五十人，再傳而二千五百人，三傳而十二萬五千人，四傳而六百二十五萬人，五傳而三萬一千二百五十萬人，中國四萬萬人，五六傳而可偏。果以國家全力行之，三年之內可以通國無不識字之人，將見山陬海澨、田夫野老、婦人孺子人人能觀書，人人能閱報，凡人生當明之道義、當知之世務，皆能通曉，彼此意所欲言皆能以筆札相往復，官府之命令皆能下達而無所舛誤，人民之意見皆能上陳而無所閒隔。

明白洞達，薄海大同，以此育明德，何德不厚？以此濬民智，何智不開？太平之基，富強之本，胥於是乎在。所操者至約而所及者至廣，似迂闊而實切至，似淺近而實閎遠，謂非救時之要道哉？竊不自量，竭其一得之愚，訂為《簡字全譜》一通，錄而存之，以待知者。倘獲言路，諸賢取以入告，或蒙朝命，見諸施行海內，民生之幸也。勞乃宣謹議。

中國音標字書

刘孟揚 著

內容說明

劉孟揚（1877–1943），字伯年，天津人，回族，清末秀才。曾為《大公報》主筆，因抨擊袁世凱被捕，後受袁收買。1905年後創辦《商報》、《民興報》以及《白話晨報》、《天津午報》、《白話晚報》。著有《天津拳匪變亂紀事》、《注音字母之商榷》、《夢影錄》等。

這本著作在理論上十分透澈地說明了文字國際化的道理，認為『字也者，記號也，取其適用而已，無所謂人己之別』；補充了朱文熊『與其造世界未有之新字，不如採用世界所通行之字母』的主張。

無師自通

中國音標字書

孫壯題

或問於予曰：『子撰音標字，將欲廢固有之字而不用乎？』曰：『否。固有之字，何可廢也？』

曰：『然則果何為乎？』曰：『將以濟文字之窮也。』

曰：『自倉頡造字以來，凡數千年由籀而篆，由篆而隸，由隸而楷，文字至此美矣備矣。經史詩書，公文私牘，記古今之事，達彼此之情，深文奧義於是乎在，一通而無不通，詎有窮乎？』曰：『吾所謂窮，非窮於義，蓋窮於音也。考文字有象形、指事、會意、諧聲、轉注、假借之分，其用意類皆微妙難明，且說文部首五百四十四，字典部首二百十四，為字四萬有餘。我中國人能盡識其字者，有之乎？無有也。所以不能盡識者，以其非音標字耳。中國人讀書之難，進化之遲，盖由於此。西國文字簡而易明，其字母只二十餘，無論何字，皆由此二十餘母拼合而成，能熟習其用法，即不難貫通一切之文。故泰西各國人皆少於中國，而識字者反較中國為多，即婦女亦多能識字為文。西人智慧者多，職是之故，盖其文與言相合，由音生義，音辨而義自明。中國言自為言，文自為文，而且一字或兼數音，一音或兼數義，絕不能專以音求，故難易叛然矣。』

曰：『西文易華文難是已。子所撰之音標字將何以濟其窮乎？』曰：『所以濟其窮者，有三，約略言之：文字原用反切法以定其音，然嘗有某字注某某切，而仍不知其讀為何字者，且各地口音不同，所讀之字亦往往各異，如用此音標字注成京音，一則易於識字，一則各地讀法亦可劃一，並可為統一全國語言之導綫，其足以濟文字之窮者，一也。方今新學大興，譯書日出，然所譯各國書籍，其人名地名多失其實，蓋華字音與洋字迥異也。日本譯西書，其人名地名皆以該國通用之假名記之，故其音易定。我中國譯書如用此音標字以記各國之人名地名，其音萬不致錯誤，其足以濟文字之窮者，二也。中國婦女之識字者寥落如晨星，即男子之中，下等社會識字之人亦不多得，故鮮能讀書閱報以增長見識者，若勉令習字，即二百十四之部首已難竟學，欲望其通文理，未免更難。如能熟記此音標字之二十六字母及其各用法，則變化無窮。其收效與全識文字者等，更既速而且易，待其熟習用法之後，將書報中一切緊要事件用此字演成俗話，令其閱看，必能一覽而知，獲益當必不淺，其足以濟文字之窮者，三也。他如婦孺鄙俚之土語為文字所不能傳，此字足以傳之。各省各國之方言為文字所不能達，此字足以達之。其所以濟文字之窮者不其然乎？』

曰：『此音標字可以濟文字之窮，敬聞命矣。然嘗見有王小航君所撰《官話字母》，是亦為音標新字，其字體皆取諸我國固有之字，而省減其筆畫，仍合於我國人之習慣，甚便於讀記，子何為捨我固有之字體而不取，獨取英文之字體乎？』曰：『英文為全球通用之字，凡有人跡所到之地，即為英字普及之地，故我國音標字亦以取用英文字體為利便。且歐美各國，其字皆為橫書左起，較之我國之直書右起者，為便實多，故此音標字亦利用橫書左起，並非捨近求遠以立異也。如謂我國之字不宜效仿人國，以貽忘本之譏，豈知字也者，記號也，取其適用而已，無所謂人己之別。試觀英美法等國，其字均同，英美文法且同，然仍英自英、美自美、法自法也，豈我國之音標字取用英文字體，遂謂我非中國乎？』

曰：『音標字取用英文字體之利便，亦聞命矣，然近見江亢甫君創造一種通字，其字母即純用英字，而拼法讀法稍加變通，子之所撰得毋與江君所造為歧出乎？』曰：『予用英字編音標字，昉於庚子之秋，因編撰未成，易而為形似日本字母之新字，與王小航君所撰亦迥不相同，題其名曰《天籟痕》，刊印將半矣。近見江君用英字造成通字，又觸動舊興，以為人既能造，詎我獨否？故又取原編未成之舊稿，重加研究，卒成是編。其拼法讀法有與江君默合者，有與江君相左者，間有採取於江君所造者，但期取用利便，既不敢立異，亦不肯苟同。世有知音者，當能擇而用之。非敢謂予之是編為定本也，或聞之乃唯唯而退。』予遂筆而誌之，以弁諸編首云。

光緒三十四年歲次戊申六月伯年劉孟揚自識。

凡例

此音標字之作用，一以輔文字音韻之不逮，一以為婦孺開智之階梯，而於學習官話為尤便。至於錦詞麗句，發為文章，則仍須深通固有之文字，此字則無其妙用。

此音標字為母共二十六，從中化生主音十，僕音二十一，複主音七，副僕音二十九，半主半僕音五。無論華語洋語，華字音洋字音，如法求之，皆不出乎其中。至主僕各音之旁所注各字，須按京音讀之，若繩以正音反致訛誤。

僕音必加主音，始能成字。僕音所以定音，主音所以定聲，半主半僕音既可為僕音列於字首以定音，亦可為主音列於字尾以定聲。複主音為兩主音拼合而成，以為主音之補助，副僕音為一僕音一主音拼合而成，以為僕音之補助。

僕音不加主音不能成字，副僕音及主音則可自成一字。編中有各種詳細用法，不難一覽而知。

用此字拼切華字，則以一僕音加一主音或複主音，或以一副僕音加一主音，或複主音如切外國語及方言，或須多加一二音，緩讀之，則各自為音，急讀之，則成為一音。雖拼切自有定法，惟神而明之，乃能得因應咸宜之妙。

京音及北方各音，皆無入聲，此音標字平上去入四聲符號皆具，其入聲符號，甯可備用而不用，不能缺而不講。

江氏通字以英文數目字代四聲，符號如清平聲則加1於字尾，濁平聲則加2於字尾，上去入各聲則加3、4、5於字尾。鄙意不如留此數目字，仍代我字數目之用，卽按中國數目讀法讀之，如1則讀為一，2則讀為二，其餘類推。而另用別種符號以為變聲之標準，名之曰『韻符』。

字母中之主音，皆讀作陰平聲（卽濁平）。凡陰平聲之字母，毋庸加韻符。其陽平聲（卽清平）及上去入聲各字，則加韻符於字尾主音之上。

無論何處之人，但能按京音將字母習熟，再熟記其各用法以後，無論如何用之，儘可隨時取用，變化不窮。如能各就各處用此編撰訓蒙書，則更大妙。

東西洋各國文字，雖各不相同，然皆為音標之字。獨我中國文字，難以音求。今撰造此字一補其闕，故題是編之名曰《中國音標字書》。

中國音標字書

目次

r音用法舉例

文內帶數目字寫法

附例

字母二十六

大楷

A B C D E F G G̈ H

I K L M N O P R S

S̈ T T̈ V V̈ X Y Z

小楷

a b c d e f g g̈ h

i k l m n o p r s

s̈ t ẗ u ü x y z

大　草

A B C D E F G G̈ H

I K L M N O P R S

S̈ T T̈ U Ü X Y Z

小　草

a b c d e f g g̈ h

i k l m n o p r s.

s̈ t ẗ u ü x y z

主音十

讀法

凡讀主音宜從喉中虛空出之但須有其音響不可着實按北京所讀俄哀恩等字讀法讀之則得之矣

a（讀作俄鴉切）　*e*（讀作俄）　*i*（讀作衣）

n（讀作恩）　*o*（讀作歐）　*r*（讀作兒而變爲陰平聲）

u（讀作烏）　*ü*（讀作迂）

y（讀作俗說噎膈之噎）　*z*（讀作日而變爲陰平聲）

複主音七

ai（讀作哀）　*an*（讀作安）　*ei*（讀如俗讀黑字之餘響）　*én*（讀作昂而變爲陰平聲）

on（讀作俄亨切）　*oi*（讀作俄兹切）　*ao*（讀作敖而變爲陰平聲）

半主半僕音五

i　*n*　*u*　*ü*　*z*

僕音二十一

b（博）	*c*（疵）	*d*（得）	*f*（夫）
g（歌）	*g̈*（遮）	*h*（喝）	*i*（衣）
k（客）	*l*（洛）	*m*（末）	*n*（訥）
p（坡）	*s*（斯）	*s̈*（詩）	*t*（特）
ẗ（茲）	*u*（烏）	*ü*（迂）	*x*（徹）

z（讀作日而變爲陰平聲）

副僕音二十九

bi	（讀作俗說逼迫之逼）			*di*	（低）
g̈i	（機）	*li*	（讀作洛衣切）	*mi*	（讀作末衣切）
ni	（讀作訥衣切）	*pi*	（批）	*ti*	（梯）
s̈i	（西）	*xi*	（欺）	*bu*	（讀作博烏切）
cu	（粗）	*du*	（都）	*gu*	（孤）
g̈u	（朱）	*hu*	（呼）	*ku*	（枯）
lu	（讀作洛烏切）	*nu*	（讀作訥烏切）	*su*	（蘇）
s̈u	（書）	*tu*	（讀作特烏切）	*ẗu*	（租）
xu	（讀作俗說出入之出）			*zu*	（讀作日烏切）
g̈ü	（居）	*lü*	（讀作洛迂切）	*nü*	（讀作訥迂切）
s̈ü	（盧）	*xü*	（趨）		

韻　　符

ノ（陽平）　︶（上）　丶（去）　∧（入）

主僕音用法舉例

（但取僕音中之 x 拼合各主音以例其餘）

xa（乂）　*xe*（讀作俗說車馬之車）

xi（斯）　*xn*（琛）　*xo*（抽）

xu（讀作俗說出入之出）　*xu*（趨）

（以上係一僕音一主音相拼台）

xia（讀作俗說掐花之掐）　*xin*（親）

xio（秋）　*xiy*（讀作俗說刀切之切）

xue（讀作俗說戳記之戳）　*xun*（春）

xuñ（羣）　*xuy*（讀作俗說官缺之缺）

（以上係一副僕音　主音相拼合）

xai （釵）　*xan* （攙）　*xen* （昌）

xon （稱）　*xao* （抄）

（以上係一僕音一複主音相拼合）

xian （千）　*xien* （槍）　*xion* （清）

xiao （敲）　*xuai* （揣）　*xuan* （穿）

xuei （吹）　*xuen* （窗）　*xuon* （沖）

xuan （圈）　*xüoń* （窮）

（以上係一副僕音一複主音相拼合）

半主半僕音用法舉例

di（低） d — 主	*ian*（烟） i — 僕	*n*（恩） n — 主兼僕
nǹ（嫩） n — 僕 ǹ — 主	*nu ón*（農） nu — 副僕 ón — 複主	*gu*（孤） u — 主
un（溫） u — 僕	*xü*（趨） ü — 主	*ụan*（淵） ụ — 僕
xz（癡） z — 主	*zń*（人） z — 僕	

韻符用法舉例

coi（疵）	*cói*（慈）	*coi*（此）	*cò̀i*（次）	*cê*（測）
陰平	陽平	上	去	入

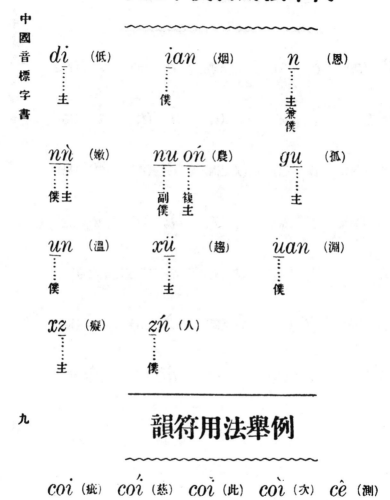

主音自能成字舉例

à（阿）	e（俄）	é（鵝）	ĕ（我）	è（善惡）
（之惡）	i（衣）	í（夷）	ĭ（矣）	ì（益）
n（恩）	o（歐）	ŏ（偶）	ò（耨）	ŕ（兒）
u（烏）	ú（無）	ŭ（武）	ǜ（物）	ü（汪）
ǘ（魚）	ǚ（雨）	ü̂（遇）	y（俗說噎膈之噎）	
ý（爺）	ȳ（也）	ỳ（夜）	ż̀（日）	ai（哀）
an（安）	eń（昂）	áo（敖）	ăo（襖）	aò（傲）

僕音不加主音不能成字舉例

b （本讀博然必須加主音 *a* 再加去聲符號如 *bè* 始能成爲博字）

c （本讀疵然必須加主音 *oi* 如 *coi* 始能成爲疵字

d （本讀得然必須加主音 *e* 再加去聲符號如 *dè* 始能成爲得字）

（其餘可以類推）

r 音用法舉例

（凡字尾加 r 音惟切土語用之）

gaǹr （如俗說壺蓋之蓋）　*guaňr* （如俗說筆管之管）

haír （如俗說小孩之孩）　*pér* （如俗說老婆之婆）

（其餘可以類推）

文內帶數目字寫法

1 (一) 2 (二) 3 (三) 4 (四) 5 (五) 6 (六) 7 (七)

8 (八) 9 (九) 10 (十) 100 (百) 1000 (千)

10000 (萬) 100000 (十萬) 1000000 (百萬)

10000000 (千萬) 100000000 (萬萬)

計算數目寫法

guen s̈ù 34 nián s̈i lì 1908 nián

(光緒三十四年西歷一千九百零八年)

iŏ 15000 kuai xian,g̈a s̈en 2500 kuai,s̈z 17500 kuài.

(有一萬五千塊錢加上二千五百塊是一萬七千五百塊)

泛說數目字寫法

s̈ian tai g̈uon gué,gn air san s̈z nián xián,bù i ien liăo. (現在中國跟二三十年前不一樣了)

附例

一凡拼切各種名詞如係兩字或三四字則於兩字相距中間加一小横畫以免讀斷其式如左

中國
guon-gué

劉孟揚
Lió-moǹ-ień

音標字書
in-biao-toi-su

一尋常書寫以小草爲便惟首一字可冠以大草以符英文寫法

一北京所讀各字未必皆合於字之本音如用此字拼切京話應按京音於各字上加變聲符號若拘定本音讀之反令人不解

一書寫時凡一句在句末加·凡一讀（音豆）在句末加

一凡遇重疊字其第二字即用,,以代之其式如左

悠悠

io,,

渺渺

miǎo,,

處處

xu,,

宋平子新字

宋恕 著

內容說明

宋恕（1862–1910），浙江省溫州市平陽縣萬全鄉鮑陽村（今萬全鎮下薛村）人，原名存禮，字燕生，號謹齋，後改名恕，字平子，號六齋，後又改名衡。近代啟蒙思想家，與陳黻宸、陳虬並稱"浙東三傑"。主要著作有《六字課齋卑議》（初稿、修訂稿內容上差距很大，所以實際上是兩種書）、《六字課齋津談》等，中華書局出版1993年《宋恕集》上下冊。《宋平子新字》即采自此書。

宋平子新字

（一九〇九年一月十五日）

〔编者按〕 本篇题下原注“自造，戊申十二月吉日写出”。全文四页，次序或自左而右，或自右而左，并有多项眉注。为便读者并减少错误，特请中国社科院语言所温州方言专家郑张尚芳副研究员代为整理、标音、注释。郑云:"'新字'系假名添符,以标注温州方音为主。现用'国际音标'注音,温州各县的音加*号,注释加方括,无括号皆原文。"

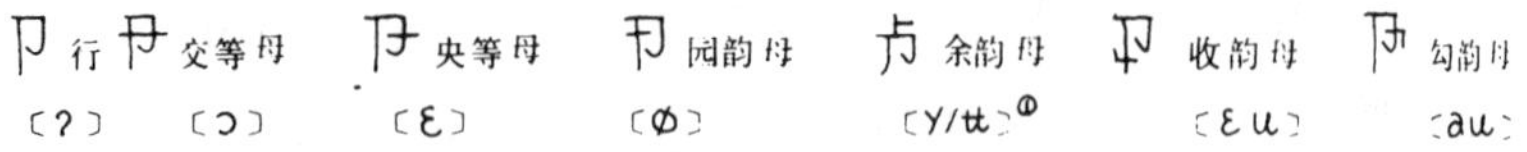

于日本音五母,加此六母,每母各加子音九,计加母六,加子五十四,合加六十音。

〔①郑按:宋氏温音在温州老派音外兼顾温州各县,如"余"母实代表y、ʉ、øy三音,以下只标y。又缺〔ɜ〕母,疑并于ɛ母中。而〔ai〕或用复合表示,皆存疑。〕

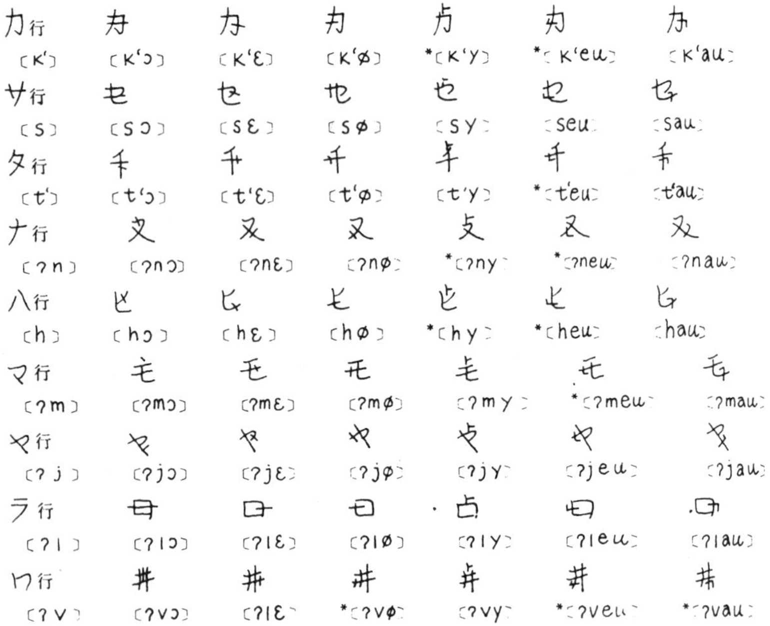

〔郑按：以上为第一段。以ア行新造添笔之六母音与九子音相拚合，原假名相应浊音各行也依原例表示，不另造。〕

又添造此十八行，共九十字，此分记此九十音：

ア行重音，吾温"行"行音

ア'	イ'	ウ'	エ'	オ'
〔ɦa〕	〔ɦi〕	〔ɦu〕	〔ɦe〕	〔ɦo〕

カ行重音，吾温"街"行音

カ'	キ'	ク'	ケ'	コ'
〔ka〕	〔ki〕	〔ku〕	〔ke〕	〔ko〕

カ行变轻音　吾温"溪"音行音

カ+	キ+	ク+	ケ+	コ+
〔tɕʻa〕	〔tɕʻi/tʃi〕	〔tɕʻu〕	〔tɕʻe〕	〔tɕʻo〕

カ行变重音，吾温"吉"行音

カI	キI	クI	ケI	コI
〔tɕa〕	〔tɕi/tʃi〕	〔tɕu〕	〔tɕe〕	〔tɕo〕

タ行重音，吾温"带"行音

タ'	チ'	ツ'	テ'	ト'
〔ta〕	〔ti〕	〔tu〕	〔te〕	〔to〕

タ行变轻音，吾温"差"行音

タ+	チ+	ツ+	テ+	ト+
〔tsʻa〕	〔tsʻi〕	〔tsʻu〕	〔tsʻe〕	〔tsʻo〕

タ行变重音，吾温"争"行音

タI	チI	ツI	テI	トI
〔tsa〕	〔tsi〕	〔tsu〕	〔tse〕	〔tso〕

ナ行重音，吾温"耐"行音

ナ'	ニ'	ヌ'	ネ'	ノ'
〔nɦa〕	〔nɦi〕	〔nɦu〕	〔nɦe〕	〔nɦo〕

ナ行变轻音，吾温“粘”音行音

ナ+	ニ+	ヌ+	ネ+	ノ+
〔ʔɲa〕	〔ʔɲi〕	〔ʔɲu〕	〔ʔɲe〕	〔ʔɲo〕

ナ行变重音，吾温“宜”音行音

ナI	ニI	ヌI	ネI	ノI
〔ɲɦa〕	〔ɲɦi〕	〔ɲɦu〕	〔ɲɦe〕	〔ɲɦo〕

ハ行别音，吾温“喜”音行音

ハ'	ヒ'	フ'	ヘ'	ホ!
〔ɸa〕	〔ɸi/si〕	〔ɸu〕	〔ɸe〕	〔ɸo〕

ハ行别音，吾温“非”音行音

ハ+	ヒ+	フ+	ヘ+	ホ+	
〔fa〕	〔fi〕	〔fu〕	〔fe〕	*〔fo〕	〔 〕

マ行重音，吾温“忙”音行音

マ'	ミ'	ム'	メ'	モ'
〔mɦa〕	〔mɦi〕	〔mɦu〕	〔mɦe〕	〔mɦo〕

ヤ行重音，吾温“夷”音行音

ヤ'	イ'	ユ'	エ'	ヨ'
〔jɦa〕	〔jɦi〕	〔jɦu〕	〔jɦe〕	〔jɦo〕

ラ行重音，吾温“利”音行音

ラ+	リ+	ル+	レ+	ロ+
〔lɦa〕	〔lɦi〕	〔lɦu〕	〔lɦe〕	〔lɦo〕

ワ行重音，吾温“横”行音

ワ'	ヰ'	ウ'	ヱ'	ヲ'
〔vɦa〕	〔vɦi〕	〔vɦu〕	〔vɦe〕	〔vɦo〕

ガ行别音，吾温“呆”音行音

ガ'	ギ'	グ'	ゲ'	ゴ'
〔ŋɦa〕	*〔ŋɦi〕	〔ŋɦu〕	〔ŋɦe〕	〔ŋɦo〕

ガ行别音，吾温“我”音行音

ガ+ ギ+ グ+ ゲ+ ゴ+

〔ʔŋa〕 *〔ʔŋi〕 〔ʔŋu〕 〔ʔŋe〕 〔ʔŋo〕

又添造此二行，以记此十音:

ダ行别音，吾温“池”音行音

ダ| ヂ| ヅ| デ| ド|

〔dza〕 〔dzi〕 〔dzu〕 〔dze〕 〔dzo〕

パ行别音，吾温“波”音行音

パ| ピ| プ| ペ| ポ|

〔pa〕 〔pi〕 〔pu〕 *〔pe〕 〔po〕

ガ|行ン音列添造六字记六音:

ン|(ガ+行) 汁 司 汁 而 江 痴 汢 知 汢 迟

〔ŋ'〕 〔sɿ〕 〔zɿ〕 〔ts'ɿ〕 〔tsɿ〕 〔dzɿ〕

添造此二字，上记吾温近“儿”音①，下记“兜”音:

土 キ

〔ʔn̩〕 〔n̩ɦ〕

母音之“イ”改形为“ㄑ”，母音之“工”改形为“卉”，母音之“ウ”改形为“中”，原“ス ズ”“ツ ヅ”四字改作“中”母音。

计新造三百一十八字，合日本旧假名一百〇一字，为四百一十九字，每字各自一音，殆全备矣。

〔郑按：以上为第二段，以原假名各音行右加“| 十 I”符号变读而成新字。所谓“重音”、“轻音”有二义：遇清音以不送气为重，送气为轻；遇浊通音，以带浊流为重，紧喉不带浊流为轻。浊通音分此二类，体现了温州音和一些吴语方音的特色。所谓“变音”、“别音”皆表示发音方法相近而发音部位跟该音行原

值有异。因宋氏用“亻工”表示带摩擦的ji je母，故改用“亻卉”表示ie二母。又因“宀”母在“ス ッ ノ”易与〔ʔ〕相混，故改用“中”表示。其云新造三百余字者，连各音行再与六个新造母音结合及加浊音号所衍化的各母合计而言。〕

〔①此句原稿作“上记吾温近‘兜’音而较轻之音”，郑稿脱五字。〕

添造此记吾温“快”行音：

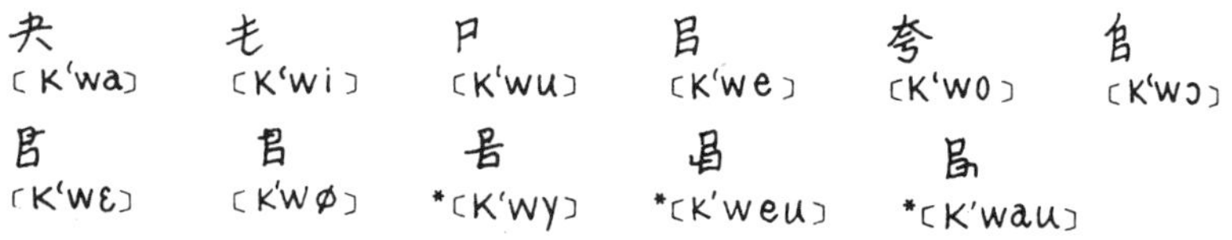

〔K'wa〕 〔K'wi〕 〔K'wu〕 〔K'we〕 〔K'wo〕 〔K'wɔ〕
〔K'wɛ〕 〔K'wø〕 *〔K'wy〕 *〔K'weu〕 *〔K'wau〕

添造此记吾温“天”音行音，内“四五六七八”五音最要：

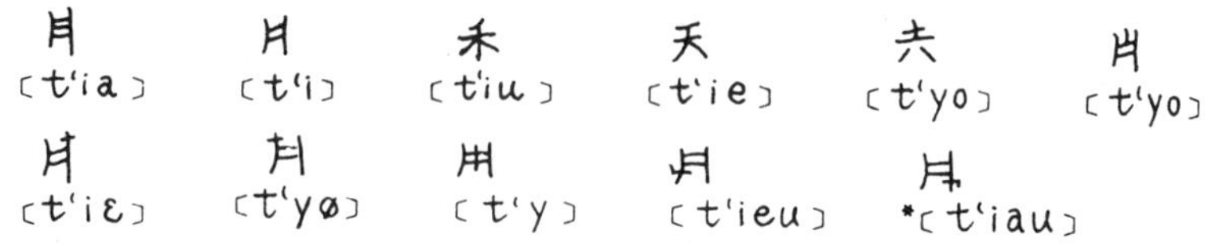

〔t'ia〕 〔t'i〕 〔t'iu〕 〔t'ie〕 〔t'yo〕 〔t'yɔ〕
〔t'iɛ〕 〔t'yø〕 〔t'y〕 〔t'ieu〕 *〔t'iau〕

添造此记吾温似“ナ”行音而非之音，内“四五六七八”要：

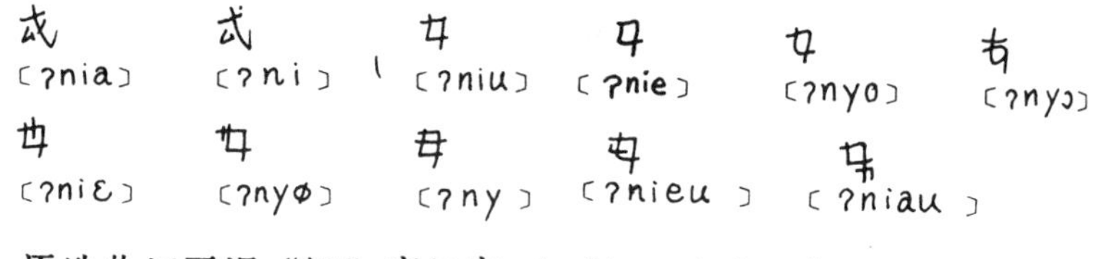

〔ʔnia〕 〔ʔni〕 〔ʔniu〕 〔ʔnie〕 〔ʔnyo〕 〔ʔnyɔ〕
〔ʔniɛ〕 〔ʔnyø〕 〔ʔny〕 〔ʔnieu〕 〔ʔniau〕

添造此记吾温“轩”音行音，内“四五六七八”要：

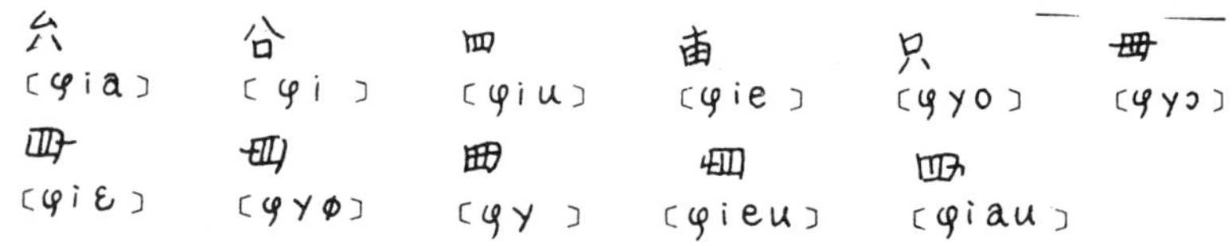

〔φia〕 〔φi〕 〔φiu〕 〔φie〕 〔φyo〕 〔φyɔ〕
〔φiɛ〕 〔φyø〕 〔φy〕 〔φieu〕 〔φiau〕

添造此记吾温“免”音行音，“四五六七八”要：

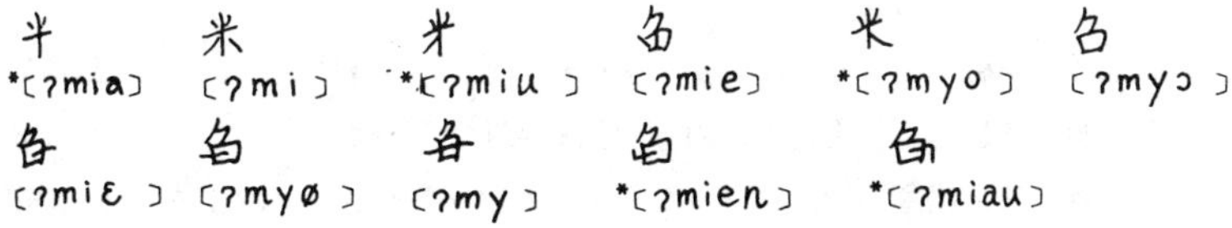

添造此记吾温“了”音行音，“四五六七八”要：

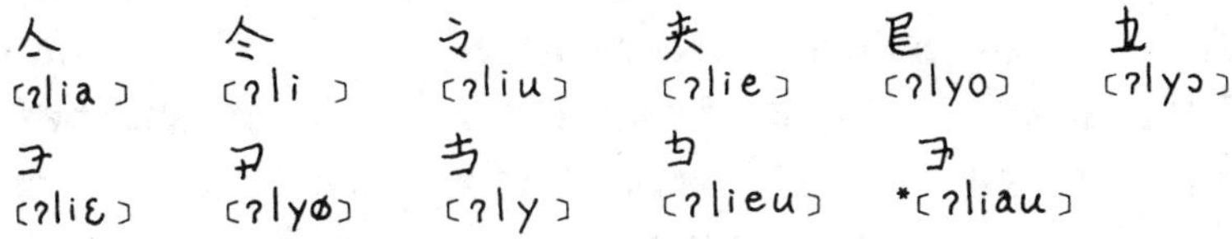

添造此记吾温“弯”音行音，“四五六七八”要：

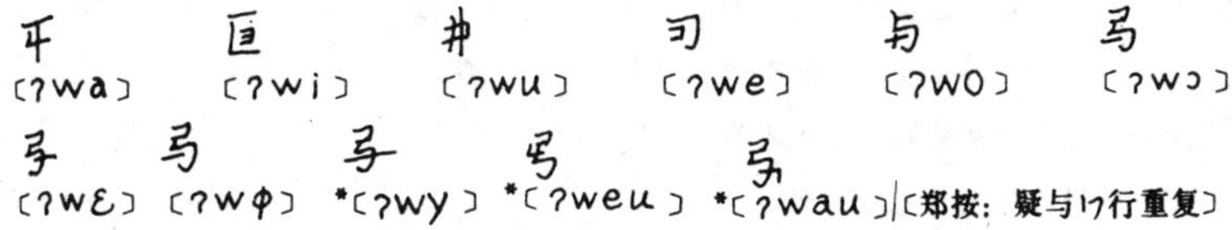

添造此记吾温“烟”音行音，“四五六七八”要：

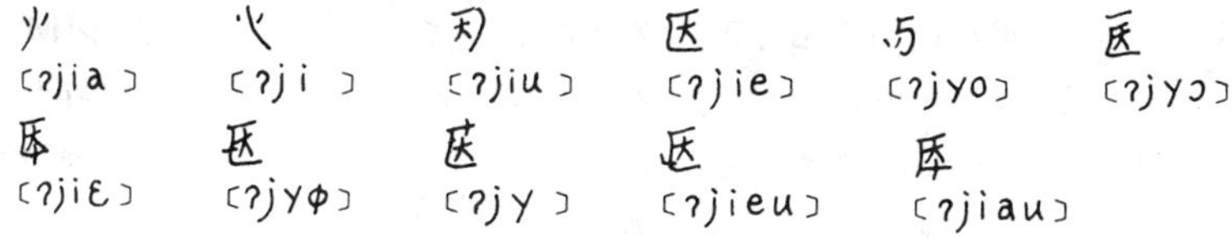

添造此记吾温“田”音行音，“四五六七八”要：

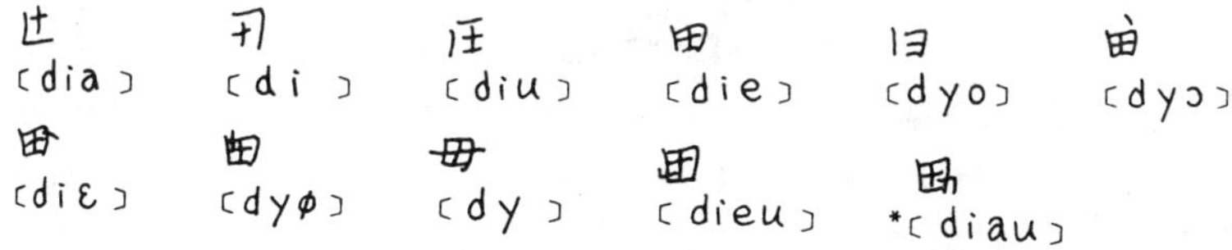

夬' 行十一音：记吾温"怪"行音，十一音同要。〔kwa〕

夬 行十一音：十一音同要。〔k'wa〕

夬+ 行十一音：吾温"谦"音行音，内"第四五六七八"五音最要。〔tɕ'ia〕

夬ɪ 行十一音：吾温"兼"音行音，内亦"四五六七八"五要。〔tɕia〕

廾' 行十一音：吾温"宣"音行音，内亦"四五六七八"五要。〔sia/ɕia〕

廾' 行十一音：吾温"全"音行音，内亦"四五六七八"五要〔zia/jia〕

月 行十一音："四五六七八"要。〔t'ia〕

月' 行十一音：吾温"颠"音行音，"四五六七八"要。〔tia〕

月+ 行十一音：吾温"千"音行音，"四五六七八"要。〔ts'ia/tɕ'ia〕

月ɪ 行十一音：吾温"尖"音行音，"四五六七八"要。〔郑按：tsia，以上"宣""全""千"音行同本行读尖音，温城已读团音。〕

戉 行十一音："四五六七八"要。〔ʔnia〕

戉' 行十一音：记吾温似廾'而非之音，"四五六七八"要〔nɦia〕

戉+ 行十一音：记吾温似廾+而非之音"四五六七八"要。〔ʔȵia〕

戉ɪ 行十一音：记吾温似廾ɪ而非之音，"四四六七八"要。〔ȵɦia〕

六 行十一音："四五六七八"要。〔ɕia〕

六' 行十一音：记吾温"花"音行音，"四五六七八"要。〔hwa〕

六 行十一音：记吾温"便"音行音，"四五六七八"要。〔bia〕

六° 行十一音：记吾温"偏"音行音，"四五六七八"要。〔p'ia〕

六° 行十一音，记吾温"边"音行音，"四五六七八"要。〔pia〕

半 行十一音："四五六七八"要。〔ʔmia〕

半' 行十一音："记吾温"眠"音行音，"四五六七八"要。〔mɦia〕

今 行十一音："四五六七八"要。〔ʔlia〕

今' 行十一音：记吾温"连"音行音，"四五六七八"要。〔lɦia〕

丏 行十一音：记吾温"弯"音行音，"四五六七八"要。〔ʔwa〕

丏' 行十一音：记吾温"华"音行音，"四五六七八"要。〔ɦwa〕

夬' 行十一音：记吾温"顽"音行音，十一音同要。〔ŋɦwa〕

夬'+ 行十一音：记吾温似"骇"而非之音，十一音同要。〔ʔŋwa〕

少 行十一音："四五六七八"要。〔ʔjia〕

少' 行十一音：记吾温"贤"音行音，"四五六七八"要。〔jɦia〕

乚十 行十一音:“四五六七八”要。 〔dia〕

乚十ǀ 行十一音: 记吾温“钱”音行音,“四五六七八”要。 〔ȡzia/dʑia〕

计又添造夬字清浊共七行七十七音,廿字清浊共二行二十二音,目字四行四十四音,乚十字二行二十二音,戓字四行四十四音,六字清浊共五行五十五音,半字二行二十二音,丿字二行二十二音,亼字二行二十二音,丂字二行二十二音,计又共添三百五十二字,合之前四百一十九字为七百七十一字。

〔郑按:以上为第三段,专记带唇化成分W和腭化成分i 的各音。添造“烟国”二行音原文记于文末,现按文例移至“弯”行之后。而“夬ǀ行十一音”至“乚十ǀ行十一音”等三十二行说明文字原皆记于书眉。〕

音韻記號

劉世恩 著

內容說明

劉世恩，生平不詳。劉世恩的拼音文字方案屬於自造符號派，字母由圓形、角形、直綫、曲綫四種基本形式構成，把形和綫，內外上下左右配合，成為音節。

中國劉世恩著

音韻記號

無師自通兼識漢字

《音韻記號》序

普通學者，增進國民普通知識之利器也，然有普通學而無普通文字以名其學，則學仍不傳，卽一般人之普通知識，亦終不彰。有普通文字而深者足以見深，淺者不足以見淺，則雖諸子百家鋪張揚厲，亦能洩詩書之奧，發經史之光。而大多數含生負氣億兆數萬萬之若農、若工、若商、若僧道、若上中下九流，終難借文字之力，以化其孤陋寡聞之見，益其開明兢進之識。嗚乎！此吾國普通教育之所難講，而吾國民之所以少普通學也。

吾友劉子，與吾忘形交也，幼篤學，常以國無簡易文字為憾。其著一書命曰《音韻記號》，囑余為之序。余觀其用心之苦，搆造之精，不獨文人學士可以得所津梁，卽野夫樵子亦能一目瞭然。不終日而得所折衷，焉謂非吾人普通知識增進之先導，而吾國普通文字發達之後援哉！

嗟夫！吾國自學風之變，於今十有餘年矣，書院之名目廢，大地之畝捐成，學務之機關多，天下之學子少，豈無治人？乃無治法耳。不然，美雨歐風，幾徧東亞，光天化日，獨耀西方，人以為人之過，吾以為字之憂。今而有此，不難駕歐美而上矣。願以告天下之留心教育者，劉子其以為然乎？否乎？是為序。

知友賀培桐謹撰。

《音韻記號》自記

舊說音發於脣舌齒牙喉，沒齒老人、乳臭小兒何能發齒牙音也？夫亦曰脣與舌而已。新說音本於聲帶，指不撥鉉，鉉無聲響；軸不轉鉉，鉉無緊舒，孰張弛聲帶，使異其聲響也？則亦曰脣與舌而已。開口合口者，於脣舌動作具適當形勢，於聲帶振動有天然關係，發聲最重要之動作也，從未聞研究其性質而發明其效用者，惜哉！吾則謂開口上與合口上有密切關係，開口下（卽齊齒）與合口下（卽撮口）有密切關係。而開口之音代合口，作用易；合口之音代開口，作用難。故用合口音作字母於音，聲不能發達，而取開口音作父音，庶於生理無防害也。

二十五父音，多上下開口，關於脣舌部，一發卽轉，不能延長，延長卽變為母韻。母韻二十有一，日韻尚兼數用，舌附下顎發者，為重母韻，舌抵上顎發者，為輕母韻，要其餘音嫋嫋不絕如縷，任延長至何久而不變者，則由聲帶振動故也。此可謂母韻不複雜，父音無簡單耳。口之發聲也，有父音卽有母韻，猶電氣陰陽極之相感應，不能去也，故父音皆詳，審母韻性質，取其同類者為分配，而母韻卽借用父音記號，本所固有者，以俱流於此見天籟焉。烏衣于三音者，有父音資格兼母韻性質，則關係於開合口者也，特命之為拚媒，拚音時為父音母韻之媒介。

父音母韻用同一記號而為之分配者，有數理由，附記其大略於此，為研究者一助，亦不敢自謂所得卽謂正確也。

(一)按我國韻書，父音有同聲母而異其上下開口者，又據實驗所得，母韻有同輕韻而異其上下開口者。

(二)諸父音母韻各相比較，其關於開口上者，有高低差異，關於開口下者，亦有高低差異。

(三)諸父音關於鼻及口氣呼吸不同諸母韻，關於鼻及口氣呼吸亦不同。

(四)發母韻時，兩唇運動者便於唇音，開口下母韻其上顎下顎相近，而口腔小，便於舌之前突，卽齒牙音，開口上母韻口腔容積大，便於舌運動自由，及舊說喉音。

(五)烏衣于關於開合口不運動自由，以之作拼媒生變化。他母韻關於開合口得運動自由，以之作拼媒不生變化。

凡音發於唇舌部之動作，次變化於開口合口，終則與聲帶間所發之母韻配合而成聲。經此三層秩序所以發聲，器之搆造雖極簡單，能千變萬化之聲音以應用而，而不窮我所取拼音法則。本此理由，法不必繁多，用卻為活便，卽凡兩拼音時，用一父音一母韻。而凡三拼音時，亦用一父音一母韻，惟於其中間加以衣或烏或于，為變化聲音之助。此可知我口發聲之故，雖唇舌之動作同聲帶之振動同，而一經開口合口之變化，其音遂大相殊異也。我所取拼音法亦順我口發音之秩序而已，切言之發某音時，我口中如此動作，卽用三音拼某音時，我口中亦如此動作而已。

夫中國音韻平上去入之音韻也，則所取記號必適合平上去入之應用而後可。今此形象頗為簡單，卽拼音成形或二三畫或四五畫，不過羅馬一字母耳。且盡曲直角圓等天然形象，務使人未見此記號者，目中先有其形象。既見其形象者，手中卽能作此記號。所謂天造地設，無庸意志於其間者也。夫形雖萬殊不離角圓線，雖各異，不外曲直，宇宙間器物新奇迭出，固莫能逃此規則矣。故形象雖皆平常，而取舍極費經營，蓋立意在無形之先成象，待拼音而後任意內外配合、上下配合、左右配合，具變化離合之妙，均不失幾何形狀，如同玩具備饒趣味，無不美觀。因之父音在內，母韻在外，搆形者為平聲。父音在上，韻母在下，搆形者為上聲。父音在左，韻母在右，搆形者為去聲。其上下配合而母媒附於母韻者，為下平聲。其左右配而拼媒附於母韻者，為人聲。故雖父音母韻同一記號，平上去入不加點畫，自能判別明晰，無混目之弊，殆皆適合吾國音韻之記號也。某形象任意命為某父音，毫無取義聲學者，有光顯聲浪法，謂聲不但以耳聽且能以目視，其寫生機留聲器等能將聲音振動所成之形留於器中，且復現其聲，與我口所發之聲，聽之歷歷不爽，則聲為其形之眞聲，而形為其聲之眞形，科學進步此證明當不在遠也。嗚呼！若果有此證明，當得曲曲折折的一種天眞草書，暗中摸索之，則不免參人意，強為之矯揉造作矣，故不載。

大哉！諸前輩之言！曰字有形有聲有義，故我國六書文字，通事類情卓越千古，泰西九品詞法，執簡御繁，推行五洲。苟義意不存，雖形聲粗具，其不足傳達語言記載事物也，審矣。天地間物至萬而事理難窮也，提綱要而總括之，非胸羅萬象，運歸納演繹思考者莫及，余固不足以語此，爰取表示地名人名習用舊例，則無論有形名詞無形名詞，或語句聯貫處，任意作一畫，於上或下而變通用之，則區聲既省作符之勞，表意略借一畫之助，庶閱此音韻記號者，不至名詞連於動詞，實字混於虛字，而輾轉猜度也乎。

夫父音母韻用一記號，開口合口用作拼媒，增加七種輕母韻，力避合口音及同韻中音為父音。搆形為變化，配合不取排列，證諸古說及各國字母，未盡符合。而形聲之證明，亦徒付諸冥想。表明語意法，雖欲守六書家法，立九品詞基礎，又未能臻於完備道理，由實驗而眞學說經衝突乃定，則我所據理由既不敢自謂正確，即我所作記號又何能限人研究？甚恐，欲為語言同一之國反成文字，不同一之國醫聾成啞，前途可懼也。當今科學進步，世進文明，研究各國語言文字者有人，研究生理形聲學者有人，尚希嚴加指正，俾成完全利器，持贈我國諸同胞，為便利日用之急需品也。

宣統元年中國劉世恩自記。

凡例

㈠父音母韻用同一記號，雖背各國字母舊例，然實恪遵○○聖訓。凡音出於喉返於喉之義，父音卽出喉之音，母韻卽所謂返於喉者也。其名稱則用片假名之父音母音，閱者幸勿斥為杜撰。

㈡我國韻書有三十六聲母，或約為二十，其分類多則百餘部，少則十餘義，各有當，為用亦殊，今為拼音起見，乃為二十五父音、二十一母韻，以平上去入讀之覺少，則拼音不甚愜當，多亦無關重要耳。惟丅母韻兼數用，因各韻為用無多，不更細分部居。

㈢無論何處土語皆帶輕音，蓋音韻本情意而發，或對纖小物而因玩生侮，或作習見語而因熟就簡，亦自然之流露也。漢文雖無此字，口中皆有此音。今為拼音起見，不得畀為語不雅馴搢紳難言之例，計共為七種。∪∧共流轉ㅓ韻，∩∨共流轉⊥韻，∪∧L共流轉Y韻，⊃<ㄴ⌋T共流轉T韻，ㄱ自流轉X韻，L自流轉Y韻，|自流轉ト韻。故輕韻重韻，雖同原異流，然用既各殊而不容相假，故併存之。

㈣拼音法與反切法異，反切宜於暫記，不用於久讀。任意取聲母皆可拼音為日用所需。使選擇不精，則口將格格不吐，氣卽鬱鬱不平於生理，或有防害也。茲雖由悉心研究而得，尚望同志諸君，更有高明理解，卽為嚴加更正。

㈤兩拼音可作三拼解說，三拼音不可誤作兩拼解說。一則合發聲秩序，例如□為□，實則□父音。有□拼媒在卽，□為□也。又如□□為□，不可誤作□□為□，亦不可誤作□為□，因□音必舌尖動作，卽□音表之次，則丨為合口。終則延長有□母韻，三者缺一不可也。二則發生新音，京都人士試讀十∩為□，而十丨∩為□，而十一∩為□，否耶。如此解說方見丨一亅作拼媒之妙用。

㈥各國字形，首推羅馬。非驚其勢力範圍之大，喜其大眞小眞差較天然也。但其只能排列不能變化配合，不足敷我國音韻之用，勢不得不另為選擇，故如英文之SN，日文之ノㄟ，亞拉伯之69，雖極簡單，而用之配合成形，不能爽觀，恐有害吾人審美感情也，概不收入。

㈦父音先寫先讀，拼媒次寫次讀，母韻後寫後讀。例如□為丄一∩，勿誤為∩丄一。又如□為十丨く，勿誤為く十丨。及丨十く而□與□，亦因大小為內外配合分別，餘類推。

㈧最要者，為分別平上去入及父音母韻，但不失裏外上下左右規則。其寫法正可自由，例如□可□可□可□，而□可□可□可□可□，而□可□可□可□。甚望用者，運巧思生新式，固不必拘拘形迹間也。

㈨分別平上去入，本不加點畫，然點亦形學不可少者，於兩拼音之下平入聲，則作點以代拼媒，例如□可作□，□可作□，餘類推。

劉世恩誌。

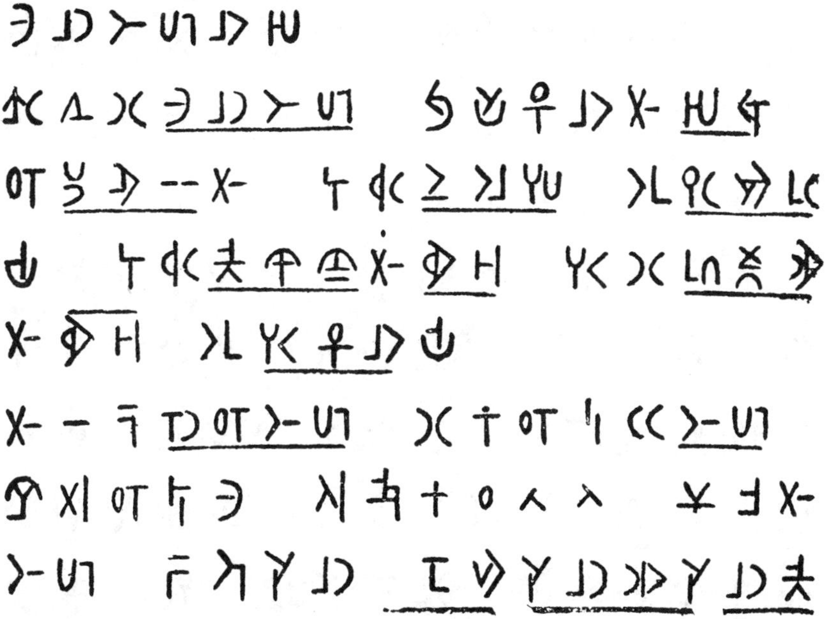

音韻記號用法

學習這音韻記號　怎麼使用的法子

是很容易的　不過幾句話　就說明白

喇　不過兩三天的工夫　或者半點鐘

的工夫　就會使用喇

第一要認識記號　這二十五個記號

全都是父音　除了絲時辭齒　其餘的

記號　也叫母韻　有輕母韻重母韻兩

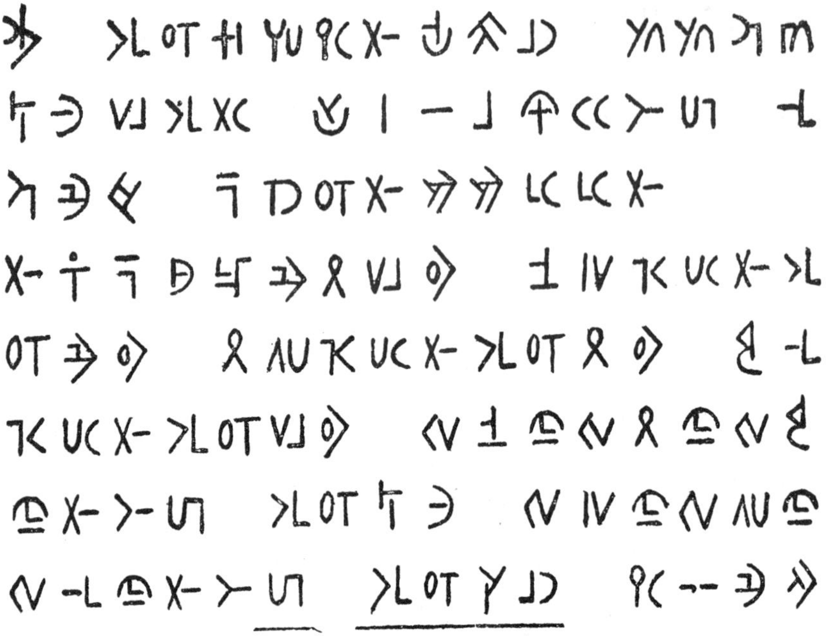

種　就是俗話說的拉長韻　慢慢著念

父音去就得　那烏衣于三個記號　又

叫拼媒　要認　的明明白白的

第二要分別平上去聲　裏外配合的就

是平聲　上下配合的就是上聲　左右

配合的就是去聲　在裏邊在上邊在左

邊的記號　就是父音　在外邊在下邊

在右邊的記號　就是母韻　所以拼成

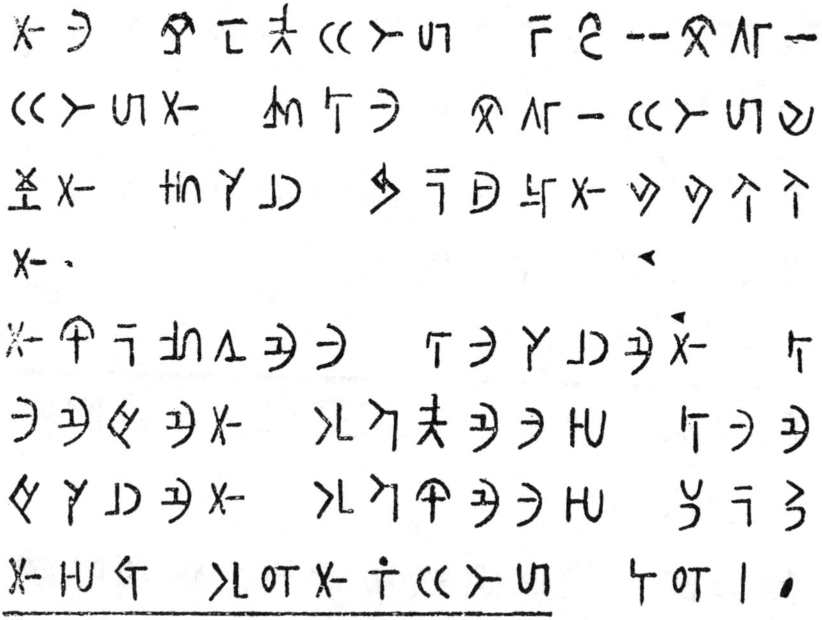

的音　全有兩個記號　也可以單寫一
個記號的　算父音　單寫一個記號加
點的　算母韻　總要分別的清清楚楚
的

第三要練習拼音　父音母韻拼的　父 二
音拼媒拼的　就叫兩拼音法　父音拼
媒母韻拼的　就叫三拼音法　很要緊
的法子　就是第二個記號　不是烏

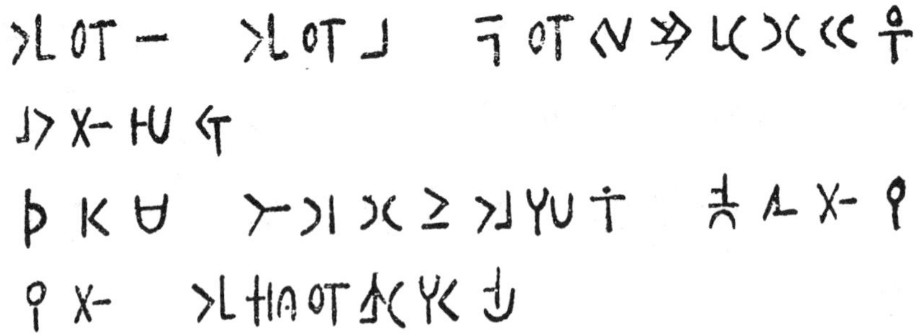

就是衣　就是于　要實在明白這個使用的法子

諸位呀　記住這幾句話兒　練習的熟熟的　就算是學會喇

二十五個記號

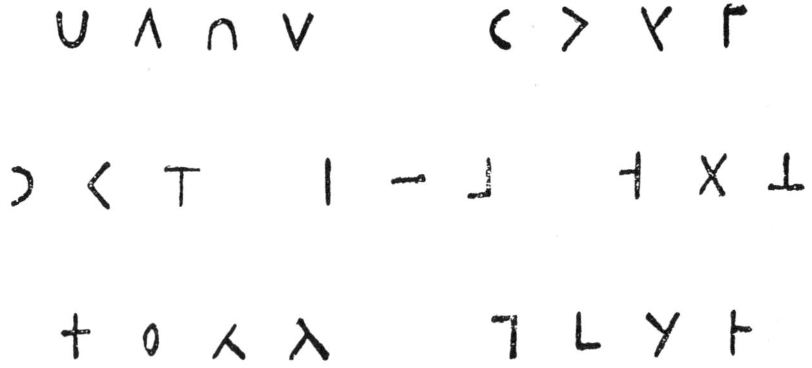

二十五個父音

∪	合阿切	HOR	┤	拉	LA (LER)
∧	向	HSIANG	X	道	TAO (TÊ'AO)
∩	堪	KAN	⊥	談	TAN (TÊN)
∨	其愛切	CH'AI	+	絲	SZŪ
(	戈	KÊ	O	時	SHIH
>	景	CHING	人	辭	TSŪ
Y	訥	NÊ (NER)	入	齒	CH'IH
Γ	聶	NIEH	┐	袍	PAO
)	真	CHÊN	L	不歐切	PO
<	子扼切	TSEI	Y	侔	MO (MÊ'O)
T	日	JEH (ER)	⊢	甫	FU (FÊU)
|	烏	WU			
—	衣	I			
┘	于	YÜ			

三

二十一個母韻

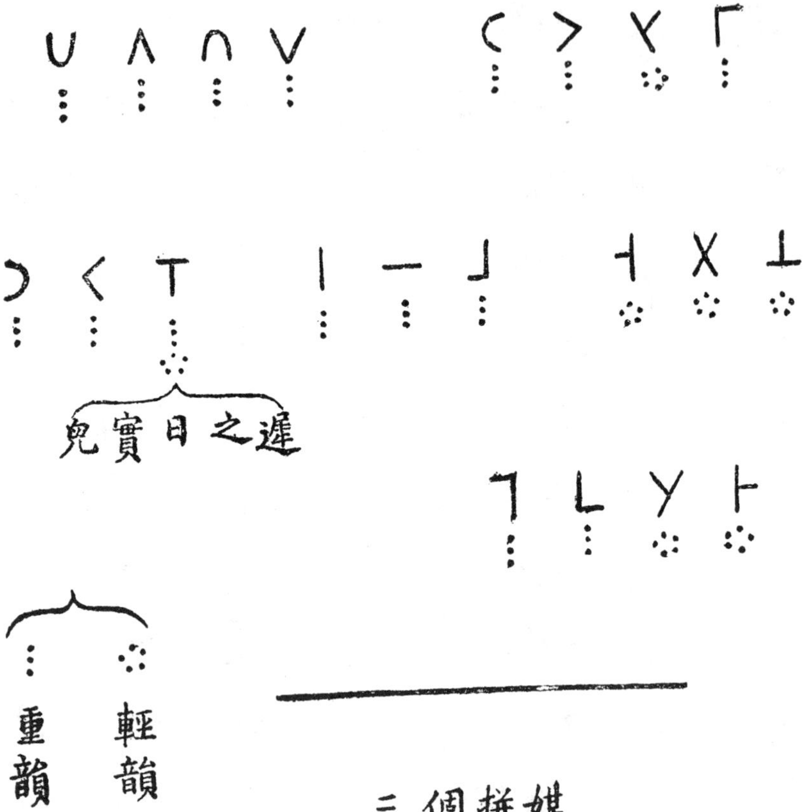

三個拼媒

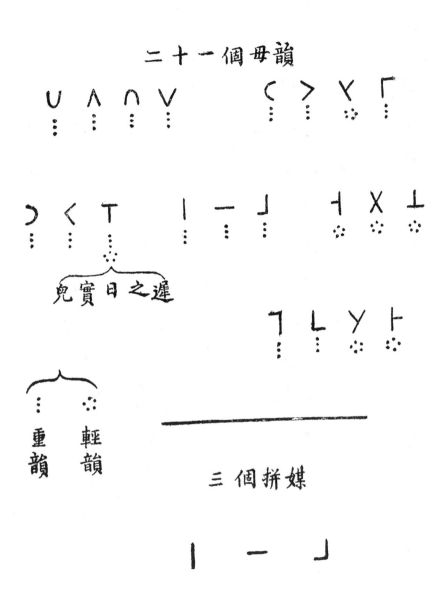

兩拼音法舉例

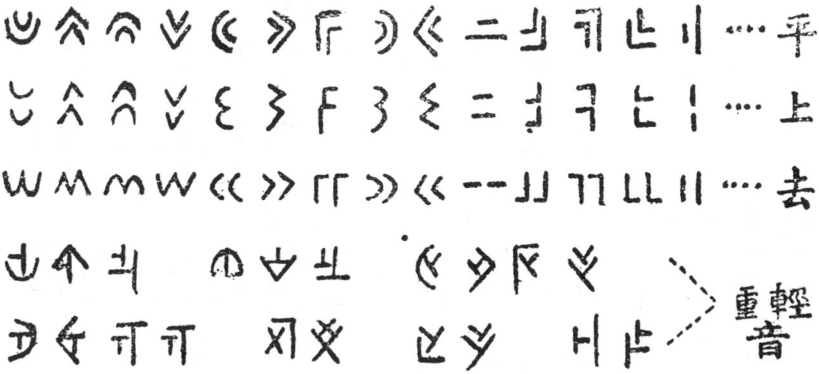

拼媒母韻拼法

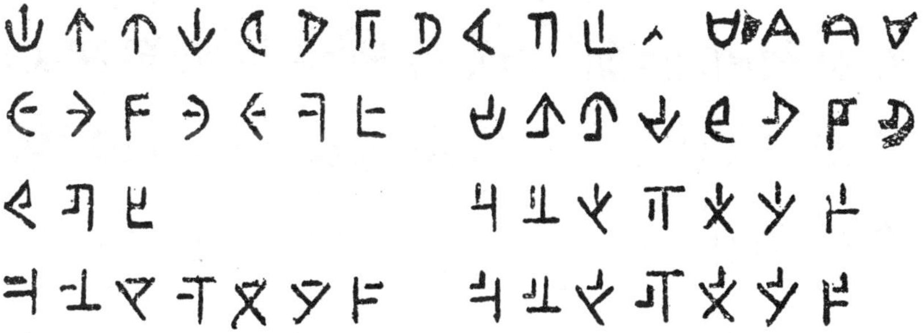

父音拼媒拼法

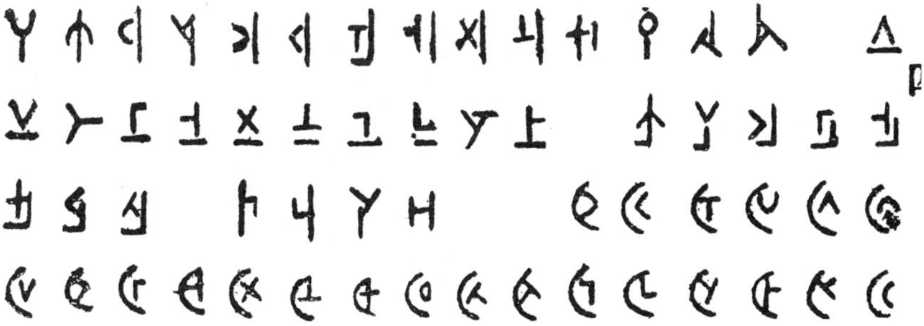

三拼音法舉例

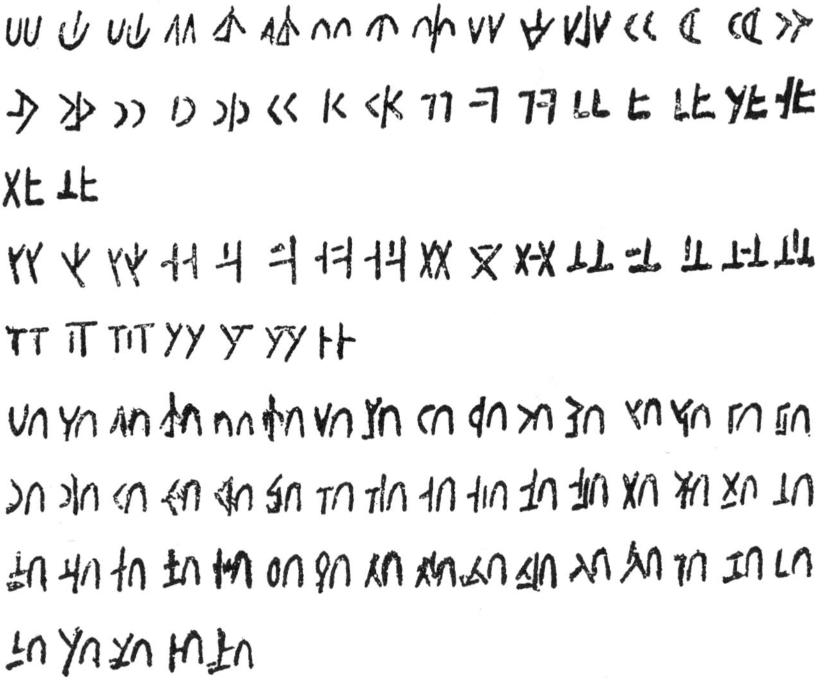

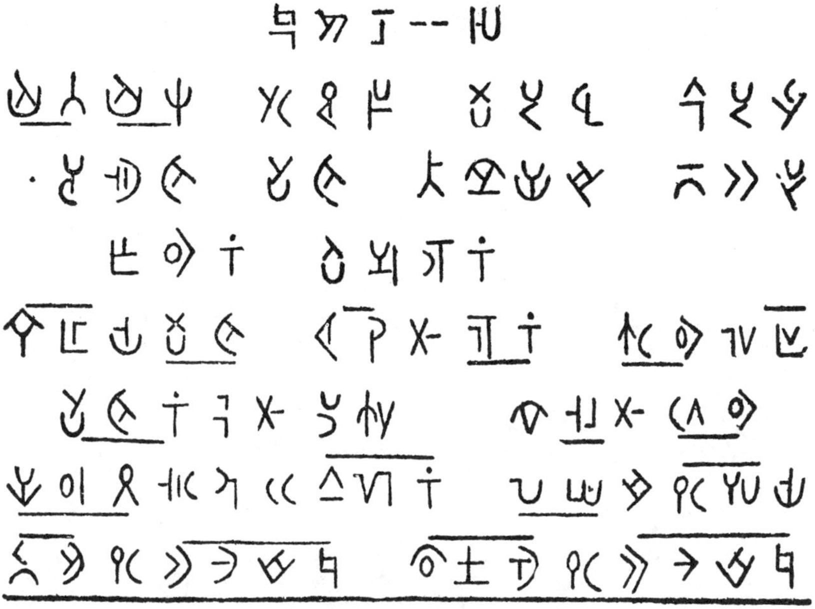

表明語意法

茶碗茶壺　墨水壺　大黑狗　小黑狗

火輪車　馬車　紡綿花車　眼鏡盒

紅頭繩兒　插花針兒

黃牛拉大車　喂猪的盆兒　學生拍球

馬車兒跑的很快　牽驢的韁繩

槐樹上落著箇喜鵲兒　啞叭能說話喇

咱們說金銀財寶　山西人說金銀財寶

切音字說明書

鄭東湖 著

内容說明

鄭東湖，廣東香山人，生平不詳。此書為蠟刻版。序言具有重要的理論價值。

《切音字之說明書》（序）

生人之初有知覺，斯有嗜欲有種族，斯有交遊有嗜欲。交遊即有意思情感，意思情感之隔閡，靡克自宣也。而言語起焉，言語者，發于中達于外，宣于气而佐于喉舌齒腭唇鼻，以判其音。言有長短，聲有高下，適副其人之意。機括之靈，捷于樂器，此天工之獨妙，非人力之所能為也。第聲音之托于虛，不如形象之徵于實。托于虛者听聞易誤，徵于實者點畫可憑。故先王見鳥獸啼迒之跡，知分理之可相別異，乃依類象形謂之文，形聲相益謂之字。而文字之朕兆以萌，是先有語言而後有文字。文字為語言之代表，亦足以助语言之不逮也，明矣。

歐美諸國，文言一致，凡學者學其语言，便可通其文字，習其文字亦即通其語言，故文字與語言不必歧而为二也。若吾國與日本則不然，言語與文字各殊，相差远甚，故學者須先通其語言而後可習其文字。然通其語言之謂，非特能操其語言，亦必能將其所操之語言以一種符號表之之謂也。試只就習日文者言之（所言習日文者，是指未習過漢文者而言），日文有口語与文語之分：口語即俗語，文語即為文字所代表之語言。其口語與文語之音，均為五母音及九父音所合成者。又以一種符號表之，即所謂假名者是矣。學者既熟習其假名，則無論若何語言，均可舉笔直書，毫釐不爽。至習文語時，即以之附于文字之旁，以記其字音。

无論其音之多寡與夫難易，皆可以留存于帋上，既可以省其記憶力，亦足以補其記憶力之所不逮，殊善策也。不然，使無假名以記其字音，則少數之字音雖可默記，若夫連篇累牘，使學者于少數之時皆一一記之，必戛戛乎其難矣。

故吾謂凡孺子于未就傅之前，宜先以切音字與拚音之法授之。既習熟矣，然後教之讀書，必無難事。蓋孺子之初讀書，如學者之初習日文；孺子之習切音字及拚音，如學者之習假名；孺子之能書種種白話于帋上，如學者之能書種種日語于帋上；孺子之能通文字，如學者之能通日文。试觀以上種種之比擬，即知切音字之功用矣。夫切音字者，是取漢字之偏旁以為字，以其笔畫较簡而便于孺子之學習也，取詩韻中所包括之音以為音。

今就調查所及，詩韻中之平聲共有三十韻，即有三十音（只就平聲而言者，蓋每音既得其平聲，則其餘之上聲去入各聲皆可由此調得故也），其音有可歸併者則歸併之（如九青十蒸及一東二冬之韻之音是），又每韻之中，其音有可獨立者則獨立之（如四支韻中之垂及八庚韻中之盲是）。共成三十六音以為母音。就母音中尋出二十音以為父音（此三十六母音中以正音或廣東音讀之，亦有重出而不歸併者，因正音與廣東音有特異之點，如鞋與哉在正音本為同韻，而廣東音則否。又如顏與翻在廣東音本為同韻，而正音亦否，因欲顧全兩方面計，故不能歸併為一耳。父音中有一字為母音所無者，所言父母音之數，是就現時調查所及者而言。如有遺誤，可隨時補正。），取其父母之音各一以拼成子音，每子音中又有平上去入四聲之分，而平與入又有上下之别（上聲與去聲各地間有上下之分者，然此是指一小部份而言。且其音太相近，若急讀之則依然一音，究不如上下平聲及上下入聲之顯有區别，故不分之），其理最顯淺，其法極簡易。若以之教授八九齡之孺子，僅需一月之功耳（此説是由實驗得來，若年長者以次遞減，年少者以次遞增，如曾習英文及本國之切音法者不在此例）。誠如是，則無論若何語言，均可以笔達之，即無隔閡之患，而言語得以自由，亦足以助其活潑之天性，實一快事也。吾願有心于兒童教育者一研究之。

或以孺子之學拼音為難能事，是大不然。夫歐美諸國，皆用拼音之法。各該國之孺子，亦皆樂而習之，安而行之，易如反掌，而不覺其難處。况吾國拼音之法，比歐美諸國為易（蓋歐美諸國，其拼音之法有用三字母以上至十餘字母不等。而吾國之拼音法則以二字母為限，無可增減故也）。且吾國人之腦力，聞于全球，豈這區區拼音之法，亦不能習之，而甘落人後耶？抑可大受而不可小知耶？殊令人索解矣。

或又曰：「切音字中之字音，共一千四百餘字，使兒童習之，既需一月之功，方能了了。曷若于此一月之内，取一千四百餘之通用漢字授之为愈乎？蓋切音字者，必須彼此習之，方可行用，不若漢字之通行，其弊一。以一月之功，習一千四百餘之切音字，其後尚要另習汉字，不若以一月之功專習一千四百餘之漢字，其后可少習一千四百余之汉字，其弊二。切音字以一音而包數字，殊費思索，不若漢字以數字而歸一音，可一目了然，其弊三。凡事事物物，無大無小，固須求其便俗，亦必求其無弊，方能供諸世用。若切音字既有此三弊，則于便俗何有？今若此方拒之禁之，不遑遑問其能供諸世用哉？」

辨之曰：不然。夫切音字性質與漢字不同，因之其構造亦不同。蓋切音字之性質是專用拼音之法，故其構造為一父音與一母音所合成者。若八九齡之兒童習之，既明其法知其理，便可觸類旁通，不勞而獲。故以一月之功，習一千四百餘字，平均計之，即一日習五十字，皆可深印腦際，毋患其不能熟也。若夫漢字，其始也，雖曰有形可象，有理可尋，奈何時代之遞嬗，花樣之翻新，遂致有形反變无形，有理卻成无理。故凡初習一字，非一時可能識，非死記不為功。夫習一字固如是，則習十字可知；習十字固如是，則習五十字可知。今舉八九齡之孺子，每日以五十漢字授之，使之必識，使之必熟，使之必不忘，使于一月之內，舉一千四百餘之漢字而全習之，能乎不能？請思之再思之三思之，可不言而喻矣。且切音字之設也，特患其法之不善而不能實行耳，不然，亦何患其不能如漢字之通用哉？以一月之功，習一千四百餘之切音字，其字數亦盡矣，可作書札而通問訊矣，可作白話體之文以述事理矣，無書不可讀矣（指有切音字附于其文字之旁之書而言），豈不便哉！豈不快哉！若以一月之功，習一千四百餘之漢字，其字數必不能盡也。誠如是，庸問其能作書札而通問訊乎，作白話體之文以述事理乎，讀種種之書乎？請回首沉思當日兒時就傅之初況，便可渙然冰釋矣，尚何待吾之贅述耶？

至言切音字以一音而包數字，是特指同音之字而言耳。若不同音之字，不在此例也。因之知其音則能寫其字，見其字則能識其音，可杜善忘之弊，亦无誤會之虞也。不然，若漢字以數字而歸一音，雖有宿儒學士，縱知其一音而能畢舉其字乎，見所有之字能全知其音乎？此余所不敢知也。雖然，枚舉零書，切音字固不能如漢字之了了。

然字者，以為叙事達言之用也。故書一言非數字不能成，叙一事非數十字不為功。若枚舉以為零用，則絕无僅有耳，亦何足傷乎？且切音字者，是專就一般之兒童利便計，凡兒童以一月之功，習熟切音字不過費少數之時日耳，且来日方長，青春尚艾，可再讀書以致用也。誠如是，則以切音字為讀書時之補助品固可以，漢字為切音字之補助品亦無不可。

方今謀國家者，皆孳孳于求教育之普及，以为開民智之基礎。然地方遼闊，人民自多，且經費浩繁，庫款支絀，各地之初等小學堂，尚未遍設。庸計及于蒙學，縱蒙學亦遍設矣，亦只就兒童之一方面計耳。而既長之貧民及婦女，其未就傅者皆屏之於教育之外，使徒作愚民，是豈國家設教之本意乎？且年華既長，負責自重，群岌岌于謀衣食計，目無暇晷，縱令之就傅，亦似非其本願。曷若遍授之以切音字，則少者一月，長者半月，雖中下之資，便可畢業矣。且習之既易，則輾轉傳述逾亦易，不出數年之內，則全國之人，必無一不識切音字者矣。若因勢利導，更設立白話報，或將全國各報，均令附以切音字，則無一不能閱報者矣。且國家發行一切之文告，亦于文字之旁附以切音字，則無一不能閱示者矣。如是，中外之事無鉅細，亦何難令婦孺周知乎？亦何患民智之不開乎？

昔西人嘗謂吾國之弱，弱于無愛國心，此語幾成铁鑄，亦吾同胞所默認，雖百口亦莫能辯也。吾謂不然，吾國之不亡，實吾同胞有愛國心足以致之耳。胡見之？吾于教育上見之，請自圆其說，為我同胞陳之。夫環球諸國所稱為富有愛國心者，以日本為最，其次則英德法美等國是也。各該國之人民，其愛國心實何自而得乎？日本何以特富乎？其歸根于教育之發達，固無待言，然教育之發達，日英諸國等也，且日本之教育咸取資于歐美，則英美等國既倔為先进，其國民之愛國心應勝於日本，固不待言。胡反讓他先著而不能奮起直追哉？是亦有由矣。蓋日本兒童之學齡雖等于英美等國，而其收教育之效則較英美諸國必早，非其國民之腦力特富也，非其國民之性質特良也，非其國之教育特盛也，而其所以鑄成國民特富之愛國心者何？此無他，即假名之功耳。

其說云何？蓋其假名每多不過五十字，若令兒童習之，數日便可了了。因之即能觀書能閱報，而知世界一切之事物，國家一切之形勢。是教师之施教育固易，而學者之受教育亦易。因之其教育之收效亦易，陶冶其國民之性情亦易，鼓吹其國民之愛國心亦易。夫集此種種之便利，使一般乳臭之孺子，無知無識，轉瞬而變為成立之大人，顶天立地，豈不美哉！豈不快哉！雖大陸之汽車，海洋之汽船，天空之汽球，其快捷等也，其利益等也，欲其無愛國心，得乎？其愛國心之不富，得乎？是不待達者而後知也。

夫英美德法諸國，其文字雖曰文言一致，使彼之兒童習之固易著手，而其文字是專用拼音之法，不如日本之不用拼音法而專用假名之為愈也。且其拼音之法，多用二字母以上至十餘字母而成者，又多不規則之音，是則煩难複雜，易亂兒童之腦根。欲求彼之兒童亦能觀書閱報，自非旬日間事，亦何怪乎各諸國民之愛國心不如日人之富也，而日人固可得此至尊至美之徽號，而執牛耳于東亞，目空一世哉？雖然，日人之愛國心固富矣，吾敬之，吾畏之，若方諸我國，直可視為等閒之事耳，是何故耶？吾請言之。

夫日人之富有愛國心者，其教育之普及耳，以其有假名，易收教育之果耳。若吾國則千百年来教育之不能普及也，文字之無假名也，故收教育之果必少，不特少而已，必遲遲而後得也。而我同胞愛國心之真摯，幾無人無之。試觀近年以来，拒約也、拒款也、爭路也、爭礦也、争國晱也、請開國会也，此昭昭在人耳目者也。夫教育尚未普及固如是，則將來教育之普及可知；教育之果少固如是，將來收教育之果多可知；收教育之果遲固如是，則將來收教育之果速可知。且觀庚子以還，神京幾覆，而外人終不敢施其瓜分之辣手者何？亦以吾國之民氣可畏故耳。試觀黃祸之說，可以知矣。是吾同胞之愛國心為固有之天性，乃生而知之者，非學而知之也。區區島人，胡足道战？使他日切音字果能實行，則將来收教育之果直與日本相較，吾恐過之無不及也。是則切音字出世之日，乃吾同胞愛國心膨脹之时矣，豈不快哉！吾更願熱心於世道者研究之、改良之、提倡之、實行之，吾敬為一般之婦孺請也。

難之者曰：「使切音字一日實行，則舉國人士，必目擊漢字之煩難，不如切音字之簡易，將捨重就輕，皆趨向于切音字，而漢字轉為湮没，則于汉學前途大有妨碍。得一失一，亦何足貴？」噫！是直以管窺天，以蠡測海之見耳！試徵諸日本，千百年来，漢字以假名並用，無可輕重之分，延至今日，漢字亦依然用之，尚無淘汰之舉。彼為外人，尚推重漢字如此，况漢字乃吾國固有之字！且吾國民好古之心甚富，亦曷嘗不思保存國粹，轉因切音字之進行，而為漢學之妨碍哉！

伏讀欽定學堂章程，凡各項學堂，除非在通商口岸者外，自小學堂以上均授英文，盖以英國屬地遍於大陆，商务甲于全球，因之其國語言文字流行亦廣，幾無國無之，無地無之。且吾國之於英國尤有密切關係，此談外交者所恒言，故英文一科，亦以為國民必需之知識，而列於普通學之一以教授之。國家之重視英文如此，亦有由矣。然英國言文一致，是專用拼音之法。若吾國則否，故學者之初習英文，恒以為苦，盖道不同故耳。使先習切音字，既明其切音之法，則習英文時必有異曲同工之妙，而不覺其難矣。然不特此而已也，即習俄德法文，亦易伸之。習歐美各國之文亦無不易也（吾國本有切音法，載于康熙字典中，第知者甚鮮，其法幾已失傳）。

嘗聞歐美諸學者以吾國文言不能一致，故方諸己國相去萬里，咸謂習中文為難能事。然彼之學者習中文固難，而習中語尤難，盖習中文尚有文字足以表之，而習中語則多非文字所能達者，則必從事于默記。是非腦力素富者，必不能为也。無怪乎彼之學者一聞習中文之語而為之咋舌矣。若切音字果能實行，使歐美諸學者取而習之，則必不以習中語为苦，將喜形于色矣。且中語既通，再習中文循次而進，豈不易易耶？吾敢質諸西人？嗚呼！著書立說，固學者之天職，而發聾振聵亦志士之存心。一得之愚，不甘緘默，片言足錄，尤俟鼓吹，世之君子，請毋河漢斯言。

宣統二年五月十三日香山鄭東湖待訂稿。

例言

此種字名為切音字，是專供写一切白話之用，无論若何語氣均可達之，全無隔閡之患。

此種字專为一般之兒童及貧民利便起見而設，並可讀書時之補助品（如作音解之用）。

此種字專用切音之法，凡八九齡之兒童習之，約一月便可畢業。若年長者以次遞減。

此種字音訓合一，其理最顯淺，其法極簡易，并無煩難之弊。

此種字共有三十六母音，二十父音。

此種字無論何省均可通用，若關外諸地，則不在此例（此節待考）。

此種字其子音只就文字所有者錄之，共一千四百餘字。若为文字所無者，不可枚举。學者可自拼之，恕不全錄。

此種字其父母音與調音法務須熟習，方可學習切音法，而切音法之子音亦以熟習為佳。

此種字其父音之發音及母音之六聲，均要熟誦，方免臨時構思之苦。

此種字其子音是取父母音各一以拼成之，如母音有同音者亦可通用。

此種字是取漢字之偏旁為之，筆畫最簡，便於書寫。

此種字其父母音與調音既習熟，必須認字，而子音之字可不必認。盖切音重明其法，其法既了了，則舉凡一切之音之子皆可順口說出，無不能認之者。若亦使之認字，不過溫習切音法耳。

凡所認之字，須以硬方帋書其一字於上面為最佳。如無時，則取圓白铁片（即火水罐之白铁片）帖白帋而書之亦可。

凡認字後必須溫字，而溫字之法須將已認之字全行溫之。盖父母音與調音法之字為數無多，若全行溫習，亦轉瞬間事耳。

凡習設音法時，必須默寫，否則徒事諷誦，必泥而不化。只知卑腰是標，而不知標即卑腰，是只知二五而不知一十矣。

此種字其父音与母音，調音与切音均已習熟，然後教之練習單字，次聯字，次單句，次聯句。以敘事為終點，然練習所用之件，教者可自行輯之。盖各地之士談，間有异點，故不能預為編纂矣。

此書是在草創時代，難免砂礫蓁錯之弊，尚望世之君子繩而正之。

切音字教科書

（母音）

川用师归阡。仔以卅川仆。斤件乃川与。仄卯山材爪。

安東標光圭孤樽苛螺盲平年誇翻貪歪幽疵搔般

丬卄仆山乃丌。川归仿们仅。仃仔册凪仅。化。

增杯蚊魚元將侵拈寬賒釘吾痍哉顏甘

（父音）

a d k g ww n i e l m n ł g ł h ui d ng

日月市土下。上业廿ㄓ匕。六牛丂才亏。入卬山才几。

安東標光圭鞋樽苛螺盲平年誇翻貪歪幽疵搔般

（調音法）

（六聲）

） ＝＝ 上平声

（ ＝＝ 下平声

｜ ＝＝ 上声

ろ ＝＝ 去声

ㄱ ＝＝ 上入声

ㇾ ＝＝ 下入声

（例）

了厶 ＝＝ 蚊

（厶 ＝＝ 文

｜厶 ＝＝ 敏

弓厶 ＝＝ 問

了厶 ＝＝ 乜

ㇾ厶 ＝＝ 乞

東凍棟凍篤獨

（例）

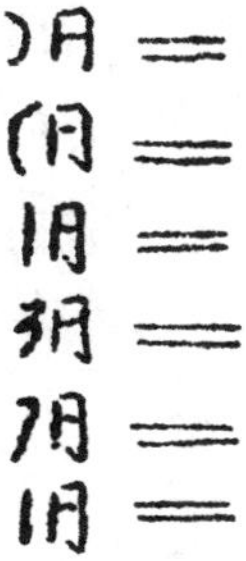

（母音之六聲）

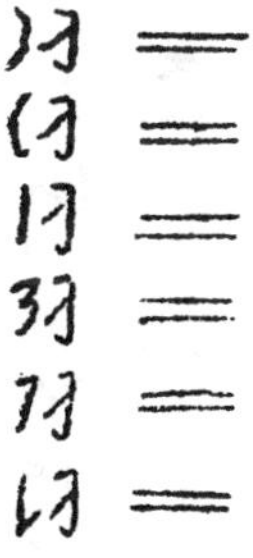

安 光 樽 首 誇

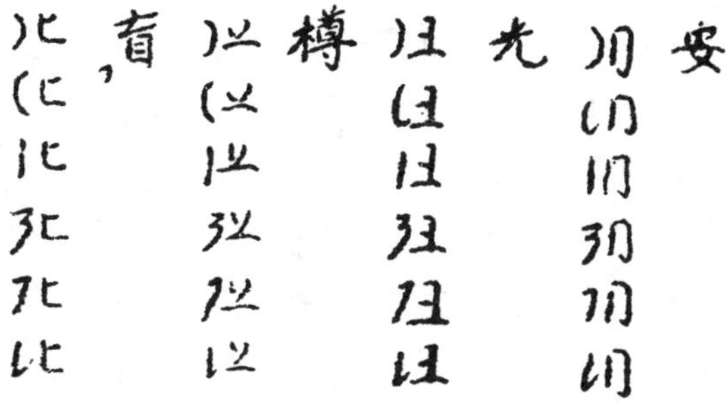

東 圭 奇 平 翻

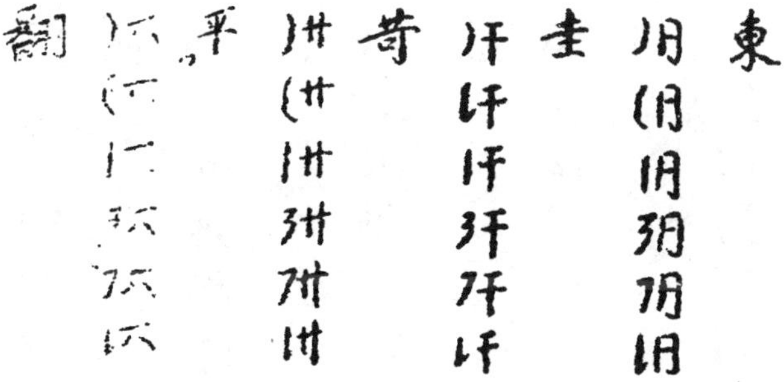

翻凡反飯發發

（例）

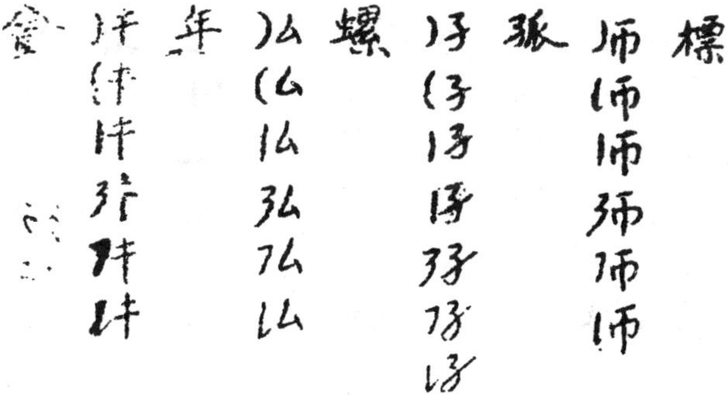

標 張 螺 年 會

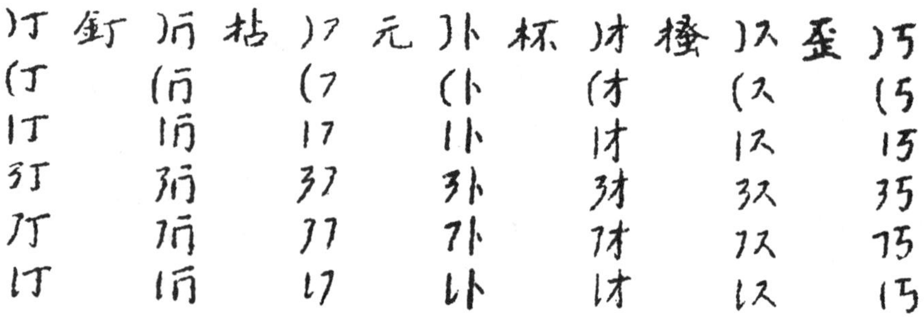
釘 枯 元 杯 橙 歪

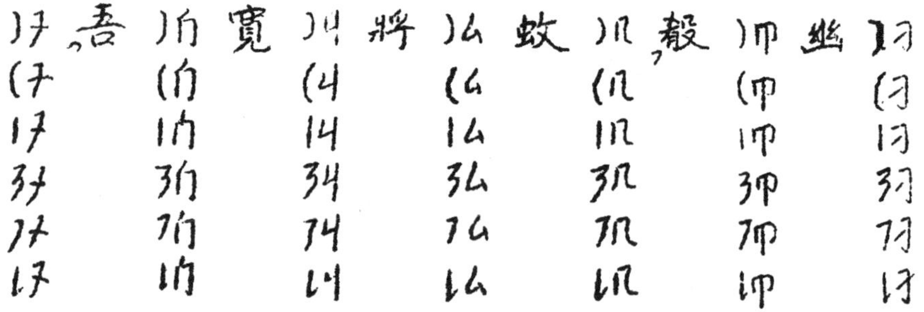
吾 寛 將 蚊 毅 幽

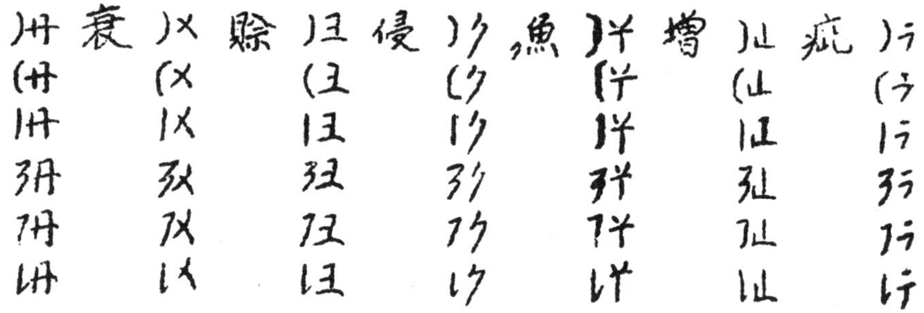
衰 賒 侵 漁 增 疵

哉　顏　甘

丘　丘丘丘丘丘丘　仅仅仅仅仅仅　他他他他他比

（切音法）

安歪臺挨　挨

例
门＝安
仅＝歪
尽＝臺
臺＝挨
即
尽＝挨

例
月＝東
旦＝光
[illegible]＝[illegible]
[illegible]＝當
即
[illegible]＝當

（父音之發音）

门＝丐
月＝[illegible]
币＝[illegible]
土＝[illegible]
千＝[illegible]
山＝[illegible]
乂＝[illegible]
廿＝[illegible]
夕＝[illegible]
匕＝[illegible]
六＝[illegible]
十＝[illegible]
丂＝丐
刁＝[illegible]
ラ＝[illegible]
久＝[illegible]
巾＝[illegible]
止＝[illegible]
才＝[illegible]
几＝[illegible]

（母音之上平聲）

川用师仕仟仔丛卅[illegible][illegible][illegible][illegible]丐[illegible][illegible]仄[illegible][illegible][illegible][illegible][illegible]仆仏[illegible][illegible][illegible]

仨[illegible][illegible]仈仃仅[illegible]丘仅他

(仝上平声子音)

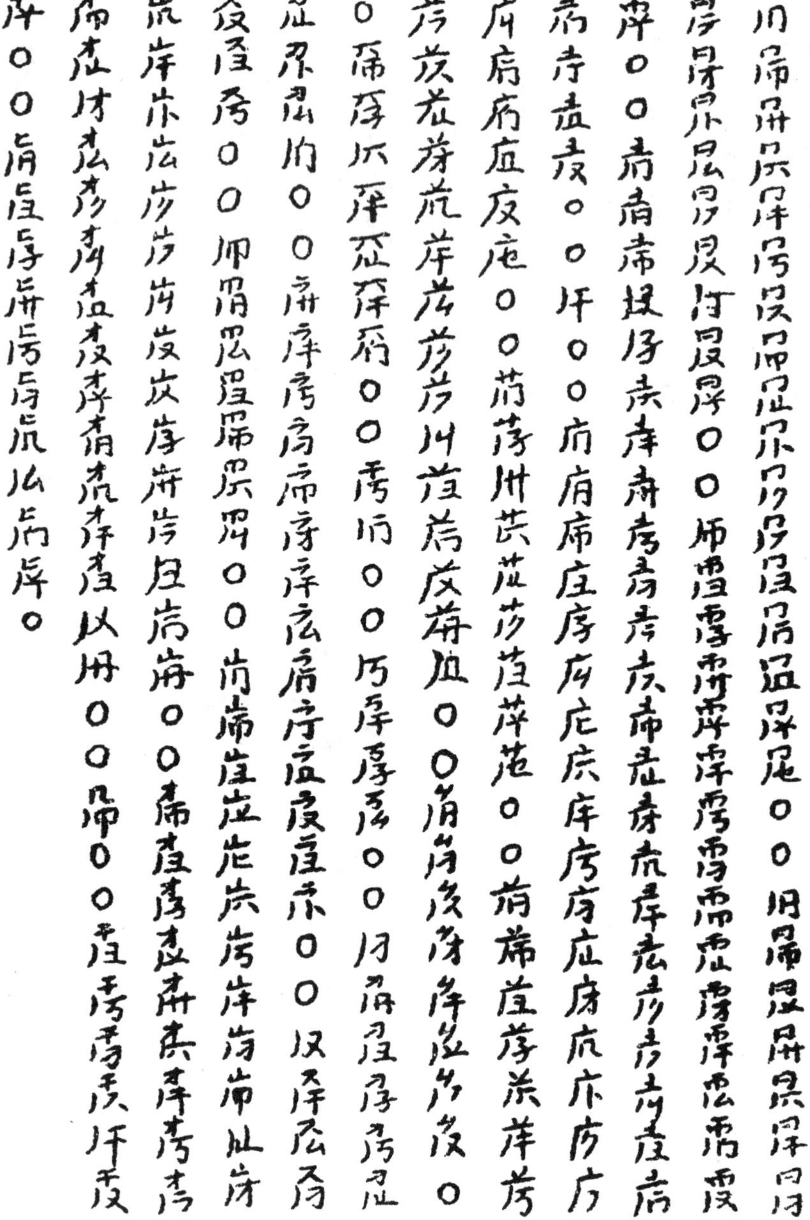

(母音之下平声)

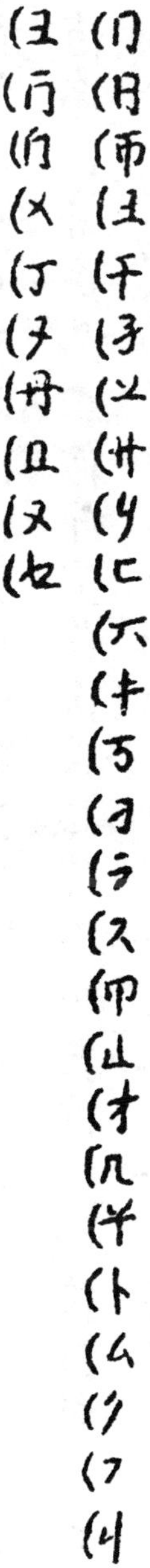

(全下平声子音)

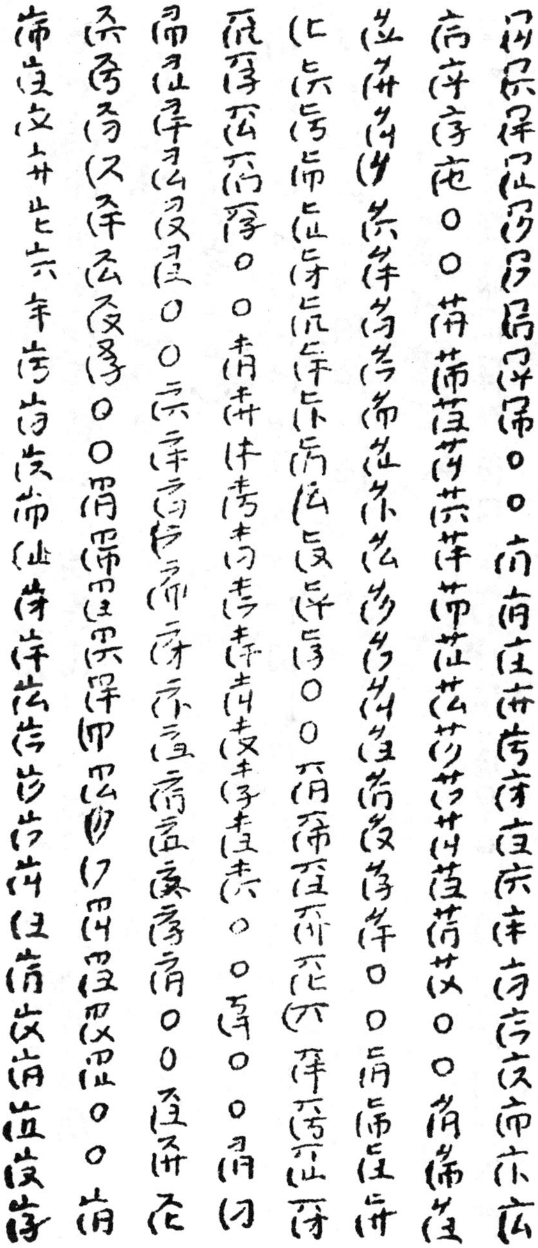

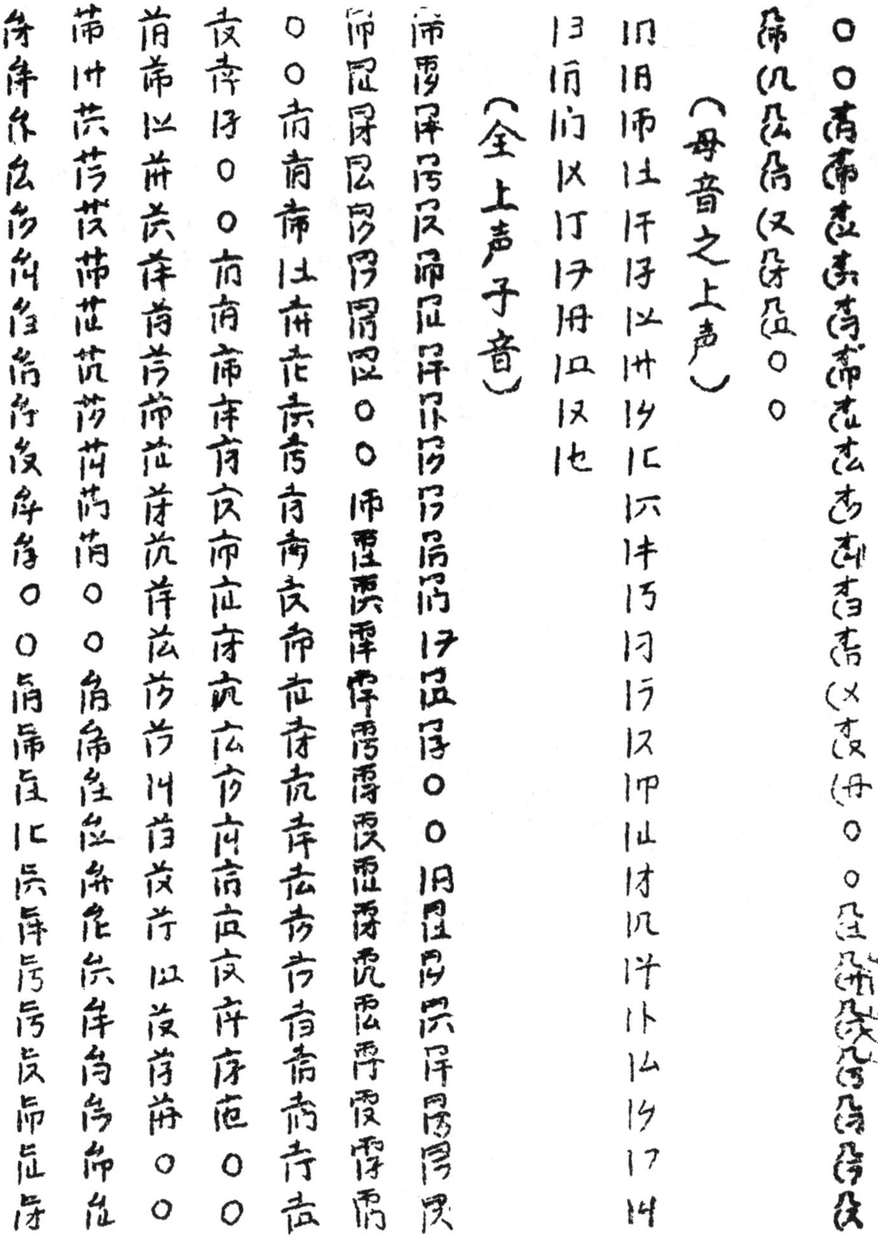
(母音之上声)
(仝上声子音)

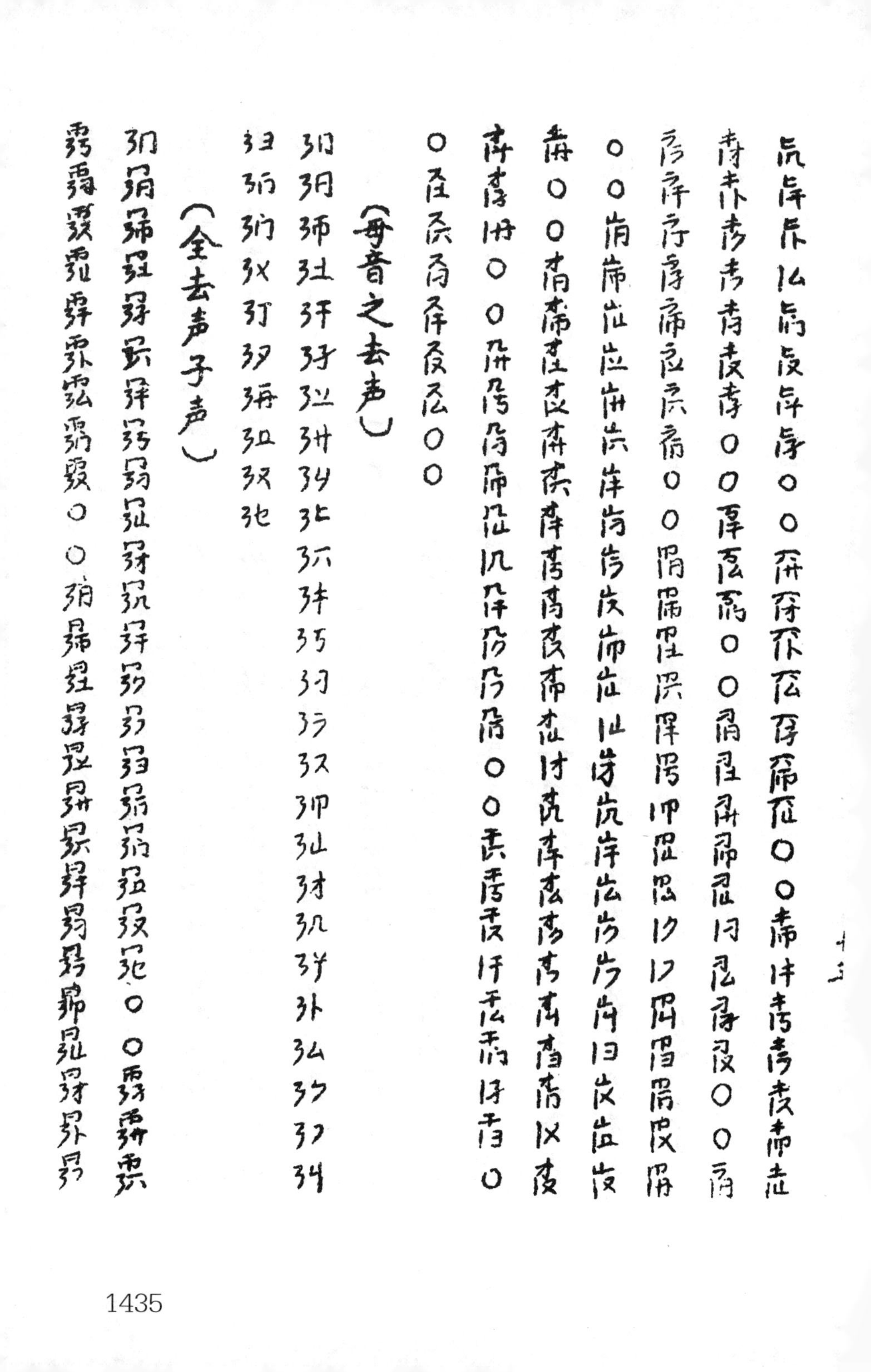

[illegible]

[illegible]

[illegible]

[illegible]

[illegible]

[illegible]

[illegible]

[illegible]

（母音之去声）

[illegible]

[illegible]

（全去声子声）

[illegible]

[illegible]

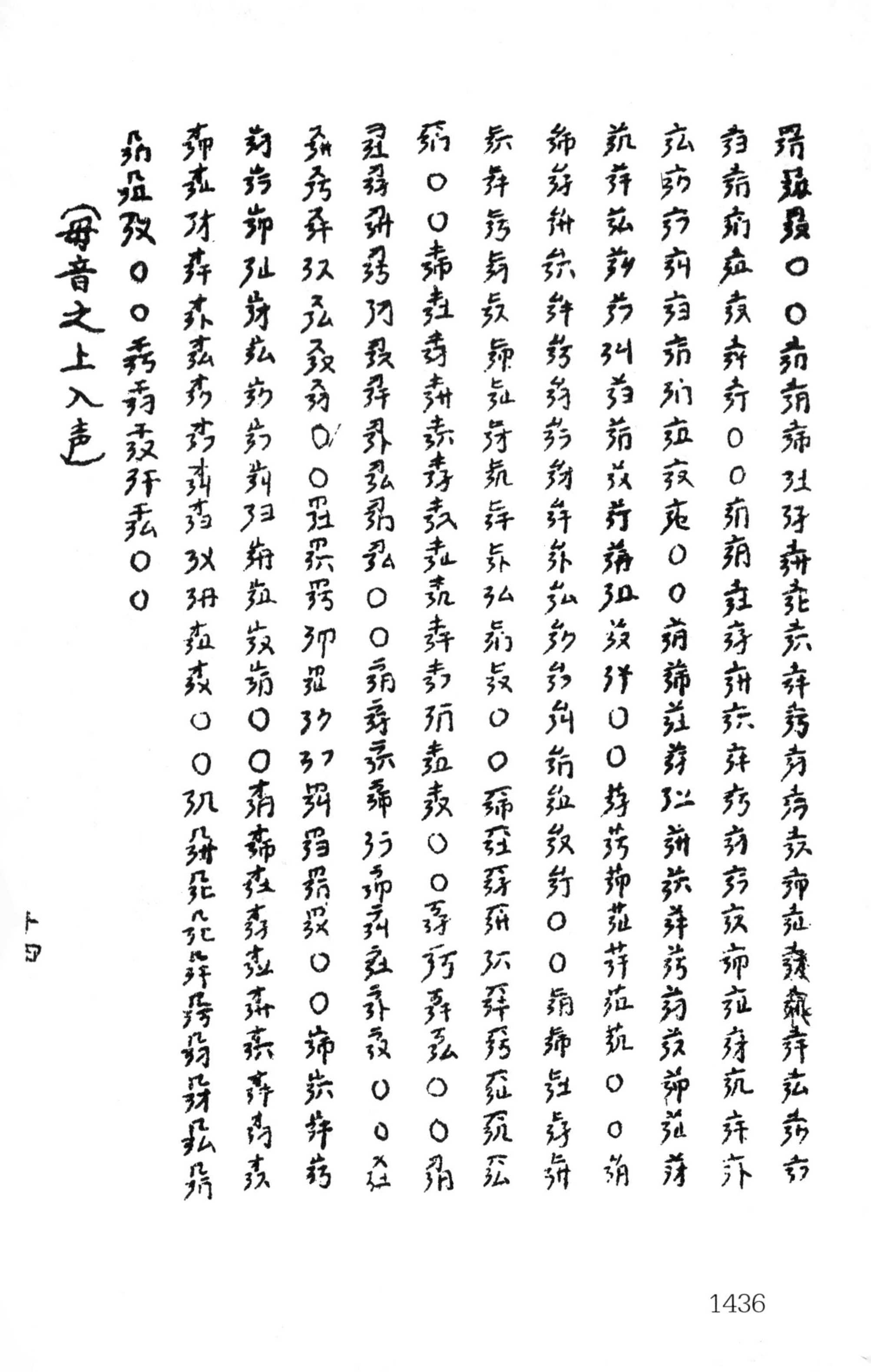

（母音之上入声）

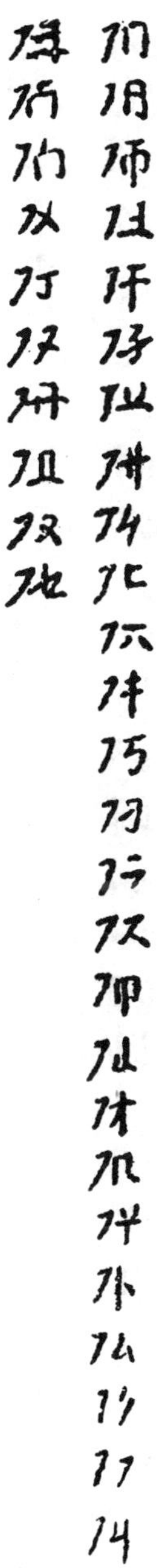

（全上入声子音）

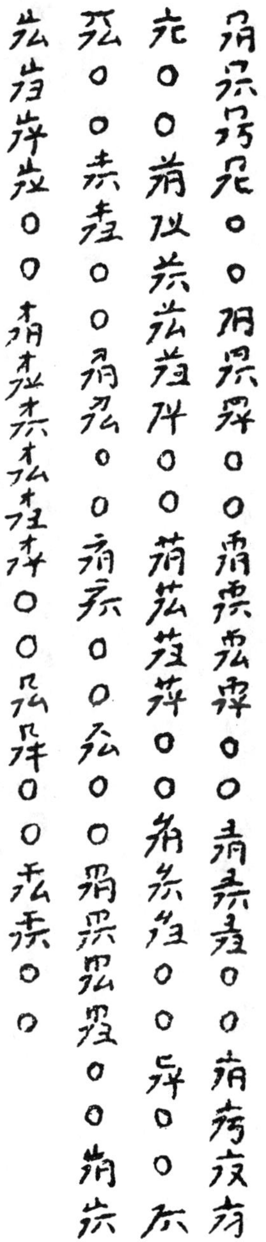

（母音之下入声）

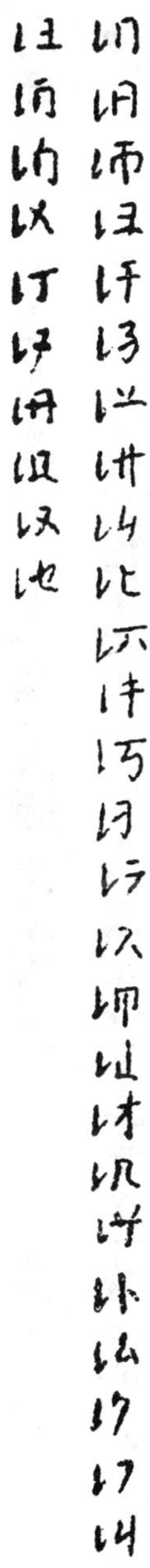

（全下入声子音）

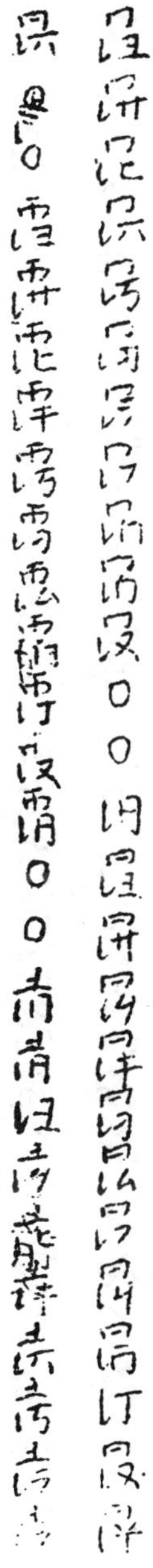

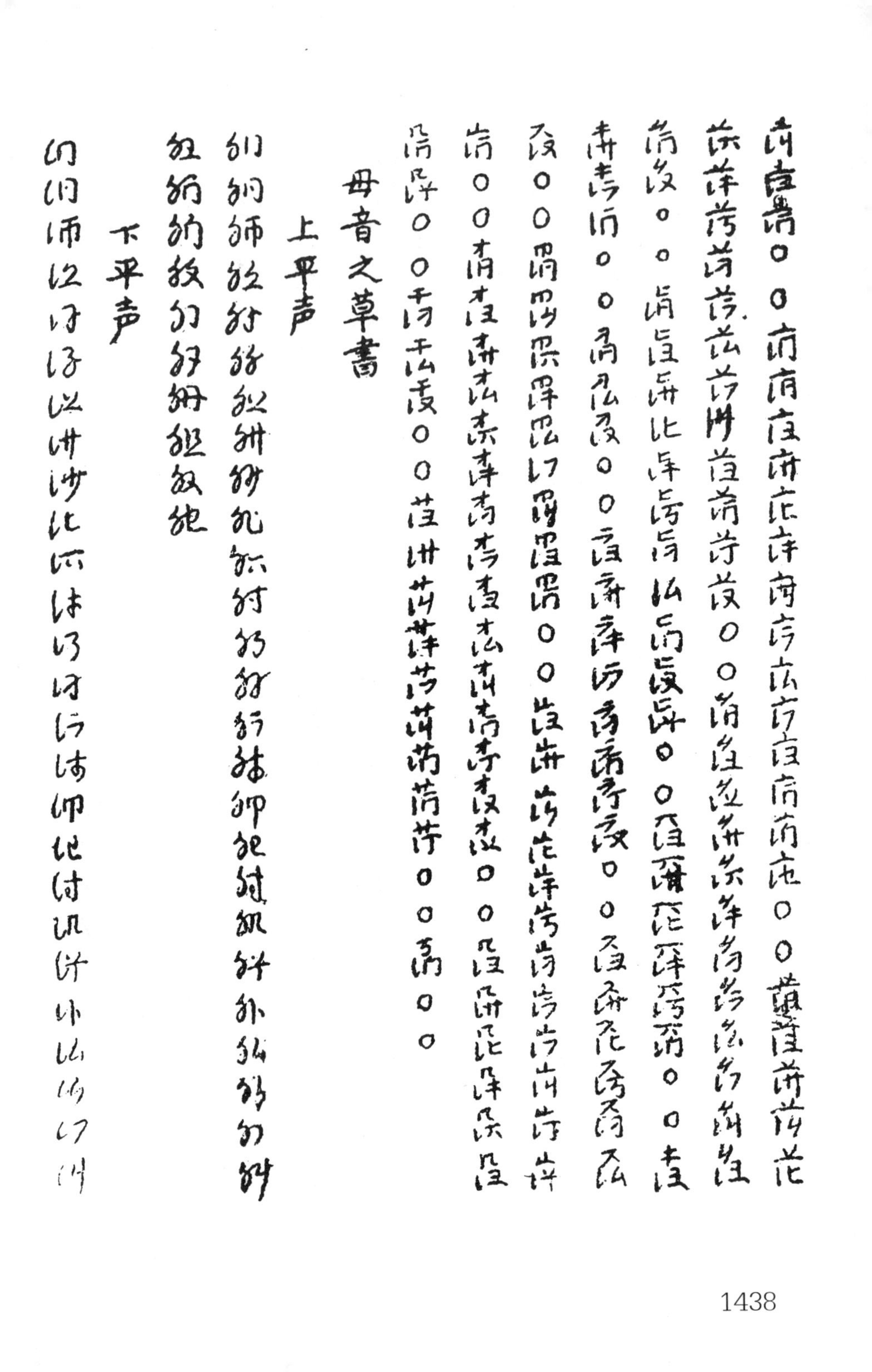

[illegible]

母音之草書

上平声

[illegible]

下平声

[illegible]

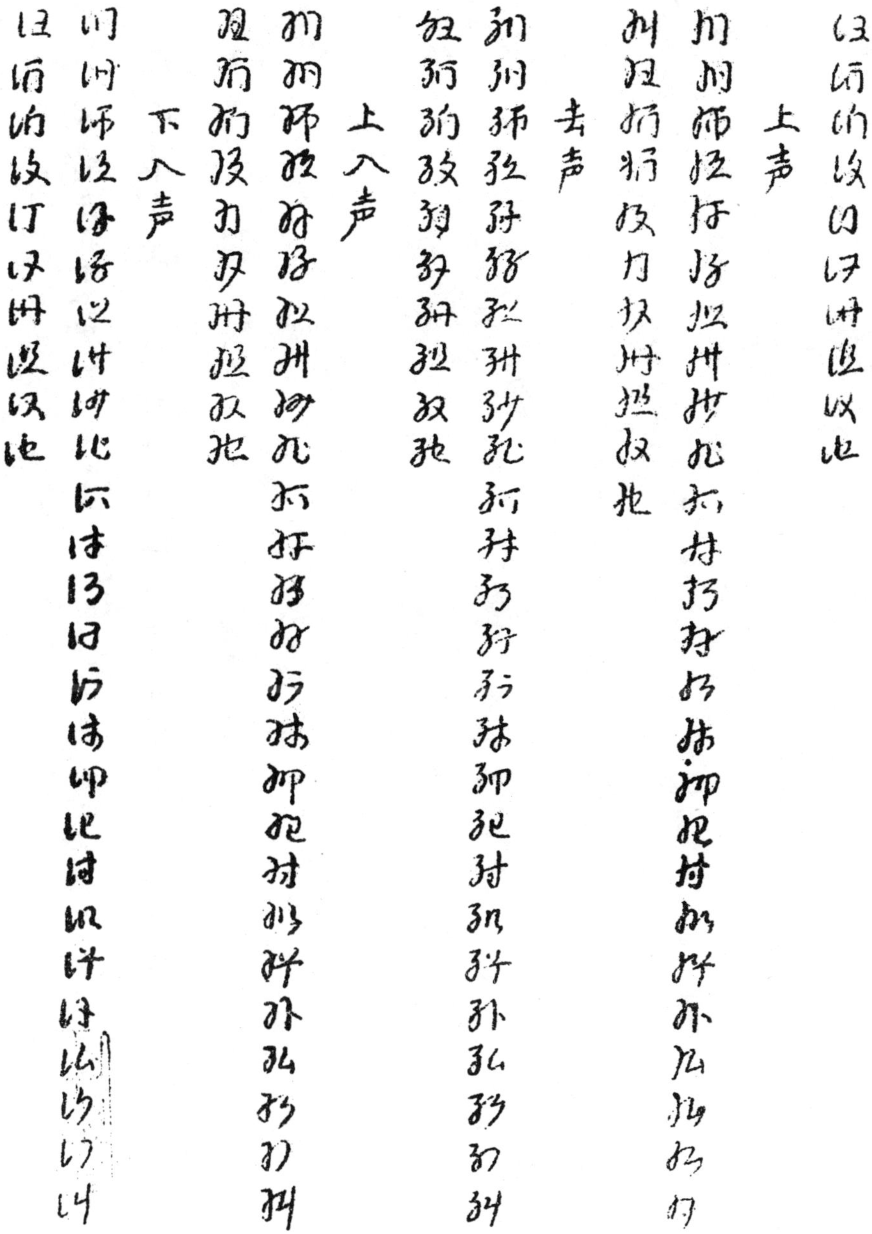

上声
去声
上入声
下入声

父音之草書

駁中国用万国新語說

章炳麟 著

內容說明

章炳麟（1869–1936），即章太炎，浙江余杭人。清末民初民主革命家、思想家、著名學者，研究範圍涉及小學、歷史、哲學、政治等等，著述甚豐。

1908到1910年間，巴黎中國留法學生主辦刊物《新世紀》，以李石曾、吳稚暉為代表的青年學生提出中國應該廢除漢文漢語，改用『萬國新語』（Esperanto即世界語）。章太炎不同意這種主張，所以寫了這篇文章。在文章中，他提出『取古文篆籀逕省之形』擬成的切音字方案——『紐文』、『韻文』。他的這種理論，就是後來的『注音字母』理論的根據。章太炎的文章曾多處發表，如《民報》、《國粹學報》等。此書標點參考《章太炎全集》第4卷（上海人民出版社1985年版）。

巴黎留學生相集作《新世紀》，謂中國當廢漢文，而用萬國新語。蓋季世學者，好尚奇觚，震懾于白人侈大之言，外務名譽，不暇問其中失所在，非獨萬國新語一端而已。其所執守，以象形字为未開化人所用，合音字为既開化人所用。且謂漢文紛雜，非有准則，不能視形而知其字，故當以萬國新語代之。

余聞風律不同，視五土之宜，以分其剛柔侈斂。是故吹萬不同，使其自已，前者唱喁，後者唱于，雖大巧莫能齊也。萬國新語者，本以歐洲为准，取其最普通易曉者，糅合以成一種，于他洲未有所取也。大地富媼博厚矣，殊色異居，非白人所獨有，明其語不足以方行世界，獨在歐洲有交通之便而已。歐洲諸語，本自希臘、羅甸，孳乳以成，波瀾不二。然改造者不直取希臘、羅甸之言，而必以萬國新語为幟者，正由古今異撰，弗可矯揉。以此相稽，則漢語之異于萬國新語，視萬國新語之異于希臘、羅甸，其遠彌甚。在彼則以便俗为功，在此則以戾匡從事，既遠人情，亦自相牴牾甚矣。若夫象形，合音之別，優劣所在，未可質言。今者南至馬來，北抵蒙古，文字亦悉以合音成體，彼其文化，豈有優于中國哉？合音之字，視而可識者，徒識其音，固不能知其義，其去象形，差不容以一黍。故俄人識字者，其比例猶視中國为少。日本人既識假名，亦并粗知漢字。漢字象形，日本人識之，不以为奇恒難了。是知國人能偏知文字以否，在强迫教育之有無，不在象形、合音之分也。

識字之難，未若辨別草木，草木形類而難分，文字形殊而易別。然諸農圃，識草木必數百種，尋常雜字，足以明民共財者，亦不逾數百字耳。治文學者，猶採藥之夫，治小學者，猶博物之彥，雖稍艱阻，不必夫人而能之也。古之小學，習書計與五甲六方，故人人知文字，計之粗者，乘除、開方諸術，習之易矣。然今世士人，尚非盡人能解，豈漢算獨難治哉？士人知書而愚于計，商賈識計而短于書，由其用有緩急，故治之有先後也。至于庶業滋繁，飾偽萌生，人不知書，則常苦为人所詐。夫農夫操耒，若無事于知書。乃至陶人摶土，梓匠營宮，婦功刺繡，錦官織繒，工藝精良，視農耕为難習矣。然皆十口相傳，不在載籍，當其習此，以为文字非所急圖，出而涉世，乃自悔其失學，書札、契券、計簿之微，猶待他人为之營治，欺詐不可以猝曉，隱曲不可以自臧，斯亦爽然自咎也！若豫覩知書之急，誰不督促子弟以就學者，重以强迫教育，何患漢字之難知乎？

或言日本雖用漢字，淩雜無紀，支絀亦可覩矣。漢人守之，其不利亦將等于日本。此未辨清濁之原也。日本語言，故與漢語有別，强用其文以为表識，稱名既異，其發聲又財及漢音之半，由是音讀、訓讀，所在紛猱。及空海作假名，至今承用，和、漢二書，又相羼廁。夫語言文字出于一本，獨日本則为二本，欲無淩雜，其可得乎？漢人所用顧獨有漢字耳。古今語雖少不同，名物猶無大變，至于儕偶相呼，今昔無爽，助詞發語之聲，世俗耆儒，疑为異古。

余嘗窮究音變，明其非有差違，作《釋詞》七十餘條，用为左証。今舉數例：孔之與好，同訓为嘉，古音本以旁紐雙聲相轉，故《釋器》雲「肉倍好，好倍肉」者，好即借为孔字。古者謂甚曰孔，今者謂甚曰好，好大、好快，若古語則言孔大、孔快矣。《小爾雅》肆訓極，《說文》肆訓極陳，《大雅》：「其風肆好。」肆好者，極好也。今遼東謂極備曰有得肆，蘇州謂極熱曰熱得肆，訓肆为極，是與古同。肆、殺同部，去入一聲，故《夏小正》「狸子肇肆」，《傳》謂肆借为殺。宋人謂極好曰殺好，即古言肆好矣。今人謂極陳力曰殺力，即常言肆力矣。《說文》相從㠯聲，亦從里聲作梩。《考工記》「里为式」，即「已为式」。明古音里與㠯同。古人說過去事，語終言矣，今人說過去事，語終言哩。哩即矣之聲變也。《商書》以昵为禰，《釋獸》以泥为鬫，明古音尼與爾同。詞之必然，古語言爾，今語言呢，呢即爾之本音也。乃至楚人發語言羌，今湖北黃梅人，冠語多用羌字，音斂如姜。《釋詁》訓都为於，今江南蘇州人言於，則用都字，音促如篤。此則通言別語，詞氣皆與古符。由此以雙聲疊韵展轉鉤校，今之詞氣，蓋無一不與雅訓相會者。

百代纍疑，渙爾冰釋，况諸名物取捨之詞，而有與故言相失者邪？特世人鮮通韵學，音聲小變，即無以知所從來。若循法言《切韵》之例，一字數音，區其正變，則雖謂周、漢舊言，猶存今世可也。况其文字本出一塗，不以假名相雜，與日本之淩雜無紀者，阡陌有殊。憂其同病，所謂此擬失倫者哉！

或疑方土不同，一道數府之間，音已互異，名物則南北大殊，既難齊一，其不便有莫甚者。同一禹域之民，而對語或須轉譯，曷若易之为便？抑以萬國新語易漢語，視以漢語南北互輸，孰難孰易？今各省語雖小異，其根柢固大同。若为便俗致用計者，習效官音，慮非難事。若为審定言音計者，今之聲韵，或正或譌，南北皆有偏至。

北方分紐，善符于神珙，而韵略有函胡；廣東辨韵，眇合于法言，而紐復多殽混。南北相校，惟江、漢處其中流，江陵、武昌，韵紐皆正，然猶須旁採州國，以成夏聲。若風聲本在侵部，而江寧言風，音猶作方林切；庚聲本在陽部，而蘇州言庚，音猶作古郎切。此合于周、秦本音者。松之音，所在皆切相容，而黃州、廣州呼松者，猶作祥容切。鳥之音，所在皆切女了，而湖南、江左呼鳥者，猶作都了切。此合于隋、唐《切韵》者。既以江、漢間为正音，復取四方典則之聲，用相和會，則聲韵其無繆矣。

故訓衰微，留者可寶，此在南北，亦皆互有短長。閩、嶠之言，至詰詘也。然而稱一为蜀，呼事為載，讀火如燬，乃《毛傳》、《方言》之故訓，中原板蕩，佚在東南，可謂邊方無典語耶？秦、蜀、荊、楚之言，至通達也，然而冰出为淩，見諸《國風》、《官禮》，他方無舉此者。淮西猶謂雨而木冰为油光淩，暴雨为涷，徵之《楚辭》、《淮南》，他方無舉此者。川、陝間猶謂夏月暴雨为偏涷雨。可謂中原無別語耶？若知斯類，北人不當以南紀之言为磔格，南人不當以中州之語为寃句，有能調均殊語，以为一家，則名言其有則矣。若是者，誠不若苟習官音为易，視彼萬國新語，則難易相距，猶不可以籌策計也。必欲盡廢漢文，而用萬國新語者，其謬則有二事。

一、若欲統一語言，故盡用其語者，歐洲諸族，因與原語無大差違，習之自为徑易。其在漢土，排列先後之異，紐母繁簡之殊，韵部多寡之分，器物有無之別，兩相徑挺。此其犖犖大者，强为轉變，欲其調達如簧，固不能矣。

乃夫丘裏之言，偏冒眾有，人情互異，雖欲轉變無由。杜爾斯兌氏言：中國「道」字，他方任用何文，皆不能譯。夫不能譯者，非絕無擬議之詞也。要之，封域大小，意趣淺深，必不能以密切。猥用彼語以相比況，將何以宣達職志，條鬯性情？此蓋非一「道」字而已。其用于屈伸取捨者，某宣教師亦为余言：漢語有獨秀者，如持者，通名也，高而舉之曰抗，俯而引之曰提，束而曳之曰捽，擁之在前曰抱，曳之自後曰拕，兩手合持曰奉，肩手任持曰擔，并力同舉曰臺，獨力引重曰扛，如是別名，則他國所無也。今自廢其分明者，而取他之掍合者，言以足志，宜何取焉？及如械器有無，東西殊貫，食有竹箸，賭有圍棋，樂器有簫管笙磬之殊形，衣服有袍袿衫襦之異用，若此類者，殆以百數。夫稱帽为冠，以盤为案，正名者猶雲不可，况或本無其器，而皮傅为名乎？

夫兩語相注，繁簡多寡之不相當，既如是矣。且一字而引伸为數義者，語必有根，轉用新語，彼此引伸之義，其條貫不皆相准，是則杜絕語根也。尋常稱謂之詞，復有志而晦者，今人尊敬之言，曰「台」、曰「令」。台之語本于三能，三足鼈謂之能，魁下六星，兩兩相比似之，故曰三能。古音能與台同，故或書作三台，以比三公，而尊稱曰台者，自三能來。今若謂人为鼈，未有不色然怒者；稱之以台，則为尊敬，此由古今語變，今時已無有呼鼈为能者爾。令之語本于靈，靈者，巫也。上古重神事，故靈引伸为善，假借作令，尊稱曰令者，自靈字來。今若比人以巫，則侮慢語也；而稱令，顧为尊敬，此由古今語異，今時已無有呼巫为靈者爾。若其轉为新語，汎以尊貴之語代台，以良善之語代令，則粗觕而失語柢；若質譯为鼈、为巫，則不可以为尊敬之詞。夫尋常譯述，得其大義可也。至于轉變語言，必使源流相當而後可。汎則失實，切則失情，將以何術轉變之也。

且萬國新語者，學之難耶，必不能舍其土風，而新是用；學之易耶，簡單之語，上不足以明學術，下不足以道情志。苟取交通，若今之通郵異國者，用異國文字可也，寧當自廢漢語哉？豈直漢語爾，印度、歐洲諸語猶合保存。

蓋學之近質者，非緜密幽邃之詞，不足宣鬯。今之持無政府主義者，欲廢强權，豈欲廢學術耶？學之近文者，其美乃在節奏句度之間，不專以文辭为准。若其紐母不同，韵部有異，名詞長短往復皆殊，則在彼为至美者，于此乃反为儜劣。擺倫之詩，西方以为悽愴妍麗矣，譯为漢文，則率直不足觀採。其稍可者，必增損其文身、句身，强以從我，此猶治璞玉者施以刻雕，非其舊式然也。由是知漢土篇章之美者，譯为歐文，轉为萬國新語，其率直鮮味也亦然。本为諧韵，轉之則無韵；本为雙聲，轉之則異聲；本以數音成語，轉之則音節冗長，失其同律。是則杜絕文學，歸于樸僿也。

嘗見譜岳鄂王詞者，合以風琴，聲遂沈濁。彼其朱弦疏越，用之廟堂，施之宗教，宜以是为上宮。而漢土詞曲，音取悲凉，惟笛能諧其聲氣，風琴嘽緩，清濁異宜，故聞者幾于思臥。夫以樂器准音，絲竹猶勿能相代，况復言語有差，其不相值也明矣。若徒以交通为務，舊所承用，一切芟夷，學術文辭之章章者，甚則棄捐，輕乃裁減，斯則其道大觳，非宜民之事也。

二、若謂象形不便，故但用其音者，文明野蠻，吾所不論。然言語文字者，所以为別，聲繁則易別而为優，聲簡則難別而为劣。

日本嘗欲用羅甸字母，以彼發音簡少，故羅甸足以相資。漢土則不然，縱分音紐，自梵土悉曇而外，紐之繁富，未有過于漢土者也。橫分音韵，梵韵復不若漢韵繁矣。視歐洲音，直鷇語耳！昔自漢末、三國之間，始有反語，隋之《切韵》以紐定聲，舍利、神珙諸子，綜合其音，參取梵文字母聲勢之法，分列八音，至今承用者，为字母三十六，而聲勢復在其外，以見有法言《切韵》也。今之韵部，著于唇舌者，慮不能如舊韵之分明，然大較猶得二十。計紐及韵，可得五十餘字，其視萬國新語以二十八字母含孕諸聲者，繁簡相去至懸遠也。河淮、江漢之間，侵之與眞，覃之與寒，韵部絕遠，而或轉相掍殽。廣東呼侵、覃部字則合口，呼眞、寒部字則開口，區以別矣。青之與眞，韵部相望若比鄰，中原亦轉相迆入。廣東呼眞部字，則收鼻推氣言之，呼青部字，則橫口斂氣言之。然若呼雨为以，讀居成箕，則不逮中原之正。凡此分別，歐洲之音，不能具也。

字母三十六者，本由華嚴四十二字增損以成。漢、梵發音亦有小別，故不得悉用華嚴。乃如非、敷、奉、娘四紐，梵音所無，錢大昕已明其義。蓋自孫炎、韋昭、徐仙民、李軌、劉昌宗諸家，各为反語，揚搉可知。然重唇、輕唇，至中唐始有分辨，舌頭、舌上，亦遂析为二音，此至今無替者也。漢音所以異者，在舌上知、徹、澄三紐，江左呼之，幾與照、穿、牀等，閩、廣則或迆入喉牙。自此數省而外，分畫至嚴，呼中者不得同宗，言醜者不可作醜，讀寧者不能似樹，蓋婦孺所知矣。若如歐洲之音，齒音照紐，尚不能質直出聲，至舌上知、徹、澄等，則無音可以模寫。余昔視梵文字母，有縿、奼、荼三音，謂與此土知、徹、澄等，及就問印度人，猶雲作多、佗、陀，讀入麻部。惟縿、奼、荼之音亦得令其切出，歐洲則一切闕之。

與白人語，北言直隸，南言鎮南關，直雲鎮雲，必謁變其音以就彼。是三紐者，蓋漢土卓特之音，日本人亦弗能道是也。若夫正齒有照、穿、牀、審、禪五紐，齒頭則以精、清、從、心、邪相副，得其半音，禹域而外，孰能具此？且正齒、齒頭當日析为十紐，若從簡易，即分等之術耳，同在一紐，而音有四等之殊。故夫見之與貫，谿之與坤，其鴻纖必有辨也。審紐祇隸正齒，而北音或遂入舌上；是舌上復增一紐。舌頭定母所隸同、徒諸字，今呼者不純如定，乃在定、透之間，亦如曉、喻相磋，其間復出匣母。故以此三十六者，按等區分，其音且將逾百，韵以四聲为劑，亦有八十餘音，二者幷兼，則音母幾將二百。然皆堅完獨立，非如日本五十假名，刪之不過二十音也。寧有二十八字之體文，遂足以窮其變乎？

夫聲音繁簡，彼是有殊，非直新語合音之法不可單行，縱盡改吾語言以就彼律，抑猶有詰詘者，是何也？常言雖可易，而郡國、姓名諸語，必不可易，屈而就彼，音既舛變，則是失其本名，何以成語？或言漢音雖繁，然譯述他國固有名詞，亦少音和，而多類隔，要在得其大致而已。准是，則以新語譯漢土舊名，小有盈朒，亦無嫸焉。應之曰：以漢語譯述者，漢人也，名從主人，號從中國。他方人、地，非吾所習狎者，雖音有弃侈，何害？今以漢人自道鄉裏，而聲氣差違，則不可，以此相例，亦明矣。蓋削趾以適屨者，工之愚也；戕杞柳以為桮棬者，事之賊也。頃者，日本人創漢字統一會，欲令漢人諷頌漢文，一以日本龙奇之音为主。今之欲用萬國新語者，亦何以異是邪？且漢字所以獨用象形，不用合音者，慮亦有故。原其名言符號，皆以一音成立，故音同義殊者眾，若用合音之字，將芒昧不足以為別。况以地域廣袤，而令方土異音，合音为文，逾千里則弗能相喻，故非獨他方字母不可用于域中，雖自取其紐韵之文，省減點畫，以相絣切，其道猶困而難施。自頡、籀、斯、邈以來，文字皆獨標部首，據形係聯者，其勢固不得已也。由斯二義，盡用彼語，則吐辭述學，勢有不周；獨用彼音，則繁簡相差，聲有未盡。談者不深惟其利病，而傀焉以除舊布新为號，豈其智有未喻，亦驚名而不求實之過哉！

雖然，輔漢文之深密，使易能、易知者，則有術矣。

一、欲使速于疏寫，則人人當兼知章草。漢世制詔三王，其册書猶眞、草兼具，豈況符契箋奏之書，日不暇給，則何取端書？分隸草書之作，導源先漢，故由隸體遷移。若夫裨諶草創，難知其審，而阮氏《鍾鼎款識》謂周世自有草篆，則過崇贋器，為不根之談也。要之，漢初文史，辭尚簡嚴，猶以草書綴屬，今之繁辭，則宜用草書審矣。大氐事有緩急，物有質文。文字宜分三品：題署碑板，則用小篆；彫刻册籍，則用今隸；至于倉卒應急，取備事情，則直作草書可也。然自張旭、懷素以來，恣意鉤聯，形殺已甚。當依《急就》正書，字各分區，無使聯緜難斷，而任情損益，補短裁長，以求側媚者，一切遮禁。字形有定，則無由展轉紛岐，此非獨便于今隸，視歐文亦愈徑者。何者？本以一音為一文，非以數音成一語也。

二、若欲易于察識，則當略知小篆，稍見本原。初識字時，宜教以五百四十部首，若又簡略，雖授《文字蒙求》可也。凡兒童初引筆為書，今隸方整，當體則難；小篆詘曲，成書反易。且日、月、山、水諸文，宛轉悉如其象，非若隸書之局就准繩，與形相失。當其知識初開，一見字形，乃如畫成其物，踴躍歡喜，等于熙遊，其引導則易矣。

象形之與合音，前者易知其義，難知其音；後者易知其音，難知其義。何者？令當初識字時，但知魚、鳥二文，則凡從魚之字，不為魚名，即為魚事；從鳥之字，不為鳥名，即為鳥事。可以意揣度得之。縱于假借未明，本形本義，思則過半。嘗有人言：學者相聚說「感慨」字，《漢書》皆作「感槩」，一科舉人惑之，曰：「此謬語也；慨自心出，非自木出，何以字當從木？」此雖昧于假借，然本義本形，自當作慨，科舉人所說，固于小學非甚戾也。然則略知部首，于所隸屬之字，雖未了知定義，而較略可以意窺，異乎合音之字，其大義無由懸揣。故象形與合音者，得失為相庚，特隸書省變之文，部首已多殽亂，故五百四十小篆，為初教識字之門矣。

若欲了解定音，反語既著，音自可知。然世人不能以反語得音者，以用為反語之字。非有素定，尚不能知反語之定音，何由知反語所切者之定音哉？若專用見、溪以下三十六字，東、鐘以下二百六字為反語，但得二百四十二字之音，則餘音自可覩矣。然此可為成人長者言之，以教兒童，猶苦繁冗。又況今音作韵，非有二百六部之多，其字自當并省。欲使兒童視而能了，非以反語注記字旁，無由明憭。而見、溪諸文，形體茂密，復不便于旁注。于是有自矜通悟者，作為一點一畫，縱橫回復，以標識字音，先後作者，蓋四五輩矣。然皆不可施用，是何故？今人發語之音，上紐下韵，經緯相交，除去四等、四聲可以規圈識別，其本母必不損五六十字。而今之作者，既于韵學芒無所了，又復自守鄉土，不遍方音，其所創造，少者財十餘字，多乃不踰三十，以此相切，聲之闕者方多，曾何足以襲用歟？

又其惑者，乃謂本字可廢，惟以切音成文。斯則同音而殊訓者，又無以為別也。重紕貤繆，疑眩後生，卒以世所公非，不見採用，而定音遂無其術。余謂切音之用，只在箋識字端，令本音晝然可曉，非廢本字而以切音代之。紐韵既繁，徒以點畫、波磔、粗細为分，其形將匱，況其體勢折旋，略同今隸，易于羼入正文，誠亦有不適者。故嘗定紐文为三十六，韵文为二十二，皆取古文、篆、籀徑省之形，以代舊譜，既有典則，異于鄉壁虛造所为，庶幾足以行遠。其詳如左：

紐文三十六

喉音，亦曰深喉音：

丨 今隸作丨，《唐韵》古本切，即舊見母。

凵 今隸作凵，《唐韵》口犯切，即舊溪母。

乁 今隸從小篆作及，《唐韵》巨立切，即舊群母。

乂 今隸作乂，《唐韵》魚廢切，即舊疑母。

牙音，亦曰淺喉音：

一 今隸作一，《唐韵》於悉切，即舊影母。

厂 今隸作厂，《唐韵》呼旱切，即舊曉母。

㠯 今隸作㠯，字亦作以，《唐韵》羊止切，即舊喻母。

今隸作㔾·《唐韻》乎感切，即舊匣母。

舌頭音：

今隸作刀，《唐韻》都牢切，即舊端母。

今隸作土，《唐韻》它魯切，即舊透母。

今隸作大，《唐韻》徒蓋切，即舊定母。

今隸作乃，《唐韻》奴亥切，即舊泥母。

舌上音：

今隸作乇，《唐韻》陟格切，即舊知母。

今隸作屮，《唐韻》醜列切，即舊徹母。

今隸作寧，《唐韻》直呂切，即舊澄母。

今隸作女，《唐韻》尼呂切，即舊娘母。

正齒音：

今隸作勺，《唐韻》之若切，即舊照母。

今隸作川，《唐韻》昌緣切，即舊穿母。

今隸作士，《唐韻》鉏里切，即舊牀母。

今隸作尸，《唐韻》式脂切，即舊審母。

今隸作十，《唐韵》是執切，即舊禪母。

齒頭音：

今隸作卩，《唐韵》子結切，即舊精母。

今隸作七，《唐韵》親吉切，即舊清母。

今隸作亼，《唐韵》秦入切，即舊從母。

今隸作厶，經典相承以私为之，《唐韵》息夷切，即舊心母。

今隸作夕，《唐韵》祥易切，即舊邪母。

重脣音：

今隸作八，《唐韵》博拔切，即舊幫母。

今隸作朩，《唐韵》匹刃切，即舊滂母。

今隸作白，《唐韵》旁陌切，即舊并母。

今隸作冖，《唐韵》莫狄切，即舊明母。

輕脣舌：

今隸作匚，經典相承以方为之，《唐韵》府良切，即舊非母。

今隸作乀，《唐韵》分勿切，即舊敷母。

今隸作丿，《唐韵》房密切，即舊奉母。

未 今隸作未，《唐韻》無沸切，即舊微母。

半舌音：

了 今隸作了，《唐韻》盧鳥切，即舊來母。

半齒音：

入 今隸作入《唐韻》人汗切，即舊日母。

右紐文三十六，作一等規左下，作二等規左上，作三等規右上，作四等規右下，本在其等者不規。

韻文二十二

工 今隸作工，《唐韻》古紅切，即舊東、冬、鍾韻。

肯 今隸作肯，《唐韻》苦江切，即舊江韻。

厶 今隸作厶，相承從俗作肱，《唐韻》古薨切，即舊蒸、登韻。

今 今隸作今，《唐韻》居音切，即舊侵韻。

甘 今隸作甘，《唐韻》古三切，即舊覃、談、凡韻。欲作鹽、添、鹹、銜、嚴韻者，點其字下。

丌 今隸作丌，《唐韻》居之切，即舊之韻。欲作咍韻者，點其字下。

今隸作牛，《唐韻》語求切，即舊幽、尤韻。今音呼侯韻，亦入此。

今隸作么，《唐韻》於堯切，即舊宵、肴、豪韻。今音呼蕭韻，亦入此。

今隸作丂，《唐韻》虎何切，即舊歌、戈韻。

今隸作厶，《唐韻》去魚切，即舊魚韻。今音呼虞韻，亦入此。

今隸從小篆作虍，《唐韻》荒烏切，即舊模韻。

今隸作王，《唐韻》雨方切，即舊陽、唐韻。

今隸作冂，《唐韻》古熒切，即舊耕、清、青韻。今音呼庚韻，亦入此。

今隸作巾，《唐韻》居銀切，即舊臻眞韻。

今隸從小篆作雲，《唐韻》王分切，即舊諄、文、殷、魂、痕韻。

今隸作回，《唐韻》戶恢切，即舊灰、微韻。

今隸從小篆作環，《唐韻》戶關切，即舊元、桓韻。

今隸作乾，《唐韻》苦寒切，即舊寒、刪、山韻。

今隸作辛，《唐韻》去虔切，即舊先韻，今音呼仙韻，亦入此。

今隸作乀，《唐韻》弋支切，即舊支韻，欲作佳、皆韻者，點其字下。

今隸作禾，《唐韻》古兮切，即舊脂、齊韻。

今隸作牙，《唐韻》五加切，即舊麻韻。

右韵文二十二，皆用平聲深喉、淺喉之字为之。作上規左上，作去規右上，作入規右下。如是，上紐下韵，相切成音。凡《說文》、《玉篇》、《廣韵》所著反語字，作某紐某韵者，皆悉改從紐文韵文，類为音表。音表但記音聲，略及本義，小字版本，不過一册。書僮竹笘，以此標識其旁，則定音自可得矣。然當其始入蒙學，即當以此五十八音諦審教授，而又別其分等、分聲之法，才及三旬，音已清遰，然後書五百四十部首，面作小篆，背为今隸。悉以紐韵作切，識其左右，計三四月而文字部居，形義相貫，不愆於素。乃以恒用各學授之，亦悉以紐韵作切，識其左右，計又得四五月，而僮子應識之字備矣。程功先後，無過期年。自是以降，乃以蒙學課本，为之講說形體音訓。根柢既成，後雖癈學，習農圃陶韋之事，以之記姓名而書簿領，不患其盲。若猶有不識者，音表具在，足以按切而知，何慮其難憭耶？

凡諸人事，苟偷于前者，其難在後；審察于始者，易乃在終。今教兒童習書，素無審音之術，蓋非不知其善，徒畏難耳。及其據字授音，旋得復失。有入學四五年，而才識百許字者，偷計一時之便，而廢數歲之功，無算已甚。震矜泰西之士，乃以漢字難知，便欲率情改作，卒之其所尊用者，音聲則省削而不周，義訓則華離而難合。用其語也，此以一音成義，造次易周，詭效歐風，其時間將逾三倍，妨功虧計，所失滋多。若乃箸之笘篇，則以新語作一草書，視以漢語作一草書，一繁一省，按體可知。既廢時日，而又空積簡書，滋为重滯，其不適至易明矣。用其音也，吾所有者，彼所素無，吾所無者，亦或彼所適有，强以求諧，未有切音之用。蓋莊生有言曰：「鳧脛雖短，續之則憂；鶴脛雖長，斷之則悲。故性長非所斷，性短非所續，無所去憂也。」今以中國字母施之歐洲，則病其續短矣。乃以歐洲字母施之中國，則病其斷長矣。又況其他損害，復有如前所說者哉？

世之君子，當以實事求是为期，毋沾沾殉名是務。欲求行遠，用萬國新語以省象譯可也。至于漢字更易，既無其術，從而繕治，則教授疏寫，皆易为功，蓋亦反其本矣。

作此說竟，見《新世紀》中又有改良漢語之議，亦以排列不同，懼有質礙，故欲使漢語詞氣，種種語萬國新語相當。如多數之名，下必加以「們」字，形容之語，下必加以「的」字，是也。不悟今世語言，本由古言轉蛻，音聲流衍，或有小殊，而詞氣皆如舊貫。今人讀周、秦、兩漢之書，惟通小學者，为能得其旨趣。此由古今語異，聲氣漸差，故非式古訓者，莫能理董，其詞氣固非有異也。魏、晉以降，略曉文學者，能讀之矣。自宋以降，略識助字者，能讀之矣。裏言小說，但識俗字者，能讀之矣。是無他，詞氣本同，故通曉为易耳。今若恣情變亂，以譯萬國新語則易，以讀舊有之典籍則難。凡諸史傳文辭，向日視而能了者，今乃增其隔閡。

語言之用，以譯他國語为急耶？抑以解吾故有之書为急耶？彼將曰：「史傳者，蒿裏死人之遺事；文辭者，無益民用之浮言。雖悉棄捐可也。」不悟人類所以異鳥獸者，正以其有過去、未來之念耳。若謂過去之念，當令掃除，是則未來之念，亦可遏絕，人生亦知此瞬間已耳，何為懷千歲之憂，而當營營于改良社會哉？縱令先民典記，非資生之急務，契券簿錄，為今人所必用者，亦可瞀然不解乎？方今家人婦孺之間，縱未涉學，但略識千許字，則裏言小說，猶可資以為樂。一從轉變，將《水滸傳》、《儒林外史》諸書，且難卒讀，而歡愉自此喪，憤鬱自此生矣！彼意本以漢文難了，故欲量為革更，及革更之，令讀書者轉難於昔，甚矣！其果于崇拜歐洲，而不察吾民之性情士用也。

又謂漢字當用其最普通者，其他悉從洮汰，是又與漢字統一會同其迷謬而已。彼所謂普通，以何者為准耶？今虜雖建宅宛平，宛平之語，未可為萬方准則。凡諸通都省會之間，舊語存者以千百數，其字或世儒所不識，而按之雅記，皆有自來，即前所舉油光淩、偏湅語諸條，皆非窮鄉奇譎之言也。綜而存之，其字數當過常文三倍。若其自尊鄉曲，以一己所聞知為最普通者，以一己所不聞知即謂之不普通者，名為目營四海，實乃與裏巷嗇夫同其傖陋，斯亦瓠落不材之至矣！

又謂改良漢字，惟取點、畫、直竪、右戾四者，以為交叉、鉤乙、左戾諸形，一切廢棄，其存者復為鈍勢，不見鋒芒，此又無所取義，率情高下，與兒童語無異。原其用意，殆為習用鉛筆計耳。蓋漢土嘗用鉛筆矣，楊雄《與劉歆書》，言「以鉛擿次之于槧」；《緯書》記孔子讀《易》，復有「鉄擿三折」之文。是鉛、鉄幷可作筆也。然後生覺其匡刺，而以鹿豪、兔豪代之，楊雄書中已雲「三寸弱翰」。尙覌武王銘筆，亦且雲「豪毛茂茂」矣。蓋上世惟用鉛、鉄，周、漢之間，鹿豪始作，猶與鉛、鉄并用。崔豹《古今注》曰：「蒙恬始作秦筆，以柘木为管，鹿毛为柱，羊毛为被。」所謂鹿豪，非兔豪竹管也。王羲之《筆經》曰：「漢時諸郡獻兔豪，惟有趙國豪中用。」是時兔豪作矣。《嶺表錄異》曰：「番禺地無狐兔，昭富、春勤等州，則擇鸡毛为筆，其用也，亦與兔豪無異。是故鸡毛筆者，自南方來。」（所引諸書，皆見《御覽》六百五。）展轉蛻變，豪之制造愈良，而鉛、鉄遂廢不用。歐洲則訖今未改。以筆言之，亦見漢土所用为已進化，而歐洲所用为未進化也。彼固以進化为美談者，曷不曰歐人作書，當改如漢文形態，乃欲使漢字去其鋒芒，抑何其自相攻伐耶？今覌漢土羊、兔諸豪，轉移徑便，其紙薄者用竹，厚者用楮，皆輕利勝于歐洲。諸子在巴黎，習用鉛筆，則言鉛筆之善，向若漂流絶域，與赤黑人相處，其不謂蘆薈葉勝于竹紙者幾希。

嗚呼！貫頭之衣，本自駱越为之，（《漢書·地理志》儋耳、珠厓民，皆服布如單被，穿中央为貫頭。師古曰：著時從頭而貫之。《南齊書》曰：扶南國女为貫頭。扶南即今緬甸。是儋耳俗，與緬甸相近也。）歐洲人亦服焉，而見者以为美于漢衣。刀叉之具，本自匈奴用之，（《漢書·匈奴傳》：單于以徑路刀金留犁撓酒。）歐洲人亦御焉，而見者以为美于漢食。趣時之士，冥行盲步，以逐文明，乃往往得其最野者，亦何可勝道哉？

吴稚晖论文五篇

吴稚晖 著

內容說明

吳稚暉（1865–1953），中國近代資產階級思想家、政治家、教育家、書法家，第一屆中央研究院院士，江蘇武進人。1902年加入上海愛國學社，曾參與《蘇報》工作。1905年在法國參加中國同盟會，和李石曾等人創辦《新世紀》報，並任主筆，鼓吹無政府主義。1924年起任國民黨中央監察委員、國民政府委員等職。聯合國『世界百年文化學術偉人』榮譽稱號獲得者。吳稚暉留學巴黎時主張廢除漢字，改用世界語。寫作《新語問題之雜答》等一系列。這裡選五篇：《致李先生函——討論拼音字母》，發表年不詳。《編造中國新語凡例》，1908年。《書駁中國用萬國新語說後》，1908年。《書神洲日報東學西漸篇後》，1910年。《切音簡字直替象形漢文法》，1910年。

致李先生函——討論拼音字母

貴重的李先生：

先生初五那一天，便要來倫敦，初六便要下船，那只有三五天工夫，先生就平安的回國了。兄弟們想起先生的親厚，很捨不得先生去。又想起先生這一番回去，可以感動許多人，那又很願先生一步就到了家中。不知先生初五那天到倫敦，我們可容易見面？兄弟現在預禱先生託主佑，一路喜歡，格外安好，並望先生代告德先生及鄭君，兄弟亦祝他們的平安。現在我們雖暫時分別，將來還可以常常通信，並且說不定，三年五載，還得久聚。

先生問起兄弟有一種字，可以方便方便粗俗人，這是有的。可惜是很淺近的，便是用一種拼音法，好像W同OO，便拼起「吳」字來。L同EE，便拼起「李」字來。

只種法子，兄弟聽說，各處教會，用這種拼法，拼起土話，用的很多。雷君家中亦有這一種拼音字，他常常同他很小的兄弟姊妹通信。他的字母，就是用英國字母，他因爲英國的聲音，有的我們中國用不着，有的我們中國有的，他沒有。他就把英國字母，加上一「,」一「·」，另外讀成一個聲音，可惜他是要拼成厦門話，我們那裏是不中用，北方是不中用，所以兄弟沒有很去理會他。他加一「,」一「·」的意思是：因爲用英文拼中國字，雖然拼是勉強可以都拼得起來，譬如拼一個莊子，只要用CHWANG，便拼了起來。可惜這個只好上等人用，若粗俗人，便有兩個毛病：

一個病是，字母太多，粗俗人要這樣寫起來，便費工夫，教的時節，也便化工夫太多；

一個病是，究屬聲音，還不清楚，（好像先生的LEE字，便清楚）恐怕粗俗人，也容易含糊。

假使我們把一個C，加ノ成Ȼ，讀朱。把一個A，加「丶」成「A丶」，讀盎。再拼成ȻA丶，便是莊了。又譬如LEE字，還嫌字母多，再把E字加成「ⅠE」，「LE」亦是李了。能把個個字終是兩個字母拼起來，粗俗人便容易寫，容易記，雷君所用的字母，便是這個意思。兄弟從前用的法子，也同雷君一樣，不過兄弟用的字母，不是英國字，是另外雜湊起來的。

Ȼ字兄弟是「•|」A、字，是「O」，「•|O」，就是莊字。

L字，是「Ξ」，ⅠE字，是「e」，「Ξe」，就是李。

兄弟那字母，是很不好看，亦不便當，然而雷君的，⊙太多了，粗俗人看起來，亦不容易。用字母，用怎麼樣好，這句話就很難說，因爲我們是沒有字母的，所以這一個人做了，那一個人不服，那一個人做了，這一個人又不服，只好等待將來有一個人做的，別人都信用了，再通行中國。若是現在的說法，只好各人喜歡那一樣，就各個人自己做了，去教教他鄉里的人。先生若是要試做一種字起來，去教那粗俗人，先生就到了府上之後，斟酌一個便當法子，或用兩洋字，或另想花樣，做起一副字母來便了，這字母是外面的事，實在無關緊要，所以各人自己做，都不要緊。惟有那聲音，是難一點。因爲起初沒有去計算他，便不知到底要多少字母，方才個個字合得起來。

兄弟那就把兄弟所知的，告訴先生。先生再把他斟酌一斟酌，錯的便改了，對的便取了，亦可幫助先生做字母時候的用。

大凡每一處，或者每一國的聲音，各有多少；雖有多少，然所差不多，大約少的四十以外，多的六十以內。

譬如英國字母雖不過二十六，聲音實在不止二十六。好像一個A字，又要讀Ă，讀Ä，讀À，讀Á，讀A:，讀A，就是無音字，有CH，有TH，有GH，照這種算來，如）A字不多兩:，便要變成AR，別人方能知道，CH之音，若單是C字，或是H，便無CH之音。故此，兄弟說，雖然說是二十六個字母，實在聲音不止二十六個，聲音實在四十餘個。

中國土話，各處不同。聲音多少，就各處亦不同。大約北方少一點，因爲口音清。南方多一點，因爲口音濁。厦門、廣東、福州、上海、湖北各處，有人造新字母，大約都是五十餘個聲音。兄弟所住的無錫縣，是五十四個正音，二十四個幫音（因爲不要三個字拼一字，故有幫音）。

兄弟從前見天津有個人做的，是五十八字。兄弟看來，似乎還好省幾個。然北音不熟，一時候不能硬說那一個好去。這天津人的字母，給先生做底子，最有用，故詳寫於左：

如英字之AEIOU者：

（一）熬⑪【注】所注字都是天津音。（二）哀㊆（三）安㊈（四）挨㊅【注】此一字不可照天津音讀如ARE。（五）衣㊂（六）翁㊀（七）昂㊁【注】或讀盎（八）恩㊇（九）鵝⑫

（十）五㊄（十一）甌⑬（十二）迂㊃烟㊉

如英字之B者無字

以英字之C，由CH而得音者：

（十三）知（十四）主（十五）基（十六）居（十七）池（十八）除（十九）起（二十）去

如英字之D者無字

如英字之F者：

（二十一）府

如英字之G者無字

如英字之H者：

（二十二）呵（二十三）喜（二十四）火（二十五）虛

從英字J之羅馬音得聲者：

（二十六）手（二十七）儒

如英字之K者：

（二十八）歌（二十九）姑（三十）可（三十一）枯

如英字之L者：

（三十二）二（三十三）里

如英字之M者：

（三十四）母（三十五）迷

如英字之N者：

（三十六）拿（三十七）奴

如英字之P者：

（三十八）補（三十九）避（四十）鋪（四十一）批

如英字之Q者無字

如英字之R者：

（四十二）路（四十三）呂

如英字之S者：

（四十四）書（四十五）四（四十六）素

從英T字得聲者：

（四十七）歹（四十八）底（四十九）都（五十）臺（五一）梯（五二）土（五三）子（五四）租（五五）此（五六）粗

如英字V者無字

如英字W者：

（五七）瓦【校】此字不照天津讀音，似北音甚少，宜請毅士先生讀與先生聽，當讀以常州俗音。此瓦字與囝字同，卽常州小兒之名也。

如英字X者無字

如英字Y者：

（五八）月

如英字Z者無字

李 先 生 你 好 麼 我 很 記 掛 你 里 四衣恩 四恩 拿衣 呵熬 母挨 鵝 呵恩基姑挨 拿衣

四衣恩不好，似當補一烟字，作四烟，拿衣不好，似當補一尼字，作尼。

用時卽照此拼，讀時上無音字宜輕，下有音字宜重，若兩音俱重讀，便易糊塗，若照兄弟的字母，拼起上兩句話來，就是：

二eコㄐ◡̊OTeᅦ))⊙VAㄈ||bㄐe╿ㄊTe
很好笑，因先生問起，博先生一笑。
丁李兩先生並致意問好。君之所信者吳敬恒。七月廿三日。
（錄自《吳稚暉全集》卷四，九州出版社。）

編造中國新語凡例

「以能逐字繙譯萬國新語為目的」

中國現有文字之不適于用，遲早必廢，稍有繙譯閱歷者，無不能言之矣。既發現有文字，則必用最佳最易之萬國新語，亦有識者所具有同情矣。一旦欲使萬國新語通行全國，恐持論太高，而去實行猶遠。因時合勢，期于可行，其在介通現有文字及萬國新語，而預爲通行萬國新語地乎？編造中國新語，使能逐字譯萬國新語，卽此意也。酌議凡例，就正有道，如蒙誨教，不勝感幸！

（一）接頭接尾等詞，萬國新語中表多數之j，擬譯以「們」，表形容詞之a，擬譯以「的」，aj擬譯以「們的」，表副詞之e，擬譯以「然」或「上」，解俟公同商議，再行酌定。

（本報附注）于形容詞加「的」，于副詞加「然」或「上」，皆甚切要。在彼從成語或名詞等轉變而來之形容詞或副詞，尤宜加增「的」「然」等字，以清眉目。今中國採取日本譯籍，加增「的」「上」等字者，已極普通，若能定爲中國新語之詞例，自然尤好。惟西洋詞法，以古世階級分別之鄙陋，及野蠻拙笨之習慣，積非而成是，由之而不知，不合名學之理者正多（華文自然亦多）。今石門氏所作之萬國新語，雖條理之而刪汰之者已不少，有如冠詞不以性別，動詞不以人別数別之類，皆能力排各國之陋見；然懾于積重之勢，不肯違衆過甚，從而照例敷衍者，亦殊不免。卽本條所舉之名詞單複數，形容詞單複數，是其類也。凡句合諸品詞而表完全之意，每詞各有其獨立之本職，庶于語意爲不漏亦不贅。假如有句云：「一千中國學生分居歐洲各國」，照西文詞例，學生與國，皆爲複數，然國字爲複數，而以s等之複数符號，省代「各」等之「不定數」形容詞，謂其爲制字之簡便，自無不可。若改學生爲複數，使「一千」之「指定」形容詞，信用不完，空爲糾紛于文法之中，殊屬無謂。况複之之意，所以表明不止于一數，則所謂一千複數之中國學生，其實卽謂不止一千。辯護者每盛稱西文複數之精密，有時或指定之形容詞遺脱，尚可據複數之符號，發見其不止于一數，然則二之與一，有其別矣。二與二以上之恒河沙數，其別安在？此正所謂習焉不察者也。至形容詞之必隨名詞同變，凡僅習英文等者，無不尤致疑怪，然其疊床架屋之病，亦僅與名詞在指定形容辭下之改變複数相類，一則習慣之者更占多數，故覺其稍近情，一則略有他國不相習，遂若愈無謂耳。總而言之，西國古人制言之習慣，彼以爲愈相應乃愈精密者，殊不知在名學上，適令他品辭不能完固其獨立之本職耳。試以諧語譬之：吾郡鄉僻小市肆中之傭保，傳喚餅食，「有曰：餛飩八十隻，二十隻一碗，二十隻一碗，二十隻一碗，二十隻一碗，總共四個二十隻。」其趣妙精密之處，卽在總共四個二十隻。此較一下，更加以中國學生們，尤爲要言不煩，精核之至。記者又憶向日有生長南洋各島之華童，留學歐洲者，吾友教以中文，一日彼等告我曰：「我等不料中國文字野蠻至此，區區代名辭之第三位，尚不知分別男女，如此，將措辭之間，一切混亂無序，我輩甚覺其毫無可學之價値也。」彼等皆習英文者，吾詰之曰：然則述第三位之一男一女，英文有別乎？曰：此男女相雜矣，故無之也。曰：然則述兩男或兩女，他國亦有分別矣，英文有之乎？曰此多數，可無別也。吾笑曰：如此，君等所習之英文，猶未盡文明。無怪乎英文中凡述許多女子之事，讀者每以爲敍述男子之事，凡述許多男子之事，讀者又每以爲敍述女子之事，常常至于混亂無序，貽誤要事。彼等曰：否！子游戲其辭耳。代名辭者，自有所代之名辭在，在一篇之中，彼此承接，語氣自各有所屬，果能通其辭意，自能定其爲誰。吾應之曰：如此，君等早知分別男女性之不通矣。彼等乃曰：單數總以分別爲是。吾漫應之曰：唯！諸如此類，皆卽吾上文所謂古世階級分別之鄙陋，及野蠻拙笨之習慣也。何國無可笑之陋習，區區數目字之簡單，尚有如巴黎市上之七十是六十又十，八十是四個二十，雖通材博學，口之筆之，而不知羞。故適他人之國，而習其文法，自當一遵彼國之習慣，無復通與不通之可議。若我輩欲爲未來之世界相謀，另爲一種之新語，自不能不再三斟酌也。故如此條，名辭之複數曰們（至于「不定數」之複名辭，在中文向加「凡」「諸」等之形容詞，或加「類」「等」等之接尾語者，今概加們字，自無不可），形容辭之複數曰們的，倘有人造句曰：

一千維新們的中國學生們，分居歐洲文明們的國們，不稍嫌累墜乎？

（二）使筆畫簡易。中國現有文字筆畫之繁難，枉费無数光陰，于文明進步，大有妨礙。今擬只用四種筆畫，全不用頓挫撇捺，且用小寫帖體，並刪去太繁之筆畫。四種筆畫：卽平畫，直竪，斜弦，圓點，試舉新例如下：

（本報附注）前行君所舉之例，卽門字小寫，龜字省寫等，本報排字處尚未延有刻字之人，故凡遇鉛字所無者，卽無從排印。前次已有某君交來一稿，中間夾論製造新名詞，甚爲精善，當時以不能排板，竟從割愛。前行君此稿，本因所舉新例，不能照排，久擱未刊，嗣以君更寄片垂詢，故缺其舉例之文，先將前後論案登出，幸以本報之能力不足恕之。

平畫者，止横至平之畫；直竪者，垂直中正之竪；斜弦者，如正方之對角線；圓點者、至圓之點；凡四種筆畫，概不得露尖形。

（本報附注）中國文字之遲早必廢，本稿已言之矣，故欲爲暫時之改良，莫若採用二法：（一）卽限制字數，凡較僻之字，皆棄而不用，有如日本之限制漢文。（一）卽手寫之字，皆用草書，無論函牘證憑，凡手寫者，無不爲行草，有如西國通行之法，第一法行，則凡中國極野蠻時代之名物，及不適當之動作詞等，皆可屏諸古物陳列院，僅供國粹家好嚼甘蔗滓者之抱殘守缺，以備異日作世界進化史者爲材料之獵取。所有限制以內之字，則供暫時內地中小學校及普通商業上之應用；其餘發揮較深之學理，及繁賾之事物，本爲近世界之新學理新事物，若爲限制行用之字所發揮不足者，卽可攙入萬國新語，以便漸攙漸多，將漢文漸廢，卽爲異日逕用萬國新語之張本。

其第二法行，則本條所謂筆畫繁難之苦，略可減免。而今所提議之小寫、省寫，已不煩改作，自然能趨于此點。至于印刷之書籍，自有鉛鑄木雕之宋體字在，筆畫之多少，無關乎書寫之難易。若在辨認之一方面言之，其難易似不在筆畫之多寡，而在結體之平易或離奇。以漢文之奇狀詭態，千變萬殊，辨認之困難，無論改易何狀，總不能免，此乃關乎根本上之拙劣，所以我輩亦認爲遲早必廢也。然就漢文以論漢文，似乎爲一二字計，筆畫簡省，則辨認較易，若連簡累牘而書，倘筆畫之多寡相若，又生淆雜之困難，反不若繁簡相雜，記認爲便。此事在我輩七八歲認方字，讀大中時所屢試而不爽者也。至筆畫求其平直斜圓，此法略與古時之隸書相類，揣前行君之意，將使爲便于鉛筆及鋼筆之書寫，惟限爲正平正直對角至圓，而又禁用尖形，則其拘苦，似當有倍蓰于向時之筆畫者。本報略有排字處之經驗，漢文檢字，至爲勞苦，無論分門別類，記取甚艱，加以字數太多，則陳盤數十，佔地盈丈，每檢一稿，便如驢旋蟻轉，不出戶庭，日行千里，以視西文之數百字類，總括于一盤，高坐而掇拾，其勞逸相差甚遠。惟漢文亦有省便之處，一則凡檢一字，取出卽已完成；二則每字正方，字字相銜，行行相次，排列至便。若西文則掇拾數次十餘次，僅得一字，字母寬狹不倫，字體長短不一，排列之際，頗費躊躇。故同排一稿，中西字數相等，往往中捷于西，中國排字處所浪费者，止脚步之勞，一端而已。然而西文有一大便利，中文有一大不便利，則從機器愈改良後所發露也。西文書寫，能用打字機，中文不能，然向日止在書寫上分優拙耳，于印刷上無大關涉。今則自「林拏太愛潑」發明，英國之舊式者，固已能對稿掣機，按捺畢而一端之鉛板已就；而美國之新式者，復能使鑄就之板，逐母可分可合，與尋常所排之鉛板無異，偶有舛誤，隨便可改，不必重鑄。此等新器既出，而排板可廢，中文能乎否耶？故同人窮思極想，欲爲漢文造一打字之器，竟不能就。前行君議使筆畫平直斜圓，若從此點著想，似甚有理徑可尋，以君之精思，必能爲此事開闢一新天地。然若僅省筆畫而已，而每字萬有不同之方向，不能變改，或稍改之，不能畫一，或畫一之，不能簡少，恐此事仍有所爲難。故若平直斜圓，本非爲印刷上之便利起見，止爲書寫上起見，則本可以永用鉛筆鋼筆，以作舊日之行草，東倒西斜，隨各人之意境爲姿媚，卽使頓挫撇捺之尖形不備，稍欠野蠻美術上之婉麗，然無礙其爲新世界暫時可流行之交通品也，奚必反限平直斜圓，發生無限之拘苦哉。或君別有取意，特引而未伸乎？

（三）凡萬國新語中有一辭，中國新語中必定以一相當之譯辭，且祗定一辭，萬不可多于一辭。

（四）用左移橫行法。歐洲文字及萬國新語左移橫行，中國現有文字，不行右移，然算學書中算式，却大多左移橫行，今姑不論其孰優孰劣，但一種文字中，斷不宜兼用兩種體裁，算式既以左移橫行爲便，自當通體一律。

（五）採用歐文句讀法，歐人腦理清晰，中人腦理糊塗，于句讀上亦略有關係也。

（結論）右稿急就，非爲定本，凡屬同志，務求賜教。此種新語，如果編成，爲受教育界設想，其較現有文字，易學何啻十倍？且學成後再學萬國新語，三閱月可以畢事。中國若能通行萬國新語，外國人到中國者，亦必習萬國新語，于交涉上之利益，有未可限量者。如能得同志十人，擬先編一字典，且創一種月報，以期輸入國內。

（本報附注）本報同人于一二條略致商榷，皆瑣屑之細端，所言于前行君發起編造中國新語及推行萬國新語之宏綱巨旨，盡爲旁義，絕不足爲此事之輕重。同人于前行君編字典創月報等之盛舉，皆熱誠贊同，並望同志協會，早日成立。

又原稿內乙去之畫一聲音一條，此事似爲編造中國新語之主要條件，曾否另想善法？蓋能合各國之語言，代表以一種之語言，是謂萬國新語。則能合各省之語言，代表以一種之語言，始足稱爲中國新語，是亦一定之界說。語言者，聲音之事，固非可于筆畫間求之，筆畫不過爲聲音所附麗之一物耳。請賜大教，以慰懸企。

（錄自民前四年三月廿八日「新世紀」第四〇號，以筆名「燃」發表）

書駁中國用萬國新語說後

語言文字之爲用，無他，供人與人相互者也。既爲人與人相互之具，卽不當聽其剛柔侈歛，隨五土之宜，一任天然之吹萬而不同，而不加以人力齊一之改良。

執吹萬不同之例以爲推，原無可齊一之合點，能爲大巧所指定。然惟其如是，故能引而前行，益進而益近于合點，世界遂有進化之一說。

科學中之理數，向之不齊一，今以兆分一秒之一，億分一秒之一，假定一數，強稱齊一，爲便于學理及民用者。其繁賾萬萬有過作者所舉聲紐之粗簡，尚能理而董之。何況語言文字，止爲理道之筌蹏，象數之符號乎？

就其原理論之：語言文字者，相互之具也。相互有所扞格，而通行之範圍愈狹，卽文字之職務，愈不完全。今以世界之人類，皆有「可相互」之資格，乃因語言之各異其聲，文字之各異其形，遂使減縮相互之利益，是誠人類之缺憾。欲彌補此缺憾，豈非爲人類惟一之天職？

今之爲一國謀者，其知此義矣。故語言文字，應當統一之聲，不惟震懾於白人侈大之言者言之，卽作者橫好古之成見者，亦復言之。所謂紐文韻文等之制作，不憚空費其筆墨者，無非由人之好善，莫不相同，故殊途遂至于同歸。至夫統一之術，非有奇法殊能，特矯于天然之適宜。語言文字者，相互之具也。果所謂語言或文字者，能得相互之效用，或爲相互所不可缺，自必見采于統一時之同意。故卽就一國之已事而論，如日本以江戶之音，變易全國。德奧以日耳曼語，英以英格蘭語，法以法蘭西語。而九州四國，薩克森、蘇格蘭、賽耳克、勃列丹諸語，皆歸天然之淘汰。此在談種界者，不免有彼此之感情。而在談學理者，止知爲繁蕪之就刪。因語言文字之便利加增，卽語言文字之職務較完，豈當以不相干之連帶感情，支離于其相互之職務外耶？

故中國人之智識程度，一躍卽能採用外國新語，吾輩日望之，而亦未敢取必。所恃者，人爲明理之蟲，有眞理之能啓人智耳。至于大概迂拙之進行，爲常智所能逆料者。

（甲）中國文字，本統一也。而言語則必有一種適宜之音字，附屬于舊有之文字以爲用，于是聲音亦不得不齊一，有如日本之以東京語音，齊一通國也，此相互利益增進之第一步也（今日所謂簡字切音字等）。忘其苟簡之術，不足爲別于文字之間，故離舊文字而獨立，歆于作蒼頡第二，遂失信用于社會。今就創作中國切音而論，惟作者淺注字端之術，莫能最良，然又何必虛橋陳腐，必取晦拙之篆籀，爲梗于淺易之教育，盖附益于今隸之旁，莫妙于仍作今隸之體。盖文字有二職，一爲誌別，一爲記音。中國之文字誌別之功用本完，所少者，記音之一事。今原字之筆畫四者，並記音之筆畫而六之、七之、八之、九之、十之。其狀卽如日本通俗書之刻刊法。最要者，當先刊字典一册，卽如日本所翻印之中國字典，字附音訓于其旁。凡小學讀本及通俗之書報，莫不如上文所云，增附切音字之音訓。至最粗淺之幼稚園讀本等，則以音訓之切音字大書，而以舊文字爲繩頭細書，注之于旁。所謂規圈之屬，既音訓不與舊文字相離，則等與聲，皆有舊文字表而出之，無需如昔日之學堂經書，增益無謂之圈記也。而所謂應送博物院之經史，供考古家之抱殘守闕者，皆可仍舊，不必更加音訓于旁。因其人既有閒情別致，能誦讀此等死書（西方以拉丁等爲死文，其例正同。）彼自當略通小學，且知所謂古今音者，不需通俗之音訓也。

（乙）講求世界新學，處處爲梗。于是不得不如日本已往之例，入高等學者，必通一種西文。由高等學入大學校者，必通兩種西文。所謂一切名詞，與其穿鑿譯義，徒爲晦拙，不若譯音，而參核西文，尙有對照之功用。此相互利益增進之第二步也（今覺以漢字譯音，不如譯義者，因無畫一之音訓字母故也）。

（丙）萬國新語根希臘拉丁之雅，故詳審參酌，始每字能刪各國之不同，以定其精當之一。故在方來之無窮，固未可謂莫能最良，若對于已往自足稱爲文字之較善，所以制作未二十年，而信從者已達三四千萬人。惟今人知其善，而猶徘徊觀望。不獨中國人然，卽西人亦未嘗不然。所以如此者，因尙無萬國新語教授之各種高等科學完備之學校。故所學不在是，因之赴之者不勇。然方今科學上互換智識之誠心，欲求人人能吸收全世界每日發明之新理，必徑必速，而討論如狂。故卽在此短時，必共知：私家則以新語著書，學校則以新語教授，除去學界無窮之障礙。如科學上共用法國之度量等。此事固決不待國界已去，然後始得大行。蓋止需各國校章，新語爲中學必修之課。入高等學及大學所應修之外國語，皆代以新語，則圓滿之時至矣。而于是中國人方悟操一新語，則周遊世界，無往不得其交通之便利，修學之良果，乃始珍視萬國新語，一若今之珍視英德法語。至是各國亦且厭棄其本國之語言文字，徒爲累贅。而中國人守其中國文，尤格格與世界不相入，爲無窮周章之困難。于是所謂時機已熟，當廢漢文，而用萬國新語，遂得人人之同意，此相互利益增進之第三步也。

故作者滿肚皮之不合時宜，欲取已陳之芻狗，將中國古世椎輪大輅，缺失甚多之死文，及野蠻無統之古音，率天下而共嚼甘蔗之渣，正所謂：「無當玉巵」陳之于博物院，則可觸動臭肉麻之雅趣，若用之大飯莊，定與葱根菜葉，共投于垃圾之桶。作者如其不信，試懸我等二說于方來，遭後人瘟臭之毒罵者爲誰。

我且作持平之論，後人爲歷史比較之學，定當遠過于今人。故中國古代之文字，自足爲文學比較史學科之重要材料。倘有篤舊之士，能潛心于此等無味之嚼蠟，亦未嘗不可謂能盡人類中應有之一事。固求有其人而不得，若以爲此我之門戶所在也，我之聲譽所在也，必欲強世界爲之倒行，則謚其名曰野蠻，晋其號曰頑同，亦誰曰不宜？中國文字與萬國新語優劣之比較，不必深言之也。卽以印刷一端之小事而論，作者當不至絕無半點科學上之智識。試問中國文字之排印機械，如何製造，能簡易乎？作者亦必語塞。故不必種種世界最新之學問，中國人以不通西文之故，皆爲之阻塞而不能習。卽有健者，能一一譯爲中國之文字，使中國人不惟能治各種之新學，且能因而發明外國所未有，則在中國人固心滿意足矣。然學問者，世界之公物，外國人所未有者，自亦許外國人之傳習。則作者不難曰：外國人先可學習中國文也，是也。吾且以爲中國文而誠良誠便，外國人不但應習之，且將棄其本國文，或萬國新語者，使世界獨存一種中國文。如中國文而未良，未便于今日之西文，或更未良，未便于今日所有之萬國新語，則所謂未良之與未便，卽爲累于種種是也。乃因後日西人之學問，不如中國人之故，不得不棄較良較便之萬國新語，共用中國文。而在種種中，日受其纍，卽中國人自己于種種中，受累亦均。是誠何心乎，曰世界惟我獨尊之故，然乎，豈其然乎！

一足在左則左重，一足在右則右重。對于萬國新語之提倡，我輩心力甚弱者，號咷勸之而不足；而一二庸妄者，談笑阻之而有餘。此如劉錫鴻之徒，在三十年前，陳其鄙悖之理由，阻撓鐵路等事，振振有詞，和者如蛙鳴，應者如狗吠，今日社會所受之影響，亦可以覩。至于萬國新語，我輩亦知與中國人之程度太懸殊，必且紆道而歷上文所擧之甲乙，乃至于丙，在今日中國昏瞀之時代，或且作者等之邪說爲易入，亦未可知。我輩盡我輩之言責，不使後人對于往事，抱無窮之遺恨，如是而已。

至作者慮萬國新語，不足以名中國之名物，吾却不知中國有如何特別之名物，爲他國所窮于指名？如其物而爲不適于世界所用者，有如：食之竹箸，賭之圍棋，敬人之詞曰鼈，尊人之詞曰巫，有可以不必名者，亦有可以隨便比附音義于以一名者，固無所謂可與不可。如其謂世界所適用，今日一新理新器之發明，曠乎爲前之所未有。萬國新語尚能析其類例，予以確當之名詞。何況世界之舊物，有如中國之所未道，果定其界說，驗其功用，爲未來時代，必當有一獨立之專名，則且譯其音爲道，而詳其界說及功用于詞書，于是又有專科之道學。使區域大小，意趣淺深，有一不密合焉，用最精之理數，必使密合而後已。否則，如其爲無足重輕，一古代學術之名，則譯音可也，卽作者所謂儗議譯之亦可也。盖其字所有區域及意趣，既爲萬國新語各種學術之專名，所分析而包有。則中國一「道」之文字，其意義爲野蠻無意識之混合，絕無存立之價値，故亦無需爲之密求其意味。若某宣教師之言，謂抗、提、曳、抱等之分別，惟中國爲獨完。是則無異譽作者之學問，爲今世界所獨高。笑之，抑譏之？作者亦自知之。無政府黨之能廢強權，全恃乎能尊學術。尊學術必能排斥不足爲學術者。不足爲學術，而必固守其習慣，爲妨礙于世界，卽可與強權同論。卽作者所謂節奏與句度，如其不合聲響之定理，爲甘帶逐臭之偏嗜，何足以言學術？盖異日後民腦理之細密，當別成美富之種性，豈野蠻簡單之篇章，所足動其情感？故無論擺倫之詩，漢士之文，不在摧燒之列，卽爲送入博物院之料。作者固亦知無論用何種文字，惟傳譯則率直無味，而自由著作，皆能妍麗悽愴。是則不應改良之萬國之新語，反在例外。故悽愴妍麗之篇章，必在萬國新語爲獨多。而何所謂杜絕文學，歸于樸□之有。又謂岳鄂王詞，合以風琴，聲遂沈濁，卽爲絲竹不能相代之證。此乃聞笛聲而起舞，對風琴而沉睡，由于個人之習慣。如取貴州內山之苗，入作者之室，必聞東隣擊石，歡躍不已，譜岳鄂王笛，而瞠目驚怪矣。盖風琴之與竹笛，其樂器之繁簡，直有擊石吹竹之比。豈可強簡單之耳，使之相代乎？

總之，作者尚懷羊毫竹紙之智識，則我輩對語，豈能相喻。聽作者自爲詁經精舍之獺祭課卷，我輩亦自爲萬國新語之搖旗小卒，各行其是可也。

（錄自民前四年七月二十五「新世紀」第五七號，以筆名「燃料」發表。）

書神洲日報東學西漸篇後

寂照氏原著云：日本漢學家槐南陳人氏，近著東學西漸，揭於東京日日新聞。其詞曰：東學西漸，爲予數年來之宿論。至於近日，見聞所及，益益見其盛旺，使我文學界爲其一振，而不再發典型泯滅之歎矣。

近日歐洲刊行關于東洋（東洋二字兼中國言）學術之新著，頗有日月加多之勢。顧溯其初，則彼中所有者，多不完全之譯述，雜以西人自鳴得意之皮相臆見，而又加以武斷，故可貴者絕少。至近日則不然矣。蓋輓近西人，能解識中國之語言文字者，漸漸輩出，如我所謂唐本（Chinese text）頗盛行于彼之學術界，而爲彼人所愛讀；是蓋東學西漸之機已熟，苟非棲心注視之人，殆不信有此現象也。

當今年春間，得英京倫敦二三書肆發售之書目，觀其有唐之部類，中所列者，有十三經注疏，有史記，有前後漢書，與屈子之離騷，文獻通考，漢魏叢書，廣羣芳譜，三禮圖，朱紫陽之通鑑綱目，李時珍之本草綱目，寰宇記，東華錄，聖武記，其餘並有大清會典，康熙字典之類，凡考索中國文物禮制之書，殆皆具。就中尤有特別之珍本，別行標出者，則郭璞所注之爾雅，于其全部，附有三卷數多之密畫，爲黃綢美裝本。蓋由一千九百年北清拳匪亂時，得于北京宮廷者。是書有此圖畫，說明爾雅之名物，殆嘉慶年間翻刻影宋本爾雅圖之初印本也。彼書賈並標其價，爲英金三鎊餘。由此以推，其爲今日歐洲學者所垂涎爭購，可想見也。

且此書目之次，尚列有漢文諸籍，頗無倫次，中有許愼之說文，其次又有水滸傳、西廂記、又有性理大全，列于玉嬌李之下，復次有顧野王之玉篇，蓋如歐洲「阿兒哈亨多」之例，不足異也。復次更有戰國策之高誘註本，與東周列國志比肩。又有陳壽之三國志，與羅貫中之三國演義接武。其餘有元曲漢宮秋、老生兒、灰欄記等。復次更有明清兩代之小說，如好述傳、小山冷燕、紅樓夢等書，宛如吾人夏日曝書於齋中，森布羅列，頗能津津助人興味。

我國（日本）文人學士，比來頗主廢漢字之假名，而腐心于采用羅馬字，其說之當否，今猶紛聚未定；庸詎知東學西漸，已有如斯之盛，宛似半夜荒鷄，足使聞者起舞耶？

譯者按：槐南氏爲日本漢學家，故其持論如此。近日吾國後進之士，亦頗有主張棄漢文而采歐字者。此其見解，殆與日本極心于歐化者相似。吾今亦無庸折之，惟俟其久而自反耳。蓋漢文初非完竟，故議者往往謂其艱深；或又謂文法不具，而易流于出入左右。又有一種議論，則謂空疏乏實理，此皆欲棄者所持之原因也。夫艱深者，實由未得良善之教法，果用造字之原則教授，引伸觸類，吾未見有此病也。至文法不具，道在作者修之而已。至謂空疏乏實理，其在物質之缺乏，吾固無庸曲諱。然如修已治人之方，則吾見歐洲近日之英德碩師，其所講演，始能默合吾國古學之一枝一節，斯固不可掩之事也。且吾國學術，欲求其眞，尤當分別深觀。誠以當戰國之世，早已儒分爲八，墨分爲三，後世所崇，殆僅八中之一，道術之裂，遂釀褊窄于人心，非學術之罪；而學者之罪，此可斷言也。且吾學者最深之結習，又在死守藩籬，而深隱其所自，故如宋明以後之儒術，其最有力者，原衍臺宗之緒餘（記者別有考）。然而世儒顧乃深匿曲諱，轉以排佛之論，致飾于外。此又千年未抉之一痼蔽也。昔劉融齋先生嘗云：自世說新語出後，人心受其範圍而一變，以所演者皆老莊。自華嚴經出後，人心受其範圍而又一變，以所演者皆禪宗。此言最具見解，而深切著明也。居今之世，若得好學深思之士，博學而通會之，行見漢學將大光于世，廢棄云乎哉？

西人亦人耳，人類之進化無窮，故在比較級上論氣質，雜有善惡，普通之弊習，以西人較于他族之人，一切皆有。偏于甲者，每謂西人之異于我，不當從我，卽反對槐南氏者之論也。偏于乙者，又謂西人之同于我，自可從我，卽贊成槐南氏者之論也。雖輕我重我，彼此有別，而認西人卽爲道理，固無少異。

吾人論世間事，皆非一己之私事，誤與不誤，皆不必迴護，彼此之所以認西人卽爲道理者，無非急求論證，可以強詞駁難，故遂不暇研究其誤點。本報同人無所知。然執筆與寂照氏商榷，頗願盡去其客氣。

西人之好古，在近世之比較級上，似過于吾人。吾人以好古有名于世界，復以好古見誚于世界，豈知所以有名者則爲妄，所以見誚者則有故。有名之妄，一語可以解決，以現狀而論，一切搜求古物，保存古物，隨在自不如西人，則無其實而有其名，故爲妄也。其見誚之故，則因西人之于古物也，珍之，珍之，故以供參考者十之七，以供潤飾者十之三，而摹仿而服從之者，吾亦不能以爲無有，然爲數至少，故不能列于成分。吾人之于古物也，尊之，尊之，故摹仿而服從之者十之七，以爲誇耀者十之二，以爲參考者十之一（蓋僅僅金石等列于參考經籍之用，一切所有雜繪瑣器荒邱廢木，極爲粗淺，可證明歷史上之種種者，皆漠然如無所覩也），摹仿而服從之，而不究其得失，是卽認古人爲道理，其足以見誚可知。況挾己之摹仿而服從之物，隨在不適于競存，其重爲世界所戮笑也亦宜。

西人不惟好古也，在近世之比較級上，其好學亦過于吾人。彼之好古也，從羅馬希臘，直上溯埃及巴比倫（若科學家則搜求至于人類未生時代）。埃及巴比倫，固爲彼中之文明所自出，然其人視之，固淺化之人類也。吾人可不必妄自菲薄，彼之視吾人，亦知開化已五千年者，豈有並不能與埃及、巴比倫爲靳驂？豈特如此，彼之視印度，視巫來由，視菲洲，甚而至于視西印度紅種之區域，皆以爲有可供參考之資料。彼之所以參考于古者，直欲提鍊其廢料，以擴己之能力也（提揀是製造過者，摹仿是囫圇吞者，中西優劣之比較點卽在是）。所謂采葑采菲，所謂竹頭木屑，近日西人，蓋實行之。彼之好古，實爲好學，彼其略得進化之果，卽成于能自好學之因也。

以西人好古好學之故，故東洋一切舊文明，素知考求，卽以圖書一端而言，彼勃列顛博物院之華籍，素不讓于吾國文瀾閣、天一閣等之書庫。二十年以前，特苦于交通不便耳，近日車軌航路，隨在通利，又加以中日俄日兩次之東方戰爭，中國日本之名詞，熟于人耳。中國又因拳匪一役，更留大名于世界。所以搜求日本中國之古物，以供參考者，日多一日。磁器之類，雖有工業上之參考，然大部分爲潤飾品耳。供參考之用，自必及于圖書，及于器物，並恨不能深入中國之內地，遍搜于地層。此卽近日華籍漸多銷行之原因。異日必且更多。雖槐南氏所見之倫敦二三書肆，未標其地址。以吾度之，卽勃列顛博物院對面之數家。吾亦見有如是之書目。其書目之排比，在倫敦印刷局刷印，排手仍日本人也。此眞至尋常事。出千百鎊購一中國磁瓶者，幾乎日日有之。出五鎊食一波羅密者，又有之。豈有出三鎊餘金，購一仿宋本之爾雅圖，足稱爲異數？卽吾輩所見西人，願習華文者，近來亦日多于一日。吾等又可斷言：再過幾時，習華文者更多。

然吾人當記取，彼特習之欲得參考料耳。其料卽視爲可提鍊之廢料耳，與購取破布敗絮，用以造紙，其事曾無少異。同人與寂照槐南兩氏，皆信西人習華文，必非爲代用西文之張本。如此，恐布絮之喻，諸公皆以爲褻，特再正詞以明之。則曰：西人之習華文，特參考東學耳，非習東文也（東如東洋之例，概中國日本而言）。依本篇標目之義，稱曰東學兩漸，同人敬對曰然，毫無異詞。

惟世俗之見，稱曰：亞人歐化，卽以爲亞人降服。稱曰：東學西漸，又以爲東人勝利。曰師曰弟子云，則羣聚而笑之，其風亦遠來矣。然今日之自好者，往往又曰：出洋留學，既西來矣，且正其名曰留歐學生。學生則必有爲之師者，出洋留歐，明明言以西人爲師。若照世俗之成見，中國多一學生，是卽外國多一俘囚。然而凡居學生之名者，初不作是想。因人類之相師，固與相制異也。故東學之西漸，豈自今日始哉？羅盤印刷器等等，來自東方，明載西籍，固無所事于諱匿。特用其原理，變爲新製，不害其爲西器。雖並列于賽會之場，使周旦馮道之舊物，屏諸航海術印刷器之陳列室外，遷于古世雜物庫可也。是卽宋儒提鍊禪理，證明心學。買珠賣櫝，吾姑勿問。然而必其爲旨，絕爲異物，故不害反爲禪學之敵。亦如證論今之無政府主義，甚得達爾文氏等進化學說之宏益，然達氏等心量之所造，固與無政府主義爲違反。終之原子之多寡雖同，而成分各異，則爲毒爲平爲甘，可以絕殊。物理如此，推之事理亦同。所以或漸或化，各當順乎好學之自然，而迎受之耳，無榮辱包于其中。

槐南氏固未嘗明以西漸爲可榮，然實曾以歐化爲可戚。所謂腐心采用羅馬字云云，其情已見于言表。但喜我之能漸，不願人之來化。自足而拒善，已可詫矣！而且所論者爲學術，而所以論者，則僅指文字，則尤其可詫！

「朱子出在蓆包裹」，「字紙拭穢爲褻聖」。久矣東方人初不知學術與文字，爲同爲異矣。以廣義言之，文存固亦學術之一，若就典型泯滅，漢學大光等云云之狹義言之，學術自學術，文字自文字，可不必遠取別證也。即以寂照氏之案語證之，則亦已足。禪宗之說，其源非記載以梵文乎？何以譯爲華文之華嚴經等等？梵文消滅，而佛理仍在。並且見采于宋學，華嚴經等等又消滅，而佛理之存在如故。則公佛有靈，當無戚于腐心采用支那字筆畫，廢棄梵文之字母也。以寂照氏之光大佛學爲比例，倘英德碩師記載中國之學理，亦以光大漢學自任。誠哉漢學必光大矣！然與假名與羅馬字之問題，固相去十萬八千里也。

學術之問題，言之長矣，在本題當姑略。二氏之意，皆僅僅注目于文字，故今專論文字：

文字者不過代表學理之符號，其粗淺者爲結繩，其繁細者爲文字，文字繁細之分劑，則與學術繁細之分劑爲比例。

姑先論寂照氏所指漢文之三短：一曰艱深。此言筆畫製造之不善也。二曰文法不具。此與文字無相干，爲脩詞者職其病。故寂照氏亦云：道在作者脩之。蓋文法爲名學，文字則質學也。三曰空疏之實理。此似牽混于學術。惟下文云：物質之缺乏，當卽謂漢文所有之符號，不足盡載今世物質之理。此言個數應用之不備也。筆畫製造之不善，及個數應用之不備，皆我等所當各銷其意氣，再三商榷。此非我等私事，倘同人等言之不當于理，甚願受熱心人之惠教也。

筆畫製造之不善

一見而其別卽顯，始可載玄深之理；一見而其音可誦，始爲便于學習之人，二者皆不可偏廢。支那中古之慣習，禮不下庶人，明明成人，尙以鄙野之故，可屏化外，豈論及文字之高尙，必當注意及于童蒙！故不幸而古人之原始製作此無音之文字，竟爲鉅梗于初學。童子者，吾人人類中之後民，非不足重輕之一物也。少年多費腦力，卽異日少發名理，亦卽人類減損幸福。

支那文字之爲別，可姑許之爲美備矣。故寂照氏欲求簡易之術，仍舉其所長而言，則曰：果用造字之原則教授，引伸觸類，吾未見有此病也。此卽二十年前同人等親持之謬說，所謂以說文等教訓童蒙。今則世界又反于黑暗，而謬說復活者也。經典之文字，一亂于隸書，再亂于今體。支那無所謂學術，惟周秦漢魏以前之古書，公認之爲學術，自此以後，千秋萬世，惟尊信之，惟注釋之，否則闡演之而已。故若欲考知古義而不謬，必識造字之原，此乃通經之階梯，而非識字之丹丸也。論者言此，當非不知說文爲何物者。夫以今體之舛譌，引之就正于篆籀，既知篆籀，然後再議識字，此卽欲求喫飯，先教種田者也。語其謬，一如向日以學庸等教訓童蒙，子非童子，安知童子？我輩識字之苦既過，覺一見說文，頭頭是道，殊不知當我輩未識字之先，初亦莫明其妙，徒于今體外，又記一篆文而已。說文之在漢文，卽如臘丁之于歐文，能通臘丁，則通解歐文爲較易。然此特指中學校以上之學生，將習文學者言耳。曾未見攙訓臘丁于小學也，有之，則在昔年黑暗時代。故說文非不美，徒重童子之困，猶夫學庸之名理非不精，不必童時能解之也。然則所謂用造字原則云云，僅能減損高等文字分別上之繁難，非能解免童子學習上之繁難者也（姑許說文能減損高等文字分別上之繁難，亦非能謂學習之而不繁難也。惟既研求漢文矣，又必欲通解經典之古訓，雖繁難，亦不能不學習。論者當深悉百數十年以前段之諸家之歷史矣，說文通經者也，未及專一經而通之，而研究說文，忽忽已一生。然則說文者，固屬于精粗之問題，而非屬于難易之問題者也）。

漢字不惟無音（若云諧聲字卽音，此卽秀才可識半邊字之笑話，有此原理，無此實用也），而且不便于排印，不便于檢字，爲文明傳布，庶事整理上之大梗。然將以羅馬切音代之乎？則笑而不許曰：尚無此資格，尚無此資格！

上文言之矣，文字者，當一見而其別卽顯；又一見而其音可誦，果如此，則爲完全之文字。切音國之字典，詞典也。吾人之字典，則音典（此音字，西人名曰息拉勃）。譬如英人曰Photograph，華人曰寫眞；英人曰Photography，華人曰寫眞術。然英人于前一字，用三個「息拉勒」，當作一字，于後一字，又用四個「息拉勃」，當作一字。華人之字典，則將寫字眞字術字，分入各部，以備各種名詞之拼合。因有時不必拼合之時，寫固一詞，眞又一詞，術又一詞，亦不得不分也，此特名詞耳。或從此並將兩合三合四合之詞，皆加入于字典，藉可爲切音上之分別。然動狀各字，大都單音，所以從前中國日報，曾因論簡字之故，指問

「庭廷亭停」，若何分別？此實不可諱之困難，若以苟簡之切音，與滿洲字之類相等者，卽可算字，西文俱在，當不至若是之陋，蓋其爲別之精，又或突過于我也。

此又不必廣徵博引也，卽日本唐時之假名，亦止有切音之功用，而無歐文字母等製作之條理，故凡爲彼中自有之事物，皆得以假名切之。至于采用漢文，卽不能不兼載漢字爲誌別，因彼時之學術，自在漢文，于彼當時之切音術，又不足代爲漢人造作有分別之切音字，故急不暇擇，遂雜漢字以別之。此卽苟簡切音，不足爲字之明證也。

漢字既不足以字母拼切，而其舊有之狀，又可別不可名（不可名，猶云不識之字，無從就狀而得其讀音也）。將用何法以爲改良？應之曰：漢字者，爲早晚必行廢斥之一物（廢斥之故詳後），若在短時之間，因大多數人方恃之爲交通宣意之符號，而必苟且承用，則如不適用之廢屋然，短時之間，不能不藉之以蔽風雨，惟有用最廉價之便法，稍事修繕，使風雨不侵而後止，萬不値得費如何經營之苦心，花如何拆卸之高價，出重造之價値，仍得一不適用之建築也。

苟且修繕之法，最妙者，莫如舊少讀音，卽于初學之書册上，附加讀音。加之之法，最省便者，又莫如學日本之通俗書然，漢字大書，讀音旁注，其讀音之筆畫，附加于野蠻之漢字上。又莫如卽用野蠻筆畫，與之相適，則莫有過于日本假名之狀，卽近日官中正提倡之王照氏、勞乃宣氏等之簡字是也。

本報于第五十七號《書駁中國用萬國新語說後》，卽已略引其端，猶是今之所說，當再錄于此，以相印證。彼文之意，以爲上策必徑棄中國之語言文字，改習萬國新語。其次則改用現在歐洲科學精進國之文字。其次則在中國文字上附加讀音，其附加讀音之說如左：

「中國文字本統一也，而語言則必有一種適宜之音字，附屬于舊有之文字以爲用，于是聲音亦不得不齊一。有如日本之以東京語音，齊一通國也，此相互增進之第一步也。今日所謂簡字切音字等，忘其苟簡之術，不足爲別于文字之間，故離舊文而獨立，歆于作蒼頡第二，遂失信用于社會。就創作中國切音而論，惟作者箋注字端之術，莫能再良！然又何必虛憍陳腐，必取晦拙之篆籀，爲梗于淺易之教育。蓋附益于今隸之旁，莫妙于仍作今隸之體。文字有二職：一爲誌別，一爲記音。中國文字誌別之功用本完，所少者記音之一事。今原字之筆畫四者，並記音之筆畫而六之、七之、八之、九之、十之，其狀如日本通俗書之刋刻法。最要者，當先刋字典一册，卽如日本所繙印之中國字典，字附讀音于其旁，凡小學讀本及通俗之書報，皆照字典，各附讀音于其旁。至于最粗淺之幼稚園讀本等，則以音訓之切音字大書，而舊文字爲蠅頭細書，注之于旁，所謂規圈之屬（規圈、卽指舊日學堂經書，以朱筆圈四角，爲平上去入等之分別），既音訓不與舊文字相離，則等之與聲，皆舊文字表而出之，無需如昔日之學堂經書，增益無謂之圈記也（曾聞作簡字者，亦有規圈，以爲四聲有別，則分別較多，殊不知庭廷亭停，皆屬平聲，更如何分別哉？故分別而欲離去舊文字，雖多設方法，徒致音字之叢脞。此由于不知西文爲何物，故以苟簡切音，輒想作蒼頡以造文字耳，一笑。而所謂應送博物院之經史，供考古家之抱殘守缺者，皆可仍舊，不必追加音訓于其旁。因其人既有閒情別致，能誦讀此等死書，彼自當略通小學，且知所謂古今音者，不需通俗之音訓也。」以上卽修補中國字，價最低廉，功最省便之善法。語其省便之處，有如左：

（一）讀音既非字母，不必妄慕虛名，減少個數，反增條例。西文字母二十五或二十六，因欲爲別，故利用其少，如 a e ai ee 之屬，正得分別之功用，然因此則三拼四合，長音短音，條例略繁，彼爲一種之文字，自不得不然。今特記音而已，何必爲此紛擾，多認音母一二十，不過多數日工夫耳。從此與音母之音同者，卽以一母注之，音母中無此音者，卽以兩母切之，必不用及三母，爲道彌簡，而利便初學者亦彌多。大約遍切中國之官音，有母五十左右，可以足用。曩年曾略見王照氏之舊作（大約卽今簡字），正有此數，其狀亦如假名，惟中間數母，其音既與假名相同，自當卽用假名，如西洋各國之同用 ABCD，不當故相違異，專與世界增不同之點。簡字既已通行于數處，卽用簡字之母，大爲省事。夫音母者，又不過代表母音子音之筆畫也。筆畫用歐母可，用回文、梵文、蒙文、巫來由文皆可，用假名及高麗字母亦可，卽用從前所謂沈學氏、蔡錫熊氏、王炳耀氏、盧戇章氏、及雲南某氏、江蘇朱氏等之所作者亦可。十六兩還是一斤，不過各有蒼頡自負之野心，故各換其面目，以表神奇；其實諸公休矣，說穿了，竟不值一笑也。以西文字母切土音，乃耶教徒之慣法，凡天津、上海、寧波、厦門、香港等處，所有曾入耶教之華人，莫不各有其土音之西母文字。若驟令好以華文變歐母者讀之，必當狂喜。殊不知造作文字，固不若是之易，而所謂字母能切字音，本狗屁不值一錢之天然現成法，亦不至如死讀西文之人，及自喜能知聲轉等者之意中，有若彼之難也（讀西文者以爲中國人不知切音，乃衆口一詞；最奇者，中國所謂經學大師，略知聲轉之故，遂自以爲神秘。故有革命黨巨子某君，常自負能通聲轉，所以能于古今音之源流，分析秩如，以吾視之，直與自負能知喫飯無異。）。惟取歐母回文等筆畫，或供造字則可，如其僅僅附于漢字，作一讀音，莫如用漢字筆畫最善。故粗俗言之，以爲可以不必肉麻，卽用簡字之筆畫爲老實，否則如沈學氏之十八筆，廻環可轉，蔡錫熊氏之速記字，粗細相間，豈不花樣大翻新乎？無如其不適于用，母音子音，出于天然，雖上智莫能更巧，雖下愚不能獨拙，簡字卽或有譌複之處，以三分鐘功夫釐定之有餘矣，此製母甚省便者也。

（二）附注字典，其道甚簡，如稍鄭重其事，在北京或上海，亦復不難，特設一三個月之短會，延十八省所謂能談中國「之乎者也」之名士，每省數人，每天到會半日，書記將字典揭開，唱曰：「一」，候大家議定，官音當注何音；又唱曰：「丁」，又候大家議定，當注何音。每日注三四百字，有如「庭」音既定，則「廷亭停」可不復多議。故三月必可訖事。決議之際，苟無十死不通之經學大師在內，不將古音等橫揷無謂之問題，似解決亦無所難。此種愚人甚多，以爲此音一定，卽古世之音訓全淆，殊不知每物予以一名，不過便于稱謂而已。如官音謂「花」，南人曰「呼」，日本人曰「哈那」，法人曰「勿亂」，彼此習慣，皆于花之實際無恙。故卽附注字典之名士數十人，皆荒謬絕倫，故意字字注以奇怪之音，則此後卽用彼之奇音，以相通用，亦無不可。因講求古音者，古書俱在，仍可資其嚼甘蔗渣之研究，雖新改者至離奇，亦不過于漢字古今音源流表上，添一沿革之大故事而已。且所謂官音，官者，言通用也，言雅正也。漢人之祖宗，稅居于黃河兩岸，故漢音之初，近于北音，南人則雜有蠻苗之音。然北人亦未嘗不雜胡羌之聲，故以通用而言，卽以今人南腔北調多數人通解之音爲最當，其聲和平，語近典則，卽可以爲雅正之據（吾聞能作官話者，莫如蘇州某君，彼生長北京，其言，發聲則純用吳腔，而出音則字字眞足，既方既雅，人固莫不以南京官話誚之，其實此卽改良新語所最適當之音調也。若近日專以燕雲之胡腔，認作官話，遂使北京之韃子，學得幾句擎鳥籠之京油子腔口，各往別國爲官話教師，揚其狗叫之怪聲，出我中國人之醜，吾爲之心痛。）。字典既就，卽任人翻刻。但勸刊刻小學讀本者，照字典各注讀音；否則亦可由教師在黑板上寫出注之，惟于國文讀本一種，其餘皆可仍舊。及考試之際，必令默注若干字，作爲功課分數之一種。于是學校之讀音，譬如「大學之道」，此後之官音，讀如「帶血知到」，北京人讀之而然，上海人讀之而亦然，福州廣州人讀之又無不然，二十年後，其功效遂不可思議。

試言其功效又如左：

（甲）近見學部所謂分年籌備清單者，既稱頒布簡易識字課本矣，何以又言頒布官話課本，吾實不解中國所謂官話者，何話也？若能作文字可寫之語，而又不雜以一方之土俗典故，使人人通解，而又出以官音者，是卽官話也。其字數略增減，配搭略異同，固無礙其爲通行之官話；如其以土俗之典故，作爲彼非官話，此乃官話之分別，豈將舍「醫生」通行之名號，疵南人之「郎中」非官話，必用北人之「大夫」以爲是官話耶？或將舍「鼠」之通行名號，疵南人之「老蟲」非官話，必用北人之「耗子」以爲是官話耶？故官話而有課本，吾將發一大噱。如以爲其中之音讀有不同，則簡易識字課本，又是何物？豈眞簡字又獨立于文字之外，別爲一種新字乎？其怪象眞不思議也。如謂我國文字，過于典雅，凡近俗語者，皆不得謂之文，官話課本，卽係通俗之文，是眞不可缺少，然惟其爲此故，不可仍目爲話，雖「話語」與「文字」，字面可互通用，然以各國爲例，必稱之曰國語讀本，或曰漢語課本，方爲適當。各國近語之一類义字，亦文之一種，除習外國語外，曾未聞小學校有會話之課程，乃必在學校中會講官話，是亦不可思議之怪狀。此其病，坐以北語爲官話，初不問文字本統一，惟讀音不同，是無異強欲以大夫耗子等之北人土俗典故，強南人習之而已。否則各棄其土俗典故，各講文字可寫之語，各讀字典附注之音，更何官話之有？

所以止需编刻漢語課本，而注之以簡字，則二十年中，中國學校之讀音可齊一。于是魯人與粤人相遇，則將學校所讀之音，彼此南腔北調（此言口氣，口氣乃不易消滅，所以粤人誚吳人習外國語，中多吳調，而不知吳人亦誚粵人習外國語，中多粵調，其實彼此皆不能免，雖無論如何純熟。隔牆聽之，一爲外國人，一爲中國人。必歷歷可辨也。故腔調爲至難消滅之分子），依文字可寫，不用土俗典故者（如吾鄉謂看爲瞧，謂什麼爲「的呀」之類，皆卽土俗不可通行語），互相對語，其意無不達，是卽言語統一矣。通行之語既有勢，土語自然漸滅。

（乙）所謂注音之母，附于文字時，則當一讀音之功用，取而獨立，又可以爲至粗俗不識字人之交通具。其較文雅之功用，不與文字相離者，卽出白話報等，仍以漢文大書，以音母旁注，其次漸與文字相離。如火車軌道上之告白等，言：「此地不可通行，于性命有礙」，則以音母大書，而以小漢字注之。又其不足道，直截獨用，卽如教會以歐母教人拼土語。又如向日之老笑話，有徽人託友寄百銀元于其家，中附一信，畫鼈八枚，畫狗四枚，帶信者匿其半，其友之妻曰：爲數當一百，因八鼈六十四，四狗三十六，合之則一百也。如此，而簡字內之音母，既通行于學校，則炊婢灶嫗，自能與知其筆畫，拼切之法，又爲天然易解，豈非停停當當，一簡字學堂，可包括于其中，聊以解嘲。亦如胡清之有滿文，便可言中國亦有切音文字（眞不值一笑）。

奈何簡字諸公，不思及此，而必歆于作蒼頡第二，離于舊文字，炫耀之以爲創造新字，且至今分爲簡字課本，官話課本，惹得保守國粹之諸公，又有天雨粟鬼夜哭之景象，若喪考妣然。在中外日報時報等，屢打蛆蟲混鬧之筆墨官司，至于簡字到處切合土音，報館主筆恂懼以爲將分裂中國者，簡字固妄，主筆亦愚。夫苟簡切音，如何算作文字，何以能分中國？漢文者，同人所認定以爲野蠻之文字，然其爲別之條理，亦爲數千年野蠻學者所釐定，根柢至盤深矣。而欲以苟簡切音，直截代之，眞夢囈耳。至于簡字之妄，則自妄其有統一言語，利便婦孺之功用，而乃以之爲反切之小用。自簡字既出，揚而扇之者，絕不肯稍加思想，止互相驚怪曰：「無論何處之音，皆可切合，習之半月，卽可卒業，神奇！神奇！」夫BA爲倍，BE爲皮，眞至無足道之一術。母音者，其聲從喉管出，子音者，其制聲之機自外動，有如吹笛然。母音爲吹口所入之氣，放第一孔卽凡，放第二孔卽工。放從喉管出A音之聲，用B字將兩唇一撞，而倍音卽生。若無喉管之A聲，則將嘴唇撞破，必無倍音；若無B字將兩唇一撞，卽有A聲，亦不成倍音也。此乃器械之作用，最爲粗淺。若簡字諸公不知之，則太鄙陋，若早知之，而故意欺人，是無異「打火管」「作由科」，爲江湖之賣弄矣。宜其智笑愚駭，反對之者甚多，而不知反對者自然可笑，實亦簡字諸公自召之也。

（丙）讀音既注于字典，復普于學校，則知之者稍多。于是一切應當順序之件，用偏旁太繁，用韻目亦不易檢尋者，卽可如日本之用伊呂波，而以音母爲順序，此實適用之處甚多，非可小視之也。

蓋所謂随便用廉價將漢字一修繕，再使用一短時者，其說已盡于此。

至于日本改用歐母之問題，則與漢文略有異同，因彼和訓之字，本用假名，動狀名詞，大都不用漢文。用漢文者，惟雙疊之詞，有如「提挈」「經驗」「繁華」「簡單」之類耳（雙疊之動狀詞，漢人習焉不察，僅目之爲掉文而已。其實有時非雙用不能達意，卽此可見名詞固不能專用單「息拉勃」矣，而動狀等詞，亦未嘗能止用單息拉勃也。）。

又日本新學詞頭，采用于歐書者，近二十年之所增添，大都不喜譯意，而用假名譯音。然則一經將日文改書歐母，于其和訓之字，本不過改換字母之面目，至于譯音之新學詞頭，卽可還西文之舊。前之譯意者，亦可並還其舊，觀于彼中和英和法諸詞典，已秩然其有條，爲別之易，固非與漢文之繁然無統者，可同日語也。改革之際，不過姓名題署等之粗迹，驟然改易，稍不適于篤舊者之觀聽而已。並無淆雜于應用上之困難也。故日本一旦果廢其假名，而以歐母代之，未嘗不可爲稍改良，決非如槐南氏之意，有所謂大謬不然者在也。

惟同人之意，以爲日本雖改易歐母，而于日文固猶是也。歐母之國，雖英、俄、德、法各有小異，然尚不失爲大同，而以日文加之，其異遂多，是特于歐母文字中，增添一面目相似，詞訓絕異之怪物，徒爲大同之梗耳。當思所以必欲采用歐母者，亦以已之文字，較不適用于彼，然假名亦能記音，所以舍假名而以歐母爲代者，又欲彼此之交通，較齊一耳。既挾較適用及較齊一之目的，與其仍乖異于歐母文字之詞訓，不如竟舍其舊文，上則采用較公用之文字，如萬國新語等，次亦采用任何一國通行較廣之語，如采用英文，則使旅行或經商遊學者，由英適美，由美適日，由日適濠，由濠適南斐，皆無語文不通之憾，卽采用法德語，而世界不同之點，亦以減縮；譬如巴黎用法語，東京亦用法語，則東京與巴黎從同矣，用德語，則柏林東京又從同。既知彼之較適用較齊一于我，不得已欲仿之而改良，則又何必專殉國界之私見，必造異點于世界？雖父壤母舌等之無意識語，西人之迷信，有過于我，然可恕其說謬之惡根性，貽自彼之劣祖宗。今但問道理應當何如？上文已言之矣，斷不能卽認西人所言，遂爲道理也。所以采用彼之文字者，因有不可掩之比較，實彼良而我劣耳，非因西人所行用，從而遷就之也。

至謂采用他國文字，自棄其國文，直與服從無異，此眞無意識中之尤無意識者，本報曾因他端而問持此說者矣。如此，美國服從英國乎？比利時服從法蘭西乎？滿洲人服從漢人乎？反而詰之，印度人未服從英人乎？猶太人之分居各國者，未服從所在之國乎？彼保守其較不適用之文字，故意與他人不相齊一者，徒見其阻礙于智識之活潑而已。

文字者不過器物之一，如其必守較不適用之文字，則武器用弓矢可矣，何必采用他人之快鎗；航海用帆檣可矣，何必采用他人之瀛舟；文字所以達意，與弓矢快鎗帆檣瀛舟之代力，非同物歟？何爲不寶祖宗之弓矢與帆檣，而必保其呆滯樸僿之音，板方符咒之字哉？是眞所謂以譌傳譌，習焉不察者也。

個數應用之不備

文字者，對于意想事物，使之代表于相互時之符號也。意想事物，隨世界之進化，由簡單而至于繁複，此不可易之定理。雖中國人之思想，從春秋戰國之時，非常發展，忽遭專重儒術之障害，二千年文明，停滯不進，所以中國人之腦中，常有古勝于今之謬誤。然不知普通人之思想，雖遭杜遏，而離奇不成片段之心思，未嘗不散見于畸人逸士山林盜賊江湖賣技者之中。至于事物，自必暗隨人類喜新厭故之公性，二千年中，已增添一可驚之數類：即如區區細故，古人用手摶飯，其後用箸（或作筯），箸必略似法國喫生菜之木杓，介乎筷杓間之一物，故今人雅語，名筷爲箸，而名小杓，又曰茶箸。古人席地而坐，飲食加席于前，几則特別爲顯者所用，其後稍稍廣用，其後遂有桌櫈，于是復有椅凳。故凡經典所無之字，見之于通俗字書者，不可勝數，說文才九千餘文耳。今日通用之字典，已達四萬有餘，其實此等俗字，實皆後人對事物而無以爲名，故隨時增添，以求與古物別異，徒以尊古薄今之賤儒，牢守其引申假借之陋法，如兩竹或木之條爲筷，筷則俗字，不可入文，入文必曰筯。又如四脚高聳，曰桌或櫈，桌櫈皆俗字，不可入文，入文必曰席。筯與席，雅固雅矣，無如其物則非，互相欺僞，殊可噴飯。

故每有能文之士，有時記一器物之賬，述一兒女之事，則瞠目不能下筆。略知古今通轉之源流者，則又盡用墟墓間之俎豆，高曾時之陳迹，替代其詞，使普通之人，驚其方雅，而實不知所云。吾非謂古世之雅文，必非今日俗物之本義，亦非謂古字之一文，不能概今日之數事；惟今日既有普通之公名，則亦何必因好古之成見，必強以似是而非之綽號加之。又古人一文概數事，不過如祖宗之世，生活儉陋，止有一室，喫飯在是，睡覺在是，讀書又在是，若至子孫時代，既家道小康，自應飯廳、房間、書齋，一一各生分別。故如上文椅檯二字，尤俗字中之至粗俗者，其起源，椅必爲倚，檯必爲臺，然因倚臺二字，本義爲用亦廣，遂取椅檯之木名相代，一見而其別卽顯，此其爲道至合。

終之以上云云，不過借以明思想事物，隨時代而增加，則文字個數之應用，亦必時時顯露其不備。至于嚼甘蔗渣人之好談古義，同人決不願與之爲節外生枝之問題，因漢文終究爲字簏中之一物，以道理斷之而必信，故不必妄費腦力，多爲之改良。

自二百年來，科學時代之思想與事物，實世界古今之大變動，不惟操漢文之簡單，自必窮于名言，卽西文亦何嘗不奇字日出，詞典年年加厚哉？應知科學世界，實與古來數千年非科學之世界，截然而爲兩世界。以非科學世界之文字，欲代表科學世界之思想與事物，皆牽強附會，湊長截短，甚不敷于應用。故若自由添製新字，尚恐拘于文字之舊例，阻礙甚多，豈有拘牽古文，欲以個數太簡之符號，輾轉引申假借，而能達意名物，一無所缺者乎？是徒爲修學之魔障，自晝其智識，不能與世界共同進化而已。

科學在二百年來，忽湧現于西方，此非應西人獨得之智識也，此乃人類積時代爲開明。

適至此時，人類之心思與材力，適足取科學而發明之，于是世界有科學。起點在西與在東，不過發脚之先後。世界既有其物，固必普及于人類者也。此如由茹毛飲血，于是而火食，于是而酒漿。又如由石器而銅器，更能用鐵，在古世不交通，亦不謀而相合。東方學者之意中，視物質與名理，每有形上形下之分。卽如寂照氏之意，亦以科學之物質爲形下，而以修己治人之方爲形上，上下之名，由輕重而得，因而有貴賤之分，遂成修學上之謬點。殊不知物質與名理，止足以言表裏，決不能分上下。理學至隱，必藉質學顯之，故科學之名詞，不專屬于物質，其表則名數質力，其裏則道德仁義，凡懸想者爲哲理，而證實者乃科學，道德仁義，不合乎名數質力者爲懸想，以名數質力理董之者，是爲科學。故自科學既興，以聲光化電之質力，遂至名數益精，名數益精，而心理計學之類，成爲專科者，其理道之深微，皆用尺度表顯，豈如古世希臘諸賢，及我春秋戰國老孔莊墨之徒，以及禪學之經典，僅有無理統之懸想，所可同日語乎？此吾仍以明以非科學世界之文字，欲代表科學世界之思想與事物，其個數必至缺少甚多也。

個数之不備，而欲以漢字添湊，支絀太甚；然在補葺漢文，暫時使用之際，或者稍造新字，以適于雜置漢文之中，爲道亦無不可。故如化學之加金于辛甲，如度量之加米于千百，如算數之造三角方程等字形，諸如此類，皆應急所不可少。

惟此亦隨便添湊可矣，無需多費腦力，繁爲體例，以求其久遠，因漢文之不適當，必應由吾人而自行廢滅。卽或漢文添改修補，造至至完備，可以代表科學世界之思想事物，或後日之科學，又惟中國爲獨精，各國人皆不能不留學中國，然以漢字之不適于排印，不適于檢查，作種種之障礙，我國人則忍之而終古，復強世界人各遭其困難，此爲何等無意識之作爲乎？人類者，進化向善之一物，非有我無人之一物也。況我而抱此不適當之文字，則亦與受其累，豈非損人不利己，並未嘗能享小人之幸福乎？

故以同人自由判斷，西文新名詞，或可部以原文雜漢字內用之，不必改造漢文。此卽徐立采用西文之基礎，一方面上策卽采較公用之文字，如萬國新語等，次亦采用任何一國通行較廣之語，其說已詳于前節，不復複舉。

人類之進德，由于服善，遭天然之淘汰，必由于自大。中國人能知廣求智識于世界，正在萌芽，惡政府踐之而不足，復經新黨踐之，若神洲日報者，在濁世爲佼佼，猶復刺取日本頑舊漢學家之腐談，揚國粹之謬說，究欲何爲乎？眞將以國文發起人民之愛國心耶？愛國之說，言之長矣，然其起意，不過欲以愛國心，增添抵抗外族之熱度，吾當嘉其志，然吾請問寫漢字，讀漢文，而作滿洲之官，拖滿洲之辮，國文之效力何如？曾從漢文上稍增愛國心之熱度否耶？我輩之顙，應有泚也。

（錄自民元前三年「新世紀」第一〇一、第一〇二、一〇三號。以筆名「燃」發表。）

（法一）擇用字母約五十個左右。姑作韻母十七八、聲母三十四五論。

（法二）特添不取音之韻母聲母各一。名「虛韻」及「虛聲」。

（法三）每字之音，必用一聲一韻合成。聲母在前，韻母在後。字音與聲母同者，聲母後加以虛韻。字音與韻母同者，韻母前加以虛聲。例如特因爲廷。特「虛韻」爲特。「虛聲」因爲因。

（法四）每字皆用三個字母聯綴而成。首母或尾母，專用聲母。專供區別。「庭廷亭停」等之用，于發音無關。例如白特因爲廷，特因白爲亭。

準以上四法，可合成四萬餘字。除不合用者外，當亦不下三萬，儘可敷用。至學者所須知者，僅僅三事：（一）每字三母，（二）虛母無音，（三）聲母前之聲母，韻母後之聲母，皆不取音。知此三事，並知各母之音，則可以讀一切字而無誤。

字母之形，可用羅馬字母則用之。羅母二十六，爲數不足。可取兩母作一母用。例如「ON」作「翁」。此事無關緊要。目的不外乎二：曰簡便，曰與世界求同。

至于首母尾母區別「廷庭亭停」之法，宜設一例。使已解象形漢文者免費腦力。試舉其例如下：

某聲母在首，陰含象形原字在字典某部之意。某聲母在尾，又含原字在字典別一部之意。例如聲母D讀曰「特」。韵母ON讀曰「翁」。DON切成「同桐駧」等音。聲母M讀曰「姆」（合口之鼻音），爲切「木」「馬」等音必用之聲母。今擬以MDON代「桐」，以DONM代「駧」。已通象形文者，知M與「木」「馬」有關係，則便于記憶。此法有時而窮，則一母可代表三部四部。一部之代表，又不必限定某母。例如M不必專表「木」或「馬」。「木」或「馬」亦不必專M用代表。總之宜使已解象形文者略有依傍，不必專事強記。

作者所擬之法。似亦價廉功省。且免使後之來者，再認無數野蠻面目之字形。

（錄自民前二年「新世紀」第一一八號。）

編後記

我碩士讀的是文藝學，博士讀的是中國現當代文學，博士後研究做的是比較文學與世界文學。2000 年以來，我的學術興趣主要在『文學語言』和『文學理論話語』問題，研究中國現當代文學的語言問題，研究文學理論的語言問題，研究這兩個問題的過程中，涉獵到文字問題，涉及漢語自晚清以來的變化，以及這種變化對中國文學、中國文論的影響，慢慢對清末漢字改革這一問題有了興趣，去年以『清末漢字改革方案文本』為題申報全國高校古籍整理課題，意外獲得通過，本書就是這個課題的成果。借此機會，首先對全國高校古籍整理委員會以及評審專家表示衷心的感謝。

清末，伴隨著中西方廣泛的交流，在語言的比較中，漢字的特性被凸顯出來。當時普遍的觀念認為漢字繁難：難識、難記、難寫，並且認為這是中國語言落後、教育不普及、國民素質不高的根本原因。認為要改變中國的落後狀況，最根本的途徑是改革漢字和漢語，因而產生了很多改革或者改良漢字的方案，這些方案有些純粹是理論上的，有些則是在探索中總結出來的，由於這些方案後來沒有通行，所以差不多被人遺忘了。20 世紀 50 年代，文字改革出版社曾經以『拼音文字史料叢書』影印過其中大部分，但印數很少，今天一般讀者很難再看到。

我認為，清末這些文字改革方案對於我們今天的語言文字發展不僅具有歷史的意義、學術的意義，同時還有現實借鑒意義。

首先這些著作具有重要的學術價值。這些著作在語言、文字學術著作中經常被人提到，但一般人很難真正見到文本。很多人都知道這些著作，但一般學者不容易找到這些書。整理出來有助于推動漢語史、漢字研究的發展，特別是對於漢字改革或改良，具有重要的參考價值和借鑒意義。

其次，這些著作不僅對於後來的漢語、漢字研究具有重要的歷史價值和學術價值，同時還涉及拼音、現代速寫、電報碼等，今天的中文拼音、速寫、電碼其實就是從其中演變發展起來的。所以，這些著作對於現代語言翻譯技術也具有借鑒性。

再次，這些著作針對的不僅是普通話、官話，還有很多是方言方案，這對於方言研究來說也是重要的史料，具有重要的參考價值。

語言對一個民族來說，具有深層性，其變化發展相對緩慢，它雖然屬於『文化』

範疇，具有『人文』性，但人並不能隨意改變它。晚清以來，漢字和漢語改革有那麼多方案，但今天僅留下漢語拼音和簡化字，而且簡化字飽受爭議，這值得深思。

這些著作由於其中有很多特殊的符號，圖畫，有很多原手書刻印，鉛字排版印刷非常困難，所以一直沒有現代整理本出版。本課題整理的原則是：一、將以圖片的方式影印保留一些特殊的符號和圖畫。二、整篇的手寫體一律改為印刷體，而和符號、圖畫不可分割的古代刻版正體字、手寫字等則予以保留。

由於『古籍』性，本書用繁體字出版。

在整理的過程中，我的研究生張明、謝圓圓、袁琦文、衛棟、高英、雷歡、劉亞平、王曉田提供了很大的幫助，掃描圖片、打印文字、查找相關資料，以及校對，他們付出了很大的辛勞。我的研究生有的是學現當代文學的，有的是學比較文學與世界文學的，讓他們做『古籍整理』，的確非常難為他們了，但他們克服困難，做得很好，收穫很多，我感到很欣慰。浙江工商大學出版社的鄭建、梁春曉在出版編輯的過程中，付出了辛勤的勞動，也一併表示感謝。

本書在整理的過程中，特別參考了 20 世紀 50 年代文字改革出版社出版的『拼音文字史料叢書』影印本，這是特別要說明的。因為知識和水平有限，本書肯定還存在這樣或那樣的問題，歡迎方家批評指正。

高玉，2018年6月於浙江師範大學。